江苏信息化年鉴

(2002)

江苏省发展计划委员会　编

中国计划出版社

2002　北京

图书在版编目(CIP)数据

江苏信息化年鉴.2002 / 江苏省发展计划委员会编，
北京:中国计划出版社，2002.12
ISBN 7-80177-152-4

Ⅰ.江… Ⅱ.江… Ⅲ.信息工作－江苏省－2002－年
鉴 Ⅳ.G203-54

中国版本图书馆CIP数据核字（2002）第093081号

江苏信息化年鉴
（2002）

江苏省发展计划委员会 编

☆

中国计划出版社出版发行
（地址：北京市西城区木樨地北里甲11号国宏大厦C座4层）
（邮政编码:100038 电话:63906415 63906416）
河海大学印刷厂印刷

889×1194毫米 1/16 52.25 印张 彩插3.625印张 1480千字
2002年12月第一版 2002年12月第一次印刷
印数 1-1000册

☆

ISBN 7－80177－152－4/F·062
定价:300.00元

ISBN 7-80177-152-4

9 787801 771520 >

《江苏信息化年鉴》编辑委员会名单

《江苏信息化年鉴》主编、副主编、执行副主编

主　　编

钱志新　江苏省发展计划委员会主任

副　主　编

秦　雁　江苏省发展计划委员会副主任

姚万华　江苏省信息中心主任

执行副主编

魏　然　江苏省发展计划委员会处长

周金刚　江苏省发展计划委员会处长

陈玉金　江苏省信息中心副主任

江蘇交通產業集團有限公司

Jiangsu communications Industry Group Co.,Ltd

总经理 邵毅

江苏交通产业集团有限公司(原江苏高速公路集团有限公司)是江苏省人民政府出资设立的大型重点企业,是具有投资性质的国有资产经营单位和投资主体、负责国、省干线高速公路等基础设施投资(控股、参股)和统一建设等,对建成后的高速公路实行统一、高效、规范的运营管理,对授权经营的国有资产依法行使占有、使用、处置和收益权。"九五"期间,交通集团充分发挥省委、省政府授权的有关高速公路等交通重点工程的投融资功能,投资建成了宁宿徐、汾灌、连徐等高速公路项目,为江苏"九五"高速公路通车里程突破1000公里,形成"二纵二横"高速公路主骨架,快速推进高速公路联网畅通工程,提供了强有力的资金保障。

公司按照"精简高效"原则,科学设定内部组织机构:办公室、党委办公室、组织人事处、纪检监察室、财务审计处、投资发展处、路产路权处,并以企业集团为核心,投资控股京沪高速、宁宿徐高速、汾灌高速、连徐高速、京福高速、连盐通高速、宁杭高速、锡宜高速、工程养护、研发中心、油品供应,项目招标等若干个高速公路及高速公路高科技子公司,参股南京长江二桥、南京雍六高速、南京绕城公路、南京宁高高速、苏通大桥、苏州绕城等高速公路和桥梁项目公司。

"十五"期间,公司将围绕省委,省政府确定的交通发展目标。投资控股和参股建设近1000公里高速公路,实现国有资产保值,增值,总资产规模达500亿元,该公司作为江苏高速公路建设投资主体,将以高速公路产业化为龙头,延伸发展相关产业,继续发挥优质资产的资本运作优势,交通及相关产业高新技术开发优势和优良的高速公路网络信息资源,壮大集团公司的综合实力,积极推动江苏高速公路的快速滚动发展,促进江苏与全国高速公路的联网对接,努力实现省委,省政府确定的加快推进全省高速公路联网畅通工程,加快推进苏北,苏中联结苏南的整体区域经济共同发展的目标,实现社会效益和经济效益双丰收,树立新世纪江苏交通的光辉形象,为建立与实现江苏"十五"经济,社会发展目标相适应的交通支撑体系,发挥重要作用。

江苏京沪高速华中雄姿

京沪、连徐互通

宁宿徐高速公路重岗山服务区

国家税务总局副局长钱冠林、省地税局局长郑坚在我局局长、党组书记戚鲁的陪同下参观数据处理中心

国家税务总局副局长许善达参观南京市地方税务局信息中心

省地税局局长郑坚参观数据处理中心

南京市政府市长罗志军参观南京市地方税务局网络管理与控制中心

南京市地

强化数据资源管理

加快信息系统集成努力实现信息化支撑下的税务管理现代化——

南京市地方税务局信息化工作介绍

2001年是跨入新世纪和实施"十五"计划的第一年，南京市地方税务局根据国家税务总局"科技加管理"和"信息化加专业化"的思想，按照"多点突破，整体推进"的总体思路，围绕2004年初步实现以"观念法制化，机构扁平化，流程规范化，过程电子化，手段智能化和评价科学化"为标志的"税务管理现代化"目标，进一步强化信息资源管理，优化信息化管理机制，完善信息服务体系，使"以信息化为支撑"成为南京地税的组织特色，树立起南京地税在同行业中科技加管理的组织形象。

一、调整优化了信息化管理机制。构架起以信息化工作办公室抓战略，信息工程研究中心重技术，信息管理中心管实施的"一体两翼"信息化组织构架。一是对计算机中心职能进行了调整，使其成为该局信息化建设的执行机构和实施主体，其职能从原来的"技术管理和服务"向"以技术支撑下的信息管理和服务"转变；二是成立了信息工程研究中心，引进信息学专家力量参与税务管理信息化技术研究和决策咨询。通过改制，初步形成了具备"知识管理"特征的信息化管理体制，提高了信息技术对税务管理现代化的支撑能力和创新能力。

二、完成了信息化管理平台的升级。立足于信息化管理的前瞻需要，实施了主机系统和广域网的升级，开通了城域宽带网，进一步提高了数据流量和交互速度。在信息化建设的总体规划下，以现有计算机网络信息系统为依托，配以先进的软件与硬件平台，建成了网络管理与控制中心，并开发了网控管理平台，实行技术、业务、行政、组织文化四个方面的监控，实现了决策层、管理层和操作层数据信息的有机整合，形成了信息技术基础上的综合管理后台，改变了管理和决策过程的整体状况和结构，营造出信息化条件下的"虚拟管理空间"和"虚拟管理过程"，引发了管理流程的重组和组织变革。

三、建成了全系统综合数据仓库。一是研究设计税务管理主题化模型，构筑税务数据仓库，建设税务综合信息服务体系；二是将现行信息系统整合成以模型为核心的联机事务处理系统，提供基于数据模型的网络化业务应用；三是实施联机事务处理系统和联机分析系统的合理连接和有效集成，形成由既相对独立又有机统一的联机事务处理/联机分析系统处理共同组成的信息管理系统新格局。通过确定主题化模型和数据资源整合的准备，完成了数据仓库的建设，实现了对城郊分局和各县局数据的集中分析处理，采取分平台优化策略，逐步引进和采用人工智能、数据挖掘、知识发现等智能信息处理先进技术手段，实现对各个层面的智能决策支持，构筑起税务管理现代化信息支撑平台，提供全面的网络化信息应用和服务。

四、进一步拓展了信息技术的应用。开发并逐步应用了远程视频监控系统、地方税收预警系统、征管电子地理信息系统、电子申报软件等应用系统。其中，税务地理信息系统完成了对7.4万户纳税人地理信息的标注；全市有254户纳税人使用电子PC申报方式，通过网上申报税款达1.5亿元。为了适应征管改革后专业化管理新模式的需要，该局自2001年8月1日正式启动了"金力"三期税务管理信息系统软件的开发、测试工作，采用集中封闭式方法，前后历时5个月开发完成；同时，该局又启动了"金力"四期工程，目标是在新的技术体系架构下，通过对各种资源的整合，集成包括业务、行政、决策和监控等全面应用的，支持多媒体的"网上办税、网上办公"信息管理系统，最终实现"硬件的集群"、"数据的集中"和"应用的集成"。南京市地方税务局通过不断推进信息化建设，使各项工作的科技含量进一步提高，促进了工作的顺利开展，特别是保证了组织收入的实现，该局2001年组织各项收入突破96亿元，为地方经济的发展作出了应有的贡献。

方税务局

南京市地方税务局局长、党组书记戚鲁同志在2001年总局征管改革会议上作重要发言

南京市地方税务局网络控制管理平台

南京市地方税务局税收业务管理信息系统（“金力”三期）主界面

南京市地方税务局局党组成员：郑良、何声贵、戚鲁、戴文生、杨华（自左向右）

南京市地方税务局网络控制管理平台

南京市地方税务局外部网站首页

南京市地方税务局网络控制管理平台

2001年7月31日，南京市地方税务局参加了由中国税务协会主办的“中国税收电子申报展览会暨网上申报国际研讨会”，并在会上作了重要发言

►南京市地方税务局数据仓库系统主界面

2001年9月14日，南京市地方税务局与赛贝斯软件（中国）有限公司签署合作开发数据仓库的合同

HUJINGGARDEN

湖景花园

南京市建設發展總公司

南京市建设

发展总公司

售楼热线:025—5634260　　5625108

乘:1 路、10 路、13 路、17 路、22 路、28 路、32 路、33 路、36 路、59 路、66 路、69 路、71 路、73 路可直达湖景花园。

江苏省交通厅

南京交通执法公示网”正式开通，章俊元厅长到场祝贺

2001年省交通厅以“统筹规划，统一标准，联合建设，互联互通，资源共享，保证安全，分步实施”为指导原则，全面推进信息技术在交通系统的开发应用。

加强对信息化工作的领导与规划，确立了各级交通信息化领导小组，一把手亲自抓，为信息化工作提供强有力的组织保障。

快速推进实施电子政务，构建信息化管理平台，日常行政和业务管理工作中的办公自动化程度得到提高。

在交通建设管理和交通行业管理中坚持需求导向，以应用促发展。公路、运管、航道、地方海事各系统及交通建设单位组织开发了一系列应用系统投入实用，取得良好的社会、经济效益。同时，开始着手基础数据库群的建设，为全省交通行业信息化网络化打好基础。

适应政府职能转变的要求，提高江苏交通运输对社会公众的服务水平与服务透明度，基本建成包括省交通厅、市交通局政府网站，各交通科研院校的交通科教信息网，以及公路、航道等交通行业信息网在内的综合信息服务体系。

江苏省交通厅网站

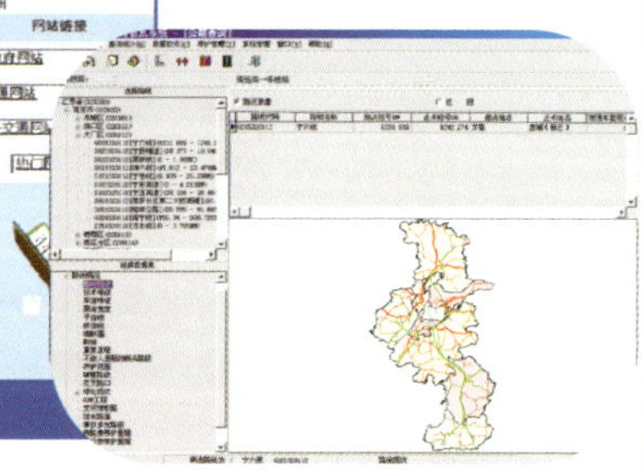

全省公路基础数据库

南京王家湾物流中心交易大厅

高速公路监控系统

海事行政处罚公示系统

中国电信 CHINA TELECOM

中国电信集团江苏省电信公司

China Telecommunications corporation China Telecom Group Jiangsu Corporation

江苏省电信公司是根据国务院关于电信体制改革的总体部署，将原江苏省邮电管理局经营固定电话业务和网络的职能分离出来，于2000年7月12日成立。是在江苏省行政区域内，由中国电信集团公司代表国家出资设立的、具有企业法人资格的全资子公司。公司下属13个地市级电信分公司，57个县（区）电信局，本部设15个职能部室，现有员工2.49万人。

江苏省电信公司主要经营：集团公司投资形成的国有资产和国有股权；国内、国际各类固定电信网络与设施（含本地无线环路）；基于电信网络的话音、数据、图象及多媒体通信（含网吧）与信息服务；与通信及信息业务相关的系统集成、技术开发、技术服务、信息咨询、广告、通信设备销售、设计施工等业务；集团公司授权经营的其它业务。

江苏省电信公司党组书记 朱高山

江苏省电信公司总经理 孙久铭

公司党组书记：朱高山
公司党组副书记、总经理：孙久铭
地址：南京市汉中路268号
邮编：210029 电话：025—6588577

程控机房一角

IC电话卡各处普及

农家喜通电话

江苏省电力公司

2001年我公司积极响应中央关于"大力推进国民经济和社会信息化"，"以信息化带动工业化"的号召，从实现公司"十五"发展总体目标出发，切实加强对信息化工作的领导，加大信息化建设投入，信息化工作稳步推进，"江苏数字电力"初具规模。主要体现在以下几个方面：

1、继续坚持贯彻"四统一"原则，管理信息系统建设和应用又取得新的成绩，全省已有13个供电公司、8个发电厂和2个直属单位通过了省公司组织的实用化现场测评验收，有5个市级供电公司完成了所辖全部县级供电公司的实用化验收工作。

2、加强信息化基础设施建设，"信息高速公路"初步建成，至2001年底，省公司本部与各供电公司的广域连接初步实现了光纤化，建成了155Mbps ATM宽带公司内联网。

3、积极开展平台建设，加强信息化工作的标准化、规范化。

4、重视信息安全工作，积极承担"国家信息安全示范工程"。2002年元月份由国家科技部组织的"国家信息安全示范工程"考察专家组对我公司已开展的工作给予了很高的评价。

5、加强网站建设，为生产、经营、管理工作提供信息服务。外部网站融电力政策性、行业服务性于一体，通过信息的及时发布，成为公司优质服务的窗口，提高了服务水平。

国家电力公司领导在苏州供电公司检查、指导信息化工作

省公司领导正在商议信息化大计

全省电力信息化工作会议在南京召开

省公司信息中心领导和基层信息中心主任在认真总结和讨论信息化工作

钟山学院

钟山学院是1998年经江苏省人民政府批准，国家教育部备案的一所全日制民办普通高等学校。

她坐落在风景秀丽的紫金山南麓，占地七百余亩。现有建筑面积9万m^2，建有三幢造型典雅，宽畅明亮的教学大楼，七幢风格独特、设施配套的学生公寓；拥有一流的电子商务模拟教学系统、电脑广告设计系统以及计算机、环境工程、网络新闻等各类专业实验室和电化教室、语音室、体育馆、图书馆等。

学院师资力量雄厚，授课教师300余名，其中教授、副教授160余名，专职教师100余名，外籍教师6名。

现设有8个系(分院)，25个专业，在校生3600人，2002年秋季新生入学后，在校生将达到5000人的规模。

钟山学院创建三年多来，得到了省市领导和社会各界的大力支持。江苏省副省长王珉曾四次来院视察；国家教育部原副部长杨海波同志亲临指导工作并挥毫题词："科技兴国，全面育人"；著名教育艺术家李燕杰教授专程到校为学生作素质教育的专题报告。

钟山学院积极拓展办学空间，与澳大利亚拉筹伯大学合作开办了爱恩分院，成为省内第一家与海外联合办学的民办高校；同时，也是第一家与军医学院联合办学的民办高校。

在跨入以知识经济，信息社会为主要特征的二十一世纪的时候，钟山学院同她依恋的钟山那样，蕴含着无穷的生机与活力！

地　址：江苏省南京市马群街169号
邮　编：210049
电　话：025－4361418
传　真：025－4365269
网　址：hup://www.zscollege.com
院　长：潘春林

潘春林院长同江苏省副省长王珉在一起

潘春林院长同澳大利亚拉筹伯大学校方代表在联合办学协议上签字后相互祝贺

江苏省副省长王珉、教育厅厅长王斌泰等嘉宾出席钟山学院成立三周年暨正式建校庆祝大会

丰富多彩的文艺生活

学生在图书馆电子阅览室阅览

温馨之家——学生生活设施齐全的学生公寓

苏州工业园区

苏州工业园区是中国和新加坡两国政府间重要的经济合作项目，开发建设8年来，取得了令人瞩目的成绩。园区结合中国国情，有选择地借鉴新加坡成功经验，努力营造与国际接轨的一流投资环境。园区先后投入了基础设施建设资金100多亿元，滚动开发面积12平方公里，全面实现了基础设施“九通一平”工程，目前，二、三期的滚动开发正在全线推进，“七纵三横”主干路网正在加速建设，一批高水准的基础设施和社会配套设施正在规划实施之中。截止到目前，园区共批准各类外商投资项目788个，累计实现合同外资133亿美元，实际到帐外资48亿美元，形成了以电子通讯、精密机械、生物制药、新材料等为核心的高新技术产业群体。进区项目中95%为国际知名跨国公司，世界500强企业在区内投资了47个项目，超亿美元的大项目就有24个。8年来，苏州工业园区的经济平均每年以70%左右的速度快速增长。2001年，园区共实现国内生产总值180.15亿元，工业销售产值367.5亿元，财政收入24.4亿元；自营进出口总额达到37.88亿美元，其中出口额16.5亿美元。

进入二十一世纪，苏州工业园区的开发建设掀开了崭新的一页，中新双方将进一步巩固和发展合作成果，扩大合作领域，提高合作水平，努力把园区建成一个经济繁荣兴旺、管理井然有序、环境优美舒适、百姓安居乐业的国际化、现代化、园林化的高科技工业园区。

中方支持江苏省苏州市人民政府在苏州工业园区建设中借鉴新加坡在经济发展、城市规划、建设和管理以及其他公共行政管理方面的成功经验；新方支持新加坡机构向江苏省苏州市提供经济和公共管理软件。

The PRC Government supports the Suzhou Municipality Government in its efforts to adapt singapore' s successful experience in economic development, urban planning, development and management as well as other public administration systems in the development of the suzhou Industrial park. The Singapore Government supports the Singapore Agencies' offer of economic and public administration software to the Suzhou Municipality.

中新双方领导人亲临苏州工业园区，指导园区开发和借鉴新加坡经验工作。

Leaders from both countries visit SIP , providing guidance on SIP'S developmentandadaptaionofSingapore's experience

苏州工业园区一角

江苏波斯登股份有限公司（康博集团）

江苏波司登股份有限公司坐落于山清水秀、人文荟萃的历史文化名城江苏常熟。在总裁高德康的带领下，波司登人以创“世界名牌、民族骄傲”的宏伟气魄，将一个村办小厂发展成为亚洲规模最大、技术最先进的羽绒制品生产基地之一。波司登公司实力雄厚，连续6年列全国服装行业十强。公司主导产品中国驰名商标“波司登”羽绒服连续7年（1995—2001年）全国销量遥遥领先，连续8年（1994—2001年）被国家服装质检中心评为优等品，成为羽绒服类首家绿色认证产品，通过了ISO14001环境管理认证，先后荣获俄罗斯圣彼德堡国际博览会金奖、美国亚特兰大奥运会唯一特许产品，并成为登上世界三极（珠峰、南极、北极）的羽绒服品牌。在总裁高德康先生提出的“让人与自然更和谐”的理念带动下，“波司登”连续6年唯一代表中国防寒服向世界发布流行趋势，促进了羽绒服从臃肿向休闲化、时装化的变革，极大地推动整个行业的销售。与此同时，公司积极推动品牌延伸，推出了“雪中飞”、“康博”、“冰洁”、“冰飞”等大品牌。其中，“雪中飞”2000、2001年实现全国销量第二，与“波司登”一同占据了羽绒服行业的半壁江山。“欲穷千里目，更上一层楼”。波司登公司在立足国内市场的同时，积极向国际化发展。“波司登”羽绒服已成功打入欧洲市场，成为我国第一个正式进入瑞士市场的服装品牌，并代表中国防寒服参加’99巴黎·中国文化周活动，受到了国际友人的高度评价。BOSS、TOMMY、GAP、POLO、COLUMBIA、LIZ、CLAIBORNE、JCPENNY、REEBOK、ELLE等一批批国际著名品牌客户也纷纷慕名而来，与波司登公司合作，实施定牌生产。

“路漫漫其修远兮。吾将上下而求索”。在创世界名牌的征途上，“波司登”犹如万里长江奔腾不息；波司登人正以自己的真诚、智慧和勇气，向着世界一流企业的目标迈进！

春兰集团

春兰（集团）公司是集科研、制造、投资、贸易于一体的多元化、高科技、国际化的大型现代公司。

春兰（集团）公司总部下辖42个独立子公司，其中制造公司18家，并设有春兰研究院、春兰学院、春兰博士后工作站和春兰电器研究所、春兰自动车研究所、春兰电子研究所等科研、教育机构。

公司董事局主席兼首席执行官陶建幸

春兰（集团）公司主导产品包括家电（空调器、电冰箱、洗衣机、彩电、除湿机）、自动车（汽车、摩托车、电动车）、机械（摩托车发动机、空调压缩机、冰箱压缩机）、电子信息（电脑、半导体、集成电路）等。中共中央总书记、国家主席江泽民于1992年和1998年两次视察春兰，并为春兰题词：“科技兴企，走向世界”。步入新世纪以来，春兰深入推进“创新型矩阵管理”，创立的信息平台、科研平台、营业平台、资金平台、采购平台和物流平台等六大公共平台，使企业管理的水平得到很大提高，科技水平不断攀升，新品开发速度进一步加快，综合成本不断降低，参与全球市场竞争的实力迅速增强。春兰正踏踏实实地向着建成世界著名公司的战略目标迈进。

鼠标轻触 *http://www.chunlan.com*，映入眼帘的是一个丰富多彩的春兰世界

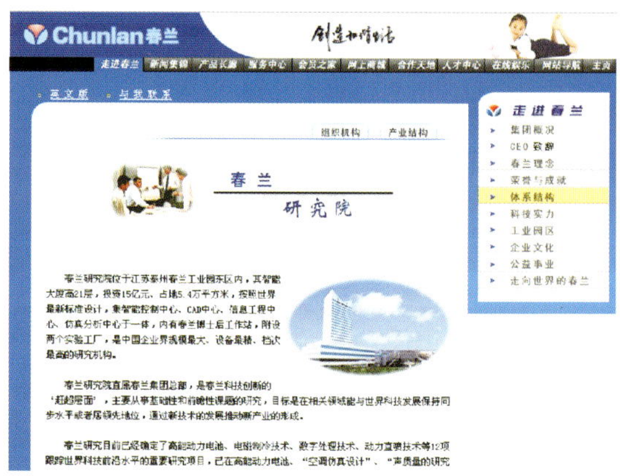

漫步产品长廊，春兰空调、冰箱、洗衣机、彩电、电脑、汽车、摩托车等数百种产品，令人目不暇接

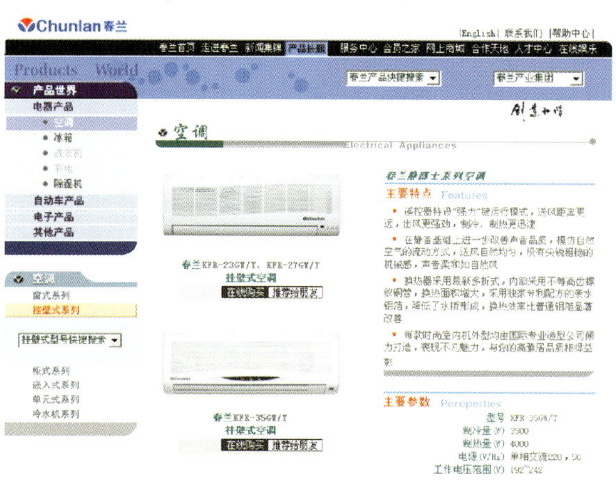

◄走进春兰，您将看到江泽民总书记为春兰题词、春兰精神、春兰理念等一系列图文并茂的画面

编辑说明

1.《江苏信息化年鉴》是全面记载一年一度江苏省信息化建设与发展历程和信息产业发展状况的综合性资料年刊，由江苏省发展计划委员会主持编纂，江苏省信息中心负责编辑工作。《年鉴》通过全省各部门、各地区、各行业的翔实资料以及有关领导和学者的分析评论，全面反映江苏省信息产业发展、信息技术研究、信息化重大工程建设和信息化推广的新成就、新情况和新趋势。首部《江苏信息化年鉴》出版发行得到有关领导、职能部门、企事业和许多读者的好评。《江苏信息化年鉴》在去年的基础上又作了较大的调整和改进。

2．本年度《江苏信息化年鉴》共包括九个部分：

第一部分　信息化建设文献法规篇

第二部分　规划计划篇

第三部分　专题研究篇

第四部分　产业篇

第五部分　行业篇

第六部分　地区发展篇

第七部分　企业（事业）、重大工程篇

第八部分　基础数据篇

第九部分　附录

3．本年度《江苏信息化年鉴》中有关信息化相关指标统计数据来自各地统计局以及广电、信息产业、电信等部门，部分数据由于统计口径和来源不同存在差异。

4．本年度《江苏信息化年鉴》除文字内容外，还安排了彩色图片、黑白图片和统计表，力求图文并茂，生动形象，增加可读性。

5．《江苏信息化年鉴——2000》为总字第一期，本年度《江苏信息化年鉴》为总字第二期，内容重点记载2001年全省信息化建设和发展的新情况、新资料，按照我国信息系统甘肃年会上确定的年鉴编序办法编排为《江苏信息化年鉴——2002》，与第一部《年鉴》顺序衔连。特此说明。

6．本年鉴的编辑出版工作，得到全省各级领导、各部门、各有关单位以及中国计划出版社的大力支持和协助，谨此表示谢意。

7．由于我们缺乏经验，水平有限，加上时间紧迫，工作浩繁，在编印中出现的粗疏、错漏之处，敬请批评、指正。

《江苏信息化年鉴》编辑部

二〇〇二年十一月

《江苏信息化年鉴》编辑出版人员

主　　　　编：钱志新

副　主　编：秦　雁　姚万华

执行副主编：魏　然　周金刚　陈玉金

执 行 编 辑：汤和银

责 任 编 辑：段建华　水家耀

彩版设计制作：王宏梅

《江苏信息化年鉴》理事单位和专家理事

（以姓氏笔划为序）

省各委、部、局部分

史苑芗　江苏省科技厅副厅长
申彭建　江苏省广播电视局副局长
冯忠明　江苏省审计厅纪检组组长
任懿奇　江苏省经济贸易委员会副主任
刘志伟　江苏省公安厅副厅长
孙炳辉　江苏省物价局局长
朱铁军　江苏省环境保护厅副厅长
汤以伦　江苏省统计局局长
齐丽华　江苏省档案局副局长
李清河　江苏省地震局局长
张　坊　江苏省信息产业厅副厅长
张　泉　江苏省建设厅副厅长
张士龙　江苏省国家税务局副局长
张洪甫　江苏省国土资源厅副厅长
张留芳　江苏省农林厅副厅长
杨卫东　江苏省工商行政管理局副局长
杨树林　江苏省南京海关关长
陆茂丰　江苏省通信管理局副局长
周世忠　江苏省交通厅副厅长
周忠明　中行南京分行副行长
周粉娣　江苏省海洋与渔业局副局长
周稽裘　江苏省教育厅副厅长
季根章　江苏省文化厅厅长
赵成志　江苏省气象局副局长
胥传普　江苏省电力公司总工
袁　丁　江苏省旅游局副局长
顾长虹　江苏省地方税务局副局长
阎　立　江苏省信息产业厅厅长
蒋传丰　江苏省水利厅副厅长
穆广荣　江苏省测绘局局长

省辖市、县级市部分

王家东　江苏省盐城市发展计划委员会主任
王康华　江苏省扬州市发展计划委员会主任
许　刚　江苏省无锡市发展计划委员会副主任
张　平　江苏省大丰市经济技术信息研究中心主任
李　琦　江苏省南京市发展计划委员会主任
李庆林　江苏省淮安市发展计划委员会副主任
陈达富　江苏省镇江市发展计划委员会副主任
周　云　江苏省昆山市信息中心主任
周正权　江苏省仪征市计划委员会主任
施云明　江苏省海门市发展计划委员会主任
赵建军　江苏省常州市发展计划委员会副主任
倪祝群　江苏省南通市发展计划委员会副主任
徐洪桥　江苏省宿迁市发展计划委员会副主任
栾钉锁　江苏省泰州市发展计划委员会副主任
殷建芳　江苏省吴江市发展计划委员会副主任
秦正志　江苏省徐州市发展计划委员会副主任
耿其伟　江苏省通州市计划与经济委员会副主任
钱　方　江苏省连云港市发展计划委员会副主任
钱式琥　江苏省太仓市发展计划委员会主任
顾水南　江苏省苏州市发展计划委员会副主任
高叙文　江苏省东台市发展计划委员会副主任

《江苏信息化年鉴》2002年刊特约审稿人

（以姓氏笔划为序）

省各委、部、局部分

丁小洪　江苏省统计局计算中心主任
于晓庆　江苏省档案局科技处处长
冯旭松　江苏省水利厅科技与对外合作处副处长
石高平　江苏省工商行政管理局信息中心主任
刘建国　江苏省国家税务局信息中心高级工程师
孙建新　江苏省教育厅信息中心办公室主任
朱卫星　江苏省气象局办公室副主任
朱新煜　江苏省通信管理局办公室主任
祁　建　江苏省电力公司环保部副主任
纪　迅　江苏省建设厅办公室主任
吴建强　江苏省农林厅信息中心副主任
吴肇明　江苏省信息产业厅处长
张大其　江苏省地震局副局长
张振宇　中国民用航空江苏省管理局办公室主任
李旭文　江苏省环境信息中心总工
杨和平　江苏省无线电管理局处长
沈　毅　江苏省海洋与渔业局办公室主任
陈　明　江苏省教育厅信息中心主任
陈忠伟　江苏省煤炭工业局办公室主任
林鸿亮　江苏省测绘局办公室副主任
范广勤　江苏省国土资源厅科技处副处长
郑　毅　江苏省审计厅计算机审计处处长
金　凌　江苏省交通厅科技处处长
赵　毅　江苏省物价局信息中心主任
唐　清　中行南京分行科技处副处长
徐循华　江苏省文化厅办公室副主任
袁卫国　江苏省铁路建设办公室秘书处处长
郭敏文　江苏省旅游局信息中心主任
黄在松　南京海关办公室科长
程建东　江苏省公安厅信息通信处处长
葛季曾　江苏省科技情报所办公室主任
潘　刚　江苏省地方税务局秘书
潘宪生　江苏省经经济贸易委员会技术进步与装备处处长

省辖市、县级市部分

丁振华　江苏省常熟市经济信息管理中心
于建武　江苏省镇江市信息产业局副局长
王康华　江苏省扬州市发展计划委员会主任
许　刚　江苏省无锡市信息化办公室副主任
佘路彤　江苏省徐州市经济信息中心副主任
吴清鑑　江苏省盐城市信息办主任
宋建平　江苏省淮安市信息中心主任
张　平　江苏省大丰市经济技术信息研究中心主任
李振峰　江苏省连云港市信息产业局局长
邵家麟　江苏省昆山市计委主任
周洪奇　江苏省苏州市信息中心主任
季玉华　江苏省通州市计经委技术信息科科长
金万亮　江苏省江都市计划委员会副主任
施友新　江苏省海门市信息中心主任
徐洪桥　江苏省宿迁市发展计划委员会副主任
栾钉锁　江苏省泰州市发展计划委员会副主任
殷建芳　江苏省吴江市发展计划委员会副主任
钱锦东　江苏省张家港发展计划委员会
高叙文　江苏省东台市发展计划委员会副主任
黄　河　江苏省南京市发展计划委员会副主任
龚　凡　江苏省南通市计委高技术科科长
童隆俊　江苏省南京市信息中心主任
缪　东　江苏省仪征市计划委员会副主任
樊　荣　江苏省太仓市计委副主任
戴文龙　江苏省常州市计委处长

《江苏信息化年鉴》2002 年刊特约撰稿人

（以姓氏笔划为序）

省各委、部、局部分

丁世红　江苏省旅游信息中心
万绍贻　江苏省电力公司
于　敏　江苏省科技情报所
水家耀　江苏省信息中心
王思彤　江苏省统计局网管办
邓　磊　江苏省农林厅信息中心
冯　宁　江苏省广播电视局科技处
刘益刚　江苏省教育厅信息中心
吉同陆　江苏省建设厅
孙大江　江苏省档案局办公室综合科
朱庆元　江苏省水利厅规划处
余　宁　江苏省海洋与渔业局办公室
张　飞　江苏省铁路建设办公室秘书处
张建平　中国银行南京分行科技处
张建忠　江苏省国家税务局信息中心
张晓燕　南京海关技术处
李　锋　江苏省国土资源信息中心
李东岩　江苏省煤炭工业局
李晓文　江苏省环境保护厅信息中心
杨　斌　江苏省统计局网管办
沈　燕　江苏省环境信息中心
肖吕宏　中国民用航空江苏省管理局办公室
陆　毅　江苏省交通厅科技处
陈　坚　江苏省公安厅信息通信处
陈　健　江苏省地震局计划财务处
陈宇昕　江苏省广播电视局科技处
陈洪良　江苏省测绘局办公室
周　梅　江苏省地方税务局计算机中心
周　萍　江苏省信息产业厅
姜　勇　江苏省环境信息中心
施中春　江苏省通信管理局网络管理处
段建华　江苏省信息中心
赵　楠　江苏省物价局信息中心
倪岳伟　江苏省地震局计划财务处
耿如堂　江苏省档案局科技处
郭立新　江苏省无线电管理局
高　岑　江苏省气象局办公室
曹　蕾　江苏省文化厅
章勇刚　江苏省通信管理局办公室
黄　彦　江苏省审计厅计算机审计处
程友华　江苏省经济贸易委员会技术进步与装备处
葛庆勇　江苏省教育厅信息中心
董　涛　江苏省工商行政管理局信息中心
蒋　涛　江苏省公安厅信息通信处
谢伟军　江苏省海洋与渔业局办公室
熊　欣　江苏省公众多媒体通信局
潘志刚　江苏省统计局计算中心

省辖市、县级市部分

马长刚　江苏省泰州市计划委员会
丰文渊　江苏省太仓市计委信息中心
王万山　江苏省宿迁市发展计划委员会
邓　伟　江苏省盐城市经济信息中心
丛洪深　江苏省盐城市经济信息中心
张　谦　江苏省南京市发展计划委员会
张光宇　江苏省苏州市经济信息中心
李吉祥　江苏省常州市信息中心
李振峰　江苏省连云港市信息产业局
杨瑞华　江苏省仪征市信息中心
汪　宁　江苏省东台市信息中心
汪庆和　江苏省无锡市信息化办公室
沈晓阳　江苏省吴江市信息化办公室
邵　宏　江苏省常州市发展计划委员会

陈　铭　江苏省南京市信息中心
陈小龙　江苏省大丰市经济技术信息研究中心
陈海兵　江苏省南通市信息中心
陈雪梅　江苏省淮安市经济信息中心
周荣兴　江苏省张家港市发展计划委员会
季玉华　江苏省通州市计划与经济委员会
林　东　江苏省连云港市经济信息中心
范化理　江苏省宿迁市发展计划委员会
郑国栋　江苏省徐州市经济信息中心
金　旭　江苏省镇江市信息产业局
荣毅龙　江苏省昆山市信息中心
夏　文　江苏省苏州市经济信息中心
徐建党　江苏省江都市计划委员会
袁　震　江苏省常熟市经济信息管理中心
郭　威　江苏省仪征市信息中心
钱　刚　江苏省扬州市经济信息中心
黄雪林　江苏省昆山市信息中心
解建明　江苏省海门市计划委员会

序

季允石

金秋时节，我们高兴地看到《江苏信息化年鉴》问世了。

上个世纪90年代到本世纪初，是全球信息化浪潮风起云涌的时代。信息产业以两倍于经济平均增幅的速度快速增长，并引发了一场深刻的产业革命和社会变革。从发展趋势看，本世纪必将是以信息技术为核心的高新技术推动世界经济更大发展的世纪。当前，无论是发达国家还是发展中国家，都高度重视信息化建设，大力发展适合本国、本地区的信息经济，加快国民经济和社会信息化步伐。信息化已成为一个国家、一个地区甚至一个企业提高竞争力的必然选择。

面对信息化浪潮带来的机遇和挑战，党中央、国务院做出“以信息化带动工业化，实现生产力跨越式发展”的重大战略决策。科技是第一生产力，高新技术是先进生产力。江泽民同志在党的十五届五中全会上强调：“当今世界的发展趋势表明，信息化对推动经济和社会发展具有重大作用，我们必须高度重视并全力推进，以信息化带动工业化，发挥后发优势，争取实现社会生产力的跨越式发展。”我们要按照江总书记的指示，把信息化提高到发展社会生产力的高度来认识，承担好“先进生产力发展要求的代表”的历史使命。

以信息化为龙头，强力推进经济结构战略性调整，着力提高江苏经济整体素质和国际竞争力，是我们应对新世纪、新经济、新挑战的关键举措。要把信息化放到覆盖现代化建设全局的重要战略位置，充分利用江苏现有的工业基础和人才优势，加快经济和社会信息化进程，在能源、交通、机械、冶金、纺织、轻工、化工、建材、建筑以及农业等传统产业广泛应用信息技术，推动经济增长方式由粗放型向集约型转变。推进信息技术与现代管理技术结合，使之渗透于企业开发、生产、销售和服务的全过程，增强企业应变力和竞争力。提高计算机和网络的普及应用程度，促进信息技术在政府行政管理、社会公共服务等领域的应用和信息化城市建设，尽快提高全社会的信息化水平，实现建设一流信息化大省的目标。

《江苏信息化年鉴》是继《江苏省信息化白皮书》之后又一部展示江苏信息化建设历程的纪实之作。该《年鉴》以翔实的数据，记录了江苏信息化建设的成果；以简洁的文字，勾画了江苏信息化建设的宏伟蓝图。希望全省各条战线的同志特别是各级领导干部，都能结合实际认真读一读，从中得到启示和借鉴，以利于把加快发展信息化的工作做得更好。

目　　录

第一部分　信息化建设文献法规篇

第二部分　规划计划篇

第三部分　专题研究篇

第四部分　产业篇

第五部分　行业篇

第六部分　地区发展篇

第七部分　企业（事业）、重大工程篇

第八部分　基础数据篇

第九部分　附　录

第 一 部 分

信息化建设
文献法规篇

中共中央政治局委员、江苏省委书记回良玉同志对全省信息化工作会议的批示

此次会议确定的主题、选择的时机、采取的形式都很好。人类已经进入新世纪、新千年，信息技术和信息产业被认为是当代先进生产力的主要代表。信息技术的广泛应用，构造着21世纪人类经济发展和社会活动的平台，驱动着全球性的产业结构调整，成为推动世界经济发展的巨大引擎。历史上还没有哪一个产业对人类活动产生过如此广泛、如此深刻的影响。

希望与会同志提高认识，增强使命感和紧迫感，把会议开成一个落实科教兴省战略，推进全省国民经济和社会信息化进程的战略性、全局性会议。我赞同允石同志讲话，信息化浪潮的到来，既是机遇，又是挑战，我们要抓住机遇，迎接挑战，强力推进江苏信息化大省的建设。

在全省信息化工作会议上的讲话

江苏省人民政府省长　季允石

（2001 年 4 月 10 日）

同志们：

这次全省信息化工作会议，是在全省上下努力实现“十五”良好开局、现代化建设进入新的历史阶段召开的一次重要会议。会议的主要任务是：认真学习贯彻党的十五届五中全会和江总书记关于信息化工作的重要讲话精神，按照省委的要求和我省“十五”计划纲要的部署，进一步认清形势，坚定信心，明确任务，落实措施，全面加快我省信息化进程。省委、省政府对这次会议十分重视。回良玉同志作了重要批示，强调要把会议开成一个落实科教兴省战略，推进全省国民经济和社会信息化进程的战略性、全局性的会议。《省政府关天加快国民经济和社会信息化的意见》和《省政府关于印发江苏省鼓励软件产业和集成电路产业发展若干政策的通知》已下发，各地、各部门要认真贯彻落实。会上，王珉同志将代表省政府作工作报告，具体部署今年及今后一个时期全省信息化工作任务。会议结束时，广洲同志将作总结讲话，就贯彻落实这次会议精神提出要求。下面，我讲三个问题。

一、认清形势，提高认识，增强加快信息化的紧迫感和使命感

全面推进国民经济和社会信息化，是事关江苏现代化建设全局的一项重大战略任务。进一步认清形势，统一思想，是我们完成这一战略任务的前提。

信息化是当今世界经济和社会发展的大趋势。20世纪 90 年代中期以来，由于国际互联网的快速发展，在全球范围内兴起了新一轮信息化浪潮。全球信息产业以两倍于经济平均增幅的速度增长，成为世界经济最具活力的新增长点和社会财富加速增长的主导力量。信息技术强大的渗透性和信息资源应用的广泛性，引发了国际经济社会的深刻变革，加快了经济全球化的进程。信息化对经济发展的巨大推动作用，对社会生活带来的深刻影响，受到世界各国的高度重视。一些国家抓住信息化的机遇，加快经济结构调整步伐，使信息产业成为国民经济的主导产业和发展的主要动力。美国信息产业创造的增加值已占国内生产总值的50%以上，吸纳的劳动力已占全部劳动力的 50%以上，从而使经济保持了近 10 年的较高增长，占据了国际竞争的有利地位。越来越多的国家都在竞相发展适合本国特点、具有自身特色的信息经济，加快国民经济和社会信息化进程。从这个意义上讲，21 世纪的社会将是一个全新的信息社会；21 世纪的国际竞争，将是以信息技术为核心的高新技术产业的竞争。信息化已成为世界各国提高综合国力和竞争力的必然选择。

面对信息化浪潮带来的机遇和挑战，以江泽民同志为核心的党中央高瞻远瞩，适时作出了推进国民经济和社会信息化，以信息化带动工业化，实现生产力跨越式发展的重大战略决策。早在1997 年 9 月，江总书记在党的十五大报告中就提出，要改造和提高传统产业，发展新兴产业和高技术产业，推进国民经济信息化。2000 年 10 月，江总书记在党的十五届五中全会上进一步强调：“这一次全会提出加快国民经济和社会信息化，就是我们为推进产业优化升级和实现工业化、现代化而采取的重大举措。当今世界的发展趋势表明，信息化对推动经济和社会发展具有重大作用，我们必须高度重视并全力推进，以信息化带动工业化，发挥后发优势，争取实现社会生产力的跨越式发展。”今年 3 月，在参加九届全国人大四次会议江苏代表团全体会议时，江总书记明确要求江苏“紧紧抓住以信息技术为核心的新一轮技术革

命带来的机遇，大力推进科技进步和创新，努力提高江苏的高新技术产业发展水平，加快运用高新技术改造和提升传统产业，以信息化带动工业化。”江总书记的一系列重要论述和对江苏的殷切期望，为我们正确处理工业化和信息化的关系，加快推进信息化和现代化建设指明了方向。我们要认真学习，深刻领会，坚决贯彻落实。

“十五”是我省全面建设宽裕小康社会、为率先基本实现现代化奠定坚实基础的关键时期。我们要保持经济持续快速健康发展，加快经济结构战略性调整，不断提高人民群众的生活水平，都离不开国民经济和社会信息化的龙头带动作用。经过多年来特别是“九五”的努力，我省信息化工作取得了较大的进展。信息基础设施建设水平位居全国前列，电子信息设备制造业总体规模居全国第二位，软件产值占全国1/10，信息技术向传统产业渗透明显加快。但对照国际先进水平和国内先进省市，我们没有任何理由可以自满。目前，北京市信息化综合指数位居全国首位，上海市在发展大规模集成电路方面领先全国，深圳市信息产品制造业产值和利润均列全国第一。与这些国内城市相比，江苏有特色、有优势，但差距也比较明显，必须进一步增强危机感、紧迫感和责任感。信息化是新世纪经济发展的主要驱动力量，是推进经济结构战略性调整的龙头工程，是加快科技进步和创新的核心内容。“十五”期间，我们要适应新形势，抓住新机遇，增创新优势，赢得新发展，实现经济大省向经济强省的转变，必须进一步提高对信息化重大意义的认识，切实把信息化作为覆盖现代化建设全局的战略举措紧紧抓在手里，抓出新成效，取得新进展。

抓住机遇，加快发展，是“十五”计划的主题。当前，全球性的信息技术革命正在蓬勃展开。我们讲抓住机遇，很重要的就是要抓住信息化这个机遇。从各方面的条件来看，我们正面临着大力推进信息化的有利时机。党中央、国务院对信息化工作十分重视，制定了一系列政策措施，形成了促进信息产业发展的强大动力。在制定我省“十五”计划时，省委、省政府明确提出要加快信息化建设，促进社会生产力跨越式发展。随着改革开放的不断深入和信息技术的不断发展，全省上下对信息产业、信息经济和信息化的认识逐步深化。在各方面的共同努力下，我省信息化建设势头良好，形成了一定的体制优势、基础设施优势、部分产业优势、政策优势和发展环境优势，具备了加快发展的良好基础。江苏经济、科技和教育比较发达，为信息化提供了必要的物质技术和智力支持。正在进行中的产业结构、所有制结构和企业结构调整为信息产业发展提供了有利条件。我国加入WTO将进一步拓展信息产业的发展空间。网络经济时代的到来给信息产业发展带来了巨大商机。所有这些，都为我们加快信息化创造了难得的机遇。我们一定要认清形势，坚定信心，抓住机遇，乘势而上，不断开创我省信息化建设的新局面。

二、明确目标，抓住重点，强力推进江苏信息化大省建设

根据党的十五届五中全会精神和推进信息化建设的总体部署，结合江苏实际，“十五”期间我省信息化建设的总体目标是：努力把江苏建设成为全国一流的信息化大省；到2005年，全省信息化产业增加值达1100亿元，平均增长29%，占GDP的比重达8%以上；信息化综合指数居全国前列。当前和今后一个时期，要围绕上述目标，集中力量，突出重点，发挥优势，强力推进，努力在“五个结合”上取得新的突破。

（一）把加强信息基础设施建设与发展壮大信息产业结合起来，形成江苏的特色和优势

作为信息化的基础和支柱，信息基础设施建设和信息产业发展两者之间存在着十分密切的依存和促进关系。信息基础设施建设可以为信息产业的发展提供市场空间，信息产业的发展也能为信息基础设施建设提供技术和产品支持，并促进信息基础设施更好地发挥效能。要积极实施信息化跨越计划，在两者的有机结合上下功夫，实现信息基础设施和信息产业的互动共进、协调发展。在信息基础设施建设方面，要追踪新一代信息基础设施建设的趋势，建设高性能的网络传输平台，健全信息网络体系，促进网络的互联互通、资源共享和业务融合，提高网络容量和传输速度。重点突破“带宽”瓶颈的制约，大力发展高速宽带传输网络，建设宽带接入网，促进电信、电视、计算机三网融合，初步形成质优价廉、竞争有序的宽带接入网络运营市场。大力推进金融、工商、税务、科技、教育、交通等八大骨干应用系统工

程建设。在发展信息产业方面，要注意形成自身的特色和局部优势。信息产业是现代经济的增长源，具有高投入、高风险、高科技含量、高收益以及更新换代快等特点。与世界发达国家和地区相比，我们的经济技术力量有限，不能全面出击，遍地开花。必须运用比较优势战略，坚持有所为，有所不为的原则，有重点、有选择地支持发展一批市场覆盖面广、竞争能力强的企业，开发一批技术档次较高的产品。通过“十五”的努力，形成10家年销售额百亿元以上电子信息企业，创出一批有特色的知名品牌。要大力发展软件产业，形成以江苏软件园为龙头，与南京、常州、无锡、苏州等软件园相融互补的沿江软件产业带，努力把我省建设成为全国重要的信息制造业基地和软件生产基地。

（二）把信息化和工业化结合起来，实现社会生产力跨越式发展

发达国家是在实现工业化的基础上进入信息化阶段的，我们则是在工业化尚未完成、现代化建设正在展开的情况下拉开信息化序幕的。因此，我们必须、也可能“两步并作一步走”，把工业化和信息化结合起来，在推进工业化的过程中注重运用信息技术提高工业化水准，在推进信息化过程中注重运用信息技术改造传统产业，以信息化带动工业化。目前，我省传统产业在国民经济中占有较大比重，去年增加值占GDP的55%以上，仍是江苏经济的比较优势所在。因此，推进信息化必须从这一实际出发，依靠传统产业的积累加大对信息化的投入，依据传统产业的技术基础开发信息技术，依托传统产业的市场转化信息技术开发成果。同时也要看到，信息技术的广泛应用及其对传统产业的巨大推动作用，使得今天的工业化越来越离不开信息化的支持，信息技术已成为增强传统产业竞争能力的关键因素之一。运用信息技术改造提高传统产业，促进产业结构优化升级，对于保持我省经济持续快速健康发展具有重要的现实意义。要加快企业设计、生产、经营、管理的全面信息化。大力实施制造业信息示范工程，在重点制造业企业中推广运用计算机辅助设计（CAD）、辅助测试（CAT）、辅助制造（CAM）、辅助工程（CAE）、计算机集成系统（CIMS）、企业资源计划系统（ERP）和客户关系管理系统（CRW）。积极推进“企业上网工程”，“十五”末大型企业信息化普及率达到100%，中小企业网络应用率达到80%以上。要通过一系列扎实工作，使信息技术逐步渗透到传统产业的各个领域，引导传统产业向深加工、精加工、高附加值和低消耗方向发展，迅速提升我省经济整体素质，用全新的方式和更短的时间实现现代意义上的工业化。

（三）把推进信息化与提高社会公共服务水平结合起来，努力提高人民生活水平

信息化的主流是信息服务。在全面建设宽裕小康社会、加快现代化建设新的发展阶段，我们推进信息化的着眼点，一定要放在满足人民群众对信息服务的需求上，切实提高社会公共服务水平。信息化只有融合在经济和社会发展中，才能有更为广阔的发展空间。只有让人民群众切身感受到信息化带来的各种便利，信息化才会有广泛的社会基础，才能取得巨大的经济效益和社会效益。从目前的情况来看，加快社会公共服务领域的信息化，首先要大力推进电子商务、电子公务、电子政务，加快各类信息资源的开发和利用。信息资源共享是信息化的一条根本原则和重要目标。要以政务部门、社会公共服务部门和各类企业为重点，抓好各部门和各行业信息资源的开发，加快形成社会信息资源充分利用和有效共享的机制，全面提高信息服务的质量和水平。其次要突出社区信息化建设，增强信息为广大人民群众服务的能力。按照为民、便民、利民的要求，积极开发能够满足居民多样化、多层次物质文化生活需要的信息资源，向消费者提供教育、娱乐、购物、旅游、医疗、纳税、水电、电信等多方面的信息产品和网络服务，使信息化更加帖近群众生活，工作、学习、生活、娱乐更加丰富多彩，从而不断提高人民群众的生活质量。三是积极推进城市信息化建设，加快城市化进程。充分利用现代信息技术，全面提高城市规划、建设、管理水平，初步形成城市综合基础地理、公共资源、公共设施和公共服务等数字化环境，首批建成六个数字化城市，改进户籍、人口、市政、房产、物业、治安、环境等管理手段和服务质量，进一步增强城市整体功能。

（四）把自主创新和国际合作结合起来，提高信息技术的核心竞争力

信息产业是建立在最新科技研究开发成果基

础上的前沿产业。加强国际科技交流与合作，积极引进国外先进技术，博采众长，为我所用，是加快信息技术创新的有效途径。与国际先进水平相比，我们的技术还比较落后，必须走国际合作的路子。但也要清醒地看到，最先进的技术是买不来的，必须进行自己的探索和创新。只有拥有自主创新的能力和自主知识产权的产品，我们在信息技术及其产业领域才能真正占有一席之地。为此，要加强产学研联合，加快建立以企业为主体、以高校和科研院所为依托的研发创新体系，提高信息技术的自主创新能力。要以培育电子信息产品群为目标，通过跟踪国际水平，重点在网络安全、现代通信、专用集成电路、新型元器件等领域进行前瞻性应用基础研究。要积极探索信息技术成果转化的有效途径，支持高等院校、科研院所和高新技术企业将拥有自主知识产权的信息技术成果商品化、产业化、增强信息产业的市场竞争力和发展后劲。

（五）把加强政府引导与发挥市场机制作用结合起来，更好地完成信息化建设的各项目标

推进信息化建设，不仅具有重要的经济意义，而且具有很现实的社会政治意义。这就要求我们在进行信息化建设的过程中，正确处理好政府引导与市场机制作用的关系，并把两者有机结合起来。各级政府、各有关部门要充分发挥好统筹规划、组织协调、间接管理、营造机制的作用，逐步完善管理体制，健全法规框架，优化政策环境，创造公开、公平、公正的社会环境，为我省信息化的健康发展创造条件。近年来，伴随着信息化的推进，大量信息通过网络深入社会各个角落，互联网已经成为一个新的思想文化阵地和思想政治斗争阵地。必须抓紧制定规则，切实加强管理，以趋利避害，为我所用，在全球信息网络化发展中占据主动地位。强调政府发挥引导作用，不能再沿袭过去直接管理和干预微观经济主体的做法，而要注意充分发挥市场配置资源的基础性作用。在继续加大政府对信息产业投入的同时，要积极运用财政、金融、税收等经济杠杆，调动社会各方面参与信息化建设的积极性。努力拓宽投融资渠道，吸引更多的社会资金，形成以政府投入为引导，企业投入为主体，社会投入和外资投入为重要来源的多元化投资体制。尽快确立企业在信息化建设中的主体地位，大力培育信息消费市场，加快形成适应信息化发展需要的技术创新机制、行业自律机制、创新人才体系和中介服务体系。

三、加强领导，改善环境，为我省信息化发展提供有力保障

“十五”是我省建设全国一流信息化大省的关键时期，时机非常宝贵，任务艰巨繁重。各地、各部门要从关系江苏未来发展的战略高度出发，切实加强领导，加大工作力度，落实各项措施，全面优化环境，使信息化建设有一个新的更大的进展。

一要加强宣传教育。加快信息化进程，有赖于全社会信息化意识的提高。要认真抓好宣传和普及教育，使广大干部群众充分认识信息化的重要意义，进一步增强机遇意识、责任意识和创新意识，调动全社会参与信息化建设的积极性和创造性。要充分发挥新闻媒体的作用，开展丰富多彩的宣传教育，大力普及信息化知识，强化全民信息化意识，打牢信息化发展的社会基础。要加强对各级领导干部的培训。信息化建设能否顺利推进，关键在于提高各级领导干部对信息化的认识程度。“以其昏昏，使人昭昭”是不行的。领导同志对信息化知识不甚了解，加强领导就无从谈起。各级领导干部要带头参加信息技术知识及其应用技能的培训，加深对信息化趋势、特征、作用和影响的认识，进一步增强推进信息化建设的自觉性，提高信息技术的应用能力。要大力弘扬创新精神。信息产业飞速发展，信息技术日新月异，要缩小差距、迎头赶上，必须解放思想、勇于创新。既要在技术上进行创新，更要在体制和观念上创新。只要我们不断加强学习，更新观念，加大体制和技术创新的工作力度，就一定能掌握新形势下信息化发展的主动权，走出我省信息化发展的成功之路。

二要加强科学规划。信息化是一项投资大、风险高的社会系统工程，涉及方方面面，既要发挥各地、各部门和社会各个方面的积极性，又要加强统筹规划，使信息化与社会经济发展相适应，与现代化建设的进程相协调。各级政府要切实加强对信息化建设的科学规划和组织协调，防止一哄而起，避免重复建设。首先，规划的起点要高。当前信息技术发展的新思想、新观念、新技术、新装备、新应用层出不穷，我们要密切追踪最新

动态，瞄准一流水准，在可能的情况下，实现高起点规划和高标准建设的有机结合。大城市和苏南等工业化水平较高的地区要利用已有基础，努力抢占制高点，力求重点突破，争取先行一步；苏北等工业化水平较低的地区要积极努力，创造条件，发挥后发优势，抓住这一跨越式发展的机遇。其次，规划的方法要新。要开门搞规划，认真听取社会各界特别是专家、学者的意见，集思广益，提高规划的科学性和社会参与程度，真正体现规划的战略性、前瞻性和政策性。第三，规划要体现和突出江苏的地方特色和比较优势。

三要加强人才队伍建设。信息化领域的竞争，从根本上说是人才的竞争。推进国民经济和社会信息化，在很大程度上取决于国民素质的提高和大批人才的培养与合理使用。要扩大人才培养规模，形成学科设置较为齐全、结构比较合理的信息技术人才培养教育体系。采取更加灵活优惠的政策，积极引进海内外各类高级人才和急需人才。充分发挥现有人才的作用，特别要重视加强对青年学术带头人和技术带头人的培养，委派他们在关键岗位上承担重任，在实践中锻炼成长，努力创造青年优秀人才脱颖而出的条件和环境。要通过发展事业、优化环境、改革体制、提高待遇、融洽感情等多种形式，进一步发展壮大信息技术开发和应用的人才队伍。

四要加强环境营造。信息化的发展离不开广泛的社会支持，离不开宽松的外部环境。当前，要重点抓好以下三个方面：一是创造有利于信息化发展的法制环境。要按照国家有关法律法规，结合江苏实际，在调查研究的基础上，清理和调整原有不适应信息化发展的地方性法规、政府规章和规范性文件，加快研究、制定有利于信息化发展的新法规，形成较为完善的地方性信息化法规框架。二是创造有利于信息化发展的市场环境。采用符合国际惯例的信息化行政管理方式和手段，进一步改进和完善政府对信息市场的监督。着重培育电信和信息服务业的市场竞争机制，鼓励在国家政策和政府引导下的多元发展、有序竞争和对内对外开放。加大行政执法力度，坚决查处和制裁各种违法行为，维护市场竞争秩序。目前文化市场违法违规经营现象仍然存在，特别是以“电脑屋”、“网吧”等名义，利用电子计算机从事经营性电脑游戏活动相当普通，其中有不少不健康甚至色情、反动的内容，必须下大力气依法从严整治。三是创造有利于信息化发展的网络安全环境。要从战略的高度充分认识信息安全工作的重要性和紧迫性，进一步建立健全信息安全责任体系、信息安全评估体系和信息安全技术支撑体系，不断提高信息安全防御能力。

五要加强领导和政策扶持。我省信息化建设的任务已经明确，要达到预期目标，关键在于加强领导，狠抓政策落实。一是各级政府及其部门要切实把信息化提上重要议事日程，明确分工，落实责任，形成强有力的工作机制。政府和部门的主要负责同志要亲自抓，并明确一名负责同志具体分管，做到有布置、有检查、有考核，要强化全省一盘棋思想，立足本职，顾全大局，互相支持通力协作，共同推进江苏信息化建设。二是要从投融资政策、税收政策、产业政策、采购政策等方面，加大对信息化建设的扶持，切实解决发展中的瓶颈问题，建立和完善具有本地特点的发展机制。信息产业企业和项目在创业期间要给予一定的税收优惠待遇。继续清理和取消抑制信息消费的政策，引导和扩大信息消费。三是要进一步加大财政和金融对信息化的支持力度。“十五”期间，省财政将安排专项经费用于软件园建设、信息化带动工业化重点技术创新项目、信息网络及信息平台建设、关键技术开发与推广应用示范项目建设的资助、贷款贴息和奖励，各地、各有关部门也要相应建立配套资金。要积极利用高新技术风险投资资金，加大对软件和集成电路业的风险投资。引导企业增加对信息化建设的投入，信息企业的技术开发费用占销售额的比重要有明显提高，使企业真正信息化建设的投资主体。支持信息企业运用资本市场直接融资。

同志们，全面推进国民经济和社会信息化，对实现我省新世纪发展的宏伟目标意义重大，影响深远。我们要在以江泽民同志为核心的党中央领导下，高举邓小平理论伟大旗帜，以“三个代表”的重要思想为指导，团结拼搏，扎实工作，努力把江苏的信息化建设提高到一个新水平，为富民强省、争取率先基本实现现代化做出新的贡献！

在全省农业信息工作会议上的讲话

江苏省委副书记、南京市委书记　李源潮

（2001 年 5 月）

近年来，我省各地对农业信息工作高度重视，强化领导，增加投入，农业信息基础设施建设、网络服务体系、信息发布、农产品网上销售等都取得了较大的成效，对促进农业结构调整、加速农产品流通、增加农民收入起到了积极的推动作用。这次全省农业信息工作会议，是我省农业系统贯彻落实全省农村工作会议和全省信息化工作会议精神，推进我省农业信息化进程的一项重要举措。我着重讲三个问题。

一、坚持把农业信息化作为推进农业现代化的一项战略举措来抓

农业现代化是一个历史性概念。在 20 世纪后半叶，我国先后提出了农业水利化、机械化、电气化、化学化等农业现代化目标。当人类进入新世纪，信息社会的特征开始显现之际，我们应该解放思想、更新观念，及时地将信息化列入农业现代化的内涵。

信息化是当今世界经济和社会发展的一大趋势，是促进各项产业优化升级的关键环节，也是实现国民经济现代化的重要标志。江泽民总书记指出，要加快发展我国的信息技术和网络技术，努力在全球信息网络化的发展中占据主动地位。他还要求江苏紧紧抓住以信息技术为核心的新一轮技术革命带来的机遇，大力推进科技进步和创新，努力提高江苏的高新技术产业发展水平，加快运用高新技术改造和提升传统产业，以信息化带动工业化。回良玉书记也多次强调，要把信息化放在带动全局的战略位置，发挥信息化在结构调整中的龙头作用。21 世纪的世界经济竞争，从一定意义上讲是信息资源的竞争。农业作为国民经济的基础产业和重要组成部门，必须紧跟信息化的潮流，抓住信息化的机遇，加快信息化的进程，才能适应经济现代化和农业现代化的要求。

（一）加快农业信息化进程，是促进传统农业向现代农业转变，加快农产品结构调整的必然要求

随着知识经济时代的到来，信息成为农业经济增长和农产品市场竞争力提高的基本要素，但目前我省农业对自然资源的依赖程度还很高，信息对农业生产的指导作用还比较低，农业科技成果推广不快，生产要素的组合和生产技术的采用主要还是以传统方式进行。在我国即将加入 WTO 的情况下，我省的农业生产如不尽快改变这一状况，就很难在国际国内两个市场的竞争中获胜。我省加快农产品结构调整必须加快生产要素的流动，加快先进技术的采用。为此，可供选择的一条有效途径是，加快农业生产信息化进程，指导农业生产要素的有效流动，促进农业科技成果的推广和应用，推动农业现代化进程。

（二）加快农业信息化进程，是增强农民市场观念，提高农产品市场竞争能力的有效途径

近几年，我省农业结构调整步伐较大，成效较为明显，但销售不畅、效益不高的问题比较突出，致使农民增收十分困难。如何使千家万户的小生产与千变万化的大市场进行有效的对接，是农业和农村工作面临的一项重要课题。有效的生产不能是盲目的生产，防止盲目生产必须及时全面地掌握市场信息。落后的农业、落后的农村，往往都与农业信息不灵密切相关。加快农业信息化进程，可以让农民及时获取市场、科技、政策等各方面信息，及时把握市场的变化；可以让农产品上网销售，突破时间和空间的限制进行流通；可以让农村剩余劳动力获取更多的就业信息，加速向非农产业转移，从而有效地增强农民的市场观念，缓解小生产与大市场的矛盾，提高农产品

的竞争能力。

（三）加快农业信息化进程，是转变政府职能，积极引导农民增加收入的现实选择

传统计划经济条件下，农业的生产经营主体是政府和基层行政组织，农民主要依据下达的计划进行生产性操作。经过20多年的改革开放，我国社会主义市场经济体制已逐步建立，农民拥有了法定的生产经营自主权，成为市场的主体。但一些地方仍在沿用过去那套行政命令的办法，强迫农民种这种那，致使党群干群关系紧张，影响农村社会稳定。加快农业信息化进程，运用信息引导农民进行生产，可以有效地促进政府工作职能和管理方式的转变，使政府从过去以催收催种为主转变为以为农服务为主，从过去以“亲自干”为主转变为以“引导干”为主，既可以积极引导农民增加收入，又可以减少农业生产组织中的各种矛盾，维护农村社会的稳定。

21世纪的社会是一个全新的信息社会。和其他行业一样，农业信息化进程决定着农业以什么样的面貌出现在新的世纪。因此，我们要从加强农业、稳定农村、富裕农民，积极推进江苏农业现代化的战略高度，重视并切实加强农业信息化工作，抢占新世纪农业发展的制高点，争得新世纪农业发展的主动权，为江苏率先基本实现现代化作出更大的贡献。

二、准确把握内涵，突出工作重点，努力提高江苏农业信息化水平

农业信息化是国民经济信息化的重要方面，是当代农业现代化的重要标志。目前，农业信息化内涵需进一步界定，从江苏的实际来看，我认为至少有三点应该基本明确：一是信息知识在农业生产全过程得到广泛的运用，成为重要的生产要素；二是信息知识在提高农业生产的质量和效益上发挥较大影响，成为重要的价值资源；三是信息知识对农业生产方式的变革升级形成有力的促进，成为重要的创新动力。这三点是我省农业信息化不可缺少的内涵，是农业信息化的基本要求和经济特征。

农业信息化涉及的内容很广，要完成的任务很多。就江苏的情况来说，“十五”期间农业信息化应争取在四个方面取得突破：（1）初步实现农业生产的信息化，至少在乡镇一级要达到，通过宏观农业综合信息的获得来指导微观的农业生产，减少生产的盲目性。（2）初步实现农业科技信息化，充分发挥信息在科技成果普及运用上的作用，使信息网络成为农业科技推广的主渠道之一。（3）初步实现农产品市场信息化，建成覆盖江苏、辐射全国和联通境外的网上农产品交易市场，网上销售的农产品数量力争在现有基础上翻两番。（4）初步实现农业管理和服务信息化，所有政府管理信息和主要涉农服务信息都要上网发布，保证农业生产相关者可以随时随地查到所需的管理和服务信息。

实现上述目标、任务，必须集中力量，突出重点，扎扎实实地抓好各项措施的落实。当前及今后一个时期，要重点抓好四件事：

一是要搞好基础建设，尽快建成覆盖全省、联通全国的江苏农业信息网络。强化信息体系建设，增强信息服务功能，要紧紧围绕省委、省政府制定的农业和农村经济的发展目标，坚持我省信息化建设“应用主导、面向市场、网络共建、资源共享、技术创新、竞争开放”的发展思路，瞄准国际先进水平，发挥比较和后发优势，大力推进信息技术在农业各个领域中的应用。要在现有基础上，通过省、市、县农业部门的联网，加快与国内其他农业网、经济网的衔接，积极引导鼓励大中型农产品批发交易市场、专业生产基地、龙头企业、有一定规模的合作经济组织，以及具备一定条件的农民经纪人、农业大户联网，逐步建成上下相连、左右相通、辐射城乡、功能齐全的江苏农业信息网络体系。今明两年，省、市、县农业部门要全部实现联网，市级要基本完成农业网站或局域站建设，县级要完成20个农业网站或局域站建设，500个乡镇或乡镇农技部门与江苏农业网联网，实现1000户大户上网。要进一步提高全省主要农副产品批发交易市场信息报送的质量，主要农业高中等院校、科研院所实现联网或网站链接，使江苏农业网成为国内最有影响的农业网站。到2003年，全省各市、县实现网站的相互链接，省内主要龙头企业全面联网，全省乡镇政府及基层农业技术推广站一半联网，形成现代化的江苏农业市场信息网络。

二是要整合信息资源，加快建立江苏三级农业信息中心。开发利用农业信息资源是我省农业信息体系建设的核心内容，也是建成全国最有影

响力农业信息网的关键所在。要下决心在网上逐步建立省、市、县三级农业信息中心，收集、分析、发布信息资源。切实改变农业信息体系建设中“有路无车”、“有车少货”、“有货不精”的局面，切实扭转“索取多、提供少”的现象。各级农业部门要在1、2年内，集中一定的人力物力，下功夫整合农村市场信息资源，做好现有农业信息资源的上网，以便通过网络实现我省农业信息资源的共享。要组织农业专家队伍，根据收集的信息进行科学分析和供求预测，在网上及时为农业生产提供全过程服务。要采取多种形式向农民、农村发布农业信息。要通过各种合作方式，开发利用各类农业信息资源。省级农业信息中心要建立国际、国内有一定影响的实用型数据库，提供网络支撑；针对农村用户，简化网上的检索、查询；综合应用现代信息技术，在江苏农业网上开发语音、视频等多媒体信息服务；积极培植信息服务中介组织，大力开展农业信息服务，全方位发布信息，积极发展信息用户，探索农业信息产业化的路子。

三是要创新农业经营机制，建立建好江苏网上农产品市场。建立农产品、农资品信息市场，开拓农业电子商务，在网上开展农产品、农资品推介和销售，具有简便、快捷、覆盖范围广、节省成本等特点，可以有效地克服农产品流通上信息闭塞、位置偏僻、无实力进行宣传等一系列问题。网上发信息，网下做交易（今后还可以过渡到网上交易），是我省农产品销售方式的重大变革。要依靠现代化的农业信息网络，尽快构筑全省农产品供求网上大市场，拓宽农产品销售渠道，提高农产品营销层次。首先要建好省级网上农产品市场，请农林厅信息中心把这个任务作为一项重点工程抓紧抓好。要创新机制，积极鼓励、大力联合外资、民资及法人资本等社会各方面的力量，创办或参与农产品网上市场建设，促进农业信息服务社会化，增强农产品信息市场的生机和活力。

四是要发展乡镇信息员队伍，推动农业信息网“进村入户”。目前，多数农业信息网络还不能直接为广大农民服务，需要信息员作为“二传手”进行接力，才能最终实现“进村入户”。这就是我们通常说的信息服务“最后一公里”问题。今后一段时间，要把加强基层农业信息员队伍特别是乡镇信息员队伍建设，作为加快农业信息化进程的一项基础性工作来抓。结合乡镇农技推广体制的改革，每个乡镇都要明确1名固定或兼职的信息员，负责在网上收集与本乡镇发展相关信息，发布本乡镇的供求信息，并及时传递给广大乡村干部、农民及企业。对乡镇农业信息员要加强培训、管理、考核，提高他们的素质，要制订政策，保证他们的待遇，调动他们的积极性。同时，要调动各方面的力量，积极鼓励村组干部、经纪人、产业化龙头企业、中介组织和营销大户等，充当农业信息的“二传手”，逐步打通信息服务上的“最后一公里”。

三、加强组织领导，加大政策扶持，确保农业信息化工作顺利展开

“十五”是新世纪第一个五年计划，也是农业信息化建设十分关键的时期。各地、各部门一定要从战略的高度充分认识农业信息化工作的重要性，切实加强领导，加大工作力度，确保各项措施落到实处。

（一）加强科学规划，高起点、高质量地搞好农业信息化发展规划

农业信息化是一项投资大、风险高的工程，必须明确目标，科学规划，使农业信息化与农业发展相适应，与农业现代化相适应，与整个经济与社会信息化相适应。当务之急是抓紧制订我省第一个农业信息化五年发展规划。这次会上发给大家的纲要征求意见稿，提出了我省农业信息化的总体要求和总体目标，请大家认真研讨，把目标订在一个既有前瞻性又有可操作性的水平上。要遵循“一次规划、分步实施、边建边用、运行高效”的原则，力求做到规划起点高、方法新、特色强。本着因地制宜、分类指导的原则，进一步建立和完善农业信息体系，立足当前，着眼长远，努力达到投资适度、运行便捷、及时有效的目标。在网络建设上，要把专业生产基地、农产品市场、龙头企业、有一定规模的合作经济组织、农民经纪人和农业大户的联网工作作为重点一并纳入到规划方案中。在资源建设上，要整合各方面的力量，建立省市县农业信息资源联合开发模式，统筹考虑信息资源的网上交流、网上发布、网上宣传。省有关部门要加强对全省农业信息化工作的指导，多研究，多参与，多为基层提供指

导和建议，多为党委、政府决策提供参考意见。

（二）加强政策扶持，切实解决农业信息化工作中的突出问题

要进一步加大财政对农业信息化的支持力度。今年省财政安排了专项资金用于农业信息化工作，今后要逐年增加。各地、各有关部门也要安排相应的配套资金。各级发展计划部门要将农业信息化建设列入高新技术产业发展项目中，给予优先立项，优先扶持，享受高新技术产业的优惠政策。农业技术研究部门和农业科技企业取得的农业技术转让收入，免征营业税；新办的农业信息服务机构，自开业之日起，2年内免征所得税。各级农业、信息、科技、教育、气象、电信等部门要加强协调，密切配合，做好服务工作。各种媒体尤其是涉农和县级新闻单位，要把农业信息的收集、分析、发布作为一项重要工作来抓。

（三）加强农业信息队伍建设，加快培养一批高素质的农业信息专业人才

全面加快农业信息化进程，关键是要建立一支思想素质好、业务水平高、掌握并善于运用现代信息技术的人才队伍。目前，我省农业信息人才比较缺乏，人才结构不够合理，搞技术的多、懂经济的少，搞专业的多、懂信息的少，搞生产指导的多、懂市场预测的少。这就要求我们必须加快步伐，在较短时间内培养和造就一大批适应市场经济和信息时代需要的农业信息人才。经过几年的努力，力争使各级领导了解现代信息技术，各类农业专家掌握现代信息技术，广大农技人员熟练应用现代信息技术，实现农技人员也是农业信息员，农技专家也是农业信息专家，农业部门也是权威性农业信息部门的目标。我希望省农林厅和有关部门合作，大力培训我省农村基层干部，在5年内使我省有一批年龄较轻、文化较高的基层干部学会在网上策划生产，在网上选择技术，在网上寻找市场。

（四）加强宣传教育，形成全社会关心支持农业信息化工作的良好氛围

我省要率先基本实现农业现代化，就必须率先基本实现农业信息化。因此，各地要加强对农业信息化工作重要性和必要性的宣传，增强全社会农业信息化意识，从而使农业信息化成为基层干部和广大农民群众的共识和自觉行动。要切实抓好信息化为农民增收服务的典型宣传，提高广大农民抓信息、用信息的自觉性。要充分发挥新闻媒体的作用，提高他们对农业信息化的参与程度，开展丰富多彩的宣传教育，加快信息知识的普及。

加快推进我省农业信息化，是我省率先基本实现农业现代化的战略举措，是科教兴省、科技兴农战略的重要内容，是实践江泽民同志“三个代表”重要思想、加快发展先进生产力的具体行动。我们一定要统一思想，改革创新，扎实工作，加快我省农业信息化进程，为农业增效、农民增收进而为我省率先基本实现现代化的大目标作出贡献！

大力推进国民经济和社会信息化

江苏省委副书记、江苏省常务副省长　梁保华

经济全球化和全球信息化是当今世界经济发展的基本特征，信息化水平已成为衡量一个国家和地区综合实力和现代化水平的重要标志。信息革命为社会生产力的加速发展提供了新的空间和技术支撑，信息化又同时成为实现工业化、现代化的重要手段和关键环节。

面对信息化浪潮带来的机遇和挑战，省委、省政府及时作出了加快国民经济和社会信息化，以信息化带动工业化，实现生产力跨越式发展的重大战略决策，采取一系列政策措施，使我省信息化进程明显加快。信息产业快速发展。2001年，全省电子信息产品制造业实现增加值、销售收入、利税分别增长20.4%、19.9%和21.4%。有172家企业通过"双软"（软件企业、软件产品）认证；江苏软件园列入国家软件产业基地，南京和苏锡常沿江软件产业带的格局初步形成。企业信息化稳步推进。2001年，全省上网企业已突破25万家，信息技术在改进企业管理、降本增效等方面发挥了积极作用。电子政务开始起步。金融、财税、工商、海关等一批骨干应用系统工程进展顺利，基本实现了省市联网。科技、教育、文化、卫生、广电以及社会保障、社区服务等领域的信息化也取得了明显的进展。总的来看，在较短的时间内我省信息化水平已跃居全国前列，为今后信息化建设全面深入地展开奠定了良好的基础。

江泽民总书记在"5·31"重要讲话中指出："21世纪头一、二十年，对我国来说，是必须紧紧抓住并且可以大有作为的重要战略机遇期。"这个时期同时也是信息化发展的重要战略机遇期。从国际上看，信息化已经引发全球性产业革命，正在推动世界从传统的工业社会向现代信息社会转变。从国内来看，随着国家把推进国民经济和社会信息化放在优先位置，从全局和战略的高度予以大力推进，信息化将迈入一个新的发展时代。近年来，江苏信息化进程明显加快，形成了一定的体制优势、基础设施优势、部分产业优势和发展环境优势，加快信息化步伐具有必要的物质技术和智力支持以及广阔的发展空间。最近，省信息化工作领导小组召开会议，讨论修改了信息化建设《规划》和《实施意见》，研究部署了今后一个阶段的工作任务。各地、各部门要适应时代进步和世界发展的新形势，从现代化建设全局和战略的高度出发，全面贯彻落实中央和省委、省政府的决策部署，大力推进国民经济和社会信息化，以信息化带动工业化，实现社会生产力的跨越式发展，促进我省综合实力和人民生活水平再上一个新台阶。在具体工作中，必须注意把握好以下三个方面：

第一，统筹规划，有序推进。坚持"统筹规划，资源共享，应用主导，面向市场，安全可靠，务求实效"的发展方针，对信息化的各个方面统筹安排，分类指导，因地制宜，有序推进。现阶段要正确处理"五个关系"：一是处理好加强信息基础设施建设与发展壮大信息产业的关系。在两者的有机结合上下更大的功夫，实现信息基础设施和信息产业的互动共进、协调发展。二是处理好推进自主创新和加强国际合作的关系。加强国际交流和合作，大力引进国外先进技术和现代管理方法，同时不断增强自主创新能力，形成一批拥有自主知识产权的主导产品，全面提高产业的国际竞争力。三是处理好发展电子政务和全面推进信息化的关系。坚持电子政务先行，并以此为龙头，促进企业信息化和社会信息化的发展。四是处理好加强政府引导与发挥市场机制作用的关系。既要发挥政府的引导和促进作用，更要重视发挥市场机制的基础性作用，通过深化市场取向改革，积极推进体制创新，形成新的信息化建设、运行和维护机制。五是处理好加快推进信息化和切实维护信息安全的关系。高度重视网络和信息

安全工作，从完善管理制度和强化技术手段两方面采取措施，建立健全网络和信息安全保障体系和防范机制，促进我省信息化健康发展。

第二，突出重点，力求突破。要坚持以需求为导向，把应用放在第一位，区分轻重缓急，通过对那些社会需求大、经济和社会效益明显的领域以及制约信息化发展的关键环节，加大工作力度，带动和促进全局的发展。当前推进电子政务建设，对加快政府职能转变，提高工作质量和效率，增强各级政府部门管理能力、决策能力、应急处理能力和公共服务能力，促进社会监督以及推动信息产业发展，带动整个国民经济和社会信息化进程，具有十分重要的意义。要突出抓好 17 个重点应用系统工程建设，构建全省统一的网络平台，使政府部门之间互联互通、资源共享，实现政府内部业务网上办理。软件产业是国民经济和社会信息化的基础性、战略性产业，发展软件产业我省具有较强的人才和技术优势，要采取切实有效措施，尽快提高软件产业的总体水平和竞争力。要大力发展应用软件和应用系统，逐步形成南京、苏州、无锡、常州软件园相互依托、相互补充、相互促进的沿江软件产业带。积极发展嵌入式软件，特别是与数字化、网络化家电相配套的嵌入式软件和应用软件，以及为数控机床等传统产品和设备配套的嵌入式软件。加快发展具有江苏特色和优势的教育软件。要把制度创新摆在突出位置，进一步理顺软件产业管理体制，在政府加大投入力度的同时，积极鼓励和引导社会资金增加投入，实现软件产业的跨越式发展。同时，充分利用现有的信息产品制造业基础，扬长避短，大力发展集成电路设计业、通信产品制造业、视听产品制造业以及计算机和网络产品制造业。加大招商引资的力度，充分利用国内国际两个市场、两种资源，做大做强一批骨干企业，使苏南加快成为电子信息产品制造业基地。

第三，加强领导，协调行动。大量实践证明，推进信息化工作，首要的问题不是技术问题，而是要加强领导和协调。从一定意义上讲，信息化是“一把手工程”。各地、各部门要把信息化工作摆上突出位置，主要负责同志切实承担起领导责任，及时了解和掌握工作情况，指导解决具体问题，把各项工作落到实处。要加大对信息化工作的组织协调力度，围绕全省总体发展规划，有计划、分层次、有步骤地实施，避免各行其是、政出多门和多头管理。防止重复建设，绝不能搞“花架子”，造成资源浪费。要加强法规和标准建设，建立健全公开、公平、公正的市场竞争秩序，形成有利于信息化发展的政策法规环境和标准体系。把培养人才作为信息化工作的重中之重，依托高等院校、科研院所和企业，把培养人才和智力引进结合起来，努力造就一支走在信息技术发展前沿、在各自研发领域处于领先水平的专业人才队伍，为加快全省信息化建设提供强有力的人才支撑。

在全省信息化工作会议上的讲话

江苏省人民政府副省长、苏州市委书记　王珉

（2001 年 4 月 11 日）

同志们：

昨天，季允石省长站在国民经济和社会发展全局的高度，深刻分析了我省信息化建设面临的形势及对经济社会发展的重要性，全面阐述了今后一个时期信息化建设的总体要求、主要任务和保障措施。我们要深入学习领会，认真贯彻执行。下面，我结合当前我省信息化建设情况及下一步的具体工作谈几点要求。

一、肯定成绩，坚定搞好信息化工作的信心

近年来，全省上下围绕《江苏省信息化建设规划纲要（1997—2010 年）》的总体部署，开拓进取，协同配合，信息化建设取得了显著成绩，有力地推动了国民经济和社会发展，信息化综合水平有了明显的提高。

（一）邮电通信业发展迅速

我省始终把信息基础设施建设放在重要位置来抓，取得了显著成效。目前，全省已形成以埋式光缆为主，数字微波和卫星为辅的大容量、高速率的立体传输网，通信光缆总长度达到 5.5 万皮长公里，覆盖全省所有市、县和乡镇。建成近百个 2.5G 光缆数字传输同步系统（SDH），形成南、中、北三个骨干环网。局用电话交换机总容量达到 1720 万门，固定电话用户 1140 万户，移动电话用户 620 万户，电话主线普及率达到 16.2 部/百人。因特网建设规模居全国前列，总端口数达到 17 万个，全省政府部门上网数达到 3600 多个，上网企业达到 16 万家。应该说，经过各地、各有关部门的共同努力，全省信息基础设施条件有了明显改善，达到了国内先进水平，并能满足近期发展需要。

（二）广播电视网络建设步伐加快

我省建成了由省、市级干线网、城市分配网和县乡光缆网组成的全省一网、一网到户、光缆同轴相混合的广播电视宽带网络，实现了省级广播电视节目的卫星传送，初步形成了天上一颗星、地上一张网，覆盖全省的广播电视发射传输网络，基本实现了村村通广播电视的目标。到 2000 年底，全省已建成省、市、县三级贯通的光纤网络，县乡联网率为 92%，乡镇联网率为 52%，拥有广播电台 14 座，电视台 14 座，教育电视台 1 座，有线电视台 13 座，县级广播电视台 59 座，省级卫星地球站 1 座，广播电视有线网络总长度 14.3 万公里，广播、电视人口综全覆盖率分别达到 99.5% 和 99.3%。

（三）电子信息设备制造业形成一定规模

我省信息设备制造业在全国占有重要位置，已形成专业门类比较齐全、具有较大产业规模、外商投资比重较大的电子信息设备制造业产业体系。2000 年，全省信息产业增加值达到 310 亿元，占 GDP 的 3.6%，信息设备制造业增加值达到 135 亿元。集成电路产业形成了芯片设计、制造、封装、测试、配套材料完整产业链，具备了 0.35 微米的设计技术，0.6—0.8 微米的大生产技术，年产集成电路芯片 2 亿只，集成电路封装 13 亿块，年实现销售 25 亿元。移动通信、高清晰度电视（HDTV）、数字激光视盘机（DVD）成为新的增长点，计算机外部设备、彩管和显示器件、半导体分立器件等有较大增长。一批与国际跨国公司合作建立的合资企业逐步成为电子信息产品制造业的重要力量。

（四）软件业发展势头良好

我省软件业立足自身技术、人才、资金和市场优势，努力开拓，发展态势良好，形成了南大苏富特、东大金智、南京联创等一批知名软件企业，在计算机安全软件、企业管理控制软件、电

信计费管理软件、教学软件等领域拥有较大的国内市场份额，形成了一批具有江苏特色的软件产品。一批中小软件企业迅速成长，开发生产出一批拥有自主知识产权的软件产品，具有较强的市场竞争力。江苏软件园发展形势良好，已有一批软件企业入园，南京软件园、常州软件园、苏州软件园、无锡软件园正在建设之中，一区四园的发展模式正在形成。2000年，全省软件业从业人员超过2万人，软件业销售收入达23亿元，比上年增长20%以上。

（五）信息服务业蓬勃发展

2000年底，我省计算机互联网络用户达183万户，居全国第二位，目前已突破220万。省内互联网上的经营性知名中文网站达30个，江苏省公众多媒体网上的信息源总数已超过2000个，并开发和推广了50多个网上应用系统。省经济信息网，省教育与科研网、省科技信息网等计算机应用网络，相继开发了50多个数据源。网上教育、电子商务、企业上网工程、家庭上网工程等全面启动，并有实质性进展。

我省信息化工作取得了一定成绩，但也仍存在许多薄弱环节，与经济大省、科教大省的地位仍不相称。一是信息资源的开发利用明显滞后于网络建设，“路多车少”的现象较为普遍，投资效益不很理想。二是微电子产业的技术水平不高，缺少技术档次高的信息产品，软件产业还没有形成规模。三是信息服务的整体水平有待提高，电子商务尚处于起步阶段。四是信息技术推广应用的广度和深度不够，对国民经济的带动和渗透能力不强。五是信息化建设缺少资金和人才的强力支撑，对全局起带动作用的重点示范工程不多，影响了全省信息化的总体水平。与北京、上海、天津、福建、广东等省市相比，我省信息化水平还有相当大的差距，特别是近年来上海、北京、深圳等地实施大投入、大协同推进信息化，我省的工作力度显得比较单薄。各级政府和各行各业必须坚持按照江泽民总书记关于江苏一定要紧紧抓住以信息技术为核心的新一轮技术革命带来的机遇的重要指示，奋起直追，把信息化放在优先的、带动全局的位置，作为推进经济结构战略性调整的龙头工程，抓紧实施信息化跨越计划，加快国民经济和社会信息化进程，争取率先基本实现现代化。

二、突出重点，加快推进全省信息化建设

我省加快信息化建设的条件基本具备，全省上下要明确工作重点，在部分产业、关键技术及重点领域实施跨越式发展，真正把信息化作为国民经济和社会发展的重大战略举措来抓，努力把江苏建设成为全国一流的信息化大省。

（一）大力推进信息技术在经济社会中的推广应用

信息技术在经济社会各个领域具有很强的渗透性，发展潜力很大，也是信息化建设的根本和发展动力，今后要把信息技术的推广应用作为主要的着力点，推进我省工业化和现代化进程。

一是加快推进工业信息化。目前，我省正处于工业化中期，又面临着实现信息化的艰巨任务，在完成工业化过程中，要注意运用信息技术提高工业化的水平，在推进信息化的过程中注重运用信息技术改造传统产业。要通过信息技术改造传统制造业，利用信息技术提高企业生产经营管理水平来带动工业化。继续实施制造业信息化示范工程，加快运用计算机辅助设计（CAD）、辅助制造（CAM）、计算机辅助测试和诊断、柔性制造技术和自动物料储运系统等，将制造业的加工、成形、装配和测量等制造过程的传统手工控制转变为计算机控制，提高产品质量和生产效益；在有条件的工厂企业推广计算机集成制造系统（CIMS）技术，实现从产品设计、工艺设计到制造，以及生产与市场、库存、财务、质量和设备管理等全面信息化。大力推进制造资源计划（MRP—II）、企业资源计划（ERP）、计算机辅助工艺计划（CAPP）在制造业企业中的应用，提高企业生产经营管理水平。鼓励企业发展企业间的电子商务，推动营销、运输和服务方式的变革。建立以200家电子商务试点大企业为基础的“江苏商城”电子商务平台，省属重点企业要建立电子商务网站，扩大网上交易和商务规模。结合国家统一要求，加快支付网关规范制定、CA认证中心建设及有关电子商务政策、法规、标准和规范体系的研究制定工作，为电子商务的发展提供一个安全、便利、快速的网络交易载体。近期重点选择我省具有较强优势的轻工、机电、纺织、电子等领域的重点企业进行电子商务的试点。今年

全省上网企业达25万家，重点企业网上交易额占企业当年总交易额的比重达到15%。到2002年，把我省80%的企业和90%的工业产品推到互联网上，逐步建成不同行业、不同层次的面向国内外的工业企业与产品数据库，参与国际竞争。

二是积极推进农业信息化。我省农业已进入新的发展阶段，要用信息化推动农业产业化，加快在农村和农业各个领域推广和应用信息技术，不断提高农业综合效益，促进农业结构战略性调整。围绕农业现代化，要推广地理系统系统（GIS）、全球定位系统（GPS）及多媒体等信息技术在农业生产中的应用。建立和完善农业宏观决策系统、农业资源环境系统、防灾减灾管理系统和农业科技管理系统等，促进农业生产、经营管理现代化，并在此基础上逐步开发农业监测、预测、预报和预警等功能。进一步健立、健全农业信息网络体系，推进农业信息进村入户，全面提供农业生产技术、农产品和农资市场行情、农村经济信息，并在此基础上，加强农业各专业信息库建设，发布分析预测性信息。

三是大力提高信息服务业水平。信息服务业是新兴第三产业，也是促进结构升级和增加就业的重要途径。要在不断扩大总量的基础上，努力提高发展层次。要加快金融、保险、教育、科技、商贸、交通等社会公众服务的电子化。加快推进“金卡工程”，实现银行卡异行、异地交易，地市范围内商场、宾馆等消费场所POS系统联网。积极推行计算机及网络教育，建设一批网络大学，形成规范化、标准化的远程教育系统。加快科技信息的数字化、网络化，建设一批数字化图书馆，建设面向全社会的科技开发与技术成果推广的信息系统。建立省级劳动社会保障管理网络中心，初步实现省与13个省辖市互联；积极推进涉及社会保险方面的养老、失业、医疗、工伤、生育一张IC卡覆盖各领域。大力发展远程医疗，扩大社会服务覆盖面。把信息资源的开发放在突出位置，加快系统网络互联互通步伐，实现信息资源充分共享，为政府、企业和全社会提供全方位的信息服务，真正做到“道路宽畅，车流不断，货物丰富”。

进一步加快政府管理信息化建设，要抓好省委、省政府、省政协大院宽带多媒体综合信息网络工程建设，构筑统一的江苏政务信息主干网，逐步实现各部门网上资源共享和数据交换。建立政府的信息互联中心，全面启动金融信息系统、工商管理信息系统、税务管理信息系统、农林信息系统、水利信息系统、科技信息系统、教育科研信息系统、交通信息系统、公安管理系统、“金关”等十大骨干应用系统工程建设，研究制定骨干应用系统工程建设技术标准和规范、网络综合平台建设方案，实现各骨干应用系统工程的互联互通和信息资源的共享。发展政府与政府间（GtoG）、政府与企业间（GtoB）的非支付性的电子政务和电子商务，将政府的采购、招标、招商和对公众的服务等活动放到网上进行。进一步提高政府机关办公自动化水平，有效促进政府职能转变，提高政府办事效率。建立宏观经济调控决策支持系统，开发国民经济宏观信息、政府法规信息、国土资源、投资环境和人口信息数据库等，建立公有资产管理信息系统，满足政府宏观决策的需要。

（二）进一步增强信息产业竞争力

我省信息产业基础较好，是国民经济的重要支柱。要适应市场需求，充分发挥我省人才和技术优势，按照“发展总量，提高质量；保持名次，提高档次”的要求，实施“大公司”战略，着力培育信息产业的龙头企业和拳头产品，形成10家年销售百亿元以上、进入国内百强的电子信息企业。努力把我省建设成为全国重要的软件产业、微电子产业、通信产品、计算机及网络产品、新型电子元器件基地和信息安全产品的生产基地。

一是进一步壮大电子信息设备制造业。发挥现有优势，加大投入，加快技术创新步伐，形成全国移动通信、光通信、卫星通信系列产品生产基地。加快GSM数字移动通信系列产品国产化步伐。重点开发第三代移动通信产品（CDMA），形成拥有自主知识产权的核心技术。积极发展光通信产品，实现进口替代。进一步巩固光缆生产在国内的领先位置，提高产品技术含量。在抓好光纤后加工及拉丝生产的基础上，积极开发生产光纤预制棒，形成从光纤原材料制备到光纤拉丝整条产业链。扩大光纤接入网设备、SDH光纤传输设备、基于密集波分复用设备（DWDM）等光传输设备的生产规模。积极开发同步、异步结合，窄带向宽带发展的多媒体综合交换机。大力发展Ku波段卫星系统、地面接收系统、计算机辅助转换系统，加大与三网合一相配套的系列产品的开发生产。在重点发展普通PC机同时，积极开发生产笔记本电脑、PC服务器、网络计算机及手持电脑（HPC）、个人数字助理（PDA）及大容量硬盘、高速路由器、宽带交换机、IP电话和调制解调器、网络和信息安全产品、网络机顶盒。积极开发生产一体化的POS机、高性能终端、商用收款机、计税收款机、点钞机、支付密码器、条码读写器、智能卡及读写设备等金融商贸电子化设备。

二是加快软件产业和微电子产业发展。软件产业和集成电路产业作为信息产业的核心和国民经济信息化的基础，孕育了大量的新兴产业并为传统产业注入了新的动力。我省科研院所众多，人才资源丰富，发展软件产业具有得天得厚的优势。国家和省对发展软件产业高度重视，去年国家下发了《国务院关于印发鼓励软件产业和集成电路产业发展的政策的通知》，制定了一系列的政策，力度之大是近年来所没有的，各地、各部门要结合实际，确保把这些政策贯彻好、落实好。要依托我省高校和重点企业集团，以应用和服务为龙头，以工具软件和应用软件为重点，发挥我省人才、技术、区位优势，形成多种形式的软件和微电子开发主体，培育一批拥有自主品牌的重点软件企业和微电子企业，“十五”期间软件和系统集成业销售收入年均增长50%。立足“上品牌”、“上规模”、“上股市”，突出抓好一批软件企业及产品。重点开发安全中文操作系统、大型数据库管理系统、安全软件、嵌入式软件和大型应用软件及计算机辅助设计、计算机集成制造系统等共性软件和基础软件，形成产业化生产，软件产品覆盖全国的20%市场，并有相当部分出口。以江苏软件园为龙头，与南京、常州、无锡、苏州等软件园形成相融互补的沿江软件产业带。通过政策引导资金、人才等资源向软件产业和集成电路产业集聚，大力吸引世界著名软件公司和国内大企业、大公司入园建立研发机构和生产基地，提高技术起点，并把引进与创新结合起来，加快培育一批高水平的软件企业。2005年入园软件企业达1200家，实现销售400亿元以上。微电子产业以集成电路设计为突破口，大力发展芯片制造业，继续提升封装业，进一步带动集成电路配套材料及设备制造业的发展。“十五”期间，建成50家国内知名的集成电路设计公司，建成5条以上的集成电路生产线，集成电路产品生产量占全国的30%，封装业居国内首位。

（三）大力加强信息基础设施建设

信息网络是信息化建设的基础，今后几年，我省要进一步加大建设力度，继续保持信息网络在全国的领先位置。

利用现有网络资源，发挥电信、移动、广电、联通等网络建设单位优势，加快建设干线传输网、接入网和用户网，建立覆盖各县（市）及发达乡（镇）的宽带公众网。结合高速传输网的建设，在南京和其他部分省辖市（或区域）加快建设信息网络互联中心，实现信息资源的本地交换。根据国家统一部署，适时推进电信、广电、计算机“三网融合”。加快宽带商用城域网建设，在13个省辖市形成一定规模。“十五”期间，基础网络建设总投资超过1200亿元。新建通信光缆1.5万皮长公里，骨干网总带宽超过1000G。

努力提高全社会的电话主线普及率和住宅用户单机话务量，大力推广各种电话新业务，开展智能业务，积极发展采用IP分组方式的综合业务网，扩大IP电话业务量。加快移动通信网建设，用足用好现有的第二代数字移动通信系统资源，适时引进第三代移动通信系统，扩大业务范围，提供话音、数据及多媒体业务服务。

适应发展需要，采用新技术组建宽带多媒体通信网，加快运营体系的市场化运作，初步形成融合多种业务及现有网络的核心网络。积极发展ATM综合业务、计算机局域网接入、电话网宽带接入（xDSL)、有线电视网双向接入（HFC)、光纤接入、无线接入等多种方式的宽带接入。在学习借鉴上海等地成功做法的基础上，拟定我省接入网实施方案，统一技术、统一标准，协调解决“最后一公里”接入问题，初步形成质优价廉，竞争有序的宽带接入网络运营市场。

加快互联网站建设，加强专业性、有特色的信息资源开发，重点扶持10家国内外知名的网站建设。

（四）积极推进区域信息化

信息化是衡量一个城市现代化水平的重要标志，最先进、最具有竞争力的城市，信息化程度必然很高。在未来的城市发展过程中，信息化工作处于十分重要的地位。

一是大力加快数码城市的建设。通过数码城市的建设，增强城市功能，提高城市现代化水平，发挥城市在区域信息化建设的中心作用，带动周边地区信息化发展。重点推进南京市、扬州市、常州市、徐州市、苏州市、无锡市信息化试点城市建设，加快构建以 GIS（地理信息系统）、GPS（全球定位系统）、RS（遥感系统）为重点的基础地理信息平台，加快智能交通系统（ITS）建设。充分利用信息技术，全面提高城市规划、建设、管理水平，规划和建设一批标志性的数字城市工程，初步形成城市综合基础地理、就业、治安、社区、公共资源、公共设施和公共服务等基础数字化环境。示范城市每年要新建 5—8 个集信息查询、发布、浏览等功能于一体的信息亭，大商场、大宾馆等重要公共服务场所建设免费网络终端，供顾客查询。加强数码城市建设的总体规划和总体协调，沿江城市要加强与上海信息港的对接和融合，高水平地建设我省数码城市。

二是加快社区信息化进程。社区信息化建设包括社区管理、社区服务和精神文明建设等方面的信息化，主要是用信息技术来增强社区户籍、外来人口、市政、物业、治安、环境等管理和服务的效能，提高社区的教育、文化娱乐和医疗卫生等方面的建设水平。建设社区服务网，采用计算机服务的手段，向市民提供教育、娱乐、购物、旅游、医疗、纳税、水电、电话费用自动化管理等多种信息服务，建设完善社会服务咨询系统。抓好社区信息化示范工程建设，新建一批宽带信息化示范小区，提供数字音像、卫星直播电视、视频点播等内容，提高社区建设水平和管理水平。“十五”期间，全省重点建设 500 个信息化示范小区。今年新建 180 个信息化示范小区，重点抓好 10 个样板示范小区建设。解决家庭上网的宽带问题，稳步推进家庭上网工程，为居民提供更丰富的网上信息服务内容。2001 年新增个人用户 120 万，宽带接入用户净增 20 万户。

三、加快信息化建设的主要措施

信息化是当今世界经济和社会发展的大趋势，也是我省产业优化升级和实现工业化、现代化的关键环节。要把推进国民经济和社会信息化放在优先位置。各地、各部门、各行业要立即行动，加强协调，立足高起点，坚持有所为、有所不为，采取切实有效的措施，力争有所突破、有所创新，努力实现信息产业的跨越式发展。

（一）加快信息人才队伍的建设

信息化发展的关键是人才。面对经济全球化、信息化和新技术革命迅速发展的新形势，要以更加积极主动的姿态，把培养、吸引和用好人才作为一项重大战略任务抓好。要充分发挥现有人才的作用，并采取更为灵活优惠的政策吸引海内外优秀人才，鼓励他们在留学人员创业园、开发区、软件园创办电子信息企业，有关部门应给予一定的资金扶持，并享受国家规定的各项优惠政策。强化人才激励机制，建立科技人员技术入股、股票期权分配、智力持股等制度，鼓励科技人员从事信息技术成果转化工作，转化成功后，应连续 3—5 年从实施该项成果的销售额中提取不低于百分之零点五的金额，以奖金或股权形式奖励有关科技人员；单位在职务科技成果转化时，对职务科技成果作价入股的，在该技术股份中可以提取不低于 20%的比例，奖励作出重大贡献的科技人员。

加强人才培养，形成学科设置较为齐全、结构合理的信息技术人才培养教育体系，尽快扩大高级软件和计算机人才的培养规模，鼓励有条件的高等院校设立信息技术和软件学院；理工科院校非计算机专业应设置软件和计算机应用课程，以培养复合型人才。各级各类学校要积极推广计算机及网络教育。在全社会普及信息化知识和技能，奠定信息化发展的群众基础。加强信息化管理人员的继续教育和岗位培训，加强省重点企业集团信息主管（CIO）队伍建设。

（二）加大对信息化的投入力度

信息化建设的特点是高投入、高风险、高回报。要建立健全信息化投资机制，形成以政府投入为引导、企业投入为主体、社会投入和外资投入为重要来源的多元化投融资体系。要加大对信息化建设的政策扶持力度，从投融资政策、税收政策、产业技术政策、收入分配政策、人才吸引与培养政策、采购政策、软件业企业认定制度、知识产权保护、行业组织和行业管理、集成电路产业政策等方面加大对信息化发展的支持，对信息化项目依法实行税费优惠，信息产业企业和项目在创业期间给予一定的税收优惠待遇。要加大财政和金融对信息化建设的支持力度，“十五”期间，省财政每年安排软件和集成电路业专项经费5000万元，用于国家和省重大项目的配套，各级政府、各有关部门也要建立配套资金。要从预算内基本建设资金和科技发展资金中划出较高比例的资金用于信息化建设和信息化关键技术研究开发。积极利用好高新技术风险投资资金，各类高新技术产业发展基金要对信息产业积极加以扶持。“十五”期间，省高技术风险投资公司、省信息化建设投资有限公司要优先将风险资金投向省内软件和集成电路业。

引导企业增加对信息化建设的投入，使企业成为信息化建设投资的主体。信息产业企业的技术开发费用占销售额的5%以上。支持信息产业企业运用资本市场直接融资，特别是创业板上市融资。要积极引导消费，继续清理和取消抑制信息消费的政策，促进价格竞争，扩大信息消费。

（三）加强信息化政策法规建设

加快建立公正、公平、公开的市场竞争秩序，形成有利于信息化发展的政策法规环境和标准体系。借鉴兄弟省市一些好的做法和经验，结合江苏实际，对信息产业重点发展领域、信息市场规范、信息安全保密、知识产权保护、信息技术标准规范、投融资渠道、人才培养、技术引进等进行研究，提出意见，作出规定，为信息化建设提供宽松的政策环境。加大行政执法力度，维护市场竞争秩序，坚决查处和制裁各种违法行为。近期重点研究制定《江苏省信息化建设管理办法》、《关于加强江苏省信息化示范小区管理的几点意见》和江苏省信息化水平统计指标体系及有关技术标准和规范。制定信息安全保密措施，建立和健全安全保密责任制，依法打击危害社会安全的犯罪活动。加强网络道德建设，规范网络行为，严格网吧管理，为青少年营造健康的网络环境。

（四）加强信息化建设的国际合作

我国加入世贸组织在即，为我省信息化跨越式发展提供了新的契机。要围绕信息产业发展需要，在信息技术、信息人才、信息产品等领域积极与外商合作，特别是与跨国公司的合作。一是要把引进、消化、吸引国外先进技术与自主创新结合起来，提高我省信息技术的起点。注意多引进一些与核心技术相关的中间产品的生产项目，尽量掌握核心技术和关键技术。加强与跨国公司合作，支持有条件的大型企业、企业集团与跨国公司联办研发机构。二是要把招商引资与招才引智结合起来。大力发展国际间的技术合作，加强人才交流，引进海外留学人员和智力成果，采用多种方式，为我省信息化建设服务。三是要把“引进来”与走出去结合起来。不失时机地实施“走出去”的开放战略，输出具有相对优势的技术、设备和产品，支持企业到境外建立研发机构。

（五）营造信息化发展的良好氛围

推进信息化，软环境建设十分重要。要通过各类信息发布、学术研讨、展览演示、媒体专访等活动，宣传信息化建设的重要意义，使全社会形成理解、关心、支持、参与信息化建设的共识。打破行业垄断，积极鼓励多家信息服务、生产企业之间的合法竞争，提高信息服务质量和服务水平。政府采购时，在条件相当的情况下，优先使用有自主知识产权的本国、本省信息化产品及装备。积极做好知识产权保护工作，重大信息技术项目要进行专利的检索及分析，切实维护开发者的利益。坚决打击各类侵权盗版行业，培育健康的市场，形成良好的社会环境。

同志们，新一轮千载难逢的历史发展机遇已经到来，信息化工作任重而道远。我们要按照省委、省政府的统一部署，进一步振奋精神，坚定信心，开拓进取，真抓实干，把我省信息化建设提高到一个新水平，为实现富民强省，争取率先基本实现现代化而努力奋斗！

在全省信息化带动工业化新闻发布会上的讲话

江苏人民政府副省长　吴瑞林

（2001年12月22日）

同志们：

今天，我们在这里召开信息化带动工业化新闻发布会，主要内容是认真贯彻落实省政府《关于加快信息化带动工业化的意见》精神，迅速行动起来，全面启动信息化带动工业化工作。刚才，省经贸委任懿奇同志就有关情况向大家作了介绍。下面，我再讲三点意见。

一、统一认识，迎头追赶

以信息化带动工业化是党的十五届五中全会明确提出的一项事关经济发展全局的重大战略举措。江泽民总书记多次强调信息化带动工业化的重要性，他指出："中国政府高度重视发展信息产业，正在大力推进国民经济和社会信息化。中国还是一个发展中国家，工业化的任务尚未完成，又面临实现信息化的艰巨任务。我们的战略是：在完成工业化的过程中注重运用信息技术提高工业化的水准，在推进信息化的过程中注重运用信息技术改造传统产业，以信息化带动工业化，发挥后发优势，努力实现技术的跨越式发展"。今年初，江泽民总书记在参加九届人大四次会议江苏组讨论时要求："江苏一定要紧紧抓住以信息技术为核心的新一轮技术革命带来的机遇。"省委回良玉书记近日也作了重要批示："当今世界以信息技术为代表的高科技产业迅速发展，日益成为经济社会发展的大趋势、新机遇和主动力。信息化作为实现社会生产力跨越式发展的战略举措，一定要全力抓紧抓好。我省在加快信息化步伐，促进信息化与工业化结合方面，应当既有物质基础、人才支撑，更有社会共识，望充分利用有利条件，因势利导，合力推进。"国民经济和社会信息化，最主要、最迫切的是工业领域的信息化。当前，我们应着重从三个方面理解信息化带动工业化给江苏经济带来的机遇和挑战。

（一）信息化是顺应当今科技发展潮流的必然选择

20世纪90年代以来，以计算机、网络以及现代通讯技术为代表的新技术革命突飞猛进，深刻地改变着人们的生产方式、工作方式和生活方式，使人类社会迅速地从工业社会迈入信息社会。全球信息产业以两倍于经济平均增幅的速度快速增长，成为推动各国经济发展和提升综合国力的强大动力。美国信息产业实现的增加值已占国内生产总值的50%以上，吸纳的劳动力已占全部劳动力的50%以上，信息产业成为推动美国经济增长的主要动力。信息技术渗透到国民经济的其他领域，大幅度地提高了其他领域的社会生产力和产品附加值。据统计，信息产业在改造我国传统产业方面投入产出比可达1：4以上，有些领域甚至超过1：20。一台普通机床价值不到1000美元，把专用芯片和微电脑装配进去后，可以加工结构复杂、技术精度高的产品，身价提高百倍。世界各国都高度重视信息化建设，都在加快发展适合本国特点、具有自身特色的信息经济。谁能在信息化工作上先人一步、快人一拍、高人一筹，谁就能够在激烈的国际国内竞争中抢占科技、产业和经济的制高点。

（二）信息化带动工业化是入世后增强江苏经济竞争力的迫切要求

适应经济全球化的发展趋势，信息产业正在世界范围内进行大规模的结构调整和产业转移，国际跨国公司纷纷把我国作为目标市场，在我国投资办厂，并出现设立研发机构的新态势。摩托罗拉公司在我国设立了18个研发中心，有800人从事研究开发。加入世贸组织后，我国经济将加速融入世界经济，参与国际分工。我们要紧紧抓住以信息技术为核心的新一轮技术革命带来的机遇，进一步解放思想，开拓创新，加快推进信息化进程，努力缩小与发达国家的差距。应该看到，“九五”期间，围绕信息化工作，我省采取了一系列措施，取得了积极成效。我省信息基础设施建设水平居全国前列，电子信息设备制造业总体规模居全国第二位，软件产值占全国1/10，信息技术向传统产业渗透明显加快。但从总体上看，我省信息化水平还不适应经济社会发展的需要，与经济大省、科教大省的地位还不相称，与发达国家和国内先进省市相比，差距还比较明显。我们要紧跟世界信息技术发展的潮流，抓住机遇，加快推进信息化带动工业化，努力实现社会生产力的跨越式发展。

（三）信息化带动工业化是江苏富民强省、率先基本实现现代化的内在要求

省第十次党代会提出了我省新世纪富民强省、率先基本实现现代化的宏伟目标。工业经济仍然是我省经济的主体，必须首先达到“率先”目标。基本实现现代化，既要求继续增加经济总量，更要求不断提高经济增长的质量，实现经济增长方式的根本性转变。江苏能否在新世纪实现大发展，最根本的是要依靠技术创新和制度创新。信息技术是新一轮技术革命的核心，是高新技术和新兴产业的主要代表。我们必须加快信息化建设，利用信息技术改造和提升传统产业，培育新兴产业，促进产业结构的优化升级，增强经济竞争力。据估计，信息技术的20%左右为产业自身所应用，而80%为其他产业服务。信息化浪潮是我们面临的一次极为难得的发展机遇，我们要充分发挥后发优势，把信息化带动工业化工作切实抓紧抓好，抓出成效，迅速提高工业生产技术水平，为率先基本实现现代化提供重要支撑。

二、明确目标，扎实推进

根据中央和省经济工作会议精神和推进信息化建设的总体部署，结合江苏实际，我省信息化带动工业化工作要以国家和我省“十五”计划纲要为指导，以市场为导向，以企业为主体，以人才为依托，坚持自主创新与国际合作相结合，加快信息技术的推广应用，促进工业结构调整和优化升级，实现跨越式发展。主要目标是：努力把我省建设成为全国重要的软件产业、微电子产业、通信产品、计算机及网络产品、新型电子元器件制造基地。全省信息产业增加值年均增长29%，到2005年达到1100亿元，占GDP的比重达8%以上。用信息技术提升产业技术水平，力争到2005年，信息技术在工业领域中的应用取得明显进展，工业企业生产装备自动化水平显著提高，其中重点行业骨干企业生产装备自动化和半自动化率达到50%，总体技术水平达到国内领先、国际90年代中后期水平。大力提高企业信息化水平，重点骨干企业在产品开发、工艺设计、生产过程控制以及企业管理、市场营销等领域广泛应用信息技术，形成100个重点信息化示范企业。用信息技术提高产品附加值，工业产品智能化和数字化水平大大提高，全省市级以上的新产品的信息技术应用比重达30%以上。

当前和今后一个时期，要围绕上述目标，集中力量，突出重点，发挥优势，强力推进，努力在信息化带动工业化方面取得新的突破。

（一）加强科学规划

信息化是一项投资大、风险高的社会系统工程，涉及方方面面，既要发挥各地、各部门和社会各个方面的积极性，又要加强统筹规划，使信息化与社会经济发展相适应，与现代化建设的进程相协调。要切实加强信息化带动工业化的科学规划和组织协调，防止一哄而起，避免重复建设。首先，规划的起点要高。当前信息技术发展日新月异，我们要密切追踪最新动态，瞄准一流水准，争取实现高起点规划和高标准建设的有机结合。其次，规划的方法要新。要开门搞规划，认真听取社会各界特别是专家、学者的意见，集思广益，提高规划的科学性和社会参与程度，真正体现规划的战略性、前瞻性和政策性。第三，规划的内容要优。要体现和突出江苏的地方特色和比较优势，要有多方案比较，好中选优，扬长补短，提高工业竞争力。

（二）加强引导和政策支持

要认真抓好宣传和普及教育，使广大干部群众充分认识信息化的重要意义，进一步增强机遇意识、责任意识和创新意识，调动全社会参与信息化建设的积极性和创造性。充分发挥新闻媒体的作用，开展丰富多彩的宣传教育，促使企业经营者转变观念，增强推进企业信息化的紧迫感和责任感。信息化带动工业化需要强有力的政策支持，要在投融资政策、税收政策、产业政策、采购政策以及加大财政和金融支持有力度等方面，进一步研究相关政策。要积极利用高新技术风险投资资金，加大对软件和集成电路业的风险投资。引导企业增加对信息化建设的投入，技术开发费用占销售额的比重要有明显提高，使企业真正成为信息化建设的投资主体。支持企业运用资本市场直接融资。

（三）加强环境营造

信息化的发展离不开广泛的社会支持，离不开宽松的外部环境。当前，要重点抓好法制环境、市场环境和网络安全环境建设。要按照国家有关法律法规，结合江苏实际，在调查研究的基础上，加快研究、制定有利于信息化带动工业化的法规体系。采用符合国际惯例的管理方式和手段，进一步改进和完善政府监督。加大行政执法力度，坚决查处和制裁各种违法行为，整顿和规范市场经济秩序，为工业信息化创造良好的外部环境。要从战略的高度充分认识信息安全工作的重要性和紧迫性，在加大工业领域信息化应用的同时，进一步建立健全信息安全的责任体系、评估认证体系和技术支撑体系，创造有利于信息化发展的网络安全环境，不断提高信息安全防御能力。

三、不折不扣，狠抓落实

加快推进信息化带动工业化，关键在于高度重视，狠抓落实。各地、各有关部门和企业要充分认识信息化带动工业化的重要性和紧迫性，把这项工作真正摆上重要议事日程。省经贸委要会同省各有关部门按照省政府《关于加快信息化带动工业化的意见》的要求，通力协作，扎实工作，全面启动信息化带动工业化行动计划。

（一）加快企业技术创新体系建设

加强产学研联合，建立以企业为主体，以高校和科研院所为依托的技术创新体系，提高信息技术的自主创新能力。引导和促进省内大型企业设立博士后工作站、企业技术中心和博士后技术创新中心，加强核心信息技术的研究开发。通达整合高等院校、科研院所和重点企业的技术创新资源，逐步建立嵌入式软件、专用集成电路等一批共性技术研发基地，加快高新技术成果产业化进程。支持高校与各开发区、科技园的联合共建，使其成为发展信息技术和信息产业的“孵化器”。按照现代企业制度的要求，加快科研机构改制，增强活力。制定企业信息化的标准规范和考核评价体系，推进相关产品的测评和认证工作。研究制定与信息技术相关的知识产权评价标准和规范。

（二）加强信息化人才队伍建设

人才是实施信息化带动工业化战略的关键性因素。随着信息技术的推广应用，我省需要大量的信息技术专业人才，人才缺乏成为制约经济发展和竞争力提升的重要因素。必须高度重视信息化人才队伍建设，着力建立信息化人才培育使用机制，构建信息化人才高地。加快软件开发等各类专门人才的培养，在有条件的高等院校设立软件学院，培养软件系统工程师；在有条件的高等职业学校和中专学校开设软件专科，培养软件编程和应用人员。采取更为灵活优惠的政策，吸引海内外优秀信息人员，鼓励他们在留学人员创业园、开发区、软件园创办信息产业企业。完善激励机制，允许和鼓励技术要素入股和参加分配，对做出突出贡献的各类人才给予期权、期股或其他形式的重奖，充分调动科技人员的积极性和创造性。

（三）进一步加强对外合作

适应我国加入世贸组织的新形势，充分发挥我省的地理区位优势和人才优势，抢抓世界信息产业结构调整和产业转移的机遇，吸引国外以及台湾、香港地区的信息产品制造业企业来我省兴办合资、独资企业，与跨国公司合资合作重点发展一批技术水平高、附加值高和市场占有率高的大项目。有选择地发展一批信息产业投资聚集的开发区，通过集聚效应吸引更多的信息产业企业来投资办厂，逐步发展为信息产品生产基地。鼓励外商投资企业在我省建立技术开发中心，或与我省企业共建技术开发机构，逐步实现产品、人才和技术本地化。

（四）加大投入力度

投入不足是影响当前信息化水平提高的重要因素。为加快信息化带动工业化进程，“十五”期间，省财政每年预算内适当安排部分资金，建立省信息化带动工业化发展专项资金。各市也要设立相应的专项资金，对有关重点企业信息化带动工业化技术创新项目、示范工程项目予以配套支持。各金融机构、风险投资金、贷款担保基金，也要支持信息化带动工业化项目的贷款、投资及担保。引导企业加大开发应用信息技术的投入，进一步强化企业的主体地位，积极推进企业信息化，并以信息化带动产业信息化。企业要提足用好技术开发费和折旧资金，重点信息化示范企业的技术开发费占销售额的比重要达到5%以上。引导社会资金、外资、民资投向信息产业及信息技术应用项目。

同志们，以信息化带动工业化，对我省产业升级，全面提升经济竞争力具有十分重要的意义。我们要进一步解放思想，开拓创新，扎实工作，把江苏工业信息化提高到一个新水平，努力实现我省社会生产力的跨越式发展，为富民强省、争取率先基本实现现代化作出新的贡献！

紧紧抓住时代机遇　大力推进江苏信息化

江苏省人民政府副省长　张桃林

随着现代科学技术的迅速发展，数字技术、信息技术、网络技术正渗透到国民经济和社会发展的每一个方面，深刻地影响和改变着人们的工作方式、生活方式、思维方式。以信息化带动工业化，以信息化推动政府职能和管理方式的转变显得越来越迫切。江泽民同志在广东考察时强调："信息化建设在国民经济和社会发展中具有十分重要的作用，各级领导干部要高度重视信息化建设，大力推进国民经济和社会信息化。"

信息化给江苏经济发展带来了新机遇，增添了新活力。九五以来，在各地、各部门和社会的共同努力下，我省信息化建设取得了显著的成绩。电子信息产品制造业的国际化程度不断提高，通信网络建设不断加快，网络资源不断丰富，政府的信息化意识也在不断的增强，信息化战略规划和决策支持力度不断加大，对我省现代化建设作出不可替代的贡献。

2001年我省信息化建设工作整体上进展较好，年初确定的主要任务基本完成。全省新增长途光缆1152皮长公里，达10034皮长公里。本地中继光缆达2．8万皮长公里，接入网光缆超过5000公里。全省局用电话交换机总容量达到2011万门，居全国第一位。移动电话容量达到1561万户，居全国第三。全省电话用户总数达2428万户，其中固定电话用户总数达到1402万户，居全国第三，移动用户总数累计达到了1020万户，成为继广东、浙江之后，全国第三个移动用户突破1000万户大关的省份。全省电话主线普及率32．7%，其中固定电话主线普及率18．9%，移动电话主线普及率13．8%，高于全国平均水平7．6个万分点。互联网注册用户新增131．06万户，达到247．93万户。全省电子信息产品制造业共完成工业总产值（90价）1851亿元，同比增长64%；完成销售收入1061亿元，同比增长19．9%；完成利税84．5亿元，同比增长21%；工业增加值230亿元，同比增长20．4%，完成出口交货值501亿元，同比增长48%。全年信息产业增加值突破410亿元。江苏省电子信息产业制造业产值、销售、出口在全国继续处于第二的位置，分别占全国的13．6%、12．9%、12．4%。上网企业突破25万家。上网政府部门达3600多个。

回顾我省近年来在信息化建设方面所做的工作，着重把握了"三个坚持"、"三大调控"。"三个坚持"，首先，坚持大力发展信息技术和信息产业，把信息化作为经济结构调整的龙头工程，促进产业结构的升级和区域结构的优化，增强国民经济综合竞争力。其次，坚持把信息技术与传统产业的融合作为推进信息化的主线，应用新技术解决传统产业的老问题。第三，坚持把企业信息化作为推进信息化的主体。企业是信息化的主体，也是信息化最大的市场。江苏企业的信息化总体水平还不高，成长方式、经营模式、运行机制和组织结构等都还是传统经济模式下的产物，远不能适应国际竞争的需要。为迎接加入WTO的挑战，抓住发展机遇，必须把信息化作为提升企业竞争力的重大举措。

"三大调控"，主要是抓好大项目、大政策和大规划。一是实施了一批大项目。信息化建设初期需要政府的扶持，要充分发挥政府在信息化建设中的引导和推动作用。2001年，省发展计划委员会选择了一批示范项目着力推进，如教育、科技、农林、水利、工商、劳动保障等十大骨干应用系统工程建设进展顺利，计委纵向网建设大力推进，网络建设、资源开发、系统应用全面启动，整体上推进了全省政府信息化发展。南京、扬州、苏州、无锡、常州、徐州六市信息化试点城市建设全面展开，一批应用系统投入运行。15个小区为全省信息化示范小区重点建设，16家网站列入全省信息化建设示范网站。大项目的实施有力地推进了江苏信息化建设。二是研究了一些政策措施。为增强江苏信息化工作的规范性、宏观性和指导性，加强了有关政策文件的制定。2000年编制出版了《江苏省信息化白皮书》，该书全面分析总结了全省信息化建设情况。2001年，进一步加大了对全省信息化建设的宏观分析和指导，并在2000年的基础上，编辑出版了《江苏省信息化年鉴－2001》。拟定了全省“三网融合”和协调解决“最后一公里”接入问题的实施办法。研究提出了关于加快国民经济和社会信息化意见、鼓励软件产业和集成电路产业发展若干政策。下发了2001年信息化建设计划安排意见。这一系列政策文件的出台，为全省信息化建设营造了良好的政策环境，加快了发展步伐。三是研究制定了几个规划。编制了“十五”科技发展规划和信息化规划。结合江苏优势，选择软件、集成电路、移动通信、ERP系统应用、光纤及光电子等产业或领域，进行了专项规划战略研究，提出了“十五”期间具体的产业发展目标重点和任务，对总体规划进行了分解落实，增强了可操作性。

总的来说，这几年我省信息化建设取得了很大进展，但同时我们也看到，我省信息化发展的现状与经济大省、科技大省、文化大省的地位尚不相称，与江苏经济在高平台上实现快速、可持续发展的要求还有不少距离，需要我们进一步解放思想，开拓进取，全面加速推进我省经济和社会信息化进程，努力实现社会生产力的跨越式发展。

进入新世纪，我省进入了为“富民强省、率先基本实现现代化”而奋斗的新的发展阶段。信息化建设在国民经济和社会发展中具有十分重要的作用，作为我国东部沿海经济比较发达的省份，江苏一定要按照江泽民总书记最近提出的信息化“要创造条件先行一步”的要求，高度重视，大力推进国民经济和社会信息化，充分利用信息化的倍增效应和带动作用，在更高的起点确立新目标，抢抓新机遇，谋求新发展。要以信息化为龙头，强力推进经济结构战略性调整，着力提高江苏经济整体素质和国际竞争力。把信息化放到覆盖现代化建设全局的重要战略位置，充分利用江苏现有的工业基础和人才优势，加快国民经济和社会信息化进程。为实现富民强省、率先实现现代化的宏伟目标作出新贡献。

加强信息化建设　促进全省经济工作

江苏省人民政府副秘书长　朱步楼

同志们：

全省信息系统工作会议今天召开了，这次会议将总结全省信息系统的工作，研究推动信息化建设和经济信息工作。这是一次重要的会议，将对全省计委以及信息系统的信息化建设起到积极的推动作用。

过去的一年，全省信息系统的广大干部职工认真贯彻落实中央和省关于信息化建设的重大决策，积极进取，奋力拼搏，为政府的宏观调控和管理提供了大量的信息技术应用服务和信息咨询服务，提供了及时的决策参考和信息反馈，取得了良好成绩，作出了应有的贡献。借此机会，我代表省人民政府，向你们并通过你们向全省信息系统的广大干部职工表示诚挚的谢意和亲切的慰问！

信息化建设是新世纪的一项紧迫任务，政府作为现代社会信息流的中心节点，在社会信息化的进程中起着责无旁贷又无可替代的作用。在去年底召开的全省经济工作会议上，季允石省长在谈到转变政府职能加强政风建设时指出："要加快政府管理信息化建设，推广电子政务。"他还强调："这项工作要从县一级抓起，着眼于应用，依靠基础信息网络建立高效的工作系统。"下面，就今年政府信息化建设讲几点意见。

一、进一步提高对政府信息化建设重要性和紧迫性的认识

席卷全球的信息化浪潮给人们生产生活的各个层面带来了深刻的影响，也不可避免地给政府管理现代化提出了新的课题。从世界范围来看，推进政府部门办公自动化、网络化、电子化，实现全面的信息共享已是大势所趋。美国、日本和欧洲各国大力推进政务信息化建设，取得了显著的进展。最近一份研究报告显示，美国各级政府将在全美各地推出近1400种在线申请服务。英国60%政府机构的互联网服务网站已经开通或正在建设，预计到今年底将有41%的英国公众可以通过政府机构的网站享受政府服务。加拿大的这一比例将达到40%，澳大利亚为34%。在我国，各级政府机关既是信息化建设的推动者、倡导者，又是信息化建设的实践者和信息技术的应用者。一方面，各级政府机关拥有大量宝贵的信息资源；另一方面，个人、企业和社会对获取政府有关政策法规、各类统计信息的速度和透明程度的要求日益提高，对政府机关的办事效率、服务水平提出越来越高的要求，对政府机关职能的监督也日益强化。各级政府机关充分利用网络信息技术，也带来了明显的经济效益和社会效益。

政府机构的信息化极大地影响着经济社会发展和社会信息化进程。政府部门是信息化建设的推行者，更是信息化的直接受益者。首先，政府的信息化为政府机构对外开放创造了条件，同时，使政府行政机关对信息变化的反应更为敏捷；其次，政府信息化使政府咨询与合作的双向渠道得以贯通，进一步增强了政府和社会各界之间的想互理解、支持与合作；第三，政府信息化和政务公开，把公务员的选拔和监督提升到一个公开、公平、公正的新层次；第四，政府信息化使政府工作的透明度越来越高，有利于政府的勤政、廉政建设，有利于杜绝腐败现象和不正之风；第五，政府信息化将通过提高政府的办公效率来大大削减公共行政成本，进而降低各项费用。

政府信息化对实现以信息化带动工业化战略目标也具有重要意义。一方面，政府作为社会结构中的一个重要枢纽，实现政府信息化必然推动、促进社会信息化。政府机构尤其是工商、税务等机关通过网络可以向企业提供方便快捷的服务，企业也必然要通过完善自己的网络环境来享受电子政务带来的便捷服务，这将促使企业加快自身管理信息化的进程。另一方面，政府机关实现办

公自动化和信息网络化，可以实现政府信息资源高度共享，及时捕捉宏观经济和微观经济的发展动态，更好地实现政府调控，促进国民经济持续快速健康发展。政府信息化和实现交互式电子政务，是用一种新的方式推动企业信息化和社会信息化，引导企业加快技术创新，促进产业升级和增强企业竞争力，实现跨越式发展。

二、加快政府信息化建设，更好地为转变政府职能服务

加强政府信息化建设，推广电子政务，是转变政府职能的重要手段。去年12月召开的国家信息化领导小组第一次全体会议明确指出："政府信息化建设要与政府职能转变相结合，提高办事效率和管理水平，促进政务公开廉政建设，增强为民办事的透明度和公正性。"随着我国社会主义市场经济体制的逐步建立，尤其是为适应加入世界贸易组织后的新形势，迫切需要政府机关树立创新意识，探索新的管理模式，不断地提高政府服务水平和管理效率。根据世贸组织的有关规定，各成员国政府对经济、社会的管理必须体现透明原则，强调政府发布的信息应是透明的、公开的，贸易的政策环境是宽松的和可预见的。信息技术的应用，为创新政务管理模式提供了机遇和手段。推进政府信息化建设，加大信息技术的应用，有利于在加快政府行为与国际通行规则接轨的同时，进一步推动政府实施透明管理。我们必须尽快地利用信息化的手段，打破信息壁垒，实现政府机构之间的信息共享，变模糊管理为透明管理。在外部管理方面，要建立实用友好的政府门户网站和政府公共信息网络平台，有效地为民众提供交互式服务，准确及时地发布政务信息，在政府和民众、企业之间架起沟通的桥梁，变"政府管理导向"为"为民服务导向"，提高政府公共服务效率和质量。

政府信息化建设不仅仅是技术和投资的问题，关键是促使观念的转变和政府职能的转变。政府信息化建设并不是简单地将传统的政府管理事务原封不动地搬到网上，不是现实政府的一一对应，而是要对其进行组织结构的重组和业务流程的再造。从服务对象来说，电子政务主要在政府间、政府与企业间、政府与公众间进行。无论是"内网"、"外网"，还是公共网络平台的建设，都要贯穿为公众服务和以人为本的理念，始终把为民、便民、利民作为出发点。要以优质的服务改善管理的功能，以政务公开规范管理行为，以信息共享提高管理效率。朱镕基总理在全国政府系统秘书长、办公厅主任会议上强调："我们政府机关办事的手段，要不断地革新，不断地完善，实现信息化。如果我们所有的政府机关都能够实现信息化，然后通过网络联接，形成政府的信息网，将会大大地改进我们的工作。"他还说："积极运用现代化科技手段，特别是先进的信息技术，加快政府管理信息化进程，是适应国民经济和社会信息化发展的迫切要求，各级政府、各个部门都要把推进行政管理信息化作为一件大事。"国务院办公厅明确提出全国政府系统要用3—5年的时间建成以"三网一库"为目标的政府信息化工程。我省要加大政府信息化建设力度，加快步伐。省计委已经就2002年我省政务信息系统工程的建设进行了规划和论证，希望大家集思广益，提出宝贵意见。

三、以统一规划为重点，以推广应用为突破口，加大政府信息化推进的工作力度

政府信息化建设要满足政府履行职责、进行宏观调控和科学决策以及办公自动化的要求，满足社会各界对政府信息和服务的需要，任务非常繁重，涉及到方方面面，是一个复杂的系统工程。政府信息化建设技术要求高，投资也较大，必须进行统一规划，科学决策。规划必须超越部门和地区利益，条块结合，互联互通，资源共享。信息化建设必须强化政府的主导作用，充分运用市场调动和配置各种资源，坚决避免低水平和重复建设。

政府信息化建设不能离开基础网络，要加速信息网络基础设施建设，建设新一代的高速信息传输骨干网络和宽带高速计算机互联网。目前，我国信息化的发展与世界先进水平的差距主要是软件开发能力较低和信息服务滞后，信息资源开发严重不足，在信息技术的应用方面存在明显的差距。因此，推进信息化建设的进程要在应用上下工夫。今年我省信息化建设的重点是抓好城市（区域）信息化建设和政府信息化的应用，要在利用信息技术改造传统产业、利用信息技术提高政

府管理效能这两个方面取得明显成效。其中，政府信息化的应用尤为重要。政府不仅要为城市信息化建设提供良好的发展环境，而且可以通过自身信息化建设，为全社会信息化起到带头和示范作用。关于我省城市信息化建设的具体步骤和措施，省计委已在常州召开的数码城市建设现场会上做了部署，各地、各有关部门要抓紧实施。从应用的角度，我省要尽快地建设全省的电子政务系统，构筑政府网络信息平台，形成联接中央到地方的政府业务信息系统，实现政府网上信息交换、信息发布和信息服务。要重点抓好政府办公、金融、工商、税务、农林、水利、科技、教育、交通、公安、劳动与社会保障等骨干应用系统工程建设。对上，加快与国家的“金关”、“金税”、“金卡”、“金盾”等工程衔接；对下，促进企事业单位和社会各界的信息化应用。要借鉴广东南海市的成功经验，利用政府公共信息网络平台开展多种信息化应用，加快政府信息化的步伐；依靠基础信息网络建立高效的工作系统，提高行政管理的信息化水平，增强政府办事的透明度和公平性。同时，要着力研究、制订网络安全技术标准，加强计算机安全保障体系建设，在确保信息安全的前提下，实现政府机构之间的信息共享。

同志们，加快政府信息化建设步伐和深入研究探索当代经济发展规律，是实现全面推进国民经济和社会信息化，建设一流信息化大省战略目标的重要保障，也是进一步转变政府职能，提升政府科学决策水平、提高工作效率的迫切需要。希望全省信息系统的同志们以江泽民“三个代表”的重要思想为指导，团结拼搏，扎实工作，为提升全省政府信息化建设整体水平、实现富民强省和率先基本实现现代化的宏伟目标做出新的更大的贡献。

加快江苏企业信息化进程

江苏省发展计划委员会主任　钱志新

信息化的主体是企业的信息化，企业是信息化最大的市场，只有企业高度信息化，才能说信息化春天的到来。江苏去年在企业信息化方面，打了一个漂亮仗，主要是抓了企业上网工程。全省现有50万家工商企业，1999年底，上网企业只有1万家。我们提出2000年实现10万家企业上网，能不能实现，当时有些担心。但企业积极性很高，2000年10月就达到10万家企业上网，在国内第一个突破10万家上网企业。到目前为止，全省上网企业已经达到17万家。今年上网企业要达到25万家。通过三年努力，计划80%企业上网的目标完全能够实现。当前，对企业上网认识不完全一致，有的认为有效果，有的认为没有效果，认为搞信息化对企业意义不大。我认为这主要是对企业信息化的本质认识不足，实际上，传统企业向现代企业转变，关键要靠信息化。企业信息化就是“换车”，把拖拉机换成汽车，不换车就要被淘汰。

一、信息化对传统企业的意义

信息化对传统企业的影响和作用是革命性的，主要表现在三个主面：

资源配置方式的重大变革。传统企业资源配置是在一个较小的范围，而企业信息化扩大了资源配置的半径，将企业配置资源的范围迅速扩大到全球，这是一个巨大的转变。

生产经营方式的重大变革。传统企业生产经营的各个环节往往是孤立的，企业通过信息化，建立局域网、广域网，融入互联网，实现了网络化经营，使企业生产经营方式产生了重大的变化。

企业管理方式的重大变革。传统企业管理的对象是各种实体。企业信息化以后，管理的对象发生了变化，转变为对信息资源的管理，重在信息的加工、传输和应用。

企业信息化是传统企业转变为现代企业的一场革命。信息化如电一样，渗透到经济和社会生活的每一个方面，它进入一个领域就对这个领域产生革命性的影响。我们一定要从这样的高度来认识信息化对企业变革的作用。

二、企业信息化的内涵

企业信息化的内涵是什么？这是必须要认真回答的问题。根据本人的调查研究，我认为企业信息化主要包含以下五个方面：

产品信息化。产品信息化要用好两个技术，一是应用数字技术，增加传统产品的功能，提高产品的附加值。比如过去的手机是模似手机，现在是数字手机，其保密性不一样，性能也增强了。数控机床在信息化方面的应用更为充分，数字控制技术对机床的增值会产生数倍的影响。二是应用网络技术。现在网络家电方兴未艾。海尔集团的网络冰箱，通过网络管理中心进行控制，可以通报冰箱中食品的数量，提醒用户购买。现在产品的质量往往相差不大，最大的差别在于服务，在于产品的附加值，而通过服务提高产品的附加值是最重要的方面。网络家电就是在增值服务中，大大提升产品的附加值。

设计信息化。主要是产品设计、工艺设计方面的信息化，应用较多的是CAD，现在已经较为普遍。

生产过程信息化。主要是自动化技术在生产过程中的应用。采取自动控制，用智能化手段解决加工过程中的复杂问题，提高生产的质量和精度。在化工中，自动控制十分普遍，生产过程中实现自动化控制，才能保证产品质量。

企业管理信息化。企业管理信息系统集成，实施CIMS，现在运用的企业很多，用得好的企业产生了较好的效果，可以大大提高企业管理水平。

市场经营信息化。通过实施电子商务，实现市场经营信息化。华泰证券公司发展网上交易，成交量达到200亿,取得了良好的效益,带动了业务的发展。不少大企业之间开展 BtoB 电子商务进展较好,大大节约了经营成本,提高了企业效益。

三、企业信息化迫切需要解决的问题

企业信息化要在企业层面和政府层面两个方面推进。从企业层面来看，当前迫切需要解决三个问题:

明确一个企业的信息主管（CIO)。企业信息化是系统工程，一定要统一指挥，协调一致，不能各自为政。企业首先要设一个信息主管，或者叫总信息师。统筹规划企业的信息化建设，开发和利用企业信息资源。没有信息主管，企业信息化就缺少统帅。当前这项工作还没有起步。尽管一些企业开展了电子商务，但没有设立企业信息主管，来统一规划和实施企业信息化，这个问题要尽快解决。

建立一套网络化的运行机制。企业内部和企业外部都要建立网络化的运行机制。企业推广信息化，实现上网以后，有的效果比较好，有的效果不尽如人意，原因在于企业没有形成网络化的“语言”，与网络运行的语言对接不上。企业网络化运行机制应从两个方面来解决：一方面要建设企业内部网，解决好企业内部资源优化配置。对企业进行资源计划管理，实施 ERP，对企业管理再造。另一方面要优化企业外部资源配置，通过利用广域网、因特网，着重搞好客户关系管理(CRM)，实施好供应链管理（SCM)，从而将企业的外部资源整合好，为开展电子商务创造充分的条件。

企业信息化，不只是技术问题，更重要的是机制问题。企业信息化遇到许多体制上的障碍。用信息化将供应链管理起来，许多供应上的不正之风就难以产生。通过信息化，一方面可以把客户管起来，一方面可以把供应管起来，供销上的不正之风将得到有效控制，企业的成本将大大下降。

因此，企业通过局域网、ERP 解决企业内部资源配置问题；通过广域网实施客户管理和供应链管理，可以解决企业外部资源配置问题。这是企业信息化的基础工作，必须要解决好，否则，企业信息化就没有多大效果，流于形式。

制定一套全员培训计划。企业信息化是全体干部职工的事情，谁都不能例外。企业领导首先要带头学习，中层骨干、技术人员、管理人员，都要皆谙，因此开展全员培训，从一把手到每个员工都参与其中，少数人搞企业信息化是不会有成效的。

政府层面主要是创造一个好的环境，当前应着重做好以下工作:

建立 CA 认证系统。安全是企业信息化必要的环境和条件，必须抓紧建设企业参与网络经济的资格认证体系，解决企业网上交易的安全问题，消除企业参与网上经营的顾虑。

解决电子商务“三流”配套。商流、物流、金流一定要配套运作，目前只解决了商流，实现了网上交易、网上订单、网上成交，而支付问题、配送问题远未解决。“三流”要统一，需要一个过程。目前，政府正在着力于这方面工作，金流方面争取三年实现“一卡通”，物流方面主要是发展第三方物流。

网络企业与传统企业的融合。新经济的发展要经过三个阶段。第一阶段是大量网络企业的出现。由于初始阶段市场准入门槛不是很高，会出现“万人竞渡”的场面，都想搭上新经济这条船。竞争中大量的网络企业被淘汰，进入一个整合期。第二阶段是传统产业进入信息化，传统产业通过信息化改造成现代产业。第三阶段是网络企业和传统企业的融合，这就是人们所说的“鼠标 + 水泥”。现在，第二、第三阶段的高潮还没有看到，好戏还在后头。传统企业与网络企业整合起来，是传统企业进入新经济最好的办法，可以使资源最优化配置。要采取切实措施，将网络企业与传统企业融合起来。大企业可建立自己的电子商务平台，中小企业要与网络企业相结合，加速信息化进程。华泰证券网站就实现了传统业务与电子商务结合，这是网络企业与传统企业的最佳结合。今年我省要评选十佳网站，目的就是要推进这方面的工作。

加快信息体系建设　增强信息服务功能 努力开创我省农业信息工作新局面

——在全省农业信息工作会议上的讲话

原江苏省农林厅厅长　张九汉

（2001年5月）

根据省委农村工作领导小组的安排，经省委、省政府领导同志同意，今天召开全省农业信息工作会议，主要任务是认真贯彻落实全省信息化工作会议精神，结合我省农业和农村经济发展实际，研究部署“十五”期间全省农业信息工作，以进一步统一思想，提高认识，明确目标，强化落实，努力开创我省农业信息工作新局面，为农业结构战略性调整服务，为农业增效、农民增收服务。对这次会议，省委、省政府领导同志十分重视，多次作出有关农业信息工作的重要批示。明天下午，省委李源朝副书记还将作重要讲话。省信息产业厅等省有关部门也十分关心农业信息工作，给予了大力的支持和帮助，今天也莅临会议。会前，厅里组织了认真的调查，厅党组也专题作了研究。这次会议我们还将安排专家授课和典型交流。下面，根据会议的安排，我先讲几点意见。

一、认真分析形势，正确估价我省农业信息工作取得的成绩

近几年来，在省委、省政府的正确领导下，在省计委、省财政厅、省信息产业厅等有关部门的大力支持下，我省的农业信息工作进展很快，基础设施建设得到加强，网络体系初步形成，信息和信息技术在农业领域中的应用不断扩大，为指导农业结构调整和增加农民收入发挥着越来越重要的作用。具体表现在：

（一）对农业信息的认识不断深化

我省农业与农村经济发展已进入了一个新的阶段，农产品结构性、阶段性相对过剩已成为结构调整和农民增收的一个重要制约因素。在当前农产品处于买方市场的情况下，信息不灵，农业结构调整就必定带有盲目性，一些很有市场前景的农产品就难以实现其价值，农民就难以增收。这一点，已成为农业部门和社会的共识。因此，加快农业信息体系建设，增强信息服务功能，普及信息在农业产前、产中、产后的应用，加大市场信息在农业资源配置中的引导作用，就必然成为保障农业结构战略性调整顺利实现和增加农民收入的必然要求和正确选择。在当前农业发展难度较大、农民增收难以突破的情况下，各级党委、政府和农业部门已充分认识到，抓好信息化建设是农业发展进入新阶段后的一个重要突破口，也是农业部门指导农业和农村经济发展的新手段，抓这项工作尤为必要，非抓不可。宿迁市委在最近召开的一届九次全体扩大会议上，市委、市政府主要领导明确指出，今年要在市、县农业部门建好农业信息网络的基础上，全市各乡镇要建立农业网站，并把它列入了对各县区目标考核内容，同时还要求加快信息“进村入户”步伐，将农业信息及时传递到村、组、农户。泰州市今年亦要求全市要有80%的乡镇建立农业网站。这些说明了各地已把农业信息工作摆上了重要的议事日程。

（二）农业信息的基础设施建设得到加强

各级农业部门把农业信息基础建设当作一项适应形势发展要求、事关全局的工作来抓，完善农业信息网络体系，强化农业信息队伍，取得了

较好的成效。据初步统计，到目前为止，我省大多数县以上农业部门都有了信息工作机构和信息工作人员，信息队伍有了长足的发展。全省乡以上农业信息工作人员已达3500多人，其中专职人员400多人，从事信息网络工作人员有200多人。农业信息网络体系建设进展迅速。全省农业系统信息化建设投入约4000万元，其中近50%是近年来投入的。现拥有计算机2200多台，其中60%以上上了因特网；建立了市、县级农业网站80个，市、县级农业局域网近60个；县以上大部分农业部门已上网，已上网的乡镇农技部门近300个，上网的涉农企业558个、农产品批发市场116个、农产品特色基地222个、农民经纪人和种养大户2636户、农村专业合作经济组织169个、农业科技示范园159个，初步建立起了覆盖全省的农业信息体系框架。太仓市在市政府的高度重视下，全市所有农技站均配置了电脑，实现了农业信息网络“镇镇通”。这次会上准备演示的仪征市农业信息网，体系建设投入近30万元，高标准地建设了网络框架。

（三）初步探索出了一条适应省情的农业信息服务路子

各地结合实际，开拓创新，充分利用网络和网络信息，强化网络与传统媒体的结合，初步探索出了一条适应省情的农业信息服务路子。可以归纳为“三个化”：信息服务方式多元化。一是在网上发布信息，如生产、资源、政策、科技、市场、供求信息等。二是充分利用网上农业信息量大的优势，精选信息并通过在传统媒体的专版、专栏、专题等，向基层和广大农民发布。三是利用农业部门自办的简报、小报等向农民发布信息。信息服务内容多样化。一是提供各类信息服务。农业信息网络使农业部门由过去主要发布农情、苗情、灾情、实用科技信息、农业政策、法律法规等生产、政务信息，向生产信息、政务信息和市场信息相结合、本地信息和外地信息相结合、国内信息和国际信息相结合、当前信息与分析预测信息相结合、静态信息和动态信息相结合、微观信息和宏观信息相结合的信息发布格局方面转变。各类信息的提供，较好地满足了不同层次的信息需求。二是提供宣传阵地。网络作为新兴的“第四媒体”，使农业部门有了自己的宣传阵地，农村政策、农业企业、农产品、科技成果等都可在网上得到有效宣传。而且由于网络宣传具有方便、快捷、成本低廉、不受时间限制等特点，在提高农业社会地位、提高农产品知名度、拓宽农产品市场、提高农业综合效益方面已显现出一定的效果，在引导农民调、指导农民种、帮助农民销方面取得了较好的成效。信息服务制度化。一些地方为提高农业信息服务的工作水平和效率，制定了一整套严格的工作制度。如丰县农业局制定了不少信息发布的工作制度，做到信息网上发布不过夜，上网信息定数量等。

（四）网上农产品虚拟大市场初见雏形

随着我省农业结构调整力度加大，区域特色、产业特色、产品特色正逐步显现。各地充分利用网络积极做好农产品特别是特色产品的上网工作，网上农产品虚拟大市场雏形初现，网上销售渐成气候。到目前为止，全省上网农产品已达1100多个，初步统计，网上销售额达7.7亿多元，为我省农民增收发挥了较大的作用。去年丰县充分利用“中华果都咨询网”，全面发布以特色果品为主的农产品信息，近一年来，有1500余人次前去信息中心发布信息、销售产品，网上成交额突破了5000万元，涌现出一大批营销规模较大的农民经纪人。盐城市去年网上销售成交100多笔，销售额超亿元。大丰农业网建立了特色农产品销售平台，200多个特色农产品常年在网上发布，网上成交50多笔，成交额达3000多万元。网上销售正逐渐成为各地农产品流通的新方式。同时，在加强农业信息工作的过程中，也使各级农业部门及广大农村基层干群逐步了解了计算机、因特网等信息产品和信息技术，逐步掌握了操作运用的技能。通过网络，拓宽了视野，学到了知识，从而提高了人员的素质和工作效率，亦为农业部门实现办公自动化打下了良好的基础。

虽然我省的农业信息工作取得了一定的成绩，但应该看到，与发达国家和先进地区相比，我省的农业信息工作尚处于起步阶段，农业信息利用水平较低，信息化建设主要还局限于网络建设，信息技术在农业中的应用还很少，存在着一些不容忽视的问题和困难。主要表现为“四个不到位”：一是认识不到位。目前，农业信息工作是“上面热、下面冷”，县以上各级党委、政府和农业部门对农业信息工作十分重视，但基层和广大农户由于经营规模较小，以及受环境、经济条件等多种因素的制约，对农业信息还缺乏理性和感性的认识，信息意识较为淡薄。二是工作手段不到位。各地信息工作的手段还很不完备，大多处于“硬件不硬、软件很软、运行较难”的状况。各级农业部门信息化设备不多，有的县农业部门甚至还没有计算机。同时，农业软件十分缺乏，信息采集、分析、处理、开发、发布能力落后，服务水平提高较难。运行经费难以落实，出现有钱建站、运行困难的状况。三是工作水平不到位。目前各地虽有了一支信息员队伍，但既懂计算机网络又懂农业信息的人才十分缺乏，而且，大部分同志是兼职从事信息工作，时间、精力不能得到保证，难以适应信息化要求。在提高信息有效性、针对性方面还没有大的突破，大量信息资源没有整合、开发，信息处于离散、原始状态。缺乏对主要农产品生产、销售、贮存、加工动态进行分析、监测和预警预报。四是信息服务不到位。服务针对性不够，没有对农民的信息需求作深入的了解。一些地方还存在“上面推一推，下面动一动”的情况，主动性、开创性不够。服务范围较窄，如信息发布的范围主要局限于农业系统，生产信息、实用科技信息较多，市场信息、供求信息和农村经济信息仍然偏少。这些是农业和农村经济发展进入新阶段之后暴露出来的新矛盾、新问题，是发展中的矛盾、前进中的困难，迫切需要我们进一步解放思想，理清思路，大胆实践，开拓创新，采取更加切实有效的措施予以解决。

二、明确目标任务，寻求新时期农业信息工作的突破口

我省农业已进入了一个新的历史发展阶段。“十五”期间是农业向市场化迈进的关键时期，也是我省全面建设宽裕小康社会、为率先基本实现农业现代化奠定坚实基础的关键时期。推进我省农业信息化，强化农业信息体系建设，增强信息服务功能，这是我们审时度势、转变职能的现实选择。

“十五”期间，我省农业信息化建设的总体要求是：以江苏率先基本实现农业现代化为目标，以市场为导向，以科技为支撑，站在未来农业全球化、知识化发展的高度，建立、健全农业信息网络体系，强化信息服务功能，全面提供农产品和农资市场行情、农村经济信息、农业生产技术信息；加强农业数据库建设，发布分析预测信息，推进信息进村入户，促进农产品网上销售，引导农业和农村经济结构调整，促进农业增效，农民增收；建立农业决策支持系统、农业资源环境系统、防灾减灾管理系统和农业科技管理系统、农业监测、预测预报和预警系统等信息网络系统，促进农业生产、经营管理现代化；围绕农业现代化建设，积极推广地理信息系统、全球定位系统和多媒体等信息技术在农业生产中的应用，建立国内一流的农业信息网络体系。工作重点是：要以“加强信息体系建设、增强信息服务功能”为中心，高标准、高起点地建设现代化的农业信息网络体系，培养一支具有技术创新能力的高素质农业信息人才队伍，强化信息资源建设和信息发布功能，全方位开展信息服务，积极推进农业信息化进程，为各级党委和政府提供决策支持，为广大农民提供信息引导，促进农业增效、农民增收。具体要在五个方面取得突破：

（一）在网络建设上求突破

一要继续抓好网站建设。“十五”期间，各地要以全面建立和进一步完善农业网站为重点，争取在今年基本完成、明年全面完成市县二级农业网站建设。根据省委5号文件的要求，今年要再建20个县级农业网站，全面完成市级网站建设。二要大力推进乡镇农技部门上网。乡镇农技部门上网，不仅是提高基层农技人员素质、提高工作效率的一个重要途径，更是转变基层农技部门工作职能的一个重要手段。通过上网，一方面能向广大农户传播农业信息，更加有效地引导农业结构调整；另一方面可以组织本地农产品上网销售，达到解决农产品卖难、增加农民收入的目标。目前，我省已有部分乡镇农技部门上了网，它们正成为农产品信息流转的纽带和进村入户“最后一公里”的关键。因此，推进乡镇农技部门上网就显得十分迫切和重要。各市今年要完成“以市为单位，苏南要有60%，苏中要有50%，苏北要有30%的乡镇农技部门上网”的任务。三要进一步延伸信息网络触角。加快推进农村专业合作社、合作经济组织、特色生产基地、涉农企业、农业科技示范园区上网。在已上网乡镇中，选择文化素质较高、思想观念较新、热心于农业信息服务、有一定经营能力和规模的营销、种养大户作为示范户，以促进周围农户的信息应用。

要建立健全农村基层信息服务组织。乡镇、村及基层涉农组织是农村经济发展的直接组织者、参与者和带动者，加快基层农业信息网络体系建设是农业信息工作的基础。因此，各乡镇都要建立健全相应的信息服务组织，增强信息服务功能。按照农业部的要求，乡镇信息服务组织要达到“六个一”，即有一间房、有一套设备，有一条电话专线，有 1 - 2 名专兼职人员，有一个组织网络，有一套管理和服务制度。这个要求应该说是不高的，在过去“五有”乡镇农技站建设中，有的已基本达到了这样的要求。目前安徽已有 80% 的乡站达到了“六个一”，我省应该更有条件达到。

（二）在资源建设上求突破

资源建设是信息化过程中一项艰巨而复杂的长期性工程，也是发挥信息价值的一项最为重要和紧迫的任务，既是重点更是难点。各地一定要把信息资源建设作为一项重要的工作来抓，不断提高信息质量，扩大信息内容，提高应用系统的联网程度，推进信息资源共享。对农业信息技术、资金、人才、产品、服务等要素，要按照市场需求进行优化配置，提高信息资源开发利用的质量和效益，增加农业信息在农村经济增长中的服务功能。一要抓好农业市场信息资源建设。切实做好市场信息及鲜活农产品价格行情的收集发布，组织好全省农业系统和种养、运销大户、专业合作经济组织、涉农企业的农产品信息上网工作，力争今年我省农产品网上成交额有一个较大的增长。二要抓好农业科技信息资源建设。前一时期，国务院召开了农业科学技术大会，提出要大力推进新的农业科技革命，为新阶段农业和农村经济发展提供有力支撑，加速农业由主要追求数量向注重质量效益的根本转变。通过近几年的努力，在江苏农业网上已有不少科技信息，但这些信息中，传统农业种植技术的内容较多，农业高新技术内容特别是农产品加工、贮藏、保鲜技术等信息内容偏少，不能满足新阶段农业发展的需要。因此，必须加大农业科技成果、科研动态、科技开发项目、农业栽培技术、农产品加工、贮藏、保鲜等信息的资源建设力度。三要抓好农业经济信息资源建设。不断强化农业政务信息、贸易信息、生产信息、统计信息、资源信息、项目信息、政策法规信息等的资源建设，使江苏农业网成为指导管理农业和农村经济发展的一个重要手段，保障农业和农村经济的持续快速健康发展。

要加快建立农业数据库。建立数据库是发展农业信息事业的一项基本工程，有了数据库，就能使原来仅能在手工状态下使用的宝贵的数据资源在网络环境下实现资源共享，充分发挥信息资源价值。要加快建立动态农业模型，把我省乃至全国全球的农业信息如农业资源分布情况、农作物分布状况、生长情况、病虫害防治情况、基地分布、加工情况、政策、市场行情等，容纳到一个模型中去，以便通过模型及时了解当前的情况，便于我们决策。这是一项基础性的工作，各地要认真做好。要加快图形、图象、声音、影视等多媒体技术在农业上的应用，重点支持网上多媒体技术的开发和应用，在网上开展实时教育、科学技术普及和推广以及科学研究协作。加强农业领域多媒体光盘技术的开发，促进多媒体技术在农业管理领域的应用。

（三）在信息有效性上求突破

要以营销、种养大户和农村基层干部为农业信息重点用户，了解他们的信息需求状况，有针对性地向他们提供信息。要不断提高信息的准确性，重视信息的分析预测、开发工作，精心筛选网上信息，为广大农民提供准确、可靠的信息。充分利用传统媒体覆盖面广的特点，加强和传统媒体的合作，以各种为广大农民喜闻乐见的形式，常年向农民发布农业市场动态、农产品供求等信息。充分发挥互联网的作用，增加网上信息资源建设，增加内容和版面，动脑筋做好做活网站，提高网站的吸引力和访问量。强化面向国际市场的信息服务，各地农业网要探索成为国内外农产品的销售中介，为出口创汇农产品基地、龙头企业提供国内外市场行情、对外招商引资、对外投资、对外农业广告、对外农产品销售、对外经济技术合作等信息。要专门开辟外文网页，向世界发布农产品信息。

（四）在农业信息“进村入户”上求突破

一要重视网络“最后一公里”的建设。加快营销大户、种养大户、涉农企业、专业协会和农村合作经济组织的上网步伐。厅里为解决这一难题，在广泛调查研究、多方听取意见的基础上，决定实施“千家万户”工程。所谓“千家”，就是发动、鼓励、支持 1000 家农产品营销大户上网，提供信息资源；所谓“万户”，就是扶持1万户农业信息用户，重点面向基层营销大户、农民经纪人和部分种养大户，提供各类农产品市场信息，帮助用户掌握及时、有效、准确的各类信息。二要充分利用传统媒体发布信息。农业部门要和新闻部门紧密联系，利用传统媒体，向广大农民发布科技信息、市场信息和其它经济信息。发挥传统媒体的作用，目前仍是农产品信息“进村入户”的重要途径。三要扶持中介组织向农民发布信息，因为他们更适应市场，提供的信息更有针对性和有效性。四要利用农民集合的机会如集市、庙会、节日等向农民发布信息。五是创造条件，如召开农业信息发布会、搞“农民日”等，向农民发布信息，以加快信息“进村入户”的步伐。

（五）在分析预测上求突破

面对农业市场化程度不断提高和加入世贸组织的现实，应切实加强调整农业结构、开拓农产品市场等方面的信息服务。特别是要加强农业信息的科学分析、预测和研究工作，增强信息预测、分析和发布的能力，及时向农业企业、农民传播农产品产销和价格信息，为调整农业结构提供指导服务。在信息分析上，要由定性分析向定量分析和定性定量相结合的方向发展，由单目标分析向多目标综合方向发展，由常规分析向准确、高速和专家系统方向发展。要加大国际市场农产品信息的采集、整理和发布工作的力度，组建农业信息专家队伍，结合本地实际情况，采用科学方法，系统开展农产品市场行情分析、预测工作。要组织各地招商项目上网，发布国外开发项目信息，积极为我省农业引进来、走出去服务。

三、落实关键措施，全面推进我省农业信息工作

农业信息工作不仅事关农业结构的战略性调整、事关农业增效、农民增收，而且事关全省信息化目标的实现。可以说，没有农业的信息化，就没有整个国民经济和社会发展的信息化。各地、各级农业部门要从战略的高度，正确认识农业信息化在农业发展进入新阶段后的重要作用，正确认识农业信息化在加入世贸组织后江苏农业应对面临的机遇和挑战的重要作用，正确认识农业信息化在推进农业现代化进程中重要作用，切实加强领导，统筹各方力量，协调配合，狠抓关键，千方百计做好新时期的农业信息工作。

一是科学规划。信息化是一项投资大、风险高的社会系统工程，涉及方方面面，必须明确目标，科学规划。根据“十五”期间我省农业和农村经济发展规划和全省信息化规划，遵循“一次规划、分步实施、边建边用、运行高效”的原则，力求做到规划起点高，方法新，特色强。各地要结合实际，制定好“十五”农业信息化建设规划。要因地制宜，分类指导，立足当前，着眼长远，力求投资适度、运行便捷、及时有效。在网络建设上，要把专业生产基地、农产品市场、龙头企业、有一定规模的专业合作经济组织、农民经纪人和种养大户的联网工作作为重点一并纳入到方案中。在资源建设上，要建立省市县农业信息资源联合开发模式，统筹兼顾，综合考虑。厅市场与经济信息处、信息中心等单位要加强对全省农业信息工作的指导，及时帮助各地解决实际困难，把规划制订好、实施好。这次会上印发给大家的《全省农业信息化2001－2005年期间规划纲要》，请大家认真修改，提出意见，帮助完善。

二是强化指导。农业信息化是一项复杂而艰巨的综合性工作，涉及到农业和社会生活的许多方面，要充分发挥政府和职能部门在农业信息化建设中的主导作用，坚持联合共建的原则，切实加强组织领导，协调一致，保证农业信息化建设按照总体要求，有计划、分层次、有步骤地实施。要认真落实《省政府关于加快国民经济和社会信息化的意见》精神，加强领导，精心筹划，组织实施。各市县农业部门主要负责同志要亲自领导农业信息化工作，分管领导要常抓不懈，集中精力加强指导，搞好协调，并要确保有足够的人员、足够的精力和时间做好这项工作。为确保“十五”期间农业信息化任务的如期完成，各地要积极争取党委、政府对农业信息工作的支持，制定信息化工作的具体实施方案，排出工作日程，成立专门小组，明确人员，明确任务，明确职责，集中一定的人力物力，打一场攻坚战。当前正值市级政府部门机构改革，部分机构撤并，人员重组，各方面变化比较大，但农业信息化工作不能断、秩序不能乱。不但要过渡好、衔接好，而且要整合多方面的优势，优化资源配置，形成合力，把农业信息工作做得更好。

三是加大投入。农业信息化建设的目的，主

要是为帮助领导决策、引导农民生产经营、增加农民收入服务的，信息化建设是政府的一项重要职能，许多发达国家和发展中国家的农业信息化建设亦基本是由国家来实施的，农业信息服务基本也是无偿的，其公益性、社会性特点非常明显，因此，应明确将农业信息化建设列为农业基础设施建设内容。“十五”期间，要在农业信息网络硬件建设、软件设计开发、人员培训、引进人才、网络运行、信息资源开发、利用、信息发布等方面给予一定的资金投入。各级农业部门要主动争取同级财政、计委的支持，千方百计地增加政府资金对农业信息化的投入。同时，也要改革现有农业信息运行机制，多方争取企业、合作经济组织、外资以及其他社会资金的投入，形成全社会关心、支持、投资农业信息化建设的良好氛围。

四是培养人才。全面加快我省农业信息体系建设，关键是要建立和健全一支思想素质好、业务水平高，掌握并善于运用现代信息技术的人才队伍。目前，我省农业系统信息人才十分缺乏，人才结构还不合理。搞技术的多、懂经济的少，搞专业的多、懂信息的少，搞生产指导的多、懂市场预测的少。这就要求我们加快步伐，在较短时间内培养和造就一大批适应市场经济和信息时代需要的农业信息人才队伍。要切实加强对农业部门领导干部的培训，使每个市县农业部门至少要有1－2名对计算机、信息知识比较熟悉的负责同志，这样信息工作才能引起重视。要加强对农业信息网络系统骨干的培训，提高网络管理及操作应用水平。加强对乡镇信息员的培训，提高信息的采集、分析。整理、发布的能力。希望各级农业部门思想再解放一点，看得远一点，每年要从大中专院校毕业生中挑选一定的人才充实这一支队伍。厅里机构改革后对人员的引进是严格控制的，但对信息方面的人才引进还是放开的，不但要从学校进，更要从社会上招聘、引进。没有一支高素质的队伍，农业信息化工作就不可能取得突破性的进展。要通过努力，使农业部门各级领导了解现代化信息技术，各类农业专家掌握现代信息技术，广大农技员熟练应用现代信息技术，实现农技人员也是农业信息员，农技专家也是农业信息专家，农业部门也是农业信息部门的目标。

五是创新机制。首先要创新信息内容，在贴近决策、贴近农民、贴近市场、贴近实际等方面加快创新。深入实际，解剖典型，研究农民的信息需求，为他们提供实实在在的信息服务。其次要创新农业信息体系，由过去的垂直、纵向、横向三元结构的信息体系向纵横交错，左右相联，条块结合，四通八达的信息网络转变，实现全面、系统、及时地收集、发布信息的目标。第三要创新信息服务，加快信息服务社会化步伐。在继续强化政务信息，为宏观决策提供信息支撑的同时，重点要为生产者和经营者提供信息支援，加快信息从机关走向社会，从宏观领域向微观领域延伸，促进农业信息服务向社会化转变。各地要大力发展中介服务组织，建立信息市场，使信息面向农村经济、面向广大农村、面向广大农民，充分发挥信息在促进农业和农村经济中的支持和保障作用。第四要创新信息装备。大力普及计算机在农业信息工作中的应用，积极发展网络农业、网上农业、网上交易，提高信息的共享度，提高信息的工作效率，提高农业的信息化水平。

同志们，切实加强农业信息工作，加快农业信息化进程，是新时期农业和农村工作的重要内容，困难多，任务重。我们要在省委、省政府和各级地方党委、政府的正确领导下，积极争取社会各方支持，知难而进，迎难而上，大胆开拓，努力创新，加快推进我省农业信息化步伐，为农业增效、农业增收和农村发展服务，为我省率先基本实现农业现代化作出新的贡献。

加快城市信息化进程　实现经济持续快速发展

江苏省信息产业厅厅长　阎立

一、城市信息化的意义

城市是区域经济、文化的中心，是人才、资金、技术等生产要素集中流向的地方，人口密集、产业集中的城市特征引出了城市经济发展和城市管理等大量问题的研究，随着互联网的出现，城市信息化为城市经济发展拓展了一个更广阔的空间。城市信息化是区域信息化的核心，是提高城市管理能力、完善城市功能、改善城市环境质量和人民生活质量的重要措施。经过近十年的信息化建设，企业、部门及行业信息化有了很快的发展，我们若把把企业信息化、部门信息化看成“点”，把行业信息化、系统信息化看成“线”，由此可见，连“点”成线，联“线”成“网”是信息化发展的必然趋势，城市信息化就是由点到线，继尔发展到网的工作。所以，城市信息化就是逐步消除信息孤岛，实现信息共享，为企业、公众提供完善的信息服务，并使信息技术应用、信息资源开发、信息服务成为重要的新经济产业，成为推动城市经济发展的强大动力。

经过二十几年的改革开放，我省的城市已有了很快的发展，经济快速发展，引起中心城市扩张，带来城市规模的不断扩大，带动周边小城市的迅速崛起、发展，加快城市化进程是本世纪初我省经济发展的重要战略。江苏省第十次党代会指出：“推进城市现代化，就是要把中心城市实力做强、规模做大、功能做优、形象做美，把特大城市逐步做成区域的现代经济中心、科技创新中心、教育文化中心、人才集聚中心、信息中心和交通枢纽，充分发挥集聚、辐射、带动作用”。城市信息化是城市现代化的先导，城市信息化必须建立在发展良好的城市经济基础上，以企业集聚为特征的城市，在城市经济发展的过程中，须重视以工业化为支撑，加快以信息化带动工业化的进程。城市信息化的任务就是更加积极、有度的开放信息，实现信息共享，把政务信息、行业信息、企业信息等与人民群众工作、生活相关的信息转变成公共信息，为企业与民众提供方便、快捷的信息服务，提高城市的管理和服务能力；同时城市信息化应当起到集聚生产要素（人力、技术、资金等）的作用，推动工业化的实现，进一步提高城市经济发展的台阶。城市信息化应以不断增长的信息消费为前提，随着城市人均 GDP 的增长，互联网的出现，企业的市场空间拓展，发展机遇增加；城市居民的工作空间与生活空间的扩大，导致企业与城市居民消费结构产生变化，引起对信息消费的兴趣，产生对信息消费的需求。结合城市经济发展的特征，开发与企业、居民工作、生活关联度较高的信息资源，提供良好的信息服务，对形成新的消费观念，调整消费结构，逐步完善城市信息化有非常重要的作用。

二、城市信息化的思路

城市信息化的内容通常指政务信息化、商务信息化、教育信息化、科研信息化、社会服务信息化等，基础内容是城市地理信息数字化。

城市信息化是社会各界、各行各业以及民众共同参与的系统工程，加强组织、科学管理、有序建设是城市信息化的工作方法，政府引导投入，做好规划、标准、法规，吸引社会资本，以开放城市信息化建设、管理市场为条件，采取谁建设、谁收益的方式，调动各界、各企业、事业单位的积极性，在规划允许的前提下，按照标准合法、有序进行城市信息化建设，有利于加快城市信息化建设的进程。

我省城市信息化建设宜采用试点先行的做法，应用启动，取得经验，逐步推广。根据国家城市信息化试点工作的要求，我省在扬州市已成为国家信息化试点城市的条件下，可以再推荐 1 至 2 个城市进入国家城市信息化试点。考虑省辖市因城市规模大，管理复杂，建设成本高，实施城市信息化建设周期长、难度大的因素，应结合省辖市信息化试点的开展，选择有条件的县级市同时开展试点。因为县级城市规模较小、管理相对简单，建设成本低是实施城市信息化建设的优势，在有条件的部分县级市实施城市信息化试点，较容易形成示范。昆山市在1999年人均GDP达到3500美元，有较好的信息化试点的经济基础，境外投资者集中，容易形成较强的信息消费需求，应认真研究城市信息化工作。目前国外非常流行的“SOHO”，即小型办公室和家庭办公室，满足投资者在家上班的需求，是城市信息化较为典型的应用。根据城市经济发展的特点，选择信息化建设的切入点，正确引导信息化建设，对城市信息化试点有积极的作用，可以在较短的时间内成为城市信息化的示范点，推动城市信息化建设。

三、城市信息化须注意克服几个问题

（一）重建设轻管理，重开发轻经营

城市信息化是以信息化工程建设为标志的，投资与回报是城市信息化建设必须兼顾的两个问题。城市信息化设施必须满足长时间的运行要求，必要的运行收益是城市信息化存在的经济条件，任何投资方不可能长期实施无回报的投入。在实施城市信息化建设工程的同时，必须深入研究信息系统的运行与管理，因为，缺乏良好的管理和高效的经营难以获得必须的收益，无法维持信息化设施和机构的正常运行，若信息化设施的维护与开发若滞后于应用，不能满足消费者的信息消费要求，则将失去信息化设施的作用，造成投资浪费。

（二）重硬件，轻软件

企业信息化是城市信息化的重要内容，企业信息化一定要建立在企业对信息化的应用能力和企业信息化的应用需求上。企业的信息化应用能力和应用需求主要表现在对企业经营与管理的认识程度和对信息收集、加工、处理能力上，软件开发应用要求很高，过多的重视硬件的先进性，忽视满足企业经营、管理的软件开发是企业信息化不能凑效的致命因素，这在很多企业信息化失败的例子中可以见到。重网络建设，尤其是重视大规模宽带网络等基础通信设施建设，忽略信息资源的开发、信息应用服务，使网络因缺乏信息资源和应用软件成为“裸网”，尤其是城市门户网站的建设必须注意信息资源的开发，信息应用服务技术的开发，重视与各类信息网站的连接，切实做到有路、有车、有货。有数据表明，美国2000年电子商务贸易额达到400多亿美元，我国仅几十亿人民币，这说明信息化的相关环境的建设比网络更为重要。经济发展水平和管理水平所表现出的管理层次清晰、经济关系简洁是实现信息化的重要条件。

（三）重新技术应用，轻管理和机制的改革

通过近十年来信息化建设，基本形成共识：信息化不仅是一场信息技术的革命，更重要的是一场管理的革命、机制的革命，要适应信息化的发展，管理和机制的改革势在必行，这是信息化成功的根本。城市信息化就是要建立政府、企业和民众之间的信息资源共享体系，实现政府为企业、民众服务的信息网络化，提高城市的管理能力，使城市经济发展上一个新台阶。历史的进程表明，每次重大的技术革命成功的前提，首先要突破陈旧的法规体制，以便激活投身于新技术革命的人们的创新精神与活力，江总书记“三个代表”的重要理论是对这个问题的精辟论断。

4. 重自身建设，轻与周边城市的合作联系

城市信息化是区域信息化的核心。城市信息化不能孤立的建设，必须与周边城市实现信息连接，信息共享，建立信息资源开发的数据标准，通信接口标准是城市信息化的基础工作。尤其在县级城市进行信息化建设，与中心城市的数据标准统一、通信接口标准统一是必须做到的，否则信息化建设的效能不能发挥，影响城市信息化建设的稳健推进。

城市信息化是一个非常复杂、庞大的社会系统工程，是推动城市经济发展的动力，城市信息化将加快人们的经济活动速度，扩张人们的活动范围，改变人们的生活方式，产生人们对各种信息的需求，呈现无论是数量、种类还是质量、时效等各方面的信息需求的快速增长，信息的消费必将发展出与之相适应的新的信息生产、服务体系。城市信息化为不同的区域、城市的发展划出了一条新的起跑线，提供了平等发展的机遇，城市信息化是21世纪城市发展的新主题、新动力，是贸易、投资、资本流动、技术转移以及社会经

济、文化等一切领域发展的重要推动力。实施城市信息化试点，就是要走出一条具有中国特色的城市信息化路子，要让老百姓实实在在地享受到信息化带来的成果，要提高城市管理的效率和效益，努力实践江泽民总书记关于“三个代表”的重要思想，创立适应先进生产力发展的良好环境，推进国民经济健康、持续、快速的发展。

求真务实　开拓创新
全面推进我省国土资源信息化

——在全省国土资源信息化工作会议上的讲话

江苏省国土资源厅厅长　杨任远

同志们：

这次会议是我省召开的第一次国土资源信息化工作会议，是一次非常重要的会议。会议的主要任务是：深入贯彻落实中央人口资源环境工作座谈会、全国国土资源厅局长会议和全国国土资源信息化工作会议精神，总结交流全省国土资源信息化工作的经验与做法，研究制定《江苏省国土资源信息化建设“十五”规划（纲要）》和《江苏省国土资源信息系统建设总体方案》，进一步统一思想认识，明确工作思路，确定工作目标和任务，全面部署今后一个时期全省国土资源信息化工作。

这次会议的召开，得到了部、省领导的高度重视，省政府姜道远副秘书长和部信息化工作领导小组办公室王广华主任亲临会议指导，并将作重要讲话，我们要认真贯彻落实。下面，我讲几点意见。

一、实事求是，正确评价我省国土资源信息化的现状

十多年来，在各级党委、政府的正确领导和关心支持下，在上级业务主管部门的帮助指导下，在各级国土资源部门的共同努力下，我省在国土资源信息化方面做了大量卓有成效的工作，取得了明显的成效．并在国土资源管理工作中发挥着积极的作用。特别是“九五”以来，随着现代信息技术的广泛应用和信息化建设热潮的兴起，随着国土资源业务工作的不断拓展，各级国土资源部门对信息化建设越来越重视，全省国土资源信息化建设呈现出良好的发展势头。

——国土资源信息化建设的组织机构已初成体系。省国土资源厅刚成立，厅党组就对信息化工作给予了高度重视，把国土资源信息化建设作为国土资源基础业务建设的突破口，作为全面提升国土资源管理水平的切入点，作为推进国土资源依法行政、规范行政的根本措施来抓。为加强全省国土资源信息化的统一领导和统一建设，省厅于2001年初成立了由我任组长、三位副厅长任副组长、各处室主要负责同志为成员的信息化工作领导小组，并于同年末，组建了信息化的专门机构“江苏省国土资源信息中心”，着手全面筹划、指导和推进全省国土资源信息化建设。各市国土资源局对信息化工作也给予了高度重视，大多数市局成立了一把手局长为组长的信息化领导小组，南通、扬州、连云港、镇江等9个市局成立了国土资源信息中心，其余的正在筹建之中。江都、东台、东海等县（市）国土资源局也成立了编制5~6人的信息中心，为信息化工作的开展提供了组织机构保证。

——国土资源业务软件的开发应用已初具规模。我省国土资源业务软件的开发应用，经历了从数值计算、文字处理、建立简单数据库和计算机制图等单一功能，到开发基于成熟GIS平台和大型数据库平台的综合业务信息系统软件；从孤立的单机应用软件到计算机联网运行软件；从局部小范围使用到大面积推广应用的过程，并已初具规模。土地利用现状调查信息系统、地籍管理信息系统在地籍管理各项业务中的应用面达90%以上，使地籍管理业务摆脱了大量繁杂的手工操作，极大地提高了工作效率和工作质量；土地定级估价信息系统在城镇土地的定级估价中发挥了积极作用，促进了全省地价体系的建立；农用地

分等定级工作正在积极试点、稳步推开，其信息系统也已同步开发和投入应用；土地利用规划管理信息系统正在试点单位投入使用并已取得良好的效果；建设用地审批信息系统已开始试运行，即将在全省全面投入应用；矿业权管理系统、矿产储量数据库系统、矿山资源开发利用统计年报系统等已在省、市、县的矿政管理工作中得到普遍使用。南京市地籍管理信息系统，经过近十年时间的地籍数据信息的积累，建立了覆盖南京市区的地籍数据库，不仅实现了地籍管理的规范化和自动化，提高了管理水平和工作效率，还在城市建设上为政府决策提供了翔实、可靠的依据。常州、南通、扬州、泰州、苏州、徐州等地在国土资源业务软件的开发、应用中做了大量的工作，积累了不少经验，为全省国土资源信息系统的建立和应用创造了条件。

——基础数据库建设正有序开展。各级国土资源部门不断加大基础资料的数字化建设工作力度，加快国土资源数字化信息的积累步伐，全省国土资源基础数据库的建设正在有序开展，并取得了一批重要成果。全省1：1万土地利用现状调查以县为单位的建库工作已全面展开，截止目前，已完成建库工作的约占70%以上，其中苏州、无锡、常州、扬州、泰州等市已全面完成；全省1：1万土地利用规划以县为单位的建库工作正在积极有序展开，已完成约30%；全省县城镇以上的地籍调查数据库已基本建立，建制镇、乡集镇的地籍调查数据库已建立约50%，以农村宅基地为主的村庄地籍数据库的建立也已开始启动；全省1：50万地质图库、1：20万和1：5万区域地质调查图库已经完成，1：20万和1：5万水工环地质图库以及矿产资源储量数据库、矿产地数据库、1：20万重力、航磁数据库、1：20万重砂、化探数据库也已基本完成，地质图文资料的数字化工作已经起步。

——网络体系建设正在稳步推进。省厅机关已完成局域网建设，办公自动化系统也已初步建成，目前由于办公条件限制，尚未投入运行。江苏省国土资源厅网站已通过100M共享光纤接入国际互联网。全省13个省辖市国土资源局中，已有12个市局建立了机关局域网，有7个市局已建成或正在建设办公自动化系统，有6个市局建立了国土资源政府网站。县级国土资源部门的网络建设也已展开，据不完全统计，已有35个县级局建成机关局域网，有14个县级局建立了办公自动化系统，有6个县级局建立了国土资源政府网站。大部分市、县采用触摸屏等信息化手段提供快捷、便利的社会化服务，取得了良好的社会效果。如南通市国土资源局将办公自动化系统应用到“窗口”办公，极大地方便了群众，提高了工作效率，增加了办事透明度，向社会展示了国土资源部门良好的服务形象。

——信息资源的共享机制正逐渐形成。各级、各地正在建设的国土资源基础数据库和正在开发的国土资源业务软件，严格按部颁标准和省厅要求，纳入了统一管理、规范化建设的轨道，有效实现了信息资源的高效利用和共享。对已经建成的标准不统一的基础数据库也已开始按要求进行数据整合或转换。如扬州市利用标准化软件对原建成的扬州市区1：500地籍调查数据库有效地实施了转换，极大地促进了扬州市区土地登记发证工作；对正在使用的各种不同版本的应用软件重新按国土资源业务需求进行改造升级或采取系统集成的方法，使各种软件纳入统一的平台进行开发，建立完整的国土资源信息系统软件。如昆山市将原先分别开发使用的、基于多种GIS平台的地籍管理、土地利用现状管理、土地利用规划管理、档案管理、财务管理软件等统一集成到一种平台，开发功能完善的国土资源信息系统；对已建的基础数据库进行集中存放和统一管理。如扬州市将已经形成的各种基础数据统一存放于信息中心并进行集中管理，各业务科室所需业务基础数据，由信息中心统一提供使用，有效地保证信息资源的最大利用，初步实现了信息资源的共享。

我省国土资源信息化建设虽然取得了一定的成绩，但与国土资源事业发展的形势还很不适应，与国土资源部和省政府的要求还有很大差距。一是数字化信息积累不足，制约了信息技术的全面使用。国土资源基础信息大部分仍以纸介质保存和使用，相当重要的基础资料如1：1万土地利用规划图大部分仍为纸图，部分地区的1：1万土地利用现状调查资料仍未建立数据库，全省地质资料馆只有不到1%的馆藏资料实现了数字化，难以满足国土资源管理和信息社会化服务的需要。二是国土资源主流程尚未真正实现信息化，尚未摆脱以手工作业为主的工作方式。信息获取、处理到加工、分析的调查评价全过程没有实现数字化；行政管理部门的信息技术应用多局限在公文流转、文字处理方面；少数单项业务虽已初步实现信息化，但综合性的国土资源信息系统还没有建成，信息共享服务程度低，绝大部分国土资源信息仅限于部门或单位内部甚至个人使用，缺乏共享，已建成网站的信息量少、社会服务程度不高。三是部分地区对国土资源信息化工作缺乏统一领导和统筹协调，信息化建设缺乏统一标准和系统性。一些单位的信息系统没有按照统一方案和规划进行，各自为政，重复建设，孤立开发各种单项应用软件的现象依然存在，不仅上下之间数据不能共享，即使在同一市、县也难以共享，造成信息资源开发利用困难，信息系统建设效率不高。四是对国土资源信息化建设的特点和规律认识不够，存在重硬件建设，追求最新最先进设备，忽视软件系统的应用和数据资源的开发利用，忽视数据库的更新维护等现象。国土资源业务管理本身的流程化、数字化建设还没有引起足够的重视，经费投入没有发挥应有的作用。此外，一些地方基础差、投入不足、人才匮乏等问题还比较突出。对上述存在问题，我们要有清醒的认识，在今后的工作中认真加以解决。

二、认清意义，增强推进国土资源信息化的责任感和紧迫感

江总书记在今年召开的中央人口资源环境工作座谈会上强调："全面推进国土资源信息化和网络化建设，加快国土资源工作的现代化步伐。"这是对国土资源工作尽快上水平，以适应国民经济和社会信息化发展迫切需要的一个明确要求。国土资源部田凤山部长在今年全国国土资源厅局长会议讲话中指出："应用高新技术特别是信息技术，推进国土资源管理和服务主流程信息化，提高国土资源工作的科学化和现代化水平。"为了全面推进国土资源信息化建设，去年 11 月，国土资源部在深圳召开了全国首次国土资源信息化工作会议，田凤山部长和鹿心社副部长到会作重要讲话，对国土资源信息化建设的重要意义、指导方针、目标任务和措施要求作了深刻阐述和全面部署，要求各级国土资源部门以满腔热忱和高度政治责任感，为信息化建设创造良好的环境和有利的条件，以求实创新的精神全面推进国土资源信息化工作。我们要用中央人口资源环境工作座谈会、全国国土资源厅局长会议和全国国土资源信息化工作会议精神统一思想，从全局出发，站在时代前沿，充分认识国土资源信息化的重要意义，增强全面推进国土资源信息化建设的责任感和紧迫感。

首先，国土资源信息化是适应经济社会发展趋势，加快国土资源工作现代化的必然要求。信息化是当今世界经济和社会发展的大趋势，推进信息化建设是我国现代化建设的重大战略举措。在席卷全球的信息化浪潮中，我国把推进信息化作为缩小与发达国家的差距、实现国民经济跨越式发展的一个必然的战略选择。特别是在我国已正式加入世贸组织的情况下，面对新的竞争环境，要保持经济的持续、快速增长，维持良好的发展势头，更要加快信息化的步伐。国土资源事业是一项关系到国计民生的重要基础事业，经济社会发展对国土资源管理提出了越来越高的要求，国土资源部门担负的国土资源调查、规划、管理、保护和合理利用的任务十分繁重，传统的作业方式与管理模式已不能适应当今社会的需求。站在经济和社会发展全局的高度，大力推进国土资源信息化，对于实现国土资源管理方式根本转变，推进国土资源管理现代化，更好地发挥国土资源管理在国家经济社会发展中的基础性、战略性作用，促进经济社会持续快速健康发展具有重要意义。新形势下，国土资源部门要在服从大局、服务中心上有新的作为，必须在国土资源信息化建设上加大力度、加快步伐。

第二，国土资源信息化是提升我省国土资源管理水平，在全国继续争创一流业绩的关键环节。我省国土资源系统历来有勇于争先、争创一流的传统。这几年得益于全省改革发展打下的良好基础，与全省经济建设和社会事业的发展相合拍，国土资源管理各方面工作一直保持了良好的发展势头，不少工作在全国国土资源系统处于领先地位。然而，在国土资源信息化建设方面，尽管我省有不少单项成果走在全国前列，但目前整体推进步伐不如一些兄弟省市快，这种状况如果不改变，势必成为制约我省国土资源事业发展的"瓶颈"。从进一步提升全省国土资源管理水平出发，省厅党组把信息化建设作为新世纪之初加强国土资源基础业务建设的突破口，多次组织人员到广

东、辽宁、云南等地学习取经，组织专家研究论证我省国土资源信息化建设的方针原则和规划方案，并积极协调出台相关政策，在资金投入上予以倾斜。这样做的目的，就是要突破“瓶颈”，以信息化、网络化带动国土资源管理科学化、现代化，促进全省国土资源工作上台阶、上水平。必须明确，在新形势下，江苏国土资源事业要继续在全国保持领先地位，再创新辉煌，必须紧紧抓住信息化建设这个“牛鼻子”；信息化建设上不去，一些工作即使一时领先，也会落后。全系统上下务必形成共识，视信息化为己任，心往一处想，劲往一处使，全力推进国土资源信息化建设。

第三，国土资源信息化是推进政务公开、促进勤政廉政，树立部门服务良好形象的重要保证。国土资源部门作为政府组成部门，所担负的资源管理工作关系各行各业，涉及千家万户，对经济建设和社会事业发展有着直接影响，与广大人民群众的切身利益有着密切联系。大力推进国土资源信息化建设，对于我们按照廉洁、高效的要求，进一步转变职能，实行政务公开，加强廉政建设，提高工作效率和服务质量，更好地围绕、服从和服务于经济建设中心，更好地为民、便民、护民具有极大的促进作用。目前，各级国土资源部门掌握的可公开的土地和矿产资源信息中，绝大部分尚处于封闭状态，没有充分发挥出国土资源信息窗口的基础作用。从保证人民群众知情权和完善资源市场机制出发，迫切需要加快国土资源信息化进程，使国土资源信息收集、交换、发布逐步走向数字化、网络化。同时，通过推进信息化，改革现有的业务流程和办事方式，有利于提高农地转用征用、土地使用权、矿业权等的审批效率，有利于加快土地、矿产资源权属登记发证进度，从而更好地适应经济社会发展的需要，更好地满足人民群众的需求。因此，在经济加快发展、人民群众生产生活方式和需求发生很大变化、社会信息技术广泛应用的情况下，加快推进国土资源信息化建设，是国土资源部门落实“三个代表”要求，以与时俱进的精神开创工作新局面的具体体现。全省各级国土资源部门一定要从顺应世界发展潮流的战略高度，从推进我国国民经济和社会信息化的宏观层次，从实现国土资源工作目标任务的发展大局，充分认识全面推进国土资源信息化建设的重要性和必要性，进一步明确自己的历史责任和神圣使命，锐意进取，扎实工作，加快国土资源信息化建设的步伐。

三、理清思路，认真落实我省国土资源信息化建设的目标任务

去年国土资源部召开的全国国土资源信息化工作会议，全面部署了国土资源信息化建设的目标任务。田凤山部长在会上强调，开展国土资源信息化要着力“抓住一个核心、夯实两个基础、面向三个领域、强化四项措施”，即紧紧抓住实现国土资源工作主流程信息化这个核心，牢牢夯实基础数据库建设和信息网络建设这两个基础，积极面向政务管理、调查评价和社会服务这三个领域，切实强化管理体制、技术标准体系、经费保障和重点突破四项措施。田部长的指示，具有很强的针对性和指导性，我们要紧密结合实际，认真学习，深刻领会，切实抓好贯彻落实。

根据国土资源部统一部署，从江苏国土资源信息化建设的现状和经济社会发展及国土资源工作对信息化的要求出发，省厅以“扬长避短，后来居上，务争全国一流”为总要求，以“统一领导、统筹规划，统一标准、信息共享，服务管理、面向社会”为指导方针，编制了《江苏省国土资源信息化“十五”规划（纲要）》和《江苏省国土资源信息系统建设总体方案》，明确了我省国土资源信息化建设的“十五”目标任务，经这次会议讨论修改正式下发后，将成为指导我省国土资源信息化工作的纲领性文件。各地要认真贯彻实施，按照全省国土资源信息化工作的思路和要求，牢固树立全省国土资源信息化建设整体一盘棋的思想，统一规划、通盘考虑、统一标准、信息共享，积极有序地开展国土资源信息化工作，确保信息化建设的整体性、规范性。

“十五”期间是我省国土资源信息化建设的整体推进阶段，也是我省国土资源信息化“务争全国一流”能否实现的关键阶段。“十五”期间全省国土资源信息化建设的基本目标是：建立较为完整的国土资源信息化体系，初步实现国土资源调查评价、政务管理和社会服务三个主流程的信息化，使国土资源信息化建设基本适应国土资源管理和事业发展的需要。具体要达到四点：一是现代信息技术在国土资源调查评价工作中得到广泛应用，基本建成土地基础数据库，建成一批地矿

基础数据库，国土资源数字化信息的积累取得明显进展；二是初步建成省、市、县三级国土资源信息网络，并与国土资源部连接，基本建成国土资源信息交换体系，国土资源政务管理信息系统建设达到一定规模，机关办公、业务管理和决策支持的自动化程度显著提高，基本形成国土资源社会化服务体系，国土资源信息在社会上得到广泛应用；三是建立包括信息共享在内的信息管理政策与制度，形成较为健全的全省国土资源信息化管理体制；四是信息技术知识和技能在全省国土资源公务员队伍中广泛普及，初步形成一支高素质的信息化建设队伍，培养出一批既懂信息技术和信息管理，又有国土资源专业知识的复合型人才。各级国土资源部门要按照省厅的统一部署，通盘考虑，统筹建设，抓住重点，切实做好以下五个方面的工作，全面完成全省国土资源信息化建设的“十五”任务。

（一）适应国土资源管理和社会化服务的迫切需要，进一步加强国土资源基础数据库建设

基础数据库的建设是当前国土资源信息化建设的一项紧迫任务，涉及范围广，投资强度大，必须着眼优先保证国土资源管理的需要，满足社会的迫切需求，加大基础数据库建设力度。在土地基础数据库建设方面，要抓紧开展全省土地利用现状、土地利用规划、地籍、地价、农用土地分等定级、建设项目用地和土地开发、复垦与整理等土地基础数据库建设；在 2003 年年底前，全面完成以县级为单位的 1：1 万土地利用现状数据库建设；在 2004 年年底前全面完成 1：1 万土地利用规划数据库建设。在地矿基础数据库方面，力争在 2004 年年底前全面完成全省矿产资源储量、规划、勘察、开发与利用、地下水与地质环境监测数据库的建设；完善全省地质资料目录数据库；开展全省钻孔数据库建设。

（二）大力开发和应用计算机辅助系统，积极推进调查评价主流程信息化

国土资源调查评价是一项涉及面广、技术难度大的基础性工作。调查评价信息化要充分采用现代信息获取与处理技术和网络技术，开发并应用计算机调查评价辅助系统，形成以数据流为主线的现代国土资源调查评价工作体系，力争在“十五”期末初步实现调查评价主要工作流程的信息化。要紧密结合各类国土资源调查评价工作，进一步开发和应用计算机辅助系统，研制与推广高效、实用的野外信息采集与处理技术，加速调查评价与科学研究工作的信息化，重点建立和完善数字测绘、数字地质填图、土地资源与矿产资源调查评价等信息系统。要大力推进以遥感监测和地面调查等为基础的国土资源动态监测体系建设，实现监测信息的实时汇总、处理、分析、重点建设和完善土地利用、城市基准地价、矿产资源开发利用、地质环境与灾害和海洋环境与灾害等重要监测体系，为及时查处重大违法案件、合理规划与开发国土资源、预警预报重大地质灾害提供有力的技术支撑。

（三）全面开展政务管理信息系统建设，实现政务办公自动化

国土资源政务管理信息化，是提高国土资源管理水平、促进国土资源管理规范化、科学化的关键所在。要广泛开展地政、矿政、统计分析和综合事务等政务管理信息系统建设，加强各单位办公自动化建设，在此基础上形成面向社会的国土资源管理“窗口”办公新模式。在地政管理信息系统建设方面，全面开展以地籍管理、土地利用规划管理、土地利用管理、建设用地审批、土地复垦与开发、土地市场管理等为主要内容的各级信息系统建设，并通过国土资源信息交换体系，逐步建立全省地政管理信息网络系统。在矿政管理信息系统建设方面，在全面推广矿业权管理信息系统的同时，加紧开发建设或应用矿产资源储量与开发利用管理、矿产资源开发利用规划、探矿权管理、采矿权管理、地质环境管理和地质资料管理等信息系统，形成覆盖主要业务领域的全省三级矿政管理信息系统。在统计分析信息系统建设方面，建立各级国土资源信息综合统计系统，加强对国土资源的分析与研究，建立面向政府的国土资源战略研究与宏观决策支持系统，为国土资源管理部门的宏观决策提供现代化的技术支撑。在综合事务管理信息系统建设方面，进一步开展以公文流转、政策法规、执法监察、财务、人事、科技管理等为主要内容的综合事务管理信息系统建设，提高国土资源部门日常事务工作的自动化水平。各级国土资源部门要针对管理工作的实际需要，根据急用先行、突出重点、逐步推进的原则，按照统一的标准和要求，开展与各级国土资源管理业务相关的信息系统建设，力争在“十五”

期末基本实现地政、矿政、统计分析和综合事务等主流程的信息化。

（四）建立多种形式的信息服务系统，促进国土资源信息社会化服务

国土资源信息服务是公众了解和获得国土资源信息的重要途径，也是社会评价和支持国土资源工作的重要依据。国土资源信息服务要充分利用现代网络和计算机技术，理顺信息渠道，向社会和决策管理部门提供形式多样、内容丰富的国土资源信息服务。一要充分利用信息网站、触摸屏、大屏幕、电子阅览室和信息产品等多种形式，快捷、方便、直观地发布国土资源信息。通过开发和应用网上服务系统，提高信息网站的服务水平，建立统一、权威的各级国土资源部门对外信息服务窗口，形成全省国土资源信息服务网站体系。二要加强对国土资源信息资源的深加工和利用，形成针对性强、浅显易懂的信息产品。针对社会的不同需求，对已有的基础数据进行提取、转换、加工和分析，建立国土资源公益性信息的浏览查询系统。同时根据管理部门的需要，为领导提供更好的决策信息服务。三要充分利用国际互联网，推进国土资源主管部门的政务公开。通过建立政务信息发布与查询系统，健全政务信息公开制度，形成网上受理国土资源管理业务的新模式。通过电子信访等途径，接受社会舆论监督，改进国土资源管理方式。今年年底之前，各市要建立基于国际互联网的外部网站，基于全国国土资源主干网的内部网站也要加快建立，统一发布各级政务管理信息和基础数据。各事业单位要依照有关规定，将需汇交的各类信息，交由各级国土资源信息机构统一对外发布。

（五）开展信息化标准建设，加快建立国土资源信息交换体系

国土资源信息化标准是保证信息系统建设整体协调一致和信息共享的基础。信息交换体系是实现各级、各部门、各单位信息系统之间数据交换的枢纽。国土资源信息交换体系建设包括网络系统建设和数据中心建设两方面的工作。一要积极开展国土资源信息化标准研究，在全面应用部颁国土资源信息化标准的同时，根据当前国土资源信息化建设的迫切需要，尽快制定江苏省国土资源信息化补充标准，形成实用的江苏省国土资源信息化标准体系，指导我省各地的国土资源信息化建设。二要抓紧开展国土资源信息网络系统建设，基本建成省、市、县三级国土资源信息网络，并与国土资源部连通，力争在明年年底前基本建成各省辖市纵向与省厅连通，横向与同级其他政府部门相连的广域网，形成江苏省国土资源信息网。三要加快建设各级国土资源数据中心，2002年年底之前初步建成省级数据中心。省级数据中心建设要按照部的统一要求，建设安全、稳定的运行平台，下大力气收集、整理和加工各类数据，并通过网络向各应用部门提供良好的数据服务。市、县级国土资源部门也要参照省级数据中心的建设模式，建立本级数据中心。暂不具备条件建立数据中心的市、县，要及时向上级数据中心提供上级部门需要的数据。全省国土资源信息交换体系的建设必须在省厅的统一领导下，按照统一的建设方案进行。各级国土资源部门要大力配合，严格按照建设要求，开展本地区、本单位的网络和数据中心建设。

四、加强领导，努力开创全省国土资源信息化的新局面

国土资源信息化建设是一项组织难度大、技术要求高、经费投入多的复杂性的系统工程。各级国土资源部门应以开拓创新的工作精神，求真务实的工作态度，采取行之有效的措施，确保全省国土资源信息化建设的整体推进。

（一）健全组织机构，切实加强领导

信息化建设不仅仅是个技术问题，它涉及现有工作方式和工作制度的改变，涉及众多部门与单位的工作协调和信息资源的组织，需要从全局的高度，实施强有力的统一领导，才能保证信息化工作顺利开展。各级国土资源部门一定要把信息化作为国土资源工作的一项重要任务，列入本部门工作的重要议事日程。目前还没有建立信息化工作领导小组和信息中心的省辖市局，要争取在2002年年底前建立；已经建立的，要理顺关系，明确职责，加快内部机构和队伍建设。县级国土资源部门也应采取积极措施，尽快成立信息化领导小组和建立信息化专门机构。在健全组织机构的同时，必须明确各级领导及各个方面的职责，整体推进信息化建设。首先，各级国土资源部门领导要明确自身的职责，不要把信息化建设仅仅作为业务部门的事，作为技术人员的事，认

为给了钱、给了人，国土资源信息化工作就可以搞好了。信息化建设如果离开强有力的领导，业务重组和利益关系将无法协调，标准规范将无法统一，系统一体化将无法实现，信息资源将无法共享，重复建设将无法避免。只有各级领导切实履行职责，才能加快全省国土资源信息化建设的整体步伐。其次，各级国土资源机关的相关业务部门和信息化建设的专门机构，要明确各自的职责，通力合作，调动各方面的积极性，充分发挥整体功能。国土资源机关的相关业务部门要以实现管理的科学化为目的，建立规范的管理制度，提出信息化建设的业务要求；具体的信息化工程建设和系统维护等技术工作则由信息化建设机构——信息中心统一组织实施。机关部门千万不要陷入具体事务之中，真正实现政事分开，各负其责，相互促进，共同推进国土资源信息化建设。第三，全省国土资源信息化建设是一个统一的整体，各级国土资源部门必须按照“下级服从上级，上级指导下级”的原则，牢记自己在全省国土资源信息化建设中的职责，按照统一领导进行管理，按照统一规划进行实施，按照统一标准进行建设，确保全省国土资源信息化建设的整体协调有序和全面推进。

（二）加紧编制规划、方案，务求信息化建设规范有序

国土资源信息化建设是一项全新的工作，其建设思路和工作规划正确与否，直接影响到信息化建设整体效益的发挥。各省辖市局信息化工作领导小组要按照“上级规划指导下级规划、下级规划服从上级规划”的原则，在省厅《规划纲要》和《总体方案》的指导下，在明确信息化建设的基本思路、目标任务的前题下，结合本地实际，对已编制的国土资源信息化规划和总体建设方案认真进行修改和完善。凡未编制信息化规划和总体建设方案的市局，要抓紧开展规划和总体建设方案的编制工作。省厅信息化工作领导小组办公室要加强对各市国土资源信息化规划和总体建设方案编制工作的指导和检查督促，2002 年年底前，各市必须完成国土资源信息化规划和总体建设方案的编制工作，并报省厅信息化领导小组审定通过后实施。

（三）积极筹措资金，建立信息化建设经费保障机制

国土资源信息化建设是一项投入高、周期长的基础性、公益性工作，稳定可靠的经费投入是保证国土资源信息化建设顺利进行的重要前提。要建立省、市、县多级投入的机制。各市、县国土资源部门要积极主动与当地政府有关领导和部门沟通，争取政府和财政支持，努力将国土资源信息化工作纳入本地区的相关工作规划、计划和财政预算中，逐步建立信息化建设经费保障机制。同时，要积极开拓各种资金渠道，充分利用社会力量，保证国土资源信息化建设必要的经费投入。最近，省厅已商请省财政厅同意，拟在苏财建［2002］8号文《江苏省新增建设用地土地有偿使用费财务管理暂行办法》的基础上，确定新增建设用地土地有偿使用费省级征收部分按照不高于10%的比例用于省级国土资源部门国土资源信息和监督系统建设工作，同时要求各市、县参照省级的做法执行。今年各市必须完成的信息化建设任务，经费要有保证，经费不足的要增加投入；尚未落实经费的，要想方设法，采取切实的措施，确保信息化建设投入到位。国土资源信息化建设资金要集中统一使用。同时省厅将采取一定的调控手段和必要的制约措施，对国土资源信息化工作开展好的地区和经济相对落后的地区给予政策上的倾斜和经费上的支持。省厅对各地的支持以项目为支撑，项目必须符合全省统一规划的要求。

（四）强化信息化工作管理，保证信息化建设顺利实施

为有效防止信息化建设中混乱无序、重复浪费、数据难于更新、系统运行困难等问题的产生，提高信息化建设的整体效益，必须按照信息化建设的基本规律，尽快建立科学可行的信息化管理制度，使信息化建设有章可循。一是要建立、健全国土资源信息化项目管理办法。对项目的公开招标、设计方案论证、进度检查和质量监控、成果验收与审查等环节进行严格把关，坚决杜绝腐败行为，保证项目目标的最终实现。市级国土资源信息化重大工程建设方案，必须报省信息化工作领导小组办公室备案。二是要建立严格的数据资料汇交验收制度。严格按照有关资料汇交和成果管理的规定，加强对数据资料汇交的监督和管理。凡国土资源管理和社会化服务所需的各类国土资源基础数据，必须汇交到信息中心或相应的信息机构，按照主管部门的具体要求，实现数据资料的统一管理和共享服务。要建立切实可行的系统运行与应用管理制度，从体制、机制上保证信息系统和数据库的正常运行和有效使用。三是要建立国土资源信息化建设队伍资质认定和推荐制度。各地在选择国土资源信息化建设队伍时，必须选择具有一定资质，并经省厅信息化工作领导小组认定推荐的单位。各地在信息系统软件的开发和应用上需征得省厅同意后方可组织实施。四是要建立信息安全保密制度。切实强化信息安全体系建设，采取有效的信息安全技术手段，建立起完善的数据和系统的安全保密机制，保证数据的访问及系统使用权限控制满足信息安全与保密的要求，确保信息安全。五是要建立国土资源信息化建设成果奖励制度。对在信息化建设工作中做出突出贡献的单位和个人进行奖励，推动全省国土资源信息化建设的快速发展。

（五）注重人才培养，提高队伍素质

人才是事业发展的关键。没有一支高素质的人才队伍，就难以保证国土资源信息化工作的质量和水平。各级国土资源部门要高度重视、大力加强信息化队伍建设，建立有利于吸引人才、留住人才的机制，创造事业留人、感情留人、适当的待遇留人的良好工作环境，造就一支能够适应国土资源现代化需要的既懂信息技术和信息管理、又有国土资源专业知识的复合型人才队伍。要充分发挥人才共享机制，利用高等院校、科研院所和社会企业等人才和技术资源，增强信息化建设队伍的活力，形成国土资源信息化建设的技术保障体系。要加强信息技术和技能培训，建立信息化知识培训上岗制度，并采取一定的激励和制约措施，努力提高干部职工的信息化应用水平。

同志们，国土资源信息化是覆盖国土资源工作现代化建设全局的战略举措。全面推进我省国土资源信息化建设的重任已经历史地摆在我们的面前。让我们站在经济社会发展全局的高度，紧跟时代的潮流，认清形势，明确目标，求真务实，开拓创新，奋力开创我省国土资源信息化工作的新局面，为改革开放和现代化建设作出新贡献。

在江苏电信增值服务研讨会上的致词

江苏省通信管理局局长　王建

由省通信管理局举办的“江苏电信增值服务发展研讨会”在大家的共同努力下今天顺利召开了，在未来的两天里就如何加快发展我省电信增值服务、促进通信行业发展和国民经济及社会信息化等问题进行交流和探讨。省政府十分重视，韩庆华副秘书长亲参加这次研讨会开幕式并将作重要讲话。这次研讨会聚集了电信界、信息技术界众多专家、学者和企业家。首先，请允许我代表主办单位，对前来参加研讨会的省政府韩庆华副秘长、各行业各部门的领导、各电信运营企业领导、相关增值服务企业负责人及各位来宾表示热烈的欢迎，对应邀前来演讲的各位专家和学者表示衷心的感谢！

众所周知，近几年来，我国电信业进行了大刀阔斧的改革，相继完成了邮电分营、政企分开、电信重组和引入竞争等工作，电信市场竞争格局发生了重大变化。尤其是 2000 年 9 月，《电信条例》的颁布和我国正式加入 WTO，增值电信服务在新的电信市场格局中不断“升温”，已成为电信业务新的增长点，从而为新兴中小企业进入电信市场打开了方便之门。电信普及率发展到一定程度后，人们开始对各类增值服务业务需求加大，充分满足这一社会需要，认真研究和解决好基础运营商企业与增值服务企业在发展中遇到的问题，发挥增值服务在促进信息化和基础运营业发展中作用，不仅符合我省政府加快发展服务业的需要，而且也是建设信息化大省的要求。因此，我们召开这次研讨会就是应对入世的挑战，及时调整行业发展策略，在鼓励和扶持电信增值服务发展的同时，尽快建立行之有效的监管模式，通过政策引导促进江苏增值服务的快速健康发展，具有十分重要的意义。

目前，我省共有电信业务经营单位 242 家，经营基础电信业务的有 6 大公司，增值电信业务的有 236 家，全省经营性互联网信息服务（ICP）备案登记的有 2338 个，用于行业和内部通信专用网有 40 余家。电信增值服务的新发展，为我省电信行业注入新的活力。

到今年 6 月底，全省电话交换机总容量达到 2091.84 万户，位居全国前列，移动电话容量达到 1783.26 万门，居全国第三位；全省电话用户总数达到 2787.6 万，其中固定电话用户总数 1550.6 万户，移动电话用户总数达到 1237 万户，均居全国第三位；互联网用户数累计达到 396.8 万户，成为全国互联网用户最多的省份；全省电话普及率达到 38.37%，高于全国平均水平 8.1 个百分点。全省电信市场竞争格局发生新的变化，主导电信运营企业市场占有率继续下降，新兴电信企业市场份额逐步上升。

按照省委、省政府提出的富民强省总揽全局和建设信息化大省的要求，我省电信业应当充分利用入世的过渡时期，加快行业结构性调整，对不同业务采用不同发展策略。在完善市场准入和新的产业政策情况下，以不同业务领域采取不同的电信管制手段，当前大力实施发展电信增值服务策略十分必要。应当看到，增值电信服务已成为通信服务业的重要组成部分和电信业务新的增长点。随着民营资本和外资的进入，增值电信服务将大大开放，市场竞争格局更加复杂，行业资本构成趋于多元化，中小企业凭借自己的创新能力在增值电信市场发挥的作用越来越大。目前我省增值服务业务经营单位虽有 236 家，但企业经营规模小、业务单一，尚未形成产业发展规模；网络技术含量不高，开发能力不强，低水平重复建设较多；资金不够，融资贷款难；队伍不稳定，留住人才难；市场竞争有余，合作不够；政府监管不到位，政策引导力度不够。当然，与国外成熟的增值服务企业相比，我省的电信增值服务企业还存在相当大的差距，这是制约增值服务市场健康发展的主要瓶颈之一。如何面对挑战，走出困境，积极营造企业发展、合作、共赢的市场环境，正是这次研讨会要探讨交流和解决的课题。作为行业监管部门，我们一直把建立公平、有效的市场竞争环境作为重要职责，并着力抓好如下几方面工作：

一是积极引导企业转变观念，正确处理好竞争与合作的关系，建立大中小型企业间的良好协作体制。目前，电信业正在形成新的产业链，在电信产品供应商、基础电信运营商、增值服务提供商、应用系统提供商、最终用户这个新的产业链中，增值服务提供商的作用日趋突出。增值服务商和基础运营商是合作和竞争的关系，双方共同促进了市场的多元化。如果电信运营商为了自己的利益，拒绝合作，不惜牺牲国家利益来抑制竞争对手，这样做不仅使运营商自己的业务无法拓展，市场不会扩大，而且还会造成重复投资建设，造成网络资源的浪费。近年来，电信运营业在大发展、大放号后，无论是固定电话业务还是移动电话业务，ARPU 值（每用户平均贡献的电信业务收入）均呈下降趋势。从全国电信消费水平看，固定电话 ARPU 值不及世界平均水平的 1/3，移动电话 ARPU 值仅是世界平均水平的 1/2。电信运营企业如何扭转这一现象，迅速培育新的业务增长点，我们认为只有与时俱进，不断进行业务创新，大力发展电信增值服务，才有可能尽快走出困境。当前应当加快建设好增值服务的综合平台，打好网络基础，保持“八五”、“九五”电信业发展的良好态势，电信企业之间在理性竞争的同时更要强调合作的重要性，走双赢和良性发展之路。

二是鼓励各类投资主体依法进入江苏电信增值服务市场，不断扩大电信业融资渠道，保持发展后劲。在国家对电信资费结构性调整优惠政策取消后，自然要求电信企业通过资本市场等寻求新的融资渠道。作为电信监管部门，我们将加大政策引导力度，将电信增值服务作为“十五”行业发展的重点和业务新的增长点，积极鼓励各类投资主体依法进入我省增值服务市场，一是进一步降低市场准入门槛，简化准入手续，采取积极措施，在网间互联互通、网间结算、码号资源核配、电信资费等方面予以支持；二是鼓励国内外电信设备制造商、软件开发商、系统集成商加大投入，积极参与江苏增值业务网络的建设；三是大力支持民营资本进入各类增值服务领域，尽快形成多种经济成分并存的投资机制。

三是开拓增值服务的新领域，在各行各业中加速利用信息技术和网络技术。增值服务的领域技术更新和业务发展快，我们放松市场准入的限制、鼓励发展电信增值服务，并不是说没有投资风险，不需要规范市场秩序。虽然，我省电信增值服务仍然处于初步发展阶段，市场潜力巨大，但技术进步、市场竞争的迅速变化都有可能带来许多不确定的因素，需要投资者慎重对待。任何一哄而上又一哄而散、盲目跟风的投资，都是违背客观经济发展规律的。无线寻呼市场急剧萎缩的经验教训应当引起我们的深思。因此，我们将着眼于提高江苏电信业整体实力，在统一监管、统筹规划、合理配置资源、避免低水平重复建设的前提下，尽快形成市场运作、理性竞争、投资主体多元化、充分发挥各方面积极性的增值服务发展机制，以适应加入 WTO 后对外开放的竞争需要。

本次研讨会，我们不仅邀请了一些在发展增值服务方面卓有成绩的企业来介绍有关经验，还请了一些专家、学者就如何发展增值服务、促进中小企业的成长发表讲演。我们希望与会代表畅所欲言，集思广益，积极提出建议和意见，并在此基础上形成我省行业的发展政策建议，不仅可供省政府及相关部门参考，同样也可以为我省电信增值服务企业借鉴。

总之，发展江苏电信增值服务，是我省迎接入世挑战，与时俱进，加快电信持续快速发展的一个重要课题。我们热切地期待，通过各方面人士的积极探讨和企业的大胆实践，江苏的电信增值服务能够迎来一个大发展的新时期，出现一批具有卓越创新能力和竞争实力的新兴企业！

实施“家庭上网工程”　推进社区信息化建设

江苏省发展计划委员会副主任　秦雁

（2001 年 12 月 14 日）

今天，我们在南京召开全省“家庭上网工程”启动大会，正式启动“家庭上网工程”，这是继“政府上网工程”和“企业上网工程”后的第三项上网工程。该项工程的实施，是落实江泽民同志在广东最新讲话精神的一项重要措施，也是贯彻省政府信息化工作会议精神的具体行动，它的启动和实施对我省信息化建设和国民经济的发展，必将起到积极的推动作用。

一、统一认识，正确理解“家庭上网工程”的内涵和意义

今年以来，在省委、省政府的领导和支持下，我省的政府信息化、企业信息化和社区信息化建设步伐大大加快，取得了突出的成效。目前，“政府上网工程”正从初期的各级政府建立网站、推广政府内部办公系统，向实施政府联网、信息共享、提供网上服务转变；“企业上网工程”以企业管理和电子商务为核心，有效地提高了数十万企业的管理信息化水平和竞争能力，全省上网的企业已超过 20 万户，在全国全名列前茅。“家庭上网工程”，不仅是继“政府上网工程”和“企业上网工程”后的又一项系统工程，而且是提高社会整体素质，加快社会信息化的一个重要举措；是推进政府信息化，密切政府与群众关系的一项重要工作；也是加快城市信息化基础设施建设，提升城市总体形象，创造和国际接轨环境的一条有效途径。我省“政府上网工程”在全国走在前头，“企业上网工程”也是全国第一个突破 10 万户的省份，实施都比较成功，“家庭上网工程”同样也要走在全国前列。今年，我省出台了“关于加快国民经济和社会信息化的意见”，为全省信息化建设营造了良好的政策环境，实施“家庭上网工程”、推进社区信息化的时机已趋成熟。我们相信，随着三大上网工程的整体实施和互动，将对顺利完成我国“十五”计划纲要提出的“提高计算机和网络的普及应用，以信息化带动工业化，发挥后发优势，实现社会生产力的跨越式发展”的目标起到巨大的推动作用。

二、突出重点，进一步明确“家庭上网工程”的目标和任务

据电信部门统计，我省互联网发展水平居全国第二位（广东省互联网用户数为 366 万户，家庭上网普及率为 5.2%，名列全国第一），今年全省互联网用户数 322.5 万户，其中：苏南网络用户数 235.3 万户，苏中网络用户数 49.7 万户，苏北网络用户数 37.5 万户。全省家庭上网普及率为 4.43%。在这次会议上，我们提出以下目标：

“十五”期间，我省家庭上网户数年增长率分别为 86%、42%、24%、18%、12%。到 2005 年，全省家庭上网户数争取超过 750 万户，全省家庭上网普及率从现在的 4.43% 提高到 10.1%，其中，城市家庭上网普及率为 17.3%。到 2005 年，城市新建小区都必须按信息化小区要求建设，全部具备宽带上网条件，同时，重点建设 500 个信息化小区，全省城市 30% 以上的家庭通过多种终端联入网络，小城镇 10% 以上家庭通过多种终端联入网络，大中城市的家庭、个人生活和社区服务等领域，80% 的信息流可以通过网络应用实现。

2002 年，全省家庭上网普及率争取达到 6.5%，家庭上网用户数争取达到 460 万户，全省将完成 200 个社区的宽带上网工作，其中包括完成 15 个社区信息化示范小区的建设工作，城市新建小区 80% 以上要具备宽带上网条件，宽带网用户数 40 万户。落实到各市的具体指标，会后将另

行商定。

围绕“家庭上网工程”，各地各有关部门重点要抓好以下几个方面工作：一是要求各电信运营商加快改进家庭和个人上网的条件，提高骨干网带宽，优化网络结构，发展宽带接入，进一步推动社区信息化基础设施的建设；二是各地各部门结合自身特点，面向社区、面向家庭，普及网络知识、提倡健康文明的上网观念，奠定社区信息化建设良好的思想基础；三是各有关部门凡是能向社会公开的都应该积极提供上网的信息资源，以丰富的信息资源推动网络在个人和家庭生活、学习、工作、娱乐等方面深入广泛的应用，同时，为家庭用户提供便利的社区服务信息；四是探索并逐步建立家庭上网和社区信息化的运行机制、管理规范，促进家庭上网工程正常、有序、健康开展；五是畅通当地行政区域平台与家庭的连接，便于政府向社区传输信息和提供服务，沟通并密切政府与群众的关系。

三、通力合作，努力创造“家庭上网工程”的良好环境

“家庭上网工程”涉及到方方面面，为加强这项工作的领导，便于协调，在省政府的支持下，组建“江苏省家庭上网工程协调小组”。组长、副组长由发起部门分别担任，省计委钱志新主任担任组长，省计委秦雁副主任、郑斯征助理巡视员和通信管理局陆茂丰副局长、妇联唐惠勇副主席、团省委彭慧副书记分别担任副组长。协调小组的成员有省教育厅、科技厅、公安厅、民政厅、劳动厅、建设厅、信息产业厅、文化厅、卫生厅、广电厅、质监局、人民银行、科协、省电信公司的分管领导组成。希望省各有关部门顾全大局，协同作战，将推动“家庭上网工程”作为全省信息化建设的一项重要工作来抓，创造开展家庭上网工程的良好环境。省计委牵头组织实施，负责组织、协调、检查、督促等工作；省通信管理局按照相关规定，积极推进信息化小区建设和驻地网的开发，以及有关网络的互联互通、网间结算等工作，营造开放、公平、公正的小区网络运营环境；省妇联利用自身组织体系，引导妇女学习信息知识，培训妇女儿童学网、用网，带动家庭信息化，协助下岗人员再就业等；团省委配合启动的“网络阳光工程”，加快信息技术在青少年中的普及，引导青少年增强网络道德意识和安全防范意识，共同建设网络文明。省各有关部门要共同努力抓好网络应用和网上信息内容的建设。在这里我们提议：教育部门与社会各界广泛合作开发网络教学资源，开展网上教育，同时提供良好的网络知识学习与培训环境；卫生部门努力把医疗卫生保健信息上网，逐步实现网上诊断、治疗、保健、咨询等服务；科技、科协部门可以通过工程技术文献、资料等电子化、数字化，将科技成果推向市场，开展科普活动等；质量监督局可以在网上及时发布产品和商品的质量信息，让伪劣产品在网上暴光，在网上开展防伪打假等工作；文化部门可以充分利用网络加强文化市场的管理，积极组织文物、图书、电影等老百姓喜闻乐见的信息上网；公安部门采取必要的措施打击网络犯罪现象，让家庭和个人放心上网，通过网络加强社会治安和管理；建设、民政、劳动等部门结合本身职能，鼓励和支持信息化社区的建设和家庭上网工程的开展。其他各有关部门和单位都应该抓住家庭上网工程的机遇，结合自身工作的特点，创新思路，把有关工作做好。

各电信运营单位是此次“家庭上网工程”的实施单位，要从平台建设、接入服务、到网上应用提供全方位的优质服务。首先要“架好上网之路”，注意发展多种接入方式、多种终端、内容和应用捆绑的个性化服务，重点提供规范的公众场所上网服务。其次要“建好网上家园”，广泛联合社会各种力量，在公共网络上搭建社区信息化平台，发展网上增值服务，努力突破信息内容这一关键点，吸引更多的家庭用户上网。再则，结合信息化社区建设，支持社区网络信息平台建设，连接物流配送网络、教育网络、医疗卫生网络等各种社会信息网络，加强与医院、学校、银行、证券、商场等单位的合作，为社区居民提供各种服务。另外，各电信运营单位还要联合教育、建设、妇女、共青团及相关部门着重做好“家庭上网工程”的培训工作，建立培训基地，开展对青少年、妇女等各类人员的培训，帮助广大市民尽快地了解和使用互联网。

四、加强领导，认真落实推动“家庭上网工程”的各项措施

会议以后，希望各地各部门加强领导，认真

落实推动“家庭上网工程”的各项措施。要确定分管领导和专人负责这项工作。加强舆论宣传工作，促使全社会广泛了解和明确实施“家庭上网工程”的意义和目标。积极做好培训工作和服务工作。以积极的态度逐步完善“家庭上网工程”的各项规范和措施。认真探索并逐步建立家庭上网和社区信息化的运行机制和管理规范，指导家庭上网工程和社区信息化工作健康有序推进。增加资金和人力的投入，结合社区（小区）信息化建设，选择好的项目，大力开发社区管理的软件，整合省市面向社区服务的信息资源，支持和鼓励城市信息服务与多媒体终端系统的建设。建立一批工程示范点，加大抓好“家庭上网工程”的试点工作的力度，总结经验，全面推开。

同志们，进一步推进全省“家庭上网工程”，对加快我省社会信息化建设，有着重大意义。希望大家振奋精神、积极进取，按照全省“家庭上网工程”的统一部署和要求，密切配合、共同努力，为加快我省信息化进程而做出应有的贡献。

加速地理空间信息基础设施建设和应用推进江苏信息化进程

江苏省发展计划委员会副主任　林一峰

（2001年11月20日）

各位专家、各位来宾：

在世界科技迅猛发展和我国加入WTO之际，由省科协发起，省有关部门主办“地理空间信息技术与数字江苏论坛”，无疑是有着十分重要意义和作用的。在此我谨代表省计委对本次论坛的成功举办表示衷心的祝贺！向参加本次论坛的各位专家、各位来宾表示热烈的欢迎！根据论坛安排，结合我省信息化进程，我就地理空间信息技术特别是空间信息基础设施建设谈几点粗浅看法和意见，供大家参考。

一、发展地理空间信息技术是增强国际竞争力和率先实现现代化的必然要求

信息技术强大的渗透性和信息资源应用的广泛性，引发了世界经济和社会的深刻变革。信息产业以两倍于经济平均增幅的速度增长，成为世界经济最具活力的新增长点和社会财富加速增长的主导力量。大力推进信息化已成为世界各国关注的焦点。可以说，21世纪是一个信息社会的时代，信息化成为世界各国提高综合国力和竞争力的必然选择。我国加入WTO给我们推进信息化提出了更高的要求，能否在世界高新技术领域有所作为，将直接决定着我们以什么的角色参与国际经济的分工。党的十五届五中全会明确提出：“加快国民经济和社会信息化，就是我们为推进产业优化升级和实现工业化、现代化而采取的重大举措。当今世界的发展趋势表明，信息化对推动经济和社会发展具有重大作用，我们必须高度重视并全力推进，以信息化带动工业化，发挥后发优势，争取实现社会生产力的跨跃式发展。”最近，江泽民同志在广东考察时再次强调：“信息化建设在国民经济和社会发展中具有十分重要的作用，各级领导干部要高度重视信息化建设，大力推进国民经济和社会信息化。”朱总理在考察国家税务局时指出：“只有在健全法制的基础上，建立信用文化，实现政府管理信息化，才能更好地发展社会主义市场经济，加快现代化建设。”

地理空间信息技术的应用对人们认识世界、观测世界的方式产生重大的影响，并将孕育出一系列具有广阔市场前景的新兴产业。地理空间信息技术及其应用正成为21世纪国际竞争的制高点之一，其发展水平直接关系到国家的综合国力和国防安全。美国、澳大利亚等发达国家为此制定了国家发展战略，以美国为主发起的全球测绘计划也正在积极推进。地理空间信息基础设施是信息化建设的基础，是促进地理空间信息技术在国民经济和社会信息化中广泛应用和相关产业发展的重要支撑。

国家高度重视地理空间信息基础设施建设，国务院办公厅以国办（2001）53号文件转发了国家计委等部门“关于促进我国国家空间信息基础设施建设和应用的若干意见”，从基础设施建设、技术应用、宏观协调三方面明确了今后发展方向。10月中旬国家计委组织召开了“国家空间信息基础设施发展战略研讨会”，会上国家计委副主任、国家地理空间信息协调委员会主任刘江同志对“十五”期间我国国家地理空间信息基础设施建设提出了总体发展要求和发展重点，这将有力地推进和指导各地空间地理信息基础设施建设。

二、我省信息化建设已奠定良好的发展基础

省委、省政府十分重视信息化工作，对全省信息化工作进行了有计划、有重点、有步骤的部署。回顾近年来在信息化建设方面所做的工作，着重把握了“三个坚持”、“三大调控”。“三个坚持”，首先，坚持把信息化作为经济结构调整的龙头工程，以带动产业结构、城乡结构和区域结构的全面升级，增强国民经济综合竞争力。其次，坚持把信息技术与传统产业的融合作为推进信息化的主线，应用新的生产力工具解决传统产业老问题。目前，传统产业占 GDP 的比重在 55% 以上，是全省经济的比较优势所在。第三，坚持把企业信息化作为推进信息化的主体。企业是信息化的主体，也是信息化最大的市场。江苏企业的信息化总体水平还不高，成长方式、经营模式、运行机制和组织结构等都还是传统经济模式下的产物，远不能适应国际竞争的需要。为迎接加入 WTO 的挑战，抓住发展机遇，必须把信息化作为提升企业竞争力的关键举措。“三大调控”，主要是抓好大项目、大政策和大规划。一是实施了一批大项目。信息化建设初期需要政府的扶持，发挥政府在信息化建设中的示范带动作用。今年我委选择了一批示范项目着力推进，如教育、科技、农林、水利、工商、劳动保障等十大骨干应用系统工程建设进展顺利，计委纵向网建设大力推进，网络建设、资源开发、系统应用全面启动，整体上推进了全省政府信息化建设。南京、扬州、苏州、无锡、常州、徐州六市信息化试点城市建设全面展开，一批应用系统投入运行。15 个小区作为全省信息化示范小区重点建设。同时，积极申报国家重大信息产业专项，江苏省软件园列入国家重点软件产业基地、南京普天列入国家计委 CDMA 手机生产定点企业、南京微盟电子有限公司 CMOS 图像传感芯片列入国家高技术产业化项目。大项目的实施有力地推进了我省信息化建设。二是研究提出了一些政策措施。如拟订了全省“三网融合”和协调解决“最后一公里”接入问题的实施办法。研究提出了关于加快国民经济和社会信息化的意见、鼓励软件产业和集成电路产业发展若干政策。下发了 2001 年信息化建设计划安排意见。这一系列政策文件的出台，为全省信息化建设营造了良好的政策环境，加快了发展步伐。三是研究制定了几个规划。编制了“十五”科技发展规划和信息化发展规划。结合我省优势，选择软件、集成电路、移动通信、ERP 系统应用、光纤及光电子等产业或领域，进行了专项规划战略研究，提出了“十五”期间具体的产业发展目标、重点和任务，对总体规划进行了分解落实，增强了可操作性。

经过努力，我省信息化建设取得了明显成效。全省互联网拨号上网用户达 334 万，移动电话用户达到 990 万户，信息基础设施水平已居全国前列，已认定软件企业 124 家，认定软件产品 293 项，登记软件总数居全国第三位。信息设备制造业成为经济领域增长最快的产业。1 ~ 10 月份全省电子信息产品制造业共完成工业总产值 1460 亿元，同比增长 67%。预计今年信息产业增加值将突破 410 亿元。

我省地理空间信息基础设施建设也取得了初步成效。全省 1：25 万和 1：5 万基本地形图已经完成数字化处理。南京大学、南京地理所、南京师范大学等科研单位和院校已具备建立地理空间信息系统所需要的技术和能力。我省建立了先进的信息网络基础平台，并在社会、经济部门、领域开展应用，取得较好的成绩。形成了国内领先的遥感卫星数据处理系统、遥感应用中心、数据处理中心等基础设施，集聚了一批在国内空间信息技术领域十分优秀的人才。

三、加速全省地理空间信息基础设施建设和应用

地理空间信息基础设施是支撑地理空间信息网络共享和应用的基础设施，对于促进国民经济和社会信息化具有十分重要的意义和作用。地理空间信息基础设施由地理空间信息交换服务网络体系、公益性和基础性地理信息系统及有关标准、政策法规等构成。地理空间信息基础设施的建设和应用对技术、人才等都有很高的要求，因此，要结合省情，有重点、有步骤地推进。

1. 加快地理空间信息基础设施建设

地理空间信息基础设施建设要贯彻国家“统筹规划，统一标准，面向应用，网络共建，资源共享”20 字方针，立足于高起点跨越式发展。因为，我们在面临一个信息技术快速升级、应用领

域迅速扩大、信息资源开发利用水平大幅度提高、地理空间技术及应用的全球化、产业化进程加速推进这样一个新的形势。重点抓好两个方面工作：一是根据国家统一要求组织制定并贯彻地理空间信息基础建设的有关标准规范。当前重点制定并贯彻有关基础地理空间信息分类、编码及其质量控制、地理空间信息元数据、地理空间信息转换、地理空间信息数据库集成、地理空间信息网络传输等方面的标准，特别是全省城市地理信息系统及其应用的有关标准。二是进一步加强地理空间信息资源建设，为相关产业的发展提供服务。信息资源是信息化建设的核心。我们要进一步加速现有地理空间信息资源的数字化，建立和完善各类基础性地理空间信息系统。当前要加速建设和完善一批应用需求广泛的公共地理空间信息系统及其信息服务体系，如人口、资源环境与地区经济信息系统、省级基础地理信息系统。推进全省六个信息化试点城市探索建立地理信息系统及其运行机制，带动地理信息产业发展。逐步建立完善地理空间信息资源的采集体系，建立统一的信息交换网络体系，实现全省主要基础性地理空间信息资源数据库的互联，提高现有信息的网络共享和服务水平。

2. 促进地理空间信息基础设施的广泛应用和相关产业的发展

这是建设地理空间信息基础设施的根本目的。结合我省实际，近期重点抓两方面：一是支持基础性、业务化地理空间信息系统应用工程的开发。基础性地理空间信息系统应用工程是各级、各部门有效行使管理职能、更好地服务社会的重要支撑。依照统一规划，逐步建设完善全省各类基础性地理空间信息系统并形成服务能力。积极支持各类应用示范系统的实用化、产业化运行，加大地理空间信息产品的开发力度，形成具有江苏特色的地理空间信息系列产品。充分发挥地理空间信息技术在重大建设工程中的准确定位作用。积极鼓励各地、各部门在传统产业改造、管理信息系统建设过程中广泛采用地理空间信息系统。二是继续支持地理空间信息基础设施关键技术开发和产业化。要不断跟踪地理空间信息应用的前沿技术，促进地理空间信息系统的集成化、网络化和智能化。当前，要大力加强空间信息基础设施发展迫切需要的地理空间信息网络共享和商业化大型地理空间信息系统硬件、软件技术，车辆导航卫星定位设备等方面的技术创新工作，不断提高国产化水平。扶持遥感数据地面接收、处理系统的研制和生产。鼓励企事业单位研究、开发具有自主知识产权的软件产品和应用系统。

3. 进一步加强对地理空间信息基础设施发展的宏观协调和指导

空间信息基础设施的建设和应用涉及面广、要求高、投资大，工作水平和质量的高低影响重大。目前全省各地、各部门都在积极推进信息化建设，但地区之间、部门之间在基础设施建设、信息资源开发应用和工作基础等方面存在较大差异，信息化发展不平衡，必须加大宏观协调和指导。一是要加强统筹规划、宏观指导。抓紧制定全省统一的地理空间信息基础设施发展的总体规划，保证全省空间信息基础设施的统一、通用、科学、先进，促进各地、各部门地理空间信息的合理布局和高效利用，避免盲目投资和重复建设。二是加强宏观调控，促进信息共享，保障信息安全。将地理空间信息基础设施建设和应用作为信息化建设的一项重要内容，统筹建设。将其纳入信息资源开发利用和重大信息化应用工程之中，建立必要的协调管理机制。尽早制定促进地理空间信息共享的政策法规，逐步建立起地理空间信息交换机制，避免地理空间信息资源条块分割、管理封闭的状况，及时向社会提供公益性、基础性信息，引导市场健康发展。鼓励通过信息加工实现增值，促进地理空间信息服务、咨询产业的发展。三是高度重视人才的吸引、使用和培养，提高各行各业地理空间信息的应用水平。

各位专家，各位来宾，我省信息化建设包括地理空间信息技术为我们进一步推进全省地理空间信息基础设施建设奠定了坚实基础，但是目前还存在着许多困难和不足，与国内先进省市相比还有一定的差距。全国各地在加速信息化进程中均将地理空间信息应用放在突出地位，“数字省区”、“数字城市”计划和方案不断出台并积极组织实施。这次论坛取名为“地理空间信息技术与数字江苏”，是非常有针对性的，这次活动也是非常及时的。让我们共同努力，扎实工作，力求在地理空间信息基础设施建设和应用上取得新的、更大的进展，为全省信息化建设添上浓浓的一笔。预祝本次论坛取得圆满成功，谢谢大家！

启动全省信息化带动工业化行动计划

江苏省经贸委副主任　任懿奇

（2001年12月22日）

今天，我们在这里举行新闻发布会，主要目的是介绍我省信息化带动工业化的工作情况，贯彻落实省政府《关于加快信息化带动工业化的意见》，紧紧抓住以信息技术为核心的新一轮技术革命带来的机遇，全面启动信息化带动工业化行动计划，进一步增强全省工业经济综合竞争力。省政府对信息化带动工业化工作十分重视，吴瑞林副省长亲自到会并将做重要讲话。下面，我先就省政府《关于加快信息化带动工业化的意见》的出台背景和省经贸委具体落实的工作情况向同志们作些介绍。

一、省政府《关于加快信息化带动工业化的意见》出台背景

《关于加快信息化带动工业化的意见》的出台，是省委、省政府贯彻落实党中央以信息化带动工业化、实现社会生产力跨越式发展战略的重要举措，是实施富民强省、率先基本实现现代化战略方针的重要内容，是构筑新时期江苏工业经济竞争新优势的战略部署。新世纪开局之年，省政府提出实施信息化带动工业化的发展战略，是基于两方面考虑。

（一）信息化带动工业化是党中央、国务院作出的战略决策

党的十五届五中全会明确提出："以信息化带动工业化，发挥后发优势，实现社会生产力的跨越式发展。"江泽民总书记指出："四个现代化哪一化也离不开信息化。"在今年中央经济工作会议上，江总书记再次强调要"加强信息技术的运用"，朱总理提出："特别要加快推进企业管理信息化。"吴邦国副总理在全国经贸工作会议上指出："'十五'计划很重要的精神，就是信息化带动工业化，促进产业升级，实现跨越式的发展"。今年年初，江总书记特别对我省提出，江苏一定要紧紧抓住以信息技术为核心的新一轮技术革命带来的机遇。以信息化带动工业化是以江泽民同志为核心的党中央纵观世界、高瞻远瞩、总揽全局提出的重大发展战略，这个战略立足于当前我国加入世界贸易组织和经济全球化发展的新态势，立足于现阶段我国工业化发展进程的客观实际，顺应了当今世界经济和科技发展的潮流和国际竞争的大趋势，为我国新世纪的现代化建设指明了方向。

（二）信息化带动工业化是促进江苏产业结构优化升级，实现生产力跨越式发展的必然选择

以信息化带动工业化，实质就是利用信息化的手段，带动和加快工业化的进程，充分发挥后发优势，实现生产力的跨越式发展。这就要求我们抓住当前世界信息产业迅速发展的机遇，把推进信息化与实现工业化结合起来，提高我国工业经济赶超的起点，争取把发达国家近200年内实现工业化进而进入信息化的过程，压缩到今后几十年内完成。发达国家经验表明，以信息化推动工业化虽然增加30%的投资，但可以提高产品档次和质量、改善生产环境、降低能源和原材料消耗，从而增加85%的经济效益。信息技术具有独特的高度渗透性、倍增性和带动性，渗透到国民经济和社会的各个方面。信息化是实现产业结构优化升级的关键环节和捷径，是实现工业现代化的重要技术支撑。据统计分析，目前我国传统产业占工业增加值的90%、工业固定资产原值的95%、利润的80%、上交税金的95%、从业人数的94%、出口的87%。面对我国加入世界贸易组织的新形势，摆在我们面前最紧迫的任务，就是要以信息化带动工业化作为突破口，加快用高新技术和先进适用技术改造提升传统产业。

信息化的核心是创新，是资源整合。信息化带动工业化的内涵是围绕“四化”：即企业信息化、产品复合化、产业高度化、共性关键技术平台化。具体地说，一是对企业来说，就是要大力运用信息化手段，改变传统计划经济条件下仅对企业内部资源实现整合的状况，通过对企业内部与外部资源的系统整合，以及凭借建立在电子商务技术上的现代物流系统和采购销售系统，实现管理创新，提高企业的国际竞争能力。二是对产品来说，通过信息技术与信息产品的渗透和嫁接，提高传统产品智能化、数字化水平和附加值。三是对产业来说，信息化是改造传统产业，推动工业现代化的强大动力。传统产业信息化改造可以实现产业重组、产业互相渗透以及新兴产业形成。四是对技术来说，可以利用高层次的信息系统平台，实现技术跨越式发展，同时依托不同形式的设计平台与 IP 库，大大缩短技术开发周期。

二、今年以来省经贸委开展信息化带动工业化工作的情况

为贯彻落实江总书记关于信息化带动工业化的一系列重要指示和党的十五届五中全会精神，在省委、省政府领导的关心和支持下，自今年年初起，本委就会同省财政厅、省信息产业厅等有关部门开展了信息化带动工业化的一系列工作。

一是对全省信息产业及信息化带动工业化的基本情况进行摸底调查。3 月份，我们会同省信息产业厅分别赴上海、无锡、南通、苏州等市进行了调研，形成了关于加快信息化带动工业化的有关意见报省政府。

二是会同省信息产业厅研究制定了《全省“十五”电子信息产业发展计划》。

三是理清近期信息化带动工业化的工作思路。我们邀请省内有关专家、企业家参加信息化带动工业化工作座谈会，听取他们对信息化带动工业化工作的意见和建议。在此基础上，结合当前我省工业经济发展的实际，提出了信息化带动工业化的六个工作重点：

（1）用信息控制技术和电子信息产品改造提升工业生产自动化水平。

（2）用信息技术提升传统产品的数字化、智能化水平，以此提升产品附加值，实现产品结构调整和产业升级。

（3）用信息网络技术提高企业技术创新能力和水平，重点提升企业技术创新系统技术水平，提升企业“一次创新”能力，争取形成一批具有自主知识产权的产品和技术。

（4）用信息网络技术改造提升企业资源管理系统和管理信息系统，增强企业整合内外部资源能力，实现生产流程重组，从根本上提升企业的管理水平和生产技术水平。

（5）用电子商务技术改造企业物流系统和产品采购、销售系统，建立现代物流系统，提高企业参与国际市场竞争的能力。

（6）加快发展电子信息制造业和软件产业，争取在某些领域中，实现重大突破，为行业、企业、传统产品信息化改造提供所需的、具有自主知识产权的产品和技术。

四是组织各市编制“十五”前期全省信息化带动工业化实施计划。目前经贸委正在组织全省各市编制“十五”前三年信息化带动工业化实施计划，指导和推动各市信息化带动工业化的工作开展。镇江市政府下发了由市经贸委提出的“镇江市加快信息化带动工业化促进产业升级的工作意见”；常州市组织召开了信息化带动工业化“十五”计划的专家论证会；南通、无锡、扬州、连云港、苏州等市也都开展了有关工作，全省重视和加强这项工作的氛围已经形成。

五是着手筛选企业信息化示范企业。我们研究提出全省信息化示范企业的七条标准：

（1）企业主要负责人具有较强的应用信息技术的意识和思路；

（2）具有主管信息技术应用的负责人；

（3）具有一支从事信息技术应用的人才队伍；

（4）具有一定的经济实力；

（5）具有较为完善的信息技术应用发展计划及目标；

（6）具有信息技术应用的技术来源或装备条件；

（7）具有明确的信息技术应用项目投资计划。

六是推进我省关键及共性技术平台建设工作。我们会同省信息产业厅成功地协调了我国部分省市企业与摩托罗拉公司在我省苏州市建立集成电路研发中心，使这一国家有关高层领导关注的、由中外多方参与投资、具有当今国际最先进水平的集成电路研发机构，经过一年多的洽谈后，终

于落户我省。这将对今后我省 IT 产业，特别是集成电路产业发展产生较大影响。

七是筹建江苏省企业技术创新在线服务网。借鉴英国等西方发达国家政府的成功做法，目前我们正在加紧筹建江苏省企业技术创新在线服务网，争取形成政务在线和专家咨询在线两大特色，以进一步推动我省产学研联合，提高信息服务水平和实现资源共享，特别是为中小企业技术创新、技术攻关、技术服务、信息咨询等提供更好的服务。

三、全面启动信息化带动工业化的行动计划

在刚刚闭幕的全省经济工作会议上，回书记、季省长都特别强调了信息化带动工业化工作，提出了明确要求。贯彻落实省政府《关于加快信息化带动工业化的意见》（苏政发［2001］154 号）是指导“十五”及今后一段时期我省信息化带动工业化工作的重要指南，省政府明确要求省经贸委要会同省各有关部门加强工作的科学规划和组织协调。为此，我们提出全面启动信息化带动工业化的行动计划。

一是加快企业信息化。坚持“量力而行、循序渐进、不断发展”的方针，大力推进企业上网工程，实现全省 51 万户企业中 80%上网的目标，加快推进重点企业和企业集团的信息化进程，引导企业提高企业信息技术应用水平，实现企业人力、财力、物力和技术资源的优化配置。加快重点企业管理信息化，突出以财务管理为核心，促进管理创新，增强国际竞争力。积极引导企业稳步开展电子商务。引导重点企业集团逐步向敏捷制造、网络化制造、虚拟企业方向发展。

二是加速企业技术创新系统信息化。加快工商企业，特别是全省 173 家已建立省级以上技术中心、博士后工作站、博士后技术创新中心的“一站两中心”企业运用电子信息技术提升企业产品开发和技术创新能力的步伐，主要应用计算机辅助设计（CAD）、计算机辅助工艺设计（CAPP）、计算机辅助制造（CAM）、计算机辅助工程（CAE）以及建立企业工程数据库等，实现产品设计、工艺设计信息化，缩短新产品开发周期，提高产品的市场适应性、产品技术含量和市场竞争力。

三是大力推进行业生产技术信息化。充分利用国家扩大内需、加大企业技术改造的各项优惠政策，在企业技术改造中进一步突出电子信息技术的推广应用，大力推广微电子、计算机、网络技术在现有产业中各个层次上的应用。以信息化技术改造提升传统产业整体技术水平，力争在“十五”期间，全省信息技术在工业经济重点行业的应用取得明显实效，工业企业生产装备自动化水平显著提高，重点行业骨干企业的生产装备自动化和半自动化率达到 50%，总体技术水平达到国内领先、国际 90 年代中后期水平。主要行业工作重点是：

机械行业：推广数控机床和加工中心及柔性制造系统（FMS）、计算机集成制造系统（CIMS）的应用，对机械工业的炉窑、喷涂线、组装线等进行自动化改造，提高在线检测技术应用程度，推广非接触测量技术。

轻工行业：应用电子信息技术提高家用电器设计、生产在线检测和质量控制水平，大力运用新型传感技术和变频调速技术，在工业窑炉、食品、造纸、轻机等生产中推广计算机控制技术和柔性制造技术。

纺织行业：提高名牌服装企业计算机辅助设计（CAD）以及计算机辅助裁剪和绣花应用水平，推广重点企业电子分色、电子印花、电子制版、电子配色、电子提花等电子控制技术。

冶金行业：提高炉窑及轧制生产线控制水平，将电炉、精炼、连铸、连轧短流程工艺技术进行系统集成。

石油化学行业：提高各类炼化装置控制水平。

建材行业：大力推广水泥、玻璃、建筑卫生陶瓷和玻纤产品生产的炉窑自动控制技术，在玻璃钢生产中大力推广自动化成型技术，在新型建材生产中提高自动控制技术水平。

医药行业：重点运用计算机对产品成份进行分析，运用计算机辅助控制发酵过程，降低物耗与能耗，实现计算机辅助控制结晶工艺，实现产品生产的连续化和自动化，提高药品质量。

船舶制造行业：逐步推广造船精度控制技术、模块化技术、柔性制造技术、计算机辅助造船集成系统技术。

商贸流通业：运用计算机技术提升仓库设施自动化水平，加大信息技术、网络技术及现代管

理技术在新型营销方式中的应用力度。

四是提升产品功能信息化。应用信息技术提升传统产品网络化、数字化、智能化生活水平，提高产品附加值。用信息技术改造提升成套设备和组合加工设备的集成化水平，发展普及型及经济型数控设备、工程机械设备、大型成套环保设备等机电一体化产品。用嵌入式软件提升消费品、工业品的智能化水平，以嵌入式操作系统为基础，采用模糊控制、变频、节能、网络等新技术，加快家用电器的电子技术应用。加快发展汽车电子产品，加快发展电力电子产品。积极推进金融商贸电子产品的应用。运用数字化和网络技术，大力开发医用数字化影像装备。开发适合交通行业需要的安全设施以及监控、收费、通信系统软件和配套的硬件设备。促进“十五”期间全省工业产品的智能化和数字化水平明显提高，全省市级以上新产品的电子技术应用比重达30%以上。

五是加快发展电子信息制造业。以集成电路设计为突破口，抓住世界范围内的集成电路生产布局大调整的契机，积极发展集成电路芯片设计，大力提升芯片加工的工艺水平和生产能力。进一步扩大集成电路封装能力，带动配套材料及设备制造业的发展，大力发展片式电子元器件、功率器件、敏感元器件及传感器、电力电子器件。加快GSM数字移动通信系列产品国产化步伐，跟踪开发第三代移动通信（宽带CDMA）设备。积极发展光通信产品、多媒体综合交换机及数字卫星接收机等产品。发展网络计算机、笔记本电脑以及计算机配套产品、网络产品。大力推动和引导数字技术在模拟视听产品中的应用。特别是大力发展信息产业核心技术，支持发展具有自主知识产权的信息产业技术和产品，主要包括网络产品（路由器、服务器）、信息终端产品、企业信息化软件开发（嵌入式软件）、生产过程控制技术及产品、集成电路封装技术产品技术。根据省委办公厅、省政府办公厅《江苏省应对加入世界贸易组织工作要点》（苏办式［2001］23号）的要求，我委将会同省有关部门积极研究加快发展信息产业，增强企业应对“入世”能力的对策措施。

六是大力发展软件产业。发挥我省人才、技术和区位优势，培育和发展软件开发主体，形成一批拥有品牌产品的重点软件企业，“十五”期间软件和系统集成业销售收入年均增长50%。重点开发安全中文操作系统、大型数据管理系统、安全软件、嵌入式软件和大型应用软件及计算机辅助设计、现代集成制造系统、企业信息化集成套装软件等共性软件和基础软件，形成产业化生产。创立攻击防范、病毒防范等计算机及网络安全软件品牌；加强开发面向行业的管理系统应用软件。开发适应电子商务、电子政务、城市数字化发展相关软件。建设以江苏软件园为龙头，与南京、常州、无锡、苏州等软件园相融互补的沿江软件产业带。

七是建立关键共性技术及信息资源公用平台。整合我省高校、科研院所和重点企业的技术创新资源，逐步建立信息化共性技术平台建设，包括嵌入式软件设计平台、集成电路设计IP库、系统软件设计平台，以及产学研联合在线信息服务网等一批省市信息资源平台，推动一批具有自主知识产权、在国内外市场具有一定份额的高新技术成果产业化，推动行业及企业间信息资源共享，为全省信息化带动工业化提供技术支撑。与此同时，加快推进电子政务，省市经贸部门突出以市场需求为动力，加强经贸信息资源开发利用，建立和完善江苏工业经济运行数据库及工业企业产品竞争能力评价系统。

八是加快实施信息化带动工业化示范工程。明确信息化带动工业化示范城市、示范企业和示范项目。引导企业加大信息化带动工业化投入，建立和完善适应信息化带动工业化的多渠道投融资机制。无论是技术改造、技术引进，还是利用外资都要突出信息化带动战略。用好省信息化带动工业化发展专项资金，要加大对重点企业信息化带动工业化技术创新项目、示范工程、信息网络及信息平台建设、信息化关键技术开发与推广项目的支持力度。适应加入世界贸易组织新形势，改革项目审批程序，实行项目备案制度，充分利用专家评审意见，提高科学决策水平；对省级共性与关键技术平台以及重大技术创新项目逐步实行全社会公开招标的办法，形成项目责任制，确保发挥投资效益。加大开发应用信息技术的投入，增强企业自我积累、自我发展能力。重点信息化示范企业的技术开发费占销售额的比重达到5%以上。引导省市各商业银行、各类风险投资资金、贷款担保基金，优先考虑为信息化带动工业化企业和项目提供贷款、投资及担保。支持信息产业及应用信息技术的高新技术企业直接上市，增强市场直接融资能力。引导社会资金、民间资本投向信息产业及信息技术应用项目。明年一季度，我委将举行信息化带动工业化示范项目签字仪式，并及时向社会发布这项工作的进度情况。

我们将全力贯彻落实中央和省经济工作会议精神，按照省委、省政府的工作部署，抢抓机遇，协同配合，扎实工作，务求实效，努力开创全省信息化带动工业化工作的新局面。

政府信息化是实现政府职能转变的必由之路

江苏省信息中心主任　姚万华

加入WTO后，我国开始进入全方位对外开放的新阶段，以WTO为代表的全球贸易多边规则，对我国政府行为提出了新的规范和要求，我国政府迫切需要加快转变职能。去年底召开的中央经济工作会议对此提出了明确的要求，在随后召开的全省经济工作会议也强调要“按照建立‘廉洁、勤政、务实、高效’政府的要求，真正把政府职能转到经济调节、市场监管、社会管理和公共事务上来”。贯彻落实中央及省经济工作会议精神，加快政府职能转变，是今年的一项重要工作任务，同时如何学习借鉴国外的经验，以信息化推动政府职能转变，也是一个值得认真研究的问题。

一、新形势对政府职能转变提出新要求

要适应信息时代及经济全球化对政府的要求，从根本上改变目前我国政府存在的“错位”、“缺位”、“效率低”等问题，首要的问题是必须尽快转变政府职能，建立电子政府。

1.减少行政审批，增强宏观调控

我国加入WTO最实质、最根本的问题是开放。我们承诺的八个大字“遵守规则、开放市场”，是指体制和经济运行机制必须按着WTO的一般原则向国际社会实行逐步的、普遍的全面开放，使得经济政策、经济体制、经济法规逐步符合WTO的一般原则。一方面要求我国政府进一步放松管制，扩大开放；另一方面又要求政府有效地发挥作用，建立起新的规章制度，这对政府的经济管理方式提出了深刻的挑战。首先要改革我国长期以来形成的政府行政审批制度，改变政府对经济活动的管制、限制过多的现状。其次，必须加强政府对经济的宏观调控，切实实现“三个转变”：由部门管理向行业管理转变；由微观管理向宏观管理转变；由直接管理向间接管理转变。要实现这些转变，根据国外的经验和国内部分省市的实践，大力推进政府信息化是一个关键。

2.强化服务意识，提高效率效能

目前，政府效率不高的一个重要原因是政务程序复杂，办公手段落后，服务意识差。过去老百姓所说的“门难进、脸难看、事难办”的问题一直未能有效地解决，这种状况不利于市场经济的发展。面对入世后的挑战，对这个问题应有充分的认识，一方面积极转变思想观念，提高服务意识，反对形式主义、官僚主义的作风；另一方面必须对现行的政务程序进行优化、整合，用程序化管理代替责任制管理，精简机构，精简公文，精简会议（通常又叫政府再造 - Government Reengineering）。充分利用信息技术，按照信息技术所提供的可能重新设计业务流程，既能节省时、空成本，大大提高政府内部工作效率，也便于加强上下级政府间的联系，形成纵向系统，还能从一定程度上减少政府部门的腐败现象。

3.增强政务透明度，与群众实现双向互动

政务透明化是我国加入WTO承诺的一项原则，也是改善我省外商投资环境的一个重要措施。实行政务公开，提高政策的公开性和透明度，既有利于形成一个良好的投资环境，也有利于人民群众议政、参政，使政府的一般性行政行为受到广泛监督。一个信息时代的政府不仅需要透明化，还应当实现政府与民众双向互动，政府必须具备接收企业和公众反馈信息的能力，才能提高政府决策能力和决策水平。当前我省政府行为主要还停留在政府对企业或公众的单向信息传递，显然是远远不够的，政府需要加强与企业、公众的信息交互，依靠现代信息技术采集更广泛、准确的信息，提高自身决策水平。

4.加强依法行政监政，规范政府行为

社会主义市场经济是以法制为基础的经济，不仅个人、企业和其他微观经济主体的行为要接受法律约束，而且政府本身也要接受法律约束。

这就要求政府作为一个整体的行为要在法律轨道内进行，要用法律来进行全面规范，人民依法对政府及其公务员进行监督。加快依法行政、监政的立法，既有利于提高政府行政决策的公正性、严肃性和权威性，在政府工作中建立权、责对称和制衡的机制，又是建立健全社会主义市场经济所要求的法律体系，全面规范政府行为的一项必要的基础性工作。在这方面，信息化可以发挥重要的推动和促进作用。

二、加快政府信息化是转变政府职能的重要手段

在全球化日益发展的情况下，政府的“好”和“差”已经成为衡量一个国家或地区竞争力的重要因素。它反映在政府对发展形势的掌握，对机遇和挑战的辩识能力，对机遇和挑战的应对能力上，还反映在对事务的处理能力上。从本质上讲，反映在政府对信息和知识的掌握和处理上。就目前经济全球化和信息全球化的发展态势而言，没有一个信息化的政府，是难以在竞争中占据有利地位的。

1. 加快政府信息化是政府职能转变的迫切需求

随着经济发展的不断加快，特别是加入 WTO 以后，经济社会系统越来越庞大和复杂，经济全球化对政府迅速转变职能提出了很高的要求，传统的手工为主的操作方法、“站式”办公模式已经十分不适应发展需要，迫切要求手段更新。从政府急需摆脱微观经济事务的角色转换，对效率、效能要求，与社会双向互动的需要，行为公开、透明化等对于管理手段更新的需求看，这种迫切性尤为强烈。信息技术的应用可以帮助政府建立网上程序化事务处理、二十四小时、高效率的虚拟政府，促使政府以较低的成本，向社会提供高效率的服务、协调和管理。

2. 加快政府信息化是实现政府职能转变的必要手段和工具

二十一世纪是信息化的世纪。几乎在所有的国家，政府都是最大的信息技术用户，在发达国家，信息技术被应用于政府部门，政府信息化取得了长足的发展。在我国，政府信息化虽然起步较晚，但发展迅速，也必将成为我们转变政府职能的重要手段。

(1) 政府信息化以建立“电子政府”为主要目标。政府信息化将电子信息技术与政府管理有机结合，其创新性、高效性决定了它是当前政府职能转变过程中必备的手段和工具。政府信息化的目标是建立“电子政府”，指运用现代计算机和网络技术，将政府管理和服务职能转移到网络上去完成，同时实现政府组织结构和工作流程的重组优化，超越时间、空间和部门分隔的制约，向全社会提供高效优质、规范透明和全方位的管理与服务，是适应新经济发展需求的高效虚拟政府。“电子政府”突破了传统的工业时代“站式”政府办公模式，建立了适应网络时代的“一网式”新办公模式，创造了政府行为新手段，开辟了推动社会信息化的新途径。

(2) 政府信息化推动政府管理现代化。“电子政府”的根本目标是用信息技术提高政府的运行效率，使政府决策基于及时、准确、可靠的信息之上；同时最好地实现政府应该为民众提供的各种服务。推进政府信息化现阶段的主要任务是大力发展电子政务，电子政务包含的内容十分广泛，从其服务对象看，主要分为以下三类：政府对政府的电子政务（G2G），政府对企业的电子政务（G2B），政府对公众的电子政务（G2C）。

①G2G。G2G 是上下级政府，不同政府部门之间的电子政务，主要包括：电子公文系统、电子办公系统、决策支持系统、电子法规政策系统、电子司法档案系统、电子培训系统、业绩评价系统、政务信息资源库等。

②G2B。G2B 是政府通过网络系统进行采购招标、为企业提供各类服务的电子政务，主要包括：电子采购与招标系统、电子税务系统、电子证照办理系统、信息咨询系统、电子统计与调查系统等。

③G2C。G2C 指政府通过信息系统为公众提供服务的电子政务，主要包括：公民信息服务系统、就业服务系统、交通管理服务系统、电子税务系统、电子证件系统、社会保障服务系统、教育培训服务系统、电子医疗服务系统、参政议政系统等。

以上类型的电子政务，包括了政府事务的绝大部分，建设好这三种类型的电子政务，能够实现政府由“指挥型”向“服务型”的转变，实现由“暗箱”操作向公开透明的过渡，大幅度提高

政府决策效率，架起政府与老百姓之间的信息高速公路。如果真正实现了以上类型的电子政务，就基本上完成了政府职能的转变，建立起了现代化的政府管理体系。

3. 加快政府信息化有助于缩短政府职能转变的过程

事实证明，政府职能转变并不是一蹴而就的，它涉及到方方面面的工作，包括建立适应WTO的外贸新体制、建立健全法制体系、增强政府对经济宏观调控能力、整合政府职能、调整政务程序等一系列具有极强的探索性和艰巨性的工作。这是一项全新的任务，没有现成的经验可以借鉴。一些发达国家虽然走在我们前面，但我们不能照搬发达国家的一套，而要立足国情、省情，认真研究，逐步建立起有中国特色的政府机构和职能新体系。这将是一个长期的、渐进的过程，而加快政府信息化建设有助于缩短这个过程，并且能够帮助政府职能转变朝着健康的方向发展。

三、加快政府信息化建设、促进政府职能转变的几点建议

从世界范围来看，推进政府部门办公自动化、网络化、电子化，全面信息共享已是大势所趋。联合国经济社会事务部也把推进发展中国家政府信息化作为去年的重点。不久前，国家信息化领导小组第一次会议明确指出，“政府信息化建设要与政府职能转变相结合，提高办事效率和管理水平，促进政务公开和廉政建设，增强为民办事的透明度和公正性”。这为我省政府信息化建设、转变政府职能指明了方向。总的来说，政府信息化是我省转变政府职能的重要手段，主要目标是建立“电子政府”，但是如何实现“现有政府”到“电子政府”的转变，真正实现政府职能的顺利转变，还是一个非常复杂的过程，要结合我省的实际情况，本着实事求是的原则，切实做好以下几方面的工作。

1. 加强领导，统一规划，避免重复建设

加强领导与统一规划对于政府信息化建设起着至关重要的作用。尤其在政府职能转变中，机构设置调整、业务流程的更改，政府业务模型的重新建立等，都将直接影响政府信息网络建设的质量。如果没有统一的规划，只会造成各起炉灶、各自为政，形成重复投资、重复建设，结果事倍功半。在“电子政府”建设中，美国联邦政府设立了一个包括10个监管政府信息化的组织机构的政府技术推动组，成员有政府信息化促进协会联盟、IT产业顾问协会、政府信息技术服务小组、州级信息主管联盟、国家电信信息管理办、国家政府官员协会、政府评估组及首席信息化小组等，负责全国的政府信息化管理指导工作，包括技术推进、法规政策建议、管理投资、改善服务、业绩评估等。但到目前为止，我省尚未对政府信息化建设进行总体、全面的规划，政府信息化的建设体制、运行机制没有建立。因此，迫切需要建立政府信息化建设领导协调机构，对政府信息化进行统一规划、统一部署、统一实施，对信息化建设全程跟踪，以保证这项工程顺利进行。

2. 构建政务网络平台，开发政务信息资源

网络平台是政府信息化建设的基础环节，信息资源是网络平台流动的血液，缺一不可。政府机关信息网络主要包括内部局域网、纵向主干网和横向互联网，目前我省已经意识到网络平台对于政府信息化建设的重要性，正在规划并开始筹备“三网一库”工程的建设。省计委纵向网平台已进入实施阶段，最终目的是形成纵向与国家计委、各市县计委上下联通，横向与各厅局联通，实现各级政府间信息交换与共享。我省“三网一库”建设也存在建设不平衡、应用水平低、信息资源开发与共享程度低等问题。要解决这些问题和矛盾，首先必须加强政府专网建设，加快建设宽带高速政务网络系统；其次，要整合政务信息资源，建设改造政务数据库，打破政府、部门间的信息垄断，重视信息资源的更新、维护。只有将这两方面结合起来，建立起政务信息网络中心和政务信息资源中心，才能实现真正意义上的政务信息网络互联互通。

3. 加强应用系统开发，统一规范标准

政务信息网络平台为网上政务处理提供了可能，但仅仅依靠政务信息网络平台是远远不够的，关键还在于应用系统的开发，只有应用才能体现电子政务的目的。电子政务的应用目标，主要是政府信息资源共享化，政府办公无纸化，管理服务网络化。目前美国政府机构的应用系统已经进入办公自动化系统和管理信息系统阶段，正在走向更复杂业务领域，向电子政府迈进。欧盟国家在去年3月份“e欧洲2002年”会议上提出发展

电子政务应考虑的两个指标：政府向企业和居民提供的基本公共服务在网上完成的百分比，政府提供的网上公共服务为公民所使用的情况。目前，我国相当部分的政府业务还处于手工阶段，仅办公自动化的任务就十分艰巨，因此，要引起各级政府及领导的重视，下决心把应用系统开发向深度和广度推进。同时，我省政府应用系统大多数呈现小而分散的局面，并且标准不一，互动程度低，有必要对应用系统进行统一标准，统一规范，以增强系统间的上下协调和横向互通，使政府信息化建设真正起到改善管理、改善服务、提高效率的作用。

4. 提高安全意识，加强安全立法

安全保密体系是信息化的重要基础，对于电子政府尤为关键。一是要按照国家有关规定，在建设信息网络系统时，同步建立安全保密体系，坚持内网外网分离，利用数据备份与恢复、身份认证、实时检测与监控、访问控制、病毒防护等手段确保信息网络的安全。二是要加紧制定相应的政策法规来保障网络安全，从政务信息的公开、电子签章、电子支付等方面立法，制定电子政务信息技术规范，并及时修改现有政策法规中与信息技术发展不相适应的部分。三是要通过定期培训、教育等方式强化工作人员的安全保密和安全防护意识，杜绝安全隐患，保证政务信息网络运行安全和信息安全。

5. 建立政府信息化考核和信息主管制度

政府信息化建设需要各级政府部门的积极参与，只有将部门的信息化纳入目标考核体系，才能调动各级政府部门信息化建设的积极性，增强紧迫感，信息化建设才能顺利进行，政府职能转变才能顺利过渡。随着信息网络的普及，各级政府部门信息资源的采集、加工、管理、信息系统维护都需要专门人员负责，有必要在政府部门建立信息主管（CIO）制度。美国政府已经建立了信息主管制度，联邦政府的首席信息官兼任国家预算管理局第一副局长，政府各部门均设立首席信息官。另外，美国国会还有一个信息委员会，对政府信息化执行情况进行监督，至少每半年对重大信息化项目评估一次。他们的经验和做法值得我们学习借鉴。

6. 建立投资保障和约束机制，注重投资效益

政府信息化建设是一个新事物，更是一项复杂系统工程，为此必须建立投资保障和约束机制，通过控制投资、规范网络建设和应用系统开发，有效防止各自为政、分散建设和重复建设，提高投资效益。对于各部门的信息网络系统建设，无论其经费来源何处，都应经过有权部门审核批准后才能投资建设。在建设中要突出重点，面向市场，分清主次，从经济效益和社会效益出发，优先开发经济效益和社会效益显著的应用系统。

四、结论

继续深化机构改革、转变政府职能是新形势对各级政府提出的新要求，也是广大群众的迫切愿望，而加快政府信息化建设也正在成为各级政府领导的共识，两者的有机结合，对于推进我省政府职能转变至关重要。2002 年是我国加入 WTO 的第一年，也是政府转变职能的关键年，把政府信息化建设工作做好，对我省实现“信息化大省”的目标，沉着应对入世带来的挑战和机遇，都有十分深远的意义。

互联网上网服务营业场所管理办法

信息产业部　公安部　文化部　国家工商行政管理局

（2001 年 4 月 3 日）

第一条　为了加强互联网上网服务营业场所的管理，促进互联网上网服务活动健康发展，保护上网用户的合法权益，根据《互联网信息服务管理办法》、《计算机信息网络国际联网安全保护管理办法》和有关法律、其他行政法规的规定，制定本办法。

第二条　在中华人民共和国境内开办、经营、使用互联网上网服务营业场所及对其实施监督管理，适用本办法。

本办法所称互联网上网服务营业场所，是指通过计算机与互联网联网向公众提供互联网上网服务的营业性场所（包括“网吧”提供的上网服务）。

第三条　国务院信息产业主管部门和省、自治区、直辖市电信管理机构负责，并有责任组织协调和督促检查同级有关部门，在各自职责范围内，依照本办法的规定，负责互联网上网服务营业场所的监督管理工作。

省、自治区、直辖市电信管理机构负责互联网上网服务营业场所经营许可审批和服务质量监督。

公安部门负责互联网上网服务营业场所安全审核和对违反网络安全管理规定行为的查处。

文化部门负责对互联网上网服务营业场所中含有色情、赌博、暴力、愚昧迷信等不健康电脑游戏的查处。

工商行政管理部门负责核发互联网上网服务营业场所的营业执照和对无照经营、超范围经营等违法行为的查处。

第四条　开办互联网上网服务营业场所，应当经有关部门审核同意，取得经营许可证并办理企业登记注册后，方可提供服务。

未取得审核批准文件、经营许可证和未办理企业登记注册的，不得开办互联网上网服务营业场所。

第五条　开办互联网上网服务营业场所，应当遵守法律、行政法规和本办法的规定，提供良好的服务，加强行业自律，接受有关部门依法实施的监督管理。

公民、法人和其他组织有权对互联网上网服务营业场所进行社会监督。

在互联网上网服务营业场所上网的用户，应当遵守法律、行政法规的规定，遵守社会公德，严格自律，文明上网，开展健康文明的网上活动。

第六条　申请开办互联网上网服务营业场所，应当具备下列条件：

（一）有与开展营业活动相适应的营业场所，营业场地安全可靠，安全设施齐备；

（二）有与开展营业活动相适应的计算机及附属设备；

（三）有与营业规模相适应的专业技术人员和专业技术支持；

（四）有健全完善的网络信息安全管理制度；

（五）有相应的网络安全技术措施；

（六）有专职或者兼职的网络信息安全管理人员；

（七）经营管理、安全管理人员经过有关主管部门组织的安全培训；

（八）符合法律、行政法规的其他规定。

开办互联网上网服务营业场所应当具有的计算机设备的具体数量，由省、自治区、直辖市电信管理机构会同同级公安、文化、工商行政管理等部门，根据本地实际情况确定。

第七条　申请开办互联网上网服务营业场所，应当向县级以上地方人民政府公安、文化部门提交本办法第六条规定的相应证明材料；县级以上地方人民政府公安、文化部门应当自收到证明材料之日起30日内按照各自的职责审核完毕，经审核同意的，颁发批准文件。

获得批准文件的，应当持批准文件向省、自治区、直辖市电信管理机构申请办理经营许可证。省、自治区、直辖市电信管理机构应当自收到申请之日起60日内审查完毕，符合条件的，颁发经营许可证；不符合条件的，应当书面通知当事人。

取得经营许可证的，应当持批准文件和经营许可证到工商行政管理部门办理企业登记注册。

第八条 获准开办互联网上网服务营业场所的，应当持批准文件、经营许可证和营业执照，与互联网接入服务提供者办理互联网接入手续，并签订信息安全责任书。

无批准文件和经营许可证，未办理企业登记注册的，互联网接入服务提供者不得向其提供接入服务。

第九条 互联网上网服务营业场所需要与国际联网的，应当使用互联网接入服务提供者的接入网络进行国际联网，不得采取其他方式进行国际联网。

第十条 互联网上网服务营业场所经营者，应当履行下列义务：

（一）在核准的经营范围内提供服务；

（二）在显著的位置悬挂《经营许可证》和《营业执照》；

（三）记录有关上网信息，记录备份应当保存60日，并在有关部门依法查询时予以提供；

（四）不得擅自出租、转让营业场所或者接入线路；

（五）不得经营含有色情、赌博、暴力、愚昧迷信等不健康内容的电脑游戏；

（六）不得在本办法限定的时间外向18周岁以下的未成年人开放，不得允许无监护人陪伴的14周岁以下的未成年人进入其营业场所；

（七）落实网络信息安全管理措施；

（八）制止、举报利用其营业场所从事法律、行政法规明令禁止和本办法第十一条、第十二条所列行为。

第十一条 互联网上网服务营业场所经营者和上网用户不得从事下列危害网络安全和信息安全的行为：

（一）制作或者故意传播计算机病毒以及其他破坏性程序；

（二）非法侵入计算机信息系统或者破坏计算机信息系统功能、数据和应用程序；

（三）法律、行政法规禁止的其他行为。

第十二条 互联网上网服务营业场所经营者和上网用户不得利用互联网上网服务营业场所制作、复制、查阅、发布、传播含有下列内容的信息：

（一）反对宪法所确定的基本原则的；

（二）危害国家安全，泄露国家秘密，颠覆国家政权，破坏国家统一的；

（三）损害国家荣誉和利益的；

（四）煽动民族仇恨、民族歧视，破坏民族团结的；

（五）破坏国家宗教政策，宣扬邪教和愚昧迷信的；

（六）散布谣言，扰乱社会秩序，破坏社会稳定的；

（七）散布淫秽、色情、赌博、暴力、凶杀、恐怖或者教唆犯罪的；

（八）侮辱或者诽谤他人，侵害他人合法权益的；

（九）法律、行政法规禁止的其他内容。

第十三条 互联网上网服务营业场所的营业时间由经营者自行决定；但是，向未成年人开放的时间限于国家法定节假日每日8时至21时。

第十四条 违反本办法的规定，未取得经营许可证，擅自开办互联网上网服务营业场所，由省、自治区、直辖市电信管理机构依据《互联网信息服务管理办法》第十九条的规定，责令关闭营业场所，没收从事违法经营活动的全部设备器材和违法所得，并处1万元以上3万元以下的罚款。

第十五条 违反本办法的规定，擅自出租、转让营业场所的，由工商行政管理部门依照有关工商行政管理的法律、法规没收违法所得，处以罚款，吊销营业执照，并由有关主管部门撤销批准文件，吊销经营许可证。

第十六条 违反本办法的规定，擅自进行国际联网或者接入线路，擅自提供互联网接入服务的，由省、自治区、直辖市电信管理机构依照《互联网信息服务管理办法》第十九条的规定，责令改正，没收违法所得，并处违法所得3倍以上

5倍以下的罚款；违法所得不足3万元的，处3万元以上10万元以下的罚款；逾期不改正或者再次违反规定的，责令关闭营业场所，并由有关主管部门撤销批准文件，吊销经营许可证和营业执照。

第十七条　违反本办法的规定，未记录上网信息、未按规定保存备份、未落实网络信息安全管理制度、未履行安全管理责任、未采取安全技术措施的，由公安机关责令限期改正，并处5000元以上3万元以下的罚款；情节严重或者拒不改正的，责令关闭营业场所，并由有关主管部门撤销批准文件，吊销经营许可证和营业执照。

第十八条　上网用户违反本办法的规定，实施危害网络安全和信息安全行为，制作、复制、查阅、发布、传播违法信息的，由公安机关依据《中华人民共和国治安管理处罚条例》、《计算机信息网络安全保护管理办法》和有关法律、其他行政法规的规定给予处罚。

互联网上网服务营业场所的经营者违反本办法的规定，实施危害网络安全和信息安全行为，制作、复制、查阅、发布、传播违法信息，或者对上网用户实施上述行为不予制止、疏于管理的，由公安机关依据前款规定给予处罚，并由有关主管部门责令停业整顿；对整顿后再次违反规定的，责令关闭营业场所，并由有关主管部门撤销批准文件，吊销经营许可证和营业执照。

第十九条　违反本办法的规定，在限定时间外向18周岁以下的未成年人开放其营业场所，或者允许无监护人陪伴的14周岁以下的未成年人进入其营业场所的，由省、自治区、直辖市电信管理机构予以警告，并处5000元以上1万元以下的罚款；对再次违反规定的，责令停业整顿，并处1万元以上3万元以下的罚款；对三次违反规定的，处1万元以上3万元以下的罚款，责令关闭营业场所，并由有关主管部门撤销批准文件，吊销经营许可证和营业执照。

第二十条　违反本办法的规定，经营含有色情、赌博、暴力、愚昧迷信等不健康内容电脑游戏的，由文化行政部门给予警告，责令停业整顿，没收违法所得，并处违法所得1倍以上3倍以下的罚款，违法所得不足3万元的，处3万元以上5万元以下的罚款；再次违反规定的，除给予上述处罚外，责令关闭营业场所，并由有关主管部门撤销批准文件，吊销经营许可证和营业执照。

第二十一条　违反本办法的规定，未办理企业登记注册开办互联网上网服务营业场所、未按规定悬挂营业执照、超范围经营的，由工商行政管理部门依法给予处罚。

第二十二条　违反本办法的规定，被有关部门撤销批准文件、吊销经营许可证的，应在被撤销批准文件、吊销经营许可证之日起10日内到工商行政管理部门办理变更登记或注销登记；逾期不办理的，工商行政管理部门依法予以处罚。

第二十三条　相关主管部门对互联网上网服务营业场所违反本办法规定的行为应记录在案。

被撤销批准文件、吊销经营许可证、注销或者吊销营业执照的，不得重新申请开办互联网上网服务营业场所。

第二十四条　互联网上网服务营业场所经营者违反国家法律、行政法规和本办法规定的，除依法追究其法律责任外，对有失职、渎职行为的审批管理部门直接负责人和直接责任人，依法给予行政处分；构成犯罪的，依法追究刑事责任。

互联网上网服务营业场所审批和监督管理部门的管理人员玩忽职守、滥用职权、徇私舞弊，构成犯罪的，依法追究刑事责任；尚不构成犯罪的，依法给予行政处分。

第二十五条　本办法自发布之日起施行。

公用电信网间互联管理规定

中华人民共和国信息产业部

（2001 年 5 月 10 日）

第一章　总　则

第一条　为了维护国家利益和电信用户的合法权益，保护电信业务经营者之间公平、有效竞争，保障公用电信网间及时、合理地互联，根据《中华人民共和国电信条例》，制定本规定。

第二条　本规定适用于中华人民共和国境内经营基础电信业务的经营者在下列电信网间的互联：

（一）固定本地电话网；

（二）国内长途电话网；

（三）国际电话网；

（四）IP 电话网；

（五）陆地蜂窝移动通信网；

（六）卫星移动通信网；

（七）互联网骨干网；

（八）信息产业部规定的其他电信网。

第三条　电信网之间应当按照技术可行、经济合理、公平公正、相互配合的原则实现互联。

第四条　信息产业部和省、自治区、直辖市通信管理局（以下合称“电信主管部门”）是电信网间互联的主管部门。信息产业部负责本规定在全国范围内的实施工作，省、自治区、直辖市通信管理局负责本规定在本行政区域内的实施工作。

第五条　本规定下列用语的含义是：

（一）互联，是指建立电信网间的有效通信连接，以使一个电信业务经营者的用户能够与另一个电信业务经营者的用户相互通信或者能够使用另一个电信业务经营者的各种电信业务。互联包括两个电信网网间直接相联实现业务互通的方式，以及两个电信网通过第三方的网络转接实现业务互通的方式。

（二）互联点，是指两个电信网网间直接相联时的物理接口点。

（三）主导的电信业务经营者，是指控制必要的基础电信设施，并且所经营的固定本地电话业务占本地网范围内同类业务市场 50% 以上的市场份额，能够对其他电信业务经营者进入电信业务市场构成实质性影响的经营者。

（四）非主导的电信业务经营者，是指主导的电信业务经营者以外的电信业务经营者。

第二章　电信业务经营者的互联义务

第六条　电信业务经营者应当设立互联工作机构负责互联工作。互联工作机构应当建立正常的工作联系制度，保证电信业务经营者与电信主管部门之间以及电信业务经营者之间工作渠道的畅通。

第七条　主导的电信业务经营者应当根据本规定制定包括网间互联的程序、时限、互联点的数量、用于网间互联的交换机局址、非捆绑网络元素提供或出租的目录及费用等内容的互联规程。互联规程报信息产业部批准后执行。互联规程对主导的电信业务经营者的互联互通活动具有约束力。

第八条　电信业务经营者不得拒绝其他电信业务经营者提出的互联要求，不得违反国家有关规定擅自限制用户选择其他电信业务经营者依法开办的电信业务。

第九条　主导的电信业务经营者有义务向非主导的电信业务经营者提供与互联有关的网络功能（含网络组织、信令方式、计费方式、同步方式等)、设备配置（光端机、交换机等）的信息，以及与互联有关的管道（孔)、杆路、线缆引入口及槽道、光缆（纤)、带宽、电路等通信设施的使用信息。

非主导的电信业务经营者有义务向主导的电信业务经营者提供与互联有关的网络功能、设备配置的计划和规划信息。

双方应当对对方提供的信息保密，并不得利用该信息从事与互联无关的活动。

第十条　非主导的电信业务经营者的电信网与主导的电信业务经营者的电信网网间互联，互联传输线路必须经由主导的电信业务经营者的管道（孔)、杆路、线缆引入口及槽道等通信设施的，主导的电信业务经营者应当予以配合提供使用，并不得附加任何不合理的条件。

两个非主导的电信业务经营者的电信网网间直接相联，互联传输线路必须经由主导的电信业务经营者的楼层院落、管道（孔)、杆路、线缆引入口及槽道等通信设施的，主导的电信业务经营者应当予以配合提供使用，并不得附加任何不合理的条件。

前款主导的电信业务经营者的通信设施经省、自治区、直辖市通信管理局确认无法提供使用的，非主导的电信业务经营者可以通过架空、直埋等其他方式解决互联传输线路问题。

第十一条　主导的电信业务经营者应当在规定的互联时限内提供互联，非主导的电信业务经营者应当在规定的互联时限内实施互联，双方均不得无故拖延互联时间。

第十二条　电信业务经营者应当执行信息产业部制定的相关网间互联技术规范、技术规定。

网间通信质量应当符合国家有关标准。电信业务经营者应当保证网间通信质量不低于其网络内部同类业务的通信质量。

第十三条　应非主导的电信业务经营者要求，主导的电信业务经营者应当向双方网的用户提供电话号码查询业务，并经双方协商后，可按查号规则查询到对方网的可查询用户号码。非主导的电信业务经营者应当按查号规则向对方提供本网的可查询用户号码资料。

应非主导的电信业务经营者的要求，主导的电信业务经营者应当向对方网的用户提供火警、匪警、医疗急救、交通事故报警等紧急特种业务。非主导的电信业务经营者应当每日进行紧急特种业务的拨号例测。双方应当共同保证紧急特种业务的通信质量。

第十四条　电信业务经营者向本网开放的各种电信业务接入号码（含短号码)、其他特种业务号码（含电信业务经营者所用的业务号码、政府公务类业务号码、社会服务类业务号码)、智能业务号码等，应一方的要求，应当及时向对方网开放，并保证通信质量。

第十五条　两个非主导的电信业务经营者的电信网网间直接相联，由双方协商解决。

两个非主导的电信业务经营者的电信网网间未直接相联的，其网间业务应当经第三方的固定本地电话网或信息产业部指定的机构的网络转接实现互通。非主导电信业务经营者选择主导的电信业务经营者的固定本地电话网作为第三方的网络时，主导的电信业务经营者不得拒绝提供转接，并应当保证转接的通信质量。

第三章　互联点的设置及互联费用的分摊与结算

第十六条　非主导的电信业务经营者的电信网与主导的电信业务经营者的电信网网间互联时，互联点应当设置在互联传输线路的一端，即远离非主导的电信业务经营者侧的设备的一端（例如，当互联传输线路为光缆时，互联点设置在主导的电信业务经营者光配线架外侧)。

两个非主导的电信业务经营者的电信网网间直接相联时，互联点的具体位置由双方协商确定。

第十七条　互联点数量应当根据双方业务发展以及网间通信安全的需要协商确定。在一个本地网内各电信网网间互联原则上应当有两个以上（含两个）互联点。

互联点两侧的电信设备可以由各电信网共用，也可以由各电信网分设。当互联点两侧的电信设备由各电信网共用时，如果各电信网网间结算标准不一致，对方又不易采用技术手段进行计费核查的，互联中继电路可以分群设置。

第十八条　非主导的电信业务经营者的电信网与主导的电信业务经营者的电信网网间互联的，互联传输线路及管道由双方各自承担一半。

两个非主导的电信业务经营者的电信网网间直接相联的，互联传输线路的费用分摊由双方协商确定。

第十九条　互联点两侧的电信设备（含各自网内的电信设备，下同）的建设、扩容改造的费用（含信令方式、局数据修改、软件版本升级等费用）由双方各自承担。

互联点两侧的电信设备的配套设施（含机房、空调、电源、测试仪器、计费设备及其他配套设施）的费用由双方各自承担。

第二十条　互联传输线路经由主导的电信业务经营者的管道（孔）、杆路、线缆引入口及槽道等通信设施的，主导的电信业务经营者应当按规定标准收取租用费。暂无规定标准的，相关费用以建设成本为基础由双方协商解决。

第二十一条　电信业务经营者在互联互通中应当执行信息产业部制定的《电信网间通话费结算办法》，不得在规定标准以外加收费用。

电信业务经营者应当按互联协议规定的结算周期进行网间结算，不得在规定标准以外加收费用。

电信业务经营者应当按互联协议规定的结算周期进行网间结算，不得无故拖延应向对方结算的费用。

第二十二条　电信业务经营者应当按国家有关规定核算本网与互联有关的收支情况及互联成本，经相关中介机构审查验证后，于每年3月31日前将上一年度的数据报信息产业部。

网间结算标准应当以成本为基础核定。在电信业务经营者互联成本尚未确定之前，网间结算标准暂以资费为基础核定。

第四章　互联协议与工程建设

第二十三条　互联协议应当由电信业务经营者省级以上（含省级）机构之间签订（含修订）。电信业务经营者省级以下机构不再另行签订互联协议。互联双方应当本着友好合作和相互配合的原则协商互联协议。

第二十四条　互联协商的主要内容包括：签订协议的依据、互联工程进度时间表、互通的业务、互联技术方案（包括互联点的设置、互联点两侧的设备设置、拨号方式、路由组织、中继容量，以及信令、计费、同步、传输质量等）、与互联有关的网络功能及通信设施的提供、与互联有关的设备配置、互联费用的分摊、互联后的网络管理（包括互联双方维护范围、网间通信质量相互通报制度、网间通信障碍处理制度、网间通信重大障碍报告制度、网间通信应急方案等）、网间结算、违约责任等。

第二十五条　互联双方省级以上机构应当按照《中华人民共和国合同法》及国家有关规定签订互联协议，互联协议不得含有歧视性内容和损害第三方利益的内容。

第二十六条　互联双方省级以上机构应当自协议签订之日起15日内将协议发至各自下属机构，并向电信主管部门备案。

第二十七条　互联双方应当在规定的互联时限内，根据商定的互联工程进度、互联技术方案，在各自的建设范围内组织施工建设，并协同组织互联测试，全部工程初验合格后即可开通业务。

第五章　互联时限与互联监管

第二十八条　涉及全国范围（跨省、自治区、直辖市）同步实施的网间互联，非主导的电信业务经营者应当根据本网工程进度情况或网络运行情况，向主导的电信业务经营者当面提交互联的书面要求，并向信息产业部备案后，互联工作开始启动。

互联双方应当从互联启动之日起两个月内签订互联协议。

涉及全国范围同步实施的网间互联需要新设互联点的，应当自互联启动之日起七个月内实现业务开通。

涉及全国范围同步实施的网间互联不需新设互联点，只需进行网络扩容改造的，应当自互联启动之日起四个月内实现业务开通。

涉及全国范围同步实施的网间互联只涉及局数据修改的，应当自互联启动之日起两个月内实现业务开通。

必要时，信息产业部对涉及全国范围同步实施的网间互联提出具体的业务开通时间要求。

第二十九条　不涉及全国范围同步实施的网间互联，非主导的电信业务经营者省级以上机构应当根据本网工程进度情况或者网络运行情况，向主导的电信业务经营者省级机构当面提交互联的书面要求，并向省、自治区、直辖市通信管理局备案后，互联工作开始启动。主导的电信业务经营者省级机构不得拒收对方提交的互联书面要求。

互联双方应当在互联工程实施以前签订工程协议，工程协议的签订应当不影响整个互联工程的进度。双方应当在业务开通前签订网间业务互通、互联后的网络管理以及网间结算协议。协议的协商可与工程实施同步进行。

网间互联需新设互联点的，应当自互联启动之日起七个月内实现业务开通。

网间互联不需新设互联点，只需进行网络扩容改造的，应当自互联启动之日起四个月内实现业务开通。

网间互联只涉及局数据修改的，应当自互联启动之日起一个月内实现业务开通。

必要时，省、自治区、直辖市通信管理局对网间互联提出具体的业务开通时间要求。

第三十条　互联实施中，因客观原因致使互联不能在规定的互联时限内完成的，经互联双方认可并向电信主管部门备案后，可以顺延互联时间。

第三十一条　互联双方应当在业务开通后30日内，将互联启动日期、业务开通日期及业务开通后3日内的网间通信质量情况，以书面形式向电信主管部门报告。电信主管部门根据具体情况以适当方式予以公布。

第三十二条　电信主管部门应当定期或不定期地召开相关电信业务经营者的互联协调会，督促解决互联实施过程中存在的问题。

信息产业部电信管理局应当向省、自治区、直辖市通信管理局及相关电信业务经营者通报互联工作情况。

第六章　互联后的网络管理

第三十三条　在信息产业部确定的用于网间互联的交换机局址上实施的互联，互联点应当保持相对稳定，已设互联点原则上不允许变更。

主导的电信业务经营者对已设互联点单方面提出变更要求的，应当事先向相关电信业务经营者提交拟变更的方案，经与对方协商一致后，方可启动改造工程。改造工程应当在七个月内完成。改造工程的费用原则上由主导的电信业务经营者承担。

第三十四条　互联一方因网内扩容改造，可能影响对方网的用户通信的，应当提前三个月以书面形式向对方通报情况。

互联一方因网内发生路由组织、中继电路、信令方式、局数据、软件版本等的调整，可能影响到对方网的用户通信的，应当提前15日以书面形式向对方通报情况。

第三十五条　电信业务经营者对网间路由组织、中继电路、信令方式、局数据、软件版本等的调整应当予以配合，保证网间通信质量符合要求。

第三十六条　电信业务经营者应当明确划分网间运行维护责任，定期协同分析网间通信质量，建立网间通信质量相互通报制度，并定期向电信主管部门报告。电信主管部门根据具体情况组织召开通信质量协调会。

第三十七条　电信业务经营者应当建立网间通信障碍处理制度，互联一方发现网间通信障碍时，应当及时通知对方，双方相互配合共同处理网间通信障碍。网间通信障碍的处理时限与本网处理同类障碍的时限相同。

第三十八条　未经信息产业部批准，电信业务经营者不得擅自中断网间通信。电信业务经营者应当建立网间通信重大障碍报告制度。发生网间通信中断或网间通信严重不畅时，电信业务经营者应当立即采取有效措施恢复通信，并及时向电信主管部门报告。

前款所称网间通信严重不畅，是指网间接通率（应答试呼比）低于20%，以及用户有明显感知的时延、断话、杂音等情况。

第七章　互联争议的协调与处理

第三十九条　电信主管部门应当依据信息产业部制定的电信网间互联争议解决办法解决电信业务经营者之间的互联争议。

第四十条　在互联实施中，电信业务经营者发生下列争议致使互联不能继续进行，或者互联后电信业务经营者发生下列争议影响网间业务互通时，任何一方均可以向电信主管部门申请协调：

（一）互联技术方案；

（二）与互联有关的网络功能及通信设施的提供；

（三）互联时限；

（四）电信业务的提供；

（五）网间通信质量；

（六）与互联有关的费用；

（七）其他需要协调的问题。

第四十一条　电信主管部门收到协调申请后，对申请的内容进行初步审核。经审核发现申请的内容与国家有关规定明显不符或者超出电信主管部门职责权限的，应当书面答复不予受理。经审查申请的内容符合要求的，电信主管部门正式开始协调工作。

第四十二条　电信主管部门组织相关人员对电信业务经营者的互联争议进行协调。

协调应当自开始协调之日起45日内结束。

第四十三条　协调结束后，争议双方不能达成一致意见的，电信主管部门应当随时邀请电信技术、经济、法律方面的专家进行公开论证。电信主管部门根据论证意见或建议对互联争议做出决定，强制争议双方执行。

第四十四条　决定应当在协调结束之日起45日内作出。省、自治区、直辖市通信管理局做出的决定应当向信息产业部备案。电信主管部门对做出的决定以适当方式向社会公布。

第四十五条　决定做出后，争议双方应当在决定规定的时限内予以履行。

争议一方或双方对决定不服，可以依法申请行政复议或者提起行政诉讼。复议或诉讼期间，决定不停止执行。

第八章　罚　则

第四十六条　违反本规定第九条、第十条、第十一条、第十二条第一款、第十三条、第十四条、第十五条、第二十一条第二款、第三十三条、第三十五条、第三十六条、第三十七条规定的，由电信主管部门视情节轻重，依据职权责令改正、处5000元以上30000元以下罚款。

因违反前款规定给其他的电信业务经营者造成直接经济损失的，应当予以经济赔偿。

第四十七条　违反本规定第八条、第十二条第二款和第四十五条规定的，由电信主管部门依据职权责令改正，并按《中华人民共和国电信条例》中的有关规定处以罚款。

第四十八条　违反本规定第二十一条第一款、第三十八条的，由电信主管部门依据职权责令改正，有违法所得的，没收违法所得，并按《中华人民共和国电信条例》的有关规定处以罚款。

第九章　附　则

第四十九条　本规定自发布之日起施行。1999年9月7日信息产业部发布的《电信网间互联管理暂行规定》同时废止。

软件产品管理办法

中华人民共和国信息产业部

（2001年6月11日）

第一章　总　则

第一条　为了加强软件产品管理，促进我国软件产业的发展，根据国家有关法律法规和国务院《鼓励软件产业和集成电路产业发展的若干政策》（以下简称《产业政策》），制定本办法。

第二条　中华人民共和国境内的软件产品（含国产软件和进口软件）经营与管理活动，适用本办法。单位或个人自己开发并自用的软件以及委托他人开发的自用专用软件不适用本办法。

第三条　本办法所称的软件产品，是指向用户提供的计算机软件、信息系统或设备中嵌入的软件或在提供计算机信息系统集成、应用服务等技术服务时提供的计算机软件。本办法所称国产软件，是指在我国境内开发生产的软件产品。本办法所称进口软件，是指在我国境外开发，以各种形式在我国生产、经营的软件产品。

第四条　软件产品的开发、生产、销售、进出口等活动应遵守我国有关法律、法规和标准规范。任何单位和个人不得开发、生产、销售、进出口含有以下内容的软件产品：（一）侵犯他人的知识产权的；（二）含有计算机病毒的；（三）可能危害计算机系统安全的；（四）含有国家规定禁止传播的内容的；（五）不符合我国软件标准规范的。

第五条　信息产业部负责全国软件产品的管理。其主要职责是：（一）制定并发布软件产品测试标准和规范；（二）对各省、自治区、直辖市登记的国产软件产品备案；（三）指导并监督、检查全国各地的软件产品管理工作；（四）授权软件产品检测机构，按照我国软件产品的标准规范和软件产品的测试标准及规范，进行符合性检测；（五）制定全国统一的软件产品登记号码体系、制作软件产品登记证书；（六）发布软件产品登记通告。

第六条　各省、自治区、直辖市信息产业主管部门负责本行政区域内软件产品的管理工作，审查和批准本行政区域内国产软件的登记。省、自治区、直辖市信息产业主管部门授权的软件企业认定机构负责受理本行政区域内国产软件的登记。

第二章　软件产品的登记和备案

第七条　软件产品实行登记和备案制度。未经软件产品登记和备案或被撤消登记的软件产品，不得在我国境内经营或者销售。符合本办法规定并经登记和备案的国产软件产品，均可享受《产业政策》所规定的有关鼓励政策。

第八条　国产软件产品的登记和备案应由该软件产品的开发、生产单位提出申请，并提交下列材料：（一）软件产品登记申请表；（二）企业法人营业执照副本和复印件；（三）申请登记软件产品的样品；（四）在我国境内开发并由申请单位合法拥有知识产权的有效证明；（五）由信息产业部授权的软件检测机构出具的检测证明材料；（六）其他需要出具的材料。

第九条　各省、自治区、直辖市软件产品登记机构对申请登记的国产软件产品样品及其申请材料进行审查。经审查合格的软件产品由省、自治区、直辖市信息产业主管部门批准，核发国产软件产品登记号和软件产品登记证书，并报同级税务部门和信息产业部电子信息产品管理司备案。

第十条　进口软件产品（含进口软件本地化产品）的登记申请由中国软件行业协会统一受理，

经信息产业部审查批准后，核发软件产品登记号和软件产品登记证书。进口软件中在我国境内进行本地化开发、生产的产品，其在我国境内开发的部分，由著作权人及原开发单位提供其在我国境内开发的证明材料，并按照国产软件产品登记备案所需材料提交，报信息产业部审查批准后，可享受《产业政策》所规定的有关鼓励政策。

第十一条　进口软件产品的登记备案由负责进口的单位提交以下材料：(一）软件产品登记申请表；（二）申请单位营业执照副本复印件；（三）软件产品样品；（四）该软件产品著作权人授权在中国经营的证明材料；（五）信息产业部授权的软件检测机构出具的检测结果，或信息产业部认可的其他测试材料；（六）软件产品符合国家软件进口政策和规定的证明等其他需要出具的材料。

第十二条　软件产品在获得软件产品登记证书并经信息产业部通告后，其登记备案生效。软件产品登记的有效期为五年，有效期满后可申请续延。

第三章　软件产品的生产

第十三条　在我国境内制作生产软件产品应当遵循我国有关法律的规定，符合我国技术标准、规范和本办法的规定。

第十四条　软件产品的生产单位应当具备以下条件：(一）具有企业法人资格，且其经营范围中包括计算机软件业务（包括软件的技术开发或软件产品的制作)；（二）具有生产软件的条件和技术力量；（三）有固定的生产场所；（四）具有软件产品质量的保证手段和能力。

第十五条　软件产品生产单位所生产的软件产品应是本单位享有著作权或者经过著作权人或其他权利人许可其生产的软件。

第十六条　软件生产单位应当负责对其生产的软件进行内容检查。

第十七条　软件产品的开发生产应当符合国家法律、法规，并应符合国家有关技术、安全标准。

第十八条　提供给用户的软件产品应当在其外包装上标明该软件的名称、版本号、软件著作权人、软件产品登记号、软件生产单位（进口单位）及单位地址、生产日期。

第十九条　提供给用户的软件产品（包括进口的或在国内和产制作的国外软件产品）应配有完备的中文说明书、使用手册等说明文件，并应在产品上或说明文件中，或者书面形式的其他文件中，注明提供技术服务的单位、内容和方式。

第二十条　软件产品生产单位包括软件产品载体（如光盘、磁盘芯片等）的生产制作单位不得生产未经登记和备案的软件产品。

第二十一条　任何单位和个人不得制作和生产本办法第四条所列的软件产品。不得生产盗版软件和开发、生产解密软件。

第四章　软件产品销售

第二十二条　软件产品的开发者和生产者可直接经营销售其软件产品。

第二十三条　以代理方式进行软件产品销售的，代理方（软件产品销售单位）与被代理方（软件产品开发者或生产者）之间、总代理与分代理之间应签订书面代理合同。代理合同中应明确规定代理权限、区域、期限、技术服务以及信息产业部规定的其他必备内容。代理商应在其经营场所的显著位置悬挂代理资格证书，其中应包括代理权限、代理期限、区域、代理级别等内容，并且在对外宣传、广告中如实表达上述内容。

第二十四条　以许可证贸易形式经营软件产品的，软件产品经营单位应与生产单位签订书面许可合同，软件经营单位在销售软件产品时，应告知用户阅读许可证协议，并要求用户在阅读后做出是否同意的表示。

第二十五条　软件产品经营单位销售的软件产品符合本办法第二十一条的规定，并以书面或文档的形式告知用户提供技术服务的单位、服务内容、服务方式和费用。如果没有另外注明提供服务的单位，则视为有关技术服务由该软件产品销售单位提供。如果没有注明必须额外收取服务费和服务费用包含在软件产品价格之内。

第二十六条　任何单位和个人不得销售未经登记和备案的软件产品，不得销售含有本办法第四条所列内容的软件产品，不得销售或免费提供盗版软件产品、解密软件产品。

第二十七条　软件产品的测试版应明确标出并免费提供，不得进行营利性销售。

第五章　监督管理

第二十八条　信息产业部会同国家有关部门对全国软件产品的开发、生产、经营、进出口等活动进行监督检查。各级信息产业主管部门会同当地有关主管部门对本行政区域内软件产品的开发、生产、经营、进出口等活动进行监督检查。

第二十九条　如发现已登记软件含有本办法第四条所列内容或者以内容虚假的登记备案材料骗取软件产品登记的，软件登记管理部门应当撤消该软件的登记号、登记证书。已经享受的税收优惠等应予以追回，由省、自治区、直辖市信息产业主管部门给予警告，并予以公布。对其软件产品不符合我国技术标准、规范和本办法规定，或有证据证明其不能满足使用要求以及与其标称或承诺的功能不相符的生产单位，由省、自治区、直辖市信息产业主管部门会同有关部门，对其依法进行处罚。

第三十条　任何单位违反本办法第四条、第七条、第二十条、第二十一条、第二十六条、第二十七条之规定的，由省、自治区、直辖市信息产业主管部门给予警告，并予以公布。前款规定的行为同时解犯国家其他法律、法规的，由有关部门依法予以处罚。

第六章　附　则

第三十一条　本办法由信息产业部负责解释。

第三十二条　本办法自发布之日起施行。原电子工业部 1998 年 3 月 4 日发布的《软件产品管理暂行办法》同时废止。

电信用户申诉处理暂行办法

中华人民共和国信息产业部

（2001年6月11日）

第一章　总　则

第一条　为了保护电信用户的合法权益，规范用户申诉处理行为，根据《中华人民共和国电信条例》及其它有关法律、行政法规的规定，制定本办法。

第二条　本办法适用于处理用户在接受电信服务的过程中与电信业务经营者发生的争议。

第三条　本办法所称电信管理机构，是指信息产业部或省、自治区、直辖市通信管理局。

本办法所称申诉受理机构，是指全国电信用户申诉受理中心和省、自治区、直辖市电信用户申诉受理机构。

本办法所称申诉人，是指在使用电信业务、接受电信服务中，与电信业务经营者发生争议并向申诉受理机构提出申诉的电信用户。

本办法所称被申诉人，是指因与用户发生争议而被用户申告的电信业务经营者。

第四条　信息产业部对全国电信用户申诉处理工作进行监督指导。全国电信用户申诉受理中心受信息产业部委托，依据本办法开展全国电信用户申诉受理工作。

省、自治区、直辖市通信管理局可以根据本地实际情况设立电信用户申诉受理机构。电信用户申诉受理机构受省、自治区、直辖市通信管理局的委托并在其监督指导下，依据本办法开展本行政区电信用户申诉受理工作。

第五条　申诉处理以事实为依据，以法律为准绳，坚持公正、合理、合法的原则。

第六条　申诉受理机构对电信用户申诉案件实行调解制度，并可以出具调解意见书。

第七条　申诉受理机构每季度将受理用户申诉的统计报表上报同级电信管理机构。

第二章　受　理

第八条　电信业务经营者应当认真受理用户的投诉，并在接到用户投诉之日起15个工作日内答复用户。用户对电信业务经营者的处理结果不满意或者电信业务经营者在接到投诉后15个工作日内未答复的，可以向申诉受理机构提出申诉。

第九条　申诉人应当向被申诉人所在省、自治区、直辖市的申诉受理机构提出申诉。被申诉人所在省、自治区、直辖市没有设立申诉受理机构的，申诉人可以向全国电信用户申诉受理中心提出申诉。

第十条　申诉受理机构对有下列情形之一的申诉案件不予受理：

（一）属于话费争议的申诉，申诉事项发生时距提起申诉时超过五个月的，其他申诉，申诉事项发生时距提起申诉时超过二年的；

（二）申诉人与被申诉人已经达成和解协议并执行的；

（三）申诉受理机构已经就申诉事项进行过调解并出具调解意见书的；

（四）人民法院、仲裁机构或者消费者组织已经受理或者处理的；

（五）国家法律、行政法规及部门规章另有规定的。

第十一条　用户申诉应当符合下列条件：

（一）申诉人是与申诉案件有直接利害关系的当事人；

（二）有明确的被申诉人；

（三）有具体的申诉请求和事实根据。

第十二条　申诉采用书面形式。申诉材料应

当包括下列内容：

（一）申诉人姓名或名称、地址、电话号码、邮政编码；

（二）被申诉人名称、地址；

（三）申诉要求、理由、事实根据；

（四）申诉日期。

第十三条　申诉受理机构在接到用户申诉时，应当询问用户是否就申诉事项向电信业务经营者提出过投诉，电信业务经营者是否给予处理或答复。

对于未经电信业务经营者处理的用户申诉，申诉受理机构应当告知用户先向电信业务经营者投诉。

对于咨询有关电信政策的用户申诉，申诉受理机构应当向用户作出解答。

第十四条　申诉受理机构应当于收到申诉之日，作出受理或者不予受理的决定，并通知申诉人。对于不予受理的申诉，应当告知不予受理的理由。

第三章　办　理

第十五条　对于决定受理的用户申诉，申诉受理机构应当在受理用户申诉后2个工作日内将用户申诉内容和转办通知书发送被申诉人。

转办通知书应当载明申诉受理机构名称及联系方式、申诉人名称及联系方式、申诉人的申诉请求摘要、申诉受理机构对申诉处理的要求等。

第十六条　对申诉受理机构要求回复处理意见的，被申诉人收到转办通知书后，应当在10个工作日内将申诉事项的事实情况和处理结果或者处理意见以及申诉人对处理结果的意见（满意程度）反馈给申诉受理机构。

第十七条　申诉受理机构应当在收到申诉30个工作日内向申诉人作出答复，将申诉处理情况告知申诉人。

对于被申诉人与申诉人协商和解的申诉，申诉受理机构可以作结案处理。

对于被申诉人与申诉人未能协商和解的申诉，申诉受理机构可以进行调解。

第十八条　对于被申诉人侵犯申诉人合法权益的申诉，必要时申诉受理机构应当将申诉案件转呈同级电信管理机构依照相关法律、行政法规和部门规章对被申诉人进行行政处罚。

第四章　调　解

第十九条　对于属于民事争议的下列情形，申诉受理机构可以组织双方当事人进行调解：

（一）申诉人与被申诉人已经就申诉事项进行过协商，但未能和解的；

（二）申诉人、被申诉人同意由申诉受理机构进行调解的；

（三）信息产业部规定的其它情形。

第二十条　申诉受理机构就所争议的事项对双方当事人进行调解，达成协议的，可以制作调解书，视为结案；仍达不成调解协议的，应争议任何一方的要求，申诉受理机构可以出具调解意见书，视为结案。

第二十一条　申诉受理机构调解无效的，争议双方可以依照国家有关法律规定就申诉事项向仲裁机构申请仲裁或者向人民法院提起诉讼。

第五章　调　查

第二十二条　申诉受理机构可以通过电话、传真、书信以及实地调查等方式向申诉人和被申诉人了解有关情况，要求提供有关证据；申诉受理机构可以根据有关法律、行政法规和部门规章的规定，收集证据或者召集有关当事人进行调查。

第二十三条　申诉受理机构的调查人员有权行使下列权利：

（一）询问当事人和有关人员；

（二）要求有关单位和个人提供书面材料和证明；

（三）要求当事人提供有关技术材料；

（四）查阅、复制有关文件等。

第二十四条　调查应当由两名工作人员共同进行，调查时应当出示有效证件和有关证明，并应当制作调查笔录。调查人员对涉及当事人隐私、商业秘密等事项负有保密义务。

第二十五条　被调查人员必须如实回答调查人员的询问，提供相关证据。

第二十六条　申诉受理机构认为需要对有关设备、系统进行检测或者鉴定的，经同级电信管理机构批准后，交由指定检测或者鉴定机构进行检测、鉴定。被申诉的电信业务经营者应当予以配合。

第六章　附　则

第二十七条　申诉受理机构按照用户申诉的工作量从电信业务经营者交纳的服务质量保证金中扣除一定的处理费。

第二十八条　申诉受理机构每季度将受理用户申诉的统计报表向电信业务经营者进行通报。

第二十九条　对于电信用户与公用电话等代办点的争议，电信用户可以向委托代办的电信业务经营者投诉；对于电信用户与宾馆、饭店等电信业务代办点的争议，电信用户可以直接向申诉受理机构提出申诉。

第三十条　本办法自发布之日起施行。

外商投资电信企业管理规定

中华人民共和国对外贸易经济合作部

（2001年12月11日）

第一条　为了适应电信业对外开放的需要，促进电信业的发展，根据有关外商投资的法律、行政法规和《中华人民共和国电信条例》（以下简称电信条例），制定本规定。

第二条　外商投资电信企业，是指外国投资者同中国投资者在中华人民共和国境内依法以中外合资经营形式，共同投资设立的经营电信业务的企业。

第三条　外商投资电信企业从事电信业务经营活动，除必须遵守本规定外，还必须遵守电信条例和其他有关法律、行政法规的规定。

第四条　外商投资电信企业可以经营基础电信业务、增值电信业务，具体业务分类依照电信条例的规定执行。

外商投资电信企业经营业务的地域范围，由国务院信息产业主管部门按照有关规定确定。

第五条　外商投资电信企业的注册资本应当符合下列规定：

（一）经营全国的或者跨省、自治区、直辖市范围的基础电信业务的，其注册资本最低限额为20亿元人民币；经营增值电信业务的，其注册资本最低限额为1000万元人民币；

（二）经营省、自治区、直辖市范围内的基础电信业务的，其注册资本最低限额为2亿元人民币；经营增值电信业务的，其注册资本最低限额为100万元人民币。

第六条　经营基础电信业务（无线寻呼业务除外）的外商投资电信企业的外方投资者在企业中的出资比例，最终不得超过49%。

经营增值电信业务（包括基础电信业务中的无线寻呼业务）的外商投资电信企业的外方投资者在企业中的出资比例，最终不得超过50%。

外商投资电信企业的中方投资者和外方投资者在不同时期的出资比例，由国务院信息产业主管部门按照有关规定确定。

第七条　外商投资电信企业经营电信业务，除应当符合本规定第四条、第五条、第六条规定的条件外，还应当符合电信条例规定的经营基础电信业务或者经营增值电信业务应当具备的条件。

第八条　经营基础电信业务的外商投资电信企业的中方主要投资者应当符合下列条件：

（一）是依法设立的公司；

（二）有与从事经营活动相适应的资金和专业人员；

（三）符合国务院信息产业主管部门规定的审慎的和特定行业的要求。

前款所称外商投资电信企业的中方主要投资者，是指在全体中方投资者中出资数额最多且占中方全体投资者出资总额的30%以上的出资者。

第九条　经营基础电信业务的外商投资电信企业的外方主要投资者应当符合下列条件：

（一）具有企业法人资格；

（二）在注册的国家或者地区取得基础电信业务经营许可证；

（三）有与从事经营活动相适应的资金和专业人员；

（四）有从事基础电信业务的良好业绩和运营经验。

前款所称外商投资电信企业的外方主要投资者，是指在外方全体投资者中出资数额最多且占全体外方投资者出资总额的30%以上的出资者。

第十条　经营增值电信业务的外商投资电信企业的外方主要投资者应当具有经营增值电信业务的良好业绩和运营经验。

第十一条　设立经营基础电信业务或者跨省、自治区、直辖市范围增值电信业务的外商投资电信企业，由中方主要投资者向国务院信息产业主管部门提出申请并报送下列文件：

（一）项目建议书；

（二）可行性研究报告；

（三）本规定第八条、第九条、第十条规定的合营各方投资者的资格证明或者有关确认文件；

（四）电信条例规定的经营基础电信业务或者增值电信业务应当具备的其他条件的证明或者确认文件。

国务院信息产业主管部门应当自收到申请之日起对前款规定的有关文件进行审查。属于基础电信业务的，应当在180日内审查完毕，作出批准或者不予批准的决定；属于增值电信业务的，应当在90日内审查完毕，作出批准或者不予批准的决定。予以批准的，颁发《外商投资经营电信业务审定意见书》；不予批准的，应当书面通知申请人并说明理由。

第十二条　设立外商投资电信企业经营基础电信业务或者跨省、自治区、直辖市范围增值电信业务，中方主要投资者依照本规定第十一条的规定提出申请时，可以根据实际情况先行报送可行性研究报告以外的其他文件，经国务院信息产业主管部门审查认可并书面通知后，再报送可行性研究报告；但是，自审查认可通知之日起至报送可行性研究报告之日止的期间不得超过1年，且该期间不计算在规定的审批期限之内。

第十三条　设立外商投资电信企业经营省、自治区、直辖市范围内增值电信业务，由中方主要投资者向省、自治区、直辖市电信管理机构提出申请并报送下列文件：

（一）可行性研究报告；

（二）本规定第十条规定的资格证明或者有关确认文件；

（三）电信条例规定的经营增值电信业务应当具备的其他条件的证明或者确认文件。

省、自治区、直辖市电信管理机构应当自收到申请之日起60日内签署意见。同意的，转报国务院信息产业主管部门；不同意的，应当书面通知申请人并说明理由。

国务院信息产业主管部门应当自收到省、自治区、直辖市电信管理机构签署同意的申请文件之日起30日内审查完毕，作出批准或者不予批准的决定。予以批准的，颁发《外商投资经营电信业务审定意见书》；不予批准的，应当书面通知申请人并说明理由。

第十四条　外商投资电信企业项目建议书的主要内容包括：合营各方的名称和基本情况、拟设立企业的投资总额、注册资本、各方出资比例、申请经营的业务种类、合营期限等。

外商投资电信企业可行性研究报告的主要内容包括：拟设立企业的基本情况、服务项目、业务预测和发展规划、投资效益分析、预计营业时间等。

第十五条　设立外商投资电信企业，按照国家有关规定，其投资项目需要经国务院计划主管部门或者国务院经济综合管理部门审批的，国务院信息产业主管部门应当在颁发《外商投资经营电信业务审定意见书》前，将申请材料转送国务院计划主管部门或者国务院经济综合管理部门审批。转送国务院计划主管部门或者国务院经济综合管理部门审批的，本规定第十一条、第十三条规定的审批期限可以延长30日。

第十六条　设立外商投资电信企业，属于经营基础电信业务或者跨省、自治区、直辖市范围增值电信业务的，由中方主要投资者凭《外商投资经营电信业务审定意见书》向国务院对外经济贸易主管部门报送拟设立外商投资电信企业的合同、章程；属于经营省、自治区、直辖市范围内增值电信业务的，由中方主要投资者凭《外商投资经营电信业务审定意见书》向省、自治区、直辖市人民政府对外经济贸易主管部门报送拟设立外商投资电信企业的合同、章程。

国务院对外经济贸易主管部门和省、自治区、直辖市人民政府对外经济贸易主管部门应当自收到报送的拟设立外商投资电信企业的合同、章程之日起90日内审查完毕，作出批准或者不予批准的决定。予以批准的，颁发《外商投资企业批准证书》；不予批准的，应当书面通知申请人并说明理由。

第十七条　外商投资电信企业的中方主要投资者凭《外商投资企业批准证书》，到国务院信息产业主管部门办理《电信业务经营许可证》手续。

外商投资电信企业的中方主要投资者凭《外商投资企业批准证书》和《电信业务经营许可证》，向工商行政管理机关办理外商投资电信企业注册登记手续。

第十八条　外商投资电信企业经营跨境电信业务，必须经国务院信息产业主管部门批准，并通过国务院信息产业主管部门批准设立的国际电信出入口局进行。

第十九条　违反本规定第六条规定的，由国务院信息产业主管部门责令限期改正，并处10万元以上50万元以下的罚款；逾期不改正的，由国务院信息产业主管部门吊销《电信业务经营许可证》，并由原颁发《外商投资企业批准证书》的对外经济贸易主管部门撤销其《外商投资企业批准证书》。

第二十条　违反本规定第十八条规定的，由国务院信息产业主管部门责令限期改正，并处20万元以上100万元以下的罚款；逾期不改正的，由国务院信息产业主管部门吊销《电信业务经营许可证》，并由原颁发《外商投资企业批准证书》的对外经济贸易主管部门撤销其《外商投资企业批准证书》。

第二十一条　申请设立外商投资电信企业，提供虚假、伪造的资格证明或者确认文件骗取批准的，批准无效，由国务院信息产业主管部门处20万元以上100万元以下的罚款，吊销《电信业务经营许可证》，并由原颁发《外商投资企业批准证书》的对外经济贸易主管部门撤销其《外商投资企业批准证书》。

第二十二条　外商投资电信企业经营电信业务，违反电信条例和其他有关法律、行政法规规定的，由有关机关依法给予处罚。

第二十三条　境内电信企业在境外上市，必须经国务院信息产业主管部门审查同意，并按照国家有关规定经批准。

第二十四条　香港特别行政区、澳门特别行政区和台湾地区的公司、企业在内地投资经营电信业务，比照适用本规定。

第二十五条　本规定自2002年1月1日起施行。

江苏省人民政府批转江苏软件园管委会关于《江苏软件园发展的若干规定》的通知

苏政发［2001］26号

（2001年1月22日）

各市、县人民政府，省各委、办、厅、局，省各直属单位：

省政府同意江苏软件园管委会制定的《江苏软件园发展的若干规定》，现批转给你们，请认真贯彻执行。

江苏软件园发展的若干规定

为推动我国软件产业的发展，加快江苏软件园（以下简称园区）的建设，根据国家、省、市有关规定，特制定以下若干规定。

第一章　园区目标

第一条　园区充分利用江苏高校、科研院所和大型企业的人才资源和技术优势，依托江苏信息产业良好的发展基础，面向国内外软件产品研发市场，按照“建设、服务、管理、投资”的宗旨，通过营造适合软件开发和集成电路设计研发的、具有一流水平的技术平台、软件测试、服务管理等一体化外部环境，建立完善的风险投资机制，吸引国内外软件开发和集成电路研发机构入园，形成一个国内一流并具有特色的软件和集成电路产业发展综合示范园区。

第二条　建成后的园区将成为以通信、网络安全等软件为主的国家级软件开发基地，国内领先的集成电路研发基地，国内一流的软件企业创业孵化基地和国际化的软件人才培训交流中心。同时，提升南京珠江路科技一条街的水平，连同南京、苏州、无锡、常州等地在建的软件园，最终形成科工贸一体化的江苏沿江软件产业带。

第二章　园区环境

第三条　为充分发挥园区的孵化功能，对租赁园区房产的软件开发企业，按照不同的企业类型，通过适当的房租补贴方式，降低企业软件开发成本。

第四条　园区逐步完善中介服务体系，为从事技术创新及科技成果转化和产业化活动的单位和个人，提供符合国际惯例和国家规范的经营管理、技术、市场营销、信息、人才、财务、金融、标准和计量、专利、法律、公证等各类中介服务。

第五条　园区管委会办公室负责统一协调配合行政执法部门依法对园区内企业实施检查和监督。行政管理部门依据法律、法规、规章的规定对园区内企业进行年检（审）的，可由园区管委会办公室统一协调办理。严禁向园区内的企业乱收费、乱罚款、乱摊派。

第六条　园区内企业不分所有制和员工身份界限，实施统一的养老保险、医疗保险、工伤保险、生育保险、失业保险等社会保险政策，为企事业单位和职工提供全面的社会保险服务。

第七条　园区内无主管部门的企业，其党、

工、团组织关系经申请批准，可由园区党、工、团组织进行管理；员工档案、职称评定、人力资源管理等工作，可由园区管委会办公室协助办理。

第三章　企业设立

第八条　鼓励入园的非公司制企业改组成规范的有限责任公司或股份有限公司。企业设立时，有转化潜能的智力成果、专利发明、技术成果等要素可视作物化资本，作为无形资产参与投资。无形资产可占注册资本的20%。允许软件产品作为技术成果出资入股，其作价金额占注册资本最高比例可达35%。全体股东另有约定的，从其约定。

第九条　设立公司制小企业（注册资本金在50万元以下含50万元）时，按《公司法》的规定注册资金有困难的，资本金可分期到位，但首期出资额须达到注册资本金的10%以上；一年内实缴注册资本须追加至50%以上，三年内全部到位。资本金到位前，股东按认缴的出资额承担连带责任。

第十条　有关部门在办理企业注册登记时，除国家规定的收费外，不得擅自设立收费项目，提高收费标准，扩大收费范围；属服务性收费项目，减半收取费用。

第四章　企业税收政策

第十一条　凡在园区内注册登记并从事研究开发、生产经营的软件企业，经认定后，暂按国家级高新技术开发区有关税收优惠政策执行。

第十二条　经财税部门批准，园区内新办的软件企业自实现销售之日起三年内缴纳的增值税地方留成部分、营业税和企业所得税，由地方财政给予补贴。

第十三条　软件企业的工资和培训费用，可按实际发生额在计算应纳税所得额时扣除。

第十四条　软件企业研究开发费用年增幅在10%以上（含10%）的，经税务机关批准，可再按实际发生额的50%抵扣应税所得额。

第十五条　软件企业为开发软件所购置的关键设备，单价在10万元（个人独资企业和合伙企业为5万元）以下的，可一次或分次计入管理费用，不再提取折旧。

第十六条　加速企业软件开发的商品化，对企业软件转让过程中发生的与软件转让有关的技术咨询、技术服务、技术培训所得，年净收入在30万元以下的暂免征收所得税，超过部分，依法缴纳所得税。

第十七条　2010年底以前，以增值税一般纳税人销售其自行开发生产的计算机软件产品，按法定17%的税率征收后，对实际税负超过3%的部分实行即征即退。所退税款由企业用于研究开发软件产品和扩大再生产，不作为企业所得税应税收入，不予征收企业所得税。

第十八条　软件企业购入的计算机应用软件，随同计算机一起购入的，计入固定资产价值（达到固定资产标准的，可单独计价）；单独购入的，作为无形资产管理，按法律规定的有效期限或合同规定的受益年限进行摊销，没有规定有效期或受益年限的，在五年内平均摊销。经税务机关批准，软件企业所购软件的折旧或摊销年限可以适当缩短，最短可为2年。

第十九条　对科研单位和大专院校在园区内进行技术成果转让、技术培训、技术咨询、技术服务、技术承包所取得的技术服务收入免征企业所得税，对单位和个人从事技术转让、技术开发业务和与之相关的技术咨询、技术服务取得的收入，经税务机关批准，可免征营业税。

第五章　项目扶持政策

第二十条　支持园区内企业与外国企业联合设立研究开发中心。重点扶持建立省软件和集成电路设计开发中心。

第二十一条　园区内企业开发的优秀软件产品可优先列入政府的产业发展计划，并优先推荐申报国家各类科技产业计划。

第二十二条　省内信息化重大项目招标和政府采购项目，在同等条件下优先推荐园区内的软件企业。

第六章　投融资政策

第二十三条　建立园区科技项目贷款担保体系，鼓励社会团体、行业协会和企业共同出资组建互助担保机构。同时，鼓励企业法人和自然人向企业贷款担保资金提供捐赠。

第二十四条 以经园区管委会办公室认定的单笔300万元以下的软件研发项目贷款，可优先纳入园区科技项目贷款担保体系，帮助落实银行贷款。

第二十五条 重点扶持优秀的软件研发企业和项目，经园区管委会办公室会有关部门审核标准，对其银行贷款利息优先享受财政贴息；优先推荐省软件产业股份公司和境内外投资公司参股入股；优先为企业的上市提供指导和服务。

第二十六条 园区内经认定的软件研发项目，经评审后可以国家和省发展软件产业专项资金中酌情给予扶持或向境内外风险投资机构推荐。

第二十七条 引进国（境）外专家来园区内实施科研成果转化项目，经园区管委会办公室批准，可优先申请经费资助、经费有偿使用和贷款贴息。

第七章 人才政策

第二十八条 对在园区内工作的专业技术人员和管理人员，其配偶在外省市的，如园区所在地有接收单位的，可不受夫妻分居时间等条件限制，向政府劳动、人事部门申请办理调人手续，并尽快办理。

第二十九条 对企业高中级管理人员和技术人员，确因工作需要出国出境，有关外事、出入境管理部门优先给予办理多次往返港澳地区通行证或出国护照。

第三十条 凡园区内工作的海外留学人员需定居的，其本人及随归配偶、子女，或国内随调、随迁的配偶，以及未满16周岁或超过16周岁，但仍在中学就读的子女，可委托园区创业中心按有关规定帮助解决常住户口和子女的人托、上学手续。留学人员原籍是外省市，在园区内投资或开办企业者，其配偶、未成年子女、父母可凭园区所在地政府人事管理部门开具的证明，尽快办理入户手续。

第三十一条 对从事研究开发的专业技术人员晋升高一级专业技术职务，可将其在园区内的工作业绩作为必要条件，业绩突出的，可以不受资历和岗位数额等条件的限制，破格申报相应的专业技术职务任职资格。

第八章 进出口政策

第三十二条 园区内软件企业为生产《当前国家产业政策鼓励发展的产业、产品和技术目录》的产品而进口所需的自用设备，以及按合同随设备进口的技术、配套件和备件，除按国家有关规定不予免税的商品外，均免征进口关税和进口环节增值税。为鼓励引进先进技术，对国内企业通过与境外签订的技术许可合同、顾问咨询合同和技术服务合同以及为进行技术改造引进的先进技术时，按合同规定向境外支付的软件费，免征进口关税和进口环节代征税。

第三十三条 园区内企业生产出口属于免征增值税的产品，其用于生产该出口产品而采购的国产原料、零部件及委托加工等，已缴纳的增值税按规定给予退还；属于缴纳增值税的产品，已缴纳的增值税按规定给予退还。

第三十四条 为生产出口产品而进口的原材料和零部件，经海关保税监管，免征进口关税和增值税。如进口免税的料、件不能加工复出口，在国内销售时应补缴已免征的税款。生产的出口产品，除国家限制出口和另有规定的产品外，经申请给予优先办理出口产品退税。

第三十五条 园区内外商投资企业自行生产软件产品出口，除国务院另有规定外，免征出口关税。

第九章 收入分配政策

第三十六条 软件企业可依照国家有关法律法规，根据本企业经济效益和社会平均工资，自主决定企业工资总额和工资水平。

第三十七条 建立软件企业科技人员收入分配激励机制，鼓励企业对作出突出贡献的科技人员给予重奖。

第三十八条 园区内允许科技人员参与股权收益分配。属政府资助的科研项目，从项目实施起的三年内可享有不低于60%的该成果股权收益，后三年可享有不低于40%的该成果股权利益；属企业自主开发的科研项目，从项目实施起的三年内可享有不低于该成果30%的股权收益，后三年可享有不低于该成果20%的股权收益；属单位未开发项目，经与单位协议约定，开发者自筹资金进行开发的，对其成果享有独占使用权。

第十章　附　则

第三十九条　凡园区内的企业不分所有制性质，均可享受本规定。经信息产业主管部门认定的软件企业，还可享受《国务院关于鼓励软件产业和集成电路产业发展若干政策》中的有关优惠政策。

第四十条　本规定由江苏软件园管委会负责解释。

第四十一条　本规定自发布之日起实施。

江苏省人民政府关于加快国民经济和社会信息化的意见

苏政发［2001］58号

（2001年4月9日）

各市、县人民政府，省各委、办、厅、局，省各直属单位：

为大力推进江苏国民经济和社会信息化进程，促进信息技术在国民经济和社会发展各个领域的应用，推动社会生产力的跨越式发展，特提出如下意见：

一、信息化是当今世界经济和社会发展的大趋势，也是我国产业优化升级和实现工业化、现代化的关键环节。近些年来，我省一直重视信息化工作，采取了一系列有效措施，使信息产业得到较快发展，信息基础设施建设不断加强，信息技术应用更加广泛，信息化综合指数逐步提高。但是，从总体上说，我省信息化水平与经济大省、科教大省的地位仍不相称。面对信息技术迅猛发展形成的压力，面对即将加入世贸组织提出的挑战，面对兄弟省市竞相发展的竞争，各级政府和各行各业必须坚决按照江泽民总书记关于江苏一定要紧紧抓住以信息技术为核心的新一轮技术革命带来的机遇的重要指示，奋起直追，把信息化放在优先的、带动全局的位置，作为推进经济结构战略性调整的龙头工程，抓紧实施信息化跨越计划，加快国民经济和社会信息化进程，争取率先基本实现现代化。

二、“十五”期间，我省信息化工作要以党的十五届五中全会精神和国家“十五”计划纲要为指针，按照实现跨越式发展的要求，坚持政府引导和市场机制相结合的工作方针，坚持“应用主导、面向市场、网络共建、资源共享、技术创新、竞争开放”的发展思路，瞄准国际先进水平，发挥比较和后发优势，大力推进信息技术在国民经济和社会各个领域中的广泛应用，加快发展信息产业，抓紧建设和完善现代信息基础设施，不断改善信息化发展的社会环境，努力把江苏建成全国一流的信息化大省。“十五”期间，全省信息产业增加值年均增长29%，到2005年达到1100亿元，占GDP的比重达8%以上。全省信息化综合指数居全国前列。

三、加快信息技术推广应用，以信息化带动工业化。重点推进系统集成化、生产线自动化、产品智能化、生产技术和经营管理网络化以及商务电子化。要用信息系统集成技术改造提升成套设备和组合加工设备的集成化、自动化水平，用信息控制技术和电子信息产品改造提升大型连续加工工业的过程控制水平，用嵌入式软件技术提升消费品和工业品的智能化水平，用信息化手段提高企业技术开发流程的效率和工艺水平，用信息网络技术改造提升企业资源管理系统和管理信息系统，用电子商务技术改造贸易管理系统和采购销售体系，以企业信息化带动产业信息化，促进传统产业改造和整个产业层次升级。“十五”期间，重点建立以200家电子商务试点大企业为基础的“江苏商城”电子商务平台，省属重点企业要建立电子商务网站，扩大网上交易和商务规模。加快建设企业名录和资信数据库，适时建立CA认证中心，进一步规范电子商务行为，提供一个安全、便利、快速的网络交易载体。近期重点选择轻工、机电、纺织、电子等行业的重点企业进行电子商务试点，2001年全省上网企业达25万家，2002年有80%的企业和90%的工业产品上网。

四、全面推进农业信息化，加快农业现代化进程。建立、健全农业信息网络体系，强化信息引导功能。全面提供农业生产技术、农产品和农资市场行情、农村经济信息，在此基础上加强农业各专业信息库建设，发布分析预测性信息，推进信息进村入户，促进农产品网上销售，引导农业、农村经济产业结构调整，促进农业增效、农民增收。围绕农业现代化建设，积极推广地理信息系统、全球定位系统、农业专家系统和多媒体等信息技术在农业生产中的应用。建立农业宏观决策系统、农业资源环境系统、防灾减灾管理系统和农业科技管理系统等信息网络系统，促进农业生产、经营管理现代化，并在此基础上逐步开发农业监测、预测、预报和预警等功能。

五、跨越式发展信息产业。按照“发展总量，提高质量；保持名次，提高档次”的要求，实施“大公司”战略，着力培育信息产业的龙头企业和拳头产品，形成10家年销售百亿元以上、进入国内百强的电子信息企业。加大对核心技术和关键产品跟踪、研制的投入，积极引进新项目、新产品、新工艺，加快产品升级换代，推进信息产业快速发展，努力把我省建设成为全国重要的软件产业、微电子产业、通信产品、计算机及网络产品、新型电子元器件基地和信息安全产品的生产基地。

六、大力发展软件产业和微电子产业。发挥我省人才、技术、区位优势，形成多种形式的软件和微电子开发主体，培育一批拥有自主品牌产品的重点软件企业和微电子企业，“十五”期间软件和系统集成业销售收入年均增长50%。重点开发安全中文操作系统、大型数据库管理系统、安全软件、嵌入式软件和大型应用软件及计算机辅助设计、现代集成制造系统、企业信息化集成套装软件等共性软件和基础软件，形成产业化生产，软件产品覆盖全国的20%市场，并有相当部分出口。以江苏软件园为龙头，与南京、苏州、无锡、常州等软件园形成相融互补的沿江软件产业带，2005年入园软件企业达1200家，实现销售400亿元以上。微电子产业以集成电路设计业为突破口，大力发展芯片制造业，继续提升封装业，进一步带动集成电路配套材料及设备制造业的发展。“十五”期间，建成50家国内知名的集成电路设计公司，建成5条以上的集成电路生产线，集成电路产品生产量占全国的30%，封装业居国内首位。

七、加快发展信息产品制造业。通信产品生产要加速GSM数字移动通信系列产品国产化步伐，重点开发第三代移动通信产品，形成具有自主知识产权的核心技术。抓紧开发生产光纤预制棒，形成光电子产业链。积极开发卫星通信、地面接收系统核心部件及应用产品。计算机及网络产品、信息家电产品生产要跟踪国际先进技术，主机与外设并重，突出网络产品发展，重点开发生产手持电脑（HPC）、个人数字助理（PDA）产品及大容量硬盘、高速路由器、宽带交换机、网络机顶盒和金融商贸电子设备等产品，加快传统家电产品向数字化、网络化方向发展，形成规模效益和品牌效应。创建电子元器件国内新优势，大力发展新型显示器件、片式元器件、功能元器件、敏感元器件及智能化传感器、电力电子器件、高档电声器件、绿色电池、光电器件，研究开发电子纳米材料、新型半导体材料、高性能磁性材料、陶瓷功能材料。高度重视信息安全产品的开发，努力扩大安全服务器、安全路由器、防火墙、攻击预警系统、杀毒软件及具有自主知识产权的中小型数据库等软硬件产品的生产规模，提高市场占有率。

八、大力开发信息资源，加快发展信息服务业。积极推进政府、企业、社会公众信息资源的开发和利用，加快建设基础数据库，引导社会各界参与数据库建设，形成完备的网络化、数字化信息资源体系，实现资源共享，推动信息资源市场化进程。继续完善信息传输服务业的基础设施，迅速壮大以系统集成为重点的信息技术服务业，大力加强以网络增值服务为核心的信息内容服务业。在政务、经济、金融、财税、商贸、农业、教育、科技、文化、广播电视、医疗卫生、交通、社会治安、社会保障、公用事业等领域进行规范化的系统建设，积极推进行业信息化。逐步形成与国家“金”字系统工程配套衔接的信息网络，为社会提供多种信息服务，推进信息产业与有关文化产业结合。加快政府部门信息系统工程、社会公众信息系统工程、农业信息系统工程、工交与工业产品信息系统工程、商业贸易信息系统工程、金融财税信息系统工程、社会保障信息系统工程、教育科技信息系统工程等骨干应用系统工程的重点建设，以应用系统拓展用户市场，带动信息服务业迅速增长。加快发展通讯业，电话普及率达到中等发达国家水平。“十五”期间，信息服务业增加值年均增长30%，固定电话用户翻一番达2200万户，移动电话用户翻两番达2600万户，因特网注册用户翻三番达1500万户。

九、积极推进城市信息化建设。加快构建以地理信息系统、全球定位系统、遥感系统为重点的基础地理信息平台。充分利用信息技术，全面提高城市规划、建设、管理水平。重点建设宽带城域网和用户接入网，以及城市智能交通系统、城市房地产管理系统、生态环境信息系统、城市电子地图等信息系统，初步构成城市综合基础地理、公共资源、公共设施和公共服务等基础数字化环境，改进户籍、外来人口、市政、物业、治安、环境等管理手段和服务质量，增强城市整体功能。南京、扬州等试点城市要精心规划、加快建设，其他省辖市特别是沿江城市和特大城市也要及早重视、积极推进。要突出社区信息化建设，面向消费者提供教育、娱乐、购物、旅游、医疗、纳税、水电、电信、有线电视等多方面的信息产品和网络服务。"十五"期间，全省重点建设500个信息化示范小区。

十、加强现代信息基础设施建设。建设高性能的网络基础传输平台，健全信息网络体系，促进网络的互联互通、资源共享和业务融合，提高网络容量和传输速度。大力发展以IP技术为基础的高速宽带信息网，重点建设宽带接入网，适时建设第三代移动通信网，改造和完善有线电视传输网，逐步实现光纤到桌面、到家庭。促进电信、电视、计算机三网融合，初步形成质优价廉、竞争有序的宽带接入网络运营市场。

十一、把自主创新和国际合作结合起来，加大信息技术研发力度。加强产学研联合，建立以企业为主体、以高校和科研院所为依托的研发创新体系，提高信息技术的自主创新能力。引导和促进省内大型企业建立研发中心和重点实验室，加强对信息核心技术的研究开发。吸引一批国内外有较大影响的研发机构落户江苏，同时为我省引进和聚集一批信息技术人才。要加强信息技术前瞻性应用基础研究，以培育电子信息产品群为目标，通过跟踪国际水平，重点在网络安全，现代通信、专用集成电路、新型元器件等领域致力于原创性研究。要积极探索信息技术成果转化的有效途径，扶持高等院校、科研院所和企业将拥有自主知识产权的信息技术成果商品化和产业化，增强信息产业的发展后劲。要加强信息化建设的国际合作，特别是与国际跨国公司的合作，吸引国外资金、先进技术和管理，增强信息企业的创新研发能力、规模经营能力、系统集成能力、综合服务能力和市场竞争能力。同时也要不失时机地实施"走出去"的战略，输出具有相对优势的技术、设备和产品，利用国际营销网络，争夺国际市场份额。支持企业到境外IT最发达的区域去建立研发机构。

十二、切实加强信息化人才队伍建设。形成学科设置较为齐全、结合合理的信息技术人才培养教育体系，尽快扩大高级软件和计算机人才的培养规模，鼓励有条件的高等院校设立信息技术和软件学院；理工科院校非计算机专业应设置软件和计算机应用课程，以培养复合型人才。各级各类学校要积极推广计算机及网络教育。在全社会普及信息化知识和技能，奠定信息化发展的群众基础。要充分发挥现有人才的作用，并采取更为灵活优惠的政策吸引海内外优秀人才，鼓励他们在留学人员创业园、开发区、软件园创办电子信息企业，有关部门应给予一定的资金扶持，并享受国家规定的各项优惠政策。强化人才激励机制，建立科技人员技术人入股、股票期权分配、智力持股等制度，鼓励科技人员从事信息技术成果转化工作，转化成功后，应连续3–5年从实施该项成果的年税后净收入中提取不低于5%的金额，以奖金或股权形式奖励有关科技人员；单位在职务科技成果转化时，对职务科技成果作价入股的，在该技术股份中可以提取不低于20%的比例，奖励作出重大贡献的科技人员。

十三、加强信息化法制建设。结合江苏实际，对信息产业重点发展领域、信息市场规范、信息安全保密、知识产权保护、信息技术标准规范、投融资渠道、人才培养、技术引进等进行研究，作出规定，为信息化建设提供宽松的环境。加大行政执法力度，维护市场竞争秩序，坚决查处和制裁各种违法行为。抓紧制定《江苏省信息化建设管理办法》、《关于加强江苏省信息化示范小区管理的意见》、江苏省信息化水平统计指标体系及有关技术标准和规范。制定信息安全保密措施，建立和健全安全保密责任制，依法打击危害社会安全的犯罪活动。加强网络道德建设，规范网络行为，严格网吧管理，为青少年营造健康的网络环境。

十四、加大对信息化的扶持和投入力度。形成以政府投入为引导、企业投入为主体、社会投入和外资投入为重要来源的多元化投融资体系。要从投融资政策、税收政策、产业政策、采购政策等方面加大对信息化发展的扶持，对信息化项目依法实行税费优惠，信息产业企业和项目在创业期间给予一定的税收优惠待遇。要加大财政和金融对信息化建设的支持力度，"十五"期间，省财政每年安排软件和集成电路业专项经费5000万元，用于国家和省重大信息化项目的配套，各级政府、各有关部门也要建立配套资金。要从预算内基本建设资金和科技发展资金中划出较高比例用于信息化关键技术研究开发。要积极利用高新技术风险投资资金，"十五"期间，省高技术风险投资公司、省信息化建设投资有限责任公司应将风险资金优先投向省内软件和集成电路业。要引导企业增加对信息化建设的投入，使企业成为信息化建设的投资主体，信息产业企业的技术开发费用应占销售额的5%以上。支持信息产业企业运用资本市场直接融资，特别是创业板上市融资。要积极引导信息消费，继续清理和取消抑制信息消费的政策，促进价格竞争，扩大信息消费。

十五、加强对信息化建设的领导。充分发挥社会主义市场经济条件下，政府在信息化工作中的主导作用，坚持联合共建的原则，切实加强组织领导，强化协调一致，保证全省信息化建设按照总体发展规划，有计划、分层次、有步骤地实施。各市、县政府和省各部门主要负责同志要亲自抓信息化，并明确一名负责同志分管信息化工作。设立省信息化专家咨询委员会，聘请信息技术及信息产业经营管理方面的专家，推进信息化工作的决策科学化、民主化。各级领导要努力掌握信息化知识和技能，开展对公务员和各类管理人员的计算机及网络教育，并把信息化知识和技能列入干部考核的重要内容。要加强对信息化建设的科学规划和组织协调，防止一哄而起、重复建设，增强集成能力，注重项目示范，实行分类指导。各有关部门要树立全局观念，通力协作，形成合力，共同推进江苏的信息化建设。

江苏省人民政府关于印发《江苏省鼓励软件产业和集成电路产业发展的若干政策》的通知

苏政发［2001］59号

（2001年4月9日）

各市、县人民政府、省各委、办、厅、局，省各直属单位：

现将《江苏省鼓励软件产业和集成电路产业发展的若干政策》印发给你们，请认真贯彻执行。

加快信息产业的发展，以信息化带动工业化，对于我省社现社会生产力跨越式发展，加快富民强省和率先基本实现现代化的步伐，具有十分重要的意义。软件产业和集成电路产业作为信息产业的核心和国民经济信息化的基础，孕育了大量的新兴产业，并为传统产业注入新的动力。我省高等院校、科研院所和电子信息企业众多，人才资源丰富，发展软件产业和集成电路产业具有得天独厚的优势。我们既要看到发展软件产业和集成电路产业是我们形成后发优势、实现跨越式发展的一条捷径，又要看到世界范围内包括国内先进地区在软件产业和集成电路产业上的迅猛发展、激烈竞争的现实，必须进一步增强紧迫感。各地、各有关部门要切实加强组织领导，积极推进体制创新和科技创新，集中力量加快重点领域、重点企业和软件园的发展，促进高新技术成果转化和产业化，创造优良的政策、创业和服务环境，把江苏建成全国重要的电子信息制造业基地和软件开发基地。

江苏省鼓励软件产业和集成电路产业发展的若干政策

为了推动软件产业和集成电路产业的发展，增强信息产业创新能力和市场竞争力，努力形成后发优势，实现跨越式发展，根据《国务院关于印发鼓励软件产业和集成电路产业发展若干政策的通知》（国发［2000］18号）精神，结合我省实际，特制定以下政策。

第一章　产业目标

第一条　通过政策引导资金、人才等资源向软件产业和集成电路产业集聚，推动信息产业快速发展，力争到2010年建成数个在国内有影响的软件园区，形成一批具有较强竞争力的软件企业，软件产业的研究开发和生产能力接近国际先进水平，使我省成为全国重要的电子信息制造业基地和软件开发基地。

第二条　鼓励省内软件、集成电路企业充分利用国际、国内两种资源，不断扩大规模，形成核心技术，开拓两个市场，创出自己品牌。大力吸引世界著名软件公司和国内大企业、大公司到我省建立研发机构和生产基地，提高技术起点，并把引进与创新结合起来，加快培育一批高水平的软件企业。2005年，全省软件产业增加值达到200亿元以上。经过10年的努力，使江苏软件产品、集成电路产品在国内市场占有较高的份额，并有相当部分出口。

第二章　投融资政策

第三条　加大对软件产业的投入，积极吸引社会资金及法人资本投向软件产业和集成电路产业。“十五”期间省政府安排一定数额的软件产业发展资金，支持软件产业基础设施建设、重点软件项目、软件成果技术成果转化和产业化。

第四条　省计委、经贸委、科技厅、信息产业厅等有关部门安排的各类科技发展资金应向软件产业和集成电路产业倾斜，突出重点，提高效益。

第五条　建立软件产业风险投资机制，鼓励国内外科技风险投资机构对软件产业进行投资。“十五”期间，江苏省高技术风险投资公司、江苏省信息化建设投资公司要将风险资金优先投向省内软件和集成电路产业。同时，通过社会定向募股和吸收国内外风险投资基金等方式筹措基金。

第六条　省有关部门要积极支持省内软件企业上市融资，对符合发行上市规定条件的，不分所有制性质，支持其按照中国证监会有关程序发行股票。对具有良好市场前景及人才优势的软件企业，在资产评估中无形资产占净资产的比例可由投资方自行商定。

第三章　税收、出口政策

第七条　增值税一般纳税人销售其自行开发生产的软件产品和经过认定并在以后年审合格的省内软件企业，按国发［2001］18号文件有关规定，享受税收、收入分配方面的优惠政策。

第八条　凡在省内注册并交纳所得税的企业用2000年1月1日以后企业税后利润投资于经认定的省内软件企业，形成或增加企业资本金，且投资合同期超过5年的，与该投资额对应的已征企业所得税地方收入部分，由同级财政给予支持。

第九条　注册资金在100万元人民币以上（含100万元人民币）的软件企业，可享有软件自营出口权。对软件企业到境外开设分支机构，有关部门在设立和办理手续等方面给予指导和协助。

第十条　省内软件企业出口软件产口按国发［2001］18号文件规定，享受出口方面的优惠政策。

第四章　产业技术政策

第十一条　重点扶持通过软硬结合方式发展具有自主知识产权的安全中文操作系统、网络安全、电子商务网络平台等系统软件；发展数据库管理、汉字字库、网络管理等支撑软件；开发以信息家电为核心的嵌入式软件和软件集成中间件；扩大电信、电力、医疗、教育等行业应用软件和以PDM、ERP为代表的企业信息化集成软件的产业规模。

第十二条　政府支持的共性软件、基础软件开发项目，应以高新技术企业为主，产学研结合，通过公开招标方式，择优选定项目承担者。

第十三条　支持省内企业、科研院所、高等院校与外国企业联合设立研究开发中心，大力开展技术创新、形成有明显优势的软件产品群。重点支持在江苏软件园中建立省软件和集成电路开发中心，使其在全省起示范作用。

第五章　人才政策

第十四条　发挥江苏教育资源的优势，在现有高等院校中扩大软件专业招生规模，多层次培养软件人才；支持有条件的高等院校设立软件学院；鼓励在校学生从事软件开发；采取有效措施，加快硕士、博士、博士后等高级软件人才及复合型人才的培养。

第十五条　加强成人教育和业余教育中的软件专业教学，积极支持企业、科研院所和社会力量开展各种软件技术培训。有条件的部门和地区，要积极推行现代远程教育。在工程技术人员职称评定中，逐步将软件和计算机应用知识纳入考核范围。

第十六条　省级以上软件园区中，凡是有中级以上软件专业技术职称或有重大发明创造者，在园区所在地有居住条件的，允许本人及其配偶、未成年子女在园区登记常住户口。

第十七条　实施全球人才战略，鼓励国内外

软件技术人员在江苏创办软件企业，努力营造有利于留住人才、用好人才、吸引人才的环境。省科技、教育等有关部门要积极创造条件，支持高层次软件人员出国进修，聘请外国软件专家来江苏讲学和工作，对在江苏投资软件企业或在软件企业中任职的外籍或台湾地区高中级管理、技术人员及其配偶、子女，公安部门可放宽居留期限，办理多次有效入出境手续。

第十八条　省内软件企业高中级管理人员和技术人员因参与国际交流与合作的需要，可实行一次审批、一年内多次有效的办法；需要经常派员往返香港的软件企业，可申请办理多次往返香港的手续。

第六章　采购政策

第十九条　重大信息化工程或应用系统建设，应优先由中方控股企业承担，在同等性能价格比条件下应优先采用国产软件系统。涉及国家安全的系统应使用国产软件和设备，须配置国产安全软件。

第二十条　由政府投资的项目，软件系统单项或批量合同结算价在 30 万元以上（含 30 万元）的，采取招标方式进行。

第二十一条　对企事业单位所购软件，凡购置成本达到固定资产标准或构成无形资产的可按固定资产或无形资产核算，经有权税务机关核准，其折旧或摊销年限，最短可定为 2 年。

第七章　知识产权保护

第二十二条　软件产品实行登记和备案制度，依据国家法律对已经登记的软件予以重点保护。任何单位不得使用未经授权许可的软件产品。

第二十三条　加大打击走私和盗版软件的力度。省公安厅、信息产业厅、工商局、知识产权局、版权局等有关部门要组织开展打击盗版软件的专项斗争。

第八章　行业管理和企业认定

第二十四条　省信息产业厅负责对全省软件产业实行行业管理和监督。

第二十五条　软件企业的认定和年审的组织工作由经上级信息产业主管部门授权的地（市）级以上软件行业协会或相关协会具体负责。软件企业的名单由行业协会初选，报经同级信息产业主管部门审核，并会签同级税务部门批准后正式公布。具体办法按国家信息产业部、教育部、科技部、税务总局《关于印发〈软件企业认定标准及管理办法〉（试行）的通知》（信部联产［2000］968 号）的有关规定执行。

第二十六条　软件行业协会必须按照公开、公正、公平的原则，履行其所承担的软件企业认定职能。

第二十七条　2000 年由省有关部门认定的省内软件企业自 2001 年起纳入上述年审范围，年审合格后享受国发［2001］18 号文件规定的优惠政策。

第二十八条　将软件产品产值和出口额纳入国家有关统计范围，并在信息产品目录中单独列出。

第二十九条　为了推动我省软件产业发展，要定期举办软件技术交流和成果展示，组织开展“江苏省优秀软件产品奖（金慧奖）”评选活动。该专项奖每年评选一次，具体办法由省信息产业厅另定。

第九章　集成电路行业政策

第三十条　集成电路设计业视同软件产业，适用软件产业有关政策。

第三十一条　省内集成电路企业的认定，由集成电路相关项目审批部门征求同级税务部门意见后确定。增值税一般纳税人销售其自产的集成电路（含单晶硅片）和经认定的企业享受国发［2001］18 号文件所列的有关优惠政策。

第三十二条　符合下列条件之一的集成电路生产企业，按鼓励外商对能源、交通投资的税收优惠政策执行。

（一）投资额超过 80 亿元人民币；

（二）集成电路线宽小于 0.25μm。

第三十三条　集成电路设计企业设计的集成电路，确需到境外生产芯片、掩模或进行封装、测试等工序的，其加工合同（包括规模、数量）经信息产业主管部门认定，并取得相关部门核发的“双限”暂定进口批准证件后，产品进口时按优惠暂定税率征收关税。加工过程中已缴纳的增值税地方留成收入部分，由同级财政予以支持。如加工过程中需要回国内完成某些中间步骤后，再到境外继续加工的，进出口环节由海关按暂时进出口货物进行管理。

第三十四条　对新批准建设的集成电路芯片生产项目，对其建设期内固定资产投资贷款人民币部分，由同级财政提供1个百分点之内的贷款贴息。

第三十五条　境外企业向省内企业转让集成电路设计技术所取得的专有技术特许权使用费，凡技术先进或者条件优惠的，在省级科技行政部门出具技术先进的证明和省级外经贸部门出具减征、免征所得税的建议函后，经主管国税部门审批，可以免征预提所得税。

第十章　附　则

第三十六条　凡在我省设立的软件企业和集成电路企业，不分所有制性质，均适用本实施细则有关政策。

第三十七条　各市人民政府、省各有关部门、各软件园区可结合实际情况，在国家政策和本实施细则的基础上，制定有关配套政策。

第三十八条　本实施细则自发布之日起实施。

江苏省人民政府关于加快信息化带动工业化的意见

苏政发［2001］154号

（2001年11月26日）

各市、县人民政府，省各委、办、厅、局，省各直属单位：

为紧紧抓住以信息技术为核心的新一轮技术革命带来的机遇，大力推进信息技术在工业领域中的应用，提高工业信息化水平，现提出如下意见：

一、“十五”期间，我省信息化带动工业化工作要以国家和我省“十五”计划纲要、关于加快国民经济和社会信息化的意见为指导，以市场为导向，以企业为主体，以人才为依托，坚持自主创新与国际合作相结合，加快信息技术的推广应用，促进工业结构调整和优化升级，实现跨越式发展。力争到2005年，信息技术在工业领域中的应用取得明显进展，工业企业生产装备自动化水平显著提高，其中重点行业骨干企业生产装备自动化和半自动化率达到50%，总体技术水平达到国内领先、国际90年代中后期水平。在产品开发、工艺设计、生产过程控制以及企业管理等领域广泛应用信息技术，形成100个重点信息化示范企业。工业产品智能化和数字化水平大大提高，全省市级以上新产品的信息技术应用比重达30%以上。电子商务得到快速发展，到2005年，工业企业和工业产品基本实现上网。

二、用信息技术提升产业技术水平。推进微电子、计算机、网络技术在现有产业各个层次上的应用和融合。推广数控机床和加工中心以及柔性制造（FMS）、计算机集成制造（CIMS）等技术，对机械工业的炉窑、喷涂线、组装线等进行自动化改造，应用非接触测量技术，提高在线检测水平。用新型传感技术和变频调速技术，提高家电设计及生产检测、质量控制水平。提高服装业计算机辅助设计、辅助裁剪和辅助绣花的运用水平，重点推广电子分色、电子印花、电子制版、电子配色、电子提花等技术。提高冶金工业炉窑及轧制生产线控制水平，将电炉、精炼、连铸、连轧短流程工艺技术进行系统集成。提高石化企业炼化装置集散控制水平。在水泥、玻璃、建筑陶瓷和玻纤产品生产中应用自动控制技术，在玻璃钢生产中应用自动化成型技术。在医药行业，要运用计算机分析药品成份，提高药品质量；控制发酵过程，提高发酵单位，降低物耗与能耗；控制结晶工艺，实现产品生产的连续化和自动化。在造船业中逐步推广精确控制、模块化、柔性制造、系统集成等技术。实现商贸流通业仓储管理自动化，降低物流成本，灵活运用网络信息技术，发展现代经营业态和现代营销方式。

三、大力提高企业信息化水平。坚持“量力而行、循序渐进、不断发展”的方针，积极推进企业信息化示范工程，引导企业加大对信息化建设的投入，增强内外部资源的利用、整合能力。推广计算机辅助设计和辅助工艺设计，有条件的企业可应用仿真、工程数据库等技术，缩短产品开发周期，不断开发出适应市场需求变化的新产品。加快应用产品数据管理（PDM）、办公自动化、企业资源计划（ERP）、计算机辅助制造、计算机辅助测试和诊断、柔性制造、自动物料储运、计算机集成制造等技术，提高经营管理水平。大力推进企业上网工程，使企业及时地获取用户需求、市场、技术、金融、竞争对手、人才以及国家政策法规等方面的信息，加快发展电子商务。支持企业建设并应用局域网，逐步发展互联网、内联网、外联网应用系统，实现企业人力、物力、财力和技术资源的优化配置。创造条件，引导重点企业集团逐步向敏捷制造、网络化制造、虚拟企业方向发展。

四、用信息技术提高产品附加值。发展普及型和经济型数控设备、工程机械设备、大型成套环保设备等机电一体化产品。用嵌入式软件提高消费品、工业品的智能化水平，以嵌入式操作系统为基础，采用模糊控制、变频、节能、网络等新技术，发展新型智能化家电。大力发展汽车电子产品，开发电控燃油喷射技术（EMS）、电控机械变速器技术（AMT）、电控防抱死制动系统（ABS）等新一代产品。围绕输变电、用电节能改造以及实现自动控制的需要，加快发展变频、智能化的电力设施。积极推广金融商贸电子产品。应用数字化和网络技术，开发医用数字化影像设备。适应交通行业需要，开发交通安全设施以及监控、收费、通信系统软件和配套硬件设备。加大自动插件、元器件自动分选、表面贴装（SMT）设备、自动测试等生产装备的研制与开发力度。

五、加快企业技术创新体系建设。加强产学研联合，建立以企业为主体、以高校和科研院所为依托的研发创新体系，提高信息技术的自主创新能力。引导和促进省内大型企业建立研发中心和重点实验室，设立企业技术中心、博士后工作站和博士后技术创新中心，加强对核心信息技术的研究开发。通过整合高等院校、科研院所和重点企业的技术创新资源，逐步建立嵌入式软件、专用集成电路等一批共性技术研发基地，加快高新技术成果商品化和产业化进程。支持高校与各开发区、科技园的联合共建，使其成为我省发展信息技术和信息产业的孵化器。按照现代企业制度的要求，加快科研机构改制，增强其活力。加强信息化人才队伍建设，在充分发挥现有人才积极性和创造性的同时，采取更为灵活优惠的政策营造良好的创业氛围，吸引海内外优秀人才来我省创办电子信息企业。研究制定企业信息化的标准规范和考核评价体系，推进相关产品的评测和认证工作。研究制定与信息技术相关的知识产权评价标准和规范。

六、进一步提高利用外资的规模和质量。紧紧抓住我国加入 WTO 的大好机遇，充分发展我省的地理区位优势和人才优势，吸引国外以及台湾、香港的信息产品制造企业来我省兴办合资、独资企业，重点发展一批技术水平高、附加值高和市场占有率高的大项目。有选择地发展若干个信息产业投资聚集的开发区，通过集聚效应吸引更多的信息产业企业来投资办厂，逐步发展为信息产品生产基地。鼓励外商投资企业在我省设立技术开发中心，或与我省企业共建相应机构，逐步实现产品、人才、技术本地化。

七、加大扶持和投入力度。形成以政府投入为引导、企业投入为主体、社会投入和外资投入为重要来源的多元化投融资体系。“十五”期间，省财政每年预算内适当安排部分资金，建立省信息化带动工业化发展专项资金，主要用于重点企业信息化带动工业化技术创新项目、示范工程、信息网络及信息平台建设、信息化关键技术开发与推广项目的资助、贴息和奖励。各市也要设立专项资金，对本地信息化带动工业化技术创新项目、示范工程配套支持。各有关银行、各类风险投资资金、贷款担保基金，也要支持信息化带动工业化项目贷款、投资及担保。引导企业加大对信息化的投入，企业要提足并用好技术开发费和折旧资金，重点信息化示范企业的技术开发费占销售额的比重要达到 5% 以上。制订政策，引导社会资金、民间资本投向信息产业及信息技术应用项目。

八、加强组织领导。各地、各有关部门和企业要充分认识信息化带动工业化的重要性，把这项工作真正摆上重要议事日程。省经贸委要会同省计委、信息产业厅、科技厅、财政厅、国税局、地税局等部门，加强对信息化带动工业化工作的科学规划和组织协调，逐步建立地区、行业和企业合理分工、职责明确的工作体系。要采取多种措施，注重项目示范，实行分类指导，在全省范围形成有利于信息化带动工业化的良好氛围。进一步强化企业的主体地位，企业一把手要负总责，并有专人具体负责，加快推进企业信息化工作，并以企业信息化带动产业信息化。通过各地、各有关部门和企业的共同努力、协同配合和扎实工作，加快信息技术在工业领域中的推广应用，促进我省工业经济再上新台阶。

第二部分

规划计划篇

江苏省电子信息产业“十五”发展计划

当今世界信息产业和信息技术的发展迅猛异常，市场竞争十分激烈。信息技术已成为经济高速增长的强大动力，信息产业已成为现代经济的基础产业、先导产业和支柱产业，信息化程度的高低已成为衡量一个国家或地区现代化水平的标志。党的十五届五中全会明确指出：“要把推进国民经济和社会信息化放在优先位置”，“要加速发展信息产业”。21世纪初叶是信息产业发展的关键时期。抓住机遇，迎接挑战，振兴我省电子信息产品制造业、软件业和通信业，推进国民经济和社会服务信息化，是我省信息产业“十五”期间的紧迫任务。

本“十五”发展计划所指电子信息产业包括电子信息产品制造业、软件业，是信息产业的一个重要方面。

一、“九五”回顾

我省信息产业自改革开放以来，尤其经过“九五”期间的发展，正在成长为我省经济的支柱产业。其中：电子信息产业也取得了长足的进步。

（一）电子信息产品制造业

我省电子信息产品制造业有着悠久的发展历史和较强的实力基础，已形成了专业门类基本齐全、技术力量相对较强、产业规模比较大的体系，是我国电子信息产品制造业的重要基地之一。

1. 电子信息产品制造业在我省经济中的地位和作用不断提高

2000年，我省电子信息产品制造业统计汇编企业完成工业总产值（90不变价）1050亿元，销售收入680亿元，工业增加值135亿元，利税60亿元，出口创汇38亿美元，“九五”期间年均增长率分别为23.7%、25.7%、21.6%、38.9%、53.2%，较好地完成了“九五”计划。我省电子信息产品制造业2000年全行业工业增加值占全省工业增加值的比例由“八五”末的2.42%增加到4.8%，占全省GDP的比重由“八五”末的1.15%增加到2.12%，对全省经济的贡献率明显提高。

2. 电子信息产品制造业结构调整初见成效

产业结构渐趋合理。投资类产品比重不断上升，投资类、消费类、基础类电子产品的比例由“八五”末的17：40：43调整到2000年的40：20：40。从主要依靠消费类电子产品的结构转变为三大类产品比较协调发展的结构。

产品结构日趋优化。数字移动通信、数字化视听产品成为新的增长点，计算机外部设备、彩管和显示器件、集成电路、半导体分立器件等有较大增长。2000年主要电子产品产量为：彩电290万部；微机15万台；程控交换机300万线；移动通信基站82万信道；数字移动手机370万部；显示器790万台；打印机9.4万台；激光视盘机400万部；集成电路13亿块；电子元器件580亿只；彩管和彩显管共750万只。

企业结构得到改善。生产进一步向大型企业集团和外商投资企业集中。全行业已组建集团公司39个，有4个上市公司。2000年汇编统计企业中前20家重点企业集团和重点企业生产集中度在80%以上。开发区外商独资企业和一批与国际跨国公司合作建立的合资企业，逐步成为行业的重要力量。

市场结构有所变化。销售市场从主要依靠国内市场转变为国内和国外两个市场同时拓展的结构。出口比重已从“八五”末的16.2%上升到2000年的46%。已有70多家企业出口创汇超过100万美元，其中超过1000万美元的有16家，形成了通信、彩电、音响、显示器、办公自动化设备、电子元件、电子器件等七大类出口产品。

3. 电子信息产品制造业技术有明显进步

我省电子信息产品制造业“九五”期间积极开发应用数字技术、网络技术，取得明显进步。移动通信完成了从模拟技术向GSM数字技术的转变，接入网产品面世；视听产品采用数字技术成果累累，彩电的性能质量有大幅提高，参与开发成功HDTV功能样机，数字激光视盘产品技术不断升级，处于国内领先地位；网络产品的技术开发已取得成效，安全网络产品技术开发取得阶段性成果；集成电路已具备0.35μm的设计技术，形成0.6μm的生产技术，封装技术正向高密度表面贴装方向发展；元器件已掌握小型化批量生产技术，开发了若干片式化产品。“九五”科技进步对省电子工业增加值贡献份额为45%，高新技术产品产值占电子工业产值的25%，有30个产品获得省名牌产品称号，2个产品获中国驰名商标。

（二）软件业

我省软件业“九五”以来发展势头很好，已建立起一定的产业基础。

1. 形成了一批优秀软件产品

目前在我省软件行业协会登记的软件成果有1100多项，其中有自主知识产权的软件成果占10%，出现了具有一定技术优势和市场前景的软件产品，如获省首届优秀软件产品称号的计算机支持协同科研系统、华文汉字字形库及其支撑环境软件、VRV防杀病毒软件、AC990会计核算软件、本地电话网分布式电信计费管理网络系统、金钥匙Web数据库开发系统、产品数据管理系统(PDM)、社会医疗保险统筹管理系统及网络安全软件等。

2. 形成了一批骨干软件企业

我省现有软件与系统集成企业多达千余家，其中有14家企业软件年销售收入超过1000万元。全省1999年软件销售收入达18亿元，2000年达23亿元左右，年增长25%。

3. 形成了一批优秀软件人才

目前我省软件人才已超过2万人，具有高级职称的有2000多人，通过国家计算机软件专业技术资格和水平考试的高级程序员级1959人，系统分析员级68人。

4. 形成了一批软件基地雏形

在我省南京、常州、苏州、无锡、镇江、扬州等地，形成了一批基础较好的软件企业群。江苏省软件园、南京、苏州、无锡、常州软件园已经进入建设阶段。

（三）存在的主要问题

江苏电子信息产品制造业的主要问题，一是产品结构不尽合理。通信产品的重点仍不突出，程控交换机、光通信、卫星通信发展缓慢，市场份额较少；计算机产品中PC机规模较小，网络产品刚刚起步；集成电路芯片设计能力弱，批量加工技术档次不高，元器件片式化发展不快；消费类产品中彩电市场份额较小。二是技术创新能力较弱。大部分企业技术创新体系尚未形成，自主开发能力不强，优势名牌产品不多，人力资源政策和技术创新机制不健全，人才流失比较严重。一些合资企业中方人员并未掌握核心技术，停留在加工阶段。三是资金投入比较缺乏，大部分国有企业融资渠道不多，资金投入困难，缺少统筹资金支持大项目的措施和有效方法。四是改组改革步子不大。资产重组工作思想不够解放，重点企业集团发展不快，规模不大，在全国电子百强中比“八五”数量减少，名次后移，竞争力不强。江苏软件业的主要问题，从产业的发展高度看，我省软件业发展处于“小”、“散”、“低”的状态。即目前软件业仍以小企业为主，销售收入超亿元的企业为数甚少；技术力量分散，整体形象没有形成，软件园的建设刚刚启动，“散”的现状有望获得改观；软件商品化程度较低，具有自主版权的安全操作系统、安全软件、工具软件等方面的开发刚刚起步；与其它产业的融合，尤其是嵌入式软件的开发较为薄弱。

二、“十五”发展环境与市场

（一）发展环境

1. 经济全球化趋势更加明显

信息产业具有最广泛的国际性，产业梯次转移发展的趋势十分突出。发达国家的信息产业在行业中的地位更加突出。各大公司和国家间联合开发之风势不可挡。跨国公司通过兼并、联合成为行业主导力量的产业格局已经形成。跨国公司出于开拓市场需要，大力推行本地化战略，纷纷进入我国市场，对我省电子信息产业的影响力日益增大。我省几个国家级开发区已经吸引一些信息类跨国公司建立起亚太级乃至全球性的生产基地。近两年大批台商投资我省苏州等地开发区，发展计算机、通信、基础电子产品制造业，成为电子信息产业发展中的独特现象。

电子信息产品大部分具有显著的规模经济效益特点，生产规模越来越大，进入门槛越来越高。没有巨额的资金投入，很难形成真正有竞争力的产业。随着市场经济的日趋活跃，资源、效益和市场份额更加向优势企业、名牌产品集聚，我省电子行业规模大的优势企业和名牌产品不多，更强烈地感受到来自大企业、大集团的竞争压力。

2. 加入WTO，有利有弊

世贸组织有关信息产业的协议的实施，将使市场和资本进一步开放，使各国信息产业纳入全球经济环境中，竞争加剧，信息产品的性价比不断提高。我国加入世贸组织，有利于引进国外先进技术、管理经营理念以及外资，有利于规范完善国内信息市场，有利于扩大电子产品出口，有利于加速产业结构调整和提高整个行业的国际竞争力。随着信息技术协议（ITA）的执行，到2005年，相关信息产品关税将逐步削减至零，国外优势产品价格的下降，将对国内相关领域构成严峻挑战。由于我省电子信息产品制造业较早对外开放，移动通信、程控交换机、计算机及外部设备等高技术产品已与外资结合进入国际化；半导体分立器件、IC封装、DVD等产业具有明显优势；应用软件、安全网络产品须适应国内市场的特殊需求，因而加入WTO后不会有太大冲击。但是，我省要发展高档消费电子产品、高技术档次的软件和IC、最新技术的通信产品将不可避免遇到较大困难。

3. 国家宏观经济政策为发展创造了有利的外部环境

《中共中央关于制定国民经济和社会发展第十个五年计划的建议》已把信息产业加速发展放到了国民经济和社会发展的战略地位。国家坚持扩大内需的方针，近期继续实行积极的财政政策，对促进增长具有直接推动作用。我省信息产业国债项目带动了银行、企业投入，实施债转股也将减轻企业负担。发展金融市场必将拓宽企业融资渠道。城乡居民将大幅度增加收入，电子消费品市场将有较大潜力，移动通信产品有可能获得更快发展。随着国民经济和社会服务信息化进程加快，通信、计算机及网络产品、软件、信息家电以及与之配套的IC和新型元器件都有着良好的市场发展前景。国家设立了电子发展基金支持电子信息产业的发展，特别是国务院国发［2000］18号文件颁布的优惠政策，将极大地促进软件和集成电路产业的发展。

4. 省委、省政府高度重视信息产业发展

近两年，省委、省政府先后发出专门文件，动员各方面力量关注和支持信息产业发展，共同培育电子信息产业成长为支柱产业。与此同时，省制定了一系列支持高新技术发展的政策，拨出专项经费支持成立宏图集团和江苏省信息化建设投资公司，省市对熊猫集团实行了资产重组，支持华晶集团改革改组，为电子信息产品制造业的结构调整和发展打下了基础。最近，《中共江苏省委关于制定江苏省国民经济和社会发展第十个五年计划的建议》明确提出“发挥信息化在经济结构战略性调整中的龙头带动作用”，“大力发展电子信息设备制造业”，“加速发展软件业”，确立了信息化和信息产业在我省经济和社会发展中的战略地位。在省级机构改革中，组建新的信息产业厅，集中管理和发展电子信息产品制造业、软件业。省政府将于近期颁发《江苏省加快信息化建设的意见》，并已兴建了江苏省国家级软件园，正积极筹建江南微电子基地，为我省电子信息产业“十五”发展提供有力保证。

5. 信息技术飞速发展为产业注入新的活力

信息技术是当今发展最为迅速的高新技术，最有代表性的有数字化技术、网络化技术、计算机技术、微电子技术。在21世纪初叶，数字化将成为信息技术发展的新动力，集成电路将进入集成系统发展的新阶段，密集波分复用通信系统的传输能力将极大提高，个人移动通信、因特网的技术和能力将成倍提高。各种技术相互渗透，产品界限日趋模糊，数字化、多媒体等信息技术促进了电视、计算机、通信的融合。信息技术飞速发展为电子市场的快速增长不断注入新的活力，产生新的产品门类。以IP为基础的宽带多媒体网络成为网络发展的重点。软件、集成电路、新型元器件是电子信息产品制造业竞争力的核心，是“十五”电子信息产业发展的重中之重。

（二）电子信息产业的发展趋势与市场

在未来的电子信息产业中，许多新技术、新产品已呈现出诱人的发展前景，对我省信息产业的发展来说，机遇与挑战并存。

1. 通信设施将出现结构性变化并带来巨大商机

目前电信基础设施的结构正在发生三大变化：

一是适应多媒体通信的变化。电信网正经历着一场从电路交换网到分组交换网的革命，通信业务将从话务通信为主向多媒体通信扩展。21世纪初投入运营的宽带综合业务数字网（B-ISDN）

将是一种基于光纤的以 IP 为基础的 ATM 网；第三代移动通信系统通过采用更宽的带宽、更有效的传输和智能网技术，也将提供宽带多媒体业务。二是网络带宽将不断增加。预计到 2003 年，采用密集波分复用和其他光处理技术，可使一条光纤的带宽达到 20Tbps。三是移动电话用户将超过有线电话用户。近年来，移动电话以 50%的年增长率递增，2003 ~ 2004 年，全球移动电话用户将达 10 亿个，届时将超过固定电话用户数。

我国通信产品尤其是移动通信产品市场广阔。2000 年市场规模约 750 ~ 850 亿元。“十五”期间国内通信产品市场需求很大，到 2005 年，无论是固定还是移动交换机、接入网设备、移动手机每年都在 2000 万线（台）以上。

2. 计算机将向高性能化、网络化、低价化方向发展

当今，计算机已进入以网络为核心的无所不在的计算机技术时代，或称“后 PC 时代”。随着因特网的迅猛发展和广泛应用，网络计算和移动计算已成为产业发展的重要方面。一方面，微机将继续向高性能、多媒体、低价格、易联网方式发展；另一方面，笔记本计算机、手持式计算机（HPC）、个人数字助理（PDA）等各种便携式个人信息终端产品，已将移动计算和数字通信结合为一体，具有巨大的市场潜力。随着网络功能的增加，高端网络服务器产品与各类信息网络接入产品和网络设备，以及终端产品成为重要的发展方向。网络化和数字化的融合，同样渗透到消费类领域，使 3C 结合的数字化产品不断涌现，拥有巨大的市场空间。传统上的电话网、电视网和数据网终将融合为统一的信息网络，将极大地降低使用费用，带动基于 Web 的电子商务、交互电视、远程医疗和教学等新兴业务，将极大地影响国民经济的运作方式，为经济发展提供新的增长点。新型的输入输出设备，使得计算机外设产品更加智能化、人性化。面向各行各业、种类繁多的专用计算机系统和相关外部设备，将充满无限商机和活力。

全球计算机的销售额 2000 年约为 3720 亿美元。

我国计算机市场近 10 年来快速增长，1992 ~ 1997 年年均增长 40% 以上，1998 ~ 1999 年达 20%，2000 年市场规模约为 2150 亿元。“十五”期间国内计算机产品市场需求继续快速增长，到 2005 年，微机需求在 1400 ~ 1500 万台左右，网络机顶盒约 1000 万台。

3. 视听产品数字化、家电信息化将成为新的经济增长点

模拟视听产品目前在市场上仍占主流，但数字化的发展方向势不可挡。广播电视发生着划时代的变革，发达国家积极将模拟电视广播体制向数字电视广播体制变革。美国、日本计划于 2010 年停止模拟电视广播。将来的数字高清晰度电视系统会演变为交互式综合业务信息传播的终端，届时它将带来上万亿美元的市场。DVD 技术在数字电视、数字图像、计算机多媒体等方面得到广泛应用，将成为未来文化教育、信息交流的重要工具。

“信息家电”除家电传统功能外，还可通过网络（Internet、通信网、有线电视网、卫星广播网）进行远距离控制和信息交换，采用蓝牙技术可实现其近距离的无线互联。最新一代机顶盒已将卫星接收、Internet 浏览以及录像机记录功能集于一身。目前多数是硬件机顶盒，将来发展方向是软件机顶盒。另外还出现了集计算机、通信和电视技术为一体的其他各种终端。到 2002 年全球信息家电总销量将达 5570 万台，是 1999 年的 4 倍以上。掌上型联网设备将超越联网电视，成为信息家电中销量最大的产品。

“十五”期间，模拟视音频产品将以每年 2% 的速度递减，而数字视听产品将以每年 40% 的速度攀升。彩电将继续向大屏幕、数字化方向发展。DVD 将得到迅速发展，成为数字视盘机的主流产品，集电视、计算机、通信为一体的“3C”产品将大量进入家庭。

我国电视机总拥有量超过 3.5 亿台，其中彩电 2.1 亿台，成为年产能力为 4500 多万台的世界生产大国，有线电视用户总数 8000 万户，年增加 800 ~ 1000 万户。光盘机产品年销售已突破 1 亿台，其中 VCD、SVCD、DVD 约 2000 多万台，是光盘机生产大国。收音机、音响产品累计拥有超过 5 亿台。2000 年我国视听产品产值约为 2600 多亿元。到 2005 年国内市场需求各种彩电约在 2800 ~ 3200 万台，数字视盘机约在 1400 ~ 1500 万台。

4. 微电子技术与产品市场将持续高速发展

由于 PC、网络相关产品、数字移动通信设

备、数字音视频产品和汽车电子设备需求量的增加，使得全球半导体市场发展前景十分看好。目前IC大生产的主流芯片加工技术为8英寸、0.35～0.25μm，正向0.18～0.13μm过渡。SOC（系统级芯片）发展十分引人注目，并被喻为21世纪IC的重要技术和发展方向。GaN（氮化镓）、SiC（碳化硅）、SiGe（锗化硅）等一些化合物半导体的研究开发工作也取得突破性进展。

我国IC产业现已形成从设计、芯片生产到封装的产业结构。目前，生产技术为6英寸，0.8～1μm。“909工程”投产使IC大生产技术提升到了8英寸，0.35μm的水平。但我国IC需求量82%依赖进口，需要的1万种IC品种仅能开发300种，有自主知识产品的芯片很少。2000年需求量为180亿块，市场总额560亿元。“十五”期间，我国IC需求将以30%以上的速度增长。

5. 电子基础产品向微小型化、片式化、高频化、模块化方向发展

随着通信、计算机、多媒体、数字视听产品等整机产品的发展，对各类元器件的要求越来越高，推动元器件向多品种、高质量、片式化、微型化、模块化方向发展。各类显示器件、新型电源等产品的市场需求很大。

我国基础产品已初具规模，2000年产值约为1800亿元，产量1400亿只（台）。“十五”期间国内市场需求，电子元器件3800亿只左右，片式元器件占45%～50%。彩管和彩显管分别在4200万只和2000万只以上。

6. 软件与信息服务业市场将超过硬件市场

软件产业是信息产业的“灵魂”和核心。随着计算机、通信、消费类电子产品的互相渗透，三网融合必然对软件产品的发展产生深刻而巨大的影响。在各种软件中，系统软件是核心。近年来，系统软件已从16位、32位虚拟地址向64位虚拟地址过渡，并正向满足因特网接入方面发展。Linux是首先执行TCP/IP协议的操作系统之一，它带领自由软件迅速崛起。应用软件是软件中发展最快的、最具有活力的一部分，它涉及的领域越来越宽，其中，最引人注目的是Java和数据仓库等。在支撑软件方面，组件技术是一种新的软件开发技术。它既能提供预定义的功能，又能快速实现复杂的特殊功能，极大地提高了软件产业的生产效率。网络化软件正成为研究和投资的热点，成为软件产业的重要组成部分，www软件推动了因特网高速发展。软件技术的发展促进了安全技术的发展。软件可靠性和安全性成为国家安全的关键技术。

2000年世界软件与信息服务业市场约为5400亿美元（其中软件1600亿美元），未来5年年均增长13%～15%，将超过硬件市场。

我国2000年软件与信息服务业市场规模预计约为540亿元，“十五”期间将以30%以上的速度发展。

三、“十五”指导思想与基本原则

（一）指导思想

“十五”期间，是我省全面建设宽裕的小康社会，为率先基本实现现代化奠定坚实基础的关键时期。这一时期，我省经济发展明确提出必须以信息化为龙头，把信息化放在优先位置，放在带动全局的位置，以信息化带动工业化，实现社会生产力跨越式发展。面对新形势，“十五”期间全省电子信息产业发展的指导思想是：

高举邓小平理论伟大旗帜，认真贯彻落实党的十五大、十五届五中全会、省委九届十二次全体会议精神，抓住信息化快速发展的有利时机和加入WTO的机遇，以市场为导向，突出发展软件、集成电路及新型元器件、现代通信、计算机网络产品和数字化视听产品，充分依靠制度创新和技术创新，加大结构调整力度，加速扩大对外开放，加快产业升级步伐，增强产业竞争力，积极发挥信息技术改造传统产业的作用，把信息产业建成我省国民经济的支柱产业，推动我省经济和社会服务信息化进程，为我省率先基本实现现代化作出贡献。

（二）基本原则

1. 坚持深化改革，破除垄断，健全法规，规范市场；大力推进国有企业战略性改组，加快建立现代企业制度；培育发展实力雄厚、竞争力强的大企业和企业集团。

2. 坚持市场导向。从市场要求出发，组织和引导生产。加强市场预测和分析，跟踪国外先进技术的发展动向，组织技术攻关和开发生产，占领产业发展制高点。

3. 坚持有所为，有所不为。选择有限目标，实施重点突破。立足自身优势和实力，选择市场

前景好、发展潜力大的技术和产品提高组织化程度，以品牌效应带动产业发展。

4. 坚持自主发展，增强创新能力。将引进、消化、吸收、开发、创新、产业化相结合，以创新为灵魂，实施开放式、合作式开发，提高自主知识产权的比重。

5. 坚持对外开放，加强国际合作，充分利用外资、技术、市场，促进我省信息产业结构调整和产业升级。

6. 坚持以经济效益为中心，处理好总量与结构、速度与效益、市场导向与计划指导、开放与安全之间的关系。

四、“十五”发展目标

到“十五”末，全省信息产业（制造业、软件业、通信业、信息服务业）增加值达到1100亿元，占全省GDP比重达8%，成为带动国民经济增长、结构升级的支柱产业和增强综合实力的战略性产业，促进我省国民经济和社会服务信息化水平迈上新台阶。

“十五”期间，全省电子信息产业将按照“发展总量，提高质量；保持名次，提高档次”的总的发展目标，着力培植、完善产业链，壮大规模和增长潜力，优化产业结构，继续保持高速增长，朝着产业规模大、产品结构优、外向成份高、经济效益好的方向发展，使江苏，尤其是沿江地区成为全国乃至全球有影响的电子信息产业加工出口基地及全国重要的研发、制造基地。到2005年，产业规模将在2000年的基础上再翻一番多，在各行业中名列前茅。

（一）经济增长目标

电子信息产品制造业工业总产值达到3000亿元，年均增长23.4%；工业增加值400亿元，年均增长24.3%；销售收入2000亿元，年均增长24.1%；实现利税150亿元，年均增长20.1%；出口108亿美元，年均增长23.2%。软件业销售收入200亿元，增加值100亿元，年均增长50%以上。以上合计电子信息产业增加值达到500亿元，年均增长29%。

（二）产品产量目标

集成电路50亿块，微机250万台，移动通信基站200万信道，移动通信手机1000万部，电视机600万台，电子元器件1500亿只。

（三）技术质量目标

建立起技术创新机制，自主开发能力明显提高，重点突破；微电子技术、数字技术、软件技术、网络技术等部分主要关键技术和大生产技术、整体技术水平有显著提高。科技进步贡献份额达50%以上，高新技术产品产值占信息产品制造业总产值35%，重点领域产品全部采用国际标准。

（四）投资与效益目标

投资500亿元，其中包括各开发区信息产业共引进外资40亿美元，内资及现有合资企业投入170亿元。效益：全员工业增加值生产率从5.4万元/人·年提高到15万元/人·年。

（五）产业结构调整目标

产业结构向高技术、高附加值型产业转变。技术进步由引进为主向消化、吸收、自主开发到创新为主转变。企业组织结构向集团化、专业化方向转变，形成一批具有国际竞争力的综合性企业集团，建成现代企业制度。区域结构向相对集中的基地化、产业带转移，形成以国家级软件园、微电子基地、开发园区基地为骨干，由电子信息产业较发达城市共同组成的沿江电子信息产业密集带。

五、“十五”发展重点

“十五”期间，我省电子信息产品制造业、软件业要发挥现有优势，抓住产业结构调整在国民经济信息化带动下，开始向以微电子为基础，3C产品为主体的数字化、网络化转移的新机遇，突出发展五大类重点产品，即集成电路及新型元器件、现代通信、计算机及网络产品、数字化视听产品、软件产品。

（一）集成电路及新型元器件

集成电路产业是促进国家经济发展，保证国家安全的战略性产业，是知识密集、技术密集、资金密集型产业。电子元器件是电子信息产品制造业发展的基础。

我省是电子元器件生产大省，“九五”期间不仅传统元器件有了极大发展，新型元器件也有了一定增长。2000年全行业完成彩管、显示管750万只，液晶显示器件5万平方米，电子元件530亿只，电子器件50亿只。在集成电路行业，我省已具备0.35μm的设计技术，形成0.6～0.8μm生产技术，月投产（150mm（6英寸）硅片1万片的

MOS生产线，年产IC芯片2亿只的生产规模。砷化镓射频集成电路在国内处于领先地位。我省IC后封装发展很快，并且在环氧模塑料、键合金丝、正负性光刻胶、水气净化设备方面也有较大优势。2000年全行业完成IC芯片2亿只，IC封装13亿块，环氧模塑料2600吨，键合金丝500公斤。

“十五”期间，我省电子基础产品制造业围绕国际国内两个市场，招商引资与自我改造相结合，提高开发能力，加大投入。优先发展集成电路产业，以建设江南微电子基地为契机，加快自主开发、设计，提升芯片加工的工艺水平和生产能力，扩大封装、测试及配套材料的规模，发展我省集成电路产业在国内的优势，成为我国重要的开发、设计、生产基地；元器件业加快产品结构调整，大力发展新型显示器件、片式元器件，形成规模，提高市场占有率，创建元器件产业国内新优势。

——集成电路。缩短与国内外先进水平的差距，积极发展集成电路芯片设计，充实0.35μm技术设计平台，力争形成0.18μm IC设计平台。建立IC设计开放实验室，吸引各行业整机企业设计开发专用集成电路和系统级芯片。建设一批在国内颇具影响的IC设计公司。加大投入，形成0.5～0.6μm工艺技术的批量生产能力。积极利用外资，鼓励有实力的企业和投资机构建立0.35μm以下集成电路芯片生产线，逐步形成规模。继续发展砷化镓集成电路国内优势。进一步扩大集成电路封装生产线的能力，加快技术升级，形成规模生产，提高产品技术水平，扩大品种，替代进口。集成电路外延片及封装材料环氧模塑料、键合金丝、正、负性光刻胶、水气净化设备形成国内优势。到2005年，IC芯片形成5亿只生产能力，IC封装形成50亿块生产能力。

——新型显示器件。开发和生产中、高分辨率彩色显示管、大屏幕全平彩色显像管、新型投影和平板显示器件，进一步扩大彩色显像管、显示管、STN－LCD的生产规模，力争形成TFT－LCD生产规模，掌握PDP显示器件生产技术。到2005年，形成年产彩色显像管560万只、显示管700万只、液晶显示器件15万平方米的能力。

——新型元器件。大力发展片式电子元器件（片式二极管、三极管、电阻、电容、电感）、多层印制板。发展混合集成电路、功率器件、敏感元器件及传感器、电力电子器件、高档电声器件、绿色电池等，形成规模经济。光学头、读写头和光电器件形成一定生产规模。积极开发、生产表面贴装、高档磁性材料制备等电子专用设备。到2005年，形成电子元器件1500亿只的生产能力，其中片式元件1150亿只、片式器件50亿只的生产能力。

——新型基础材料。研究开发电子纳米材料、新型半导体材料、高性能磁性材料、陶瓷功能材料等。到2005年，形成用纳米材料制造高性能永磁铁氧体器件300万只、磁敏传感器件和开关500万只、并形成纳米材料氧化锌1000吨。

我省电子基础产品制造业“十五”期间内资及合资企业将实施67项重点科研开发项目；实施50项重点投资项目，固定资产投资160亿元。其中，集成电路产业将实施16项科研开发项目；实施15项重点投资项目，固定资产投资65亿元。此外，引进外资或由国家、省市和企业共同筹资，建设0.25～0.35μmφ8″MOS电路园片生产线。

（二）通信产品制造业

现代通信领域涉及面很广，其中发展最快、影响最大的是移动通信、光纤通信、程控交换和卫星通信。

我省通信产品门类较多，有的已经形成一定规模。2000年全行业完成GSM移动基站82万信道，手机370万部，数字程控交换机300万线，光纤接入网设备30万线，光缆200万芯公里，卫星电视接收机等卫星应用产品5万台（套）。

“十五”期间，我省通信产品制造业围绕并跟踪通信市场需求，形成产品门类较齐全，重点突出；技术内外结合，加快创新；核心企业带动，群体发展的结构格局，力争移动通信、光纤通信和卫星通信整体水平居全国前列，程控交换机技术跟上发展潮流。

——移动通信产品。GSM数字移动通信系列产品加快国产化步伐，扩大生产规模，增加出口。参与国家CDMA技贸结合专项，形成移动通信新的增长点。积极开发第三代移动通信（宽带CD-MA）设备，建立具有自主知识产权的移动通信产业，跻身我国自有品牌移动通信企业集团群。到2005年，移动通信产品形成生产能力为：手机1000万部，基站200万信道。

——光通信产品。巩固光缆在国内的重要地位，延伸开发生产光棒、光纤和光电器件，扩大光纤接入网设备、SDH光纤传输设备、基于密集波分复用设备（DWDM）等光传输设备的产品规模，形成光通信产业链，成为我国光通信产业重要基地。到2005年，光通信产品形成生产能力：光纤接入网设备200万线，光缆600万芯公里，光纤250万公里。

——程控交换机。积极开发同步、异步结合，窄带向宽带发展的多媒体综合交换机。到2005年，数字程控交换机保持生产规模300万线。

——卫星通信产品，积极发展VSAT、GPS及数字卫星接收机等应用产品。到2005年，卫星通信及应用产品生产能力达到50万部。

我省通信产品制造业“十五”期间内资及合资企业将实施23项重点科研开发项目；实施17项重点投资项目，固定资产投资20亿元。积极引进外资发展最新技术的通信产品。

（三）计算机及网络产品制造业

计算机产业是信息化社会的基础产业，发展迅速，升级换代快，竞争性强。

我省计算机产业近几年发展势头好，速度快。彩显、打印机等外部设备已成为国内规模较大的生产基地。2000年全行业完成微机15万台，显示器790万台，硬盘驱动器700万只，打印机10万台，机箱电源300万套，电脑主机板175万块，金融商用机具1万台。另有一些外设如鼠标、键盘等已成为全球主要生产基地。

“十五”期间，我省计算机及网络产品制造业以国民经济和社会信息化为主战场，依托重点信息产业集团，积极发展对外合作，跟踪国际先进技术，主机与外设并重，突出网络产品发展，扩大应用产品规模，实现产业的规模化和国际化，成为我国计算机产业的重要基地之一。

——主机。在发展普通PC机同时，开拓笔记本电脑市场；适时发展HPC和PDA产品；积极发展PC服务器、网络计算机等产品。到2005年，以上各类电脑产品生产能力达到250万台，其中笔记本电脑200万台。

——外设及配件。继续发展通用、专用和各类票据打印机的同时，重点发展激光打印机和喷墨打印机；彩色显示器要积极发展液晶等平板显示；继续发展硬盘、光盘驱动器，硬盘向高速大容量发展，光驱向DVD-ROM和DVD-RAM发展；键盘、鼠标、机箱、板卡、电源等要保持较大的生产规模。到2005年，各类打印机生产能力50万台，扫描仪2000万台，彩色显示器2000万台，硬盘驱动器900万台，光盘驱动器500万台。

——网络设备。重点发展高速路由器、宽带交换机、集线器、IP电话和调制解调器、网络和信息安全产品、网络机顶盒，以及网检、网管系统的开发、生产。到2005年，各类网络设备生产能力达到200万台。

——应用产品。重点发展能源、汽车、交通、金融、医疗等领域所需要的电子信息产品、软件与系统，积极推进IC卡及系统的应用，开发进入家庭的电子保安系统；POS机、高性能终端、商用收款机、计税收款机、点钞机、支付密码器、条码读写器、智能卡及读写设备等金融商贸设备形成较大的生产规模。到2005年，金融商贸电子应用产品生产能力达50万台。

我省计算机及网络产品制造业“十五”期间内资及合资企业将实施22项重点科研开发项目；实施11项重点投资项目，固定资产投资8.67亿元。利用开发区的优势，继续大力发展计算机类产品。

（四）视听产品制造业

当今，视听产品数字化已成为不可阻挡的潮流，各类数字视听产品相继问世。我省视听产品科研开发与生产具有较好基础。数字技术的应用已经起步。2000年全行业完成彩电300万台，激光视盘机400万台，音响280万台。激光视盘机和音响在国内名列前茅。

“十五”期间，我省电子视听产品制造业围绕市场突出重点产品，支持重点企业集团的改革和发展，支持与国外大公司的合作，建立完善的技术中心和创新机制，大力推动和引导数字技术在模拟视听产品中的应用，加速视听产品由模拟向数字化的逐步过渡，建立健全营销体系，大力开拓国内外市场，形成规模经济和品牌优势，整体水平居全国前列。

——彩色电视机。积极推进数字技术处理电视、数字电视机顶盒、数字有线电视产品、数字卫星电视产品和大屏幕投影电视的发展，采用多媒体技术开发生产集计算机通讯和电视为一体的数字化家电产品，保持国内市场份额。加快液晶和PDP彩电的研制，并做好高清晰度彩电的技术开发，争取进入市场。到2005年，各类彩电生产能力达到600万台。

——激光视盘机。实现机芯、激光头、光学组件、编解码芯卡等关键件的产业化，面向国内外两个市场，形成DVD国内最大的开发和生产基地。到2005年，激光视盘机生产能力达到500万台，其中DVD占60%。

——音响产品。保持汽车音响在国内的优势，积极发展数字音响和家庭影院，要开发数字音频广播（DAB）发射设备和接收设备，推进产业化。到2005年，汽车音响生产能力达350万台。

——组织企业积极发展数字摄录一体机，可转可录小型数字唱盘机、数字广播接收机、卫星广播接收机解码器、电缆电视机顶盒、数码相机等，形成一批新的经济增长点。到2005年，电缆电视机顶盒生产能力100万台，数码相机150万台。

我省视听产品制造业“十五”期间内资及合资企业将实施10项重点科研开发项目；实施7项重点投资项目，固定资产投资7.5亿元。引进外资发展新型视听产品。

（五）软件业

“十五”期间，我省软件业以市场为导向，重点支持拥有自主知识产权的、应用领域宽阔的软件的商品化和工程化，创、闯品牌，扩大市场占有份额；加大组织力度，以江苏省软件园建设为龙头，在有条件的市积极推动软件园建设，力争在短时间内形成江苏沿江软件产业密集带；培育重点企业，落实国务院颁布的软件产业政策，培养一批上规模、有自主创新能力、能进入国际软件市场的大型软件企业；积极开展对外交流与合作，跟踪国际先进技术，学习国外成功经验，高速发展我省软件业，开创软件出口的新局面。

我省软件业发展重点是安全中文操作系统、计算机安全软件、嵌入式软件等共性软件和基础软件，应用软件走规模发展的道路。

——系统软件：加强合作与交流，尽快推出具有自主版权的安全中文操作系统，在重点领域和部门首先使用。

——支撑软件：扩大汉字字形库及支撑环境软件、面向对象计算的网络应用和开发平台、面向对象数据库管理系统、计算机支持协同科研系统等的市场占有率。

——嵌入式软件：不断研制、开发应用于各种整机产品（特别是信息家电）的嵌入式软件，形成嵌入式软件产品系列，加快产品的版本升级。

——应用软件：注意创立攻击防范、病毒防范等计算机及网络安全软件品牌；加快CAD/CAM软件版本升级；电力、电信、税收、金融、教育等行业系统应用软件，财务、公路收费、机场运营、医院、医保、住房基金等管理系统应用软件加强开发，须重视产品的网络化、标准化。推动企业信息化由MIS向PDM、ERP（企业资源计划）升级，开发相关应用软件；适应电子商务、电子政务、城市数字化发展，开发相关软件。

六、政策措施

实现以上目标和发展重点，“十五”期间从五方面入手，落实各项措施。

（一）切实转变政府职能，建设良好发展环境

一是加强组织领导，充分发挥全省各级信息产业主管部门的作用，并与计划、经贸、财税、科技、金融、外经、开发区等相关部门加强协同管理，从经济管理体制、投融资体制、产业政策、人才政策、装备政策和采购政策等方面创造良好条件和环境，动员社会各界力量参与，发挥多种生产要素作用，共同推进信息产业发展。二是省信息产业主管部门对全省信息产业（包括开发区和民营企业）实行行业管理，切实转变管理职能，做好统筹规划、政策法规、信息引导、组织协调、提供服务各方面工作。建立政务公开、运转协调、办事高效、行为规范、公正廉洁的管理体制。充分发挥市场、行业协会、中介组织的职能，减少政府对经济活动的直接干预，大幅度减少审批事项，简化审批手续。坚持依法行政，建立公平的市场环境，维护正常的经济秩序。三是研究制定推进我省信息化和发展信息产业的政策法规。全面贯彻国家和省发展高新技术产业的一系列政策，当前突出贯彻国务院国发［2000］18号文件，制定江苏省《实施细则》，规范软件行业管理，做好软件企业、软件产品、集成电路设计企业、生产企业的认定工作，落实优惠政策。做好软件产品登记管理工作，省政府每年组织一次评选优秀软件产品活动，并重点投入，实现产业化，促进软件和集成电路产业加快发展。四是加强无线电频率资源和电波秩序的有效管理。进一步完善无线电管理技术设施建设，运用频率资源数据库和

EMC分析等方法科学分配资源，高效利用频率，满足各类无线电通信业务的资源需求。运用先进的无线电波监测网络监管空中电波秩序，为各类无线电业务提供必要的电磁环境测试，有效地防止和控制频谱资源污染，以良好的电磁环境促进无线电通信产业的健康发展。

（二）实施科教兴省战略，建设技术创新体系

认真贯彻全省技术创新大会精神，实施“科教兴省战略”，建立以企业为主体的技术创新体系。一是允许和鼓励技术要素参加分配，进一步调动科技人员的积极性和创造性。加快人才引进，努力开发人才资源，解决好人才待遇问题，留住关键人才，提高企业技术创新能力。加快软件人才培养，在有条件的高校设立软件学院，培养软件系统工程师；在高职学院和中专校开设软件专科，培养软件编程人员。“十五”期间培养系统工程师和程序员5万人。大力引进国内外优秀软件人才来我省工作，“十五”期间引入系统工程师、程序员、IC设计工程师1万人。二是加快企业工程研究中心、技术开发中心和博士后工作站的建设，“十五”期间全行业在已有16个省级以上“一站两中心”基础上，新形成10~15个省级以上“一站两中心”，增强企业科技实力，提高自主开发能力。三是建立产学研相结合的高新技术成果转化机制，搞好产学研结合项目，鼓励、支持重点企业集团与高校、研究所合作建立研究开发机构。支持东南大学、南京大学等高校及各开发区科技园的建设，成为我省发展信息技术和信息产业的孵化器。四是加快江苏省国家级软件园、省集成电路设计开放实验室，以及南京、常州、无锡、苏州软件园等一批科技基础设施建设，形成软件产业和集成电路产业发展的重要源泉和全国一流的软件产业和集成电路产业基地。五是加大科技开发投入，引导社会资金参与科技开发，引导企业提高研究开发经费比重，加大对关键技术研究及产业化的投入，支持信息产业类高新技术企业上市融资。“十五”期间我省电子信息制造业内资及合资企业实施100项省级重点科研开发项目。要抓好通信、计算机、集成电路、软件等重点产业化工程。六是大力推广信息技术应用，实行对传统产业的渗透嫁接，在各行业产品开发设计、生产过程控制、经营管理和指挥决策方面强化CAD、CAM、CIMS、ERP等技术的推广应用，提高企业开发、生产、经营、管理水平。“十五”期间争取全省各行业列入全国电子信息应用贷款项目计划（倍增计划）500项，总投资50亿元。同时，电子信息产业把为各行各业设计、生产相关软件、集成电路、应用产品作为切入点，充分发挥信息技术改造传统产业的作用。在信息化城市建设和信息服务业（含电子商务）发展过程中，电子信息产业积极提供软件及系统集成等相关产品。

（三）增强企业融资能力，建设八大投资专项

建立以市场为导向，企业为主体的多元化、多层次、多渠道投融资体制。改革投资管理方式，对企业出资建设国家非限制和非禁止类项目，逐步实行登记备案制。一是争取国家政策性贷款、财政债券等各类资金投入。二是高新技术风险投资基金和省市可调控资金向电子信息产品制造业、软件业倾斜。省及有条件的市可以仿照国家建立相应的信息产业发展专项基金，加大对信息产业的支持力度。省信息化建设投资公司建立全新的投资机制，积极促进产品结构调整。三是积极引导信贷资金给予重点支持。四是充分发挥民间资本的巨大投资潜力，吸引民间资本参与信息产业发展。五是引导企业提足用好技术开发费和折旧资金，增强企业自我积累、自我发展的能力。鼓励企业以租赁、兼并、股份制等方式吸收先进设备和技术，盘活资产存量，优化配置生产要素。六是引导和支持企业通过上市（包括二板市场和境外股市）、借壳和买壳上市、吸引其他行业上市公司出资入股、发放企业债券，增强市场融资能力。监督上市公司的募集资金切实用于上市公告的建设项目，充分发挥上市公司的再筹资能力。到2005年，我省电子信息产业上市企业，要从目前的4个发展到15个以上。七是加大投资力度，“十五”期间，我省电子信息产业将投入500亿元（包括利用外资），实施重点基本建设和技术改造项目，为实现产业发展和结构调整目标打下基础。本着分类指导，重点突破原则，集中抓好江苏软件园、江南微电子基地、新型元器件、移动通信、光电子、网络产品、数字化视听、电子应用产品等八大投资专项，提高产业组织化程度，提高市场竞争力。

（四）加快改革改组步伐，建设八大重点集团

认真贯彻十五大和十五届四中全会精神，按

照四种类型搞好国企改革和调整。一是以股权多元化为重点，在国有大中型企业中基本建立起规范的现代企业制度，健全责权统一、运转协调、有效制衡的企业法人治理结构。加快产权制度改革，全面深化分配制度改革。推进企业信息化，增强企业参与市场竞争的能力。二是推动企业组织结构调整。鼓励企业通过资本运营进行跨地区、跨行业、跨所有制的联合兼并重组，适度提高企业集中度，培育壮大一批拥有自主知识产权、主业突出、核心竞争力强、能够参与国际竞争的企业集团，使之成为全省信息产业的支柱和参与国际竞争的主要力量。“十五”期间力争形成8个销售收入在50亿元以上的大型企业集团，其中1个超过300亿元，2个超过100亿元。三是采取股份合作制、托管、租赁、员工持股等多种方式，放开搞活国有中小企业。积极扶持中小企业向“专、精、特、新”方向发展，制造业培育20个左右销售收入超过10亿元的“小巨人”企业。软件业形成8家年销售收入2亿元，10家5000万元以上的骨干企业。四是支持一批有相当实力的私营企业上规模上水平，形成一批较有实力的私营企业集团，尤其关心、扶持民营软件企业的发展，支持留学归国人员回江苏兴办电子信息企业。

（五）继续扩大对外开放，建设六个园区基地

认真实施我省提出的“经济国际化战略”，继续扩大对外开放。一是认真分析加入WTO后需遵循的规则、有关协议条款及相关承诺，研究对各个具体产业的影响及对策，学会运用技术壁垒和反倾销、反补贴手段，保护发展我省电子信息产业。二是合理有效地利用国内外两种资源，两个市场，积极参与国际合作与竞争，促进产业国际化。继续重视与跨国公司的合资、合作，进一步发展新的合资企业。充分发挥我省各级开发区和出口加工区的对外开放功能，注重吸引信息产品制造业、软件业的外商来合资、独资办企业，吸引技术水平高、附加值高和市场占有率高的大项目，重视吸引外资企业在我省建立技术开发中心和全球性的采购中心，提升利用外资的层次和水平。“十五”期间，全省电子信息产业利用外资40亿美元以上，形成六个年销售收入超过200亿元的开发园区，成为我省电子信息产业的重点基地。三是推动省内企业与外资企业的配套协作，积极争取加入跨国公司的生产体系与销售网络，加快与国际经济接轨。四是在做好“请进来”的同时，做好“走出去”的工作，鼓励发展出口效益型企业，支持出口基地和扩大出口企业的建设，坚持以质取胜、科技兴贸、市场多元化，努力增加出口。支持有一定实力的企业到境外投资，输出现有设备和成熟技术，建立境外生产加工基地或建立研究中心，借智开发一批拥有自主知识产权的高新技术产品，“十五”期间，争取在境外建立3～5个电子信息产品生产基地。

江苏省无线电管理“十五”规划

“十五”期间（2001～2005年）是我省无线电管理走向科学化的关键时期，也是支持和促进我省信息化建设和信息产业快速发展的重要时期。这一时期，我们要在基本实现无线电管理规范化的基础上向新的奋斗目标迈进。思路决定出路。我们必须立足江苏，面向全国，放眼世界，形成一个更加适应无线电事业迅猛发展的管理思路，抓住新的机遇，迎接新的挑战，再创新的辉煌，使全省无线电管理水平再上一个新台阶。

一、“九五”期间江苏无线电管理工作的简要回顾

“九五”期间，江苏的无线电管理工作在省委、省政府和国家无线电办公室的正确领导下，认真贯彻执行国家无线电管理法规和方针政策，大力加强基础和技术设施建设，不断推进规范化管理，在合理利用频率资源和积极维护电波秩序等方面取得了显著成绩，促进了我省无线电通信事业持续、快速、健康发展，为经济建设和社会发展提供了较好的服务保障。

（一）频率台站管理逐步规范

截至2000年底，全省各类无线电发射设备数量由1995年底的25万多部猛增至近600万部，尤其是公众移动通信网发展异常迅猛，用户数量5年翻了4番。专业网也由过去以对讲机为主转变为微波站、卫星地球站、数据通信等多种业务齐驾并驱。面对各类无线电发射设备数量高速增长的形势，全省无线电管理机构通过近几年相继开展的台站核查、无线寻呼台重新登记、严格控制“三高”（高山、高塔、高楼）设台、争创无线电台站管理先进单位等一系列活动，有效地促进了频率台站的管理逐步规范有序。

（二）依法管理力度明显增强

“九五”期间，每年结合《中华人民共和国无线电管理条例》颁布纪念日集中开展无线电管理法制宣传。省里编印了《无线电管理政策法规汇编》，制定下发了“江苏省无线电管理行政执法人员管理办法”等5个法规性文件，统一了全省无线电管理执法文书。全省共举办了4期法制培训班，省、市无管机构都建立了行政执法责任制，还先后集中开展了短波秩序整顿、执法守法大检查、治理水上通信秩序等执法监督检查活动，逐步树立了无线电管理机构依法管理的权威，有效地维护了空中电波秩序。

（三）基础和技术设施建设初具规模

“九五”期间，全省无线电管理机构共投入1.33亿元资金，新建了近19000平方米的办公业务用房，建成了8个固定监测站，3个移动站，完成了全省无线电管理监测系统一期工程，实现了省中心站与南京、无锡、徐州分站联网，并加快了省、市两级计算机局域网、广域网建设。全省共购置配备了130多台（套）检测仪器仪表，省和有关省辖市还相继建成了技术监督无线电发射设备产品质量检验站。

（四）管理队伍素质不断提高

全省无线电管理机构加强了自身建设，通过健全学习制度、坚持检查制度、狠抓培训制度、改进办文制度、建立反馈制度、严格财务制度等一系列行之有效的得力措施，特别是在全国率先推行了无线电管理形象识别系统（CIS），推行了办公室文档一体化，对规范全体无线电管理工作者的行政行为，都起到了积极的推动和促进作用。

（五）为经济和社会发展作出了应有贡献

“九五”期间，全省无线电管理机构大力支持无线通信业的加速发展，充分满足通信业的资源需求，及时为300多万个新设台站指配了频率，提供了良好的服务保障。还先后精心协调解决了一批省和国家重点工程通信网的频率矛盾，保证了这些重点工程的无线通信正常进行。据不完全统计，1996年至2000年6月，全省无线电管理机构共受理设台用户干扰申诉800多起，及时查处干扰近700起，查处率达80%左右，得到了各级政府和设台用户的广泛好评。

“九五”期间，在全省无线电管理工作中也存

在着一些不容忽视的问题，主要表现在：台站管理的方式方法还需进一步改革；频率资源的保护和利用还缺乏科学的规划；技术设施建设还需不断配套完善；依法管理的力度仍需要进一步增强；管理队伍的整体素质有待于进一步提高。

二、当前无线电事业的发展形势

现代人类社会正在经历一场以信息技术为代表的全球性科技革命，信息技术正在成为国家经济增长的最重要的源泉，信息产业已经成为国民经济最强劲的增长点。21 世纪，人类必将加速进入“知识经济”时代，进入信息社会。无线电波作为传递信息的载体之一，以其具有跨越时空进行信息沟通的灵活性，以及连接全球的无缝隙覆盖的特性，从而成为对人类最具吸引力的信息沟通方式。当前，无线电通信成了信息产业中最为耀眼的“亮点”，其迅猛发展的速度正以如潮之势，一日千里。

——无线通信业务日益丰富。从世界范围来看，无线通信用户的年增量和增速都在持续大幅度提高，无线通信已进入规模化发展的阶段。近两年，除全球移动电话每天以新增 25 万户的速度“爆炸式”增长外，卫星、寻呼、无线接入等业务广泛应用，呈多样化共同发展，特别是无线数据业务高潮迭起，并积极与因特网接轨，极为引人注目。

——无线通信技术日新月异。以第三代移动通信为代表的各种无线通信新技术正在不断得到开发和应用。第三代移动通信将很快投入商用。随着通信技术的不断进步，更高频段的无线电频谱将被应用于无线通信，获得的带宽将进一步扩展。其他新技术如多维信号处理与电磁兼容分析及多维频率共用、智能天线、软件无线电、现代编码调制、多媒体综合、业务传送多层工作平台、多载波并联传输自适应非线性对抗等技术的不断开发和应用，将给无线通信大发展提供更为广阔的空间。

——无线通信市场日趋活跃。近年来，为适应社会主义市场经济体制的要求，迎接即将到来的国际竞争，我国通信业进行了政企分开、邮电分营、电信重组等一系列带有战略意义的重大改革，并取得了初步成效。当前，国内通信市场相互竞争的格局已初见端倪。不久，我国加入 WTO 后，国内通信市场的经营体制将呈现多元化，由于外商、外资的参与将使通信市场更加繁荣，竞争也将更加激烈。

综上所述，当前无线电事业所展示出的“业务广泛应用、技术快速发展、市场激烈竞争”这三大特点，要求我们无线电管理部门的管理思路必须适应无线电事业发展的趋势，认真研究和探索对各类无线电台站如何科学管理、对无线电频率如何合理规划、对无线通信市场如何正确引导，从而确定“十五”期间的管理重点，制定管理目标，明确管理任务。

三、“十五”期间江苏无线电管理的指导思想、基本原则和奋斗目标

（一）指导思想

高举邓小平理论伟大旗帜，全面贯彻落实江泽民总书记关于“三个代表”的总要求，在国家无线电办公室和省信息产业厅党组的领导下，紧紧围绕“无线电管理为经济建设服务”这个中心，根据无线电事业的发展需求，以合理开发、有效配置、安全利用频率资源，维护空中电波秩序，保证各种无线电业务的正常进行为宗旨，不断提高无线电管理科学化水平，支持和促进全省信息化建设和信息产业健康发展，为江苏的经济建设和社会发展作出更大贡献。

（二）基本原则

“十五”期间，全省的无线电管理工作必须认真坚持以下几条基本原则：

1. 坚持用发展的眼光统揽全局。认清形势，把握无线电事业的发展趋势，对频率规划、技术设施建设、法制建设、机构设置、队伍建设等事关全局的大事，一定要着眼发展，面向未来，谋划长远，努力使管理与发展相适应。

2. 坚持依法行政、依法管理。积极贯彻落实国家和我省“依法治国”、“依法治省”的方略，以《中华人民共和国无线电管理条例》及相关的法规为准绳，认真履行“空中交警”的职责，管理好频谱资源和电波秩序。

3. 坚持为经济建设服务。紧跟省委、省政府的工作部署，尽最大努力满足全省经济建设和社会发展对无线电频率资源和电波秩序的需要，充分发挥无线电管理在国民经济生活中的服务和保障作用。

4. *坚持向科学化管理要效率*。破除旧的观念，转变工作作风，改善作业手段，不断推进管理方式科学化，通过提高工作效率，争创最佳社会效益。

（三）奋斗目标

经过“十五”期间的努力奋斗，使全省的无线电管理较好地适应无线电通信新业务、新技术的发展和市场竞争的需求，确保资源利用合理，电波秩序井然，电磁环境良好，各类台站兼容，无线电管理科学化水平走在全国前列。

1. *资源利用*：到2005年，建成全省频率资源数据库，运用数据库和EMC分析等方法科学分配资源；按照国家频率规划的要求，调整好1－3GHz频段内的在用业务频率，满足公众通信的频谱需求；完成微波波道配置的调整和规划；按频率用途和使用区域，在国家划分规定的基础上，做好1GHz以下各种通信业务的频率规划。全省实现在有限的频段和空间里，依据频谱占用情况，高效利用频率，基本满足各类无线电业务的资源需求。

2. *台站管理*：建成全省台站数据库，数据准确率达90%以上。其中地球站、微波站、超短波固定台等8类台站的功率、频率、天线高度等10项技术参数准确率达到100%；固定台站布局合理，经过电磁兼容分析计算确定技术参数；通过采取必要的技术措施，使“三高”设台隔离度指标合格；全省实现各类台站的发射设备在核定的参数范围内工作，各项业务之间互不干扰，各行其道。

3. *电波监测*：在30－3000MHz频段内，能够进行符合ITU标准的空中电波监测，在3－30GHz频段内能够完成各类现场监测，年监测时间超过2/3以上工作日；能够为各类无线电业务提供必要的电磁环境测试；能够对管理的各类无线电发射设备有关指标进行检测，新设备检测率达到95%以上，固定台年检率达到50%以上；完成省质量技术监督局下达的质检任务和各类委检任务；对异常和干扰信号能及时捕捉、分析、快速查处，有害干扰查处率达90%以上。

4. *电磁环境*：能够有效地防止和控制频谱污染，在各主要通信业务频段上，场强背景有显著改善，全省电磁环境良好。其中重点保证：南京、徐州、苏州、无锡、连云港、常州、南通、盐城等机场附近的航空通信导航频段无有害干扰；长江江苏段、太湖、洪泽湖、江苏沿海各港口的水上通信频道无严重干扰；沪宁铁路、新长铁路、陇海铁路列车调度频率无干扰；全省公众通信网频段免受严重干扰。

四、“十五”期间江苏无线电管理的主要任务

“十五”期间，我省无线电管理的主要任务是：紧紧围绕奋斗目标，进一步加强频率台站的规范化管理，加大执法监督检查力度，加快完善无线电管理技术设施，强化对各类无线电发射设备的管理，着力塑造管理机构良好的社会形象，为全省无线电管理工作实现新的跨越而努力奋斗。

（一）改革频率台站的管理方式

1. *加强政策指导*。认真开展对无线电频谱资源的市场需求研究，制定全省无线电频率分配政策，使全省无线电频率资源有明确的利用导向，切实提高频率资源的利用效益。

（1）遵循国家总体原则。依据国家的总体产业政策和无线电频谱划分规定，结合我省国民经济和社会发展的实际状况，以满足全省“十五”期间频率资源需求为前提，积极支持使用新技术，开拓新业务，鼓励节约资源，适度引入竞争机制，引导全省无线通信市场走规模化的发展道路。

（2）符合频谱资源特点。认真分析研究各频段资源的特点，从传播特性、业务种类、使用需求等方面进行综合评估，根据各类频段利用的经济价值，制定具体的资源分配使用意见。

（3）区别对待不同用户。对不同的频率使用者采取不同的分配使用政策：对政府社会公益部门要重点保障；对企业、商业实行有偿使用；对通信营运者采取竞争有偿使用；对个人可探索划定范围放开使用。

2. *做好超前规划*。依据国家新修订的频率划分表和具体的频率规划，充分考虑各省辖市和省各大系统通信业务的需求，按照频率用途和使用区域，认真制订全省频率分配使用规划。

（1）做好1000MHz以下各通信业务频率的使用规划，主要有：230MHz数传通信频率、长江江苏段水上通信频率、800MHz和380MHz集群通信频率等，完成450MHz频段和渔业船用电台的频率调整。

（2）调整 1～3GHz 频段原各类业务使用的频率，采取改频避让，以满足第三代个人通信和其它新业务的频率需求。

（3）调整 1～30GMz 微波波道配置，并做好相应的使用规划。至 2002 年底，全省基本淘汰各类模拟微波设备。2005 年起，对不符合标准的数字微波设备将不予保护。

3. 坚持规范审批。

（1）完善现用的江苏省无线电管理监测系统软件。在现有软件版本的基础上，进一步优化软件流程，加强统计分析功能，完成辅助决策系统，配备 VHF/UHF 频段的频谱工程软件。

（2）建好基础性数据库，包括台站、频率、设备、监测、文本数据库，并着手建设地理信息、电磁环境、综合管理数据库。

（3）制定一系列的规章制度，严格按照江苏省无线电管理监测系统的流程审批频率台站。

4. 改进日常管理。

（1）实施分类管理。根据不同类型频率台站的特性，分别制定相应的管理规定。“十五”期间，重点加强对公众网基站、业余无线电台、专向对讲机和移动台设置、寻呼台基站、卫星地球站和水上岸台、渔业电台、公安系统电台等一系列分类管理的力度。同时，合理调整省与省辖市的管理内容，逐步实现台站管理属地化，进而向省以管频率为主、市以管台站为主的模式过渡。

（2）抓好动态管理。从被动式的管理转向主动管理，特别是对电磁环境影响较大的固定台站，必须从设台之日起就要将其纳入到经常性的监测和监督检查的管理流程当中去。台站设置后，要通过一段时间的监测建立相应的数据档案；台站正式运行后，要不断地进行监测并与数据档案作比较；台站撤销时，要及时严格地办理好撤销报废手续。

（3）加强协调管理。根据《中华人民共和国无线电管理条例》规定的频率台站矛盾协调原则和国家的有关规定，制定我省具体的协调规定。针对各项业务特点，重点做好各系统之间、新老业务之间、军地之间、接壤省（市）之间的协调工作。

（二）健全执法监督检查体系

重点抓好立法、队伍、培训和执法实践活动等几个主要环节，使全省无线电管理执法监督检查形成一个权威性的执法体系，真正做到“有法可依，有法必依，执法必严，违法必究”。

1. 制定配套法规。积极争取将我省无线电管理法规纳入省人大的立法计划。在此前提下，组织专门的立法班子，依据《中华人民共和国无线电管理条例》，结合江苏实际，认真开展我省无线电管理立法调研和法规起草工作，力争在 2005 年前通过省人大颁布实施《江苏省无线电管理条例》。

2. 建立执法队伍。受省信息产业厅委托，以省无线电管理局及其派出机构为主，同时吸收一些无线电事业比较发达的县（市）无线电管理人员，组成一支专兼职人员相结合的无线电管理执法监督检查队伍。

3. 加强法制培训。每年全省集中举办 1 至 2 期无线电管理法规知识培训班，组织执法队伍重点学习《中华人民共和国无线电管理条例》及配套的法规、《行政诉讼法》、《行政处罚法》、《行政复议法》。把培训与考核相结合，考核结果与上岗执法相结合，成绩不合格者不上岗。“十五”期间，全省出 1～2 本无线电管理执法案例汇编；组织 1～2 次模拟法庭观摩；召开 2～3 次执法经验交流会；举办 3 期典型案例剖析研讨会。

4. 普及法制知识。充分运用多种宣传手段，向全社会广泛普及无线电管理法制知识。每年除利用《条例》纪念日集中开展一次有较大影响的宣传活动以外，还要积极做好日常的宣传工作，逐步扩大无线电依法管理的社会影响。

5. 坚持执法实践。按照全省统一的执法文书，规范的执法程序，认真开展经常性、专项性的无线电管理执法监督检查活动。做到日常执法检查与突击执法检查相结合，专项执法检查与会同公安、工商等部门联合执法检查相结合，执法机构的检查与群众举报相结合。在开展执法监督检查活动过程中，对比较典型的案例进行舆论曝光，既对全社会进行普法教育，又提高无线电管理执法监督检查的威信。

（三）建成省市互联的监测网络

按照“九五”期间提出并开始实施的全省无线电监测网络（代号“天控”工程）的框架，分为 4 个层次，即省监测中心、区域监测中心、省辖市监测站以及无线电事业较发达的县（市）监测点，继续做好规划，抓紧建设，到 2005 年基本实现省监测中心与省辖市监测站联网监测。

1. 提升省监测中心技术设施档次。省监测中心作为全省权威性的监测部门，必须重点提高监测数据处理分析能力。要根据无线电技术的发展状况，不断探索对各类通信方式的监测手段，有针对性地继续加强监测设备的建设和升级工作，进一步完善监测软件功能，如数据处理分析、统计、预警等功能，为频谱管理工作提供技术保障和科学依据。

2. 完成全省 3 个监测区域中心站的建设。根据苏北、苏中、苏南 3 个区域的不同情况，不同的任务分工，有步骤、有重点地实施建设。在中心站的选择上，以技术力量为主，能够在本区域内发挥监测业务的骨干作用。苏北区域监测中心站，辐射徐州、淮阴、宿迁、连云港地区；苏中区域监测中心站，辐射扬州、盐城、泰州、镇江地区；苏南区域监测中心站，辐射无锡、苏州、常州、南通地区。“十五”期间，对苏南、苏北区域监测中心站主要是继续加强软件建设、完善固定站硬件建设。重点投资建设苏中区域监测中心站，抓紧建成一个固定站和一个移动站，完成系统软件和局域网建设。同时，加大对 3 个区域监测中心站人员培训的力度，健全各项制度，使建成的系统真正发挥作用。

3. 分类建好省辖市固定站和小型移动站。根据当地经济和无线电通信事业的发展水平，分两个级别建设省辖市无线电监测固定站，都有与系统软件连接的接口，能通过系统软件扩展监测功能和统计分析能力。每个省辖市另配备 1 辆具有基本监测功能的小型监测车，以便完成固定站监测区域以外的无线电监测工作，并且能快捷便利地查找干扰，弥补固定站的不足。对各县（市），根据无线电事业发展情况适当配备一些简易的无线电监测设备。

4. 抓紧全省无线电管理监测系统联网。继续完善无线电管理监测系统软件 V1.0 版，完成向 V2.0 版升级。建好各省辖市的局域网，并推广使用市级版软件。要采取有效措施，加强全省无线电管理监测系统网络的安全建设，制定相应的网络安全规划，提高系统的抗破坏和抗恶意攻击能力，保障网络安全运行，实现国家、省、市网络互联，资源共享。

（四）完善设备和产品检测系统

对全省进口、研制、生产和日常的无线电发射设备及产品进行严格把关的检测系统（代号“地检”工程），在“十五”期间进一步完善并逐步提高系统的自动化水平。

1. 继续加强省质检站的技术设施建设。添置必要的无线电发射设备产品质量检验仪器，不断完善检验手段，积极开拓新的质检业务，增加无线电接收设备指标等质检项目，力争把质检站建成一个功能齐全、手段先进、在全省无线电通信和电磁辐射领域里具有权威性的质检部门。省辖市有较大质检业务量的也可建质检站，配备相应的检测设备。

2. 加强检测系统的设备配套建设。省和省辖市继续配置对调频电台、寻呼发射机、GSM 手机和基站、微波设备、CDMA 移动台、基地台等进行测试的所需设备，并逐步配套成龙。在此基础上，进一步拓展设备检测系统的软件功能，到 2005 年基本实现设备检测自动化或半自动化。

3. 做好省电磁兼容（EMC）实验室的调研和筹建工作。根据无线电管理事业的发展需要，必须十分重视电磁兼容分析，可先进行建设 EMC 实验室的前期调研，并着手筹建，待时机成熟时投入建设，实现对工、科、医等非无线电发射设备电磁幅射的检测。

（五）加强管理队伍的内部建设

以规范全省无线电管理机构和全体无线电管理工作者的行政职能活动为目的，从思想政治、作风、制度和信息化等诸多方面全方位地加强建设，向“办事高效、运转协调、行为规范”的行政管理体系目标前进。

1. 思想政治建设。认真学习邓小平理论，积极实践江泽民总书记关于“三个代表”的重要思想，以“讲学习、讲政治、讲正气”和“致富思源、富而思进”等一系列思想政治教育为动力，在全省无线电管理机构中进一步深入开展“争创优质服务、优良作风、优美环境、群众满意、基层满意、领导满意的先进集体”活动。全省每两年表彰一批先进集体和个人。

2. 作风建设。全省无线电管理机构领导班子带头大兴深入实际的作风、拼搏进取的作风、勤政廉洁的作风。每个领导班子成员每年写出有一定质量的调查研究文章；完成两项以上有突破性的工作；民主测评的群众满意率达三分之二以上。

3. 制度建设。不断适应新形势，根据新情况，针对新问题，及时修订、充实和完善机关内部的各项规章制度。“十五”期间，全省无线电管理机构重点加强政治理论学习、单位目标考核、个人岗位考评等制度的完善和落实。同时，在各级、各单位现有规章制度的基础上，通过取长补短、兼顾全局，在全省无线电管理机构建立一套统一的规章制度，编印成册，人手一本。

4. 信息化建设。根据国家关于“积极运用先进信息技术、努力建设廉洁高效政府”的要求，全省无线电管理机构采取切实有力的措施，积极利用网络技术、数字技术，加强行政管理信息化、现代化步伐，以适应无线电事业日益发展的需要。“十五”期间，省与省辖市无线电管理机构的文档一体化全部联网，实现网上办文，规范行为，提高效率。全省无线电管理信息网先实现内部联网，尔后与政府各部门联网，进而与 INTERNET 互联，通过信息网络向社会公示政务，提供服务。

五、完成“十五”目标和任务的主要措施

为了充分保证“十五”期间我省无线电管理目标的顺利实现和主要任务的圆满完成，全省无线电管理机构要统一思想，齐心协力，勇于开拓，认真采取以下三个方面的主要措施：

（一）坚持精干高效的体制目标，建立职权清晰的管理机构

体制对事业的发展至关重要，机构是做好工作的组织保证。因此，在“十五”期间首先把全省无线电管理体制进一步理顺，把机构设置进一步调整好。根据省委、省政府 2000 年省级党政机构改革的总体部署和指导原则，结合我省无线电事业发展的实际需要，并参照有关兄弟省份的可取之处，我省无线电管理机构的设置向结构合理的格局进行逐步调整，最终实现运转协调、精干高效、职权清晰。

1. 机构设置框架。

（1）省无线电管理局为副厅级建制，在省信息产业厅党组的领导下，并受省信息产业厅委托，行使《中华人民共和国无线电管理条例》赋予的政府行政管理职能，负责全省无线电管理日常工作。

省无线电监测站为正处级建制全额拨款事业单位，受省无线电管理局领导，负责全省无线电监测工作。

（2）省辖市仍设立省无线电管理局派出机构，由省无线电管理局和当地市政府双重领导，负责当地无线电管理日常工作。

省辖市无线电监测站受当地省无线电管理局派出机构领导，负责当地无线电监测工作。

（3）县（市）设无线电管理特派员。人员由当地省无线电管理局派出机构负责招聘，采取合同制，委托县（市）政府办公室管理，在省无线电管理局派出机构的领导下开展工作。

2. 各级职能分工。按照《中华人民共和国无线电管理条例》关于“无线电管理实行统一领导、统一规划、分工管理、分级负责的原则”，省和省辖市派出机构以及县（市）特派员各自的无线电管理职能分工合理，职责分明，更好地适应无线电管理工作的实际需要。

（1）省无线电管理局着重于宏观管理。依据《中华人民共和国无线电管理条例》和国家有关方针政策，结合江苏实际，研究拟订全省无线电管理的政策、法规，制定全省无线电管理工作规划，组织管理队伍的培训，负责全省无线电管理规费征收，负责全省无线电管理法制建设，负责实施全省无线电管制，牵头协调省辖市之间、省部属部门之间、军地之间以及与接壤省（市）之间的频率矛盾，负责全省的频率规划、分配以及对研制、生产、进口设备的审核等。

省无线电监测站负责全省无线电监测业务的计划、组织、指导和检查；负责制定全省无线电技术设施建设计划并组织实施；负责全省监测业务培训和技术指导；组织和协调全省性和跨地市的无线电监测和干扰查处；负责全省无线电发射设备产品的质检、检测；负责全省无线电管理信息网络的统一管理；组织实施频谱资源的开发和应用等。

（2）省辖市派出机构主要负责频率台站的日常管理。包括设台审批、执法监督检查、规费征收、日常监测、查处干扰等。

省辖市无线电监测站负责当地的无线电监测、设备检测和干扰查处；协助省站实施本市的无线电管理技术设施建设；负责本站监测系统、网络和仪器设备的维护；负责监测数据的收集、分析、整理和上报等。

(3) 县（市）特派员充分发挥无线电管理在基层的宣传员、联络员、监督员的作用，积极完成省辖市派出机构交给的有关任务。无线电事业发达的县（市）应负责本区域内日常电波监听工作。

3. 转变工作方式。

(1) 管理服务并重。破除旧的传统观念，确立新的管理意识，强化“管理就是服务”的思想。在日常工作中，自觉地把服务用户、服务基层、服务群众寓于管理之中，争创政府文明窗口，塑造无线电管理机构良好的社会形象。

(2) 把握市场规律。密切注视无线电通信市场的发展状况，认真研究我国加入WTO以后的新情况、新问题，积极探索新的对策和措施，学会运用市场手段调控、分配频率资源，重视运用法制武器规范、维护电波秩序。

(3) 提高办事效率。逐步摆脱手工作业式的管理方式，向现代化的工作手段要效率。增强紧迫感，树立效率观，积极发扬紧张有序、雷厉风行的作风，奋力追求工作的最佳绩效。

（二）坚持优胜劣汰的用人原则，大力提高管理队伍的整体素质

知识经济时代的竞争与发展关键是人才。面对新世纪之初江苏无线电管理的重任，必须把人才的培养和使用放在十分突出的地位。“优胜劣汰”是人才建设的核心。因此，按照公开、平等、竞争、择优的原则，采取一系列政策措施，深化人事制度改革，勇于创新，在全省无线电管理机构中努力创造“人尽其才、人才辈出”的制度环境，为建设一支高素质的无线电管理队伍提供宝贵的人才资源。

1. 大力改革用人制度。积极贯彻落实中共中央关于《深化干部人事制度改革纲要》，坚决破除事业单位目前实际存在的干部身份终身制，逐步实行聘用制。在竞聘上岗、择优聘用的基础上，单位职工按照国家有关法律法规，签订聘用合同，明确双方的责任、权利和义务。认真制定《江苏省无线电管理机构聘用制规定》，保障单位用人权和职工择业权的落实，保护单位和职工双方的合法权益，在以聘用机构内部人员为主的同时，应适当向社会公开招聘，扩大用人视野，并注意合理安置内部未聘人员。

2. 全面推行岗位管理。合理设置全省各级无线电管理机构的行政和专业技术岗位，明确每个岗位的职责、任职条件和聘任期限。认真制订《江苏省无线电管理机构上岗资格规定》，严格把好上岗关口。以岗位职责和聘用合同为依据，逐步建立健全适合行政和专业技术工作特点和岗位特点的考核指标体系，强化岗位管理的效能。

3. 建立健全激励机制。建立起干部“能上能下、能进能出、有效激励、充满活力”的机制，是不断推进和深化干部人事制度改革的一条重要的基本目标。因此，应以考核指标体系为主要手段，逐步形成重实绩、重贡献、各项奖励向优秀人才和关键岗位倾斜的激励机制。在干部任用上，根据“任贤用能、唯才是举”的原则，实行能者上、庸者下的任用办法，使干部职务能升能降；在职工聘用上，根据“重在实绩、无绩下岗”的原则，实行有作为者续聘、庸碌无为者解聘的聘用办法，使职工队伍能进能出；在收入分配上，根据“效率优先、兼顾公平”的原则，实行按岗定酬、按任务定酬、按业绩定酬的分配办法，将职工的工资收入与岗位职责、工作业绩、实际贡献直接挂钩，使收入分配能高能低。

4. 加大人才培养投入。适应知识经济、信息时代和无线电事业日益迅猛发展的需要，高度重视人才培养。认真制订《全省无线电管理机构在岗人员继续教育计划》，大力加强在岗培训和岗前培训。以培养优秀拔尖型人才、年轻创新型人才、能力复合型人才为重点，加大对人才培养的投入，全面推行以提高综合素质和创新能力为重要目的的各类人才继续教育制度，以利于逐步改善全省无线电管理队伍的人员结构，使整体素质有显著提高。

（三）坚持适应管理的投资方针，不断提高技术设施的保障能力

无线电管理是多学科的综合性管理，其中技术管理是无线电管理的核心部分，是顺利运用其他管理手段的重要保障。要实现高标准高质量的技术管理，必须借助于先进的技术手段，采用先进的技术设施。“十五”期间，全省无线电管理技术设施建设的任务十分繁重，预计投资约1.5亿元。因此，在认真编制省、市技术设施建设“十五”规划的基础上，坚持“一切建设必须适应管理需要”的战略指导方针，在投资决策中牢牢把握三条原则：

1. 合理布局。无线电技术设施建设投资大、工期长、技术含量高。为了有效利用资金，优化配置，必须对全省的无线电技术设施建设进行科学的规划。依据全省各地的经济发展水平、区域地理位置和无线电事业的发展状况，分清主次，合理布局，分步实施，稳妥推进技术设施建设。在确保省会城市和全省3个区域监测中心站建设的同时，抓紧重点城市以及长江沿江地区的技术设施建设，带动和兼顾其他地区的建设。严格把好建设中的立项审批、招标投标、合同管理、竣工验收、财务审核等关口，防止资金浪费。

2. 注重适用。技术设施建设必须紧紧围绕我省无线电管理工作的实际需要，始终把适用性放在首位。认真坚持用得上的加快步伐建，不适用的坚决不上马，不单纯追求高档次。在抓好硬件设施建设的同时，更要做好软件的改进、完善和升级，特别是加快建好无线电管理基础性的数据库，与硬件设施配套成龙，实现投资一个，建成一个，适用一个，使建成的技术设施真正能够在无线电管理中充分发挥显著的社会效益。

3. 适度超前。随着现代科学技术的日益进步，无线电技术发展非常迅速，通信设备和体制更新换代的周期越来越短。为了适应这一趋势，在确定我省无线电技术设施建设项目时，既要立足当前需要，又要兼顾长远发展，认真把握好适度超前的原则。加强对新的无线电通信技术的跟踪了解和分析研究，切实掌握无线电新技术的发展动态与趋势。在此基础上，对无线电管理技术设施的建设应当保持适度的提前量，特别是对设备档次的选择要注意有一定的先进性、兼容性和可扩展性。对选购的设备，必须进行认真的考察论证、细致的技术分析和全面的性能评估，使建成的技术设施能够较好地适应无线电事业的发展。

六、实施战略举措的步骤

根据我省无线电管理工作的现状，在对“十五”期间的主要任务进行量化分析的基础上，积极稳妥地分为两步实施战略举措。

（一）至2002年：集聚发展潜力

1. 健全管理机构，调整各级职能。用大约两年的时间，分别健全省无线电管理局及其各省辖市派出机构，并建立起一支县（市）无线电管理特派员队伍。在此基础上，逐步调整各自的职能，合理划分管理权限和责任，为实现无线电管理科学化奠定基础。

2. 深化人事改革，优化队伍结构。以中共中央关于《深化干部人事制度改革纲要》为指导，先从省无线电管理局开始，然后推进到各省辖市派出机构，自上而下地全面实施干部人事制度改革。通过改革，使全省无线电管理队伍的年龄结构、知识结构、专业结构得到充分优化，精神面貌生机勃勃，整体素质明显提高。

3. 做好立法调研，争取地方立法。组成专门的立法调研班子，深入到设台用户和企事业单位以及机关院校、科研院所，进行认真的调查研究，依据《中华人民共和国无线电管理条例》及有关法规，拟定《江苏省无线电管理条例》立法方案，提交省人大，争取列入我省“十五”地方立法计划。

4. 建设监测系统，实现省市联网。至2002年，完成全省无线电管理监测系统二期工程的建设，并进一步完善频率台站数据库系统，积极投入使用，使省监测中心站与各省辖市监测站基本联网，相互支持，联网监测，全省无线电发射设备检测系统的功能得到进一步拓展。

5. 建好信息网络，改进工作手段。省无线电管理局和省辖市派出机构的文档一体化系统实现联网。全省无线电管理机构的信息网互联，同时与省、市政府各部门的信息网连接，并全部进入INTERNET网。

（二）至2005年：实现新的跨越

1. 管理体制高效。从省到省辖市直至县（市），建成一个“办事高效、运转协调、行为规范”的无线电管理体系，形成一套科学严谨的制度，发扬一股开拓进取的精神，树立一种效率第一的理念，充分展示出无线电管理机构文明高效的社会形象。

2. 队伍素质优良。全省无线电管理队伍中有70%以上的专业人员，有15%左右的复合型人才，有一批知识型的领导者。全体人员了解发展形势，熟悉专业知识，掌握政策法规，会用技术设备，具备良好的职业道德，在本职岗位上积极发挥出自己的聪明才智。

3. 依法管理有力。我省有一部与《中华人民共和国无线电管理条例》相配套的《江苏省无线电管理条例》。全省有一支精干的执法监督检查队伍。执法程序规范，执法文书统一，执法活动正常，全省无线电管理基本步入法制化的轨道。

4. 技术设施配套。全省各级无线电监测站的技术设施基本建成，监测、检测设备基本配齐，地理信息系统、电磁环境和综合管理数据库充分给予动态支持，频率指配、设台审批、规费征收、辅助决策、电波监测、设备检测等，初步实现自动化或半自动化。

5. 管理绩效显著。全面实现"十五"期间的4个主要奋斗目标，为我省信息化建设和信息产业的加速发展提供有力的支持和良好的服务保障，使无线电管理在全省的经济和社会生活中发挥日益重要的作用，产生更大的社会效益。

江苏省“十五”光通信产业发展计划

前　言

当今，以因特网为代表的新技术革命对传统的通信概念和体系带来巨大冲击，使国际通信业正在发生前所未有的重大变革，这场变革几乎遍及通信的每个领域，促使通信市场开放速度加快，竞争日趋激烈，管理体制的改革与网络演进的力度不断加大，新概念、新业务、新技术层出不穷。作为宽带传输解决方案的光纤通信从其诞生之日起，在通信界就备受瞩目，而且一直保持强劲的发展势头，特别是在二十世纪的最后几年，无论是在技术方面还是在其相关产品方面，光通信都得到了飞速发展，并确立了其在长途传输、越洋传输和骨干网中不可替代的地位。光通信虽然面临巨大的技术上的挑战和困难，但同时也将面临前所未有的发展契机，21世纪的光通信将得到全方位的发展和进步，并逐步走向成熟，最终将带动整个通信事业飞速发展。在此形势下，抓住全球通信设备制造业飞速发展的巨大机遇，把握通信产品制造业中最具活力的光通信产业的技术发展趋势，促进我省光通信产业持续、健康、快速发展，已成为“十五”期间我省电子信息产品制造业的一个焦点。

一、光通信发展的现状与问题

（一）国内外光通信产业发展现状

光纤通信以其频带宽、通信容量大、中继距离长及抗干扰性、保密性强等诸多特点而得到飞速发展。从70年代开始商用，到90年代光纤通信已成为各国电信业务传输的主要手段，成为当今社会信息高速公路的主干道。2000年，全球光纤市场突破了1.1亿公里，比1999年增长50%；光传输设备市场为235亿美元。在国外，光通信产品制造产业早已实现了集约化大生产，主要产品生产集中于十几家大公司手中。在全球光纤市场中，康宁公司、朗讯公司、阿尔卡特公司三大企业约占世界总产量的63%；在光传输设备市场中，阿尔卡特、北方电信和朗讯公司三家就占据了54%的份额。

我国从80年代开始在市话中继上采用光纤通信系统以来，经过多年的努力，在光通信技术的应用方面取得了有目共睹的成就。从商用水平看，我国光通信产品的水平与国际水平相对比较接近。目前，“八横八纵”光缆网已覆盖全国75%以上的县市，全国85%的行政村通了电话。2000年底全国光缆干线总长为125万公里（其中公用网约占65%以上），光纤的累计用量达2500万公里。目前，在国内光缆干线上一般采用2.5Gb/s光传输系统和基于2.5Gb/s波分复用系统，个别干线引入10Gb/s波分复用系统（32X10Gb/s）。本地网则主要采用2.5Gb/s和622Mb/s光传输系统，2.5Gb/s波分复用系统也开始应用。通信网中所采用的光纤通信传输系统的技术水平与先进国家基本同步。

在光通信产品制造业方面，经过十几年的努力，特别是“九五”以来的发展，我国不仅在一些光纤通信技术的研究开发方面已达到90年代末国际先进水平，而且产业发展也取得了长足进步，基本形成了比较完整的光纤通信产业。部分接入网设备已实现了国产化，光电器件的生产形势不错，一些产品已经占领了我国较大的市场份额，初步具备同国外大公司竞争的能力。如光连接器的组装，年生产能力已达200万套，略大于国内需求；此外还有陶瓷套管的精密加工，年生产能力超过2000万只（大部分出口）；耦合器及二波长复用器的年生产能力在50万套左右，亦与国内需求大体持平。

（二）我省光通信产业的现状

1. 具有良好的学科、技术和人才综合优势

江苏省和南京地区的高校和研究所云集，实力雄厚。其中，高校与重点学科数量约占全国的1/10，位于全国省、市前列，学科体系配套相对完整。相应地，形成了学科、技术与人才的巨大综合优势。多所高校承担了国家“863”光电子专

题计划，这为加速发展我省光通信产业奠定了良好的技术基础。

南京邮电学院在光通信领域技术力量较雄厚，科研和科技开发面向市场，积极为地方的经济建设服务，取得了良好的社会效益和经济效益。其光纤通信研究室先后承担了多项国家和省的自然科学基金项目和攻关项目。在光缆电视传输、光纤计算机局域网、光纤宽带网络、光器件等方面取得了一系列成果，先后荣获国家发明三等奖、国家科技进步三等奖各一项，省部级科技进步二等奖三项，三等奖两项，还有多项成果获市级科技进步奖。

东南大学射频与光电集成电路研究所是由国家教育部和东南大学联合投资，于1997年建立的新型集成电路设计中心。拥有多套先进的科研设备和集成电路设计软件，装备了世界上先进的高速和微波芯片测试台。具备了成批设计高速、高频、光电和VLSI集成电路的条件。在国内外已和多所大学、研究所、公司建立了合作科研关系，开拓了十多条先进的工艺实现途径。自1999年5月开始，已相继设计出砷化镓、磷化铟和CMOS三种工艺的30多种集成电路，在国内外投入工艺制作，流片并测试成功，其中十多种0.35和0.25微米CMOS工艺研制的光通信用集成电路已达到2.5Gb/s的世界先进水平。2001年，利用0.25微米CMOS工艺研制的1：4分接器达到10Gb/s工作速率，超过4.25Gb/s世界先进水平。

南京理工大学电子工程与光电技术学院在承担有关无源光纤传像项目的同时，跟踪国外有关ATM-PON技术发展动态，积极开展有关APON光网络终端ONT的技术预研，并为进一步与企业合作，研发具有自主知识产权的APON光网络终端产品作积极准备。

2. 区位优势显著，光通信产品制造业在国内位居前列

我省的光通信产业分布在经济、文化、交通高度发达的长江下游与沪宁沿线的宁、苏、锡、常、通等地区，具有得天独厚的区位优势。特别在“九五”期间，我省光通信产品制造业发展迅猛，光缆产量位居国内第一，光纤生产已形成一定的能力，光预制棒开始投产，光传输设备部分实现了产业化，光电器件正在蓬勃发展。

我省已成为国内重要的光缆生产基地。江苏中天科技股份公司、江苏亨通光电股份公司、江苏通光集团、江苏永鼎股份有限公司及江苏法尔胜股份公司控股的成都汇源光缆厂五家的光缆产销量均位居全国前十位，2000年光缆销售量超过200万芯公里，光缆品种既包括长途干线及电力等行业使用的ADSS、OPGW、海底光缆等，也包括接入网的带状光缆、室内外软光缆等。

南京华新藤仓光通信公司已形成年产光纤80万公里的能力。江苏中天科技股份公司和江苏亨通光电股份公司的光纤拉丝生产线项目已获得国家经贸委批准，将于近期内实施。

江苏法尔胜光子有限公司采用MCVD（改进型化学气相沉积法）和AOVD（外部气相沉积法）相结合的独特的低成本工艺，已生产出大直径光纤预制棒。南京特恩驰的光纤预制棒生产线也将在近期建成。

另外南京普天、斯威特集团、宏图高科、苏州科达、中天科技等公司在光纤连接器、耦合器、放大器等器件和SDH光纤接入网设备、光纤环路设备、光端机等方面也形成了一定的生产能力。

（三）光通信产业存在的问题

最近十年，我国光通信产业虽然取得很大的发展，但仍不能完全适应我国通信事业高速发展的需求，在产业本身的发展过程中也产生了一些问题，其中有些问题存在多年始终未能解决，这些问题也同样存在于我省的光通信产业中。其中最突出的有：

1. 基础性关键技术薄弱

国内包括我省的光缆制造业中，一半以上的光纤依赖进口，国内能够拉丝的企业寥寥无几，且所用光棒几乎全部进口，导致国内光缆价格受制于外的现象十分严重。光纤通信设备所需的大部分关键元器件（如超大规模集成电路，新型光电器件）也主要依赖引进。在光开关、密集波分复用器和环形器等技术含量高的光电器件产品上，国内还没有形成具有一定规模的产业。这些成为制约我国自主发展光通信产业的瓶颈。

2. 产业建设重复分散

由于国家投资管理体制上存在的条块分割、宏观调控力度不够等问题，重复分散现象一直困扰着我国光通信产业的发展。尤其是在技术含量相对较低的产品方面。例如，目前国内的光缆生产厂家数量在200家左右，大多数规模小、品种单一，缺乏竞争力。近年来，全国各地纷纷提出建设光电产业，目前至少已有深圳、武汉、上海、长春四个“光谷”正在形成，还有许多地方正在或计划兴建“光谷”等等，蓬勃兴起的光电产业建设虽有利于产业的快速发展，但其中不可避免产生重复和分散的问题。

此外，其它如元器件、原材料进口与整机税率倒挂、光通信产品中较先进的生产设备适用的进口税率、通信运营企业拖欠货款、规范市场、抑制恶性竞争等也都是“十五”期间保证我国光通信产业持续、健康发展必须解决的问题。

二、我省光通信产业“十五”期间发展环境

中国电信公网、各专用通信网和用户接入网的高速发展，为我国光通信产业提供了巨大的市场。网络建设的不断推进，是我国光通信产业发展的直接动力。到“十五”末，光缆网络基本覆盖全国城乡，总长度将达 250 万公里；光传输系统、光源与探测器件、半导体光电子器件、光纤放大器等产品市场将成倍增长。

（一）光通信网络建设趋势

迄今，中国电信一直是国内光纤通信产品的最大采购商。在国内光缆和光电传输设备这两大产品的采购总量中，分别占到 44% 和 58%。“九五”期间，电信网已基本完成省际光缆干线网以格型为主、省内光缆干线网以环型为主的结构。预计“十五”期间，以中国电信省际干线为主的国家长途传输网带宽将增长 15～20 倍，将大量采用 DWDM－SDH 设备扩容，并新建干线光缆 1～1.5 万公里（全部采用 G.655 光纤）。

中国联通、网通、铁通等电信运营公司和广电、电力、军队等专用网出于自身发展的需求，光纤通信工程建设规模也不断扩大。它们在国内光纤通信产品采购市场中所占份额正逐年增加，1999 年光缆和光传输设备的份额分别达到 50% 和 28%。

中国联通将继续分期建设全国局间长途光缆传输网络工程，全部采用 DWDM 及 SDH 等先进光传输手段，本地网设规模也将扩大。铁通公司计划在近几年内建成全路综合业务数字通信网。广电方面的有线电视网国家级干线光缆已敷设约 1.2 万公里，并在 10 多个省建设了省内光缆网，今后还将继续发展，将主要采用 2.5Gb/sSDH 传输系统。中国移动出于自身网络发展的需要，也在国内采购光纤通信产品市场占据了一席之地。

近年来，干线光缆建设占光通信产品市场规模的份额逐渐减少，约占 20% 左右，而本地网的建设将主导光通信产品的需求，大大超过对光纤干线的投入。近期快速发展的接入网市场，尤其是城域网中的宽带用户驻地网将对光通信产业产生越来越大的推进作用。

（二）光通信的技术发展趋势

从原理上讲，现在的光交换仍是光层上的一种电路交换技术。为了更有效、灵活地承载未来的 IP 业务，另一种具有深远应用前景的方案是由具有光分组交换功能的核心路由器构成光网络。

为了提高通信系统的性能价格比，满足迅猛发展的 Internet 业务的需要，迫切需要提高通信系统的带宽，这使得 IP 与光网络的结合成为必然的发展趋势，IP over SDH、IP over ATM、IP over WDM 已成为热门话题。

从长远看，当 IP 业务量继续增加，SDH 层的功能有可能融入光层，形成十分简单的统一的 IP 网结构（IP over Optical）。这种对 IP 业务最理想的传送技术将会成为未来网络特别是骨干网的主导传送技术。在一定时期内，IP over ATM，IP over SDH 和 IP over Optical 将会共存互补，形成一个多协议光互联网。几种技术将分别在核心骨干网、次骨干网及其边缘中各有其最佳应用场合和领域。

光接入网是解决接入网宽带化的最根本和行之有效的办法。未来几年，随着技术的发展和成本的降低，光接入网也必将逐步取代 xDSL 系统、HFC 系统等过渡性宽带接入解决方案。光接入网从广义上可以包括光数字环路载波系统（ODLC）和无源光网络（PON）两类。无源光网络是一种很有吸引力的新技术，适合于短距离使用。在无源光网络的发展进程中，近来又出现了一种以 ATM 为基础的宽带无源光网络（APON），可以提供一个经济高效的多媒体业务传送平台并有效地利用网络资源，代表了多媒体时代接入网发展的一个重要战略方向。可以相信，在未来的无源光网络技术中，APON 将会占据越来越大的份额，成为面向 21 世纪的宽带接入技术的主要发展方向。

（三）加入 WTO 对我国光通信产业的影响

从总体上看，我国光通信产业的发展和国外的差距并不大，我国自行研发产品的实用化方面一般比国外晚2年左右。目前，处于世界光通信产业前列的跨国公司大多在我国设立了合资或独资企业。这些企业的设立加快了国外新技术、新产品的引入步伐，同时也使我国光通信企业经受了市场竞争的严峻考验，企业生存和发展的能力在市场的洗礼中得到不断提高，为我国光通信企业在加入WTO后全面参与国际竞争打下了基础。我国加入WTO后承诺通信业逐步对外开放，国外股东最高可持49%股份，届时我国的通信服务业很可能要和国外大公司展开激烈竞争。所以电信运营公司都在未雨绸缪，基于抓住客户并发展壮大的目的，中国电信、中国联通均在加强网络建设，新兴的运营商如网通公司已投入巨资进行基础网的建设，而早已看好通信市场并希望分一杯羹的专网如有线电视、电力等也在全力进行建网、联网的工作，一些企业也纷纷加入了宽带用户驻地网的圈地运动。这些举措都将带给光通信产品制造业更多的商机，推动光通信产业快速发展。

（四）“十五”期间光通信产品的市场分析

“十五”期间，我国信息产业仍将保持2－3倍的国民经济增速的发展态势。其中电信业的年均增速将达到21%，业务总量将增长160%。预计到“十五”末，全国固定电话用户将由2000年的1.29亿户、主线普及率10%，分别增加到2.4亿户和17%左右。移动电话用户将由7000万户、普及率5.7%，分别增加到2.4亿户和17%。数据多媒体业务用户将由1000万户增加到1.2亿户，上网用户普及率达到8.8%。有线电视用户将由0.8亿户增加到1.5亿左右。信息网络建设的大发展必将给光纤通信产品制造业带来巨大的市场需求。预计到2005年，我国的光通信产品市场规模将达1000亿元左右，占世界市场总规模的份额将从2000年的约9%增加到12%左右。到2005年，国内主要光通信产品的年产能力应为：光纤2200～2500万公里、光传输系统60～80万个系统、光源与探测器件150～200万只、光纤活动连接器1200～1500万只。

“十五”期间主要光通信产品市场需求预测如下：

1. 光纤光缆

根据专家预测，未来五年全球通信市场对光纤的需求量将以23%的年均速度增长（2003年前超过25%，之后放慢增长至12%），到2005年全球光纤市场规模将达到19965万公里。光传输设备和光电器件的市场将分别达到415亿美元和228亿美元。“十五”期间，随着我国信息网络建设规模的不断扩大，国内市场对光纤的需求量将继续保持快速增长态势。预测2001～2002年平均增速22%，2003～2005年平均增速25%，到2005年市场需求可达2300万公里左右。

2. 光传输系统

在“十五”期间，国内市场对光电传输设备需求（按光一收一发作为一个系统）将保持30%～40%的年均增速发展，2005年将达到50万套。此外，近年来CATV、监视监控、计算机联网、图像传输等方面应用的光传输设备也有较快发展，年均递增达40%。预计“十五”期间将以年均40%的速度增长。

3. 光电器件

光有源器件（仅预测光源和探测器件，包括组件和模块）国内市场将以40%～50%的速度增长；光纤活动连接器在1995～1998年国内销售递增50%以上，预计“十五”期间将以40%～50%的速度增长。

三、我省光通信产业的发展思路、目标和重点

（一）我省光通信产业的发展思路及目标

“十五”期间，我省应充分利用独特的区位优势和已形成的光通信产业的规模优势，重视发挥高校与科研院所的学科技术优势，大力促进产学研结合，跟踪世界先进的光纤通信技术，以开发生产具有自主知识产权的光通信产品为产业发展目标。使我省成为全国光通信产业的重要基地，建成具有特色的沿江光通信产业带，使部分光通信产品的技术水平、品种和数量居国内领先，并争取在国际市场占有一席之地。“十五”期间，巩固我省光缆在国内的重要地位，开发生产光棒、光纤和中高档光电器件，扩大光纤接入网设备、光纤传输设备的生产规模。到2005年，我省光通信产品生产能力达到：光纤预制棒200吨，光纤600万公里、光缆600万芯公里、光纤接入网设备20万线、光传输系统6万个系统、光电器件100万套。光通信产品的年总产值达到200亿元。

（二）我省光通信产业的发展重点

1. 光棒光纤光缆

由于普通光缆生产的技术含量偏低，目前国内光缆的生产企业众多，其产品结构雷同较多。而且国内生产光缆所需约50%的光纤仍从美国康宁公司和一些日本公司进口，光缆生产受光纤市场波动的影响较大。“十五”期间，我省一方面应巩固已有光缆市场，另一方面，应开发生产特种光缆、海底光缆等。

由于光纤生产的技术要求高，投资较大，国内相应的生产企业较少。目前，随着国内外光纤市场的迅速发展，国内一些光纤、光缆生产企业及非IT业内企业也纷纷筹划、在建和扩建光纤拉丝生产线，预计在“十五”中期光纤生产能够基本满足国内需求。因此，我省在尽快建设光纤生产线的同时，要重点研制生产特种光纤，如保偏光纤、塑料光纤、高强度耐疲劳光纤等以及为光缆生产配套的基础材料如钢丝加强芯、FRP加强芯、纳米PBT材料等。

由于国内光纤预制棒供应仍存在较大缺口，因此，“十五”期间我省的重点是提高光纤预制棒的规模生产能力，争取形成年产光棒200吨以上的能力，增强我省光纤生产的竞争力。同时，争取在光棒的基础材料生产上有所突破。

2. 光接入和光传输设备

光接入和传输设备市场主要包括PDH、SDH、WDM、DWDM、DACS终端设备和网管系统等，该市场是全球光通信领域增长最快的市场。

“十五”期间，要实现以SDH和PON为主体的，以FTTC、FTTB、FTTZ为主要方式的窄带光接入设备的产业化；开发宽带APON及其终端设备产品，发展全业务光纤接入网，并在接入网引入骨干网技术。研究开发接入网综合管理系统，实现不同技术和不同类型接入网设备的统一管理。开发光纤因特网接入技术和设备。

适应因特网发展，积极开发IP over SDH和IP over WDM技术及相应设备。重点是动态光分/插复用器（OADM）、光交叉连接器（OXC），以及光交换技术和网络技术。争取到“十五”末OADM和OXC进入国家干线网。

积极研究开发组网技术、保护和恢复技术，开发面向波长的管理维护系统。积极开发IP over SDH技术和相应设备，如千兆比路由器（核心路由器和边缘路由器）。力争和具有自主知识产权的技术（IP over SDHLAPS技术）实现在新技术产品上与国外产品的竞争。研究开发IP over WDM/Optical。

3. 光电器件

光电器件市场主要包括光有源器件（具有光电能量转换功能的器件）和光无源器件（不存在光电能量转换的器件）。光有源器件主要包括激光器、探测器和光纤放大器等，光无源器件主要有连接器、耦合器、衰减器、隔离器、高速调制器、光开关、波长变换器、滤光器等。随着光纤通信系统的发展，今后光电器件的发展方向是光电集成（OEIC），它可以将以上两种器件用集成方法，制作在一块半导体芯片上，既可以减小体积，提高可靠性和稳定性，又可以降低成本，减小功耗，是新型光纤通信系统的重要组件。

因此，在“十五”期间，我省应加快光电器件产业化的步伐，重点是抓好各种新型低成本、小型、高可靠、多功能光电器件的开发和产业化，满足国内光通信系统整机产品开发生产的需求。

光有源器件重点抓好掺铒光纤放大器（EDFA）及组件与模块。

光无源器件重点抓好DWDM复用/解复用器、光开关和环形器等无源器件，包括制造这些器件所需要的基础元件，如滤波片、光纤光栅以及法拉第旋转器等。

同时，加快对光电集成的开发研究，努力实现光集成（PIC）和光电子集成（OEIC）器件的产业化。

四、我省光通信产业发展的主要措施

（一）高度重视光通信产业，建设良好发展环境

我省要提高认识，高度重视光通信产业的发展，将其发展放在与软件和集成电路同等重要的的地位。要充分发挥政府各有关职能部门的统筹规划、组织协调与政策导向的职能，从投融资体制、产业政策、人才政策等方面为光通信产业的发展创造良好条件和环境。在省电子信息产业协会中成立光通信产业分会，为光通信企业做好服务工作。

利用我省现有基础，加快建设光通信产业发

展的公共技术平台。近期在有关部门的支持下，尽快筹建江苏省光子器件检测中心，立足华东，服务全国，为国外光器件进入中国市场，以及国内光器件打入国际市场提供权威的检测结果和质量保证，为建立公平的市场环境，维护正常的经济秩序而努力。我省要充分发挥与国内几个“光谷”的比较优势，力争在光通信产业上有新的作为。

（二）贯彻科教兴省，重视人力资源管理

认真贯彻实施“科教兴省战略”，建立以企业为主体的技术创新体系。允许和鼓励技术要素参加分配，要通过知识产权入股、开发人员持股等方式加快我省光通信成果的产业化步伐，进一步调动科技人员的积极性和创造性，鼓励科研人员成果转化。建立适应社会主义市场经济规律的人力资源管理机制，对高技术人才的管理要突破原有的人事管理体制，为其生活和工作提供真正的便利。做到“用好现有人才，稳定关键人才，引进重点人才，培养未来人才”。抓住美、日经济持续滑坡的时机，大力吸引海外人才回国创业、服务，强调引进高水平的团队。注意处理好现有人才与引进人才在薪酬等方面的公平合理的问题，使得现有的人才能够和引进的人才团结合作，共同为我省电子信息产业发展作出巨大的贡献。

（三）注重自主开发和引进消化相结合，重视建立创新型的研发体系

国家将光电子产业作为“十五”信息产业的发展重点，国家各部门围绕这一目标开展了多种形式的科研攻关。我省应整合各方面的政府资源，主要策应国家的科技攻关计划，并尽力将我省光通信的发展纳入国家的计划，提高我省光通信产业科技攻关的前瞻性和权威性。

“十五”期间，加快企业工程研究中心、技术开发中心和博士后工作站的建设，增强企业科技实力，提高自主开发能力和持续创新能力。建立产学研相结合的高新技术成果转化机制，搞好产学研结合项目，企业要加强与院所的合作，建立起有实力和潜力的研发中心，以保证企业可持续发展。高校要与企业和市场密切联系，开发有市场实用化的产品，实现科研成果的有效转化。

开发生产具有自主知识产权的产品是我们的目标，但自主开发不可排斥消化吸收，对国外先进的技术一定要重视引进，特别是软件及产业化方面的工艺技术和管理技术的引进，如必要的工夹具、检测仪器及管理方面的软件等。通过这样的引进能比较顺利地实现技术转移，结合国内的实际，开发生产出满足市场需求的技术含量较高的产品。

（四）加强资本运作，加大科技投入

我省现有永鼎股份、法尔胜、宏图高科三家上市公司涉足光通信产业，“十五”期间争取新增4－6家光通信的上市公司。通过上市融资、吸引社会资金、风险投资和信贷资金等方式，加大对光通信产业的投入力度，支持企业实施科技攻关、产业化及技术改造项目，并给予政策扶持，五年内争取完成投资50亿元。其中江苏法尔胜公司将重点投资生产光棒和光纤，以及为全光网服务的无源光器件；中天科技将重点开发生产以DWDM为主的光通信器件、模块和系统；通光集团重点投入光缆、光放大器以及光缆配套新材料；永鼎股份重点投入激光器、放大器等有源器件和光栅滤波器、衰减器等无源器件；亨通光电重点投入光纤及掺铒光纤放大器；宏图高科重点投入SDH等光传输设备、苏州科达重点投入光端机。

通过有效的资本运作，提高我省光通信产业的集中度，企业形成不同的特点和细分市场，树立我省光通信产业的品牌形象，提高市场竞争力。

（五）继续扩大对外开放，实现产业国际化

我国加入WTO以后，光通信产业要研究变化，认清形势，合理有效地利用国内外两种资源，两个市场，积极参与国际合作与竞争，促进产业国际化。继续重视与跨国公司的合资、合作，进一步发展新的合资企业。充分发挥我省各级开发区和出口加工区的对外开放功能，加快吸引光通信产业的外商来合资、独资办企业，吸引技术水平高、附加值高和市场占有率高的大项目，重视吸引外资企业在我省建立技术开发中心，提升利用外资的层次和水平。

江苏省广播影视事业“十五”发展计划

“十五”期间是我省经济和社会发展的重要时期，也是广播影视事业深化改革、加快发展的关键阶段。切实制定好这一时期我省广播影视事业的发展计划，确定广播影视事业新世纪初的发展战略，对于繁荣有中国特色的社会主义广播影视事业，将我省广播影视建设成为与我省经济和社会发展相适应的强大的舆论宣传主力军、重要的思想文化阵地与富有增长潜力的文化产业，大力推进文化大省建设，具有十分重要的意义。

一、“九五”期间我省广播影视事业发展的基本情况

“九五”期末，全省共有广播电台14座、电视台14座、有线广播电视台13座、县级广播电视台59座，自办广播节目107套、无线电视节目69套、有线电视节目66套，平均每天播出2800多小时，广播电视从业人员28000余人。

我省广播影视事业“九五”期间在省委、省政府和国家广电总局的领导下，高举邓小平理论伟大旗帜，坚持贯彻执行党的路线方针政策，新闻宣传、艺术创作、科技进步、产业经营、事业建设、行业管理和队伍建设等各方面工作都取得了较大成绩。

广播影视宣传舆论导向把握正确，引导水平进一步提高。“九五”期末，全省广播电视平均每天播出新闻节目总量472小时，比“八五”期末增长48.28%。制作广播剧201部501集、电视部125部1435集，拍摄电影故事片7部。一大批新闻、社教、文艺类节目、广播剧、电视剧、电影在全国“五个一”工程奖、中国新闻奖、中国广播电视新闻奖、电视文艺“星光奖”、电影“华表奖”、电视剧“飞天奖”等重要奖项评选中获奖。评选了两届江苏广播电视“十大名专栏”、“十大优秀专栏”，推进和带动了全省广播电视节目质量上新台阶。对外、对台宣传进一步扩大，省和一些市台的外宣节目或栏目成功推向海外并产生了较大反响。频率、频道专业化雏形初现，品牌特色开始凸现。

广播电视事业建设取得进展。经国家广电总局验收确认，我省成为全国首批实现“村村通”广播电视的省份，全省广播人口综合覆盖率达99.61%，电视人口综合覆盖率达99.48%，分别比“八五”期末增长12.63个百分点和5.4个百分点，广播和电视综合覆盖率均位居全国省级第一。从江苏广播电视事业的实际情况出发，“村村通”在巩固无线覆盖为主的基础上及时向有线传输为主发展，提高有线电视入户率的工作全面推进。全省有线电视县乡联网率达94%，乡村联网率达54%，入户率达27%，南京、苏州、无锡、常州、南通、扬州、泰州、盐城等市实现了100%县乡联网。江苏人民广播电台三套节目、江苏电视台一套节目实现卫星数字传送，信号覆盖了全球约72%的人口。江苏卫视节目已在全国24个省会城市落地，有200多个地级市转送江苏卫视节目。全省已建成省—市—县的广播电视光缆传输网6700km，城区及县乡光缆分配网37000km、电缆96000km。网络多功能业务开发起步良好。广播电视设备更新改造加大了力度。基础设施建设取得较大进展。

广播电视体制、机制改革积极稳妥地推进。省局结合机构改革，调整了职能，精减了机构，优化了队伍结构。省级广播影视事业的体制创新有了实质性进展。无锡率先在全国组建广电集团。各市在广电体制特别是运行机制的改革上都有所推进。以成本核算为核心的各项内部管理改革取得了成效。以竞争上岗、考核聘任等为主要内容的干部人事制度改革取得了突破性的进展。省广播电视网络股份有限公司的筹建工作有了良好开端。

广播电视行业管理、社会管理工作力度加大。完成了“三五”普法教育，在系统内进一步强化了依法管理、依法行政。根据统一部署，对广播电视业存在的散滥现象集中进行了整治。广播电视台站年检年审工作不断完善。对广播电视节目

播出的监督检查有了加强，监听监看、视听评议初显成效。音像市场、接收境外卫星电视等归口管理成绩显著。

广播电视经营收入稳步增长。全省广电系统“九五”末年的经营收入为22.987亿元，居全国省级第三，比“八五”末年的8.656亿元增长了165.6%。

广播电视队伍建设、党的建设、精神文明建设、反腐倡廉等方面工作生气勃勃，为广播影视事业的改革、发展提供了重要保证。

总的来看，我省广播影视事业在“九五”期间取得了一系列成绩和进步，为在新世纪开好局、起好步打下了良好的基础。但是，与全省经济建设和社会发展形势的要求相比，与广播影视事业发展走在全国最前列的兄弟省市相比，还存在一定差距。“十五”期间，全省广播影视事业发展要跳出江苏看江苏，与强的比，向高的攀，跟快的赛，抓住机遇，开拓创新，力求在一些主要方面达到国内领先水平，并积极创造条件参与国际竞争。

二、“十五”期间我省广播影视事业发展的指导思想、奋斗目标

指导思想：高举邓小平理论伟大旗帜，坚持以江泽民总书记“三个代表”重要思想为指针，根据江苏文化大省建设和全国广播影视事业发展“十五”计划纲要的要求，以为我省改革开放和现代化建设提供强有力的舆论支持、满足人民群众对精神文化产品日益增长的需求与建设富有竞争力的文化支柱产业为出发点，以政治意识、大局意识、责任感识为保证，以理论创新、体制创新、科技创新为动力，以集团化发展为重点，以尽快做大做强为目标，全面推进我省广播影视事业发展。

奋斗目标：解放思想，实事求是，大胆探索，积极改革，努力建设导向正确、引导有力、精品迭出、结构合理、法制建全、装备先进、队伍精干，走在全国前列、具有较强实力和影响力的江苏广播影视事业。

1. 广播影视宣传质量和引导水平显著提高。频道（率）定位明确，布局合理。栏目和节目特色鲜明、内容丰富、形式多样。创办、推出20个左右的名优栏目。

2. 推出一批思想性、艺术性、观赏性俱佳，深受人民群众喜爱的优秀广播影视文艺作品。“十五”期间，省级拍摄、推出1-2部在全国有较大影响、获大奖的优秀影片，每年创作生产2-3部优秀的广播剧、电视剧或专题片。市级每年创作生产1-2部优秀的广播剧、电视剧或专题片。

3. 进一步巩固和提高广播电视覆盖效果，形成卫星、无线、有线与因特网等各种技术手段并用的广播电视覆盖网。广播电视综合覆盖率继续保持全国省级第一。基本实现村村通有线电视，用户数年递增10%以上。“十五”期末，全省有线电视用户总数力争突破1000万户，入户率力争达45%（城市80%、农村40%）。

4. 加快广播影视科技创新步伐，大力提升科技水平，基本实现广播电视节目制作、播出数字化，节目传输、交换网络化。全省性的数字广播电视节目平台初步建设成。全省中波、调频和电视发射机主机固态化率达95%以上。

5. 大力推进产业经营步伐，使广播影视业成为全省文化产业、信息产业的支柱之一。以资产为纽带，实现全省广播电视网络资源整合。进一步优化广播电视产业结构，积极培育各类市场，大力拓展经营渠道。全省广播电视经营收入年均增长率目标为18%，“十五”期末全省广播电视总资产超180亿元。

6. 全面落实“四五”普法的各项要求与依法行政的各项措施，基本形成比较完备的法律法规体系和比较完善、合理、高效的审批机制、监管机制、协调机制，广播影视系统依法行政、依法管理的能力与水平明显提高。

7. 广播影视队伍的思想素质和业务水平明显提高，一大批优秀的主持人、播音员、编辑、记者、工程师、经营管理等人才脱颖而出。初步建立起既符合市场经济要求又适应江苏广播影视特点的充满生机与活力的用人机制和分配机制。

三、相应的对策措施

为了顺利实现上述奋斗目标，必须积极采取相应的对策措施，大大加强工作力度，务求取得实效。

（一）牢牢把握正确舆论导向，大力提高宣传质量和引导水平

1. 坚持党性原则和团结稳定鼓励、正面宣传

为主的方针，精心办好以新闻为骨干的重点节目，强化和体现“快节奏、大容量、多时段、重沟通、立体化”的新闻特征和功能。重视受众调查和信息反馈，研究受众心理，提高引导艺术。

2. 优化资源配置，强化品牌理念，抓好频道（率）的专业化建设，逐步树立对受众有较大吸引力的频道（率）形象，并使频道（率）有良好的市场回报。

3. 进一步加强栏目建设，推进节目创优。继续开展江苏广播电视名优专栏评选和争创优秀节目活动。认真总结经验，抓好评选名记者、名编辑、名主持人的工作。

4. 大力推进外宣“走出去工程”，力争将省台及外宣基础较好的市台办成具有地方特色、富有文化底蕴的外宣“窗口”。

5. 大力开展网上宣传。加强与其他媒体的联合与融合，扩大与全国著名新闻网站的链接，最大限度地发掘广播电视信息、人才资源等优势，办好广播电视新闻网站，创立广播电视特色网页。

6. 加强宣传监管，优化各项服务。进一步健全新闻节目抽查和质量评估制度、节目监听监看和评议制度、群众参与的热线直播节目管理制度等，形成较为完善的新闻宣传监管体系。

（二）继续实施精品工程，繁荣广播影视文艺创作

1. 继续实施广播剧、影视剧生产的精品战略。加强对实施精品工程的领导，从题材规划、内容选择、创作生产到播出放映等各个环节，精心策划、精心组织、周密安排、狠抓落实。加大对文艺精品宣传和表彰的力度。

2. 创造条件，尽快建立和逐步完善符合市场经济要求的优秀节目和影视精品创作生产的经营体制及引导、激励机制、培育、发展和规范广播电视节目交易市场。

（三）加快以集团化为重点的体制创新步伐，形成广播影视事业发展的新格局

1. 省广电总台（集团）进一步推进资源整合，以广播影视为主业，兼营其他相关产业，努力成为多媒体、多品种、多功能的全国一流的综合性传媒集团，并逐步向跨行业、跨行政区域发展。

2. 组建江苏广播电视网络股份有限公司。根据国办［1999］82号文件和苏政办函［2001］17号文件精神，组建省广播电视网络股份有限公司，并尽快形成规模，实现省、市、县（市）三级贯通、全程全网、一网到户。

3. 加快推进市以下广播电视资源的优化整合。在完成无线有线合并和机关机构改革的基础上，市、县（市）广播电视部门按照“集约化管理和专业化分工相结合”的原则，加快资源整合步伐，以达到优化结构、优势互补、增进效益、壮大实力的目标。市、县广播电视播出机构的职能转变在总局出台原则意见的基础上，结合我省实际加以推进。

4. 继续推进广播影视系统内部管理和运行机制的改革。发挥市场机制在节目制作、技术设备等资源配置中的积极作用，进一步强化内部成本核算，努力实现综合效益最大化。

5. 贯彻落实国家有关广播影视投融资体制改革的政策，加强资金管理，探索资本运作。在确保广播电视作为党和人民的喉舌性质不变、确保节目终审权、确保国有资本控股地位的前提下，积极吸纳社会资源，做大做强广播电视产业。

（四）大力推进科技创新，努力提高广播影视制作、传输和覆盖的能力与水平

1. 强化广播电视科技发展的战略研究，宣传贯彻相关技术政策、法规、标准。跟踪国内外广播影视及其他传媒和信息技术发展的态势，重点研究广播电视高新技术应用、数字化进程、传统媒体与现代传媒结合等战略性课题，及时提出应对方案。加强广播电视科技法规的研究，及时制定相关的实施细则。加强广播电视技术质量监督工作，进一步完善计量检测手段。

2. 进一步抓好广播电视有效覆盖工作，提高广播电视综合覆盖能力。继续巩固中波广播，发展调频广播，办好实验广播。大力推进有线电视发展，提高入户率。积极参与总局直播卫星计划，适时开展我省直播卫星业务。有计划地推进网上广播，在因特网上建立适合网上受众需求的网站，开展网上广播服务。

3. 发展、优化我省有线广播电视网络。提高全省广播电视光缆干线的运行质量，实现干线网与各地分配网的互联互通，建立较为完善的网络运行体制和现代化管理系统。加快以HFC接入为主，其他接入方式为辅的接入网改造，并向数字化、双向化方向发展。

4. 实施数字广播电视计划，加快广播电视数字化进程。积极跟踪数字声音广播（DAB）、数字多媒体广播（DMB）、数字调幅广播（DAM）等技术，研究我省数字广播发展战略。在实验基础上，确定我省有线数字电视分配网模式和数据业务平台。2003年在全省范围内全面推进有线数字电视。关注地面数字广播电视实验的发展动态，并组织试验播出，在此基础上做好全省地面数字广播电视的频率配置方案，制定相关的运行管理制度和办法。

5. 提高广播电视节目制播质量和能力。积极研究广播电视中心网络化技术。省级建立广播电视节目存储系统，通过卫星、有线传输网络实现节目的电子交换，提高节目源、数据库的利用率。市级建立集节目信号采集、编辑、制作、播出于一体的网络系统。各级广播电视台广泛采用数字录音、数字音频工作站及数字摄录编设备，推进数字特技、电脑动画、非线性编辑、卫星新闻采集、虚拟演播室及数字周边设备等的普遍应用。

6. 建立广播电视节目平台，为开展交互式业务提供支持。以节目为龙头、以网络为纽带、以用户为基础，建立广播电视节目传输、交换系统，形成以中央节目平台为主、省级节目平台为辅的广播电视节目交互业务平台。

7. 加快无线发射、传输设备的更新改造。在基本完成中波、调频发射机主机固态化改造的基础上，加快电视发射设备的固态化改造。积极倡导发射机房“无人值班、有人留守”的工作方式，推进发射台播出的自动化、智能化。巩固现有微波网，并创造条件进行数字化改造，使其与光缆网互为备份。积极采用新技术、新设备，试验推广调频同步技术。深入研究无线宽带接入技术，争取开展接入服务。

8. 建立健全现代化的广播电视监测与网络安全保障、质量监督体系。建立以省监测台为主体、各市监测台站为补充、本地与远程遥测相结合的全省广播电视监测网，对无线、有线、卫星等多种手段传输的省内及中央广播电视节目进行全方位的监测。建立健全数据统计与查询手段。加强广播电视网络安全保障体系的建设。

9. 积极推进视音频广播上网工程，建设好省市广播电视重点网点。加强对有关网络媒体法规的研究，制定音视频广播上网的技术与管理规范。合理规划，集中力量办好1-2个具有代表性和影响力的重点网站。组织全省各地具有特色的广播电视节目上网直播或点播，建立我省重点广播电视网站的境内外镜像站点。积极探索跨地域、跨国界与受众实时交流的新型广播电视节目制作与传播方式。

（五）加强法制建设和行业管理，努力提高依法管理水平

1. 强化依法行政意识，努力提高全系统依法管理、依法经营、依法维护自身权益的能力和水平。认真抓好“四五”普法教育。抓紧修订《江苏省〈广播电视设施保护条例〉实施细则》，制定《江苏广播电视管理条例》。

2. 加强制作和播出广播电视节目的管理，加大执法力度。认真执行广播电视播出机构违纪违规警告制度。完善节目审批、播出管理、收听收看、节目评仪制度。进一步规范广播影视节目制作经营机构的制作、经营活动，加强出品人管理，建立出品人负责制。制定广播电视节目交易市场规则，规范发行和交易行为。加强对广播电视新闻宣传关键岗位的管理，认真落实记者、播音员、主持人资格认定及持证上岗工作。继续开展广播电视播出、制作机构的年检年审工作。切实加强对接收境外卫星电视与宾馆饭店、有线电视网开展视频点播、网上传播广播影视类节目等的规范和管理。

（六）加强队伍建设，努力建设一支政治强、业务精、纪律严、作风正的高素质队伍

1. 深入学习邓小平理论和江总书记“七一”重要讲话精神，进一步增强贯彻执行党的基本理论、基本路线、基本纲领的自觉性和坚定性，增强贯彻“三个代表”重要思想的自觉性和坚定性，增强贯彻“解放思想、实事求是”思想路线的自觉性和坚定性。健全思想政治工作创新的各项制度，把思想政治工作渗透和落实到广播影视全部业务工作和各环节、各层次的内部管理中去。

2. 切实加强广播影视系统党的建设，充分发挥党组织的战斗堡垒作用和党员的先锋模范作用。坚持从严治党，深入开展反腐败斗争，继续抓好党员干部廉洁自律、查办大案要案、纠正行业不正之风等三项工作。认真贯彻执行党风廉政建设责任制，切实增强拒腐防变的自觉性，从源头上预防和治理腐败。积极开展文明创建活动，加强职业道德建设，坚持禁止有偿新闻等不正之风，努力培养和造就有理想、有道德、有文化、有纪律的广播影视工作者。

3. 大力加强领导班子建设。认真坚持民主集中制的各项制度，积极倡导脚踏实地、埋头工作的工作作风，力戒形式主义、官僚主义。推进领导干部公开选拔、公开招聘、竞争上岗及其他多种形式的聘任聘用制度。实行领导干部任期制，健全和完善任前公示、任期经济目标责任审计和回复制度，进一步加强对领导干部的监督。加强干部交流工作的力度。

4. 建议健全尊重知识、尊重人才的竞争激励机制，创造优秀人才脱颖而出的环境，使优秀人才真正留得住、用得上、作用发挥得好。建立各类专业技术岗位分类管理制度。改革专业技术职务评聘方式，逐步实行评聘分开。建立符合广播影视特点的分配制度，并加大向优秀人才、关键岗位倾斜的力度。

5. 认真组织实施“十五”期间干部培训规划。有计划、分层次地加强干部和专业技术骨干的培训，特别是对各级管理干部、关键岗位及网络运营专业技术人员的培训。切实加强培训的针对性，讲究实效。

南京海关科技发展第十个五年计划纲要

“九五”期间，南京海关针对关区海关点多面广，业务量增长迅猛，业务改革快速推进，而科技基础相对薄弱的实际，以“依法行政，为国把关，服务经济，促进发展”海关工作新方针为指导，紧紧依托总署通关科技发展司的大力支持，在关党组的正确领导下，坚持走“科技兴关”和“科技强关”之路，加大科技投入，狠抓关区科技干部队伍建设，大力开展科技创新与应用，初步实现了关区业务科技一体化，有力保障了以通关作业改革为中心的各项业务改革和业务建设，有效提升了关区管理现代化水平。完成了关区口岸专网建设，实现了关区计算机集中式管理和应用，先后四次移植推广了H883/EDI通关作业系统和一批配套应用项目，在建了集装箱检查系统、物流监控识别监控系统，大胆尝试了与IT企业的计算机联网应用等。“九五”期间，是南京关区建关以来科技投入最大、成果最多、发展最快的5年，科技应用不断融入海关工作各个领域，为强化海关管理、促进通关作业改革、更好地履行职能提供了有效手段，在加强执法、提高效率、规范管理、强化监督、推动改革、优化决策等各个方面发挥了十分重要的作用，有力地保障、支持和促进了海关改革和现代化建设事业的发展。

“十五”期间，将是海关改革和建设的重要发展时期。在江苏地区对外开放进一步扩大、社会主义市场经济体制不断完善、中国即将“入世”、电子商务普及应用的宏观环境下，海关执法必行更加严密、规范、高效，海关管理必须从整体上不断适应政府行政管理和经济运行信息网络化发展的新要求。海关作为政府的行政执法部门，必须认真学习、坚决贯彻江泽民总书记”三个代表”的重要思想，以海关改革和科技进步为动力，以创新促发展，全面推进海关各项建设，建立科学、文明、高效、廉洁的社会主义现代化海关。

一、南京海关科技发展的指导思想、总体目标和基本原则

实践证明，海关科技工作只有与业务工作紧密结合，立足于为业务工作服务，才具有强大的生命力。必须紧紧抓住海关改革与建设不同历史时期对科技工作的需要，科学、务实地确定海关科技工作的指导思想和发展战略，促进海关科技事业的快速发展。

（一）指导思想

以”依法行政，为国把关”和“服务经济，促进发展”辩证统一的工作方针为指导，按照海关总署通关司的统一布署，在南京海关关党组的领导下，根据海关科技业务一体化的特点，坚持科技为业务服务，与业务紧密结合，相互依存，共同推进的指导思想。海关科技工作要紧紧围绕海关中心工作，充分利用现代科技发展的丰富成果，服务于通关作业改革和建立现代海关制度的需要。

（二）总体目标

坚决贯彻落实全国海关科技工作会议精神，以海关总署科技发展总目标为方针，以”科技强关”为己任，以”保障服务”为宗旨，在海关总署通关司的统一布署和南京海关关党组的统一领导下，加强科技管理，大力推广科技应用，结合本关区业务工作特点，进行科技开发与应用，使南京海关的科技工作在“十五”期间再上一个新台阶。

（三）具体目标

1. 在总署的统一部署下，推进“口岸电子执法系统”各应用项目的开发推广应用，切实提高我关区口岸管理的整体效能。近期要做好口岸电子执法系统应用项目的有：外汇核销单的联网核查应用；加工区备案清单录入、申报应用；加工区电子帐册录入、申报应用；两水两路快速通关预录入应用等。

2. 加强运行系统监控、网络运行监控、以及数据库管理，确保现行H883/EDI5.0修订版通关作业应用系统和关区口岸专网的安全高效的运行。

3. 充分做好各项技术准备工作，在海关总署的统一部署下，随时做好H883/EDI应用系统向

H2000应用系统的平稳过度。

4. 进一步加强关区口岸专网建设。改进和优化关区现有计算机系统和网络结构，完善网络通信基础设施，加宽网络信道，在有条件许可的情况下，逐步的开展光纤接入工作。

5. 全面推进办公自动化建设。在海关总署的统安排下，逐步建立起与互联网物理隔离、符合保密安全要求的”全国海关政务信息专网”和”关区海关政务信息专网”。

6. 以建立智能化物流监控系统为目标，加强检查技术设备的综合应用和管理。推广集装箱检查、电子地磅、电子闸门、闭路电视监控检查技术。同时要把监控检查技术与信息技术、风险管理技术紧密结合起来，不断提高海关物流监控手段的智能化水平，逐步形成高效、严密的物流监控支持体系。在我关区，新生圩海关的固定式集装箱扫描仪设备现已完成安装调试工作，并投入使用。南通海关移动式集装箱扫描仪设备总署已批准立项，不久将进入实际施工阶段。

7. 以完善全关区业务通信系统为目标，继续扩大有线、无线、网络通信技术的应用。在总署的统一安排下，完善海关内部网语音、视频通信项目，完善关区内的无线通信网，积极开展IP电话的应用，在条件许可的情况下，在关区内逐步实现数据、语音二网合一。

（四）基本原则

为全面、高质量地实现“十五”期间关区海关科技发展的总体目标，科技工作发展必须坚持“依法行政，为国把关”和“从严治关”的方针，遵循以下6项基本原则：

1. 加强垂直领导意识，要牢固树立起全国海关科技工作一盘棋的思想，坚决完成海关总署统一布署的各项科技工作。

2. 结合本关区工作实际，以需求为导向，积极开展技术开发应用。紧紧围绕关区通关作业改革实践和现代海关制度建设，确定科技应用方向，研制和开发符合本关区业务工作特点的应用项目。同时积极借鉴兄弟海关科技应用中好的经验、好的做法，用于本关业务工作需要。

3. 本着科学的态度和实事求是的原则，决策工程项目投入。立项和实施过程中，密切注视科学技术发展方向，大胆引入先进技术和先进理念，使工程项目具有一定的先进性和较长的应用周期。但也切忌一味盲目的追求最新技术，而不顾实际工作的需要。工程立项要尽力做到最大限度的发挥科技投入的社会效益和经济效益。

4. 打破自我封闭的小生产意识，积极引进社会科技力量。在工程实施过程中，要充分发挥海关科技队伍基础好、熟悉海关业务的优势，同时又要借助社会科技力量。特别是在新技术引进和应用中，更是如此。

5. 统一调度、严格审批。对全国性联网运行的业务应用项目，要坚持总署统一指挥、统一调度、统一规范，同时，明确各自的维护责任，建立健全有效的系统管理责任制。各关自行开发和试运行的项目，当与总署的统一推行的应用相冲突时，一定要从大局出发，局部利益必须服从于全局利益。

6. 安全保密、稳定可靠。要把系统、网络、环境的安全保密和稳定可靠作为关区科技应用管理的头等大事来抓，从方法、手段和制度上全面予以充分的保证，并贯穿于项目开发、应用管理、运行操作的全过程。

二、主要任务和重点工程项目

为贯彻落实全国海关科技工作会议精神，根据总署和关区科技总体目标，“十五”期间关区科技工作的主要任务和重点工程项目是：

（一）计算机及网络技术应用建设

任务：以完善信息技术应用为目标，重点加强关区各关网络的基础设施建设，优化改进关区现有的系统和网络结构，建立安全可靠、稳定适用的技术基础平台，在总署的统一布署下，推广移植与现代海关制度相配套的应用项目。结合本关实际，研制和开发相关的应用项目。

1. 进一步完善关区网络通信基础设施建设。

（1）充分利电信公网，逐步对关区现行网络进行改造，在有条件许可的情况下有计划的实施宽带接入，保证业务必需的数据传输速度和可靠性。

（2）建立总关网络监控体系，完善关区口岸专网的网管功能，提高网络监控水平。

（3）在有条件的地区，开展海关宿舍区宽带接入，开展智能化小区建设，丰富职工业余文化生活。

（4）加强联网应用统一管理，加快内、外网分离，确保关区口岸专网的安全。

2. 建立可靠的信息安全保障体系。随着网络技术的飞速发展和普遍应用，网络协议的开放，以及海关廉政风险的加大，建立可靠的信息安全保障体系是”十五”时期海关信息系统建设的一项十分紧迫而又艰巨的重大任务。要针对关区信息系统安全面临的形势，加大信息安全保障体系建设力度。

信息安全保障体系由三大部分组成：技术体系、组织体系和管理体系。技术体系指全面提供信息保护的各积极开展科技应用，把海关科技应用与海关业务工作相结合，是海关科技工作的最终目的。在”十五”期间我关区在开展科技应用方面要做的主要工作如：抗灾容灾、数字签名、数据加密、防火墙技术、防病毒技术等。组织体系指信息安全的职能管理与技术组织，包括相应的机构、岗位和人员。管理体系指有关信息安全的法规、制度和培训等。

“十五”期间，南京海关的信息安全技术将在总署的统一指导和安排下进行，其主要完成的工作和注意的事项有：

（1）加快身份认证系统的推广使用，加快南京海关身份认证分中心（SCA）的建设步伐，在全关区信息系统全面实施身份认证和数据签名。各部门不应以 IC 卡和 IC 读卡器保管难度大为由，拖延或不实施身份认证和数据签名。在通关作业操作中，千万不能对身份认证和数据签名技术掉以轻心。

（2）严格管理公网接入和与外单位（政府机构、企事业单位）的专网接入。加强联网管理，对于涉及与外网接入的所有方案，必须报经南京海关主管技术的关领导审批，对于未加任何技术防范措施的外网接入情事，一经发现必需严肃处理。信息系统安全必做到：数据加密 + 数字签名 + 防火墙。

（3）提高廉政风险防范意识和安全保密意识。加强对 H883/EDI 通关作业信息系统管理，在业务应用方面，要求各部门不应对一个关员授于通关一条龙作业的权限。在技术方面，应严格管理和控制有关人员进入系统环境对海关业务信息数据进行手工处理。

（4）关区技术部门要与办公机要部门密切配合，把信息安全工作重点放在检查落实信息系统安全管理规章制度上，落实专人专职负责信息系统安全工作，切实负起安全管理的工作责任。

3. 强化现行 H883/EDI 通关作业系统的管理，为“电子海关”、“电子口岸”的应用作好准备。进一步加强 H883/EDI 通关作业应用系统的管理工作，为通关作业改革提供可靠的技术支持。要继续配合通关作业改革的全面推广和深化，在总署的统一布署下，完善系统功能，提高系统性能。加大国家口岸电子执法系统的推广应用力度，为 H2000 新平台应用系统的全面推广应用做好充分的技术准备。同时关区各关可根据实际工作需要，研制开发用于指导、分析、评估和监控具体业务工作的方法手段和软件。

4. 积极开展办公自化系统的建设。关区各关要积极开展办公自动化系统建设，提高办公自动应用水平。提高和完善办公自动化信息采集、传输、分析和利用等方面的能力，加强办公自动化基础设施建设。

（二）通信技术应用建设

任务：除网络通信外，通过发展有线、无线及海关内部网语音、视频通信功能，为海关监管、调查、侦查等业务提供方便、有效的通信服务，保障物流监控及打击走私工作的实际需要。同时继续发展海上缉私艇通信指挥系统，满足海上缉私通信的要求。

1. 完善海关内部网话音、视频通信。进一步改进和提高海关内部网的视频、数据、话音传输速率，保障数据传输安全、可靠，确保应用的稳定性。在关区内租用光纤专网，逐步利用关区口岸专网，积极开展 IP 电话的应用，在条件许可的情况下，在关区内逐步实现数据、语音二网合一。

2. 完善海查指挥系统（H966）建设。H966 工程是为海上查私而开展的 GPS 卫星定位与通信传输系统建设工程。要进一步完善系统功能并推广应用，开发和完善海查指挥中心信息系统。我关区连云港、南通海关的海上稽私艇和海查基地建设，要在总署的统一布署下完善海查指挥系统的建设。

3. 进一步完善关区各关无线通信网。建设和完善关区各关无线通信系统，进一步改进和提高各关短波和超短波通信系统，为海关各项工作提供良好的通信保障，为侦察部门提高指挥调度能力提供服务。

（三）检查技术应用建设

任务：继续推广应用集装箱检查、电子地磅、电子闸门、闭路电视等监控检查技术，实现检查技术与信息技术、风险管理技术的紧密结合，不断提高海关物流监控手段的智能化水平，逐步形成严密、高效的物流监控支持体系。为此，关区检查技术需要完成以下工程项目建设。

1. 完成新生圩海关、南通海关集装箱检查设备安装使用。H986工程是采用高新技术对集装箱进行一次性扫描成像的大型货物检查设备，是海关查验工作迈向现代化的要标志之一。根据物流监控的需要和总署科技发展司的统一布署，我关区在近期除完成新生圩海关、南通海关集装箱检查设备安装使用外，并将进一步争取对其他需安装集装箱检查设备的物流现场配置进行设备配置。为方便和加快进出口货物查验提供现代化手段。

2. 电子地磅安装应用工程。电子地磅工程是海关加强物流监控基础建设的一项重点工程，是打击和振慑走私违法活动而采取的一项重要措施。为此，关区各关要进一步提高电子地磅工程的效益。把电子地磅和设别系统、以及H883/EDI通关作业放行系统结合起来。开发电子地磅与计算机系统联网的接口和应用软件，使电子地磅做到自动称重、自动核对申报重量、异常时自动报警，发挥电子地磅在物流监控中的威慑作用。

3. 电子闸门和闭路电视系统工程。为有效实施海关对监管区的监控，根据物流监控的实际需要，在重点码头、堆场、出口加工区等海关监管场所安装闭路电视系统和进出海关监管区的电子闸门。在“十五”期间，新生圩、南通、张家港海关、以及出口加工区的码头、堆场、卡口的闭路电视监控系统要陆续投入使用；新生圩海关、出口加工区卡口的电子识别系统要与H883/EDI通关作业系统联网，实现对监管区内货物装卸、堆放、移动情况以及进出监管区的运输工具和人员的严密监控。电子闸门和闭路电视系统工程在”十五”期间还将在条件成熟的监管现场进一步扩大推广使用。

三、加强关区科技队伍建设、深化科技管理体制改革

（一）继续抓好科技队伍建设

江总书记指出：”科技要发展，人才是关键”。为使我关区海关科技工作的再创新高，最终的落脚点是人，抓好科技队伍建设，最根本的是做好人的工作。为此，要切实做到5个方面：

一是要加强思想政治工作，坚持用邓小平理论和江总书记于关”三个代表”的重要论述武装关区科技工队伍，教育和引导关区广大科技人员牢固树立正确的世界观、人生观和价值观，大力弘扬爱岗敬业，无私奉献精神，不断提高关区科技人员的思想政治素质。

二是要加强法制教育，努力科技人员的廉政风险防范意识，同时要采取切实有效的预防措放，防止利用高科技手段进行海关职务犯罪。

三是关区各级领导要进一步在思想上、组织上关心科技人员，要真正做到用海关事业留住人，用领导情感温暖人。对于政治思想好、业务能力强的科技人员，犹其是年轻的科技人员，要敢于大胆的给予提拔和重用。

四是要加强科技人员的业务学习和更新，鼓励和放手让年青的同志积极参加海关总署各项重大工程建设工作。让他们在实践中学习，在实践中成长。有条件的海关可以让科技人员利用业余时间进行进修和深造。同时，关区广大科技人员也应自觉地把学习和掌握新知识作为必修课。

五是要建立有效的科技工作激励机制，充分调动和发挥科技人员的积极性。今后，对于在关区科技工作中作出成绩，取得较好效益的集体和个人，要给予奖励和表彰。要为作出突出贡献的科技人员创造晋升机会，对专业技术性强的科技部门，科、处级领导职位可实行专业内竞争上岗办法，科技应用方面的技术骨干可不参加任职资格考试和竞争上岗考试，做出突出贡献的可以破格提拔。此外，各海关要舍得把技术骨干充实到业务部门中去，建立双向交流机制，从机制促进业务科技的进一步融合。

（二）深化海关科技管理体制改革，合理配置海关科技资源

在海关总署的统一安排和部署下，按照海关科技发展的总目标，科学调整布局，合理配置使用关区的科技资源。配合海关总署信息中心建设和中国电子口岸数据中心建设，积极做好设立南京海关事业单位性质的技术服务中心的准备。利用事业单位比较灵活的人事和分配机制上吸收并留住优秀科技人才，优化科技队伍结构，提高技

术人员的生活待遇，建立起与总署信息中心和中国电子口岸数据中心相适应的事业体制机构。

为做好海关科技体制改革的工作，总署将在近期内制定出具体实施的办法，并准备选择一、两个海关先期试点，在试点成功的基础上，逐步的进行推广。为此，南京海关要充分的做好调研和论证，积极争取。

四、努力提高科技应用管理水平

强化科学管理，促进外延扩张向内涵优化的转变，靠管理上水平，靠管理促效益，保证科技应用项目充分发挥作用。

1. 强化工程管理。关区内所有科技应用项目的立项必须经过南京海关技术处的论证审批。对于投资金额大的工程项目，还需报请南京海关主管技术工作的关领导审批。规范工程管理，实行全程跟踪，强化质量控制，严格工程验收，以及项目审计。

2. 统一经费、设备管理。根据海关科技应用”高投入、高回报、高风险”的特点，”十五”期间，必须进一步严格科技经费和设备的统一管理，提高经费、设备的使用效益。在经费和设备的管理工作中，要做到：一是加强经费、设备的统一管理，倡导勤俭办科技，反对盲目追求高、新、尖；二是改进经费、设备分配方式，量化分配标准，提高经费、设备分配管理的合理性和透明度；三是坚持进行项目开发可行性研究和投入产出预测，重点项目的开发以及重要设备的投资必须经过充分论证并实行招投标办法；四是大综设备采购必须公开透明，坚决反对政府采购工作中出现的暗箱操作行为；五是建立健全科技设备使用管理和效益考核，加强对设备使用的监督检查，提高设备使用率和运行效益。

3. 强化运行管理。南京海关要建立技术服务热线，确定专人专项维护的岗位职责，落实故障检测防范措施，保障各类科技装备的可靠运行。关区各关对各类技术人员所负责的项目要进行公示，并主动接受业务部门的监督。

4. 强化应用管理。关区各关要高度重视计算机应用对海关管理带来的影响，按照信息化的要求，实现业务操作规范化、标准化。切实减少差错，提高效率。要转变职能管理实现方式，政策规定要按照结构化分解、逻辑化综合、数字化表达的要求，转化为参数和指令。

5. 强化安全管理。关区全体海关人员都要严格遵守计算机安全保密的各项规章制度。要健全信息安全管理机制，各级海关机要保密部门是信息安全的职能管理部门，负责研究制定海关信息安全管理制度并组织实施。各关技术部门是信息安全的技术管理部门，负责信息安全的技术保障。

江苏省“十五”测绘信息化发展规划

21世纪初的5年，是测绘信息化抓住机遇，迎接挑战，加快发展的重要时期。为保证全省测绘事业持续、快速、健康发展，根据国家测绘局《测绘事业发展第十个五年计划纲要》和《江苏省国民经济和社会信息化发展“十五”规划》精神，编制本规划。

一、基本情况

(一)“九五”测绘信息化发展的主要进展

“九五”是全省建立社会主义市场经济体制的重要时期，也是测绘事业初步建立起适应社会主义市场经济体制的管理模式，推动传统测绘业向现代地理信息产业发展的重要阶段。特别是以下四个方面的进展，对全省测绘信息化发展具有重大的影响，为“十五”奠定了良好的发展基础。

一是省级基础测绘列入省国民经济和社会发展计划。将基础测绘工作纳入了法制化管理的轨道；建立了省、市基础测绘分级管理体制；明确了省和市基础测绘的任务分工；确定了省级基础测绘的更新周期；基本落实了确保省级基础测绘在更新期内得以落实的经费投入；完成了省级基础测绘“十五”计划的编制和技术方案的研究。

二是初步建立数字化测绘技术体系。全省测绘单位积极应用全球定位系统、遥感、地理信息系统和网络通讯技术等为主体的数字化测绘信息技术对传统测绘信息技术体系及生产体系进行改造，基本确立了基础地理信息从采集、处理、维护更新到产品生产制作与应用服务的运行模式，建立起以“3S”技术为支撑、以“4D”为主要产品模式的数字化测绘技术体系，提高了全省数字化测绘生产力水平和综合实力。全省测绘行业实施“科技兴测绘”战略，走“产、学、研”相结合的道路，大力培养、引进测绘科技人才，形成了省、市跨世纪技术带头人梯队；研制开发了一批适用性强的科技成果，并积极开展成果推广应用工作，有力地推动了测绘信息化科技进步。

三是积极开展数字化基础地理信息规模化生产和应用服务。已建成全省1:25万比例尺地形和地名数据库，完成1:5万比例尺地形图数字化；完成了1:30万比例尺《江苏省政区图》的编印；向全省提供的基础测绘成果比“八五”增长2.7倍，基本上满足了全省城乡建设、交通设施建设、水利水电建设、国土开发利用等经济建设、科学研究、抗灾救灾等对基础地理信息的需求；完成长江、淮河流域重点防范区1:1万比例尺数字高程模型、1:1万比例尺数字影像图；完成全省行政界线的勘界测绘工作；完成苏州工业园等经济开发区、高等级公路以及国家和省重大工程建设前期测绘工作；为13个省辖市、64个县（市）及部分乡镇测制了1:5百—1:2千比例尺地形图并基本完成了数字化工作。

四是强化了测绘行政管理工作。基本形成了省测绘事业发展的法规体系，为测绘行政管理提供了法律支撑。继省人大常委会通过《江苏省实施〈中国人民共和国测绘法〉办法》后，省政府又颁发了《江苏省测绘管理规定》；省测绘局会同有关部门联合颁发了《江苏省商品房销售面积计量监督管理办法》、《江苏省地图编制出版管理规定》等规章；《江苏省基础测绘管理办法》已提交省政府审议。测绘行政管理日趋规范。省测绘局印发了测绘资格认证及年检、测绘任务登记、地图编制出版管理等测绘行政管理工作流程，推进政务公开；制定了《江苏省测绘局行政处罚与复议程序规则》，规范了行政处罚行为；成立了江苏省测绘资格评审委员会，规范了测绘资格评审；印发了《关于落实乡镇人民政府保护测量标志的工作意见》，建立了省、市、县、乡四级测量标志管理网络。行业管理不断加强。全省测绘管理部门开展了测绘资格认证、测绘市场管理、地图编制出版、测绘执法大检查、测绘产品质量检查和测绘成果保密大检查等活动。加大测绘执法力度。“九五”期间，全省共查处违法违规测绘案件120件，有力地打击了违法测绘，整治了测绘市场秩序。

（二）“十五”测绘信息化发展面临的形势

当今世界已步入信息时代。随着科学技术的突飞猛进，测绘向全社会提供基础地理信息服务，已越来越受到各国政府的普遍重视，其作用领域不断扩大。据专家分析，现阶段用于政府宏观决策的信息80%以上有赖于测绘部门提供的基础地理信息框架。特别是随着全球卫星定位系统、遥感、地理信息系统、计算机网络等技术的飞速发展，许多国家已经实现了传统模拟测绘技术体系向数字化、信息化测绘技术体系的转变，高空间分辨率遥感卫星成为获取基础地理信息的重要手段，数字化基础地理信息的提供方式正向网络化方向发展，服务领域更加广泛。测绘技术从传统的封闭型、垄断型向开放型、竞争型转变，测绘技术更加普及化，人们掌握测绘技术手段更加快捷。近几年，在加快国家地理空间数据基础设施建设的同时，发达国家提出了“数字地球”的战略，引起了中国政府的高度重视。李岚清副总理指出：“政府要高度重视数字地球的作用，要实行需求牵引，统筹规划、阶段发展、共建共享的方针，力争在数字地球建设中实现跨越式发展。现“数字地球”、“数字中国”已被列为我国“科教兴国”战略平台和技术创新的跨越点。基础地理信息是构成“数字地球”、“数字中国”的地理空间基础框架，是实现我国国民经济和社会信息化必不可少的基础支撑，是各部门进行决策、管理、规划、建设等不可缺少的支撑条件。社会各方面对数字化测绘产品的需求量越来越大，特别是在防灾减灾、资源调查、环境保护、土地利用监测、交通、通讯等方面迫切需要提供全省范围内的高精度、多尺度的数字化基础地理信息。“十五”期间，国家将实施可持续发展战略，大力推进国民经济和社会信息化，以信息化带动工业化，实现社会生产力的跨越式发展，这将为测绘事业的发展提供新的舞台和机遇。我们必须认真分析当前测绘工作面临的形势，明确任务，审时度势，努力做好新时期的测绘工作。

（三）测绘信息化发展中存在的主要问题

面对上述发展趋势和社会经济的迫切需要，全省测绘信息技术的发展仍存在着一定差距。主要表现为：一是测绘行政管理机构不健全、体制不顺，县（市）基本没有专门的测绘管理机构；二是测绘市场管理法规体系不够完善，测绘执法力度比较薄弱，无专门的执法队伍，测绘市场、地图市场的混乱状况还没有得到根本的改善；三是基础测绘的公益性地位尚未被社会普遍接受，基础地理信息现势性较差，基础测绘的更新机制尚不健全，投入不足，难以满足各级政府和部门以及社会的需求；四是一些地方政府、部门对构成“数字江苏”地理空间基础框架重要性的认识还不够到位，基础地理信息开发和应用明显不足，产品不够丰富，专业信息系统相对滞后，社会化、网络化服务水平较低；五是构建“数字江苏”地理空间基础框架所需的学科带头人和复合型人才比较缺乏，测绘队伍综合素质亟待提高；六是受计划经济体制影响，部门分割、各自为政，测绘资源不能按照市场进行合理配置，造成测绘力量分散，重复投资、重复测绘现象严重，测绘信息资源共建共享难以实现。所有这些，必须引起高度重视，采取有效措施认真加以解决。

二、“十五”测绘信息化发展的指导思想和总体目标

“十五”测绘信息发展的指导思想是：高举邓小平理论伟大旗帜，按照“三个代表”重要思想的要求，以推动测绘信息技术发展为主题，以结构调整为主线，以深化改革和科技创新为动力，以满足经济建设、社会发展和人民生活对基础地理信息的需求为出发点，加强测绘行政管理，提高依法行政水平；强化基础测绘工作，提高保障能力；加速测绘科技创新，拓宽测绘服务领域；优化组织结构，推动体制创新；加强精神文明建设，提高队伍整体素质；加快构建“数字江苏”地理空间基础框架，促进全省经济和社会信息化进程，努力开创测绘信息化发展的新局面。

“十五”测绘信息化发展的总体目标是：进一步完善适应社会主义市场经济体制的测绘管理体制和运行机制；发展开放型测绘，加速省基础地理信息系统数据库及其网络体系建设，采用最先进的科学技术，加快现代测绘向信息化测绘技术体系的方向发展，加快构建“数字江苏”地理空间基础框架；建立起以基础地理信息为载体的测绘保障体系，全面提高测绘保障能力和服务水平，基本满足国民经济和社会发展对基础地理信息服务的需求。

三、"十五"测绘信息化发展的主要任务

(一)完善测绘管理体系和运行机制

1. 健全测绘法规体系，加强测绘法制建设。加强测绘立法工作。加快立法步伐，提高立法质量，按照社会主义市场经济和现代测绘的要求，以基础测绘、测绘市场管理为立法重点，及时修改《江苏省实施<测绘法>办法》、《江苏省测绘管理规定》；配合省政府尽快出台《江苏省基础测绘管理办法》和《江苏省地图编制出版管理办法》；积极推进测量标志管理、基础地理信息数据管理与更新、测绘成果管理、界线测绘管理方面的立法工作，为构建"数字江苏"地理空间基础框架提供法律支撑；研究制定相关法规，加快推进地理空间数据的共建共享，建立起适应不同用户特点的应用服务模式。同时，加强对我省测绘业面对加入 WTO 的研究。

加强测绘法制宣传工作。开展"测绘法宣传日"活动，向全社会宣传测绘工作的特点，宣传测绘法律、法规规定的重要制度，宣传依法测绘、依法行政的重要性，使社会各界进一步了解测绘、熟悉测绘法律、法规，为全省测绘业的持续稳定健康发展创造有利的法制环境。

严格执法和强化执法监督，坚持经常性的《测绘法》执法检查，加大对违法测绘和损毁测量标志的查处力度。

2. 建立健全测绘事业基本构架体系。根据建立社会主义市场经济的要求，从战略的高度加快结构调整，逐步建立起结构合理、界面清晰、协调发展的测绘事业基本构架体系。一是建立健全职责清晰、行为规范、运转协调、办事高效的测绘行政管理体系；二是建立健全高效精干、装备精良、布局合理、管理科学的基础测绘保障体系；三是建立自主经营、自负盈亏、自我发展、自我约束的测绘经营与中介服务体系。

3. 建立健全测绘市场管理的运行机制。健全测绘产品的价格机制。引导测绘单位认真执行《测绘生产成本费用定额》、《测绘产品价格》和《测绘产品价格管理办法》，强化测绘产品价格管理，反对垄断暴利和低价竞争，积极发挥市场竞争中价格调节供求关系，促使资源合理流动，为测绘单位创造公平竞争的市场环境。

建立适当的竞争机制。实行测绘单位法人制，明晰测绘单位的产权关系，使测绘单位真正成为自负盈亏的市场主体；通过立法和执法规范市场交易规则，打击不正当竞争行为；逐步实行测绘项目招、投标制度，引进竞争机制。

建立信息调节机制。培育测绘信息服务中介组织，发挥测绘行业协会和测绘学会的作用，健全测绘业务的登记备案制度和预测制度；加强测绘行业统计调查，强化测绘任务登记和测绘成果项目或副本汇交制度管理；经常举办测绘新技术应用与发展学术报告会、展览会、交易会等活动，拓展测绘经济信息的沟通渠道。

健全监督管理机制。加强测绘市场的监督管理，强化进入市场的基础测绘、地籍测绘、房产测绘、行政区域界线测绘的资格审查、项目立项和开工审核、成果认定工作；建立有效的地图市场监督管理机制，加强地图产品特别是电子地图产品的监督管理，依法规范地图产品生产经营单位的市场行为，提高全社会的国家版图意识，严厉打击地图侵权盗版行为和各种违法违规活动，促进地图市场的健康发展；加强测绘质量监督管理，推行测绘项目监理制度，强化对基础测绘和重大工程测绘质量的监督检验以及仪器计量检测、检定工作。

(二)加快构建"数字江苏"地理空间基础框架

"数字江苏"地理空间基础框架是为信息化提供统一的空间定位的公共平台，对于信息资源按照地理空间进行整合和实现信息共建共享具有重要作用。它主要包括四大体系：基础数据体系、数据交换服务网络体系、政策法规和标准体系以及组织机构体系。该项目重点建设任务有：

1. 健全和完善大地测量控制网。运用全球卫星定位技术，用 2 年左右的时间完成全省 C 级 GPS 网的建立。在此基础上，建立全省统一的三维地心参考框架和厘米级精度的大地水准面，为社会提供准确的平面和高程基准。

2. 建立江苏省卫星导航定位服务系统。"十五"期间，在省内建立 9 个 GPS 实时跟踪的基准站，同时筹建数据处理中心、数据发播系统、用户运用系统、数据通讯系统，并建立相应的空间定位信息数据库，向社会提供实时动态定位导航服务。

3. 加快基础数据体系建设。基础数据体系是“数字江苏”地理空间基础框架的核心内容，主要包括空间定位基准服务体系、省级基础地理信息数据库、城市综合地理信息数据库和专用数据库四个方面。一是推进1:1万比例尺全省基础地理信息数据库建设，包括数字栅格地图数据库、数字高程模型数据库、数字正射影像数据库、核心地物要素的数字线划地图数据库、地名数据库、大地成果数据库以及更大比例尺数字线划地图数据库、影像数据库、数字高程模型数据库等；二是开展1:5万比例尺数据库建设，包括数字栅格地图数据库、数字高程模型数据库、数字正射影像数据库、核心要素的数字线划地图数据库、地名数据库、土地覆盖数据库等；三是开展1:25万比例尺数据库更新，应用1:5万、1:1万比例尺数据库的已有成果，对1:25万比例尺数据库中矢量和地名数据实施更新；四是建立航片影像数据库，实施对航片的检索查询、元数据的录入以及影像数据的分发服务等。

4. 建设基础地理信息数据交换网络服务体系。基础地理信息数据交换网络服务体系是“数字中国”、“数字江苏”地理空间基础框架建设的重要内容，主要由国家级、省级以及市（县）级基础地理信息数据交换中心，相关的计算机网络设施以及政策法规和标准体系构成。到2004年，完成省级基础地理信息数据交换中心的主体技术装备配置以及相应局域网的建设，建设省级数据交换网站，为用户提供基础地理信息元数据库和产品的检索查询服务。到2005年，省辖市和部分县级市建成相应级别的基础地理信息数据交换中心，完成国家与各级数据交换中心的网络连接，实现数据的远程通信和传输，逐步实现面向全社会的基础地理信息网络化服务。

5. 加速全省基础地理信息更新。采用数字正射影像叠加地形要素为主的更新方式，用5年左右的时间完成全省范围内近4000幅1:1万比例尺地形图的更新，同时建立省基础地理信息数据库；以沿江、沿海为主，兼顾“西气东输”、“海上苏东”和欧亚大陆桥在江苏境内建设的需要，完成1:1万比例尺数字高程模型、数字正射影像和核心地形数据的更新；实施大比例尺地形图更新和数字化工程，加速1:5百—1:2千比例尺地形图的更新和数据库的建设，为全省重点工程和市、县（市）经济建设提供服务。

（三）大力提高基础地理信息应用和服务水平

1. 强化示范工程建设。以构建“数字江苏”地理空间基础框架为基础，主动为领导决策和行政管理服务，主动为实施重大战略服务，主动为重大工程建设服务，主动为提高人民生活质量服务。全省主要示范工程有：

综合省情地理信息系统（简称“9202”工程）。该工程是信息高速公路的重要组成部分，它提供的综合国情、省情信息，为各级政府进行经济管理、环境保护、防灾减灾、政务信息、管理决策提供基础地理信息依据和工作平台。该项目的建成，将大幅度提高政府综合业务管理的分析决策水平，促进政府管理的信息化，大大提高政府机关的工作效率和质量。

长江经济一体化城市综合地理信息系统。它采用航空、航天遥感技术，应用苏、锡、常三市城区1:2千彩色影像、1:5千黑白影像和航天遥感影像的融合，与1:1万比例尺数字化测绘成果形成基础地理信息系统。在该系统的基础上加载各类相关信息，形成该地区社会经济信息系统、防洪信息系统、土地利用遥感信息系统和环境遥感监测信息系统，为长江经济一体化建设提供现代测绘技术支撑。

行政界线管理信息系统。为政府界线管理、处理纠纷、维护地区安全提供服务。

生态环境地理信息系统。为退耕还林，防止水土流失提供空间决策服务。

人口普查与管理地理信息系统。提高人口信息管理水平。

国土资源动态监测与管理信息系统。该系统利用高分辨率航天遥感数据和各种比例尺的地质、矿产、土地利用等数据库信息，实施国土资源的动态监测与管理，为政府及社会提供有效、及时的国土资源信息服务。

太湖、长江防讯调度指挥决策系统。为全省防汛指挥、洪水预报、灾情评估提供服务。

江苏测绘网站。加强城市公众地理信息建设，在发布南京市地理信息系统的基础上，将全省13个省辖市的地理信息按照统一的格式和标准上网，为公众提供地理信息查询。同时，实行测绘成果目录网上发布，使江苏测绘网站成为“数字江苏”第一网站。

2. 加强对苏、锡、常地区地面沉降的动态监测。在复测一、二等水准和 GPS 水准点的基础上，对该地区定期进行地面沉降监测，为有关部门提供可靠的高程基准和沉降数据。

3. 努力开发高科技、高附加值的地图新产品，繁荣地图市场。推出数字化测绘系列地图产品，组织出版具有重要科学价值，实用性强的地图和地图集，组织编制满足群众生活需要的、技术含量高且方便实用的各类电子地图、影像地图和多媒体地图，大力发展车载导航电子地图；适时更新出版全省 1:30 万、1:50 万、1:70 万比例尺系列行政挂图以及 8 开版、16 开版、32 开版系列江苏省地图集和交通旅游等各种专题地图；开发以市、县为单位的正射影像与核心要素叠加的新图种；加强网上地图的开发，支持和鼓励地理信息产品上网分发服务，以满足全社会对地图产品日益增长的需求。

四、“十五”测绘信息化发展的基础

省级基础测绘是实现全省测绘信息化的重要基础性工作。“九五”期间，全省建立了基础测绘工作管理体制，解决了基础测绘技术、人才、设备和组织支撑，增强了基础测绘保障服务能力。“十五”期间，全省测绘系统要全面实施省级基础测绘更新规划，构建“数字江苏”地理空间基础框架，为全省测绘信息化发展提供测绘保障。

（一）省级基础测绘“十五”计划与建设“数字江苏”的关系

江苏是国民经济和社会信息化发展较快的省份，在全国经济社会可持续发展中起着重要的作用，建设“数字江苏”不仅是可持续发展的需要，也是江苏科技与经济社会发展紧密结合的必然要求。“数字江苏”将为领导和政府部门进行宏观决策提供多要素、多层次、多时态的自然信息和人文信息，在政府部门宏观管理，在城市规划、市政建设、环境保护、土地利用、资源开发、交通整治、灾害防治等领域产生良好的社会效益和经济效益。

实施“数字江苏”的基础是建立海量的、多尺度的、动态的空间数据库，不仅要有全省区域范围内的大、中、小比例尺的空间数据，还要包含多光谱、多时相、高分辨率的航天遥感影像、航空影像，以及涵盖规划、建设、资源开发、土地利用、交通等各个领域和层面的专题信息。因此，获取“数字江苏”所需的大量地理信息，以及与地理信息有关的各种信息，并进行加工、分析和组织，建设各种地理信息数据库，构筑较为完善的地理空间基础框架是“十五”期间全省测绘工作的重点，也是全省国民经济信息化建设中各种信息资源的空间参照基础。省级基础测绘工作将为实现这一战略目标提供最直接的现势性资料和信息，即为“数字江苏”提供公益性、基础性、权威性和准确的公共地理空间信息平台和信息服务环境，使各行各业的专题数据能更加直观、准确地呈现给决策者，形成全省全方位的数字化或信息化，即“数字江苏”。

（二）省级基础测绘的需求分析

“十五”期间，全省经济社会信息化将迅猛发展，“数字城市”、“数字区域”建设已经启动，电子政府、电子商务、智能交通、远程教育、网上医疗等将成为全省经济社会生活的热点。实现上述目标需要以基础测绘成果作为支撑平台，对基础地理信息数据的现势性、准确性、完备性要求越来越高。

基础地理信息数据在资源普查与开发、环境保护与监测、基础设施建设与管理、区域与城镇规划、智能交通与移动通信、防灾减灾以及精细农业等方面均有着广泛的应用前景。西气东输、西电东送、南水北调等一批国家重点工程建设，迫切需要测绘部门提供 1:5 万、1:1 万比例尺地形图或基础地理信息数据。因此，全面组织实施省级基础测绘更新显得尤为迫切。

（三）省级基础测绘的主要目标

“十五”基础测绘的主要目标是：加快国家基础地理信息系统数据库及其网络体系建设，将省级基础测绘的 8 年更新计划调整为“十五”期间完成，基本满足国民经济和社会发展对基础地理信息服务的需要。

进一步完善基础测绘更新机制，实现数据库动态更新。基本建成 1:1 万数据库，完成部分地区 1:5 千数据库、城市综合地理信息数据库，建成七个基础地理信息数据库；更新并完善大地控制系统；推出形式多样的数字化基础地理信息产品，拓展应用服务领域，提高服务水平。

以满足国家经济建设和人民生活需要为目的，

规划实施基础测绘工作。优化基础测绘生产组织结构，大力推进体制创新和科技创新；以国家基础测绘设施建设项目为依托，建立技术基点高、功能齐全、高效的基础地理信息数据生产、开发、服务体系，增强测绘保障能力；基础测绘任务采用项目管理方式，实行项目承包和项目法人制，并逐步推行项目监理制；采取"边更新、边应用"的建设方针，树立开放型测绘，拓宽服务领域；通过与有关部门建立共建共享机制，最大限度地保证基础地理信息数据的现势性。

（四）省级基础测绘的主要项目

1. 夯实"两项基础"。

（1）构建全省现代化的三维、动态、地心大地坐标系控制基础。建立并完善全省统一的高精度平面控制网。鉴于传统的大地测量控制网高精度点密度不足，以一、二等三角锁（网）为主体的全面连续网精度虽有所改善但不理想，加之控制点破坏严重，故将改造全省平面基本控制网作为基础测绘的首要任务。采用先进的全球定位系统（GPS）技术，在全省范围内布设 522 个 C 级 GPS 网点，平均边长 16.5 公里，计划 2001 年完成，作为全省统一的基础地理信息高精度平面控制基础。

建立全省厘米级精度的似大地水准面。通过对 GPS 网的三维平差计算，建立相对于 GWS－84 的大地高系统，同时通过 C 级网连测 137 个一、二等水准点，用三等水准连测 108 个其它 C 级 GPS 网点，用来精化似大地水准面，使之达到厘米级（约 8～10 厘米）的精度，该项目计划 2001 年完成。配合国家高程控制网新一轮复测工作，在苏南地区进一步加密 GPS 网，精化该区域的局部重力场和似大地水准面，使苏南（主要苏、锡、常）地区达到 1～5 厘米级高精度似大地水准面，该项目计划 2003～2005 年完成。

建立连续运行的 GPS 跟踪站。在全省建立 4 个连续运行的 GPS 跟踪站，形成与我国高精度三维动态地心坐标框架相适应的区域性高精度三维动态地心坐标系统。该项任务由国家测绘局统一规划，省测绘局负责实施。

（2）建立全省航空、航天遥感数据源周期性获取机制。解决数据源问题，是保障基础测绘顺利进行的必要前提条件之一。"十五"期间，将实现 5 年覆盖江苏全省的国家航空摄影计划，及每 3 年覆盖 5－10 米地面分辨率遥感影像，每年覆盖 15－20 米地面分辨率遥感影像的航天遥感计划。建立起影像数据源从制定年度计划、组织实施、资料验收到分发服务的管理体系和运行机制。

2. 构建全省统一的地理空间基础框架。"十五"期间，将以构建"数字江苏"地理空间基础框架为目标，完成以下基础地理信息的数据采集与更新。

实现第一代 1:1 万比例尺"4D"数字产品覆盖全省。包括：1 米地面分辨率的数字正射影像（DOM）3978 幅，5 米格网间距的数字高程模型（DEM）3978 幅，分辨率不低于 254dpi 的数字栅格地图（DRG）3978 幅，满足建库与制图要求的数字线划地图（DLG）3978 幅。其中：苏南大部分地区与苏北县城以上城区为全要素约 1038 幅，其它地区为核心要素约 2940 幅。为进一步提高基础地理信息的现势性，在第一代"4D"数字产品完成后，将按 5 年周期进行定期更新，平均每年约 800 幅。

完成全省 1:5 万比例尺"4D"数字产品的配套生产。包括：10 米地面分辨率卫星遥感影像图（DOM）313 幅，核心要素数字线划地图（DLG）313 幅。

完成全省 1:25 万比例尺"4D"数字产品的配套更新。包括：20 米地面分辨率卫星遥感影像图（DOM）17 幅，核心要素数字线划地图（DLG）17 幅。

建立 1:5 万、1:25 万基础地理信息的数据更新周期。根据卫星遥感影像数据源定期获取的机制，全省 1:5 万基础地理信息的数据更新周期定为 3 年，1:25 万基础地理信息的数据更新周期定为 1 年。

3. 建设全省七个基础地理信息数据库。大地测量控制数据库。以全省范围已有的平面控制点（如 GPSA、B、C 级网，一、二等三角锁，二、三、四等补充网，一级导线、城市 GPS 网等）、高程控制点（如一、二、三、四等水准）等成果数据及其属性数据，建成采用 GIS 技术管理，以 DRG 或 DOM 为背景的全省测量控制点数据库。

多分辨率数字正射影像数据库。包括：1 米地面分辨率黑白航空正射影像图，10 米地面分辨率近天然彩卫星正射影像图，20 米地面分辨率近天然彩卫星正射影像图。

多尺度数字高程模型数据库。包括：5 米格网间距的数字高程模型，25 米格网间距的数字高程模型，100 米格网间距的数字高程模型。

核心要素数字线划图数据库。包括：交通、水系、境界、居民地、地名等分类要素的矢量数据及其属性数据的数据库。

多比例尺数字栅格地图数据库。包括：1:1 万、1:5 万、1:25 万比例尺地形图。

地名数据库。将全省的自然地理名称（包括山脉、山峰、河流、湖泊、海洋等）以及社会人文名称（如行政区划、城镇、村庄、铁路、公路、机场、车站、码头等等），通过其地理位置与地名属性相连，建成采用 GIS 技术管理、以 DRG 或 DOM 为背景的地名数据库系统。

行政境界数据库。将全省不同级别的行政境界（省界、地市界、县市界、乡镇界）按其地理定位信息（界桩、界线及周边地形地物）及属性信息，建成采用 GIS 技术管理、以 DRG 或 DOM 为背景的行政境界数据库系统。

4. 建设三个服务体系。“十五”期间，在进行数据采集与建库的同时，突出地理信息服务，逐步建设三大服务体系。

基础地理信息分发服务体系。在省测绘档案资料馆的基础上，筹建江苏省基础地理数据交换中心。对现有测绘档案资料进行全面清理，包括对国家地图档案资料的整理、著录、组卷，分类编目建档，重要资料、图件进行扫描数字化，建立数据库，开发查询检索系统，实现对档案资料的现代化管理与服务。在基础地理信息数据库的基础上，建立全省基础地理信息元数据库及其网上信息发布、查询、分发服务系统。通过实施国家基础测绘设施项目，建设省测绘局的数据传输网络系统，实现数据生产、存贮的网络化管理及其办公自动化。通过国家公用通信网络，上与国家基础地理信息中心主节点及省政府信息中心主节点（包括政府各部门信息中心节点），下与各市地理信息中心节点相连，实现网上信息发布、远程检索查询；在保障安全的条件下，实现网络数据分发服务；为“数字江苏”、电子政务、电子商务、省行政管理办公决策等系统提供地理空间信息的支持。

GPS 空间定位服务体系。“十五”期间，全省将建立 9 个 GPS 差分基准站，其中 4 个由国家 GPS 跟踪站改造和扩充而成，其余 5 个由我省投资新建。采用统一的技术标准，建立起在计算机网络技术支持下，由连续运行的 GPS 差分基准站、数据处理中心、空间定位信息数据库以及信息发播系统构成的空间定位动态服务及导航体系，向全省提供米级及全省 1/4 范围提供分米级实时差分定位及导航服务。

遥感（RS）应用服务体系。建立遥感应用服务体系，为基础测绘数据的定期更新、土地利用、生态环境、防洪减灾等动态监测提供及时可靠的信息支持。在数据资源共享的原则下，为省内各个行业部门提供遥感数据源信息网上发布、查询与分发服务。同时选择国土资源与环境遥感动态监测作为应用服务的试点窗口，全面建立遥感监测应用服务体系。

5. 抓好六项重点开发应用工程。建设全省综合省情地理信息系统（简称“9202”工程）。“9202”工程是专为政府办公决策服务的地理信息系统（GIS），它在省计委及有关厅局的支持下，实现数据共享，向省政府提供综合省情信息，为政府及有关部门进行发展战略经研讨、人口资源管理、经济发展分析、环境保护、防灾减灾、政务信息等提供强有力的信息支持。我省应在国务院办公厅的统一安排下，在一、二期工程的基础上尽快全面更新完善全省的“9202”系统，为全省国民经济与社会信息化提供政府应用示范。

组织好国家基础测绘设施项目省级单位工程。“十五”期间，按照国家测绘局国家基础测绘设施项目安排，组织好江苏省测绘局单位工程，落实三个单项工程，加速基础地理信息数据生产体系、数据管理服务体系、网络体系的建设。

实施江苏省土地利用动态遥感监测工程。根据国土资源部的要求，从 2001 年开始，将扩大遥感监测成果在土地行政管理中的应用领域和范围，重点是监测城市规划扩展、小城镇用地变化、基本农田保护、土地利用总体规划执行情况等。根据国土资源部的安排，我省从今年开始进行省级土地利用动态遥感监测试点，平均每年选择 2－3 个县作为监测区，在此基础上逐步建立全省土地利用动态监测数据库，为国土资源的规划、管理、保护和合理利用服务。

建设“数字区域”或“数字城市”的地理空间基础框架。选择南京或扬州，建立以数字高程模型（DEM）、真彩正射影像图（DOM）、数字线划图（DLG）以及三维城市景观为基础的“数字城市”示范工程。

建设防汛减灾指挥决策支持系统。利用基础测绘成果建设太湖防汛调度指挥决策系统测绘工程，为防洪提供现代测绘技术支持。建设太湖防汛调度指挥决策系统，是全省防汛指挥、洪水预报、灾情评估的需要。在“十五”期间，争取建成太湖及长江、淮河流域数字正射影像、数字高程模型及相关要素的基础地理信息系统，为指挥部提供防灾、减灾指挥决策系统。

苏南地区数字高程模型（DEM）及其动态监测工程。苏南地区上一代 1:1 万地形图及其高程施测于八、九十年代，近 20 年来经济迅猛发展引起地表高程不规则沉降，据对部分水准点的高程复测，近 15 年来局部沉降量已达 1 米以上。为此，需要建立苏南地区 5M 格网间距的数字高程模型（DEM），并监测其动态变化。根据上一代 1:1 万地形图采集苏南地区第一代 DEM；在今年一、二等水准复测的基础上，在 2002 - 2005 年进一步安排复测三、四等水准点并加密 GPS 水准点，建立必要密度的高程控制网，按 1:1 万比例尺地形图平坦地区高程点的基本分布施测当前的高程数据，用于生产第二代 DEM。今后，每年对 GPS 水准基础控制网进行监测，可掌握该地区的动态沉降规律及其准确可靠的空间分布，在一定时间后（15 - 20 年）再更新第三代 DEM，使之成为全省基础测绘的一项重要的周期性、历史性的工程。

6. 基础测绘管理体系建设。生产与更新体系。建立基础地理信息生产的省级基地，形成多数据源、多产品的空间数据采集的规模化生产能力。建立长期稳定的基础测绘更新机制，根据不同区域的社会经济发展需要，定期对全省基础地理信息数据进行更新，保证向社会提供及时、可靠的基础地理信息服务。

数据库管理体系。配置相应的硬件、软件和网络系统设备，对基础地理信息的海量数据进行分布式管理与维护，负责数据的安全，建立数据备份、异地存放的有效管理机制。

标准体系。建立能够包容整个基础测绘所需的技术标准体系，并使之具有可操作性、完整性、延续性、可扩充性和权威性。

质量保证体系。建立完善的质量管理体系，制定包括质量管理办法、质量认证、质量保证和控制等在内的措施和方法，逐步向国际标准 IS09000 接轨，逐步建立并完善质量监理制度。

网络交换体系。在省级基础地理信息生产基地与数据库管理部门之间建立稳定、可靠、高速的局域网和广域网，为数据采集的生产过程、数据库的管理、存储备份、应用开发、分发服务以及办公自动化提供网络支持。

五、“十五”测绘信息化持续发展的主要保障措施

（一）进一步推进测绘体制创新

1. 完善科技创新体系。以构建“数字江苏”地理空间基础框架和发展地理信息产业为目标，进一步完善适应社会主义市场经济体制要求的测绘科技创新体系，提高测绘行业的整体创新能力和技术创新水平。“十五”期间，测绘技术创新工作重点任务是：建立和维护大地测量基准关键技术的研究；基础地理信息快速获取、处理与更新关键技术的研究；基础地理信息管理与分发体系关键技术的研究。同时，要加强具有自主知识产权的国产化测绘硬软件开发；大力开发实用性、便捷化、普及化的测绘高技术产品和数字化测绘信息产品，提高测绘产品的科技含量。

2. 深化测绘单位人事制度改革。根据中共中央《深化干部人事制度改革纲要》的精神，按照党管干部和公开、平等、竞争、择优的原则，建立以岗位管理为核心的人事聘任制度，通过制度创新配套改革，引入竞争激励机制，充分调动各类人员的积极性和创造性，增强测绘单位活力和自我发展能力。测绘单位要推行全员聘用制度，逐步建立固定和流动相结合的用人制度，变国家用人为单位用人，变身份管理为岗位管理。建立重实绩、重贡献、向优秀人才和关键岗位倾斜的分配激励制度，进一步扩大测绘单位内部分配自主权。积极稳妥地推进测绘事业单位的改革，建立适应社会主义市场经济发展的经营机制，提高单位创新能力，自觉通过市场组合与协作，形成规模优势。

3. 积极实施人才战略。“十五”期间，要逐步建立起人才培养、引进和使用相协调的良性运行机制，大力加强领导干部队伍、公务员队伍、

专业人才和经营管理者队伍、科学技术带头人队伍和测绘职工队伍建设，特别要注重青年人才的选拔和培养，全面提升测绘队伍的整体素质。

（二）加强基础测绘工作，加速地理空间基础设施建设

加强基础测绘工作的组织和管理。紧密结合本地区经济建设和社会发展的重点，制定切实可行的基础测绘计划；通过立法，进一步完善基础测绘的分级管理体制，逐步建立稳固的基础测绘更新机制，明确省、市、县基础测绘更新周期和经费投入渠道，完善基础测绘的计划管理和经费管理。适应新形势，建立行之有效的基础测绘组织实施的工作机制，逐步推行项目法人责任制、合同管理制和质量监理制，提高基础测绘经费的投入产出效益。

加速地理空间基础设施建设。国家基础测绘设施项目江苏省单位工程，是国家基础测绘项目的重要组成部分，由三个单项工程组成：基础地理信息管理服务技术体系、基础地理信息数据生产技术体系和基础地理信息数据传输网络。旨在推动省级测绘部门实现“两个根本转变”，为全省建立具有系统性、先进性、实效性的现代化基础测绘设施打下坚实基础，推动测绘科技进步，有力促进全省测绘业向数字化、网络化、自动化、信息化迈进。

（三）加大科技投入，努力实施“科教兴测绘”战略

加大测绘科技投入。在积极争取国家和地方对我省测绘科技项目投入的同时，引导和鼓励测绘单位加大科技投入。省测绘局确保每年科技投入且按一定比例递增，测绘单位要加大科研开发经费投入；承担重点科技项目、技术改造项目和成果转化项目的测绘单位要保持一定比例的匹配资金；对于市场应用开发科研项目实行经费投入滚动机制；测绘单位每年投入的科研开发和成果转化经费一般不少于生产总值的5%。

加大测绘教育投入。要建立人才培养和人才引进的经费投入机制，推动测绘人才战略的实施。测绘单位要制定相应政策，保证人才工作经费的投入，除保证单位职工工资总额的1.5%作为职工教育经费外，还要从单位收入中另安排2%用于人才培养和引进。对于重大工程项目的实施，要考虑和安排人员培训经费；对重点培训项目任务，经费上要确保；要充分利用现有的资源，挖掘潜力，广开渠道，积极筹措资金，保证人才工程的顺利实施。

（四）建立信息资源共建共享机制，加快“数字江苏”地理空间基础框架建设

发挥各级测绘主管部门在地理空间信息政府协调机构中的作用，加强与政府有关部门和军队测绘部门的合作，按照互惠互利的原则交换数据，实现测绘资源的共享；研究制定共建共享的法规和政策，明确规定信息数据密级划分、信息数据产权界定和保护、信息共享的用户界定和义务、信息共享中的价值补偿问题；加快建立“数字江苏”地理空间基础框架建设的标准体系，抓紧制定地理空间信息数据生产、更新、建库和网络传输的标准和数据格式标准；发挥测绘部门在信息资源共建共享中的带头和示范作用，增强主动服务意识，在服务中促合作，在合作中促共建。

（五）发展开放型测绘，加强对外服务、合作与交流

充分利用“两种资源、两种市场”，积极引导和支持各级测绘部门、测绘单位开展多渠道的测绘国际合作与交流，引进外资、技术与人才，通过参与测绘国际合作与交流，学习和借鉴国外先进的管理模式、方法、经验和技术，跟踪国际测绘发展趋势，促进自身水平和能力的提高；在保障信息安全的基础上，充分利用国际测绘资源，积极开展测绘项目的国际合作。

树立联合与协作观念，加强与其他部门的横向联合与协作。坚持走产、学、研相结合的道路，优势互补，利益共享，建立双边、多边技术协作机制，促进测绘行业科技人才、资金和技术的合理利用，避免重复投资，推动全行业的科技进步。

江苏省环境信息化建设“十五”计划

一、“九五”环境信息化建设回顾

“九五”期间，在国家环保总局的统一部署和组织下，江苏省各级环保部门重视环境信息系统建设，加大对环境信息化建设的资金投入，初步建立了为环境管理工作提供有效的环境信息服务和信息技术支持的省、市两级环境信息机构、队伍和网络。在淮河、太湖、长江流域重点污染源限期治理达标排放工作、“一控双达标”（排放污染物总量控制、环境功能区达标、工业污染源达标）等工作中，环境信息为环境管理服务的能力明显提高，提供了大量的数据和信息依据，发挥了较好作用。

（一）环境信息机构和队伍初步形成

江苏省环境信息中心是全国成立最早的负责环境信息化建设的省级专职机构，“九五”期间紧密围绕江苏省环境保护工作开展环境信息系统建设，做好环境信息采集、处理和发布利用，并对江苏省环境信息工作予以指导。1999年，根据工作需要，江苏省环境信息中心和江苏省环境监测中心合署办公，充分利用江苏省环境监测中心环境质量数据、信息优势，结合江苏省环境信息中心的网络条件和技术开发能力以及环境信息管理优势，实现环境信息全面、高效和有序的整合和集成，做到网络可靠畅通，数据规范化、层次化、有序化存储和管理，信息多元化、综合化查询、发布和表征，更好地为环境管理提供环境质量、污染源信息以及其它环境信息服务。

“九五”期间，江苏省省辖市环境信息工作逐渐形成归口管理机构。连云港、南通市成立了独立的环境信息中心，苏州、无锡市环保局成立了信息处，其它市环保局分别由计划财务处或科技处（科）归口管理环境信息工作。各市环境信息机构负责本级别范围环境信息化工作规划和年度工作计划的制定、环境信息网络和计算机应用系统建设的组织、环境信息标准和技术规范的制订、环境信息工作的协调和管理，组织辖区内环境信息的收集、处理、管理和开发应用，指导县（区、市）的环境信息业务工作。各省辖市环境信息业务人员在2到6名不等。

目前江苏省县级环境信息工作尚无专职机构，但基本上有一到两名工作人员专职负责本级环境信息工作，接受上级环境信息主管部门的指导，使用上级下发的各种环保管理业务软件、采集录入和审核数据、汇总数据并上报，参加上级环境信息部门组织的技术培训。

（二）环境信息网络基础设施建设得到加强

“九五”期间，特别是近3年是江苏省省、市级环境信息化建设快速发展的时期，以信息网络的完善和环境信息系统的建立为标志，江苏省环境信息基础建设上了新的水平。

由于江苏省环境管理现代化的需要，加强环境信息网络基础建设，初步实现省级环境信息网络的互连互通，成为近3年江苏省环保厅信息化建设的重点工作。1998年把原来的江苏省环保局10M细缆网升级改造为100M快速交换式以太网，建立了江苏省环境监测中心、信息中心快速交换式以太网；1999年建立了江苏省环科大楼快速交换式以太网。三个子网之间通过局域网网关或电信部门的DDN数据专线连接，实现了江苏省环保厅系统各部门间稳定可靠的广域网连接和信息共享，保障环境信息能畅通传输，为实现江苏省环保厅系统内网络化的办公自动化应用和环境信息系统应用提供了性能良好的网络基础架构。环境信息系统网络基础设施的不断完善为江苏省环境管理迈向信息化、网络化、自动化提供了保障。

2000年在国家环保总局统一实施的《全国环保系统卫星通信网》建设项目中，江苏省环境信息中心积极做好建设工作，建成了SCPC卫星通信地球站，实现了江苏省环保厅与国家环保总局信息中心以及其它省环保局的卫星专网IP互连，成为全国环保系统首批开通卫星通信地球站的信息中心，为江苏省各种环境信息和数据上报国家总局提供了网络传输保障。

2000年随着《江苏省环境自动监控系统与地理信息系统技术研究及示范工程》的实施，江苏省环保厅环境信息网络与各参加试点城市环境信息网络的互连互通能力将得到加强。

1997～2000年，国家环保总局实施《全国25个环保重点城市环境信息系统建设》（B1扩）项目，江苏省参加的城市有南京、连云港、南通市。2000年，国家环保总局实施《日本无偿援助建立中国100个城市环境信息系统》项目，江苏省参加的城市为苏州、无锡、常州、淮安、徐州、扬州和镇江七市。通过B1扩项目和日本援助项目的实施，这些城市建立了技术标准较高的市级环境信息网络，提高了城市级环境信息化装备水平。

盐城、宿迁两市环保局也发挥主动精神，积极筹措资金，加强环境信息化基础设施建设，先后建成了计算机局域网，配置了性能较好的服务器和网络设备，为全面推进环境信息化打下了一定的基础。

到2000年底，江苏省13个省辖市除了泰州市外均已有了计算机网络，为环境信息处理提供了基础设施保障。

（三）环境信息的处理和分析能力得到提高

近几年，江苏省环境信息中心抓住信息网络技术飞速发展的机遇，重点加强了环境信息基础数据库建设、环境应用软件开发、信息资源开发利用和网络发布工作。根据江苏省环境管理的需要，先后组织开发了《江苏省排污申报登记数据库》、《江苏省建设项目环境管理信息系统》、《江苏省环境监测数据管理信息系统》、《环境地理信息系统》等环境应用软件，还承担开发了《全国环境统计信息管理系统》。其中排放污染物申报登记数据库录入了江苏省8万多家排放污染物申报登记企业的基本情况和污染物排放、污染治理情况数据，从排放污染物申报登记等数据库中计算出有关的污染物排放量、汇总数据、污染物排放大户名单，为制订管理目标和进度计划提供了充分的依据。环境监测数据管理为江苏省各级环境监测站提供了统一的监测数据录入、审核、上报系统，初步形成统一的中间库、结果库汇总系统和报告（报表）系统。

各级环境信息机构承担了环境统计、排污申报、建设项目、城市环境综合整治定量考核以及其它有关的环境管理业务数据库工作，完成了大量的数据采集、录入、存储、汇总、上报等处理，及时地为各级环境管理部门提供了数据和信息服务；利用互连网站向社会公众发布环境信息；江苏省环境信息中心和部分省辖市环境信息中心还利用GIS技术和多媒体声像报告技术表征、发布江苏省环境信息，取得了较满意的效果。

（四）当前面临的问题

1. 环境信息机构还不够健全、完善，相当一部分市没有独立开展工作的信息中心，信息管理和信息技术人员配备偏少，运用信息技术的能力不能适应环境管理和信息技术发展的要求。

2. 对环境信息系统建设的投入不足，环境信息的网络采集、传输和处理能力较低，信息处理自动化程度不高。

3. 环境信息标准化、规范化管理没有得到应有的重视，数据的准确性、真实性和信息安全性有待提高。

4. 环境信息系统开发与环境管理业务工作的结合不够紧密。

二、“十五”环境信息化建设的指导思想和目标

“十五”期间，江苏省环境信息化建设要紧紧围绕环境保护的中心工作，找准为环境管理服务的切入点，按照国家提出的国民经济与社会信息化的要求和国家环保总局提出的“十五”环境信息工作思路，以实现环境管理工作信息化、网络化、数字化、自动化为发展方向，有效地为江苏省各级环保部门开展环境管理和决策提供及时准确的环境信息服务。

（一）指导思想

江苏省环境信息化建设要紧紧围绕《江苏省环境保护“十五”计划和2010年目标纲要》制定的发展目标，坚持国家信息化建设和国家环境信息化建设的“统筹规划、国家主导，统一标准、联合建设、互联互通、资源共享”的指导方针，组织、协调江苏省各省辖市、县环保局高起点、高标准地加快或完善环境信息基础设施建设，加强环境信息资源的开发利用，为环境管理科学化服务。

（二）目标

江苏省环境信息化建设“十五”目标是：健全环境信息管理体制，加强环境信息机构建设，

建立江苏省环境信息三级网络，完善环境信息软硬件系统，加强环境信息技术人才培养，为环境管理和环境决策提供更加有力的信息支持。主要目标有：

1. 建立健全环境信息行政管理和技术管理机构，建立、健全江苏省省级、省辖市、县（市）三级环境信息中心或对应机构，形成完整的江苏省环境信息工作队伍体系。

2. 统一制定环境信息工作目标。加大对各级环境信息中心的投入，加强环境信息技术人员的配备，整体提高江苏省各级环境信息化装备水平，提高环境信息服务能力。

3. 进一步加强覆盖江苏省省、市、县三级的环境信息网络基础设施建设，为环境信息采集、传输和存储提供通畅的通信能力。

4. 围绕“十五”期间江苏省环境保护中心工作对环境信息的需求和江苏省环境状况的实际，以信息化、网络化、自动化、数字化为发展方向，统一规划、设计，分步实施，建立为省级、省辖市、县（市）三级环境管理服务的分布式、层次式环境信息系统，为环境管理和决策提供及时、便捷的信息支持。实现网络互联和环境信息资源的上网与共享。以环境信息网络为基础构架，建立较完善的江苏省环境信息自动监控系统。

5. 理顺现有各种环境信息及其收集渠道的关系，优化环境信息管理体制，建立环境信息报告体系，实现统一管理，使各级环境信息中心成为数据完整、齐全的真正的数据中心；完善江苏省环境信息编码，初步建立江苏省环境信息的标准化与规范化体系，为环境信息的系统分析、充分利用奠定基础；制定并实施环境信息安全管理制度，保证各类环境信息资源的开发利用符合国家有关安全保密规定。

6. 对各级环境管理人员普遍进行环境信息技术培训，加强对环境信息技术专业人员的继续教育和人才培养，初步建设稳定的具有较高素质的环境信息专业队伍。

三、“十五”环境信息化建设的任务

（一）环境信息网络基础建设

1. 省级环境网络建设。“十五”期间，要实现江苏省环保厅系统环境信息网络与江苏省内 13 个省辖市的广域 IP 连接。采用包括卫星通信、DDN、帧中继用户接入或其它先进、宽带、经济上运行费用合理的远程接入手段。带宽除了要保证常规的环境信息和数据传输外，还要根据信息技术的发展，争取实现省与市之间网络连接的宽带化，以满足构建 IP 电话、网上会议、视频点播以及其它拓展业务的需求。

继续加强省级环境信息网络硬件设备更新和系统软件的升级，建立省级环境信息自动监控总控中心。

2. 省辖市级环境信息网络建设。省辖市是环境管理工作的重点，省辖市环境信息系统是江苏省环境信息系统的基础。“十五”期间，各省辖市应继续加强对省辖市级计算机局域网硬件和系统软件建设的投入，特别是“九五”期间未参加国家环保总局组织实施的环境信息网络系统建设的省辖市，更要积极筹措资金，全面提升环境信息网络能力，形成功能完备的环境信息计算机局域网络。到 2002 年底，各省辖市环境信息网络应全部与省级环境信息网络实现互连互通，建立省辖市级环境信息自动监控中心。

各省辖市环境监测中心站、环境监理支队要在 2002 年底以前建立计算机局域网，并实现与当地环境信息网络的连通。

3. 县级环境信息网络建设。2002 年底以前，经济发达的苏南、苏中地区县（市、区）要建成环境信息局域网，并与省辖市级环境信息网络连通；2003 年底以前苏北地区县（市、区）要建设计算机局域网，与省辖市级环境信息网络连通。到“十五”末，江苏省所有县（市、区）均建立计算机局域网。县级环境信息网络要和所在省辖市级环境信息网络实现广域互连，在江苏省形成完整的三级环境信息网络传输体系。

（二）环境信息数据中心建设

为了在“十五”期间更好地为江苏省各级环保部门开展环境管理和决策提供及时准确的环境信息服务，需要规范、统一建设覆盖江苏省环境管理基本信息需求的信息基础平台，构建省、市两级信息量丰富齐全的环境信息数据中心。真正做到指标体系统一、信息编码统一、数据结构统一、数据存储管理统一，基本上解决数出多门、采集渠道多头、信息编码混乱、数据可信度不强、数据分析利用效率低下等问题。“十五”期间，要从改造现有环境信息数据库结构和规划新的信息库两方面入手，加强环境信息基础数据库建设。

1. 建立统一的污染源环境信息库（新版排污申报数据库）。

(1) 认真总结“九五”排污申报数据库建设经验，制定、规范污染源信息的指标体系；设计全新的排污申报数据库结构，分离排污企业信息的固定部分和动态部分，提高数据库的内聚性，减少数据冗余；采用先进的数据库技术，开发功能完善、适合江苏省三级操作的排污申报数据库软件；简化数据的录入，拓宽数据的采集手段(例如自动在线监控、企业远程录入)，提高数据的质量。在 2001 年底以前完成数据库软件的开发。

(2) 建立统一的数据转换接口，实现污染源环境信息库向国家排污申报、国家环境统计数据库的完全兼容转换。

(3) 研究基于数字认证技术（数字签名、公钥、私钥等加密、传输技术）的排污企业网上申报技术系统，为企业借助 Internet、远程拨号网络等公众网络服务主动、经常性动态申报、录入基本情况以及污染物排放信息提供技术支持系统，同时也能保证企业对其所填报数据信息具有不可否认性，对数据的真实性负责。

(4) 开展污染源环境信息库信息的深度加工、汇总分析处理，更好地为环境管理、决策和公众参与服务。

2. 建立统一的环境质量信息库。

(1) 满足江苏省内各级环保局、环境监测站对环境监测数据管理的需要。进一步完善江苏省各级监测站统一的监测数据录入、审核、上报系统，开发统一的中间库、结果库汇总系统和报告(报表) 系统。

(2) 除覆盖大气、降水、饮用水、河流湖库、噪声、底泥生物质量指标监测外，还要满足有机毒物、应急监测、污染源监督监测等监测数据的管理需求。

(3) 采用 GIS 信息处理技术提高环境质量信息的表征和综合分析能力。

3. 建立和完善环境法规、标准、背景数据库

4. 建立环境自动监控数据库。开发江苏省水环境质量自动监测、江苏省空气质量自动监测网络数据采集和传输、发布软件系统。

5. 建立其它业务数据库

(1) 污染物排放总量控制数据库。

(2) 区域流域环境治理数据库。

(3) 自然保护和生物多样性、生态安全数据库。

(4) 环境空间数据库，主要包括各种基础地理要素和环境要素。

(5) 区域流域环境模拟与决策支持系统。

(6) 建设项目台帐管理系统、多部门网络化联合会审系统。

(7) 企业环境行为信息公开制度数据库。

(8) 其它。

（三）环境自动监控信息系统建设

研究、开发江苏省环境自动监测（控）信息系统，拓宽环境信息的采集、传输、分析利用渠道。

1. 研究环境信息自动监测（控）系统的关键技术。

2. 建立省级环境自动监控中心（总控中心）和省辖市级环境自动监控分中心。

3. 采用先进的信息技术在合适的公共场合设立环境信息亭（屏）。

（四）环保电子政务平台（办公自动化系统）建设

在江苏省环境信息网络基础架构上，建立面向江苏省三级环保部门的办公自动化软件应用系统，提供省、市、县之间环境管理、政务信息交换平台，提供电子邮件、网络会议等功能，实现公文批办和传输的电子化、无纸化，提高江苏省环保部门协同效率，保证响应迅速，政令畅通。努力实现与各级有关政府部门的连网。

（五）积极推进环境信息技术的应用

1. 积极应用 WEB 技术和多媒体技术（包括大屏幕信息显示系统，触摸屏系统)，增强环境信息的表征能力和发布能力。

2. 积极研究利用 3S（GIS、GPS、RS）集成技术，以 GIS（地理信息系统）为核心，用 RS（遥感）技术采集、更新环境动态数据，结合 GPS（全球定位系统）的精确定位能力来动态更新环境信息，提供区域性、流域性环境信息分析能力。

3. 积极引入环境信息数学分析模型，采用三维可视化信息技术表征环境信息的时空演变情况和复合因子作用情况。

4. 重视信息安全技术的应用，保障环境信息采集、传输、存储和利用的安全。

（六）完善环境信息的规范化管理

环境信息的规范化包括环境信息管理的规范化和环境信息技术的规范化。

1. 环境信息管理的规范化。

（1）建立环境信息的归口管理机构。理顺环境信息管理体制，环境信息实现归口管理，建立环境信息的行政管理归口机构，明确工作职责。

（2）加强环境信息化的法制建设。制定并实施环境信息管理办法，明确环境信息管理的工作范围、主要任务、指导原则、机构设置及其职责与职能，明确环境信息网络的框架结构和运行机制，规定环境信息的采集、使用、流通与传输方式等内容。

（3）加强环境信息化的计划管理。环境信息工作和环境信息系统的建设要纳入各级环保部门的规划和年度计划，环境信息主管机构组织制定和实施所辖地域环境信息化规划和计划。各级环境信息机构要严格按照国家和上一级环境信息机构的要求，制订环境信息工作年度计划和工作要点并上报。各级环境信息机构对年度工作完成情况应认真总结并上报。

（4）加强环境信息系统开发的程序管理。各级环境信息归口管理机构加强对新开发环境信息系统软件的程序管理，制定软件开发的规范。开发新软件要按照立项、审查、开发、验收和下发使用的程序进行。

2. 制定环境信息化的有关标准和技术规范。

（1）制定环境信息分类标准。要按照环境信息的内容、性质和使用要求，制定信息分类标准，合理地组织信息，使之成为有条理的系统，便于信息管理和共享。

（2）制定环境信息编码标准。要规定环境信息编码方法和原则，以便于信息交流，实现资源共享，促进信息利用。

（3）制定环境信息和信息系统开发的有关技术规范。要在环境信息分类标准的基础上，制定环境信息收集技术规范、环境信息存储技术规范、环境信息处理技术规范、环境信息传输与交换技术规范、环境信息系统开发技术规范。

（七）培养和建设环境信息化专业队伍

1. 加快各级环境信息机构队伍建设。各级领导要从机构设置和人员配备入手，以计算机专业及相关专业的硕士和本科生为主要技术力量，形成一支具有一定规模、能够从事环境信息技术开发和应用的信息专业队伍，为环境信息化提供技术保证。

2. 对各级环境管理人员普遍进行环境信息技术培训，加强对环境信息技术专业人员的继续教育和人才培养，使信息技术人员能够及时把握计算机发展的最新动向，初步建设稳定的具有较高素质的环境信息专业队伍。

四、主要措施

（一）深化认识，更新观念，增强环境信息化建设的紧迫感

认真围绕“十五”期间江苏省环境保护工作目标，找准环境信息工作在环境保护工作中的位置，深化对环境信息化建设的意义的认识，更新观念，求真务实、努力开拓，积极进取，主动做好环境信息服务工作，开创江苏省环境信息化建设的新局面。

（二）加强对环境信息化建设的投入

继续加强环境信息网络基础能力建设，要持续、稳定地对环境信息化建设予以资金、机构、人员的投入，保证环境信息化建设的资金来源，为环境管理现代化提供强有力的保障。

（三）建立完善的环境信息化管理体制

继续强化机构队伍建设，重视环境信息队伍人员政治思想素质和业务素质的提高，形成一支思想品质好，有事业心，年富力强，既懂信息技术，又懂环境管理的环境信息管理与技术队伍。要理顺环境信息管理体制，进一步明确环境信息机构的职能和定位。各级环保局都要赋予本级环境信息机构全面管理环境信息的职能，使环境信息管理由多头管理向统一管理转变，使之成为信息化的技术支持机构和数据中心。

江苏省科技信息网络“十五”发展规划

一、前言

江苏省科技信息网是江苏省“九五”科技计划重点建设项目，也是全省科技系统有史以来资金投入最多、规模最大的信息基础设施建设项目，曾连续两年被江苏省委、省政府列入当年要办的二十件实事之一。在科技厅的直接领导下，经过四年的建设，到“九五”期末，江苏省科技信息网已建成了拥有自己的省、市、县三级网络平台、覆盖全省的物理网络体系和专业化科技信息资源体系，开展了网络的基本应用与服务。“江苏省‘十五’科技发展规划纲要”提出，“十五”期间，要进一步加强江苏科技信息网建设，提高服务能力和水平，使其真正成为功能社会化、服务产业化的国内著名公共科技信息网络，成为全省科技创新服务体系的信息网络支持系统和重要组成部分，成为全省国民经济和社会信息化的重要信息基础设施之一。

为实现“江苏省‘十五’科技发展规划纲要”有关工作目标与任务要求，进一步明确江苏省科技信息网“十五”期间的工作思路，加强对全网工作的规范、指导、协调管理，发挥全省网络的整体业务功能，取得更多更好的服务绩效，特制定江苏省科技信息网“十五”发展规划。

二、现状与形势

（一）网络建设与服务工作现状

1. 背景。1994年8月江苏省人民政府批准建立江苏省科技信息网。1996年2月经省编委批准，成立“江苏信息网络中心”。1996年底省科委决定江苏信息网络中心与江苏省科技情报研究所合署办公。1997年4月，江苏信息网络中心完成与江苏省科技情报研究所的合并。其后各市县科委相继成立科技信息网络中心。在省科委直接领导和市县科委的积极支持配合下，由省、市、县网络中心以及相关研究院所为主要单位，承担了全省科技信息网络各级网络中心的建设工作。

江苏省科技信息网络为树形拓朴结构，基本分为三级，省网络中心为全网的核心节点，二级节点为13个省辖市分中心、研究院所分中心及部分经济发达的县（市）分中心，三级节点则为各市（县）分中心所在地企事业单位、研究院所、开发区等局域网（终端），以此形成省科技信息网的主体框架，省科技信息网络经过了三个建设阶段：

一期试点工程从1996年11月开始至1997年3月结束。苏州、南通、徐州、常熟、宜兴、江阴、张家港、省交通科研所、省技术监督局和医学情报所等10个分中心通过电信专线与省中心直连，组成省科技信息网的初步框架。二期分中心建设工程在1997年6月全面启动，有38个市、县申请建点联网（其中省辖市分中心8个、县级市分中心26个、县级终端4个）。到1998年5月有10个分中心和10个拨号终端分别与省、市中心联通。1998年4月第三期26个市县的网络分中心建设工作全面启动。截止1999年底共有64个市县网络分中心通过专线或电话拨号入网，为社会各界开展信息服务。

2. 物理网覆盖面。到1999年底，全省各市、县网络中心陆续建成，通过租用电信的DDN专线或通过电话拨号与省、市科技省科技信息网络中心相连。共建成省级网络中心1个、省辖市分中心13个、县（市）分中心（终端）64个、以及12个省属科研院所分中心，形成了覆盖全省的科技信息网。

3. 技术条件状况。据不完全统计，至2000年底，全省科技信息网省市县分中心（尚不含科研院所分中心）所占工作场地总面积达6417平方米，其中机房面积为4166平方米，办公用房2251平方米；专业技术人员达315人；拥有各类网络机器设备2460台（套），其中计算机、服务器约1520台（套）；有67个市、县、院所分中心通过光纤或数字电路与省、市科技信息网络中心直接联网，16个县级分中心通过电话拨号方式上网。

4. 建设资金投入。据不完全统计，在近三年多的网络建设期间，由省科委科技事业费拨款和各市、县地方财政配套资金以及建网单位自筹资金建设省、市、县及院所网络中心投入的实际经费共计达6439万元。其中，省网络中心投入1300万元，省辖市分中心（不含南京市）投入1854万元，县（市）分中心投入2885万元，科研院所分中心投入约400万元。在总计的6439万元总经费中，属于省科委拨款的为2879万元，地方财政匹配的有1992.8万元，市县科委建网单位自筹的为1567.2万元。

5. 管理体制和运行机制。全省科技信息网络各级中心目前的管理体制是属于“块块管理”，即人、财、物管理权属于所属的省、市、县科委(科技局)。省及市、县大多数网络中心与情报所“二块牌子、一套班子”，有一部分与情报所完全分开，如镇江、徐州等市，也有个别隶属生产力中心建制下，如无锡、南通等市。省网络中心担负全省科技信息网物理网通信信道的管理维护工作，并尽能力在技术方面为市、县、院所分中心提供指导与帮助，在具体的网络业务方面有一定的协作与合作。

大多数网络中心是事业单位性质，按事业单位进行内部运行管理，一些网络中心已开始尝试市场化运作、内部实行企业化管理。由于互联网发展的规律性以及科技信息网自身的特殊性，同时江苏省科技信息网又侧重于公益性服务，是全省科技创新基础信息设施之一，因此需要国家必要的经费支撑与投入。

6. 主要业务及服务效果。全省科技信息网及各级分中心的建成，大大改善了全省各级科技情报信息单位的工作、技术条件，拓展了这些单位的经营手段、业务范围和服务内容，提高了服务能力。各级网络中心、情报所利用网络，面向社会广大用户开展了网络接入、域名注册、网页制作、多媒体制作、数据库开发等互联网基本业务，提供网站建设、网络系统集成、企业电子商务及其他的互联网增值业务；同时，还充分发挥科技情报信息优势，结合网络，利用自建的和共享的网上信息资源开展了诸如网上信息检索查询、企业及产品咨询、市场调查分析、科技查新、网上科技成果展示交易等网络信息服务，以及计算机培训、网络应用培训业务，为政府部门科技管理提供网上政务信息服务，取得了一定的成效。

据不完全统计，以各种方式上科技信息网的企业已超过2500家。不少企业利用科技信息网，发布经营信息，推销产品，开展网上交易。如张家港泗港金东药化公司通过科技信息网与瑞士等国客商达成AK糖业务，成交额达数十万美元。苏州唯瑜丝绸公司、苏州民德冶金化工所、苏州星星生物化工厂分别通过科技信息网找到了英国、加拿大、法国、丹麦的客户。苏州分中心与地方税务的合作，建立“地税之窗”，利用网络加强税务管理及税务征收和监督。省化工信息中心“化工七日讯”、南通信息中心的“中国农药网”、苏州“特快商情”、省纺织信息网等都把商业信息与电子商务服务融为一体，为企业开展深层次网络信息服务，取得了较好的社会经济效益。

全省科技信息网紧密围绕科技创新、促进高新技术转化开展了一系列活动。2000年5月10～18日发动全省网络中心举办了“江苏省首届高新技术成果网上交易会”。开发了成果交易会网站，实现了科技成果信息网上发布、洽谈、交易签约以及合同管理、音视频直播等功能，八天集中展示交易期间，共展出各类最新高新技术成果12000项，达成意向协议274项，成交额定2.01亿元，实现转让成果50项，转让金额1700万元，网络日访问量近1万人次/天，受到省市领导和社会广泛关注与好评，人民日报、中央电视台都作了专门采访报道。此外，无锡网络中心也举办了“无锡高新技术企业产品展销技术交易会”，省科委与徐州市政府联合举办“徐州高新技术成果洽谈会”、“中国徐州Internet网上技术市场”等也在科技信息网上发布信息、进行网上洽谈、草签协议。这些活动为改变传统的交易会方式提供了新的思路、方法、手段和渠道。

各级网络中心还十分重视为科技管理工作服务。围绕各级科技管理部门的工作重点，为科研院所、各级技术开发中心等等提供网络信息和咨询服务。为各级科委建立了主页、网站，在网上发布科技管理与服务工作程序，发布各类科技计划指南，公告科技成果，宣传科技法规、政策等等。促进了科技工作的信息化。一些市、县科技信息网分中心由于政府和科委的重视，自己服务做的也好，已在当地产生了积极影响，成为了地方政府网和网管中心，这些县（市）分别是：镇江（在建）、张家港、江宁、六合、铜山、东台、大丰、盐都、滨海、射阳、如皋、海安、宿豫、沭阳、锡山、扬中、句容、丹徒。目前，江苏科技信息网已成为全省有影响、有一定实力的省域科技及专业信息资源大网。

（二）面临的形势与问题

1. 面临的形势。到“九五”期末，江苏信息化指数达31，位居全国第6位。全江苏信息服务业的发展居全国前列，人均水平在北京、上海、天津之后，与广东接进。1999年全省信息服务业总营业额达285亿元，全省从事信息服务的企事业单位超过10000家，从业人员超过10万人，全省互联网用户数从98年的10万户猛增到2000年的220万户，占到全国的6%，居全国第4位，省内中文网站数量已超过800个，全省已有16万家企业通过不同方式上网，各级政府部门很多都已在网上安了家。

网络业市场竞争十分激烈，电信、联通、广电、吉通、网通、长城等多家网络运营商都在激烈地抢占市场份额。随着我国即将加入WTO，国外资本的进入，网络业市场竞争将会更加激烈。其他非经营性质的网络如教育网、经济网、农业网等也都在不遗余力地扩展自己的业务，争取用户。2000年底国家计委投资近2亿元建设全国计委系统的内部网络——“计委系统纵向网”，目标是建成计委的Intranet并将有关计委的业务逐步移到“纵向网”上来，开展电子政务，并最终以此为“电子政务网络平台”，将国务院和各级地方政府的相关职能与服务全部纳入这一“平台”，形成全国上下的“电子政务网络系统”。江苏省计划发展委员会已于上半年召开会议，部署此项建设工作，投资2600万元，计划在2001年底建成江苏省计委“纵向网”的省市主干网。因此，网络业市场的激烈竞争将导致参与者不断的“洗牌”，参与者不进则退，没有实力，没有特色则很可能就被淘汰，或被“吃掉”。

2. 问题与困难。全省科技信息网的业务定位仍不够明确统一；科技信息网服务工作还没有树立起通过社会化应用服务来推动网络建设与发展壮大的新思路；网上信息资源内容质量乃至数量离实际应用需求仍有很大差距，网上信息资源市场化程度低，有特色的、有竞争力的信息资源少，缺乏动态性、实时性；网络硬件设备开始老化，运行成本仍然较高，按市场规律进行收费难度很大，网络通信费缺口问题较为突出；当前的网络管理体制和运行机制难以适应市场化的发展要求，缺乏竞争力；网络高级技术和经营管理人才存在短缺现象。

三、指导思想与发展目标

（一）规划依据

“中华人民共和国科技进步法”（第五十条）立法规定：“国务院有关部门和地方各级人民政府应当采取措施发展科学技术信息交流，建立现代化科学技术信息网络”。

“中共中央国务院关于加强技术创新、发展高科技、实现产业化的决定”要求：“加强重大技术供需信息库以及科技信息网络等基础设施建设，各地要根根资源和产业特点，健全区域中介服务体系，逐步实现中介服务的组织网络化、功能社会化、服务产业化，形成全国乃至国际的电子网络商务交易市场”。

“江苏省‘十五’科技发展规划纲要”提出：“进一步完善江苏科技信息网建设，大力加强网络信息资源的建设与开发”，“提高服务能力和水平，使其真正成为功能社会化、服务产业化的国内著名公共科技信息网络”。

（二）规划原则

1. 统筹规划、统一标准、抓住重点、协同运作、整体发展。

2. 充分利用自身网络和公用网络的资源，考虑成本，避免重复浪费。

3. 服务为先，应用为先，市场需求导向，社会效益和自身收益并举。

4. 鼓励先进、淘汰落后，扶优、扶大、扶强的政策、业务、经费支持。

5. 有限目标，有所为有所不为。

（三）指导思想

紧紧围绕推进全省信息化建设总目标，以“江苏省‘十五’科技发展规划纲要”为指针，以“体现科技特点，提供专业服务、促进成果转化、形成业务规模，”为宗旨，抓住建设全省科技创新服务体系、拓展并创新科技服务体系常规业务这一主线，进一步加强并完善非营利性质的科技信息网络基础设施建设与功能开发。以满足需求为导向，进一步加强网上专有和特色信息资源开发，扩展信息网络的业务领域和服务范围，提高应用服务能力，扩大科技信息网的服务效果和影响面，发挥作为科技创新技术服务体系重要信息支持系统和信息化重要基础设施的更大作用。

（四）发展目标

到“十五”期末，江苏科技信息网建设、发展成为全省有重要影响的专业型公共科技网络平台；成为全省专业化的网上技术信息库平台；成为面向社会公众的科学知识信息库平台；成为全省性科技成果网上展示交易平台与成果转化虚拟中心；进而成为全省科技创新服务体系的支柱之一，成为全省国民经济和社会信息化基础设施的重要组成部分。

1. 加快科技信息网网络应用服务能力的提高。建成全省数字化工程技术文献中心、全省星火产业及农村信息化服务系统、全省技术成果交易电子商务系统、全省科技系统网上科技管理电子政务系统、全省网上多媒体科学知识库系统等并投入应用。

2. 进一步加强基础信息资源体系建设。开发5—10个有影响的专业网站，改造原有数据库，形成20个规模较大、有专业影响力的高质量数据库，总信息量达到950G。

3. 进一步改善全省网络平台条件，提高通信能力。“十五”期末形成上下贯通、纵横相连的科技信息网高速宽带网络平台。

4. 进一步扩大科技网分中心建设范围和覆盖面。科技信息网分中心向大中国有企业、高新技术企业、民营企业、星火科技企业以及研究院所、高新技术产业开发区、星火产业开发区等单位和区域延伸的覆盖面达90%。

5. 加快改革步伐，实现全省网络管理体制、运行机制和治理结构的合理科学转变。

四、主要任务与工作

（一）进一步加强全省科技信息网基础信息资源体系建设

1. 加大信息资源数字化和网络化程度。五年内，通过不断整合全省现有科技文献资源，调整文献收藏结构和收藏形式，充分运用电子化、网络化虚拟技术，研究馆藏资源数字化技术、网络环境下的信息资源建设、在线文献信息服务技术、大容量数据存储、检索技术等，实现馆藏资源数字化、社会资源馆藏化和文献资源建设目标管理。具体完成馆藏文献的数字化（包括书目数据库建设）工作，建成查询检索系统并提供网上服务。跟踪国内外主要电子出版商、供应商和服务信息，通过多种方式，积极采集、整理体现工程技术领域特色的核心电子出版物，保证我所工程技术文献资源体系的权威性，并为信息咨询服务打下坚实基础。重点建设以全文型电子化科技期刊和以及有我省特色、有自主知识产权的专业数据库为内容的全省数字化工程技术文献中心，

2. 扩充壮大科技信息网信息资源数量规模。加快有自主知识产权的专业化信息库的开发，建立江苏省科研开发及成果、新产品、新技术、技术引进、科技政策、人才资源等事实型、数值型数据库。开发“江苏三药及实验动物”、“江苏高新技术”、“江苏科技人才”、“江苏科研机构”、“江苏科学仪器和装备条件”等5~10个有影响的知名专业网站，改造原有数据库，形成20个规模较大、有专业影响力的高质量数据库，结合全省数字化工程技术文献中心等五大重点基础及应用系统工程建设，形成江苏科技信息网自己特色的网络信息资源体系，数据信息总量超过900G。

（二）继续加强全省科技信息网络平台及各级网络中心的建设

1. 进一步改善全省网络平台条件，提高通信能力，“十五”期末形成上下贯通、纵横相连的科技信息网高速宽带网络平台，省市主干信道由2M升至34M~155M，市县信道由64K升至2M~10M，上行国际出口速率由2M升至8M。与省内各大网络实现100M高速本地交换。扩大网络覆盖面和延伸度，全网直接联网计算机超过10000台；

2. 进一步扩大科技网分中心建设范围和覆盖面。在现有分中心的基础上，认真规划，精心组织，吸引更多的大中国有企业、高新技术企业、民营企业、星火科技企业以及研究院所、高新技术产业开发区、星火产业开发区科技信息网，使科技信息网分中心向这些单位和区域延伸的覆盖面达90%。

（三）加强全省科技信息网应用技术研究

组建江苏省网络应用软件重点实验室。围绕我省科技信息网络的发展与功能开发利用，研究、优化、移植、二次开发有关系统级与应用级软件，

并在全网推广，提高全省科技信息网络的服务水平。主要发展方向为信息发现技术、网络传送技术、网络个人信息服务技术、虚拟信息技术、网络管理系统、网络安全系统以及LINUX平台应用软件等。

（四）建设五大重点基础及应用系统工程，提高网络应用服务能力

1. 建设“全省数字化工程技术文献中心”，为各市、县网络分中心及社会各界提供的综合性和专业性公共信息资源；按政府支持、统一采购、系统共建、资源共享的原则，重点围绕我省电子、信息、化、生物、制药、机电一体化、材料、建筑、轻工纺织、机械、能源、汽车制造和现代农业等优势行业的相关国内外文献资料、图书、标准等，全面收集电子型数字型科技文献、图书、专利资料，建设我省数字化工程技术文献中心。通过建设相关镜像站点方式，提供国外工程技术类核心期刊及核心数据库的网上文献服务，并依托国家科技图书文献中心收藏的国外原版科技文献作为补充，以资源共享方式为用户提供较高满足率的文献，以基本满足我省各界对工程技术文献的需求。“十五”末建立起一个布局合理、结构优化、保障率高、核心文献相对充实、服务手段先进、多种类型、多种载体并存、多种保存方式和使用方式并存的网上工程技术文献信息资源保障体系，使之成为我省科技信息网信息服务体系的重要组成部分。

2. 开发“全省技术成果交易电子商务系统”，利用科技信息网开展全省高新技术成果网上交易电子商务。

依托全省科技信息网开发“全省技术成果交易电子商务系统网站”，建立常设的高新技术及产品网上虚拟交易市场。提供基于Web站点的技术成果交易信息服务，发布并管理产品信息、供求信息、厂商数据库并促成一系列的技术成果交易，用户通过Web站点和交易系统实现电子交易，享受网上提供的信息服务。使企业能利用网络信息和网络提供的服务，开辟新的商业模式，提高企业竞争力，获得更佳的经济效益。

3. 开发“全省星火科技网络信息服务系统”，为全省星火产业开发区、星火科技企业和广大农村提供全面的农业生产技术网络信息服务。

配合科技部推进的“星火计划农村信息化科技行动”，结合科技厅下达的计划项目，建设全省星火科技网络信息服务系统。重点建设全省“星火科技信息服务中心网站”。通过有针对性的采集和提供我省星火密集区、星火支柱产业和星火龙头企业的信息，通过交互性网络功能开发和多媒体信息服务，传递农业生产信息、普及科技知识，培训农民和农民企业家，提高农业工作者的科技水平、文化素质和劳动技能，造就星火企业家和星火带头人，从而帮助推动我省星火产业密集区、星火支柱产业和星火龙头企业的技术进步和快速发展加快农村特别是苏北地区的产业结构调整，推动苏北区域经济发展。为全省星火密集区、产业带、星火科技企业和广大农户提供全面的农业生产、技术、市场、培训指导的网络信息服务。

4. 开发“全省科技系统网上科技管理电子政务系统”，为全省科技系统进行网上科技辅助管理，实现科技管理电子信息化做好服务保障。

建立基于江苏科技信息网络平台的省、市、县三级科技管理电子政务系统，将为开展网上科技信息发布、科技计划管理、科技项目管理、科技成果管理、网上文件传输、网上多媒体及视频会议及项目申报、网上评议、网上招标等多项科技管理和科技服务业务工作提供强大的网络和数据信息支撑。推进科技管理政务信息化。

5. 开发“全省网上多媒体科学知识库系统”，利用网络宣传科普，普及科学知识。

组织江苏科普类博物馆内容上网，建设以科普类博物馆馆藏为重点内容全省网上多媒体科学知识库系统，将使我省投资累计千万元以上的科普场馆充分发挥作用，通过扩大传播科学知识和科学方法、弘扬科学态度和科学精神，将对提高全民科学文化素质具有重要意义，同时也能丰富网上信息资源，创出名牌信息产品、对提高我省科技信息网的知名度有重要作用，也是创新我省科普工作的重要工作。

（五）进一步拓展网络应用和信息服务业务领域范围

不断拓展针对实际需求的各种网络应用和信息服务业务；继续做好网络接入、域名注册、网页制作、多媒体制作、数据库开发等互联网基本业务，根据不同需求大力拓展网站开发、网络系统集成、企业电子商务及其他的互联网增值业务；充分发挥科技情报信息优势，利用网上信息资源开展了网上信息检索查询、企业及产品咨询、市场调查、技术分析、投资咨询、科技查新、网上技术产品展示、成果交易等特色网络信息和技术服务；充分发挥现有网络、技术优势，大力开展科技系统内部以及面向全社会的计算机应用培训、网络应用培训工作。

（六）加快全省网络管理体制、运行机制和治理结构的转变

调整全省网络管理体制和经营机制，以市场和资产为纽带，构建全省科技信息网络产业化运行管理新模式。分离网络的经营性和非经营性业务与资产，并加以重新整合、优化，集中省、市、县网络中心的优质资产创办面向全社会服务的网络经营实体，以发挥现有存量资产的保值、增值潜力，初步实现国家重点扶持、市场导向、自我良性循环、不断发展壮大的机制转换目标。

（七）加强自身人员培训和人才培养，形成优良专业团队

注重人力资源开发与使用，加强全网人员的技术培训特别是技术资质培训，不断提高技术能力和服务水平。鼓励大胆引进、培养计算机硬件、网络通信、软件设计、网络管理、信息服务等优秀人才和学术带头人，引导树立团结、合作、务实、奋进的企业理念与团队精神，形成优良专业团队。

（八）扩大开发、加强合作，加快科技信息工作国际化进程

加强与有关国际组织和境外科技信息机构的交往和合作，通过派出去、请进来的方法，学习和吸收国外信息网络先进技术、专业经验和管理理念，同时积极引进先进网络技术，探索外资融资渠道，“十五”期间寻求1～2个技术及资本合作项目，探索网络进行企业化、产业化运作之路。

六、保障措施

（一）进一步明确全省网络定位，积极争取上级的配套政策与条件支持

积极争取省科技厅明确全省科技信息网络是非营利的科技创新服务体系信息基础设施。顺应科技事业费拨款方式改革和科技计划项目管理制度改革形势，认真研究、用足用好各级政府管理对科技信息工作的各项支持和扶持政策，积极承担重大技术基础设施项目建设和重大科研及服务项目，积极争取各级政府的财政专项投资和科技专项经费补助。各级科技管理管理对全省科技信息网络中心的基本通讯费用应予以安排支持。

（二）进一步理清工作思路，制定计划，加强管理

结合科技信息网全面总结验收和2001年度全省科技创新服务体系计划项目的下达，对各个网络中心的设备状况、联网情况、业务开展情况、技术队伍、服务绩效以及经济收益等进行一次全面的调查、统计、摸底，摸清家底，进行必要的资产清核工作，为下一步的网络定位转制做好基础准备工作。调整部门和岗位设置，设岗定编，明确岗位职责和工作任务。管理工作讲求科学化和规范化，实施目标管理、层次管理、分类管理。根据改革发展要求，调整现有管理机构设置，强化管理功能，增强服务功能，加强科学管理制度规范建设。建立各中心之间、各部门之间、各环节之间、各人员之间的各负其责、运转有序、密切合作、相互支持的工作流程和工作规范，形成良性循环运转机制。结合自己的特点和优势，学习、借鉴同行、业者的成功经验与做法，形成自己行之有效的内部经营管理模式。

（三）建立多渠道筹资机制，争取多元化资金投入

切实增强信息网络自身实力、提高服务能力和水平，扩大影响，争取企业和社会各界的捐助和投入。联合全省各级网络中心，积极探索合资合作等多种方式筹措资金，形成新的投入机制。积极通过创收扩大网络的社会化资金来源。

（四）加强用户开发工作，不断开拓业务新领域

客户是科技信息网的生命线，要积极培养用户开发人才，组建用户开发队伍，积极研究相应策略，切实加强用户开发工作。充分挖掘现有条件，拓展网络服务手段、服务范围和服务内容，提高服务能力。开拓网络增值业务，扩大科技信息网的服务面和经济效益。

（五）建立合理科学的分配奖励制度

合理的分配制度，有利于资源的优化配置，有利于调动单位和个人的积极性。要遵循市场规律和工作规律，在分配上真正引入竞争机制，切实做到多劳多得，优劳优酬，在努力提供优质产品和服务，获得更多市场回报、经济效益的前提下，运用分配制度“杠杆”调动全体人员的积极性和创造性，做到国家、单位、个人的“多赢”。

（六）建立“引得进留得住”的人事保障制度

建立“开放、流动、竞争、协作”为基础的人才培养、使用和激励机制。以“不求所有，但求所用”的原则全面推行事业单位岗位人员聘任制度。注重并加强人才培养和队伍建设工作，创造一种团结和谐、积极向上、既有利于事业发展、又有利于人才培养的环境与氛围，保持技术队伍的活力。采取特殊政策，稳住人才队伍，吸引优秀人才。完善青年科技人员培训培养机制，实行优先培训、优先立课题、优先提拔使用，加重奖励等“三优一重”政策。

江苏省农业信息化 2001 ~ 2005 年发展规划

《江苏省农业信息化 2001 ~ 2005 年规划》是我省农业发展进入新世纪的第一个五年规划，是我省农业信息化初步发展取得阶段性成效后的第一个五年规划。

本规划根据《江苏省国民经济和社会发展第十个五年计划纲要》、2001 年《江苏省关于加快国民经济和社会信息化的意见》和《江苏省信息化建设规划纲要（1997 ~ 2010 年）》确定的要求，明确提出了 2001 ~ 2005 年我省农业信息化建设的指导思想、发展目标、主要任务、实施项目和政策措施等，是我省农业信息化发展在“十五”期间的行动规划。

在本规划实施过程中，全省各级农业部门一定要增强责任感和紧迫感，加强领导，精心组织，突出重点，狠抓落实，勇于创新，整体推进，积极争取当地党委、政府及其有关部门的支持。全省农业系统信息工作者，要埋头苦干，扎实工作，多出成绩，多出成果。经过上下的共同努力，确保在五年内完成或超额完成本规划的目标任务，为全省农业、农村经济产业结构调整，促进农业增效、农民增收，发挥农业信息的积极作用，为我省率先基本实现农业现代化，提供坚实的基础。

一、发展形势

（一）发展基础

我省自 1997 年利用现代信息技术，实施农业信息化以来，全省农业信息工作者，在邓小平理论和党的基本路线指引下，在省委、省政府和农业部高度重视下，认真落实中央、全省农村工作会议精神，围绕我省农业和农村经济发展的中心工作，开展了我省农业信息化建设，取得了阶段性成效。

1997 年在农业部的帮助下，建立了省农业信息中心的计算机局域网（试验网），为构建江苏农业网积累了经验。

1998 年根据省领导的多次讲话和批示精神，坚持国家信息化建设总方针，按照省政府印发的《江苏省信息化建设规划（1997 ~ 2010 年）》要求，遵循“一次规划、分步实施、边建边用、运行高效”的原则，邀请专家和聘请高级技术顾问，制定和评估技术方案，精心组织实施，江苏省农业信息网络中心于 1998 年建成。江苏农业网站于 1999 年 3 月 1 日正式开通。

江苏农业网，是由省政府授权、省农林厅主办、省农业信息中心承办的公益性农业综合网站。高效、全面、系统地收集、整理、分析、发布国内外农业和农村经济、科技、政策、市场行情等信息，为各级领导干部、农村合作经济组织、农民经纪人、种养大户、龙头企业、广大农民群众等提供全方位、多层次的公益性信息服务。依托全省主要农产品批发交易市场，发布了农产品市场行情；依托专家分析队伍，开展了国内外农产品市场趋势分析预测；依托全省各级农业网站，形成了全方位、多层次的信息收集、分析、发布体系，并初步发展了农产品供求为主的市场信息服务；依托《当代农业》、科技数据库，传播了农业科技新动态、新成果；依托龙头企业，树立了我省涉农企业及产品的良好形象。

省委、省政府站在新世纪农业、农村经济面临新的发展机遇，迎接加入世贸组织的挑战，推进我省率先实现农业现代化的高度，非常重视全省农业信息体系建设。1999 年、2000 年连续两年列为向全省人民承诺要办的 20 件实事之一（建成省农业信息中心和完善江苏农业网、建成 30 个县级农业网站）。我厅连续两年都把这项工作作为重点工作。各市县（市）党委、政府高度重视农业信息化建设，从组织上、资金投入上支持、关心农业信息化工作的开展。目前省辖市已建农业网站 19 个、局域网 13 个；县（市）级农业网站 60 个、局域网 45 个。无网站但已上网的县级农业部门 111 个。已上网的乡镇农技部门 293 个。初步构建了我省现代农业信息体系，形成了一支农业信息队伍。并开始实施农业信息“进村入户”工程。

（二）阶段特征

江苏农业网站起到了农业信息服务的龙头带动和示范推动作用。在实施农产品市场信息、实用农业科技信息和农业生产信息三大系统开发和应用的同时，实现了全省46个农产品批发交易市场网上每周报送市场行情和鲜活农产品每日行情的收集、发布，评定了第一批12个“省级农产品批发交易市场信息点”。以及江苏农业网站实时信息发布系统的开发应用和运行效率的提升，提高了信息资源的收集、处理和发布能力。在2000年2月江苏农业网荣获“首届江苏省政府网页设计大赛暨首届江苏省名优企业网页设计大赛”政府组金奖。在全国农业网站建设中，无论是投人，还是硬件、软件设施，均名列前茅。全省已初步形成了信息员队伍、专家分析预测、市场行情、科技信息、咨询服务、人才培训等六大体系。信息的采集、分析、发布等工作的开展，起到了农业信息服务的龙头带动和示范推动作用。

利用现代信息技术，建立、健全了我省现代农业信息体系，形成了一支适应新形势要求的农业信息队伍。随着农业信息化建设的深入发展，对农业信息工作者提出了更高的要求，既要懂信息技术，又要懂农业技术。为此省、市、县开展了计算机网络知识普及教育。全省已经培训近3000人。其中培训省级网络应用骨干300多人，网络系统高级管理员50多人。形成了一支从事农业信息工作的专兼职队伍，全省共计3500多人，其中专职400多人。从事网络工作的20多人。省农业信息员队伍达600多人。

建立了我省农业市场信息发布体系，初步实施了农业信息“进村入户”工程。省厅组建了20人的专家咨询队伍，开通了农业信息咨询、农产品供求发布、农资产品质量咨询三条服务热线；各级农业部门都配备了专兼职人员负责信息收集、处理和发布工作，为顺利实现全省农业结构调整、指导农业生产、促进农产品流通、增加农民收入做出了应有的贡献。不少市县采用农民喜闻乐见的形式，方便、快捷地把信息传递给农民，探索信息入户的有效途径——开通了农业信息“110”咨询热线，聘请了农技专家进行咨询服务；编制了节目在电视台、电台播放，与当地主要报纸共建了农业专栏，把主要农产品市场价格、分析预测、新技术新品种等互联网上有价值的信息资源汇编成册，发到农民手中；收集本地信息上网发布，起到了外引内联的作用。目前全省上网涉农企业558个、农产品批发交易市场116个、农产品特色基地222个、农民经纪人和种养大户2636个、农村合作经济组织167个、农业科技示范园区159个、农民直接上网使用网上信息的有1604人。

实现了农业部门工作职能和方式的初步转变。以农业网站这一新的传媒形式，较好地传播了农业和农村经济发展的有关方针、政策，提高了涉农企业及其产品的知名度，加速了农业实用科技的推广，提高了广大农民的种养技术和经营能力。近几年来，随着农业信息化工作的深入开展，高度重视农业信息化工作已成为农业部门工作人员的共识。在信息化过程中，农业部门工作人员拓宽了视野，学到了知识。逐步了解了计算机、因特网等信息产品、信息技术，掌握了操作技能，为农业部门实现办公自动化打下了良好的基础，全面提高了人员的素质和工作效率。

农产品网上销售初见成效。全省通过上网销售农产品累计1000多个，实现网上销售7.7亿元。仅盐城市通过上网农产品销售额就达1亿多元，不少地方如丰县、沭阳等地网上销售都在千万元以上，取得了较为明显的经济效益。通过互联网，宝应的大米远销到了广西等地，蔬菜也找到了销路；如东的苗猪引来了福建等地客商。

我省的农业专家咨询服务系统、农业地理信息系统、卫星遥感系统等在农业上的应用正在逐步开展。全省农业信息咨询服务单位和企业达346个，信息技术在农畜产品生产中的应用单位520个，其中农业科技示范园区149个，在农产品加工中应用单位358个。

当然，在看到成绩的同时，我们也应当清醒地认识到，我省农业信息化过程中还存在一些问题和困难，必须引起各级领导的高度重视。一是对推进全省农业信息化工作的重要性认识还不足，存在“上面热、下面冷”的现象；二是信息网络体系设施的建设任务还很重，资金缺口还很大；三是信息资源共享共建的意识还不强，网络体系的运作体制、机制不完善，对信息资源的开发利用还很不充分；农产品市场信息对农业产业结构调整的引导功能还没有得到应有的发挥；四是信息技术普及、应用和分析预测都跟不上形势发展和实际工作的需要，农业信息人才缺乏的问题相当突出。

二、指导思想和发展目标

（一）指导思想

当前，我省农业发展已经进入了新的阶段，立足市场，以农业信息化带动我省率先基本实现农业现代化，迎接加入世界贸易组织的挑战。世纪之初既是打基础，又是求发展的关键阶段。加快农业信息化步伐，增强信息的引导功能，提高农业部门办公自动化水平，大力发展网上农产品交易，是新形势下转变农业部门职能和工作方式，推进我省率先基本实现农业现代化的必然选择。

我省农业信息化建设的指导思想：以国家农业信息化和我省国民经济信息化建设目标为指导，以农业信息化带动农业现代化为己任，建立起覆盖市、县并延伸到乡镇，广泛联接农业产业化龙头企业、农产品批发市场、农村合作经济组织、经营、种养大户的农村市场信息服务体系；通过“抓窗口，抓延伸，抓龙头，抓组织网络”，努力扩大信息覆盖面，推进全省农业信息进村入户，积极支持网上农产品交易；努力探索适合省情的农业信息服务产业化模式；培养一支具有创新能力的高素质农业信息人才队伍；制定我省农业信息化政策、标准、制度，全面优化农业信息化建设的环境，为开展我省农业电子商务打好基础，促进农业、农村经济产业结构调整，在农业增效、农民增收等方面发挥积极的作用。

（二）发展目标

我省农业信息化建设的总体目标：到2005年初步建成覆盖全省、连接全国、通向世界的国内领先的农业信息体系；大力推进信息技术与农业信息的融合，开发农业信息资源，逐步普及计算机网络在农业、农村经济发展中的应用，实现各种信息资源的快速传递和共享，为政府、企业、公众和农民提供准确、及时、有效、系统、全面的多媒体农村经济信息；推进农业信息服务产业化进程；加快农业决策支持系统等应用软件开发，大力发展“全球卫星定位系统、地理信息系统和卫星遥感系统”（3S技术）在农业上的应用，优化信息环境建设和制定有关农业电子商务发展的政策、标准、规程等，成为全国农业信息化建设的先进省份。

（三）主要任务

我省农业信息化建设的主要任务：

1. 实施全省信息联播计划。在完成农业部与我省卫星联网的基础上，实施省、市信息联播计划，逐步推进省、市、县信息联播。实现信息、语音、多媒体等高效、高速传输。推进部、省、市、县信息资源共享、共同开发。

2. 继续推进全省农业网站和乡镇上网建设。进一步完善、提高江苏农业网，充分发挥其龙头示范带动作用，始终保持全国先进农业网站水平。在完成市级农业局域网和网站建设的同时，到2002年完成全省县级农业部门局域网和网站建设。打破地区界线，开展全省市、县优秀农业网站评选活动，集中人、才、物等资源扶持、提高优秀农业网站。完成我省绝大部分乡镇农业服务站的联网工作。继续开展全省主要农产品批发市场的联网工作，提高网上信息发布水平。

3. 培养一支现代化的农业信息队伍。以现代信息技术的普及和应用来提升现有农技队伍素质，成为既懂农业技术又懂信息技术的复合型人才队伍。为做好这项工作，关键在于培养好四批人才，即网络高级管理、软件开发的专业信息技术人才；信息收集、加工、处理及发布的应用型人才；分析预测的高层次专家型人才；信息产业化经营的综合型人才。

4. 积极推进全省农业信息“进村入户”工程。要充分发挥县、乡农业（经）推广队伍的作用，联合其他涉农部门，依靠村组干部、运销大户、龙头企业、中介组织和经营（种养）大户，形成“进村入户”的农业信息服务组织（队伍）网络，彻底打通信息服务“最后一公里”问题，把信息及时传播到农民手里。把农民手中的信息到网上发布。

5. 建设多元的农业信息发布窗口。要在切实做好网上发布信息的基础上，充分利用省、市、县电视、广播、报纸、期刊等媒介，互为补充，形成合力，加大信息发布力度，最大限度地扩大信息覆盖面。

6. 整合资源，提高农业信息采集、分析和预测水平。整合农业信息资源，建设和完善一批大型、实用、能定期更新的公益性基础数据库，建立农业信息分析专家队伍，建立农业信息分析预测（预警）系统，促进信息的深度开发和利用。

7. 积极促进“全球卫星定位系统、地理信息系统和卫星遥感系统”（3S技术）在农业上的应用；开发农业应用软件，为发展我省精准农业打好基础。

8. 健全农业信息化有关政策、标准、规范，创造良好的农业信息化环境。

9. 大力促进农产品网上交易，开展农业电子商务。

三、项目建设

（一）建设原则

我省农业信息化建设过程中，应坚持“集中、统一、规范、效能”的总要求，具体应遵循以下原则：

1. 全面规划，分步实施。农业信息化是一项跨部门、跨行业、跨地区的综合性的复杂的系统工程，必须统一制订一个长远的、有权威的、有指导意义的总体规划，同时又必须根据需要和可能，确定各年度的阶段计划和阶段目标，在预定的期限内逐一组织实施，最终实现总体目标。

2. 政策引导，需求驱动。农业信息化建设是国家意志的体现，必须由政府以相应的政策引导推进。同时，农业信息化又是新兴的事业，必须以全新的市场机制来保证发展的活力。

3. 突出重点，示范先行。农业信息化是一个相当长的发展过程，在建设的各个阶段，都要从实际出发，突出重点，选定有限目标，取得经验，以点带面，逐步推广。

4. 应用开发，发展产业。大力推广信息技术的应用，以农业信息应用开发，探索农业信息服务产业化发展；以农业信息应用开发和农业信息服务产业化的发展，推动农业信息化的加速实现。

5. 逐步规范，强化管理。农业信息化的建设必须纳入法制化的轨道，要依据国家和省的有关政策、法规、标准，加强规范管理，建立和完善农业信息化的政策法规体系和管理体系，避免发展中出现分散、无序的混乱局面。

（二）项目实施

为了确保我省农业信息化建设目标和任务的实现，需要实施如下项目：

一是全省信息联播计划。用2－4年的时间，建立起应用专用卫星频道的农业信息多媒体高效传输系统。首先省到市，逐步推广到有条件的县及少部分有规模、有基础的乡镇、农产品加工龙头企业、农村经营和种养大户、合作经济组织、农产品批发市场、信息咨询公司（企业）。与此同时，用3年时间，建设江苏农业网多媒体农业信息大型数据库。省与市、县各级农业部门共同开发，重点建设农产品供求、市场价格、实用技术、优新品种、国外农产品贸易及市场行情等多媒体数据库。各级数据库无论纵向、横向之间，要能做到资源共享。

二是信息进村入户工程。用4年左右时间，以县、乡镇以下农业规模生产、加工、销售实体为载体，普及计算机网络在农村中的应用。以县以下农业信息网络体系为纽带，重点收集、加工、发布、应用实用农业信息。有条件、有规模的乡镇、农产品批发交易市场可与江苏农业网联网，设立大型农产品市场行情动态信息电子显示屏及时发布农业信息，实现农业信息对农户的及时、准确、系统、全面的发布。同时从今年起在已联网上镇，选择1000个文化素质较高、思想观念较新、热心于农业信息服务、有一定经营能力经营规模的营销、种养大户作为网络直接延伸到农户的信息示范户，向农户扩散农业信息。在此基础上，向江苏农业网发布农户和农村中的供求等信息。最终实现农户在互联网上与世界各地的信息相互交流和应用开发。

三是信息资源收集、发布计划。用3年时间，建立起规范化、实时化的动态农业信息网站信息发布系统。以多个大型数据库方式，分行业、时段收集、加工、分析、检索农业信息资源，动态更新农业网站信息。并充分利用各地网络、电视、广播、报纸、期刊等，优势互补，形成合力，加大信息发布力度，最大限度地扩大信息覆盖面。打破地区界线，每年对省内市、县农业网站进行优秀网站评比，优选10个左右的优秀农业网站，集中人、才、物等资源对其扶持、提高。

四是分析预测专家队伍建设。用3年时间建立农业信息分析预测（预警）系统。引进信息高新技术，与现有信息分析预测系统进行匹配融合；将信息分析预测工作经常化、课题化、制度化，每年按排50个课题，聘请省内农业科研、教学、推广的高级人才，集中参与农业信息的分析预测工作，不断提高农业信息分析预测（预警）水平。

五是复合型人才队伍建设。培养和造就复合

型农业信息人才，是一项长期的工作。也是对现有农业人才，提高农业信息工作水平的过程。各地要结合实际情况，积极实施人才培养战略计划，省“三项工程”中的知识更新工程，应把信息知识的培训作为重要内容。在广泛普及、提高农业信息化教育和计算机操作水平的基础上，逐步利用现代信息技术手段，分层次、分对象有针对性地开展计算机网络（网站管理）、农业信息分析预测、农业信息产业化经营等培训工作，从而建立起一支快速反应的农业信息队伍。

六是3S技术应用研究课题。“全球卫星定位系统、地理信息系统和卫星遥感系统”（3S技术）在我省农业中的应用并不广泛，但有一些小范围应用成功的事例。需结合我省情况，以课题形式，农、科、教三结合加以研究推广。

七是乡镇农业服务站上网建设。要达到“六个一”的要求：有一间房，有一套设备（如计算机、打印机、复印机等），有一条电话专线，有1~2名专兼职人员，有一套组织（队伍）网络，有一套管理和服务制度。

八是农产品批发交易市场网上报送行情应用系统建设。在现有农产品市场行情报送报系统的基础上，借鉴股票行情分析的作法，用2~3年组织开展对各类农产品产销形势的分析预测，收集、分析主要农产品的国内外市场行情。

九是农业各专业应用软件系统建设。用3~4年，结合农业各专业的要求，系统开发农业类应用软件（数据库），使之成为支撑农业决策的主要工具。

十是农产品网上销售应用系统建设，发展我省农业电子商务。在现有农业网“供求信息”栏目的基础上，集中力量开发专用于农产品网上销售的应用系统，以尽快构筑全省网上农产品大市场，拓宽农产品销售渠道，提高农产品经营层次。为建立我省农业电子商务平台，开展服务积累经验。

十一是建立和完善信息化的政策法规体系和管理体系。建立农业信息化的法规、标准，强化网站安全、保密意识，完善机制，管理好农业信息化建设资金，以调动各方面的积极性，实现互相合作、共同发展，促进网络互联、信息共享。

四、政策措施

（一）加强领导

21世纪是信息化时代，农业信息化是带动我省农业产业化发展的龙头。我省能否在全国率先基本实现农业现代化，农业信息化是关键所在。因此，加强农业信息化建设是我省农业发展的一个契机，也是我省农民生活能否提前步入现代化的重要战略步骤之一。

各级党政领导要切实加强对农业信息化的组织领导，全面参与农业信息化建设，始终把农业信息化建设摆在重要的战略地位抓紧抓好；要充实精干力量，建立健全信息相关机构，增加投入。特别是在当前的市、县、乡机构改革中要保证农业信息体系重要位置不能变，相应的机构、人员、编制等不仅不能削弱，而且要重点加强。

各级农业部门要进一步加强农业信息化建设，并作为一把手工程抓紧抓好；要增强紧迫感、使命感、责任感，建立专门的信息机构，配备业务人员，明确工作目标，制定落实具体有效措施，发挥农业信息的主渠道作用；要积极主动地争取各级财政、计划等有关部门的支持，信息化建设的资金要列入各级基本建设投资计划和财政专项预算资金。

（二）扶持政策

信息技术的迅速发展和广泛应用，将深刻改变经济和社会结构。农业信息化既是一项重要的公益性事业，又是我省实现农业现代化的必由之路。

各级农业部门，要为开展农业信息工作提供必要的财力保障，要多方争取资金，特别是要争取财政支持，加大对信息化建设的资金投入；要努力将农业信息化建设项目列入高新技术产业发展项目中，享受我省对高新技术产业的优惠政策；要积极争取信息、科技、教育、气象、电信等部门的支持和配合；要充分利用广播、电视、报纸等传统媒体，发挥大众传媒的优势和信息传播的主体作用，按排专版、专栏、专题，切实做好农业信息发布工作。

（三）自身建设

省农林厅　负责组织实施全省农业信息化建设，推进信息与信息技术的融合，指导信息技术在我省的广泛应用，制定农业信息化政策、法规、标准、制度，加强对信息技术应用的宏观管理。进一步加强全省农业信息体系建设，开发、应用规范、实用的数据库和软件，组织、开发信息资源，促进信息的发布，疏通信息进村入户渠道；实施农业信息人才培养和培训战略，培训市、县信息技术专门人才；建立全省统一的网上农产品大市场，促进农业电子商务的发展；指导各地建好、管好、用好农业网站，优选和扶持区域性农业网站，强化网站的安全、保密意识，推进乡镇上网工作；进一步加强农业信息服务，推动信息服务产业的快速发展。

市级农业部门　要配合省厅，具体组织实施农业信息化建设，推进信息与信息技术的融合，具体指导信息技术的应用，提出和落实农业信息化政策、法规、标准、制度，加强对信息技术应用的微观管理。进一步加强市农业信息体系建设，应用规范、实用的数据库和软件，指导收集、开发信息资源，促进信息的发布，疏通信息进村入户渠道；制订与省厅相应的农业信息的培训计划，培训信息技术应用人才；参与建设全省统一的网上农产品大市场，促进农业电子商务的发展；建好、管好、用好农业网站，强化网站的安全、保密意识，及时、准确、真实、有效地更新网站信息，提出乡镇上网的具体政策措施；进一步加强农业信息服务，推动信息服务产业的快速发展。

县级农业部门　贯彻落实省、市农业部门对实施农业信息化建设的要求，采取具体、有效措施应用信息技术，完善和实施农业信息化政策、法规、标准、制度，优化管理。进一步加强县、乡、村农业信息体系建设，应用规范、实用的数据库和软件，搜集、开发信息资源，促进信息的发布，逐步解决信息进村入户的“最后一公里”问题；实施培训计划，培训实用型信息技术人才；参与建设全省统一的网上农产品大市场，初步通过网络实现商品销售，促进农业电子商务的发展；建好、管好、用好农业网站，强化网站的安全、保密意识，及时、准确、真实、有效地更新网站实用信息；加大力度扶持乡镇农技部门联网。进一步加强农业信息服务，推动信息服务产业的快速发展。

省、市、县农业部门，还要进一步加强农业信息化政策研究，完善机制，实现互相合作、共同发展，促进网络互联、信息共享，引导农业增效、农民增收，把我省建成全国农业信息化的先进省份。

国外的经验和成功的实践表明：一个地区或一个省，要率先实现农业现代化，农业信息化是基础，是先导，是关键。在这新一轮知识经济竞争中，在农业市场化日益发展中，我们只有在现有的基础上，全面加快我省农业信息化建设步伐，充分发挥农业信息功能和作用，才能更好地指导农产品的生产、经营，才能更好地引导农产品的消费，从而推动我省农业和农村经济的健康、快速发展。

江苏省水利信息化“十五”规划纲要

当前，信息化、全球化已成世界发展的主流，以信息技术为代表的科技革命迅猛发展，正推动着人类社会由工业社会向信息社会转变。信息资源与物质资源、能量资源，构成了现代经济和社会发展的三大支柱。信息技术已成为当今世界最先进的生产力，信息化水平成为衡量一个国家、地区或行业现代化程度的重要标志。我国正在加快信息化建设，并作为战略任务列入“十五”计划和2010年远景目标纲要。

我省水利信息化，是指广泛应用信息技术，有效开发利用信息资源，建设先进的信息基础设施，建成全省水利信息采集处理系统、防汛指挥系统、水资源优化调度系统、重点水利工程监控系统和水利工作指挥决策系统，为防汛指挥、水资源优化配置、水利工程监控、水环境保护和行政决策等工作提供基础信息和决策支持，促进水利工作科学化、规范化、现代化。水利信息化既是水利现代化的重要内容，更是水利现代化的重要标志，必须要超前建设。为实施我省水利信息化建设，特编制本《纲要》，作为江苏国民经济信息化的专项规划和水利信息化建设的依据。

一、建设背景

（一）重要性和迫切性

1. 水利信息化是江苏经济和社会发展的要求。江苏地处江淮沂沭泗下游和南北气候的过渡地带，水旱灾害频繁。新世纪经济和社会的发展，对全省防洪减灾、水资源供给、水环境保护提出了新的更高的要求。我们在提高工程标准的同时，必须加强防灾减灾的非工程措施建设，以进一步提高综合抗灾减灾能力。信息化建设是非工程措施的主要内容，应用现代信息技术，提高信息采集、传输与处理的效率，提高对各类信息的分析、应用程度，为科学管理提供支持，对有效运用水利工程体系，最大限度地减少灾害损失，保障全省经济和社会的顺利发展，具有十分重要的作用。

2. 水利信息化是水利现代化建设的要求。江苏水利正向现代水利、可持续发展水利迈进。为了实现水利现代化，必须改变原有的管理模式，改变传统的工作方式，必须进一步全面提高工作效率和工作水平。要实现从经验管理向科学管理、现代化管理转变；从注重微观指导，向加强政府宏观引导转变；从行业地域的局限闭塞，向开放共享转变。水利信息化建设将为水利现代化提供重要的技术支撑，同时也必将促进水利现代化建设水平的提高，加快水利现代化建设的进程。

3. 水利信息化是实现江苏信息化的要求。当前，我省提出加速工业化、跟踪信息化的双重任务，以信息化带动工业化。水利信息化是江苏社会经济信息化体系的组成部分，社会及相关行业需要大量的水利信息，包括汛情旱情、水量水质、水利工程状况等。为此，必须加快水利信息化建设，为经济和社会可持续发展提供全方位的水利信息服务。

（二）国内外动态

信息化已成为世界各国水利现代化的基本标志，信息技术被广泛应用于规划设计、建设管理、洪水预报调度、水资源优化配置等各个方面。现在，发达国家普遍采用微电子技术对水利基础数据进行遥感遥测，普遍采用计算机技术对水利工作实行辅助作业。同时，积极开发水利信息化建设的新途径。如，开发“数字流域”系统，对水利工作全面实现信息化；开发实时预报调度及灾情评估系统，使水利工程在线优化运行；实行水利信息资源和全社会资源共享、交互式应用，从互联网上获取水利部门所需的气象、环境等信息。可以预见，以数字化为核心的信息技术变革，必将对水利现代化建设产生巨大的推动作用。

我国水利信息化建设从“七五”起步，目前已初步建成国家水文数据库和全国防汛计算机网络，基本实现了水雨情信息采集、传输、接收、处理、监视到预报调度的连机操作。国家防汛指挥系统工程也已完成总体设计，部分项目开始实施。水利部机关办公系统和公众服务系统也已开始运行。国内各省（市、区）近几年纷纷开展水利信息化工作，其中福建省水情遥测覆盖率达到80%，上海市防汛指挥系统、长江委洪水预报调度模型等在国内较为领先。省内各行业也加快信息化建设步伐，如电力系统已实现了电力调度自动化，农林系统在计算机网络及公众服务系统建设方面比较突出。

（三）现状与问题

“九五”是江苏水利信息化建设的起步阶段，围绕全省水利发展目标，着重建设水情信息采集系统和防汛指挥系统，并开始信息传输网络和机关办公等应用系统的建设。全省水利信息化建设累计投入1.2亿元。在防洪减灾、水资源管理及办公自动化方面起到较大作用。

1. 计算机网络初具规模。省厅至各市水利局、厅属单位的全省水利广域网初步建成，骨干通道为租用省公用2M光纤、自建大运河一点多址微波通信系统。省厅、市水利局及厅属管理处的局域网基本建成。

2. 信息资源建设初见成效。已建成太湖流域、苏北大运河沿线等水情遥测系统，省以上报汛站遥测覆盖率达51%，建成全省水文数据库、水情数据库、防汛信息数据库，并已开始发挥效益。

3. 防汛指挥决策支持系统一期工程开始投运。按照国家防总统一规划，实施了省防汛指挥决策支持系统一期工程，在近两年防汛抗旱中发挥了较大作用。并已起步建设地市和厅属工程管理处防汛指挥决策支持系统一期工程。

4. 水利工程监控系统开始起步。在供水监控上，开始建设苏北大运河输水监控调度系统，江都四站、淮安三站、泗阳二站、刘老涧站、皂河站等实现了计算机实时监控，为安全高效运行、科学调度提供依据。运东闸、盐河北闸等水闸也实现了计算机监控。

5. 厅机关办公系统投入试运行。厅机关办公系统完成一期开发工作，已投入试运行。目前，厅机关公文处理、信息共享等均可网上运作。

6. 公众服务信息系统逐步完善。省水利网站和全国水利物资网站已上网运行，各市水利局及部分厅直单位网站正在实施。

总的来看，全省水利信息化建设进展较为顺利，取得了一定成绩。但与发达国家和现代化的要求相比，还存在以下主要问题，影响了信息化建设的有序进行。一是缺乏统一规划，有分割重复建设现象，使建设水平不高，系统集成困难，资源难以共享。二是信息资源开发滞后，信息的全面、准确、实时性不足，对突发性事件缺乏快速、机动反应的能力。三是应用系统开发不够，信息资源利用程度不高，服务面较窄。

二、指导思想和目标任务

（一）指导思想

按照国家信息化建设“统筹规划、国家主导，统一标准、联合建设，互联互通、资源共享”的指导方针，紧密围绕江苏水利现代化建设要求，高起点、高标准地加快江苏水利信息化建设，实现水资源优化调度配置，实现重点水工程在线监控，提高水利行业工作效率和管理水平，更好地为水利现代化和全省经济和社会可持续发展服务。

（二）建设原则

1.“统一规划标准”原则

打破部门、地区界限，立足全局，统筹规划，统一技术标准，做到全省水利信息化建设一盘棋。各单位（部门）都要服从总体规划，避免重复建设。根据实际需要及可能，分期实施、急用先建、逐步推进。

2.“先进安全实用”原则

采用先进、成熟的技术，加强系统安全建设，实现“实用性、先进性、开放性、标准性、安全性”统一，为系统集成运行、技术升级提供保证。

3.“分级建设管理”原则

按照“谁受益、谁建设、谁管理”的要求，充分调动各级参与信息化建设的积极性。省级资金主要用于省级信息源、骨干网络、省网管中心及基础性重要应用系统建设。各级水利部门要确保相应配套资金到位，并负责本级信息化建设和管理。

4.“资源充分共享”原则

全省水利系统内部实现资源共享。充分利用全省公共信息基础设施和相关行业信息资源，如尽可能利用电信、电子、农业、统计、环保、建设、国土、气象等部门的信息资源和网络。达到与水利部、流域机构的互连互通，资源共享。

（三）建设目标

围绕2015年江苏实现水利现代化和水利信息

化适度超前发展的要求，水利信息化建设的总体目标是：建成覆盖全省的水利信息传输网络，全面开展水利信息资源建设，实现各类水利信息资源的快速传递和全面共享，为各级水行政主管部门和生产单位提供准确、及时、有效的信息服务，普及计算机技术对水利工作的辅助作业，为科学管理提供支持。突出抓好全省防汛指挥系统、水资源优化调度和重点水利工程监控系统。到2005年，沿江、苏南地区基本实现水利信息化。到2010年，全省实现水利信息化。

（四）"十五"建设任务

1. 信息资源建设

一是完善扩充水文、水情、水环境、地下水、工情等5个信息站网；二是新建水土保持、旱情、险情、灾情、综合信息等5个信息站网。

2. 数据库建设

建成水资源、水环境、水土保持、防灾减灾、水工程、水利建设、行政管理、水利经济、水利科技、人事管理、水利档案、社会经济等12类数据库。

3. 信息网络建设

一是完善骨干网，新建4个地域网中心；二是建设13个市级地区网；三是建成9个厅属单位和64个县级部门网；四是建成水情自动测报、江水北调监控、太湖流域调度监控3个专业网；五是建设省网管中心和市网管分中心。

4. 应用系统建设

一是完成防汛指挥、水资源优化、行政管理、水利科技、人事资源、文献档案等决策支持系统建设；二是基本建成工程监控、水环境管理、勘测规划设计信息管理、建设管理、水利经济等应用系统；三是逐步建设水土保持系统、市县公众信息服务系统。

"十五"前期，在抓好防汛指挥系统及上述信息工程建设的同时，要重点建设全省水资源优化调度监控系统。在江水北调、太湖流域、秦淮河现有工程基础上，开展信息化工程建设，建成水情、工情自动采集与传输系统，建成包括防洪、供水、水质的监控以及水量优化配置、用水考核、计量收费等综合应用系统，也为水利信息化建设积累经验。

（五）建设依据

1. 江苏省信息化建设规划纲要（1997～2010年）。

2. 水利部"十五"水利信息化专项规划（报批稿）。

3. 江苏省水利发展"十五"规划和2010年规划纲要。

4. 有关行业规范。

三、建设内容

水利信息化是一项庞大而复杂的系统工程，工作范围涉及全省水利的各个单位和部门，工作内容涉及水利的各个专业。为了避免条块分割和低水平重复建设，减少水利信息建设的盲目性，江苏省水利信息化建设要以防汛指挥系统建设为龙头，以信息网络建设为基础，以信息资源、水利专业数据库和应用系统的建设为重点，充分利用社会先进科技成果和科技力量，全面推动全省水利信息化进程。

（一）水利信息资源建设

水利信息资源的开发和建设是水利信息化建设的基础工程，是水利信息化建设取得成效的关键。"十五"期间，在江苏防汛指挥系统建设的基础上全面开展水文水资源、水环境、水土保持、农村水利、水利工程、水利政务、水利经济、水利科技等信息资源的建设，利用遥感、遥测、雷达、GPS、卫星等现代技术，实现各类水利信息的采集。同时，加强与社会其他行业的信息交流与合作，按"优势互补，资源共享"的原则，开展信息资源的建设工作。

1. 信息站网

（1）水文基本站网

水文基本信息主要有水位（潮位）、流量（引排水量）、降水量、蒸发量、河湖水温等。全省现有水文基本站网1475处，其中水文站178处，水位站367处，雨量站458处，蒸发量站41处，泥沙站19处，巡测流量站412处。其中水文、水位、雨量站网密度已达到联合国组织WIO规定的发展中国家站网密度要求，但从江苏社会经济发展的要求来看，"十五"期间还将进一步调整和增添沿江、沿海及平原水网区的监测站网。

（2）水情站网

水情信息主要有水位（潮位）、流量、降水量等。全省现有向省以上报汛的水情站331处（其中水文部门245处，非水文部门86处），已实现水情自动测报的站有107个。徐州、连云港国家防汛指挥系统水情信息采集示范区和江海堤防达标工程的水情自动测报站共64个正在建设之中。“十五”期间，将建设160个水情自动测报站、7个水情分中心。

(3) 水环境信息站网

全省现有地表水水质监测站275个，地下水水质监测井253个，全部为常规水质监测站，共采集水质指标20余个。

根据江苏省水污染现状以及水资源保护的要求，“十五”期间，重点加强水质信息采集能力建设，增设地表水水质常规监测站58个，地下水常规监测站186个（其中70个深层地下水站），建立水质移动监测实验室以及重要水域水质自动监测站；更新改造全省地级市水环境监测中心现有常规分析仪器设备。

(4) 地下水站网

地下水信息主要有地下水位（埋深）、地下水温、开采量等。我省现有浅层地下水观测井340处，深层地下水观测井901处。根据地下水发展规划，还需建设深层地下水监测井117眼，超采区需改造监测井465眼，完成400眼深层地下水位自动测记。到2010年全部实现专用井监测。并在垂直大江、大湖布设排井19排共95眼。增设城市浅层地下水监测井26眼。全面推广自记流量计和固态存储器，到2010年前全部完成地下水开采量的自动测记。

(5) 水土保持信息站网

“十五”期间，我省将在水土保持重点地区布设60个信息采集站，重点监测水土保持状况，监测站网在布局上应与卫星遥感图片的判读需要相适应。

(6) 工情信息站网

工情信息主要包括堤防、水库、涵闸、蓄滞洪区等防洪工程运行状态和工程险情，以及长江河势演变状况。“十五”期间，建成覆盖全省的13个市、8个厅属管理处的工情信息采集站网。建立31座省管大型水利工程安全自动监测站，实现工程安全监测数据的自动采集和远程传输。

(7) 旱情信息站网

旱情信息包括降雨、蒸发、气温、地下水动态、土壤墒情、农作物种植和生长情况、受旱范围、灾情和抗旱情况等。“十五”期间，在利用全省已建的气象观测站、水文站、灌溉实验站、土壤墒情监测点的各类信息的基础上，在全省27个易旱县（市）中，新设39个旱情监测站，初步形成全省旱情信息采集网络。

(8) 灾情信息站网

灾情信息包括洪水淹没范围、淹没水深分布、受淹区人口数、房屋分类间数及分布、淹没土地类型、分季的作物面积及分布、工业、农业、人口、房屋等损失情况、水毁工程设施。“十五”期间，64个县建成灾情信息站网。

(9) 综合水利信息站网

综合水利信息站网主要由各级水利部门信息资源组成，同时要利用相关部门的信息资源，完成水利政务信息源、水利建设管理信息源、水利经济信息源、水利科技信息源、水利文献信息源，以及自然地理、社会经济等方面信息的收集。

2. 信息采集

各类信息站网的信息采集，可分为自动采集和人工采集两种方法进行。自动采集是利用先进的传感器、计算机、通信技术建设自动测报系统，实现信息的自动采集、传输、处理、存储。人工采集即人工观测、收集并录入信息。

(1) 自动采集

水情（水位、雨量、部分流量）、工情（水闸、泵站、船闸运行情况）、水文、水环境、地下水等信息可采用先进的传感器、计算机、通信技术进行自动采集，利用专业网进行传输。水文站网的水位、雨量信息一般采用自记仪器或固态存储器进行采集记录，由人工收集。

(2) 人工采集

水文站网的流量大部分采用巡测，蒸发量采用人工观测。灾情、政务、经济、工程管理、科技等信息采集，主要采用人工收集、整理后录入计算机的方法进行。

（二）水利专业数据库建设

根据水利信息化建设的需要，必须建设面向全省水利系统的、基本完备的数据库体系，形成完善的信息收集和发布机制，为各应用系统提供高质量的服务。“十五”期间，分期分批建设12类专业数据库，进一步完善已建的数据库。

专业数据库建设必须采取统一规划、统一标准、统一设计、分部门建设、全网数据共享的办法。不但要注意一个库内的信息不重复，还要注意多个库之间的信息不重复。要研究信息的关系、建库的办法，达到集约化、规模化、专业化，合理布局，有序开发。完成全省水利信息的分布存储和动态同步复制，以数据视图、数据目录、数据挖掘、浏览器/服务器等应用技术，开发应用接口，满足各级水利部门、各个应用系统的需要。

1. 水资源数据库

水资源数据库包括工业用水、农业用水、生活用水需求和供给、地下水、地表水水资源开发利用、取水管理等信息。内容覆盖全省所有的地表水、地下水、降水等信息。

2. 水环境数据库

水环境数据库包括监测站网、水质监测、水生态、水污染、污染源等信息。内容覆盖全省江河湖库、地下水及大气降水等信息。

3. 水土保持数据库

水土保持数据库包括土地利用、岩土和土壤、降雨和泥沙、植被覆盖、土壤侵蚀等信息。

4. 水工程数据库

水工程数据库包括堤防、河道、湖泊、水闸、圩区、灌区、机井、泵站、水库、塘坝等已建大中小型水利工程的基础资料和农村水利节水灌溉、灌区改造、乡镇供水、农村水利服务体系等信息。

5. 防灾减灾数据库

防灾减灾数据库包括洪涝灾害、旱灾、防汛抗旱组织机构和抢险组织、防汛物资等信息。

6. 水利建设数据库

水利建设数据库包括水利工程规划、前期工作、项目审批、计划下达、招投标、质量监督、工程竣工验收、工程投资及其完成情况等信息。

7. 水利经济数据库

水利经济数据库主要包括基本财务信息、水利国有资产、水利工程运行管理收费、水利多种经营等信息。

8. 水利科技数据库

水利科技数据库包括水利科技项目、水利科技成果和专利、成果推广、行业专家、水利和相关科技动态等信息。

9. 水利档案数据库

水利档案数据库包括水利档案基本数据以及案卷编目、借阅、注销等信息。

10. 行政管理数据库

行政管理数据库包括法律法规、行业规章政策、重要水利文献、水利政务信息等信息。

11. 水利人事数据库

水利人事数据库包括组织机构、人员、人事政策法规等信息。

12. 综合信息数据库

综合信息数据库主要为自然地理信息和社会经济信息。包括流域水系、水文气象、地形地貌、土壤、地质、面积、人口、GDP、工农业总产值等综合信息。

（三）水利信息网络建设

江苏水利信息网按省、市、县三级网络构架（三级结点四个层次），实现省、市、县水利部门网络的互联互通，并连接全国水利信息网和江苏省政府信息网。一级结点是省水利厅网络中心。二级结点是市水利局（或厅直单位）网络中心。三级结点是县水利局网络中心。网络的四个层次分别是骨干网、地区网、专业网和部门网。

1. 骨干网

骨干网是连接一级结点和二级结点的广域网，由省厅网络中心、4个地域网络中心和22个地区网络中心（各市水利局、厅直单位）互联组成，主要信道采用宽带的光纤通信。骨干网必须连接全国水利信息网和江苏省政府信息网。网络功能应支持数据、话音、图像等多种业务的信息传输，支持各项水利信息化工作应用的能力，支持大型数据库管理系统的网上运行，支持网络管理中心对网络的监控、管理要求。

骨干网各结点的峰值流量应根据网络应用的各种业务进行统计，网络的带宽一般应≥2Mb，随着业务的不断发展逐步增加。

“十五”期间，逐步建成太湖地区、沂沭泗地区、淮河下游地区、秦淮河地区等4个地域网中心，实现地域网中心的相互备份，并将各地区网接入所属的地域网中心。

2. 地区网

地区网是连接二级结点和三级结点的广域网，由市园区网和县水利局网络中心互联组成。地区网必须与骨干网连接。“十五”期间，要按13个地市基本建成13个地区网，地区网带宽在64K－2M之间。地区网建设的通道可采用公网（DDN、FRN、ISDN、PSTN等）或用卫星通信系统，有条件的地区也可租用光纤通道，对远离城镇的工程管理单位也可采用自建通信电路（如无线扩频等)。

3. 部门网

部门网是各单位内部的局域网。部门网必须通过广域网连接设备接入骨干网或地区网。目前省水利厅、13个市水利局、8厅直单位均初步建成了局域网。“十五”期间，要进一步加强这些部门网的建设，采用先进的网络技术进行扩充改造，满足局域网内各专业信息技术应用的需要。同时逐步开展64个县水利局和有关工程单位部门网的建设。按照国家、省的有关规定，在部门网内分建涉密网和普通网，采用高效、可靠的安全措施建设部门网的安全系统。

4. 专业网

(1)“十五”期间，水情自动测报系统按四大地域(苏南、沂沭泗、苏北大运河、沿海)建成4个水情信息采集传输网，共有11个水情分中心，331个水情采集站。在系统建设上，要综合考虑水资源实时调度、地下水自动测报、水质自动测报、水土保持信息自动测报等的需要，这些自动测报系统原则上利用水情自动测报传输网进行传输，不另建传输网络。

(2)工程计算机监控系统按管理单位划分，“十五”期间，建成江水北调、太湖和秦淮河调度工程监控传输网络。这类传输网络由于信息量大，可靠性要求高，应建设带宽为64K-2M的光纤，或卫星微波通信系统。

5. 网管中心与网管分中心

省厅网管中心(网络中心)是江苏省水利信息网与全国水利信息网、江苏省政府信息网、Internet网的出入口，是江苏省水利信息骨干网和省厅部门网的管理中心，同时对地区网进行管理和业务指导；市网管分中心(网络分中心)是江苏省水利信息网与地、市政府信息网、Internet网的出入口，是江苏水利地区网管理中心。专业网管分中心只负责管理专业网。

2002年完成网管中心建设，负责网络安全和出入口管理，负责江苏水利信息网节点IP地址的总体规划、分配和域名的管理等工作。“十五”期间完成网管分中心建设，市网管分中心负责网络安全和出入口管理等工作；专业网管分中心负责专业网管理。

6. 通信网

“十五”期间，进一步扩充光纤电路，完善厅直单位和省厅光纤电路建设，考虑到水情信息的重要性，各市水文局均通过光纤接入骨干网；利用水利工程的通信监测项目，建设太湖地区、沂沭泗地区、淮河下游地区、秦淮河地区四个地域中心，四个地域中心和省网络中心之间增设光纤电路，形成环路或网状结构；利用公网(FRN、DDN等)或自建专网(无线扩频、卫星)等建设地区通信网。

(四)重点应用系统建设

应用系统建设必须充分利用水利信息网和信息资源，进行规范化的建设。为全省水利工作提供多种信息服务，为各级领导提供决策支持服务。要研究各系统之间的关系，解决各系统之间的接口，实现各系统之间的信息共享。应用系统的功能力争做到满足各级水利部门的需要，避免各自为政，低水平重复开发。

1. 防汛指挥决策支持系统

根据国家防汛指挥系统建设的总体规划要求，1998年起实施省防汛指挥决策支持系统。一期工程包括数据库建设、气象信息、水雨情查询、汛情监视、信息服务、辅助管理、WWW服务、灾情统计、系统集成等建设内容。系统在1999年汛期投入试运行，在防汛工作中发挥了较大作用。运行中重点对WWW服务器功能进行了扩充，实现了防汛信息资源的共享。但离建设目标还有差距。系统只完成了信息的处理、存储、检索，“决策支持”功能还有待进一步开发。

“十五”期间，在现有系统的基础上，应用工情、灾情、图象、图形数据库，开发实时汛情监视系统；工情、灾情、物资、社经信息的查询服务系统；研究开发覆盖全省主要湖库、防洪控制断面的洪水预报与调度系统；利用遥感、GIS技术，建立灾情评估数学模型，实现对洪涝干旱灾情的实时评估、分析；建立流域防洪抗旱监控调度运行管理系统，对水资源实时监控，科学调配水源，根据水环境监测状况，实行河道污水稀释调度；建立防汛会商系统和防汛抗旱专家系统，辅助人工决策分析。

2. 水资源管理决策支持系统

“十五”期间，以实现水资源的优化配置为主要目标，主要应用国家水文数据库、水资源分析评价的专题数据库，建设各级行政区划的水资源公报与分布系统；建立起水资源分析评价系统；

在此基础上，结合我省经济和社会发展建成能提供综合分析、预测信息为主的水资源管理决策系统，为水资源合理开发利用、配置服务。

3. 水环境管理决策支持系统

“十五”期间，以城市饮用水水源地、跨界水体及污染易发地带为重点，主要应用国家水文数据库、实时水情数据库、水环境分析评价的专题数据库，建立全省水环境分析评价以及水环境实时监测系统；建立各级行政区划的水质公报与发布系统；在此基础上，建成能提供综合分析、预测信息为主的水环境管理决策系统。

4. 水土保持监测与管理系统

“十五”期间，充分利用遥感、遥测技术，结合智能化遥感图片识别系统、GIS、GPS、空间数据库技术，及时准确地反映全省水土保持、水土流失以及水生态环境等方面的现状和发展趋势。主要应用全省土地利用、雨量、泥沙、植被、治理工程等数据库，建成水土流失监测地理信息库，建成各级行政区划的水土保持公报与发布系统，为水土流失的防治、监督和水土保持管理决策服务，为生态环境建设管理和规划提供依据。

5. 水利工程运行监控调度管理系统

在防汛决策支持系统、水资源管理决策支持系统、水环境管理决策支持系统、水土保持管理系统的支撑下，对水利工程实现计算机监控运行和调度管理，提高水利工程按指令运行的准确性。

建立重点工程信息管理系统，对工程状况、运行情况进行分析；建立重点工程运行计算机监控系统，确保工程的安全、高效运行，使工程效益获得充分发挥；建立重点工程运行效果评估子系统，分析工程运行效果。

6. 水利勘测规划设计信息管理系统

利用工程、水文、自然地理、社会经济、法律法规等数据库，建成重要区域和重点工程的地理信息管理系统，初步完成省内四大流域勘探、测绘空间数据库信息管理系统的建设，为水利工程建设和管理提供基础信息服务；建成水利规划信息管理系统，对规划阶段所涉及的各类数据进行分类管理；开发用于流域水利规划的专用分析软件及辅助作业系统；基本实现主要类型的水工建筑物、河道初步设计基本方案生成、施工设计图的自动生成；开发水利设计分类软件包及辅助作业系统。

7. 水利建设信息管理系统

应用水利建设数据库，建成水利建设信息服务系统，实现各类信息的处理、统计、分析等功能；建成水利建设项目评估系统，实现前期工作的统一管理，基本实现工程审批复核电算化，严格工程立项审批程序，提高审批质量和工作效率；建成水利工程施工管理信息系统，实现施工管理的规范化，对工程建设进度、质量进行控制。

8. 行政管理信息管理系统

应用水利专业各类数据库，建设行政决策支持系统，实现全省水利各项工作主要指标的统计分析，检查决策落实及重点工作的进展情况。其它各应用系统须对行政决策全程支持；完善机关办公自动化系统，实现机关主要日常工作、收发文件、请示报告等信息上网运转，会议纪要、水利简报、信息刊物、领导讲话等网上发布，《政务信息》通过机要网络报送水利部、省委、省政府；建立水利政务信息处理系统，实现全省水利信息的动态报送与接收，系统内紧急要情、突发事件的及时呈报。

9. 水利经济信息管理系统

利用水利经济数据库，建成水利财务分析应用系统，实现各类统计报表的自动审核、汇总和分析，分析汇总各项水利投资和构成情况；建成水利资产分析应用系统，统计全省水利各种收费和水利国有资产总额等；建成多种经营分析系统，实现年、季度报表的自动汇总，对水利多种经营发展进行分析、预测；建成水价管理系统，对今后的供水结构和价格走向进行预测。

10. 水利科技信息管理系统

应用水利科技数据库，建立科技管理信息系统，实现项目、成果的信息化管理，并不定期发布最新科技动态，促进水利科技信息交流和科技创新；建立信息引进代理服务系统，根据需要引进、购买国内水利及相关行业的现有的数据库光盘，并可按年包库使用各专业网站信息，在局域网上实现资源共享，为系统内有关单位提供信息服务；建立技术专家管理信息系统，为各项水利工作提供技术咨询；建立水利科技进步分析评价系统。

11. 人事资源信息管理系统

应用人事数据库，建设人事信息管理系统，进行机构与人事情况的查询、统计与管理；建设人事资源管理系统，实现水利行业人才需求预测、人员结构分析、人才建设规划等。

12. 文献档案信息管理系统

应用水利文献数据库，建设文献档案信息管理系统，提供法律、文献、档案的查询服务。

13. 水利信息公众服务系统

应用水利专业各类数据库，建成水利信息公众服务系统，建设水利厅和各市水利局、厅直单位网站，县水利局政府上网率达到80%，宣传江苏水利。通过政府上网工程，实现政务公开，发布招标、清障等有关公告通告，发布实时汛情、旱情、水环境情况，防灾紧急期进行社会动员等。

（五）水资源优化调度监控系统

“十五”期间，以江水北调、太湖和秦淮河调度工程系统为原型，进行信息化示范工程建设，建成江苏省水资源优化调度监控管理系统。

1. 系统总目标

在水量调度方面，实现科学管理，优化配置，达到节约用水的目的；在供水监测方面，实现工程在线监视；在控制方面，实现工程自动控制及远程控制，确保工程高效运行。系统应具备拓延性，既要建立在现有工程基础上，又要能适应南水北调、治太工程和秦淮河治理的实施。

2. 系统构成

由供水监测、水量分配调度、工程运行控制、运行效果评估、工程管理信息等五个子系统组成。

（1）实时监测子系统，分为水量监测、水质监测两部分。建立水量监测网络，对市界、省界以及大运沿线所有取水口门和沿江引水口门的水量实施实时监测计量。建立水质监测网络，对送水线路上的水体进行实时监测。

（2）水量分配调度子系统，分为水量分配、水量调度两部分。根据各市用水量、可供水量、雨水情、水质等，建立数学模型，进行水量分配，充分利用汛期洪水和湖泊调蓄，科学配置水源，并考虑供水成本、工程状况等因素，进行水量调度。

（3）实时控制子系统，对供水工程运行进行实时控制，包括现场自动控制及远程控制。保证供水调度决策的实现。

（4）运行效果评估子系统，包括供水成本、水费收取、水价测算、利润分析四部分，对各类费用及人员工资等项目进行分析研究。

（5）工程管理信息服务子系统，包括工程设备管理、检查观测、工程维修管理及其它信息的查询服务等部分。

（六）关键技术应用

为了确保水利信息化建设的高起点、高水平、高标准，对信息化建设的关键技术进行应用研究，对应用系统开发中的建模和业务处理等关键问题进行专题研究。

1. 多源信息同化技术

多源信息同化的基本工具是地理信息系统。应用多源信息同化技术，进行单点资料的判错纠错、空间和时间的插补延展和面特征统计分析等，充分利用来源于不同方面的信息，提高水利信息的利用率。

2. 水系统集成模拟技术

（1）交互式洪水预报模式

对行之有效的洪水预报模型和专家经验进行规范化和信息化处理，在此基础上开发实用、有效的产汇流预报、洪峰相关图、历史洪水比较等校正交互处理模式。以计算机技术、洪水预报技术与专家经验融为一体的方式，实现对数学模型预报结果的综合分析和交互校正。

（2）复杂防洪系统洪水调度模拟模型

复杂防洪系统洪水调度模拟，是深入研究洪水在水库、江河、湖泊、分蓄洪区、河口海岸带中的演进规律，根据洪水与防洪系统之间复杂的相互作用关系，预测洪水发展势态和洪水调度的蓄泄效果，进而采取有效的防洪减灾措施协调与控制其发展过程。

（3）水系统集成模拟模型

以多种信息采集技术、多源信息同化技术、数据库技术为支撑，利用数字地球技术，建立基于数字化流域的网格化的水系统集成模拟模型，为水利系统的决策提供全方位的技术支持。

3. 虚拟现实技术

虚拟现实是由高性能计算机软硬件和各类先进的传感器创建的特殊的信息环境，其核心是沉浸—交互—构想。应用虚拟现实技术能把各种数据库、应用软件进行调用、互联与集成，建立水系统可视化仿真系统，为技术与决策人员提供逼真的信息环境。

四、投资估算与实施计划

（一）投资估算

水利信息化建设包括信息网络建设、信息资源开发、应用系统建设及保障措施四方面，“十五”期间省级重点建成覆盖全省的信息传输网络，基本建成9个信息资源网站、12类数据库、13个应用系统和水资源优化调度监控系统示范工程；沿江、苏南各市信息化建设与省级同步，逐步进行苏北各市信息化建设，以上需完成投资5.25亿元，按照“分级建设管理”的原则，省级以上投资3.76亿元，地方投资1.49亿元。

（二）分期实施计划

“十五”水利信息化建设实施计划：

1. 信息资源开发。2001–2005年，全面建成水情、工情、水利工程运行监控调度、综合水利信息采集系统；基本建成地下水、水环境、水土保持、旱灾情采集系统；逐步建立遥感信息处理系统。

2. 信息传输网络。2001–2002年，全面建成连接全省各市水利局、厅属管理处信息传输骨干网络，至2005年，基本建成覆盖全省64县（市）信息传输网络，逐步建设64县（市）局域网和扩建各市水利局、厅属管理处局域网。

3. 数据库建设。2001年，在已建水文数据库的基础上，完善国家水文数据库和实时水情数据库，建成水利政务、档案数据库，起步建设其它数据库；至2005年，基本建成水资源、水环境、水土保持、水工程、防灾减灾、建设管理、水利经济、水利科技、水利人事、综合信息数据库。

4. 应用系统建设。2001年，在已建办公自动化系统基础上，完成政务信息管理系统、档案信息管理系统；至2003年，完成防汛指挥决策支持系统、行政管理信息系统；基本建成勘测规划设计信息管理、建设管理、水环境管理及水利科技、水利人力资源信息管理系统；至2005年，全面建成江水北调工程监控调度管理综合系统、水资源管理决策支持系统；逐步实施水土保持监测与管理系统、水利经济信息管理系统、市县公众信息服务系统。

水利信息化建设到2005年完成投资5.25亿元。

五、保障措施

（一）加强组织领导

水利信息化建设是一项复杂的系统工程，必须要有严密的组织领导措施来保障。参照部省做法，水利厅成立信息化工作领导小组，领导小组下设办公室，负责信息化建设的领导和协调工作。厅、各市水利局和厅直单位设立信息中心负责信息化建设的全面业务管理。

（二）加快人才建设

加快水利信息化人才队伍的建设，力争到2005年建设三支信息人才队伍：能够跟踪国际先进水平并具有创新能力的专家队伍；熟练掌握计算机与通信工程技术的信息化建设管理队伍；开发水利信息资源的兼职信息员队伍。同时，在水利职工中，加快信息化知识的普及，提高水利系统信息化应用水平。要培养和造就一批懂信息化规划、会信息系统开发、掌握信息应用技术、精通信息系统管理善于引进、吸收和应用先进技术的多层次、高素质的信息化人才。

（三）制定建设标准

信息在定义、整理、建库、接口设计等方面达到标准化和规范化后，才能保证应用的一致性、无冲突性、可持续性、易维护性和最小冗余性。在执行国家和省有关信息技术规范标准的前提下，在技术标准方面，规范统一标准的传输协议、操作平台和应用系统接口，制定信息网络建设标准，制定信息分类、分级、属性、取值标准，制定各种数据的格式、数据库结构定义，制定输入输出和信息检索标准等。在建设管理方面，制定信息化规划、设计、审批、验收制度，制定运行管理、维护管理、应用管理制度。

（四）强化安全措施

在管理措施和技术措施两个方面，加强网络信息资源的安全保护和保密，增强网络的可靠性、安全性、保密性。强化各级网管中心的管理职能，制定运行管理制度和安全保密制度，制定信息资源、网络、应用系统的安全防护条例，利用信息与网络的加密、控制等安全技术进行信息网络的安全防范建设。在实现资源共享的同时，做到严守国家机密，维护知识产权。

（五）注重技术交流

加强技术交流，调查、了解、研究国内外水

利或其它行业信息化技术及建设动态，适时改进、完善江苏水利信息化的体系结构、技术方法和实现措施。增加国内国际合作，邀请国内外专家来省研讨交流，同时派员到国内外高校和科研机构进修培训；引进国内外先进的技术和管理经验，开展信息化技术和管理的交流与合作；引进竞争机制，鼓励国内外信息化项目建设承包商参与江苏水利信息化建设，保证高技术、高质量和高效益。

（六）加大资金投入

水利信息化建设，以政府投资为主，同时积极拓宽投入渠道。建设经费应列入各级水利部门年度建设计划，明确资金来源和渠道，专款专用，防止挤占和挪用。今后新建或改建大中型水利工程，必须安排信息化配套建设内容及经费，统一规划，同步实施。

（七）落实政策法规

严格执行国家和省有关信息化建设的法律法规及规定，并制定相应的实施办法，规范全省水利信息的建设工作。健全信息采集、登记、管理、交换、公告及网络管理等方面的制度。建立规范的水利信息化管理体制与运行机制制定相关的政策法规，保障信息化建设工作高效、健康、有序发展。

江苏省“十五”气象领域信息化发展规划

一、建设项目的背景和依据

气象事业是一项重要的社会基础性公益事业，气象工作对国民经济和社会发展的主要作用是趋利避害，防灾减灾。江苏是典型的气象灾害的频发区，平均每年约有4－5次寒潮过程，3－4次台风影响，5－6次十个县（市）以上的大范围区域性暴雨，18－19次强对流天气（冰雹、龙卷风、雷暴大风和短时强降水）过程，4－5次春季连阴雨过程，平均2－3年就有一次较大的旱灾或洪涝发生，冬春季还经常发生连续几天的浓雾天气。随着经济建设的发展，气象灾害造成的直接经济损失呈现上升的趋势。对江苏这样相对较发达的经济大省又是人口密集的地区来说，一旦遇有气象灾害，所造成的经济损失绝对值和社会影响就更大。

通过本项目的建设，能大大增强我省对暴雨和洪涝灾害的预报服务能力，特别是对重大灾害性天气基本做到定点、定时、定量的准确监测与预报，能为各级党政领导提供科学的决策依据，使中尺度灾害性天气监测预警准确率提高到80%左右，江苏气象业务现代化及其气象服务水平达到国内领先水平，接近20世纪90年代后期的国际先进水平。

二、“江苏省中尺度灾害性天气监测预警服务系统”建设内容

计划用5至6年的时间建设完成“江苏省中尺度灾害性天气监测预警服务系统”，“十五”前3年完成第一期工程，再花2至3年的时间完成第二期工程。该项目以中国气象局全国气象业务现代化建设的总方针和全国气象事业发展第十个五年计划为指导，以地方政府为主和地方政府与气象部门共建的方式，依靠科技进步，跟踪国内外高新技术发展趋势，引进国内外先进技术和设备，建设“江苏省中尺度灾害性天气监测预警服务系统”。

（一）建设项目的主要内容和规模

“江苏省中尺度灾害性天气监测预警服务系统”主要由气象信息综合探测分系统、气象信息通信网络分系统、气象信息加工预警分系统、气象信息应用服务分系统、监控保障分系统等五个分系统组成。

本项目建设总投资概算为3.4亿元，第一期工程投资2.1亿元，第二期工程投资1.3亿元，该系统工程覆盖全省各市县气象台站，重点加强省气象业务中心的建设。

（二）系统的总体技术方案

1. 系统的总体功能

系统能有效地捕获到几公里到几百公里的中尺度灾害性天气系统，再通过中尺度数值预报方法与常规的天气学分析及统计学的预报方法相结合，以天气学、动力学、热力学及其中尺度气象学的原理，对中尺度灾害性天气作出定时、定点、定量的预警报。

以准确高效的服务手段，将气象信息及时传送给各类用户，发挥出最大的防灾减灾效益。切实为江苏的社会和经济可持续发展起到气象保障作用。

2. 系统的总体布局

省气象业务中心是系统的总枢纽，为全省中尺度灾害性天气监测的指挥中心，又是气象信息加工预警分系统的中心工作站所在地，对本系统所能获得的气象信息进行加工、处理、计算和分析，运行中尺度数值预报子系统和其他预报方法的子系统，生成各种可视化显示的分析产品，同时快速加工处理成各种预报预警产品，分发到各市气象局的分中心，进而转发到各县气象局的子中心，成为全省灾害性天气预报预警的中心。

各市气象局是本系统的分中心，起到上情下达、下情上传的枢纽作用，充分发挥气象信息通信网络分系统的功能。能随时调阅到省气象业务中心生成的各种可视化分析产品，并在自身的工作站上，对省气象业务中心运行的中尺度数值预

报子系统的产品，进行解释应用，通过分中心自身获得的各种信息和天气实况，再制作出二次预警报产品，分发到当地各防灾领导部门和服务用户单位和县气象局。各分中心还能通过气象信息通信网络分系统，收集到气象信息综合探测分系统获取的监测信息，作为自身制作局地性的中尺度灾害性天气预警报的客观依据。

各县气象局则是具体开展监测和预警报服务的基本单位，即本系统的子中心，可由气象信息通信网络分系统上获得省级服务中心和市级分中心所发布的各种气象信息，结合地方特点和天气实况，对省气象业务中心和市气象局分中心发出的灾害性天气预警报和日常预报进行订正，再及时对本地开展气象服务工作。

3. 系统的总体技术要求

依托知识经济网络时代提供的高新技术，包括：计算机技术、通信技术、网络技术、图形图象处理和可视化技术、多媒体化技术、电子自动化技术等，特别要充分依靠与气象相关的遥感遥测技术、大气模拟和预测技术、气象服务技术等，以大力推进科技创新的姿态来建设本系统，达到高质量、高起点、高标准、高效益的总体要求。

(1) 气象信息综合探测分系统要做到遥感、遥测、连续、自动化；

(2) 气象信息通信网络分系统要实现综合、宽带、高速、数字化；

(3) 气象信息加工预警分系统要达到定时、定点、定量、可视化；

(4) 气象信息应用服务分系统要形成全程、滚动、个性、多媒体化；

(5) 监控保障分系统要保证整个系统的运行正常、稳定、可靠、业务化。

(三) 各分系统概述

1. 气象信息综合探测分系统

充分利用遥感遥测新技术，建设地面自动观测网、高空探测网、新一代天气雷达网、气象卫星和航空遥感、移动探测和特种观测等子系统，形成对中尺度灾害性天气系统连续进行立体监测的、较高时空分辨率的综合监测网，有效地捕获中尺度灾害性天气系统。

气象信息综合探测分系统对气象综合探测的时空分辨率的目标为：几公里到几千公里，几分钟到1天。该分系统由探测仪器、设备的硬件建设和相应的软件建设组成，采用国际先进技术，科技含量较高，经费支出占项目总经费的比重较大，是本项目建设的核心部分。

(1) 地面自动观测网子系统

①主要内容和规模

按照对中尺度灾害性天气系统进行有效监测的目标要求，地面气象观测站的间距将缩小到20公里左右，达到国际上发达国家的水平。江苏省地域面积为10.26万平方公里，以此计算全省布设的地面气象观测站总数至少要超过250个，根据我省大中城市、太湖流域、长江流域、淮河流域、沂沭泗河流域、苏北沿海滩涂地区、田湾核电站区域等不同区域和下垫面地形的特点，主要布设自动气象站和自动雨量站点。

②主要功能和技术要求

一般气象站和各市、县布设的自动观测站，均配置六要素自动气象站，观测内容为地面气压、温度、湿度、风向、风速、降水。自动气象站和另设的自动雨量站均以有线传输方式为主，通过电话线路自动传输至各市气象局的分中心，再由VSAT站立即转发传输至省气象业务中心，或由分组交换网自动传输至省气象业务中心。一般情况下每小时传输一次资料，如果需要，也可以每10分钟传输一次。自动气象站和自动雨量站均能自动存贮一个月以上的资料。

3个基准气候站配置Ⅰ型综合有线遥测气象仪，观测内容为：地面气压、温度、湿度、风向、风速、降水、蒸发、地温、日照、日射等项目，但目测项目及部分器测项目仍由人工观测。所有观测数据由微机统一计算处理、编制电报、存贮、打印。报文经通信PES小站传输至上级。在旬、月初可调出上一旬、月的全部资料进行统计和编发气象旬、月报和气候月报等报文，可编制打印出地面气象纪录月、年报表。

10个基本气象站配置Ⅱ型综合有线遥测气象仪，观测内容为：地面气压、温度、湿度、风向、风速、降水、地温。今后再增加日照、蒸发等项目。其它观测项目如云、能、天等由人工观测。所有数据由微机进行统一计算处理、编制电报、存贮、打印等。报文经VSAT PES小站传输至上级。根据需要可编制打印地面气象记录月报表和年报表。

南京站对太阳辐射观测配备进口的遥测自动

跟踪辐射仪，获取太阳总辐射、直接辐射、散射辐射、反射辐射及净辐射资料。今后还将增加紫外辐射、红外辐射等分光谱观测项目。随着我国静止气象卫星的业务化和系列化，以及 DCP 平台的稳定、可靠运行，DCP 将成为气象探测资料收集的传输手段之一。

（2）高空探测网子系统

①主要内容和规模

在第一期工程中，将南京、徐州、射阳三个国家探空站改造为 L 波段二次测风雷达—电子探空仪系统或 GPS 高空探测系统，提高探测精度和自动化程度。在第二期工程中，进一步增加探空站数量。

在第一期工程中，首先在南京布设一部对流层垂直廊线仪（能测风向风速、温度、湿度），在第二期工程中再布设 2 部垂直廊线仪。

在第一期工程中，首先在苏南地区布建 3 部闪电定位仪，南京作为主站，在第二期工程中再布设 2 部闪电定位仪，组成全省闪电监测网。

②主要功能和技术要求

A.L 波段二次测风雷达—电子探空仪系统替换 59－701 探空系统雷达，用来对高空的气压、温度、湿度、风向、风速进行探测，自动分析处理探测数据、编发所需的气象业务电报，又可自动编制、打印所需的高空记录报表。它由电子探空仪、地面接收设备、数据处理机及相应的处理软件组成。

B.GPS 高空探测系统

该系统具有全球性、全天候、连续的精密三维导航与定位能力，对高空的气压、温度、湿度、风向、风速进行探测。它由 GPS 探空仪、地面接收处理设备及系统软件三部分组成。系统能自动分析处理高空气象探测的数据、编发所需的气象业务电报，也可自动编制、打印所需的高空气象记录报表等。

C. 风垂直廓线仪

采用多普勒技术可以获得其相对于雷达的径向速度，通过进行多射向的速度测量，在一定的假定条件下可估测出回波信号所在高度上的风向、风速和垂直运动。依此设计出风廓线仪，它由天馈、发射/接收机、信号处理器、数据处理器、监控分机五部分组成。

D. 闪电定位系统

主要对闪电信号接收，进行波形数字采样分析和时间测量，将数据传输到主站的数据定位处理中心，完成对各子站探测数据的综合处理，确定闪电的位置，形成二维闪电分布的有关参数的各类图形和图像产品。主站对各子站的工作状态可进行监测和控制，并对探测数据进行归档和建库，通过通信网络分系统向子站和各市气象局分中心以及有关用户发送产品。闪电定位仪与新一代天气雷达设在一起，便于同新一代天气雷达的监测产品一起进行合成分析，更能准确分析出雷暴云，尤其是强风暴云的分布与发生发展状况。因此，闪电定位仪网的建设也是高空探测子系统的重要组成部分。

各子站由集成天线、闪电信号接收和波形鉴别预处理、数据分析处理、GPS 时间同步和基准处理、自检和自校、通信接口、产品输出等七部分组成。主站除有子站设备外还有数据定位处理中心、通信传输设备、系统自检和自校等。

各子站的闪电定位仪能全天 24 小时不间断运行，单站也能连续对半径为 300KM 范围内的云地闪电的方位、距离、强度、极性以及半径为 150KM 范围的云闪出现的方位和频数进行监测，便于随时与新一代天气雷达产品进行合成分析。而多站组成的闪电定位仪监测网，则应具有比单站闪电定位仪更大的探测范围和更高的定位分辨率。

E. 空基 GPS 探测技术

利用美国发射的低轨卫星（LEO），用掩星技术测定大气密度、气压、温度、湿度廓线，还可利用低轨卫星（LEO）上的低功率激光器测风，具有相当高的时空密度。这样的技术可望在二十一世纪初的几年中得到发展和成熟，提高反演的精度达到业务化要求。其探测资料可在国际互联网上获得，也可应用其他接收方式获得。

（3）新一代天气雷达网子系统

①主要内容和规模

根据中国气象局统一规划，结合我省实际，拟在南京、徐州、无锡建新一代天气雷达站。将全省新一代天气雷达组网，进行雷达拼图，拼图软件由中国气象局统一提供。将有关雷达产品一小时一次传输到省气象业务中心，自动进行拼图。必要时由省气象业务中心调阅其它四个站的雷达产品增加拼图时次。省气象业务中心再将拼图结果传递到各雷达站和各市气象局分中心，各雷达站也可主动从省气象业务中心调阅到全省多站的雷达产品，自行进行拼图。与此同时，开展由自动雨量站网相校准的雷达定量测量降水的工作，各雷达站可独立进行，但须由通信网络分系统将自动雨量站网与各雷达站相联系，省气象业务中心进行全省雷达组网的定量测量降水的工作。主要软件部分除中国气象局提供外，还须结合江苏省地方特点自行研制和开发。省气象业务中心和其它雷达站将雷达定量测量降水的产品与其它雷达产品，及时传输到上级气象部门和本省各市气象局分中心及有关的服务用户。

②主要功能和技术要求

新一代天气雷达系统基本由雷达数据采集（Radar Data Acquisition 即 RDA）、雷达产品生成（Radar Product Generation 即 RPG）和基本用户终端（Principal User Processor 即 PUP）三部分组成。具体又可分为：雷达数据采集、雷达自动监控和标校、实时天气监测、雨量校准处理、雷达产品生成、雷达用户终端、通信传输的计算机局域网络八个小部分构成。其中雷达数据采集部分主要由天线、天线罩、伺服系统、发射机、接收机、信号处理机组成，可远离其他两大部分。

新一代天气雷达可实时探测回波强度（z）、径向速度（v）、速度谱宽（w）数据的 PPI、RHI、CAPPI、VCS 等显示图像，还有物理量转换产品，由径向速度（V）处理后的径向散度、切向涡度等。可自动识别中尺度气旋、龙卷、冰雹、阵风锋等。由雷达获得的回波参数经一定的转换关系，可得出许多气象量的分布图像，特别是风场和降水量场的图像格点值，通过四维同化技术再转化为中尺度数值预报可用的资料，来进一步提高中尺度数值预报的精度。

具体的性能和主要技术指标应满足中国气象局统一制订的“新一代天气雷达系统功能规格需求书”的要求。

(4) 卫星与航空遥感子系统

在第一期工程中，建设一套新型极轨气象卫星接收处理系统，一套新型静止卫星接收处理系统，用于接收和处理我国发射的风云系列气象卫星。接收静止气象卫星一小时一次的红外、可见光、水汽云图和极轨气象卫星的遥感资料，迅速进行数字化处理和显示。并将处理后的图像资料上网传送到各市气象局分中心，或由他们主动调阅，避免重复建设，实现全省共享。应用于各种灾害性天气的识别、跟踪和分析，由极轨气象卫星的遥感资料图像，监测干旱、洪涝、冻害、连阴雨天气、大气污染、沙尘暴、雾害、水资源合理利用、农情植被状况等，开展综合气象信息服务。提高对气象卫星高分辨率探测信息进行反演处理的精度，开发相关软件，扩大应用范围。

在第一期工程中，建设一套微型无人驾驶飞机探测系统。在 GPS 导航和机载自动控制系统的控制下，可按照预定的航线飞行。机载观测仪器进行特殊的大气探测或遥感探测，既可作为其它探测系统的补充，又可作为特殊的气象探测应用。如探测洪涝面积和受灾程度，开展人工增雨作业，以及边界层特殊观测，等等，有其广泛的用途和作用。

在第二期工程中，在省气象业务中心建立能接收处理美国最新发射的地球观测系统卫星（EOS）的高空间和光谱分辨率资料的二次接收系统（即由国家卫星气象中心转发），进行各种自然灾害和生态环境因子的反演处理，进一步扩大气象服务的内容和领域，也为政府部门提供更多更细的决策依据。还可将利用美国的低轨卫星（LEO）资料，开展空基 GPS 气象资料的反演和应用。

(5) 移动探测子系统

这是配合我省开展人工增雨和防雹作业而建设的探测系统，也可用于灾害性天气发生后的灾情调查，或在重大社会活动时，开展特殊气象保障服务。它具有灵活机动的特点，可弥补固定探测系统在时空密度上的不足，或按特殊需要开展针对性的实时观测，现场分析、现场应用。

移动探测子系统计划在第二期工程中建设。主要配备车载 X 波段具有双偏振功能的多普勒天气雷达 1 部、车载近地层风垂直廓线仪 1 部、机载 GPS 和车载 GPS 定位系统各一套、车载 GPS 探空系统一套、激光测云雷达 1 部、地面激光雨滴谱仪 1 套等，机载云物理探测系统可按需要临时租用 1 套。

由于移动探测子系统拟在第二期工程中建设，此处暂略去其相关部分的结构、功能和技术要求等内容。

(6) 特种观测子系统

随着我省经济和城市化的迅速发展，人们开始注重生活质量，崇尚健康、卫生、安全、舒适的生活方式。城市气象服务中的医疗卫生气象、商业气象、环保气象等内容也随之应运而生，开发与人民群众生活密切相关的气象指数，开展专项性的气象服务，就显得越来越重要。在南京小校场气象观测站增加辐射测量和臭氧测量仪器设备。如 WG7 和 WG8 型 Eppley 辐射表测量总辐射和散射辐射（带遮光带板），WG7 Eppley 直接辐射表测量直接辐射，NO.54 布鲁尔臭氧光谱仪测量臭氧总量及廓线，宽带辐射仪可测量紫外辐射、红外辐射等分光谱辐射。这些观测均为连续、自动采集数据，由计算机按程序进行。

对我省酸雨站进行改造，并增加新的观测站。配置 Rex PH 计、Rex 电导率仪、离子色谱仪和原子吸收光谱仪等，观测降水中的 PH 值、电导率及离子成分。

在部分城市，与医疗卫生部门合作，开展医疗卫生气象相关的观测分析，取得气象与人体健康和疾病之间关系的第一手资料。

在一些大商场、仓库和纺织厂、化学工厂、钢铁厂、面粉厂等单位开展专项的温、湿度及粉尘粒子浓度自动观测，取得第一手气象资料，以便更准确地确定各种相关的气象指数值，开展针对性的有效服务。

更新南京燕子矶梯度观测站的温度、湿度、气压、风向、风速等自动无线遥测仪，逐步开展边界层通量和廓线观测以及边界层大气温度层结、三维风场和辐射的观测。收集大气边界层热力、动力结构的资料，建成综合边界层气象观测站，对中尺度灾害性天气系统发生发展的分析研究有重要意义。

在江苏主要的高速公路，如沪宁高速公路沿线建设一些自动气象站，配置前向散射式的能见度仪，对雾进行监测，开展防治雾害的气象服务。

2. 气象信息通信网络分系统

自动化综合探测分系统所获取的大量气象探测信息，要求实现远距离的传输、调用和实时显示，要有足够的带宽和传输速度。该分系统是沟通国家、省、地、县气象部门的通信纽带，为全天候不间断运行的实时系统，必须做到稳定、可靠，达到综合、宽带、高速、数字化。

（1）全省气象系统内部局域网改造

计划在省气象业务中心和有条件的市气象分中心，建设千兆以太网（1000Mbps）；市气象分中心建设快速以太网（100Mbps）；县气象子中心组建快速以太网（100Mbps）或以太网（10Mbps），相应增强计算机、服务器和网络的能力。操作系统在省级采用 UNIX 系统，市、县级采用 Windows NT 系统。

（2）省、市、县气象高速主干网建设

①充分发挥现有通信传输方式和网络的综合能力，在建设有新一代天气雷达、自动气象站网、GPS 探空系统、垂直廓线仪、闪电定位仪等先进技术与设施的市气象分中心的同时，建设通向省气象业务中心的通信传输，逐步开通数字数据通信网络（DDN），即升级到 2Mbps 以上的高速宽带线路，再逐步向国家公共网络上建立气象虚拟专用网发展。扩展单向多媒体数据广播能力，使所有的气象台站都能接收到视频信号。省气象业务中心开通与国家气象中心、有条件的市气象分中心开通与省气象业务中心的视频双向信道，建立可视气象预报会商系统以及电视电话会议系统。

②在我国发射的风云二号气象卫星上建立的 DCP 平台能正常工作后，收集气象信息综合探测分系统的各种探测信息，改变通信传输技术，既可达到高效又可节省通信传输费用。

③新一代天气雷达的数据传输方式，采用无线微波扩频、DDN 专线或光缆传输等通信技术，对雷达进行雨量校准的自动雨量站信息传输采用地面公用通信网来完成，或逐步按前述先进的方式改建。

④移动探测子系统，可采用公用移动通信网或采用“9210”的移动 VSAT 小站通信方式，与最近的地市县气象局中心联系，或直接发送到省气象业务中心。必要的气象图像图形数据传输至野外流动工作车上显示，以后再发展到由卫星 DCP 平台相互通信传输。

（3）骨干网和支网的互连

省、市、县三级中心承担内外气象信息收集、加工、分析、预警、服务的任务，所建立的通信网络为骨干网，既有自身的局域网，又有与上下级互连的计算机广域网，其局域网即为支网，骨干网与支网通过网间互连设备连通，相互应采用统一的技术标准（即统一到国际标准）和网络协议（采用 TCP/IP）。综合探测分系统可作为骨干网的终端与其互连，可先对采集的数据进行必要的加工处理，按规定的信息数据格式和接口标准入网传输。

(4) 发展和应用因特网技术

在建立本系统内部网 Intranet 的同时，建立地市级以上的气象信息因特网接入网，有选择地将有关气象服务信息通过因特网发布，以适应不同层次和不同领域的需要。

(5) 省、市、县三级气象信息数据库的建设和联网

为了实现对主要的气象信息共享，发挥省气象业务中心、各市气象分中心、各县气象子中心各自职责的作用，充分发挥气象信息的效益，必须建立省、市、县三级气象信息数据库，并相互联网。

(6) 气象信息通信网络的管理

对省、市、县三级中心，必须配备两套通信传输网络方式，以一套业务运行为主，另一套为备份。必须具备避雷防雷功能，保证气象信息的传输畅通无阻和不发生中断现象，保证中尺度灾害性天气监测预警服务系统正常运行。

(7) 计算机系统建设

气象信息通信网络分系统需配置高性能计算机和微机相并用的通信专用主机和服务器，省气象业务中心需建立海量存贮系统，省、市、县三级中心都需建立大容量存贮技术和相应的存贮设备。

3. 气象信息加工预警分系统

气象信息加工预警分系统是对各种气象信息进行加工处理和计算分析，然后做出预报预警产品。该项目是整个气象业务体制的中心环节。本项目建成后，能提高我省中尺度灾害性天气的预警报准确率。

(1) 预报产品综合集成子系统

深化开拓现有的天气学分析、数理统计分析、动力学和热力学分析、人工智能方法、卫星云图和雷达回波等图像分析、数值预报产品的解释应用等分析预报方法，综合应用多种分析预报技术，增强综合分析和集成决策的能力。

(2) 预报产品加工处理子系统

逐步将传统的预报分析作业方式转变到人机交互处理方式上来，建立以人机交互处理工作站为主要的预报员工作平台，以各种数值预报产品为基础，综合应用多种信息和多种先进的预报分析技术方法，建立较高自动化水平的现代天气预报业务技术流程。

①预报员的工作平台

在省、市、县三级业务中心，配备工作站机（省、市两级）和若干微机，连入计算机局域网内，通过气象信息通信网络分系统获取预报分析业务所需的各种信息，输入安装于这些工作站或微机上的人机交互处理系统。运用中国气象局开发的 MICAPS 系统和三维动画显示和相应的分析统计工具，提高预报员工作平台对预报产品加工处理和计算分析的能力和效率。

②各种中尺度探测信息的加工

将中尺度探测信息全部集中到省气象业务中心，由专用工作站进行加工处理，制作出中尺度天气诊断分析产品，并存贮到实时资料数据库。通过广域网传输，供省、市、县预报员调阅产品进行分析。

(3) 中尺度数值预报及释用子系统

以大尺度数值模式产品为基础，应用国家气象中心的 T213L31 模式产品。用前一时次计算得到的本时次预报场或以本时次的初始客观分析场作中尺度数值模式的初始场，进行有限区域嵌套方式的中尺度细网格非静力平衡数值模式（MM5）的运行。在省气象业务中心购置一台国产或进口一台先进的小型计算机，也可采用建立 8 至 10 台高档微机进行并行处理的技术，均能在半小时至一小时时间内完成中尺度数值预报的计算。

(4) 特种预报业务系统

随着江苏地方经济的快速发展，国民经济各行业、各领域对气象预报服务的要求越来越高，需求量越来越大，急需开展专业气象预报、环境气象预报、城市气象预报、医疗卫生气象预报、商业气象预报、工业气象预报、农业气象预报、交通气象预报（包括航空、海洋、高速公路气象预报）、旅游气象预报、森林和城市火险预报等特种预报，真正使气象事业成为基础性公益事业。

4. 气象信息应用服务分系统

气象信息应用服务分系统，既是气象信息集合分发和实施服务的重要环节，又是总系统显现效益的必然途径。它既要依托前面三大分系统的功能，同时又可相对独立，其建设目标是全程、滚动、个性、多媒体化。

建设该分系统，必须增强气象服务信息的收集、加工处理、产品制作、包装和分发传输的现代化能力，切实在服务产品制作和加工上下功夫，建立先进的、专用加工分析技术和方法。

（1）灾害性天气预警服务子系统

建立灾害性天气预警服务子系统是总系统的重要内容之一。

研究灾害性天气造成的不同影响，建立相应的防御对策做出客观评估，以最简捷的语言或影视图像，使人们立即警觉、采取措施。切实提高灾害性天气预警服务的能力。

（2）决策气象服务子系统

建立与政府信息网络相连的决策网，或者通过因特网，在党政领导及有关部门建立决策气象服务终端，显示各种气象信息的文稿文件等多媒体产品。为省、市主要领导配备专用手提式电脑，安装决策气象服务系统，通过程控电话网，拨号接入省、市气象业务中心的专用服务器，随时随地调用最新的气象信息。

（3）专业气象服务子系统

针对不同专业用户的需求，开展与其专业相关的气象服务，研究并发布专业性气象服务预报。

（4）城市气象服务子系统

针对城市的特点，开展与城市生活密切相关的医疗卫生气象预报、紫外线预报、舒适度预报、空气污染质量预报（与环保部门合作开展）、城市火险预报、城市内涝预报、城市大风预报、城市雷电危害和雾害预报等等。有重大的社会活动时，开展定时、定点、定量预报服务以及全程滚动式的保障服务。

（5）海洋滩涂气象服务子系统

计划建设三套大功率气象预警报电台系统，建设一批海洋、滩涂自动测风站和自动气象站，并制作沿海海上天气预报和灾害性天气警报，通过电台发布，还要利用无线通信网络技术，提高点对点的气象服务功效和技术水平。

5. 监控保障分系统

中尺度系统是一个复杂的系统工程，由若干个高新技术组成，必须有一个监控保障分系统，来保障整个系统的稳定、可靠运行。该分系统由各级技术装备供应、管理、开发、维修、维护和计量等保障工作组成，对总系统进行实时监控，及时、有效提供系统运行所需的供给、检修、维护等保障，快速排除故障，确保整个业务系统的正常运转。

（1）实时监控子系统

实时监控是侧重于实时业务运转的综合性监控，即对总系统中的信息采集、通信网络、传输存贮、加工处理、计算运行、预警服务等各个环节，进行有效的实时监视和控制。需要在省、市、县三级中心建立监控设备和管理软件系统。系统故障发生后，能够立即发现，迅速排除，或解决在萌芽状态。

（2）技术保障子系统

省级技术保障中心必须配备计量标准器及相关的试验测试设备，各种相关的电子测试设备，设立备件库，配备工程车和通信设备，同时建立相关计算机软件开发和观测仪器诊断测试的小型实验室。市气象局技术保障分中心应配备必要的电子测试设备和专用测试观测仪器的设备，设立备件库。对一般台站，则备份易损件，配备简易常用的检测工具、仪表和维修设备。

（四）技术开发和人才培养

对系统建设中的技术问题进行开发，对当前气象科技最新技术和中尺度气象学的理论进行研究，在实践中总结经验，不断创新，攻克技术难题，进一步提高中尺度灾害性天气准确监测和分析预警的能力，提高监测预警的准确率。

建设本项目和进行技术开发，关键是人才。当前科技领域的前沿技术飞跃发展，需要技术开发工作始终与本项目的建设相对应，建设后的系统业务运行和持续发展，需要一支高素质的技术队伍。因此，技术开发和人才培养是本项目建设的技术保证。

1. 技术开发

建设本项目的开放实验室，以较优厚条件吸收各气象高校以及相关专业的科研、教学、技术人员进入实验室，集中技术骨干，对重点研究和开发的内容开展专题研究，以合同形式提交经过一定业务实践检验，能达到业务化要求的科研成果和开发的新技术新方法。在项目建设过程中结合业务实践，边研究、边应用、边检验，使科研成果和开发的新技术新方法在项目建设中发挥作用。

2. 人才培养

在现有技术体制改革的基础上，为配合本项

目的建设，引入竞争机制，重点进行人才培养和人才引进。对现有的技术和管理人员进行分类培训，进行技术考试和考核，培养一批出类拔萃的技术骨干和学科带头人，建立一支高素质的技术和管理队伍。

3. 国内外技术协作和学术交流

为保证项目达到高质量、高起点、高标准、高效益，必须开展国内外广泛的技术协作和学术交流，聘请国内外著名的专家作专题讲课，教授新技术。组织省内技术人员参加国内外有关技术协作和学术交流，促进技术队伍整体水平的提高。

中国人民银行南京分行“十五”信息化发展规划

一、“十五”信息化发展指导思想和总体目标

20世纪80年代以来，以微电子、计算机和网络技术为代表的信息技术迅猛发展，不断掀起新技术革命浪潮，成为经济发展的主要推动力，信息化水平已成为一个国家综合国力的集中体现。党中央国务院历来高度重视国民经济信息化发展水平，江总书记关于“以信息化带动工业化，发挥后发优势，努力实现技术的跨越式发展”的重要论述，指明了信息化在我国社会与经济发展中的重要战略地位，“金融是现代经济的核心”，其信息化建设也将成为我国金融业面对“入世”挑战，参与国际竞争，增强竞争实力的重要手段。

依照人民银行总行的总体规划，中国人民银行南京分行“十五”期间信息化发展计划的总体目标：完善人民银行南京分行计算机通信网络建设，为央行各项应用系统提供共用网络平台；完成现代化支付系统在江苏省内的建设、推广和应用，为社会提供安全、快捷的支付结算服务；按照总行的统一规划建成金融管理信息系统、办公自动化系统和银行信贷登记咨询系统等各项应用系统，并在此基础上逐步建立统一的人民银行数据采集系统和基础数据库，实现人民银行基础数据共享，提高工作效率，为货币政策、金融监管提供及时、准确的信息；建立人民银行南京分行计算机安全系统和信息标准化体系；最终在“十五”期间基本实现人民银行信息化。

二、“九五”时期人民银行南京分行电子化建设成就

“九五”期间，江苏省人行系统认真落实邓小平同志关于科学技术是第一生产力的思想，依靠科技进步，不断提高电子化建设水平，为中央银行实施货币政策、加强金融监管和提供快捷、高效的支付清算服务，提供了强有力的技术保障，切实推动人民银行的现代化建设，基本实现了业务处理计算机化。

（一）完成网络基础设施建设

根据中国国家金融网的技术规范，按照“统一规划，统一设计，统一标准，专通结合”的原则，建立全省金融通信网络系统。整个江苏金融网络物理上纵向上连至总行，下连至市县，横向连通各金融机构，能支持多种应用系统的运行。该网络与卫星通信网络互为备份，同时随着应用的日益扩展，不断地进行升级改造，建立了全省金融网络网管系统，以加强对金融网络的管理、维护，保证其安全运行。

（二）加快支付应用系统建设，全面实现支付业务网络化处理

1. 全面实现电子联行到县。我省共有13个城市和23个县开通运行了地面卫星小站，41个未建小站的县分两批在1997年底前，通过地面网，以二级分行卫星小站为中继行（提供透明的通信传输服务），县支行作为发报行的方式运行电子联行业务。

2. 全面实现“天地对接”，充分发挥天、地两网效能。“九五”期间，我省各市通过采用网络、点对点通讯、磁介质交换等方式全面实现了“天地对接”，较好地解决电子联行“天上三秒，地上三天”的瓶颈问题，大大加快结算速度，加速资金周转。在此基础上以中国国家现代化支付系统的总体设计思想改进和发展全省电子联行系统。

3. 提高同城清算系统的自动化水平。全省所辖各市均建立了同城清算系统，南京建立了同城票据自动清分系统。同城清算系统通过网络与电子联行系统相联，与人民银行、各商业银行的记帐系统相联，实现业务处理自动化。全省所辖县以磁介质交换方式全面实现同城清算业务处理电子化，全面提高票据抵用率。常州、南通在同城清算业务中，开展了支付密码试点工作，提高了资金抵用的安全性。

4. 江苏省银行卡工程取得较大进展。人行南

京分行专门成立了分行辖区银行卡工作领导小组及办公室，促进南京、苏州、无锡等市的银行卡工程联合。到2000年底，南京、苏州、无锡三市实现ATM100%联网；全省ATM入网银行已达44家，ATM2000多台。2000年期间，加强了商户POS联网工作。南京、苏州、无锡3市与省银行卡网络服务中心联网商户达142家，其中MIS商户6家。至此，基本实现了ATM的跨行通用，部分大中型商户实现了POS的联网通用。2000年，人行南京分行还组织、督促江苏银行卡网络中心实现江苏银行卡信息交换中心与全国银行卡交换中心的联网。

（三）加快管理信息系统建设步伐

1.在全国率先完成人民银行南京分行电子邮件系统以及电子公文传输系统的建设。至2000年6月底，“电子邮件系统”，“公文传输系统”在南京分行辖内28个中心支行全部开通。从而使南京分行在全国率先实现了电子公文传输系统推广到各市中心支行，满足了分行与辖区内各中心支行之间各类金融业务信息的双向传输和电子公文的双向传输。到2000年底，江苏省共有邮件用户821个，安徽省574个。

2.积极开展南京分行地面网会议电视系统建设工作。2000年，组织承担了南京分行辖内会议电视系统的建设任务。参与了人总行的会议电视系统总体方案设计、会议终端设备的测试及设备选型工作；牵头对分行机关会议电视系统的会址进行考察、测试、组织协调工作；对全辖内的会议电视系统工作进行部署规划及相关技术培训。

3.组织完成银行信贷咨询系统——省域分系统的试点工作，实现江苏省内以及与上海、浙江等地省域分系统的联网目标。1999年下半年，江苏省13个市在全国首批完成了“银行信贷登记咨询系统”推广应用工作，实现了与各金融机构的网络连通，至2000年12月底，江苏省共完成发卡配号总量19.59万个，金融系统向人民银行报送各项贷款合计5967.66亿元、外币贷款合计243.36亿元，金融机构查询次数已达16888次。

2000年以来，分行精心组织银行信贷咨询系统——省域分系统测试和江、浙、沪两省一市联网试点工作，实现了向省域分系统备份数据的目标。在试点过程中，结合工作需要开发了《银行信贷数据核对系统》，利用数据核对软件准确有效地开展江苏省各市银行信贷数据核对和检查工作，该核对软件得到人总行科技司和统计司领导的认可，2000年9月下旬，人总行向全国进行推广，南京分行承担推广中的技术支持。

4.按照人总行部署规划，稳步有序地进行内联网工程建设。2000年度，人行南京分行在原有的金融通信网络基础上根据人总行IP地址规范，调整了江苏省内网络线路和IP地址的分配，并利用帧中继技术，建立了南京分行连到江苏省13市中支的帧中继网络，建立了南京分行的通信平台、信息服务平台和网络管理平台，实现了南京分行与人总行及南京分行与合肥、上海、济南、武汉等兄弟分行的互连。内联网的建设增加了网络带宽，提高了网络通信速率，改善了网络性能。为网络应用提供了良好的通信基础。

5.组织完成了各业务处理系统的推广应用工作，卓有成效地解决了计算机2000年问题。多年来，江苏省人民银行狠抓业务系统应用和推广工作，各级行、各部门、各业务基本上都已实现了电子化处理。其中，有分行组织开发推广的同城清算等11个业务处理系统，有总行组织开发推广的22个重要业务系统及其它35个业务处理系统(包括金融统计检测系统、货币发行管理信息系统、国库会计核算系统等)；并成功地解决了计算机2000年问题，确保了各应用系统安全平稳地渡过了2000年。

（四）外汇管理、国际收支等系统进一步完善

江苏分局根据外汇总局MIS系统的规划在江苏建立了数据中心，并首先将国际收支系统移植到了数据中心的小型机上。从96年开始，出口收汇核销系统、进口付汇核销系统陆续在江苏推广应用，处理业务的速度、能力有了相当大的提高，另外，江苏分局根据业务运行实际情况自行开发了外汇帐户系统。

三、“十五”信息化发展方针和任务

信息化发展方针：依靠科技创新，应用先进技术，立足现有基础，坚持统一规划、统一标准、统一设计、分步实施的发展方针；基本实现人民银行信息化。

主要任务：完成现代化支付系统推广建设工作；统一金融监管数据采集体系，建立金融监管基础数据库，建成金融管理信息系统；建立银行卡跨行信息交换网络，实现全国银行卡联网通用；完善、升级人民银行内联网；建立健全计算机系统安全与标准化体系；加强办公自动化和信息服务等应用系统的建设。

（一）完成中国现代化支付系统建设，提高支付结算水平

1. 现代化支付系统建设。

（1）根据总行现代化支付系统工程的实施方案，依据支付系统业务需求，制定完善的总体技术方案，2002 年 12 月底之前完成大额支付系统（RTGS）在南京市的建设并在成功的基础上推广运用到其他各中心支行，“十五”期间建立并运行中国现代化支付系统，实现支付系统与国库系统、债券簿记系统、外汇交易系统、公开市场操作等系统的连接。

（2）执行总行制定的统一的同城票据交换及资金清算系统技术规范，按统一的技术规范改造同城清算系统，并与支付系统衔接。推广应用统一的支付密码（验证码）技术标准，扩大票据自动清分系统的使用范围和覆盖面，进一步提高同城清算系统在我省的应用水平。

2. 建立统一、高效的银行卡跨行交换网络，实现银行卡全国异地跨行通用。

（1）贯彻全国统一联网通用标识、统一银行卡业务规范和技术标准，完成现有银行卡业务处理系统的标准化改造和非标准卡片的更换工作。

（2）全面完成江苏银行卡信息交换中心和银行卡信息交换总中心与商业银行银行卡中心的联网，实现各类银行卡在全国 300 个地市级以上城市的跨行通用和资源共享。

（3）总结、完善银行 IC 卡试点工程，推广以 IC 卡为依托的电子存折和电子钱包业务的应用与发展

3. 充分利用信息技术，推动我省电子商务安全认证、网上支付和网上银行业务的发展。

（1）根据中国金融认证中心（CFCA）建设规划，制定我省与金融认证服务相关的指引和管理办法，规划金融认证体系的发展。

（2）根据总行制定的网上银行业务技术风险管理指引、相关技术标准和业务规范，加强网上银行技术风险性监管；规范电子商务支付网关，制定网上支付管理办法，推动电子商务网上支清算在我省的发展。

（二）完善人民银行办公自动化系统及会议电视系统，提高中央银行的办公效率，建成金融管理信息系统，做好科技对业务工作的支持、服务和促进

1. 升级、完善电子邮件系统，积极推广办公自动化系统，基本实现人民银行南京分行所有分支行办公自动化。

2. 完善人民银行电视会议系统，并随着技术的发展和实际工作的需要逐步延伸到桌面计算机系统。

3. 根据中国人民银行总行制定的关于内联网信息网站建设的要求，结合南京分行的实际情况，按照统一规划、统一设计、统一标准的原则，建立人民银行南京分行信息网。在该信息网建设的基础上，完成与中心支行信息网的纵向连接；逐步建立与各业务部门相关应用系统的数据连接，最终建设成为集文本、数据为一体的综合性信息网站。

4. 统一人民银行数据采集体系，建立金融公共数据（信息）中心，建立金融基础数据库，以实现信息共享和数据综合利用。在此基础上，建立金融管理信息系统，为货币政策和金融监管服务。

5. 防范金融风险，强化金融监管，在人民银行信息系统总体规划和设计的基础上，完成总行银行监管信息系统推广、培训，建成金融管理信息系统，其主要功能包括市场准入退出管理、人员机构管理、非现场监管、现场计算机辅助监管、风险预警、金融监管信息服务等。

6. 建立集数据采集、业务管理与辅助决策于一身的综合信息服务平台，建设外汇管理信息与决策支持系统。

（三）完善中国人民银行信息化基础设施——内联网工程

按照总行人民银行内联网建设的总体要求，充分利用先进、成熟的网络化技术，对江苏省现有的内联网系统进行升级、改造和扩容，进一步完善网络通信子系统和网络服务子系统；加强内联网安全子系统的建设，包括网络病毒防范系统、“防火墙”系统以及网络安全漏洞扫描、入侵监测系统的建设。在江苏省内建成一个支持数据、语音、视频等多媒体应用的统一高效、安全可靠的

IP网络平台和网络服务平台。

（四）健全银行信息系统安全与标准化体系

加强银行信息系统的安全建设与管理是“十五”期间金融信息化的重点工作之一。

1. 加强组织与制度建设，建立完善计算机安全管理工作体系。加强计算机信息系统安全教育和法制教育，提高安全管理水平和事件处理能力。

2. 建成计算机信息系统技术风险防范体系。

（1）建立密码技术信息安全保障体系；

（2）建立网络漏洞扫描和入侵检测系统；

（3）建立计算机病毒防治系统；

（4）加强和完善计算机机房实体防护；

（5）建立计算机安全测评体系。

3. 加强银行计算机信息系统安全体系的研究和建设。

（1）网上银行、电子商务等新的银行业务安全机制的研究；

（2）研究、试点安全公共平台；

（3）研究、建立计算机安全服务体系。

五、实施“十五”规划的主要措施

（一）加强科技管理，建立健全各项规章制度。

加强科技工作长远规划和短期工作计划，实行分级负责制，做到目标明确，责任到人，任务到人，确保各项工作计划按期完成。

（二）加强电子化资金管理，加大金融科技投资力度。

加强对电子化建设资金的管理，建立电子化建设资金的分配、使用、监督等制度，提高资金的使用效益。

（三）加强科技队伍建设，注重人才培养

开拓多种渠道，采用多种形式，不断更新科技人员的知识，培养造就一批高素质的电子化建设人才队伍。开展科技和业务人员的在职教育，培养具有金融业务和科技专业知识的复合型人才。努力改善科技人员待遇，充分发挥广大科技人员的积极性和创造性。

江苏省电力公司“十五”信息化发展计划

一、总则

《中共中央关于制定国民经济和社会发展第十个五年计划的建议》指出，“大力推进国民经济和社会信息化，是覆盖现代化建设全局的战略举措。以信息化带动工业化，发挥后发优势，实现社会生产力的跨越式发展”。“信息化是当今世界经济和社会发展的大趋势，也是我国产业优化升级和实现工业化、现代化的关键环节。要把推进国民经济和社会信息化放在优先位置”。电力工业既是国民经济的基础产业又是面向全社会的服务性产业，在国民经济中占有重要位置，是国家发展战略重点。江苏省电力公司信息化建设，应以国家信息化建设的方针、政策为导向，结合《国家电力公司信息化“十五”计划》及《江苏省电力公司“十五”发展计划》，广泛应用现代信息技术，深入开发利用公司信息资源；建成结构合理、高速宽带、安全可靠的企业内联网；完善信息系统基础设施和管理规范；形成功能完善、高度集成的应用系统。在信息化进程中推动公司实现跨越式发展。

（一）依据

1.《中共中央关于制定国民经济和社会发展第十个五年计划的建议》；

2.《国民经济和社会发展第十个五年计划纲要》；

3.《国家信息化工作“十五”计划》；

4.《国家电力公司信息化“十五”计划》；

5.《“十五”期间江苏省信息化主要目标和工作重点》；

6.《江苏省电力公司“十五”发展计划》；

7.《江苏省电力公司科技发展规划》；

8.《全国电网二次系统“十五”规划纲要》；

9.《互联网内容服务管理办法（草案）》；

10.《全国人民代表大会常务委员会关于维护互联网安全的决定》。

（二）发展计划年限

以2005年为发展计划水平年，工作重点放在“十五”期间，并对应江苏一次电网发展规划，对2010年及2015年的远景目标进行展望。

（三）发展计划范围

本发展计划划着重于江苏省电力公司信息化建设的规划，并对其下级单位及控股单位信息化建设提出指导意见。

二、现状及存在问题

（一）现状

江苏省电力公司在管理工作中应用计算机起步于八十年代初期，当时主要应用于一些单机统计报表、文字处理等简单业务，到八十年代后期，开始建立小型局域网，满足单一业务应用的需要。

随着技术的发展及应用的深入，1994年公司提出了信息系统建设“统一领导、统一规划、统一开发和推广应用”的原则，并将MIS实用化达标作为江苏电力企业“创一流”的必备条件，从而使信息系统建设进入一个快速发展时期。公司经过审慎论证、精心选型，统一选择了主机、网络、数据库及开发工具软硬件平台，根据“自主开发，专家咨询”的原则，从基层抽调40多名计算机骨干集中进行应用系统的开发，并在全省电力系统推广应用，从而培养锻炼了自己的技术队伍，积累了宝贵经验，取得了良好效果。初步实现了信息系统从小到大、从分散到集中、从低层次到高层次的过渡。信息技术在电力生产、建设、经营、管理、科研、设计、教学等各个领域得到了比较广泛的应用。在安全生产、科技环保、节能降耗、提高自动化监控水平、现代化管理水平、劳动生产率等方面取得了明显的社会效益和经济效益，有力促进了江苏电力工业的发展。

1997年，公司利用原有64kbps数字微波信道建成全省星型结构广域网。随着Internet/Intranet技术的普及与发展，结合自身信息化发展的需要，自1999年以来，组织了光纤网的规划、论证，确定了由南京、常州、泰州、淮安四个核心结点组成的622M ATM主干环，其它发、供电公司通过155M带宽接入的广域ATM综合业务信息传输平台方案。2000年，根据通信网的发展，开始对广域网接口带宽由64kbps向2Mbps升级，部分基层单位实施了局域网向千兆网的改造，同时，县级电力信息网也开始进行规划、建设。

"九五"期间，公司将电力信息化列入跨世纪科技导向工程，各级领导信息化意识进一步加强，信息化建设取得了突破性的进展，信息技术的应用更加广泛、深入，实现了"九五"发展目标，同时，也为今后信息化工作的深入开展打下了扎实的基础。

1. 技术装备

截至到2000年底，公司系统拥有近2万台计算机，其中小型机和工作站80多台，各种规模的局域网100多个，公司系统绝大多数生产办公大楼建设有先进的PDS布线系统和计算机网络系统。各发供电企业主要管理岗位基本做到人手一机，并已逐步向班组延伸。

2. 网络与主机系统

以电力通信网为基础，公司与各发、供电企业的电力企业内联网已初步建成并投入运行，实现了与13个供电公司、14个发电企业及63个县级供电公司的联网。公司本部信息中心，应用Tivoli对整个信息系统的运行、维护及安全进行分布式监控管理。各单位普遍成立了信息中心机构，负责本单位信息系统的运行、维护和安全管理。网络通信协议主要采用传输控制协议/网际协议（TCP/IP）。截至到2000年底，江苏省电力公司企业内联网上用户数已超过2万，形成了较大规模。大部分发供电企业建成了高性能、高可靠性的双机热备份系统（HACMP），以IBM3590磁带机为核心，建立了可靠的数据集中备份管理体系。

3. 应用系统

目前，公司本部及各发、供电企业已建立了以办公自动化、综合查询、电力营销、财务管理、计划统计、劳动人事、生产管理、电网调度管理、安全监察、燃料管理、物资管理、科技教育、基于GIS应用平台的配网管理、电网实时信息引入MIS等主要功能的管理信息系统，并且建立了以信息发布、对外宣传与交流、电力服务窗口为宗旨的WWW网站。迄今，全省全部13个供电公司和8个发电企业的信息系统相继通过了省公司MIS实用化现场测评验收。省公司本部于1998年底高质量、高水平通过国家电力公司信息系统实用化验收。县（市）级供电局MIS实用化工作全面开展，已有28个县（市）局通过上级市局组织的MIS实用化验收。

（二）存在问题

1. 信息化工作机构不健全，技术队伍不稳定

健全的信息化工作机构和稳定的人才队伍是信息化建设与发展的基础。目前，有些单位和部门对信息化工作的重要性还认识不足，导致信息化机构设置、岗位定员、编制、待遇不到位，加之其他因素的影响，出现技术队伍不稳定的现象，信息技术专门人才流失现象较为普遍，影响了公司信息化建设和发展。

2. 信息安全意识薄弱

许多单位的信息安全性意识薄弱，在系统规划、建设时没有将信息安全同步纳入考虑，造成目前不少在用的信息系统缺少安全管理手段和防范措施，对信息系统的安全可靠运行构成了威胁。电力系统信息安全已成为公司在信息时代和知识经济新形势下亟待解决的问题。

3. 信息资源的开发和综合利用水平不高

信息资源规划及信息标准化工作滞后于信息资源开发，各单位信息资源管理分散、利用率低，数据的完整性不够、准确性不高，数据交换接口不规范。信息标准化工作相对滞后，相应标准规范的制订不及时，导致信息标准不统一、技术规范不健全、应用系统互联互通性差、信息共享度不高，严重制约了信息化的发展。

三、发展计划的目标和技术政策

"十五"信息化建设工作的总体思路是：以国家信息化建设的方针、政策为指导，紧紧围绕创国际一流电力公司工作为主线，以建设"江苏数字电力"为目标，以信息技术应用为导向，以信息资源开发利用为重点，以体制创新带动应用创新，继续坚持信息系统建设"统一领导、统一规划、统一标准、统一开发和推广应用"的"四统一"原则，广泛应用现代信息技术，深入开发利用公司信息资源，形成功能完善、高度集成的应用系统，继续保持公司信息化水平在国内同行的领先地位，努力与国际一流电力公司处于同一水平线。

（一）发展计划目标

1. 加快建设并完善信息系统基础设施

形成以省公司本部、常州、泰州、淮阴四个节点为核心的企业内联网核心环，主干带宽达622Mbps，各供电公司、发电企业就近接入核心节点，接入带宽为155Mbps。形成结构合理，功能完善、高效快速、安全可靠的覆盖全省城乡发供电企业的企业宽带内联网，根据应用需要，逐步建立并完善基于网络的多媒体服务体系。规范企业内联网的对外连接，建成以省公司本部为核心的对外数据交换中心和内部数据处理与备份中心，逐步建成高速Internet接口，省公司统一与各种商业银行省行的网络安全连接，确保公司企业内联网的安全。

利用高可靠性技术，完善各级信息系统的主服务器系统和存储及备份管理体系；利用IDC思想建成公司对外信息交换的数据中心，负责公司系统各单位对外信息交换。

利用Tivoli管理工具，建立完善的分布式系统和网络管理体系。

2. 应用系统

应用系统建设，将逐步利用企业资源计划（ERP）和电子商务等先进的管理思想和理念，提升公司的信息应用系统，基本建成：

——包括生产实时、设备维修、物料供应、技术管理、安全监察、GIS、技术档案等业务的生产管理系统；

——集成财务、计划、规划等业务的经营管理系统；

——建立面向生产、经营、管理服务的人力资源管理系统；

——建立面向公司行政管理的功能齐全的政务管理系统；

——建立面向基建全过程控制的工程管理系统；

——建立以开拓电力消费市场、提高服务质量、提高用户满意度为目标的客户服务系统；

——建立面向电力市场、招投标、物资和燃料供销等业务的先进、可靠的电子商务交易平台；“十五”期末公司信息化应用水平在国内同行继续领先，与国际先进电力公司处于同一水平线。

（二）发展计划制定原则

1. 加快企业信息化进程，密切结合公司生产和经营实际，保障电网安全稳定、经济优质运行，适应创建国际一流省电力公司的发展要求，促进公司系统结构调整，提高电网运行管理水平、降低成本、提高企业经济效益。

2. 以需求为导向，以经济效益为中心，运用先进成熟的现代化技术手段，建立互联互通、信息共享、高度集成、安全可靠、适应对外开放战略要求的企业信息网络体系。

3. 注重信息资源开发、利用与深度挖掘，加强企业级数据库建设，加强企业宣传、对外交流、开拓市场意识，建立企业适应知识经济发展要求的信息管理、交换和增值服务体系。

4. 充分利用公司系统通信网络资源，积极运用先进的信息技术、多媒体技术、网络技术和通信技术，逐步建立完善的信息服务体系。

5. 坚持“统一领导、统一规划、统一标准、统一开发和推广应用”原则和“协调发展、分级管理、共同维护、互联互通、资源共享”的指导方针，促进资源的优化配置，防止低水平重复建设。

6. 遵循有关行业、国家和国际标准，坚持先进性、开放性、安全性、可扩性和实用性。

（三）技术政策

1. 江苏省电力公司信息化建设必须坚持“统一领导、统一规划、统一标准、联合建设、分步实施”的原则和“协调发展、分级管理、共同维护、互联互通、资源共享”的指导方针。

2. 建立健全安全管理制度，建立完善的网络安全体系和统一的应用系统软硬件安全平台；网络对外部互联必须由省公司统一规划和组织实施，安全措施必须符合公司信息系统整体安全策略和技术要求。

3. 信息资源的开发利用要按系统工程的概念，从企业资源计划的管理思想出发，积极运用先进的管理思想和成熟的信息技术，规范和优化公司内部生产、经营、管理业务流程，建成高度集成、实用、高效的应用体系，深度挖掘信息资源，提高企业的信息资源的利用水平。

4. 积极稳妥地开展电子商务的应用，逐步建立电力市场交易系统、电力物资交易和配送系统、电力营销和客户服务系统。

5. 积极采用国际国内通用标准，执行行业规范和标准，按照统一的标准体制、统一的通信协议、统一的接口规范，确保公司系统各种应用系统的互联互通。

四、应用系统

（一）生产系统

统一规划和整合公司系统的调度自动化、厂站自动化、负荷管理、电量采集、设备在线监测、配电网自动化及无人值班变电所综合自动化等生产实时在线采集系统的建设标准，在新开工建设的变电所和发电机组，在线数据采集系统方面必须综合考虑满足生产调度、运行、设备状态检修、经济考核和电力营销等业务需要的各个方面，已投运的变电所和发电机组在进行数据采集系统改造时也应按照此原则进行实施，逐步建立生产实时数据中心，作为实时数据应用的基础数据源，避免各系统重复采集。实时数据中心的数据，定期按要求加工处理后，传送到管理数据中心，作为公司生产、经营、管理过程的基础数据。

规范和优化公司生产管理流程，集成公司内部与生产管理密切相关的生产实时、设备维修、物资供应、技术管理、安全监察、GIS、技术档案管理等业务的综合生产管理系统。

（二）经营系统

建立包含公司发展战略规划管理、财务和资本运作的适应现代企业经营管理的公司经营系统。通过对企业管理流程的再造，管理手段的现代化、科学化和信息化，达到经营管理信息的实时更新，从而达到企业战略规划的快速反映。通过集成具有全面预算管理的财务管理系统，实现公司资金运作、资金管理和预算控制为一体，为公司绩效考核和各种决策提供全方位的实时的经营管理信息。

1. 建立江苏省电力公司经营资金运作统计分析预测子系统，为计划、规划、管理、分析和预测提供新的方式和工具，为领导及相关管理部门提供决策依据。

——为发供电企业编制生产设备投融资计划、燃料计划、产值计划、效益计划提供技术支持。

——为基建项目计划、投资分析、资金统计提供技术支持。

——为电网建设规划、改造提供技术支持。

——提供公司经营计划管理需要的各类统计工具和报表工具。

2. 建成以财务费用预算控制为主线，实时反映公司经营效果，财务管理实现事先预算，事中控制的内部资金管理系统。

——预算管理、预算控制；

——帐务处理、工资和成本核算；

——固定资产管理；

——审计管理；

——对外投资管理；

——多种经营管理；

——自动生成现金流量表；

——自动核算资金占用成本，为企业绩效考核和各种决策提供关于资金管理的准确信息。

（三）人力资源管理系统

在公司本部建立面向公司系统人力资源管理的、集中的大型人力资源数据库并具有国际一流水平的现代企业人力资源管理系统。包含以下功能：

——集成的组织机构管理；

——实现流程化、全面、完全集成的人事管理；

——手段灵活、高效的招牌管理；

——挖掘潜力、提高能力的员工发展管理；

——包含薪酬管理、福利管理的人事成本管理；

——合理安排和调度人力资源的时间管理；

——灵活的、集成的工资发放管理；

——具有一定辅助决策能力的人力资源分析管理。

（四）客户服务系统

建成全省统一的，满足客户电力消费诉求，引领电力消费潮流，全方位、全过程客户服务系统。

1. 建成覆盖全省的客户呼叫中心，处理业务受理、故障报修、电量电费查询、用户投诉等业务。

——成为公司对客户的单一联系窗口；

——成为公司让客户感受到价值的中心；

通过呼叫中心能提供客户产品之外更多的附加价值，例如个人化咨询服务，24 小时电话服务，这些附加价值有助于协助客户解决问题，增加客户满意度；

——成为公司收集市场情报、客户资料的情报中心；

——成为公司维护客户忠诚度的中心，为公司扩大销售基础、开拓市场提供技术支持；

——成为公司客户服务流程的协调中心。

负责联系不同的部门，协调流程的顺畅与改善，追踪问题解决的进度，以答复客户，逐步具有公司流程再造中流程总管的功能。

2. 建成客户服务专家支持系统。以关心客户的需求和满意度为目标、对生产系统、GIS、配网自动化、负荷管理系统、收费管理、用电营销等系统进行根本的再思考和再设计，利用先进的信息技术以及现代化的管理手段，最大限度地实现技术上的功能集成和管理上的职能集成的客户服务专家支持系统。

3. 建成客户资源管理系统。为客户资源管理提供最基础的信息，为企业的经营决策提供原始数据。客户的信息主要包括客户的基本资料、客户购买行为特征、客户服务记录、客户维修记录、客户订单记录、客户对企业及竞争对手的产品服务评价、客户建议与意见等等。

4. 探索利用电子商务等先进服务手段来不断提高客户消费满意度，开拓电力市场。

（五）电力工程建设管理系统

建立面向基建全过程控制的工程管理系统，覆盖建设单位、设计单位、施工企业、供电企业和省公司本部等单位的工程建设的主要业务。

（六）公务管理系统

公务管理系统应在目前办公自动化系统的基础上进一步完善，覆盖管理部门日常工作各环节，包括公文流转、日程安排、信件往来、工作协调、工作日志、工作考核等功能，加强安全认证机制，提供个人办公环境定制服务，动态引入各应用系统数据，使之成为管理人员日常办公唯一界面。进一步加大推广应用力度，全面实现无纸化办公。

（七）电子商务系统

积极、稳妥地在公司内部开展电子商务应用，主要围绕电力市场进行建设，建立可靠稳定的软硬件平台和安全认证机制，利用公司的宽带Intranet建立燃料供应商与发电企业、发电企业与电网公司、电网公司与大用户之间的电力交易系统和电力物资采购系统。电子商务系统应与财务管理、生产实时、物资供应、计划统计等子系统紧密结合，实现招投标、询价、竞价、成交、电子支付等功能，并为领导提供决策支持服务。鉴于目前国内缺乏个人信用体系的现状，电力电子商务系统应优先考虑“B2B”模式，坚持“积极稳妥”的建设原则，加强技术储备，根据技术发展状况及时进行调整。

（八）信息服务系统

以公司宽带Intranet和数据库资源为基础，以实现系统内外信息交换与资源共享为目的，结合公司系统各单位Web网站建设，建立集中、统一、稳定的信息采集渠道和集中发布平台，采用先进的技术手段，提供可视电话、视频点播、视频监控、远程教育、信息发布、信息查询等服务。在保证信息安全的前提下，与因特网实现互联，向社会宣传电力企业，结合客户服务系统为社会提供网上服务。

1. 远程教育。借助于先进的网络技术和多媒体技术，建设江苏电力职工网络培训中心，更有效地利用现有教学资源，以视频点播、多媒体课件、电子论坛等多种形式向公司全体员工提供各类职业培训服务。

2. 信息发布。包括对内对外两部分，对内结合各应用系统数据及各部门工作动态，提供部门之间信息交流渠道；对外结合企业战略规划，宣传企业文化，建立良好的企业形象。

五、信息系统基础设施建设

（一）网络

（1）广域网。形成以省公司本部、常州、泰州、淮阴四个节点为核心的企业内联网核心环，各供电公司、发电企业就近接入核心节点，带宽为155Mbps。至2003年底核心环带宽为155Mbps，“十五”期间四个核心节点之间形成全联通网状连接，带宽达622Mbps，四个对等组内部形成环网。各地市供电公司基本建成完全覆盖所管辖县（市）供电公司和35kV及以上变电所的地区广域网，主干带宽不低于100Mbps，形成结构合理，功能完善、高效、快速、安全、可靠的覆盖全省城乡的企业宽带内联网，根据应用需要，逐步完善基于网络的多媒体服务体系。

完善企业内联网安全体系。到2003年底初步建成能支持电力市场交易和电子商务的安全信息平台。规范企业内联网的对外连接，建成以省公司本部为核心的对外数据交换中心，逐步建成高速、可靠的Internet出口，公司内部与其他联系密切的协作单位（如银行）的信息交换，必须由省公司统一规划和实施，保证公司企业信息网的安全。

(2) 局域网。根据网络技术发展，“十五”期间公司本部、各发供电企业，基本建成安全可靠、功能齐全的交换局域（园区）网，主干带宽不低于622Mbps，网络覆盖到所有生产和经营场所。

（二）主机系统

公司本部、各发供电企业建立适应企业生产、经营、管理需要的、功能完善的、安全可靠的主机系统。关键业务必须运行在双机高可靠性的小型机系统上，一般业务可运行在可靠的PC服务器上。公司本部建立功能完善的、满足下属各发、供电企业信息发布、数据交换的内联网数据中心(IDC)。

（三）数据库建设

完善公司本部、发供电企业两级数据库建设，各发供电企业建成满足省公司、本企业生产、经营、管理和辅助决策的生产实时数据和管理数据中心。实时数据中心应满足生产调度、电网运行、输变电运行、营业和配网管理、电量计费、生产过程控制、设备状态检修、发电企业实时成本计算等生产管理、经营管理中所有涉及到实时数据的业务处理；管理数据中心应覆盖到公司所有生产管理、经营管理业务，通过数据深度挖掘，提高公司的决策水平。

六、重点工程

（一）实施企业宽带内联网扩展和完善工程

加快公司信息系统基础设施建设，建立由核心层、骨干层和接入层三层结构组成的技术先进、实用的高速信息传输平台和高性能、高可靠性的信息处理主机，满足电力系统的安全、经济运行和信息化建设的需要，为社会作好服务。

在现有江苏省电力公司企业内部互联网基础上，依据公司电力信息网的光纤资源及核心网络的建设情况，扩大联网规模、调整网络结构、提高传输能力、加强网络安全、完善基本功能，将江苏省电力公司企业宽带内联网建成为结构合理、适应性强、稳定性好的综合信息网络系统，满足公司系统生产、经营和管理的需要。

1. 优化网络结构，提高网络传输能力和可靠性。“十五”前三年，要实现以省公司本部、常州、泰州、淮安四个核心节点的155Mbps的ATM核心环，各供电公司、发电有限公司就近采用ATM技术以155Mbps速率接入上述核心节点。各供电公司利用光纤分别组建地区宽带网络，主干带宽不低于100Mbps，在条件成熟时，把网络延伸到县级以下的营业网点。“十五”期间，核心环上的四个节点间实现网状连接，传输带宽升级至622Mbps及以上，四个对等组内实现环状或网状连接，所有直接经营的营业网点和35kV及以上变电所全部高速接入公司企业内联网。

2. 完善网络基本功能，发挥网络效益。各联网单位按照公司WWW网站建设规范的要求，建立完善的内部WWW网站和因特网WWW网站（包括英文网页）。建立协调一致的内外电子邮件交换系统。

充分利用信息网络系统，提高企业工作效率和运营水平，降低运营成本，提高企业经济效益和社会效益。

3. 完善信息系统后台服务系统，保证信息系统的稳定运行。逐步建立以省公司本部、各供电公司为中心的信息系统数据处理中心，各县级供电公司原则上不设立大型的业务处理主机，分别通过网络由市供电公司统一处理各项业务。各级数据中心要利用高可靠性技术，逐步提高系统可靠性，并建立完善的存储和备份体系。

（二）实施企业内部资源优化工程

应用企业资源计划（ERP）等先进的管理思想和理念，通过优化公司内部业务流程，整合公司内部信息资源，逐步完成提升企业整体管理素质，实现管理手段信息化、科学化、现代化的目标。

组织力量调查研究国内外电力公司实施ERP方式和经验，研究公司整合、提升应用系统的方法和途径；吸收国内外先进电力企业的管理经验，真正按照人财物客观合理流动的方式调整企业的管理方式，从而推动企业升级，提高管理水平。

充分发挥信息网络的功能，不断采用新技术、新产品，不断整合、完善企业管理应用系统，在各市供电公司逐步建立生产实时数据和管理数据两个数据中心，提高在研究开发、产品设计、过程控制、生产管理、市场营销等方面信息资源开发利用的规模和水平，积极促进信息资源的共享，消除信息孤岛，开展面向市场和用户的信息服务，提高服务质量。

（三）实施企业电子商务工程

电子商务是企业经营与外界业务往来和交易的应用系统，是网络经济的产物，在我国尚处于初创阶段。要认准方向积极、稳妥地在公司内部开展电子商务应用，主要围绕电力市场进行建设，建立可靠稳定的软硬件平台和安全认证机制，利用公司的宽带 Intranet 建立燃料供应商与发电企业、发电企业与电网公司、电网公司与大用户之间的电力交易系统和电力物资采购系统。电子商务系统应与财务管理、生产实时、物资供应、计划统计等子系统紧密结合，实现招投标、询价、竞价、成交、电子支付等功能，并为领导提供决策支持服务。

鉴于目前国内缺乏个人信用体系的现状，电力电子商务系统应优先考虑“B2B”模式，坚持“积极稳妥”的建设原则，加强技术储备，根据技术发展状况及时进行调整。

（四）实施信息安全示范工程

电力系统信息安全是国家信息安全的重要组成部分，是保证电力系统安全运行和对社会可靠供电的主要课题，涉及到电力系统电网调度、厂站自动化、配电网自动化、电力负荷控制、电力市场交易、电力营销、电子商务、电力企业管理等方面，是一项技术及管理高度复杂的大型系统工程。

作为国家信息安全示范工程的试点单位，积极吸收国内外信息安全领域的先进思想，研究应用国内外成熟的信息安全技术及产品，落实国家信息安全战略。提出电力系统信息安全的技术体系、管理机制及安全策略实施方案，为电力系统全面实施信息安全战略提供科学依据和实践经验，指导电力系统信息安全工作的全面开展，确保电力系统的安全、稳定、经济、优质运行。

“十五”前三年基本完成国家下达的安全示范工程，通过国家验收。通过工程实施，基本完善公司信息系统的安全机制，建立一支能应付突发性安全事件的快速反应队伍，形成一个覆盖全公司的信息系统安全监控体系，安全等级达到国家认可的电子商务运行平台具备的安全标准。

（五）实施普及教育和专业培养工程

为加强公司系统全体员工的信息化意识，促进信息化建设进程，要广泛开展信息技术普及教育和专业人才培养工作。

1. 普及教育。作为信息系统的使用者，必须具备基本的计算机操作知识，才能保证在工作中正确使用信息系统，完成其本职工作。“十五”前两年建立信息系统应用水平等级考核标准，公司系统逐步建立信息技术应用水平认证考试制度，各级管理岗位必须通过水平认证，才能上岗，逐步形成和不断壮大基础雄厚的应用群体。

2. 专业人员培养。作为信息技术的专业人员，必须不断学习，才能适应信息技术飞速发展的需要。“十五”期间公司系统将注重对信息专业人员的培养，为他们创造进修、培训的机会，使公司系统始终具有一支掌握最新技术的信息技术专门队伍。

3. 信息化管理队伍。企业的领导是信息化建设的组织者，应具备一定的信息化技术，通过各种渠道，加强对各级领导进行现代信息技术的普及培训，介绍国际、国内现代企业信息化建设的方法、水平。

（六）实施基础数据库建设工程

基础数据库是公司信息系统的核心资源，规划和建设好公司基础数据库关系到电力企业信息化应用深度和水平。通过企业体制改革、业务重组，逐步建立以满足生产调度、运行、检修、管理等业务的生产实时数据中心，以满足公司经营、管理、市场开拓、决策分析的管理数据中心。优化公司信息资源分布，提高信息资源的利用水平，加大对数据资源挖掘，提高公司的决策水平。

通过完善电力信息资源开发利用的组织保障机制，按照信息工程方法进行总体数据规划，形成协调统一、稳定有序的信息采集渠道，建成覆盖各专业的信息资源共享体系和相应的信息标准体系。组织开发包括：电力企业基本情况、电力设备、电力科技成果、用电客户管理电力生产可靠性、人力资源信息等相关的基础数据库。

七、主要措施

（一）统一领导、统一规划、统一标准、统一开发和推广应用

各单位要成立信息化工作领导小组，一把手要亲自抓信息化工作，要明确一位副职或总工程师分管信息化工作，统一领导和规划本公司的信息化工作。各公司的领导要重视、支持并亲自参

与信息化建设工作，信息化建设工作目标要纳入领导的任期目标或任职目标之中。

各单位要明确本单位的信息化归口管理部门，作为领导小组的办事机构，负责信息化建设与发展的规划和协调工作；研究和落实信息化工作的方针、政策；组织拟定本系统信息化发展战略和实施方案；组织协调重大信息工程项目的建设。各级电力公司的信息化建设，要服从国家电力公司系统信息化建设的总体规划要求，并充分体现本级信息化工作的要求。

在省公司信息化标准规范的指导下，确立电力信息化建设的标准体系。省公司统一发布有关技术信息，编制和发布信息化建设标准、技术标准和指导性原则，规范电力信息化工作。

（二）规范信息化建设程序

各单位要依照省公司的发展规划及本单位的实际情况，制订本单位的信息化建设年度或中期发展规划，合理安排信息化建设工作。

要规范信息化建设工程的论证审批程序，完善并严格遵守工程管理、质量监督和验收制度，适时推行信息工程监理制度，做到有章可循、有法可依，保障信息化建设的健康发展。

为了实现采购的规范化管理，杜绝设备、系统、资金和人力的浪费，在信息化建设中要强化对采购工作的管理，对项目的配套软件系统和硬件设备进行统一采购，以降低采购成本。凡按照规定需进行招标的建设项目，均应严格按照《中华人民共和国招投标法》执行。

（三）加快标准规范的制定

信息化标准规范是信息化快速、有序、健康、持续发展的保障，有计划地确立公司系统信息化标准体系，制订适应信息化建设的各类标准和规范。

（四）保证信息化投入

将信息化建设作为电网建设的一部分，在资金、组织和技术上给予足够的重视。建立一支稳定、高水平的信息化队伍，保证有充足的资金投入信息化的建设，包括建设期的投资和运行中的投资，要特别重视软件引进和软件开发的投资。新建项目从设计阶段就要考虑信息化的投资；信息系统建成运行后，要保证每年必需的运行维护费；已建项目的功能扩展、升级等费用可以通过技改、科研经费、大修理费用等立项列支。

（五）积极采用先进适用的技术和产品，大力推广信息化应用成果

信息产业是当今世界生产力中最活跃、发展最快的行业，新技术、新产品和重大突破层出不穷，要积极跟踪业界发展动态，结合公司的应用实际，选用先进适用的技术和产品，加大开发利用电力信息资源的深度和力度，在充分利用和保护已有投入和资源的基础上，保持实用和技术上的先进性。有计划的建立示范工程，取得相关技术经验，在系统内推广应用。

为加快信息化建设进程，避免低水平重复开发所造成的浪费，各级信息化主管部门要大力推广技术先进、提高劳动生产率、取得明显经济效益和社会效益的信息化成果，使之商品化。扶持具有发展潜力的电力信息化项目和产品，鼓励和优先发展具有自主知识产权的电力信息化产品。对于具有共性、关键性和前沿性的电力信息应用技术，要集中力量进行开发。对于能促进电力企业发展、提高管理效率、创造明显经济效益的信息建设项目，公司将予以技术、资金上的扶持，并优先在公司系统内推广。

（六）建立信息技术人员激励机制

把信息技术人才的引进作为省电力公司人力资源开发的重点之一，提高高级信息技术人才在人力资本组合中的比重。以更宽松的政策和环境培养、吸纳优秀信息开发、管理人才，特别是既懂电力生产管理业务、又懂信息化建设的复合人才。带动电力信息化的快速发展。同时，建立相应的激励机制，对在电力信息化工作中有特殊贡献的技术人员给予优先申请研究基金、重大研究课题、评定职称、成果分成和其它物质和精神方面的奖励，以激励信息技术人才的进取创新精神。

（七）积极跟踪信息技术的发展，加强国际合作与交流

加强信息技术的国际合作与交流，拓宽合作领域，积极探索多种合作方式，引进国外先进的信息技术，借鉴国外的信息化建设经验，发挥后发优势，加快公司系统信息化建设进程，适应公司的生产、经营和管理需要。

积极跟踪信息技术的发展，组织开展信息新技术的课题研究，尤其是要加强对下列三方面的课题研究：

1. 信息网络技术在电力系统中的应用。跟踪网络新技术（IPv6、MPSL、无线接入、移动 IP、全光网络），网络服务质量、信息流量、网络性能、可靠性分析、信息安全等技术在电力系统中的应用。

2. 信息系统开发技术。先进的系统体系结构、计算机系统平台（操作系统、数据库管理系统等）、开发平台，信息系统规划、需求描述与分析、系统建模、软件工程技术，新兴的信息技术的应用，如多媒体技术、分布式计算技术、系统负载均衡技术、系统可靠性与容灾技术等。

3. 信息系统应用技术。新型信息系统应用模式，如企业资源管理（ERP）、企业信息门户、客服中心（CallCenter）、客户关系管理（CRM）、GIS 技术应用等等。电力企业传统业务向信息系统平台的迁移与过渡，以及传统业务流程与新型信息系统应用模式的整合，信息系统的运行管理（包括系统资源、业务应用以及相关的人员）等。

八、发展计划的实施

编制省公司“十五”信息化年度重点工作计划，分年度落实重点工作和重大工程的实施计划，落实、安排相应的人力、资金，并逐年滚动修改。

附件：五年分解目标

1.2001 年主要目标

围绕省公司创国家电力公司一流电力公司的目标，建设公司企业宽带内联网，提高企业内联网备用信道联接带宽和可靠性，基本建成快速、高效、可靠的企业内联网；完善信息系统的主机系统，提高系统的处理能力和可靠性；建成公司信息系统分布式管理体系，提高信息系统的运行管理质量；建立公司信息系统安全总体框架和管理策略，完成公司信息系统安全工程的总体设计、工程实施的分解目标和技术要求。

启动“电力系统信息安全示范工程”，完成信息系统安全基本框架和总体策略。

应用系统基本建成公司 GIS 应用平台，完成输电系统数据录入；重新开发安全监察管理子系统，满足发、供电企业和省公司的管理需求；完善 OA 系统，增加拟文和签报功能；修改完善生产管理子系统，初步建成省公司生产管理数据库，完善生产管理的需求，组织开发生产管理新版系统；建成省公司信息发布系统，完成各基层企业和公司本部各部门网页建设，采用 IDC 技术，在省公司信息中心建立为公司系统各单位进行对外信息发布的 IDC（因特网数据中心）；基本建成公司客户服务系统，开发新的用电管理系统；组织开发管理型财务管理系统。

跟踪 ERP 在国内外电力企业的应用成果，研究在我公司研究在我公司应用、实施的方法与途径；研究电子商务在我公司应用的方法和可行性研究；研究智能化大厦的有关技术，为公司新办公大楼的弱电系统建设作技术准备。

2.2002 年主要目标

基本完成县级供电企业的管理信息系统实用化工作。

围绕公司创国际一流电力公司的奋斗目标，启动公司 ERP 工程。

公司企业内联网向县乡级电力企业延伸，上联带宽：县到市 100Mbps 及以上，县局到所属乡供电所基本达到 10Mbps 及以上。县级供电企业的财务、电力营销、生产、劳人等主要应用系统都集中在各市供电公司的主服务器上运行。

完成以省公司本部为核心的数据处理和备份中心的可行性研究和总体设计。

“电力系统信息安全示范工程”基本完成，信息系统安全状况得到根本改善，基本具备运行电子商务；对公司全体员工进行信息安全知识普及培训，提高公司员工对信息安全的认识；通过培训，在公司内部建立一个高素质的信息安全应急快速响应网络，保护公司的信息资源。

3.2003 年主要目标

公司企业宽带内联网核心节点间呈网状连接，传输带宽升级到 622Mbps。各单位城域园区网基本实现交换到桌面。

各市供电公司在省公司数据中心总体设计的框架下，基本建立满足实施 ERP、电子商务需求的高可靠性主机系统，核心业务都运行在双机高可靠性主机系统上。结合公司新办公大楼建设，利用公司宽带企业内联网初步建立为全公司服务的数据处理和灾难备份中心。

建成电子商务平台，首先在设备、工程招投标，公司的设备、物资采购过程中，使用电子商务系统；完成电力市场交易系统的技术和物质条件准备。

ERP 完成财务、设备维修、物料管理、人力资源管理等业务模块。

4.2004年主要目标

实施企业战略管理、客户关系管理等管理模块，基本建成高效快速的、与国际先进水平同步的信息系统。

根据公司新办公大楼的工程进度，完成新办公大楼的智能系统的结构化布线、网络、主机及现代办公设备的招标、监造、调试和系统切割。全面建成并正式投用公司数据处理和灾难备份中心。

5.2005年主要目标

优化、完善信息系统。建成三个灾难恢复中心。

建立多层次的技术支持队伍，对各专业系统提供强有力的技术支援，保证信息系统的正常运行，发挥效益。

苏州市国民经济和社会信息化“十五”规划

《苏州市国民经济和社会发展第十个五年计划纲要》提出，要“牢固确立信息化在全市现代化建设中的战略地位，高起点、高标准、高速度地推进信息化建设，以信息化带动工业化，实现社会生产力的跨越式发展”。全面推进信息化建设，是苏州市进入二十一世纪实施科教兴市、经济国际化、城市化和可持续发展战略的基本要求和重要保证。

九十年代中期以来，由于国际互联网的高速发展，在全球范围内兴起了信息化浪潮。信息技术的突飞猛进，极大地改变了人们的思维方式、生产方式、生活方式和交流方式，对各国的政治、经济、社会等方面产生了广泛而深刻的影响。以互联网为平台、电子商务为主导、相关产业为支撑的信息经济日益成为主导型经济，信息化已成为各国、各地区提高综合竞争力的必然选择，信息化水平已成为衡量城市经济社会发展、综合实力和文明程度的重要标志。苏州的信息化建设取得了初步成效，总体水平明显提高，具备了加快发展的良好基础。在国民经济和社会各个领域推进信息化建设，加快城市信息化建设步伐，是苏州适应我国加入世界贸易组织后的新形势，率先基本实现现代化，建设国际新兴科技城市、社会主义法制城市、文化强市、国家园林城市、健康城市和学习型城市的迫切需要和根本保证。

一、基本现状

（一）电子信息产品制造业已成为新兴支柱产业

“九五”以来，苏州市坚持政策驱动，实施外向带动，以开发区为载体，大力发展开放型经济，电子信息产品制造业得到了迅猛发展，销售总额以年均50%左右的速度递增。2000年，电子信息产品制造业销售额超过460亿元，占全市规模以上工业销售总额的20.6%，初步形成了通信、计算机、消费电子、基础材料和元器件等产品门类齐全、规模实力较强、技术含量较高的产业新格局，并形成了工业园区、苏州新区、昆山开发区、吴江开发区等四大基地。国际著名IT公司相继落户苏州，世界500强中有24家IT企业在苏州投资建厂，许多产品已在国际市场上占有一定的份额，其中：液晶显示器年产240万台，约占30%，鼠标器年产超过6000万只，约占60%，电脑摄像头30万只，约占30%，键盘600万只，约占10%，扫描仪600万只，约占13%。苏州已经成为我国电子信息产品制造业的重要基地。

良好的投资环境和电子信息产品制造业的产业规模，吸引了一批国际著名企业的研发机构，美国摩托罗拉、荷兰飞利浦、台湾明基等企业在苏州设立研发中心，使苏州的电子信息产品制造业由生产加工为主逐步向科研与生产相结合转变。同时，电子信息产品制造业的规模生产，带动了相关配套产品的发展，许多中小企业成为跨国公司元器件、零部件的供应、加工商，全市初步形成了电子元器件、电子专用材料、注塑、印刷包装、印刷线路板等配套协作产品群，配套额超过120亿元。

全市从事软件应用开发的相关单位已近200家，得到省级认定的软件企业17家，销售收入1.2亿元。

（二）信息基础设施建设初具规模

到2000年底，全市电信铺设光缆超过108万芯公里，基本实现光纤到大厦、路边和小区，并向村、户发展。初步建成了高速率、大容量的传输骨干网，并开始提供接入服务，出口带宽达2.5G。程控交换机总容量275.5万门，固定电话超过170万户，城乡主线普及率达27.59线/百人，移动电话110.3万户，无线寻呼80万户，已先在全省建成大市范围内的“电话市”。有线电视网铺设光缆总长度达到12万芯公里，完成了到各市、151个镇和3000余个村的光缆联网，全市有线电视用户超过80万户，平均入户率达到50%以上。有线电视网可传送24套电视节目，5套调频广播节目，并向工业园区和新区提供了15套境外加密电视节目。开播了有线数字电视，已开通双向传输终端近 2 万户。集图像、数据于一体的 2.5G 数字传输网已连通各市。建设了一条在上海、苏州、无锡、常州之间 2.5G 传输通道，实现了跨地区联网。

全市建成 20 个信息化小区。已拥有覆盖市区 72 平方公里的 1：500 大比例尺数字地图和覆盖大市范围的 1：10 万数字地图及影像图，为城市建设、规划和城市交通管理提供了技术保障，并为今后数字城市建设打下了良好的基础。

（三）网络和信息技术应用得到较快发展

因特网业务发展迅速。2000 年，全市英特网注册用户已发展到 36.25 万户，市区企事业单位上网 12000 多家。“苏州热线”已成为全国热点网站，访问数突破 1 千万人次。“名城苏州”网站、“苏州经济信息网”、太仓“长江第一港”等网站已成为苏州市对外交往的重要信息窗口。

政府信息化建设全面推进。市委、市政府信息系统，昆山市党政信息网，太仓信息港以及工业园区、苏州新区等政府信息系统已建成使用，计划、财政、金融、税务、工商、公安、社保、统计、审计、气象等部门的网络系统投入运行，初步形成了从市委、市政府到各市、区、乡镇及政府各部门、各行业的横向、纵向政府信息网络构架。

社会信息化建设稳步发展。110/120 医疗急救系统、交通管理控制中心、人防指挥中心、图书馆信息系统、医保信息系统、网上人才市场、劳动力市场、海关“金关工程”、金阊区社区服务呼叫系统等应用系统建成使用，教育系统初步实现了全市建制学校“校校通”。

电子商务逐渐扩展。在工业、商业、外贸等领域的电子商务已得到初步应用，并向其他领域扩展。电子邮件、电子广告、信息获取、在线培训、在线服务等英特网的主要应用技术开始受到重视。

信息技术在企业的应用日益普及。全市规模以上工业企业中，近千家企业建立了管理信息系统（MIS）、销售点终端（POS），引入了计算机辅助设计技术（CAD）、辅助制造技术（CAM）、集成制造系统（CIMS）、制造资源计划（MRPII）、企业资源计划（ERP）、数控技术和其他工控技术。有 3 家企业作为国家 CIMS 试点通过了国家验收，4 家企业的 CAD 示范工程通过了省级验收，3 家企业已列入省制造业信息化试点单位。

（四）信息服务业蓬勃兴起

2000 年，全市信息服务业完成增加值约 54 亿元，在第三产业中的占比已达到 9.3%。广电、移动通信、联通、吉通、网通、铁通等通信运营服务商开始提供语音、数据、多媒体、因特网和各类网络增值业务等服务。

全市各商业银行入网的 ATM 自动柜员机有 540 台，共发行信用卡 300 万张，业务量列全省之首，各银行已实现“通存通兑”，苏州市银行卡联合 POS 已在人民商场试点运行成功。市区从事计算机销售、网络系统集成、软件供应、网络接入等服务的企业有 700 多家，从业人员 1.3 万人，其中 90% 以上为民营企业，有的已具相当规模；全市信息咨询企业 840 多家，50 多家咨询机构被评为“江苏省信誉咨询企业（机构）”。市区每百户居民计算机拥有量达到 19.5 部。

（五）信息技术人才的培养得到重视

到“九五”末，全市约有 20 万人通过计算机初级以上考试，2500 多人通过考试取得初、中、高级程序员和系统分析员证书，参加计算机辅助设计（CAD）培训的工程技术人员达到 4000 多人。全市中、小学有计算机 3 万余台，平均每 26 名学生拥有一台计算机，建有多媒体教室 377 个，网络活动室 403 个，建校园网的中小学达 120 所。全市中、小学中大部分教师接受了信息技术初步培训，一批中青年骨干教师能较好地将信息技术用于课堂教学，研究开发了一批具有较高质量的教学素材和多媒体课件。

目前苏州信息化建设存在的主要问题是：软件产业起步晚，规模小；信息技术的研究开发能力薄弱，企业信息化总体滞后；数据库的建设、开发滞后于网络建设，网络资源综合应用和共享程度不高；信息技术高层次人才短缺。

二、指导方针和总体目标

指导方针：市场取向、政府推动、统一规划、联合共建、应用主导、产业支撑、资源共享、竞争开放。

总体目标：到 2005 年，初步建成整体水平国内先进、省内领先的信息化城市。建成先进、适用的信息基础设施，网络建设、管理和应用协调发展；信息设备和产品的自主开发能力有较大提高，软件产业有较大突破，信息服务业初具规模，成为全国电子信息产业聚集度比较高的地区之一；信息技术在各行各业得到广泛应用，传统产业的信息技术改造取得显著成效，若干领域的电子商务逐渐普及，成为全省重要的电子商务中心之一；城市建设和管理信息化程度明显提高，信息技术在工作、生产、生活中的应用基本普及，政府、企业和居民都能得到准确、及时和有效的信息服务。

主要指标：苏州市2005年信息化主要指标见下表。

序号	指　标　名　称	单　位	2000年指标值	2005年目标值
1	信息产业增加值占GDP比重	%	11	15
2	信息产业对GDP增长的直接贡献率	%	28	35
3	光缆总长度	万芯公里	120	200
4	广播电视每日播出时间	小时	108.24	130
5	宽带接入家庭普及率	%	10	50
6	每百人拥有电话主线数	线	27.59	52
7	移动电话用户数	万户	110.3	300
8	有线电视用户数	万户	80	130
9	互联网用户数	万户	36.25	150
10	每百户市区居民拥有计算机数	台	19.5	50
11	每百户居民拥有电视机数	台	155	190
12	信用卡发放量	万张	300	500
13	信用卡交易额	亿元	4.5	24
14	每百人大学毕业生数	人	4.74	12
15	信息消费指数	%	35.8	45

三、主要任务

（一）努力实现信息产业的快速发展

1. 大力发展电子信息产品制造业

进一步提高信息制造业水平，重点发展以液晶显示器、扫描仪、主机板、手提电脑、电脑接插件为代表的计算机类产品；以数字程控交换机、网络通信设备、光缆、宽带光纤移动通信基础设备和交换设备为代表的通信传输类产品；以芯片制造、电路封装、存贮器为代表的集成电路类产品，建成若干条半导体集成电路生产线；以数字电视机、数码相机、数字机顶盒等为代表的数字视、音频类产品以及电子基础材料、电子专用材料、柔性电路板和电子元器件类产品。

强化关键技术的研究开发，以企业为主体，依托中科院、著名高校及科研机构，重点研究和开发光通信技术、电子产品数字化技术、多媒体技术、专用集成电路设计技术、超净超纯技术、有线无线接入技术等。努力掌握一批具有自主知识产权的核心技术，提高我市的知识产权拥有量。注重引进跨国公司的研发机构，加强对先进技术的消化吸收，争取创办合资、合作的实验室或研发中心。

充分发挥工业园区、苏州新区、昆山、吴江等开发区的带动作用，大力吸引国内外优秀信息技术企业来我市发展。争取办成若干个具有相当规模和水平的电子信息产品制造企业，同时加强配套协作，延伸产业链，形成产品群，扩大产业规模。“十五”期间，信息设备制造业增加值年均增长30%以上。

2. 优先培植和发展软件产业

依托高校、科研机构，以苏州工业园区国际软件科技园、新区软件园和昆山软件园等作为软件产业发展基地，加快软件产业的发展。重点开发、生产数字机顶盒、网络终端、模糊家电、电子书籍等智能产品的嵌入式软件，电子商务安全加密、远程点播、远程教育等网络服务软件，办公软件包、大型设计软件包、企业应用软件包等应用类软件和集成电路设计等。坚持引进和自主开发两条腿走路方针，重点支持拥有自主知识产权和有市场前景的软件产品的产业化。创造良好的投资环境，建立较完善的投融资政策，鼓励国内外优秀软件企业前来投资创业，尤其要扶持民营软件公司的发展壮大。“十五”期间全市软件产业销售收入以每年50%以上的速度递增，力争建成1~2个具有相当规模、达到国家级水平的软件园区。

3. 发展壮大信息服务业

积极开拓网络增值服务，初步形成质优价廉、有序竞争的宽带接入网络运营市场。发展信息系统集成应用服务业，培育一批网络内容服务（ICP）、网络接入服务（ISP）和应用服务（ASP）骨干企业。逐步建立部门和行业咨询中心，向社会提供信息咨询、分析和研究等增值服务。信息服务业增加值年均增长30%以上。

陆续建立一批与行业、企业、市场以及与政府部门相关的信息量大、覆盖面广、服务功能强的专业网站和知名度高的门户网站，为社会提供旅游商务、远程医疗、购物、房地产咨询、家庭娱乐等方面的信息服务。

（二）加快建设宽带信息基础设施

建成覆盖全市的宽带信息传输网络，在国家政策的指导下，为实现语音、视频和数据三种业务在接入层面上的融合创造条件。继续提高城市主干网络的容量和传输速率，完善现有光缆传输网、固定电话网和移动通信网，组织实施电话交换机扩容接入网、宽带多媒体网、宽带信息化小区等重点工程建设，积极发展光纤接入、无线接入等多种方式的宽带接入网，逐步提高为广大用户提供各种接入服务的能力，进一步提高因特网和多媒体业务在农村的应用。积极引进和应用第三代移动通信系统。邮电通信业增加值在第三产业中的比重达到12%，加快有线电视网的数字化发展步伐，实施双向数字电视传输系统和综合信息网数据系统等项目的建设。在建设有线电视制作播出中心的基础上，架构8个区域分中心、2个骨干光缆环网，实现有线电视村村通。做好数字电视的普及工作，加快光纤同轴混合（HFC）双向网建设，完善同步数字序列环（SDH）骨干传输网、ATM宽带交换网的建设，积极开展准视频点播（NVOD）、视频点播（VOD）、电视杂志、卫星传送、交互式（互动）电视以及宽带数据传输等业务。

（三）加强重点领域的信息化建设

为了构建信息化城市的基本框架，全面提升城市规划、交通、国土、应急指挥、社会治安管理以及城市公共服务水平。重点建设以下14个骨干应用系统。

1. 政府信息系统

建立以“三网一库”（政府机关内部的办公业务网；上联国务院办公厅、省政府，下联各市、区、部门的办公业务资源网；以因特网为依托的政府公众信息网；政府系统共建共享的电子信息资源库）为框架的政务信息网，建成“电子政务”和“电子公务”两大应用系统。“电子政务”即苏州市党政机关内部办公业务系统，包括建设苏州市政府信息网络交互中心、五市八区13个分接点和机关内部办公业务管理系统、办公资源信息管理系统、领导辅助决策服务系统、综合数据库系统等四个应用子系统，实现机关内部主要办公业务的数字化和网络化，各类公文的无纸化传输。“电子公务”即政府社会公众服务系统，建立统一的政府公众信息网站和政府公共信息平台，适时将非涉密信息对外公布，为社会提供全方位的信息服务，包括政府部门职能、办事程序、行政审批、政府采购、招标信息等，促进政务公开。

2. 地理信息系统

以城市地下管线地理信息系统建设为切入点，加快构建城市基础地理信息系统，2002年底，完成市区地下管网探测、采集和建库工作，“十五”期末，完成全部规划区1：500、1：2000、1：5000地形图和数据库，1：2000正射影像库、数字高程模型库以及户籍人口空间分布数据库，建设部分三维模型库，并实现有效管理和资源共享，为全市其他骨干信息系统提供标准化、权威性、多种比例尺的公共基础地理平台，同时向社会公众提供网上基础地理信息服务。

3. 公安管理信息系统

建成市局 – 市、区分局 – 派出所的公安信息系统城域网，逐步实现跨地区跨部门信息的共享、交流及异地查询；完成治安管理、人口信息自动化管理和指纹自动识别、公安电视电话会议等系统的建设；完善集 110、119、120、122、警用卫星定位系统、警用电子地图系统、电脑区域自动报警系统和旅馆业治安联网为一体的综合指挥服务系统。

4. 城市交通管理信息系统

完善苏州公安局交通管理控制中心建设，整合交通信号控制、电视监控、交通管理信息、事故接处警、交通通讯、交通诱导、卫星车辆定位、电子地图等 8 个系统，实现市区 77 平方公里、175 公里城市道路和 125 个路口的交通指挥自动化，并逐步实现全市范围交通管理控制的联网。

5. 金融信息系统

加快银行卡的联网联合，在不断提高银行卡 ATM 联网质量的同时，完成全市 POS 的联网工作。加快信用和安全保障体系建设，逐步建立企业、个人信用保障体系，为电子商务提供先进、可靠的金融信息服务环境。

6. 劳动和社会保障信息系统

建立覆盖全市的劳动就业和社会保障信息网络，逐步实现与各市、区就业管理机构、社保机构，各街道（社区）及各大医院的联网，逐步实施集养老、失业、医疗、工伤和生育保险、就业、培训等功能的“一卡通”工程，建成涵盖养老、失业、医疗、工伤和生育保险、城镇就业管理、职业介绍、就业培训、外来劳动力管理等业务领域的信息系统。

7. 教育信息系统

建设宽带教育城域网，实现“校校建网络、班班有电脑、人人会用网”。2002 年，城区学校及农村中心小学以上建制学校全部实现宽带接入，2003 年全部建制学校做到班班通，并完成全市 3 万多名中小学教师的信息技术培训，2005 年平均每 8 名学生拥有一台电脑。建立苏州市教育信息中心，加强多媒体课件的开发，完成教育平台软件研制，远程教育资源初具规模。充分利用苏州大学、苏州中学等院校的教学优势，形成有一定特色的网上教育模式，为社会不同层次、不同年龄的人群提供教育信息服务。

8. 农业信息系统

建成覆盖全市的农业信息网络体系，推广普及利用信息技术在农业生产、加工和流通中的应用，及时反映国内外最新农业动态、全市农业和农村经济发展状况、农业最新技术成果、国内外农副产品市场供需等信息，帮助和指导农民有目的地组织生产。

9. 生态环境信息系统

建设苏州市防汛抗旱指挥信息系统，包括建立工水情信息管理系统、水资源管理系统、城区防洪信息系统、水情信息采集系统。加强环境管理信息化建设，实现全市环境监测、数据处理和分析的信息化和网络化，形成全市环境信息管理网络。建设气象信息系统，完成自动气象站、闪电定位系统的信息采集处理系统、中小尺度灾害性天气预报应用基地的建设和全市各气象局和自动气象站的连接。

10. 财税信息管理系统

在建设财政、国税和地税信息网络的基础上，开发完善财政综合管理系统和税收征管服务系统，实现财政税收信息系统与各行业网络的连接；完善税收征管监控体系，实现法人和公民纳税自动化。

11. 工商信息管理系统

建设全市三级工商信息系统基础网络和部门协作网、企业信息服务网，实现信息共享与快速传递，开展网上申请登记、网上年检、网上投诉等业务。

12. 科技信息系统

加快江苏科技网络苏州分中心的建设，完善“苏州高新技术企业数据库”、“苏州科技成果数据库”，向社会提供专利信息、标准化信息、产品信息、投资信息、价格信息、国内外最新科技信息等服务，开展网上科普教育。

13. 社区服务信息系统

在“社区服务一指通”网络系统的基础上，逐步建成市 – 县级市（区）– 街道 – 社区（村）四级网络服务体系，在市区所有的社区设立信息服务站，为社区居民提供政务公开、社保、医保、就业、养老、教育、购物、家政、文化娱乐、旅游、防盗报警、医疗救治等信息服务。继续实施宽带信息化小区建设，推进和鼓励家庭上网，使市区50%左右的家庭得到信息联网服务。

14. 旅游信息系统

建设沟通国内外、服务全社会的旅游电子服务中心，实现与旅游景点、宾馆、旅行社的联网，形成包含旅游景点、食宿、交通、购物、娱乐等方面的全方位、多层次、多功能的网上旅游服务体系。

在推进重点项目的同时，继续建设和完善统计、审计、海关、商检、医疗卫生、文化等信息系统。通过各信息化应用系统与政府信息网络交换中心的互连互通，实现城市信息的高度共享，形成信息化城市的基本框架。

（四）加快信息技术对传统产业的改造

重点推进系统集成化、生产线自动化、产品智能化和生产技术网络化，促进产业结构、产品结构的调整和优化。要用信息系统集成技术改造提升成套设备和组合加工设备的集成化、自动化水平；用信息控制技术和电子信息产品改造和提升大型连续加工工业的过程控制水平；用嵌入式软件技术提升消费品、工业品的智能化水平；用信息化手段提高企业技术开发流程的效率和工艺水平；用信息网络技术提升企业管理水平；用电子商务技术改造企业物流和采购销售体系。

利用信息技术加快农业结构的调整，推进集约化、规模化和设施化改造，搞好信息技术与生物技术的结合，建立农业良种培育等信息库，建立若干新品、良种的实验和生产基地，推动农产品加工和流通环节的网络化，培养一支既懂农业技术又懂信息技术的复合型农技人才队伍。

在机械行业推广计算机辅助设计技术（CAD）、计算机辅助制造技术（CAM）、柔性制造系统（FMS）和计算机集成制造系统（CIMS），重点研究开发数控、自动化、信息检测和自动化仪器仪表开发技术；轻工行业要积极采用信息技术提高产品设计、生产和质量控制水平，促进产品升级换代；丝绸、纺织行业要围绕开发新品，应用新工艺、新设备，采用计算机辅助设计和辅助制作技术，推广电子分色、电子印花、电子制版等技术，提高产品技术含量和工艺水平；医药行业重点运用计算机对产品成分进行分析和对新药分子结构的筛选，开发自主知识产权的新药；冶金行业要努力提高炉窑及轧制生产线控制水平，将流程工艺技术进行系统集成；化工行业在开发新品中要采用信息技术提高分析检测和设计能力，在生产过程中采用计算机集散控制系统（DCS）提高各类连续性反应装置集散控制水平；在建筑业推广计算机辅助设计等技术的应用。

（五）推进企业信息化进程

不断提高企业内部的信息化管理水平，积极吸收、借鉴国际先进企业的信息化管理模式，在大中型企业逐步建立并推行企业信息主管（CIO）制度。对企业的组织管理和经营方式进行改造和创新，用现代信息手段改造传统管理，创造新的管理概念和管理体系，使企业的信息、决策、执行三者集成化，提高决策质量和效率。要利用信息共享机制，将垂直一体化管理向组织扁平化矩阵式管理转化，用信息技术重构过程管理、物流和资金管理，改善成本结构，降低成本，提高经济效益。积极推广制造资源计划（MRP）、企业资源计划（ERP）等应用技术，建成与生产经营、科研开发、销售服务、现代管理紧密结合的信息系统。充分发挥国家级和省级信息化试点单位的示范作用，“十五”期间，培育50家企业信息化示范单位。

积极推进“企业上网工程”。以重点企业为突破口，积极引导和鼓励企业上网，利用互联网推介产品，扩大知名度，增强竞争力。充分发挥省级电子商务试点项目的示范作用，在海关、商检、银行、税务、贸易、外经贸等部门推广国际电子商务应用，逐步实现网上贸易洽谈、网上采购和网上交易的电子商务贸易；建立以电子商务为纽带的现代物流配送体系，建设物流公用信息平台，通过和交通、港口、公路、铁路、税务、海关、商检、银行、保险、认证机构等信息系统的联网，为各方提供多层次的综合物流信息服务；健全和完善电子商务基础平台，加快CA认证中心、支付网关的建设，建立电子数据交换中心（EDI），以大型企业和商贸集团为中心，建设一批行业网上交易平台，为完善电子商务创造条件。

（六）大力开发信息资源

加大信息资源开发的广度和深度，以需求为导向，结合十四个骨干重大应用系统，建设和完善一批急需的综合性公用基础数据库资源。结合新兴科技城市和学习型城市建设，开发科技成果数据库、教育资源数据库；围绕社会主义法制城市建设，完善政策法规、统计法规、财经审计法规库；结合国家园林城市建设，开发完善环境资源、旅游资源库和水文气象分析模型；结合文化强市建设，开发历史文化、图书资料等数据库；结合健康城市建设，开发和完善社会保障、居民最低生活保障、卫生防病、居民健康等数据库；结合城市化发展战略，开发完善空间基础数据库、国土资源数据库和动态人口数据库；结合经济发展市场化、国际化趋势，开发国际信息资源、企业与产品、动态商情库和统计预测分析、宏观经济预测等模型。

根据政府管理和决策的职责需求，有计划地实施政府信息交换工程，理顺政府信息收集、交换、共享、分析、处理的体制和机制，为政府提供高质量的信息产品，率先实现政府部门间的信息共享，为全社会的信息资源开发利用起示范作用。建设以苏州电子公务信息平台为枢纽的公用信息资源网络，通过全市各骨干应用系统的联网，为社会公众提供查询、检索服务和发布公共信息。

重视传统介质存储信息的数字化和网络化。以苏州图书馆工程为突破口，将一大批有价值的文献和音像资料数字化，并建立可联网检索使用的数据库，要推进宣传、文化等领域的信息化，建立、健全宣传、文化信息系统和相应的数据库。

四、保障措施

（一）加大宣传教育力度

普及信息化知识，提高全民信息化意识，是苏州信息化发展的根本保证。各媒体和机关、企业、学校要通过科普宣传、信息化建设讲座、信息化建设成果展示等活动，宣传信息化对我市经济和社会的影响，传播信息学科的最新知识，交流信息化建设的工作经验，提高每个市民特别是行政人员在信息技术方面的知识与技能，营造全社会关心、支持和参与信息化建设的良好氛围。

各级党政部门，要进一步提高对信息化建设的认识，加紧学习现代科技知识，以发展的眼光、超前的意识来认识信息化建设工作的战略意义，进一步增强推进信息化建设的自觉性，转变观念、明确目标、理清思路，切实推进地区、部门的信息化工作。

（二）加强对信息化工作的领导

建立健全信息化建设管理体制，形成配套的行政管理机制，各地区、部门要建立相应的信息化管理机构，明确其在信息化建设中的地位和职责，加强对信息化建设的规划、管理和监督。

市信息化建设主管部门根据信息化发展的新形势和新要求，要及时完善和调整建设规划和计划。各地区、部门要结合实际，根据全市的信息化建设规划，认真研究制定本地区、本部门的信息化发展规划和建设计划，保证全市信息化建设的协调发展。

加强对信息化建设的管理。研究制定《苏州市信息化建设管理办法》，充分发挥政府在信息化建设中的主导作用，切实加强领导，树立全局观念，保持协调一致，形成强大的合力，保证信息化建设按照全市的发展规划，有计划、分层次、有步骤地实施。要深入实际，调查研究，强化政府导向和示范效应，促进信息化工作有步骤地滚动推进。

（三）制定完善鼓励政策

加快建立公正、公平、公开的市场竞争秩序，形成有利于信息化发展的政策法规环境和标准体系。根据《国务院关于印发鼓励软件产业和集成电路产业发展的若干政策的通知》（国发［2000］18号）和《省政府关于印发江苏省鼓励软件产业和集成电路产业发展若干政策的通知》（苏政发［2001］59号）精神，结合我市实际研究制定《苏州市鼓励软件产业和集成电路产业发展的若干政策》、《苏州市加快国民经济和社会信息化发展的意见》和《苏州市加快信息化带动工业化的若干意见》，在信息市场规范、信息安全保密、信息技术标准规范、投融资政策、人才培养和引进、技术引进等方面研究制订与我市信息化发展相适应的政策，为信息化建设提供良好的政策环境。

（四）加大资金的筹措和投入

加强对重点建设项目的管理，将全市信息化建设项目纳入国民经济计划和财政预算，保证资金的统筹规划及合理使用，避免信息化建设资金多部门、多渠道申报与审批，防止资金分散投入、分散使用、分散管理。根据全市信息化建设目标，确定年度信息化建设重点项目，凡是财政投入的项目，要经信息化主管部门审批，防止出现低水平建设和盲目建设。将规划中确定的建设项目列入政府目标考核内容，做到责任分解、定期考核，重点考核项目建设质量和运行实效。

加大信息化建设资金的投入力度，缓解信息

化建设资金总量不足、供需矛盾突出的问题，形成以政府投入为引导、企业投入为主体、社会和外资投入为重要来源的多元投资体系。利用多种方式增加重点项目和信息产业特别是软件产业的投入，财政每年从预算内资金和科技发展资金中安排一定比例的资金支持重点信息化建设项目。设立风险投资基金，强化市场运作和社会化投融资机制，支持信息企业运用资本市场直接融资。同时，要鼓励企业增加对信息化建设的投入，积极引导消费，继续清理和取消抑制消费的政策，扩大信息消费。

（五）加快人才的培养和引进

创造以多媒体和校园网为基础、以现代信息技术为手段的覆盖全市教育行政部门、学校的教育信息网络和现代化教学环境，建立起一支掌握和运用信息技术于教学之中的骨干教师队伍，将信息技术教育列为教育领域的重点。在九年制义务教育阶段、普通高中、中等职业教育阶段、高等教育阶段加强信息技术的教育，要以岗位培训和继续教育为重点，对各行各业人员进行不同类型和不同层次的信息技术教育。把信息化知识培训纳入市、县级市（区）两级党校、行政管理学院的培训课程，努力培养一批精通信息技术和业务的复合型人才。加强对各类专业技术人员的岗位培训，使信息技术的掌握成为每一个劳动者的基本技能。建立计算机考评制度，形成多层次、分类别、多渠道、多形式、重实效的充满活力的信息化人力资源培养制度和考核、评估制度。加强对软件人才的培养，利用高校教育和职业培训，形成不同层次的软件人才队伍，为我市软件产业的发展提供良好的人才环境。

采取更为优惠的政策，鼓励和吸引国内外优秀人才在开发区、留学生创业园、软件园创办电子信息企业。强化人才激励机制，建立科技人员技术入股、智力参股等制度，鼓励科技人员从事信息技术成果转化工作，设立奖励基金，对有突出贡献的科技人员进行奖励。要积极做好知识产权保护工作，维护开发者的利益，坚决打击各类侵权盗版行为，培育健康的市场和良好的社会环境，政府机构要带头使用整版软件。

（六）加强信息网络安全建设

认真贯彻《中华人民共和国计算机信息系统安全保护条例》、《中华人民共和国计算机信息网络国际互联网管理暂行规定》、《中国公众多媒体通信管理办法》等法律、规章，市信息化办公室会同有关部门，尽快制定有关的管理办法，相关部门要各司其职，组织建立一支具有有效监控和严格执法的队伍，加强对全市上网信息的管理、审核和监督。制定信息安全保密措施，建立安全保密责任制，依法打击危害社会安全的犯罪活动。要加强网络道德建设，规范网络行为，严格网吧管理，为青少年营造健康的网络环境。要积极应用和开发网络信息的加密、识别、过滤、抗干扰等安全技术，各级政务网络以及关键部门的内部网络要与国际互联网物理隔断，进一步增强其保密性和安全性。

（七）加强国际国内交流与合作

围绕信息化建设的需要，要在信息技术、信息人才、信息产品等领域积极开展国际合作，特别是与国际跨国公司的合作，吸引国外资金、先进技术和管理，增强信息产业企业的创新研发能力、规模经营能力和市场竞争力，支持有条件的大型企业、企业集团与跨国公司联办研发机构。要把引进、消化、吸收国外先进技术与自主创新结合起来，提高我市信息技术的层次和水平。把招商引资与招才引智结合起来，大力发展国际间的技术合作，加强人才交流。要开展与周边城市以及兄弟城市的信息交流与合作，学习和交流信息化建设的先进经验和成果，实现与其他城市特别是长江三角洲区域的优势互补和资源共享。

太仓市“十五”时期经济和社会发展信息化规划

一、前言

当今世界，经济全球化和信息化已成为人类社会发展的总趋势。信息化程度和水平已成为衡量一个城市、一个地区社会经济发展综合实力和文明程度的重要标志。信息化正在成为全球贸易、投资、资本流动、技术转移以及社会、经济、文化等一切领域发展的重要推动力。信息化建设将有利于促进人类的共同富裕和共同进步，为世界经济的发展和人类生活水平的提高，提供了空前的新机遇。

所谓信息化，是通过应用现代信息技术（包括微电子和计算机技术、网络通信技术、软件和系统集成技术等），实现对信息资源的有效开发和广泛应用，促进经济发展和社会进步的一次技术革命；所谓信息化，是通过应用现代信息技术，加速形成信息产业，并改造和提升传统产业，促使工业化进程产生战略性跨越的一次产业革命；所谓信息化，也是通过现代信息技术向上层建筑、生产关系、社会生活各个领域的渗透和扩散，提高社会文明程度，改变人民生活方式的一次社会革命。

21世纪的经济是以信息技术为主要驱动力的新经济，以信息技术广泛应用为标志的新生产力对经济发展的贡献，将远远超过人类历史上任何一次技术革命和产业革命。与自然资源、资本、劳动力一样，信息已经成为现代社会的重要生产要素，其重要的基础资源地位正与日俱增。对信息资源的开发利用程度，成为衡量经济集约化程度的重要标志。信息技术正在将知识生产从人类的物质生产活动中分化出来，成长为新的生产门类。因特网形成的信息空间，创建了人类活动的新平台，人类将超越时空限制，达到新的文明高度。电子商务正在以全球性、快捷性、高效性和节约性等特征引发全新的商业革命。

我们应当深刻认识信息化对我市经济建设的巨大影响和作用，特别是对于当前经济结构与产业结构的调整、科教兴市战略和可持续发展战略的实施以及加快推进城市化建设、率先基本实现现代化具有极其重要的战略意义和现实意义。“四个现代化，哪一化也离不开信息化”。

2001年1月，江苏省正式确定太仓市为全省县级数字化示范城市，给太仓的信息化建设赋予了重要的历史使命。太仓将在“十五”期间启动并初步完成数字化城市建设工程，建成江苏省首批新型的数字化城市。

《“十五”时期太仓市经济和社会发展信息化规划》作为太仓市“十五”时期国民经济和社会发展总体规划的重要组成部分，将指导全市“十五”时期的信息化建设，成为实现“数字化太仓”宏伟目标的奋斗纲领。

二、太仓市信息化建设现状

长期以来，太仓市委、市政府一直非常重视信息化工作。早在1991年就成立了太仓市经济信息中心。1999年又成立了市信息化建设领导小组，统一组织、协调全市的信息化工作，并把太仓信息港建设列为市政府重要实事工程。十几年来，尤其是“九五”期间，全市信息化建设取得了突飞猛进的发展，全市信息化水平处于全国县级市的前列。

1. 邮电通信快速发展。

1997年太仓市在全国率先建成电话市，2000年底全市固定电话交换机总容量达到18.52万门，电话主线数22.36万门，主线普及率达到49.77%。移动电话用户逐年翻番，2000年统计资料显示，中国移动在太仓的用户有6.36万户，2001年上半年，全市移动电话用户已突破10万。太仓移动公司建有基站35个，信道2458条，到2001年年底，计划建成40个基站，信道达到3230条。2000年底，太仓电信的计算机互联网用户数达3.3万，现已突破6万户。新建的太仓电信大楼土建完成结构封顶，太仓移动大楼装饰工程已接近尾声。

2. 广播电视网络建设进展顺利。

全市广播电视地域和人口的覆盖率均已达到100%。太仓广播电视台自办一套调频广播(96.7MHZ)和一套开路电视(30频道)。有线电视光缆网络从1994年开始铺设，目前已基本实现“村村通”。入户率达到50.3%。

3. 宽带数据网和互联网建设突飞猛进。

在专家论证和招投标基础上，确定了太仓信息港所采用的先进技术，省、沪、太多方筹资1200万元，引进设备，为全市提供了高水平的信息网络平台和与Internet连接的信息通道，为建立数字化城市创造了良好的条件。架设900多芯公里光纤和200多公里双绞线，初步建成骨干城域网和市区四通八达的宽带接入网，覆盖用户近2万户，并进一步与中国网络通信有限公司合作继续开发市场，拓宽因特网出口通道。

太仓信息港面向政府、企业和公众搞好“三大服务”。以政府服务为先导，首先满足市级机关的信息服务与办公自动化，内外网互相隔离，安全保密。以企业服务为重点，开展了“百家企业上网，千家企业入库”的专项活动。以公众服务为最终目标，已在90多个小区布线、安装设备，开展宽带服务。

4. 电子信息产品制造业形成一定规模。

全市共有电子信息产品制造企业17家，其中规模以上企业9家。德国邝德公司在太的合资企业邝德–友联电讯设备公司产品科技含量高，利税率达20%以上。该公司已被省科技厅认定为双密集型企业（技术密集型、知识密集型），其“视灵通”多媒体电话机将为2008北京奥运会提供电信服务。泰昌电子、三角洲塑化、神明电子、兴和电子等企业产销两旺。

5. 信息服务业获得了长足发展。

2000年实现邮电业务总量1.81亿元。城乡有线电视用户6.5万户，入户率超过50%。互联网上的太仓网站办得有声有色。太仓人才网（www. tcrc. jsinfo. net)、太仓教育网（www. tcedu. com. cn）在全省同类专业网站中有一定影响。太仓视窗（www.tc.jsinfo.net）自1999年7月1日开通以来访问量已达810万次。太仓市委宣传部和太仓电信积极配合“江苏省信息港湾工程”，组织了14个委局、10个乡镇、12个重点企业开发建设了“中国太仓”网站（www.tc.gov.cn）被省评为优秀政府网站。太仓市信息化建设领导小组办公室与中新社江苏分社合作建设的中新网“长江第一港”(www.sz.chinanews.com.cn）已成为太仓市的网上门户。在“搜狐”、“新浪”等全国著名网站中均能搜索到“长江第一港”。2001年3月28日网站正式开通以来，中新网苏州站的“长江第一港”记者直接采编的新闻信息已达6500多条，其中，80%以上均被全球最大的搜索引擎美国雅虎网站录用转发。被中新社通过“每日电讯”发向海内外的新闻稿有数百篇。“长江第一港”编发的太仓有关信息受到了国家经贸委与中央电视台的重视。最近，“长江第一港”已被江苏省计委列入2001年专业网站建设示范项目名单。

6. 信息化人才队伍不断壮大。

通过“九五”期间信息化专门人才的培养、引进以及全社会的计算机普及教育，人才队伍不断壮大，素质全面提高。在调查统计的72个市级机关和文卫系统5233人中，会操作计算机的有3880人，占全员的74%，计算机专业的技术人员有187人，占全员的3.6%。

全市的中小学都已开展计算机教学，省中、沙溪中学、职教中心和电大四所学校每校都拥有100多台教学用计算机。

通过近年来的扎实工作，太仓的信息化工作得到了各级领导的高度评价。国家信息中心领导视察了太仓信息港后写下了“数字化新型城市的先驱和开拓者”的题词。省发展计划委员会领导出席太仓信息港开通典礼，并作“科技创新与信息化”的专题报告。太仓市的信息化工作起点高、基础好、进展快，正成为太仓在新形势下加快发展的亮点与鲜明特色之一。

值得注意的是，在取得成绩的同时，太仓市信息化建设也存在一些有待解决的问题：

(1) 由于地方产业结构的特点，电子信息产业尚未得到充分发育。

(2) 信息技术在企业生产、经营、管理等领域的应用与全市的经济实力不相称，仍有较大的发展空间。

(3) 信息服务业发展相对滞后。

(4) 地处长江三角洲、比邻上海的地缘优势在信息化建设上还没有充分发挥。

三、太仓信息化的指导思想、目标和战略

（一）指导思想

信息化关系到国家发展的前途和命运，也关系到太仓市的未来发展。“十五”时期太仓市必须在信息化领域打好技术基础、产业基础以及网络、人才与信息资源开发等基础，确保全市经济社会的长期、稳定、健康、快速发展。

根据国际国内发展环境的要求，遵照国家、江苏省和苏州市总体发展的战略部署，围绕着太仓市“十五”时期经济和社会发展规划所提出的发展目标，太仓市信息化建设的指导思想是：

积极贯彻中央确定的“以市场为导向，以信息资源开发和利用为中心，以技术创新和体制创新为动力，政府引导，创造环境，深化改革，鼓励竞争，加强信息网络基础设施建设”的精神，立足市情、依托强手、夯实基础、强化应用，大力推动信息技术在生产、流通、消费以及社会生活等各领域的应用，积极培育信息产业，使其逐步成为太仓市国民经济中的支柱产业之一。通过数字化示范城市建设，全面推进信息化，加快我市国民经济结构的战略性调整，提升综合经济实力，确保率先基本实现现代化。

（二）总体目标

“十五”期间，太仓市信息化的发展目标是：营造起适应国民经济和社会发展需要的信息化发展环境；建立、健全适应信息化建设以及信息产业发展规律的管理体制；制定并实施信息化发展所需要的政策；基本建成功能完善、技术先进、运营高效、安全可靠、覆盖全市的宽带高速网络基础设施；争取在信息技术领域和高附加价值加工工业领域取得突破性进展，使电子信息产业成长为支柱产业；充分利用信息技术改造传统产业，加快信息服务业的发展。初步建成数字化示范城市并不断完善，使太仓市信息化的总体水平在全省乃至全国县级市中处于领先地位。

其具体目标包括：

1. 产业发展。

2005年，信息产业增加值占GDP比重达到10%，从事信息产业人员占社会劳动力的10%。信息产业对GDP增长的直接贡献率达到50%。信息产业的增长速度为整个经济的增长速度的3倍以上，约40%左右。

其中，电子信息类产品制造业增加值年均增长40%，信息服务业增加值年均增长35%，软件业销售收入年均增长50%；

2. 投资规模。

信息产业基础设施建设投资占全部基础设施建设投资比重达到12%。初步测算，“十五”期间全市信息化投资规模为30亿元：其中电信业10亿元，广电业2亿元，电子信息产品制造业15亿元，其他方面3亿元。电信业百元固定资产产出率将由2000年的40元提高到2005年55元/百元。电子信息产品制造业全员工业增加值生产率将由2000年的4万元/人年提高到8万元/人年，固定资产投入产出比达到4：1。

3. 结构调整。

通过信息化使产业结构向高技术、高附加值型产业为主转变；企业组织结构向集团化、专业化方向转变，并建成现代企业制度；各乡镇工业布局走向专业化和聚集化，培育一些特色镇；在信息技术和电子信息产品方面，涌现一批具有创新能力的实验室和专业园区。

4. 基础设施。

“十五”期间新增光缆总长度8000芯公里。固定电话交换设备总容量超过20万门，移动通信交换设备总容量超过25万。全市固定电话用户数达到16万，电话机总数达到27万部，每百人拥有固定电话机60部。移动通信用户数达到22.5万，普及率达到50%。

“十五”期间实施邮政信报箱工程，新增户箱用户2.5万户，市区居民住户普遍用上信箱。在全市范围内增设邮政ATM自动取款机28台和邮资机40台。

电视机拥有数达到每百人80台（含黑白机、彩色机）。有线电视地域覆盖率（按通达村计算）达到100%，有线电视用户达到11万户，入户率达到75%。计算机拥有数达到每百人25台；互联网用户数达到每百人50个用户，即22万户，80%的城市家庭上网。企业上网率达到95%，大型企业电子商务普及率达到100%。

5. 社会效益。

信息技术应用得到不断普及，信息资源开发利用水平不断提高。信息产业化和产业信息化的进程大大加快。电子政务信息网络建设取得突破

性进展，基本实现了政府部门间信息共享，形成规范化的政务信息公开制度。大部分企业建成内部网并开展电子商务。信息技术应用在企业的组织管理制度创新和技术创新等方面的作用不断加强，大多数企业生产流程的电子化改造基本完成。在改造传统产业、增加品种和改进质量、资源消耗等方面水平不断提高，企业的劳动生产率和竞争力全面增强。

在公共领域信息化方面，信息技术开发与网络内容服务形成良性循环。网络教育、网络医疗、网络娱乐、网络社区等与家庭信息化结合基本满足广大人民日益增长的需求。教育网覆盖全市各类专业学校、大部分中学和超过半数的小学。城厢和经济发达的镇建成一些社区信息网，一批公益性信息系统建成投入应用。

6. 管理体制。

初步建成适应信息化的管理体制，在信息资源开发、产业结构调整和网络建设过程中，市场起到了引导发展、促进优化配置的基础性作用。伴随着国家信息化管理体制的理顺，“三网合一”的环境基本实现，统一开放的、竞争有序的电信市场体系基本形成。信息网络基础设施的规模、水平和质量大大提高，为社会公众提供普遍服务。

（三）发展战略

为实现上述目标，加速太仓市信息化的进程，必须以信息网络建设为基础，以信息资源开发利用为核心，以信息技术应用为龙头，推进政府信息化、产业信息化、社会公共领域信息化和家庭信息化。因此要密切围绕太仓市情，实施如下发展战略：

1. 省沪苏太信息化互动战略。

太仓地处中国经济最发达和最具活力的长江三角洲地区，紧邻上海这一国际大都市，是外向型经济特别活跃的苏州市的一分子。太仓要充分发挥区位优势和地缘优势，加强与江苏省、苏州市、上海市信息化进程的协调发展，全面推动信息网络设施、信息产业发展、人才交流等方面的分工与合作，尽快实现宽带网络的连接，吸引省、苏、沪的IT企业、资金、技术、人才、信息资源向太仓扩散，使太仓成为长江三角洲信息化进程中的一块“信息飞地”。

2. 依托强手、合作共建的双赢战略。

为了提高太仓信息化建设的起点和水平，要继续坚持走外向型和开放式的发展道路，依托国内强手，引入其著名品牌和丰富资源，共同参与太仓的建设。在网络建设和经营方面与中国网通合作，在网站建设和运行方面与中国新闻社合作，通过与国家级网络公司、国家级媒体单位的合作双赢来加快太仓信息化发展。

四、太仓市信息化建设的重点任务

（一）网络信息基础设施

面向信息化的需要，加快高速宽带网络建设。在完善已有的光纤网的基础上，逐步建成覆盖全市的高速宽带传输网和自愈网。大力推进用户接入网建设，用多种方式，提高宽带接入能力。鼓励电信网络、广播电视网络和计算机网络的融合。

1. 固定电话网。

充分利用现有固定电话网络资源，发展增值业务，扩展接入服务。根据市场需求及技术发展状况，发展IP电话，推动传统电路交换方式的电话网与采用IP分组方式的综合业务网协调发展。

2. 移动电话网。

加速扩大移动通信规模和用户规模，中国移动信号和中国联通信号覆盖太仓全市。作好无线方式上网（WAP）的试点和推广。

3. 广电网。

加快广播电视传输网的建设，扩大有线电视进村入户的有效覆盖面，完成有线电视接入网的双向改造。兴建太仓广电的标志性设施——广电中心。

4. 以IP为基础的多媒体网。

根据业务需求量和技术的成熟程度，采用IP方式及超高速路由器等技术组建宽带多媒体网。初步形成融合多种业务及以IP为基础的核心网络。

积极推动因特网接入服务和信息内容服务的发展，鼓励各类通信企业开发信息资源和吸收社会信息资源上网，促进信息资源的共享。

（二）电子信息产品制造业

在现有信息产业基础上，加强与高等院校、科研机构合作，建立信息技术创新体系和研究发展中心，面向国内外市场，持续快速发展电子信息产品制造业，2005年信息产业产品出口额达到1.5亿美元。

1. 大力发展集成电路类产品、计算机零部件和外部电子元器件类产品。

2. 重点发展软件业，开发中文处理系统、数据库管理系统、网络管理系统及电子商务系统等基础软件。鼓励企业参与应用软件的开发和社会服务，大力支持管理信息系统软件、企业管理软件、工业控制软件、CAD/CAM 软件、信息服务软件、多媒体软件、系统集成软件的开发生产。

3. 精心培育信息产业园。以神明电子、兴和公司、邝德－友联公司、同济科技园为基础通过引进和培育孵化，形成以电子信息产品制造业、软件业和系统集成业为主的信息产业集聚区。

（三）电子商务

大力推动电子商务在金融服务、证券交易、海关报关、财政税收、企业营销、商品零售等多个领域的广泛应用，将先进的电子商务工具和技术手段应用于社会和经济的各领域，以电子商务技术的应用和服务，全面带动太仓电子商务大发展。

建立先进、安全、可靠、方便、低成本、高效率的电子商务综合服务的技术环境；建立太仓CA认证中心，广泛开展电子证书及密钥的应用推广工作。加快认证和信用体系，特别是企业信用体系和消费者信用体系的建设，有组织地发展企业和消费者信用数据库。

（四）在国民经济和社会各领域的应用

本着“以政府服务为先导，以基层企业服务为重点，以社会公众服务为最终目标”的发展方针，积极推动政府信息化、企业信息化和公众信息化这三大应用服务，促进信息技术的普及应用以及信息资源的充分开发利用。

1. 政府信息化。

完善政府各部门信息交换的专用平台和连接各部、委、办、局、各镇的专用数字通信网络，为达到安全、保密的目的，从物理上做到内、外网完全隔离。

实现各级党政机关的信息大流通，促进政府信息在政府机构内的共享。建立政务公开的公众服务信息系统，全面推进政务信息、政策法规的网上发布和咨询，提高社会满意程度。

增强网络服务功能，实现办公自动化、公文网络化。加快经济预测模型和宏观指标数据库的开发建设，促进政府决策的科学性与准确性。

2. 企业信息化。

建成与生产流程、市场营销、研究开发、售后服务、管理决策紧密结合的企业内部网；广泛利用信息技术提高生产和服务的自动化、智能化、网络化水平，提高产品质量和服务质量。普及信息技术在农业、工业、商贸、能源、交通、建筑等产业中的应用，加快传统产业的改造升级和可持续发展，加速工业化进程。

3. 公众信息化。

在普及计算机和光纤到小区的基础上，通过智能化社区的试点，在市区和中心城镇，逐步实现宽带入户和家庭信息化。通过网络为公众提供治安、物业管理、家政、教育、医疗、社会保障、购物、旅游、休闲娱乐、新闻、图书资料等一系列信息化服务，提高民众的生活质量。

五、重大工程

为保证“十五”期间太仓经济和社会信息化目标的实现，必须实施以下一系列重大工程。

（一）宽带网络工程

为适应各类数字通信日益增长的要求，满足太仓市经济社会发展对网络设施的需要，急需建设新一代高速宽带信息传输网络。宽带网络工程的目标是大幅度提高本地网络及因特网的接入能力、传输速率和传输质量。

“十五”期间“宽带网络工程”的主要建设内容是：

1. 采用 IP、DWDM 等技术建立高速传输网；

2. 采用多元化的接入手段，大力扩展宽带接入能力；

3. 建设太仓市网络互联中心，实现各接入网络的本地互联互通；

4. 实现太仓市内电信网、广播电视网和电力通信网的连通，逐步实现有关信息传输业务的相互开放和融合。

（二）“数字化太仓”工程

“数字化城市”是指在城市规划建设、管理以及城市生产、生活中充分利用数字化信息处理技术和网络通信技术，将城市中的各种基础信息资源加以整合，以地理信息系统（GIS）为基础，用直观的图形方式为用户提供大量信息支持的服务系统。

建立“数字化太仓”的目的是利用数字化技

术手段最大限度地开发太仓市的信息资源，服务于太仓市的经济建设和社会发展。“数字化太仓”是一项庞大的系统工程，其主要功能是为市政府在产业布局、城市规划、防灾减灾、环境保护及其他经济社会发展方面的决策和事件处理提供直观的、图形信息及数据信息支持。

“十五”期间“数字化太仓工程”的主要建设内容是：

1. 建成由高档工作站组成的大型图形和数据处理平台；

2. 购置 GIS 系统软件及有关信息处理、提取、分析软件；

3. 以数字化的 1：2000（全市）和 1：500（城区）的地形图构建系统的基础底图；

4. 分期分批加载全市的交通、水利、电力、通信、矿产、种植、城建等专业地图和相关数据信息；

5. 建立决策支持系统。

（三）“长江第一港”网站工程

在太仓市各互联网站点平衡发展的同时，突出重点抓好“长江第一港”示范网站建设。创立网站特色，改进页面版式，加大信息容量，培育精品栏目，突出个性特征，使“长江第一港”成为太仓市权威的门户站点和大容量的、信息资源相对集中的信息服务平台，为各界提供方便的、高质量的信息服务，力争成为江苏省一流的综合性网站。

“十五”期间“长江第一港”网站工程的主要建设内容是：

1. 以新闻为先导，办好“首页”、“太仓信息港”、“天堂苏州”、“金色长江”四大板块，立足太仓，依托苏州，辐射长江，面向海内外；

2. 推进政府上网工程，汇集政府各部门的可公开的政策信息和政务信息，作为政府与公众联系的桥梁和服务窗口；

3. 推进企业上网工程，发布企业产品广告信息和招商引资信息，为外向型经济服务；

4. 开展网上交易活动，加快电子商务包括电子零售的试点，创造环境，逐步建立企业和消费者信用数据库；

5. 推广网上多媒体应用。

（四）信息产业园区工程

专业示范园区是推动有关产业发展的有效手段。信息产业园区工程的目标是在太仓市现有的“二区五园”的基础上设立信息产品制造业的“园中园”，在各项特殊的优惠政策下吸引 IT 人才、技术、产品和资金，推动太仓市信息产业的快速孵化和发育。

“太仓市信息产业园区工程”的主要建设内容是：

1. 选择适合 IT 产品加工生产的区域为信息产业园区，完善 IT 企业生产所需的基础设施条件；

2. 建设一批 IT 产品生产所用的标准化厂房；

3.IT 专业人员所需的生活配套设施。

（五）信息服务业拓展工程

信息服务业是信息产业的重要组成部分，完善和拓宽现代信息服务业内容，改进服务质量，对于繁荣经济和提高人民生活质量十分重要。

“十五”期间“信息服务业拓展工程”的建设内容包括：

1. 继续发展以移动通讯、IP 电话为代表的基础电信业务；

2. 全面实现有线电视进村入户；

3. 加快网络多媒体应用服务的开发推广，广泛开展网络电话、影视在线、交互电视、新闻点播、电视会议等业务。

（六）社区信息化工程

社区信息化是太仓市信息化建设的重要组成部分。社区信息化工程的目标是从市区到各镇有计划地逐步推进小区宽带网建设，让信息网络进入千家万户，让越来越多的家庭建成自己的数字家园。

“十五”期间“社区信息化工程”的主要建设内容是：

1. 在市区和各镇实施光纤到小区和宽带入户工程；

2. 普及计算机以宽带网络方式接入因特网；

3. 提供视频点播（VOD）服务；

4. 通过网络提供治安、家务、保健、看护等社区服务，实现远程教育、远程医疗以及家庭办公等网络应用。

（七）教育信息化工程

教育是信息技术应用的重点领域。教育信息化工程的目标是以计算机和网络等技术手段提高太仓市各类学校的教学质量和水平，提高全市人民的受教育程度和职业技能素质。

“十五”期间“教育信息化工程”的主要建设内容是：

1. 在中小学普及计算机，达到每百名学生拥有8~10台计算机；

2. 校校接宽带，形成各中小学多媒体网络教室与骨干学校校园网相配套，并与市教育系统城域网联接的信息化体系；

3. 部分知名学校拥有WWW站点，各类骨干学校在太仓教育信息网（www.tcedu.com.cn）上拥有主页；

4. 加快标准化的远程教育试点；

5. 开发基础教育的教学信息资源并形成完整体系；

6. 开展网上的职业技能培训。

（八）农业产业化信息工程

以贸工农、产加销一体化为主要标志的农业产业化是实现农民富裕、农村现代化的重要途径。农业产业化信息工程的目标是：充分利用我市的农业资源优势，根据市场需求，不断高速种养殖业结构，扩大名优特产品生产，积极扶持科技型、基地型、流通型、加工型和服务型龙头企业。

“十五”期间“农业产业化信息工程”的建设内容包括：

1. 建立起农业科研、技术、良种、市场需求等信息服务系统；

2. 完善已有的农副产品购销网络服务系统，在市、镇联网的基础上逐步扩展到各个农业示范园区和种养殖大户；

3. 采用信息技术加快农副业结构调整。

（九）社会保障体系信息化工程

社会保障是政府的重要职能，也是政府服务公众的重要内容。随着市场经济的不断完善，社会保障的地位越来越重要。社会保障体系信息化工程的功能是运用信息技术完善社会保障工作、改善服务质量、提高服务效率。

“十五”期间“社会保障体系信息化工程”的主要建设内容是：

1. 建立就业、下岗、待业、离休、退休和其他社会保障对象的社保、医保数据库以及分析、统计系统；

2. 建立社会保障服务计算机网络系统，使有关对象的养老金、退休金发放的前台业务计算机化和网络化；

3. 完善医疗保险业务的计算机网络系统；

4. 通过试点，推广社会保障IC卡，使社会保障对象能够通过计算机网络随时随地得到社会保障服务。

（十）政府电子化工程

政府电子化工程的目标是最大限度地减少政府部门信息采集和传递的成本，促进政府信息在政府机构内的共享，提高政府决策、管理的科学性和及时性，改善为社会公众的服务。

“十五”期间“政府电子化工程”的主要建设内容是：

1. 完善政府各部门信息交换的专用平台和连接各委、办、局的专用数字通信网络；

2. 完善各部门的内部局域网络，建立健全各种对内、对外业务系统；

3. 改善政府信息交换机制，制订政府部门间信息交换标准和规范，健全政府信息公开制度；

4. 推行市、镇两级机关的办公自动化；

5. 开发政府决策所需的决策支持系统和可公开信息的发布系统。

六、加速太仓市信息化的措施与对策

太仓市信息化是加速太仓市经济和社会发展的客观需要，它在“十五”期间全市经济社会发展中占有特殊的、先导性的地位。信息化的推进必然涉及到各产业之间的关系和各部门的利益。加强对信息化的领导，实事求是地处理好各方面的关系，创造有利于信息化建设的大环境，将事关太仓市信息化的成败。为此，需实施以下的措施与对策：

1. 建立强有力的信息化管理机构和完善的信息化管理体制。从整体利益、长远利益出发，从推动太仓市的信息化建设的需要出发，成立以市委书记挂帅的市信息化工作委员会，统筹全市信息化建设，协调各部门、各方面的关系和利益，从组织上切实保证各项信息化工作的顺利开展。

在市级机构中，设立市信息化办公室，在市计委挂牌，具体负责全市信息化管理日常工作。

2. 抓住机遇，加速推进示范工程建设。以建设江苏省县级数字化示范城市和江苏省示范性专业网站为契机，在各级政府重视和支持下，动员全市各方面力量，确保两大示范工程的如期建成。

3. 执行优惠的地区性政策，鼓励市外信息企业在太仓注册落户。根据太仓市的实际情况，对信息产业制定地区性的优惠、优先、优质的扶植性政策，鼓励国内外的信息企业在太仓落户，试行灵活的工商注册登记。

4. 多方筹集资金，增加信息化建设的投入。从2001年开始，每年从地方财政支出中划拨专项资金用于信息化建设。争取金融主管机构和财政主管机构的同意，发行地方信息化建设债券。寻求合作伙伴，形成投资纽带。积极吸引海内外风险基金。

5. 培养和吸引信息化人才。加大力度，采取多种途径，加速信息化人才培养。在已有政策的基础上，给IT专业人才以更多的优惠条件，广泛吸引IT方面的专业人才来太仓工作。加强对领导干部的IT基础知识的普及。力争形成人才聚集的优势。

仪征市国民经济和社会发展信息化“十五”规划纲要

一、现状

“九五”以来我市信息化建设工作在市委、市政府的有力推动下，经过全市各部门几年来的努力，取得了阶段性的成果，《仪征市信息化建设“九五”规划纲要（1998～2000年）》提出的目标任务基本完成，通信基础设施、宽带信息网络和重大应用工程建设成果显著。实施了“政府上网”和“企业上网”两大工程，初步形成了全市国民经济和社会信息化体系。

信息基础设施初具规模。电信部门坚持高起点、高速度、大容量的发展战略，加快了基础设施的建设力度，实现了语音交换程控化、信息传输数字化，建成了覆盖全市所有乡镇的光缆主干网，开通了分组交换网、数字数据网、移动电话网、数字同步网，形成了可满足不同层次需求的现代化电信网。全市程控交换机容量达17.1万门，电话普及率已达21部/百人。实现DDN用户214户，分组用户64户，互联网主叫用户2579户，注册用户7912户，卡用户8222户。无线用户5万户，建设机站47座；广播电视事业发展迅速，市、乡、村三级光缆计333.64皮长公里，乡镇全部实现光缆联网，村光纤联网数达50个。有线覆盖率市区达98%，农村为58.5%，入户率市区60%。有线电视用户达33305户。以电话网、传输网、数据网、无线通信网、多媒体通信网、光纤接入网等网络为支撑的信息传输交换体系日益完善，初步形成宽带通信干线网络，在功能、容量和质量上基本适应现阶段社会需求，为“十五”加快发展打下了良好基础。

信息资源开发和利用取得进展。按照统筹兼顾、突出重点、以点带面、稳步推进的方针，我市在政务信息、市场信息、商务信息的开发上取得一定成效。政府信息化工程进展顺利，“仪征之窗”、“仪征信息港”、“仪征市对外招商信息网”、“仪征农业信息网”、“仪征在线”及个人网站“仪征风情”等一批网站各具特色，提供招商、娱乐、教育、电信等多项网络服务，取得良好的效果。正在实施的仪征市政府综合信息网工程进展顺利，主干网建设已经结束，各乡镇各部门的联网工程正在实施。内联网工程取得了阶段性成果，市委办、政府办、计委、经委、科委、公安、农业局等一批部门局域网运行良好，实现了资源共享、交换文件、办公自动化等多项功能。会计管理中心率先建立了会计电算化局域网，机关、企事业单位会计电算化已全面启动。一批机关事业单位已开始使用会计电算化进行帐务处理并取得了明显成效。各重点中小学都建设了计算机教室，开设了计算机课程，部分学校还采用了图文并茂多媒体教学。红叶小区信息化智能小区试点工程初步建成，第一阶段安防监控、可视对讲、防盗报警、停车场等，应用于智能化大厦的系统已建成。

信息化应用系统建设取得阶段成果。大力推进企业上网工程。成立了企业上网工程领导小组，举办了企业上网工程培训班。网上发布、网上销售已初见成效。实现上网企业1205家，获扬州市“企业上网工程”先进集体表彰并获一等奖。一批企业利用网站、电子邮件等向世界各地宣传自己企业和产品。电子商务的运用已在一些企业产生明显的效益。青山镇格林曼化工厂，销售点由原来的只有省内1～2个销售点发展到上网后的遍及全国十几个省市的几十个销售点，还出口印度、韩国，年销售额由1998年的50吨增加到2000年的500吨。农业信息化建设近年来取得了显著成效。“农业综合信息网”已初步建成，信息农业、科技农业的意识已逐步被广大农民所接受，张明海的风鹅、马成骁的绿头野鸭、月塘乡的雨花石、朴席镇的柳器、草席等农副产品随着农业信息网络化走上了更广阔的市场，2000年完成网上交易48宗，实现交易额500万元以上。

信息服务业快速发展。随着信息业的发展，市区形成了多个具备网络开发、系统集成、数据库服务、信息系统维护、数据处理的电脑公司。怡华商贸公司、广源公司等大企业开始涉足信息业。网吧发展迅速，方便了市民上网的需要。全市有100多家从事网络技术、计算机销售、培训、技术服务和信息咨询服务的公司，从业人员近千人。2000年，全市信息业实现增加值2.1亿元，占GDP比重为3.28%。

应用信息技术改造传统产业。利用信息技术改造传统产业，改进传统的营销方式和管理模式，提高全员劳动生产率。市属重点企业以推广运用CAD（计算机辅助设计）、CAM（计算机辅助制造）和MIS（计算机管理信息系统）等计算机技术为突破口成效显著。市双环股份有限公司率先进行了MIS（计算机管理信息系统）的管理，年降低采购费用100多万元，降低生产成本200多万元，降低应收帐款2000多万元。新光照明电器有限责任公司被批准为江苏省中小企业信息化试点10家企业之一，争取项目资金200万元。

信息化支撑环境明显改善。"九五"期间通过各种媒体、举办宣传周等多种形式宣传和普及信息化知识，提高了全社会参与信息化建设的氛围，政策法规的制定与执行、标准规范的生成与管理、信息化人才的培训与教育备受重视。全市有11000多人次参加了计算机培训，会计电算化培训1400多人次。

"九五"期间全市信息化工作取得了一定成绩，但与先进地区相比仍有较大差距，主要存在以下几个薄弱环节。一是信息资源的开发利用明显滞后于网络建设，"路多车少"的现象较为普遍，投资效益不理想。二是信息制造业发展滞后，缺乏骨干企业和品牌产品，信息服务业的整体水平有待提高，电子商务尚处于起步阶段。三是企业上网数增加较快，但网上人气不够旺，"用网"有待进一步加强。四是信息技术推广应用的广度和深度不够，对工业、农业等传统产业的带动和渗透能力需加强。五是乡镇、部门信息化建设很不平衡，影响全市信息化的总体水平。六是信息化投入少，建设分散或有投资而无运行维护费用、低水平重复现象，信息资源开发利用深度不够，共享程度低，信息化建设与主流业务产生脱节，许多单位计算机仅用作日常工作的文字加工处理。七是信息化建设的管理体制和调控手段不力，需要推出一系列政策与措施。需抓紧制定适应本地情况的促进我市信息化发展的标准政策与措施。对此，我们必须高度重视，采取有效措施，努力在"十五"期间逐步加以解决。

二、总体目标

"十五"期间我市信息化建设的总体目标是：到2005年，全市信息化产业增加值达8亿元，年均增长30%，占GDP的比重达8%左右；信息化综合指数居省内各县市中上水平。

未来五年，我市要加快城市宽带网的用户接入网建设，促进电信、电视、计算机的三网融合，抓好重点信息管理系统的建设与运行，全面推进信息技术在各行业中的应用，加快我市产业结构和企业素质的提高，开展多层次普及培训工作，提高市民信息化意识与应用技能，加速发展有特色的信息技术和信息新闻产业，为提高城市综合竞争能力，提高城市生产力水平和人民生活质量，加速城市化进程打下良好基础。

三、发展思路

"十五"期间我市信息化建设总的发展思路是：加快信息化建设步伐，积极扶持和发展信息产业，培育新的经济增长点，促进全市经济结构的调整，整合、改造传统产业，提升传统产业的档次，注入新活力，提高全市的综合经济实力。紧紧围绕仪征市国民经济和社会发展"十五"计划，狠抓信息基础设施建设，高起点、高标准建造宽带高速传输网络，发展高速互联网；重视信息资源的开发利用，推进电信网、广播电视网和计算机网之间的融合；提高信息普遍服务水平，大力推进信息技术在区域经济各行各业中的应用，包括改进和提升传统产业，在汽车及汽车配件、农业、旅游、电子商务方面率先取得突破。坚持以市场与政府推动相结合，联合与有序竞争相结合，引进技术与自我创新相结合，信息化建设与信息产业相结合，全面推进与重点突破相结合，优化仪征经济结构，发展社会事业，推动电子商务；实施信息化重大工程等。

四、主要指标

到"十五"末信息化水平的主要指标是：

1. 每百人计算机拥有台数　15～20台；

2. 全市因特网用户数　5万户左右；

3. 每百人电话主线数　50号线左右；

4. 有线电视用户　20～30万；

5. 全市光缆皮长公里数　250～300公里；

6. 信息产业增加值占GDP比重　8%～10%；

7. 信息产业从业人员占全部就业人员比重　4%～6%；

8. 企业电子商务占总营业额比重　20%左右；

9. 信息设施投资占全社会总投资比重　10%左右。

五、主要任务

加快全市计算机信息网络建设，充分利用现代化信息技术为生产和生活提供适用、快捷、高质量的信息服务，在信息资源利用开发方面，大力推进信息服务产品的商品化，在信息提供服务和信息技术服务方面走产业化的道路，逐步完善信息服务业的多种功能。未来五年的主要任务是重点实施信息化城市十大工程项目和优先发展的软件业、信息服务业、信息产品制造业等。

（一）信息化城市十大工作项目

1. 政务信息系统工程

电子政务信息系统是保证市委、市政府政令畅通，保证社情、民情及社会热点信息及时上传下达的重要信息系统。我市电子政务领域信息建设已具备了较好的基础设施环境和应用环境，目前市委办、政府办、计委、经委、科委、农业局等部门都先后建成了单位内部局域网，因特网、办公自动化的应用进入正常化使用阶段。“十五”期间将完成覆盖全市各乡镇各部门的全光缆连接的宽带城域网。该系统将为市委、市政府提供办公自动化环境，保证市领导对全市经济和社会发展、城市建设、社会治安及精神文明建设等各方面进行管理的信息系统。包括公文传输、分发、拟办、拟稿、核稿、审批、归档、电子邮件、视频点播、电视会议系统、城市运行监控管理信息系统及政府上网工程、企业上网工程等部分组成。

实施单位：市委办、市政府办牵头，各部门负责。

2. 通信基础设施工程

建设覆盖全市的网络型光缆主干线网，构成一个宽带、高速、安全的综合数字网。将电讯、广电、无线和计算网统一到宽带综合业务数字网上，实现多网业务的互通互联。积极推进信息化网络资源的综合利用和社会共享，重点建设宽带城网、宽带小区网、本地信息交互中心、综合共享型信息光纤网络。从而成为全市各部门、各单位的信息系统和各类数据库的联通，建立信息传送网络和国际标准协议的公用信息平台，为信息资源的开发、利用、集散、交换、共享服务，营造一个良好的信息环境，成为各个专业信息网络互联互通的信关，成为仪征与国内、国际进行信息交换的重要出入口。

（1）加快光纤接入网建设。“十五”末要实现光纤接入到小区，重要地段光纤进楼幢。启动宽带网建设，形成可开办2000个宽带业务用户的能力。多媒体、数据通信建设，新增各类数据用户45900户。通信设备的扩容，每年需扩容1.6万门，净增8万门，总容量将达到25万门。移动电话建设，将新建移动机站20个。扩容移动通信信道2500个，形成10万用户的系统容量。“十五”期间电信部门总投入达2.85亿元。

（2）加速广播电视网的发展。对城区有线电视网络进行升级，实现光纤到楼幢，数字化传输。市、乡、村三级网全部实现双向传达输，“十五”期末全市有线广播村组通播率达到100%。有线电视入户率平均达45%以上，实现有线电视传输节目50套。开通全市到各乡镇的可视电话系统、语音信箱。建设广电宽带多媒体综合信息网并与因特网互联。建立电视新闻数据库、语言节目数据库、公共信息数据库，供宽带用户查阅。

实施单位：计委牵头，电信、移动、联通、广电等部门负责。

3. 城市管理信息系统工程

城市建设管理信息系统包括在城市规划设计、配置和城市建设审批等方面实现信息化管理。市政管理部门还包括对煤、水、气、暖及城市交通状况进行调控、调度的信息系统及城市生态环境的监控系统。以及在公共收费管理部门，大力推行一卡多用的IC卡系统。实现自动收费管理。

利用3S技术（地理信息系统GIS、卫星定位系统GPS、遥感系统RS），建设城市地理信息平台。建立完整的城市建设基础数据库系统。包括全市的土地资源、水利资源状况，城市生态环境状况以及地下管线、市政建设、绿化、环保情况及全市地图信息等基础数据。建立以电子地图为载体，综合反映我市经济、资源、社会环境与发展的信息系统，主要包括工业、农业、交通、能源、商业、环境、气象、城建、规划等专业信息。服务对象为政府、企事业单位和公众查询。

实施单位：建委牵头，规划、公安、城管、环保等部门负责。

4. 电子商务基础平台工程

建立、建全电子商务基础平台，完善数字证书、密钥管理、支付网关、现代仓储和物流配送体系等电子商务基础设施，培育几个大型物流配送服务企业；组织推进金融电子化新一轮发展，各商业银行、保险公司的信息应用系统和完善全市银行的支付网络，各大银行实现互联，大部分商场都要使用 POS 系统，实现银行、证券、保险的互联。实现连接劳动、人事、公安、卫生、住房公积金管理的部门与个人信息相关的应用系统网络。启动“一通卡”工程，以 IC 卡为载体，为市民提供就业、社会保障、社会救助、优待抚恤、申领公积金医疗保险等方面的便捷服务。各商业银行卡系统要在市区实现互通。建立电子商务论证中心，普及电子货币的使用，实现各种币种的通存通兑；完善个人和企业的资信系统，积极发展信贷消费；以行业分类的大型企业和控股集团中心，建设一批行业的网上交易平台；培育企业信息网络服务体系，促进小企业应用信息技术和信息网络，降低交易成本，增强生存、竞争能力；重点发展对企业的电子商务应用系统，并积极发展行之有效的企业对个人的各种网上交易方式，到 2005 年，全市社会商品零售总额中电子商务要占到 10%左右。

实施单位：人行牵头，经委、外经委、电信局负责。

5. 工业企业信息化工程

建立企业与产品数据库、项目数据库、招商数据库、进出口数据库、交通运输数据库、人才信息数据库、和全市工业运行状况的信息系统。包括全市工业企业和产品的基本情况、企业财务状况、经济效益、劳动工资状况等信息。到“十五”期末全市 80%重点企业都要实现电子商务、网上交易额占总营业额的 20%以上，网上采购量达 30%左右。年产值 1000 万元以上的企业都要全面进行（MIS）企业信息化管理，包括企业的技术管理、生产管理、财务管理、供销管理、劳动人事管理，全面采用 CAD（计算机辅助设计）、CAM（计算机辅助制造）和 CIMS（计算机集成制造）等先进的计算机技术，实施 CAD 应用推广工程、CIMS 应用试点示范工程，大幅度提高企业的设计、生产和管理水平，使企业在实现自动化生产、节约能源、环境保护等方面达到一个新水平。

实施单位：经委、电信局、外经委、科委。

6. 农业领域的信息化工程

建立农业基础数据库和现代农业信息系统。为“菜蓝子”、“米袋子”工程和建立现代农业经济服务。包括农业产销信息、农业科技信息、农业统计信息、乡镇企业信息和农业的预测、预报监控信息系统，上联省内外知名农业信息网站，内联农业、多管、水利、蔬菜、气象、畜禽站、大专院校科研所，下联大中型农副产品批发市场、乡、镇农业主管部门、农技推广部门、农副产品加工龙头企业、种养殖大户、农业经纪人和农村专业合作经济组织等。引导农业组织生产、调整农业生产结构，促进农业增效、农民增收，同时利用 3S 技术，在种植业、养殖业、水利建设等方面，实现农业集约化、现代化。

实施单位：农工部、农业局、多管局。

7. 科技、教育、文化信息化工程

进一步建设、应用好现有的“科技信息网”、“科技创新网”，新建“仪征市经贸网”。建立科技信息数据库及时发布最新科技动态、新产品、新技术、新材料、新能源、专利技术及科技政策与法规，为全市工业、农业的产品结构调整、产业升级提供方向性、指导性信息。建立完善的科教资源体系和科教数据库，以支持新技术、新产品的开发应用。大力推进中小学教育信息化，成立教育信息化工作领导小组，实施“校校通”工程，建设覆盖主要学校和相关单位的宽带高速网络，提高教师信息化素养，普及中小学信息化教育，市区所有中小学和乡镇中心小学都要有计算机教室，开设计算机课程，到 2005 年市区各重点小学、中学都要建立教学、校园管理等计算机网络，外联因特网的教学信息系统，大力开展网上教育，到 2010 年全市所有幼儿园、小学、中学、职校都要实现多媒体教学、网上教学和远程教学，重点发展偏僻乡村中小学网上教学和远程教学。

建立宣传、文化信息系统和相应的数据库。包括党的方针政策，党和国家的重要文献、历史年鉴、电子图书库、文化知识、文学、戏剧、电影、音乐等信息系统。包括精神文明建设数据库系统。充分应用因特网技术开展网上宣传、健康的文化娱乐活动。

实施单位：宣传部、科委、科协、文化局等部门。

8. 劳动社会保障信息化工程

社会保障信息化工程是以劳动、人事、公安、民政、卫生、保险、公积金管理等部门现有的信息资源为基础，将全市各个社会保险公司域网实现互联，建立健全医疗保险网，建立劳动力数据库、劳动政策法规数据库和劳动职业介绍网络，形成覆盖全市的市民社会保障信息服务网络，并逐步推广社会保险方面的IC服务卡系统。实现全市社会保障工作的现代化管理。实施单位：民政局、劳动局、卫生局、银行、保险公司等部门。

9. 社区信息化工程

"十五"期间重点培育2~3个面向二十一世纪的信息化试验示范小区。建立社区服务信息系统包括在市区和街道建立计算机网络，建立为广大市民服务的信息查询检索系统，并开展以信息为媒介的家庭劳务、医疗、购物、交通、就业、培训、娱乐等方面的信息服务工作。在管理较好的住宅小区内建成电信网、广电网的接入子网逐步实现小区的智能化管理，由网上的虚拟服务到现实的配套服务，如购物送货、求医预约、家政委托、修缮服务、咨询托办等便民服务项目。采用光纤、同轴电缆、超五类绞线混合线路保证10Mbps到桌面的通信速率，达到电视网、电话网、计算机网的统筹布局合理配置。从小区的物业管理和小区居民的基本需要出发，建设小区安全防护系统和物业管理系统，为居民提供防盗、防火、防煤气泄漏、自动抄表、公共设备监控等实用性智能化业务服务。建立小区宽带、高速多媒体传输网，实现小区居民家庭办公、网上教育、网上医疗、网上图书浏览、商品信息及网上购物等功能，提高人民群众的生活质量。

实施单位：建委、房改办、电信局。

10. 财税、工商、外贸、统计信息化建设

建立一个完善严密的政府财、税和工商管理的信息系统和数据库系统。广泛地利用计算机及网络技术严密国税、地税的税收征管和稽核，严格财政和工商管理，实现财、税、工商部门的信息共享。

建立技术监督信息服务系统。包括各项国际、国家标准，各种产品质量监督、管理法规的查询、检索等。

建立商业、外贸信息资源体系和相应的数据库系统。要和全市各大商场、超市联网，向社会提供各种商品的信息。并汇集外经、外贸和国际外贸动向等数据以及国际贸易方面的各种公约、协定等。逐步向基于因特网的现代电子商务系统过渡。

充分利用统计资源在组织上、制度上、法律上保证的优势，建设市、镇（乡）、村三级统计信息网络，开发大型统计信息数据库。以现代信息技术支持统计信息的传递收集和处理，为方便快捷地收集、整理、加工、查询，为各部门提供决策支持。

实施单位：财政局、地税局、工商局、统计局、技术监督局。

（二）"十五"期间优先发展的信息产业

1. 发展有特色的电子信息设备制造业

大力推进电子信息设备制造业的发展，以市场为导向、以资本为纽带。加大企业结构、技术结构、产品结构调整力度，促进电子信息产品制造业向集约化、规模化、产业化方向发展，以产品和项目为主线，基础元件产品实现由传统电子类产品向数字化产品过渡。重点发展的产品：新型光电元器件产品、计算机通信类配套产品、电线电缆类电子材料，如光缆、智能化仪表、电子小家电、智能化玩具等，应用现代科技技术的电子产品。预计制造业保持年均16%左右的速度增长。

"十五"期间我市信息产业发展速度高于全市GDP的年均增速度，力争到2005年实现增加值8亿元。

2. 以应用为先导，发展软件业

"十五"期间，以经济开发区为依托，加快软件产业发展，使之成为扬州市沿江软件产业基地的重要组成部分，依托高等院校和信息产业集团，采用多种所有制形式发展软件开发和社会信息化服务业，形成多个面向不同应用领域的软件公司，促使其形成规模，努力开拓软件市场。

3. 发展壮大信息服务业

信息化建设为各类信息咨询服务的发展提供了广阔的空间，有关部门要积极开拓信息服务的领域，兴办各类信息服务机构，增加服务门类，如开展电子信息服务、工业信息服务、交通运输信息服务、科技信息服务、邮政信息服务、外经贸信息服务、远程教学、医疗服务、证券信息服务、农业信息服务、计算机应用信息服务、人才培训服务、法律服务等。扶植一批为企业营销服务的网络服务实体、形成几个市场信誉好、社会知名高的网络服务公司。根据我市实际情况，在深入调查研究的基础上，制定鼓励发展信息服务业的政策措施，进一步提高信息服务业在第三产业中的比重。“十五”期间，我市要发展信息产品市场建设，建成电子计算机、电子类信息产品、信息咨询服务一条街。

六、实施“十五”信息化建设的主要措施

1. 加强组织领导，加大信息化宣传力度。信息化是一项涉及多行业、多部门的综合性、基础性工作，必需坚持联合共建成的原则。信息化建设是“一把手工程”亦称“一把手原则”，所以要切实加强组织领导，强化协调一致。在市委、市政府的领导下，市信息化工作领导小组全面负责全市信息建设的规划、协调、管理等工作。各有关部门要明确分管领导，指定专人负责，在市信息化领导小组的部署下，以加快发展全市信息化工作为己任，认真负责本部门的信息化建设工作。“十五”期间，我市将以扬州国家城市信息化试点为中心，全面推进我市的信息化建设。在深入论证的基础上，确定一批重点工程，并纳入市政府年度工作目标管理。市综合发展计划部门和相关部门都要加强城市信息化试点工作，形成高效率的信息化试点工作的组织网络。

从2001年起，我们将极积参与扬州市每年9月举办的信息化宣传周大型活动，大力宣传信息化建设方面的新发展、新知识，增强广大干部群众对信息是要素、是资源的意识，确立处理信息、应用信息的能力是一个单位和每个劳动者服务社会参与竞争必不可少的条件的观念。此外，各种媒体和机关、企业、学校都要深入持久地开展生动活泼的科普宣传，举办信息化试点论坛，传播信息学科的最新知识，交流信息化工作经验，提高每个市民在信息技术方面的知识与技能。

2. 强化规划管理。信息化建设必须坚持“统筹规划、协调发展”的原则，实行统一规划，分步实施。规划的编制由市信息化工作领导小组牵头，各有关部门参加。各部门要抓紧做好各自的信息化规划工作，并注意与省市的规划相衔接。强调规划的综合性、权威性和计划性，统一建设标准与规范，明确分阶段建设的重点，按规划组织实施，制定全市统一的信息系统管理原则，保证信息建设的有序、持续发展。

3. 加大资金投入。信息化建设需要大量资金，应依靠市场机制来运行，充分调动各方面的积极性，鼓励部门、企业参与信息化建设，采取政府导向投入和市场机制运行方式筹措资金。制定优惠政策鼓励企业和民间投资信息产业。逐步建立信息产业基金，滚动发展，资助信息产业发展和人才培养。努力提高投资效率，防止重复和盲目建设。

4. 培育信息市场。以市场为导向，创造有利于公平、有序、竞争的环境，鼓励各界人士开办电脑公司、软件公司、硬件制造及与信息制造相关产品的制造企业。制定各项优惠政策，特别在工商、税务、贷款等方面给予优惠。政府在每年安排的各类科技发展资金中应向软件产业和信息类电子产业方面倾斜，突出重点，提高效益。

5. 政策法规环境建设。为了顺利推进“十五”信息化建设，完善信息化建设与信息产业发展的政策法规环境是一项十分重要的基础工作。我们将按先易后难，先单项后综合的原则，对急需解决的实际问题进行研究，在市政府的统一领导下，认真贯彻执行国家和省已出台的相关政策法规，同时，与有关部门制定必要的适应我市的信息化建设所需的政策或法规执行细则。

6. 强化信息安全。加强网络信息资源的安全保护，增强网络可靠性和生存能力，跟踪和开发信息与网络加密、识别、过滤、控制和抗扰等安全技术，对上网的信息资源采取相应的保护措施，实现资源共享的同时，也要做到严守国家机密，维护知识产权。

江都市信息化建设“十五”发展规划

当今世界，社会发展正在加速从工业社会向信息社会过渡。进入二十一世纪，信息化在全球呈现出加速发展的趋势，我国信息化建设将进入新的发展阶段。我市的信息化进程在“十五”期间将取得新的飞跃。

一、“九五”信息化建设情况

1997年，我市全面推进信息化建设，1998年制订了《江都市发展信息产业规划（1998～2010年)》、《江都市信息产业发展意见》。三年来，通过全市上下的共同努力，较好地完成了各项目标任务，取得了阶段性的成果，为加快全市信息化建设的步伐，奠定了坚实的基础。主要特点是：

（一）信息基础设施建设发展迅速

1997～2000年，全市预计信息基础设施投入7亿元。国家主要基干网即中国电信公众多媒体信息网、中国金桥网、中国科技网、中国移动通信网、中国联通网均已覆盖我市。至2000年底，全市建设扬州信息港三期工程江都段、中国移动通信网GSM工程、中国联通网GSM工程、IP网、无线接入网、多媒体光纤接入网、广播电视光缆等项目，初步形成覆盖全市的宽带、高效的信息高速公路。

至2000年底，全市程控交换机容量达27.5万门，主线普及率为22%，发展固定电话19.14万部，其中市话普及率38.8部/百人，农话普及率为19.9部/百人，DDN450户，分组交换89户，移动用户8万户，寻呼用户2.75万户，因特网用户2.2万户。广播电视发展迅速，建成了全长300多公里、覆盖全市的广播电视光缆网，实现了村村通有线电视，发展有线电视用户达11万户，城区有线电视入户率达60%以上，农村有线电视入户率达30%，开辟了视频点播系统。市科技经济合作交流中心经过几年的建设与发展，计算机网络建设已初具规模，可发展大量的网络成员和网络用户，为推进全市的信息化建设起到了很好的作用。

（二）信息应用系统建设及资源开发利用取得初步成效

“九五”期间，以网络建设为重点，建立了各类计算机应用系统，直接应用于生产、销售、管理、服务等方面。据不完全统计，全市公用网、专业网、内部网等计算机网络达20多个，组织实施了政府部门、金融、财税、教育、卫生、公安、劳动保险等各类应用系统，取得初步成效。99年是“政府上网”年，通过了两年的建设，所有乡镇政府和大部分市直部门都已联入“政务信息网”，逐步形成市政府公开政务信息、对外宣传、招商引资，让世界了解江都、让江都走向世界的一个重要窗口，并荣获99年省“优秀政府网站”大奖。2000年7月，市政府启动了企业上网工程，到年底，将有1500家企业上网，为企业的发展注入了新的活力。“九五”期间，全市社会信息资源开发利用意识日益强烈，开发利用程度不断提高，先后建立了各类数据库达40多个，全部联入“政务信息网”，极大地提高了网上信息资源的交流与共享。

（三）信息服务业初具雏形

随着全民信息化意识的提高，全市信息服务业得到了长足的进展，以通讯设备、品牌电脑销售和软件开发的企业与从事科技咨询服务、中介的机构不断涌现，通信服务、互联网络接入、视频点播、网吧等服务也异军突出，极大地丰富了市民的业余生活。信息服务业逐步发展为服务业中的新兴行业，成为市场经济运行的有机组成部分。

（四）信息制造业具有一定基础

2000年底预计全市信息制造业实现增加值3.37亿元，销售收入5.45亿元，利润5154万元，创汇2187万美元。主要产品有扬州江佳电子有限公司陶瓷滤波器、电阻，江都市专用塑料厂、扬州江电缆厂邮电通讯电缆，江都有线电厂电话机，扬州中惠电子有限公司计算机线路板、B超，华达（江苏）电源系统有限公司密封免维护铅酸电池等。

（五）信息技术推广应用呈现良好势头

信息技术在我市社会经济各个领域得到了广泛的应用，取得了初步成效。“九五”期间，全市一批部门业务管理系统和办公自动化均有不同程度的进展；有3家企业列入扬州市CAD/CAM技术推广应用示范企业；建筑行业基本完成甩图板工程，建筑设计在计算机上进行；近200家企业上网，涉足电子商务，有多家企业实现了网上成交。

（六）信息化环境得到改善

“九五”期间，全市上下利用多种传统媒体和现代媒体，采取多种形式，大力宣传和普及信息化知识，借助“政府上网”、“企业上网”的契机，积极实施信息化人才培养工程。据统计，全市共培训各类信息化人才近2万人次，其中通过“双考”9000人，会计电算化4400人。2000年9月，开展了第一次“信息化宣传周”活动，深入机关、社区、学校，形成了浓郁的舆认氛围。1999－2000年解决计算机2000问题工作全面完成，保证了全市国民经济和社会生活的顺利进行。

“九五”期间，我市信息化建设由于认识不足和财力所限，信息化工作还面临许多问题：一是信息产业规模很小，占国民生产总值比重微弱；二是信息制造业发展滞后，服务业技术含量低，软件业启动困难；三是部门之间信息化建设发展不平衡；四是发展信息产业的观念不强，管理体制尚未完善。

二、指导思想、发展原则和规划目标

（一）指导思想

认真贯彻国家提出的“统筹规划，国家主导，统一标准，联合建设，互联互通、资源共享”的信息化指导方针，围绕我市“富民强市”的总体发展目标，继续大力发展现代化的信息基础设施和网络建设，积极推进各行各业的信息技术应用和信息资源开发，加快信息产业的发展步伐，以信息化带动工业化进程，促进全市国民经济持续发展和社会进步。

（二）发展原则

信息化建设是一项复杂宏大的系统工程，在建设过程中必须认真实行“统筹规划，协调发展；政府调控，需求拉动；以点带面，逐步推广；产用结合，自主发展；以法治业，加强管理。”的原则，从江都市情出发，必须坚持以下几点：

1. 主导性原则。信息化建设是社会系统工程，涉及范围广，必须由政府牵头，发挥统筹规划、统一协调、制订扶持政策等宏观作用，为信息产业的发展创造良好的环境条件，使信息化建设的规模和水平与本地国民经济和社会发展的需求相适应。

2. 先进性原则。积极跟踪信息技术和信息经济发展的新潮流，大力采用先进适用技术，具有一定的超前性，不搞低水平重复建设和落后技术的应用。

3. 实用性原则。面向应用，立足服务，建立一批与国计民生息息相关的信息系统，及时满足社会需求，使这些系统能直接或间接地创造出良好的社会效益和经济效益，形成信息化建设的良性循环。

4. 普及性原则。逐步使信息服务渗透到社会各领域，并按法规的有关标准操作、管理，通过汉化处理使信息的利用大众化。

（三）规划目标

“十五”时期，继续加大信息基础设施的投入，保持在扬州市的先进水平，重点建设全光网络、高水平信息平台和网络的互联互通，逐步建立一个覆盖全市的宽带综合业务网，实现网络的宽带化、智能化和个人化；信息技术的应用和信息资源的开发在全市各个领域取得明显成效；市政府基本实现内部办公电子化和对公众服务网络化，初步实现电子政务；信息产业得到快速发展，对经济增长的贡献率逐步提高，成为全市经济发展的新的亮点；信息化支撑环境大大改善和提高，形成较为完善的信息法制化、标准化和规范化保障体系。

主要指标：

——全市信息产业增长速度年均增长15%左右。

——信息产业增加值占全市国民生产总值8%左右。

——至2005年，全市电话主线普及率43线/百人，市区计算机普及率15台/百人，移动电话拥有量30万部。

——至2005年，全市因特网用户数10万，有线电视终端用户20万。

——信息产业从业人员占全部从业人员6%左右。

——电子商务占商务总比重为20%左右。

——信息基础设施投资占全社会固定资产投资30%左右。

——信息和计算机技术教育及人员培训达2万人次。

三、主要任务

“十五”期间，我市信息化建设的主要任务是：建设宽带化信息基础设施；积极培育和发展信息产业；推进政府、产业、社会公共服务以及社区的信息化，使我市的信息化建设水平跃上一个新台阶。

（一）继续建设宽带化信息基础设施

信息基础设施是信息化建设的必要条件，要坚持统一规划、统一标准、优势互补、加强管理，充分发挥电信、广电、移动、联通的优势，推进通信网、广电网、计算机网“三网融合”，建成覆盖全市的宽带综合业务网。

加大新改建江都传输网的力度，建设光缆的长度达7000芯/公里；逐步加快电话网宽带交换机的使用，至2005年，交换机容量达52万门；大量发展城乡以光纤接入为主、采用多种接入方式为用户提供多种业务的综合接入，建设150个左右光纤接入点；建成包括IP网络拨号服务器在内的拨号服务器端口数达10000个，DDN端口1400个；建设无线通信网络，力争建成基本覆盖全市的无线市话通信网；发展信令业务支撑平台和数字同步时钟支撑系统。

建设扬州地区第二移动交换机房，扩大移动电话的容量；加强标准化基站改造工作，实现全部统一规范；建成具有一定规模的移动通信传输网。

加快GSM网络基站建设，建成覆盖全市的联通移动通信网，发展移动通信（SIM卡）、IP卡、短讯通、股讯通、165上网等综合业务。

大力推进广播电视光缆网多功能开发，充分发挥信息高速公路的作用。完善市镇广电光缆网建设，建成数据网平台，开通党政机要通信、可视电话、会议电话和IP电话，开展VOD视频点播，实现高速因特网接入，提供广播电视信息数据库业务，实现计算机广域联网，为金融、公安、卫生、教育等系统提供综合服务，为用户提供电子商务服务。大力发展有线电视，实现全市“组组通”、80%左右行政户都安装有线电视。积极推广调频共缆传输和广播电视双入户，采用数码控制调频音柱安装到村、到组。

（二）进一步增强信息产业的竞争力

我市信息产业基础薄弱，规模偏小。“十五”期间，要适应市场需求，加快产品结构、组织结构和市场结构调整，大力开发新产品、新技术，逐步形成软件产业雏形，积极发展信息服务业。

1.提升信息产品制造业水平。以经济结构调整为契机，以市场为导向，企业为主体，产品为中心，大力发展电子信息工业。以江佳、邮电电缆、兰都集团、有线电、中惠电子、华达电源等重点企业为龙头，扶持已有的优势或特色产品，加大技术投入，加快传统产品的更新换代，广辟项目源，加快项目实施力度，培育新的增长点，开发适应经济信息化需要的技术和产品。发展的重点是现代通讯设备、新型电气元器件、微电子及基础元器件、邮电电缆、计算机线路板等产品，努力开发显示主叫号码话机、显示计费话机、数字话机、双绞线等产品，提高产品的技术水平和生产规模，大幅度提高产品的市场占有率。

2.发展以应用为主的软件产业。以江都科技经济合作交流中心为龙头，电大、党校、工校为骨干力量，与高等院校、科研院所联手，面向机关、企事业单位，大力开发实用性应用软件，重点发展数据库管理系统、网络平台和办公自动化为主的应用软件，并建立起一套完善的产品销售及售后服务的经营体系；适时创建科技试验园区，促进科技与经济的结合；鼓励和创立一批面向不同应用领域的软件公司，促使其形成规模，基本形成全市软件产业的雏形。

3.积极发展信息服务业。积极培育和发展信息服务业，提高其在信息产业中的比重，逐步形成服务主体多元化、服务方式多样化、服务内容系统化的信息业服务体系。

大力发展电子信息服务业，扩大计算机应用领域，形成以网络开发、系统集成、数据库服务、信息系统维护等高智能的新兴服务行业。充分利用江都科技经济合作交流中心的优势，加快信息资源的开发和信息技术推广应用，开展网页制作、应用软件开发、信息人才培训等多项服务，建立健全技术服务队伍。通信服务着重开展网络接入、自动声讯、可视图文、语音信箱、电子信箱、传真信息服务，提供宽、窄带数据传输；广播电视发挥有线电视频率资源丰富的优势，开办图文电视、因特网接入，使广大用户能及时接收到大量的时事、农业、科技、商品、医疗保健、就业、天气预报等信息，促进信息的大众普及，实现信息资源的充分共享。

加快信息咨询服务业的发展，积极培育信息市场，搞好信息资源的开发利用，提供政府部门、企业、农村、家庭、个人所需的各类信息服务。鼓励部门、大中型企业和民营企业兴办各类信息服务机构，积极开展科技成果商品化的中介服务。同时，要加大力度发展工程、科技、商贸、法律、经济管理、统计、审计等各领域的信息咨询服务，促进信息服务社会化和市场化。

积极开拓信息服务的新领域，开展电子邮件、远程教育、远程医疗、电子购物、网络广告、家庭娱乐等方面的信息服务；发展面向用户单位的信息系统集成应用服务业，培育一批为经济和社会发展提供应用服务、网络供应、网络接入服务的企业群体。

（三）推进信息技术在国民经济重点领域的推广应用

信息技术在经济社会各个领域具有很强的渗透性，发展潜力很大，特别是信息网络已成为经济和社会活动中最重要的基础设施。今后，应把信息技术的推广应用作为主要的着力点，积极推进我市工业化和现代化进程。“十五”期间，在我市国民经济重点领域实施六大系统工程建设。

1. 电子政务信息系统工程。按照统一规划、联合共建的原则，进一步完善和提高“政务信息网”，建设全市政务部门信息共享平台，做到资源共享；大力开发和利用各部门的管理信息系统，建立各类基础数据库和综合业务数据库，初步形成网上辅助决策、管理和分析信息系统。

建设“政府公务邮件系统”，实现政府公文的电子交换，逐步推进无纸化办公。

全面推进政务信息和政策法规网上发布和咨询，建立和推广市民网上参政、议政信息系统，实现查询方便化、内容规范化、维护制度化。

建设网上政府采购信息系统，实现网上信息发布、咨询和招标。

2. 电子商务系统工程。加快企业开展电子商务的步伐，大力发展 B to B、B to C 电子商务形式，扩大网上成交规模，使网上交易、网上购物等有较快发展。

重点实施企业上网工程，力争到 2002 年实现 80%的企业上网，在网上树立企业、品牌形象，建立新型的商务管理模式。

开展电子商务试点，以点带面，逐步推广，选择我市具有较强优势的轻工、机电、纺织、电子、流通等领域的重点企业进行试点，力争到 2005 年，企业电子商务应用普及率达到 20%。

实施电子商务基础平台建设，建立电子论证中心和 IC 卡应用的统筹规划管理。规模大的企业可以建设自己的商务平台，中小企业可以联合建平台，网络企业可与传统企业结合建平台。

3. 农业信息系统工程。建立农、林、牧、渔、水利等行业信息系统，形成农业综合信息管理和服务体系，及时提供农业生产动态、农业灾情、农业科技、农产品信息，开展农业生产和水情等预测、监测、预报、预警工作，为宏观决策服务。积极创办我市有代表性的精准农业示范基地，推进农业信息化进程；引导农村专业技术协会建立网上农付产品流通交易所。

4. 工业企业信息化工程。进一步加快我市工业企业特别是机械、化工、轻工、纺织等制造业信息化步伐，大力推进企业在研发设计、制造生产、营销和管理等过程中，运用 CAD/CAM、计算机集成制造（CIMS）、企业资源计划（ERP）和企业网上销售与导购（BTOB）等技术和方法，提升生产和管理水平，在高新科技企业逐步引入知识管理，设立企业信息主管（CIO）制度。

5. 社会公共服务信息系统工程。重点推进在市区的劳动、教育、文化、医疗卫生等领域的信息化，逐步提高综合服务功能和文明程度。建立劳动就业数据库、劳动法规数据库、人才供需数据库和社会保险数据库；普及和加强校园网建设，建立各个层次、各种类型的网上学校，推进远程教育；搞好各级医院内部管理的信息化，市区医院全部实现联网，发展规范化的医疗和药品网上咨询及服务，逐步推进远程医疗；大力开发网上新闻宣传、电子报刊和电子图书馆，进一步提高公共信息服务水平。

6. 社区服务信息化工程。社区服务信息化是政府为民办实事的具体体现，通过计算机网络为居民提供多种社区服务项目，“十五”期间，在市区建成1~2个信息化示范小区。逐步建立和拓展社区服务网的信息服务功能，提供教育、医疗、文化娱乐等各种服务，大力推进和发展家庭上网。

四、主要措施

（一）加强组织领导

信息化建设涉及到国民经济的各个领域，是一个庞大的社会系统工程，是一项开拓性的事业。按照中央和省党政机构改革出台的方案，建议我市尽早组建新的信息产业主管机构，负责制订全市信息化建设发展战略、总体规划和分阶段实施方案，拟定全市信息化工作的有关具体政策，监督和检查规划、方案和有关政策的落实，组织重大信息工程和引导示范项目建设，协调全市各信息网络联机联网，加快信息市场体系培育。各镇、各部门都要建立信息化工作网络，明确分管负责人和信息工作员，负责组织实施本地、本部门的信息化具体工作，形成高效率的信息化工作组织网络。要强化对信息化工作的协调，及时研究部署信息化工作，协调解决信息化建设的有关问题，将信息化工作列入市目标管理，各有关部门要服从领导，顾全大局，通力协作，共同为我市信息化建设献计出力。

（二）制定优惠政策

对信息产业的发展，实行重点倾斜，主要通过财政、信贷、税收等经济手段来扶持其发展，努力创造宽松的外部环境。政府和有关部门要研究制定一套统一的管理规章和优惠政策，集中有限的资金、人力、物力投入到信息化建设的关键环节上。电信、广电、合作交流中心、联通等部门，从实际出发，制定相应的优惠条件，降低信息服务和使用费，鼓励企业、个人上网，开发应用网络资源。信息、公安、文化、工商、财税等管理服务部门，要加强对信息服务企业的行业管理，提供优质服务，保证其更快更好地发展。

（三）加大投入力度

信息化建设是一项投入大、周期长的系统工程，除市政府采取强有力措施给予扶持外，还需要各方面的关心和支持。对涉及到信息化建设的重大问题，在政府统一领导下实施。筹措全市信息产业发展基金，滚动使用，用于启动国民经济信息化的公益性工程，以及直接为市委、市政府决策服务的信息系统的投入。同时发挥社会各方面的积极性，按照谁投资、谁所有、谁受益的原则，走资金筹措市场化、社会化的路子，建立多元化投资体系。吸引上市公司投资信息化基础设施，在海内外招商引资参与信息化项目建设，鼓励私人资本投资信息产业。要努力提高投资效果，注意量力而行，突出重点，加强投资项目管理，防止重复和盲目建设。

（四）搞好宣传发动

提高全民信息化意识，大力普及信息化知识，是我市信息化发展的必要条件。要充分利用各种新闻媒体和宣传阵地，广泛开展多种形式、各个层次的信息化宣传和普及教育工作，营造全社会关心、支持和参与信息化建设的良好氛围，使信息化思想家喻户晓，深入人心。

（五）加快信息人才培养

推进信息化建设需要一支高素质的专业技术骨干队伍。要从正规教育、继续教育和外地引进等几个方面入手，多管齐下，加强信息化人才的培养和集聚。在中小学教学中，逐步开设计算机应用普及教育；对在职干部职工，要利用各种渠道，开展现代信息技术继续教育，开办各种层次和多种类型的应用培训；对大中专毕业中信息化专业人才，要积极引进，合理使用，同时制定优惠政策，引进高中级信息专业人才，逐步满足我市信息化建设的人才需求。

大丰市城市信息化发展规划及实施方案

一、引言

二十一世纪是信息化、网络化、数字化、智能化迅猛发展的新世纪，世界范围的新技术革命和经济全球化的浪潮，使世界各国面对新的发展机遇和挑战。而“数字化城市”是这股浪潮的潮头，也是历史赋予我们实现跨越式发展的绝佳机遇，将为加快实现现代化奠定坚实的基础。

数字化城市，也称为网络城市、智能城市、信息城市。“数字化城市”是综合运用GIS（地理信息系统)、GPS（全球定位系统)、遥感、遥测、动态监测管理和辅助决策服务的技术系统；它具有城市地理、资源、生态环境、人口、经济、社会等复杂系统的数字化、网络化、虚拟仿真、优化决策支持和可视化表现等功能。数字化城市的建设需要利用国家公用信息网络平台，以现代信息技术为基础，建成一个集城市规划、建设、管理和服务于一体的智能化信息系统，实现信息共享与应用，为政府、企业、公众提供及时、准确、有效的信息服务。

一些发达国家或地区90年代初就开始了“数字化城市”的综合建设实验。美国在1998年正式提出了“数字化舒适社区”的倡议，目前美国与日本已经建成一批“智能化生活小区（数字社区)”的示范工程，在美国大约有50个城市正在建设数字化城市；新加坡政府提出了“智能城市(数字化城市)”的设想，并在积极实施。全球信息化的热潮正在影响并推动着中国城市数字化建设的步伐。

数字化城市通常包括五个方面的支撑点，第一是信息基础设施，它是城市获取信息的基本能力。每个城市必须根据自身特点和发展方向，做整体思考。第二是城市基础数据库。一个城市的数字化程度，从源头上取决于城市基础数据库的容量、速度、便捷性、可更新能力和智能化水平，至少包括数字人口、土地、交通、管线、经济管理等内容。第三是电子政府和城市信息安全。电子政府能提高政府工作效率，提升施政水平，优化服务功能。同时，也是提高政府透明度和有效监督的重要工具。第四是全方位的电子商务框架。电子商务系统的全方位、多等级和虚拟化建设，将具体体现未来城市发展的活力。第五是城市交通系统的智能化。城市智能交通系统是GIS、GPS和遥感等技术的有机结合。

“数字化城市”不是一个纯技术的概念，它与“园林城市”、“生态城市”一样，是对城市发展方向的一种描述，是信息技术、网络技术渗透到城市生活各个方面的具体体现。“数字化城市”意味着城市管理和运行体制的一次大变革，从而为城市可持续发展和调控管理提供了有力的工具。此外，“数字化城市”还将更好地体现出现代城市“信息集散地”的功能。城市功能全面实现信息化，将促进城市人居环境的改善和可持续发展。

由于各地对于“数字城市”的理解和认识不尽相同，作法和效果也相异。有的重在基础地理信息的获取和处理，有的重在虚拟决策，建设部提出“城市规划、建设、管理与服务的数字化工程”。我们认为将数字大丰理解为信息化大丰比较合适。

所以，在数字大丰工程中，应当执行中央的信息化方针，以信息化带动工业化，改造传统产业；逐步建设信息系统，首先规划和建设急需的数据库，支持数字大丰工程的启动和运行，支持全市经济与社会的现代化建设。运用市场机制，积极发展软件产业，统一规划，资源共享，稳步推进。

随着城市化、信息化进程日益加快，城市急需变革，运用科学、整体、系统的思维来营造现代化城市已成为时代发展的必然，信息化将成为21世纪新型城市的基本特征。加快信息化建设是城市自身发展的需要，也是城市实现跨越式发展的重要途径。

大丰市位于江苏省中部，长江以北，黄海之滨。全市总面积2367平方公里，总人口72万。

辖17个镇、一个经济开发区和一个港口经济区。

大丰历史悠久，成陆于两千多年前的春秋战国时期，曾以产盐而名闻遐迩。大丰人文荟萃，是中国四大古典名著之一《水浒》作者施耐庵的故里。大丰自然条件优越，属北亚热带海洋性季风气候，四季分明，日照充足。大丰生态环境优美，是中国第一家“生态建设示范市”和国家社会发展综合实验区，境内建有世界上最大的野生麋鹿保护区。

大丰地处中国东部沿海开放带，属上海经济区，受长江三角洲经济圈辐射，经济发展的区位优势十分突出。这里与中国最大的城市上海和江苏省省会城市南京相邻，铁路、高速公路穿境而过，南京禄口机场和盐城机场近在两侧。被国家交通部列入“九五”规划的万吨级泊位的大丰港现已开工建设，建成后将成为一类口岸，直接通航韩国、日本、香港等国家和地区。

大丰素有“金大丰”的美誉。对照《中国小康标准》，大丰已于1997年全面进入小康，现正全力向基本现代化迈进。纺织、机械、食品、轻工、化工是大丰工业经济的五大传统行业，有近千家企业，其中森威、大力、泰和、银都、丰山等三十多家企业属国家大中型企业，微小型空压机、自行车飞轮、旋耕条播机、床上用品、布绒玩具、龙虾等十多只产品产销和出口量在中国同行业中名列第一。

目前，大丰市正在着力培植绿色食品、新型材料和生物工程三大新兴行业。大丰资源丰富，物产众多。境内海岸线长达112公里，滩涂面积10万多公顷，其中已围垦3万多公顷，极具开发潜力。盛产粮食、棉花、油料、蚕茧、水果等经济作物，鸡、鸭、鹅、猪、羊等家禽家畜，鱼、虾、蟹、文蛤、鲜蛏等海淡水产品。大丰有6大类100多种产品远销美国、日本、韩国等四十多个国家和地区。经济建设的快速发展，促进了社会事业的全面进步，使大丰人的生活越来越多姿多彩。

近几年来，大丰市委、市政府高度重视信息化建设，1998年7月建成了国际互联网大丰信息港，1999年6月建成了市级机关局域网，2000年建成了大丰电子商务平台，2001年建立了100多个网站，电子商务已经开始起步，信息化进程不断加快。

二、指导思想与原则

（一）指导思想

按照“统筹规划、国家主导、统一标准、联合建设、互联互通、资源共享”的方针，在国家、省和盐城市信息化建设规划的指导下，紧紧围绕《大丰市国民经济和社会发展第十个五年计划纲要》所提出的国民经济和社会发展总体目标，把信息资源开发利用作为信息化建设的核心内容，高起点、高标准地加快信息基础设施建设，加快发展信息产业，大力推进电子商务、电子公务和电子政务，加快城市信息化建设进程，以信息化带动工业化，发挥后发优势，实现社会生产力的跨越式发展。

推进数码城市建设，必须坚持以下指导思想：

一是要处理好统一规划与鼓励竞争的关系。要统一规划，打破地区间、部门间的分割。尽快形成统一的信息网和信息源。要按照市场经济规律，充分调动企业、政府和家庭等各方面的积极性。

二是要处理好营造环境与运作项目的关系，重视为信息人才营造环境。在信息化建设过程中，需要运作项目，但环境营造更为重要。信息化的推进引发了信息人才自由流动的进一步增强，如何引进并留住人才，已成为信息化建设的关键。一方面要留住自己培养的人才，使他们能充分施展自己的才干；另一方面要积极吸引大丰人回乡创业。在这方面我们要下大力气营造良好的创业、创新环境。

三是要处理好基础设施建设与信息资源开发的关系，重视信息资源的开发。一方面我们要整合现有的信息资源，通过信息技术、网络技术，实现共享，提高价值；另一方面，要关注信息资源的开发和建设。

四是要处理好典型示范和整体推进的关系，坚持示范先行、整体运作。在信息化过程中，政府应率先实施信息化，推进电子政务，在互联网络平台上实现政府资源、企业资源、社会资源和中介服务资源的整合，为企业信息化和家庭上网提供全方位的数字化服务。

（二）建设原则

1. 全面规划，整体推进。

以总体规划为指导，调动全市各部门、各行

业积极性，发挥联合优势，把各部门、各行业、各单位的信息化作为一个有机整体来共同建设，推动全市信息化工程的建设。

2. 政府主导，市场驱动。

信息化建设是一项社会系统工程，必须以政府为主导，协调各种关系，使建设规模、水平同我市经济和社会发展的需求相适应，同时，培育和发展信息市场，建立良好、公平的竞争机制，充分发挥市场的作用，调动各方面的积极性，吸引各种渠道的资金投入，保证信息化建设的经济和社会效益。

3. 联合建设、有序竞争。

重大信息化建设基础工程实行全社会共同参与，根据谁投入、谁收益的原则联合建设。在公平有序的前提下，加强宏观调控，择优扶持，适度竞争，推动技术进步，提高服务质量。

4. 互联互通，资源共享。

在确保信息安全的前提下，打破部门和地区界限，实现各类信息资源的互联互通，促进资源共享。

5. 规范管理，协调发展。

在信息化建设的进程中，必须坚持建设与管理并重，通过加强法制建设，促进规范管理，规范市场行为，保证信息化建设有序、健康地发展。

近几年来，大丰市委、市政府高度重视信息化建设，1998 年 7 月建成了国际互联网大丰信息港，1999 年 6 月建成了市级机关局域网，2000 年建成了大丰电子商务平台，2001 年建成 100 多个网站，信息化进程不断加快。

三、数字大丰总体框架

数字大丰通过宽带信息网络、数据库系统和地理信息系统等基础平台，整合全市信息资源，建立电子政务、电子商务等信息系统和信息化企业与智能社区，实现国民经济和社会信息化。

数字大丰的基本功能是整合设施，优化配置，共享资源、发展经济，稳定社会，服务党政军民，满足人民需求。在数字大丰框架中，政府信息化是龙头，企业信息化是重点；平台是基础，应用是先导；电子商务位于系统的中心，智能交通和智能社区紧伴两翼，安全保障倍受重视，科技教育和资源环境加大政府投入，文化娱乐和信息服务增长强劲；海洋开发管理和环境保护特别重要，农业农村信息系统具有特殊地位。他们既运行在公用信息平台上，又形成各具特色的业务平台，依托区域网络和区域地理信息工程，遵循政策法规和技术标准。数字大丰建立信息资源管理中心，实现信息共享与交换，支持多种服务与决策。其总体框架如图 1。

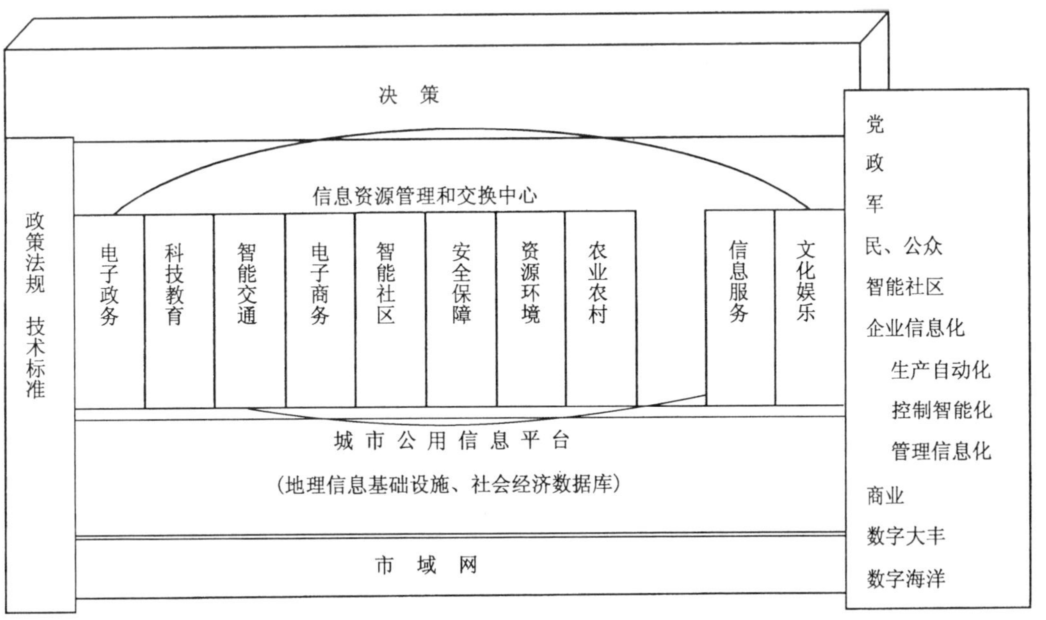

图 1　总体框架

城市公用信息平台在市域网上运行，包括数据库管理系统、地理信息基础设施、社会经济基础数据库等。数据和系统的标准化与规范化是数字大丰工程的基础，是保证信息交换与共享的重要前提。

四、数字大丰数据系统

数字大丰数据系统是公用信息平台上的数据获取、更新、处理、存储和应用系统。系统基于C/S和B/S结构。其总体设计如图2。

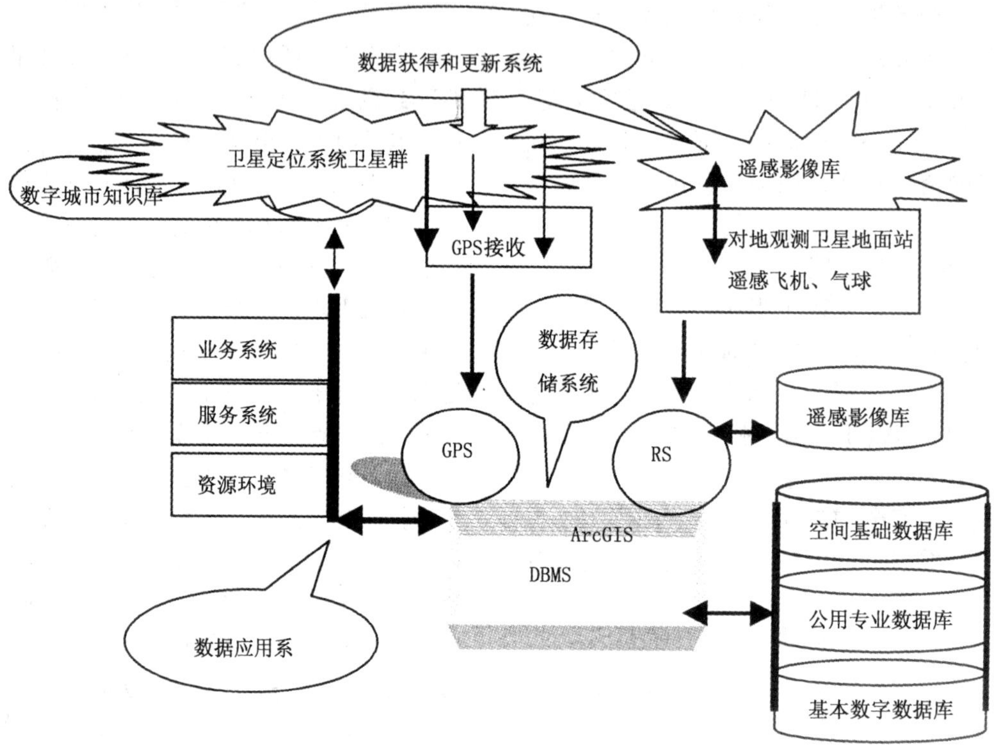

图2　数据系统

只有根据区域的实际情况和有效需求确定更新的周期、更新的办法、管理的措施，建立合理、健全、符合市场经济规律的数据更新机制，才能确保投入和产出的良性循环。各行业工作系统是数据更新的基本途径。同时，运用机载数字遥感系统和卫星等遥感系统RS、卫星定位系统GPS和调查测量工作使系统获取和更新数据；使数字大丰工程具有准实时数据。

数据库体系是数字大丰工程的核心，包括共享数据库、行业数据库和元数据库等。共享数据库又包括基础空间数据库、基本数字数据库和公用专业数据库等。

行业数据库包括区域内各行业的数据库，是市直各单位、企业信息化工作的重点。

应用体系包括多个子系统。按用户性质，可以分为政府应用、企业应用、公众应用和商业性应用四个大类。

组建城市信息资源管理和交换中心，拟定技术标准和各种规范，对各类本地数据库提供支持并进行协调，负责基础数据库的数据交换。由于空间数据结构复杂，管理和交换的难度较大，必须制定空间数据转换标准，实现空间数据共享。

加强信息基础设施建设。“信息基础设施”指获得、加工、存储、分布区域数据及推动其发展所采用的技术、政策、标准和人才资源。“地理空间数据”指能确定在地球上的地理位置、自然属性、建筑及边界特征的信息。“数据交换中心”是一个联结数据生产部门、管理部门及用户的分布式网络系统。地理空间基础数据框架包括下列数据：

1. 地测量控制数据：包括控制点名称、编号、经纬度、高程和海深；

2. 通骨干数据：包括公路层、铁路层、水运中心线、航道、港口、桥梁等；

3. 水文数据：包括河流、海洋数据；

4. 行政单元：包括市、镇行政边界线和代码等；

5. 地籍数据：包括宗地产权、产籍、土地利用等；

6. 规划红线数据；

7. 地名数据；

8. 地上建筑物数据；

9. 地下数据：地下基础设施、地质状况。

在上述基础框架上，规划、土地、交通、建设、水利、海洋、农业、电力、通讯、旅游、生态、抗灾、金融、税务、商务和政府、企业、社区、楼宇等专业用户登记和编辑各自的专题数据及属性数据，构建行业（包括空间数据）数据工程。

信息（包括空间数据）基础设施和行业（包括空间数据）数据工程一般优先考虑并组织实施，而且，标准先行。

五、总体目标与工作重点

（一）总体目标

——建成覆盖全市、联接全国、通向世界的高速通信网络；

——计算机得到广泛普及和应用，城镇居民家庭计算机普及率达30%；

——各种信息服务在社会各领域全面形成社会化服务体系；

——信息资源得到大力开发，形成较为完善的信息保障体系；

——造就一支信息化专业人才队伍，全市受过计算机和信息技术教育培训的人员占总人口的15%；

——网络和信息技术得到广泛应用，市、镇政府部门95%以上上网，企业上网率达98%以上，信息技术广泛应用于企业的生产、管理和信息交流；

——信息产业的增加值占全市GDP的5%，成为国民经济支柱产业之一。

（二）工作重点

“数字化城市”提供了全新的城市规划、建设、管理与服务的决策和调控手段，要提高大丰城市综合竞争力，必须全面推进大丰城市信息化。其工作重点是：

1. 着力推进政务信息化建设。重点抓好“五网一库”工程，即市级机关政务信息专网工程、公众信息网建设工程、部门局域网与办公自动化工程、网上虚拟政务大厅工程、专业网建设工程、城市地理信息系统库工程。推动信息资源开发利用，整合全市分布在土地、规划、环保、统计等各部门GIS资源，使其发挥的效益最大化。继续完善由信息基础设施平台、信息处理公共平台和信息应用公共平台组成的城市信息化框架体系。

2. 进一步突出信息基础设施的先导作用。高起点高效益的建设一个完整先进的信息化基础网络，继续推进宽带传输进楼入户，大力推进CDMA移动通信网的建设。以信息资源的开发利用为核心，由政府引导建设一批基础性和公众性资源数据库，利用政务信息专网实现政府信息资源交换和共享，加快发展数字图书馆、网络新闻信息、历史文化信息、地理空间信息等系统，以应用促发展，全面推动城市数字化。使我市的信息通信网络规模容量、技术层次和服务手段及水平居于县级城市前列。

3. 继续大力推进信息技术在企业的应用。为了在管理上取得竞争优势，很多企业已经开始意识到必须以先进的信息技术为手段改造传统产业，使企业在降低生产成本、提高产品质量、保证交货周期这三要素上作出实质性的改进，提高企业的核心竞争力，才能使企业在当前全球经济一体化的大背景下立于不败之地。企业资源管理系统（ERP）正是有效改进这三要素的最佳手段！企业信息化整体解决方案的目标，是利用信息技术与管理技术的结合，为企业从产品设计到营销、供应、生产，从客户资源到供应商资源，从企业宏观战略到企业微观控制活动，提供全方位的信息化管理应用服务。使企业从物流、价值流、信息流、工作流实现和谐运作，缩短企业产品交货周期（Time - T）、提高质量（Quality - Q）、降低成本（Costing - C）、及时服务（Servics - S）、优化环境（Environment - E）的特性，增强企业市场竞争能力。企业实施信息化的目的在于提高企业的效益，大秀计算机（上海）有限公司认为：软件产品是先进管理思想及模式的载体；企业之“魂”是企业自身的核心竞争特点；管理机制是企业配套的管理体制和方法。三者的有机结合，才能为企业带来现实的效益。在21世纪生产与贸易全球化的今天，每个工厂都处于整个世界的激烈竞争之中。要想在竞争中立于求败之地，首先要有高生产率。而其中高生产率的前提就是要有高的计划处理效率。有重点地选择一批规模企业作为ERP试点，以提高大丰制造业的国际市场竞争。

4. 不断推广信息技术在全社会的应用。积极创造良好环境，大力发展电子商务，大力培育网络服务商，提高网络覆盖面，积极发展电子商务、网上招商、网络广告等网络服务。要用现代技术和设备武装信息咨询企业，鼓励信息咨询企业走联合发展的道路，形成集科技人员、管理人员、专家学者于一体的具有雄厚咨询力量的顾问队伍和智力服务网络，建成比较发达的、结构合理的、现代化的信息服务体系。建设面向政府和公众的公益型数据库体系和面向微观经济活动的商用型数据库体系，形成系统完善的信息收集和发布机制。

六、信息化建设的主要内容

（一）基础设施

1. 建设目标。

以现代通信计算机技术为基础，到2005年建立一个覆盖全市的宽带综合业务数字网（B-ISDN），实现网络的宽带化、综合化、智能化、个人化，连接电信网、广电网、计算机网及各部门的局域网、城域网，形成统一的地区性信息高速公用互联传输网。

2. 建设内容。

建设宽带大容量信息平台骨干先导网（SDH+ATM），提供100个网络端口，10%的电话用户和数据用户使用光纤网接入，提供可满足1万个用户和40个大中型数据库（局域网、城域网）接入的能力。建设光纤接入网，把光纤建设范围延伸到小区、路边、大楼和村庄，使客户光纤接入业务覆盖率达到80%；扩展主干通信平台，延伸至各镇，增加宽带交换机容量，交换机端口数达0.4万个，主干通信速率达到622MATM，可为2～3万用户提供多媒体服务，初步实现与全国大中城市信息港的联网。

广播电视向数字化方向发展，覆盖面进一步扩大。在较短时期内实现模拟传输向数字化传输过渡。逐步将有线电视网改造为双向非对称交互式数字网，最终在全市范围实现网络设备和用户设备数字化。将有线电视网建成一个集传输数据、语音、视频诸功能为一体的信息化平台。发展数字音频和数据广播业务，广播电视混合覆盖率达100%。

在完善和改造现有电信、广电网络的同时，逐步实现“三网融合”。建设一批宽带信息化小区。

（二）互联网络中心

市信息网络互联中心依托市经济技术信息研究中心建设，在市信息化工作领导小组办公室直接指导下开展工作。统一管理全市的信息资源；协调、监理全市各部门公用通信网络和专用信息资源网的建设；本着资源共享、利益共沾的原则，综合各方信息，开展信息增值服务；逐步实现各应用系统互联。

（三）应用系统工程

1. 党政部门信息系统工程。

建设和完善党政机关办公自动化和信息管理系统，实现政府主要职能部门网络的互联，构筑全市党政系统数据光纤专用网，加强机要通信网和计委系统纵向网建设。实现市政府、镇政府及市部、委、办、局计算机联网运行，在保证安全的前提下，做到全市分层次共享，资源充分有效利用；网络外的信息交流能联接国家和省的政务和经济信息系统、市内非经济信息系统及重要的国际信息机构。

2. 社会公众信息系统工程。

该系统面向社会公众，以数据库和联机检索系统为依托，利用网络服务平台，改善社会公众信息，提供教育、娱乐、购物、旅游、交通等信息服务。

3. 农业信息系统工程。

建立农业信息中心，实现市、镇、村三级农业信息微机联网。广泛收集本地区种植业、养殖业、农副产品加工业、农副产品市场等方面信息，预测市场，并向网上输送，推动市农业结构调整，促进市场化、外向化、现代化农业的发展。

4. 工交与工业产品信息系统工程。

以服务于行业转变职能、培育发展市场体系为主要目的。采用全国统一的企业基本指标体系，从重点企业的生产流通信息开始，逐步建立不同层次的面向全市企业与产品的数据库，实现产品供求、价格、运输、仓储信息和资金结算网络化，并将各行业的信息资源优化、互联共享，与国家、省联网。组织企业上网，发挥网上招商、网上贸易等电子商务功能。

建设交通运输、安全监控、电子数据交换信息系统，为提高全市的综合客货运能力服务。

5. 金融信息系统工程

建立和完善金融网络系统。建立以市人民银行为主，联接市各国有商业银行的城市网按照现代化支付系统的总体设计思想，实现金融业务电子化，主要业务处理网络化。

6. 财税信息系统工程

建成并完善市级财政计算机网络系统，实现以财政预算管理系统、预算外资金管理系统、企业财会信息管理系统、办公自动化系统为主的计算机网络管理，实现与部、省、市政府以及税务、银行等部门的联网。

以实施“金税”工程的推广高平台软件为切入点，加强网络建设，构建全市税务系统广域主干网，建立收征管信息、增值税专用发票交叉稽核和增值税专用发票防伪税控系统，加大监控力度，实现税务管理现代化。

（四）信息资源

把信息资源的开发利用作为建设的核心内容，抓好宏观经济决策、工农业生产、科技教育和社会生活各个领域的信息资源开发，推进信息产业的发展，提高信息化建设的服务水平。

1. 建设目标。

建立与社会主义市场经济相适应，以市场需求为导向，基本覆盖国民经济和社会发展各个领域的公用信息数据及其相应的电子网络服务体系，为政府和公众提供高质量的信息和咨询服务，促进对外交流与合作，加速我市社会经济信息化进程。数据库系统以联机服务方式为主，与声讯服务、交互式电视服务（有线）、无线信息播发及图文电视服务等多种方式并存。专业电子网要做到诸网互联，资源共享。

2. 建设内容。

（1）党政部门信息资源。

①宏观经济信息数据库。由市计委、信息中心、统计局牵头，主要提供全市国民经济及社会发展状况、经济预测和监测、工业景气分析等方面信息服务。

②法律、法规和政策信息数据库。由市法制局牵头，主要提供国家、省和市及部门的法律、法规和行政措施，包括产业政策、结构调整等方面信息服务。

③固定资产投资项目信息数据库。由市计委牵头，主要提供全市固定资产投资项目的规模（投资总量、行业结构、地区分布）和效益及投资项目的执行和完成情况等方面信息服务。

④人才信息数据库。由市人事局牵头，主要提供人才引进、人才需求、大专院校毕业生供需、人才交流和智力资源开发等方面信息服务。

⑤国土资源信息数据库。由市国土局牵头，主要提供土地资源、土地利用等方面信息服务。

⑥城市建设信息数据库。由市规划建设局牵头，主要提供市政工程、房地产、建筑工程、城市绿化等方面信息服务。

（2）社会公众信息资源。

①公共信息数据库。由市电信局、广电局牵头，向社会公众提供文化、教育、娱乐、购物、旅游、气象、交通等信息服务。

②影视节目信息数据库。由市广电局、文化局牵头，发展交互式电视系统，提供影视点播、卡拉 OK 点播和可视图文等信息服务。

（3）农业信息资源。

①综合农情信息数据库。由市农业局、林牧局牵头，提供农业生产、农村合作流通、农产品市场、农业生产资料等方面信息服务。

②农业科技推广信息数据库。由市农业局、林牧局牵头，提供土壤改造、农业生产流程改进、选种育苗、多种经营、农业产业化等方面最新科技信息服务。

（4）工交与工业产品信息资源。

①企业和产品信息数据库。由市计委、经委牵头，建立覆盖全市各类企业和产品大型动态数据库，主要提供企业基本情况、产品供求状况等信息服务。

②技术监督信息数据库。由市技术监督局牵头，主要提供组织机构代码、产品标准化、产品认证、计量、质量监督、国内外标准题录等信息服务。

③交通运输信息数据库。由市交通局牵头，提供水、陆、空客货班次、运量、交通安全、交通监控等方面信息服务。

（5）金融信息资源。金融信息数据库系统。由市人民银行牵头，提供国内各金融机构、金融资产负债及损益变动情况，人民币利率、外币利率、汇率变化情况，国内各主要证券、期货交易市场行情，国内资金拆借与调剂行情，世界主要金融市场动态等信息服务。

（6）财税信息资源。

①财会信息数据库。由市财政局牵头，，提供有关财政法规、制度等方面的信息咨询服务，公证性会计、审计业务服务。

②国有资产信息数据库。由市国资局牵头，开展对全市企事业单位有形资产、无形资产评估，为盘活国有资产的存量提供信息服务。

③税务信息数据库。由市国税局、地税局牵头，主要提供税务法规、税务征管等方面信息服务。

（五）信息产业

1. 信息工业。

要创造条件，努力开发新一代高科技数字视听产品，集中力量开发生产计算机和通信类产品（包括配套零件），发展以专用集成电路为中心的微电子元器件和新型关键元器件。

（1）消费类产品：积极发展以数字技术为基础的新一代数字音像产品。

（2）基础类产品：积极发展新型片式元器件、传感元器件，积极发展微机、光纤通信、各类终端设备的关键配套和组件。

（3）投资应用类产品：重点开发数字电话、光纤通信、网络配套产品等。大力发展软件产业。积极吸引外地软件公司进入本市，开发生产商品化应用软件。

2. 信息服务业。

积极培育和发展信息服务业，提高其在信息产业中的比重。建立完善的宏观经济分析、预测、监测信息服务系统，为政府宏观经济决策提供准确、及时的信息服务；建立社会公众信息服务网络，提高实用性和时效性，为企业和社会提供高质量的信息产品；建立、健全信息市场体系，积极培育各类专业信息市场，增加有效需求，改善服务水平，提高使用效率。逐渐形成服务主体多元化、服务方式多样化、服务内容系统化的信息服务体系。

（1）网络通信服务业。电信、联通、广电等拥有电信通道和光缆网络等方面的优势，在提供各类信息平台、做好信息技术服务的同时，更多地开展自动声讯、可视图文、语音信箱、电子信箱、电视电话、电视点播、计算机通信等信息服务的社会化程度，实现信息资源的充分共享。

（2）信息咨询服务业。加强经济信息系统建设，发挥经济信息网络的作用，面向政府、面向企业、面向社会提供信息咨询服务。

（3）计算机应用服务业。大力发展计算机应用服务业，提高电脑普及水平，扩大应用领域，形成以网络开发、系统集成、数据库服务、信息系统维护、增值网、数据处理等高智能的新兴服务行业。

（六）信息技术

加强计算机辅助设计技术（CAD）、计算机辅助制造技术（CAM）、计算机集成制造系统（CIMS）、ERP、管理信息系统（MIS）等技术的推广应用。通过应用现代信息技术，为信息产业和信息化基础设施建设提供技术支持。结合我市实际，要在光纤通信技术、多媒体技术、网络管理技术、数据库技术、计算机应用技术等关键技术方面，加强应用研究，广泛引进先进技术，推动我市信息产业的快速发展。应用信息技术改造和提升传统产业，在传统工业占主体的大丰有着极其重要的现实意义和深远的历史意义。一是充分运用现代化信息技术，改造生产工艺，实现生产过程自动化。二是以企业上网为契机，促使企业生产管理高效率。三是充分利用网络资源，推进企业运行市场化。

（七）网络应用

进一步推进“政府上网”和“企业上网”工程，充分利用互联网这一先进的生产力，广泛应用于国民经济和社会生活各个领域，大力开展电子商务、电子公务和电子政务，推进城市信息化进程。

现代化的数字城市，必然要形成遍布各行各业的计算机应用系统的有机结合体，要着重抓好三个方面。

1. 电子政务。

我国正在把政府职能转变到经济调节、市场监管、社会管理和公共服务上来，继续理顺政府部门的职能分工，防止有些事情互相推诿和无人负责。认真贯彻依法治国方略，坚持依法行政，从严治政，进一步改革和减少行政审批，必须审批的也要规范操作，简化程序，公开透明，明确责任，对此，国务院已作出部署，各个地区、各个部门正认真贯彻落实，加快政府管理信息化建设，推广电子政务，提高工作效率和监管的有效性。

电子政务建设“三网一库”，即办公业务网、办公业务资源网、公众信息网和办公业务信息资源数据库。“办公业务网”，也叫内网；要求公文、信息、值班等工作实现数字化和网络化。“办公业务资源网”，也叫专网；是一个高速网络平台，以适应多媒体信息等不同应用的需要，实现无纸化传输，电子认证、电子印章、数字签名等。“公众信息网”也叫外网，发布政府信息，为企业、民众和社会服务。“办公业务信息资源数据库”建设是一项基础性重要工作，是系统建设的核心内容。在数据库建设中紧贴市委、市政府领导的需求，根据当前和一定时期内的工作重点，紧紧抓住领导所关心的问题，如项目推进、招商引资、对外开放等重大问题，有计划地建立专题并提供个性化服务。在统一规划的基础上，积极采取统一的数据格式、统一的服务规范、统一的工作规程，为今后开发和利用提供便利。系统的开通，将会大大提高公文运转速度，提高办事效率。

安全保密是政府系统信息化建设的核心问题。随着计算机网络建设的发展和网络应用的不断拓展，国外国内的一些互联网站被黑客攻击的事件频繁发生，我们建立的专网、内网必须采取安全措施，必须在物理上与国际互联网隔离。即使这样，也还要密切监控，防止出现漏洞。首先要有安全的意识，增强保密观念，从思想上树立起一道安全屏障；二是建立完备的管理制度，严格操作程序，加强网络设防，采取严密的保护措施；三是研究、开发先进的网络安全技术，加强与有关部门的合作，以适应新技术的要求。

政府不仅要为数码城市建设提供良好的发展环境，而且应加快自身信息化建设，为社会信息化起到带头和示范作用。目前，许多市级政府部门和乡镇政府在互联网上开设了窗口，对外发布信息，但发展不平衡，有的单位还没有建立网站。2002 年年底前全市所有政府部门、市直单位、群众团体、各镇政府都要建立网站，通过互联网发布信息，介绍投资环境和办事程序。2003 - 2004 年，市政府各部门和各镇政府必须联合开展网上办公，以统一窗口为公众提供“一站式”的政府网上服务，提高政府管理与服务的效率。为此，要加强网络的互联互通和资源的共享。要建成市级政务海量数据中心（IDC），集中存储、统一备份、按密级分类交换和共享党务、政务、经济、统计、人口、社保、医疗、卫生、工商、税务、城管、交通、地理空间及社区监控等政府各部门的管理及服务信息。政府数据库在不影响安全、不泄密的前提下尽可能向公众开放。

2. 电子商务。

商务是交易，是匹配，是最终目的；电子是渠道，是手段，是基础设施。电子商务的发展导致社会分工的细化，做商务的传统企业依赖社会专门的“电子”平台而专注于自己的业务发展；做“电子”的专注于建立“商务”的电子交易基础设施，使信息技术的开发、投入能够充分发挥作用，形成电子商务产业，同时也带动信息产业，使网络产业和软件产业形成规模，规范发展。

电子商务运用互联网技术来转变与客户、供应商、合作伙伴和员工的相互作用方式，提高业绩。电子商务涉及 CA 认证、安全配置、支付手段、物流配送、网络平台、法律环境以及相关基础设施和协同工作体系等环节；本着联合共建的原则，联合、汇聚、整合金融机构、管理部门、相关产业等各方面的力量和优势，通过与金融机构合作，建立金融 CA 认证中心并改进、增加各种支付手段；引入高强度加密算法并在实际应用中提高支付的安全性；建立一批重要企业参加的物流配送体系；采用会员制方式，以“城市电子商务规则”（契约性文件）作为仲裁依据，建立相关的法律环境；在有关方面支持下建设互联网络环境；建立协同工作体系和相关基础设施等。

电子商务是产业信息化的关键。政府主要是建立一整套有利于电子商务发展的政府环境、法律法规环境和一个能让使用者具有安全感的网络交易环境，以增强企业及消费者对电子商务的安全性有信心。要选择商贸、制造等领域的企业开发 B2B、B2C 等多种形式的电子商务试点示范工作。推进企业上网工程，引导企业信息向网络营销和电子商务发展。2002 年全市 80% 的企业要建立网站，通过网络宣传和推广大丰产品，逐步开展电子商务。加快推广 CAD、ERP 等先进技术，继续实施制造业信息化示范工程。加强企业信息化培训，举办企业信息主管（CIO）培训班。理论与实践相结合，总结信息化试点企业典型经验，发挥示范和推广作用。

3. 电子公务。重点抓好九大骨干应用系统工程建设。①金融信息系统工程。全面建成人行、工行、农行、中行、建行、邮储等金融机构的计算机网络，建成统一的数据中心。②工商、税务信息系统。建成全市统一的工商行政管理业务数据库，各工商所与市局联网，实现全市工商系统信息资源共享。完成“金税”工程，完成地税骨干网建设。③农林水利信息系统工程。继续推进农业信息“进村入户”工程，深入开展网上农产品交易。全面整合水情信息采集系统，完善已建的防汛指挥决策支持系统，建设水利基础数据库。④科技信息系统工程。建立技术产权交易信息数据库，建设综合科技数据中心和网上高新技术及产品信息、技术产权网上交易中心。⑤教育科研信息系统工程。继续推进“校校通”工程，加快网上招生、网上学籍管理、网上远程教育等系统建设。要突出抓好数字化、网络化教学软件、课件的开发和建设。⑥交通信息系统工程。⑦公安管理信息系统工程。⑧劳动与社会保障信息系统工程。

4. 家庭上网工程。2002年全市家庭上网率达10%，2005年达30%，2010年达50%。积极推进住宅小区的结构化布线工作，信息化示范小区要起到示范作用。结合社区信息化建设，努力构建社区信息网络平台和对外服务的信息网站，并与物流配送网络、教育网络、医疗卫生网络等各种专业网联接，向市民提供教育、娱乐、购物、旅游、医疗纳税、水电、电话费用自动化管理等多种信息服务。综合运用信息化手段，实现居民对住宅内生活设施的智能化控制，住宅与小区、社会之间具有高度的信息交互。积极开展社区、家庭信息化水平和技术培训，帮助广大的潜在用户尽快了解和使用互联网。

5. 城市规划和土地管理信息系统。城市规划和土地管理是城市发展的龙头，也是数字大丰的重要先驱；它与规划局的规划管理系统和国土局的土地管理信息系统不同，后者基本是电子政务的一部分。

6. 智能交通。城市智能交通体系的建立是交通领域的一场革命，是信息化、现代化交通必不可少的软硬件环境支撑。智能交通体系的建设必然会对当前和未来的城市发展产生深远的影响。城市智能交通体系是数字大丰的重要组成部分。

7. 智能社区。智能社区的目标是沟通社区内部的住户与住户、住户与小区服务中心、住户与外部社会，开展综合信息交互，为住户提供安全、舒适、便捷、节能、高效的生活环境，实现家庭智能化，小区可持续发展，建设具有新世纪风范的现代生活。

8. 综合信息服务系统。城市综合信息服务系统提供出行、购物、旅游、交通、教育、文化、娱乐、房产交易、证券交易等综合信息服务，是数字大丰与大众的联系纽带。城市综合信息服务系统建设包括：数字大丰网站建设，信息化实验示范小区建设并普及推广，有线电视光纤网接入，电子政务、电子商务、远程教育、网上医疗咨询和信息化社区服务等。

（八）人才培养

推进全市信息化建设需要一支高素质的人才队伍，要稳定和合理使用现有人才，制定人才培养计划，积极引进人才。

一是加强各类学校计算机应用的普及教育。扩大高等院校计算机应用类专业招生人数，普及高校计算机等级考试；普及中、小学计算机知识和操作技能方面的信息基础教育。

二是建立信息化人才培养基地。要利用我市现有各级各类学校及各类培训机构的师资、设备和场地，面向机关、企业和社会开展信息知识的继续教育，定期进行培训、考试、实行计算机水平考核上岗制度。逐步建立和完善计算机、信息服务、信息管理等中高级人才的培养基地。

三是加强全体干部、职工的信息化知识和技能教育。有计划、有目的地重点培养一批既懂专业技术又懂信息技术、既懂经营管理又懂计算机使用的复合型人才。

四是加强人才交流。每年选派专业类人才培训、深造；制定优惠政策，引进优秀人才。

五是建立一个良好的信息化人才培养环境。引进激励机制，充分发挥现有人员的工作积极性和创造性，稳定和提高信息化人才队伍。

七、城市信息化实施方案

强有力的组织领导是推进数码城市建设的重要保障。数码城市建设涉及众多领域、众多部门，需要相互协调。信息技术发展很快，对经济社会的影响很深，需要加强培训。信息化建设投资大、风险大，需要政府引导。

（一）加强组织领导

信息化建设是一个涉及多个部门和众多行业的复合性基础工程，必须加强组织领导，打破条块分割，坚持联合发展，提高组织水平。

大丰市已成立信息化工作领导小组，市长亲自担任组长，市委分管副书记、常务副市长及计委主任任副组长，市有关部门负责人担任成员，小组下设办公室，设在经济技术信息研究中心（下称信息中心），计委副主任、信息中心主任兼任信息办主任。领导小组负责制定并落实信息化十五计划，以信息化带动工业化，实现城市跨越式发展。

在此基础上，要组建城市信息资源管理中心。城市信息资源管理中心的主要职责是负责研究提出全市信息资源开发和利用的规划方案，具体组织实施；负责城市信息资源的共享、交换和整合；负责研究拟定信息资源的管理规范和技术标准；负责集中管理城市重要的信息资源，为党政机关和社会提供信息咨询服务；负责建设城市信息资源网中心工程。

建议大丰市城市信息资源管理中心依托市经济技术信息研究中心和市信息办建立，一套班子三块牌子，合署办公，完善功能，配合人员，搞好协调，强化服务。在市信息化工作领导小组的领导下，市信息化工作领导小组办公室指导协调全市信息基础设施、信息技术和信息产业重大工程项目实施；各镇、各部门也要成立信息化领导机构和工作机构统筹规划、协调发展，各部门、各单位要各司其职、各负其责，逐步建立并完善信息化组织管理体系。

（二）统一思想认识

认识指导实践。推进信息化建设，认识是先导，是关键。思想解放、观点更新、意识超前的城市，才能较早地把握信息化给我们带来的机遇，发挥后发优势，实现跨越式发展。我们要通过广泛的宣传培训、典型推广、参观考察等多种形式，增强对数码城市建设的认识。要加大培训力度，加强对政府机关、骨干企业的 CIO 培训。

（三）制订优惠政策

（1）对信息化建设的基础设施建设、项目开发，金融部门要从信贷政策、信贷规模上实行倾斜，扶持信息产业的优先发展。

（2）工商、物价、税务部门对建设项目在审批手续、管理费用、税收等方面要实行优惠。

（3）支持各企事业单位发展信息产业，鼓励“三资”、股份制和私营、个体企业从事信息产业的发展。

（四）增加资金投入

投入机制是数码城市建设一个关键。一个良好的发展必须建立在一个科学的投入框架之上。首先要激发企业的动力机制，企业是信息化的主体，要积极创造条件使企业在信息化建设过程中有收益，有助于企业开拓市场。其次，政府部门要设立引导资金，对各类公益性、基础性项目进行扶持。同时，要调整优化政府投资结构，投资的重点要从传统的、竞争性的行业转到信息化建设上来。第三，探索建立多元化的投资机制。采取灵活有效的措施吸引外资、民间资本以及各类风险基金、创业基金。

为加速推进我市信息化建设，必须加大资金投入力度。按照谁投资、谁所有、谁受益的原则，走资金筹措市场化、社会化的路子，建立政府主导的多元化投资体系。

（1）建立政府投资基金。建立信息化建设投资基金，滚动使用。专项用于政府部门信息系统建设项目、公益性信息资源开发以及开发高新信息产品项目的配套性投资等方面。各镇、各部门都要安排一定数量的资金用于信息化建设。

（2）鼓励企业和民间资本投资信息化建设，多渠道吸引外资投资信息化建设。

（五）加大宣传力度

信息化建设必须加大宣传力度，提高全社会的信息意识。要通过报纸、广播、电视等新闻媒体，广泛开展信息化知识和信息化建设宣传活动，营造舆论氛围，使信息化建设得到全社会的认可和积极参与。

第 三 部 分

专题研究篇

江苏省“十五”软件产业发展规划战略研究

软件是信息产业的核心和灵魂，软件产业是以人为第一生产要素、高度智力密集型的产业。网络经济的发展，为信息产业提供了一个巨大的发展空间，为软件产业创造了新舞台、新机遇。在二十一世纪，软件产业将成为主流产业。面对经济全球化的趋势和我国加入WTO的新形势，抓住机遇，迎接挑战，大力发展软件产业，将我省建成软件大省，是省委、省政府确定的我省信息化发展的一个战略目标，是我省信息产业“十五”期间的紧迫任务。为此，分析国际国内软件产业发展的现状和趋势，根据我省实际情况，研究我省软件产业发展的战略与对策措施具有十分重要的意义。

一、软件产业发展现状与趋势

（一）国外软件产业发展现状与趋势

与传统产业相比，软件产业的发展在全球范围内从它开始的那一天起就一直呈现出高速增长的势头。从1988年至2000年，国际软件及软件服务业连续13年保持高速增长，软件市场平均增长率为10%。软件服务市场平均增长率为14%。在未来数年，软件及软件服务业仍会保持较快的增长，据IDC预测，从1999年到2004年，国际软件及软件服务市场增长速度将达到15.1%的水平。到2005年预计可达到9500亿美元的规模。

软件作为一个智慧密集型的产业，不仅为人力资源充分的发达国家，如美国、欧洲，带来了机会，对发展中国家和在区域中相对不发达的国家也带来了机遇，印度和爱尔兰就是代表。

在国际软件市场中，美国软件市场是发展最为成熟的市场，代表了国际软件市场与技术发展的方向，亚太市场是最有发展潜力的市场，一直保持20%以上的年增长速度。目前中国市场对软件和软件服务的需求相对来说还处于相当初级的阶段。可以说，从国际软件产业发展的现状和趋势来分析，软件市场的规模与国家的发达程度和软件生产能力有关，即客观地体现了一个国家的软件制造能力和软件应用能力。

由于软件产业的战略性地位，软件产业被许多国家列为主导性和支柱性产业，发达国家在软件开发、市场、服务等方面不仅在全球范围内争夺市场，而且在全球范围内争夺人力资源，并以更快的速度建立和加强各自的优势。全球网络计算基础设施的完善、软件构造技术的不断发展和数字化技术的广泛应用，软件产业在产品形态、营销渠道和利润来源等方面不断变化，给发展中国家带来了越来越大的压力，同时也造就了一些可以从新的起跑线竞争的机遇。

（二）我国软件产业发展现状与趋势

20年来，我国软件产业从无到有取得了很大的进展。市场的发展与社会的进步，国家对基础性研究的投入和计算机技术成为社会基础设施的一部分都拉动了软件产业的发展。自1991年以来，我国软件与软件服务市场规模以年平均高于40%的速度在增长。

1．中国软件产业总额

中国软件产业总额由国内软件产品销售额、软件服务收入和软件出口额三部分组成。根据中国软件行业协会（CSIA）的调查数据，2000年中国软件产业总额为593亿元人民币，比1999年的441.5亿增长了34.3%。

在593亿产业总额中，国内软件产品销售额为238亿，软件服务收入为322亿，软件出口额为4亿美元（折合33亿元人民币）；分别比1999年增长了30.77%、35%和57%（见表1）。

表1　1999～2000年中国软件产业总额构成

（单元：亿元）

	软件产品	软件服务	软件出口	产业总额
1999年	182	238.5	21	441.5
2000年	238	322	33	593
同比增长	30.77%	35%	57%	34.3%

2．软件产业总额在国内计算机市场及GDP中所占比重

软件产业总额占国内2000年计算机市场总额（2150亿）的比重为27.6%（1999年为25.6%）；占国内GDP的比重仅为0.67%（1999年为0.54%），两者均远低于发达国家55%和6%的比重（见表2）。

表2　软件产业总额在国内计算机市场及GDP中所占比重

（单位：亿元）

年份	软件总额	计算机市场额	软件总额占比例	国内GDP	软件总额占GDP比例
1999	441.5	1720	25.6%	82000	0.54%
2000	593	2150	27.6%	89000	0.67%

3．中国国内软件市场销售总额

2000年中国国内软件市场销售总额（即不含出口）为560亿元人民币，其中软件产品销售额238亿，软件服务销售额322亿，比1999年的420.5亿增长33%。

1992年～2000年中国国内软件市场的发展情况见表3。

表3　1992－2000年中国国内软件市场发展情况

（单位：亿元）

年份	1992	1993	1994	1995	1996	1997	1998	1999	2000
软件产品	19.8	40	49	68	92	112	138	182	238
软件服务	23.85	49.14	58	77	113	148	187	238.5	322
合计	43.65	89.14	107	145	205	260	325	420.5	560
年增长率	-	106%	18%	32.7%	46.8%	31%	26.4%	27%	33%

4．中国软件产品市场的分类构成

2000年中国软件产品销售额为238亿，比1999年的182亿增长30.8%。

在整个软件产品市场中，系统软件销售额为33.2亿元，比1999年增长58%，占软件总销售额的14%；支撑软件销售总额为49.6亿元，占1999年增长10.7%，占软件总销售额的21%。应用软件销售额为155亿元，比1999年增长40.6%，占软件产品总销售额的65%。

2000年中国软件产品市场上，国外品牌的产品仍然占提高端系统软件、数据库软件的绝大部分市场份额，占据中间件、行业应用软件、ERP软件的大部分市场份额，国内品牌产品则在财务管理软件、防杀毒软件、中文信息处理软件及部分行业应用领域占据优势。

5．软件企业数量、规模及地域分布

根据2001年3月的最新调查统计，我国从事软件与服务业的企业超过10000家，其中具有自主软件研发能力的软件企业约5700家，从事软件销售、维护和服务的企业5000多家。

在5700家软件企业中，按企业经济性质划分，国有软件企业约占30%，集体和私营软件企业的占60%，三资企业约占10%；按人员数量划分，50人以下的企业占70%以上，100～500人的企业占相当比例，1000人以上的企业50多家。软件企业中大部分为中小企业，也形成和崛起了一批有一定规模和市场竞争力的软件及系统集成企业，如北大方正集团，普天信息集团、联想集团、东方软件公司、中软总公司、长天公司、清华同方公司、烟台东方电子集团、山东中创软件公司、四川托普集团、用友集团、金蝶集团、太极集团、南大苏富特、南京联创集团、北大青鸟集团等。

从地理分布上看，软件企业大部分集中在北京、上海、深圳、广州、天津、沈阳、南京、杭州、济南、珠海、大连、厦门、福州等经济文化比较发达的地区。但近几年随着内地经济的发展，西安、成都、重庆、武汉、长沙、昆明等地的软件产业也在崛起。相信随着中国政府开发西部计划的推进，西部地区软件产业会有一个较大的发展。

6．软件企业的发展规模

经济全球化趋势使得企业必须走规模化、产业化和服务化的道路，企业间的联合和兼并也成为发展的必然。1999年中国软件企业年销售额超10亿元的有3家，超5亿元的有14家，超亿元的为38家。2000年中国软件企业年销售额超10亿元的有6家，超5亿元的有15家，超亿元的达69家，比1999年分别增长了100%、7%和81.6%。超亿元软件企业的大量涌现，表明我国的软件企业已经走上正规化的发展道路，并初步具备参与国际化竞争的能力。

（三）我省软件产业的发展现状

"九五"期间，随着我省经济信息化建设的步伐加快，我省软件产业获得了较快的发展。

形成了一批优秀软件产品。目前我省拥有已登记的软件成果有1100多项，其中有自主知识版权的软件成果占十分之一。已形成一批有一定技术优势和市场前景的软件产品，如获省首届优秀软件产品称号的有：计算机支持协同科研系统，华文汉字字形库及其支撑软件环境、VRV防杀病毒软件、AC990会计核算软件、本地电话网分布式电信计费管理网络系统、金钥匙Web数据库开发系统、产品数据管理系统（PDM）、社会医疗保险统筹管理系统及网络安全软件。另外典型的软件产品还有，多媒体辅助教育软件、天地信息环网、办公自动化软件、多媒体综合业务网络系统、多媒体电子出版物、医用图像处理系统、医院综合信息管理系统、金融POS机商用系列软件、CAD/CAM软件、住房基金管理软件、公有住房售房系统、电厂实时检测系统应用软件等。

形成了一批骨干软件企业。目前我省现有软件与系统集成企业多达千余家，2000年软件销售收达到25亿元以上。约占全国软件业的十分之一。其中有一批骨干软件企业，年软件销售收超过1000万元以上的企业有14家。

形成了一批优秀软件人才。目前我省软件人才已超过2万人，具有高级职称的有2000多人，通过国家计算机软件技术水平高级程序员考试的1959人，通过系统分析员考试的71人。

形成了一批软件基地雏形。在我省南京、常州、苏州、无锡、镇江、扬州等地，形成了一批基础较好的软件企业群。江苏软件园被国家计委和信息产业部批准为国家软件产业基地，南京软件园被科技部批准为国家级软件园，苏州、常州软件园等也正在紧张建设，无锡新竹软件园也在积极筹建中。

虽然我省软件产业的发展取得了一定的成绩，但是也存在一些问题：从产业的发展高度看，我省软件业发展处于“小”、“散”、“软”的状态。即目前软件业仍以小企业为主，销售收入超亿元的企业为数甚少；技术力量分散，整体形象没有形成，软件园的建设刚刚启动，“散”的现状有望获得改观；软件商品化程度较低，具有自主版权的安全操作系统、安全软件、工具软件等方面的开发刚刚起步；与其它产业的融合，尤其是嵌入式软件的开发较为薄弱。

（四）软件产业技术发展趋势

随着计算机、通信、消费类电子产品的互相渗透，三网融合必然对软件产品的发展产生深刻而巨大的影响。网络化软件正成为研究和投资的热点，成为软件产业的重要组成部分。在各种软件中，系统软件是核心。近年来，系统软件已由16位、32位虚拟地址向64位虚拟地址过渡，并正在向满足因特网接入方面发展。

Linux是首先执行TCP/IP协议的操作系统之一，它带领自由软件迅速崛起。

应用软件是软件中发展最快的，最具有活力的一部分。随着计算机应用的扩展，它涉及的领域越来越宽，其中，最引人注目的是Java和数据仓库等。

在支撑软件方面，组件技术是一种新的软件开发技术，它既能提供预定义的功能，又能快速实现复杂的特殊功能，极大地提高了软件产业的生产效率。

在网络软件方面，www软件推动了因特网高速发展。随后采用www和HTML标准开发的新型用户界面——浏览器走上历史舞台。

软件技术的发展促进了安全技术的发展。软件可靠性和安全性成为国家安全的关键技术。

随着全球信息化建设，特别是因特网的迅速普及，世界软件与信息服务业市场保持高增长，2000年达5400亿美元（其中软件1600亿美元），未来5年均增长13%～15%，将超过硬件市场。

1999年我国软件市场销售额达到了176亿元，比1998年增长了27.5%。我国2000年软件业的销售收为238亿元人民币。软件需求预计到2005年将达800～1000亿元左右，随着国务院18号文《关于鼓励软件产业和集成电路产业若干政策》的实施，软件产业的发展将会更加迅猛，我国“十五”期间将以30%以上的速度发展。

（五）软件市场的现状和趋势

1. 国外软件市场的现状和趋势

自80年代以来，世界软件销售额正以每年17%的速度增长，2000年，软件和信息服务业达5400亿美元。美国在世界软件市场中无可争议地处于领先地位，其次是日本和欧盟。以微软公司为代表的美国软件行业，在系统软件、支撑软件、应用软件等方面称霸世界，领导着世界软件技术和市场的发展方向。应用面最广的系统软件和支撑软件领域，基本被几家大型公司所垄断，国际标准化组织也据此定出了不同的标准，如微软公司的DOS微机操作系统、WindowsNT网络操作系统、NOVELL公司的NETWARE网络操作系统、ORALCE公司的ORALCE数据库等；在工具类软件领域，国外软件以其性能超群、界面友好、使用方便而独占鳌头、风靡世界，如微软的 WORD、EXCEL 软件、网景公司的 NETSCAPE 和 JAVA 软件等。

2. 国内软件市场的现状和趋势

我国软件开发从50年代末开始，基本与世界同步。80年代初国家科委几乎与印度同步启动了振兴软件产业的举措，并与美国合作，分别在北京大学和复旦大学培养200名主修软件工程的研究生，建立两地软件实验室，以带动整个软件产业的发展，可惜这一战略未能坚持下去。在全球软件发展最快的十多年中，中国软件业丢失了一个大好时机。而今印度却已成为世界上最可靠、最著名的软件供应国之一。如今除了财务、排版、教育等专用软件领域尚有成就之外，包括系统软件及比较重要的通用软件在内的软件业主体已被国外公司垄断——字处理软件 WPS 基本上被微软 WORD 取代；汉字 DOS 操作系统，除 UCDOS 尚有一定市场外，全部销声匿迹，微软 Windows 基本上已成为国内市场上唯一的操作系统；曾被冠以"民族软件业的新旗帜"的中文平台，在中文 Windows'95 出台后已基本失去生存之地；以五笔字型为代表的"万马奔腾"的输入法领域也开始沉默，"智能 ABC 输入法"已成为输入法的首选，而且以 IBM 等国外厂商为首的语音输入咄咄逼人。

近十年来，我国政府高度重视软件产业的发展，但我国软件产业的销售额，尚不到世界软件市场的1%，其中，国产软件的市场份额仅占1/3。面对如此严峻的形势，我国业界同仁没有气馁，反而创出了具有我国特色的软件产业。目前，我国软件企业约有5700家，其中国有企业占30%，私营企业约占60%，合资、合营、合作企业约占10%。虽然我国软件企业的规模仍然不大(其中500~1000人以上的企业只有十多家，约有10%的企业有100~200人的规模，绝大多数企业的规模在100人以下)，但已经基本形成了以几个软件基地为代表的，以典型骨干企业为首的，正在带动一大批中小软件公司发展的软件企业群体。他们以市场为导向，以科研院所、大专院校为依托，以产品销售及售后服务为主业务，使软件产业成为增长最快的产业之一。

二、世界软件产业的发展模式

随着经济全球化的进程，我们越来越清楚地认识到中国软件产业的发展是国家发展、国家安全的战略性产业，中国刚刚起步的软件产业面临的竞争将是从资金到企业规模发展，管理模式创新到新技术开发，软件生产到市场营销渠道的全方位竞争。

国际软件产业以美国、日本、爱尔兰、印度和欧洲为主要代表，形成了4种具有特色的软件产业类型，即：技术与服务领导型——美国，国际加工服务型——印度，生产本地化型——爱尔兰，嵌入式系统开发型——日本和欧洲。

（一）美国软件产业技术与服务领导型的发展模式

美国在技术上处于领先地位，对国际软件行业起到引导作用，垄断着全球超过80%的计算机系统软件、支撑软件和网络应用软件的市场。美国在全世界招聘高级的软件研发人员，开发技术含量高和通用的产品，同时在全世界构造了最大的软件销售网络，利用本地资源开发全球市场，一些发展中国家成为美国降低成本提高竞争能力的基地。

（二）印度国际加工服务型软件发展模式

印度由于本国市场规模比较小，软件产业发展战略主要是充分利用本国企业和人才优势，以软件服务、软件出口为主，通过低成本、高质量成为世界的软件加工基地。印度政府计划到2008年，软件业产值达到850亿美元；其中出口为500亿美元，将占印度出口总额的33%，并把印度的经济增长率提高到两位数。印度政府为了获取更多的国际定单，采取了 On-Site（现场开发）和 Out-Shore（离岸开发）两种运行模式，一方面在印度建立了一个具有世界水平的软件开发配套环境，让国外跨国公司与本国软件企业优势互补，在印度建立开发中心，推进软件企业的国际化进程；另一方面，印度还鼓励本国软件企业在海外设立分支机构，并把许多开发人员派送到用户的现场提供开发和服务，并通过卫星使美国和印度协同24小时连续工作。增强了企业在国际市场的竞争能力。

（三）爱尔兰生产本地化型的软件发展模式

爱尔兰根据欧洲地区需要20多种不同语言的

软件市场，将自己定位为美国软件公司产品的欧洲化版本的加工基地，成为美国公司进入欧洲市场的门户和集散地，他们非常强调面向国际化的软件产品的系统化服务，提供从手册、包装、CD—ROM的制作等全方位的服务。欧洲个人计算机上的40%的软件是在爱尔兰开发的，由于爱尔兰成为美国产品的本地化基地，使爱尔兰软件出口额超过美国和印度，居世界第一位，爱尔兰的经济竞争力也由1996年的世界排名第22位升到1999年的第7位，超过了德国和瑞典等国；同时，爱尔兰根据本国软件人力资源不同的特点，发展中间件产品，在某些软件技术领域也表现了很强的竞争能力。

（四）日本与欧洲嵌入式系统开发型软件发展模式

日本的软件产业结合数字化产品的开发居世界第二。日本在移动通讯、信息家电和汽车导航等嵌入式软件开发上独具优势。日本的软件产品与日本的电子产品的结合，使得软件成为许多有竞争能力的智能化产品的组成部分。如SONY公司开发数字化照相机、摄像机等数字化产品，软件都是其重要组成部分。西欧（德国、荷兰、瑞士）则专注于行业应用软件的开发，特别是在ERP、通信和数字化医疗设备等领域具有优势。

三、我省软件产业面临的机遇与挑战

软件产业是一个高投入、高风险、高回报的产业。它的发展需要训练有素的人才和群体协作的精神，需要持续的、面向长远的资金投入，需要相对成熟的市场，同时也需要有良好的能够促进产业发展的政治、经济、文化等多种因素和社会环境。这些要素都是软件产业生存和发展的根本与关键。

对比世界各国软件产业发展的模式，可以发现，他们的成功是来自于他们对本国国情、本国的市场、人才等因素的成功把握。很显然，他们中任何一种成功的模式都无法搬到中国来。那么江苏的软件企业又将定位在哪里？软件企业的机会又在哪里呢？

当前在我省发展软件产业面临着巨大的机遇，也面临着巨大的挑战：

（一）政府的积极政策为软件产业的发展创造了良好的内部环境

为了鼓励软件产业的迅速发展，我国政府采取的积极政策措施，不断地改进国内软件产业的发展环境。2000年6月24日国务院颁发了《国务院关于鼓励软件产业和集成电路产业发展的若干政策的通知》（国发［2000］18号），对软件业的投融资、税收、产业技术、收入分配、人才、出口等方面作出了明确的规定。在无形资产比例配置、收入分配、法人股流通等关键领域实现了重大的政策突破，引起了我国软件业的强烈反响。

加速软件产业发展的外部政策环境已基本形成。我省也先后出台了《江苏省人民政府关于加快国民经济和社会信息化的意见》、江苏省鼓励软件和集成电路产业发展的若干政策，“十五”江苏省国民经济和社会发展第十个五年计划纲要中，明确提出“加快国民经济和社会信息化，促进社会生产力的跨越式发展”。

同时，国内日趋成熟的资本市场为软件企业的发展创造了良好的环境，软件企业自身的机制创新也为企业带来了活力。政府的风险资金和股票市场，银行对高科技企业的支持，都将为软件业的发展提供重要的动力。另外，传统的软件市场垄断格局受到来自各方面的挑战。由于Internet，以Linux为代表的自由软件的迅速发展，软件业出现了全新的市场格局。这也为我国软件产业寻求新的发展带来了难得的机遇，只要我们仔细分析这种变化所带来的种种影响，就可以找出我们的发展空间。

（二）正在进行的大规模信息基础建设带来较大的市场机遇

我省正在进行的大规模信息基础设施建设包括电信行业、电力行业、金融行业（税务、银行等）等，为软件产业带来了较大的机遇。1999年以来，我省发起了“政府上网工程”、“企业上网工程”、“家庭上网工程”三大跨世纪工程，使数据多媒体业务更加广泛深入地渗透到国民经济的各个领域。这三大上网工程被称为促进信息产业发展的“三步曲”。

未来的十年是软件市场大发展的十年，据IDC预计未来5年，中国软件市场将以48.3%的速度高速增长。据统计，在中国拥有近15000个大中型企业和大约1000万个中小型企业，我省有50多万家企业，到2003年将有80%的企业上网。

而根据IDC的统计，截止到去年年底，在中国只有2051个企业安装了企业管理软件（ERM）系统。与世界500强企业中60%都装有ERM系统相对照，在中国的500强企业中只有2%安装了ERM系统，这在某种意义上说明企业将会是多种软件产品的最大购买者。

（三）我省的家电和数字化产品极大地带动了嵌入式软件的发展

传统电器生产厂家面对竞争激烈的家电市场只能通过不断开发新产品取胜，信息电器为他们带来了新的机遇，数字化家电、个人用数字化设备、工业大型数字化系统、手机、机顶盒、数字化医疗设备等数字化产品的迅速应用将极大地带动嵌入式软件的发展，嵌入式软件成为了软件业的新热点。

（四）软件对服务的依赖会推动软件服务产业的发展

软件产业和信息服务业是信息产业的重要组成部分而且两者是相辅相成的，软件产业的迅速发展，必须依赖及时、完善的服务，而及时完善的服务又推动了软件产业的进一步发展。目前，世界信息产业中，软件及信息服务与硬件的比例保持在55:45，而中国的这一比例是27:73，说明目前的主要投资还是在硬件基础设备上，软件和软件服务的价值还没有被充分认可，同时也说明这一领域还有很大潜力。近十年，我国软件与软件服务市场高速增长，软件市场平均增长率高于29%，软件服务市场平均增长率高于33%，说明了发展的趋势。

（五）把江苏作为软件产品的加工基地，将吸引更多的国外投资者

对于软件产业来说，人才是软件企业发展的根本保证。中国软件人才的质量已得到了世界各国的认可，证明我国在发展软件产业方面拥有了相当好的基础。我国拥有一批优秀的软件开发技术人才，目前全国从事软件开发的专业人员约有18万人。我省现有2万软件人才，到“十五”末，将培养30万软件人才，占全国的十分之一。

多种企业生存和发展的需要使中国的企业将会把信息基础设施看成是生产设备的投资的一部分。要竞争并在竞争中取胜，就必须建立一个科学的管理系统。而现代企业的管理系统必须有信息系统来支持。因此，基于计算机的管理信息系统应是现代企业中不可或缺的部分。我省人才潜力巨大，积极扩大软件人才的招生，将会成为吸引国际软件企业到中国投资的基础。

我省软件企业正在重视产品的质量管理，都在努力进行ISO9000的认证和CMM登记评估，尽管目前通过认证的企业还为数不多，但只有重管理才能生存和发展已成为软件企业的共识。

中国软件人才的质量得到了世界各国的认可，这一点可以从硅谷的华人所取得的成绩中证明，而这也正说明我国在发展软件产业方面拥有相当人才基础，只是软件人才的数量距目前和未来的发展需求还有很大的距离。尤其是严重缺乏软件的高级设计人才和企业管理人才，使得国内的软件企业的基本规模和发展空间受到了管理水平的约束。人力资源的匮乏和人才结构的不合理导致了人力资源没有得到充分发挥。

我国软件产业在国际上还没有形成独立的具有相当知名度的品牌。国内市场规模与发达国家相比较还有相当大的距离。我国目前的出口份额只有印度的1/20，主要是面向日本，大规模的国际市场还有待开拓，其主要原因是我国软件产业缺乏开拓国际市场的机制并由此产生了国际化能力的低下，企业的管理和产品质量未能达到参与国际竞争的标准。

（六）江苏省发展软件产业有着得天独厚的优势

经济发达，工业基础好，构成了发展软件产业的经济基础；文化教育水平很高，大专院校、各类研究所较为集中，技术实力雄厚，人才优势明显；经过多年的发展，我省在某些领域的软件开发已经形成了一定的优势，达到了国内甚至国际的领先水平；地理位置优越，对外合作交流广泛。

四、我省软件产业发展的思路和目标

（一）总体思路

以市场为导向，重点支持拥有自主知识产权、应用领域宽阔的软件商品化和工程化，创品牌、扩大市场份额；加大组织力度，以江苏软件园建设为龙头，在有条件的市积极推动软件园建设，力争在短时间内形成江苏沿江软件产业密集带；培育重点企业，落实国务院颁布的软件产业政策，形成一批上规模、有自主创新能力、能进入国际软件市场的大型软件企业；积极开展对外交流与合作，跟踪国际先进技术，学习国外成功经验，高速发展我省软件业，开创软件出口的新局面。

（二）软件产业发展目标

到2005年，全省软件销售收入突破200亿元，增加值达100亿元，在2000年的基础上翻三番，平均年递增50%以上。全社会软件人才发展到30万人，其中软件产业部门的软件人才达到5万人。

（三）发展重点

重点支持发展安全中文操作系统、计算机安全软件、嵌入式软件等共性软件和基础软件，应用软件走规模发展的道路。

系统软件：加强合作与交流，尽快推出具有自主产权的安全中文操作系统，在重点领域、部门首先使用。

支撑软件：扩大汉字字形库及支撑环境软件、面向对象的网络应用和开发平台、面向对象的数据库管理系统、计算机支持协同科研系统等的市场占有率。

嵌入式软件：不断研制、开发应用于各种整机产品（特别是信息家电）的嵌入式软件，形成嵌入式软件产品系列，加快产品的版本升级。

应用软件：创立攻击防范、病毒防范等计算机及网络安全软件品牌；加快CAD/CAM软件版本升级，提高市场竞争力；加快开发电力、电信、税务、金融、教育等行业系统应用软件，及财务、公路收费、机场运营、医院、医保、住房基金、地理信息系统等管理系统应用软件，重视产品的网络化、标准化。推动企业信息化由MIS向PDM、ERP升级，开发相关应用软件；适应电子商务、电子政务、城市数字化发展，开发相关软件。

五、我省软件产业发展的主要任务和工作重点

（一）大力发展企业管理和社会服务信息化软件

随着企业对企业管理信息化认识的提高，加入WTO，国内企业纷纷向国外看齐，企业为了提高竞争力，用信息化手段提高自己的管理水平日益迫切。我国有700多万家企业，我省有50多万家，企业信息化建设将为软件产业的发展创造非常广阔的市场空间。同时，金融、保险、财税、铁路、交通、电力、海关、外贸、商业、医疗、建筑、社区服务、政务等社会各部门也在大力推进行业信息化，这为软件产业创造了提供信息化装备和服务的巨大空间。我省在企业管理和社会服务信息化软件方面有一批骨干企业和自主知识产权的产品，因此“十五”期间我省要大力发展企业管理和社会服务信息化软件，以金思维信息技术有限公司、南京联创系统集成股份有限公司、江苏东大金智软件股份有限公司等为骨干，重点开发ERP、SCM、CRM、PDM、GIS、新型财务软件等技术与产品。

表4　“十五”重点建设项目及前期投资情况

（单位：万元）

序号	项目名称	承担单位	投资金额	达产后年销售额
1	汉高电子商务系统软件	江苏汉高	5000	45000
2	中国文具制造资源管理系统	徐州天剑网络商务	3000	30000
3	电子政务系统	南京联创系统集成	2500	15000
4	政府财务综合管理系统	常州市富深软件	2000	15000
5	JSIERP金思维智能资源计划	南京金思维	1200	15000
6	生产管理与辅助决策系统	江苏东大金智	1100	3000
7	南大苏富特ERP、GIS系统	江苏南大苏富特	1000	9000
8	协能住房基金管理信息系统	常州市协同软件	1000	8000
9	杰瑞办公自动化与ERP软件	中船重工业集团716所	900	1800
10	计算机辅助质量系统产品数据库管理系统	南京新模式	872	7500

（二）大力发展嵌入式软件与系统

随着数字技术的发展，基于嵌入式软件与系统的数字化产品在全球范围内得到了突飞猛进的发展，世界各国，尤其是发达国家更是把计算机和软件最新技术首先应用于传统设备之中，获得了极大的成功。未来几乎所有的设备中都将需要嵌入式软件及系统，嵌入式软件与系统作为发展的潮流，其发展速度之快大大超出人们想象。数字化3C产品不断涌现，嵌入式软件与系统已经成

为产品升级换代和增值的关键因素，也是未来企业和产品竞争力的重要体现。嵌入式软件的应用领域和市场极为巨大。

表5　嵌入式软件应用领域情况

应用领域	实　例
家用市场	机顶盒、掌上电脑、DVD、MP3、数码相机、数字电视、WebTV、网络冰箱、网络空调、家庭网关、智能家用电器、车载导航系统等
通信市场	电话交换系统,电缆系统,卫星和全球定位系统(GPS),数据交换设备,移动电话等
工业市场	制造工厂，污水处理系统，发电站和电力传输系统，自动化工厂，控制系统开发，维护和测试的工具，石油提炼和相关贮运设施，建筑设备，计算机辅助制造系统，能源控制系统，核电站，机器人系统
商业和金融市场	自动柜员机，信用卡系统，售货端系统，安全系统等
办公市场	电话系统，传真系统，复印机，计时系统，照相机和摄像机
运输市场	航空、铁路、公路运输系统，燃料服务，航空管理，信令系统，雷达系统，交通指挥系统，停车系统，售票系统，乘客信息系统，检票系统，行李处理系统，应急设备等
建筑市场	电力设备，备用电源和发电机，火警控制系统，供热和通风系统，电梯和升降系统，车库管理系统，安保系统，电子门锁系统，楼宇管理系统，闭路电视系统，电子保险柜，警铃等
医疗市场	心脏除颤器，心脏起博器，患者信息和监视系统，X-光设备，理疗控制系统，电磁成像系统等

2000年掌上电脑、PDA、机顶盒、数字电视、DVD、MP3、数码相机的市场规模已经达到853万台。

我省在“十五”期间要确定抓大放小，抓重点企业，重点领域应用。第一，鼓励和支持重点软件企业开发嵌入式操作系统，嵌入式数据库和嵌入式应用软件开发和调试平台。第二，以春兰集团、小天鹅等大型家电生产企业和综艺股份等高科技企业为龙头，推进数字家电、PDA等产品的发展。

表6　“十五”重点建设项目及前期投资情况

（单元：万元）

序号	项目名称	承担单位	投资金额	达产后年销售额
1	智能卡COS开发专项	江苏恒宝股份有限公司	6000	15000
2	嵌入式系统软件及产品	江苏综艺股份有限公司	6000	45000
3	数字家庭网络与网络家电嵌入式软件	春兰（集团）公司	3450	25000
4	嵌入式平台	太仓友联电器厂	800	6500

（三）大力发展电子商务工程及关键技术

在我国“十五”经济和社会发展纲要中，强调广泛应用信息技术。加强信息资源开发，强化公共信息资源共享，推动信息技术在国民经济和社会发展各领域的广泛应用。在推进政务、金融、外贸、广播电视、教育、科技、医疗卫生、社会保障和公用事业等领域的信息化进程中，特别强调要大力发展电子商务，加快电子认证体系、现代支付系统和信用制度建设。

我国加入世界贸易组织后，随着外资企业、国外产品的大量进入，国内厂商和产品将面临更激烈的竞争，推动国内企业加快应用电子商务，加速电子商务发展；电信市场特别是电信增值业务将对外开放，是信企业会有所增加，互联网发展将得到更大的支持，为电子商务发展提供更多、更好的基础设施。

“十五”期间，重点建立以200家电子商务试点大企业为基础的“江苏商城”电子商务平台，省属重点企业要建立电子商务网站，扩大网上交易和商务规模。加快建设企业名录和资信数据库，适时建立CA认证中心，进一步规范电子商务行为，提供一个安全、便利、快速的网络交易载体。

近期重点选择轻工、机电、纺织、电子等行业的重点企业进行电子商务试点，2001 年全省上网企业达 25 万家，到 2003 年有 80%的工业企业上网。

因此大力发展电子商务工程及关键技术应该作为我省软件产业的重点工作之一。根据电子商务发展的趋势和我省的人才与技术基础，重点发展安全电子商务平台、应用开发平台及构件库、电子商务交易平台，着力建设专业客货运基础数据库群，形成数字化物流配送体系。以江苏省电子商务公司、江苏南大苏富特软件股份有限公司、联创系统集成有限公司、江苏炎黄在线股份有限公司等公司为骨干，建设一批重点产业化项目。

表 7 "十五"重点建设项目及前期投资情况

(单位：万元)

序号	项目名称	承担单位	投资金额	达产后年销售额
1	高效可视化物流配送系统，信息化分布式立体仓储基地，智能化供应链管理信息系统，网络化客户售后服务体系，基于 CTI 技术呼叫中心	江苏炎黄在线股份有限公司	23800	230000（产生经济效益）
2	汉高电子商务系统软件	江苏省汉高信息	5000	28000
3	安全电子商务系统	江苏南大苏富特	3000	18000
4	B－B 电子商务平台系统	南京联创系统集成	2600	16000
5	金链程电子商务服务平台	南京金鹰国际集团	300	900

（四）大力发展教育软件和家用软件

九十年代末，计算机技术日新月异，家用电脑日益普及，互联网应用及多媒体技术日臻成熟，知识受到越来越广泛的重视，我国有一千多所大学，几十万所中小学，两亿多在校生，教育系统信息化和"校校通工程"、网上大学和远程教育系统的建设既为教育软件提出了巨大的社会需求，也为教育软件市场发展营造了优越的市场环境。

目前，国内教育软件产品多达 2000 余种，教育软件开发厂商多达 200 余家，但市面上的教育软件无论是教育内容还是教学方式都存在许多问题。特别是科学性、权威性与实用性等问题与现实教学要求相差甚远。另一方面，网上大学和远程教育系统还处在起步阶段，整体水平有待进一步提高。

因此，发展适应新的市场需求的优秀教育软件产品和远程教育系统有着重大的意义和市场前景。

我省"十五"期间，将以江苏南大苏富特软件股份有限公司、江苏东大金智软件股份有限公司为重点骨干企业，开发远程教育系统、交互式网络课件开发平台、教育软件资源库等教育类软件。

表 8 "十五"重点建设项目及投资情况

(单位：万元)

序号	项目名称	承担单位	投资金额	达产后年销售额
1	多媒体教育软件开发平台及资源库	江苏南大苏富特	1200	6000
2	远程教育系统	江苏东大金智	1100	5500

（五）网络软件和通信软件

随着因特网的发展，人类正在进入后 PC 时代，网络已经和正在换代 PC 成为软件运行的基本平台。因此，基于 IP 的各种通信软件将是通信新业务的基础。网络软件及软件的网络化将是未来软件发展的一个新方向。

互联网的市场快速增长，IP 技术的成熟，深刻影响着传统的两大行业，一是基于广播业务为主体的广电行业，二是基于传统语音和数据的电信行业。目前，市场竞争加速了市场的扩张，而代表市场未来优势的技术也必将带来不可限量的市场。国家权威部门预测我国宽带市场业务的发展前景十分广阔，广电总局"十五"期间将全面推广高清晰度数字直播业务，电缆电视用户从现在的 8000 万户增至 1.5 亿户，且实现双向交互式广播。而互联网市场 2001 年将以 50%的增幅高速增长，未来 3～5 的内更会以爆炸式飞速发展，千兆以太技术、HFC 接入技术都将走向一个互相渗透的历程，并创造一个辉煌的市场。

我国有 30 多个省、市、自治区，按信息产业部电信三级管理模式即：全国结算中心（一级）、省级核算中心（二级）、地市（本地网）结算中心（三级），其结算的最小单位为地市（本地网）结算中心。目前我国约有 300 多个本地网，各本地网内又有多家独立运营商在经营着各种业务。

因此，"十五"期间，我省应重点发展多媒体宽带传输及网络管理系统、通信软件。以江苏联创系统集成公司、江苏欣网股份有限公司、无锡市中兴光电子技术有限公司、熊猫集团等为骨干，开发一批关键技术，实施一批重大项目。

表9　“十五”重点建设项目及投资情况

（单位：万元）

序号	项目名称	承担单位	投资金额	达产后年销售额
1	通信应用软件	江苏欣网股份有限公司	5000	15000
2	光纤放大器	无锡中兴光电子技术公司	5000	15000
3	卫星远程数据采集及系统	南京熊猫电子股份公司	2600	5600
4	公安移动数据通信系统	南京熊猫电子股份公司	2130	4800
5	多媒体宽带传输及网络管理系统	无锡雷华-环球电子设备	2000	8000
6	Internet 网增值软件	苏州留学人员创业园	1800	19000
7	通信计费系统	江苏联创系统集成公司	1000	8000
8	光通信波分复用器件	南京同创天地环网	1000	8000
9	基于遗传基因算法的故障诊断应用系统	江苏理工诊断工程中心	600	1600
10	智能交通信号控制系统	江苏大为科技股份公司	500	2500

（六）大力发展信息安全软件技术与产品

随着网络信息化应用的普及和深入，伴随而生的网络信息安全问题越来越突出。世界各国政府十分重视由于信息化所引发新的安全危机，甚至提到了涉及国家安全高度来认识，在美国公布的一份关于国家安全的报告认为，在21世纪对美国国家安全最有威胁的几种行为中，列入首位的就是网络恐怖主义。在我国虽然计算机网络应用还不如西方发达国家那样普及，但保持着强劲发展势头。从计算机应用开始，就关注信息安全、网络安全问题。

据有关部门的统计，截止2000年9月底，在我国从事计算机系统安全产品研究、开发、生产的企业达230多家，已经领取销售许可证的安全专用产品达335种。这两个数字足以表明，我国的计算机信息系统安全产品已经初步改变了大部分关键产品需要进口的局面，形成了我国自主设计、生产的企业和产品，并有了一定的产业规模。

我国的网络信息安全产品和技术已经从加密、防火墙，发展到包括身份认证、入侵检测、防病毒等五大系列全方位的防护体系。目前国产杀毒软件已占市场的80%，但在网络安全技术领域，进口杀毒软件领先于国产软件。目前国内流行的网络安全产品主要是防火墙，防火墙是各大网络安全厂商的主要解决方案。

而在信息安全领域，诸多包括安全操作系统、安全数据库系统、网络防火墙软件、安全网络系统、入侵检测系统、VPN、访问控制、CA认证、商用密码、公用密钥等方面的技术目前在全国还处在探索和研究阶段，相对于西方发达国家而言，成熟的软件产品为数不多，面临着严格的形势。

“十五”期间，我省重点发展网络安全软件产品与技术方面的研究与开发。以江苏南大苏富特软件股份有限公司、常州远东科技股份有限公司、南京联创系统集成股份有限公司为骨干，开发基于网络安全的整体解决方案，重点发展信息安全的技术和产品、技术和设备的安全检测、信息安全管理机构。

表10　“十五”重点建设项目及投资情况

（单位：万元）

序号	项目名称	承担单位	投资金额	达产后年销售额
1	网络安全整体解决方案及产品	江苏南大苏富特	3000	25000
2	黑客煞星	常州远东科技股份公司	2700	22500
3	安全跨平台信息交换技术	南京联创系统集成公司	2500	15000
4	入侵检测系统	熊猫电子通信产业集团	300	3000
5	实时系统安全网关	南京南瑞集团公司	300	900

（七）以江苏软件园为龙头，建设国家一流的软件产业基地

按照国家计委、信息产业部制定的《国家软件产业基地管理办法》要求，建设好国家软件产业基地——江苏软件园，使其真正成为我省乃至国家软件产业的龙头，带动全省软件产业的发展。按照市场经济的要求，在发展思路、运行机制、管理模式等方面不断创新，形成良好的创新机制和创新能力，充分发挥在软件产业发展中的示范和带动作用。

按照“研究开发、产品生产、质量评测”三位一体的原则，利用优惠政策，集中投资建设适合软件产业发展的优越环境，通过市场机制，吸引软件企业和优秀人才进入园区。将江苏软件园建设成为我省软件技术研发基地、软件产品生产基地、软件产品出口基地和集成电路设计中心。

同时与在建的南京、苏州、无锡、常州软件工业园形成相互促进、相融互补的沿江软件产业带。

2001年，确保入驻企业超过100家，产值30亿元，其中软件产值10亿元；2002年，实现入驻企业超过200家，产值80亿元，其中软件产值30亿元；2003年，实现入驻企业超过300家，产值150亿元，其中软件产值60亿元；经过5年的努力，至2005年，把江苏软件园建成国内最为活跃的软件产品市场、软件技术市场、软件人才市场，成为我国重要的软件产品出口基地，并争取使园区内若干个优秀企业走向国内资本市场及国际资本市场。

通过软件园的建设，产生局部的聚集和辐射效应，促进生产要素的优化组合，最终形成若干个江苏软件精英集团。力争在“十五”末形成年销售收入2亿元以上的企业10家（江苏南大苏富特软件股份有限公司、熊猫集团、南瑞集团公司、东大金智软件公司、南京联创公司、南京三宝集团、高能集团、常州华文公司等），形成年销售收入5000万元以上的企业20家（宏图高科、南京航星、南京先进、南京蛇口紫金、南京信产通信、南京南方电讯、无锡环宇、扬州恒春、江苏贝林、镇江金钛）等重点软件企业。

江苏软件园被国家计委和信息产业部批准为国家软件产业基地，南京软件园被科技部批准为国家级软件园，苏州、常州软件园等就业在紧张建设，无锡软件园也在积极筹建中。为了避免重复建设和资源浪费，要对我省软件园的发展有一个统筹规划，做好协调工作。

六、江苏省软件产业发展的主要对策与措施建议

根据上面的分析和我省的软件产业发展的目标和任务，我们对江苏省软件产业的发展提出以下对策与措施建议：

（一）政府要加强政策引导，完善相关立法

根据软件新兴国家印度和以色列的成功经验，政府在软件产业发展的作用十分重要。1998年印度政府专门成立了由国家总理为组长的“国家信息技术特别工作组”，向政府提交了“印度信息技术行动计划”，着力推动印度成为“信息技术超级大国”；目前印度的软件产业在发展中国家名列前茅与政府的支持与引导是分不开的。国务院颁发了《关于鼓励软件产业和集成电路发展的若干政策》（国家［2000］18号），省政府也相继出台了《关于加快国民经济和社会信息化的意见》（苏政发［2000］58号）和《关于鼓励江苏省软件和集成电路产业发展的若干意见》（苏政发［2000］26）。现在的关键是将有关政策措施落实到位，使我省的软件产业能迅速的发展起来。

（二）出台有力措施保护知识产权，打击盗版行为，保护软件产业

知识产权保护是发展软件产业的基本条件之一。但是目前国内市场软件侵权盗版的活动屡禁不止，极大地损害了软件开发企业的合法权益，严重地影响了我省软件产业的健康发展。因此，我们必须加强法制环境建设，特别是加大立法和执法力度。根据国务院1999年2月4日《关于禁止使用盗版软件的通知》的精神，为软件产业的发展提供健康规范的市场环境。加强知识产权法制宣传教育，倡导使用正版软件，抵制盗版软件。各级政府部门及企事业单位要加强对所使用软件的管理。任何单位一律不得以任何借口使用未经许可的软件。对经查实使用盗版软件的单位，有关部门要依法追究其侵权责任。

工商行政管理部门与知识产权管理部门和行业管理部门要密切配合，加强打击盗版软件的力度，特别是要严厉查处有组织地制作、生产、销售盗版软件的源头、集散地。司法部门对于情节严重、构成刑事犯罪的软件盗版者，坚决依法惩处。

（三）软件产业的发展要注重大品牌的培育和组合，走规模化道路

目前我省软件企业规模普遍偏小，软件品牌不多。软件产业以人才为本，高素质，高水平、稳定的软件技术人才队伍是产业发展的必要条件。软件产业要有规模，软件企业首先必须有规模。江苏要将国际和国内的著名软件公司吸引来，通过资源整合、优势互补、促进软件企业进行联合、协作，握指成拳，培育和发展大型骨干软件企业，促进他们上台阶，上规模。“十五”期间集中力量发展10家软件人才超过500人的大型软件企业。

（四）软件产业的发展要注重软件产业链的建设，走产业化的道路

我省软件企业的主要任务就是进行软件产业化。“十五”期间要以骨干企业为龙头，重点发展

中文操作系统、网络应用与开发平台、安全软件、嵌入式软件等共性和基础软件，应用软件走规模发展的道路。按照“研究开发、产品生产、质量评测”三位一体的原则，造就一批大型软件骨干企业与软件拳头产品，以及相当数量的成长形软件企业和优秀软件产品，建立起研究、开发、生产、销售相配套的产业链、价值链。

（五）软件产业的发展要注重国际合作，走国际化的道路

软件是一个国际化的产业，中国的软件市场是国际软件市场不可分割的组成部分。我省软件产业必须认真把握好自己在国际分工上的定位，迎接加入 WTO 带来的机遇与挑战，大力发展软件出口，提高产品的国际化水平，并以此提高我省软件产业发展的产业化水平和国际竞争力。主要包括：软件和模块定制加工、数据处理服务、技术支持服务、现场服务、产品出口等。

随着国际经济一体化的发展趋势，我省软件产业要在国家内外的激烈竞争中成长壮大，走向世界，必须置身于国际大环境，加强国际交流以及与国际优秀软件企业的合作，提高技术起点、发挥自己特长，推出国际一流水平的产品，在国际合作和国际竞争中发展我省软件产业。大力吸引外商投资，让跨国公司以多种形式入驻我省。积极与国际跨国公司建立战略联盟，联合设立研究与开发中心，通过技术合作、技术引进和集成创新，不断提升我省软件产业的技术平台。软件企业也要走出去，到软件水平高的国家或地区建立分支机构，大力发展海外产品承包服务和直接出口软件产品，组织建立我省软件出口联盟，加大软件出口力度。

现阶段，要重点支持一批外商在江苏以软件为主的企业和设计中心。如：摩托罗拉南京软件中心、英业达公司（台湾）、嘉藤公司（台湾）、中美合资智能公司、南大富士通软件公司等。

（六）推进发展软件相关服务

随着我国信息化建设的不断深入和软件产业的持续发展，网络及信息系统的规模及复杂程度将会越来越大，软件服务成为软件产业中不可分割的部分。目前软件服务的市场需求和规模是软件产品的两倍，而且比重呈逐年上升趋势。软件的价值越来越体现在软件服务上。因此，我们要以信息系统集成和 ASP 为重点，花大力气抓好软件服务。主要包括：信息系统集成、ASP、信息系统运行与维护服务、数据中心与资源外包服务、数据加工与处理服务、软件测试服务、信息测试服务、信息系统咨询与评估服务、信息系统工程监理、软件与信息系统管理人才工程化培训等。

“十五”期间，我省应有重点地引导和鼓励软件企业，在扩大系统集成业务的基础上，开展信息系统咨询与评估、信息系统工程监理、信息系统检测等服务；逐步建设有特色的 IDC 及 ASP；联合金融、海关、财税、交通、外贸等部门，充分利用 Internet 网络的基础设施，提供 Internet 增值服务。

（七）加大软件人才的培养力度，为软件产业的发展提供良好人力资源

软件产业是高度密集型产业，发展软件产业必须具备一支稳定且不断成长壮大的高素质、高水平的软件队伍。现在我省软件队伍在数量上、素质上都远远不能软件产业发展的需求。激励软件人才的创造性和积极性，为软件人才提供开创事业、施展才能的舞台，加强软件高级管理人才和系统设计人才的培养，充分利用与国外大公司合作的机会，与国外联合培养高级人才，同时抓住美国经济衰退的时机，吸引海外留学软件人员回省创业和工作。

（八）规范软件行业管理，重点抓好软件标准化工作

实施国务院 18 号文件，国家制定的软件企业的认定标准，抓好软件企业的认定工作，规范软件行业管理，做好软件成果登记、评审、评测和评估工作，并依据国家法律对已登记的软件予以重点保护。加强对软件企业、软件产品和应用系统的行业管理，建立公平的市场竞争机制。实行软件企业认定制度，规范软件企业经营，严格质量控制，在软件企业中推行 ISO 9000 软件质量认证体系和 CMM 认证。

（九）建立良好的软件产业投资环境，鼓励风险投资

缺乏融资渠道、投资不足是制约软件产业发展的重要瓶颈。软件属于高风险行业，无形资产多而固定资产少，加之民营企业居多，难以得到银行贷款和股票发行额度。因此，现阶段要发挥省、地方和社会等多方面的积极性，引导多元化投资，建立适用于软件产业发展的风险投资基金，并为风险投资基金的合法经营创造一切便利条件。

要建立风险投资机制，鼓励和引导社会资本投向软件产业，积极吸引外资，尤其是海外风险投资基金。充分发挥股票市场的作用，使其成为软件产业融资的长期资金来源。实行“有所为有所不为”的方针，将有限的资金优先投入到有广阔前景、具备竞争优势的产品开发方向上来。

（执笔人：谢俊元、周文远、魏然、张建华、袁峰）

江苏省“十五”集成电路产业发展规划战略研究

二十世纪中叶以来，以信息技术为代表的新技术革命浪潮席卷全球，深刻地影响着世界经济、科技发展的格局，不断改变着人们的生产、工作、生活和娱乐方式。信息产业已成为最具潜力的新的经济生长点和新生产力的突出代表，成为衡量一个国家现代化水平和综合国力的主要尺度。

信息已成为社会发展的主要战略资源，信息产业作为国民经济的基础产业、支柱产业、先导产业、战略性产业，对国民经济、国家安全、人民生活和社会进步正在发挥着越来越重要的作用。微电子技术及其产业是信息产业的核心，是信息产业发展的基石。二十一世纪初的5～10年，是我国国民经济和社会发展的重要时期，是信息产业快速发展的关键时期。世界信息技术和产业的高速发展以及激烈的市场竞争，既给我国信息产业发展带来了难得的发展机遇，也面临严峻的挑战。“十五”期间的发展对新世纪信息产业的发展至关重要，抓住机遇，加快发展微电子技术及其产业是关系到国民经济持续发展和国家长治久安的重大战略选择。

在江泽民总书记“三个代表”重要思想的指引下，在国务院国发（2000）18号文件的精神鼓舞下，我国的微电子产业在世纪之初正迎接着前所未有的发展高潮，集成电路产业正实现着跨越式发展，集成电路产业链正在形成和完善，尤其是集成电路设计业方兴未艾，如火如荼，一批拥有相当实力，懂得市场运作，具备现代企业机制的集成电路设计企业开始崭露头角，显示出旺盛的生命力，揭示了中国集成电路设计产业的美好未来。江苏省抓住本轮微电子产业和整个信息产业重新洗牌的机遇和挑战，发挥其在经济实力、集成电路产业基础、电子信息产业整体水平、人才队伍等方面的优势和特色，突出重点，形成新优势、新特色，探索路子创新、机制创新、组织创新，使江苏微电子产业，重点是集成电路产业保持国内领先地位，提高国际竞争能力，同时推动江苏信息产业的整体发展。

一、国内外集成电路产业发展状况

（一）国外集成电路产业发展概况

自1965年发明第一块集成电路以来，特别是过去的十年中，全球半导体业一直处于高速发展的时期（见表1），推动着信息产业的高速发展。集成电路产业是信息产业发展的基础、粮食、龙头与核心。进入21世纪，信息产业已成为世界经济中规模最大、发展最为迅猛的产业，人类已进入了以信息网络为核心的“新经济”时代。而以计算机和通讯为依托的“网络”，其生存和每一步发展都离不开集成电路芯片技术的支持与更新。用美国经济学家罗伯特．丹玛斯的话来说：“互联网事实上是一种全球范围的半导体网。”

集成电路产业及其产品是带动整个经济增长的重要因素。从经济增长的角度来看，自1991年以来，在美国制造行业的全部增长中，集成电路产业的贡献约占8%。预计到2002年，它在国民经济中的份额将会加倍。1999年，台湾半导体产业总产值占其GDP的5%，它的增长率为30%，远超过5.6%的GDP增长率。2000年，全球半导体产业总值达2000亿美元，并以1.5的比例影响电子与信息产业（见表2），全世界平均每人在信息产业上的花费将近200美元。

就社会发展而言，集成电路产业的发展首先大大增加了就业。1996年的美国经济中，因对半导体的需求而直接或间接地创造了150万个就业机会，他们的工资总额计496亿美元，从而为联邦和州政府带来109亿美元的个人所得税收入。第二，大大增强了消费者利益。第三，大幅降低通货膨胀率。以微处理器为例，1970年以来，半导体技术的提高使其每年价格下降约30%。如果汽车工业的技术进步也这么成功，那么今天的汽车价格将低于5美元。

集成电路技术的发展更是国家安全和国防建设事业的关键保证。现代军事专家对于信息技术是决定现代战争胜败的关键因素这一命题，已不再有任何怀疑。不管是获取及时、准确的情报，建设灵活、高效的指挥系统，还是提高各种现代武器的使用效率，没有担负控制和记忆功能的芯片及其产品，那是不能想象的。如果说传统战争率先依赖的是人力和钢铁，那么今天，以芯片为核心的信息技术及其产品已占据了常规战争的首要与核心地位；如果说核武器依然是现代战争的战略威慑力量，那么信息技术及装备则不仅具有战略威慑能力，而且在战役、战术中也在发挥着决定性的作用。

集成电路技术与产业推动着信息产业高速发展，成为经济和社会的支柱产业，从下列三方面看其发展现状和趋势。

1. 从半导体产品销售额来看，几乎是每五年增加一倍，2000年，全球半导体产业总值达2000亿美元，自1992年至2001年的十年间，世界半导体产品产值的平均增长率为18%，大大高于同期世界电子整机销售额9%的增长率，远远超过钢铁、汽车等产业的增长速率（见图1）。

2. 从技术进步的角度来看，全面显示其高速发展的态势（见表3、4）：

——集成电路的特征尺寸，每4年缩小一倍，1997年0.25微米的制造技术还是主流，到1999年0.18微米上升为主流技术，预计到2002年，0.13微米的工艺将被用于规模生产。这样的发展速度，使集成电路制造厂的建设费用大至每5年增加1倍，预计到2005年，兴建一条主流生产线，费用近40亿美元。

——加工微细化，硅片大直径化，如今硅集成电路生产技术为8英寸、0.18微米，砷化镓集成电路工艺水平6英寸、0.25微米。预计2005年硅加工技术将提高到0.10微米。

——高性能与多功能化，其一表现在容量、集成度不断提高，功耗和工作电压的显著下降，256MDRAM已进入量产，工作电压仅为1.5V的新产品已面世。其二表现速度性能的迅速提高，750MHZ MPU已进入量产，Intel公司开发的Mercer芯片，它融合了RISC和CISC技术，功能十分强大，主频达1GHZ，到2010年MPU时钟频率可达10GHZ。

——化合物半导体将向毫米波高频、宽带、大功率方向发展，超高速电路日益提升。GaN、SiC和SiGe等化合物半导体的研究开发也取得了突破性进展，发挥着越来越重要的作用。

——集成电路封装小型化、薄型化、高密度、表面贴装。由目前的DIP、SOP、QFP向TQFP、TSSOP、MCM、BGA、CSP方向发展，使集成电路产品的体积越来越小。

3. 以软硬件协同设计（Software/Hardware Co-Design）、具有知识产权的内核（Intellectual Property Core，简称IP核）复用和超深亚微米（Very Deep Sub-Micron，简称VDSM）技术为主要支撑的SOC是国际超大规模集成电路的发展趋势和新世纪集成电路的主流。

特征线宽的缩小，必然导致集成电路复杂度的极大提高。今天的集成电路制造工艺已经可以在单个芯片上实现上亿只晶体管。传统意义上的芯片概念受到了严峻的挑战。SOC概念的提出正是集成电路技术发展的一个必然结果。专家们就SOC的定义已经达成了比较一致的意见：一个集成电路芯片如果具备如下特性的话，那么可以称其为SOC。这些特性是：

——实现复杂系统功能的超大规模集成电路；

——采用超深亚微米工艺技术；

——使用一个或数个嵌入式CPU或数字信号处理器；

——具备外部对芯片进行编程的功能；

——主要采用第三方的IP核进行设计。

这样的定义决定了SOC的设计必须采用与现在的集成电路设计不同的方法。目前集成电路设计能力与集成电路生产能力之间存在很大差距（见图1）。

据Cahners In-Stat机构的报告（见表5），2000年全球SOC芯片的市场销售量已经达到4亿块，比1999年增长31%。未来几年，SOC芯片的市场前景将更加广阔。SCO将成为集成电路产业发展的大趋势，其市场平均年增长率将超过30%。预计到2005年，全球SOC市场的销售量将达到14亿块。2000年，全球IP核设计公司的营收合计为6.9亿美元，较1999年增长40%，其中前三大厂商为ARM，MIPS及Rambus，其市场占有率分别为 16.6%、13.3%和 10.55。预计今后几年，世界 IP 核市场的销售额仍将保持每年 40%左右的增长速度。到 2005 年世界 IP 核市场的规模将达到 36.5 亿美元。

（二）国内集成电路产业发展状况

集成电路产业是国家的战略性产业，在信息产业中具有重要的核心地位，受到党和国家的高度重视，我国集成电路产业经历了漫长发展历程，近五年来取得了令人鼓舞的发展，进入了快速发展时期。据统计，2000 年我国集成电路总产量为 58.8 亿块，比 1999 年的 30.41 亿块增长 93.4%，是 1990 年 0.92 亿块的 60 倍，总销售额为 186.2 亿元人民币，比上一年的 79.63 亿元增长了 133.3%（见图 1）；芯片制造主流技术在 0.35－2 微米之间，最高为 8 英寸、0.25 微米，已进入了国际主流技术领域。2000 年我国集成电路的总产量是当年国内市场需求量的 25.9%，总销售额为国内市场总额的 19.1%（见图 2）；占世界集成电路市场总额的 1.2%（见图 3），占国内电子工业总产值的 3.2%（见图 4），占我国 GDP 总值的 0.208%（见图 5）。

目前，我国集成电路产业已具备了一定的发展规模，形成了从电路设计、芯片制造和电路封装三业并举，与集成电路有关的主要材料、测试设备、仪器等支持业也相继配套发展，在地域上呈现相对集中的格局，京津、苏浙沪、粤闽地区成为集成电路产业较为发达的区域。“九五”期间，我国集成电路产业呈现出可喜的发展势头，主要表现在：一是市场需求旺盛，消费类电路、通信电路持续增长，IC 卡电路和存储器类电路已成为新的增长点，其中电话卡、交通“一卡通”IC 卡和 64M、128M SDRAM 已实现大批量供货。二是企业开工充足，全行业经济效益进一步改善，2000 年全行业利润率超过 10%。三是国企改革取得突破性进展，华晶公司已初步完成改制和改组工作，2000 年 10 月份已扭亏为盈，目前企业生产经营形势好，华越正在进行国企的改革，公司 5 英寸生产线投产顺利，2000 年全公司已实现盈利。四是合资企业、民营企业发展势头强劲，上海先进公司 2000 年实现利润 2.5 亿元，上海贝岭公司和杭州士兰公司利润都超过了 1 亿元。五是国内大型整机企业纷纷涉足集成电路领域，他们选择设计业作为进军集成电路产业的突破口。大型整机企业的加入不但为产业的发展注入了资金，同时也为整机与电路的结合提供了更好的途径。六是 2000 年我国集成电路新增投资达到历史最高水平，除天津 Motorola 项目外，目前有四家大型的芯片制造企业：中芯和宏力、华夏和信创分别在上海和北京两地开工建设，其总投资额超过 40 亿美元，超过我国整个集成电路产业 30 年来的投资总额，“十五”期间，我国集成电路产业新增投资可望超过 600 亿元。

1．集成电路设计业。我国集成电路设计业在过去的几年中有了长足的进步，高等院校、科研院所、企业从事集成电路设计的单位越来越多(见表 6)，全国具有一定规模的集成电路设计公司已超过 20 家。2000 年集成电路设计总营业收入超过 10 亿元，其中，销售额过亿元的设计公司有杭州士兰微电子股份有限公司，大唐电信科技股份有限公司、无锡华晶矽科微电子公司、华大集成电路设计中心等 4 家，国内集成电路年设计能力已超过 300 种，主流设计技术在 0.35～0.8 微米之间，最高已达 0.25 微米，许多设计公司可以设计数十万门的集成电路，以逻辑电路为主的芯片集成度达到 50 万门，以 SRAM 存储器为主的芯片集成度达到 200 万门以上。我国集成电路设计企业的群体还比较小，实力也较薄弱，对国内 100 家集成电路设计企业调查结果显示，小于 10 人的公司占集成电路设计公司的 20%左右，10～50 人的约占 70%，大于 50 人的仅占 10%。国内集成电路设计企业规模，设计人员的平均数量还未达到国际同类公司的水平。作为集成电路设计业最为宝贵的是设计人才，据有关方面统计，国内集成电路设计单位的从业人员总数约为 6000 人左右，集成电路芯片设计工程师总数约为 2000～3000 人，这与发达国家相比，差距甚远，美国仅硅谷地区有近 20 万人，我国台湾地区也有 2 万余人。

2．芯片制造业。我国集成电路芯片制造业已形成了相对集中的势态，现有 7 个骨干企业，主要采用 5～6 英寸硅片，0.35～2 微米工艺技术，最高达 8 英寸、0.25 微米的技术水平。2000 年，上海华虹 NEC 电子有限公司、首钢日电电子有限公司、上海先进半导体制造有限公司、无锡华晶电子集团公司、上海贝岭微电子制造有限公司、杭州士兰电子有限公司、华越微电子有限公司等主要企业生产线的月生产能力共超过 13 万片，其中6~8英寸大圆片的产量占33%以上，销售额总计48亿元，占我国集成电路产业总销售额的四分之一。

2000年，国内集成电路芯片制造业出现了前所未有的投资热潮，仅8英寸、0.25微米的大型生产线新建项目就有中芯国际集成电路制造（上海）公司、上海宏力半导体制造公司、北京华夏集成电路有限公司和天津摩托罗拉半导体厂等4家，这将有力推进我国集成电路制造业的发展。

3．集成电路封装业。我国集成电路封装业的销售额一直占国内集成电路产业销售总额的70%左右，而三资企业成为国内封装业的主体，我国境内主要的集成电路封装企业已达30余家，2000年总封装能力超过45亿块，总销售收入超过130亿元，其中年封装量超过亿万块的有江苏长电科技有限公司、南通富士通微电子有限公司、上海阿发泰克电子有限公司、摩托罗拉（天津）半导体厂、三菱四通集成电路有限公司、国营永红器材厂等7家企业，以上7家企业2000年的销售额合计47.4亿元，占国内集成电路产业销售总额的四分之一。

最近几年新建的英特尔（上海）电子有限公司、现代（上海）电子有限公司、超微半导体（苏州）电子有限公司、日立（苏州）电子有限公司、三星（苏州）电子有限公司等5家独资企业的年封装能力也均在1亿块以上。

4．材料、设备、仪器等支持业。围绕6英寸芯片生产线使用的主要材料，包括硅单晶、塑封材料、化学试剂、特种气体等国内已有能力提供；主要设备如单晶炉、外延炉、扩散炉、CVD、蒸发台、匀胶显影设备、注塑机等关键设备以及40MHZ以下数字测试设备，模拟测试、数模混合测试等仪器都已在国内配套跟上。随着合资企业的发展，集成电路生产用的材料、设备、仪器等配套程度也不断提高。

8英寸芯片生产线使用的主要材料亦在不断完善，提高自主配套的能力。

（三）我国集成电路的市场需求分析

二十一世纪初的10年是我国国民经济和社会发展的重要时期，是信息产业快速发展的关键时期，集成电路市场潜力巨大，我国集成电路产业总体上还落后，不能满足国内市场需求，大量产品还需靠进口。我国集成电路市场需求增长状况，所占世界集成电路市场的份额，以及进出口状况由图显示（见图6、7、8、9）。

2000年对于全球芯片市场来说是一个空前的丰收年，销售总额达到2000亿美元，与1999年相比增长了25.8%。导致市场如此繁荣的主要原因是近年来因特网持续爆炸式增长、移动通信终端设备市场的迅猛发展，以及数码相机、手持电脑等电子产品市场的兴旺，尤其是移动通信业的高速发展成为推动半导体产业新一轮发展的强大动力。

近年来我国信息产业的高速发展，为集成电路产业提供了巨大的市场空间。改革开放以来，我国信息产业以三倍于国民生产总值的增长速度高速发展，“十五”期间，信息产业预计将保持20%以上的增长速度，其中通信运营业总规模为3500亿元，2005年将达10000亿元左右；电子信息产品市场总规模将超过20000亿元。信息产业的高速发展，国民经济和社会信息化的加速推进，将会对集成电路产业产生强大的拉动作用，我国集成电路产业将迎来一个更快的发展时期。

未来几年，我国集成电路市场需求主要来自以下几个方面：一是电子信息产品制造业对集成电路提出了巨大的市场需求。目前中国已成为世界电子信息产品的主要生产国。居世界第一产量的产品有：电视机、收录机、VCD视盘机、电话机、电子表、计算器及电冰箱、空调机等。居世界主要生产地位的产品有：程控交换机、PC机、移动手机、软硬盘驱动器、显示器、计算机板卡、鼠标器等。预计到2005年，我国主要通信产品的年需求量约为：局用程控交换机3000成线、移动交换机4000万户、移动通信手机4000万部、接入网设备2000万线；重点消费类产品；彩色电视机3600万台、数字视盘机1500万台；计算机及外设的需求量为：微型计算机1500万台、个人手持信息终端1000万台、服务器50万盘、显示器2000万台、打印机1000万台；主要网络产品的需求量为：路由器100万台、网卡2000万块、网络交换机60万部，这些产品中均需要大量的集成电路。二是通信运营业高速发展对集成电路提出新的需求。预计到2005年末我国固定电话用户数将达到2.2~2.6亿，2001~2005年之间全国平均增长率为10%左右；移动电话用户数将达到2.6~2.9亿左右，平均增长速度为26%左右；互联网业务仍将是增长速度最快的业务，数据和多媒体互联网用户数将达到2亿户，平均年增长率为54%，这些都给电子信息制造业的飞速发展和集成电路提供了巨大的市场需求。三是国民经济和社会信息化建设给电子信息制造业创造了新的市场空间。90年代以来，我国以"金"字号工程为代表的海关、金融、财税、商贸、教育、卫生等一系列信息化重大工程开始实施，各级政府上网、企业上网、家庭上网呈现强劲势头，这将成为电子信息产业发展强大的牵引力。四是随着我国经济结构的战略性调整，传统产业改造升级，提高设计和制造水平，推进机电一体化，为各行业提供先进和成套的技术设备，又会给集成电路产业带来新的市场。

另外，SOC芯片的需求量也将越来越大，根据中国微电子发展研究院（CCID）的调查统计，2000年国内SOC芯片的市场需求为2400万块，比1999年增长32%。预计到2005年，SOC的市场需求将超过1亿块。2000年，国内各类IP核的需求量约在1.9亿个左右（见表7）。预计今后几年，国内对IP核的需求增长将基本上与世界40%的增长速度相同。到2005年，国内各类IP核的需求总量将达到10.21亿个（见表7）。到2005年，全国集成电路产量要达到200亿块，销售额达到600～800亿元（见图10），集成电路需求量达750亿块，市场需求额达3400亿元（见图1－11），约占当时世界市场份额的2～3%（见图1－12），满足国内市场30%的需求，涉及国防重点工程和国民经济安全的关键专用集成电路基本将立足国内。

二、江苏集成电路产业的基础和优势

在当今信息社会中，集成电路产业既是信息产业的基础，也是信息化带动工业化、改造传统产业的基础，江苏省是一个经济发达的大省，随着经济结构的调整，信息产业快速发展，2000年，全省电子信息产品制造业实现工业销售产值697.3亿元，工业增加值为135.6亿元，除广东省以外，排名全国第二，目前，江苏省微电子技术与产业在国内同样有着明显的比较优势。到"九五"末，江苏省集成电路产业已具备0.35微米的设计，0.6～0.8微米的大生产技术，6英寸硅片月产1万片的能力，年产集成电路芯片2亿块，集成电路封装13亿块，有比较完整的材料配套体系，2000年集成电路销售额达到25亿元，是我国集成电路产业的重要基地之一。

（一）江苏集成电路产业的基础

江苏省集成电路产业已形成设计、芯片制造、封装、测试、配套材料较为完整的产业格局，有着良好的基础。

1．集成电路设计业。江苏集成电路设计业现有近10个单位，是国内一支重要的集成电路设计力量，主要有：东南大学国家专用集成电路系统工程技术研究中心、东南大学射频与光电集成电路研究所、信息产业部电子第58研究所、信息产业部电子第55所、无锡华晶矽科公司、南京微盟电子有限公司、苏州华芯微电子有限公司等，但是均未形成较强的规模和影响力。近期，无锡集成电路业已被列入国家集成电路设计产业化（无锡）基地。

2．集成电路芯片制造业。江苏集成电路芯片制造业有6个相关单位，即华晶微电子股份有限公司、华晶上华半导体有限公司、信息产业部电子第55所、信息产业部电子第58所、南京中旭公司、常州半导体厂。江苏双极电路、砷化镓集成电路产量与研究居国内领先地位，MOS电路居国内先进之列，但总体上离国外和国内目前先进的生产水平有一定差距。

3．集成电路封装测试业。江苏集成电路封装业有9个单位，是我国较具实力，技术水平较高，产量最大的基地。主要有两个股份制企业：江苏长电科技公司、华晶集成电路封装总厂；两个中外合资企业；南通富士通公司、无锡华芝公司；四个外商独资企业；苏州工业园三星电子、超微半导体、日立半导体、哈里斯公司。与国际封装业技术现状比较，江苏封装业技术的先进性有待提高。

4．集成电路材料、设备等支持业。江苏集成电路配套材料、设备等支持业是省内集成电路产业链中重要的一环，其产量与技术水平居国内领先地位。主要有：华晶及55所的硅外延片、华威公司和苏州住友电木公司的模塑料、常熟特种电子材料厂的键合金丝、苏州瑞红公司的正负光刻胶、苏净集团的净化设备、江阴长电后道测试设备等。

（二）江苏省发展集成电路产业的优势

1．具有集成电路产业的基础优势。正如上述所说的，江苏在集成电路设计业、集成电路芯片制造业、集成电路封装测试业、集成电路材料及设备支持业等方面在国内具有一定的比较优势，某些方面居国内领先地位，已形成了较为完善的集成电路产业链，是发展江苏集成电路产业的基础优势。

2．人力资源优势。宁苏锡地区是国内微电子产业最发达的地区之一，也是国内电子信息产业人才的富积地区，也是培养微电子人才的基地，在全国培养信息领域人才的百所高校中，其中有20所院校设有微电子专业，江苏省占有3所，即东南大学、南京大学、南通工学院，为江苏省乃至全国培养高级专业人才。东南大学微电子学科是江苏省重点学科，设有国家专用集成电路系统工程技术研究中心和教育部MEMS重点实验室，研究开发水平在国内占有一席之地。同时还有像信息产业部电子第55所、信息产业部电子第58所等全国著名的研究所，拥有一批在国内甚至国外有影响的微电子专业人才。

3．地理位置优势。宁苏锡地区沿沪宁铁路和高速公路，交通便利，便于小规模集约化企业沿公路分散建厂，未来产业扩张的余地较大。形成以集成电路产业为核心的信息制造业产业带，同时依托作为国内最大金融中心的上海，便于实现集成电路产业资本扩张，及以上海为窗口与海外市场形成链接。

4．具有电子信息整机设备制造业对集成电路的需求优势。南京熊猫集团的电视机、VCD、DVD、移运通信，南京同创集团的网络集成系统、计算机外设，江苏宏图高科的VCD、DVD等音视频产品，江苏银河集团（江苏张家港市）的计算机外设，新科集团公司的DVD等数字音视频产品，江苏春兰集团的冰箱、空调、摩托车及消费类电子产品，无锡小天鹅集团的洗衣机、空调等等，江苏电子信息整机设备制造业对自主知识产权的专用集成电路具有高密度的市场需求，此需求将大大推动江苏集成电路产业的发展。

三、江苏省集成电路产业发展战略

集成电路产业作为经济发展的先导产业，特别在新世纪之初，应当站在经济全球化和世界微电子产业结构调整的高度，站在加快我省信息化建设，形成后发优势，实现跨越式发展的高度，充分认识和重视发展集成电路产业的战略地位，抓住机遇，发挥我省微电子产业的优势，参与市场竞争，高起点、高标准加速发展我省集成电路产业，这不仅是完全必要的，而且也是完全可能的。

（一）指导思想

江苏集成电路产业发展坚持以国际国内两个市场为导向，采取招商引资与自我改造、引进技术与自主开发、省内地区联合与企业自主经营三个相结合的方针，充分发挥江苏大学院所多，产业链比较完整，外向开放程度高，电子信息整机制造业发达，产业地理气候环境好的优势，加大投入，加快创新与产业化，改善政策和服务环境，以集成电路设计业为突破口，大力发展芯片制造业，继续提升封装业，进一步带动集成电路配套材料及设备制造等支持业的发展，形成江苏沿江集成电路产业密集带，从而把江苏省建设成国内一流的集成电路产业基地。

（二）发展目标

按照“发展总量，提高质量；保持名次，提高档次”总的发展目标，着力培养、完善产业链、壮大规模，挖掘增长潜力，优化产业结构，继续保持高速增长，朝着产业规模大、产品结构优、外向成分高、经济效益好的方向发展。

到2005年，集成电路产业销售额达200亿元，年增长50%。其中：集成电路芯片年产10亿块，集成电路封装年封装50亿块以上。

（三）规模和水平

经过“十五”期间的努力，到2005年江苏省将建成一定规模的集在电路设计公司50家，建设和提升不同档次的集成电路芯片生产线10条，加强和改善集成电路封装测试，提升或新建一批材料、设备等支持配套企业。缩短与国际先进技术水平的差距，设计技术达到0.18μm，大生产技术达到0.25μm封装技术向以表面贴装为主过渡，BGA封装达到批量生产能力。江苏省集成电路产业总体规模在国内名列前茅，其中封装业居国内首位。

（四）产业布局

江苏集成电路产业布局将以现有基础中最为

集中的沿江地区为主，吸收其它特色区域参加，形成江苏集成电路产业沿江密集带。现阶段产业布局是：

集成电路设计业：以南京地区为主，发展无锡、苏州等地区设计业。

集成电路制造业、封装业：以无锡地区为主，扩展苏州、南通等地区制造业和封装业。

集成电路配套支持业：以苏州地区为主，发展连云港地区配套业。

四、江苏集成电路产业重点工作和主要建设内容

（一）重点工作

1．全方位、多渠道发展壮大集成电路产业链

——集成电路设计业。从四方面入手发展设计业。一是提升现有设计公司设备、技术、管理、经营水平，建成国内一流的设计公司。二是吸引由江苏培养、目前在国外或外省市工作而有志自己创业的技术人员回江苏创办设计公司，积极引导本省技术人员和民间资本建设一批新兴的设计公司；三是鼓励、引进国外集成电路设计公司到江苏落户，或合资组建设计公司；四是重点在南京建设江苏省南京集成电路设计研究中心，向社会提供开放式设计平台，吸引和帮助各行业整机企业和私营设计公司开发专用集成电路，发展集成电路产业，带动传统产业改造。

——集成电路芯片制造业。从三方面入手发展芯片制造业。一是现有芯片制造企业和研究所开拓应用产品，加强工艺技术研究，加大技术改造力度，充分发挥现有工艺能力的同时，提升现有生产线的工艺技术水平和大生产能力。二是利用开发区的优势，加大招商引资力度，建设高水平的大规模集成电路生产线。三是吸引国内省内有实力的机构和大企业集团投资集成电路，合作或独资建设集成电路芯片生产线。

——集成电路封装测试业。从三个方面入手发展封装测试业。一是现有封装企业搞强搞大，尤其要紧跟国际封装技术潮流，采用先进技术，使江苏封装业的技术和规模保持全国第一。二是建立或引进新的封装测试企业。三是在产业发展一定阶段，设立专门的集成电路测试公司。

——集成电路材料及设备支持业。从两个方面入手发展材料及设备业。一是现有材料及设备企业，要抓住国内微电子产业大发展的机遇，加快开发和投入，迅速扩大自身的优势，创造或保持国内的领先地位。二是加快目前短缺的化学试剂与引线框架等配套产品的投入，满足基地企业乃至省外企业的需要。

2．改造、提升集成电路制造业

以无锡为重点，建立和完善 0.5～0.35 毫米全套 CMOS 技术，开发和完善 0.25 微米 CMOS 技术，并延伸到 0.18 微米，兼容 0.8～0.5～0.35 微米多代 CMOS 生产技术；同时建立和完善 1.0～0.8～0.5 微米双极和 Bi－CMOS 集成技术。在发展无锡集成电路制造业的基础上，逐步向苏州延伸，通过合资企业，提升集成电路生产技术水平。

3．组建南京集成电路设计中心

在集成电路产业链中，集成电路设计环节既是基础环节，又是先导环节。在当今集成电路制造技术飞速发展的同时，集成电路设计技术进步滞后于集成电路制造技术的进步，这是世界集成电路产业发展现状。而在我国，由于集成电路产业原来就较落后，改革开放以来，通过对生产技术的引进和合资，使集成电路工业整体水平有了提高，而集成电路设计环节远不能适应制造技术的进步，成为制约集成电路产业发展的瓶颈，同时也严重制约了电子信息整机设备制造业的发展。所以必须看到，今后重点将放在发展集成电路设计业，提高集成电路设计水平，发展自主知识产权的集成电路芯片。

南京地区具有人才密集、技术密集、产业密集的优势，既是江苏省的经济、文化中心，又是长江流域沿江中心城市。南京已有熊猫集团国家 908 和 909 集成电路设计中心和东南大学国家专用集成电路系统工程技术研究中心，在此基础上，建设江苏南京集成电路设计研究中心非常必要，它将成为江苏沿江集成电路产业带的龙头。

（1）南京集成电路设计研究中心应具备：

一流的集成电路设计工作站硬件平台；

一流的网络环境；

一流的集成电路设计软件；

一流的集成电路测试环境；

一提供高水平的流片服务。

（2）南京集成电路设计研究中心是人才培养的中心。

（3）南京集成电路设计研究中心全方位开放，

为企业提供服务。

（二）主要建设内容

据初步估算，江苏集成电路产业带在近5年内，将投资200亿元，其中主要项目有：

1．设计业：

——南京集成电路设计研究中心（新建）

——建于江苏的中国M-core科技开发中心（新建）

——江苏省软件园集成电路设计中心（新建）

——江苏省信息化建设投资公司集成电路设计公司（改造）

——无锡新区信息产业园集成电路设计基地（新建）

——华晶矽科公司集成电路设计、测试（改造）

——苏州新区集成电路设计基地（新建）

2．集成电路芯片制造业：

——8英寸0.25μmMOS电路圆片生产线（新建）

——华晶6英寸0.35～0.5μm MOS电路生产线（改造）

——华晶6英寸0.5～0.8μmBi-CMOS模拟电路生产线（改造）

——华晶5英寸0.8～1μm双极电路生产线扩产（改造）

——55所6英寸砷化镓电路生产线（新建）

——昆山开发区微电子产业园（新建）

3．集成电路封装业：

——南通富士通公司封装、测度生产线（改造）

——江阴长电科技公司技术研究中心、集成电路封装、测试生产线（改造）

——华晶集团封装、测试生产线（改造）

——苏州园区、新区、吴江、南京等地封装工厂（新建）

4．集成电路材料及设备业：

——苏净集团水气净化设备、厂房产生线（改造）

——华威集团模塑料生产线（改造）

——连云港新电实业公司硅微粉生产线改造（改造）

——华晶集团硅材料、掩膜生产线（改造）

——华晶、泰兴光电引线框架生产线（改造）

（三）集成电路产品重点发展方向

围绕江苏省电子信息产业“十五”计划，重点发展五大类集成电路产品，提升江苏电子信息产业的技术档次和自主开发的技术含量。

1．通信类：程控交换机、无绳电话、固定电话、移动电话、IP电话、寻呼机、传真机、卫星通信设备、光纤通信设备等。重点发展CDMA手机基带/射频和光纤通信芯片。

2．消费电子类：个人数字助理、掌上电脑、电视机、数码电视机、机顶盒、变频空调、模糊控制洗衣机、数码录音录像机、VCD、DVD、组合音响、游戏机、计算器、电子整流器等。重点发展HDTV和移动信息终端芯片。

3．网络、计算机和外设类：嵌入式处理器、主机板、板卡、路由器、调制解调器、CMOS摄像、无线键盘等计算机和网络硬件设备；收款机、条码阅读机、自动取款机等；网络安全芯片、存储卡、加密存储卡、智能卡、交通收费卡等集成电路卡。重点发展路由器和网络安全芯片。

4．汽车类：汽车电子、摩托车电子。重点发展汽车电子芯片。

5．自动化及仪器仪表类：各类仪器仪表、电子计费表、触点保护器等；各类军用自动化及仪器仪表。重点发展MEMS芯片。

五、发展江苏集成电路产业对策

（一）制定江苏省发展集成电路产业政策

全面贯彻、落实国家有关信息产业、集成电路产业的政策，根据我省情况制定有关措施和优惠政策、鼓励、支持集成电路产业发展。江苏的优势、基础和发展潜力，如没有政策和环境的引导，就不利于参与竞争、在竞争中求得发展。参考国家和京、沪地区有关政策，制定江苏集成电路产业政策，主要内容有：

1．加大对集成电路产业的投入，积极吸引社会资金及法人资本投向集成电路产业。“十五”期间省政府每年安排5000万元，支持和扶植江苏省集成电路产业的发展。

2．建立软件产业和集成电路产业风险投资机制，鼓励国内外科技风险投资机构对软件产业和集成电路产业投资。江苏省高技术风险投资公司、江苏省信息化建设投资公司将风险资金优先投向省内软件和集成电路产业。同时通过社会定募股和吸收国内外风险投资基金等方式筹措资金。

3．集成电路设计业视同软件产业，适用软件产业有关政策。

4．省内集成电路企业的认定，由集成电路相关项目审批部门征求同级税务部门意见后确定。增值税一般纳税人销售其自产的集成电路（含单晶硅片）和经认定的企业享受国发［2000］18号文件所列的有关优惠政策。

5．符合下列条件之一的集成电路生产企业，按鼓励外商对能源、交通投资的税收优惠政策执行。

（1）投资额超过80亿元人民币；

（2）集成电路线宽小于0.25μm。

6．集成电路设计企业设计的集成电路，确需到境外生产芯片、掩膜或进行封装、测试工序的，其加工合同（包括规模、数量）经信息产业主管部门认定，并取得相关部门核发的“双限”暂定进口批准证件后，产品进口时按优惠暂定税率征收关税。加工过程中已缴纳的增值税地方留成收入部分，由同级财政予以支持。如加工过程中需要回国内完成某些中间步骤后，再到境外继续加工的，进出口环节由海关按暂时进出口货物进行管理。

7．对新批准建设的集成电路芯片生产项目，对其建设期内固定资产投资贷款人民币部分，由同级财政提供1个百分点之内的贷款贴息。

8．境外企业向省内企业转让集成电路设计技术所取得的专有技术特许权使用费，凡技术先进或条件优惠的，在省级科技行政部门出具技术先进的证明和省级外经贸部门出具减征、免征所得税的建议函后，经主管国税部门审批，可以免征预提所得税。

9．投资建设一个集成电路设计中心。中心建立高速宽带（1Gbps）通信平台，建立开放式集成电路设计实验室。实验室提供设计平台的软硬件设备满足0.35～0.18μm的设计要求；提供集成电路设计的培训环境；提供集成电路芯片的测试条件。支持各行业整机企业，留学回国人员、私营设计公司借用平台开发专用集成电路。

10．根据规划列出项目，组织各相关区域、企业招商引资，开展对外合资合作，基地聘请国内外专家讲学，开展对外交流。

11．基地与教育部门或整机企业合作，选择优秀学生，相关在职人员到基地开展专业培训，开发ASIC，为各行业整机企业培训人才。

（二）建立以企业为主体，产学研用结合的创新体系和机制

信息经济的形成和发展，以它新的组织形式为特征：横向网络作为生产率最高的组织和管理形式替代单一纵向管理的模式，柔性专业化代替标准化大生产。这种发展趋势越来越明显。发展集成电路产业群要顺应发展趋势，创新成为“头等”的观念，不论在营造发展集成电路产业环境，还是企业的管理，都要坚持制度创新和技术创新，当前情况下，制度创新比技术创新更为重要，坚持创新的思维，创新的路子，创新的体制，创新的机制，在不断深化改革的基础上，推进我省集成电路产业的发展。

1．坚持产学研用结合。着重解决发挥江苏省高等院校和研究院、所的优势，合理解决资源配置利用，发展我省集成电路技术及其产业，结合当前情况，着重解决：

（1）由政府搭台，组建发展江苏省集成电路产业行业协会。其主要任务是：研究集成电路产业发展动向和问题，为省政府和相关的市政府提供决策建议；组织产业带内有关技术交流和人员的培训；组织技术攻关，为企业服务。

（2）组建南京集成电路设计研究中心，在功能、定位、模式、运行机制等方面重点研究、探索。体制和运行机制适应生产力的发展。

2．提高企业的核心能力。企业核心能力是指企业开发独特产品，发展独特技术和发明独特的营销手段的能力。它以企业的技术能力为基础，通过企业战略决策、生产制造、市场营销、内部组织协调管理的交互作用而获得企业保持持续竞争优势的能力。创新能力是企业最重要的核心能力。

企业的创新能力要体现于企业的制度创新和企业的技术创新。要在产权制度、治理结构和分配激励制度三个方面深化改革，互动发展，构筑企业的合理资源配置和企业发展动力。

（三）加大资金投入，突出重点，提高效益

“十五”期间省政府要每年安排专款用于发展集成电路产业。省计委、经贸委、科技厅、信息产业厅等有关部门的各类科技发展计划资金向集成电路产业倾斜，突出重点，提高效率。有关市、县地方政府也要加大投入力度。省里的项目还要与国家计划项目（如 863、攻关）相衔接配套，地方项目争取国家支持，国家项目地方配套支持，推进带内集成电路技术和产业发展。

（四）加强人才培养

过去的四十年中，世界上没有任何其他一门技术象集成电路技术这样飞速发展，每个芯片上的晶体管数目几乎每年都翻一番，同时更新设备和改造工艺所需的投资差不多按相同的速率增长。结果是世界上只有少数国家中几个超级公司主宰着集成电路产业。绝大多数国家和企业在正常发展的情况下还只能隔岸观火，加上外国对我国高技术的禁运，使我国集成电路产业处于落后的局面。发展集成电路产业必须在集成电路设计和制造两个方面做出极大的努力。当前我国集成电路设计人才的缺乏凸现，特别是有 5 年设计经验的高级人才尤少。加强集成电路人才的培养，成为当务之急。

1．促进大专院校集成电器相关专业的发展，扩大研究生招生，培养集成电路设计制造高级人才。特别既懂整机系统又懂集成电路的复合型人才的培养。

2．设立专项基金，开展多目标芯片工程及其应用，提高集成电路设计水平。

3．加强企业在职人员的继续教育培训。

4．引进高层次集成电路专业人才，支持扶植留学回国人员从事集成电路设计产业。

（五）加强国际合作与交流

中国加入 WTO，对我国集成电路产业既是发展的机遇，又是严峻的挑战，所谓全球经济，是在世界范围内在资金、管理、劳务、技术、信息、市场都是一个统一运转整体。产业的发展，企业的进步，放到国际市场一体化的大环境、大背景下，去研究、考察给产业和企业的发展的环境带来的影响。创业环境、市场环境、金融环境和人才环境的变化，更要求我们与国际上集成电路设计公司、制造企业加强交往，扩大合作，封闭自守是没有出路的，要充分利用有利因素，推动和发展江苏省集成电路产业。

表 1　1998～2010 年世界半导体市场增长　（亿美元）

年　份	1997	1998	1999	2000	2001	2005	2010
总销售额	1370	1346	1577	1846	2214	3872	8956
增长率（%）		－1.8	17.2	17	20	15	15

表 2　世界半导体产品在电子产品销售额中所占份额

年　份	1992	1993	1994	1995	1996	1997	1998	1999	2000	2010
份额（%）	11.6	13.4	15.7	19.1	16.5	16.9	17.9	19.4	21.1	33

表 3　世界半导体发展计划

年　份	1999	2000	2001	2002	2003	2004	2005	2008	2011	2014
DRAM 半径距（nm）	180	165	150	130	120	110	100	70	50	35
MPU 栅长（nm）	140	120	100	85～90	80	70	65	45	30～32	20～22
存贮器引入阶段产品代	1G		2G		4G		8G		64G	
存贮器生产阶段产品代	256M		512M		1G		2G		16G	
MPU 芯片功能数（百万晶体管）	23.8		47.6		95.2		190	539	1523	4308
MPU 引入阶段芯片面积（mm^2）	340		340		372		408	468	536	615
ASIC 百万晶体管/cm^2（自动布局）	20	28	40	54	73	99	133	328	811	2000
ASIC 上升阶段芯片最大面积（mm^2）	800	800	800	800	800	800	800	800	800	800
硅片直径（mm）	200	200	300	300	300	300	300	300	300	450
在引入阶段 DRAM 封装后单位比特价（百万分之一美分）	42		21		11		5.3		0.66	
在生产阶段 DRAM 封装后单位比特价（百万分之一美分）	15		7.6		3.8		1.9		0.24	

表 4　1997 ~ 2009 年国际 IC 工艺发展趋势

年　份	1997	1999	2001	2003	2006	2009
工艺（nm）	250	180	150	130	100	70
晶体管	11M	21M	40M	76M	200M	520M
面积（mm^2）	300	340	385	430	520	620
时钟（MHz）	750	1200	1400	1600	2000	2500
金属层	6	6 - 7	7	7	7 - 8	8 - 9
电压（v）	2.15	1.65	1.35	1.35	1.05	0.75
线长（m）	820	1480		2840	5140	10000
Buffers/片	5k	25k		54k	230k	797k

表 5　世界 SOC、IP 核销售情况及预测

年　份		2000	2001	2002	2003	2004	2005
系统及芯片 SOC	销售额（亿块）	4	5.2	6.8	8.8	11.5	15
	增长率（%）	31	30	30	30	30	30
IP 核（模块）	销售额（亿美元）	6.9	9.6	13.4	18.7	26.1	36.5
	增长率（%）	40	40	40	40	40	40

表 6　我国集成电路设计领域主要单位

高等学校	科研院所	设计企业
清华大学	中科院微电子中心	华大集成电路设计中心
北京大学	中科院半导体所	大唐微电子技术有限公司
浙江大学	中科院自动化所	无锡矽科微电子有限公司
成都电子科技大学	中科院冶金所	杭州士兰电子有限公司
西安电子科技大学	中科院声学所	深圳国威电子有限公司
西安交通大学	中科院计算所	上海华虹集成电路有限公司
上海交通大学	信产部电子 58 所	北京中星微电子有限公司
复旦大学	信产部电子 47 所	北京中芯微系统有限公司
哈尔滨工业大学	信产部电子 24 年	海尔集成电路有限公司
西北工业大学	航天 771 所	苏州国芯电子有限公司
国防科技大学	航天 772 所	深圳华为技术有限公司
东南大学	兵器 214 所	深圳中兴集成电路有限公司

表 7　国内 SOC、IP 核需求情况及预测

年　份		2000	2001	2002	2003	2004	2005
系统及芯片 SOC	需求量（亿块）	2400	3240	4370	5900	7960	10700
	增长率（%）	32	35	35	35	35	35
IP 核（模块）	需求量（万个）	19000	26600	37240	52130	72980	102100
	增长率（%）	40	40	40	40	40	40

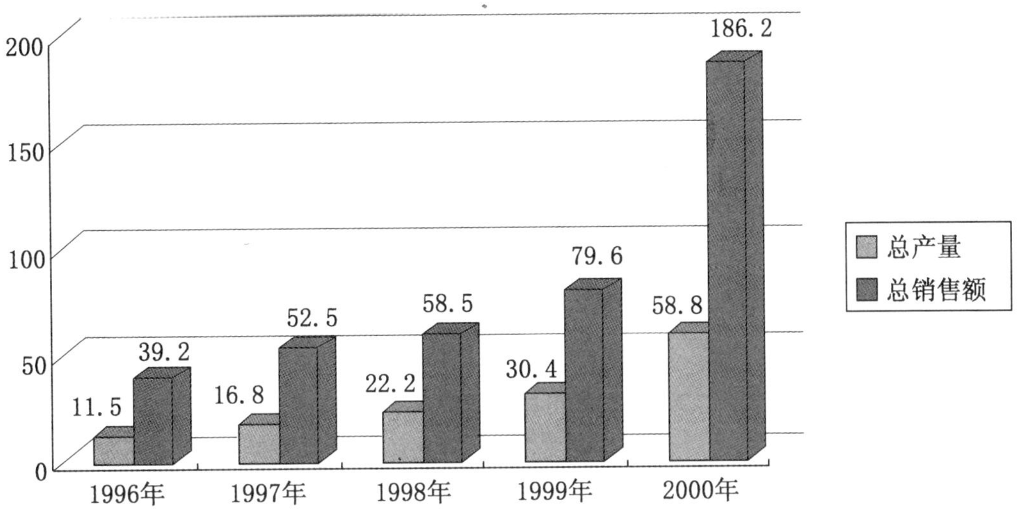

图 1　我国集成电路产销增长状况

单位：亿块/亿元

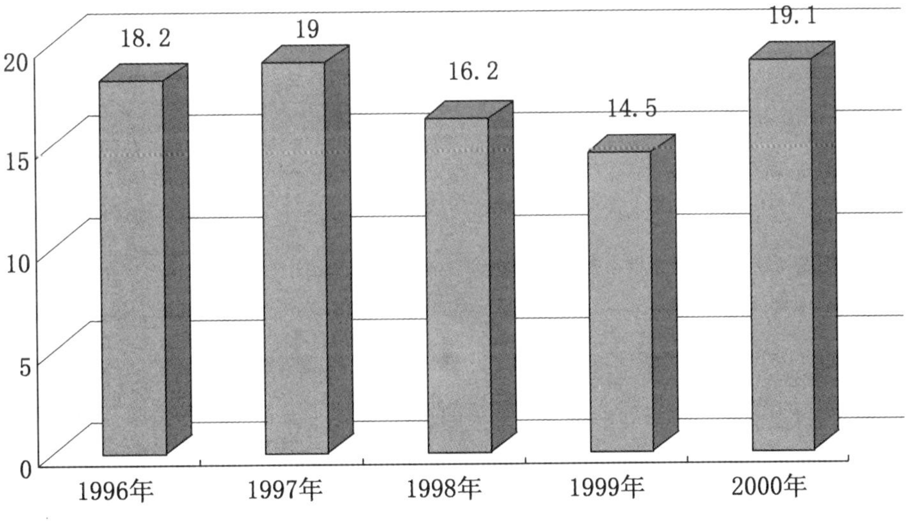

图 2　我国集成电路销售额占国内市场需求总额的比例（%）

单位：%

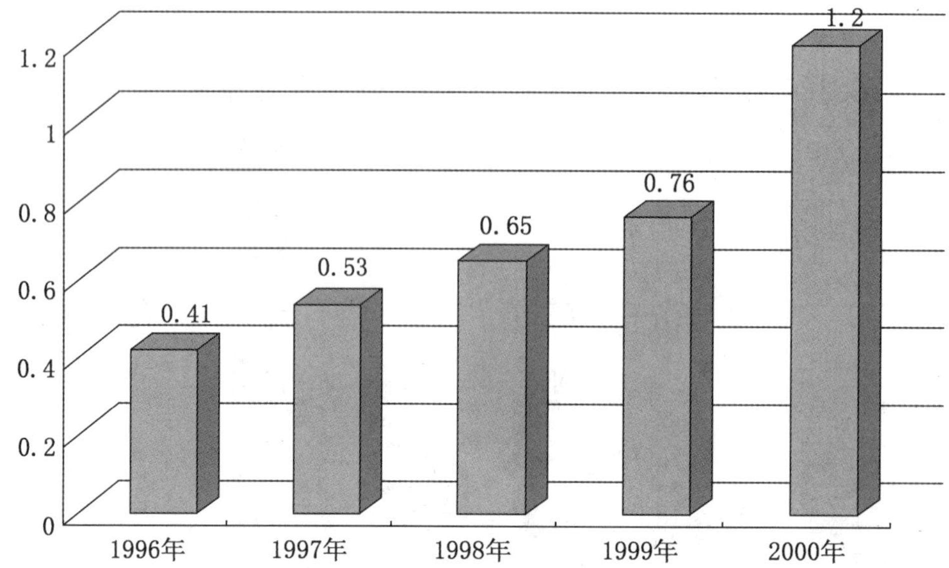

图 3　我国集成电路销售额占世界集成电路市场总额中的份额

单位:%

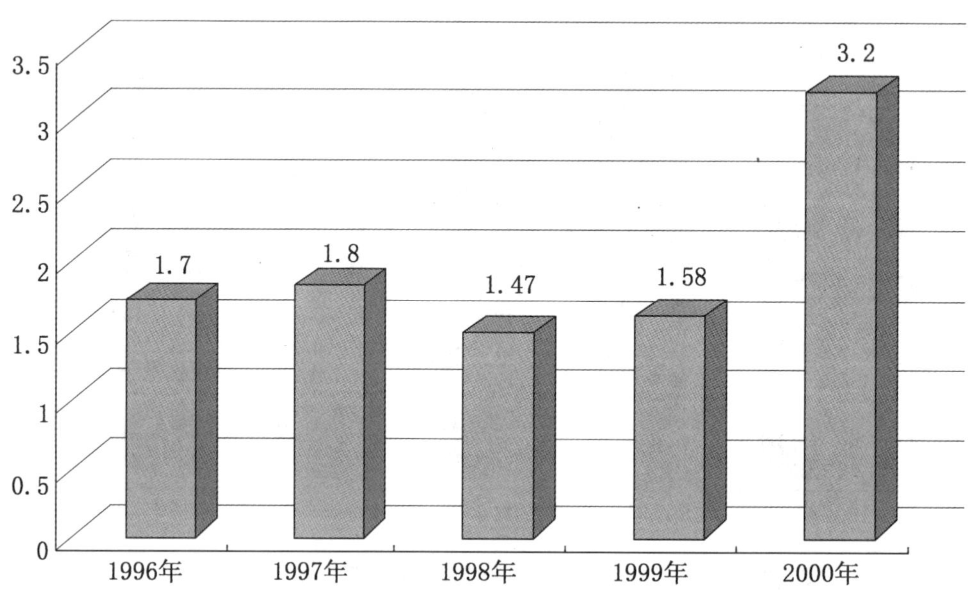

图 4　我国集成电路销售额在国内电子工业总产值总的比例

单位:%

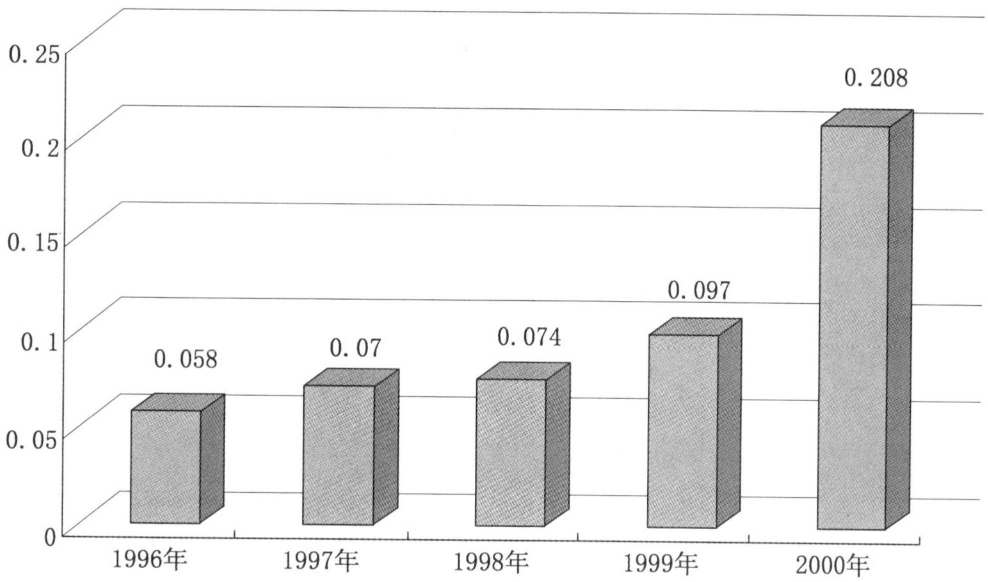

图 5　集成电路销售额在我国 GDP 中的比例

单位:%

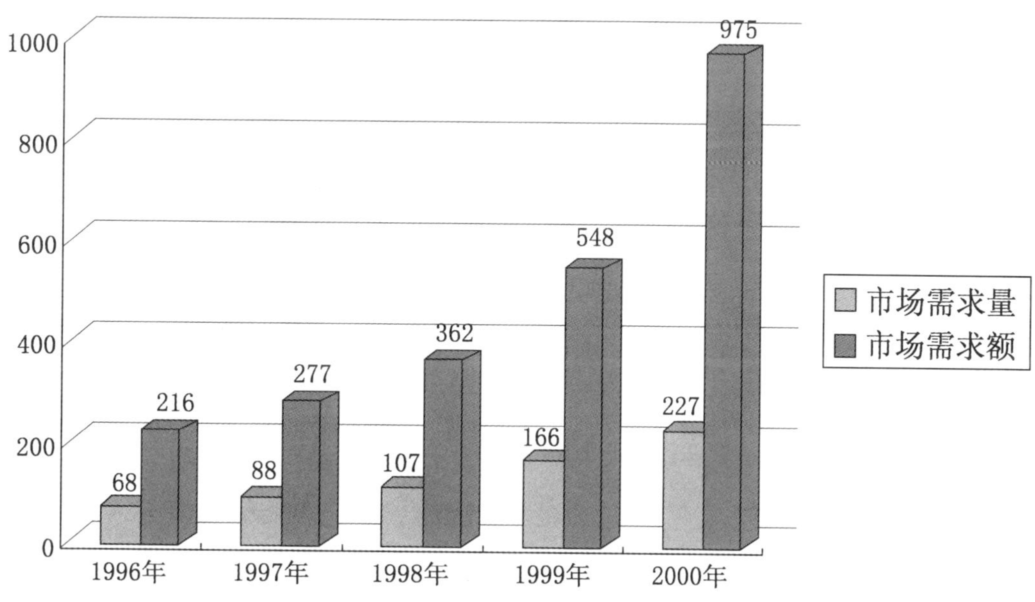

图 6　我国集成电路市场需求增长状况

单位：亿块/亿元

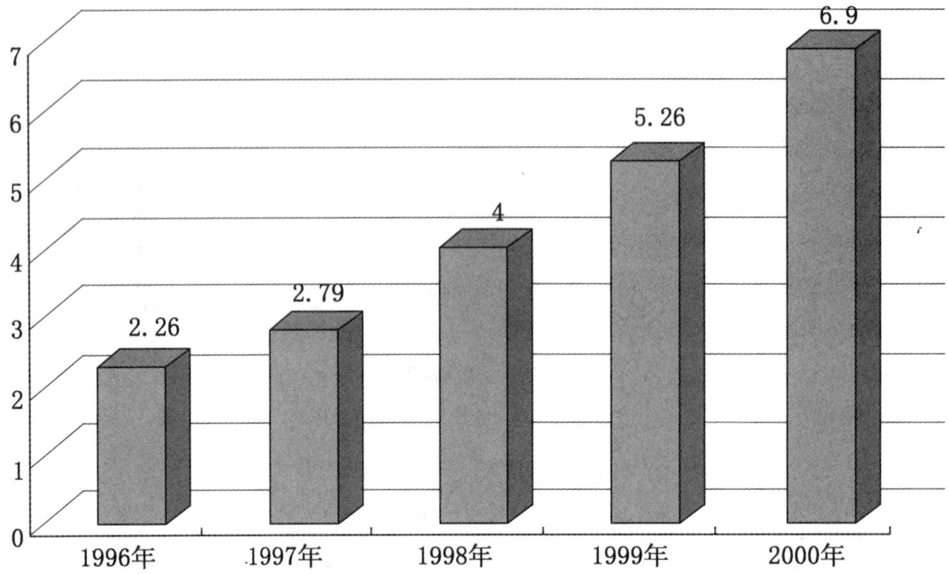

图 7　我国集成电路需求占世界集成电路市场的份额

单位:%

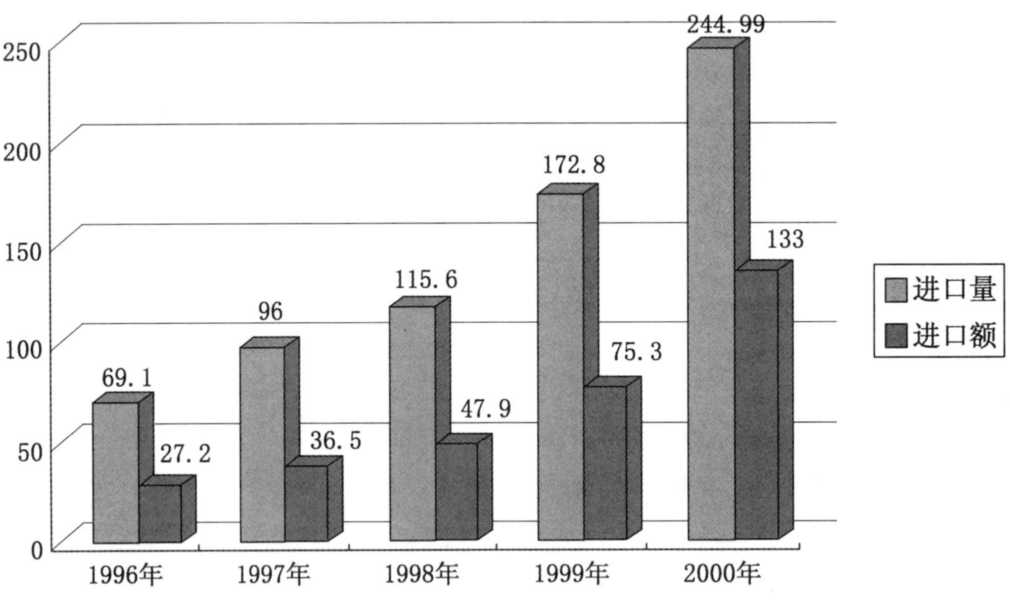

图 8　我国集成电路进口状况

单位：亿块/亿美元

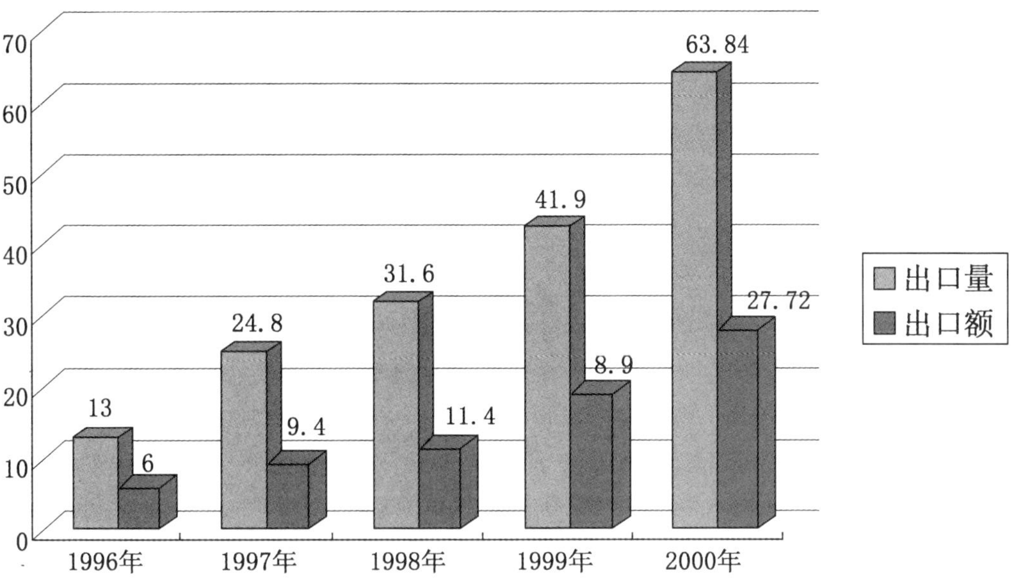

图 9　我国集成电路出口状况

单位：亿块/亿美元

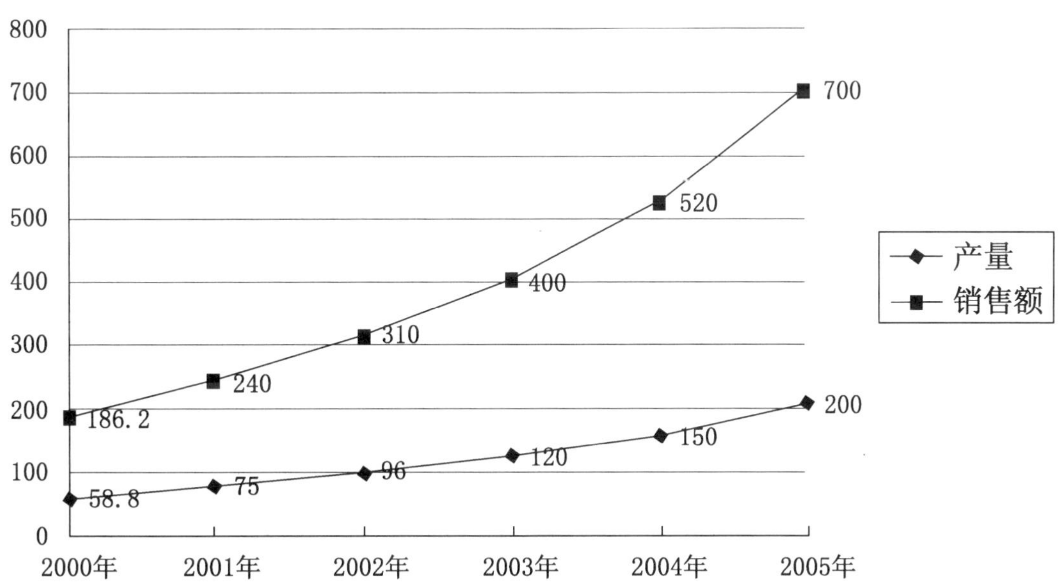

图 10　我国集成电路产销发展预测

单位：亿块/亿美元

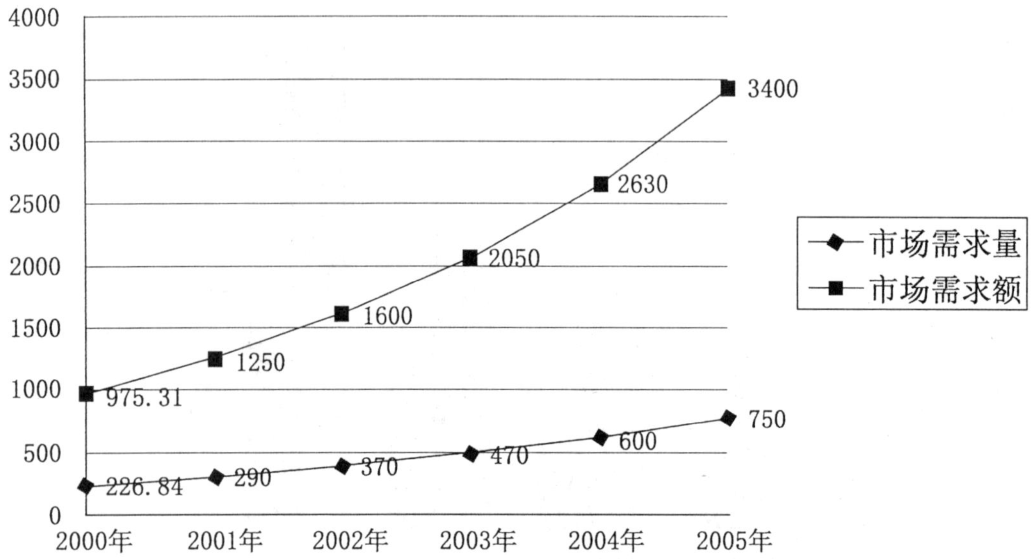

图 11　我国集成电路市场需求发展预测

单位：亿块/亿元

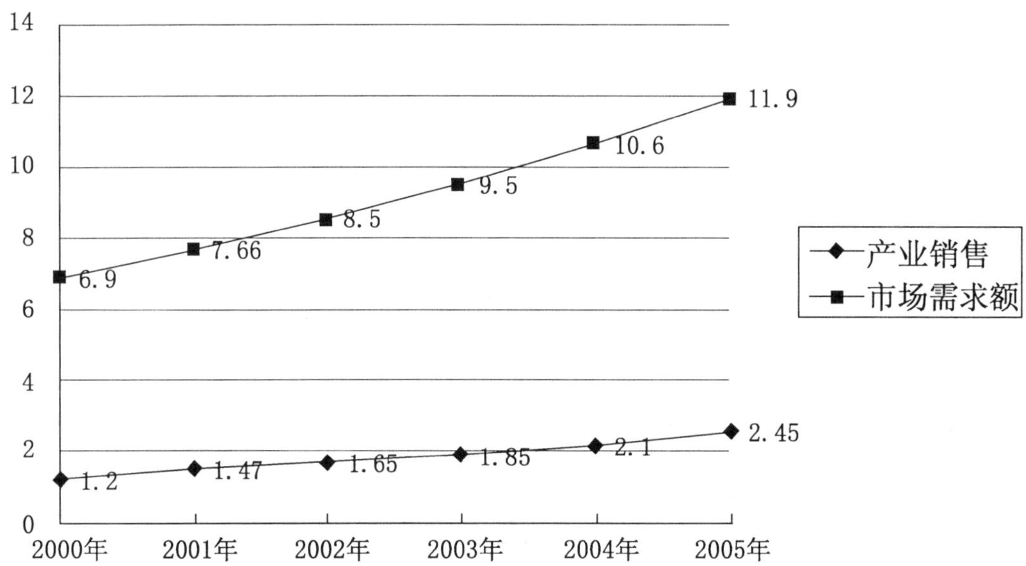

图 12　我国集成电路销售额及市场需求额在世界市场中的比例预测

单位:%

（执笔人：时龙兴、陆志斌、魏然、张建华）

江苏省“十五”光纤及光电子器件产业发展规划战略研究

一、产业发展的现状与前景

（一）概述

1．国际光纤及光电子产业概况

二十世纪是微电子技术独领风骚，大放异彩的时代。随着时代的发展，微电子技术在信息传输和存储容量及处理速度等方面受“电子瓶颈”效应的限制而越来越显得力不从心。与之相比，光电子技术以其得天独厚的优势脱颖而出，成为当今信息系统和网络中最为引人注目的关键技术，它将引发一场超过电子技术的革命，给整个工业和社会带来比电子技术更为巨大的冲击。从科学研究的角度看，光电子技术将是21世纪最尖端、最先进的科学技术。它的发展将对光学技术、电子技术、材料科学与技术、计算机科学与技术、生命科学与技术等产生巨大的推动作用：从行业发展，特别是高技术企业发展的角度看，光电子产业的市场份额将在10年左右超过微电子产业，数以千亿、万亿计的市场销售额对任何一个国家、任何一家企业都存在无穷的吸引力；从军事发展的角度看，光电子技术将为军事提供快速准确的信息，使军队具有快速反应和准确攻击的能力，从而在21世纪的军事和战争中起主流作用。从一定程度上说，光电子技术及相关产业的发展状况将是一个国家综合实力的体现。正因为如此，世界各国对这一领域十分重视，不惜投入重金进行研究与开发。美国政府将信息光电子技术列入“美国国家关键技术”、“商务部新兴技术”和“国防部关键技术”的研究计划，日本政府将其列为十大优先发展技术之首，德国政府则确定光电子技术是21世纪初对保持德国在国际上先进地位至关重要的九大关键技术之一。

社会的发展推动了光纤及光电子技术的迅猛发展，也给相关产业带来了无限商机。电信运营商已在全球辅设了4.53亿公里长度的光缆，可以绕地球约1.1万圈。2000年，全球光纤市场突破1.1亿公里，比1999年增长50%。KMI预测，今后5年全球还将再辅设约9.87亿公里的光缆。2000年光传输市场约300多亿美元。在光通信器件领域，有源器件（如符合DWDM系统规定标准波长的高速DFB激光器、宽带及有平坦增益谱的光纤放大器）和无源器件（如高速调制器、波分复用与解复用器、光波分插复用器）以及以适应高速传输发展的光纤色散补偿器与色散补偿技术，适应高速网络发展的波长变换器，光交叉互连器与光交换技术等都表现出巨大的市场需求。新型光子集成和光电子集成芯片、模块、系统及相关软件市场前景看好。在光显示和光存储方面，蓝绿色发光器件有十分巨大的应用市场，包括大型全色显示屏，下一代DVD等。以蓝光LED为基础的白光“半导体灯”已成为世界上各大照明灯泡公司全力开发的节能光源，它的应用普及将引起能源领域的一场革命。以GaN为代表的宽禁带半导体技术在显示，存储和大功率、高温、高速电子器件将形成新的经济生长点。等离子体显示（PDP），场发射显示（FED）和液晶显示（LCD）等平板显示技术发展迅速，正在争夺数字高清晰度电视和监视屏的庞大市场。

2．我国光纤及光电子产业状况与科研水平

中国政府及企业对光电子产业给予了很大关注，我国“八横八纵”光缆网已覆盖全国75%以上的县市，2000年全国光缆线路总长为125万公里。目前中国光纤生产企业有长飞光纤光缆有限公司、上海朗讯科技光纤有限公司、南京华新藤仓光通信有限公司、深圳特发光纤有限公司、成都中柱光纤有限公司、西安古河光纤光缆有限公司、杭州富通昭河光纤有限公司等10多个企业，目前即将投产的还有江苏法尔胜光子有限公司和江苏中天科技有限公司等。具有一定规模的光缆生产厂有40余家；光传输运营商有中国电信、广电、联通、铁通、电力等；系统商有华为公司、中兴公司、大唐电信、上海贝尔、广州高科等；有源器件有深圳飞通公司、武汉电信器件公司、上海建宝、无锡中兴等30多家企业；无源器件有深圳恒宝通、深圳全网科技、上海上诠、上海天脉等60多家企业；我国基本上形成了从器件到系统及网络运营的完善结构。

科研机构与生产企业也作了大量的人才准备和资金投入，相继建立了武汉、长春、北京、石家庄、上海和深圳等光电子研发基地，并取的了一系列具有我国自主知识产权的成果，同时还形成了诸如深圳、上海等地的产业群。

近年来，我国以合资或独资形式引进技术、开发市场，相继建立了长飞、朗讯、华新藤仓等几个大型光纤光缆生产企业，98年的拉丝产量已达240万芯公里。目前还有一些政府已批准立项的光纤生产企业正在建设之中，如海口睿丰、武汉藤仓等。此外，一些企业正自筹资金发展光纤生产。可见，我国光纤产业已基本形成规模，生产能力已可满足国内市场需求，且产品质量已能替代进口产品。但国内光纤拉丝企业，除武汉长飞光纤有限公司和西安古河光纤有限公司可进行预制奉生产外，其它企业均依赖于国外预制棒供应商，这制约了国内光纤企业的成本降低，限制了光纤新品的开发，削弱了国产光纤与进口产品的竞争能力。与此同时，我国的光缆生产企业已发展到160多家，光缆市场已呈现饱和状态。目前，除海底光缆等特殊产品外，国内市场已基本由我国的产品满足供应。光缆产业的发展在于提高产品质量，强化售后服务，规范市场、研发新品。

光电子器件是信息光电子技术的核心和关键。某些光电子器件的生产已形成了相当规模，如光连接器的组装，年生产能力已达200万套，耦合器及二波长复用器的年生产能力在50万套左右。十多年来，我国在光电子材料、器件、工艺和应用等各方面实现了飞跃，奠定了坚实的技术基础并取得了一些高水平的研究开发成果，表现为：

（1）一批有自主知识产权的高科技光电子器件产品逐步在国际市场上同国外产品一争高下，如2.5Gb/s SDH光收发模块、掺饵光纤放大器（EDFA）、半导体光放大器、红、橙、黄高亮度发光二极管、大功率半导体激光器及其泵浦的小型绿光固体激光器等。

（2）一批成果开始步入规模化生产，主要有：DWDM波分复用器、光环形器、光隔离器、CATV光发射/光接收机、155Mb/s到1Gb/s光收发一体化模块、DVD用红光半导体激光器，基于GaN材料的蓝、绿光发光器件等。

（3）一些重要光电子材料与器件的前沿技术取得了突破，如立方相CaN材料及LED器材、Caln-NAs/GAs材料、OEIC单片集成光接收机、全光波长转换器等。

（4）经过十几年的不懈努力，已基本形成从量子阱光电子器件到光电子单元技术、光电子应用系统等光电子产业、完整、配套的研究开发及生产体系。使我国量子阱光电子器件和单元技术的整体研究开发能力达到了国际先进水平。培育出以中科院半导体所、清华大学、武汉邮电科学研究院、信息产业部电子13所、中科院长春光机所、吉林大学、天津大学、东南大学、北京大学、南开大学、华中理工大学、信息产业部电子44所等为代表的光电子技术研究开发队伍。诸如海特光电子公司、武汉器件公司、飞通光电子技术有限公司、立德电子有限公司、长春新产业公司等一批光电子企业得到迅速发展。

尽管近年来我国光电子领域的研究水平和产品转化能力有了很大的提高，但我国的从事光电子技术基础研究的人才严重匮乏，缺乏国家风险投资管理体系，所以在技术创新和产品转化能力方面与发达国家相比存在较大差距。表现为技术基础薄弱，器件综合水平差距较大，产学研结合松散，不能把研究成果迅速及时转化为生产力；缺乏有重大创新的自主知识产权，关键技术、设备、元器件、原材料主要依赖进口。还有一点差距则是观念更新不够，对工艺、成品率、重复性、可靠性、规模化生产技术等重视不够，政府相关的发展资金的投入严重不足，研究开发单位在这方面投入的研究力量不够，研究人员在这方面的兴趣和积极性不够，企业斥资吸纳相应研究成果并进行二次开发的胆识和魄力不够，许多技术含量高的光电子器件产业尚水形成一定规模：产业建设分散，管理体制上存在条块分割，宏观调控能力不足，市场有待规范。

综上所述，国内外的光电子技术和产业已进入迅速发展时期，市场空间巨大，可持续发展时间很长，对21世纪高科技产业发展起着十分重要的支撑作用。我们面临着机遇与挑战、收益与风险共存的局面。我们应抓住机遇，“立足当前，着眼未来”，发挥我省优势，创造良好环境，适时发展我国，我省光电子产业，推动我省，我国经济和科技的发展。

（二）江苏省光纤及光电子器件行业的发展情况

1．行业现状与地位。改革开放以来，我省信息光电子工业有了长足的发展。特别是光纤光缆产业在不断引进国外先进技术和资金的基础上，形成了一定规模，占据了可观的国内市场份额。目前，我省已建立了包括光通信、光存储和光显示等光纤及光电子器件生产的门类齐全的生产企业，其中有代表性的企业列表如下表所示：

江苏省光纤及光电子器件行业代表企业的发展情况

	企业名称	代表性产品	年产量
光通信	南京华新藤仓光通信有限公司	光纤、光缆	80万芯公里
	江苏法尔胜光子有限公司	预制棒、光纤、光缆	300万公里（设计能力）
	江苏中天科技有限公司	光纤、光缆、光纤适配器、光纤耦合器、光纤隔离器、薄膜型DWDM	37万芯公里
	南京特恩驰光纤有限公司	预制棒、光纤、光缆	25万公里
	无锡中兴光电子技术有限公司	EDFA系列	
	江苏永鼎集团公司	光缆	36万芯公里
	江苏通光集团有限公司	光纤、光缆	30万芯公里
	江苏亨通光电股份公司	光缆	
光存储	江苏新广联光盘有限公司	CD和DVD类光盘	CD7000万张、DVD600万张
	盐城燕京光电有限公司	CD/DVD光盘	1600万张
	苏州明基电通科技有限公司	只读光盘驱动器，光盘刻录机，DVD驱动器	
光显示	南京熊猫电子集团公司	显示器、电视机、DVD	
	华飞彩色系统有限公司	彩色显像管、彩色监视管	
	南京洛普股份有限公司	LED显示系统，PDP、LCD背投	
	LG同创彩色显示系统有限责任公司	液晶显示器	50万台

2．行业基础与优势

江苏省具有发展光电子产业的良好的工业基础和丰富的科研与人才资源。具体表现为：

（1）光纤光缆产业已形成规模化生产。江苏省现有光纤光缆生产厂商有约30多家，其中华新藤仓、江苏中天、江苏永鼎和江苏通光的光纤光缆产量位于全国前十位。这些厂商中，江苏中天已建立了包括海底光缆和光纤复合架空地线（OPGW）在内的各种通信光缆的生产线，成为国内光缆系列产品最齐全的企业集团。江苏法尔胜集团继武汉长飞和西安古河之后建立了光纤预制棒生产线，其制造技术拥有自主知识产权。专家认为他们的光预制棒技术填补了国内空白，具有独创性，处于国内领先水平。南京特恩驰由荷兰独资，也在进行光纤预制棒的批量生产。

（2）企业积极筹资、进入光子器件领域。光子器件是光电子产业的核心和关键，这已成为光电子产业界的共识。江苏省多家光纤光电子公司正积极筹措资金，招聘人才，蓄势以发，开展光电子器件研发和生产。无锡中兴已拥有一系列高、精、尖自主知识产权的光电子器件产品，其掺铒光纤放大器（EDFA）产品的销售已经创造了辉煌的业绩，发展势头强劲。江苏中天已投入近1亿人民币开发生产光纤耦合器、薄膜型DWDM器件、光纤光栅等。江苏法尔胜、镇江奥雷、泰州晶光等正雄心勃勃准确开拓激洮器、光纤光栅、光纤隔离器等产品。

（3）光存储材料与器件的生产已有一定规模。江苏新广联光盘有限公司为华东地区最大的光盘生产企业，并建有我国第一条国产光盘复制生产线。该公司从事CD类光盘（CD、CD－ROM、VCD、SVCD）和DVD类光盘（DVD－VIDEO、DVD－ROM）的复制生产，年生产能力可达CD类光盘7000万张、DVD类光盘600万张。盐城燕京光电有限公司有三条进口生产线，日加工CD/DVD类光盘4.5万张。苏州明基电通科技有限公司为台湾明基公司的亚洲生产基地之一，生产只读光盘驱动器，光盘刻录机，DVD驱动器等。

（4）光显示产业集团优势明显。江苏省拥有南京熊猫电子集团有限公司、华飞彩色系统有限公司等国内大型CRT显像管、显示管生产厂商，其市场份额位居全国前列。南京洛普股份有限公司在LED大屏幕显示器生产方面在国内领先。同时南京熊猫、南京华飞、江苏春兰等公司正在开拓液晶显示器（LCD）、东南大学和信息产业部第五十五所正在研发等离子体显示器（PDP）等新型平板显示器。

（5）科研成果显著，产学研整体发展。光电子材料与器件的研究与开发方面，江苏省高校取得了突出的成就。如南京大学在GaN生长技术及其物性的研究，东南大学在对有机聚合物光电子材料的研究等方面已处于国际先进行列。东南大学在OLED、光子器件（如光纤光栅）、大功率激光器、光电集成电路、微光机械系统（MOEMS）等方面也做了大量出色工作。这些直接面向应用的研究成果为江苏省光纤及光电子产业的发展提供了技术支撑，并起到了一定的导向作用。同时，南京大学、东南大学等均成立了相关的科技成果孵化基地，通过大学科技园将科研成果更直接、更迅速地向生产力转化，使科学研究与生产实践更紧密的结合。

（6）科研力量雄厚，人才资源丰富、产学研具有整体优势。江苏拥有56所高等院校和科研院所，其中有一大批全国一流高校和科研机构。南京大学、东南大学、南京理工大学、南京邮电大学、南京玻璃纤维研究院、信息产业部第55研究所等在光电子器件和材料等方面积累了大量的科研成果，这些成果已经或正在向产品转化。江苏省强大的科研队伍为江苏光电子产业的发展提供了人才和技术支撑。它们既可为光电子企业提供相关成果和技术服务；也可与企业联合攻关，共同开发光电子产品；同时还可为企业进行人员培训或直接向企业输送大量高级专门人才。

（7）传统光学产业发达，配套加工基础扎实。江苏有多家技术力量雄厚的传统光学企业，它们正不断融入高新技术、稳步发展。如南京光学仪器厂、江南光学仪器厂、扬州曙光光学电子仪器厂等均具有雄厚的技术基础，它们在光学精密加工、无光纤激光通信、激光军事应用、光学图像数字化及处理等领域处于国内领先地位。与光纤光电子产业发展相配套，江苏省除了拥有实力雄厚的传统光学企业外，在微电子、精密加工等方面也具有良好的工业基础，如无锡华晶电子集团公司、专用集成电路国家工程中心是我国重点建设的微电子开发、生产基地，它在工艺与技术装备上为我省光电子产业的发展，特别是集成光电子提供了保证。

（8）地理位置优越，经济发达。江苏地处沿海，交通便利，为全国发达省份之一，具有良好的投资环境。

3．*存在的问题*

（1）全国光纤光缆生产企业已有近200家，其中江苏有30多家，光纤市场供需比例失衡，竞争异常激烈，优胜劣汰势在必行。因此光纤产业要稳步发展必须更好地规范市场，提高产品质量，强化售后服务，特别要在新品开发上着眼长远。

（2）江苏省光子器件产业起步较晚，虽然已有一些企业介入，但尚未形成规模生产，自我发展能力较差，科技含量需进一步提高。关键光电子器件产品研制与技术开发与国际先进水平有一定差距。对光子器件研发的投入不足，高科技成果转化率和转化速度均有待提高。缺少必要的机制来激励产学研结合。

（3）与上海、深圳等地区相比，江苏省吸引高新技术投资的软环境尚需进一步改善，人才流失严重，政府对光电子产品研发投入不够。

4．*光纤及光电子器件市场状况及前景预测*

由于现代社会对信息需求量的增加。光电子行业得到了百年难得的机遇。在过去的5年里世界光电子产业以每年百分之十几到二十的速度增长，总的市场值五年中增长近一倍。2000年全球光电子产值达1800亿美元，预计今年可达2000亿美元。

网络经济泡沫的破灭殃及了整个高科技市场，同样光电子产业也在其中。进入2001年，投资商改变了投资方向，运营商改变策略，许多抵御风险能力较差的公司纷纷倒闭，一些公司进行了吞并重组。但我们应该看到，这只将原来的泡沫挤掉，从实际需求和信息业发展的趋势看，目前仅仅是发展步伐放缓。事实上2001年与2000年比，光电子产业仍为增长势头，而且这种势头仍在加强。

以中国为例，1995年我国光电子总产值为十多亿美元，2000年增长到56亿美元，而今年有望达到100亿美元，其发展势头十分强劲。

光传输（OT）在光电子行业中占据重要的位置，RHK报告2000年的OT市场，仅北美、欧洲和中国就达280亿美元。其中中国的OT市场2000年为10亿美元，而2001年仅上半年就已达到11亿美元。

光纤光缆前一段时间由于各专用网和用户接入网的发展速度极快，一度形成了光纤光缆产品供不应求的局面。在此情况下我国各大光纤光缆厂商纷纷投产生产光纤或扩大生产规模。但由于网络经济泡沫的破裂，使得网络基础设施建设的步伐大大放慢。而我国目前光纤生产厂家有10家，正在筹建中的也不下10家，光缆生产厂家更多，已超过150家，按目前的情况我国生产光纤光缆的能力将迅速增加到2000万公里，而实际上需求量仅在1000万公里左右。

如前所述，尽管出现目前这种严峻的形势，但光电子行业的前景仍然十分光明。RHK公司按可能性最大的经济软着陆的模式预测，北美的光传输市场在今后四年年平均增长率将大于15%，欧洲的OT年增长率约在25%以上，而中国的光传输市场2000年为10亿美元，预计2001年达19亿美元，而2004年将达到55亿美元，保持了高速增长的势头。

值得注意的是目前国际上DWDM技术的市场份额迅速增长，其年增长率在35%以上，而SDH市场增长率很低，随着IP over WDM技术的发展，WDM技术将得到广泛应用，并占据主导市场。

二、“十五”期间我省光纤及光电子产业发展的主要目标和任务

（一）总体目标

江苏省光纤及光电子产业在十五期间发展的总体目标是：本着“有所为，有所不为”的原则，对光通信、光存储和光显示等不同领域的产业进行合理布局，调整结构，发展现有产业优势，确立有前景的发展项目，采取强有力的措施，不失时机地推动我省光纤及光电子产业的快速化、规模化发展，建设具有国内领先乃至国际先进的光纤及光电子器件研发和生产基地，积极开展新品研发，实行可持续发展战略。到2005年，我省光纤光缆的年生产能力达到：光纤预制棒200万芯公里、光纤600万芯公里、光缆600万芯公里、EDFA系列产品和记录类光盘实现更大规模的生产、光子器件和平板显示器件形成规模生产。使我省在制棒、光纤及光缆方面在国内市场占主导地位，在光放大、DWDM等光子器件、显示光存储等产品方面成为全国的重要生产基地。“十五”期间政府投入5亿元进行研发，预计全省光电子行业累计总产值可超过200亿元。

（二）具体目标和任务

1．光电子产业生产基地建设

在合理调整产业结构的同时，应注意发挥省内各地的地方优势。苏州地区投资环境较好，受上海的辐射影响大，可以作为一个点，无锡现已有法尔胜、无锡中兴、无锡雷华—环球等光电子企业，又因为有华晶微电子集团企业，对光电子器件、光纤和光子集成器件的生产有明显优势。南通现有江苏中天科技有限公司和江苏通光集团公司，同样与受到上海地区的辐射影响，同时又可以带动整个苏中、苏北地区，是苏中、苏北地区最佳的光电子产业基地。镇江有江奎、奥雷等光电子方面的企业。南京是江苏的经济文化中心，又有南京熊猫电子集团公司、华飞彩显系统有限公司、南京洛普、LG同创等企业、普天集团、华新藤仓等光电子和光通信企业，还有实力雄厚的科研院所。通过上述各基地的建设，从而在江苏省内形成由无锡、苏州、镇江、南京和南通构成的光电子产业带。

2．品牌产品建设

我省经过多年的努力，在光纤与光电子产业

方面已形成一定的规模，能生产许多光电子产品，有些在国内市场已占据主导地位，并打入国际市场。在今后的市场竞争中，我们要实行品牌战略，可望成为品牌甚至名牌的产品如下。

（1）光纤光缆产品。在这一方面我省不仅产量大，而且品种齐全。应努力规范光纤光缆销售市场，把握发展机遇，进一步提高普通通信光缆的产品质量和服务水平，合理调整产品结构，发展有竞争力的特种光纤光缆。鼓励华新藤仓、江苏中天科技、永鼎等企业做好、做强、做大，努力创出名牌产品。

（2）光纤预制棒产品。目前大多数厂家光棒都靠进口，能生产光棒的国内企业仅2-3家。法尔胜是其中之一，并有自主知识产权。应尽快提高产品质量，扩大产品种类，创出名牌，力争基本满足省内、国内光纤光缆生产厂家对光棒的需求。

（3）光通信器件产品，如无锡中兴的EDFA、中天的DWDM器件、光耦合器、光隔离器等。大力发展光子器件产业，立足国内市场，紧跟国际市场，实现产品的规模化生产，不断提高技术水平，增加产品的科技含量。

（4）光显示产品。加快GRT企业的产品结构调整，规范市场竞争规则，提高产品质量，扩大国际市场份额。合理吸收国内外先进技术，加速LCD、PDP规范化生产进程。

3．建设光电子研发基地，实现可持续发展

政府应加大产品研发与转化的投入和政策引导，联合高校、科研院所及光纤光电子企业建立工程研究中心，建立和完善转化机制，使高校的技术高效快速的转化为企业的产品。围绕可持续发展的原则，政府投入的目的在于：

（1）面向市场竞争，从技术竞争入手，选择科技含量高的信息光电子中一些关键项目，继续开展具有前瞻性的应用基础研究，保持前沿技术与国际同步。

（2）在现有技术的基础上，面向经济发展需要，解决目前制约我省光电子产业发展的若干关键技术，促进现有技术的产业化，完成专项产品的中试，为大规模生产作好工艺了技术准备。

（3）加强自主创新能力，在若干关键领域，取得有自主知识产权的技术成果。为此政府鼓励更多科技人员成为创业者，真正落实国家科技体制改革政策，人才流动政策等。高等教育应当根据经济和科技发展需要，加快培养发展高新技术所需要的各类人才。加强在职科技人员的继续教育工作，并把高新技术知识作为继续教育的重要内容。

值得重视的是，南京是江苏的经济文化中心，除有南京熊猫电子集团公司、华飞彩显系统有限公司、南京洛普、LG同创、南京华新藤仓光通信有限公司、南京富士通光通信设备有限公司等企业外，还有实力雄厚的科研院所，其中有源器件和半导体材料方面的研发有南京大学物理系；无源器件、有机材料及光通信技术方面有东南大学信息光电子技术研究室、光纤通信研究室以及南京邮民学院和熊猫电子集团联合成立的“江苏省光通信工程研究中心”：光纤技术方面有南京玻纤院；光电集成电路设计方面有国家专用集成电路工程研究中心和东南大学射光所；光显示方面有“江苏省显示技术工程中心”（东南大学）和信息产业部第五十五研究所等等。所以应充分利用南京在光电子技术方面的研究资源。除现有东南大学的“国家专用集成电路工程研究中心”、“江苏省显示技术工程中心”、南京邮电学院和熊猫电子集团联合成立的“江苏省光通信工程研究中心”等外，还应在南京组建“光电子材料与光通信器件技术工程研究中心”、“光电集成与光子集成技术工程研究中心”、“光棒与光纤技术工程研究中心”、以及“光存储技术工程研究中心”4个产学研工程研究中心，把南京建成光电子技术产业的研发基地。

4．设立并实施光电子综合技术攻关专项

为实现江苏省光纤、光电子产业的可持续发展，除注重发展现有的优势产品外，应对一些关键的前瞻性技术和近期可以转化为产品的技术进行研究开发，所以建议政府结合我省的研究现状和优势设立光纤光电子综合技术研究专项。专项的研究专题建议如下：

专题一：密集波分复用（DWDM）关键器件光纤光栅技术和应用开发

随着高速全光通信技术的迅速发展，密集波分复用（DWDM）技术越来越受到人们的重视。在DWDM技术中，如何将不同波长的光复合和分离是其技术实现的关键所在。而实现这种技术的最基本的元器件就是光学滤波器。光学滤波器在诸多应用中是一个基本而又十分重要的光子器件，用它可以制作成各种功能的光通信中应用的子系统。光纤光栅是一种典型的光滤波器，与其它类型的滤波器相比，光纤光栅具有与光纤通信系统天然的兼容性的特点，可以方便地制成诸如激光器、波长稳定器、色散补偿器件、光放大器增益平坦器、DADM 器件等多种类型的通信器件，在光纤通信中具有广泛的应用。另外，光纤光栅还是一种性能良好的传感器，在生物医学和化学等诸多领域具有很高的应用价值。

本专题建议对光纤光栅的刻制、封装技术、光纤光栅器件设计技术，光纤光栅在 DWDM 中的应用，以及光纤光栅传感技术和它们相应的器件进行研发，并力争有自主知识产权的产品成果。

专题二：光通信中光电子集成模块（OEIC）和微光机械系统（MOEMS）的开发

随着光通信技术的发展，通信速率越来越高，因而也就要求系统小型化，器件集成化。目前的收发一体 OEIC、用于波分复用的阵列波导光栅（AWG）以及用于光交换的微光机械系统均受到高度重视，国外已经产品化。我省有很强的集成电路设计基础，有微电子设计和 IC 生产能力，具有明显的开发这一方面产品的优势。

本专题主要建议开展 IP 网用的专用收发模块，用于波分复用的 AWG 和光分插复用器（OADM）以及 1×N，N×N MOEMS 光开关等产品开发，并要求有自主知识产权的成果。

专题三：光纤预制棒及新型特种光纤的开发

光纤是构成光通信系统的基本因素，目前我国在这方面的产品主要依靠进口。预计 2004 年我国光纤用量将达 1000 万芯公里，而目前国内能制棒拉纤的仅长发等少数几家，法尔胜现已开始正式生产。显然开展这方面产品研发，其市场价值巨大。

本专题建议开展光纤制棒技术、拉纤技术及新型通信光纤的研究开发。同时还应开展特种光纤，如掺铒光纤、保偏光纤、抗辐射光纤、光敏光纤以及能量传输光纤的生产技术及产品开发。

专题四：有机聚合物光电子材料及器件的开发

有机及聚合物材料由于其设计加工剪裁方便、成本低、改性容易、对光学存储、光调制、频率转换、发光器件等均具有重要意义，可以广泛地用于光电子技术领域。

本专题主要建议开展有机聚合物在光调制器、光放大器、光学频率转换器件、光开关、以及新型平面显示器件等方面的研发工作。

专题五：高密度光存储及其相关光源技术的研发

光存储在光电子技术领域占有重要的地位，目前的光存储技术已从第二代产品向第三、四代转移，其市场潜力也十分巨大。但目前我国的 CD-ROM、VCD 和 DVD 产品，其关键部件，如光头和激光器仍主要靠进口，大部分利润流向国外。

本专题建议开展 DVD 光学读写头、精密控制技术、蓝光激光器 GaN 材料及器件工艺的研发，开发有自主知识产权的产品。

三、产业发展策略措施

（一）强化优势、抓住关键、调整江苏光电子产业结构

我省光纤光缆产业方面在全国具有优势，共有光纤光缆生产厂商近 30 家，其中有 4 家产量居于全国前十位。我省所生产的光缆种类齐全，可以生产包括海底光缆及光纤复合架空地线光缆（OPGW）在内的各种通信光缆。同时我省在拉纤方面也有华新藤仓，南京特恩驰，法尔胜，中天等企业。另外，特恩驰和法尔胜也成为我国继长飞和西安古河之后，可以生产预制棒的企业。可以看出我省在光纤、光缆及预制棒生产方面居国内前列。所以我们必须保持并强化这种优势。但同时也应该防止光纤光缆生产出现供过于求的趋势，我们千万不能让原有的优势转变成负担。我们要在积极保持优势的同时，注意调整产业结构，重视制棒技术的产业化，特别要重视新品开发，如 G．655 非零色散位移光纤的开发生产。重视光电子新材料、器件及高速光通信技术的研发。重视集成光子器件的技术开发。

我省有多家传统光学仪器厂，这些厂的技术力量雄厚，在光学冷加工和光学薄膜技术方面处于国内领先行列，是光电子产业发展可以依托的技术力量。我们应该引导他们进行产品转型，利用现有的设备和人才资源，积极开展诸如光隔离器、偏振器、微小尺寸光学元件以及波分复用元件等光通信元器件的研发和生产。

（二）充分发挥政府职能，制定扶植和优惠政

策

本着“有所为，有所不为”的原则，江苏光纤及光电子产业的发展应统筹规划、合理布局、协调发展。以市场为导向，创造有利于公平、有序、适度竞争的环境，优先发展市场前景广阔，对我省社会和经济发展有重要影响的产业。加大政策扶植力度，从政策导向、法律法规、资金投入等多方面给予优惠。改善投资环境，建立和完善相应的法规，加强金融市场，产品市场和劳动力市场的规范管理。江苏省将以一流的环境、一流的支持、一流的服务吸引民营企业、外资企业、合资企业来江苏发展，共创江苏光纤及光电子产业的辉煌。在国家政策允许的范围内，免除或减少有关税收。对于集成电路（IC）和软件产业，国家已有相关的减免税务政策。光电子产业在产业规模上虽然不能跟它们相比，但光电子技术是现代高技术的基础，又是其中的尖端技术，因而扮演着双重角色，在21世纪必将前途无量。建议凡确认为光电子产业的企业，可享受与IC和软件产业同等的优惠政策。

简化项目审批手续，优先考虑信贷支持，实行贴息贷款（建议每年5000万元专项基金）。倾斜土地征用指标，高新技术光纤及光电子企业和项目的建设用地，除按比例应交中央部分及支付征地补偿费用外，免征土地使用权出让金。

（三）健全风险投资机制，实行多渠道引资

建立国家、政府风险投资资金，实行国家、企业、个人风险共担的风险投资体系。进一步充实高新技术风险投资基金，完善科技成果转化和高新技术产业化风险投资机制，加快投资资金的周转，开展高新技术风险投资担保业务，疏通融资渠道，推进股票上市，搞好资本运作。目前省内上市的光电子企业仅有3家，争取在“十五”期间引导具有实力的省内企业上市。

注意调动民间资金，鼓励光电子产业的创业投资，特别要制定相关政策吸引外资，并积极引导外资向高新技术倾斜。

（四）建立新型企业，创建新的管理模式

研究适应21世纪高科技发展的产业管理模式，支持建立“科研生产型”信息光电子产业实体。光纤及光电子企业不能仅仅依托现有光电子科研或产业单位。新企业一定要与母体剥离，成为独立经营的法人实体。企业与母体的关系应是经营者和投资者的关系，企业可吸收原依托单位的资金作为股份，但必须摆脱原有的经营管理模式，不与任何其它企业或事业单位穿插，必须摒弃一套班子、多块牌子的操作方法。企业本身必须按市场运作，不等不靠，以市场求生存。政府应制定相关政策，促成企业独立法人政策的真正贯彻执行。

（五）人才培养及使用机制

鼓励科技人员创新、创业，深化人才管理和运行体制，制定灵活的用人方案，采取切实措施，稳定现有人才，吸引国外、省外从事光纤及光电子技术研究开发、掌握实际生产知识或管理技能的优秀人才来本省工作，并在政策环境和生活条件等方面给予保障。提高单位和个人知识产权所占的股份比例，发挥单位和个人成果转化的积极性。政府、高等学校、科研院所和企业将对在发展光电子技术及其产业化工作中作出突出贡献的单位、科研人员、管理人员等给予重奖。高新技术成果作为无形资产参与转化项目投资，成果价值占注册资本比例最高可达35%，成果完成人和成果转化的主要实施者根据其实际贡献，可按照国家有关规定折算为股份或者出资比例，并依据其所持股份或者出资比例分享收益，所占比例不受限制。鼓励省内外科技人员，海外留学人员自带科技成果和资金来我省创办光电子企业和民营科技企业，这些企业经认定，可优先享受项目立项、贷款贴息和融资担保。海外留学生人员从事光纤及光电子技术开发、研究、创办高新技术企业取得的工薪收入，经有权税务机关审批，可视同境外人员收入，在计算个人应纳税所得额时，除享受规定费用减除外，还适用附加减除的规定。省有关部门对省重点扶持企业的光电子技术项目所需科技人员在工作调动、毕业生就业、入户等方面给予优先。外省市科技人员带高新技术成果来我省创办企业或实施转化，经有关部门认定，准许其本人和配偶及未成年子女调入本省，并免交城市建设费。

（六）实行国外引进消化与自主创新相结合

加强国际合作与交流，合理引进、消化和吸收国外先进的科学技术、生产设备和管理经验。调动海外华人的爱国热情，积极开发海外人才资源。进一步改善投资环境，吸引国外著名光电子企业来我省投资，推动和促进我省光电子产业的规模化进程。在有源及无源器件方面应加大先期研究的投入，鼓励创新和有自主知识产权的研究开发。我省在有源及无源器件生产方面起步较晚，为实现跨越式发展，应吸引国外光子器件公司来建立生产基地。

我国加入 WTO 以后，高技术行业面临着知识产权问题。研发和生产有自主知识产权的新产品是振兴行业之根本，也是我们的奋斗目标。我省拥有一大批高校和科研院所，应充分发挥他们的作用，坚定不移地走产、学、研相结合的道路，通过成立联合工程研究中心、技术开发中心，承担省攻关项目来加速我省光通信和光电子技术成果向生产的转化，为使我省成为我国的光电子产业大省奠定坚实的基础。

（执笔人：崔一平、徐春祥、魏然、金乐君）

加快数字化城市建设
为率先基本实现现代化奠定基础

众所周知，二十一世纪是信息化、网络化、数字化、智能化迅猛发展的新世纪，世界范围的新技术革命和经济全球化的浪潮，使世界各国面对新的发展机遇和挑战。而“数字化城市”是这股浪潮的潮头，也是历史赋予我们实现跨越式发展的绝佳机遇，将为率先基本实现现代化奠定坚实的基础。

一、对“数字化城市”的认识

数字化城市，也称为网络城市、智能城市、信息城市。数字化城市的概念包含两个方面的含义：一是从广义上讲，“数字化城市”包含了信息化六大要素和所有领域，也就是城市的信息化；二是从狭义地讲，“数字化城市”是综合运用GIS（地理信息系统）、GPS（全球定位系统）、遥感、遥测、宽带网络、多媒体及虚拟仿真等技术，对城市的基础设施、功能机制进行信息自动采集处理、动态监测管理和辅助决策服务的技术系统；它具有城市地理、资源、生态环境、人口、经济、社会等复杂系统的数字化、网络化、虚拟仿真、优化决策支持和可视化表现等功能。数字化城市的建设需要利用国家公用信息网络平台，以现代信息技术为基础，建成一个集城市规划、建设、管理和服务于一体的智能化信息系统，实现信息共享与应用，为政府、企业、公众提供及时、准确、有效的信息服务。

国际上一些发达国家或地区90年代初就开始了“数字化城市”的综合建设实验。美国在1998年正式提出了“数字化舒适社区”的倡议，目前美国与日本已经建成一批“智能化生活小区（数字社区）”的示范工程，在美国大约有50个城市正在建设数字化城市；新加坡政府提出了“智能城市（数字化城市）”的设想，并在积极实施。全球信息化的热潮正在影响并推动着中国城市数字化建设的步伐。

数字化城市通常包括五个方面的支撑点。第一是信息基础设施，它是城市获取信息的基本能力。每个城市必须根据自身特点和发展方向，做整体思考。第二是城市基础数据库。一个城市的数字化程度，从源头上取决于城市基础数据库的容量、速度、便捷性、可更新能力和智能化水平，至少包括数字人口、土地、交通、管线、经济管理等内容。第三是电子政府和城市信息安全。电子政府能提高政府工作效率，提升行政水平，优化服务功能。同时，也是提高政府透明度和有效监督的重要工具。第四是全方位的电子商务框架。电子商务系统的全方位、多等级和虚拟化建设，将具体体现未来城市发展的活力。第五是城市交通系统的智能化。城市智能交通系统是GIS、GPS和遥感等技术的有机结合。

“数字化城市”不是一个纯技术的概念，它与“园林城市”、“生态城市”、“山水城市”一样，是对城市发展方向的一种描述，是信息技术、网络技术渗透到城市生活各个方面的具体体现。“数字化城市”意味着城市管理和运行体制的一次大变革，为认识物质城市打开了新的视野，并提供了全新的城市规划、建设和管理的调控手段，从而为城市可持续发展和调控管理提供了有力的工具。此外，“数字化城市”还将更好地体现出现代城市“信息集散地”的功能。城市功能全面实现信息化，将促进城市人居环境的改善和可持续发展。随着城市信息化进程的推进，“数字化城市”已开始走进人们生活。

二、南京“数字化城市”建设已取得初步成效

近年来，围绕率先基本实现现代化的目标，南京市在信息基础设施建设、电子信息产业、信息资源开发利用、信息技术应用、政务信息工程、信息化人才培养等方面，都取得了一定的进展。

2000年，江苏省计委将“数字南京”列为全省八大信息化示范工程之一。为大力推进数字化城市建设，我市在国民经济和社会发展“十五”规划的编制中，将信息化规划作为专项规划予以重点突出，并以此作为全市信息化建设的纲领性文件，数字化城市建设在以下几个方面初见成效。

1. 信息网络已初具规模。实现数字化城市的前提是建立一个宽带化、数字化、多媒体、智能化的城市信息网。我市是全国八大通信枢纽之一，90年代以来，信息基础设施的公用通信网飞速发展，2000年9月，我市在全国率先开通了千兆以上的宽带城域网，集语音、数据、图像为一体的多媒体通信网已初具规模，能够实现“千兆到大楼，百兆到楼层，十兆到桌面”。互联网用户已超过80万户。有线电视建成了超大容量的光纤宽带综合信息网，城区有线电视网络覆盖率达95%以上，市区一半以上的地区已经实现750兆双向光纤同轴混合网改造，形成了广播电视和数据业务两个平台，利用有线广播网开展数据业务的探索取得了一定成功。一个宽带化、广覆盖、地空一体的现代化信息基础设施已基本形成。此外，联通、吉通、网能、铁通等公司也在我市积极发展网络业务，网络建设格局呈现出多元化的发展态势。

2. 政府信息化建设成效显著。“九五”以来，我市积极推广政府应用信息技术，建成了税务综合业务、公安综合业务、财税工商金融信息、统计信息系统、教育信息和远程教育等一批重点信息网络系统。去年，全市政务网总体建设方案已经编制完成；完成了市级机关大院的光缆铺设工作；基本完成了网管中心的建设，政务网内网网络和外网网络的独立试点运行已经完成；电子邮件系统、视频信息点播及直拨系统、领导专用系统等网络应用系统正在加紧开发建设。此外，我市劳动和社会保障信息的系统网络管理控制中心已经建成；人力资源市场、医保中心两个管理中心已投入使用；医疗保险子系统和失业保险子系统已经开通运行；职业技能培训鉴定子系统已投入运行；南京劳动和社会保障卡已经制作完成，并在高淳县等地投入使用；南京劳动社会保障网站已经开通；各县劳动保障信息系统建设已经启动，各区已经实现了与市之间社会保险和就业服务的信息共享、实时操作。此外，土地信息系统、审计信息系统、农村合作医疗信息管理系统、公交和液化气IC卡收费管理信息系统、交通行政执法公示信息系统等正在积极实施。由市政府主办的“中国·南京”网站已拥有近80家政府部门的子网站，在国内外产生较大影响，成为外界了解我市的重要窗口。

3. 全球化信息化程度不断提高。去年，我市围绕华商大会的召开，大力推进全社会信息化应用。在全市大中型商场逐步淘汰单一POS机工作取得明显成效，全年安放联合POS机在1500台左右，撤出单一POS机700多台，全市所有大中型商场以及448家特约商户已经可以受理所有银行卡。南京教育信息网中心网站三期工程基本完成，全市宽带网接入学校已占全部学校的12%；已有南师附中等20多所中小学完成了校园网建设，所有普通高中和城区初中开设信息技术课的目标已经完成，省市级实验小学、示范小学也已开设信息技术课。工业企业信息化改造的重点已从设备改造和生产操作层次向设计和管理层次发展，计算机辅助设计（CAD）、计算机集成制造系统（CIMS）、企业资源管理系统（ERP）等技术的应用不断推广。全市制造业CAD普及率达70%以上，CAD应用不断向深层次发展。金城集团、熊猫集团等一批企业被国家授予CAD应用先进企业和示范企业称号。“金陵热线”已成为访问量超过千万人次的站点。

4. 信息产业已成为新的经济增长点。全市电子信息产业销售收入连续三年以50%左右的速度递增，2001年已近250亿元，占高新技术产业销售收入的三分之二，基本形成了计算机及相关设备、通信设备、软件与系统集成、数字化视听设备、新型元器件、行业专用信息设备等六大产品群。软件产业正在迅速崛起，目前从事软件开发和生产的企业有200多家，销售收入超亿元的企业已有20多家，联创、东大金智、南大苏富特等企业发展迅速，在全省认定的软件企业和产品中，我市占据一半左右。国家级江苏软件园正在加紧建设，南京高新区和珠江路科技一条街规模不断发展，南京软件园已被批准为国家火炬计划软件产业基地，软件创业服务中心主体工程已经建成并投入使用。全市信息咨询服务业的总体规模不断扩大。服务领域遍及国民经济主要领域和部门，内容涉及经济、科技、工程、管理、生活等众多方面；咨询、中介服务的领域已经涉及会计、审计、法律、价格、专利、招投标、土地、房地产、监理、社会福利、人才交流等行业。业务已开始延伸到国内乃至境外，服务方式也逐步多样化，政府上网工程取得实质性进展，市政府的“中国·南京”网站连续两年被国家有关部门评为优秀政府网站。

此外，我市数字化城市基础平台建设也打下良好的基础。其中市地籍信息系统处于国内领先地位，该系统采用先进的 GIS 技术和设备，建立了南京市 50 万土地使用者信息数据库。建立了 6000 多幅 1：500 数字地籍图；4300 幅 1：1000 数字土地利用现状图，建立了行政村、村民小组、地块信息 15 万条。信息覆盖整个市区，在全国土地系统建立的地籍信息数据库中名列榜首。同时，我市致力于传统测绘向地理信息化转变，先后开展了“城市测绘信息系统”、“城市地下管线机助成图与管理信息系统”、计算机制图制印一体化”、“土工试验微机数据采集和处理系统”、“南京城市基础空间信息系统”等项目研究，成果处于国内领先水平。陆续建立了市域 243 平方公里的基础空间数据库（大比例尺）、市域 4000 多公里的地下管线数据库、2000 多平方公里的 1：10000 地形图数据库、一市五县 1：100000 地图库等。数字平台为数字南京打下良基础。

三、2002 年南京市数字化城市建设的工作重点

“数字化城市”提供了全新的城市规划、建设、管理与服务的决策和调控手段，要提高南京城市综合竞争力，必须全面推进南京城市信息化。今年，我们将重点抓好以下五方面的工作：

一是着力推进政务信息化建设。重点抓好“五网一库”工程，即市级机关政务信息专网工程、公众信息网建设工程、部门局域网与办公自动化工程、网上虚拟政务大厅工程、专业网建设工程、城市地理信息系统库工程。推动信息资源开发利用，整合全市分布在土地、规划、市政、测绘、环保、统计等各部门 GIS 资源，使其发挥的效益最大化。继续完善由信息基础设施平台、信息处理公共平台和信息应用公共平台组成的城市信息化框架体系。

二是进一步突出信息基础设施的先导作用。高起点高效益的建设一个完整先进的信息化基础网络，继续推进宽带传输网进楼入户，大力推进 CDMA 移动通信网的建设，继续推进数字电视的试播工作。以信息资源的开发利用为核心，由政府引导建设一批基础性和公益性资源数据库，利用政务信息专网实现政府信息资源交换和共享，加快发展数字图书馆、网络新闻信息、历史文化信息、地理空间信息等系统，以应用促发展，全面推动城市数字化。使我市的信息通信网络规模容量、技术层次和服务手段及水平居于省会城市前列，巩固南京作为江苏省和南京经济区域“信息高速公路”枢纽的地位。

三是继续大力推进信息技术在企业的应用。加强对先进信息技术的引进、消化吸收和创新，积极开发核心技术，加快南京软件园、江苏软件园、江宁 IT 产业园区、珠江路一条街的建设。加强招商引资工作，加快推进熊猫集团 CDMA 基站、普天 CDMA 手机、华飞三期、飞利浦液晶显示、华新液晶显示、统宝液晶显示等一批电子信息产业项目，做大做强熊猫产业集团。重点推动一批传统支柱行业进行信息化改造升级，在机电、化工、汽车、轻工等制造业中有重点选择一批大中型企业作为试点，采用计算机控制技术和自动化技术，向综合化、智能化、集成化发展，以提高南京制造业的国际市场竞争能力。

四是不断推广信息技术在全社会的应用。积极创造良好环境，大力发展电子商务，探索解决支付手段、网上信用及物流配送等关键问题。大力培育各类网络服务商，提高网络覆盖面，积极发展电子商务、网上招商、网络广告等网络服务。抓住我国加入 WTO 给服务业对外开放带来的机遇，加快发展信息咨询服务业，集约化地开发信息资源，实现全方位、大范围的开放、开发和共享。要用现代技术和设备武装信息咨询企业，鼓励信息咨询企业走联合发展的道路，形成集科技人员、管理人员、专家学者于一体的具有雄厚咨询力量的顾问队伍和智力服务网络，建成比较发达的、结构合理的、现代化的信息服务体系。建设面向政府和公众的公益型数据库体系和面向微观经济活动的商用型数据库体系，形成系统完善的信息收集和发布机制。逐步推进数字社区和数字城区的试点和示范工作，使其初步具备数字化的雏形，使市民感受到数字化的高效便捷。

数字化城市是21世纪城市发展的新主题、新动力，对于提高城市综合竞争力，率先基本实现现代化，促进城市经济发展、社会进步和人民生活水平提高具有极为重要的意义。与发达国家相比，我国数字化城市起步晚而起点并不低，是城市化和数字化进程同步推进，有高新科技作后盾，完全可能后来居上。城市建设面临着向数字化、网络化、信息化方面迈进的重大转变。南京城市信息化是信息技术和传统产业相结合、拉动经济的新增长点，将带来投资、就业与商业开发的巨大商机。实现“数字南京”是实现南京“跳出江苏、站在全国、融入世界”的首要条件，是南京实现跨越式发展的助推器。“数字南京”将给我市的政治、经济、文化和人民生活带来新的发展机遇。“数字南京”将伴随着我国信息化的步伐，迎来新的历史跨越。　（执笔人：黄河　张谦）

推进信息化　打造新扬州

扬州市地处江苏中部、江淮平原南端，京杭大运河在此与长江交汇，现辖宝应、高邮、江都、仪征四县（市）、广陵、邗江、郊区三区，全市面积6638平方公里，人口450.6万。扬州是一座具有2480多年悠久历史的文化名城，建国以来，特别是改革、开放的20余年，扬州市的制造业、农业和文化教育等各项事业都得到快速发展。2000年全市实现国内生产总值472亿元，人均国内生产总值10500元，城市综合实力在全国地级以上城市中列22位，在长江三角洲都市群中，扬州是一个充满生机的城市。

一、历史回顾

1997年初，扬州市委、市政府开始全面启动信息化建设，四年来已经取得了初步成效。

（一）信息基础设施初具规模

四年来，扬州市投入通信网络基础设施建设资金累计达17亿元，其中扬州信息港直接投资额为11.6亿元，中国电信、中国移动、中国联通、中国吉通、中国教育与科研网、中国科技网和中国国际电子商务网均在扬州建成了网络或站点，并为社会提供服务。2000年底，全市程控交换机容量达130万门，市话主线普及率32.51号线/百人，农活主线普及率16.68号线/百人，固定电话用户91.4万户，移动通信用户40万户，无线寻呼用户23.5万户，163/169出口带宽1.5G，拨号端口扩大到11000个，因特网用户12万户，有线电视用户46万户，有线电视光缆县一乡联网率95%，乡一村联网率60%，城区有线电视入户率达90%以上，全市各商业银行发行银行卡144万张，市区各银行POS机实现了互联互通。

（二）信息资源开发应用取得进展

1999年市政府组织实施“政府上网工程”和“政府大院计算机联网一期工程”，2000年市人大、市政协都建成了机关局域网和互联网站点，今年年初，对市人大、市政协“两会”进行了五次大会网上宽带视频直播，共9年多小时，会议期间，有5万多次点击访问“两会”网站。

“九五”期间，全市有38家企业分别列入省、市CAD或CIMS试点示范项目计划，省科委将扬州市列为江苏省CAD推广示范市，全市建筑行业的工程设计基本普及了CAD技术。2000年市政府还启动了企业上网工程，目前，全市已有8000多家企业上网。与此同时，全市农业信息化工作也在稳步推进，扬州市农业综合信息网已经开通，仪征、宝应等县（市）建成了农业信息网站，江都、宝应等县（市）推出了面向广大农民的专家110电话咨询服务项目，2000年帮助农民解决了3000多个技术难题。几年来，全市先后建成了经济、科技、卫生等40多个应用型数据库；市劳动局和市交通银行联合投资开发了社会保障信息系统，将养老、医疗、生育、失业和工伤等五卡合一，已发放社会保障信用卡17700张，该系统得到国家劳动社会保障部的肯定。

（三）信息服务业和软件业得到发展

2000年扬州市信息产业实现增加值22亿元，占GDP的比重为4.76%，比1995年增长1.08个百分点，比江苏省平均水平高0.56个百分点；其中全市通信业与信息服务业增加值为16亿元，“九五”期间年均递增50%；目前，全市共有800多家从事计算机销售、服务和信息咨询的企业，从业人员1万多人，扬州银河电子城年销售额已达亿元，四望亭路形成电子一条街雏型。软件产业开始起步，广源、恒春、大自然、大通和723所等企事业单位开发了商品化软件产品，进入了市场。

（四）信息化氛围明显增强

1997年初，市委、市政府作出决策，将信息化建设作为加快扬州经济与社会发展的重点工作，成立了全市信息化工作领导小组，下设办公室，各县（市）、区也建立了相应的机构。此外，以扬州电信为主体成立了扬州信息港工程指挥部，这样在全市形成了比较健全的工作网络；同年8月，市委出台《扬州市发展信息产业意见》，1998年12月，市政府下发《扬州市“九五”信息化规划纲要》。四年来，市政府每年都召开一次全市信息化工作会议，全面部署当年信息化工作，并将信息化建设的重点项目纳入政府年度工作计划，进行目标责任考核。“九五”期间全市有5万多人次参加非学历电脑技术培训，信息技术科普宣传工作受到重视，解决计算机2000年问题全面实现，邮电、广电企业深化改革，开始形成多家经营的格局。2000年9月市政府举办了首届信息化宣传月活动，组织16项全市性的大型活动，有10多万人参加了宣传月活动，新闻媒体作了广泛报道，电信、移动、联通等企业都推出新的业务项目，当月全市新增上网用户1.6万户，宣传月活动使信息化建设更加深入人心。

这几年扬州市信息化建设虽然取得了一定成绩，但从总体上看，大多数是起步阶段的基础性工作，与省内外先进地区相比还存在一定差距，主要有以下几个薄弱环节：一是网络建设与硬件设备更新较快，信息资源的开发利用比较滞后，由于缺乏统一规划与有效管理，有些方面投资效果不明显，造成资源浪费；二是电子信息产业规模小，缺乏竞争力强的骨干企业和名牌产品，信息咨询服务业技术含量较低，软件业发展步子不快；三是政府机关和工商企业上网数目虽然增长较快，但上网后效果尚不显著，信息化的基础工作有待加强；四是地区、部门之间信息化工作很不平衡，重大项目缺少人才和资金的支撑，成功的示范工程或产业项目较少。对此，我市将以开展扬州城市信息化试点作为新的起点，采取有效措施，“十五”期间努力开拓信息化建设的新局面。

二、城市信息化建设的指导思想、总体目标和工作思路

（一）指导思想

以江泽民同志“三个代表”重要思想为指针，贯彻执行党的十五大和十五届五中全会精神，在国家和江苏省信息化建设的总体思路指导下，围绕富民强市根本任务，大力推进全市经济和社会信息化，在经济、文化、教育、社会生活各个方面广泛应用现代信息技术，在信息资源的开发利用和发展信息产业方面发挥自身优势，形成一定的特色，通过城市信息化建设，完善和提升城市服务和管理功能，改善城市环境质量和人民生活质量，使市民公众切实享受到信息化带来的成果和好处。

“十五”期间，抓住扬州城市信息化试点的机遇，在实施工业化的同时，加快城市信息化建设步伐，以信息化带动工业化，推进信息产业化和产业信息化，构筑扬州现代工业新高地，形成高效农业新形态，建立信息服务业新体系，发挥后发优势，推动社会生产力跨越式发展。为此，要不断进行观念创新、体制创新和科技创新，在全市进一步建立起有利于信息化建设和发展信息产业的社会环境，加速实现扬州城市现代化的进程。

（二）总体目标

《扬州市国民经济和社会信息化“十五”规划纲要》明确了扬州城市信息化建设的总体目标，城市信息化是一个庞大的系统工程，是历时10年或更长时间的历史性过程。“十五”城市信息化试点工作则是近几年需要完成的一项重要任务，阶段目标为：经过3~5年的努力，扬州城市信息化的整体水平率先达到国内先进水平，信息基础设施、信息化综合指数、市民信息意识与技术素质、信息人才资源均处于领先位次，此外，以城市信息化试点为契机，加快调整扬州市电子信息产业结构，在技术结构、产品结构和企业结构方面脱胎换骨，使电子信息产业成为对全市经济增长贡献显著、最具创新能力的先导产业。

在扬州城市信息化试点工作过程中，努力创造良好的城市经济和社会发展环境，从扬州的实际出发，探索中小型城市实现城市化、信息化的路子，通过试点使我市成为长江三角洲地区充满活力的数字化扬州、网络化扬州、智能化扬州、现代化扬州，把扬州建设成为古代文化与现代文明交相辉映的名城。

“十五”期末扬州市信息化水平预期的主要指数见表1：

表1　“十五”期末扬州市信息化水平预期的主要的指数

序号	项　　目	指　　标
1	每百人计算机拥有数	15～20台
2	全市因特网用户数	70～80万
3	每百人电话主线普及率	30～40
4	每百人移动电话数	30～35部
5	有线电视用户数	80～100万
6	全市光缆皮长公里数	4000～4500
7	信息产业增加值占GDP比重	7～8
8	信息产业从业人员占全部就业人员比重	6%～7%
9	企业网络营销占总营业额比重	15%～20%
10	银行卡交易额占零售总额比重	20%～25%
11	个人信息消费占个人总消费比重	15%～20%
12	信息产业对GDP增长的贡献率	20%～25%
13	每万人中受高等教育人数	2000～2500
14	信息技术研发经费占全部研发经费比重	25%～30%
15	信息基础设施投资占社会总投资比重	10%～15%

此外，通信产业增加值保持年均递增12%～15%，软件业增加值平均递增20%～25%，系统集成业增加值年均递增15%～20%，电子信息制造业增加值年均递增15%～18%，信息服务业增加值年均递增15%～20%；到“十五”期末，全市信息产业的年度增加值预期为60亿元左右。

（三）工作思路

1. 政府推动与市场需求相结合

扬州市四年信息化工作的初步实践表明，城市信息化建设是一项涉及面很广的系统工程，不仅仅是个别部门、行业或地区的事，所以离不开政府的主导推动，在试点工作中政府部门的作用主要是，确定总体目标，制订实施方案，组织公益性重大项目的顶层，协调跨地区、跨部门的重点项目、营造发展环境、执行标准法规等。另外，面对全社会各方面个性化的信息消费需求，我国主要资源优化配置的市场主体与机制已基本形成，因此，试点工作将坚持以市场需求为导向，调动社会各方面的积极性，吸引各种渠道的资金投入，最大限度地发挥投资效益。

2. 整体推进与突出重点相结合

按照国内先进地区的经验，基本实现城市信息化需要10年或更长的时间，作为试点城市的首要任务是建设信息基础设施平台、信息处理公共平台和信息应用公共平台，积极推进电子商务、电子政务和电子公务，《扬州市国民经济和社会发展第十个五年计划纲要》和《扬州市国民经济和社会信息化“十五”规划纲要》对这些方面都已作了安排，所以，“十五”规划和信息化试点方案将作为统一的整体，有机地结合起来。另一方面，根据部、省主管部门的要求，扬州城市信息化试点要从当前的实际情况出发，基于对信息技术和信息化内涵的理解，借鉴各方面成功的实践经验，选择几个重要领域和关键问题，集中力量，率先进行创新探索，力求体现扬州城市信息化的个性特色，取得一些示范或启发的效果。因此，我们选择制造业、农业、文化、旅游产业为重点，以此展开扬州城市信息化试点的各项工作。

3. 项目建设与营造环境相结合

扬州市城市信息化试点工作有两部分内容，

一部分是包括信息基础设施、信息资源开发与利用、信息产业三个层面上的重点项目建设，以项目为载体，容易集中一定的人力财力，可操作性较强；另一个部分是创造良好的城市经济和社会发展环境，通过观念创新、体制创新，从税收、财政、金融、人才、教育、文化等方面建立起有利于科技创新和信息产业发展的环境。项目建设与环境改善二者相辅相成，从而为城市信息化试点提供强大的动力。

4. 引入增量与盘活存量相结合

面对高标准的城市信息化试点任务，我市在思想认识、知识准备和工作环境方面都存在着差距，因此要更多地引进技术、引进人才、引进资金，形成对外开放新局面是保证扬州市城市信息化试点成功的关键举措之一。另一方面，我们也要清醒地看到，由于我市前几年信息化建设的投资效果还没有充分体现，机关、高校、科研单位和各类企业都有不少信息技术装备和信息专业人才的潜力有待释放，所以，实施信息化试点方案时要注意合理盘活现有的资源存量，优化本地资源配置，尽可能节约试点工作的投资成本。

5. 信息化与信息产业相结合

信息化与信息产业原本是一个有机的整体，但是承载主体与活动形态往往又有所不同，信息化建设一般表现为信息消费的活动，而信息产业表现为针对需求的供给，城市信息化试点工作要十分注意结合全市经济结构的调整，从实际出发，抓住机遇，培育扬州的信息产业，促进扬州的企业、大专院校与科研单位提升运用信息技术和将信息资源转化为商品的能力，要以市内、外用户的信息消费需求为市场定位，从现有条件出发，为用户提供信息技术服务、信息内容服务和信息应用服务，开发拥有自主知识产权的信息类商品，使信息化试点工作中的项目建设与发展信息产业相辅相成。“十五”期间努力使全市信息产业增加值占全部 GDP 的比重每年上升 0. 5 - 1 个百分点，并创造更多的以信息技术为特点的就业机会。

三、城市信息化工作主要内容

（一）扬州信息港主体工程

1. 工作目标

作来具备较备通信速率和数据吞吐量的新一代网络，宽带网及其增值业务正在我国兴起，因此，未来 3 年我市城市信息化试点，将以建设宽带网络，发展宽带网络增值业务作为最重要的扬州信息港的主体工程。我市将在“九五”扬州信息港一期、二期工程的基础上，建成扬州市宽带网络平台，骨干网采用 ATM、IPoverATM，IPover-Fiber 等技术；接入网采用 ADSL、FTILAN、CA-BLBMODEM、无线接入等技术。

“十五”期间，扬州信息港主体工程基础设施建设投入资金将超过 30 亿元，建成公用宽带网络平台，完善扬州市互联网门户网站和主要应用系统，全市建设、改造 80 个信息化住宅小区，各类上网用户达 80 万户，全面完成有线电视网双向改造，开通数字广播电视业务。促进电话、电视、计算机三网融合，形成通信企业有序竞争，多家经营的局面。主要目标见表 2：

表 2 扬州信息港主体工程基础设施建设目标

项 目	单位	2001 年新增	2002 年新增	2003 年新增
IP 网端口	个	15000	15000	10000
XDSL	线	5000	3000	1000
FTTLAN	个	45000	97000	69000
宽带用户	万户	2	3	7
ITV 用户	万户	0. 5	2	8

2. 主要内容

（1）宽带城域网建设：宽带城域网建设将采用 ATM、DPT、MPLS、千兆交换等先进网络技术，建设多个高速光纤环网，政府各部门、学校、医院等部门之间采用千兆连接、建设多条高速互联网络出口，与部分信息交换量大的城市建设直达中继电路。

（2）宽带接入网建设：宽带接入网建设将采用 ADSL、FTTLAN、HFC 和无线接入等多种方式，其中以 FTTLAN 方式为主，实现千兆到小区、百兆到大楼，十兆到桌面，2001 年新小区要做到全覆盖，老小区要做到 50% 覆盖，商务楼要全部实现光纤到大楼，城区对光纤不能覆盖的用户提供 ADSL 和 HFC 接入，力争 50% 的上网用户能采用宽带上网。

（3）有线电视网络建设：1998 年，扬州有线电视台通过 CableModem 技术开通了数据业务，现在仪征市已提供实验数据业务，2001 年扬州市区 HFC 网络改造将全部完成，县（市）70% 光纤到小区，95%光纤到乡镇，60%光纤到村；“十五”期间，全市有线电视网基本实现双向化，完成宽带城域网建设，并推出适合不同层次用户要求的网络服务业务。

(4) 宽带本地信息交互中心建设：2001年建成宽带本地信息交互中心，实现电信、联通、广电、吉通等本地网络运营商和大型信息源的本地宽带互联，初期采用百兆速率互联，逐步过度到千兆互联，本地信息交换完全在本地实现；建设数据中心（IDC），为政府、企事业单位、社会及居民提供服务。

(5) 建设综合性共享型信息管线网络：建成综合性共享型信息管线网络，在老城区，充分利用现有信息管线资源；在新建城区，联合共建综合性共享型信息管线网络，全市信息管线资源实现统筹规划，统一管理，有偿使用，三年内逐步做到市区主要干道通信线路地下化，避免城市道路不停开挖。

(6) 移动通信网建设：由于相关技术的支持，互联网行业对WAP协议已取得共识，无线宽带接入将在今后几年有较快发展，扬州移动、扬州联通等公司将在GSM扩容和投资建设CDMA网络设施的同时，大力拓展购物、炒股、查询等便捷的移动互联网增值业务，“十五”期末，移动手机的互联网用户将超过固定线路接入的互联网用户。

4. 工作方法

(1) 加强项目建设的组织领导。扬州信息港主体工程在市政府直接领导下，由市信息港工程指挥部负责实施，经市计委、信息化主管机构统一规划论证后，重点工程建设项目由投资主体申报、立项，列入市政府年度重大工程建设计划，实行目标责任考核，投资建设单位主要负责人负总责。

(2) 促进联合共建，多元化投资。“九五”期间，我市已出现多家经营、社会资本投入的局面，联通、吉通和国际电子商务网都先后落户扬州，“十五”期间，我市将重点吸引通信企业、上市公司以及国内外社会资本参与投资建设城市通信基础设施项目；另一方面，近1~2年由政府部门推动，本着“谁投资、谁受益”的原则，组建股份制的信息化建设投资公司，重点参与宽带接入网和共享型信息管线工程项目投资。

(3) 鼓励发展网络增值业务。在国家、省有关政策法规指导下，市政府主管部门将拟订鼓励发展网络增值业务的意见，引入国内知名ICP、ASP企业与电信、广电等开展网上教育、VOD视频点播、远程会议、证券股票等增值服务的业务，为配合农村“三个代表”重要思想学教活动和创建文明社区活动，要在信息进村入户方面来功夫。我市通信企业都要认真提高服务质量、降低运营成本，让广大消费者从宽带网络业务中得到实惠。

(4) 把“扬州热线”建成国内有较大影响的地方门户网站。“扬州热线”是目前扬州城市的门户网站，1997年由扬州电信多媒体通信部建立并负责日常维护和更新，这几年，“扬州热线”在政府上网工程、企业上网工程以及让世界了解扬州等方面发挥了积极的作用。但是，由于人员专业结构的原因，与国内一些优秀的城市门户网站相比，“扬州热线”目前的内容与版面都尚有差距，特别是作为信息化的试点城市，“扬州热线”作为扬州信息港的组成部分，理应建成国内有较大影响的网站。为此，采用行政与经济相结合的方式，借鉴“美国在线”与“时代华纳”合并的路子，由宣传文化部门与电信部门联合共建，组建有扬州文化特色的ICP产业实体。

(5) 加速社区信息化建设。社区信息化是改善社区管理和发展社区服务的重要手段，又是社区精神文明建设的有效载体。包括社区管理、社区服务和精神文明建设等方面的信息化，主要是用信息技术来增强社区户籍、外来人口、市政、物业、治安、环境等管理和服务的效能，提高社区的教育、文化娱乐和医疗卫生等精神文明建设的水平。

(二)“数字扬州”工程

1. 工作目标

利用“数字地球”理论，基于3S（GIS、GPS和RS）技术，建设“数字扬州”。从广义上讲，“数字扬州”是指扬州市的城市信息化，而狭义上的“数字扬州”工程则是指建立统筹规划的、具有统一的规范和标准的公共定向基础数据库，通用的GIS基础平台，实现多系统的网络化信息共享。

“十五”期间，通过实施“数字扬州”工程，初步建成城市规划、建设和管理所需要的基础地理信息平台，以及基于该平台上的几个应用系统的信息资源的开发和应用。按照全省统一规划，扬州市适当提前建立高精度的大地水准面系统，在5年或稍长一点时间里，建成GPS跟踪站、数据传输网络、数据处理和分析中心以及面向用户的GPS综合服务系统。

此外，重点完成扬州市政府综合市情地理信息系统，扬州市规划土地管理信息系统，水情监测地理信息系统，交通地理信息系统、环保监测信息系统和公安警力管理地理信息系统等应用项目。

2. 主要内容

(1) 基础空间数据体系建设：基础空间数据体系是一个公共平台，它为自然资源，环境和社会经浊等信息为主体的“数字扬州”各分系统提供一个共同的载体，为各种专业信息融合创造条件。

根据不同需求，分别建立1:5万、1:1万、1:2000、1:500比例尺的空间数据库，数据库内容含有：覆盖全市的多种地面分辨率的数字正射影像数据库、数字高程模型库；数字栅格地图数据库；交通、水文、行政境界、居民地等矢量框架要素数据库；地名数据库；元数据库。

基础空间数据库是数字扬州建设的核心，其宝贵的信息资源将会在事关国民经济和社会发展的许多领域中发挥巨大的作用。各个独立的数据库会发挥其各自不同的作用，集成化的数据库系统的功能更加强大。

(2) 数字正射影像数据库建设：数字正射影像是由航空摄影或其他遥感数据经纠正和消除地形影响后形成的数字图像，是地表信息的真实反映，信息量极其丰富。

(3) 数字高程模型数据库建设：多比例尺的数字高程模型数据库相当于覆盖全市范围的精细程度不同的巨大的“电子沙盘”，是地表地形的真实再现。由此可生成等高线、点高程、三维透视图等，可进行坡度、坡向计算分析剖面计算等。在工程建设、防洪减灾、地面无线通讯等许多领域有着广泛的应用。

(4) 框架要素矢量数据库建设：框架要素矢量数据库包括：为所有地理空间提供共同的坐标参考系的人地控制数据，交通数据，水文数据，行政境界数据，居民地数据，地表覆盖数据等。

(5) 数字栅格地图数据库建设：数字栅格地图是现有纸质地形图的数字形式。其主要作用有：在基础地理空间数据更新速度无法满足用户对数字产品需求的情况下，为用户提供数字形式的替代图；可用于对地面信息的变化分析、研究等。

(6) 地名数据库建设：地名数据库是一个空间定位型的关系数据库，它存储和管理各类地名信息，包括行政区划、居民地、河流、湖泊、山脉、风景名胜、自然保护区的名称、行政归属、沿革和历史、类别和级别、审定日期和坐标等。它是联系社会、经济信息和空间信息的纽带，是空间数据基础设施建设的重要组成部分。

(7) 元数据库建设：元数据是用于描述空间数据的内容，质量，表示方法，空间定位，管理方式及其他特征的数据。主要作用有：用来组织和管理空间信息，挖掘空间信息资源，帮助数据使用者查询所需的空间信息，用来建立空间信息的数据目标，提供数据转换方面的信息。

3. 主要应用系统有：

(1) 扬州市政府综合市情地理信息系统：以县（市）、区、乡、村为统计单位，反映行政区域内的经济和社会发展数据，包括行政区划现状及历史沿革，工业、农业与服务业，资源与环境，能源、交通与通信，人口与教育，财政金融，科学与文化，对外开放等。

(2) 扬州市规划土地管理信息系统：实用的城市规划信息系统除了处理大量的与一书两证相关的文档数据外，必然还要涉及到海量的图形信息，包括不同比例尺的各类地形图、用地红线图，总体规划图、分区规划图等，甚至还有航空影像、卫星影像图等等。规划业务办公中以这些地位图形信息为基础，实现直接在图形上进行文档数据录入、证书发放、档案查询以及信息统计等工作，智能化程度高的系统还能够根据文图数据结合进行决策分析提供科学的规划依据。系统还要实现对土地详查和变更调查资料的动态管理，为地方国民经济发展决策提供实时准确的依据。同时，系统应满足上级土地管理部门对下级土地管理部门的工作监督和对第一手资料的需求并要求与各基层土地管理部门的日常工作实现有机结合。

(3) 水情监测地理信息系统：扬州地处长江下游，京杭大运河与淮河人江水道都贯穿全市，另外，降雨季节集中，又是南水北调东线源头，因此，需要对全市水情进行全面监测。该系统将是遥感图像处理、地理信息及大型数据库系统的有机结合，从而做到动态监测，早期报警，调度反馈，为抢险救灾提供决策依据。

(4) 交通地理信息系统：结合扬州市汽车工业的产品结构调整，凸现扬州作为江苏省公路运输枢纽的重要位置，将GIS、GPS技术用于智能交通管理系统，借助IC卡、车辆定位等引入智能化交通管理系统，提高交通企业的服务水平和经营效益。

(1) 环保监测信息系统。该系统包括以下子系统：资源环境基础信息管理系统、环境动态监测信息管理系统、大气污染控制系统、水环境污染控制系统。其基本功能包括GIS所拥有的数据采集，数据变换，数据库管理，信息输出图形图象显示以及信息查询等功能，该功能为用户提供输入数据，浏览数据，输出数据的基本操作。通过该系统的运行，可望为扬州市创建国家级生态园林城市提供城市环境信息支撑。

(2) 公安警力管理地理信息系统。该系统将警力分布图与地理地图相关档案等数据信息结合在一起，将警力网络的运行情况直观地反映在电子地图窗口中，通过电子地图和警力网络图的结合，实现警力配备、警力安排线路的数据查询和警网的运行，可以方便地进行数据统计分析，便于及时准确地掌握警力配备网络运行情况。

4. 工作方法

在组织领导体制方面，“数字扬州”工程在市政府的直接领导下，建立建设领导小组，由市领导担任组长，市有关部门为领导小组成员，采取政府、部门和企业协同建设的体制。

通过多种渠道，加强对外技术合作，该项目可在全国范围内招标，优化方案，分步建设扬州基础地理信息平台，同时与国家、省测绘、规划主管部门保持密切的工作联系，以期得到更直接的业务指导，使“数字扬州”工程取得更大的成效。

“数字扬州”工程是扬州城市信息化的基础设施建设项目，这项工程建设的进度与质量直接影响全市各方面的信息化应用，因此，扬州市基础地理信息平台项目建设，由市规划、国土部门负责，成立扬州市地理信息中心事业法人单位具体承办，各相关单位予以支持。

多方筹措基础项目资金。“数字扬州”基础地理信息平台是公益性信息基础设施，预计“十五”期间要投入5000万元，这样，每年约需1000万元，市政府从财政预算内、外经费中解决一部分，“数字扬州”工程应用项目单位适当分摊部分经费，积极争取部、省有关部门给予拨款补贴，或实行BOT项目招标。

启动扬州3S产业。随着“数字扬州”工程应用项目的建设，我市事业单位、高校与民营科技企业面临着许多商业机会，在政府引导和市场机制推动下，逐步形成一些扬州的3S经济实体，成为信息产业新的增长点。

（三）企业信息化工程

1. 工作目标

“十五”期间，全市机械、化工、电子、轻工、纺织等支柱产业加快企业信息化步伐，突出网络营销、计算机辅助设计、制造和大型企业全面信息管理三大重点。建立全市经贸综合信息网平台，建成8个经贸信息数据库，培养100个各具特色的企业信息化示范企业，其中由市经贸委直接联系一批试点示范企业，在亚星客车有限公司开展电子商务试点，并在全市逐步推行企业信息主管（CIO）制度。

“十五”期末，全市工业企业和外贸企业100%上网，企业网上营销业务量占总营业额15%以上，汽车、内燃机、化工、电子等行业的重点企业，网上采购量达25%左右，结合企业技术改造，在我市重点企业逐步推广快速成型制造技术、模糊控制技术、变频调整技术、虚拟现实技术等先进制造技术。

试点企业要在整合加强内部管理系统的基础上，积极运用互联网发展企业电子商务，包括利用信息技术建设以财务管理为中心，以MRP－Ⅱ、ERP为平台，支持客户关系管理、供应链管理、产品研发管理等直接增值的管理系统。

2. 主要内容

(1) 建立扬州经贸综合信息网：按照总体规划，分步实施的做法，建立扬州市经贸综合信息网平台。2001年以现有的市经委机关局域网和互联网站为基础，统筹设计，充实专业技术人员，理顺我市经贸系统信息传递的渠道，开通经贸综合信息网；2002年基本实现市经贸委与县（市）区经贸委、行业控股集团公司、经贸重点企业之间的计算机联网；2003年筹建以汽车、电缆、精细化工、食品、工艺品等大企业为基础的若干个网上独立交易所，在此之前，积极创造条件，使我市有关试点示范企业建成“电子商城”，进驻“江苏电子商城”。

（2）建立全市企业信息8大数据库：加强经贸信息资源开发，建立健全工作制度和工作标准，加强信息的采集、整理、加工、发布和使用等环节的管理，建设8个经贸信息数据库，即①产品数据库；②项目数据库；③招商数据库；④进出口数据库；⑤交通运输数据库；⑥人材信息数据库；⑦企业档案数据库；⑧经贸公用信息数据库。

（3）实施亚星客车企业信息化示范工程：扬州市是全国重要的客车生产基地，中型客车在国内市场占有率为37%，汽车工业的总产值占全市工业总产值13%，其中江苏亚星客车集团在全国客车行业技术处于领先地位，“九五”期间，是江苏省CAD应用示范工程的10个企业之一，取得了显著成绩。

为了适应汽车与互联网两大产业的融合，继续保持国内客车行业技术领先的有利地位，亚星客车集团公司将作为扬州城市信息化试点的一个重点单位，“十五”期间的主要任务是：一是作为中国客车行业协会的理事长单位，将与有关公司合作，建立国内客车专业电子商务信息交换平台，参加汽车工业全球采购网，筹建中国客车工业采购网，使亚星率先成为电子商务化的企业；二是调整产品技术结构，开发亚星客车PC平台，选装GPS导航系统，客车交通安全系统等，在车内提供互联网接口，为用户提供多媒体与通信服务；三是在充分调研论证的基础上，参照通用汽车公司的“OnStar”和“GMSupplypower”，开发中国客车服务系统，将汽车生产厂家与客户、供应商更紧密地联系起来，提高客车定制化生产的比重，改善客车生产厂家的服务质量；四是亚星公司在现有CAD试点示范成果的基础上，进行GIMS试点，经过深入的企业管理咨询，有步骤地对经营业务流程作优化调整，开展ERP应用示范，全面提升亚星客车公司的经营管理水平。

（4）形成一批企业信息化示范典型：主要有仪征化纤股份公司、江苏油田、江苏扬农化工集团、江苏群发化工有限公司、扬州保来得工业有限公司和扬州万家福商城等。

3. 工作安排

（1）健全企业信息化工作体制

全市企业信息化工作由新组建的经贸委牵头，包括编制工作规划、推动重点企业的试点工作、确定全市企业信息化年度目标、筹建扬州电子商城等。

（2）建立全市经贸信息中心

充分挖掘和利用现市经委和电子控股公司的网络设备与技术力量，组建扬州市经贸信息中心，承担经贸综合信息网、企业信息8大数据库的业务工作，为全市企业信息化提供技术服务。

（3）调整企业机构设置，设立CIO岗位。

充分开发应用信息资源是提高企业核心竞争能力的关键举措。“十五”期间，我市将有计划地在企业领导层设置最高信息主管（CIO）岗位，引导企业将现有的企管科等部门转变职能，设立信息科（办）加强企业信息资源的利用。

（4）引进、培养专业人才。

初步测算，“十五”期间全市经贸企业将新增1万个以上信息专业为特点的就业岗位，其中1/3可从应届院校毕业生中解决，人才供需缺口很大，分层次培训现有企业员工要摆上重要的工作位置，由市经贸委、扬州大学与中经网合作，重点组织CIO资格和包括应用加密安全技术在内的电子商务证书培训。

（四）扬州市农业信息化工程

1. 试点目标

“十五”期间，农业信息化以开发、应用农业市场信息和科技信息为主线，以农业增效、农民增收为目标，促进我市农业集约化和现代化。基本实现农业信息服务进村入户，抓好农村电话、电视和计算机网络的硬件设施建设，形成与其配套的信息内容服务体系，加强农产品市场信息、实用农业科技信息和农业生产信息的开发与应用，建成5个县（区）级农业信息网络，100个乡（镇）级农业信息服务站，培养一批各具特色的农业信息化示范典型。充分利用扬大农学院、扬大水利学院、江苏省里下河农科所、江苏省家禽研究所和江苏省扬州农业学校的科技人才资源和信息资源，在我市农业生产、流通过程中广泛应用先进实用的信息技术，提高农业、水利、气象、土壤、植保等领域的信息化程度，普及推广精准农业技术。

扬州市农业信息服务工程的建设重点是，全市103个乡（镇），30个重点农业产业化龙头企业，436个农村专业（技术）协会，10个大型农贸产品交易市场，培训3.6万农村经纪人。拓宽省内、外农业信息资源采集、处理的渠道，做到快速传递，及时发布。

2. 主要内容

（1）建立农技110服务网络：为了满足广大农民对科技信息强烈的渴求，我市宝应县和江都市的农业局、科协先后开通了农业科技电话咨询服务热线，两地农业专家随时解答农民电话询问，几年来已累计处理了1万多个科技答疑，农民亲切地称其为农技110。今后两年内，我市的高邮、仪征市将开通类似热线电话，扬州市农经委向全社会公布了我市农业五大门类93名专家的联系电话，在全市形成便捷的农业科技信息咨询服务网络。此外，市家经委和市科协今年将开办广播、有线电视专题栏目，每周定期发布农业市场、科技信息。

（2）完善扬州农业信息网站建设：今年初扬州市农业信息网网站正式开通，设置了16个栏目。此前，我市已建成了仪征、宝应农业信息网，其中仪征农业信息网站在2000年全省县级农业网站评比中获得第一名。今明两年，高邮、江都两市均要建成县级农业信息网站，邗江区多种经营网站扩充为农业综合信息站点。2003年农业信息网覆盖全市乡（镇）、村。

（3）开发扬州农业8大数据库：在城市信息化试点过程中，由市农经委统一规划，组织开发8个农业信息数据库。①农作物与农产品数据库；②多种经营产业数据库；③土壤与病虫草害数据库；④水情、气象数据库；⑤乡（镇）、村企业数据库；⑥农产品批发市场商情数据库；⑦农技成果推广与农业专家人才数据库；⑧农村经济合作组织、经纪人与劳务输出数据库。

（4）树立不同特色的产业信息化示范典型：主要有仪征市农业信息网、江都市农村专业技术协会信息服务。宝应县农村经纪人全员信息培训、建立精准农业示范基地、培育三类示范典型等。

3. 工作方法

（1）健全农业信息化领导体制。今年，市政府成立了农业信息化领导小组，20多个综合部门和涉农单位是领导小组的成员，各县（市）区将建立农业信息化的领导机构，以联席会议形式，交流、研究、规划、决策农业信息化方面的重大事项。市农经委负责日常的联系协调工作。

（2）加快农村通信基础设施建设。“十五”期间，电信、广电等部门将加快农村通信基础网络建设，拓展农业信息增值业务的范围，有线电视网3年内覆盖全市1534个村，基本实现电话网、有线电视网、计算机网进村入户的目标。

（3）建立、健全农村信息中介服务体系。市农业主管部门将建立全市农业信息中心。今年，以县、乡政府机构改革和农村税费改革为契机，将有一批农技人员转岗，充实农村各类中介服务机构，信息服务领域可以吸纳较多人员，市农经委将统筹规划、组织协调农村信息资源的供给与消费，使农村信息中介服务成为农村服务产业的新门类。

（4）加强信息技术的培训与普及。在农经委统一组织下，“十五”期间，对农村基层干部和重点乡镇企业负责人进行信息专业技术岗位培训。

（五）扬州市旅游信息化工程

1. 工作目标

扬州是一个旅游资源极其丰富文化积淀深厚，旅游产业潜力巨大历史文化城，让享誉世界的扬州历史文化以旅游产业为载体，以计算机、网络等信息技术为手段与扬州人民创造的现代文明交相辉映，这是扬州旅游信息化工程的出发点。

为了加快扬州旅游城的建设，培育旅游支柱产业，“十五”期间，我市实施了《扬州旅游业倍增计划》，到2005年，旅游业增加值占全市GDP的比重为12%左右，接待国内旅游者1200万人次，海外游泳者20万人次，形成以观光、休闲、商务、会议、奖励等个性化活动为特色的旅游业，为此，重点加强全市旅游信息网络建设；积极开展旅游电子商务，使网络旅游业务量收入占总旅游收入的30%以上；积极扩大旅游业信息服务的领域，实现对传统旅游业务流程的改造重组，旅游服务业企业广泛应用互联网技术，为广大旅游者提供优质服务。这是扬州旅游信息化工程的落脚点。

2. 主要内容

主要内容是建设、营运国内一流旅游网站、建立旅游信息数据库、推行旅游电子商务，试行旅游信用卡和建立旅游信息服务系统等。

3. 工作方法

（1）提高对旅游业信息化的认识。在市政府领导下，市旅游局负责实施旅游信息化工程，要确立应用信息技术改造、提升旅游业的创新之路，从扬州的现状出发，统筹规划、明确目标，积极稳妥地将扬州的旅游业驶上信息高速公路。

（2）高起点建设扬州旅游网站。扬州旅游网站是扬州旅游行业的网上门户，它也是扬州城市在互联网上的形象，2001年将全面改版扬州旅游网站。一方面市旅游局积极筹备组建旅游信息中心，明确网站产权的主体，负责日后网站的动态管理；另一方面，要充分集成扬州丰富的文化信息资源，组织扬大人文学院、旅游学院、文化局、文联、园林、商贸、金融等部门通力协作，联合共建扬州旅游网站，使其成为国内外有影响的又一个互联网上的扬州站点。

（3）旅游网站要有创收能力。作为商业性的扬州旅游网站必须有信息量大，内容质量高，信息更新快的特色，才能吸引更多的网民点击访问，无论是初期建设，或者是日常维护管理，都需要经费支撑。除政府财政补贴部分外，进行市场动作，①依靠发布网络广告，获得广告费用；②通过旅游业务网上预定成交，获得一定的交易费用；③为市内外旅游企业提供专项服务，收取一定的服务费用；④业务伙伴单位的投资或赞助。

（4）培养旅游行业的信息人才。预计"十五"期间全市旅游行业需要增加400～500个掌握一定信息技术的从业岗位，除招聘吸收一部分人员外，主要通过开展岗位培训方式解决。

（六）扬州市文化教育信息化工程

1. 工作目标

扬州是全国首批24个历史文化名城之一、人文荟举、名胜众多，整个城市蕴藏着悠久、丰厚的历史文化资源。建国以来，扬州文化事业继往开来、推陈出新，谱写出许多辉煌的现代文化乐章。通过城市信息化试点，扬州市将建立先进的文化信息系统，在网络空间里树立扬州灿烂的历史文化与发达的现代文明的城市形象，为两个文明建设提供强大的思想保证、精神动力和智力支持。

扬州文化信息化工程的另一个目标是，利用数字技术和网络技术，将扬州宝贵的历史文化遗产和当代优秀的文化精品，跨越时空，进入世界文化舞台，进一步让世界了解扬州，让扬州走向世界。"十五"期间的重点项目是数字图书馆，数字博物馆，工艺美术网站、茉莉花电子艺术馆等。在城市信息化试点过程中要促进信息产业与文化产业的相互融合，充分发挥信息技术的优势，推动文化产品的创造和文化产业的发展，从而不断满足广大人民群众日益增长的文化消费需求。

2. 工作内容

主要内容是建立扬州数字图书馆、扬州数字博物馆、扬州工艺美术网站和茉莉花电子艺术馆等。

3. 工作方法

（1）加强文化系统信息化基础设施。扬州文化信息化工程由市文化系统承担。以信息化城市试点工作为契机，市文化局及所属图书馆、博物馆、文化馆等单位要充实、加强信息技术的基础设施和技术力量，从而向社会提供更多的先进文化信息产品和信息服务。

（2）多渠道筹集建设资金。从文化信息化工程的定位看，项目主要是公益性的，由于地方财政难以投入大量资金，因此，建设资金只能从多个渠道解决，①市财政从预算经费中安排必要的拨款经费；②作为社会公益性事业，向社会各界募集资金；③图书馆、博物馆、艺术馆等单位筹办数字化文化产品的艺术公司，实行有偿的信息服务，依靠经营收入解决部分资金；④部、省文化主管部门对社会效益大的项目，拨付专项资金给予扶持。

（3）充实加强图书馆的科技力量。现有扬州图书馆的体制是20世纪50年代形成的，面对飞速发展的信息科技和市场经济，技术装备和人员知识结构已显得不太适应，借鉴上海和一些城市的做法，在实施数字图书馆工程时将市科技情报单位与公共图书馆合并，作为财政全额拨款的公益性事业单位，这样可以充实加强图书馆的科技实力，对于加快图书馆事业信息化步伐是十分有利的。

（4）文化信息化工程列入部、省体系。由于扬州数字图书馆等项目也是国家和省数字化工程的一部分，因此，在信息资源建设、多媒体信息标准、数据存储与压缩、分类与检索、传统与保护、交互界面、输出与信息表现、多语言问题、工具与平台、高层信息服务协议等方面都要注意与全国、全省数字图书馆等保持一致，尽可能成为部、省工程的子项目；在部、省相关部门的指导下，依托扬州大学等单位的技术支持，积极采用成熟实用的技术，使扬州文化事业信息化在短期内有显著改善，并减少投资风险。

（七）扬州市电子信息产品制造业

1. 工作目标

扬州市电子信息产品制造业经过四十多年的发展，特别是改革开放以来，通过技术改造、技术引进、“产、学、研”等途径，技术装备形成了一定的基础，产品开发能力较强，我市电子行业重点企业已经研制开发了一批技术含量较高、市场前景好的新产品，为今后加快全市电子信息产品制造业的发展创造了良好条件。但是，最近几年扬州市电子信息产品制造业发展不快，经济总量较小，缺乏骨干企业和名牌产品，与先进城市的差距有所拉大。扬州市在“十五”期间以城市信息化试点为契机，调整结构，加快发展，使扬州电子信息产品制造业成为充满活力的先导性产业，并带动传统产业优化升级。

“十五”前两年作为调整阶段，主要目标是打好基础，理顺关系，优化结构，形成产品技术含量较高，企业竞争能力较强的发展新格局：“十五”后三年为成长阶段，主要标志是几个重点产品形成市场规模，一批储备产品逐步形成生产能力，经济总量和企业效益加速增长。五年时间里，全市电子信息产品制造业增加值预期保持年均增长15—18%，主要产品实现从模拟技术向数字技术的转变，新品销售率和产品出口率都有显著提高，民营企业、外资企业的资产比重占全部企业的80%以上。

2. 主要内容

（1）培育一批重点新产品：包括微电子元器件、医用直线加速器、压电陶瓷滤波器和声表面波器件、激光技术类产品、新型通信装备、通讯控制电缆、传感器、军事电子信息产品和信息安全产品等。

（2）企业结构进行战略性重组：采取电子控股集团实施改组联合、企业投资主体多元化、进一步搞好“产、学、研”合作等措施。

（3）积极开展重大项目的前期调研：为了加快发展扬州电子信息产品制造业，近几年，市政府主管部门和电子重点企业投入了大量人力，以国内外市场发展趋势和技术动向为依据，积极开展调研论证，初步确定了15个意向性电子信息产品制造业项目，总投资约10.6亿元。“十五”期间电子信息产品制造业企业的又一项重点工作是，继续开展重大项目的前期工作，重点在汽车电子、光电子技术、光电通信、电子纳米材料、超高频声表面波器件、光机电一体化产品等方面吸引国内外大企业、大专院校投资合作大项目。

3. 工作方法

（1）增强发展机遇意识：扬州城市信息化试点，给我市电子信息产品制造业带来了难得的发展机遇，电子信息产品制造业大翻身、大发展的舆论氛围更强烈了，只要制订正确的决策和目标，找准结构调整的关键环节，用改革、创新的思路扎扎实实地工作，众所盼望的扬州电子信息产品制造业振兴就是大有希望的。

（2）明确发展目标，制订实施战略：“十五”期间，我市电子信息产品制造业的宏观发展目标已经明确，政府运用宏观手段为企业服务，促进资金、人才向电子信息产品制造业倾斜，作为信息化带动工业化的试点，出台相应鼓励政策。为我市电子信息产品制造业进行赶超，实现跨越式发展创造必要条件。

（3）引进、使用创新企业家：要振兴扬州电子信息产品制造业，从表面上看，制约因素是缺项目、缺资金，但实质上是缺乏有创新意识和创新能力的企业家。“十五”期间，在城市信息化的试点过程中要努力营造社会大环境，让创新企业家脱颖而出，特别是让年轻的、有高技术底蕴的企业家在扬州这块创业热土上施展才干。

加快企业市场营销体系建设：制约扬州电子信息产品制造业振兴的另一个重要因素是企业营销体系建设滞后，试点工作中，既要完善企业传统的销售体系，又要注意利用互联网，开展电子商务。

（八）扬州市软件与服务业

1. 工作目标

软件是信息技术的灵魂，它体现知识、智慧、经验和创新；软件业作为高新技术产业又是现代文明的象征，扬州城市信息化试点把发展软件业作为一个重点内容。“十五”期间，扬州市软件业的发展目标是，作为江苏省沿江软件产业带的重要组成部分，建成扬州软件产业基地，新办一批面向不同应用领域的软件企业，研发一批拥有本地自主知识产权的软件产品。2001年本地化产权的软件销售额约1亿元，“十五”期间软件产业增加值预期年均增长20~85%，到2005年，一半以上的本地化软件产品在扬州以外地区销售。

“十五”我市软件业的产品方面大致有，办公自动化软件、企业管理软件、3S系统软件、网络应用及安全软件、嵌入式软件以及各类数据库开发、信息系统集成等。要认真贯彻执行国务院、部、省有关发展软件的扶持政策，总结推广贯彻政策方面的经验。积极对外招商引资，开展软件业技术合作与交流，吸引国内外软件企业落户扬州；大力培养软件专业人才，在扬州形成一支人数较多、实力较强的软件专业人才队伍。

2. 主要内容

主要内容包括壮大扬州软件业的增长点、创建扬州软件园、成立软件行业协会和贯彻执行发展软件业的优惠政策等。

3. 工作方法

(1) 尊重人才、爱惜人才

软件业是高新技术产业，人才是软件业的首要资源，把引进人才、尊重人才、培养人才、使用人才作为发展软件产业的头等大事，努力营造软件人才聚集的“马太效应”，让软件人才、尤其是扬州籍软件人才在扬州软件生产、加工中大显身手。

(2) 设立软件产业专题论坛

软件产业是开放程度很高的产业门类，信息交流和知识传递可以说是软件业必不可少的，2000年4月初扬州承办了国际首次中文信息处理研讨会，收到了很好的效果，以此为起点，今后每逢烟花三月和二分明月这两个扬州盛大的文化活动之际，我市将同时举办软件、网络产业的专题论坛，让海内外专家学者、信息业CEO、CIO云集扬州，从而推动我市软件产业不断攀登新的高峰。

(3) 多渠道筹集风险投资基金

国内外软件业企业的特点是数量多、规模小，注册资金灵活，资本流动和人才流动也比较快，因此，一般都配套设立了风险投资的基金和管理办法，我市将在高科技风险投资基金中设立软件产业专项投资基金，实行基金管理制度。此外，引导社会资本介入软件业，分摊软件业的机会和风险。

(4) 加强软件行业管理

现在，国家已公布了一系列管理有关软件企业和软件产品的政策法规，发展扬州软件产业，要按照法规规定实行软件企业认定制度，推行ISO9000和CMM认证，软件产品登记备案。

四、城市信息化保障体制与环境建设

为了实现扬州城市信息化试点的主要目标，必须采取一系列保证措施，为信息化建设和信息产业的发展营造良好的社会环境，从这一意义上讲，营造良好的信息化建设环境也是城市信息化试点工作不可分割的部分。

（一）建设学习型城市大环境

扬州城市信息化试点工作正式启动，标志着具有2480多年历史的文化古城开始跨进信息时代的门槛，对于各级领导，企业负责人和大多数市民来说，它意味着首先要掌握一门全新而且不断升级的计算机与网络技术，这就要求每个市民、企业、机关、学习乃至整个城市要适应体制改革、市场经济和技术进步的大潮，成为学习型组织和学习型市民是必然趋势，这也是推进信息化试点工作的基本条件。试点工作的顺利推进，关键在于提高各级领导干部对信息技术和信息产业是当代先进生产力主要代表的认识，市、县党政领导都要增强使命感和责任感，自觉地把信息化建设列入重要议事日程，紧紧抓住不放。

从2000年起，我市每年9月定期举办信息化宣传月大型活动，以增强广大干部群众对信息是要素、是战略性资源的意识，提高处理信息、应用信息的能力。此外，各种媒体和机关、企业、学校都要深入持久地开展生动活泼的科普宣传和现场展示，举办信息化建设论坛，传播信息学科的最新知识，交流信息化工作经验，提高市民信息技术方面的知识与技能，使信息化家喻户晓，深入人心，主动、自觉参与全市信息化建设活动。

（二）构筑信息技术人才高地

预计“十五”期间我市每年将需求5000名以上与信息学科有关的不同层次的专业人才，各类党政机关和重点企事业单位将至少需要一名硕士以上信息专业技术人员，因此，人事部门和用人单位要有计划地引进一大批中高级信息技术人才，包括海外归国留学生。

扬州大学要创造条件成立信息工程学院，加

快建设国家级和省级信息学科实验室，扩大硕士研究生招生规模，创建信息类博士研究生招生点，培养一批既懂信息技术，又懂经营管理，具有开拓创新能力的复合型人才，同时拓宽海内外学术交流渠道，进一步带动扬州市信息产业的发展。此外，要有计划地开展信息类学科继续教育，使机关、企事业的广大干部职工及时接受最新的信息类学科的实有技能培训。

要营造有利于留住人才、用好人才、吸引人才的环境。我市各地、各部门要认真贯彻落实省、市已出台的一系列人才激励政策，千方百计吸引人才、下大功夫留住人才，广开渠道招聘人才，让人才的价值得到最大实现，使扬州成为优秀人才向往的一片热土。对确实优秀的拔尖人才、特殊人才，要打破常规，给予特殊的政策。“柔性流动”是人才流动的一种重要方式，“不求所有，但求所用”同样可以使急需的人才为扬州信息化服务。

（三）建设多元化投资机制

“十五”期间全市信息化建设约需投入80亿元资金，为此要营造良好的投资环境，吸引国内外资金，引导包括国有企业、股份制企业、民营企业和个体私营经济在内的多种经济成份，积极投资信息化建设，充分利用证券市场，拓宽信息产业融资渠道。近年要在以下6个方面有所进展：一是市财政安排一定数额的信息化引导资金；二是按照市场规律，由电信、广电、联通等单位参股，筹建扬州信息化建设工程公司；三是由政府部门规划引导，由驻扬部、省企业、高校、开发区等单位投资参股，创办扬州软件园；四是吸引民间资金创办信息业的经济实体；五是加大对外招商引资工作力度，以市场、资源换资金，以环境和项目吸引国内外资本来扬州投资；六是争取项目进“笼子”，取得部、省信息化建设项目资金的支持。

（四）规范信息产业市场建设

积极培育信息市场体系，以社会需求为导向，组建各种形式的信息市场，加快推进部门间和地区间的信息系统联网，逐步实现我市与周边地区的信息市场网络化。加强信息市场的经营场所和投施建设，多方筹资建设一个全市综合型的信息市场大楼，吸引各类信息机构进场交易，形成相对集中经营、统一管理的格局；鼓励组建一批专业信息市场，并积极开拓扬州信息产品进入国际市场的途径，尽快实现与国际市场接轨。

（五）加大政策措施扶持力度

创造鼓励信息化建设的政策环境，积极落实国家、省的各项政策措施，从投融资、税收、信贷等方面，加大对信息化建设的扶持，建立具有本地特点的发展机制。进一步简化信息服务企业的审批手续，对信息产业企业和项目在创业期内给予税收优惠，清理和取消抑制信息消费的政策，引导并扩大信息消费。“十五”期间，有关部门制订措施，引导企业增加对信息化建设的投入，使信息企业的技术开发费用占销售额的比重提高到5%左右。采用灵活优惠的政策鼓励海内外优秀人才到开发区，软件园创办电子信息企业，逐步建立科技人员技术入股、股票期权、智力持股等制度，鼓励科技人员从事信息技术成果转化工作。

（六）加强对全市信息化建设的管理

当前，扬州城市信息化建设面临着十分艰巨的任务，在推进信息化的过程中，也出现了一些值得重视的问题，比如信息化建设投资有浪费现象，法律法规不完善，网络安全存在隐患等。为了进一步提高信息化工作的决策管理水平。市委、市政府已明确在今年的机构改革中，组建常设的信息化工作管理部门，加强对信息化建设的规划、协调、组织、监督、管理和服务。

我们已经跨进新世纪的门槛，展望未来，扬州信息化的蓝图催人奋进。加快信息化步伐，实现信息化目标，是每个扬州人责无旁贷的历史重任。我们一定要抓住机遇，迎接挑战，加快推进扬州城市信息化，把扬州建设成为古代文化和现代文明交相辉映的名城。

（毕佳巩、钱刚、范荷香、王伟）

南通市信息化带动工业化研究报告

20世纪90年代以来，以电子信息、生物工程等为代表的高新技术产业不断取得突破性进展，以数字化、网络化为特征的现代信息技术在世界范围内引发一场信息革命，已经并将继续对人类的社会生产、生活方式产生深远的影响。世界范围内经济全球化和信息化的迅速发展，使我国面临着在尚未完成工业化的基础上推进信息化，既要加快信息化又要完成工业化的双重任务。党的十五届五中全会作出“以信息化带动工业化，发挥后发优势，实现社会生产力的跨越式发展”的战略决策。南通市是以传统轻纺加工工业为主，较早对外开放的中等城市，为了实现市委，市政府提出的“十五”期间“一个崛起，两个提升”（即在苏中地区率先快速崛起，全面提升在江苏省辖市和全国沿海开放城市中的发展位次）的战略目标，必须牢牢把握信息化带来的机遇，把信息化与工业化结合起来，走以信息化带动工业化，实现跨越式发展的道路，加速工业化和现代化的进程。

一、现状评价

所谓工业化，是由落后的农业国向现代工业国转变，借助人力资源和资本货物将原料变成新货物和服务，工业增加值在国民生产总值中的占比上升为主体地位的过程。工业化的核心是发展大规模高效率的制造业，并以此带动农业和服务业的发展，向社会提供丰富的物质产品。所谓信息化，是加快信息高科技发展及其产业化，提高信息技术和信息资源在经济和社会各领域的应用水平，为社会提供更高质量的产品和服务的过程。工业化是信息化的物质基础和需求之源，没有工业化，信息化就失去了支撑；信息化是工业化的“引擎”和最新发展阶段，它赋予工业化崭新的内容，它是工业化的现代化。以信息化带动工业化，可加快信息技术应用，促进信息产业发展，使传统的工业领域走上工业信息化之路，从而有效地发挥后发优势，在新的起点上实现生产力的跨越式发展。

南通市的产业结构自1995年由“二一三”转变为“二三一”以来，基本保持了农业稳步增长，工业和服务业快速发展的格局。三次产业比重，从1995年的23.2∶50.2∶26.6演进为2000年的17.6∶48.1∶34.3，二产中的工业占比较大，成为南通国民经济的主体。从横向比较，南通市的一产高于全省平均水平5.6个百分点，二产低于全省平均水平2.8个百分点，限额以上工业（指全部国有及年销售收入500万元以上的非国有工业企业，下同）占全部工业的比重不足60%，均低于苏、锡、常三市。

掌握工业化、信息化的定义以及两者之间的关系，了解三次产业的发展状况，有助于评价南通市工业化进程、信息化水平。

（一）南通市工业化进程所处阶段的基本判断

1．判断工业化各阶段的指标体系选择

参照西方发达国家方法，工业化阶段一般依次分为工业化初期、工业化中期、工业化后期和后工业化时期四个阶段，其中后工业化时期为工业现代化时期。判断工业化各个阶段的指标体系主要包括以下六项指标：

（1）人均国民生产总值。一般说来，工业化初期、中期、后期及后工业化时期人均国民生产总值大体为300美元，300～1500美元、1500～10000美元和10000美元以上。

（2）农业劳动力占全社会劳动力的比重。工业化过程也是劳动力由农业部门向非农业部门不断转移的过程，一般来说，工业化程度越高，农业劳动力占全社会劳动力的比重越低。在工业化初期、后期及后工业化时期农业劳动力转移的速度较慢，工业化中期转移的速度较快。在工业化不同阶段该指标大体为80%、50%、20%和10%。

（3）制造业占国民生产总值的比重。制造业是工业中最重要的组成部分，工业化最重要的标志是制造业的成长和壮大。该指标在工业化初期提高的幅度比较慢，在中期增幅明显提高，后期变化已不十分明显，而进入后工业化时期则开始停滞。在工业化不同阶段该指标大体为5%、20%、30%和20%。

（4）机械工业占制造业的比重。工业化进入到一定阶段后，表现为资本有机构成不断提高，制造业内部结构也出现变化，主要生产投资品的机械工业地位越来越重要，其占制造业的比重就成为划分工业化阶段的重要指标之一。该指标在工业化初期和中期增长不太明显，在工业化后期和后工业化时期提高较快。在工业化不同阶段该指标大体为5%、20%、30%和40%。

（5）贸易结构。主要用出口总额中机械及运输设备所占的比重来表示。一国的贸易结构和工业结构关系较为密切，或者说，贸易结构在很大程度上是由工业结构决定的。该指标在工业化初期基本为零，在工业化中期大多数国家的提高幅度也不是很大，增加最快的是在工业化后期和后工业化时期。在工业化不同阶段该指标大体为1%、10%、30%和50%。

（6）城市化。即城镇人口占全部人口相对份额。该指标在工业化初期,后期以及后工业化时期变动较小,进入工业化中期变动较大。在工业化不同阶段,该指标大体为10%、30%、70%和80%。

2．基本结论

根据统计部门提供的有关数据，南通市工业化进程所处的阶段测算分析如下：

（1）人均国民生产总值。目前全国通用的统计口径是人均国内生产总值指标。以人民币计算，2000年全市人均国内生产总值为9378元，按当年末汇率8.27折算美元为1133.98美元，表明全市工业化进程正处于中期。

（2）农业劳动力占全社会劳动力的比重。2000年全市农林牧渔劳动力为210.54万人，占全社会劳动力470.5万人的44.7%，处于工业化中期水平。

（3）制造业占国民生产总值的比重。按全市限额以上工业中制造业增加值计算，2000年为158.14亿元，占国内生产总值的比重为21.5%，表明已进入工业化中期。

（4）机械工业占制造业的比重。按限额以上工业企业计算，2000年机械工业增加值为29.86亿元，占全市制造业增加值的比重为18.9%，接近工业化中期水平。

（5）贸易结构。改革开放以来，全市对外贸易方兴未艾，贸易结构也发生了相应的变化，机电产品出口比重不断提高，至2000年已达到28.3%，接近工业化后期的入门数值。

（6）城市化。2000年非农业人口占全市总人口的比重达到32.2%。若考虑到已在城市生活工作的农业人口，实际城市化水平可能会更高一些。

依据上述分析，从总体上看，南通市已经进入工业化中期，县（市）区则参差不齐（见表一），市区和部分县（市）处在工业化中期，有的县（市）还未迈进工业化中期。全市虽然步入工业化中期，但制造业发展步子不快，特别是机械工业在制造业中的占比还未跨进工业化中期的门槛。究其原因是多方面的，最主要的是以电子信息技术为主要标志的高新技术发展和应用滞后，与工业结构自身调整的迫切要求不相适应。

表1　南通市及其县（市）2000年有关工业指标比较

项目＼地区	江苏省	南通市	其中						
			市区	海安	如皋	如东	通州	海门	启东
国内生产总值（亿元）	8584.7	736.44	159.9	67.76	71.54	77.18	133.49	119.62	120.2
工业增加值（亿元）	3846.7	309.07	81.8	20.21	22.8	21.49	55.05	50.76	43.18
工业增加值占GDP比重(%)	44.8	42	50.7	29.8	31.9	27.8	41.2	42.4	35.9

（二）南通市信息化水平的基本判断

1．判断城市信息化的指标体系设置

吸收日本关于信息化水平指数评价方法，参照国家信息化统计的有关指标，本研究报告设置了城市信息化水平指标体系。这套指标体系共分信息产业发展、电子信息产品制造业、信息基础设施建设、信息资源开发利用、企业信息化和信息化人才六大类，计12个指标。

2. 基本结论

据有关部门提供的统计资料（见表2），对照指标体系进行测算分析，南通市信息化处于起步阶段，信息基础设施发展迅速，企业信息化正在积极探索，电子信息产品制造业有了一定基础，但应用信息技术改造传统产业范围不宽，信息产业发展缓慢，信息资源开发利用较为薄弱，信息化人才短缺，整个城市信息化程度不高，为加快实施中央关于以信息化带动工业化的战略决策，南通市委、市政府对“十五”规划进一步作了认真修订，召开了全市性会议加以落实，并正在制订实施计划，组织发动政府部门、重点企业和社会力量扎实向前推进。

表2　城市信息化指标体系

指标名称	指标解释(或指标单位)	资料来源	1999年	2000年
一、信息产业发展				
1.信息产业增加值	指电子信息产品制造业、软件业、信息服务业(包括邮电通信业、咨询服务业、计算机服务业)等信息技术产业增加值 单位:亿元	统计系统	19.5	22.5
2.信息产业增加值占GDP比重	单位:%	统计系统	2.9	3
二、电子信息产品制造业				
3.电子信息产品制造业总产值占比	指电子信息产品制造业限额以上工业产值占全部限额以上工业总产值 单位:%	统计系统	5.5	5.3
4.电子信息产品制造业增加值占全市GDP比重	单位:%	统计系统	1.3	1.3
三、信息基础设施建设				
5.每百平方公里长途光缆长度	皮长公里	信息办	75.6	100.6
6.市区每百户计算机拥有数	单位:台	统计系统		8.5
7.信息产业基础设施建设投资占全部固定资产投资比重	指电子、广电、邮政、通信、信息服务业等方面的投入占比 单位:%	计委		7.15
四、信息资源开发利用				
8.各类因特网用户总数	单位:个	统计系统	1.12万	13.02万
五、企业信息化				
9.具有网络或域名的上网企业数	单位:个	经贸委		3019
10.运用CAD、CAM、MIS和ERP等信息技术的企业比例	指限额以上工业中应用单元技术的企业数与限额以上工业企业总数之比 单位:%	经贸委		10
六、信息化人才				
11.市区每万人拥有中级以上科技人员数	单位:个	统计系统		914
12.程序员、高级程序员和系统分析员总人数	单位:个	人事局		280

（三）苏中三市工业化进程和信息化水平比较

为实现市委、市政府提出的“一个崛起、两个提升”的战略目标，研究信息化带动工业化，也需要关注“苏中板块”的整体情况。据初步统计（见表3、表4），通、扬、泰三市目前工业化进程同处于中期，扬州的步伐稍快于南通。从限额以上工业增加值占GDP的比重来看，南通稍次于扬州、泰州。通、扬、泰三市信息化水平也基本在同一起跑线上，但从信息产业增加值占 GDP 比重看，南通比扬州、泰州低近 2 个百分点；电子信息产品制造业总产值占比，南通高于扬州，低于泰州。对此，应该引起足够重视。

表 3　苏中三市 2000 年工业增加值指标比较

指　标　名　称	南　通	扬　州	泰　州
国内生产总值（亿元）	736.44	472.12	405.25
人均国内生产总值（元）	9378	10514	8082
全部工业增加值	309.07	206.18	159.61
全部工业增加值占 GDP 的比重（%）	42	43.7	39.4
限额以上工业增加值（亿元）	184	160	115
限额以上工业增加值占 GDP 比重（%）	25	33.9	28.4

表 4　苏中三市 2000 年工业信息化有关指数比较

指　标　名　称	南　通	扬　州	泰　州
1. 信息产业增加值占 GDP 比重（%）	3	4.76	4.97
2. 电子信息产品制造业总产值占比（%）	5.3	3.4	6.59
3. 电子信息产品制造业增加值占全市 GDP 比重（%）	1.3	1.2	2 左右
4. 固定电话交换机总容量（万门）	158	130	127
5. 每百平方公里长途光缆长度（皮长公里）	100.6	20.7	22
6. 各类因特网用户总数（万户）	13.02	12	8
7. 上网企业数（个）	11000	8000	3045
8. 运用 CAD、CAM、MIS 和 ERP 等信息技术的企业比例（%）	20	38 家示范企业	16.6

综上所述，南通市已步入工业化中期，信息化也迈开步伐，具备了信息化带动工业化，实现社会生产力跨越式发展的一定基础与条件。但与国内外同处于工业化中期的城市相比，仍有很大差距。以信息化带动工业化，加速实现工业现代化的任务十分繁重，要准备在工业化中期阶段，奋斗一个相当长的时间。“十五”期间，应对入世的挑战，最重要的在于培育企业的核心竞争力；实现“一个崛起”、“两个提升”，必须加快工业结构优化升级；进一步提高传统产业的竞争力，迫切要求运用先进适用的信息技术；增强信息化对工业化的带动力，关键是加快发展信息产业和应用信息技术。这样，通过坚持不懈的努力，南通这个以传统轻纺加工工业为主，对外开放较早的中等城市必将出现崭新的面貌。

二、基本思路

根据上述分析，对于南通这样一个尚处于工业化中期的中等城市，面对汹涌澎湃的信息化大潮，既有机遇，也有挑战。挑战在于南通信息化发展并不快于周边城市，以信息化带动工业化虽有一定条件，但发展信息产业，应用信息技术的基础还比较薄弱；机遇在于可以有别于先工业化再信息化的老路，利用信息革命的成果，加快推动工业化，充分借助工业化和信息化对经济增长的双重推动，实现跨越式发展。落实中央的战略决策，联系南通的发展实际，“十五”期间全市以信息化带动工业化的基本思路可概括为：以加快工业结构优化升级为主线，立足于提高产业国际竞争力，增强城市整体可持续发展后劲。坚持以工业化为载体，提升平台，高点起跳；以信息化为引擎，催生优势，跨越发展，加速实现工业现代化。

（一）指导原则

——结构升级牵动。以制造业信息化为重点，以智能化、数字化、虚拟化、网络化、敏捷制造为方向，对传统产业设计、生产流程进行再造，提升传统产业的技术水平和竞争能力。同时，以增强产业竞争力优势为目标，重点培育新兴信息产业，实现少数重点产业的突破性发展，为信息化带动工业化提供更为有利的条件。

——技术创新带动。比较优势与创新优势相结合，抓住信息技术发展引发产业变革的机遇。跟踪国际前沿技术、关键技术，依托现有基础，积极开发具有市场潜力的新兴产品，加速科技成果产业化，力争在信息技术上形成具有自身优势的产业。

——信息应用促动。以推进企业信息化和社区信息化为基础，适应经济增长方式转变和社会生活水平提高对信息需求增加的趋势，着力搞好信息资源的深度开发、有效利用和全面服务，提高信息应用与服务对经济和社会发展的贡献率。

——国际合作推动。抓住国际经济结构调整和产业转移的机遇，积极吸引国内外技术、人才和资金，在信息产品制造、软件开发和电子商务方面开展多种形式的国际合作。通过对引进技术的消化吸收创新，以及大力发展信息产品加工贸易，促进信息化加快发展。

（二）总体目标

“十五”期间，南通市以信息化带动工业化的总体目标可定为：基本建成覆盖全市、联通国内外，具有国内先进水平的信息基础设施；传统产业实现信息化整体改造，构筑技术水平和竞争优势的新平台；信息产业实力显著增强，形成具有竞争优势和市场空间的产品群体，成为发展最快的先导产业；科技创新机制不断完善，重点领域具备自主开发能力；企业信息化水平普遍提高，社会化信息服务体系、支持环境和人才队伍基本形成；全市工业化进程明显加快，确立苏中地区“信息化强市”的地位，全面提升在全省及国内沿海开放城市中的发展位次。

（三）战略要点

1. 立足“一个基础”——企业信息化

所谓企业信息化，是指企业有效运用现代信息技术，通过对信息资源的深度开发和广泛利用，不断提高企业生产、经营、管理、决策的效率和水平，提高企业市场竞争能力和经济效益的过程，随着经济全球化浪潮的到来和我国加入 WTO，在世界经济由传统型经济向知识型经济转变过程之中，加快推进企业信息化，促使企业建立反应快捷的网络，有助于及时、准确地掌握瞬息万变的市场信息，有效地驾驭市场，并尽快融入世界经济的洪流之中，因此，无论是从宏观来分析，还是从微观来认识，都必须把加快企业信息化进程作为信息化带动工业化的基础，并采取切实措施，增强企业对信息化重要性、紧迫性的认识，舍得花投入，充分利用信息资源，加快技术、产品开发，普及网络应用，推进电子商务，促进企业经营管理现代化，提高信息化整体水平。

2. 坚持“两个并重”——运用信息技术改造提升传统产业和振兴电子信息产品制造业

20 世纪 80 年代以来，南通得改革开放风气之先，大力发展外向型经济，加快了工业化进程，但较之苏南等先进地区，南通工业经济与国际接轨，参与全球经济循环的状况还不如人意，加之传统轻纺工业比重较大，工业化进程稍显滞后。南通市以信息化带动工业结构优化升级，应重点抓住发展电子信息产品制造业和运用信息技术改造提升传统产业。各级决策者有必要勇敢地拿起信息技术这个竞争致胜的武器，把大力推广应用信息技术提到战略高度，充分发挥其对经济增长的倍增作用，加强对传统产业的改造提升，促使全市工业构筑新的技术平台，迅速增强产业竞争能力。同时，充分发挥已有的电子信息产品优势，扩大现有产品生产，积极培育新的增长点，加快发展电子信息产品制造业，使之成为新的工业支柱。坚持运用信息技术改造提升传统产业和振兴电子信息产品制造业“两个并重”，南通工业经济的可持续发展才能真正获得工业化和信息化的双重推动。

3. 力求“三个突破”——信息资源开发利用、技术开发中心建设和软件产业发展

南通市信息资源开发利用不足、技术开发能力薄弱、软件产业没有形成规模，这是信息化带动工业化的三个薄弱环节。实现信息化和工业化的互动并进，必须在这三个方面取得新的突破，要树立信息资源是社会发展战略资源的观念，加强信息资源的有效开发，快速传递和互联共享，以防止出现“有路无车”和“有车无货”的现象。以数据库的开发为主体，建立基本完备的、面向政府和公众的公益型数据库体系，以及面向微观经济活动的商业性数据库体系，形成系统完善的

信息收集和发布机制，培育信息市场，开发信息资源，为全市信息化、工业化建设提供良好的基础条件。加强与国内外高校、研究院所合作，建立“官、产、学、研、金”五位一体的信息化高新技术成果转化机制，建立健全一批技术开发中心，紧跟当代信息技术发展趋势，抓好信息化带动工业化进程中具有关键作用的信息技术和产品的联合攻关。规划建设南通软件园区，加快启动软件产业，以软件加工起步，逐步开发企业应用软件，逐渐形成一定产业规模。

4.强化“四个条件”——体制、人才、资金、政策

以信息化带动工业化，既要立足企业主体，注重发挥市场机制作用，又要坚持政府主导，有效发挥行政推动作用，从体制、人才、资金、政策等方面创造有利条件，全面优化环境，提供有力保障。要调整和完善信息化管理体制，强化职能，形成健全配套的管理体系。采用招才引智和就地培养相结合的方法，加大信息人才培养力度，建设一支适应时代要求的发展信息产品制造业、软件产业和信息应用方面的人才队伍，并积极营造有利于留住人才、用好人才、吸引人才的良好环境。改革信息化投入机制，建立企业为主投入、政府导向投入和市场运作相结合的多元化投融资体系，创造条件设立信息化引导资金、支持信息化建设。根据国家和省关于加快信息产业发展的鼓励政策，借鉴外地经验，明确相应配套政策，对实施信息化带动工业化的企业，项目等实行重点倾斜。

上述“一个基础”、“两个并重”、“三个突破”、“四个条件”，是南通市以信息化带动工业化基本思路的具体选择。其中，“一个基础”是信息化带动工业化的立足之本；“两个并重”是信息化带动工业化的主要手段：“三个突破”是信息化带动工业化的关键环节；“四个条件”是信息化带动工业化的重要保证。确定“十五”期间南通市信息化带动工业化的工作任务应以此为依据。

三、重点任务

“十五”期间，南通市信息化带动工业化的重点任务建议为：

（一）提升传统产业

南通市传统产业占比较大，2000年其工业增加值占全部工业增加值的比重超过80%。用信息技术改造提升传统产业任务繁重，大有可为。“十五”期间，就全市整体而言，改造传统产业的主要途径是，应用信息技术，并有效结合采用生物工程、新材料等高新技术，加强对传统产业的渗透、嫁接和改造。重点是用信息系统集成和技术来提升成套设备和组合加工设备的集成化水平，用信息控制技术和电子信息产品提升连续加工工业的过程控制水平，用嵌入式软件技术提升消费类、工业类产品的智能化水平。“十五”期间，全市信息技术改造传统产业的投入应逐年大幅度提高，重点行业的骨干企业生产装备自动化和半自动化率力争达到50%，总体技术水平国内领先，并达到国际90年代中后期水平。

就工业行业而言，机械行业推广应用数控机床，加工中心、柔性制造系统（FMS）及计算机集成制造系统（CIMS），对炉窑、喷涂线、组装线等进行自动化改造，提高在线检测技术应用程度，并积极应用自动化成形技术。轻工行业着力运用信息技术提高产品设计、生产在线检测和质量控制水平，推广应用新型传感技术和计算机控制技术。纺织行业重点实施计算机原棉配棉系统、染纱强力温度等检测与控制系统、无梭织机检测系统和变频节能技术，提高服装企业计算机辅助设计、辅助裁剪和绣花应用水平。化学工业积极引进国内外先进关键控制设备，应用信息技术改造传统的工艺、设备和操作手段，优化工艺过程，提高化工装置计算机集散控制水平。医药行业重点应用计算机对产品成份优化组合、辅助控制发酵过程和结晶工艺。船舶制造行业重点推广精度控制技术、模块化技术、预舾装技术等。建材行业大力推广炉窑自动控制技术，提高新型建材生产的自动控制水平。

农业产值和人口在南通市占有较高比重，应十分重视对农业的信息化改造。“十五”期间，大力实施品种、知识、技术更新三项工程，培育一批市场占有率高、辐射带动能力强的农业产业化龙头企业，抓好1个国家级、3个省级、20个市级农业信息技术应用示范区。

（二）拓展信息产品

“十五”期间，南通市电子信息产品制造业将步入快速发展的黄金期。只要坚持以市场为导向，以创新能力自主化、产品开发深度化为目标，扶

持一批在各自领域具有明显优势的企业，培养若干具有核心竞争力的集体化企业，到2005年电子信息产品制造业增加值占全市GDP的比重超过全省平均水平、工业产值占全市工业总产值的比重接近10%是完全可能的。

南通市电子信息产品的拓展方向和目标，应着力形成“四大基地”：一是集成电路封装基地。掌握高密度、多芯片组件、矩阵式等封装和测试技术，使之达到90年代中后期国际先进水平，并用BGA、BCC、ISOP封装技术生产快速闪烁存储器，还要利用现有的产学研联合优势，从后道封装逐步向开发设计制造前延。二是铝电解电容器生产基地。铝电解电容器向超大容量、超小型、片式方向发展，技术上达到90年代中后期发达国家先进水平。三是通信光缆基地。向宽频传输方向发展，系列开发真波光缆、海底光缆等新型通讯光缆，并延伸开发生产光棒、光纤和光端器件，形成光通信产业链。四是电子基础材料基地。主要是电子铝箔、电子薄膜、磁性材料、CP线、绿色电池等。其中集成电路封装、铝电解电容器生产要建成全国的重要基地。

同时，积极开发数字移动通信产品、多媒体综合交换机及数字卫星接收机等应用产品、计算机应用产品及软件产品，大力发展数字视听产品，逐步形成规模经济和品牌优势。

（三）培育软件产业

国家已经将软件产业列为核心技术产业鼓励重点发展，国民经济和社会信息化建设形成了对软件市场的巨大需求。南通市实施信息化带动工业化战略，必须抓住机遇，加强引导，创造需求，把培育软件产业提上重要议事日程，改变目前规模小、档次低、实力弱的状况，促进全市工业结构的调整优化。

借鉴印度发展软件产业的成功经验，面对南通软件开发高级人才奇缺和可利用基础教育特长加快培养编码人才的现实，应着眼于形成与沪宁等周边大城市错位竞争、优势互补的格局。南通市“十五”期间培育软件产业，应从承接软件编码工作起步，并以此为阵地，突破某些领域应用系统的开发，或抓住软件产业链中的若干环节，形成自己的特色，逐步加快产业化发展。

南通市软件业发展的目标可定位：尽快培育一批上规模的软件加工企业，在交通便利、临近高校的地段建设软件园区，充分发挥软件行业协会的组织、引导、协调作用，把南通建成华东地区的软件加工基地，进而形成有一定知名度的软件开发基地。

（四）创新企业管理

企业信息化的重要内涵，就是用现代信息手段改造传统管理，创造新的管理概念和管理体系，提高管理水平和生产效率。企业信息化内容很丰富，主要有企业内部信息化和企业协作商务信息化两大部分：企业内部信息化包括生产作业信息化、管理办公自动化、战略决策信息化等；企业协作商务信息化包括电子数据交换、电子商务、供应链管理等。不同企业的管理基础不同，投入能力不同，近期信息化的目标、内容和要求也应有所不同。限额以上工业企业要着力强化基础管理，坚持“效益驱动，总体设计，重点突破，分步实施”的原则，从实际出发，认真制订并实施企业信息化规划。企业一般可在以下三个方面选择创新方案：

一是建网上网，着力扩大资源配置空间。这是牵一网而动全身的奠基工程。首先，要加强企业信息基础设施建设。企业要从当前业务和长远需要出发，对照信息采集，处理、存储和流通的要求，构筑由信息设备、通信网络、数据库和支持软件等组成的环境。其次，建立网络化的运行机制。一方面建设企业内部网，将垂直一体化的管理向扁平化矩阵式管理模式转化，利用信息共享机制，优化配置企业内部资源。另一方面迅速接入广域网、因特网，开辟网址，设置主页、站点，并尽快与境内外著名的网络搜索引擎挂接，在更大范围内配置资源、组织协作。第三，注重企业信息资源的开发利用。目前，许多企业陷入一个误区，认为有了新的信息基础设施环境，又做出了一些应用“接口”，似乎企业已经信息化了。跳出误区的唯一办法，在于改造杂乱无序的数据环境，重组原有的信息资源，规划设计共享数据库，建立稳固的全域数据模型。只有这样，才能取得企业信息管理系统建设的主动权，才能使企业的信息—决策—执行三者集成化，提高企业对市场的快速反应能力。

二是普遍引入单元信息技术，增强产品开发和技术创新能力。这是创新管理相对易行的切入点。近期应大力推广计算机辅助设计（CAD）、计算机辅助工艺编制（CAPP）、计算机辅助制造（CAM）等单元信息技术，提高企业技术开发流程的效率和工艺水平。要在机电、化工、服装等制造行业搞好一批试点企业，并逐年认定若干应用示范企业。

三是综合集成多元技术，不断提高企业信息化总体水平。这是实施企业信业化较高层次的探索和实践。具体可分两个层次推进：首先，联接应用产品数据管理（PDM）、办公自动化（OA）、制造计划系统（MRP—Ⅱ）等单元技术，逐步实现资源管理，生产管理、考核评价一体化。其次，推行系统集成化管理。就企业内部而言，以推广应用企业资源计划（ERP）为重点，改造提升企业资源管理系统和管理信息系统，推动业务流程和组织结构的重组，保证企业信息流、资金流、物流的顺畅有序，最大程度地优化企业资源配置。机械工业，在江苏申海集团、江苏昌升集团率先实施计算机集成制造系统（CIMS）试点的基础上，选择有条件的企业推开，实现从产品工艺设计到制造，以及生产与市场、库存、财务、质量、设备管理等全面信息化，就企业外部而言，推广南通三德兴电子工业有限公司的做法，建立企业间动态联盟，在全球范围内实行资源共享。引导重点企业集团逐步向敏捷制造、网络化制造、虚拟企业方向发展。

（五）推进电子商务

电子商务的启动和发展，能有效改善企业供求双方的交易，提高市场竞争力和经济效益，促进传统产业的结构调整。不能因为目前网络交易环境、信息服务体系等尚不完善，就放松甚至放弃推进电子商务的工作。应当坚持“量力而行，循序渐进，不断发展”的方针，以积极务实的态度，从开发利用电子网络起步，以 BTOB 为主要模式，以网络营销为切入点，推动电子商务健康发展。

推进电子商务，重点是引导和支持企业抓好“两个系统”和“一个网站”的建设。“两个系统”，一个是建设并用好企业局域网，运用计算机管理信息系统（MIS）和制造计划系统（MRP—Ⅱ），逐步发展内联网（Intranet）、外联网（Extranet）、互联网（Internet）应用系统，实现企业信息资源共享，实行异地并行工程，使企业的新品研发、试制生产、销售服务全过程产生质的提升。另一个是建设以服务管理为核心，以企业资源计划（ERP）、供应链管理（SCM）和客户关系管理（CRM）为平台，支撑客户链、供应链、制造链和研发链的管理系统，强化业务流程重组（BPR），构建适应市场竞争需求的现代物流系统。这方面，对地区和部门来说，要考查内联网建成率和外联网应用率。“一个网站”，即在机电、化工、纺织等行业，鼓励有条件的重点企业建立专业网站（如南通早已建成的中国农药网等），运用互联网与国内外其他企业进行业务往来，开展网上宣传、网上服务、网上采购。

认真抓好市级电子商务平台建设，不断健全服务功能，使之成为中小企业开展网络营销和电子商务的基地，认真执行国家电子商务认证、信用、支付、交易安全体系、认证机构管理办法，以及有关标准规范和政策法规，积极研究制定与电子商务发展需要相配套的政策体系，为电子商务的发展提供一个安全可靠的网络交易环境。促进企业加强与银行的合作，开发电子支付手段，健全电子商务的信用服务体系。支持专业的货运或邮递企业建立现代物流配送体系，加速电子商务的发展，实现电子商务产业化。

与此同时，还要大力推进电子政务、电子公务。电子政务是完善现代政府管理，适应政府职能转变的一项管理措施。南通的电子政务经历了萌芽期、孕育期，即将进入启动期。政府部门应抓紧推行电子政务，建立良好的服务体系，使政府更加贴近社会公众和广大企业，促进信息化带动工业化。

四、措施建议

实现上述信息化带动工业化的目标任务，必须采取切实有效的对策措施。为此提出如下建议：

（一）实施信息化带动工业化示范工程

由于南通市信息化工作尚处在起步阶段，加之受人力、物力、财力限制，信息化带动工业化工作不可能全线出击，只有以点带面，才能有效地加快推进。要加强分类指导，在不同领域、不同范围内开展信息化典型示范工程，发挥其辐射和示范作用。市一级应着力实施八大示范工程：通信产品领域，抓好江苏中天科技股份有限公司、江苏通光集团公司、海门东洲通信设备有限公司等骨干企业，重点支持通信光缆、移动通信 GSM

蜂窝直放站等投资类产品的发展；集成电路领域，重点抓好南通富士通微电子有限公司，继续提升集成电路封装业；电子元器件领域，抓好江苏华容集团，提高发展铝电解电容器，保持技术领先优势；软件产业方面，抓紧规划建设南通软件园，并将她培育成为一个开发信息技术、发展软件产业的样板工程；信息产业风险投资和网络建设方面，江苏综艺集团已被列入省示范工程，市责无旁贷给予重点支持；企业信息化方面，重点抓好南通醋纤有限公司、桑普力兰有限公司等，用现代信息手段改造传统管理；电子商务方面，重点抓好江苏文峰集团，开拓 BTOB、BTOC、CTOC 业务；信息化市场建设方面，扶持有关社会信息部门规划建设数码一条街，使之成为进入 IT 领域和新经济市场的桥梁。县（市）区在全力以赴配合抓好这八大示范工程的同时，各自也要抓一、两个示范工程。

（二）建设信息化人才队伍

信息化与工业化互动并进催发人才要素新一轮集聚和重置。本着近期以引才为主，长远以育才为主，坚持留得住、引得进、用得好的原则，加紧构筑南通人才新高地。

首先，大力引进高级人才。信息技术是高智能活动，外脑的引入可在近期内迅速解决燃眉之急，收到带动一片的效用。应建立良好的学术环境、政策环境，在信息技术的重点领域，如网络技术、芯片设计、多媒体应用等方面，多元聘请高层次客座人员和兼职人员当顾问或到企业任职，在指导项目完成过程中，培养本地企业骨干；以优厚待遇吸引留学人员回通创业；组织国内外知名学者，以及在通高校、科研单位和大中型企业的专家，建立信息技术专家指导委员会，通过多种方式及时解决企业在信息化进程中碰到的难题。

其次，加快培养实用人才。提高全民信息化意识和技能，在中小学普遍开设电脑课，以科普和增强动手能力为着眼点，培养学生电脑应用意识；在职业教育和中等技术专科学校，开设信息技术应用班；在高校扩大电子信息专业等系科的办学规模。根据企业实际情况，进行技术需求层次细分，并有针对性地开展单项技能职业培训。分步实施企业“一把手”培训、技术骨干培训、计算机操作人员培训，并建立一套切实可行的干部轮训制度。依靠社会力量开展各种资格培训、连锁教育，成立连锁培训班；组织技术人员到国内大型企业或国外工作学习 1～3 年；依托国内知名学府，立足南通本地高校，采取联合共建方式，建立一个综合性信息技术人才培训中心，近期以培训中、低层次应用型技术人才为主，并为培养更多的硕士、双学位等复合型人才做好多方准备。

第三，稳定现有人才队伍。可以推广海尔集团的“赛马制度”、美国的“黄金降落伞制度”和海信集团的“福利沉淀制度”等，使优秀人才在竞争中充分发挥技能，并降低企业风险对人才的影响，实现企业集体利益与人才个人利益的有机结合；尊重人才，正确、合理地评价人才贡献，建立一套量化的人才价值评价体系，以工作业绩为导向，项目考评和职能考评相结合，扩大人才的发展空间。

（三）扩大国际国内合作

加快南通市信息化带动工业化的步伐，必须在资金、技术等方面走开放式发展道路，积极招商引资，扩大对外合作。直接吸收发达国家的先进技术、先进管理和资金，从而在新的起点上，用更短的时间、更低的成本，实现与信息化相结合的现代工业化。应充分发挥沿海开放城市的对外开放功能，依托各级各类开发区，抓住国际经济结构调整和相关信息产业转移的机遇，采取切实，改善投资环境，加大招商引资力度。筛选一批骨干企业，加强与国际上有实力的信息企业合作，积极吸引外商投资和国际风险投资，加快引进信息领域的前沿技术、先进适用技术和先进管理模式，迅速扩大信息产业的规模。在引进国外先进技术的同时，加强消化吸收，进行自主创新。还要重视研发机构的建设，吸引国内外著名的信息技术企业来通建立研发中心，及时跟踪国际市场行情，抓紧开发信息技术及信息产品，不断推进信息龙头企业、拳头产品的培育和发展。对承担重大消化吸收和国产化项目的企业，以及信息技术研发机构，要从资金、税收政策等方面给予支持。

（四）健全社会化信息服务体系

建立健全社会化信息服务体系，既为传统产业的改造提升提供技术支持，又为电子信息产品的更快发展创造市场商机。在推进信息化带动工业化的过程中，应以全国信息化试点城市的要求，大力建立健全社会化信息服务体系，推动城市信息化建设，进一步加快全市信息化基础设施建设，重点发展宽带通信网络和多媒体业务、移动通信业务，增强现有通信网络业务的综合能力，强化网络增值业务的应用和开发，加速有线电视网络的双向数字化改造，逐步实现广播电视数字化、网络化、综合化。加大对信息服务业的支持力度，建设公益性数据库、商业性数据库和电子信息服务网络，加强信息资源的管理，搞好国际国内信息资源的开发与利用。推动信息化小区的建设，尤其在新城区建设中要充分利用现代信息技术，使之成为城市信息化的示范区；积极推动光纤到小区，到大楼工程，在具备条件的新建小区先行试点基础上，加快全市信息化小区的建设步伐，为居民提供数字音像、视频点播等信息服务内容，解决好家庭宽带上网问题，推进家庭上网工程。扶持一批具有一定规模的信息内容提供商和应用服务提供商，为企业提供广泛的信息服务。加快信息咨询服务业的发展，努力提高业务水平和服务质量。及早规划建设南通市数码一条街，鼓励和引导国内外软件企业，计算机、通信产品服务企业以及信息技术开发企业入驻发展，使之成为全市信息产品的开发、生产和集散基地。

（五）改善信息化政策环境

政策环境是信息化加快培育和发展的重要保证。这方面，北京、上海、四川、海南等地都出台了相应的政策规定。借鉴这些地区的做法，南通应以国家法律法规为依据，加快研究、制定有利于信息资源开发利用、信息服务业和软件业发展的相关产业政策、投融资政策、产权政策、分配政策、人才政策、财政支持政策等。建议市政府设立信息化带动工业化引导基金，地方财政投入的科技经费年增长率不低于20%，加速企业所购软件的折旧，鼓励社会团体、行业协会和企业共同出资建立互助担保体系，企业运用信息技术改造传统产业的投资实行适当的财政补助或相应的贷款贴息，新办软件企业获利后上缴所得税行“两免三减半”，提高电子信息人员上交个人所得税的基数，技术成果以更大比例投资入股，加大股权激励力度，等等。抓紧建立健全地方信息化规章制度体系，诸如信息网络工程建设规范、评估、监理、验收等方面的管理办法，项目开发厂商资质认定办法，以及信息安全保密、知识产权保护等相应规章，确保信息化带动工业化健康有序发展。组织制订标准明确、设计科学的企业信息化评价体系，为企业的信息化提供参照和指导标准。

（六）创新信息化管理体制

信息技术和信息产业是当代先进生产力的主要代表，推进全市国民经济和社会信息化进程，实现信息化带动工业化是战略性、全局性的重大课题，迫切需要政府发挥主导作用，加强宏观调控和管理，做到分层次、有步骤地组织实施。各级政府及其经济综合部门的主要负责同志和分管领导，应深入学习中央关于以信息化带动工业人的战略决策和相关业务知识，必要时应将懂行的干部充实进领导班子，以掌握领导和指导这项工作的主动权，强化信息化宣传，创造浓烈的舆论氛围，不断提高各级领导和广大干部职工的认知程度，认真组织专家、领导干部和经济工作者，抓紧制订全市及各行业的信息化带动工业化的规划和年度计划，并付诸实施。参照国家、省和周边城市的做法，尽快整合全市信息化管理机构，将与信息化建设有关的市级管理机构合并，成立市信息产业局或信息化办公室，明确其职级、职能和编制。信息产业管理部门应努力把握发展趋势，加强超前研究，发挥好统筹规划、组织协调、推进管理、营造机制的作用，并负责健全社会化信息服务体系工作。各相关部门应树立全局观念，自觉、负责地做好本职工作，加强分工协作，积极推进信息化带动工业化。

（总报告课题组：马汉坤、顾德山、邱爱军、戴兆斌、郭晓敏、陈海兵）

“先进生产力论”与推进江苏信息化带动工业化

江泽民同志“三个代表”思想中一个重要内容是“先进生产力论”。“先进生产力论”是当代马克思政治经济学理论的新发展，是指导21世纪中国改革和社会主义现代化建设的重要理论，学习“先进生产力论”，对于我们适应经济全球化的新情况，把握当代生产力演绎的轨迹和社会进步的趋势，推进江苏信息化带动工业化战略，实现生产力的跨越式发展具有重要意义。

一、“先进生产力论”与信息化带动工业化

从20世纪90年代开始，世界科技革命进入新的发展高潮，尤其是以数字化、网络化为特征的信息革命迅猛发展，给人类社会的生产方式、生活方式带来巨大变化。知识经济初现曙光，生产力正在实现新的飞跃。同时，经济全球化进程加快，国际间以科技创新为核心的综合国力竞争日趋激烈。以江泽民同志为核心的党中央，审时度势，敏锐地把握世界发展的新趋势、新规律，提出了“科教兴国”的重大战略。江泽民同志发表了有关的一系列重要讲话，作出了“科学技术是现代生产力中最活跃的因素和最主要的力量”，“世界生产力快速发展的一个根本原因，在于科学技术日新月异的发展。世界科学技术和生产力必将发生新的革命性突破”，“我们党要始终代表中国先进生产力的发展要求”（《科技日报》2001年8月6日）等科学论断。他紧密结合中国现代化建设的实践，创造性地丰富和发展了邓小平关于“科学技术是第一生产力”命题，形成了遵循生产力发展的规律，以科技进步和创新为核心发展现代生产力，不断提高人民群众生活水平为目的的先进生产力论。

在江泽民同志的先进生产力论中，一个重要的内容是加速国民经济和社会信息化，用“信息化带动工业化”促进生产力实现跨越式发展。江泽民同志在十五届五中全会上指出，“二十一世纪，世界科学技术和生产力必将发生新的革命性突破。对此，我们必须有充分的估计。我们必须抓住新科技革命的机遇，大力推进我国的科技进步和创新，尽力缩小同发达国家在科技发展水平上的差距。这次全会提出要加快国民经济和社会信息化，这是我们为推进产业优化升级和实现工业化、现代化而采取的重大举措。当今世界的发展趋势表明，信息化对推动经济和社会发展具有重大作用，我们必须高度重视并全力推进，以信息化带动工业化，发挥后发优势，争取实现社会生产力的跨越发展”。（《江泽民论“三个代表”》，中央文献出版社2001年版，第67—68页）。我们可以从这些论述看到，以信息化带动工业化，是遵循世界科技和生产力发展必然趋势，是促使中国的工业化和现代化跨入世界先进“平台”的必经之路。在当今中国，要发展先进生产力，就要重视信息化，要实现现代化，就必须实施用信息化带动工业化的发展战略。

二、用信息化带动工业化实现生产力的跨越发展

人类社会生产力是依照自身的发展规律不断演进的。信息化是人类社会生产力发展到工业化阶段继续上升的产物。信息化带动工业化一方面是指加快发展信息技术和信息产业，另一方面指用生产力发展更高阶段出现的信息和信息技术，来改造仍然处于较落后的传统产业，从而加快产业实现工业化的进程，跨入现代工业的先进行列，并进而跨入信息化的更高阶段。用信息化带动工业化，将促进生产力实现跨跃式发展。

一般认为，工业化是工业的产值和就业人口比重不断上升，农业的产值和就业人口比重不断下降的过程。工业化以大机器生产方式的确立为主要标志，核心是发展大规模高效率的制造业，并以此带动农业和服务业的发展。而信息化是用先进的信息技术广泛地开发信息资源，促进高新技术在经济和社会各个领域的应用，信息化是信息、物质、能源等资源有效结合并建立新的、先

进生产力的过程，包括信息产业化、产业信息化、国民经济信息化和社会信息化等发展阶段。工业化和信息化虽然是两个前后性质不同的生产力发展阶段，但是信息技术的出现改变了工业化阶段的进程，并能主导工业化的方向，减少其盲目性，促进工业化沿着自身经济规律更快地跨上新台阶。

发达国家的产业化一般都经历了产业革命、重工业化、高加工度化的工业化，然后进入信息化的过程，各种生产力进步的共同路径向我们揭示了生产力发展的共同规律。正如马克思所说，“工业较发达的国家向工业较不发达的国家所显示的，只是后者未来的景象。”（《资本论》第一卷，人民出版社 1975 年版，第 8 页）中国是发展中国家，生产力只有遵循客观规律才能求得更快的发展。既然中国的生产力必定要走信息化的道路，那么，我们就应当尽可能地利用发达国家从工业化向信息化推进的成功经验和已经形成的先进信息化技术，来推进中国现有生产力的发展，这可以使我们少走许多弯路，减少许多经济资源的浪费，大大缩短从工业化迈向信息化的进程。正是在这个意义上，我们说，发达国家信息技术等先进生产力的发展，给目前尚处于工业化进程中期阶段的我国提供了难得机遇。

也正是在需要用信息化带动工业化，同时促进信息化发展的意义上，中国面对着工业化和信息化的双重任务，完全可以利用经济全球化的国际条件，发挥主观能动性突破传统经济演进模式，把信息化与工业化融为一体，以工业化促进信息化，以信息化带动工业化，以信息化推进现代化。我们应该发挥后发优势，实施赶超战略，大力发展当代以信息技术为标志的先进生产力，省略或者缩短经济发展的某些环节，跳过一些常规发展阶段，迅速缩小与发达国家的差距，直接逼近当今国际经济发展的前沿，实现经济和社会的跨越发展。

对于信息化带动工业化，实现跨越式发展，必须确立科学的认识，这就是说，既要遵循工业化演进的规律，又要创新发展思路。我们的生产力不是要越过工业化直接进入信息化，而是要在工业化正在进行的过程中，启动信息化进程，以高于发达国家的速度发展，把发达国家从工业化进入信息化用的几百年的时间压缩到尽可能短的时间内完成。不是要等工业化完成后再推动信息化，而是要充分发挥社会主义制度的优越性，摆脱传统发展阶段和产业基础的约束，尽快进入信息化发展阶段。通过这样的发展加快经济增长方式由粗放型向集约型转变，最大限度地缩短工业化进程。这意味着，我们要在产业发展中引入信息技术，跨越由劳动密集型向资金密集型、技术密集型升级的过程，在促进工业化后期制造业结构转换升级的同时，加大知识经济的比重，促进产业结构的“软化”和优化，构建实现国民经济信息化的经济基础。只有通过艰苦努力，达到了这样的战略目标，我们的生产力才能真正实现跨越式发展。

三、从江苏实际出发推进信息化带动工业化

从江苏的实际出发，推进信息化带动工业化应从以下几个方面作出努力：

1. 加快发展信息产业

以计算机技术、通信技术、微电子技术、光电技术、人工智能技术和机电控制技为代表有新兴技术是当今世界先进生产力的发展方向，大力发展以先进信息技术为代表的信息产业，是江苏实施信息化带动工业化的重要任务。

发展信息产业要软硬结合。硬的方面要大力发展信息制造业，如移动和卫星通讯产业，要以南京、苏州为基地，重点支持熊猫等移动通信等生产企业，以及 CDMA 移动通信示范工程；发展光纤和光电子产业，支持无锡、镇江等地企业发展光纤、光缆、光纤预制棒、光存储、光显示器等产品；发展微电子产业，支持无锡华晶、熊猫集团发展蕊片制造业，提升封装业；发展计算机与网络设备产业，重点支持计算机、卫星接收部件、天地信息环网示范工程等。软件产业是信息产业的核心技术产业，江苏软件产业规模小、档次低，改变这种状况关键在于对软件业要重视和大力支持，创造软件业发展的环境。江苏具备发展软件业的优势，要采取有力措施，把江苏建成全国乃至世界著名的软件产业基地。

2. 实现制造业信息化

制造业是国民经济和社会发展的物质基础，人们生产和生活一刻也离不开制造业，当今世界发达国家无一例外制造业都很先进。江苏是制造业大省，制造业在国内具有竞争优势，发展制造

业，实现制造业信息化，是缩短工业化进程、用信息化带动工业化的突破口。

江苏要把制造业信息化作为一项重大工程来抓，努力做好制造业数字化设计、数字化生产、数字化装备、数字化管理，通过集成创新，形成一批数字化企业。制造业信息化的实施，一是要突破一批关键技术产品研究、开发、应用及产业化，主要任务是在研究、开发以三维 CAD、企业资源管理、制造执行系统、数据库管理系统、数控装备、企业集成平台和区域网络制造信息化等关键技术及产品基础上，与企业应用示范和技术服务等紧密结合，实现产业化。二是要建立一批制造业信息化应用的示范企业和示范区域，并通过辐射和扩散效益，提升整个制造业的核心竞争力。

3. 用信息和信息技术改造传统产业

把信息和信息技术融入传统产业，提升传统产业的水平和竞争能力，是信息化带动工业化的重要任务。

用信息和信息技术改造传统产业包括：①提高传统产品的技术含量。随着信息技术与传统产业的融合与渗透，传统产业产品的技术含量将有很大提高，逐步融入智能化功能；②加快产品的更新速度。为了适应消费水平和消费结构变化，未来市场的需求更加变幻莫测和富有个性，信息技术的引入将使产品的更新速度加快和具有创新性；③改变传统生产方式。信息技术融入传统产业，会改变以批量生产体制为主的生产方式，代之以灵活多变的、更加适应市场需求的个性化生产方式；④提升传统产业技术水平。微电子、计算机、网络技术在传统产业各个层面上的应用，将推动传统产业研究、开发设计水平的提高和工艺技术的变革。

4. 积极推进企业信息化

企业是社会生产力的主体，信息化带动工业化的重点是推进企业信息化。

推进企业信息化的首要问题是提高企业对信息化重要性、紧迫性的认识，信息化是企业二十一世纪生存和竞争的必然选择，江苏不少企业对企业信息化反映迟钝，缺乏长远发展规划和切实可行的技术方案，资金、技术、人才储备等方面也准备不足，这种状况短期内应该尽快得到改变。其次，企业要在产品设计、开发、生产过程中广泛使用信息技术，缩短开发周期，不断开发出适应市场需求变化的新产品。第三，加快数据库管理（PDM）、企业资源计划（ERP）、办公自动化等技术的推广应用，开展企业上网工程。

5. 积极发展电子商务

电子商务是信息化带动工业化的助推器。江苏电子商务刚刚起步，发展前景十分广阔。发展电子商务首先要从实际出发，制定适合自身特色的电子商务发展计划和目标。其次，加快网络基础设施建设，建立以南京为中心城市物流配送体系。第三，完善和创新电子商务模式。在完善企业对企业（BtoB）和企业对顾客（BtoC）商务模式的同时，探索电子商务量发展的 BtoBtoC 模式，以及网上交易市场、企业对设备（BtoD）等新的商务模式。第四，给电子商务立法。

6. 加速信息化人才培养

江苏在推进信息化带动工业化战略中，要实施信息化人才工程，把人才作为推进信息化的决定力量。人才工程要做到：创新人才管理体制，改变传统的人才单一的行政性的直接管理为主的模式，建立和完善依靠市场，通过以经济、法律手段为主的间接管理模式；建立有效的竞争、激励机制，通过竞争实现人才的优胜劣汰，用事业和崇高的精神凝聚人才，用物质条件激励人才；营造良好的环境和氛围，吸引人才，留住人才；调整教育结构，加大以信息技术为代表的高新技术产业人才需求专业教育投入力度。

（江苏省信息化带动工业化课题组
执笔：陶用之、何干强）

2001 年全省信息产品制造业经济运行分析

2001 年是“十五”计划的第一年，我省信息产品制造业在外向型经济及以电子信息百强为代表的大企业集团的带动下，经济发展速度及经济效益增长幅度均有较快的增长，主要经济总量指标在全国继续位居第二，为我省信息产业实现“十五”计划创造了一个良好的开局。

一、主要指标完成情况

2001 年,全行业完成工业总产值(90 价)1851 亿元,同比增长 64%;完成销售收入 1061 亿元,同比增长 19.9%;完成利税 84.5 亿元,同比增长 21%;工业增加值 230 亿元,同比增长 20.4%,完成出口交货值 501 亿元,同比增长 48%。

在统计的产品产量中，手机完成 513 万部，同比增长 38.6%；电话 238 万部，同比增长 17.8%；电视机完成 326 万部，同比增长 30.9%；其中彩色电视机完成 317 万部，同比增长 27.8%；收录放机完成 145 万台，同比下降 4%；组合音响完成 134 万台，同比下降 23.9；激光视盘机完成 570 万部，同比增长 38.3%；微机完成 43 万部，同比增长 152.9%；显示器完成 1059 万台，同比增长 2.2%；打印机完成 11 万台，同比增长 10%；电子元件完成 334 亿只，同比下降 37%；集成电路完成 13 亿块，与去年持平，其中大规模集成电路完成 1.2 亿块，同比增长 100%；显象管完成 458 万只，同比下降 22.4%；其中彩色显象管完成 368 万只，同比下降 22.5%；半导体分立器件完成 69 亿只，同比增长 38%。

二、经济运行评价分析

1. 产品结构分析

2001 年我省电子信息产品中投资类产品及主要消费类产品发展迅速，出口增长势头良好，有力地推动了我省信息产业制造业的增长。在投资类产品中，手机产量同比增长 38.6%，微机产量增长 152.9%，显示器受国际市场影响产量同比增长 2.2%，但总量占全国总产量的比重已达到30%左右，我省目前光纤光缆产品制造行业发展比较快，在全国同行业中有一定的地位，经济效益良好，如永鼎集团有限公司 2001 年实现销售 25 亿元，完成利税 2 亿元，其中利润 1.7 亿元；江苏通光集团有限公司实现销售 8 亿元，完成利税 2.2 亿元，其中利润 1.6 亿元，这些光通讯企业的产品正成为我省信息产业重要的经济增长点，以通讯、计算机及其配套产品为代表的投资类产品的快速发展不仅为我省信息产品制造业增添了后劲，也提升了我省作为全国电子信息产业制造业主要生产基地的层次。

在投资类产品增长的同时，我省的主要消费类产品彩电、激光视盘机的生产增长较快，出口大幅度增加，扭转了过去一段时间以来消费类产品对我省电子信息产业总量拉动较小的不利局面，我省全年生产彩电 248 万部，同比增长 27.8%，生产激光视盘机 570 万部，增长 38.3%，在国内家电价格竞争激烈的情况下，我省的企业能积极扩大出口，到国际市场上检验自己的实力，熊猫集团和古巴签订了出口 100 万台彩电项目；江苏新科电子集团出口激光视盘机 171 万台，占全年生产量的 56%，完成出口 1.76 亿美元，是上年的 4.6 倍，在内资企业出口中位居前列；江苏赛博电子有限公司根据东南亚及欧美市场的不同特点进行组织生产，全年出口彩电 31 万台，占全年生产量的 48%，出口金额达 4.9 亿元，是上年的 3 倍。

根据海关提供的数据，2001 年我省电子产品出口额为 80.3 亿美元，同比增长 31.8%，占全国电子产品出口额的 12.4%，增长幅度高于全国平均水平 14 个百分点，出口总量在全国位居第二。

各类电子产品出口在总出口中的比重如下：通讯设备占 12.1%，计算机占 34.6%，广播电视设备占 0.6，家用电子电器占 14.9%，电子仪器设备占 1.8%，电子元件占 7.9，电子器件占 7.4%，电子材料占 1%（见图 1)。各类电子产品出口增长速度见图 2。

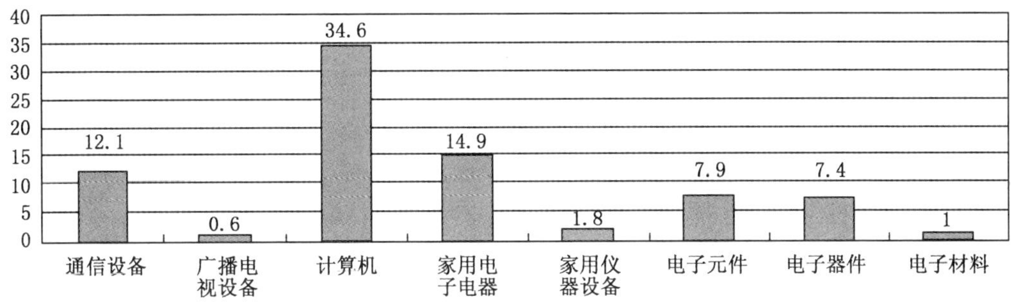

图 1　2001 年我省各类电子产品出口占出口总额的比重
（单位：%）

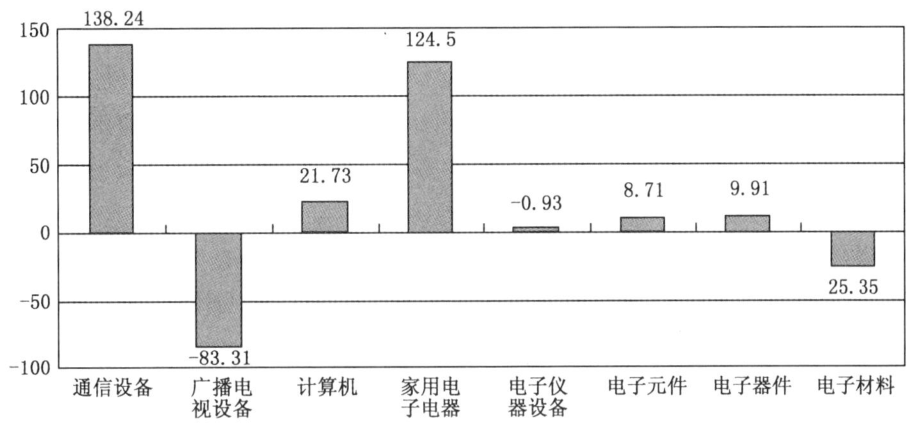

图 2　2001 年我省各类电子产品出口增长速度
（单位：%）

2. 企业结构分析

在我省电子信息产业的经济总量中，1061 亿元销售收入中外商投资企业完成了 817 亿元，占全省总量 77%。我省苏南各市，近年来积极改善投资环境，充分利用地域优势，加大招商引资的力度，使外商投资企业（台资企业占多数）逐渐向开发区内聚集，形成了新的增长点。如苏州飞利浦半导体有限公司投资 9.685 亿美元的半导体项目及投资 130 亿日元生产柔性线路板的日东电工落户于苏州工业园区；首期投资 7500 万美元的希门凯电子有限公司在无锡新区落户；由台湾上博国际科技有限公司投资 6000 万美元的 IC 封装用锡球项目落户于常州高新技术开发区；吴江开发区就已有外资电子信息企业百余家，其中在电子信息产业界极具影响力的企业就有 10 余家，这些企业全部达产后，将形成年产 1000 万台电脑彩色显示器、1000 万台电脑电源、1000 万台手机、1000 万台 DVD 光驱、300 万台扫描仪、200 万台笔记本电脑、400 万台电脑整机的生产能力。

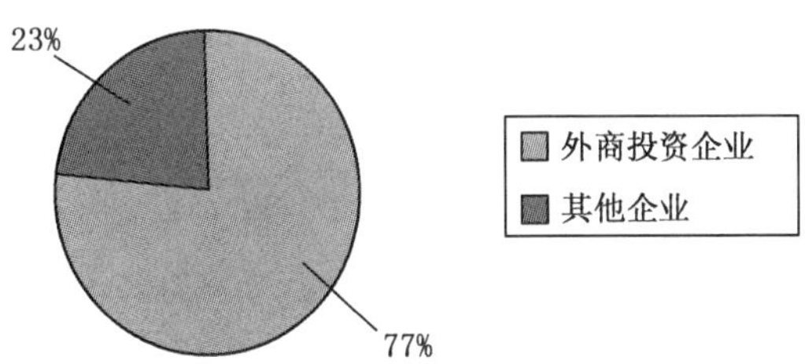

图 3　2001 年外向型经济在全省总量中的比重

3. 地区分析

2001年，在我省信息产业经济总量中，全省电子信息产业制造业实现销售1061.4亿元，苏北地区实现销售11.6亿元，占总销售收入的1%，苏中地区实现销售49.5亿元，占总销售收入的5%，苏南地区实现销售1000.3亿元，占总销售收入的94%。从发展趋势看，比重向苏南进一步集中的趋势没有改变。

在省辖市中总量排序中，前3位的城市依次是苏州、南京、无锡。排在第一位的苏州市实现销售收入441亿元，占全省的42%，第二位为南京市，共实现销售收入318亿元，占全省的30%，第三位为无锡市，共实现销售收入148亿元，占全省的14%，三市在总量中占到了86%的份额。

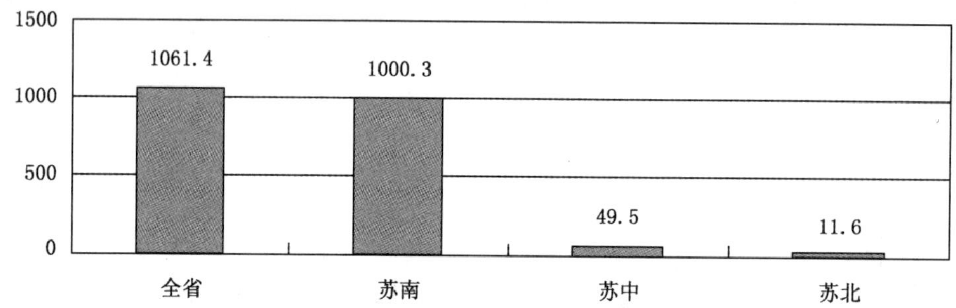

图4　2001年销售收入分地区完成情况
（单位：亿元）

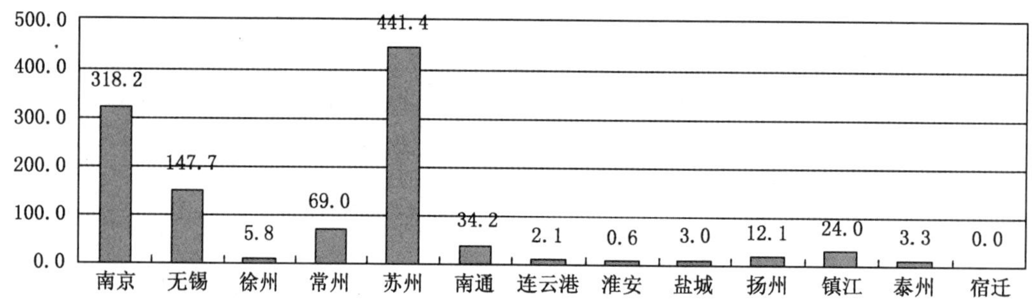

图5　2001年各市销售收入完成情况
（单位：亿元）

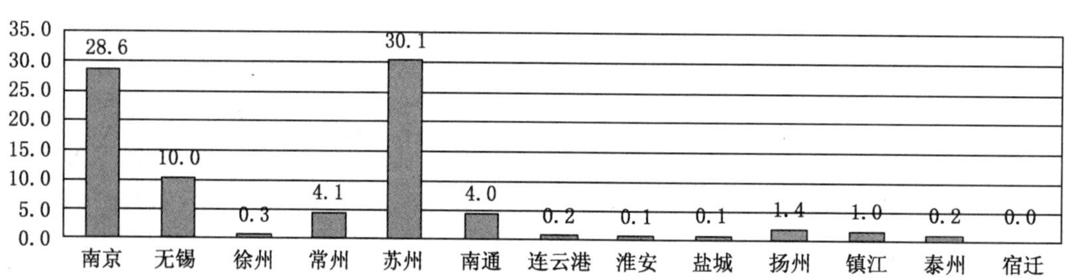

图6　2001年各市利税完成情况
（单位：亿元）

4. 我省电子百强发展势头整体上平稳良好

2001年，我省共有7家企业进入全国电子信息百强，这些企业集团努力开拓国内国际两个市场，发展势头良好，成为推动我省电子信息产业发展的重要力量。2001年熊猫电子集团完成销售收入206亿元，同比增长33%，上交税金11.9亿元，是去年同期的2.4倍，实现利润9.6亿元，比去年同期增长41%，生产手机334万部，同比增长59%，生产彩电100万台，同比增长42%；苏州孔雀集团完成销售58亿元，比去年下降8%，完成利税3.3亿元，同比下降38%，生产彩电68万台，同比下降20%，显示器完成268万台，同比下降17%；江苏新科电子集团公司完成销售收入33亿元，增长18%，上交税金7246万元，同比增长105%，实现利润9519万元，同比增长275%，生产激光视盘机308万台，全年共出口激光视盘机171万台，占全部生产量的56%，出口金额1.76亿美元，是上年的4.6倍；华东电子集团完成销售收入47亿元，上交税金1.39亿元，实现利润0.6亿元；宏图集团完成销售收入19亿元，实现利税1.7亿元；江苏紫金电子信息产业集团完成产品销售收入8.9亿元，同比增长3.2%，上交税金5370万元，同比下降8.8%，利润总额8500万元，同比下降7.4%，生产打印机10万台，与去年同期持平；镇江赛博电子有限公司完成销售收入11.2亿元，上交税金1570万元，完成利润4719万元，生产彩电65.5万台，同比增长26%，其中出口达31.2万台。

2001年电子信息百强销售及利税完成情况

全省合计	1061	85
其中：百强企业	383.6	32.49
熊猫集团	206.5	22
孔雀集团	57.8	3.1
华东电子集团	47	2
新科集团	33.2	1.68
宏图集团	19	1.7
紫金集团	8.9	1.39
赛博电子有限公司	11.2	0.62

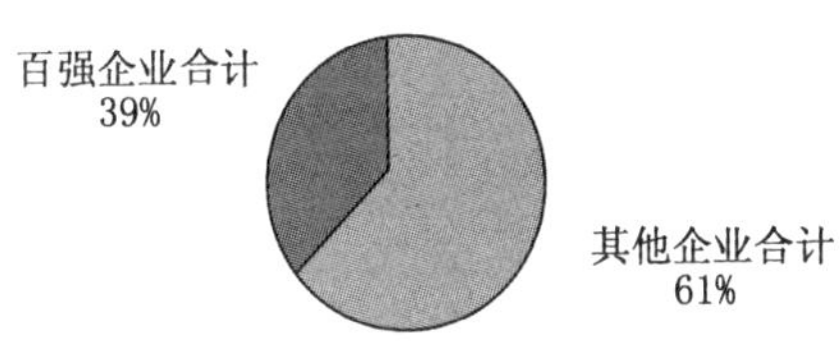

图7　2001年电子百强销售占全省比重

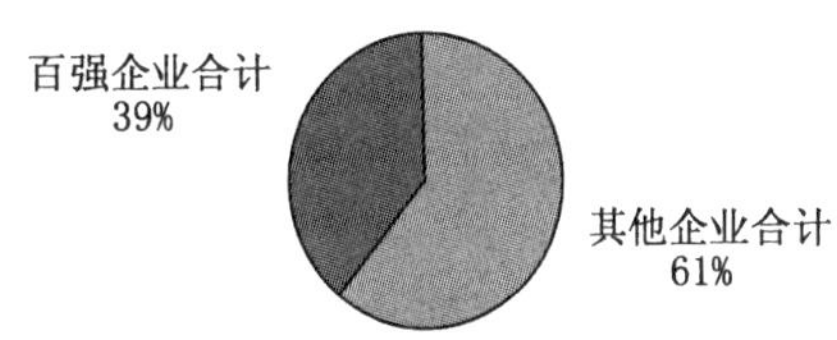

图8　2001年电子百强利税占全省比重

5. 我省信息产业制造业在全国的位置

2001全国电子信息产业完成产值（不变价）13572亿元，同比增长26.6%，销售收入8237亿元，同比增长19.7%，完成工业增加值1774亿元，同比增长15.8%，全国海关电子产品出口额完成650亿美元，同比增长17.8%。我省电子信息产业制造业产值、销售、出口在全国继续处于第二的位置，分别占全国的13.6%、12.9%、12.4%。

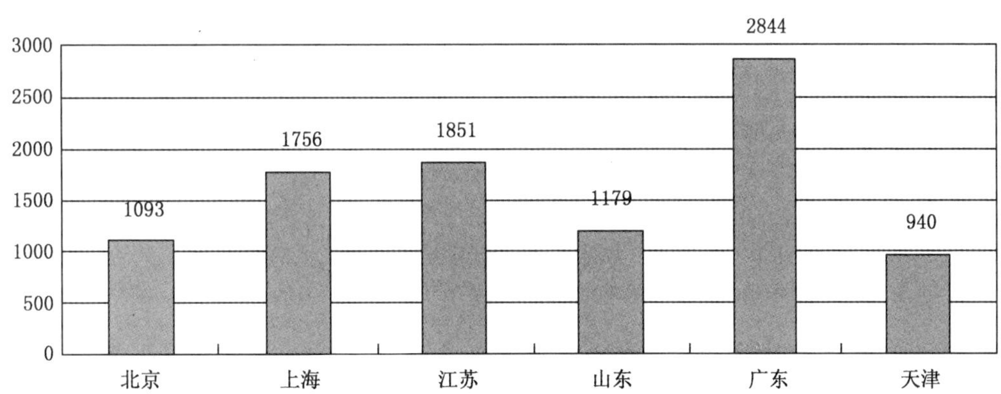

图9　2001年全国主要省市产值（不变价）完成情况
（单位：亿元）

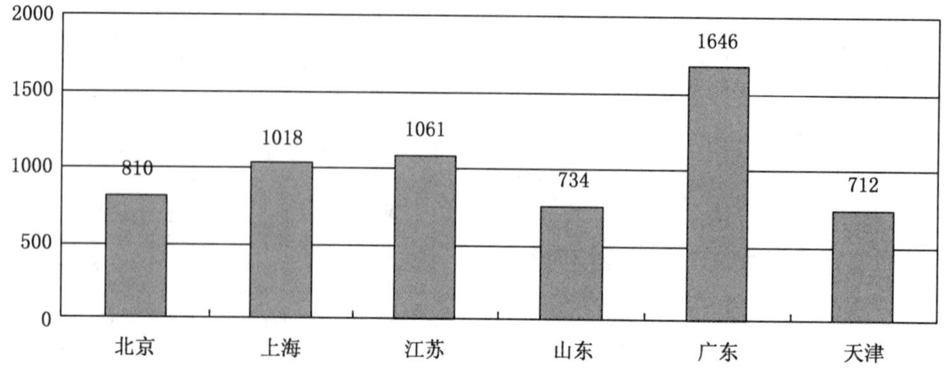

图 10　2001 年全国主要省市销售收入完成情况
（单位：亿元）

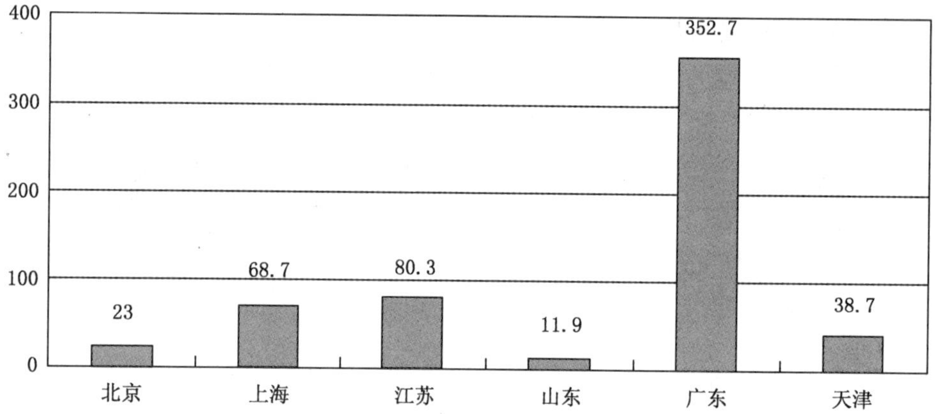

图 11　2001 年全国主要省市海关电子产品出口额
（单位：亿美元）

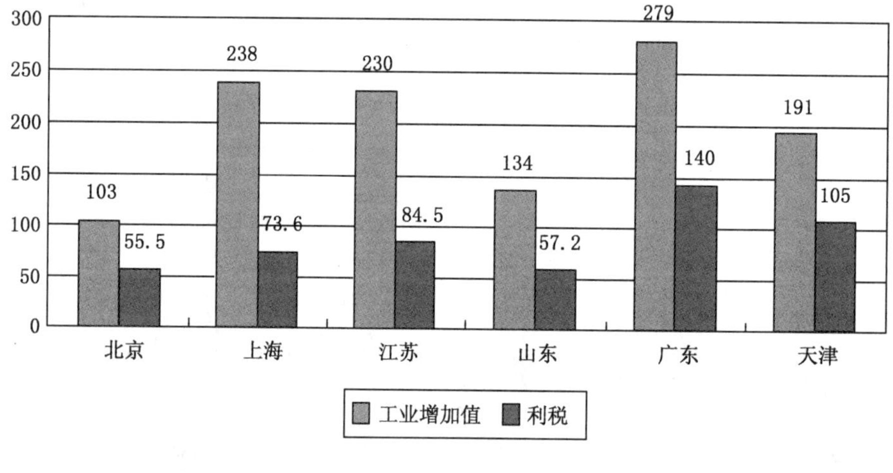

图 12　2001 年全国主要省市增加值及利税完成情况
（单位：亿元）

三、建议

1. 我省目前电子信息产业的发展势头很好，但外向型经济中大部分都是外商独资企业，对我方消化吸收先进技术、努力在技术制高点有所超越，带来一定的难度。另外我省在培育拥有自主核心技术的大企业集团方面与全国其他主要省市还有一定差距（如电子信息百强企业）。加快培育大企业集团仍是我省各级电子信息产业部门的重要职责，要充分利用我省已有的外向型经济的优势，不断改善投资环境，积极利用资本市场等多种手段，促进企业集团进一步做大做强，争取更多的企业能进入到全国电子信息企业百强，为我省电子信息产业的发展注入新的动力。

2. 随着我省电子信息产业的外向依存度越来越高，我们既要关注国际经济走向对合资及独资企业的影响，也要注意引进外资的质量及技术的先进性，努力避免部分外商投资是因优惠政策吸引的短期投资，努力确保我省电子信息产业的可持续发展。

3. 国有企业的人才流失现象较为严重，给企业的进一步发展带来一些负面影响，这需要引起我们的高度重视，人才不仅是资源，更是资本，这已经是许多成功企业的共识。

4. 信息产业制造业在全国分布大局已定，我国即将加入 WTO，信息产业是一个高投入、高技术、高风险、产品更新周期短的产业，我省苏南地区在制造业发展中取得了初步的成功。从发展的眼光看，基于因特网的信息服务业是下一个发展热点，也是一个新的经济增长点，因特网的发展并没有因新经济的减缓而停顿，它带给人类的是一次深层次的革命，但目前我省在网络服务领域与发达国家及国内的北京、广东有较大差距。

5. 加快形成科研新机制，鼓励原始创新，企业要逐步成为科研创新最活跃的阵地，科研创新必须走先国际化后产业化的道路。

虽然当前周边国际经济形势存在衰退的可能，但由于我国在今后两年的积极财政政策不会改变，内需进一步扩大及基于因特网信息化给我省信息产业制造业带来了新的机遇。只要我们能审时度势，积极引导，我省信息产业的发展必将有一个大的突破。

（江苏省信息产业厅）

第四部分

产　业　篇

江苏省信息化事业发展概况

2001年，在江苏省委、省政府的领导和大力推进下，全省把加快信息化建设、发展信息产业放在经济发展和社会进步的优先位置，以信息化建设促进经济结构调整，加快工业化、城市现代化的进程。经过全省上下的共同努力、积极开拓，江苏省信息化建设取得了明显成效，信息化总体水平有了较大的提高，信息网络基础设施建设、信息产业发展等各方面取得了明显进展。

【信息化基础设施】

信息化基础设施是信息化的基石。2001年全省信息化基础设施投资继续保持较快增长，超过250亿元。新增长途光缆1152皮长公里，达10034皮长公里。本地中继光缆达2.8万皮长公里，接入网光缆超过5000公里。全省局用电话交换机总容量达到2011万门，居全国第一位。移动电话容量达到1561万户，居全国第三。全省电话用户总数达2428万户，其中固定电话用户总数达到1402万户，居全国第三；移动用户总数累计达到了1020万户，成为继广东、浙江之后，全国第三个移动用户突破1000万户大关的省份。全省电话主线普及率32.7%，其中固定电话主线普及率18.9%，移动电话主线普及率13.8%，高于全国平均水平7.6个万分点。南京、苏州、无锡、常州等城市电话普及率水平已达到国外中等发达国家20世纪90年代水平。宽带业务发展迅速，端口超过1.3万。无线电通信基础设施发展较快。截止2001年12月，全省各类无线电发射设备总数已达1032万部，比上年增长近1倍。各类无线电台站总数为1025万个，比上年净增510万个。其中，广播电视台864个（声音发射台482个、电视发射台156个、差转发射台226个），短波电台550个（固定、陆地电台429个，移动电台121个），甚、特高频电台54896个（固定、陆地电台6503个，移动电台48393个），船舶电台815个，无线寻呼基站2495个，集群系统电台4641个（基站143个、移动台4498个），蜂窝系统电台1025.19万个（基站5320个、移动台1024.66万个），卫星地球站361个，微波站1029个，其他台站2389个。另外，无线寻呼用户247.89万个。

【信息产业】

1. 软件产业。2001年，江苏软件产业按照沿江软件产业带的发展布局，以江苏软件园为龙头，推动南京、常州、无锡、苏州等地软件园的建设，实现集聚效应，促进人才、技术、资本的集中流向，加快江苏软件产业的发展。截止2001年底，江苏软件园完成4.5万平方米的用房改造，入驻企业118家；苏州新加坡工业园软件园4万平方米建筑投入使用，入驻企业100余家；苏州新区软件园2.5万平方米建筑投入使用，入驻软件企业70余家；无锡软件园完成建筑面积4.2万平方米，入驻企业120余家；常州软件园2.5万平方米的建筑正在施工，目前已有4000平方米的用房投入使用，入园企业20余家。

江苏省软件业立足自身技术、人才、资金市场优势，努力开拓，发展态势良好。2001年江苏软件产业在电力、电信、教育、金融、安全、企业管理等领域的应用发展较快，形成了一批拥有自主版权、掌握核心技术的软件产品，尤其是嵌入式软件的开发进展很快，在技术上有所创新、在应用上拓宽领域、市场空间宽阔。产生了运用JAVA技术开发的跨平台永中OFFICE集成办公软件，实现了基础办公软件的国产化。江苏金图开发的国土资源管理信息系统，通过国土资源部的首批测试，为城市信息化提供了GIS系统选择。

2. 信息产品制造业。2001年是“十五”计划的第一年，江苏省信息产品制造业在外向型经济及以电子信息百强为代表的大企业集团的带动下，经济发展速度及经济效益增长幅度均有较快的增长，主要经济总量指标在全国继续位居第二，为江苏省信息产业实现“十五”计划创造了一个良好的开局。

2001年，全行业完成工业总产值（90价）

1851亿元，同比增长64%；完成销售收入1061亿元，同比增长19.9%；完成利税84.5亿元，同比增长21%；工业增加值230亿元，同比增长20.4%，完成出口交货值501亿元，同比增长48%。江苏省电子信息产业制造业产值、销售、出口在全国继续处于第二的位置，分别占全国的13.6%、12.9%、12.4%。

在统计的产品产量中，手机完成513万部，同比增长38.6%；电话238万部，同比增长17.8%；电视机完成326万部，同比增长30.9%；其中彩色电视机完成317万部，同比增长27.8%；收录放机完成145万台，同比下降4%；组合音响完成134万台，同比下降23.9%；激光视盘机完成570万部，同比增长38.3%；微机完成43万部，同比增长152.9%；显示器完成1059万台，同比增长2.2%；打印机完成11万台，同比增长10%；电子元件完成334亿只，同比下降37%；集成电路完成13亿块，与去年持平，其中大规模集成电路完成1.2亿块，同比增长100%；显象管完成458万只，同比下降22.4%；其中彩色显象管完成368万只，同比下降22.5%；半导体分立器件完成69亿只，同比增长38%。

3. 信息服务业。信息化建设为各类信息服务业的发展提供了广阔的空间，取得了长足的进步。2001年，全省信息服务业呈现了服务门类增加、服务形式多样、服务内容更新的特点。许多部门和行业结合自身业务，兴办各类信息服务机构，增加服务内容，开展了电子信息服务、工业信息服务、交通运输信息服务、科技信息服务、邮政信息服务、对外经贸信息服务、证券信息服务、农业服务服务、计算机销售应用服务、人才培训服务等。2001年全省信息服务业的总营业额达330亿元，其中信息内容服务业、信息传输服务业约29亿元，信息技术服务业约100亿元。全省互联网用户398.5万户，其中“金陵热线”成为全国第二个上网访问量超过千万人次的站点。江苏省公众多媒体网上的信息源总数已超过2000个，并开发和推广了50多个网上应用网络。省经济信息网、省教育与科研网、省科技信息网等计算机应用网络，相继开通了50多个数据库。网上教育、电子商务、企业上网工程、家庭上网工程等全面启动，并有实质性进展。

【信息资源开发与利用】

政府信息资源开发利用方面。至2001末，全省政府部门上网数达3600多个。乡镇政府上网工作也取得较大进展，苏南地区达到85%，苏北地区达到40%。省政府所属46个部委办厅局有29家建成内部办公网络，实现了公文流转、电子邮件等办公自动化的功能，有的局域网实现了对市、县、点对点通讯和部分应用系统的开发。

公共事业领域开发利用方面。在经济、国土资源、环保、科技、教育等，建设了一批综合性、基础性数据库，为政府和企业决策提供了大量的信息产品服务。有些领域的信息服务初具规模，为国民经济和社会发展作出了显著贡献。

市场信息资源开发利用方面。市场信息资源开发利用向多元化方向发展。在资信信息开发利用方面，以企业注册、年检、质量信息为主要内容的企业资信信息服务已经起步；随着各种金融卡的发展，消费者资信信息的收集和服务也逐步展开，规模日益扩大。供求信息方面，部分商品和服务的供求信息如债券、股票、期货、民航和铁路客票、计算机和通信产品等已经初具规模，分地区、分行业、分产品的供求和价格信息服务已逐步发展，技术手段逐步提高，走出了一条以市场方式提供供求信息服务的路子。

企业信息资源的开发利用方面。企业信息资源的开发利用取得了显著的进展，一批大中型企业建设了不同规模的数据库系统和计算机网络，研究开发、过程控制、生产管理、经营决策等方面信息资源开发利用的规模和水平逐年提高，并正在从分散的开发向系统的、综合的方向发展。

【政府信息化与电子政务】

“九五”期间，尤其是加强党政机关内部网络建设和实施“政府上网”工程以来，江苏政务信息化建设工作取得了很大进展。2001年4月，省委、省政府召开的全省信息化工作会议提出，在“十五”期间要把江苏建设成为全国一流的信息化大省。会后，各地认真贯彻落实全省信息化工作会议精神，加大了对信息化工作组织的推进力度，13个省辖市都成了信息化领导小组办公室，在县市（包括区）一级，73.2%的县市设立信息办。据调查，至2001年底，省级机关大部分已建有局域网和一批应用系统；省委办公厅、省政府办公厅、公安、电力、水利、金融、税务、海关、检验检疫、统计等单位建立了系统纵向信息网；在13个省辖市中，南京、扬州、徐州、镇江已开展市级政务信息专网的建设，其它市也在积极筹划中，太仓、昆山等一些县级城市也已建成本地的政务信息网；13个省辖市和部分县（市）已在互联网上建立政府网站，实施政务公开，加大了对外宣传和招商引资的力度；信息资源开和利用也取得了较大的进展，建立了一批专业数据库，为政务信息资源数字化和网络化打下了良好基础。

【企业信息化与电子商务】

企业上网工程取得了积极成效。全省现有50万家工商企业，2000年10月江苏在国内首次突破10万家，截止2001年月10上网企业已达16.7万家，12底突破25万家。全省组织实施了20项制造业信息化示范项目，总投资6000万元。加大信息化带动工业化投入，江苏省经贸委从加强前期工作入手，经过了企业申请、各市初审、专家评估、党组会仪集体审定的几个过程，安排2001年省信息化带动工业化发展专项资金项目共19项，总投资1.57亿元。企业电子商务步伐加快，2001年全省重点企业网上交易额占到企业当年总交易额比重的15%，到2002年，要把全省80%的企业和90%的工业产品推到互联网上，并逐步建成不同行业、不同层次，面向国内外的工业企业与产品数据库，参与国际竞争。

【信息化人才培养】

信息化人才培养是信息化建设的核心基础，是发展信息技术产业的关键，是实现江苏从信息化大省向信息化强省迈进的有力支撑。目前，全省普通高中、职业高中、部分城市初中及农村示范初中和一些省级实验小学及苏南的中心小学，都在积极创造条件，努力按照苏教基［2001］32号“关于大力推进中小学教育信息化的意见”要求，普遍把计算机及信息技术教育列为劳动技术课或选修课内容认真开展教育，据不完全统计，已有3703所普通中小学把计算机及信息技术教育作为必修课开设。全省所有职业技术学校也都开设了相关课程。2001年，全省已参加计算机基础和网络技术培训的中小学教师就达174992人次。

全省高等院校和中等专业技术学校为了满足经济、科技和社会事业发展对各类信息技术人才的需求，不断增强培养与现代信息技术相关专业人员的招生能力。到目前为止，全省高校设置的与信息技术相关的本、专科专业点已达300多个，根据调查上报的全省57所普通高校的不完全统计，2001年招收的与信息技术相关专业的普通本、专科学生4.16万人，其在校学生总数达10.46万人，已占全省普通本专科招生总数和在校学生总数的19.28%和17.86%。仅此部分学校与信息技术相关专业的招生数与2000年全省普通高校相应专业的招生数相比，就增加了0.56万人，在校学生数与2000年全省普通高校相应专业在校学生数相比，也相差无几。同时，与信息技术相关的研究生教育也有了较大的发展，全省共有与信息技术相关的研究生培养单位22个，其中普通高校13所，科研院所及军事院校9所，博士点23个，硕士点78个，2001年共招收相关学科硕士研究生654人，招收博士生76人，共有在学研究生1510人，在学博士生184人。

据调查上报的37所中等专业学校的统计，共招收与信息化相关专业的学生2572人，共有相关专业的在校学生6396人，共完成非学历教育信息化人才培训6911人。

除此之外，全省普通高校各类非信息化专业本专科在校大学生计算机教育进一步得到加强，计算机教育的教学质量和水平得到相应提高。2001年春、秋两次参加各种类型的计算机等级考试的学生就有225021人，其中有114465人达到了合格标准，取得了计算机等级考试合格证书。全省成人高等教育在校大学生计算机学习的积极性也明显增强，2001年全省成人高校非信息化专业在校大学生中，参加全省计算机统一考试的就有10余万人，其中85%取得了合格证书。2001年参加全省非信息专业计算机等级高等自学考试人员数也达82952人，其中考试合格的人员数为22000余人。

全省国家机关、企事业单位管理人员、技术人员的计算机培训工作也取得明显进展，2001年，又有15321人参加了初级水平计算机等级考试，其中9110人取得了合格证书；有214329人参加中级水平计算机等级考试，其中150851人取得了成绩合格证书。

【信息化法规与信息化环境】

为增强江苏信息化工作的宏观性和指导性，加强有关政策文件的制定。2000 年编制出版了《江苏省信息化白皮书》，该书全面分析总结了全省信息化建设情况，受到有关方面领导的高度评价。2001 年，进一步加大了对全省信息化建设宏观分析和指导，在 2000 年的基础上，编辑出版了《江苏省信息化年鉴—2001》，年鉴的出版受到了各方面的肯定。拟定了全省“三网融合”和协调解决“最后一公里”接入问题的实施办法。研究提出了关于加快国民经济和社会信息化意见、鼓励软件产业和集成电路产业发展若干政策。下发了 2001 年信息化建设计划安排意见。编制了“十五”科技发展规划和信息化规划。结合江苏优势，选择软件、集成电路、移动通信、ERP 系统应用、光纤及光电子等产业或领域，进行了专项规划战略研究，提出了“十五”期间具体的产业发展目标重点和任务，对总体规划进行了分解落实，增强了可操作性。这一系列政策文件的出台和规划的编制，为全省信息化建设营造了良好的政策环境，加快了发展步伐。

【信息化工程】

1. 完成了信息港湾工程。对推进全省信息化进程具有重要促进作用的江苏信息港湾工程于 2001 年全部完成，至此，全省 65 个县市已全部拥有自己的信息站点，从而使江苏成为全国第一个信息节点覆盖所有县市的省份，标志着江苏日趋成熟的传统通信网正在向智能化的信息网迈进。实施信息港湾工程，是江苏电信部门积极实施“政府上网”和“企业上网”工程，推动全省信息化进程的重大举措。近年来，江苏电信陆续投入 14 亿元，构建了覆盖全省的多媒体通信网络。基础数据网和公众计算机互联网覆盖到全省所有市、县及部分乡镇；宽带多媒体通信网覆盖了全省 13 个省辖市，不仅可以提供各类数据专线业务、计算机互联网信息服务，还可以向社会开放视频点播、远程医疗、远程教学、会议电视、帧中继等多种宽带业务。建设江苏省信息港湾工程，将“信息高速公路”通过各省辖市的多媒体通信网核心节点延伸到所有县市，建立起所有县市本地的信息交换和发布平台，使每个县级信息站点都可以进行信息采编、信息检索和信息发布，具备局域网核心交换能力和本地专线用户接入能力，可开发、开放包括网络教学、电子商务、股市交易、网络报税等一系列网上应用系统。信息港湾工程的建成，将直接推动省、市、县、乡政府上网。同时，与政府上网工程同期进行的全省 500 强企业及名优企业的上网，也将有力地带动全省各地企业掀起新一轮上网热潮，这将对地方经济发展产生积极的促进作用。

2. 实施了一批大项目。信息化建设初期需要政府的扶持，发挥政府在信息化建设中的示范带动作用。2001 年，省发展计划委员会选择了一批示范项目着力推进，如教育、科技、农林、水利、工商、劳动保障等十大骨干应用系统工程建设进展顺利。计委纵向网建设大力推进，网络建设、资源开发、系统应用全面启动，整体上推进了全省政府信息化发展。南京、扬州、苏州、无锡、常州、徐州六市信息化试点城市建设全面展开，一批应用系统投入运行。15 个小区为全省信息化示范小区重点建设，16 家网站列入全省信息化建设示范网站。同时，积极申报国家重大信息产业专项，江苏省软件园列入国家重点软件产业基地、南京普天列入计委 CDMS 手机生产定点企业、南京微盟电子有限公司 CMOS 图像传感芯片等 5 个项目列入国家高技术产业化项目，通光、中天等一批国家级重大项目进展顺利。大项目的实施有力地推进了江苏信息化建设。

【2002 年信息化建设思路、目标及重点】

2002 年是结构调整的关键年，经济及科技发展将进一步走向国际化。为了更好地推进江苏经济结构的调整，推进全省信息化工作的总体思路是：适应 WTO 的要求，抓好一个“网上江苏”，即建成具有国际先进水平的通信基础设施；五个产业带，即微电子产业带、移动通信产业带、计算机及网络设备产业带、光电子产业带和软件产业带；十大骨干应用系统工程，初步实现互联互通和资源共享。

2002 年发展目标是：信息产业增加值达 560 亿元左右，占全省国内生产总值比重 5% 以上，年均增长 35%。为了实现上述目标，在推进信息化进程中，重点抓如下几方面的工作。

（一）加快构建一个“网上江苏”，即建成具有国际先进水平的通信基础设施

信息基础设施建设是信息化的基础。建设技术先进、安全可靠、功能强大、性能完善的高速公用互联传输网和高水平的城市信息平台，一直是江苏信息化建设的重点。要继续加大信息网络基础设施的投入，全年完成投资不低于200亿元，重点是建设全光传输网，加快建设基于密集波分复用技术的多媒体通信宽带传输网，积极向基于“光联网”技术的“光传送网”，不断提高网络传输速度。结合高速传输网的建设，在南京等市加快商用宽带城域网建设，并积极推进信息网络互联中心的建设，以实现信息资源的本地交换。完善“三网融合”技术方案，协调解决“最后一公里”的接入问题，在信息化小区中进行试点，逐步推开。同时，积极推进住宅小区的结构化布线工作，15个信息化示范小区要起到示范作用。

（二）以信息化带动工业化，推进产业结构调整

由于发展信息化走的道路有别于发达国家，肩负着信息化和工业化双重任务，这就要求既要大力发展信息产品制造业，更要特别重视信息技术与传统产业的融合，用信息技术来改造、提升传统产业，充分做强信息化的载体——工业化。重点抓好两个方面工作。

1. 促进信息技术与传统产业的融合，改造提升传统产业。要加快企业管理模式的变革，适应经济国际化的要求。充分应用企业资源计划（ERP）、供应链管理（SCM）和灵捷制造（AM）等信息化管理手段使企业的信息——决策——执行三者集成化，提高决策质量和效率；利用信息共享机制，将垂直一体化管理向组织扁平化矩阵式管理模式转化；用信息技术重构过程管理、

物流和资金流管理，改善成本结构，降低管理成本。继续实施制造业信息化示范工程，加快运用计算机辅助设计（CAD）、辅助制造（CAM）、计算机辅助测试和诊断、柔性制造技术和自动物料储运系统等，将制造业的加工、成形、装配和测量等制造过程的传统手工控制转变为计算机控制，提高产品质量和生产效益；在有条件的工厂企业推广计算机集成制造系统（CIMS）技术，实现从产品设计、工艺设计到制造，以及生产与市场、库存、财务、质量和设备管理等全面信息化。

2. 加快电子商务体系建设，努力构建企业网络竞争力。电子商务是企业信息化发展的终极目标。要充分利用便捷的电子网络来把握市场动向，使生产经营贴近市场、及时做出反应。

通过基于Internet平台上的信息管理系统，如ERP，实现企业与供应商之间的网上业务管理，从而降低交易成本，提高服务质量，增强企业竞争力。继续推进企业上网工程，力争把全省80%的企业和90%的工业产品推到互联网上。同时，在已取得的积极成效基础上，加大信息网络对企业内部管理的渗透，完善现代企业制度，探索网上虚拟企业的发展模式。大力发展B-to-B、B-to-C等电子商务形式，选择在省内外具有较大影响的电子商务公司、大中型企业重点支持，示范建设一批专业示范网，形成一批创新中心、服务平台。同时，积极配套进行CA安全认证、金融系统支付网关和物流配送等工作，逐步实现电子商务支付“一卡通”。完整的物流系统是发展电子商务的重要保障，要重点扶持若干从事物流企业的发展，发展第三方物流解决商品配送。

（三）跨越式发展信息产业化，增强国民经济信息化的动力

随着信息技术的广泛运用，带动了信息产品制造业的快速发展，同时也孕育了一大批新兴产业。信息内容业、信息设备制造业已成为全省经济增长的亮点。结合江苏实际，近期重点做好如下两个方面工作。

一是加快资源的开发及应用发展。积极推进政府、企业、社会公众信息资源的开发和利用，重点抓好一批实用性强、应用范围广、信息量大、社会需求迫切的数据库建设，鼓励各类信息内容业的发展，形成完备的网络化、数字化信息资源体系，实现资源共享，结合16家全省信息化建设示范网站，推动信息资源市场化进程。要大力发展生产性服务企业（ASP），为企业信息化提供运行平台、数据管理、应用软件租赁和应用咨询，引导企业少走弯路。

要进一步加速现有地理空间信息资源的数字化，建立和完善各类基础性地理空间信息系统。当前要加速建设和完善一批应用需求广泛的公共地理空间信息系统及其信息服务体系，如人口、资源环境与地区经济信息系统、省级基础地理信息系统。

二是加快五大产业带建设。充分发挥江苏人才和技术优势，结合经济结构和产业结构的调整，以市场为导向，以优势企业为龙头，加快微电子产业带、移动通信产业带、计算机及网络设备产业带、光纤及光电子产业带和软件产业带建设，形成完整的产业链和产品群。

软件产业带建设。以国家软件产业基地（南京）——江苏软件园为龙头，带动南京、苏州、无锡、常州和镇江软件园建设，加快软件产业带形成，通过培育一批拥有自主知识产权的龙头企业、龙头产品支撑产业带的发展，推动软件测试平台、CMM认证体系的建设。全省要集中力量扶持南大苏富特、东大金智、南京联创、国电南瑞、金思维、托普等10家软件骨干企业，重点开发安全软件、嵌入式软件、大型数据库管理系统、计算机集成制造系统等共性软件和基础软件，努力培育具有自主版权的软件品牌，形成产业化。2002年软件从业人员达3万，软件销售收入比上年增长50%以上。与此相应的要加快集成电路的设计，重点推进南京、苏州、无锡集成电路设计中心发展，抓好华晶集团专用集成电路设计、东南大学专用集成电路正逆向设计、南京微盟电子有限公司CMOS图象传感芯片及苏州国芯专用芯片基地建设。积极与跨国公司合作，共同建设集成电路研发中心。

移动和卫星通信产业带建设。要重点扶持南京熊猫爱立信、南京普天、苏州诺基亚、苏州阿尔卡特、苏州摩托罗拉等移动通信产品生产企业以及CDMA移动通信示范工程，积极推进南京熊猫与瑞典爱立信工业园建设，提高国内手机配套产品技术水平，形成手机、基站及配套元器件较为完善的产业链。积极与跨国公司合作，推进南京普天与日本东芝、熊猫与爱立信的合作，共建研发中心，掌握关键技术，拥有一批具有自主知识产权的产品。在卫星通信领域，重点发展熊猫的卫星通信设备和同创的天地环网通信系统。

光纤和光电子产业带建设。光电子产业是最新兴的产业，推进从苏州、无锡、南通、镇江到南京产业带的形成，初步建立光通信、光存储和光显示等光纤及光电子器件产业链。重点支持江阴法尔胜光纤及光纤预制棒生产，华新藤仓光纤的生产，永鼎、享通、中天光缆生产，形成光纤预制棒、光纤、光缆产业链。大力发展光电子产业，积极推进无锡中兴、无锡雷华、中天、镇江奥雷和泰州晶光的发展。发挥光显示产业优势，形成光显示生产链，重点推进无锡夏普TFT、泰州春兰LCD、镇江江奎DVD的研发、生产。

微电子产业带建设。沿江地区集聚了省内一大批微电子企业和光纤生产企业，要在充分发挥各个企业的现有优势的基础上，统筹协调，形成全省、全国重点的微电子生产基地。要以无锡华晶、熊猫集团、东南大学、电子部55所为龙头，加快江苏集成电路设计中心建设。鼓励和支持南通华容电子、晶来集团、江佳电子等企业提高集成电路封装水平和电子元器件生产能力，大力发展芯片制造业，继续提升封装业，带动集成电路配套材料及设备制造业的发展，突出抓好熊猫集团909工程集成电路设计，华晶集团专用集成电路设计制造、东南大学专用集成电路正逆向设计。

计算机及网络设备产业带建设。重点支持同创集团计算机卫星接收核心部件产业化和天地信息环网示范工程，同时开发生产笔记本电脑、PC服务器、网络计算机、手持电脑（HPC）和个人数字助理（PDA）等产品

（四）加快以电子政务为核心的政府服务信息化

推进社会信息化，首先要政府信息化。通过推进政府信息化来促进政府管理职能的转变，提高办事效率和廉洁风尚。

1. 继续加大十大骨干应用系统工程建设。继续推进金融、财税、工商、海关、经贸、交通、公安、科技、教育和社会保障等领域的信息化建设，重点突出信息资源的开发。要建立完善自己的门户网站，进一步提高办公自动化水平，实现内部业务网上办理，积极推进网上审批。全省着重建设好国民经济和社会发展综合信息网（T型网），争取用3年时间，建成“三网一库”，即机关局域网（内网）、机关纵向网（专网）机关互联网（外网）和政府机关信息资源基础数据库。

2. 努力构建全省统一的网络平台和数据平台。全省要建立统一的网络平台和数据平台，实现各政府部门之间的互联互通、资源共享，树立政府整体形象。着手推进省政务综合信息网络工程建设，以十大骨干应用系统工程建设为节点，逐步构筑全省统一的政务信息平台和数据平台。积极探索“一站式”服务的政府运作方式。建立

政府信息化建设管理专门机构，赋予联网权、数据统一权、发卡权，打破部门利益分割和保护主义倾向，统一资源管理，把部门之间静态、独立的政务信息资源转变为动态的、网络化的信息资源，做到互联互通，提高公共资源的共享能力，实现信息资源的优化配置。

（五）推进城市信息化

城市信息化是国民经济和社会信息化的一项重要内容。经济的全球化也对城市的进一步开放提出了新要求和新机遇。

1. 推进数字城市联盟。城市是一个地区资金流、物流、信息流的中心，各个城市有各城市的特色。加强城市间的联盟，加快城市间信息交换。对于推进城市间经济、文化交流和合作，互通有无有着重要意义。通过建立数字化城市联盟，对资源进行充分整合，共同构建一个网络化社会，为人们的日常生活和工作提供本地化在线服务。在六个信息化试点城市中选择 1－2 家作为江苏数字化城市联盟试点，一方面加强与全省各城市的联盟，为各联盟成员提供免费、开放的软硬件平台和专业的技术支持，开展全方位的广告宣传、项目融资等系列服务。另一方面积极与外省市城市加强合作，拟考虑与南海市联盟，扩大交流范围，提高江苏知名度。

2. 切实加快社区信息化。重点抓好 15 个信息化示范小区的建设。通过实施信息化示范小区项目，改变宽带网开发无序、实施标准不一、带宽不达标的状况，进一步推进通信、广电和计算机网的三网融合。启动“家庭上网工程”，面向社区、家庭，让网络技术切实给老百姓的生活、学习、工作带来便捷。降低上网成本，强化网上服务内容，从教育入手，力争用 5 年的时间让 30% 以上的家庭进入社区网络。在信息化试点城市推进 13 个区（街道）政府政府管理信息系统建设，系统覆盖区（街道）一级政府机关所有部门，逐步延伸到下属的各居委会和村委会，内容涵盖经营管理、资源规划管理、人口管理、党务政务管理、社会事务管理、村务公开等领域。

3. 推进城市地理空间信息基础设施建设及应用。根据国家统一要求组织制定并贯彻地理空间信息基础建设的有关标准规范。推进全省六个信息化试点城市探索建立地理信息系统及其运行机制，带动地理信息产业发展。逐步建立完善地理空间信息资源的采集体系，建立统一的信息交换网络体系。促进地理空间信息基础设施的广泛应用和相关产业的发展。推进基础性、业务化地理空间信息系统应用工程的开发，初步建成一批试点工程，如市民求助信息系统、智能交通信息管理系统。加快城市市政网络化、数字化管理，积极探索自来水管、电力线、通讯线、煤气管道等地下管网协调管理机制。

（水家耀、汤和银）

江苏软件产业发展概况

【基本情况】

2001年，江苏软件产业按照沿江软件产业带的发展布局，以江苏软件园为龙头，推动南京、常州、无锡、苏州等地软件园的建设，实现集聚效应，促进人才、技术、资本的集中流向，加快江苏软件产业的发展。截止2001年底，江苏软件园完成4.5万平方米的用房改造，入驻企业118家；苏州新加坡工业园软件园4万平方米建筑投入使用，入驻企业100余家；苏州新区软件园2.5万平方米建筑投入使用，入驻软件企业70余家；无锡软件园完成建筑面积4.2万平方米，入驻企业120余家；常州软件园2.5万平方米的建筑正在施工，目前已有4000平方米的用房投入使用，入园企业20余家。

根据国发［2000］18号文件和信息产业部第五号令的要求，2001年江苏软件产业开始软件企业认定和软件产品登记的双软认定工作，江苏省软件行业协会全年共受理软件企业认定申请229份，软件产品登记申请627份，经过材料审查、现场审查，最终通过认定并报省信息产业厅、省国税局、省地税局批准的软件企业172家，通过登记并报批准的软件产品555项。

根据国家信息产业部、国家统计局的要求，从162家通过认定的软件企业提交的统计表（有10家通过认定的软件企业未提交统计表）看，2001年，162家通过认定的软件企业共完成销售收入39.5亿元，其中软件销售收入20.6亿元(其中自产软件销售收入17.9亿元)、计算机服务收入3.9亿元、系统集成收入5.6亿，软件产品出口1498亿美元，实现利润6.4亿元，享受政策的减免税总额1.61亿元，实现工业增加值14.2亿元；研发经费投入4.7亿元，其中软件研发经费投入4亿元。162家软件企业从业人数10324人，企业平均人数64人。从上述统计数据分析，162家软件企业人均实现销售收入38.3万元，人均实现工业增加值13.75万元，人均实现利润6.2万元。结合目前软件企业的工作状况可见，软件企业的规模小，软件产业的高附加值特征未能显现，企业向用户提供的软件还缺乏产业成熟度，软件的产品化加工尚未实现，具有出口业务的15家软件企业，2001年最大的出口企业软件出口539万美元，最小的仅实现软件出口1万美元。实现软件企业的规模化经营，提高软件产品的产业成熟度，充分体现软件企业的高附加值特征，是软件产业发展急需关注和研究的问题。

表1　2001年162家有统计表的软件企业销售收入超过5000万元的企业一览

单　位　名　称	销售收入	软件收入	自产软件	服务收入	系统集成收入	年末人数
南京南瑞继保电气有限公司	55550	28300	28300			135
南京联创系统集成股份有限公司	48536	24000	12000	17000	7536	410
南京南瑞集团公司	44875	19296	13893			886
国电南瑞科技股份有限公司	20007	8417	8417	243	18006	366
江苏东大金智软件股份有限公司	18551	16053	7007		3783	175
南京南自变电站自动化有限公司	11708	4216	3203	1639	688	104
南京欣网视讯科技股份有限公司	10005	6790	6790		3215	293
江苏炎黄在线股份有限公司	9810	3543	1577	5046	1613	107
南京中德保护控制系统有限公司	9440	3351.2	12010.72			111
常州博成通信有限公司	8748	3102	3102	151	496	40
南京三宝科技股份有限公司	8075	4049	3644	1515	1070	95
无锡市环宇计算机软件有限公司	7179.58	5712.3	5712.3			74
南京蛇口紫金电子有限公司	6172.84	2390	1220		3782.84	61
南京图博软件科技有限责任公司	6169.94	6169.94	6169.94			19
江苏苏源信息技术有限公司	6087	2295	2034	773		69
南京大陆中电科技股份有限公司	5413	3248	3248			150
南京洛普股份有限公司	5336.02	1677	1677			189
南京新宁电力技术有限公司	5322	1694	1694	0	0	40

表 2　2001 年 162 家通过认定的软件企业中有出口业务的企业

单　位　名　称	软件收入	自产软件	软件出口额	年末人数
英业达集团（南京）电子技术有限公司	4464	4464	539	437
南京富士通南大软件技术有限公司	1794	1794	217	77
南京日恒信息系统有限公司	1766	1766	212.7	139
新电信科技（苏州）有限公司	1377.47	1377.47	136.49	120
南京润和信息系统有限公司	636.45	636.45	74.64	75
南京西尔特电子有限公司	522	522	70	31
常州华文印刷新技术有限公司	1410	1410	60	60
苏州迪讯软件开发有限公司	494	494	52	42
高达计算机技术（苏州）有限公司	426	426	46	49
南京钜盛电脑自动化有限公司	311	311	36.73	28
南京嘉腾科技发展有限公司	638.94	638.94	35.99	101
网进软件技术（昆山）有限公司	220	220	10	28
南通名元软件有限公司	98	60	5.6	19
南京新宁电力技术有限公司	1694	1694	1.45	40
智通电脑有限公司	127	127	1	45

2001 年，江苏软件产业在电力、电信、教育、金融、安全、企业管理等领域的应用发展较快，形成了一批拥有自主版权、掌握核心技术的软件产品，尤其是嵌入式软件的开发进展很快，在技术上有所创新、在应用上拓宽领域、市场空间宽阔；产生了运用 JAVA 技术开发的跨平台永中 OFFICE 集成办公软件，实现了基础办公软件的国产化；江苏金图开发的国土资源管理信息系统，通过国土资源部的首批测试，为城市信息化提供了 GIS 系统选择。

2001 年，省软件和集成电路产业专项经费共支持 45 个项目，其中：江苏软件园企业获专项经费支持 1000 万元，江苏软件园共性技术平台建设投入 1000 万元，软件产业化和 IC 设计项目 18 项，投入 1550 万元、电子商务和农业信息化项目 2 项，投入 400 万元、企业信息化项目 19 项，投入 700 万元、其他项目 4 项，投入 350 万元。

到 2001 年末，成立并开展工作的软件行业协会有：江苏省软件行业协会、南京市软件行业协会、苏州市软件行业协会、无锡市软件行业协会、常州市软件行业协会、扬州市软件行业协会和南通市软件行业协会，江苏省软件产品检测中心经省编制委员会批准设立，已开展软件产品检测工作。

【2002 年江苏软件产业的发展应重点做好几项工作】

1. 培育 20 家重点骨干软件企业，其中 10 家销售收入超亿元的软件企业，在安全、GIS 应用、工具软件等方面推出新品，促进构件化的标准开发，提高软件的产业成熟度，逐步实现软件的产品化生产，形成软件产品生产和软件系统定制并举的软件产业发展格局。

2. 建设江苏软件园的 IC 设计共性技术平台和软件检测平台，扶持 10 家 IC 设计企业，加快自主版权的 IC 设计、生产，完善 IC 产业链，实现我国部分IC产品的设计、生产自给，并争取进入国际市场；强化软件的开发工具应用，提高软件的产品质量，增强软件产品的市场竞争力，规范软件企业的开发、生产过程，推动软件企业稳步发展。

3.促进软件企业的出口，从软件企业的出口方式上深入研究，加强软件企业之间的交流，引导软件企业合作、联合，共同开拓国际市场，在出口方面做好政策扶持和行业服务工作，争取取得较好的软件出口业绩。

4.2002年，继续做好软件企业认定和软件产品登记工作，做好软件企业的统计工作，预计2002年认定软件企业的销售收入将达到50亿元，全省软件产业的经济规模将达到80亿元。

（江苏省信息产业厅）

江苏省信息服务业发展概况

【基本概况】

信息服务业是指从事信息的获取、存储、处理、传递及提供等服务工作的商业化或非盈利性的服务行业。随着信息技术的不断渗透，信息服务业在信息产业及整个国民经济中比重逐步加大。信息服务业主要分为信息内容服务业、信息传输服务业和信息技术服务业三个部分。信息资源开发是信息化的核心、信息服务业发展的基础；信息服务业的主要任务是向政府、企事业单位等社会各界提供广泛的信息服务和信息技术服务。

“九五”以来，江苏省国民经济和社会发展信息化发展加速，信息服务业不断开拓新的领域，取得了长足的进步。1999 年全省信息服务业收入达 285 亿元，固定资产投资达 90 亿元。2000 年，全省信息服务业的总营业额达 330 亿元，其中信息内容服务业、信息传输服务业约 236 亿元，信息技术服务业约 94 亿元。2001 年，全省信息服务业的总营业额约为 392 亿元，其中信息内容服务业、信息传输服务业约 292 亿元，信息技术服务业约 100 亿元。全省互联网用户数 398.5 万户，其中“金陵热线”成为全国第二个上网访问量超千万人次的站点。江苏省公众多媒体网上的信息源总数已超过 2000 个，并开发和推广了 50 多个网上应用系统。省经济信息网、省教育与科研网、省科技信息网等计算机应用网络，相继开通了 50 多个数据库。网上教育、电子商务、企业上网工程、家庭上网工程等全面启动，并有实质性进展。

邮电通信服务业得到了迅速发展，出现统一监管有力，市场竞争有序，业务持续快速发展的良好态势。2001 年底，全省邮电业务总量为 292.32 亿元，全省局用电话交换机总容量达到 2011 万门，居全国第一位，移动电话容量达到 1561 万户，居全国第三位；全省电话用户总数达到 2428 万户，其中固定电话用户总数达到 1402 万户，居全国第三位；移动电话用户总数达到 1020 万部，居全国第三位；非江苏省电信公司的 IP 电话业务量已占市场份额的 40%；全省电话主线普及率达到 32.7%，其中固定电话主线普及率为 18.9%，移动电话主线普及率 13.8%，高于全国平均水平 7.6 个百分点；南京、苏州、无锡、常州等城市电话普及率水平已达到国外中等发达国家 20 世纪 90 年代水平。

广播电视事业成就巨大，江苏省广播电视事业在国内处于领先地位，2001 年，全省拥有广播电台 14 座、电视台 14 座、有线电视台 13 座、卫星地球站总数 1891 座。广播节目 110 套，无线广播每日播出时间 1468 小时，电视节目 119 套，电视平均每周播出时间 9897 小时，广播、电视人口综合覆盖率分别达到 99.6% 和 99.5%。全省有线电视网络总长度达 25.21 万公里，全省有线电视用户 577.7 万户，占全省总户数的 25.11%。

【组织机构】

2000 年，根据省级党政机构改革的统一部署和实施方案，省计划与经济委员会分设为省发展计划委员会和省经济贸易委员会，由省信息化工作领导小组办公室、省电子工业厅、省无线电管理委员会办公室等部门合并组建省信息产业厅，并建立了江苏省信息化工作联席会议制度。2001 年省邮政局、省通信管理局正式挂牌。在省发展计划委员会、省经济贸易委员会、省信息产业厅、省通信管理局、省邮政局、省广播电视局、省科技厅等部门共同领导下，信息服务业蓬勃发展。

【工作部署】

2001 年 4 月，第三次全省信息化工作会议在南京召开，季允石省长指出：“十五”期间江苏省信息化建设的总体目标是：努力把江苏建设成为全国一流的信息化大省；“十五”期间全省信息产业增加值年均增长 29%，2005 年达 1100 亿元、占 GDP 的比重达 8% 以上。

同年在全省信息化建设计划工作会议上，省计委钱志新主任指出：“根据《江苏省国民经济和社会发展第十个五年计划纲要》的总体要求，‘十五’期间我省信息化发展的总体思路是：一个加强，即加强信息基础设施建设；两个特色，即发展有特色的信息设备制造业和软件产业；三个加快，即加快推进电子商务、电子公务和电子政务。”“通过努力，信息服务业增加值年均增长30%”。2000年4月成立了“江苏省企业上网工程协调领导小组”，由省计经委、省工商行政管理局、省邮电管理局等部门组成，省计经委牵头，全面负责指导、检查、督促“企业上网工程”的实施。协调小组办公室设在省计经委科技处。各市也相应成立了协调领导小组。2001年9月更名为“江苏省企业信息化工作领导小组”，负责规划、指导全省企业信息化建设，办公室设在省经贸委，负责全省企业信息化工作的组织协调。在省政府的支持下，由省里五个发起单位牵头，省里组建“江苏省家庭上网工程协调小组”，由省里五个发起单位组成，省计委主任钱志新同志担任组长，省计委副主任秦雁和郑斯征同志与通信管理局、妇联、团省委分管领导分别担任副组长，协调小组的成员有省教育厅、科技厅、公安厅、民政厅、劳动厅、建设厅、信息产业厅、文化厅、卫生厅、广电厅、质监局、人民银行、科协、电信公司的分管领导组成。2001年12月14日，江苏省“家庭上网工程启动大会”在南京召开。会议以后，各地各部门应加强领导，要确定分管领导和专人负责这项工作。认真落实推动“家庭上网工程”的各项措施。要加强舆论宣传工作，促使全社会广泛了解和明确实施“家庭上网工程”的意义和目标。积极做好培训工作和服务工作。

【重点工程】

互联互通省通信管理局建立了省内三大运营公司互联互通联席会议制度，制定了互联互通实施细则，认真协调网间结算，确保了新兴运营企业的公平、公正接入。江苏省率先在全国启动了网间互联高层传输环网工程，苏州、无锡、常州、南通、扬州、徐州等地区已基本建成，并陆续投入运营。全省网间互联互通水平将得到明显提高，网间业务通而不畅的矛盾将会缓解。整个网络作为运营商互联互通的专有网络，建成后也将对其它运营商开放，通过插入节点或接入链路的方式将其他运营商的业务加入到环网中。

宽带城域网建成覆盖全省的DWDM高速传输网，省内互联网骨干带宽提高到60Gbps。新增ADSL13.7万线，完成用户驻地网布线77万户，实际具备放装能力的以太网端口达21万个。13个市分公司均开工了宽带城域网建设项目。

GSM网络和CDMA网络基站数达到3303个，MSC容量435万户。CDMA一期工程建设于2001年12月底完成，无线容量为85万户，基站805个，分别设立了9个移动交换局，覆盖全省13个本地网；二期工程的建设正在进行之中。目前，长途网建设规模：30000路端；数据网建设规模：VOIP1110E1，前置交换机3590E1，ATM网已达到全省覆盖。互联网，165网络完成二期扩容，系统容量达到80万用户，接入服务器达到988个E1，出口带宽由原来的20M扩至100M。综合电信业务服务支撑系统由专业计费、营业帐务、综合客服、综合结算和统一客户资料管理等系统组成。

GPRS网络2001年完成G网五期扩容工程全网割接和GPRS一期和二期工程，G网六期紧急扩容工程进展顺利；完成了省内通信干线传送网和同步网工程，实现了移动传送网从无到有的飞跃；网络优化工作取得了长足的进步，基本完成了对省内三星级以上宾馆的室内覆盖，室内分布系统建设逐步进入制度化建设轨道。

【信息资源开发】

各行业各地区信息资源开发不断深入，取得丰硕成果，为全省信息服务业的快速发展奠定了坚实基础。

政府上网工程、企业上网工程、家庭上网工程是我国国民经济和社会信息化进程三部曲。政府上网工程来迄今为止，全省13个省辖市政府、30个省级政府机构、64个县市级政府全部上网，上网的各级政府部门达到了3600个。2001年底，全省企业上网突破25万家。无锡、常州、苏州、南京、徐州和南通六市的“企业上网工程”领导小组荣获全省“企业上网工程”先进单位称号。江苏省公众多媒体通信局、江苏新科技术发展有限公司荣获全省“企业上网工程”优秀组织单位称号，另外全省有苏州好孩子集团等四类共28家企业荣获“企业上网工程”先进企业称号。家庭上网工程也取得快速进展，2001年全省家庭上网比例为4.43%。

省科技厅十分重视信息资源建设，为此制定了“江苏科技信息网信息资源建设规划”并专门下文，要求大力开发有特色的有自主知识产权的网络数据库信息资源并上网。为此，资源建设与网络建设同时并举，形成了江苏科技信息网的特色——拥有丰富的网上专业化信息资源。江苏科技信息网先后投入近700多万元，由省网络中心牵头，组织全省数十家研究院所和市、县科委分中心共同建成了128个数据库和大量WEB信息资源，涵盖机械、电子、化工、纺织、医药、农林、渔业、交通、信息技术、建筑等十多个行业门类，以及中外专利、标准、学术会议、学位论文、科学引文、科技期刊等各类专业信息库。建成10多个有较大影响的专业网站，如“高新技术成果交易会”、“东西在线—西部大开发”、“中国农药网”、“中国化工市场七日讯”、“智能建筑信息网”等，共计超过1200万条记录，初步形成了江苏特色的网络资源体系，网络信息资源拥有量在江苏乃至全国省级科技网中名列前茅。在建设资源的同时，也十分注重对网上WEB信息资源开发利用。据不完全统计，以各种方式上科技信息网的企业已超过2500家。不少企业利用科技信息网，发布经营信息，推销产品，开展网上交易，为企业开展深层次网络信息服务，取得了较好的社会经济效益。

图书馆数据库建设是全省文化领域信息化2001年度重点工作之一，年初，南京图书馆成立了建库工作小组，并于2001三次召开建库工作会议，就建库方案展开讨论，最终确定先期以“比对国家图书馆出版的《中文图书书目数据》（光盘）、校对公务分类目录，进行书目数据套录与添加，以构成馆藏书目的主体，未套录到的书目视为新种，进库提书，加以自建”的方案，制定了《中文图书回溯建库实施方案》。至2001年底，共套录数据K—I类75494种，抄录23093，校对41330种。2001年底，南京图书馆馆藏缩微品达到2万件左右、视听资料达2.5万余种、电影出版物3000余件，建有各类数据库17个。南京图书馆实现每个阅览室和80%的工作间都能利用宽带上因特网。完成了“中国试验型数字图书馆项目”的南京钟山风景区和泰淮风光带的制作与加工，同时收录相关的作品、人物、事件等资料，分别建立了旅游、作品、名人、事件等四个数据库。共制作了124个景点、142件作品、37位名人、52个事件；总计制作加工数据13.5GB，总数据量为357条，计18万字，653张图片及40个视频资料。

2001年，江苏工商系统投入了大量的人力和将近三千万元的资金做两件实事，一是数据的初始化，二是档案的电子化扫描输入。将全省60万户企业登记数据，150万户个体登记数据，商标、广告、合同监管数据、经济案件数据及其他奖惩信息全面录入计算机，将所有企业登记档案扫描以后，以图文形式在计算机中永久保存。“数字化工商”系统落脚于规范地记录、处理并开发利用大量丰富的工商业务数据。通过数据初始化、档案电子扫描录入等基础性工作，就可以使数据资源在合理规划的条件下，在格式上做到统一，内容上确保完整，为后面的综合开发利用打下坚实的基础。

省测绘局积极开展数字化基础地理信息规模化建设。已建成全省1:25万比例尺地形和地名数据库，完成1:5万比例尺地形图数字化；完成了1:30万比例尺《江苏省政区图》的编印；向全省提供的基础测绘成果比“八五”期间增长2.7倍，基本上满足了全省城乡建设、交通设施建设、水利水电建设、国土开发利用等经济建设、科学研究、抗灾救灾等对基础地理信息的需求；完成长江、淮河流域重点防范区1:1万比例尺数字高程模型、1:1万比例尺数字影像图；完成全省行政界线的勘界测绘工作；完成苏州工业园等经济开发区、高等级公路以及国家和省重大工程建设前期测绘工作；为13个省辖市、64个县（市）及部分乡镇测制了1:500～1:2000比例尺地形图并基本完成了数字化工作。

各类教育信息资源建设又添新成果，为充分利用现代信息技术提升教育教学水平，全省各级各类学校努力加强网络资源建设，尤其是网络课程建设，以此大大促进了教育质量和办学水平的提高。一是高等院校结合网上远程教育的需要，按教学进度逐步开发并完成了计算机科学等五个专业的网上教学所需的课件、WEB辅导站和答疑辅导资源；在网上建设了大量的音、视频信息资源和校内网上教育教学资源；二是各市及中等专业学校进一步扩大了江苏省基础教育计算机示范网、江苏职教网和江苏省职业教育信息资源中心等教育教学资源站点功能；三是各大、中专院校充分利用学校校园网络的资源、网络的时空优势和符合大、中专学生身心的特点，开发和建设了以学生思想政治工作为己任的红色政治网站，红色政治网站的建立为加强广大师生及学生之间的思想交流，促进学生的健康成长，发挥了巨大作用。同时，网络课程建设和课件制作受到空前重视，以致使很多新课件层出不穷，据对全省57所普通高校的不完全统计，仅2001年，就完成课件制作2551个，37所中等技术与师范学校完成课件制作1433个。到2001年底，仅全省高校必修课教学就有18.9%的课时实现了多媒体教学。全省中专管理系统和图书馆系统在中等技术和师范学校的广泛应用也取得了良好效果。目前，江苏教育与科研计算机网已经成为国内信息资源的高地。

“江苏农业网”资源建设有了新发展。为了提高发布效率，江苏农业网站对网上栏目进行了更新，进一步强化了信息发布职责。目前栏目有，“农业新闻”、“实用科技”、“分析预测”、“农业论坛”、“结构调整”等。其中“农业新闻”栏每日更新，两年已更新近5000条。其它栏目是经常性更新。“分析预测”、“农业论坛”、“结构调整”栏两年分别更新了近800、230、450条。“实用科技”栏中实用科技信息已更新至12300多条。网站访问率也明显提高。“农产品大市场”建设初见成效。2001年信息中心把网上“农产品大市场”作为一项重要工作来抓。已收集了6000个大户、200多家涉农企业、基地、1500个农产品进出口企业的资料上网。初步设定了网站框架和栏目。栏目有：市场行情、供求热线、企业之窗、商贸合作、名优特产、市场动态、信息服务、在线大户、明星乡镇、江苏特色农产品推介等。

省交通厅制定《江苏省交通信息资源规划》，为推进江苏省交通行业的信息化建设，切实加强信息资源的规划与管理，避免软件信息系统的大量重复开发，提高软件系统及信息资源的开发使用效率。建立和完善应用于业务管理的基础数据库。公路子系统结合全国公路普查建成了公路路况数据库、里程数据库，对1：5万公路空间数据库进行了完善，随着公路路政管理系统、养路费征稽管理系统、车辆通行费收费管理系统、公路设备管理系统等各类系统的开发和应用，还将建成公路违章建筑及法制建设数据库、车辆信息数据库、公路设备信息数据库等数据库；航道子系统着手建立船舶交通量、人事劳资统计等基础数据库，通过对全省部分重点航道及船闸的船舶进行分类统计分析，为航道整治、船闸扩容及经济分析提供参考依据，地方海事子系统准备建立和完善水上安全监督管理工作的基本数据库和全省地方海事系统内部管理数据库，包括：船舶数据库、渡口数据库、通航水域管理数据库、海事所数据库等；其他子系统也在拟定计划，建设基础数据库。

常州信息资源开发利用继续向综合化和专业化方向发展。至2001年底，全市已在计委系统、经贸委系统及科技、教育、金融、财税、农业、工交、物价、商贸、物资等领域开发各类信息资源数据库几十个。其中综合信息数据库、财政信息数据库、社保信息数据库、专家数据库、成果数据库、企业产品数据库等已成为常州社会经济发展的骨干数据库，对宣传常州形象，改善投资环境，为社会提供各类信息服务发挥了积极的作用。

苏州市重点信息资源建设稳步推进，取得了明显的社会和经济效益。科技信息网建成了拥有高新技术企业、民营科技企业、科技成果、专利工作、技术咨询机构、科技统计数据等多个专业数据库，可提供网上查询、技术支持等多种服务；社会保障信息应用系统，在失业、养老、医疗等社会保障领域实现了电子网络化；医疗卫生信息系统，市、区两级医院先后建立了内部信息管理系统，市级医疗经费管理系统已实现了市区各大医院与社保中心的联网。与此同时，各行业专业数据库建设工作正在有序推进，国外贷款项目、人才、企业登记、政策法规等数据库已投入使用，其他如工商信用管理数据库、农业信息数据库、党政信息数据库、水利信息数据库也正在逐步投入使用。

连云港依托大陆桥东方桥头堡的区位优势和信息网络的载体，广泛收集、深度开发沿桥城市和本市经济与社会发展方面的信息资源。一是本地信息资源，统筹有序地建设了一批数据库，开发了国民经济宏观规划、计划信息数据库，政策法规信息数据库，基本建设项目管理数据库、人才数据库，天气预警报、海洋环境预警报、科技信息数据库等。二是陆桥信息资源，以信息网络为载体，按照沿桥与地方并重、国际和国内兼顾的思路，通过加入供求信息联盟、收集沿桥35个国家概况黄页、发布联合国贸发会发展中心电子贸易信息、成立信息网络协会和与大陆桥理事单位联办栏目及刊物等各种途径大力开发陆桥信息资源，开发了招商项目、人口资源等数据库。三是政务信息资源，为市委、市政府搞好决策服务，力求贴近连云港市实际，开发了一批深层次具有权威性、前瞻性、时效性强的信息。

“扬州人大”网站经过二年多的筹备，已建成并开通，设置了10多个栏目，信息内容丰富，并定期更新。在市四届人大四次会议期间，人大网站作了在线直播，网上人代会的实现增加了会议透明度，拓宽了民意的传播渠道，受到从中央到地方诸多新闻媒体的关注，新华日报、新华网、《中国人大》网站等进行了报导，中央电视台《东方时空》也作了介绍。市人大网站将人大代表提出的议案、建议在网上公布，开设了市民信箱，鼓励市民参政议政。经过一年运行，人大网站成为倾听民意、反映民声、集中民智、推动民主法制建设和人大工作的重要阵地。

泰州邮政部门通信总量每年以30%的幅度递增，2001年通信总量25572万件。依托“电子泰州”电子商务网站推出“网上商城”、“网上邮局”、“电子地图”、“网上订报”、“企业黄页”以及电子汇兑、电子信箱租用、混合电子邮件等网络服务业务，通过185电话、网站、营业窗口、中邮专送广告等媒体提供各种信息服务，全方位地运用信息技术完善邮政服务，提供新型、实用的服务，大力提升服务效率和质量。

【信息技术应用】

2001年是全省实施“以信息化带动工业化”战略的一年，现代信息服务业迅速发展，信息技术在江苏各地、各行各业、社会各界广泛应用，有力促进了机关职能转变、经济结构优化、传统企业改造和产业升级。

2001年，江苏省地税系统共投入1.7亿多元资金进行信息化工程建设，先后完成全省统一征管信息系统的推广应用工作、公文处理系统在全省县级市的应用工作，完善各地的信息化基础设施建设和计算机网络系统建设，加强全省计算机信息系统的安全管理，探索以税务综合数据库为基础的数据分析处理和利用，为决策支持提供依据。在计算机网络环境中的应用软件涵盖税务管理的各个方面，使用征管软件的基层单位已达721个，全省纳入计算机管理的纳税户数为912446户，2001年通过计算机处理的纳税额为278.11亿元。各种信息化手段的深入应用，不仅提高了地税征管的效率，加强了对税收执法过程的监督，保证了税收任务的完成，而且为税收征管改革、机构制度建设和岗位职能调整提供了技术支持。

2001年，江苏省物价管理信息工作紧密围绕物价工作中心任务，全面贯彻落实全局办信息、全系统办信息的方针，面对挑战，迎难而上。江苏省承担重要商品价格监测任务的南京、徐州、南通、扬州、苏州五市，全年共完成了33786条监测数据的采集、整理、审核、上报工作，数据的上报率达到90.1%，名列全国第二。各地加大价格监测数据的分析力度，提高分析质量和预测水平。省价格信息中心加强对分析资料的审核和筛选工作，先后向国家计委上报了33篇监测分析文章。在价格监测、开发信息资源、拓展计算机网络、编辑出版价格刊物等方面取得了较明显的成绩，物价工作的服务职能得到明显增强，为全省经济发展作出了积极的贡献。

至2001年底，全省水利信息基础设施骨干框架已经形成，水情测报、防汛指挥、办公自动化系统已发挥效益。信息传输网络实现了省水利厅与13个市水利局、8个厅属管理处、2个设计院、10个市水文局的光纤联网，形成了统一的信息网络平台，全省60%的县已与省骨干网相联；闸站监控方面实现江水北调一线江都二站、江都四站和运东闸的自动监控；应用系统建设方面建成了全省视频会议系统和防汛信息网站，建成了淮河和沂沭河两个流域、6座大型水库和3座中型水库的洪水预报调度系统，完成洪涝灾害统计分析、防汛物资管理等防汛决策支持软件开发；省厅的办公自动化系统投入试运行；起步实施了苏北地区水资源配置监控调度系统。各地水利（务）部门和厅直单位都加大了信息化建设力度，多渠道筹集资金，加强信息化基础设施建设和防汛决策、水资源管理、工程自动监控等应用系统开发，有效提高了工作效率和决策水平。

省地震行业在信息化建设方面进展较快，取得了较大成绩。地震监测系统完成了21个数字化地震子台、地震前兆数据中心、三大地震前兆学科（地壳形变、地下流体和磁电）39个数字化观测项目以及计算机网络建设和改造。初步实现了由原来模拟台网向数字化地震观测台网的转变，前兆观测数据的自动采集和传输，以及省地震局与13个省辖市及15个省属地震台的计算机联网。初步改变了以往地震速报落后局面，基本解决了长期困扰防震减灾事业发展的数据通信和信息传递渠道不够通畅等老大难问题。为地震学和地球物理学的科学研究，及时、准确捕捉地震前兆信息和地震分析预报水平的提高创造了条件。目前，全省的地震速报能力和监测能力得到加强，基本能在10分钟左右作出地震“三要素”速报；地震观测资料的及时、准确，连续传递和地震通信和资料共享得到初步实现。同时初步建立了由防震减灾基础数据库、地震分析预报系统、地震现场分析处理系统、演示系统等组成的江苏省地震应急、决策、指挥系统。

江苏省审计厅计算机辅助审计全面启动。全省配备专兼职计算机人员近300名，自行开发软件40多个，引进软件225个（次），呈现出省、市、县三级联动、全面开花的可喜局面。辅助审计软件运用于998个审计项目，查出违纪违规金额14亿元。

创建中国一流省电力公司是省电力公司2001年的中心工作，公司党委把信息化作为创一流工作中体现技术创新、管理创新的亮点工程来推进。经过全公司上下共同努力，在网站建设和信息发布、地理信息系统在输配电中的应用、办公自动化、数字档案馆、生产、财务、营销、安监、全省电量电费和负荷管理信息综合查询等子系统的开发应用，公司内联网二期工程、客户服务中心和配电网自动化建设等方面取得了新的成就，2001年11月国家电力公司来省公司进行创一流电力公司诊断考评时，对此给予了较高评价。

信息技术应用在全省各地全面展开，围绕建设“信息化城市”的目标，2001年苏州市城市基础数据平台基本建成，目前已拥有覆盖市区72平方公里1：5000数字地图、大市范围1：100000数字地图和影像图以及市区商业中心的“数字观前”。同时，电子地图已在规划、消防、公安等部门得到应用。如苏州消防支队的全球定位系统（GPS）结合了地理信息技术（GIS），能自动准确定位火警事发地点及周边地理信息，消防人员可以根据电子地图设定的最佳路径赶赴现场。苏州110/120指挥中心、苏州交通管理控制中心充分利用了GPS和GIS技术，显示苏州市区重点地段的交通状况，如交通流量、路段流量的分布情况及其拥堵状况等，提升了苏州市城市交通的现代化管理水平。泰州市大力推进工业企业信息化，充分利用先进的信息技术改造传统产业，促进产品结构和市场结构的升级。至2001年底，全市列统工业企业上网数650户，非列统工业企业上网数3850户，分别占列统、非列统企业总数的67.97%、52.75%。2001年，泰州在全市市直企业中选取苏中制药厂、扬动股份公司等20家企业作为电子商务试点企业，以此引发电子商务示范效应，循序渐进地推广重点示范企业的先进经验，全市上网企业开展电子商务取得新突破，全市实现网上销售总额为35.1亿元，涌现出一批网上拓展市场空间的成功典型。连云港市“金”字系列工程方面继续取得进展。金卡工程在全市各专业银行的金融网络进一步得到完善，电子化网点覆盖率达95%以上。金税工程实现了各系统的全面升级，已推行防伪税控系统的企业1600多家，全面实施的征管系统情况良好。金关工程实现了海关等垂直系统的信息传递电子化和部分口岸单位间传递电子化。市金融系统，2001年投入4200万元，全面完成了市域网建设，完成了内联网信息平台建设任务，初步建成自助银行、电话银行、网上银行、电子商务网上结算等新型金融服务系统，实现全市内工、农、中、建、交五家金融机构的银行卡联网联合，实现了全市境内ATM跨行联网完全通用。盐城市劳动保障信息系统分块建设，齐头并进。与合作研制开发了覆盖全市各县（市、区）社会保险经办机构和社会保险业务整个结算流程的“盐城社会保险计算机管理系统”，全市所有医报管理中心和31家定点医院建立了局域网，233家定点医疗机构进行了单机联网；市劳动力市场信息网络已初具规模，职业介绍、城镇就业管理、失业保险基金管理等动态系统正常投入运行。南通港务信息系统的集装箱码头管理信息系统、物资管理系统等子系统已经建成，其中集装箱码头管理信息系统基本涵盖了集装箱码头生产管理全过程，有力地推动了工作效率的提高，物资管理系统包括采购、进料、领料、库存、做帐、统计等功能，南通港务局2001年重点推进了各子系统的互联进程，港口城域网体系正在逐步形成。

【存在问题】

信息资源的开发利用仍明显滞后于网络建设，信息服务业产业化程度低，除电信企业外，全省信息服务企业规模普遍偏小；电子商务没有真正形成产业规模。网上信息资源缺乏，信息资源开发缺乏资金和动力，存在专用数据库多，公益性数据库、网络数据库、动态数据库和应用系统少的现象；信息资源开发利用不足，资源闲置与资源短缺并存；管理体制不完善，有关信息服务业法规、标准统计指标体系等制度环境尚未形成。

【“十五”主要目标和工作重点】

（一）总体思路

以信息资源的开发利用为核心，继续完善信息传输服务业的基础设施，迅速壮大以系统集成为重点的信息技术服务业，大力加强以网络增值服务为核心的信息内容服务业，积极推进信息技术在电子商务等新兴领域的应用，逐步形成全省信息服务业的基本队伍，努力扩大信息服务业在国民经济中的比重。

（二）主要目标

“十五”期间，全省信息服务业年均增长30%，到2005年，年营业额10亿元以上的企业超过10家，并且进入国际市场。固定电话用户翻一番，达到2200万户；移动电话用户翻两番，达到2600万户；上网普及率达到20%，因特网注册用户达到1500万人；三年实现80%企业上网。

（三）信息资源开发利用

树立信息资源是战略资源的观念，强化对信息资源产品知识产权的保护，解决好信息资源共享与安全保密的关系问题，促进对信息资源的开发利用和投资。坚持“共建、共享、互通、互利”的原则，进行信息资源的开发和数据库的建设。积极推进政府、企业、社会信息资源的开发利用；加快建设专业化的大型信息资源库，鼓励社会各界积极参与数据库建设，形成完备的网络化、数字化信息资源体系。进一步加快传统信息资源的数字化、网络化、市场化进程，大力发展网上中文信息资源，实现信息的中文化和本地化。大力发展网络出版业及电子出版业，逐步实现图书馆信息资源的网络化、数字化，促进资源共享。

（四）加快发展信息内容服务

充分利用网络基础设施和信息资源，大力扶持以互连网为基础的信息内容提供商和应用服务提供商，培育3-5家在国内有影响的品牌企业（网站）。ICP、ASP要面向市场，以租赁和许可证等多种经营方式集成各类数据库，开发统一的检索界面，建立具有一定规模的信息服务系统，向政府、企业、社会公众提供广泛的信息服务。

加快传统信息咨询服务业的信息化进程，扶持咨询机构建立一批实用的网上数据库，提高咨询机构应用信息网络的能力，努力提高业务水平和质量，扩大业务覆盖面。到2005年，80%以上的信息咨询企业依托互连网开展业务。

（五）发展信息传输服务

加强信息传输网络基础设施建设，积极推进电信业务网、计算机网和有线电视网的三网融合。在“十五”初期，首先解决教育网、科技网、金桥网、电信多媒体网以及经济信息网等大型计算机互联网络在江苏的就地互联，避免信息迂回、信道堵塞，真正实现“同城信息，本地交换”。努力创造一个公平、公开、公正的竞争环境，促进信息传输服务快速、健康、有序地发展。重点发展宽带通信网络及多媒体业务、移动通信业务，继续发展电话业务、智能网业务，同时对无线寻呼业务进行结构调整，以满足不同层次、不同地区的用户需求。

增强现有通信网络业务的综合能力，强化网络增值业务的应用和开发。大力发展互联网通信业务，积极采用IP技术，加快接入网的光纤化、无线化、综合化、宽带化改造，逐步向宽带综合业务网过渡。

加速有线电视网络的双向数字化改造，建成宽带、交互式的有线电视数据综合信息网，在城乡大力发展因特网接入、视频点播（VOD）等业务，逐步实现广播电视数字化、网络化、综合化。为全省信息化建设提供一个先进、安全、快捷的高速公用信息传输网。

（六）发展信息技术服务

重点支持南京珠江路电子一条街的建设，改

善硬件环境设施，推进街内企业的股份制改造和市场开拓，加大产品创新、市场创新和管理体制创新力度，建设“数码珠江路”，将珠江路建成信息产品的开发基地、生产基地、集散基地，成为在国内外有影响的信息产业园区。

努力提高江苏信息技术服务企业的市场竞争力和技术创新能力，推动企业从单纯的贸易型向科、工、贸综合型企业的转变。重点扶持十家年营业额在10亿元以上，有市场，有技术，以系统集成及应用软件开发承建和维护服务为主业的龙头企业，进入全国信息技术服务企业百强行列。

鼓励信息技术服务企业通过重组、兼并、收购等手段，实现资本优化，迅速扩大经营规模和国内市场占有率。

加强系统集成市场的规范化管理，强化计算机系统集成企业资质认证工作，促进系统集成企业能力和水平的不断提高。积极进行体制创新，推行信息系统工程建设监理制度，通过第三方机构，为计算机应用系统建设单位提供独立的专家咨询和工程监理服务。

（七）发展电子商务、电子政务和电子公务

信息化的主流是信息服务，信息技术应用与服务的创新是信息化的生命力所在。“十五”期间，全省信息服务业要大力推进三个电子化：

1. 电子商务。加快企业开展电子商务的步伐，大力发展 B－to－B、B－to－C 等电子商务形式，扩大线上成交规模，使网上交易、网上购物等有较快发展。重点实施企业上网工程，大企业可以建设自己的电子商务平台，中小企业可以联合建平台，网络企业要与传统企业结合建平台。以电子商务为龙头，提高企业生产和服务自动化、管理科学化的水平，全面推进企业信息化进程。加快推进外贸企业、零售业、旅游业、证券业电子商务的进程，制造业领域选择江苏具有较强优势的轻工、机电、纺织、电子等领域的重点企业进行电子商务的试点，逐步提高网上交易规模。用3年的时间把全省80%的企业和90%的工业产品推到互联网上，逐步建成不同行业、不同层次的面向国内外的工业企业与产品数据库，参与国际竞争。

2. 电子公务。加快金融、保险、教育、科技等对社会公众服务的电子化，发挥电子公务系统对国民经济发展和人民群众社会生活的作用。实现银行卡异行、异地交易和小额消费，地市范围内商场、宾馆等消费场所 POS 系统联网。建立省级劳动社会保障管理网络中心，初步实现省与13个设区市互联；积极推进涉及社会保险方面的养老、失业、医疗、工伤、生育一张 IC 卡覆盖各领域。建成开放式教育网络，建设面向全社会的科技开发与技术成果推广的信息系统。把信息资源的开发放在突出位置，加快系统网络互联互通步伐，实现信息资源充分共享，为政府、企业和全社会提供全方位的信息服务，真正做到“道路宽畅，车流不断，货物丰富”。

3. 电子政务。抓好省委、省政府、省政协大院宽带多媒体综合信息网络工程建设，构筑统一的江苏政务信息主干网，逐步实现各部门网上资源共享和数据交换。发展政府与政府间（GtoG）、政府与企业间（GtoB）的非支付性的电子政务和电子商务，将政府的采购、招标、招商和对公众的服务等活动放到网上进行。加快政府机关办公自动化，有效促进政府职能转变，提高政府办事效率。建立宏观经济调控决策支持系统，开发国民经济宏观信息、政府法规信息、国土资源、投资环境和人口信息数据库等，建立公有资产管理信息系统，满足政府宏观决策的需要。

（八）抓好重点信息服务建设项目（151218 工程）的实施

建立15个中大型数据库：国民经济宏观信息数据库、国土资源数据库、人口信息数据库、基础地理信息数据库、市场与价格信息数据库、环保信息数据库、交通运输数据库、农业产销信息数据库、企业与产品信息数据库、金融信息数据库、科技信息数据库、教育信息数据库、公共信息数据库（含文娱、电视、旅游、交通、邮电、房产交易、生活顾问、家庭服务等）、医疗服务数据库和社会保险信息数据库。建立12个信息服务系统：全省政务信息网保密安全服务系统、电子商务服务系统、农业（含水利、气象）信息服务系统、环保信息服务系统、网上大学信息服务系统、社会保险信息服务系统、数码珠江路宽带服务系统、人力资源和就业信息服务系统、社会治安信息服务系统、社区信息服务系统、房产交易信息服务系统和信息咨询中介服务系统。扶持18个信息服务重点企业：江苏宏图集团公司、南大苏富特软件公司、南京联创公司、同创信息集团公司、江苏科建教育软件公司、江苏电子商务公司、江苏金图软件公司、江苏高能集团公司、东方综研公司、南瑞公司、南京数码珠江路股份公司、江苏汉高信息产业公司、苏州启杭技术公司、紫金集团公司、江苏会计软件公司、常州远东科技公司、常州华文印刷新技术公司和南京信源自动化技术公司。

（九）搞好信息立法，规范市场行为

以市场为导向，建立和完善相应的法规规范及产业政策。打破独家垄断，开放通信运营市场，建立投资主体多元化、服务手段多样化的信息传输服务体系，为广大企业、社会提供多种形式的信息传输服务。促进信息资源共享，规范信息服务业的市场行为，保证信息服务业的有序竞争和健康发展。重视保护软件、信息产品的知识产权和企业的合法权益，坚决打击盗版。重点制定和实施的法规规范主要有《信息资源开发管理办法》、《信息服务业管理条例》、《系统集成服务企业资质认证工作的实施意见》、《电子商务管理办法》、《网上信息知识产权保护办法》等。

（十）刺激信息消费，培育信息市场

鼓励上网应用，通过政府上网、企业上网和家庭上网来促进政府信息、公共信息和企业信息等重点领域信息资源的开发和利用。鼓励社会各界充分开发和利用国内外各种信息资源，采取有效措施，扩大政府、企业、社会、个人对信息的消费和投资，培育信息服务市场。高度重视开拓国外市场，以弥补国内市场的暂时不足。

（段建华）

江苏省广播电视事业发展概况

【广播电视宣传概况】

1、2001年底，全省共有电台14座，其中：省级1座、地市级13座，无线广播自办节目套数110套。全省电台平均每天播音时间1468小时14分钟，全年自制广播节目325525小时，其中：新闻制作43175小时，占总制作量的13.26%，专题节目制作80906小时，占总制作量的24.85%，教育节目制作14139小时，占总制作量的4.34%；文艺节目制作109422小时，占总制作量的33.61%，服务性节目制作53040小时，占总制作量的16.29%；广告节目制作24843小时，占总制作量的7.65%。全年制作广播剧26部31集。

2、2001年底，全省共有电视台14座，其中：省级1座、地市级13座，无线电视自办节目套数119套。全省电视台平均每周播出时间9897小时31分钟，无线电视全年自制电视节目46477小时，其中：新闻制作11406小时，占总制作量的24.54%，专题节目制作9097小时，占总制作量的19.57%，教育节目制作664小时，占总制作量的1.43%；文艺节目制作9357小时，占总制作量的20.13%，服务性节目制作7950小时，占总制作量的17.11%；广告节目制作8003小时，占总制作量的17.22%。全年制作电视剧19部303集。

【广播事业概况】

1. 中波发射机情况

至2001年底，全省共有中短波发射台21座，发射机45部，发射功率515千瓦。

2. 调频发射机情况

2001年底，全省共有调频发射台83座发射机111部，发射功率92.61千瓦。

3. 实验发射机情况

2001年底，全省共有实验台17座，发射机63部，发射机功率89千瓦。

4. 电视发射机情况

2001年底，全省系统内共有电视发射台和转播台116座，发射机301部，发射功率431.72千瓦，其中：1千瓦以上的发射台和转播台75座，发射机245部，发射功率426.92千瓦，

5. 卫星地面站

2001年底，全省共有卫星地面站1891个，其中：系统内751个，系统外1140个。

6. 广播电视人口覆盖率情况

2001年底，全省广播人口综合覆盖率99.60%，电视人口综合覆盖率99.48%。

7. 有线广播情况

2001年底，全省共有广播喇叭834.42万只，专线杆路57524杆公里。

8. 网络情况

2001年底，全省网络总长252061公里，其中干线总长11275公里，用户网络总长240786公里。

9. 人员情况

2001年全省广播电视系统内职工年末人数26237人，其中：长期职工24961人，临时工1276人，全省已评职称12158人，占总职工人数的46.34%。

【2001年江苏广播电视工作情况】

2001年全省广电系统在各级党委政府的正确领导下，认真学习实践“三个代表”的重要思想，紧紧围绕工作大局，广播电视新闻宣传、艺术创作、科技事业、改革发展、行业管理、队伍建设等方面工作取得新的成绩，基本实现了年初提出的工作目标。

一是广播电视宣传圆满完成了各项任务。2001年的广播电视宣传工作大事多，任务重，要求高。全省广电系统认真组织，精心策划，重要宣传主题鲜明，各具特色；经济建设宣传重点突出，深入持久；思想政治工作、精神文明建设和文化大省建设宣传氛围浓烈；维护社会稳定、促进改革发展的宣传保持声势，引导有力；具有地方特色的重大活动宣传有声有色；对外宣传进一步扩大，扎实有效。

二是广播电视精品生产成绩显著。以创作生产建党80周年献礼片为重点，推出了一批优秀广播影视文艺作品，如《自从有了共产党》、《风云八十年》、《瞿秋白》、《力量之源》、《光荣行》、《新四军军歌》等。在全国“五个一工程”奖评比中，有广播剧《白衣圣人》、《圣旅》、《中华之声》，电视文献片《瞿秋白》、《无名英雄》、《光荣行》、《新中国重大决策纪实》，音乐专题片《歌声飘过80年》，电视艺术片《苏园六纪》，电视剧《警察李久平》、《张闻天》，电影《刘天华》等12部作品获奖。进一步强化了广播电视节目生产的品牌意识和创新意识，评选出了第二届江苏广播电视十大名专栏和十大优秀专栏，并对名优专栏进行追踪，加强视听评议，促进了全省广播电视节目整体水平的提升。

三是广播电视事业建设及科技创新工作取得新进展。与江苏文化大省建设和全国广播影视事业发展的“十五”计划纲要相适应，制定了江苏省广播影视事业“十五”发展规划，确定了“十五”期间全省广电事业发展的指导思想、奋斗目标及相应的对策措施。抓住事业建设重点，进一步巩固和扩大了广播电视覆盖。重点围绕中波台管理体制调整，中波覆盖网进行了优化整合。无线及频率管理进一步加强，保证了有效覆盖。加强了技术运行维护管理，确保了安全播出和安全运行。有线电视建设加快推进，全省县乡联网率达95.06%，乡村联网率达63%，进村入户率达28.51%，总入户数为646万多户。广播影视实现“两化”、建成“一平台”的步伐进一步加快。数字音频工作站、非线性编辑系统、数字转播车、自动播出系统等数字制播技术在大部分广电中心得以应用，一些台还建立了电视节目制播网络和全硬盘播出系统。有线电视网络正由单向传输网向双向信息网方向发展。全省有9个市及31个县（市）建立了数据传输平台，其中5市7县（市）已开展业务。作为总局有线数字电视试验的13个省份之一，积极开展了试点工作，确定了组建股份制的省级数字平台的思路。

四是广播电视改革进一步深化。2001年，组建了省广播电视总台（集团）。省广电网络股份有限公司经省政府批复同意筹建。根据总局的统一部署，进行了全省无线、有线合并工作。确定了全省广播中波发射台管理体制调整方案。广电内部管理体制改革比较明晰地走向频率、频道负责制，节目改革特别是新闻节目改革取得显著成效，成本核算、人事、分配制度改革等进一步推进，有的已形成比较规范的操作方案，综合管理工作取得了新进展。

五是广播电视行业管理力度加大。宣传管理进一步加强。新闻节目抽查、质量评估制度得以坚持和完善，制定、实施了电视剧审查等级制度、名优栏目评选制度、加强乡镇站宣传管理的规定等。严肃查处了少数地方出现的违规播片问题及播出事故。对年检年审不合格的播出、制作机构进行了整改。加强了对广播电视重要岗位上岗资格的管理，全省在编广播电视播音员、主持人全部持证上岗。根据中央领导同志关于加强境外卫星电视管理的指示和总局会议精神，在全省开展了境外卫星电视地面接收设施清理整顿集中行动，清查出违规安装的“小耳朵”和卫星天线4139座，已拆除1435座，经总局检查组验收，专项治理第一阶段的任务超前完成。进一步加强了广播影视节目知识产权、视频点播、信息网络传输广播电视类节目、社会公共场所大屏幕电视等的管理。

六是广播电视队伍建设有所加强。全省各级广播电视部门坚持以江泽民同志“三个代表”重要思想为指导，突出抓好“七一”重要讲话和党的十五届六中全会精神的学习贯彻，县（市）和乡（镇）广播电视局、站还先后开展了农村“三个代表”重要思想学习教育活动，促进和加强了基层广播电视队伍建设。广播电视系统党建及党风廉政建设责任制进一步落实，职业道德建设得到加强。结合管理体制调整和机构改革，进一步完善和推进了以公开选拔、公开招聘、竞争上岗等为主要内容的干部选拔任用制度改革，一批较为优秀的年轻干部进入各级领导班子。进一步加强了干部和专业技术人员的培训工作。此外，广电系统党的建设、精神文明建设、纪检监察、群团及老干部工作等生气勃勃，为广电事业的改革、发展提供了重要保证。

【2002年江苏广播电视重点工作】

（一）紧抓核心，坚持导向，整体提升广播电视宣传水平

党的十六大的宣传是2002年宣传工作的核心

任务，各级广播电视部门要强化政治意识、责任意识和把关意识，高度重视，聚精会神，切实做好舆论引导工作，牢牢把握正确的舆论导向，努力为十六大的召开创造良好的舆论氛围。要严格宣传纪律，坚决杜绝政治性、政策性的问题，切实防范由于导向把握不当，对党和国家的工作大局，对改革、发展、稳定造成不良影响。在此前提下，十六大的宣传一是要抓好宣传创新。要注意抓新的题材，力求新的视角，挖掘新的内涵，运用新的手法。要在实践中创造更多的群众欢迎、宣传效果好的新形式，将十六大宣传搞得生动活泼，引人入胜。要充分发挥各地特色，抓出与别人不一样、不一般的报道。二是要形成宣传合力。广播与电视要互相配合，不断加大宣传节奏，形成宣传合力，造成舆论强势。三是要转变作风。要坚持扎根基层，通过群众视点观察社会生活。争取在十六大的宣传中出现更多的既符合中央精神，又贴近群众、贴近实际、贴近生活，别开生面、别具特色的好报道、好节目。

在抓好党的十六大宣传这一核心任务的同时，要继续加大经济建设的宣传力度。

2002年，还要本着“频道专业化、栏目个性化、节目精品化”的整体原则，进一步加大频道栏目改革的力度。要在继续推出名优栏目的基础上，逐步推出名主持人、名编辑、名记者、名频道频率。要继续抓好视听评议工作，要完善新闻节目质量评估体系和名优栏目评选体系，靠制度净化荧屏、繁荣文艺。

（二）坚持以发展为主题，深化广播电视改革

1. 尽快组建省广播电视网络总公司。要加快全省这张网的整合，尽快实现省、市、县三级贯通，全程全网，统一管理，分级运营，利益共享，协调发展。与此同时，要加强广播电视网络设施的安全管理，确保网络的安全运营。

2. 积极推进体制机制改革。省集团要着手内部机构机制建设。市一级提倡“块块合一、局台合一”。要通过结构调整建立起适应和促进事业发展的新格局新体制，要加快资源优化组合、合理配置，加快市场的研究和开发。要积极推进广播电视内部改革。

3. 及早应对可能出现的跨地域、跨媒体的挑战。

（三）巩固扩大有效覆盖，加快推进广播电视科技创新

要继续巩固无线覆盖成果，提高覆盖质量。确保中波台回收管理取得明显成效。继续大力发展有线电视用户，把工作的重点放到苏中苏北农村，进一步采取措施加快乡村联网，同时，积极推动有线电视与有线广播共缆传输、共同入户。

2002年江苏省广播电视科技创新也有几项重点工作：一是积极推进全省有线数字电视试验。二是继续做好全省广电设备由模拟向数字转换的工作。三是加快广播电视城区网的开发改造，积极开展数据业务。四是扩大省监测台功能，在本地监测基础上实施对中波台的网络监测，增加对全省广播电视播出情况的流动监测，同时增加对省辖市一套电视节目的视听评议。

（四）进一步加强行业指导与管理及社会管理，促进广播电视健康发展和繁荣

1. 转变观念，转变职能，改进方法，努力开创行业管理、依法行政的新局面。省局要切实承担起行政管理职责，把主要精力、工作重点放在对广播影视业的依法监督管理和促进繁荣发展上来。要切实抓好内部建设和管理，尽快完善加强行政管理的基本工作机制与制度。要改进传统工作方式方法，理清工作思路，积极探索广播影视行业管理和社会管理的新办法、新路子。要加强广播影视法制建设，做好建章立制等依法行政的基础工作。

2. 积极实施全省广播影视事业“十五”发展规划，切实加强对产业发展的行业指导与管理。依据全省广播影视事业“十五”发展规划，大力推进规划实施及主要指标的分解落实。加强对全省广播影视事业发展的调查研究，及时、正确地指导体制改革与产业发展，促进理顺体制，加快发展，完善管理。切实加强对播出机构广告经营和网络增值业务等产业经营的行业指导与监管。

3. 根据总局的统一部署，积极稳妥地推进市县播出机构职能转变工作。市、县播出机构职能转变后，要把工作重心转移到转播好中央和省级广播电视节目上来，转移到扩大广播电视节目的有效覆盖和提高广播电视服务水平上来，转移到改造、完善广播电视网络，发展有线广播电视用户，拓展广播电视业务上来。要积极探索办好公共频道的办法和路子。

4. 继续坚定不移地抓好境外卫星电视地面接

收设施专项治理工作。重点是消灭死角，查遗堵漏，规范管理秩序，目标和任务是：①彻底清除居民个人擅自安装的“小耳朵”；②全面清除小区违规传送境外卫星电视节目信号的现象；③对合法用户进行设备转换；④配合信息产业部门，规范生产环节，实行定点定量管理；⑤配合工商部门，打击违规销售“小耳朵”现象；⑥配合海关、工商等有关部门，切断源头，未按进口程序进入境内的“小耳朵”基本消失。

5. 切实加强播出管理，防止乱播滥放，坚决杜绝重大事故。

（五）切实抓好队伍建设，为广播电视改革发展提供有力保障

造就一支政治强、业务精、纪律严、作风正、懂经营、善管理的广播电视队伍，要继续抓好以“三个代表”重要思想和“七一”重要讲话为主要内容的理论学习。党的十六大召开后，要认真学习领会其精神，更好地用科学理论武装广大干部职工，指导广播影视工作。要按照“八个坚持、八个反对”的要求，全面加强党的作风建设。继续认真抓好党风廉政建设和反腐败各项工作的落实。加强职业道德建设。

大力加强各级领导班子建设，进一步推进干部选拔任用制度改革，健全监督制约机制，优化领导班子结构。要切实加强专业人才队伍建设，特别是要培养和引进经营管理人才、金融财会人才、高新技术人才、宣传策划人才及采编播复合型人才。要认真贯彻落实《2001～2005年江苏广电系统干部培训规划》。

要适应新形势新任务，切实转变机关工作作风。省局要通过建立工作例会、联系点、专题检查等方式，加强与总台、各市、县（市）及乡镇等有关方面的联系，加强调查研究，为全省各级广播电视部门、单位和社会相关行业做好各项管理服务工作，推动全省广播电视事业快速健康持续发展。

（陈宇昕　冯宁）

江苏省通信服务业发展概况

2001 年，全省电信业在信息产业部、省委、省政府的领导下，深化改革，加快发展，大胆创新，努力克服前进中的困难，各项工作都取得了较大进展，尤其是 2000 年 3 月省通信管理局正式挂牌成立以来，全省电信行业出现统一监管有力，市场竞争有序，企业关系融洽，业务持续快速发展的良好态势。

【基本情况】

（一）全省通信服务业的主要经济增长指标

2001 年全省电信运营业完成固定资产投资 170 亿元，占全国的 7.3%。江苏电信、联通、移动三大公司 2001 年通信业务收入共达到 228.1 亿元，其中江苏电信为 119.2 亿元，增长 2.2%；江苏联通为 26.0 亿元，增长 30.1%；江苏移动为 82.9 亿元，增长 17.1%。截止 2001 年底，全省电信业务总量达到 257 亿元，比上年增长 47.7%。

（二）全省通信服务业的主要业务发展指标

到 2001 年 12 月底，全省局用电话交换机总容量达到 2011 万门，居全国第一位，移动电话容量达到 1561 万户，居全国第三位；全省电话用户总数达到 2428 万户，其中固定电话用户总数达到 1402 万户，居全国第三位；移动电话用户总数达到 1020 万部，居全国第三位，其中联通江苏分公司移动电话业务已占市场份额的 31%，高于全国平均水平；互联网用户数累计达到 260 万户，成为全国互联网用户最多的省份，非江苏省电信公司的 IP 电话业务量已占市场份额的 40%；全省电话主线普及率达到 32.7%，其中固定电话主线普及率为 18.9%，移动电话主线普及率 13.8%，高于全国平均水平 7.6 个百分点；南京、苏州、无锡、常州等城市电话普及率水平已达到国外中等发达国家 20 世纪 90 年代水平。

（三）全省通信服务业的主要通信能力指标

宽带城域网建设项目：建成覆盖全省的 16X2.5Gb/sDWDM 高速传输网，省内互联网骨干带宽提高到 60Gbps。新增 ADSL13.7 万线，完成用户驻地网布线 77 万户，实际具备放装能力的以太网端口达 21 万个。13 个市分公司均开工了宽带城域网建设项目。

GSM 网络：基站数达到 3303 个，MSC 容量 435 万户。CDMA 一期工程建设于去年 12 月底完成，无线容量为 85 万户，基站 805 个，分别设立了 9 个移动交换局，覆盖全省 13 个本地网；二期工程的建设正在进行之中。目前，长途网建设规模：30000 路端；数据网建设规模：VOIP1110E1，前置交换机 3590E1，ATM 网已达到全省覆盖。互联网，165 网络完成二期扩容，网络由三层组成：骨干汇聚层、省网业务汇聚层、地市接入层；165 计费认证采用全省集中方式，系统容量达到 80 万用户，接入服务器达到 988 个 E1，出口带宽由原来的 20M 扩至 100M。传输网规模，一干、二干、国际局、北沿海各工程均顺利开展并按期完成，一干在省内光缆线路长度约 810 公里，二干约 2367 公里，本地网约 10000 多公里。计费账务系统，已由分散式系统演变为集中式系统，并朝着综合电信业务服务支撑系统的方向发展；综合电信业务服务支撑系统由专业计费、营业帐务、综合客服、综合结算和统一客户资料管理等系统组成。

GPRS 网络：2001 年完成 G 网五期扩容工程全网割接和 GPRS 一期和二期工程，G 网六期紧急扩容工程进展顺利；完成了省内通信干线传送网和同步网工程，实现了移动传送网从无到有的飞跃；网络优化工作取得了长足的进步，基本完成了对省内三星级以上宾馆的室内覆盖，室内分布系统建设逐步进入制度化建设轨道。

【重要措施和经验】

江苏通信监管工作在信息产业部和省委、省政府的正确领导下，在各部门和各电信运营企业的关心支持下，全局干部认真学习和实践江总书记“三个代表”的重要思想，在人员少、责任重、工作量大的情况下，勤奋工作，真抓实干、与时俱进，认真贯彻《电信条例》，切实履行政府职能，在电信市场监管、网络互联互通、促进有效竞争、改善通信服务、加强法制建设等方面取得明显成效。

（一）认真履行通信监管职责，积极创造公正公平和有效的竞争秩序

为了规范市场，去年省通信管理局依据电信条例集中力量对全省运营市场进行了清理和整顿，重点纠正了社会反应强烈和企业间比较突出的违规行为，开展了互联网上网服务营业场所的专项清理整顿活动，与有关部门共同制定了《江苏省互联网上网服务营业场所管理办法》，检查了上网场所6345家次，取缔或停业整顿2000家，遏制了我省上网场所过多过滥的现象。贯彻国务院《互联网信息服务管理办法》对全省网站进行清理，开展补办经营许可证和备案手续，发放ICP经营许可证100家，备案非经营性网站2338家。

成功地实施了电信资费结构性调整，加大了对基础电信业务资费的监管力度，资费管理工作规范有序，初见成效。一是电信资费的调整，比较适合江苏的实际，有利于电信企业的长远发展；二是各大电信运营企业能自觉服从监管，在业务开展中主动做好报批、报备工作；三是省通信管理局认真履行电信资费管理职责，协调处理了互联网资费、移动电话资费等方面遇到的问题和矛盾，较好地解决了价格战和违规经营等不公平竞争问题。在规范市场秩序中，省通信管理局着力解决企业反映的由于业务发展不规范而引发的各种争议问题，并注意处理好竞争与合作的关系，通过企业之间有效的竞争与合作，促进共同发展。目前全省电信市场竞争秩序良好，基本上没有价格上的恶性竞争现象。

为了推进网间互联互通工作，省局建立了省内三大运营公司互联互通联席会议制度，制定了互联互通实施细则，认真协调网间结算，确保了新兴运营企业的公平、公正接入。为了解决网间业务联而不畅，使网络结构更加合理和经济，江苏率先在全国启动了网间互联高层传输环网工程，苏州、无锡、常州、南通、扬州、徐州等地区已基本建成，并陆续投入运营。新的传输系统投产之后，江苏网间互联互通水平将得到明显提高，网间业务通而不畅的矛盾将会缓解。

开展以保证网络通信质量和规范市场竞争秩序为主要内容的整治活动，取得明显成效。去年10月江苏一些地区开始出现网络通信质量下降、市场竞争中违规行为等问题，社会反映强烈。为了有效的制止这些现象的蔓延，省通信管理局决定春节前在全省突击开展一次以解决网络通信不畅和纠正市场竞争违规行为为主要内容的整治活动。全省成立领导小组，各地市组成工作小组，采取集中办公方式，督促认真排查造成网间通信不畅的原因，坚决杜绝市场违规、开办业务不规范行为，并对存在问题的地区提出整改要求，限期解决问题。通过这次整治活动，加强了对网间互联的通信质量和对市场竞争行为的监管力度，在切实提高全网的通信质量、确保网间通信业务畅通方面，取得明显成效。通信管理局今后将开展不定期抽查网间通信质量活动，并根据信息产业部9号令，制定“网间通信质量通报”、“网间通信障碍申报”等制度，从制度上规范企业的行为。

为了加强对电信业务经营服务质量的监督管理，保护电信用户的合法权益，规范用户申诉处理行为，省局成立了江苏省电信服务质量用户监督委员会，设立了电信服务申诉专用电话，对受理的用户申诉，做到件件有回音、事事有着落，同时省局还试行了服务质量通报制度，鼓励和督促企业申报江苏省服务质量奖，有效地促进了企业服务的改善和提高。为贯彻信息产业部通信行业作风建设工作会议精神，去年江苏成立了通信行业行风建设工作指导小组，要求各企业加强对行风建设的组织领导，把行风建设与制度建设、业务发展有机结合，加强监督检查，着力解决“用户交费难、查询话费清单难、电信运营企业间互联互通难”三大难点，切实把服务工作做好。四季度对江苏电信、移动、联通三大企业的服务质量进行了用户满意度调查。

为认真整顿规范通信建设市场秩序，省通信管理局成立了领导小组，要求通信建设、设计、施工、监理等单位认真开展自查自纠，共查出违规项目几十项，涉及违规工程资金几十亿元。

（二）积极承担地方政府主管部门的职能和参与推进地方信息化工作

通信管理局在管理体制上属于中央垂直领导，对地方通信业行使行业管理职能。因此，积极承担地方政府主管部门的职能也是电信监管的重要方面。省局在组建时就将自己看作是省政府的一个部门，认真完成省委、省政府交办的工作。2000年省局积极配合省有关部门编制了“江苏省信息化白皮书”的通信部分，完成了编制《江苏省通信业“十五”规划框架》、战备应急通信、国防动员及党政专用网协调和管理等工作；同时积极参与地方信息化推进工作，组织了由省政府各部门负责人参加的信息化论坛讲座，从而提高了通信管理局在地方政府的地位和作用。

（三）加强法制建设，积极推进依法行政工作

以宣贯《电信条例》作为推进依法行政的契机，大力营造通信监管的法制环境。《电信条例》颁布后，省通信管理局首先抓好机关干部的学习，要求依法行政，依法处理监管工作。到目前为止，省局100%的干部参加过部的条例培训；经培训、考核，已100%取得部、省行政执法证件。省局还在全省范围内开展多层次的电信条例宣贯活动，共举办电信法规培训班14期，参加培训人员达1200人；在省电信、联通、移动等六大运营公司的支持配合下，省局还与《江苏法制报》联合组织了全省专题知识竞赛，在社会上营造学习贯彻执行电信条例的氛围，受到较好效果。

认真开展对地方法规和政府规章的清理。2000年省局成立了法规、规章和规范性文件清理小组，根据中国加入世贸组织对外承诺条款和省委、省政府的统一布置，已经完成对《江苏省邮电通信条例》（地方法规）、《江苏省公用电话管理办法》（地方规章）的清理工作，现正在对规范性文件和相关政策性措施进行清理和处理工作。

（四）建立和完善各项工作制度，努力实现管理创新

省通信管理局在创建时就提出“内强素质，外树形象，公正执法，高效运作”的建设目标，重视整章建制，完善各项工作制度。一年多来，省局先后制定了通信管理局机关工作制度、各处室工作职责、建立和实施了互联互通联席会制度，经营许可证审批流程、用户申诉处理规则和流程、规范性文件制定办法、通信行政处罚流程、新闻信息发布制度等，在市场监管中严格按照公开、公平、公正的原则办事。为了实行政务公开，开通了省局网站。

为了及时掌握市场运行形势和企业发展动向，促进有序竞争，省局从2000年7月开始建立了江苏电信市场情况分析会议制度，编印出《江苏电信市场情况分析通报》，供各电信运营公司参考借鉴。此外，省局还按照信息产业部要求，建立了全省各运营企业的统计报表制度，及时掌握全省通信发展基本情况。为了转变政府职能，发挥行业协会等中介组织的作用，在通信管理局倡导下，由省内六大电信运营公司发起，率先在全国成立了省级通信行业协会。通信行业协会成立后在倡导企业协作、加强互相沟通，避免恶性竞争和加强行业自律方面开展了积极工作。

【存在问题和解决问题的思路】

在行业监管和电信发展取得成绩的同时，省通信管理局也应当看到工作中存在的问题：一是应对入世，我省电信业竞争的实力不够强，通信发展与我省经济在全国所处地位还有一定差距，电信普遍服务给电信监管提出了新要求；二是在网间互联物理层面上的问题解决之后，影响网间通信质量的深层次矛盾开始突现，各级电信运营企业自觉执行通信纪律已刻不容缓；三是少数运营企业违规经营电信业务，进行一些容易引起消费者误解的广告宣传值得注意；四是价格违规现象有抬头的趋势；五是监管队伍人员少、任务重，手段不健全，行政处罚力度不够等等。对以上问题的解决思路就是认真的贯彻党中央以及信息产业部有关的规定，灵活机动面对入世后遇到的种种挑战，抓住机遇，加强监管力度，把江苏的电信行业引导到一个正常有序的共同合作、合理竞争的大环境里。

【发展目标和主要任务】

电信行业应对加入WTO后的新挑战，要认真转变观念，积极调整发展策略

（一）面对入世的挑战，首先要加强学习把握好发展机遇

我国加入WTO后，对电信业来说，既有机遇，又有挑战。省通信管理部门要结合电信行业特点，全面地认识这个问题，既不夸大对电信业的冲击，也不低估可能带来的负责影响，做到心中有数，沉着应对。首先要认真学习掌握我国加入世贸组织文件和国务院颁布的《外商投资电信企业管理规定》，保持清醒头脑。我国政府有关电信的承诺，是按照国际惯例和国情，分层次、分

步骤、分阶段，逐步、有序地开放，使电信企业有的放矢的建立自身的行为规范。其次要充分看到入世后对电信业带来的发展机遇，一是国家进一步实施扩大内需的方针，加快推进信息化带动工业化战略，将激发社会对通信服务的需求；二是国家进一步整顿和规范市场经济秩序，加快法制建设，加快转变政府职能，深化电信企业改革重组，将有力地推动市场公平有效竞争，提高企业的竞争力，形成有利于电信业发展的政策法规环境；三是加入 WTO 后，对外开放环境进一步改善，发达国家加大对我国电信业的投资，同时也要求省通信管理部门审时度势“走出去”，扩大与国内外运营商的合作，这就为我国电信企业实施发展新战略提供了难得的机遇。

（二）认真转变观念，处理好改革与竞争的关系

2002 年，江苏省电信业改革和开放面临着新的形势，加入 WTO 和继续深化电信体制改革，要求通信管理部门必须进一步转变观念，才能处理好改革与竞争的关系，应对入世的挑战。树立起电信企业要处理好竞争与合作的关系，互相沟通、互相协调，才能共同发展的观念。在当前电信市场面临进一步对外开放的新形势下，电信企业必须完成由垄断经营向公平竞争、由排他性竞争向合作性竞争的观念转变。随着电信体制改革的进一步深化和与国际接轨按照 WTO 规则办事，互联互通将成为市场竞争的基础，要大力倡导企业在竞争中合作，在合作中竞争，走竞合共赢之路是今后电信行业发展的必然趋势。

电信企业不分大小，一律平等的观念。电信企业在市场中是平等主体之间的关系，应当加强沟通，平等对待，通过友好协商解决企业之间的问题。通信管理部门提倡每一个电信企业应当首先解决好自己的问题，从自己做起，用自己的行动来自觉维护市场秩序。

所有电信企业都必须将全网通信质量视为电信行业生命线的观念。要无条件地将确保网络通信畅通作为企业的根本宗旨，任何企业对出现的通信质量问题都有采取一切措施加以解决的义务。当竞争中出现新情况、新问题时，应当依据电信条例通过正常的程序来解决，而不能采取不正当的手段对付竞争对手，否则只能造成市场秩序的混乱、企业之间的对立和关系的紧张。

禁止不计成本的价格战是各电信企业共同利益所在的观念。电信行业的发展依赖良性的竞争，价格战发展为恶性竞争只会损害企业自身的利益。制止价格战关键在于运营企业自上而下提高企业内部的约束力，防止各级公司市场决策的短期行为，采用不计成本的价格竞争，乱涨价、乱降价都会侵犯消费者的权益。这种价格战危害国家，危害企业，最终也会危害客户。

（三）应对入世，加快调整发展策略

江苏电信行业要充分利用入世的过渡时期，加快行业结构性调整，对不同业务采取不同发展策略。在完善市场准入的情况下，对不同业务领域采取不同的管制手段。

基本电信业务企业通过改革和重组，业务结构更加合理，通过上市拓宽融资渠道，提高核心竞争力，使企业做大做强，向可持续发展和与国际接轨的具有全业务的集团化大型企业方向发展。

增值电信业务企业通过 ISP、ICP、ASP、虚拟运营商、转售业务等形式有效整合网络资源，已成为通信经营服务业的重要组成部分。随着民营资本和外资的进入，增值电信业务将大大放开，市场竞争格局趋于复杂，行业资本构成趋于多元化，中小企业凭借自己的创新能力在增值电信市场发挥重要作用。入世后，增值电信服务首先开放，国家将鼓励各类投资主体依法进入增值电信业务市场。推进国民经济信息化将会带动增值电信服务的发展，现在网络信息内容不够丰富，信息渠道不够通畅，要提高信息化应用水平，国家将采取扶持增值电信业务发展的政策。目前江苏省增值电信业务经营单位已达 213 家，但企业规模小，较分散，还没有形成业务发展的优势，今后省局将大力培植以 ICP 为主的增值业务发展，以网络应用促发展，并鼓励中小企业和社会资本进入增值电信业务市场，促进电信业的良性发展。

接入网市场放开已成为发展趋势，适时出台接入网运营市场的开放政策，加大对本地网公平接入的监管力度，消除宽带用户驻地网试点工作中遇到的障碍已成为电信管制的重要方面。

【2002 年全省电信行业管理工作安排】

2002 年是实施“十五”计划的关键一年，是我国加入世界贸易组织逐步按照国际规则运作的第一年，也是电信业形势面临更加复杂和严峻的一年。2002年江苏通信监管工作总的思路是：紧紧围绕“三个代表”重要思想，贯彻落实党的十五届五中、六中全会及中央经济工作会议精神；认真贯彻《电信条例》，继续加大对全省网间互联互通和电信市场的监管力度，加强法制建设，不断完善各项管理制度和监管手段，通过理论创新、管理创新、机制创新，争创全国一流，积极推动公平、公正有序的竞争秩序，提高企业与行业的竞争能力；坚持依法行政，转变职能，强化服务，加快建立与国际接轨的法律法规体系和市场监管体系，使江苏电信行业管理工作再上一个新台阶，为富民强省和确保江省电信事业健康、快速发展做出应有的贡献。

（一）深入学习贯彻《电信条例》，加强电信业宏观规划

《电信条例》是指导电信监管、电信发展、电信服务的纲领性文件，电信行业要结合信息产业部部长令，全面准确理解和把握《电信条例》确定的原则。电信企业一般员工要通过普法教育，了解主要内容；各级电信企业领导和从事法制、经营、维护、建设、服务等部门负责人要组织专门培训，熟悉《电信条例》和信息产业部部长令的内容实质，把握精神，指导企业的经营活动；省局采取一定形式向政府有关部门和执法机关宣传《电信条例》，提高行政执法水平。

积极推进江苏信息化工作。省政府提出强力推进江苏信息化大省的建设目标，坚持政府先行，带动信息化发展，要面向市场，需求主导，讲求实效，在培育竞争机制的同时，加强统筹协调，防止重复建设，结合我省实际，按照互联互通、资源共享的原则，充分发挥基础电信网在信息化中的作用，积极推动各类上网工程。

加强对全省电信业的宏观规划和政策指导，从电信业改革重组的新格局和“十五”规划的总体要求出发，加强对全省通信网络建设、业务发展的规划指导。从全局高度做好对省内各运营公司之间发展规划的协调工作。认真开展行业统计工作，落实各项定报制度，拟实行每季度发布行业统计信息，为企业决策提供参考。

（二）认真履行电信监管职责，积极推动市场公平有序竞争

2002年在市场监管方面将健全和完善“政府监管、企业自律、社会监督”机制，认真贯彻落实《外商投资电信企业管理规定》和《电信业务经营许可证管理办法》，规范市场准入行为，规范企业经营行为，促进公平有效竞争，通过加强市场监管，推动全省电信业健康快速发展。

依据信息产业部颁布的电信业务经营许可证管理办法，研究制定江苏经营许可证发放、管理的具体措施，使经营许可证的审批工作更加规范、公平、透明；加强对新推出的电信业务报备工作；为了规范电信卡市场秩序和业务活动，加强对企业销售电信卡的管理，省通信管理局制定了《江苏省电信卡管理暂行规定》，要求相关运营企业按照暂行规定公开进行规范承诺，以杜绝电信卡的倾销行为。加强对寻呼市场兼并、重组方面的管理，制止终免服务费等不正当竞争行为；加大对非法经营电信业务的查处力度，对严重扰乱市场秩序、侵害用户利益的行为采取行政处罚措施。

在电信资费监管工作中，依据信息产业部颁发的《电信资费管理办法》和《电信资费分类管理目录》，建立以规范电信市场秩序，促进业务发展为主要目标的电信资费管制办法和措施，严格各运营企业电信业务资费的审批、备案，建立省内电信资费标准报备系统，加强对各运营企业执行部定资费标准情况的监督检查，重点纠正不规范竞争行为。针对目前市场上出现的价格违规及开展业务过程中的不规范行为，省局将提出规范电信市场经营行为、建立公平竞争市场秩序的意见，制定价格违规处罚办法，坚决制止价格上的违规行为。积极培育公平有序健康发展的通信市场，引导企业增强竞争意识，市场意识和消费者意识，树立新的经营理念，加大市场开发力度，开发多样化、个性化的服务，促进潜在的需求向现实消费的转化，自觉抵制不计成本的恶性竞争，发挥竞争对电信发展的促进作用。加强经常性的市场监管工作。深入电信运营企业进行调查研究，了解和掌握基础电信业务和增值电信业务的定价标准和资费执行情况。对省内电信业务收费项目、收费标准和执行情况进行检查。

加强电信设备入网管理，贯彻落实移动电话、固定电话“三包”的规定，预申请设立江苏移动、固定电话机维修资质认证分中心。根据部对“网吧”管理职责的调整，加强互联网上网营业场所管理工作；规范增值电信业务办证手续和年检工作；做好职业技能鉴定工作，在对各电信运营公司的员工全面开展职业技能鉴定的基础上，对经营互联网、终端设备销售和电话、手机维修人员，实行持证上岗制度。

进一步规范通信建设市场。在全国统一部署的规范和整顿通信建设市场工作告一段落后，还要继续抓好建设市场治理工作，认真宣贯信息产业部和国家发展计划委员会颁布的《电信建设管理办法》，对各电信运营企业的五年规划和逐年滚动规划实行备案制度；对省内各电信运营企业的省内长途传输网逐年滚动专题规划实行审批制度；把好通信建设市场准入关，重视资质管理工作，继续做好省内通信施工企业资质就位及省内通信设计单位的资质换证和升级工作；做好对申请通信管线资质和系统集成资质单位的初审或核发资质证书工作。省通信工程质量监督中心要按照部、省的委托，对参与通信工程建设各方主体的质量行为和工程执行强制性标准的情况进行监督。与政府相关部门协调，研究解决移动通信基站建设和保证信号在特殊地区覆盖的问题。

做好通信管道建设的统筹规划和行业管理。通信管线是国家公用电信网的重要组成部分，按照《电信条例》和有关规章规定，通信管道、纤芯的经营属于基础电信业务，只有取得基础电信业务经营权的企业方可从事通信管道、纤芯的出租出售等业务。在省局协调下，省内六大基础电信公司将联合签定《关于电信管道建设和经营等的规范协议》，同时纠正租用或出售传输网络元素中的不规范行为。

（三）加大互联互通后通信质量监管、协调力度，着力解决网间互联深层次问题

采取有力措施，完善监管制度，坚决纠正造成网间通信不畅的问题。要巩固整治活动的成果，坚持对全网通信质量问题常抓不懈，坚决杜绝人为造成的网间通信不畅和中断通信的现象。一是完善《江苏省公用电信网间互联管理细则》（试行），建立健全互联协议备案、网间通信质量分析、网间通信障碍申报等制度；制定我省“网间通信障碍的处理程序”、“网间通信质量争议处理程序”及“违反网间通信质量规定的处理办法”，从制度上保证网间通信质量。为使电信企业履行自己的义务，遵守互联互通纪律，年内由省内六大运营公司将签订保障网间通信质量的承诺。任何企业和个人不得以任何理由在网间通信质量上设置人为障碍，确保关口局忙时每线话务量不高于0.7erl，本地网固定电话网中继有效占有率达到90%以上，对障碍处理要相互配合，相互支持，确保在时限内解决。为了及时对造成网间通信障碍责任人的处理，省局还将与省各大运营公司共同制定“关于对造成网络通信障碍和扰乱市场秩序当事人（责任人）的行政处理办法”，追究有关领导和直接责任人的行政责任。二是继续推进省内网间互联高层传输环网的建设，完善环网运行管理制度，建设畅通工程，保障网间互联的公正和透明，最大限度地促进资源共享。三是督促电信运营企业分公司之间建立网间常规测试、通信质量相互通报制度，做好对网间各类业务量的分析，逐步完善互联业务量分析制度。四是研究多个公用网与专用网、小交换机用户之间的互联问题，加强技术规范。继续做好驻地网试点工作。重点开展基础电信运营公司（主要是中国电信）与新兴运营公司合作开放业务的试点工作，以减少重复建设，降低建设成本，努力营造一个双赢的宽带用户驻地网运营市场。

加强电信网码号资源管理的科学性和规范性。尽快建立码号资源计算机管理系统；在组织协调苏州本地网号码升位的基础上，研究江苏省其他城市号码升位方案；在调查、摸底的基础上对全省短号码资源进行清理、整顿。在信息产业部新的《电信网码号资源管理办法》出台后，制订江苏码号资源管理实施细则。

明确职责，做好新形势下党政专网和战备应急通信工作，在电信重组后要调整理顺党政专网的管理体制，健全规章制度；进一步完善全省战备应急通信工作机制，不断提高江苏战备应急通信能力，确保紧急情况下通信畅通，逐步建立和完善战备应急通信保障和管理体系。

（四）认真执行《电信服务标准》，加大电信服务质量监管力度

加强和改善电信服务，提高服务质量，既是维护广大用户利益的重要举措，也是企业健康快速发展的内在要求，要调动政府监管部门，电信运营企业和广大社会用户三方面的力量，共同做好服务工作。

贯彻落实信息产业部颁布的服务工作“一个标准、二个办法、三个制度”，即电信服务标准，电信服务质量监督管理办法、电信用户申诉处理办法，电信服务质量报告、电信服务质量通告和电信用户满意度指数评价制度，加强日常检查和督促，要求企业定期向社会公布本单位电信服务质量标准、服务内容和服务质量标准执行情况。对用户投诉的问题，企业要认真处理，提出改进措施，并及时向行业监管部门、消费者组织和用户反馈。为了确保用户合法权益不受侵犯，省局将在“3·15”左右，开展一次“12300”局长热线服务活动，解答和解决电信监管政策及有关电信服务质量的申诉，要求各电信企业积极配合与协助。省局还计划在下半年对全省电信服务再进行一次用户满意度调查。

从2002年开始，江苏电信企业申报部省级先进称号实行初审制，各级电信运营企业申报部省级（含部省级以上）文明行业、服务质量奖等先进称号必须由通信管理局归口在省文明办的指导下，初审后方可上报，对有严重违反市场竞争秩序和互联互通规则，造成网络通信质量不畅，受到电信监管部门通报批评等处理或行政处罚等情况的将实行一票否决制。

（五）扎实有效地做好电信网络与信息安全工作

认真贯彻落实信息产业部信部编［2001］10号文件精神，统一认识，通力协作，按照分中心组建领导小组的统一部署，加快国家计算机网络与信息安全管理中心江苏分中心的组建工作。重视信息安全管理。进一步加强对公共信息的监管，以网站、信息台、移动短信息为重点，加强对各运营企业的信息安全工作检查指导，严格“BBS”的审批和管理，建立健全信息安全管理制度，落实各ISP对网站监控责任制。针对互联网、移动短信息及其它涉及信息安全的问题日益突出的情况，要采取各种行之有效的措施，防止不良信息的传播和扩散。各互联网服务及接入单位必须建立健全信息安全管理制度，加强对通过本单位接入的ICP和“网吧”等上网服务营业场所的管理。加强安全生产工作，健全各级电信企业安全生产责任制。

加快筹备成立省互联网协会。目前，国家正在大力推进信息化，积极发展互联网已成为新的增长点。成立省互联网协会的目的在于协调行业与政府主管部门的关系，提高互联网技术的应用水平和服务质量，普及网络知识，引导用户正确使用网络，推动全省互联网事业的健康发展。

（六）加强机关作风建设，提高队伍整体素质

根据电信业改革的不断深化和我国加入世贸组织的实际，适应形势变化的需要，认真学习贯彻党的十五届六中全会精神，进一步改进机关作风，努力提高省局全员素质是目前和今后一段时期的中心任务之一。

加强和改进机关工作作风，提高办公效率。按照十五届六中全会精神，对照“八个坚持、八个反对”，解放思想、实事求是，牢固树立为基层、为企业服务的思想，深入企业调查研究，使行业决策和行业管理更加符合实际，更加具有科学性和指导性。完善省局办公自动化系统，办好对外网站，宣传相关的规章制度，公开办事程序，增加管理工作的透明度，接受社会监督。发扬艰苦奋斗、勤政廉洁、务实高效的工作作风，识大体、顾大局、讲团结、讲奉献，建设一支高素质的行业管理队伍，胜任本职工作，担当好电信行业监管艰巨而光荣的重任。

（施中春）

江苏省无线电通信基础设施建设情况

【基本概况】

截至2001年12月，全省各类无线电发射设备总数已达1032万部，比上年增长近1倍。各类无线电台站总数为1025万个，比上年净增510万个。其中，广播电视台864个（声音发射台482个、电视发射台156个、差转发射台226个），短波电台550个（固定、陆地电台429个，移动电台121个），甚、特高频电台54896个（固定、陆地电台6503个，移动电台48393个），船舶电台815个，无线寻呼基站2495个，集群系统电台4641个（基站143个、移动台4498个），蜂窝系统电台1025.1960万个（基站5320个、移动台1024.6640万个），卫星地球站361个，微波站1029个，其他台站2389个。另外，无线寻呼用户247.8887万个。与2000年相比，专用通信电台减少了24个，蜂窝系统电台则增加了500万个。无线寻呼用户减少了143.7289万个。可以看出，全省蜂窝系统电台依旧保持着一种高速增长的趋势，移动通信技术日新月异，网络不断优化完善，功能不断扩展，SMS等各种增值业务广泛应用。随着联通CDMA的建成、GPRS网络即将面世，移动通信正在向第三代移动通信即3G发展，除了满足语音和低速数据传输的需求外，正逐渐向无线高速数据传输和多媒体等业务领域发展。值得一提的是，PHS（“小灵通”）系统已在全省各市开始逐步建设并相继投入营运，作为PSTN的补充和延伸，其同样能够提供在移动中进行通信的功能，虽然在移动速度和增值业务的提供上与蜂窝系统相比有一定的差距，但其资费低等优势，使两者能分别满足不同消费层次的用户需求，有各自存在的市场，两者是相互补充的。各类专用通信电台中，数量较上年增加的有广播电台、船舶电台、卫星地球站、微波站等。而短波电台、甚特高频电台、集群系统电台、寻呼基站则有所减少。蜂窝移动通信的快速发展，全省寻呼用户总数持续呈现大幅度下降趋势，与上年底相比减少了近144万，降幅约为37%，无线寻呼已不再是通信市场的热点。这说明了江苏无线电通信市场正在向更高层次的通信手段发展。

【主要成就】

（一）保障华商大会和APEC财长会议通信

2001年，第6届世界华商大会首次在我国举行，由江苏省南京市具体承办。省和南京市无线电管理机构专门成立了通信保障领导小组，组建了华商大会无线电通信指挥调度专网，整治了周边的电磁环境，还成立了排队通信干扰应急小分队。据初步统计，从华商大会专用无线电通信指挥调度网开通至大会结束的10多天里，其传递指令和各种信息5万多条次，均畅通无阻，准确无误。特别是在华商大会前整治市容市貌活动期间，省、市无线电管理机构积极配合市容管理部门开展集中整治乱张贴乱涂写户外广告的行动，大力支持治理城市“牛皮癣”，对违规的419部手机、1148只寻呼机作了停机查处。南京市无线电管理处由于在华商大会期间工作实绩突出，被省、市政府评为第六届世界华商大会保障有功单位。9月份，第八届APEC财长会议在苏州市召开，苏州市无线电管理处为保障会议期间的无线电通信畅通，全处出动，齐心合力，只用了半个多月就组建了一个4信道的二级调度指挥网，为会议提供了有力的通信保障，受到了市政府的表扬。

（二）维护电波秩序

全省无线电管理机构认真贯彻省委、省政府“依法治省”的方略，大力开展无线电管理法制宣传，特别是在9月份纪念《中华人民共和国无线电管理条例》颁布8周年期间，积极利用报刊、电视、广播以及国际互联网站，向社会广泛宣传无线电管理法规知识、公开政务，强化无线电管理的法制意识。在做好宣传工作的同时，全省无线电管理机构进一步加大了执法监督检查力度。年初，省无线电管理局与省“打假办”、公安、工商、质量技术监督部门密切协同配合，组织各市无线电管理处对全省通信市场集中开展了一次“打假联合行动”。从1月5日至15日，全省先后出动5410人次，突击检查销售无线电通信设备产品场所3421个，共查获假冒伪劣产品20379件，价值342万元，其中个案超过30万元的有2起。除开展集中打假联合行动外，各市无线电管理处坚持不懈地抓好经常性的执法监督检查，把重点放在查处违章设台和违章占用频率上。据不完全统计，2001年全省共查处违章设台和乱用频率的行为56起，查封没收设备239部。全省无线电管理机构还积极主动地抓好对春运、防汛抗旱、森林防火、航空、水运和严打斗争等重点频率的保护，全年共对重点无线通信频率监听11000小时，及时受理排除有害电波干扰49起，有效地维护了空中电波秩序，为江苏经济建设和社会生活中各类无线电通信业务的正常进行提供了有力的服务保障。

（三）推广运用无线电管理信息系统

为了实现“十五”期间全省无线电管理科学化的奋斗目标，全省无线电管理机构下大力狠抓了无线电管理信息系统的普及应用。省无线电管理局专门组成工作班子，对全省13个市管理处逐个帮助安装市级版软件，边安装，边培训，经过近两个月的辛勤努力，使全省无线电管理信息系统实现了网络互联，信息互传。为了充分发挥无线电管理信息系统的效能，各市无线电管理处都重视了数据库资源的采集和准确性，普遍对各类数据进行了认真的核对和修改补充。苏州市无线电管理处将全市8355个无线电台站近27万个数据资料一一重新录入，确保了台站资料完整准确。为更好地扩展信息系统的监测功能，省无线电管理局抓紧完成了南通、扬州、盐城等3个固定监测站的建设。至2001年年底，全省无线电管理机构已将日常的无线电频率台站管理、电波监测、设备检测，规费征收、资产监管及办公事务等工作全部纳入无线电管理信息系统，使长期以来传统的手工作业的工作方式发生了可喜的转变，既提高了办事效率和管理水平，又规范了政务行为，增强了透明度。

（四）狠抓管理创新

全省无线电管理机构较好地树立了进取意识，善于在工作中积极开拓创新。如徐州市无线电管理处在无线电管理法规知识宣传活动中，积极拓展宣传面，在全市范围内组织了近千人参加的无线电管理法规知识竞赛，各县、市业务部门和企业的分管领导、广大无线电管理人员以及无线电台操作人员都积极参加，试卷回收率达100%。通过这次知识竞赛，在全市范围内形成了依法加强无线电管理的良好氛围。淮安市无线电管理处结合市政府治理软环境建设，为了使无线电管理工作更好地为经济建设服务，主动在市、县设台单位中开展了无线电管理行风测评活动，收到了很好的社会效果。泰州市管理处为建立完善无线电管理行业监督机制，促进无线电事业健康发展，主动在辖区内的四县（市）两区和市直属机关聘请了14名信息联络员和行风监督员。去年以来，各市管理处认真改进工作作风，变过去的“坐等审批”为“上门服务”。如镇江市管理处为配合本市做好市容美化工程之一的出租车更新工作，组织有关人员上门集中服务，帮助办理车载电台更新手续，创造了该市无线电管理机构组建以来日检测设备245部的最高记录。

（五）加强教育培训

省无线电管理局制订出台了《江苏省无线电管理机构教育培训“十五”计划》，各市无线电管理处结合自身实际，也都制订了贯彻实施意见，使全省无线电管理机构的教育培训力度明显增强。南通市管理处积极引导和鼓励在职人员参加学历提升教育，有6名同志在攻读本科学历。连云港和常州市管理处都分别制定了员工业务学习培训计划，组织大家按计划进行自学，并把学习培训成绩与年终目标考核结合起来，使培训工作落到实处。盐城市管理处针对本单位工作人员年龄结构较轻、学历整体水平较高的特点，狠抓岗位技能培训，取得了明显成效。为了检验全省无线电监测队伍的业务技术水平和实际工作能力，省无线电管理局于年初下发了关于举办全省无线电监测岗位练兵竞赛的通知，各市管理处迅速掀起了练兵热潮。有不少市管理处都是领导挂帅，带领大家身背仪器，翻山越岭，苦练测向基本功，有时节假日和双休日都不休息。经过大半年的精心筹备，于11月下旬在南京成功地举行了全省无线电监测岗位练兵竞赛活动，盐城、泰州、南通市管理处分别获得团体总分前3名，有18人次分别获得一个单项的前6名和两个单项的前3名。为了检查全省无线电管理人员法规知识水平，省无线电管理局于年底组织了一次全省无线电管理政策法规知识考试，结果表明，大家通过平时的学习和钻研，平均取得了90分以上的优秀成绩。

【2002年重点任务】

（一）以贯彻频率划分规定为重点，进一步规范频率台站的日常管理

国务院、中央军委最近批准颁布的《中华人民共和国无线电频率划分规定》，是今后进行频率划分、分配、指配以及频率调整的总框架和法律依据。要紧密结合江苏实际，认真制订全省频率分配规划和指导意见，抓好贯彻执行。这是2002年全省无线电频率台站管理工作的重点。在学习贯彻频率划分规定的同时，根据国家部署，2002年要认真做好3.5GHz等频段的频率招标评选工作，制订全省380MHz通信频率的调整方案并付诸实施，拟订800MHz数字集群通信系统的共网平台方案，完成报批工作。为了适应无线电通信事业发展的要求，针对各类新业务不断出现的新情况，还要认真研究制订800MHz数字集群系统、3.5GHz中宽带无线接入、CDMA数字移动通信系统等台站的管理办法。要积极优化大型台站建设方案的审批；继续推进省部属台站属地化管理；继续抓好争创无线电台站管理先进单位的评比活动。要充分发挥频率台站数据库的效能。通过对固定台站的进一步核查，继续完善频率台站数据库建设。固定台站实际状况、相关资料、数据库数据三者的一致率必须达90%以上。要认真研究制订数据库的管理办法，制订新业务频率台站数据库的建设方案，按时完成无线电频率台站的定期统计分析。年内要实现全省无线电频率台站数据库联网，资源共享，为频率台站的日常管理提供可靠的依据。

（二）以维护电波秩序为重点，进一步围绕中心工作提供服务保障

在认真坚持做好日常监测工作的基础上，要紧紧围绕党委政府的中心工作，根据不同时期的不同特点，突出抓好对春运、防汛抗旱、森林防火特别是航空、水运和重大任务等重点频率的保护，保障无线电通信安全畅通。各市无线电管理处在建立大功率电台电波特征档案的同时，对易产生干扰的固定台站要加强定期监测，分析有关数据，熟悉当地电磁环境，把握电波信号活动规律。省、市无线电监测站要进一步强化“用户至上”的服务意识。根据实际需要，全省无线电监测业务技术骨干将实行机动灵活的优化组合，遇有特殊情况，统一调度人员；一旦发现有害干扰，即派出得力骨干及时进行查处，确保有害干扰排除率达90%以上，以高效率的服务保障全省经济和社会生活中各类无线电业务的正常进行。要继续从电波发射的源头上把好关口，对新设台站设备严格按有关规定进行检测。必须按时完成省质量技术监督局下达的无线电发射设备产品的质量检验任务。各级无线电监测站要认真做好场强测试工作，为频谱管理提供技术支持。省、市要进一步明确检测分工，制订无线电设备检测工作规定。结合对重点频率的保护和加强对大型固定台站的管理，年内全省将集中开展一次对调频广播、电视发射台和GSM、CDMA新设基站的检测工作。

（三）以完善法规建设为重点，进一步强化无线电依法管理的观念

根据各级政府的部署，继续做好地方性政策法规文件的清理工作。省无线电管理局要继续参与国家《电信法》中相关无线电管理的起草工作；认真制订全省公众移动通信基站设置管理办法，列入省政府法规文件；与南京军区无委会制订军地无线电管理工作协调规则。在此基础上，各级无线电管理机构要充分运用多种宣传手段，继续向全社会普及无线电管理法制知识。国家和省相关的无线电管理政策法规出台后，要及时组织学习宣传。要重视发挥无线电管理信息网站的功能，使其成为向社会公开政务、提供服务的窗口，又是听取群众意见、监督行风的渠道。根据各市无线电管理处机构改革后的实际，省无线电管理局要统一做好对派出机构无线电管理执法监督检查的委托工作，并且会同省直有关单位加强水上、渔业无线电管理执法监督检查工作。为贯彻落实国家信息产业部《关于公众对讲机管理有关问题的通知》精神，上半年将集中进行对讲机销售市场和设置使用情况大检查。下半年，要在学习宣传国家信息产业部颁布的《高楼高塔高山设置无线寻呼发射基站管理规定》的基础上，对全省“三高”设台情况进行集中整治。下半年，还将邀请省人大代表到部分市检查无线电管理依法行政情况。

（四）以搞好三项工程为重点，进一步加快无

线电管理技术设施建设

按照全省无线电管理“十五”规划的总体部署和技术设施建设“十五”计划的具体安排，今年着重是抓好三项工程建设，使江苏无线电管理技术设施建设再上一个新的台阶。

一是“网联”工程。尽快确定联网的方式，优化网络资源的配置，年内实现省与国家无线电监测中心联网。要继续对管理信息系统中公文处理软件模块进行充实完善。要加快完成全省频率台站数据库建设，认真做好台站数据库的核查核对工作，确保数据库资料完整准确。与此同时，还要认真研究解决网络的安全问题。

二是“天控”工程。积极组织实施二期工程，年内确保完成9个固定监测站和11辆小型监测车的建设。经过努力，今年要实现各市无线电管理处一站一车，并配备若干套微波场强测试系统。省、市无线电管理机构都要继续修改完善监测测向软件模块，积极筹建监测数据库，通过积累监测数据，加强定量定性分析。在此基础上，全省无线电监测网络要实现固定站与移动站、市与市、省与市全部联网监测，初步形成一个覆盖全省的自动监控空中电波的网络系统，更好地保障各类无线电业务的正常进行。

三是“地检”工程。继续完善省无线电监测站检测室的设备配置，提高自动化测试能力。省无线电监测站要积极组织开发无线电发射设备检测软件，抓紧建立检测数据库。省无线电管理局将结合各地的经济建设、无线电通信事业的发展、无线电管理机构的技术力量的实际，按档次、有重点、分步骤地给各市无线电监测站陆续配置一批通用型、综合类、数字化的测试仪表，逐步加强市一级对无线电发射设备的检测手段，切实从源头上控制对空中电波的干扰。

（五）以抓紧规费征收为重点，进一步加大无线电经济管理的力度

严格执行国务院关于《违反行政事业性收费和罚没收入收支两条线管理规定行政处分暂行规定》，对不履行行政事业性收费、罚没职责，应收不收，应罚不罚的，要追究直接负责的主管人员和其他直接责任人员的行政责任。省无线电管理局拟在年内联合有关部门对全省无线电频率占用费的征收情况组织一次检查，确保今年全省的征收率达90%以上，按时足额上缴财政。同时，要严格执行无线电频率占用费“收支”两条线的管理制度。省无线电管理局将要对省下拨的建设经费使用情况进行专项审计，坚决防止挤占挪用专项经费的违法违纪行为。

（六）以应用信息系统为重点，进一步打牢无线电管理科学化的基础

全省无线电管理机构要在培训推广无线电管理信息系统的基础上，着重在普及应用上狠下功夫。领导要做表率，尽快改变传统的手工作业方式，带头运用管理信息系统，实现办公自动化。要建立规章制度，加强督促检查，做到人人应用信息系统，个个实现网上办公。为提高应用质量，2002年准备适时召开一次全省无线电管理信息系统应用技术经验交流会。同时，对已建成的无线电管理信息系统，要明确专人管理，定期检查维护，确保系统网络和设备正常运行。全省上下要通过应用无线电管理信息系统，进一步提高机关政务规范、透明、高效的工作质量，提高频率台站日常管理的监督检查能力，提高监测检测工作对事故的预警和防范水平，为“十五”期间实现全省无线电管理科学化的奋斗目标而奠定坚实的基础。

（七）以深入调查研究为重点，进一步营造无线电管理工作的学术氛围

无线电管理是一项技术性较强的综合性管理工作，调查研究要与学术研究密切结合起来。面对中国入世后电信服务市场将逐步对外开放的新形势，必须加强前瞻性的调查研究，及时发现无线电管理工作面临的新问题，积极探索新办法、新措施。同时，又面对着无线电通信技术日益迅猛发展的新趋势，必须加强学术性的调查研究，及时掌握新技术、新业务的特点，积极探索适应无线电通信事业发展的新政策、新规定。为了指导2002年全省无线电管理工作的调查研究和学术研讨，省无线电管理局制订2002年度调研项目指南，下达调研课题，安排必要的经费，年终对优秀的调研学术成果给予奖励。通过这些举措，努力在全省无线电管理机构中营造浓厚的调研学术氛围，以促进江苏无线电管理工作不断开拓创新。

（八）以加强教育培训为重点，进一步提高无线电管理队伍的整体素质

按照省无线电管理局制定下发的全省无线电管理机构教育培训“十五”计划，认真安排今年的教育培训内容，具体确定2002年的教育培训目标。要坚持省与市相结合、脱产与不脱产相结合、集中培训与自学相结合等机动灵活的方式，分门别类地抓好在岗人员的教育培训。在教育培训内容上，既要有岗位技能培训，又要有个人学历教育，特别是要注重对全体人员进行新知识、新业务、新技术和世贸组织相关知识的教育培训。对各类培训要认真坚持考核制度，建立个人培训档案，为今后在全省无线电管理机构中逐步推行工作人员资质评定和持证上岗制度做准备。通过教育培训，不断提高全省无线电管理队伍符合国际管理规则的应对能力，适应市场经济发展与国际接轨的依法行政能力，适应无线电新技术、新业务发展的技术管理能力，更好地促进江苏无线电事业快速健康发展。

（郭立新）

第五部分

行　业　篇

江苏省信息化带动工业化发展概况

【2001 年概况】

（一）出台加快信息化带动工业化意见

为贯彻落实党中央、国务院提出的以信息化带动工业化，紧紧抓住以信息技术为核心的新一轮技术革命带来的机机遇，大力推进信息技术在工业领域中的应用，提高工业信息化水平，实现社会生产力跨越式发展，进一步提升江苏工业经济综合竞争力，省政府年底研究出台了《关于加快信息化带动工业化的意见》（苏政发［2001］154），《意见》明确提出了“十五”期间，江苏省信息化带动工业化工作的主要目标、工作重点以及主要措施。省政府明确要求省经贸委要会同省有关部门，加强对全省信息化带动工业化工作的科学规划和组织协调。省经贸委会同省财政厅、省信息产业厅等有关部门开展了信息化带动工业化的一系列工作。组织召开了全省信息化带动工业化新闻发布会。年底，省政府《关于加快信息化带动工业化的意见》下发后，省经贸委在南京召开了“全省信息化带动工业化新闻发布会”，吴瑞林副省长亲自到会并讲话，要求全省迅速行动起来，全面启动信息化带动工业化工作。这次会议对于提高认识，转变观念，营造环境发挥了重要作用。

（二）明确“十五”全省信息化带动工业化工作主要目标

“十五”期间，全省信息技术在工业经济重点行业应用取得明显实效，工业企业生产装备自动化水平显著提高，重点行业的骨干企业生产装备自动化和半自动化率达到 50%，总体技术水平达到国内领先、国际 90 年代后期水平。重点行业骨干企业在产品开发、工艺设计、生产过程控制以及企业管理等领域运用信息技术的水平大大提高，在全省重点行业中形成 100 个信息技术运用示范企业。企业信息化取得重大进展，到 2005 年，90%的企业实现上网，重点企业的内联网建成率达到 50%，外网应用率达到 10%，200 家企业电子商务取得实质性进展。工业产品的智能化和数字化水平明显提高，全省市级以上新产品的电子技术应用比重达 30%以上。

（三）对全省信息产业及信息化带动工业化的基本情况进行摸底调查

3 月份，省经贸委会同省信息产业厅分别赴上海、无锡、南通、苏州等市进行了调研。邀请省内有关专家、企业家参加信息化带动工业化工作座谈会，结合当前江苏省工业经济发展的实际，理清近期江苏省信息化带动工业化工作的基本思路，把江苏省信息化带动工业化工作的切入点归纳为“四化”：即企业信息化、产品复合化、产业高度化和共性与关键技术平台化。相应提出了现阶段省信息化带动工业化的六个工作重点：（1）用信息技术和电子信息产品改造提升工业生产自动化水平。（2）用信息技术提升传统产品的数字化、智能化水平，以此提升产品附加值，实现产品结构调整和产业升级。（3）用信息、网络技术提高企业技术创新能力和水平，重点提升企业技术创新系统技术水平，提升企业“一次创新”能力，争取形成一批具有自主知识产权的产品和技术。（4）用信息网络技术改造提升企业资源管理系统和管理信息系统，增强企业整合内外部资源能力，实现业务流程重组，从根本上提升企业的管理水平和生产技术水平。（5）用电子商务技术改造企业物流系统和产品采购、销售系统，建立现代物流系统，提高企业参与国际市场竞争的能力。（6）加快发展电子信息制造业和软件产业，争取在某些领域中，实现重大突破，为行业、企业、传统产品信息化改造提供所需的、具有自主知识产权的产品和技术。会同省信息产业厅研究制定了《全省“十五”电子信息产业发展计划》。

（四）组织编制“十五”前期信息化带动工业化的实施计划

目前全省各市都正在抓紧编制“十五”前期信息化带动工业化实施计划，以指导和推动这项工作的开展。镇江市政府下发了由市经贸委提出的“镇江市加快信息化带动工业化促进产业升级的工作意见”；常州市组织召开了信息化带动工业化“十五”计划的专家论证会；南通、无锡、扬州、连云港、苏州等市也都开展了有关工作，全省重视和加强这项工作的氛围已经逐步形成。

（五）着手筛选企业信息化示范企业

省经贸委研究提出全省信息化示范企业的七条标准：（1）企业主要负责人具有较强的应用信息技术的意识；（2）具有主管信息技术应用的负责人；（3）具有一支从事信息技术应用的人才队伍；（4）具有一定的经济实力；（5）具有较为明确的信息技术应用发展计划及目标；（6）具有信息技术应用的技术来源或装备条件；（7）具有明确的信息技术应用项目投资计划。

（六）推进关键与共性技术平台建设工作

省经贸委会同省信息产业厅成功地协调了我国部分省市企业与摩托罗拉公司在苏州市建立集成电路研发中心，使这项国家有关高层领导关注的、由中外多方参与投资、具有当今国际最先进水平的集成电路研发机构，经过一年多的洽谈后，终于落户江苏，将对今后江苏IT产业，特别是集成电路产业发展产生较大影响。

（七）加大信息化带动工业化投入

安排落实好2001年省信息化带动工业化专项资金。为切实安排好2001年省财政预算内用于支持省信息化带动工业化项目的700万元专项资金，充分发挥投资引导作用和示范效应，省经贸委从加强项目前期工作入手，经过了企业申请、各市初审、专家评估、党组会议集体审定的几个过程，安排2001年省信息化带动工业化发展专项资金项目共19项，总投资1.57亿元。项目承担企业主要是熊猫、小天鹅、徐工、春兰等省重点企业集团以及亨通、华晶、常客、淮钢、扬农、南通江山农药、镇江索普、连云港氨纶等成长性较好的企业。从对项目可行性研究分析来看，这批项目均具有良好的经济和社会效益，对于提升企业整体素质和竞争力具有较大促进作用，也有效地调动了企业加大信息化投入的积极性。

（八）启动经贸系统政务电子化工作

研究制定了省经贸委政务信息化建设三年规划纲要，计划用3年左右时间，建成“三网一库”，即机关内部办公网、省经贸委政务网站、经贸系统专用网以及一批重点经贸信息数据库。目前，省经贸委机关内部办公网和委政务网站正加紧建设争取省经贸委搬入新办公楼后投入使用。与此同时，省经贸委还完成了全国经贸系统信息专用网江苏节点的建设与接入工作，进一步提升了全省经贸系统上下资源共享和信息交流的水平。与此同时，借鉴英国等西方发达国家政府的成功做法，目前省经贸委正在加紧筹建江苏省企业技术创新在线服务网，争取形成政务在线和专家咨询在线两大特色，以进一步推动江苏省产学研联合，提高信息服务水平和实现资源共享，特别是为中小企业技术创新、技术攻关、技术服务、信息咨询等提供更好的服务。

（九）大力实施“企业上网工程”

省经贸委对全省企业上网工程实行了工作目标管理，通过举办企业信息化成果推广活动，发挥典型示范作用，加强企业职工信息化培训等一系列举措，有效推动这项工作开展，圆满实现了25万家企业上网的工作目标。

【2002年主要目标和工作重点】

（一）主要目标

实施重点信息化带动工业化项目50项；实现全省51万户企业80%上网；全省培植一批重点信息化示范企业；开发应用信息技术重点新产品50项。

（二）加强组织领导

加大工作的组织引导力度。组织和动员全省各地、各级部门和广大工商企业充分认识信息化带动工业化的重要性，进一步营造全省重视和加强这项工作的良好氛围。一是计划今年5－6月份举办2002年全省信息化带动工业化大型报告会。会议将邀请国内外信息化带动工业化专家、学者，以及国际著名跨国公司、IT企业和国内企业信息化先进企业（如微软、IBM、联想、海尔等）作专题演讲。二是聘请由东南大学顾冠群院士牵头，省内10多位知名专家、教授组成省信息化带动工业化专家组，发挥专家、学者在规划咨询、技术评价、企业信息化的标准规范、考核评估、产品与项目论证等工作中的作用。三是加大信息化带动工业化工作的考核力度，把信息化带动工业化作为各部门考核的一项重要指标。四是建立和完善企业信息化评价体系。对省内重点企业的企业信息化情况进行调查，督促重点企业制定信息化推进计划。五是加强信息化带动工业化的知识培训。开展企业信息主管、网络营销等业务培训，举办企业信息化应用展示、技术推广等活动，组织江苏省重点企业赴联想、海尔等参观学习，普及和推广企业信息化知识。同时，会同省人事厅协助企业做好海外智力引进工作，当前重点协助南京大学以及法尔胜、亨通集团做好光器件的海外智力引进工作。

（三）大力提高企业信息化水平

坚持“量力而行、循序渐进、不断发展”的方针，引导企业提高信息技术应用水平，增强对内外部资源利用和整合能力，不断提高生产、经营、管理、决策的效率和水平。深入推进企业信息化工作。加快推进企业信息化是落实信息化带动工业化工作的关键和基础。省经贸委将坚持“企业主体、市场导向、政府推动”的原则，着重在环境、人才、培训等方面，加快推进江苏省重点工商企业的信息化进程。一是大力推进企业上网。确保在 2002 年底实现全省 51 万户企业中 80%上网的目标。二是推进重点企业管理信息化。重点抓好 10 户企业管理信息化典型，促进管理创新，增强国际竞争力。三是加速企业技术创新系统信息化。加快工商企业，特别是全省 203 家已建立省级以上技术中心、博士后工作站、博士后技术创新中心的“一站两中心”企业运用电子信息技术提升企业产品开发和技术创新能力的步伐，实现产品设计、工艺设计信息化，缩短新产品开发周期，提高产品的市场适应性和市场竞争力。四是积极引导企业稳步开展电子商务。

（四）逐步实现经贸系统政务电子化

按照宣传经贸、促进发展、增加透明、提高效率、增进沟通、服务企业的宗旨，加快推进江苏经贸系统政务电子化。一是正式开通江苏经贸网站。发挥省经贸委政府网站在国际互联网上对外宣传的“窗口”作用，建好网站，使之成为发布全省经贸信息的主阵地。二是建立完善委内办公自动化系统，逐步实现委内处室办公业务和信息的网上交流与发布。建设经贸委系统专用网络和数据库，使网络发挥更大的效益，进一步提高电子政务的水平。三是开通全省企业技术创新在线服务网，充分发挥在线政务、在线技术咨询两大特色，架起江苏产品研发的技术信息交流的桥梁，促进江苏以企业为主体的技术创新体系建立和完善，推动科技成果转化。

（五）大力提升行业生产信息化和产品信息化水平

充分利用国家扩大内需、加大企业技术改造的各项优惠政策，在企业技术改造中进一步突出电子信息技术的推广应用，大力推广微电子、计算机、网络技术在现有产业中各个层次上的应用。以信息化技术改造提升传统产业整体技术水平，力争信息技术在全省工业经济重点行业的应用取得明显实效，重点行业骨干工业企业生产装备自动化水平显著提高。应用信息技术提升传统产品的网络化、数字化、智能化水平，提高产品附加值。发展普及型及经济型数控设备、工程机械设备、大型成套环保设备等机电一体化产品。用嵌入式软件提升消费品、工业品的智能化水平，以嵌入式操作系统为基础，加快家用电器的电子技术应用。加快发展汽车、电力电子产品。积极推进金融商贸电子产品的应用。促进全省工业产品的智能化和数字化水平明显提高。

（六）加快发展电子信息制造业和软件业

根据省委省政府的工作要求，进一步会同省有关部门把电子信息制造业和软件产业作为江苏高新技术产业的重中之重来抓。一是充分利用当前国家实施积极的财政政策，鼓励企业技术改造的契机，加快江苏电子信息制造业中的重点企业的技术改造和技术引进力度。重点实施好南通富士通集成电路封装、熊猫集团高精度高速贴片机及多媒体电视、华东电子集团石英晶体谐振器件、江阴长江电子实业公司片式半导体器件及集成电路、南通中天光电子器件、亨通集团掺铒光纤放大器、华晶集团双极集成电路等 16 项列入国家前 6 批国债技术改造项目。加快将江苏建成国内集成电路封装测试基地，大力发展片式电子元器件，大力推动和引导数字技术在模拟视听产品中的应用。特别是支持发展具有自主知识产权的信息产业技术和产品，大力发展信息产业核心技术。二是大力发展软件产业。培育和发展软件开发主体，形成一批拥有品牌产品的重点软件企业，重点开发安全中文操作系统、大型数据管理系统、安全软件、嵌入式软件和大型应用软件及计算机辅助设计、现代集成制造系统、企业信息化集成套装软件等共性软件和基础软件，形成产业化生产。创立病毒防范等计算机及网络安全软件品牌；加强开发面向行业的管理系统应用软件。开发适应电子商务、电子政务、城市数字化发展的相关软件。建设以江苏软件园为龙头，与南京、常州、无锡、苏州等软件园相融互补的沿江软件产业带。三是根据省委办公厅、省政府办公厅《江苏省应对加入世界贸易组织工作要点》（苏办发［2001］23号）的要求，省经贸委将会同省有关部门积极研究电子信息产业应对“入世”的对策措施。四是协同省有关部门加快建设苏州新区等7个“江苏省电子信息产业基地”，吸引跨国公司加大投资力度，充分发挥信息产业投资集聚效应。

（七）加快建设信息产业共性与关键技术平台，整合江苏高校、科研院所和重点企业的技术创新资源，逐步建立一批信息化共性与关键技术平台

一是深入推进江苏与摩托罗拉公司共建IC开发中心，组织协调江苏企业了解和应用M－CORE技术，协助“国芯科技有限公司”将M－CORE设计技术加快推广到省内有关院校以及IC设计院所（公司）。二是建立嵌入式软件、熊猫数字技术、小天鹅现代家电等共性与关键技术平台。

（八）加快实施信息化带动工业化示范工程

一是完善企业信息化示范企业筛选标准，明确信息化带动工业化示范企业和示范项目。结合贯彻省委、省政府提出的发展大企业、大集团的战略，重点支持熊猫、春兰、小天鹅、沙钢、南钢、徐工、苏宁等重点工商集团的企业信息化建设。二是引导企业加大信息化投入力度。无论是技术改造、技术引进，还是利用外资都要突出信息化带动战略。政府积极引导，建立和完善适应信息化带动工业化的多渠道投融资机制。建立和完善适应信息化带动工业化的多渠道投融资机制，引导省市各商业银行、各类风险投资资金、贷款担保基金，优先考虑为信息化带动工业化企业和项目提供贷款、投资及担保。引导和整合社会资金、民间资本投向信息产业及信息技术应用项目。计划在6月举办的2002年江苏工商企业融资项目洽淡会上，将信息化带动工业化项目重点向各类金融、投资机构推荐。三是安排落实好2002年全省信息化带动工业化发展资金。加大对重点企业信息化带动工业化技术创新项目、示范工程、信息网络及信息平台建设、信息化关键技术开发与推广项目的支持力度。适应加入世界贸易组织新形势，实行项目备案制度，充分凭借专家评审意见，提高科学决策水平。计划于3月底举行2001年19项省信息化带动工业化项目合同签字仪式以及省信息化带动工业化专家组聘请仪式，做好省信息化带动工业项目全过程管理，充分发挥这批项目的典型示范作用。

（程友华）

江苏省教育信息化发展概况

【江苏教育信息化建设的基本概况及主要成绩】

江苏教育信息化建设自启动以来，经过“八五”阶段的建设、特别是“九五”时期的发展，由于不断加大现代信息技术在教学和管理中的应用水平，使全省在运用现代信息技术促进教育现代化方面，在全国一直处于较为领先地位。2001年作为“十五”计划的开局之年，江苏教育系统又通过努力学习和实践“三个代表”重要思想，紧跟国际教育信息化发展潮流，认真总结“九五”教育信息化建设的理论与实践，积极借鉴其它省市的先进经验，做到坚持发展不动摇，坚持改革不退让，坚持实践不坐等，在加强信息化基础设施建设、加快信息化人才培养，加大信息化建设资金投入，加深现代信息技术及网络与教学整合，加速信息技术产学研发展方面做了大量工作，取得了明显进展，有力地推进了全省教育现代化的发展。

（一）组织机构相应调整，领导力量进一步加强

由于政府机关机构改革及人员变动，2001年9月，全省教育信息化领导小组进行了充实调整，领导力量进一步加强。全省教育信息化领导小组组长由江苏省教育厅厅长王斌泰担任，副组长由省教育厅副厅长周稽裘担任，成员由省教育厅办公室、发展规划处、财务处、人事处、高教处、基础教育处、职社处、师资处、科技处、研究生处、信息中心、教科所、教研室、电教馆、教育装备与勤工俭学管理中心负责人组成。全省教育信息化领导小组办公室设在信息中心，承担日常管理事务和领导小组交办的各项具体工作。下设基础教育、高等教育、职业与社会教育、师范教育四个工作小组，各工作组组长由相应处室负责人担任，主要任务是从各块教育改革的重点出发，研究教育信息化发展，统筹规划、具体部署各块教育信息化建设。并成立了专家咨询委员会，以保证决策的科学化、民主化。通过整合各方面力量，努力做到统一思想、统一领导、统一规划、统一研究部署工作任务，以教育信息化带动教育现代化，实现江苏教育的跨越式发展。各高等院校也都根据各自的实际情况，充实和加强了网络管理中心或现代信息技术中心，努力确保并提高学校校园网络建设、管理和维护运行水平。各市教育局也都明确了分管局长及其办事机构，不少市还建立了以教育局分管领导为组长的信息化领导小组，并以信息中心或电教馆作为市教育信息化领导小组办公室，具体负责各县（市、区）和直属学校的教育信息化工作。

（二）教育信息化基础设施建设步伐加快，成绩喜人

1. 江苏教育和科研计算机网服务功能不断扩大

江苏教育和科研计算机网（JSERNET）自“九五”期间被列为全省信息化建设8大骨干工程之一后，经过多年的艰苦建设和科研，到2001年底，其宽带信道已经覆盖了全省除宿迁外的所有城市，网络主干速率均提升到了155M。南京、徐州、南通3个省辖市已建成高速城域光纤网，以光纤连接辖区内所有高校、中专校、部分中小学校和教育行政单位。据最新统计，目前已接入江苏教育和科研计算机网的用户已达32万人，与1995年12月的不足5000人相比，增加了63倍；用户单位95个，与1995年的13个相比，增加了6倍；入网主机50000台，比1995年的1500台增加了32倍。2001年3月，中国教育科研主干网南京至北京段又实现2.5G的主干信道的联通，使教育科研网的网络结构得到明显改善，接入能力显著增强，服务功能不断扩大，应用范围和使用水平大幅度提高，较好满足了上网学校的应用需求，促进了各级各类教育资源的共享。网络的月信息流量达1～2万G，一直保持为国内最大的省级教育和科研网，并且在运行、维护和管理技术上始终保持领先水平。与江苏教育和科研计算机网连接的江苏省域主干网拓扑图如下（图1）：

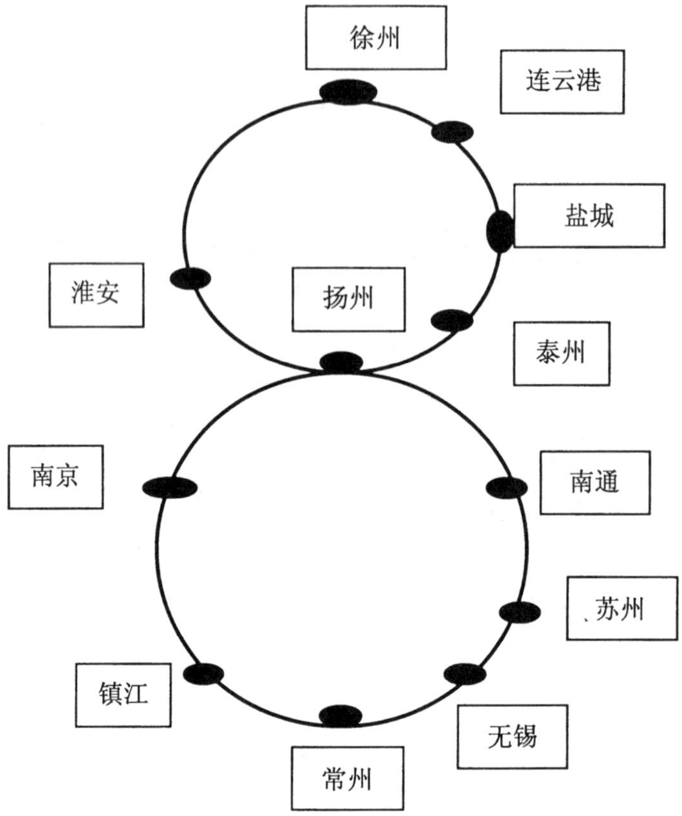

图1　江苏省域主干网拓扑图

2. 大、中专院校数字化校园建设又掀新热潮

为加快教育现代化建设步伐，适应信息时代发展需要，2001年，全省很多大、中专院校在充分发挥和利用高速省域主干网与高速城域网连接江苏教育和科研计算机网的优势基础上，与时俱进，进一步增加资金投入（其中，据调查上报的57所普通高校统计，用于教育信息化建设的资金达16904万元，37所中等技术学校和师范学校用于教育信息化建设的资金达3032万元），积极加快校园内部网络基础设施建设及信息资源建设。一方面，结合自身学校的调整、合并及新校区建设的实际情况，进一步加大教育信息化建设的资金投入，努力实现新、老校区、校总部与分部之间的联接，使地域上隔开的几个或多个校区在网络的作用下，形成了统一的整体，有效地保证了高校合并后的整体效益发挥。另一方面，加强了对原有校园网络的结构改造和信道升级，不少学校内部实现了千兆连接主干，百兆连结点，十兆连桌面，确保了校园网络信道的高速传输。还有部分学校在积极加快包括局域网、广域网、网站和网页等在内的校园网建设的同时，努力注重网络平台上运行的应用系统建设，使基于校园网的各种应用系统应运而生，如远程教育系统、多媒体点播系统、校园一卡通系统、电子图书馆系统、办公自动化系统、教育教学管理系统建设等，并通过主干光纤与覆盖学校各院系、研究所、行政管理部门、教室、图书馆、学生宿舍及部分教工宿舍的连通，实现校园教学、科研、行政后勤及学生政治思想等各个领域的“数字化”。让校园“搬上”网络、使数字“走”进生活的“数字化校园”已经成为现实，并充分展现在广大师生的日常生活面前。数字化校园为高校信息资源的获取、流通及共享提供了平台，为教育教学的实践和科学研究实验提供了先进的工具与手段，并为实现办公自动化与加强科学管理提供了保证条件。它的兴起，已经引起了很多学校的兴趣，成为越来越多的大、中专院校的选择，有效地推进了全省大、中专院校校园网建设发展新高潮。到2001年底，在南京、徐州、南通三市建有光纤城域网，全省绝大多数高校和中等专业学校已经通过江苏教育和科研计算机网与国际互联网实现了光纤高速互联。以南京普通高校为例，其高速城域主干

网如以下拓扑图所示（图2）：

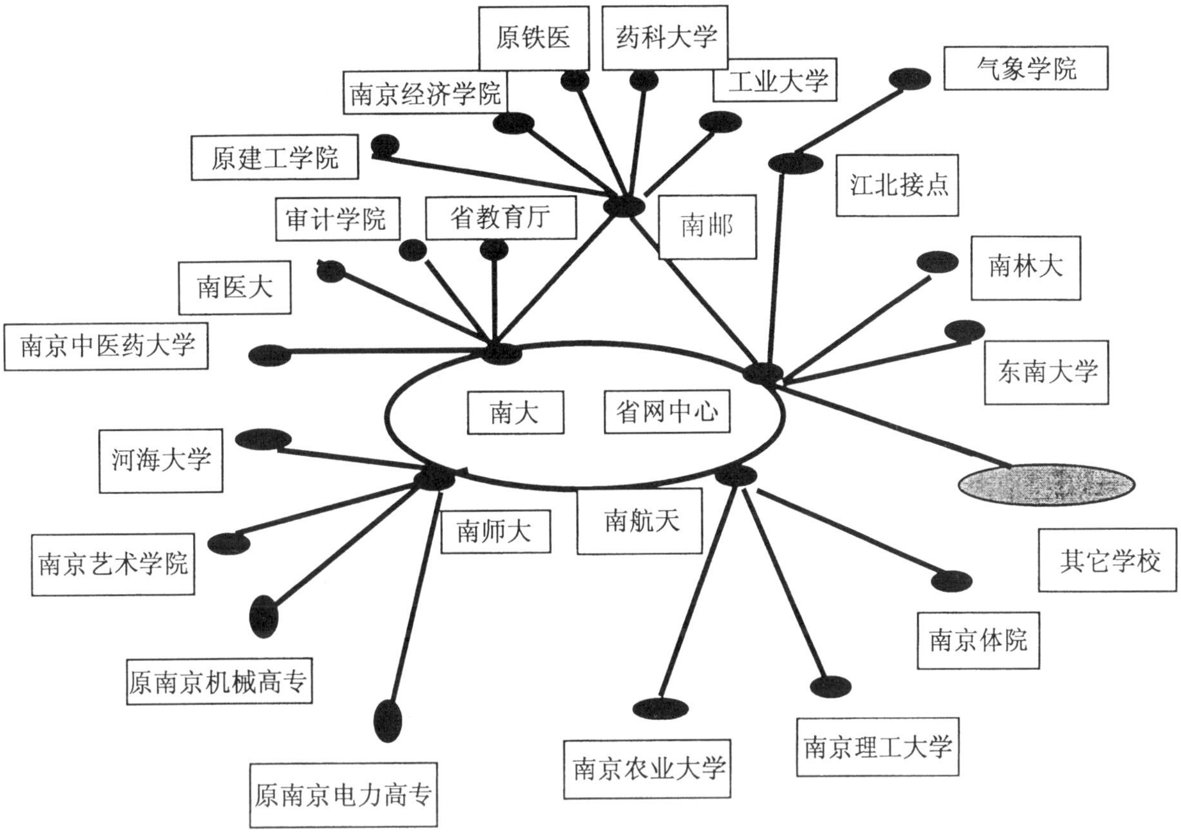

图2　南京高校高速城域网拓扑图

3. 区域教育信息化建设步伐明显加快

2001年，全省教育系统认真贯彻落实省教育厅苏教基［2001］32号“关于大力推进中小学教育信息化的意见”的通知精神，为加快中小学教育信息化建设步伐，努力做到以教育信息化带动教育现代化，更好实现基础教育的跨越式发展，各市都明确一名局领导分管教育信息化工作，并由信息中心或相关处（科）室具体负责教育信息化的业务技术指导及日常管理工作。其中，部分市教育局为了加强领导，还建立了以局分管领导为组长、相关处（科）室领导参加的市教育局信息化领导小组，以确保全市教育信息化建设工作的健康发展。各市并结合本地区教育事业发展和经济建设的实际情况分别制定了中小学教育信息化“十五”发展规划，明确提出了本市中小学教育信息化建设发展规划目标，并不同程度地启动了“校校通”工程。

（1）基础设施建设资金投入进一步加大，工程建设进展可喜。2001年，全省各市网络基础设施建设在原有的基础上，又进一步加大资金投入力度，加快建设步伐。据调查统计，到2001年底，全省13个市教育部门共投入教育信息化建设资金66429万元，经过辛勤工作，全省已实现“校校通”学校3408所，其中950所学校实行了宽带连接；共建成网络及多媒体教室6079个，其中，网络教室2983个。全省中小学拥有的计算机数为229572台。而在整个网络基础设施建设过程中，仅南京市就投入资金2300万元，除与南京电信局合作，共同完成了基于具有国内领先水平的南京宽带城域网基础上的全市普教系统信息化网络设施二期工程建设任务，并通过提高网络化远程教育应用能力、确保基础设施和网络安全，促进南京教育信息网整体性能显著提高外，还狠抓了基层学校的基础网络设施建设，在68所学校建成了网络教室，已为这些学校信息技术课程的开设提供了有力保证；无锡市教育系统投入资金3000万元，不仅初步建成了无锡城域教育网，进一步完善了无锡教育和无锡职教网站，还在全市建成了162个校园网，在市教育局直属的28所学校建成了一人一机的标准网络电脑教室；常州投入资金3110万元，建成了常州教育新网站，并实现“校校通”学校265所；镇江教育信息基础设施建设也取得明显成效，从2001年3月镇江市教育信息网建成到年底，入网学校及单位达130多所，覆盖了全市60%的乡镇中心校和中学；苏州用于教育信息化建设的资金更多，2001年就高达17085万元。不仅苏南经济较为发达地区如此，苏北的南通、扬州、泰州、徐州、淮安、盐城、连云港、宿迁市也都采取了积极措施，加大了教育信息化的资金投入，为改善自身薄弱的网络环境基础提供了支撑。南京教育信息网站、无锡城域教育网和无锡教育、无锡职教网站、常州教育新网站、镇江市教育信息网等一批区域中心教育网站的建成，特别是其中部分通过与江苏教育与科研计算机网的连通，已为加快区域教育信息化建设、实现中小学教育教学改革和发展提供了必要的网络平台。

(2) 网络应用系统及教育资源建设得到了应有重视，网络的使用功能初步发挥。为了适应网络环境下的教学需要，以更好突显网上学习优势，各地都把网络应用系统开发及教育资源建设摆到重要位置，加以实施。2001年，仅南京就研究、开发了融授课、练习、考核、管理四大功能于一体的网络化培训系统，即“南京市教师现代教育技术培训网”及“小学生网上作文系统”。“南京市教师现代教育技术培训网”系统是基于Internet网开展全市中小学教师信息技术培训的一个专用平台，教师可以完全自主安排自己的授课计划，并在任何一个具备上网条件的场所参加培训；“小学生网上作文系统”创建了以学生为学习主体的新模式，确立了平台化的运作理念，并利用这个网络化远程教育平台，进行信息技术与作文课堂教学的整合。无锡努力优化配置网上教育资源，认真科学地对科利华、K12、国之源、腾图、清华同方等多个资源库进行分析对比和测试，以此作为建设无锡城域教育网教学大平台的技术保障。与此同时，并组织力量自主开发软件，仅在举办市自制电教教材评比活动、第四届校园电视节目评比活动、组织参加第五届全国CIETE教育软件大奖赛中就开发软件197件，极大丰富了网上资源。镇江也集中财力、人力建设公用教育、教学数据库和教学辅助数据库，努力使优秀的教育资源得到最大限度的共享。这些应用系统、课件及资源的建设，为推动全省教育信息化建设发挥了重要作用。

(3) 信息技术与学科课程的整合研究开始起步。由于教育部认定的全国中小学信息技术教育实验区的确立，开展网络环境下的教与学的规律、信息技术与学科课程的整合、信息技术与素质教育的关系及实施途径研究业已摆上日程。通过实验区部分学校教师与科研人员的共同努力，一批与网络教育、信息技术相关的科研课题已经立项。其中，一些课题还取得了阶段性初步成果。

(4) 师资队伍信息技术培训进一步加强。为适应教育信息化建设发展对师资队伍的信息素质要求，全省各市都把加强师资队伍培训放到了重要位置，在认真抓好教师全员信息技术教育培训与考核的同时，狠抓骨干教师特别是学科教师专业方面的信息技术教育培训，努力提高各级教师的信息技术水平和运用技术的能力。2001年，全省已参加计算机基础和网络技术培训的中小学教师就达174992人次。全省各市教育信息化建设基本情况见附表3。

4. 现代远程教育有了新进展

实施“现代远程教育工程”，形成开放式教育网络，构建终身学习体系，是教育部《面向21世纪教育振兴行动计划》的重要内容。自1999年在全国率先开展本科学历教育的网上远程教育试点工作以来，我们始终以利用计算机多媒体和网络技术在信息化平台上进行教学，作为更好实现资源共享，努力提高教育教学质量和办学效益，扩大教育规模，大力加快高等教育大众化进程，进而构建终身教育体系为主要目的，采取“主办、联办”和“自招、自管”两种不同试点模式。“主办、联办”试点是利用东南大学计算机网络和南京邮电学院计算机通讯工程专业的招生计划，分别在原江苏理工大学、江苏石油化工学院、原无锡轻工大学、苏州大学、扬州大学、淮阴工学院、南京电大等院校，依托江苏教育与科研计算机网络，利用江苏广播电视SDH数字光缆传输网的一条155Mb/s高速信道连接有关高校，构成试点工程的网络平台，实行异地定点网络化集中教学，进行网上远程教育。1999年、2000年共招生1000多名计划内新生，而2001年录取的远程教育学生大幅度增加，招收1080名计划内远程教育学生，招收计划外学生近3000名。计划内学生实行统一学分管理，完成规定学分，分别发给由国家教育部统一发放的主办院校文凭。计划外学生实行宽进严出。第二种模式是“自办、自管”，即利用其它名校的传统专业优势，运用网络教育形式自主招生、自己管理，原江苏理工大学和徐州师范大学2000年和2001年利用东南大学和南京邮电学院的网络教育资源共招收250名计算机科学与技术和通讯工程专业本科生。我省高校还走出江苏，在全国招收远程教育学生，2001年东南大学在全国部分省开设了7个学科的29个教学点，共招收了2113名新生，使在校生达到了3191人。通过计算机网络获取知识，接受高等教育，成为我省招生规模最大、设置专业最多的“网大”。省内部分高校不仅在校内开设了网络课程，并在省教育厅的组织协调下，利用高速网络开设了四门公共选修课供全省高校的学生选修，实行学校间的学分互认和资源共享。徐州医药中专也通过卫星IP、VBI远程接收系统，实现了远程医药教学。通过现代远程教育试点，积累了一定的利用网络环境进行教育教学活动的经验，探索了网上教学的模式，锻炼了一支适应网络环境下进行教育教学的教师队伍，在利用网络条件作学生思想政治工作、教务、后勤、学籍管理等方面也做了积极而有益的探索，取得了一定的成绩。

5. 各类教育信息资源建设又添新成果

为充分利用现代信息技术提升教育教学水平，全省各级各类学校努力加强网络资源建设，尤其是网络课程建设，以此大大促进了教育质量和办学水平的提高。一是高等院校结合网上远程教育的需要，按教学进度逐步开发并完成了计算机科学等五个专业的网上教学所需的课件、WEB辅导站和答疑辅导资源；在网上建设了大量的音、视频信息资源和校内网上教育教学资源，一些资源站点已颇具规模；一批高校建成了重点学科的教学、科研网站；二是各市及中等专业学校进一步扩大了江苏省基础教育计算机示范网、江苏职教网和江苏省职业教育信息资源中心等教育教学资源站点功能；三是各大、中专院校充分利用学校校园网络的资源、网络的时空优势和符合大、中专学生身心的特点，开发和建设了以学生思想政治工作为己任的红色政治网站，红色政治网站的建立为加强广大师生及学生之间的思想交流，促进学生的健康成长，发挥了具大作用。同时，各市一批教育信息网站也相继建成。这些站点和资源中心的建立不仅为充分利用全省各级各类教育资源提供了信息化的平台，而且为提高教育教学质量、推动学生的自主学习、确保学生的健康成长提供了有利条件。除此之外，网络课程建设和课件制作受到空前重视，许多学校都把网络课程的开发与应用作为探索网络环境下教学规律和教育管理模式的重要环节，以致使很多新课件层出不穷，据对全省57所普通高校的不完全统计，仅2001年，就完成课件制作2551个，37所中等技术与师范学校完成课件制作1433个。全省各高校数字化图书馆系统建设也初具规模，不少学校通过网络实现了数据查询、进行电子阅览、实现借、还书功能，还有的学校更新了图书馆网络设备，对图书馆集成系统管理服务器、光盘服务器系统进行了改造升级。便捷、高效的信息查询渠道，已为广大教职工及学生的信息获取提供了捷径；大量多媒体教室也发挥了应有作用，为全省各类教育多媒体教学提供了保证条件，到2001年底，仅全省高校必修课教学就有18.9%的课时实现了多媒体教学。全省中专管理系统和图书馆系统在中等技术和师范学校的广泛应用也取得了良好效果。目前，江苏教育与科研计算机网已经成为国内信息资源的高地，根据网络流量统计，现在全国其他地区高校从江苏高校获取的信息流量已经大于江苏高校从全国其他地区高校获取的信息流量；江苏教育和科研计算机网与省多媒体公众网互联，教育网出口流量也远远大于入口流量。

（三）高校思想政治教育进网络工作取得明显进展

全省高等院校在高度重视并充分发挥网络在思想政治教育工作中的作用，以主动适应信息社会发展对思想教育工作面临新形势所提出的要求方面，做了大量工作，取得明显进展。

1. 领导高度重视，使思想政治教育进网络工作得到了加强。通过投入相应资金并给予必要编制，不失时机地建设并开通了如南京大学网上青共校、东南大学先声网、南京师范大学阳光网、河海大学思源网、南京邮电学院紫金之光、中国矿业大学心馨网、徐州师范大学红色在线、盐城师范学院坐标网、江苏石油化工学院求索网等一批具有一定规模和影响的思想政治教育网站。并在此基础上推出了一批体现网络特色、导向正确、受到师生喜爱的主页和栏目。

2. 结合各高校自身实际情况分别建立了一支由学校宣传部、学生处、“两课教师”以及学生辅导员、青年教师和学生骨干等组成的网上思想政治教育骨干队伍。并以他们为主体，在对国内外及校园内发生的重要事情进行报道，对师生关心的热点、难点问题进行解惑释疑的同时，还针对网上热点问题，通过论坛、聊天室及 BBS 等交互性较强的网上栏目与学生开展交流，加强正面宣传，有效实现了对网络舆论的引导，确保网络文化的健康发展。

3. 在积极开展既符合思想教育规律又适应网络特点宣传教育的同时，又开办了一批以学生喜闻乐见形式出现的网上交互式对话及网上心理健康咨询等栏目，并对校园和国内、外的重要信息实行 24 小时滚动方式发布。这种既有网络特点，又不失思想教育内涵的网站，极大地增强了对广大师生的吸引力，有效地提高了师生上网的点击率。

4. 强化了网络管理，加强网络文明教育，确保了师生网络道德的规范。

（四）中小学信息技术教育初步普及，各类信息技术人才培养能力不断增强

具有一支较高水平的信息化人才队伍和大批掌握现代信息技术基本知识和基本技能的劳动者是实现社会信息化的基础，是发展我国信息技术产业的关键，是提高我国信息化国际竞争力的保障，是实现我省从信息化大省向信息化强省迈进的有力支撑。为了全面完成我省国民经济和社会发展第十个五年计划纲要所确立的“加快国民经济和社会信息化，促进社会生产力的跨越式发展”的各项目标任务，并为其提供必要的人才支撑，全省各类教育的教学内容和高等教育的专业结构在“九五”调整的基础上，又普遍加大了计算机及信息技术教育的力度。目前，全省普通高中、职业高中、部分城市初中及农村示范初中和一些省级实验小学及苏南的中心小学，都在积极创造条件，努力按照苏教基［2001］32 号“关于大力推进中小学教育信息化的意见”要求，普遍把计算机及信息技术教育列为劳动技术课或选修课内容认真开展教育，据不完全统计，已有 3703 所普通中小学把计算机及信息技术教育作为必修课开设。全省所有职业技术学校也都开设了相关课程。同时，为了确保高中阶段信息技术及计算机教育教学质量，从 2002 年开始，省教育厅将对全省普通高中在校学生的计算机信息技术课程统一组织会考。为规范教育行为、保证教学质量，省和各市除了编写了多个版本的计算机及信息技术教材外，还对师资队伍信息技术的培养和培训予以高度重视，在认真抓好教师全员信息技术培训与考核的同时，狠抓骨干教师特别是学科教师专业方面的信息技术教育培训，努力提高各级教师的信息技术水平和运用技术的能力。2001 年，全省已参加计算机基础和网络技术培训的中小学教师就达 174992 人次。

全省高等院校和中等专业技术学校为了满足经济、科技和社会事业发展对各类信息技术人才的需求，不断增强培养与现代信息技术相关专业人员的招生能力。到目前为止，全省高校设置的与信息技术相关的本、专科专业点已达 300 多个，根据调查上报的全省 57 所普通高校的不完全统计，2001 年招收的与信息技术相关专业的普通本、专科学生 4.16 万人，其在校学生总数达 10.46 万人，已占全省普通本专科招生总数和在校学生总数的 19.28% 和 17.86%。仅此部分学校与信息技术相关专业的招生数与 2000 年全省普通高校相应专业的招生数相比，就增加了 0.56 万人，在校学生数与 2000 年全省普通高校相应专业在校学生数相比，也相差无几。同时，与信息技术相关的研究生教育也有了较大的发展，全省共有与信息技术相关的研究生培养单位 22 个，其中普通高校 13 所，科研院所及军事院校 9 所，博士点 23 个，硕士点 78 个，2001 年共招收相关学科硕士研究生 654 人，招收博士生 76 人，共有在学研究生 1510 人，在学博士生 184 人。

据调查上报的 37 所中等专业学校的统计，共招收与信息化相关专业的学生 2572 人，共有相关专业的在校学生 6396 人，共完成非学历教育信息化人才培训 6911 人。

除此之外，全省普通高校各类非信息化专业本专科在校大学生计算机教育进一步得到加强，计算机教育的教学质量和水平得到相应提高。2001 年春、秋两次参加各种类型的计算机等级考试的学生就有 225021 人，其中有 114465 人达到了合格标准，取得了计算机等级考试合格证书。全省成人高等教育在校大学生计算机学习的积极性也明显增强，2001年全省成人高校非信息化专业在校大学生中，参加全省计算机统一考试的就有10余万人，其中85%取得了合格证书。2001年参加全省非信息专业计算机等级高等自学考试人员数也达82952人，其中考试合格的人员数为22000余人。

全省国家机关、企事业单位管理人员、技术人员的计算机培训工作也取得明显进展。2001年，又有15321人参加了初级水平计算机等级考试，其中9110人取得了合格证书；有214329人参加中级水平计算机等级考试，其中150851人取得了成绩合格证书。

（五）高校信息产业发展迅速，与现代信息技术相关的研发能力不断增强

不断提高现代信息技术的研发能力，力争拥有更多自主知识产权的发明创造，努力提高产品竞争力，加快发展信息产业，为全省信息化建设作贡献是我省高校义不容辞的责任。全省高校已经建有13个国家和省部级重点实验室，7个支撑信息技术研究开发的工程（技术）研究中心，13个国家和省级重点学科，形成了全省在信息技术领域的研究、开发基地，培养和造就了一大批高素质高水平的科研和教学人才队伍。每年高校承担的科研任务和完成的科技成果中约有四分之一与信息科技有关。在加强信息领域科学研究与技术开发的过程中，还注意不断提高科研成果的推广与应用。东南大学、南京航空航天大学等学校先后在涉及我省机械、电子、化工、轻工等行业的大中型企业集团实施CIMS（计算机集成制造系统）和ERP（企业资源计划）等技术为代表的制造业信息化示范工程，全省21家国家级CIMS应用示范工程和36家制造业信息化示范工程有三分之二以上为我省高校所承担，充分反映了我省高校在信息产业发展中所具有的雄厚实力和发展潜力。

与此同时，我省高校还利用自身技术、人才优势，创办、联办了一批与信息领域相关的企业，开发了一些有市场前景、技术含量高的项目，进行产业化，已经并正在成为江苏省信息产业的主要组成部分，直接为全省信息产业的发展作出了贡献。2001年，全省普通高校就有与电子及信息技术相关的校办企业114家，从业人员4508人，拥有固定资产总额84762.9万元，净资产34780.7万元，全年企业收入102995.4万元，上交利税6097万元，实现利润总额8648.3万元。并出现了南京大学苏富特股份有限公司、东大金智股份有限公司、江苏科建教育软件有限责任公司等一批省内外比较著名的软件企业，其中，南京大学苏富特股份有限公司已在香港创业板成功上市。

【江苏教育信息化发展存在的主要问题与不足】

经过多年的建设与发展，尽管江苏教育信息化建设已经形成了自己的优势与特色，但是，随着科学技术的飞速发展，信息技术及其产品设备更新换代的加快，软件系统的升级和各种应用技术及管理水平的提高，以致使全省的教育信息化基础设施还无法完全适应教育信息化建设的发展需要，用于教育信息化建设的资金投入与教育信息化发展不能实现很好匹配，各类教育资源建设难以完全满足教育教学需要，信息化人才培养也不能更好适应经济建设发展对人才的需求。因此，无论与发达国家及地区相比，还是与国内先进省、市相比，江苏教育信息化建设都还有一些不同程度的差距。存在的主要问题和不足如下：

一是全省地区之间、各类教育的学校内部之间教育信息化建设发展不平衡，特别是网络基础设施建设的资金投入受经济发展水平影响较大。区域经济条件好、资金投入多，其教育信息化基础设施建设就好、发展就快。反之，其教育信息化建设就受到影响和制约。从全省中小学教育信息化建设情况看，苏南经济发达地区普遍好于苏北经济较为落后地区；从全省普通高等学校看，部委属院校和省内重点高校普遍好于一般院校，理工科院校好于体育、艺术、医学类院校。

二是教育信息资源建设不能很好适应教育教学改革与发展需要。一方面缺乏必要的资金支持和大量的人才投入，严重影响了各种教育软件和课件的开发研究；另一方面，在合理配置人才资源上还缺乏必要的统一规划与合理分工，使学校之间、地区之间难以开展相互协作，做到优化组合，实现优势互补，影响了各类人才的优势发挥。在计算机软件和教育教学应用系统的研究开发上，也各自为战，缺乏必要的统一规范与标准，以致使所研究和制作的软件、课件因无统一规格、标准而难以实现资源共享，从而大大降低了教育资源的使用效益。

三是中小学信息技术教材与高等教育衔接不够，知识内容较为陈旧。教师信息化水平不高，师资力量严重不足，已经制约了中小学教育信息化建设的发展。

四是校园网络文化建设有待加强。尽管全省高校思想政治教育进网站工作取得了可喜成果，但在网络环境下开展政治思想工作必竟是件新生事物，缺少经验。以致存在一些重网络在教学科研方面应用，轻网络在思想政治教育方面的应用；重对网络不良信息的“关”与“堵”，轻在网络上进行正面宣传和引导的现象。同时还存在思想教育方面内容少，更新速度慢，思想教育软件贫乏等问题。特别是一些中小学，为防止一些不健康的内容通过网络侵蚀学生的思想、影响学生的健康成长，往往不是采取积极主动的态度，通过网络与广大学生进行广泛的思想交流与对话，从而进行积极主动的网络文明与网络道德教育引导，以增强学生辩别是非和抵御不良行为的能力，使之弘扬正气，激发爱国热情，达到坚决杜绝各种有害网络文化侵蚀的目的，而是采取一种限制学生网络文化生活的消极被动做法，其结果不仅严重影响了良好校园网络文化氛围的形成，而且还制约甚至阻碍了校园网络文化的健康发展。

五是教育信息化的管理体制和运行机制有待健全。教育信息化是一项系统工程，不论基础设施建设、资源的开发、利用和人才的培养都需要教育部门、企事业单位和社会各界的广泛参与，如果在推动教育信息化建设的过程中政策措施不健全，或者教育信息化建设中的各项指标的确定相对滞后，都难以形成有效的管理体制和运行机制，不利于教育信息化的发展。

【2002年江苏教育信息化建设的主要任务】

2002年既是实施“十五”计划的关键之年，也是充满发展机遇和面临挑战的一年，对加快教育信息化建设提出了更高的要求。我们必须抓住机遇，迎接挑战，开拓创新，加快发展。主要任务是：大力推进教育信息化进程，努力提高先进信息技术在教育教学及管理中的应用能力，调整并完善江苏教育信息化建设规划纲要，启动并实施中小学“校校通”工程，积极开发教育资源，加快发展现代远程教育，加强校园信息网络管理，创造文明健康的网络环境。并以中国教育和科研计算机网为依托，在江苏教育和科研计算机网现有建设的基础上，建成覆盖全省、结构合理并能与省内其它大型计算机网络互联互通的高速省域主干网，以较好满足全省各级各类教育机构入网和开展各种应用的需要。

【适应新形势、完成新任务的措施保障】

（一）各级教育行政部门和各类学校对教育信息化建设要与时俱进，加强组织领导

努力把搞好教育信息化建设工作摆到重要位置认真抓紧抓好，根据工作目标责任制，明确专人负责，对规划方案的执行进行定期检查验收。并将教育信息化建设作为实现区域教育现代化的重要内容之一，严格考核制度，实行一票否决。以此调动各方面的积极性，确保教育信息化建设的快速发展，实现江苏教育的跨越式发展。

（二）加大经费投入力度，努力确保教育信息化建设快速发展

省财政除了应把教育信息化建设经费列为经常性教育经费，以保证信息化建设经费的持续投入外，还应设立教育信息化建设专项经费，以此用于苏北贫困地区教育信息化建设的补助及省级教育信息化基础设施、信息资源中心建设和教育信息化建设先进单位的奖励。各地也应设立相应的教育信息化建设专项基金，确保教育信息化建设经费的正常投入。除此之外，还要通过开放市场，鼓励和吸收社会资金用于教育信息化建设。并实行开源与节流相结合的办法，把教育信息化建设与学校布局调整、危房改造和加强薄弱学校建设结合起来，实行统筹规划，努力避免不必要的浪费。同时采取招标方式进行教育信息化基础设施建设，并广泛吸收社会力量参与，确保工程质量和经费的节约使用。

（三）加强统筹规划，实行分级实施

省教育信息化领导小组负责做好省级教育信息化基础设施建设规划、教育信息资源体系布局规划和建设、现代远程教育发展规划与规范、审定各市信息化建设规划、制定并修订各类学校信息化建设标准、制定学校和地区信息化建设评估验收方案、抽查各市评估验收的学校、评估和验收地区信息化建设完成情况并正式发文确认；各市教育行政管理部门要根据省教育信息化建设的总体要求和自身实际情况，制定本市教育信息化建设的规划并组织实施，规划建设各地区的市级教育信息化基础设施和市级教育信息资源中心，指导本地区各级各类学校的信息化建设并对本地区学校的信息化建设进行评估验收。以此调动各方面的积极性。

（四）组织专家对教育信息化建设情况进行专项检查

检查结果作为地区教育发展水平和教育现代化建设的重要内容，通过检查验收推动各类教育信息化发展，确保各类教育信息化建设的质量与发展水平。

（五）积极开展教育信息化建设的科学研究

充分利用全省各类教育研究机构和组织，积极开展教育信息化建设的科学研究，并定期组织专家对教育信息化发展战略进行研讨，努力确保信息化建设的正确方向。同时，注重用科学理论指导教育信息化实践，并加强与国际交流，大力引进和借鉴发达国家和地区的经验，确保全省教育信息化建设的可持续性发展。

（刘益刚　葛庆勇）

附表1　江苏省部分普通高校2001年教育信息化建设情况表

学校名称	2001年信息化建设资金投入（万元）	计算机拥有数（台）	2001年课件制作数（个）	2001年学历教育信息化人才培养数（人）		2001年非学历教育人才培训数（人次）	校园网网址
				招生	在校生		
合计	16904	68985	2551	41597	104555	27720	
南京航空航天大学	600	3100	44	2023	7468		www.nuaa.edu.cn
南京理工大学	218	3000	50	4213	12772		www.njust.edu.cn
河海大学	800	3500	106	1944	5770		www.hhu.edu.cn
江南大学	300	1500	150	1028	3629	1250	www.sytu.edu.cn
南京农业大学	280	1700	96	1100	1771		www.njau.edu.cn
中国药科大学	180	400	2	58	58		www.cpu.edu.cn
苏州大学	603	2500	50	2401	7313	650	www.suda.edu.cn
扬州大学	1066	4032	47	1845	3942	213	www.yzu.edu.cn
南京邮电学院	1929	3300	15	4673	10898		www.njupt.edu.cn
南京气象学院	626	1143	86	1639	3248	51	www.njim.edu.cn
南京林业大学	24	150	41	297	592		www.njfu.edu.cn
江苏大学	700	4650	36	1904	4860		www.jsust.edu.cn
苏州科技学院	37	1000	1	567	1140		www.siucep.edu.cn

学校名称	2001年信息化建设资金投入（万元）	计算机拥有数（台）	2001年课件制作数（个）	2001年学历教育信息化人才培养数（人）		2001年非学历教育人才培训数（人次）	校园网网址
				招生	在校生		
江苏石油化工学院	226	760	18	410	998	40	202.195.103.255
华东船舶学院	149	2535	20	1362	3294	1200	202.195.207.255
常州工学院	102	1561	67	1885	3617	120	www.cit.edu.cn
淮阴工学院	177	580	4	805	2048	1286	www.hyit.edu.cn
常熟高等专科学校	509	1310		34	1054		www.csgz.edu.cn
连云港化工高等专科学校	92	590	2	556	1302	200	www.lcct.net.cn
江苏公安专科学校	70	500	35	50	150	500	www.jspsc.js.edu.cn
南京师范大学	650	4000	75	1596	5285	939	www.njnu.edu.cn
徐州师范大学	170	2160	80	631	1521	450	www.xznu.edu.cn
淮阴师范学院	175	850	16	198	198	194	www.hytc.edu.CN
盐城师范学院	600	1510	732	548	1179	6600	210.28.183.255
南京晓庄学院	150	600	100	238	610	1200	www.njnc.edu.cn
常州技术师范学院	197	1412	50	339	1247	150	www.cztct.edu.cn
南京经济学院	282	2684	20	283	644		210.28.80.1
南京审计学院	1300	1273	12		351		www.njai.edu.cn
南京金融高等专科学校	97	505	2	178	504	200	www.njcf.edu.cn
南通医学院	124	430	12				www.ntmc.edu.cn
徐州医学院	127	330	78				www.xzmc.edu.cn
南京体育学院	62	220	11			110	
南京艺术学院		830					www.njarti.edu.cn
连云港师范高等专科学校	100		40			600	
南京金陵职业大学	57	1217	32	658	882	3800	www.njpc.edu.cn
南京农业专科学校	120	350	4	271	452		www.njnz.com

学校名称	2001年信息化建设资金投入（万元）	计算机拥有数（台）	2001年课件制作数（个）	2001年学历教育信息化人才培养数（人）		2001年非学历教育人才培训数（人次）	校园网网址
				招生	在校生		
苏州职业大学	184	450	13	745	1328		211.167.135.11
镇江高等专科学校	145	442	6		568		www.zjc.edu.cn
彭城职业大学	110	1200	130	865	1954	2749	www.pcc.edu.cn
南通职业大学	200	618	20	802	1329	28	www.ntvc.edu.cn
连云港职业技术学院	370	621	15	471	825	1063	www.lygtc.net.cn
沙洲职业工学院	150	700	5		584		
徐州建筑职业技术学院	126	600	30		504		www.xzcat.edu.cn
明达学院	150	350		206	399		www.mdcollege.com.cn
南京交通职业热核学院	100	420	20	223	360		www.njjx.com.cn
正德学院	165	492	36	1417	2507		www.zdxy.net
无锡南洋学院	183	463	49	274	647		www.wsoc.wxstc.edu.cn
无锡职业技术学院	108	604	7	192	382	450	www.wxit.wxstc.edu.cn
无锡商业职业技术学院	200	1200	3	640	1133	50	www.jscpu.com
江阴培尔学院	80	300	3	328	993		www.bell-college.com.cn
淮安信息职业技术学院	76	800	20	582	668	3000	www.hcit.edu.cn
常州纺织服装职业技术学院	36	500	1	235	365		www.cztgi.edu.cn
南通航运职业技术学院	72	600	11	290	435	127	www.ntsc.edu.cn
江苏畜牧兽医职业技术学院	220	418	8		40		www.jsahvc.edu.cn
苏州工业园区职业技术学院	710	925	12	432	576		www.sipivt.com.cn
苏州农业职业技术学院	120	600	25	161	161	500	www.jsszac.com
苏州工艺美术职业技术学院	500	500	3				www.sgmart.com

附表2　2001年江苏部分中等专业学校信息化建设情况表

学校名称	2001年信息化建设资金投入（万元）	计算机拥有数（台）	2001年课件制作数（个）	2001年学历教育信息化人才培养数（人）		2001年非学历教育人才培训数（人）	校园网网址
				招生	在校生		
合计	3032	10839	1433	2572	6396	6911	
南京航运学校	40	200	6	244	867	250	
南京海运学校	68	190	5				
扬州建筑工程学校	92	119				800	www.yzjx.js.cn
常州铁路机械学校	26	270	16	65	65	250	
江苏省淮海工业贸易学校	68	550		363	646		211.90.175.39
江苏省丝绸学校	181	298	30	151	378	200	www.jscx.net
无锡无线电工业学校	102	510	18	212	348		Wxdx.wx.net.cn
江苏省盐城纺织工业学校	137	361	21	118	156	213	www.yctei.edu.cn
江苏省农林学校	63	370	4				www.jsagri.gov.cn/jmx
江苏省无锡交通学校	242	360	5	60	217		Wxjx.yeah.net
常州机械学校	88	626	15	100	300		www.czmec.com
常州轻工业学校	160	670	15	250	720		www.czqx.edu.cn
江苏省宜兴轻工业学校	81	548	20	194	1373		
江苏省南通农业学校	72	250	10	157	221		www.ntac.edu.cn
扬州化工学校	40	395	5	200	250		www.yzhx.js.cn
徐州化工学校	21	450	28			200	www.xzhx.net
江苏省淮阴农业学校	25	220	20			280	211.90.175.29
江苏省食品学校	100	105	20				Spxx.wanwang.net
南京卫生学校	13	210	30				www.njwx.edu.cn
苏州卫生学校	102	411	12			294	www.szmtc.com
徐州医药中专	51	236	8			377	www.xzmts.net.cn
江苏省淮阴卫生学校		288					www.jshywx.com
江苏省常州卫生学校	151	243				500	www.tsyl.com
江苏省税务学校	155	250	200				77.80.16.3
江苏省淮阴供销学校	250	90	12	200	250		已建
南通体臣卫生学校	100	178	25				
南京体育运动学校	45	100			150	22	
江苏省苏州商校	23	379	53	148	241	280	www.szsx.net
江苏省常州会计学校	30	400	24	47	47		
江苏省连云港财经学校	65	300	48				211.91.171.121
南京师范学校	70	120	55			450	http://njsf.njenet.net.cn
南京特殊教育师范学校	50	125		63	63		
吴江师范学校	23	105	50				www.wj.js.cn
江苏省东吴外国语学校	150	210	100			160	
如皋师范学校	87	192	318		28	235	www.rgsf.com.cn
南通师范学校	16	260	80			600	www.ntsf.edu.cn
无锡师范学校	45	250	180		76	1800	www.wxsf.net

附表 3　2001 年江苏省分市教育信息化建设情况表

市别	教育信息化资金投入（万元）	计算机拥有数（台）	校校通学校数（所）		建成网络及多媒体教室（个）		信息技术课开设学校数（所）		计算机教师及网络管理等人员拥有数（人）	中小学教师计算机基础及网络技术培训数（人、次）
			计	其中宽带连接	计	其中网络教室	计	其中中学		
合计	66429	229572	3408	950	6079	2983	3703	1726	6728	174992
南京市	2300	28226	373	133	592	307	241	190	890	61662
无锡市	3000	24190	158	84	723	262	853	213	1000	30200
徐州市	3250	16100	389	58	179	137	226	152	暂缺	1750
常州市	3110	17270	265	49	398	317	356	140	627	11308
苏州市	17085	39560	549	248	1691	798	589	281	1381	23638
南通市	2630	26057	287	119	883	暂缺	暂缺	暂缺	暂缺	暂缺
连云港市	3600	14600	260	8	暂缺	暂缺	暂缺	暂缺	暂缺	暂缺
淮安市	4132	9008	175	9	212	184	190	102	386	3037
盐城市	6418	14580	231	21	384	277	282	161	646	16142
扬州市	7059	13036	248	48	311	218	343	178	397	10502
镇江市	5189	12313	136	136	286	137	247	135	551	7239
泰州市	6102	10081	66	25	261	217	322	140	557	1193
宿迁市	2554	4551	271	12	159	129	54	34	293	5682

江苏省公安信息化建设发展概况

【基本概况】

（一）信息网络基础设施建设情况

2001年，全省公安机关按照省公安厅的统一部署和要求，把三级宽带主干网建设作为全年建设的重点，加快信息网络基础设施建设步伐，不断扩大网络覆盖面，为公安信息资源的开发应用提供高性能的网络平台。目前，全省13个省辖市已全部建成三级公安主干网，其中，带宽达到4兆的有20个县（市），占34%，达到2兆的有22个县（市），占38%，低于2兆的有16个县（市），占28%。各省辖市公安城域网也已基本建成，公安分局、交警支队、消防支队等院外部门已接入公安信息网。公安四级接入网建设也取得了新发展，全省有19个县（市）开通了接入网，其中带宽达到2兆的有11个县（市）。全省共有60%的基层派出所接入公安信息网，其中苏州市已达到100%。张家港和江阴市公安局投资1500余万元，全面建设了连接所有基层单位的百兆光纤城域网和高性能、高标准的信息中心，实现了语音、数据、图像的“三网融合”，全面提升了网络基础设施技术水平。淮安市楚州区公安局牢固树立“宁住茅草棚，也要上公安信息化”的指导思想，多方筹措资金，积极创造条件，挤出近200万元完成了局信息中心和2兆宽带四级接入网建设，成为苏北经济欠发达地区加快公安信息化建设的典型。全省公安机关局域网建设也获得了新发展，省公安厅、12个省辖市公安局以及70多个县、区公安机关建成了机关局域网、信息中心和网站，建立了各类信息发布、查询和共享的平台。仅省公安厅信息中心网页月均访问数就达4万余次。

2001年，全省各级公安机关从服务实战，提高动态条件下公安机关指挥调度、快速反应水平和应急处突能力的需要出发，加强350兆无线通信网和应急通信保障系统建设。省公安厅专门投资改造了厅机关程控交换机，实现了直接拨出、拨入功能，建立了公安一号台工作机制，改造了350兆无线通信手段，自办雨花寻呼台，实现了组呼和群呼功能，使省公安厅应急通信手段明显改善，服务能力大大提高。目前，全省13个省辖市和26个县（市）公安机关已建成了350兆无线通信网，拥有信道300多个，手持台近2万部，覆盖面已达全省三分之二地区，在各项公安工作中发挥了重要作用，圆满完成了APEC财长会议和第六届世界华商大会等重大活动的安全保卫工作，得到了各级领导和广大民警的好评，并受到公安部通报表扬。

（二）公安信息系统建设应用情况

2001年，全省各级公安机关紧紧围绕维护社会稳定和严打整治斗争，围绕开展社区警务改革工作，围绕提高侦察破案、攻坚克难能力这些重点，以需求为导向，以应用促发展，努力提升公安信息应用服务水平。据统计，全省现有各种信息网站273个，网上运行的各类计算机应用系统130余种，在服务严打整治斗争和各项公安业务工作中发挥了越来越重要的作用。

一是发挥网上作战优势，服务严打整治斗争的深入开展。在2001年开展的严打整治斗争中，全省各级公安机关充分发挥网上作战优势，积极利用先进的信息技术手段，有效地推进了严打整治斗争的深入开展。仅在全国统一组织开展的“追逃”专项行动中，全省公安机关就通过网上查询比对抓获在逃人员1269名。省公安厅和全省13个省辖市及32个县（市）公安局建立了指纹远程查询终端，省公安厅与9个省辖市公安局实现了指纹信息异地远程联网查询。仅2001年，系统就直接查破案件2064起，带破案件9064起，其中杀人案件7起，上网查破案件126起。旅馆业治安管理系统也已在全省12个市推广应用，50张床位以上的旅馆纳入系统进行管理，在加强阵地控制、及时查获犯罪嫌疑人和开展“追逃”斗争中发挥了重要作用。

二是从深入实施社区警务战略的需要出发，

积极开展派出所综合信息系统研发和“数字化派出所”试点。为了推动社区警务工作改革的深入发展，省公安厅抓住地方党委、政府开展信息化示范小区建设的有利时机，选择无锡市公安局崇安寺派出所等基层派出所开展“数字化警务工作”试点，运用现代信息网络技术手段，努力实现人口管理、阵地控制、信息收集、治安防范、为民服务等各项基础工作及派出所内务管理和队伍建设的信息化，探索信息网络化条件下基层公安机关警务工作和执法活动的新型运行机制，全面提高派出所工作效率和维护稳定、打击犯罪、服务群众的能力，并以此为突破口，带动全省公安信息化建设全面快速发展。目前，这项工作已完成需求调研和应用软件的设计开发，将进入试点完善阶段。2001年，南京、无锡两市公安机关从深入实施社区警务战略和开展“追逃”专项斗争的实际需要出发，与有关技术公司合作开发了基于PDA（掌上电脑）的警务移动数据查询系统，并逐步在交巡警、刑警和社区民警中配备使用，初步发挥了应用效果，较好地满足了基层民警现场快速查询比对信息的需要，在推动社区警务改革和开展“追逃”专项斗争中发挥了良好的作用。

三是积极利用现代信息技术手段，努力提高公安机关工作效率和服务水平。全省许多市、县公安机关根据省政府关于加强“电子政务”建设的部署和要求，加快机关办公自动化建设，努力提高“电子警务”水平。常州市公安局等单位，积极依托公安信息网站、机关局域网和远程网，研制开发了机关办公自动化系统，初步实现了公文的网上流转、网上传阅和网上管理，方便了各类公安信息查询浏览和综合运用，提高了公安工作的效率和信息共享水平，推进了公安工作规范化建设，促进了广大公安民警的信息化意识和应用水平的提高。苏州市公安局利用宽带网络条件，在全市实行户籍管理全程通服务，大大方便人民群众，提高了公安机关办事效率。全省公安机关利用涉外信息管理系统，依托公安二、三级主干网，实现了网上审批办理各类出国境手续，大大提高了工作效率。

四是积极利用现代信息通信手段，促进队伍建设和管理工作科学化、规范化。全省不少公安机关按照信息化、网络化运行的要求，对各项工作的流程、方法、时限等作了具体分析和“流程再造”，制定了适应信息化发展需要的公安工作管理模式和运行机制，并纳入了工作目标考核，使各项公安业务工作和公安决策活动更加规范化、制度化、科学化。

（三）信息网络安全体系建设情况

2001年，省公安厅经过反复论证和测试，对厅机关所有计算机和服务器统一安装了防病毒软件系统，进行了联网管理调试，并对全厅计算机所在位置、所属单位、使用人、品牌型号、操作系统、计算机名、域名、IP地址、防病毒软件安装情况等内容进行了详细登记，实现了病毒防护的统一管理，自动升级。据统计，在软件安装过程中，共查杀各类病毒20余种，软件安装后，已通过因特网及时下载维护病毒特征库7次，通过中心监测，及时发现并有效防范各类病毒攻击4000余次，大大提高了公安信息网络安全防范能力。

（四）人才队伍建设情况

2001年，全省各级公安机关结合机构改革，进一步建立和完善信息化建设组织体系建设，从实现公安工作可持续发展的高度出发，积极培养和引进专业技术人才，初步建立了一支思想好、作风正、业务精、技术强、纪律严，适应公安信息化发展需要的专业人才队伍，在全省公安信息化建设中发挥了重要作用。

全省各级公安机关还普遍重视和加强了广大民警的信息化知识培训，采取多种形式，普及信息化知识，提高全体民警的计算机应用水平。目前，全省已有54%的民警参加了计算机操作技能培训，有40%的民警取得了初级以上等级证书，广大民警的信息化意识和应用能力得到了不断提高。

【主要经验和做法】

（一）加强组织领导，营造了新环境

全省各级公安机关按照省委、省政府提出的“建设一流的信息化大省”的战略目标和公安部实施“金盾工程”的总体要求，把信息化建设作为实施“科教强警”战略，全面加强公安基础工作的龙头性工程来抓，进一步加强领导，全警动员，大力营造促进公安信息化建设发展的良好氛围和环境。一是建立健全了公安信息化建设组织领导体系。省厅和13个省辖市公安局以及大部分县

（市）公安局都成立了由主要领导任组长，各主要业务部门负责同志参加的“金盾工程”建设领导小组，初步形成了统一的组织领导体系，从组织上保证了全省金盾工程建设的顺利开展。二是进一步加强宣传普及工作。加快推进公安信息化进程，有赖于各级党委政府的重视支持和有关部门的大力配合，有赖于公安机关广大民警信息化意识和应用技能的不断提高，形成一个自觉学习应用信息化手段的氛围。2001年，省公安厅利用二级网电视会议系统，邀请有关方面专家先后举办了2期全省公安机关信息化知识电视讲座，普及宣传信息化知识，取得了良好效果。同时，在全省公安机关组织开展了“公安信息化建设征文”大讨论活动，引导各级公安机关和广大民警关注信息化、参与信息化、研究信息化、自觉运用公安信息化建设成果。全省广大民警踊跃参与，不少局领导也亲自动手撰写文章，结合本地、本部门实际情况，深入思考公安信息化建设有关问题，并提出好的意见和建议。省公安厅共收到各类论文130余篇，为深入开展公安信息化建设奠定了良好的基础，营造了浓厚的氛围。

（二）加强调查研究，确立了新思路

2001年4月，省委、省政府从富民强省，率先实现现代化的需要出发，明确提出了“全面加快全省信息化进程，努力建设全国一流的信息化大省”的战略目标。为贯彻落实省委、省政府的战略部署，进一步理清工作思路，切实加强统筹规划和宏观指导，2001年，省公安厅经过深入调查研究，从全省公安工作实际出发，研究制定了《关于进一步加快全省公安信息化建设的意见》，明确了今后5年全省公安信息化建设的任务和工作重点，提出了建成“全国一流的公安信息化大省”的工作目标。8月初，省公安厅专门召开了全省公安机关金盾工程建设暨信息通信工作会议，对全省公安信息化建设和信息通信工作进行了全面的动员部署，制定下发了《关于进一步加快全省公安信息通信网络基础设施建设的意见》，对各地金盾工程建设特别是网络基础设施建设提出了具体的目标任务，裴锡章厅长还代表省公安厅与各市公安局负责人签定了责任书。这次会议在全省公安机关引起了强烈反响，得到了各级领导的高度重视，淮安、徐州、连云港、泰州、无锡、扬州市局也相继召开了全市金盾工程建设会议，对公安信息化建设作了进一步研究和部署，采取措施狠抓落实，掀起了全省金盾工程建设的新高潮，形成了你追我赶，争创一流，加快发展的新气象。同时，省公安厅专门组织精干力量，根据公安部和国家发展计划委员会的部署要求，开展金盾工程需求调研和总体方案、可行性研究报告的编制工作，初步形成了全省金盾工程建设现状和需求分析报告，并专题向省厅党委进行汇报，解决了信息化建设的部分重大问题，有力地推动了全省公安信息化建设的发展。南京、徐州市公安局也进一步加强了信息化建设宏观规划和可行性研究报告编制工作，并已经争取到部分建设经费。泰州市公安局经过努力，该市金盾工程建设已被市计委纳入全市信息化建设“十五”规划纲要和《“数字泰州”规划大纲》，为全市公安信息化建设全面开展创造了良好的条件。

（三）加强规范管理，建立了新机制

全省各级公安机关在加快公安信息化建设的同时，大力加强运行管理机制建设，积极探索科学化、规范化、制度化的建设管理新思路。一是按照严格规范管理的要求，加强了规章制度建设。省公安厅先后制订下发了《江苏省公安信息网运行管理暂行规定》、《关于做好厅机关办公信息网上发布工作的通知》、《关于进一步加强全省公安机关计算机信息网络及数据系统安全管理的通知》等一系列文件规定，从制度上明确了各警种、各部门开展公安信息化建设工作，特别是采集维护各类数据信息的责任和要求，建立了岗位责任制，确保网络及数据的安全运行以及数据信息的新鲜准确。二是广泛深入开展信息通信运行管理“质量年”活动。2001年，全省各级公安机关按照公安部统一部署，广泛开展了信息通信运行管理“质量年”活动，努力提升全省各级公安机关信息化建设、管理、服务和保障水平，为开展严打整治斗争，加强治安管理，维护社会稳定提供优质保障服务，努力做到让“各级领导放心，广大民警满意”。为了加强对这一活动的组织领导，省、市、县公安机关普遍成立了“质量年”活动领导小组和办事机构，认真制定了开展运行管理“质量年”活动的实施意见，做到精心组织、周密安排、加强监督、狠抓落实，保证了“质量年”活动的有序开展。各地抓住开展运行管理“质量年”活动的有利时机，建立了以“一日工作制”、“网上公示制”和“首问责任制”为核心的各项信息化工作规章制度，明确职责，抓好运行管理，为深入开展严打整治斗争提供了强有力的技术保障和信息服务。省公安厅信息通信处开设了网上援助服务热线，便于民警及时反映情况，解决问题。徐州市公安局建立了“无线通信点名”制度，提高通信保障和快速反应能力；泰州市公安局信息通信部门组织开展了“让用户满意”活动，制定出台了18条服务承诺，设立了用户服务中心，在机关各部门聘请了45名服务质量监督员，自觉接受民警监督，努力提高信息通信服务水平。仪征市公安局充分利用新闻媒体宣传运行管理质量年活动，在报纸、电台、电视台设立专门栏目，宣传公安机关开展“三制”情况，主动接受社会和群众的监督，提高工作的透明度和办事效率。

（四）加强队伍建设，促进了新发展

全省公安机关在加强信息化建设工作的同时，坚持两手抓，精心合理安排学习和工作，以队伍建设促业务工作，以工作实绩检验队伍建设成果，做到业务工作和队伍建设两不误，双促进。一是努力建设一支高素质的信息化专业技术队伍。全省公安机关按照实施金盾工程建设，加快公安工作信息化、现代化的要求，制定特殊优惠的政策，创造良好的工作环境，及时发现、培养和吸引高层次、有特殊专长的科技人才参与公安信息化建设，努力构筑全省公安机关的人才高地。同时，加强从优待警工作，全面贯彻落实省公安厅党委提出的从优待警“新五项工程”，结合技术人才的特点，制定重视和关心爱护专业技术人才的措施，积极为他们提供学习、培训、进修的机会，创造开展研究开发工作的条件，做到尊重知识，尊重人才，稳定队伍，努力营造一个能够充分发挥人才作用、心情愉快的工作环境，真正实现以事业留人，环境留人，感情留人，以适当的待遇留人。二是开展多种形式的教育培训，努力提高全体民警的信息化知识和应用操作能力。2001年，省公安厅举办了全省公安民警计算机应用骨干和师资培训班，全省各级公安机关计算机应用骨干和计算机培训教员共70余人参加了培训。通过这次培训，培养了一批公安信息资源开发应用骨干人才，为开展全省公安机关民警计算机应用培训工作积累了经验，形成了一支师资力量，在全省公安机关掀起学习信息化知识的新高潮。全省各地也纷纷通过专题培训、业务考级、技术讲座等多种形式，广泛开展了信息化知识技能普及教育工作。三是积极开展“三项教育”活动，探索建立队伍长效管理机制。全省各级公安机关在开展“三项教育”活动中，坚持把加强理论学习，打牢思想基础贯穿始终，通过召开座谈会，发放征求意见表等各种形式，诚恳征求意见，开门进行整改，进一步强化大局意识、责任意识和服务意识，切实转变工作作风，使队伍的思想状态和精神面貌发生了显著变化，确立了只争朝夕，奋发有为的进取意识，确立了“谋大事，讲创新，求发展，争一流”的主动工作精神，全省公安信息化建设工作出现了新的局面。

【2002年全省公安信息化建设的基本思路】

2002年是我国加入WTO的第一年，也是为期两年严打整治斗争的决胜之年，党的十六大也将在年内召开，维护社会稳定的任务更加艰巨繁重。全省各级公安机关将进一步认清形势，提高认识，牢固树立“科学技术是第一生产力，也是公安机关现实战斗力”的观念，抓住全社会大力发展国民经济和社会信息化以及公安部组织实施“金盾工程”的良好机遇，紧紧围绕各项公安工作中心，认真实施“科教强警”战略和金盾工程建设，以加快和完善网络建设及通信手段为基础，以服务各项公安中心工作和重大安全保卫任务为目标，以推进社区警务工作信息化和各类数据综合应用为重点，以规范各级公安信息中心建设为保障，大胆创新，奋力开拓，全面推进全省公安信息化建设的深入开展，逐步实现公安机关信息系统建设规范化、业务处理程序化、政务处理无纸化、数据采集标准化、信息应用制度化、法律文书电脑化、档案管理数字化、民警意识科学化的目标，进而对传统公安业务流程和运行机制进行全方位、多角度、高效率的改造，努力提高公安机关的快速反应能力和整体作战能力，推动公安工作可持续、跨越式发展。全省公安信息化建设的重点任务是：

（一）继续加大工作力度，全面推进公安信息通信网络基础设施建设

一是继续抓好二、三级公安主干网的改造和维护管理工作，确保网络畅通。二是加快推进接入网建设，努力完成70%的基层单位接入公安主干网的目标，切实解决网络建设“最后一公里”的问题。同时，继续采取有力措施，在一线民警中推广使用“移动警务通”等移动查询终端，不断提高基层民警的信息化应用水平。三是围绕应用需要，进一步整合优化网络资源，认真研究解决“三网融合”问题，提升综合应用水平，充分发挥已建网络资源的作用。今年将采取有力措施，加快推进公安三级网电视电话会议系统建设，提高视频图像的应用范围，确保全省有50%的省辖市建成开通三级网电视电话会议系统。

（二）从服务实战需要出发，进一步加大350兆无线通信网和应急通信保障系统建设，充分运用无线通信技术为公安工作服务

2002年，全省将力争有10个县公安局新建成350兆无线通信网，移动台的配备数要达到一线警力总数的三分之一以上。要选择部分省辖市逐步开展350兆网全自动联网和移动通信指挥车建设工作，努力提高移动通信指挥能力，为跨地区、大范围开展各项公安保卫工作提供更加优质的通信保障。要从开展反暴力恐怖活动和处置突发事件的需要出发，制定应急通信保障工作预案，并进行必要的演练，努力提高反暴力恐怖活动和处置突发事件的通信保障能力。同时，要研究利用无线通信技术开展移动公安信息查询的措施，提高移动状态下公安信息查询的水平和能力。

（三）以公安信息综合查询系统建设为切入点，不断提升公安信息化应用服务水平

一是围绕实施社区警务战略的需要，加快派出所综合信息系统研发和数字化派出所试点工作，强化基层基础工作，积极探索信息网络化条件下基层公安机关警务工作、执法活动和队伍管理的新型运行机制，探索和建立社区民警源头信息采集、维护、管理和应用工作的责任制，确保一线信息采集的高效、真实、统一。二是围绕网上斗争、网上管理的需要，切实加强公安综合查询系统建设，切实解决“信息孤岛”问题，实现各类公安信息的综合应用、信息共享和信息交换。三是加快公安机关办公自动化建设，努力提高“电子警务”水平，适应政府开展“电子政务”建设的发展需要。

（四）要切实加强公安信息中心实体化建设

要通过信息中心实体化建设，把各级公安信息中心建设成网络控制中心、数据交互中心、信息管理中心、数据分析中心和安全管理中心，形成统一、高效的信息管理体系和规范有力的网管机制，保证信息网络系统和设备正常运行，为各项公安保卫工作的开展提供全天候、全方位、全过程的信息保障服务。

（五）高度重视并切实加强信息和网络安全体系建设

要坚持“预防为主，积极防御，确保安全，万无一失”的工作方针，从全局的角度统筹规划，实施按等级区分、适度的安全策略，采取全面的、积极的、动态的安全防范措施，实施网络安全集中监控，切实提高网络运行管理水平。同时，要认真研究制订公安计算机网络建设和管理的办法，建立健全安全管理的岗位责任制、重大责任事故报告制、安全预警工作制和事故责任倒查制，并切实抓好各项工作措施的贯彻落实，从源头上建立起安全防范的规章制度。

（蒋涛　陈坚）

江苏省档案管理信息化发展概况

【概况】

2001年度，全省档案部门充分认识计算机技术、网络技术、通讯技术及多媒体技术等现代高新技术的广泛应用给档案工作带来的影响，及时把握档案工作的发展趋势，切实加强了对档案信息化建设工作的领导，落实了档案信息化建设工作的职能部门，组织实施了档案局（馆）内部局域网和档案网站建设等重点工程，制定了档案信息化建设方面的有关地方性标准，加大了信息技术在档案管理中的应用力度，开发了多种档案信息化应用系统，加快了档案馆馆藏档案数据库建设，全省档案信息化建设取得了长足的进步。

【组织机构】

江苏省档案局（馆）在内设机构调整时，专门增设了科技处。科技处作为局（馆）对外业务指导机构，具体负责全省档案信息化工作的业务监督、检查和指导。主要职能包括制定和指导实施全省档案信息化建设的发展规划；指导和监督国家档案信息化系统技术标准的贯彻执行；研究制定和组织实施各级各类档案馆信息化技术装备计划和配置标准；组织档案信息化科学技术的研究开发、成果鉴定、资质认证和成果应用等。与此同时明确技术部负责组织实施局（馆）内部办公自动化和馆藏档案信息化建设；负责计算机等相关设备的配置、使用和维护保养工作。通过内设机构的调整，突出了档案信息化建设，既有利于加强对全省档案信息化建设的指导，也有利于实现局（馆）自身档案信息资源的科学管理和有效开发利用。

各市、部分县（市、区）档案局（馆）和有关单位都加强了对本地区和本单位档案信息化建设的组织实施和监督指导。各市和部分县（市、区）档案局（馆）明确了分管档案信息化工作的领导，由综合部门或技术部门具体负责档案信息化工作。南京市档案局（馆）专门成立了档案信息化工作领导协调小组，对全市档案信息化工作进行组织协调，同时专门制定管理办法，明确落实局（馆）内部档案信息化建设工作的相关部门及其职责。江苏省电力公司、扬子石化公司和仪征化纤公司等单位明确了分管档案信息化工作的公司领导，由公司档案馆（处）具体负责全公司档案信息化工作。

【工作部署】

根据《江苏省信息化建设规划纲要（1997－2010年）》的统一部署和国家档案局有关“十五”全国档案信息化建设的指导意见，结合全省档案工作的实际，江苏省档案局（馆）在2001年度全省档案工作任务中，把各级各类档案馆信息化建设列入档案馆基础设施建设的重要内容之一，进行了统一的部署。明确提出加强档案馆建设，树立档案馆的文化形象，把档案馆建成为改革开放和现代化建设事业提供档案信息服务的中心。要求各级各类档案馆要采用先进的科学技术手段，提高档案管理的科学化、现代化水平，为档案事业整体水平的提高和档案信息化建设打下坚实的基础。

南京市档案局（馆）将档案信息化建设工作列入全市档案事业“十五”计划，并制定了专门的档案信息化建设规划，报市计委。江苏省电力公司和扬子石化公司等单位将档案信息化建设列入了企业信息化建设计划之中，对档案信息化建设作了具体的部署，努力使档案信息化建设与企业信息化建设保持同步协调发展。

【局域网建设】

省、市、县三级档案局（馆）和部分专业档案馆、企业事业单位档案馆加快了内部局域网的建立，为加速推进档案信息化建设进程，提高档案管理现代化水平创造了条件。

江苏省档案局（馆）开始建设连接各部门的千兆级局域网，总投资约150万元。主体设备由两台美国甲骨文公司生产的高性能数据管理服务器、美国 SISCOM 公司生产的 1 台路由器、5 台远程拨号服务器及美国 3COM 公司生产的 1 台交换机组成。操作系统采用 Windows2000。应用系统包括局（馆）办公自动化系统和档案业务管理系统两部分。办公自动化系统将实现公文档案管理、日常办公管理、综合事务管理和信息管理等办公自动化功能。档案业务管理系统根据档案馆工作流程对档案征编、目录管理、全文管理、档案鉴定、库房管理、档案检索、借阅利用、业务审批、综合统计等实现程序控制或自动生成、自动运转。

部分有条件的市、县（市、区）档案局（馆）和专业档案馆配备了一定数量的计算机、服务器、交换机、集线器等网络设备，配套了扫描仪、光盘刻录机、激光打印机等外设，建成了内部局域网。据统计，全省有 7 个市档案局（馆）已建立了内部局域网，占总数的 53.85%。有 27 县（市、区）档案局（馆）已建立了内部局域网，占总数的 25.00%。南京市档案局（馆）结合馆库改造，进行局域网二期工程建设。

扬子石化公司档案馆、仪征化纤公司档案馆等企业事业单位档案馆也都建立馆内局域网，馆内局域网既与公司局域网连接，也与因特网连接，可在公司局域网上查询并输出档案信息，为实现全公司档案管理网络化奠定了基础。

【网站（主页）建设】

全省各级各类档案馆加快建设档案网站（主页），档案网站（主页）已经成为它们为社会提供档案信息服务的新窗口。据统计，到 2001 年底全省有 4 个市级档案馆已开通了网站，有 2 个市级档案馆已建立了主页，共占总数的 46.15%。有 5 个县级档案馆已开通了网站，有 12 个县级档案馆已建立了主页，共占总数的 15.74%。档案网站（主页）一般都具有公布档案工作法律法规、介绍馆藏档案资料、提供档案资料目录检索和发布地方大事记等功能。

江苏省档案馆已经确定了门户网站—“江苏省档案馆网站”的建设方案，部分技术开发工作已经着手进行。建成后的“江苏省档案馆网站”将与因特网相连接，向社会公布开放的档案。

2001 年 5 月，常熟市档案馆在国际互联网上注册了《常熟之窗》（www.cswindow.com）网站。该网站是国内首家由地方档案馆主办的、以城市名称冠名的综合性政府门户网站，设置了新闻专栏、常熟概况、政务公开、企业之窗、招商引资、工业园区建设、人文历史、常熟名胜、便民服务和常熟市档案馆等近 20 个栏目，已经成为宣传常熟形象、介绍常熟经济建设和社会发展情况、公开地方政务、弘扬地方历史文化、向市民提供公益性服务信息的窗口。半年多来，已经设计网页 800 多页，制作各种图片 500 多张，访问人次多达 2.6 万。

【《文书档案文件级数据库结构与数据交换格式》的制定】

为了规范文书档案数据库结构和数据交换格式，实现档案管理系统间的无缝链接，为全省档案系统网络的互联互通打下基础，江苏省档案局组织制定地方标准《文书档案文件级数据库结构与数据交换格式》。这是我省档案信息化建设方面的第一部地方性标准。该标准规定了文书档案文件级目录数据库结构与数据交换格式的定义、数据库结构与交换格式、使用方法，适用于文件级文书档案目录数据库结构与其目录数据的交换、档案管理软件开发中数据库结构的设计与数据交换。到年底标准制定工作已经完成，准备组织专家评审。

【信息技术应用】

江苏省档案局（馆）与江苏南大苏富特软件股份有限公司合作，开始进行《江苏省档案局（馆）网络信息系统》的研究开发。该系统应用 C/S、B/S、ASP、MS Visual Basic6、MSVisual C++、JAVA 等技术，采用表示层、业务层、数据层三层结构开发方式，表示层采用 ASP、JAVA 等开发前端应用程序，业务层采用 MS Visual 6 或 Microsoft Visual++开发 DCOM 组件，数据层采用 Oracle 数据库管理系统开发后端数据存储过程，并与高性能硬件设备、可靠的操作系统和高效的数据库管理平台相结合。

南京市玄武区档案局结合“数字玄武”建设，对全区党政机关档案信息化建设统筹规划，依托玄武区政务信息办公系统，采用了 ASP 技术和 B/S 技术，研制开发了《电子政务的档案综合管理系统》。该系统具有文档管理一体化、档案信息数字化、档案检索智能化、业务指导在线化等特点，在国内处于领先水平。

江苏省文化艺术资料档案馆自行研制开发了国内第一个《艺术表演团体艺术档案管理软件》。该系统在 Windows 操作平台下采用 Visual Basic 语言和 Access 数据库管理系统进行设计，应用 ADO、OLEDB 等最新的设计技术及客户/服务器。该系统充分体现了艺术档案管理的特点，能满足艺术表演团体艺术档案管理的需要。

江苏省电力公司结合本系统的特点，着手“数字档案馆”工程的开发建设，确定了覆盖全系统的分布式网络管理系统的建设目标，项目的可行性研究方案已经通过了专家论证，应用系统正在研制开发之中。此外扬子石化公司等单位也都不同程度地将有关信息技术应用于档案管理之中，开发了专门的档案业务管理系统。

【档案目录中心建设】

全省各级各类档案馆进一步开展了馆藏档案目录数据录入工作，加快了档案目录中心的建设。到 2001 年年底，全省各级各类档案馆共录入文件级目录数据 2980.67 万条，案卷级目录数据 1207.33 万条。

江苏省档案馆已录入文件级目录数据 62.70 万条，案卷级目录数据 7.30 万条。市、县两级国家综合档案馆和省专业档案馆共录入文件级目录数据 2917.97 万条，案卷级目录数据 1200.03 万条。常州市档案馆、武进市档案馆都已完成了全部馆藏档案的文件级目录数据库的建库工作。

此外部分企业事业单位档案馆也开展了档案目录数据录入工作，仪征化纤公司档案馆已经完成了 10 多万条案卷级和文件级档案目录数据的录入。

【馆藏档案数字化】

部分国家综合档案馆和专业档案馆已经开始馆藏档案的数字化工作，丰富了档案数据库资源储备，为档案馆信息化后台数据库建设，实现档案的全文检索，保护档案原件打下了基础。江苏省档案馆已经按照数字化要求，将馆藏的 255 盒录像带经过计算机扫描，转换为光盘存储。无锡市档案馆、徐州市档案馆等市档案馆已不同程度地将馆藏照片、录音带等特殊载体档案经过计算机扫描，转换为光盘存储。常熟市档案馆、吴中区档案馆等县（市、区）档案馆也开展了馆藏档案的数字化工作。常熟市档案馆已将馆藏全部明清历史档案和 2 万余张照片档案经过计算机扫描，转换为光盘存储。吴中区档案馆已将清代历史档案和革命历史档案经过计算机扫描，转换为光盘存储。

江苏省地质资料馆已经完成馆藏档案中 87 种基础性、公益性成果地质档案资料数字化扫描，并配制好彩色数据，可向社会提供全文查询服务。苏州市城建档案馆已经完成馆藏 3000 张照片（占馆藏照片总量的 20%）的数字化处理，开始进行录像资料的数字化处理和有关管理系统的开发。

【重点工程项目档案信息化】

江阴长江大桥、南京长江二桥、华能南通电厂、华能太仓电厂、南通醋酸纤维有限公司、田湾核电站等重点工程项目建设单位都开展了档案信息化工作。江阴长江大桥建设指挥部在档案信息化方面舍得投入，专门购置了网络镜像服务器、微机、工程扫描仪、彩色绘图仪、彩色扫描仪、激光打印机、光盘刻录机等设备，完成了整个工程全部档案的扫描录入，实现了档案分类、编目、统计、检索、借阅的实时管理，可以在 internet/intranet 上进行浏览和下载所有档案（包括 3660 分钟的录像带、575 卷正负胶卷片等）。

【2002 年主要任务】

加快各级各类档案馆网站建设，“江苏省档案馆网站”年内开通，有条件的市、县档案馆和专业档案馆都要建立自己的网站（主页）。抓紧各级档案局（馆）内部局域网建设，逐步实现办公自动化，完成江苏省档案局（馆）办公自动化后期工作，组织市、县档案局（馆）办公自动化试点工作。推进各级各类档案馆馆藏档案数字化进程，加快建立档案目录中心，丰富档案数据库资源储备，年内江苏省档案馆建成民国档案文件级目录数据库建设。认真组织地方标准《文书档案目录数据结构与数据交换格式》的评审、报批和施行，研制开发《机关文书档案目录数据采集系统》，有计划、有步骤地在省级机关和有关市、县级机关中进行统一配置。

（耿如堂）

江苏省测绘信息化发展概况

【概况】

2001年，省测绘局围绕“十五”测绘事业发展的指导思想和总体目标，认真履行测绘行政管理职能，加强基础测绘工作，加快科技和体制创新，发展开放型测绘，测绘信息化建设得迈出了重要的步伐：测绘法规体系进一步完善；测绘事业发展的环境和条件有明显改善；履行行政管理职能推进依法行政成效明显；“数字江苏”地理空间基础框架建设取得重大进展；基础测绘成果应用服务取得明显经济和社会效益，为全省经济建设和社会信息化提供测绘保障服务。

【测绘法制建设】

《江苏省基础测绘管理办法》经省政府第66次常务会议审议通过并以政府令发布施行。该办法确立了基础测绘分级管理体制、定期更新机制和经费投入机制，规定了基础测绘成果共享制度，禁止任何部门拒绝利用基础测绘成果实施重复测绘，规定了基础测绘项目发包方式及承揽单位必须具备的资质等。办法规定，省政府管理测绘工作的部门负责编制省级基础测绘规划，并管理全省基础测绘工作；市、县（市）政府管理测绘工作的部门负责管理本行政区域内的基础测绘工作；基础测绘成果应当共享；县级以上人民政府应加强对基础测绘工作的领导，建立本行政区基础测绘定期更新机制；省级基础测绘更新周期为5至8年，市级基础测绘更新周期为3至6年；根据基础测绘规划和更新任务要求，省、市政府测绘管理部门编制年度计划，列入同级政府国民经济和社会发展计划，实施经费由同级财政列支。办法还对基础测绘的技术质量管理、成果管理及法律责任作出了规定。此外，《江苏省地图编制出版管理办法》列入2002年省政府规章建设项目，省测绘局制定了《江苏省省级基础测绘管理规定》、《江苏省测绘局实施〈测绘资格审查认证管理规定〉细则》，与省建设厅联合颁布了《江苏省实施〈房产测绘管理办法〉细则》，草拟了《江苏省测绘监理管理暂行办法》，进一步完善了测绘法规体系，使测绘管理工作逐渐步入有法可依的轨道。

【测绘行政管理】

完成了省级测绘行政审批制度清理工作，保留的省级测绘部门审批事项有4项，审核事项有5项，备案事项有5项，核准事项有1项。市县测绘管理机构的改革工作基本完成，现全省除南京市测绘管理部门仍保留在规划部门外，其余12个市测绘管理机构均改设在国土资源管理部门，并明确规定了测绘行政管理职能，在机构设置上均内设测绘管理处（科），有的加挂政府测绘管理办公室牌子，落实了分管领导和专人从事测绘管理工作。组织完成全省首次《测绘资格证书》复审换证工作，摸清了全省测绘持证单位组织结构、生产经营、技术质量管理、仪器设备和专业技术人员的现状，为加强行业管理奠定了基础。依法成立的省测绘行业协会，协助测绘行政管理部门加强测绘市场的宏观管理，维护测绘市场秩序，把握测绘业的发展动态，促进交流与合作，提高全省测绘行业的整体素质。

【整顿和规范地图市场秩序】

按照国务院和省政府的部署，省测绘局会同省工商局、省新闻出版局、省外经贸厅、南京海关、省政府法制办联合开展整顿和规范全省地图市场秩序工作。近两年来，违法测绘案件中有65%属违规编制、出版销售地图，且40%存在政治问题。表现在：一是损害国家领土主权、民族尊严，带有严重政治问题的地图产品屡禁不止，一些地图及地图产品中使用的中国版图图形，时有漏绘南海诸岛、钓鱼岛和赤尾屿，更有甚者，把台湾单独设色作为独立国家表示，造成了非常恶劣的政治影响。二是违法违规编制出版地图的问题比较严重。受利益驱动，一些不具备编制出版地图资格的单位、个人非法编制出版地图，一些唯利是图的不法分子利用地图编制进行诈骗，一些地图编制单位不依法进行测绘任务登记，甚至侵权盗版编制地图，有的单位片面追求经济效益，粗制滥造，错漏百出。2001 年 10 月 26 日，国务院办公厅转发了国家测绘局、工商总局、新闻出版总署、外经贸部、海关总署、外交部《关于整顿和规范地图市场秩序的意见》。为认真落实国务院办公厅文件精神，省政府办公厅转发了省测绘局、省工商局、省新闻出版局、省外经贸厅、南京海关、省外办、省政府法制办关于整顿和规范全省地图市场秩序的意见，省政府成立了整顿和规范地图市场秩序联席会议和办公室。各部门按照各自的职能，密切配合，对全省地图市场进行一次全面的执法检查。通过全省范围内的整顿，力争用 1 年左右的时间，使带有政治性问题的地图产品基本杜绝，地图市场秩序明显好转，人民群众的国家版图意识普遍提高，政府对地图市场的监管力度明显增强，地图产品的生产经营和管理走上规范化、法制化的轨道。

【编制测绘“十五”计划】

根据《国家测绘事业发展第十个五年计划纲要》和《江苏省国民经济和社会发展第十个五年计划纲要》精神，编制完成江苏省测绘事业发展第十个五年计划纲要。计划提出以推动测绘事业发展为主题，以结构调整为主线，以深化改革和科技创新为动力，以满足经济建设、社会发展和人民生活对基础地理信息的需求为出发点，加强测绘行政管理，提高依法行政水平；强化基础测绘工作，提高保障能力；加速测绘科技创新，拓宽测绘服务领域；优化组织结构，推动体制创新；加强精神文明建设，提高队伍整体素质；加快构建“数字江苏”地理空间基础框架，促进全省经济和社会信息化进程，努力开创测绘事业发展的新局面。“十五”期间测绘事业发展的总体目标是：进一步完善适应社会主义市场经济体制的测绘管理体制和运行机制；发展开放型测绘，加速省基础地理信息系统数据库及其网络体系建设，采用先进的科学技术，加快现代测绘向信息化测绘技术体系的方向发展，加快构建“数字江苏”地理空间基础框架；建立起以基础地理信息为载体的测绘保障体系，全面提高测绘保障能力和服务水平，基本满足国民经济和社会发展对基础地理信息服务的需求。“十五”测绘事业发展的主要任务是：完善测绘管理体系和运行机制，包括健全测绘法规体系，加强测绘法制建设；建立健全测绘事业基本构架体系；建立健全测绘市场管理的运行机制。加快构建“数字江苏”地理空间基础框架。包括建立和完善全球卫星大地测量控制网；建立江苏省卫星导航定位服务系统；加快 1∶1 万—1∶25 万基础数据体系建设；建设基础地理信息数据交换网络服务体系；加速全省 1∶1 万比例尺地形图的更新，同时建立省基础地理信息数据库。大力提高基础地理信息应用和服务水平。包括以构建“数字江苏”地理空间基础框架为基础，建设江苏省综合省情地理信息系统、长江经济一体化城市综合地理信息系统、省行政界线管理信息系统、省生态环境地理信息系统、人口普查与管理地理信息系统、省国土资源动态监测与管理信息系统、太湖、长江防讯调度指挥决策系统；加强对苏、锡、常地区地面沉降的动态监测；努力开发高科技、高附加值的地图新产品，繁荣地图市场，满足社会各界对地图产品的需求。

【基础测绘计划】

“十五”期间全省基础测绘的主要任务是：构建全省现代化的三维、动态、地心大地坐标系控制基础，建立并完善全省统一的高精度平面控制网和全省厘米级精度的似大地水准面，建立连续运行的全球卫星定位系统跟踪站；建立我省航空、航天遥感数据源周期性获取机制；构建全省统一的地理空间基础框架，实现第一代 1∶1 万比例尺“4D”（数字栅格地图 DRG、数字线划地图 DLG、数字正射影像 DOM、数字高程模型 DEM）数字产品覆盖全省，完成全省 1∶5 万比例尺“4D”数字产品的配套生产，完成全省 1∶25 万比例尺“4D”数字产品的配套更新，建设江苏省大地测量控制数据库、多分辨率数字正射影像数据库、多尺度数字高程模型数据库、核心要素数字线划图数据库、多比例尺数字栅格地图数据库、地名数据库、行政境界数据库；建设基础地理信息分发服务体系、全球卫星空间定位服务体系、遥感（RS）应用服务体系；突出建设好省综合省情地理信息系统、国家基础测绘设施项目省级单位工程、土地利用动态遥感监测工程、“数字区域”或“数字城市”的地理空间基础框架、防汛减灾指挥决策支持系统和苏南地区数字高程模型（DEM）及其动态监测工程，基本满足国民经济和社会发展对基础地理信息服务的需要。

【数字江苏基础框架】

省测绘局组织局系统测绘单位完成国家基础测绘任务1:5万地名数据采集313幅，省级基础测绘任务C级GPS网的全部外业数据采集，二、三等水准联测1554公里，1:1万“4D”产品1769幅，另完成全要素和核心要素调绘332幅等。积极推进“数字江苏”地理空间基础框架建设。精心制作了宣传演示材料，草拟了“数字江苏”地理空间基础框架建设方案。省政府领导对数字江苏基础框架建设作了重要批示。省测绘局联合省科协、省计委、省国土资源厅举办了地理空间信息技术和“数字江苏”论坛，15位专家联合向省政府呈送了数字江苏建设的建议。

【测绘保障与服务】

省测绘局系统测绘服务产值稳步增长，省测绘工程院、省基础地理信息中心完成测绘产值2500万元，超额完成年初确定的经济目标，满足了盐南高速公路、常澄高速公路、扬州环城公路、海启公路、京杭运河建设和整治，浙闽线勘界、镇常线勘界，苏州、无锡、武进、六合、江都、常熟、赣榆、阜宁、张家港、灌南等市县城市规划建设对测绘工作的需要。推进测绘成果政府应用。为省人大、政协四次会议提供了《江苏省行政区划调整地图册》、《1:25万江苏省卫星影像地图》、省综合省情信息系统演示触摸屏，受到省有关领导和“两会”代表委员的高度赞誉；为省第十届党代会代表提供了《江苏省省情图册》；利用最新SPOT卫星影像数据制作微山湖地区影像图，提供国务院勘界工作小组解决微山湖地区江苏与山东界线纠纷使用；为来江苏考察工作的中央领导赶制了淮安市1:5万、1:15万线划图、影像图、城区图多幅，及时满足了领导工作需要；为省人大制作了专题图50幅；为南京长江三桥的建设制作了1:2000DEM成果；完成了全省土地动态遥感监测项目的技术方案；完成了无锡三维动态、南京市湖南路立体模型、江苏省文物旅游图册、盐城规划图集、江苏省地图册等各种比例尺地图（集），满足了社会各界对地图产品的需求。

【科技创新】

省测绘局科技委员会加强了对科研工作的领导和管理，促进和保持局系统经常性的学术和科研交流；全年投入200多万元，对测绘装备进行现代化改造；改革科研管理机制，集中科研优势，组织项目攻关，举办了局系统科研项目专家评审会，签订2001年度科研项目合同4个，投入经费20万元；积极参与省计委牵头的“四大防灾减灾预警系统工程”建设项目，落实了启动经费。在全国率先完成了全要素与核心要素DLG建库与制图数据一体化及其产品样图制作，初步确定“4D”产品生产的技术要求，为规模化生产提供了技术支持；完成了1:1万基础测绘属性录入和数据转换的技术难题，研制出从外业数据录入到转换的一体化、房产测量和管理信息系统软件，完成了省科技厅立项的“县级市经济地理信息系统”和局立项的“江苏省综合省情信息系统”的文档资料的编制，对“测绘成果管理系统”的技术路线进行了前期试验，解决了“江苏省GPS公众服务网”空间数据处理的有关技术问题，并开始运行。完成了无锡市、扬州市防洪决策信息系统技术方案的设计，完成了无锡、南京两市的真彩航摄，为遥感技术的进一步开发利用奠定了基础。在引进高层次人才的同时，突出抓好现有人才的培养和提高。将基础测绘从业人员的岗位培训作为重点，举办了局系统基础测绘检查验收人员、技术管理人员和作业人员培训班，共有134人通过了考试。受省人事厅委托，负责全省测绘技术工人升级培训、考核和测绘技师申评前培训。省测绘局系统共有28位同志申报高、中级职称评审。有4位同志被评为享受政府特殊津贴专家、国家局青年学术和技术带头人、“333”二期工程首批第三层次培养对象。派技术骨干、带头人外出参观、学习、培训，省测绘培训中心全年组织12类20个培训班，共1200人参学。

【国家基础测绘设施项目】

国家基础测绘设施项目是测绘部门重要的基础建设项目。江苏省测绘局单位工程是国家基础测绘设施项目的组成部分，涉及到基础地理信息管理服务体系、基础地理信息数据生产技术体系和基础地理信息数据传输网络三个单项工程的内容。围绕国家测绘局对国家基础测绘设施项目单位工程实施单位提出的“四个落实，一个明确”的要求，省测绘局积极创造条件争取入围，被国家确定为首批入选的17家省级单位工程实施单位之一。工程的主要目标是，面向省级1∶1万基础地理数据的更新与建库，顾及国家1∶5万基础地理数据的更新与建库等基础测绘任务，按照技术创新的思路，建设我省基础地理信息管理服务技术体系、基础地理信息数据生产技术体系和基础地理信息数据传输网络，与国家基础测绘设施建设的整体规划相衔接，形成有机的整体。江苏省测绘局作为第一批A类单位工程实施单位，国家测绘局投入300万元，省政府配套300万元，第一期共签订合同15个，完成投资261.77万元，软硬件设备全部到位，运行情况基本良好，有的已开始产生效益。第二期投入资金360万元，总计达到622万元。

【国家基础测绘设施项目技术方案】

由省测绘局组织编制的技术方案通过了由国家基础地理信息中心、中国测绘科学研究院、黑龙江测绘局、海南测绘局和南京师范大学、东南大学、江苏省信息中心、江苏省信息化工作领导小组办公室以及江苏省基础地理信息中心、江苏省测绘工程院的10名专家的论证，认为：单位工程建设目标和任务比较切合实际，单项工程的沉淀内容和主体沉淀单位明确，符合《项目初步设计书》的要求；工程建设规模的设计充分考虑了现有条件、基础测绘生产需求和技术可行性，总体规模测算基本正确；系统工艺流程的设计，硬件、软件配置的总体框架较为合理，具有实用性、先进性和可扩充性；同时在网络结构、结合应用需求、优化软件配置、经费投入等方面提出了修改意见和建议。该方案的技术思想主要体现在：一是数据更新。在省测绘事业发展“十五”规划中，提出了全省基础测绘8年更新的目标，采用“3S”技术，“4D”产品模式，基础测绘数据快速覆盖，建立及时更新机制。项目要求在具体的生产组织过程中，本着“急用先测”的原则，区分重点地区与一般地区、发达地区与欠发达地区，灵活制定不同地区的生产更新周期和数据采集方案，并突出正射影象图的快速覆盖。二是数据库建设。全省基础地理信息数据库包括省级大地测量数据库、地形数据库、地名数据库、数字栅格地图库、数字高程模型库、正射影像数据库、专题数据库等；数据库的建设主张采用大型商用关系型数据库作为整个结构的底层，在上面连接空间数据库管理类软件，共同管理全省基础地理信息数据。基于基础地理信息数据库的各种应用开发，则可以结合具体需求，采用多种平台。三是数据存储。配备大容量的磁盘阵列进行数据在线存储备分，配备磁带机进行数据记带保存与交换。同时，方案还考虑到数据分发服务、遥感应用等方面的需求，并要求建立测绘生产业务化运行系统，以探索现代化的管理模式，使管理手段和管理水平与技术发展水平相适应。

【软硬件设备更新】

2001年，省测绘局系统共投入622万元，购置和改造了一批测绘数字化软硬件设备，主要更新的设备见表：“江苏省测绘局系统2001年度购置数字化测绘装备一览表”。

【设备使用情况】

国家基础测绘设施项目单位工程的实施，有力地拉动了全省测绘系统的测绘科技进步，提升了测绘信息化装备的科技含量，促进了科技人才的培养，对推动基础测绘工作，提高测绘保障服务能力产生了重要的作用。表现在：

1. 网络系统。为了加强测绘信息化网络建设，省测绘局安排了2名技术人员学习了CISCO交换机使用和网络技术。目前局域网运行基本顺利，为数据生产和交换提供了保障，使大型输入输出设备的网络化使用成为可能。比如，HP5000PS高档彩色喷墨绘图机为省测绘局系统单位不同部门的使用发挥了作用。目前，正按照国家的规划要求，着手准备IP地址的迁移。

2. 全数字摄影测量系统。省测绘局共有全数字摄影测量系统15台套，已先后投入基础测绘的数据生产。已完成连云港、南通、扬州等测区自动空三加密，连云港、南通测区的测图和DEM、DOM产品制作，扬州测区的测图和DEM、DOM生产工作正在进行。经初步评价，本系统基本达到设计要求。为了进一步发挥全数字摄影测量系统的作用，2001年度还补充了三套单机版的空三系统，以解决空三与测图之间的用机矛盾，提高　　生产效率。

江苏省测绘局系统 2001 年度购置数字化测绘装备一览表

序号	设 备 名 称	金额（元）
1	JX－4A 数字摄影测量系统 6 套，JX－4A 单机版空三加密软、硬件 3 套，自动空三加密软件 2 套	770000
2	VirtuozoNT 数字报摄影测量系统 2 套，PAT－B 光束法区域平差软件 1 套	243200
3	Dell PowerEdge6400NT 企业级服务器 1 台，Dell Power Edge 4400 NT 部门级服务器 1 台，Dell GX400SMT382 高档微机 31 台	747734
4	Dell Precision530 高档 NT 图形工作站 3 台，Dell Precision530 中档 NT 图形工作站 4 台	308750
5	IBM FAST200 中型光纤磁盘阵列 1 台，IBM FAST200 小型光纤磁盘阵列 1 台	599559
6	Arc/Info for NT 软件 1 套，ArcSDE 软件 1 套，ErdasforNT 软件 1 套	198617
7	Catalyst 3524 XL 24 口交换机 1 台，WS－G5484 1000BASE－SX 2 块	27568
8	Oracle 9I 软件 1 套，DIAGNOSTIC PSCK 1 套，TUNING PACK 1 套，CHANGE MANAGEMENT PACK 1 套	172622
9	HP DJ800PS 中档彩色喷墨绘图机 1 台	72000
10	Geoway DLG 软件套件 20 套，Geoway DRG 软件套件 2 套，Geoway DLG 软件套件 2 套，Geoway Symbol-editor 符号编辑软件 2 套	140000
11	Bentley MicriStion 软件 2 套，Prime 软件 3 套	69000
12	Windows 2000 Advanced Server 软件 1 套	20800
13	VIDAR 大幅面彩色图形扫描仪 1 台，ANATECH 大幅面黑白图形扫描仪 1 台	267000
14	HP5000PS 高档彩色喷墨绘图机 1 台	163500
15	HPVL600 高档微机 2 台，HPVL400 中档微机 22 台	437840
16	DELL Precision220 普通工作站 1 台	26755
17	英国 CHIORIDE UPS 电源 20KVA（3/1）2 台	186400
18	Exabyte Mammoth－2 外置式磁带机 2 台，AHA29160SCSI 卡 2 块	79200
19	GeoImager 软件 2 套	16000
20	MapInfo Professinal V6.0 等软件 5 套	57826
21	CyberCity 城市建模与可视化软件 2 套，IMAGIS 三维可视化地理信息系统专业版软件 1 套	11300
22	Epsw2000 清华山维软件 20 套	100000
23	MapGis 软件 1 套	16800
24	PhotoShop6.0 等软件 5 套	88750
25	20KVUPS 电源 2 台（1 小时）	186400
26	网络建设、交换机、网管软件等	477460

3. 输入输出系统。VIDAR TruScan Titan II Pro大幅面彩色图形扫描仪扫描图幅600多幅；ANAtech Evolution 8大幅面黑白图形扫描仪扫描图幅800多幅；HP5000PS高档彩色喷墨绘图机在生产中发挥了较高的使用效率，共喷绘大型图件300多幅。

4. 数字化系统。地图扫描数字化系统基本形成规模生产能力，在基础测绘数据生产中发挥了重大作用。目前，测绘单位已掌握相应的软件、硬件技术，生产运行比较顺利，基本接近设计要求。

5. 数据服务器和磁盘阵列、数据库系统等。数据库和磁盘阵列已经安装调试完毕，技术人员正在抓紧熟悉该设备的使用和管理，其投入使用定会给全省基础测绘的生产和数据管理提供更好的支撑。Oracle数据库系统目前安装完毕，并进行了现场培训。

（陈洪良）

江苏省海关信息化发展概况

【基本概况】

2001年南京海关深入贯彻海关总署“依法行政，为国把关，服务经济，促进发展”的工作指导方针，各项工作取得了丰硕的成果。南京关区海关全年共征收入库税款191.74亿元，比上年增收29亿元、增长17.8%，完成年度162亿元税收计划的118%，占全国海关征税总额的7.7%，税收排名从上年的全国第5位上升至第3位。共监管进出境货物5861.4万吨，比上年增长1431万吨，同比增长32.3%，货运量排名已从上年全国第7位上升至第3位。这一系列成绩的取得离不开科技进步，离不开信息化管理。一年来南京海关信息化管理工作全方位渗透海关业务改革，有力地支持和促进了江苏外贸进出口和地方经济的快速发展，在围绕“有效监管、高效运作”的海关快速通关核心问题上，配合业务改革在“提高转关运输货物通关效率，创新转关运输监管制度、提高加工贸易货物通关效率，创新加工贸易监管制度、创新加工贸易监管制度，提高守法企业货物通关效率”上发挥了基础性、先导性作用。

【组织机构】

南京海关设立于1979年，为正厅局级机构，直属海关总署，监管区域为江苏省全境。南京海关的信息化工作职能由南京海关技术处负责。2001年，在海关总署统一部署下，南京海关进行了机构改革。改革后南京海关内设调查局、侦查分局2个副局级机构和18个职能处室，其中现场业务处主要处理南京地区企业进出口报关业务，其他处室主要职责是对关区各海关业务的职能管理及业务指导。南京海关下设苏州海关、苏州工业园区海关2个副局级海关，南京新生圩、镇江、常州、无锡、江阴、张家港、张家港保税区、南通、扬州、盐城、徐州、淮阴、连云港、常熟、太仓、昆山、泰州等17个处级海关，以及丹阳、溧阳、宜兴、锡山、吴县、吴江、启东、泰兴、昆山出口加工区、南通开发区、张家港港区办事处等11个副处级办事处，另有2个副处级的海关总署教育培训基地。此外，在苏州、南通、连云港、扬州、常州、江阴、张家港、镇江、无锡海关设立了9个正处级的走私犯罪侦查支局。各下属海关分别设立技术科或技术岗位负责本关的信息化工作。

【工作部署】

2001年，南京海关根据多年来海关科技、信息化与业务融合发展的新特点，坚持科技信息化为业务服务，与业务紧密结合、相互依存、整体推进的指导思想，围绕海关的这中心工作．着重研究解决通关作业改革和建立现代海关制度的需求问题，为实现海关通关作业网络化、监控手段智能化、职能管理数字化、行政决策科学化提供强大的支持，本年度主要完成：

1. 召开关区科技大会，制定“十五”发展规划，进一步提高科技工作管理水平；

2. 结合业务开展科技创新活动，力争在物流监控环节再做出新的成绩，加快关区海关集装箱检查设备工程建设、发挥卡口监控设备效益；

3. 加大信息安全保障体系建设力度，建立南京海关公网“一点接入”和“防火墙”，加强计算机安全管理，建设关区身份认证系统，提高全员廉政风险意识；

4. 完善和改造关区网络系统，对业务量大的海关按实际需要增加带宽，保证业务数据的传输效率和可靠性。

5. 做好南京海关业务技术办公大楼的技术层建设工作。

6. 机构根据改革后职能管理的需要开发程序，为行政决策科学化提供支持。

【基础设施】

在海关总署科技发展司的关心支持下、南京海关坚持走“科技兴关”和“科技强关”之路，不断加大科技队伍建设和科技经费、科技装备的投入。2001年关区新增技术人员8人，目前技术人员总数已达89人，其中高级工程师11人，占12.4%；工程师33人，占37%；助理工程师30人，占33.7%。2001年南京关区科技装备和科技经费投入1636万元，其中购买微机230台，激光打印机61台、针式打印机87台、终端134台、笔记本电脑12台，用于科技专项工程的费用达1078.4万元。目前全关区科技装备总值已达1.11亿元。全省海关共有计算机终端及微机1650台，小型机19台，NT服务器55台，各类计算机网络设备140多台套，超短波通信系统基地台12套，车台及手持机430台套，短波系统7套，程控交换机装机容量达到5000门。

【重点工程】

随着科技快速发展以及世界经济全球化，传统的贸易方式、生产方式发生了重大变革，对海关监管工作提出了更高的要求。结合海关总署通关作业改革部署，南京海关紧密结合监管模式的变化，以业务需求为出发点，开发了出口加工区物流监控系统，“两水两陆”跨关区快速转关软件系统；建设了集装箱检查系统；积极参加了口岸电子执法系统应用试点，实现了更加方便、严密、快速、高效的通关作业，取得了明显成效。

（一）研制开发了“两水两陆”快速转关系统，并在全国海关推广

为了加强进出口转关和中转运输货物的实际监管，加快通关速度，支持中央中西部地区开发的战略方针。充分利用长江黄金水道资源，海关总署监管司组织了长江、珠江三角洲流域各海关，对现有的货物转关业务的通关模式进行了调研。针对长江流域转关运输监管量较大的特点，南京海关提出的快速转关有关方案，得到总署党组的关注。在署领导的指导下，制定了广东地区、长江流域进出口转关货物的监管办法，根据进/出口转关货物的监管办法成立了“两水两陆”快速通关工程组，研制开发了“两水两陆”快速通关系统。所谓“两水两陆”快速通关系统，既长江、珠江三角洲流域及广东、沪宁陆路进出口转关货物的快速通关系统。该系统提供了进出口提前报关、进口直接转关、出口批量转关功能，实现了报关单、转关申报单、舱单“三单联动”核销、监管。简化了进出口货物转关运输手续，加强了转关运输海关监管力度，加快了转关货物的通关速度，降低了企业通关费用。据统计：沪宁陆路通关环节进口货物监管转关手续由改革前的11环节个减至4个环节，进出口收费项目均由3个减至1个，出口货物转关电子回执速度从过去的1－2月缩短到20天以内。该系统从今年1月1日在南京海关试运行，4月，在总署牵头下又进行了集中修改，8月，新系统在全国范围内全面推广。系统的运行受到各级地方党政和进出口企业的广泛好评。

（二）积极推行口岸电子执法系统应用试点工作

口岸电子执法系统又称中国电子口岸，是海关总署、对外经济贸易合作部、国家税务总局、中国人民银行、国家外汇管理局、国家出入境检验检疫局、国家工商行政管理局、公安部、交通部、铁道部、民航总局、信息产业部等12个部委，利用现代信息技术，借助国家电信公网，在互联网上建立的公共数据中心，该中心存储各部委共享的数据，提供联网核查手段。同时向企业提供全天候、全方位网上服务，联网办理各种进出口业务。系统的应用将使口岸进出口业务更方便、更快捷，使企业贸易效率提高，贸易成本降低，并有效防范和打击走私违法活动方便企业合法进出。系统建成后，大大地缩短了现场货物通关时间，提高了查验效率，也震慑了走私犯罪分子，取得了良好的应用效果。1999年口岸电子执法系统在全国推广进口报关单付汇核查系统，该系统成功地遏制了一度泛滥的骗汇犯罪活动，得到了国务院领导同志的充分肯定。2001为了全方位应用口岸电子执法系统，根据海关总署、外经贸部等六部门联合办公对口岸电子执法系统入网用户资格进行审查。在省政府的关心下南京海关以50余台微机、一台服务器、10兆宽带接入在一周内构建了江苏省制卡分中心。南京关区海关以及江苏省外经贸、国税、工商、外管、质量技术监督等部门，组织抽调精干人员，密切协作配合，自4月9日起，全力投入全省口岸电子执法系统申请入网用户的资格联合审查和制发IC卡工作。据统计，截至6月1日，共成功制作并配套下发各类IC卡13045张。其中，全省5930家申请入网企业法人卡5930张、操作员卡7024张，省内各级外管部门使用的“政务IC卡”法人卡和操作员卡各54张，关区15个隶属海关技术应急服务点使用的RA卡15张，关区22个接单现场使用的“政务IC卡”22张。确保了6月1日起应用该系统网上办理外汇核销单的应用顺利开展。在此基础上，8月份，南京海关协助总署口岸电子执法系统工程组，在昆山海关测试口岸电子执法系统报关单联网申报系统。测试中，找出了试点程序的多处漏洞，为该程序的试点成功做出了应有的贡献。现该程序已经在全国范围应用。

（三）开发了卡口物流监控系统

针对江苏加工贸易较为发达的特点，南京海关尝试在昆山设立出口加工区对加工贸易进行统一管理。开发完成了“出口加工区物流监控系统”。整个物流监控系统包括：集装箱箱号识别系统、车牌识别系统、卡口监管程序等。该系统建立后，能够对进出卡口的集装箱进行自动扫描识别，自动称重，系统将识别的集装箱箱号、重量等数据与数据库中取得的舱单数据和该批货物的海关报关单数据进行比对。当计算机确认集装箱数据符合海关监管要求时，放行指令立即发出，出口档杆自动拉起。如验核结果有疑问，发出报警信号，不予放行，扣货待查。整个作业流程全部由系统自动完成，时间为30秒。系统的运行大大地加快了现场通关速度，加强了货物监管力度，现在这套系统已经推广应用到新生圩海关、苏州工业园区出口加工区海关。

（四）按时、保质地完成集装箱检查系统（H986系统）建设

集装箱检查系统（H986系统）是海关提高对运输工具和货物监管能力的高科技应用。该系统由海关总署与清华大学联合研制开发，分为固定式和移动式二种，设备投资上千万，安装及场地费用上百万。南京关区新生圩海关和南通海关2001年分别要完成该系统的基建和安装任务。为保证新生圩海关和南通海关H986系统的按时建成，技术处领导和相关技术人员多次深入施工现场指导、协调。及时都能随时掌握和解决工程中遇到的各类问题和困难，确保了新生圩海关和南通海关H986系统分别于今年5月、10月投入试运行。整个工程建设受到了总署科技发展司和清华同方公司的好评。

【重要措施和经验】

历史经验表明，海关的信息化工作与业务紧密结合，立足为业务服务，故具有强大的生命力。要紧紧抓住海关改革与建设的不同历史事情对信息化工作的需要，科学、务实地确定海关信息化工作的指导思想和发展战略，才能促进海关信息化事业的快速发展。为此，2001年海关总署海关总署召开了第四次全国海关科技工作会议。会议表彰了“九五”期间全国海关科技先进集体和先进个人，南京海关二名同志获得全国海关优秀科技工作者和全国海关先进科技工作者，计算机科获得全国海关先进集体，为南京海关赢得了荣誉；会议明确了“十五”期间海关科技工作的指导思想、总体目标、主要任务和重点工程项目。在深入领会学习全国海关科技工作会议精神的基础上，南京海关以全国海关科技工作会议精神为指导于6月11日召开了第四次南京海关关区科技工作会议。会议对“九五”期间南京海关的科技工作进行了总结，表彰了关区优秀科技工作者和先进集体，将“科技强关”、“科技兴关”作为南京海关科技工作的基本出发点；制定了“南京海关科技发展十五计划纲要”。南京海关全体党组成员参加了会议。会议明确了今后五年南京海关科技工作的重点，一是继续抓好科技队伍建设。二是深化海关科技管理体制改革，合理配置海关科技资源。三是加大科技应用，向科技要管理、要效益，充分发挥海关科技应用的基础性、先导性作用。四是建立可靠的信息安全保障体系。这次关区科技工作会议的召开，使所有技术人员深受鼓舞，明确了奋斗目标，会议通过了“南京海关科技发展‘十五’计划纲要”和“南京海关关于加强科技工作的决定”，这两个文件成为南京海关科技发展的纲领性文件。

【存在问题及解决思路】

随着计算机应用的不断提高，计算机网络安全和防计算机病毒入侵成为至关重要的大问题。南京海关现有的计算机网络是98年为适应通关制度改革而建设的，随着通关业务、办公自动化和其他管理项目的应用，Internet、Intranet已成为当前计算机应用的主流技术，WWW浏览、客户机/服务器、电子邮件已成为日常工作中不可缺少的部份。虽然新技术促进了计算机应用的普及和便捷，但由于开放式的系统互联，也给网络运行管理、系统安全带来了一系列的问题。目前海关网络运行和信息化管理中存在的主要问题有：

1. 网络内外分隔不清

多年来部分报关企业、预录入公司仍然直接使用终端在海关 H883/EDI 主机系统上开展预录入应用；部分海关根据自身应用的需要直接与联网企业实施光纤或专线接入，形成了一个以海关为中心节点直接接入一批企业的应用专网；有的不加防火墙就进行 Internet 接入等。这种海关内外网不分离，且计算机安全措施难以有效保障的内外网联网方式，不仅使海关信息系统安全防护无法到位，而且也难免给联网企业的信息系统安全也带来威胁。

2. 病毒入侵渠道未管住

除了网络联结以外，接在网上的 PC 机及其自行安装的光盘、软盘、通信接口，都是病毒可能的入侵口，加之非工作性质的电子邮件往来，在 Internet 网上建立的公私不分的电子信箱，以及随意从网上下载的各类软件，几乎使得计算机病毒防不胜防，尽管技术部门采取了必要的技术手段和制定了必要的管理制度，但管理制度不能被有效的执行，从而造成单纯的技术防范和管理总是处于被动滞后的防御局面。

面对上述问题，为了保证网络的安全和信道的畅通，南京海关将根据海关总署进行全国海关网络安全及扩容改造的统一布署，针对关区海关网络现状，进行网络改造方案论证和进一步加强网络管理制度落实工作，主要包括：

1. 三网分离

考虑到病毒侵入的主渠道是因特网，因此首先要把因特网与内部网分开，同时海关内部的政务信息网、业务运行网、职能管理也要相互隔离，并分别进行带宽控制，以优先保证 H883/H2000 业务运行所需。

根据三网分离的要求，总署、南京海关的局域网要进行子网划分和隔离。技术处在适当时期召开关区网络研讨会和培训班，布置关区海关的网络改造工作，用 1－2 年的时间完成关区海关计算机网络的扩容改造工作，同时研究骨干网的备份方式，采用新的传输技术，从总体上提升数据传输的可靠性、可用性及传输速度。

2. 一点接入

为配合 H2000 集中式系统的建成使用，今后在关区内的各有关单位和企业凡是要和 H883/H2000 系统交换数据的，都要逐步集中在总署通过电子口岸数据中心的平台和严格的安全控制进行，即“一点接入”。海关与企业联网统一通过口岸电子执法系统数据中心，以避免海关网络间接与国际互联网相连。

3. 严密网管

按照海关总署的要求，今后全国海关要统一使用网管软件，建立总署和直属海关两级网管制度。技术处尤其要对业务运行系统，严密加强网络监控、身份认证、攻击检测、病毒防灭工作，确保网络安全。关区业务运行网上的 PC 一般不配光盘、软盘及多余接口，关区各关的技术部门一定要加强管理、堵塞安全隐患。

【2002 年主要任务】

2002 年南京海关科技工作的指导思想是：以邓小平理论为指导，按照江泽民总书记“三个代表”的要求，坚持“依法行政、为国把关，服务经济、促进发展”的方针，树立“科技强关”意识，强化“保障服务”观念，紧紧围绕关区海关工作，充分利用现代科学技术，着重研究解决通关制度改革和建立现代海关制度对科技的需求，促进南京海关科技和业务相互依存、整体推进、融合发展。要依靠技术创新和管理体制创新，不断改革和完善南京海关科技管理体制、运行体制和规章制度，开创信息化工作新局面，为全面推进南京海关改革和现代化建设事业服务。

总体目标是：根据《海关科技发展第十个五年计划纲要》，结合南京海关发展实际，建立起相对集中、合理布局、分级管理、具有创新活力的科技管理体制，形成综合应用先进技术、整体提高管理效能的科技开发应用机制，着力提高科技管理水平和科技应用效益，充分发挥海关科技应用的基础性、先导性作用，为全面实现海关通关作业网络化、监控手段智能化、职能管理数字化和行政决策科学化的“电子海关”和“电子口岸”提供强大的技术支持，把南京海关的现代化建设提高到一个新的水平。

主要任务：

1. 加快关区口岸电子执法系统应用步伐

口岸电子执法系统是国务院立项和组织、推动的，是跨部门的业务应用项目，也是“金关工程”的重要应用项目。2002年南京海关将选择的稳步扩大联网报关的试点范围；开展无纸化联网报关、“海关电子发票”联网申报、通关单联网申报、备案证件联网申报、与银行联网进行网上付税的应用，在全关区积极推进电子帐册备案、IT企业联网监管。我们要进一步加强和完善运行维护保障机制，在海关内部办好口岸电子执法系统各项应用培训班，加大口岸电子执法系统应用中观念创新、制度创新、技术创新的宣传力度；以优质的技术保障和应用服务，加快关区口岸电子执法系统的推广应用步伐。

2. 做好H2000通关系统的试点和应用的准备

H2000通关系统是“电子海关”的核心工程，也是海关H883EDI系统管理适应入世新形势、新任务要求的升级换代系统，它采用先进的体系结构，集中式数据库，开放式、标准化的软件技术，提供业务原因的高响应速度，可靠性，可扩充性，安全性，为通关作业改革、业务职能管理和领导决策工作提供更准确、及时、完整的信息，进一步提高海关管理严密高效的整体效能。目前，H2000在北京和广州两个海关进行试点，在上半年完成试点和切换，海关总署在下半年扩大试点，我们要做好H2000试点的思想准备和技术准备。根据总署的统一布署，在确保关区正常通关作业进行的情况下，逐步实现从H883EDI系统到H2000系统的平稳过度。

3. 统一规划、分步实施关区内部网的扩容改造

关区各级技术部门是关区计算机系统和网络建设、管理、维护、保障部门，各类计算机系统和网络的安全可靠运行由技术部门负责。南京海关将根据海关总署进行全国海关网络安全及扩容改造的统一布署，针对关区海关网络现状，进行网络改造，实现三网分离、一点接入方案和进一步加强网络管理制度落实工作。

4. 加快物流监控技术的完善和推广工作

进一步研究通关信息流与物流的紧密结合，研究长江流域的二程船和沪宁高速的GPS和电子车牌的应用，条件成熟后，在关区的口岸海关推广，全面提升关区海关的监管能力和查验水平。

5. 构建南京海关新的信息中心平台

南京海关业务技术办公大楼今年将要投入使用了，新的机房正在装修，各网络设备即将到位，我们计划从二季度进入准备阶段，争取用二个月左右的时间完成设备的安装和调试，确保新大楼的搬迁并努力做到数据不丢、现场业务不断、通信联络畅通，重新构建南京海关新的信息中心平台，增添南京海关的发展后劲。

6. 关区海关的IP电话联网工作

在2001年关区内利用海关内部网开展程控机联网拨号试点的基础上，进一步改进技术，在关区内逐步开展电话联网工作，实现在内部网上话音的互联互通。此外，我们还将进行关区海关超短波设备组网技术的研讨和开展手机虚拟网的调研工作。

（张晓燕）

江苏省国家税务局信息化发展概况

【基础设施建设】

一年来，江苏省各级国税机关十分重视信息化的基础设施建设，2001 年全系统信息化建设总投资额达 1.8782 亿元，比 2000 年总投资 1.663 亿元增长了 12.9%，各级国税机关在经费紧张的情况下，想方设法，筹措资金，用于增加和更新各类计算机设备，优化基础建设。

1. 全省国税系统计算机装备水平逐年提升。到 2001 年年底，全系统拥有计算机 13863 台，比 2000 年的 11997 台净增加 1866 台。其中，中小型计算机 38 台，PII 及其以上的微机 10564 台，比去年同期的 8003 台增加了 2561 台，设备装备水平有明显提高。目前，全省国税系统人均拥有计算机设备 0.71 台，人均拥有 PII 以上计算机设备 0.54 台。计算机设备配备从数量的扩张逐步向质量的提高过渡。

2. 省、市、县、分局四级网络全面建成。在 1999 年总局统一规划建设的省、市、区县三级金税工程广域网络的基础上，各级国税部门从实际情况出发，本着经济实用的原则，以 DDN、帧中继、无线网以及光纤网等多种建网方式，到 2001 年 6 月底全面建成了县局与下属分局的广域网，至此全省国税系统建成了省、市、县、专业局四级计算机广域网络，网络覆盖江苏国税所有单位。同时，对省辖市局的城域网进行了改造、提速。目前，全省国税系统广域网节点 639 个，大部分网络速率达 64K－256Kbps，其中，泰州、无锡、徐州等地建设了高速宽带光纤网，为税收信息化提供了快速通畅的信息公路。

3. 强化网络日常管理，进行网络提速和改造。为确保全省国税系统广域网络畅通运行，省局信息中心一方面加强对各省辖市局的指导和帮助，确保网络建设的规范化，指导基层处理好当前建网与“金税工程”网络应用的关系，帮助有应用需求的地区进行网络提速和改造，另一方面，加强管理和监控。省局将网络运行状况和各项管理纳入日常考核，各地也十分重视网络的日常检测，加强网络管理，规范管理制度，提高网络管理人员的技术水平。

4. 完成了全系统的网络安全建设。2001 年，在充分调研论证的基础上，积极组织实施全省国税网络安全工程。省局统一购买了防病毒软件产品，在全省国税系统安装使用，较好地抵御了各种病毒的攻击；2001 年底完成了省、市、县局 80 个节点的网络安全防火墙系统；网络安全审计、网络入侵检测系统目前处于调研论证阶段。网络安全工程的实施，有效提升了国税广域网络的安全等级。

【信息技术应用】

软件的普及是基础，正确应用是关键。2000 年江苏省国税系统正式统一使用《江苏国税征管信息系统》3.0 版（以下简称征管软件）软件后，继续对征管软件进行完善，将信息技术应用工作的重点适时转移到提高江苏国税统一的征管软件应用水平上。

1. 开发完成了《江苏国税征管信息系统》4.0 版。为适应新增的业务需求及征管改革要求，完善运用中暴露出的技术问题，省局抽调全省国税系统技术骨干组成开发组，及时进行征管软件修改完善。2001 年年初，省局组织召开了征管软件开发方向座谈会，按照建立专业征管机构实施征管业务重组的要求，为进一步修改、完善征管软件进行深入研究，确定了“对 3.0 版征管软件构架进行调整以满足数据集中处理模式”的修改方向。从 3 月初开始，抽调了全省国税系统 30 多名技术骨干，历时近 3 个月，对 3.0 版征管软件进行构架的调整，对广域网上运行的征管软件进行性能调优，开发了省市级应用软件，满足深化征管改革的数据集中处理、上下级监控的需要，完成了《江苏国税征管信息系统》4.0 版征管软件的开发提升工作，为实现市、县级征管信息的集中处理奠定了软件基础。

2. 实现了市、县级征管信息的集中处理。在《江苏国税征管信息系统》4.0版开发成功后，2001年下半年，江苏省国税局按照“统一规划、合理配备、循序渐进、分步集中”的原则，通过充分调研论证，为每个单位配备了2台高档PC服务器作为集中征管主服务器，各市、县局利用这两台PC服务器实行负载分担，双机运行，一台用作前台窗口的申报操作，一台作为综合查询用，运用《江苏国税征管信息系统》4.0版征管软件，以市、县局为单位建立征管信息处理中心。从实际运行效果来看，这种配置方案基本满足了各地的征收管理工作需要，在不增加太大的投入的情况下，实现了以市、县为单位征管信息的集中处理。淮安市国税局在成功实现市、县信息集中的基础上，率先实现了以省辖市为单位的信息数据集中处理。市、县级信息集中，提高了征管信息的真实性，加大了市、县局对基层征管工作的监控力度，对提高全省国税系统征管软件应用质量起到了有力的促进作用。

【拓展网络应用】

1. 办公自动化有了较大发展。全省国税系统推广应用了公文处理系统，实现了省、市、县、分局公文的网上处理和传输，大大提高了办公效率。

2. 开设“江苏国税”因特网网站。为方便纳税人能及时掌握税收政策，更有效地为纳税人服务，2001年6月开通了“江苏国税”因特网网站，各地也建立了税务主干网的Web网站，在内部网上发布信息，进行征管信息的加工分析，拓展和丰富了网上应用，盐城市国税局、淮安市国税局、宿迁市国税局、徐州市国税局的内部WEB网站内容丰富，功能齐全，操作简便，极大地方便了各地使用，有些省辖市局还将征管信息的查询基于WEB技术实现，有力地促进了征管质量的提高。

3. 采用多种方式进行电子申报，优化申报纳税程序，提高了征纳双方办税效率。推行以网上申报为主体的电子申报，全省国税系统一般纳税人实行电子申报户数已达61506户，占一般纳税人总户数的34%，其中网上申报户数已达10293户，淮安、盐城、宿迁等市局一般纳税人已全部实行网上申报。

【开展形式多样的培训】

江苏省国税系统在积极引进计算机专业技术人才的同时注重加强对技术人才的知识更新培训。目前全省国税系统已有计算机专业人员642人，占国税干部总数的3%，初步形成了一支信息化专业技术队伍。为提升这支队伍的专业水平和其他税务干部的计算机应用水平，采用各种方式进行技术培训。一是抓领导干部培训。2001年省局举办了多期处级干部计算机应用培训班，对省局处级干部、各省辖市局局长及部分分局长进行轮训。各地也多次分级组织对局长、分局长的培训。二是抓全员培训。全省普遍开展计算机应用等级培训和专项应用软件培训，税务干部普遍达到初级等级水平，相当一部分干部达到中级等级水平，为全系统计算机应用打下了良好的基础。三是抓技术人员培训。采用普及教育、工程项目培训、专题讲座等多种形式提高技术水平。特别是在《江苏国税征管信息系统》修改完善的开发过程中，采用以老带新的方法，注重在实践中培养和锻炼征管软件的系统维护和完善人员。目前，在全系统中活跃着一大批精通征管软件体系结构、熟悉大型数据库开发的技术精英，为征管软件的进一步完善提供了人才保证。

针对计算机发展日新月异，系统内技术人员计算机专业实用水平有待进一步提高的现状，2001年省局继续委托苏州大学举办了一期计算机应用技术提高班（学期四个月），培训人数42人。开设的课程都是目前信息化工作中需要的较新及工作中的实用技术，通过培训一定程度上缓解了全省国税系统计算机技术人员紧缺的状况，在系统内逐步建立了一支适应税收信息化建设的“阶梯形”的队伍，促进了全省国税信息化建设。

【重点工程建设】

一是全力配合，做好金税工程的试点工作。2000年9月，总局确定江苏、山东为金税工程运行的试点单位，江苏省局及无锡、常州两市的广大税务干部，全力配合总局及相关公司做好试点工作，反复进行发票信息的采集、传输、比对、分析工作，提出了很多的意见和建议，为2001年1月1日在全国五省四市顺利开通运行提供了保证。

二是加班加点，超负荷运作，确保金税工程在2001年1月1日如期开通运行。组织开发了征管软件的一般纳税人基本信息导出软件，使信息能直接导入金税工程稽核系统；完成了协查系统设备的招标，金税设备、网络及时到位；配合总局组织了为期一个多月的培训工作，分期、分批、分类型（技术、稽查、流转税、局长）进行，培训总人数将达1116人；完成大量的软件安装、联调任务，全省国税各级信息中心技术人员在一个月的时间内，完成了200多台服务器、800多台PC机稽核和协查系统设备及软件、600多个征收分局金税数据接口软件的安装测试、升级和联调工作，同时加强网络建设和维护工作，确保金税工程的前期工作如期完成。

三是精益求精，全省金税工程运行质量稳步提升。江苏省一般纳税人多，增值税专用发票量大，均为全国第一。自2001年1月1日金税工程在我省正式开通以来，全省国税系统广大干部投入了巨大的劳动和心血，克服了江苏管户多、票量大、处理时间长等困难，规范管理，明确职责，加强技术管理和技术支持。按时做好金税数据的处理和传输工作；规范和加强金税工程技术管理，指导和督促各地完成金税工程各项紧急任务，协调解决各地在运行中出现的各类问题，采取有力的措施，保质保量完成各子系统频繁升级和系统维护工作；强化金税工程各项技术基础资料的建设，省局制定下发了金税数据备份方案，确保数据和系统的安全；利用技术手段，提高金税工程运行质量，高质量地完成金税工程的各项工作。2001年全省金税工程数据采集增值税专用发票存根联2396万份，抵扣联1699万份，数据采集量位居全国第一。全省金税工程数据采集率已连续9个月全面实现了百分之百，在全国起到了很好的表率和示范作用，得到了国家税务总局的充分肯定和表扬。

【2002年税收信息化工作目标】

（一）指导思想

落实“科技兴税”战略，按照国家税务总局制定的《税务管理信息系统一体化建设总体方案》要求，坚持“科技加管理”的方针，夯实我省信息化建设的基础，规范各方面的管理，以税收信息的深化应用为突破口，健全和完善税收监控体系，促进税收工作质量的全面提高。

（二）总体思路

1. 夯实基础。加大资金投入，合理配备和有效使用好计算机，建设广域宽带网络，继续调整优化征管软件，狠抓软件运行质量，保证基础数据的准确性，继续大力推行金税工程，加强信息系统安全体系的建设，分层次抓好计算机培训工作，稳定和加强信息技术队伍建设，全面夯实设备、网络、软件、信息、安全、培训、队伍各项基础工作。

2. 规范管理。三分技术，七分管理，随着信息化建设进程的推进，各项管理应规范统一，要健全和完善一整套计算机应用管理制度，通过规范设备使用、网络运行、软件操作、信息利用、系统安全、岗位职责等各项管理，为信息系统的正常运行和深化应用提供保障。

3. 深化应用。以税收信息的分析和应用为突破口，全面推广“省市级应用软件”，整合征管、金税、外部等信息，健全和完善税收监控体系，为管理决策提供准确、及时、全面的信息，以此促进征管质量的提高，全面提升我省税收信息现代化水平。

（三）工作要点

1. 以信息系统一体化的理念规划、实施信息化建设工作

一是学习、领会、贯彻好国家税务总局制定的《税务管理信息系统一体化建设总体方案》精神实质，分析江苏国税税收信息化工作的实际情况和特点，按一体化建设总原则，研究制定江苏国税税收信息化工作的目标和要求，以税收信息分析和应用为突破口，巩固全省国税系统信息化建设取得的成绩，立足当前，同时要放眼未来，统一规划，分步实施江苏国税的信息化建设。

二是提高对信息系统一体化理念的认识。计算机应用不是简单地代替手工劳动的过程，各级领导、各个部门、每个人、业务需求都要主动适应信息化管理的要求，通过运用网络使各类信息能得到最大程度的共享，来提高工作效率和质量；通过软件程序的规范流程和设定权限，来规范税务局内部管理和税务干部工作行为；通过电子申报采集纳税人涉税电子信息，来强化税收监控能力；通过计算机对集中信息的高效处理和深入分析，为税务管理决策提供高效的支持。

2. 继续调整优化征管软件，狠抓应用准确度

(1) 根据新的业务需求变化，进一步调整、优化征管软件，支持征管格局、数据集中及税收政策的变化。

(2) 全面开展数据库复制服务应用，实现征管服务器的双机分业务运行，保证前台事务处理和后台管理查询的顺畅运行。

(3) 将征管信息与稽核评税信息、金税工程信息衔接沟通，实现由注重管票向综合管理转变，强化系统的分析、监控功能。

3. 全面推行“省市级应用软件”，健全和完善税收监控体系

(1) 一季度完成“省市级应用软件”的推广工作，初步建立起省对市、市对区县的税收主要信息的查询功能。

(2) 二季度省局使用“省市级应用软件”对全省国税各地的管户情况、重点税源情况、征管质量等信息的进行监控，健全和完善税收监控体系。

(3) 进一步完善和拓展“省市级应用软件”的功能，探索向3层体系结构移植。

(4) 各省辖市局要积极研究开展信息的深化应用，充分利用征管、金税等数据库中的已有信息，为全局特别是局领导提供准确、及时、全面的信息。

4. 继续大力推行金税工程，确保金税工程运行质量

(1) 大力推行金税工程，万元版发票全部纳入防伪税控系统。继续做好防伪税控系统的发行工作。

(2) 继续做好交叉稽核系统的数据传输、清分、比对工作。

(3) 继续做好金税工程的主机运行、数据备份工作。

(4) 继续做好金税工程的技术支持工作，确保金税工程运行质量。

5. 建设广域宽带网络，加强网络的管理

(1) 省局统一规划广域宽带网络的建设，提高网络的带宽和可靠性。宽带网络连接省局至各省辖市局和省税校、各省辖市局至所属各区分局及各县局。省局至市局和省税校宽带网络由省局组织实施，各市局至区县局宽带网络原则上由各市局组织实施。

(2) 各项网络技术参数要严格按照总局、省局的规范和要求，以保证网络的统一性、兼容性。

(3) 进一步加强网络管理，确保网络的正常运行。要改变重建设轻管理的倾向，建立统一的网络管理体系，完善管理流程。省、市局要运用先进的网管系统对网络的各个层面进行监测，定期通报网络运行状况，确保网络畅通。省局将继续把网络运行的监测情况作为千分制日常考核的依据。

6. 继续进行信息系统安全体系的建设，确保信息系统安全

(1) 一季度继续实施完成网络安全审计和入侵检测系统的建设。

(2) 按照总局统一部署建设数据存储备份系统，实现省、市、县局重要数据信息的备份，积极研究探索省局对省辖市局数据的备份。

(3) 继续加强计算机病毒防治工作，扫除死角，及时升级，用多种措施交叉防杀。

(4) 研究网络的远程安全管理和与外网的信息交换安全问题，进一步提高信息系统的安全等级。

7. 积极探索和深化网上的各项应用，提高信息共享水平

(1) 全面开通国税网络的电子邮件系统，运行管理工作。

一是1月份全省国税系统电子邮件系统开始试运行，为省、市、区县局各部门建立电子信箱，使上下级之间、各部门之间实现信息、数据、文件、报表、程序等电子信息的快速、便捷的传输。待条件成熟后，逐步深化电子邮件系统的应用，电子信箱开到个人。

二是强化电子邮件系统的日常管理，落实系统管理员职责，严格规范各项配置参数，遵守总局、省局规定的命名规范，确保全省国税电子邮件系统畅通运行。

(2) 积极研究Web技术，拓展网上信息应用的深度和广度。

一是各地要积极研究Web与数据库动态连接技术，探索采用3层体系结构，充分发挥浏览器易学便捷的优点，为全局提供网络税收信息的查询。

二是要积极研究利用Web技术，总结各地已取得的好经验，开展网上远程教育、消息发布、

网上交流、机关事务管理等应用。

(3) 在建成广域宽带网的基础上，建设省、市、区县局的网络电话系统，节省电话使用费用，研究网络视频会议系统的建设，提高网络的利用率。

(4) 积极推行电子申报，准确、及时地采集纳税人各种涉税电子信息，来强化税收监控能力。

(5) 积极探索与工商、银行、国库、公安、技监等部门的连网工作，努力实现信息资源的共享。

8. 采取各项积极措施，稳定和加强信息技术队伍

(1) 随着信息化建设的不断深入，各级信息中心人员要进一步充实。要坚持“以人为本”思想，充分珍惜、合理配备现有专业技术人员，人员紧缺的地区首先要满足信息中心需要，必要时要将分局的技术人员上收。同时应积极引进实用的信息技术人才，可以分高、中、初各层次合理搭配。

(2) 加大培训力度，培养人才。加强新技术的继续教育工作，积极培养熟练计算机、掌握税收业务的两栖人员。要请进来、走出去，采用培训、讲座、研讨、交流、考察等多种形式，提高信息技术知识水平。省局每季度组织一期新技术培训，同时还将组织多种形式的研讨和交流。继续做好工程系列技术职称的申报和评审工作。

(3) 组建省队，用好人才。省局将组建省队，集中使用全省优秀技术人才，负责全省重大信息化工程的实施；要充分利用系统内各类技术人才，发挥其聪明才智，以此推进信息化建设的进程。

(4) 提高待遇，激励人才。要在机制和待遇方面采取特殊办法，适当提高信息技术人员的待遇，调动积极性。

（张建忠）

江苏省地方税务信息化发展概况

【基本概况】

2001年，江苏省地税系统共投入17445万元资金进行信息化工程建设，先后完成全省统一征管信息系统的推广应用工作、公文处理系统在全省县级市的应用工作，完善各地的信息化基础设施建设和计算机网络系统建设，加强全省计算机信息系统的安全管理，引进信息化专业人员，探索以税务综合数据库为基础的数据分析处理和利用，为决策支持提供依据。在计算机网络环境中的应用软件涵盖税务管理的各个方面，使用征管软件的基层单位已达721个，全省纳入计算机管理的纳税户数为912446户，2001年通过计算机处理的纳税额为278.11亿元。坚持科技加管理的指导思想，全系统的信息化工作进入了整体推进阶段，在完善联机事务处理的基础上，逐步向上集中数据信息处理，对数据进行综合分析。各种信息化手段的深入应用，不仅提高了地税征管的效率，加强了对税收执法过程的监督，保证了税收任务的完成，而且为税收征管改革、机构制度建设和岗位职能调整提供了技术支持。

【组织机构】

江苏地税系统信息化管理机构分为省、市、县三级。省局计算机中心负责全省地税系统信息化应用管理工作，主要职责是：研究制定全省地税税收信息化工作有关政策和发展计划，参与研究全省地税税务管理信息化的发展战略、方针政策和实施方案；制定全省地税系统信息化管理制度和标准规范；规划、组织和实施全省地税税务信息化工程，负责工程建设资金安排、硬件配备、软件开发及推广应用、技术培训以及办公自动化实施工作，收集、处理和管理重要税收信息和技术资料，为宏观决策提供及时可靠的信息；建立、管理和维护全省地税系统计算机通信网络，负责与有关部门的联网与信息交换；指导市、县地税局的税务信息化工作。

省、市级地税信息管理机构由计算机专业人员（含软件开发人员、设备及网络管理人员、信息分析管理人员）和综合管理人员组成。县级地税信息管理机构主要由计算机软硬件和网络维护管理人员组成。

目前各省辖市地税局都已成立专门的计算机管理机构，大部分县（市）局也设立了计算机管理机构。全省地税系统现有各级计算机管理人员783人，其中计算机专业人员356人，有中级以上职称人员140人。

【基础设施】

截止到2001年底，全省地税系统共装备各类小型机22台，微机服务器585台，PⅡ以上各类微机8928台，各型打印机5922台，UPS1746台，路由器683台，部分市县的地税干部人均拥有计算机的台数已经超过了1台，基本满足了信息化建设的硬件平台要求。

结合数据处理的应用，江苏地税计算机网络系统逐步建设完善，各地在进行办公场所、办税服务厅建设时，均采用结构化布线，依照100M快速交换式以太网标准建设局域网，全系统已投入运行的微机局域网为415个，上网运行的工作站达7077台。

广域网的建设快速发展，目前投入使用的线路有：连接国家税务总局的X.25（分组交换网）专线，主要运行电子邮件系统、信息采编系统、计会报表传递系统、公文处理系统和文件传输系统；省局至省辖市局广域网骨干网的ISDN（综合业务数字网）备份线路，主要运行公文处理系统、文件传输系统和业务报表传递；13个省辖市局和苏州工业园区地税局都已经先后建成市局城域网，通讯线路分别为电信宽带网、Frame Relay（帧中继）、DDN（数字数据网）、ISDN（综合业务数字网）和广电网络，以市县局为数据集中处理单位，进行税收管理。部分市县局实现了与财政、银行、金库、工商、车管、国家土地资源、劳动部门等单位联网，使税款和各项经费及时划转、及时入库，并方便纳税人缴纳税款和各项基金（费）。

南京、无锡、徐州、苏州、淮安和盐城等省辖市局和部分县（市）局已经建设 Internet（国际互联网）网站，开展网上税法宣传、纳税指南、纳税辅导、电子申报、电子举报等服务。江苏地税系统网络管理分为三个层次：省局网管中心、省辖市局网管中心和县市级税务局网管中心。各级管理中心按照下管一级的原则管理本区域的网络资源，并相互配合共同完成网络系统的管理。主要的功能是：网络设备管理、系统管理、资源管理。目前各级网络管理中心设在各级计算机管理机构内。

【应用开发情况】

1. 税收业务管理应用系统

经过规划准备、需求分析、概要及详细设计、软件编程、全面测试等阶段，2001 年 4 月，全省统一的《江苏省地方税收征管信息系统》在全省分批推广应用。

作为《征管信息系统》的补充，税务案件管理、所得税汇算清缴、营业税调查、土地使用税测算、计财报表等单项业务软件也被各地普遍使用。这些软件有些是上级部门下发，有些是自行开发，基本上独立运行，为各部门提供管理信息。

2. 税务行政管理应用系统

按照总局统一部署，江苏地税系统在 1999 年中期开始进行公文处理系统的推广使用，2001 年 10 月底，该系统已在省、市、县三级税务机关中使用。截至 2001 年底，仅在省地税局机关内部，公文处理软件中运行的各类收、发文件数达 6600 多份。与其配套使用的档案管理软件，目前已在省级机关和部分市局使用，并将向全省推广使用。法规库、信息采编、信访信息、财务、人事、监察、教育、党群、后勤等管理软件也在省、市、县级机关使用，有效地提升了各级地税机关的行政管理信息化水平和地税干部的信息处理能力。

3. 决策支持管理应用系统

2001 年部分地区开始建设数据仓库，在统计描述和数据挖掘方面进行了探索和实践，先后开发了报表网站、户档光盘、BBS、电话即席查询等形式的产品和服务。已经可以生产一些重要的信息，如简单的统计和复杂的聚类、相关分析结果等。

4. 外部信息管理应用系统

早在 1997 年，部分市县地税机关就开始与其它部门进行联网，交换共享信息，并实现了与银行、财政、工商、国税、劳动局、国库等部门的计算机联网，不仅加快了税款入库速度，而且为其他财政金融部门和工商管理部门提供了涉税经济信息，提高了部门间的工作合力和工作效率。

江苏地税系统积极利用计算机网络技术和 Internet 技术提高税收服务水平，电子申报、智能卡申报、电话语音催报催缴、多媒体触摸查询系统、电子公告屏等信息技术在税收工作中广泛应用，省局和各省辖市局还建立网站为纳税人提供税法公告、信息发布和咨询。

【标准规范】

标准规范体系的确立是税务管理信息系统一体化建设的基础。江苏地税系统将标准规范的建立健全贯穿于税务管理信息化建设过程中，先后制定了各类标准规范。

1. 硬件平台建设和设备管理方面有：

《江苏省地税系统新建和改扩建计算机场地规定》、《江苏省地税系统办公楼综合布线系统工程设计、建设、安装技术标准》、《江苏省地税系统办税服务厅建设规定》、《江苏省地税征管信息系统推广应用单位设备方案制定与招标要求》。

2. 网络建设管理方面有：

《江苏省地税系统计算机网络建设标准》、《江苏省地税系统 IP 地址及域名分类编码规范》。

3. 应用系统开发管理方面有：

《江苏省地税系统软件开发规范》、《江苏省地税征管信息系统项目管理规范》、《江苏省地税征管信息系统设计规范》、《江苏省地税征管信息系统编程规范》、《江苏省地税征管信息系统测试规范》、《江苏省地税征管信息系统质量管理规范》、《江苏省地税征管信息系统文档规范》、《江苏省地税征管信息系统本地化开发规范》、《江苏省地税征管信息系统版本升级规范》。

4. 应用系统运行维护管理方面有：

《江苏省地税系统计算机系统运行管理规定》、《征管信息系统操作管理规定》、《江苏省地税征管信息系统操作手册》（征管分册、稽查手册）、《江苏省地税征管信息系统业务规范手册》、《公文处理系统操作管理规定》。

5. 数据代码管理方面有：

《江苏省地税征管信息系统税收业务代码手册》、《江苏省地税征管信息系统推广应用单位数据准备要求》。

6. 安全保密管理方面有：

《江苏省地税系统计算机系统安全管理规定》。

各地根据自己的系统运行状况和管理需要，还制定了适合本地区的制度规范，这些规范制度的制定为江苏省地税系统的信息化建设提供了标准依据，保证了税务管理信息化建设的有序进行。

【重点工程】

1.《江苏省地方税收征管信息系统》

为了改变各地征管信息软件各自为政，各级数据无法共享，业务范围不全面、不完整、缺少辅助决策支持功能的状况，省地税局决定组织开发全省统一的地方税收征管信息系统，2001 年 3 月之前，已先后完成了软件调研、业务规程和业务需求编写、总体方案设计、可行性分析、软件开发招标和定标、软件开发、软件测试、软件试运行等工作。2001 年 3 月至 2001 年 9 月，第一批十四个市县推广应用到位。2001 年 9 月至 2002 年 3 月，该系统的推广应用工作在全省全面到位。

该系统依托于江苏省地税征管改革模式和方案，基于统一规范的应用系统平台，以省、市、县三级地税局为信息集中点，以市县为单位实施数据集中处理，功能覆盖全省各级税务机关征管、稽查等税收业务系统的全部内容，同时还具有内部管理、微观决策支持、外部信息应用等辅助功能。

《征管信息系统》采用业界流行的客户机/服务器（Client/Server，简称 C/S）体系结构，对数据的大范围共享和集中处理的需求提供了有力的支持，并且使得整个系统具有良好的开放性、可扩充性和可维护性。前台客户端采用 Windows 95/98/2000 作为程序的操作系统平台，后台数据库服务器的操作系统平台采用 Windows NT/2000 或 Unix，采用 PowerBuilder 语言编写应用系统前台客户端程序。PowerBuilder 是一种可视化的、面向对象编程的快速应用开发（RAD）工具，相对于其它应用开发工具，可以使开发速度更快、成本更低、质量更高、功能更强。它内置了包括数据窗口在内的多种对象类，采用本地驱动程序或开放数据库互连（ODBC），可以很方便的访问数据库，非常适合开发 C/S 结构的应用系统。采用大型数据库管理系统 Sybase11.9.2 作为后台数据库服务器，Sybase 数据库响应速度快，吞吐量大，具有高可扩充性和高可靠性等优势。

《征管信息系统》的主要特点有：

（1）系统具有较强的适应性

系统根据业务功能设置岗位，为今后调整机构，重新设置岗位提供了一定的依据。在功能设置上将业务功能划分为最小单位，这样便于与工作岗位的对应，适应了各地岗职设置不同的需要。

（2）系统采用了全新的管理理念

过去开发的征管软件侧重于日常事务的处理，仅仅把计算机作为征管工具，用计算机替代部分手工劳动，虽然工作效率有所提高，但整个税收管理状况并未得到根本改变。全省《征管信息系统》贯穿了管理的理念，以管理为重点，以管促收，以查促管。

（3）系统具有较强的通用性

该系统将相同或相近的业务处理归口到一个模块或子模块进行操作，有利于规范业务操作，减少了信息的重复录入，增强了系统的通用性。

（4）系统具有较强的整体性

系统中模块间环环相扣，相互补充，前后兼顾，联动监控，整体性强，克服了传统设计模块相对独立的弱点，使整个信息系统融为一体。

（5）系统具有较强的兼容性

该系统的需求分析立足于现有业务操作，但并非完全照搬现有的做法，既能满足现有的需求，又能适应发展变化的需要。

（6）系统实现了统一性与开放性的完美结合

《征管信息系统》遵循国家税务总局信息化要求，采用业界流行的客户/服务器计算模式、国际主流数据库产品与开发工具，充分考虑到地方税务在时域与空域的不确定性，是统一性与灵活性的统一体，既基本满足了全省各地地方税收的差异性，也对满足将来地方税务的变化预留了接口。开放与发展是《征管信息系统》的灵魂，统一与规范是《征管信息系统》的目标与原则。

在全省基本应用到位的基础上，已进入以“完善主体，拓展两头”为指导思想的新一轮开发工作。先后完成了税银一体化和财税库联网的开发工作，并且试运行成功，即将在全省全面推开；决策支持系统和征管质量考核系统的业务需求已经完成，开始进入软件开发设计阶段；外部门信息交换系统已经与工商达成协议，进入实施阶段，正在积极与国税进行协商，尽快形成共识，实现信息共享。该系统主要有以下拓展的应用：

(7) 电子申报

江苏地税系统的电子申报是建立在地税全省统一征管软件的基础上，同时借鉴国内外的一些成功范例，开发适合多平台的电子申报应用系统，一方面确保纳税户安全、快捷、方便地完成纳税申报工作，另一方面为地税机关快速有效的处理纳税信息，实现与银行实施税款划转同步。

电子申报方式分为以下几种，纳税人可根据实际需要进行自由选择：

(a) 网上（电子邮件）申报；

(b) 网上（Web）申报；

(c) IC卡申报；

(d) 软盘申报；

(e) 电话语音申报。

(8) 税库联网

江苏地税的税库联网系统主要功能是税务机关开票后按日将开票信息传给国库，国库根据银行划解的税款和传来的税票，输入税票号码后，由国库的计算机自动在开票信息中读取有关预算科目、预算级次和税款金额，统计产生国库报表。同时将读到的信息另行生成一个销号信息连同国库报表信息传税务机关，税务机关据由计算机在开票信息中自动进行入（退）库销号，并自动与金库报表进行对账。

税库联网的优点一是减少了工作量；二是提高了工作效率；三是为国库监督银行及时划解税款创造了条件；四是为集中办税创造了条件。

(9) 机关业务管理

江苏地税的机关业务管理系统是为满足上级税务机关管理需要和向政府各职能部门提供信息，在全省统一征管软件的基础上的数据再加工系统。上级税务机关对基层税务机关的各类数据进行加工处理，为本级税务机关了解掌握基层税务机关实际征收管理动态情况，指导基层工作提供依据；为按管理权限审批各类文书分出层级、明确责任；为发票跨市、跨层次稽核提供接口；同时为上级提供所需的各项指标；为采集第三方信息和向政府各职能部门输出有关信息以及输入处理有关信息提供帮助。《征管信息系统》为机关管理软件提供了基本信息来源。按照《征管信息系统》的要求，税收征管工作全面应用计算机和《征管信息系统》，实现网络依托，建立税收广域网，在业务上同时满足上级和基层税收征管业务的需要。机关管理软件是确保新的税收征管模式顺利运转的主要依托。

2.《公文处理系统》

公文处理系统软件由国家税务总局组织开发，并在全国税务系统推广应用。主要功能有：系统安全性、领导批示处理、以对象方式提供分类管理文件的手段、文件跟踪、文件传递、远程收发文、文本编辑及输入、正文批改多版本保留、设置自动留言消息。

截至2001年10月，市县地税机关公文处理系统的建设全面完成。为了加快苏北五市（徐州、淮安、盐城、连云港和宿迁）公文处理系统的建设步伐，省地税局组织了服务器和通讯路由器等设备的招标采购，统一配置了运行公文系统需要的服务器和网络运行设备。为这些地区广域网的开通和公文处理系统正常运转奠定了基础。公文处理软件在全省各级地税机关的使用，进一步规范了地税机关的公文处理工作，加强了文件的管理与利用，特别是增强了机关干部操作使用计算机的技能，初步实现了机关公文的无纸化运转和上下级机关之间电子文档的网上传输，提高了机关办文的工作效率。

【主要业绩】

1. 征管质量和效率明显提高，税收收入快速增长

以计算机网络为依托的现代化征管系统的全面应用，极大的提高了税收征管质量和效率，加大了对税收收入的监控力度，强化了组织收入的保障机制，全省地税收入持续、稳定的增长。

2. 税收执法不断规范，依法行政水平不断提高

应用系统的使用增强了征收人员秉公执法的自觉性，减少了税收执法的随意性，有效的防止了以权谋私，依法治税水平不断提高。加强了统一管理、统一稽查、实现了税收政策统一、执法口径统一、操作程序统一，为纳税人创造了公开、

公平、公正的税收环境。

3. 征管手段明显改进，工作效率和监控力度大大提高

通过使用信息系统，税务干部从大量繁琐的手工操作中解脱出来，工作效率大大提高。与此同时，支撑数据集中处理模式的城域网和主干广域网的应用大大增强了地税机关对纳税人以及税务机关之间的监控力度，做到应收尽收。

4. 税务干部队伍素质和能力不断提高

使用信息系统，强化了征管质量监督考核，通过教育和培训，地税干部的整体素质和管理能力明显提高，信息化的观念明显增强，计算机应用水平有了较大提高。

5. 促进了科学决策

信息及时、全面的传输为各级领导决策提供了依据。系统通过引进信息技术，进行技术创新，为实现税务管理的信息化、现代化奠定了基础。

【重要措施和经验】

在江苏地税系统的信息化建设中，主要有以下体会：

1. 领导重视、认识到位，树立正确的工作理念思路

思想是行动的先导。全省地税系统各级领导充分认识到加强信息化建设的重要意义，统筹规划，精心组织，狠抓落实。全体人员以科学的态度、按照客观规律要求开展信息化建设，根据信息化工程建设的要求做好项目建设，以实际行动实现科技兴税的目标。

2. 加快信息化队伍建设步伐，注重对技术人员的培训

计算机专业人才是信息化建设的技术支撑和重要保证。信息行业的高薪和系统内部技术人员实际待遇的较大差异，激励机制的缺位，造成了技术人才的短缺甚至流失，目前，全系统技术人员不足的矛盾比较突出，要采取多种渠道引进吸纳人才，按专业化分工要求，组建好技术队伍。当务之急就是要在提高现有人员的技术素质上下功夫，尽快培养造就一批市县信息中心的系统管理员和网络技术人员。江苏省地税系统特别重视技术人员的培养，建立吸引留住人才的激励机制，为他们创造良好的工作条件和环境。通过各种应用系统的推广使用，造就出一支技术精湛、保障有力的技术队伍。同时建立健全了信息管理机构，采取各种措施积极引进专业技术人才，开展对专业技术人员的分类分级技术更新培训，采取多种形式对全体地税干部进行计算机网络基础知识以及税收征管信息系统操作知识的培训。

3. 坚持科技加管理的理念

在信息化建设过程中，只有抓好管理工作，才能建立高效运转的计算机应用体系。江苏地税系统将2001年作为信息化工作的管理年，要求各地加强规范化、制度化、标准化的管理，完善和落实各种应用系统操作规范和管理规章制度，特别强调做好数据管理，确保信息的准确和有效，为以后数据共享和进一步处理打下基础；重视安全管理，保护现有的信息数据；加强业务需求的质量管理，保障软件的技术开发策略及性能效果。省局在每年都进行专门的检查评比工作，及时通报结果，促进各地的信息管理工作。

4. 努力抓好业务需求的质量并做好源头控制

业务需求的质量直接影响和决定软件的技术开发策略及性能效果。征管改革的不断深化，业务规范的不断完善，业务信息化处理广度和深度的不断增加，导致业务需求以打补丁方式的不断膨胀，会大大降低软件的技术性能，难以生成可用的技术文档资料，不利于与公司的合作和对费用的控制，开发和推广进程的控制难度加大。业务部门与技术部门必须密切协作、共同努力，严格按信息化要求办事，确保软件的完善和推广应用的顺利进行。

业务部门必须按信息化要求，确定具体实施的征管改革方案、规范机构、岗位设置和业务操作及管理规范，负责业务需求变动的扎口规范管理，按信息化一体化建设要求把关业务需求、鉴定各地的客户化内容，抓好各地业务规范的落实。所有需求在编写前需与计算机部门商讨，业务需求编写完成后，经技术分析审核确认，再进行软件开发或修改。

5. 注重各类风险分析

目前全省数据处理方式以数据集中处理模式为主，数据集中处理，对技术而言也是风险的集中，如技术平台风险、人才风险、机构不健全导致的管理不到位的风险、受经费限制导致备份手段较初级造成数据安全性的风险、病毒风险、安全体系手段落后且不系统化风险等等各类技术与

管理的风险急剧增加。

江苏省地税局对平台建设进行了充分调研，根据全省征管改革技术人才、资金、数据处理模式、综合应用范围的差异，制定了相应的技术标准规范，明确了技术方案、设备方案、平台管理等方面的具体要求，为确保平台的正确建设提供了必要保障。同时，对平台管理、监控、维护和风险应急方案准备等方面提出了具体要求。

6. 鼓励先进地区进行制度和管理创新

在全省统一规划实施主体业务软件的同时，江苏省地税局还鼓励少数信息化发展步伐较快的地区进行信息化技术应用的探索，支持他们的制度创新和管理创新，为全省下一步的信息化建设积累经验。在省局的指导下，南京市于 1999 年成立了数据处理中心，开展原始税收资料的保全、电子化、数据清洗等工作，2001 年开始建设数据仓库，开始进行一些统计描述和数据挖掘方面的探索和实验。该系统采用 Sybase 的复制服务，数据抽取采用 Powermart，仓库引擎采用 Sybase IQ，前端采用 BO，目前在其数据仓库中已积累了 5 年 20G 的税收业务数据；一些地区也在积极开展 Internet web 申报、电子邮件、IC 卡、以及电话语音等多种申报方式的试点，为其它地区的应用工作打下基础。

【存在问题和解决问题的思路】

江苏省地税信息化建设的步伐日益加快，但在信息化建设中还存在许多问题和不足。具体表现在：（1）信息系统的建设缺乏统一规划；（2）信息集中和共享度还不高；（3）应用系统缺乏对数据深层次的分析处理，难以为各级领导提供决策；（4）各项规章制度的执行和落实有待进一步加强；（5）设备更新和运行的费用居高不下，税务管理信息化成本较高。

这些问题的解决需要科学地进行信息化建设规划，把税务管理信息系统作为一个整体进行考虑，对系统的软硬件平台和应用系统等制定统一的标准规范和安全策略，从而使税务管理信息系统形成一个统一协调的整体。即按照一体化原则，建立一个基于统一规范的应用系统平台，依托税务系统计算机广域网，以省局、省辖市局为主高度集中处理信息，功能覆盖各级税务机关行政管理、税收业务、决策支持、外部信息应用等所有职能的功能齐全、协调高效、信息共享、监控严密、安全稳定的税务管理信息系统。

【今后主要任务】

主要任务包括以下几个方面：

1. 完成《征管信息系统》后期维护和系统拓展工作

按照省局制定的统一规范的征管业务规程，做好《征管信息系统》技术支持和后期维护，保障其正常运转；积极进行系统拓展，完善软件功能，提高信息共享程度，为以后的数据集中处理和决策分析提供数据信息。

2. 完成办公自动化系统（机关事务管理）的推广应用工作

在完善办公自动化系统软件的基础上，将其推广应用到各省辖市局，使用该系统完成机关内部各项事务的处理工作，实现内部信息的共享，并依托计算机网络，实现各级税务机关间畅通的信息交换。

3. 进行全省广域骨干网的建设

各地已经基本完成了本地广域网的建设，结合各应用软件的需求，进行全省广域骨干网的主通信线路建设，构架符合全省地税管理信息化工作需要的网络环境。

4. 重视和加强信息系统的安全工作

全省各级税务机关要制定完善信息系统安全规划，并严格实施，确保计算机系统、网络、机房、安全产品、数据信息、因特网和应用软件等的安全运行。应在内部加强安全防范意识，进行安全管理教育，防止数据信息的泄密。

5. 完善和落实各种技术标准规范和管理规章制度

按照国家有关标准，建立和完善信息编码、智能办公楼布线系统、计算机网络建设、数据库指标体系等方面的技术标准，严格设备管理，制定规范的计算机系统运行管理制度，对布线系统、主机房建设、网络系统、主机系统、数据库等计算机系统建设实行上一级机关的审批和备案管理制度。

6. 加快地税系统国际互联网站的建设

通过建立地税网站，进行税法宣传、法规查询、纳税指导、电子举报等综合服务，并积极探索网上申报工作。

7. 加强干部队伍建设

积极采取各种措施引进计算机专业人员，在人员的使用和待遇上给予保障，建立吸引和留住人才的机制。重视对技术人员的培养，进一步开展对专业技术人员的分类分级技术更新培训，采取多种形式对全体地税干部进行税务管理信息系统建设、计算机网络基础知识、各种应用软件的操作培训。

（周梅）

江苏省海洋与渔业信息化发展概况

【组织机构】

江苏省海洋与渔业信息工作主要在省、市、县三级开展，有的业务工作网络体系延伸到乡镇一级。

江苏省海洋与渔业局办公室是全省海洋与渔业信息工作归口管理机构，负责拟订全省海洋与渔业信息规划和年度工作计划，并组织实施；负责制订全省海洋与渔业信息工作制度，组织全省海洋与渔业信息的收集、处理、管理和开发应用，指导省海洋与渔业信息中心的业务工作；组织实施全省海洋与渔业信息网络建设等。

江苏省海洋与渔业信息中心是组织、协调全省海洋与渔业信息工作的主要业务和技术机构，机构设置及职能与国家海洋局信息中心、国家农业部信息中心、省政府办公厅信息处相衔接。核定编制10名。其主要职责和业务是：负责全省海洋与渔业信息的收集、处理、传递与发布，统一组织各类海洋与渔业信息资源，集中研究开发，是全省海洋与渔业工作的数据和信息中心；负责建设和维护省海洋与渔业局局域网和局办公自动化系统、省海洋与渔业系统广域网、政府上网工程和海洋与渔业信息因特网（站），负责规划、指导和协调全省海洋与渔业信息网络建设，实现与国家及市、县海洋与渔业信息系统联网，是全省各级海洋与渔业信息系统的网络中心；开展海洋与渔业信息技术研究如系统设计、软件开发等，为全省海洋与渔业信息工作提供技术支持，是全省海洋与渔业信息工作的技术中心；进行海洋与渔业信息分析，为全省海洋管理和渔业经济发展提供决策支持；通过计算机网络等各种方式，向省海洋与渔业系统、省内外各部门提供查询、咨询、办公自动化、信息开发、技术支持等信息服务和合作交流，是全省海洋与渔业信息综合分析和服务中心；进行国内外海洋与渔业信息调研，为国民经济和国防建设提供有效的海洋信息服务；为政府制定海洋及渔业管理政策、指导渔业生产、调控水产品供求、预防海洋灾害，提供及时、准确、有效的宏观决策信息和技术支撑；负责定期向各级政府、各大媒体发布有关海洋与渔业信息，海洋环境、海洋灾害和海洋预报；为基层渔（农）民和渔业企业组织生产提供丰富、实用、科学的技术信息和微观引导。

省海洋与渔业局科技教育处是水产养殖病害测报与防治网络体系的归口管理机构，1997年成立了第三届全省水产养殖病害防治委员会，全省水产养殖病害防治网络由省水产养殖病害防治中心、各市水产养殖病害防治中心、重点县水产养殖病害防治工作站和部分乡镇水产养殖病害测报点组成，一个以省、市、县病害防治中心（工作站）为主体，以乡镇病害防治测报点为基础的水产养殖病害防治网络已基本形成。随着网络的发展，网络逐渐向跨地区、跨行业延伸，吸收其他行业和单位为省网络委员会成员。水产养殖病害测报网络与水产养殖病害防治网络紧密相联，根据国家渔业主管部门的部署，在全省逐级分布设立测报点，自动形成体系，初步实现了全国水产养殖病害测报一体化。

省海洋与渔业局海监渔政（资源环保）处为全省海洋与渔业环境监测及环境保护网络体系建设的归口管理机构。渔业环境监测与环境保护网络主要是根据国家渔业主管部门的部署，建设全国渔业环保监测网络体系，在全国渔业环保监测中心（一级）、区域性渔业环保监测中心（二级）的基础上，建设省监测站（三级）和市监测站（四级）。1997年，江苏省渔业生态环境监测站建成，随后相继成立了扬州、常州、无锡、连云港、徐州和江都等市、县渔业生态环境监测站；海洋环保监测网络刚刚起步，目前成立了省海洋环境监测中心，沿海各市、县的海洋环保监测机构正在抓紧建设中。

渔业安全生产管理网络体系目前重点在海洋渔业，兼顾内陆渔业，省海洋与渔业局设有渔业安全委员会，由海监渔政处、人事处、渔业处、渔港监督局、海洋渔业指挥部等机构负责人组成，分管局长担任委员会的主任，局机关明确海监渔政处牵头负责安全工作，渔船安全的日常管理由江苏渔港监督渔船检验局具体负责。省渔业安全委员会同时又是本省渔业防台领导小组，在渔港监督局设办公室，负责协调全省渔业防台、抗台工作。渔业安全工作的行政执法单位是渔船检验机构和渔港监督机构。中华人民共和国江苏渔船检验局、中华人民共和国江苏渔港监督局是全省渔船检验、渔港监督系统的业务领导机关。13个地级市在渔业主管部门设有渔船检验处和渔港监督处，48个县（市、区）在渔业主管部门设有渔船检验站和渔港监督。船检港监系统实行“省管市、市管县”领导体制。沿海渔船产权制度改革以后，船检港监机构在沿海地区推行渔船安全网络管理，目前已有网络成员近300人，分别为本单位渔船办理船检、港监、渔政等手续，并做好渔业生产安全的上传下达工作。为完善渔业安全保障体系，根据中国渔船船东互保协会的有关规定，全省在江苏渔港监督局设有中国渔船船东互保协会江苏省办事处，下设9个分理处和20个代办处，挂靠当地渔港监督部门，开展渔船保险和渔民人身平安互保。

省海洋与渔业局渔业处为全省水产品市场体系与市场信息网络体系、水产品质量监测网络体系和数据库建设的归口管理机构，目前全省水产品批发市场达115家，基本形成了产地、集散地和销地三级市场，全省水产品市场体系基本形成，初步建立了全省水产品批发市场信息网络。2000年成立了省水产质量检测中心，苏南、沿海、淮北、里下河等区域性水产质量检测中心正在抓紧建设之中。

【基础建设】

1. 省海洋与渔业局计算机网络系统建设：在局领导的高度重视下，省局机关网络系统开始建设。根据局机关的具体情况，拟定了局域网系统的建设方案，从最基础的布线到系统运行的平台及相应的办公自动化软件。2001年，完成了网络系统的前期工程即综合布线的设计及施工。根据保密等有关部门对政府机关网络系统的规定，考虑到今后网络的具体应用。设计充分体现了以下六大原则：标准化；实用性—实施后的通信布线系统，将能够在现在和将来适应技术的发展，并且实现数据通信、语音通信、图象通信；灵活性—布线系统能够满足灵活应用的要求，即任一信息点能够连接不同类型的设备；模块化—布线系统中，除去敷设在建筑内的缆线外，其余所有的接插件都应是积木式的标准件，以方便管理和使用；扩充性—布线系统是可扩充的，以便将来有更大的发展时，很容易将设备扩充进去；经济性—在满足应用的要求的基础上，尽可能降低造价。同时，为了能够实现2002年7月的海洋预报制作及发布，省局通过采购中心购置了一套相应的设备。

2. 海洋及渔业生态环境信息建设：一是加强渔业生态环境监测及污染事故的调处工作。召开渔业环保联络员会议，组织2期从业人员培训班。制定并下达2001年我省渔业环境监测计划（即渔业环境质量公报），使全省重点湖泊、长江江苏段渔业生态环境全年处在监控之下，突发性渔业污染事故得到有效监测。二是加强海洋环境监测预报工作。按照上级要求，结合江苏海洋环境特点，编制了《2001年江苏省海洋环境质量公报》，并下达了监测任务，该项工作首次涵盖了海洋环境质量趋势性监测，重点增养殖区监测，重点陆源排污口邻近海域监测，重点海水浴场监测。三是加强对海洋赤潮的监测防治工作。制定了赤潮工作的指导思想，工作纲要，监测目标及手段，以及信息传输与分析发布等，下发了《关于加强对赤潮防治工作的意见》。2001年8月中旬，省局组织省海洋环境监测中心技术人员赶赴赤潮发现海域进行取样监测，完成了监测任务。10月，组织海洋环境质量调查，重点对沿海直接排海污染企业进行摸底、了解，根据各地调查掌握的情况，派出工作组采取每个市抓一至两个典型予以处罚的方法，既打击了不法企业，同时也促进了各地海洋生态环境保护工作力度，收到了很好的效果。四是加强环境监测网络建设。全省渔业生态环境监测网络已基本建立，省渔业生态环境监测站多次被上级评为先进单位。全省渔业环保联络员努力开展本职工作，信息交流、经验交流已成制度化，省海洋环境监测中心今年已经挂牌，沿海三市环境监测中心站以及三个县级监测站已摆上议事日程，正在积极筹划之中。

3. 渔业科技信息建设：多次组织水产品加工

技术、生物信息技术等高新技术培训班，既提高了学员的专业技术，又提供了相互交流的机会。开发了一套实用性较强的数据库软件，对全省的海洋专家和水产专家进行调查收集，并把详细资料存入数据库，可以方便查阅各专家的详细资料，为今后组织科研项目人员提供了更为快捷的条件。继续加强渔技服务体系和病害防治服务体系建设，不断完善病防服务网络，召开了全省第四届水产养殖病害防治网络会议，批准建立了南京、扬州、金坛、泗洪等8个省级病害防治示范区，全省除建成省病防中心外，已建市级病防中心12个，县级工作站28个，乡镇测报点150个，以省、市、县病防机构为主体、以乡镇病防测报点为基础的水产养殖病防网络基本形成，并已开展正常的测报、信息发布、病害防治服务等工作。加强对基层渔技服务机构的指导和管理，组织申报了国家级渔业科技示范场，围绕渔业“双增”目标和抗旱保渔，各级广泛开展了送科技下乡活动，通过举办讲座、现场咨询等形式，切实解决生产中的难题。省水产学会办的《水产养殖》杂志定期向省内外发行，不断扩大发行范围，促进了信息的广泛交流。省局主办的《海洋与水产》作为内部刊物，也加强了交流和学习。

4. 海洋与渔业政务信息建设：不断稳定和加强全省海洋与渔业政务信息队伍，提高信息人员的业务素质，使政务信息工作具有真实性、及时性、准确性、层次性和内部性的原则。充分利用海洋与渔业政务信息队伍网络，制定优惠措施，强化政务信息的搜集和报送，找准信息报送角度，提高信息质量，省级重点做好《海洋与渔业信息》、《专报信息》的编发工作，各市、县也有各自相应的政务信息编发刊物，不断扩大信息刊物的发放范围，既促进工作宣传和信息的交流，又推动各项工作更好地开展，还为各级政府和业务主管部门提供决策依据。2001年，省局和新华社江苏分社进一步密切合作，由省局广泛搜集国内外渔业生产、加工、流通、科技等方面的信息，编辑成《海洋与渔业信息》，利用新华社江苏分社的信息传真群发系统，将信息向全省范围内的各级海洋渔业行政管理部门、科研机构、水产品市场和生产单位及专业户发布，共编发了《海洋与渔业信息》33期，共编发信息100多条，有效地指导渔业生产，促进了渔业发展。

5. 海洋与渔业无线电管理信息建设：加大宣传力度，积极开展纪念《无线电管理条例》颁布8周年宣传活动。全省各地共召开各种形式的座谈会42场，悬挂宣传横幅35条，张贴宣传标语510条，散发公开信4088封，上船宣讲125次，广播24次。深入基层，调查研究。根据上级有关文件精神，对渔业无线电管理现状摸底调查，对江苏海洋渔业无线电岸台站进行普查，查清沿海现有各类固定岸台130座。抓培训交流。2001年8月下旬，分别对启东、海门两市的242名船长和部分大副进行了话务员培训和考试，组织部分从业人员到浙江舟山学习考察渔业无线电管理经验。四是改革创新，搞好服务。依托渔政管理的优势，加强与地方管理机构的沟通协调。大胆尝试，在如东、启东两市分别设立一个短波有无线转接台。帮助省外经公司苏运渔803船申请卫星单位标ID码，帮助启东市渔政站联系购买通讯设备。下发了《2002年船舶识别信号规定》手册150本，完成全省无线电台执照年审签证1400份。

【存在的问题】

1. 部分市、县对海洋与渔业信息化工作还重视不够。海洋与渔业信息化工作必须加强领导，但有部分市、县没有贯彻“一把手”负责的要求，领导重视不够，对信息化认识不足，没有将信息工作摆上重要位置，加上对信息技术学习不够，掌握新知识的动力不足，与信息化发展不相适应，影响了全省海洋与渔业信息化发展的整体步伐。

2. 计算机网络建设的速度不快。由于资金、人员等原因，省海洋与渔业局机关的局域网在今年下半年才开始设计建设，而全省广域网以及政府网站还需下一步计划，与其他行业存在较大差距，这与信息化高速发展的要求不相适应。

3. 信息化建设尚缺乏统筹规划。全省海洋与渔业信息化建设缺乏统一的管理，也没有中长期的统筹规划，致使全省信息化建设程度不等。各部门间信息交流不畅，大量的环境信息资源分散在不同部门和单位，部门与单位之间的信息很难流通，信息采集渠道和方法不规范，信息利用手段落后，信息资源不能充分有效共享，无法实现深度加工，造成信息资源严重浪费。

【近期目标】

（一）全省海洋与渔业信息化建设“十五”目

标

健全海洋与渔业信息管理体制，加强信息机构职能，建成覆盖全省的海洋与渔业信息传输网络，全面开展海洋与渔业信息资源建设，普及计算机技术对海洋与渔业工作的辅助作业，实现各类海洋与渔业信息资源的快速传递和全面共享，不断完善信息软硬件系统，强化信息技术在海洋与渔业领域应用的深度和广度，加强信息技术人才培养，为全省海洋经济和渔业经济的发展提供更加有力的信息支持。

（二）2002～2003年信息化建设工作的重点

1. 建好两套网络。2002年完成省局机关局域网的建设，为办公自动化的实施创造条件，并通过宽带实现上网功能。在局域网安全、稳定运行的基础上，与电信部门合作，通过申请占用专线作为全省广域网数据传输的介质，争取用2～3年的时间建设全省广域网，形成一个从省到市到县的三级计算机网络系统。

2. 办好一个网站。争取从2002年下半年开始，用半年的时间设计并开发建设好省海洋与渔业信息网站。主要有信息发布系统、邮件系统等内容，还可以与上级单位和兄弟单位联接。这样，不但可以树立省局政府机关的形象，接受公众监督，而且可以发布海洋与渔业信息，为广大渔民提供水产养殖技术支持。同时，提高与各单位信息共享和交换的速度。

3. 做好一个预报。省海洋与渔业局与上海气象台及省电视台共同合作，力争在2002年完成全省海洋预报的制作发布，方便人们了解我省沿海的海浪情况。

4. 用好一套软件。与软件公司合作开发出适应省局的办公自动化软件，并在省海洋与渔业局内部，用好办公自动化软件，尽快实现无纸办公。同时，积极向各市县推广统一的办公自动化软件，为实现异地远程办公创造条件。

5. 培养一批人才。为了加快发展信息化建设，既要注意专业人才的引进，又要重视人才的合理使用，更要注重内部挖潜，加强机关现有专业人才的培养，提高信息化专业技术。

（余宁　谢伟军）

江苏省环保信息化发展概况

【基本概况】

2001年是江苏省制订并实施环境信息化建设"十五"计划的第一年，也是江苏省环境信息化建设稳步发展的一年。在江苏省环保厅的领导下，江苏省环境信息中心及各市环境信息部门根据2001年环境监测与信息工作会议精神要求，紧密围绕环境管理中心工作，在环境信息化建设与发展的同时，把信息工作的重心逐步转移到为各级环境管理服务上来。总体来看，江苏省环境信息工作在环境信息基础建设、信息管理、环境应用软件开发、信息技术支持、培训等方面展开，积级探索环境信息化建设服务于各级环境管理工作的新方法、新思路，促进环境信息工作正常运转。

【组织机构】

1994~1997年，江苏省环保厅参加了国家环保总局组织的利用世界银行贷款实施中国"省级环境信息系统建设"(简称B-1）项目，1997~2000年，南京、连云港、南通三市环保局参加了国家环保总局组织的"全国25个环保重点城市环境信息系统建设"（简称B-1扩）项目，2000~2001年，江苏省无锡、徐州、常州、苏州、淮安、扬州、镇江七市环保局参加了国家环保总局组织的"日本无偿援助建立中国100个城市环境信息系统"项目（简称"日元赠款"）。通过这些项目的建设，江苏省环境信息工作得到了各级环保部门的重视，计算机软硬件建设和办公环境有了稳步提高，环境信息队伍建设得到加强，人员素质有了明显提高，初步形成一支省、市级环境信息专业队伍体系。

【基础建设】

（一）制订并实施江苏省环境信息化建设"十五"计划，为江苏省环境信息系统建设的有序发展提供了保证

2001年，江苏省环保厅从江苏省环境保护"十五"规划纲要出发，结合各地今后五年对环境信息化的要求，全面制订了环境信息化建设"十五"计划，总结了环境信息化建设的经验与不足，对今后五年环境信息化工作提出了明确的建设目标和任务。十三个省辖市环保局中，大部分市也根据省环境信息化建设"十五"计划的要求，制订了符合本市实际情况的五年发展计划和长远发展目标。

（二）以国家环保总局实施的省、市级环境信息系统建设项目为契机，加强省、市级环境信息基础能力建设

近几年来，江苏省除盐城、泰州、宿迁市环保局外，其它十个省辖市环保局分别参加了由国家环保总局组织的城市级环境信息化建设项目，新建、改建或扩建了信息中心机房，计算机软、硬件环境得到了较大的改善，信息中心技术人员多次参加国家环保总局信息中心举办的各类环境信息技术培训，技术水平得以提高，形成了一定的信息工作能力，开发了部分适用于本地区的环境管理应用软件。

盐城、泰州、宿迁三市环保局因条件限制没有参加国家项目，环境信息化建设以自主、适合本市建设能力和建设需要为主。盐城市环保局在经济条件受限前提下，仍设立专项资金30万元用于环境信息基础能力建设，添置了服务器及相关设备，设立了专门的计算机机房，建成了市局局域网并开通局内部网站。泰州市环保局迁入新办公大楼前，将信息化的基础建设列为新大楼装修的重点工程之一，完成了局域网的布线工作，大楼各层的办公室、实验室均安装了网络接口，并安排了信息中心专用办公室，为市环保局系统内环境信息化建设提供了基本保证。宿迁市环境信息网络已基本正常运行，内部信息网站全年得到了维护，计算机网络机房面积已达到50平方米，具备了为各部门、单位和下属县（区）提供远程拨号和信息传输能力。

2001年，江苏省环境信息中心参加了国家环保总局组织的“省级环境信息系统改造建设”项目。改善了办公环境，对网络服务器进行了升级，购置了二台浪潮服务器、一台 DELL 图形工作站和多台 IBM 笔记本电脑、液晶电脑、网络激光彩色打印机和彩色喷墨绘图仪等，以及 Microsoft Windows2000 Server、Microsoft SQL Server2000、Lotus Notes 及 GIS（包括 ArcView8.1，ArcInfo8.1，ArcIMS）等软件，从而大大提高了省环保厅内部网络化服务能力和自身硬件环境，为利用 GIS 技术服务于江苏省环境管理工作提供了更先进手段。

（三）环境自动监测监控中心建设

初步建成江苏省环境自动监测总控中心，各省辖城市和有关建立水质自动站的县（市）建立自动监测分控中心。总控中心可对全省 74 个空气自动监测子站的空气污染状况和 18 个水质自动站的水质状况进行 24 小时实时监控，并根据用户需要对各自动站数据进行自动采集、传输和存储，经过统计、加工和分析，编制江苏省城市空气质量日报和水质自动监测水质周报，通过有关媒体对外发布。

【信息技术应用】

（一）等离子显示屏系统和环境信息多媒体触摸屏查询系统的建设

为了促进环境管理向科学化、现代化、信息化、数字化方向发展，江苏省环保厅在信息的显示、发布和利用方面加大力度，引入先进的电子与信息技术，借助于先进的信息显示科技手段，将各类海量增长的环境信息及时、主动、高效地呈现在管理人员和技术人员以及其他社会人士面前。

江苏省环保厅环境信息显示系统采用 NEC50 英寸等离子体显示器，通过局域网内部主机管理系统显示信息内容，及时、动态显示江苏省水质自动监测数据、空气质量自动监测数据、各种多媒体声像报告、各种公示信息和环境管理信息。环境信息多媒体公众查询系统采用液晶式触摸屏查询系统，向来访者提供关于我省环境质量概况、现状、趋势的交互式查询操作功能，提供省厅环境管理政务公开信息查询功能，提供其它基础信息服务功能。13 个省辖市和部分县、区环保局也建立了环保政务公开触控查询系统，公示本市环保工作制度、工作程序等内容，通过现代化的信息技术手段提升环保工作公众形象。

（二）积极推进环境信息发布与共享，提高环境信息资源利用水平

为加强江苏省环保厅内部环境信息的发布与共享，促进各单位环境信息的及时、主动上网发布，江苏省环境信息中心组织开发了环境信息网络发布系统，该系统采用 ASP + Web + 数据库动态网页发布方式，对网站内信息板块实行动态的管理，对各类环境新闻采用数据库方式进行存储和检索，各单位可以主动更新和发布实时的环境信息。该系统还提供了江苏省环境质量动态发布、召开网上会议、通知、公告信息发布等功能。

2001 年，各市环保局加强了通过网络向江苏省环保厅上报政务信息的工作。连云港、南通、盐城等市上报了大量政务信息，对相关环境管理工作报道也很及时。江苏省环保厅利用“江苏环保”政府网站（http：//www.jshb.gov.cn），每日发布江苏省 13 省辖市空气质量日报等信息。不少市都在市政网站上也建立了本市环境信息网页，加强环境信息的发布工作，以此作为宣传环保、提高公众参与的有效的、积极的手段。镇江市为配合“排放污染物总量控制、环境功能区达标、工业污染源达标”工作，开展工业企业环境行为信息公开化，对 105 家工业企业 2000 年度环境行为进行了公开、公正的评价和发布，并首次对 14 家医院和重点宾馆进行了环境行为信息公开。

（三）江苏省环境信息网络电子邮件系统的实施

2001 年，江苏省环境信息中心采用 Microsoft 的 Exchange2000 Server 技术，实施了江苏省环保厅系统内部电子邮件系统，保证江苏省环保厅内部三个子网（江苏省环保厅局域网、江苏省环境信息中心局域网、江苏省省厅直属单位局域网）间电子邮件的畅通传输，为地理上独立分布的江苏省环保厅、江苏省环境信息中心和监测中心、以及其它江苏省省厅直属单位提供良好的信息传输保障。

（四）实施网络化防病毒解决方案

随着网络应用的深入，各种网络病毒对局域网网络和信息安全形成了很大的威胁。为有效地防止江苏省环保厅计算机网络免遭病毒的破坏，购置了趋势网络防杀病毒软件，加强了对内部网络服务器、客户机和电子邮件系统的安全性管理，有效地阻止了局域网内各用户计算机病毒在网络内的传播。

（五）加强环境信息技术培训与服务，稳步提高各级环保信息技术水平

2001 年，江苏省环境厅机关工作人员接受了多期计算机技术培训和考核，各市环保局也采取不少措施来加大部门内工作人员的计算机应用和培训。扬州市信息中心对市局工作人员开展分层次培训方式，对局长培训采用单独辅导和集中学习相结合，在局领导繁忙的工作中见缝插针的进行培训，收到了一定的效果。宿迁市环境信息中心编写了电脑操作技能培训教材，对单位人员进行技术培训工作，完成电脑培训授课 40 个课时。苏州市把培训举办到辖区内各县、市（区），对各县市（区）的各类应用软件进行培训工作，对各市环境信息系统建设的有关网络系统软件进行普训，使江苏市整体环境信息化建设迈出了坚实的一步。

（六）环境信息研究取得突出成绩

组织江苏省各级环保局信息部门参加国家环保总局信息中心组织的“首届全国环境信息技术交流会”，江苏省投稿并被会议收录论文 20 多篇，占全国的 1/6，其中三篇论文获“优秀论文”奖。

【主要业绩】

（一）开展江苏省环境系统水系编码工作，加强江苏省环境基础信息管理

1999 年，国家环保总局信息中心编制了“全国环境系统水系代码”，但该编码选编的河流相对较少（在江苏境内只有 130 多条），远不能满足江苏省基层环境统计、排污申报、监督监测等管理工作需要。为加强江苏省基础环境信息标准化、规范化建设工作，江苏省环境信息中心根据总局信息中心制定的水系编码原则，组织各市环保局信息部门开展了江苏省环境系统水系编码工作。在编码过程中，各市环保局对本辖区内需编码的水系进行了反复的确认（补充、删除、修改）和预编码审核，省信息中心完成了水系的选取和编码，最终形成了“江苏省环境系统水系代码”共约 1600 条河流（湖库），现已由省环保厅正式发文实施。该编码已成功应用到江苏省新版排污申报软件和环境统计软件，在新的污染源数据库中，可掌握各大流域、支流的污染情况和环境质量状况。

（二）继续加强环境管理应用软件的开发

1. 江苏省排放污染物申报登记（排污申报）管理信息系统软件

2001 年，江苏省环保厅对江苏省排污申报报告制度及报表进行了改进，推出了全新的江苏省排污申报报表。新报表经江苏省环保厅审定后，由江苏省环境信息中心具体负责完成新软件的需求分析、功能设计，并和南京师范大学 GIS 重点实验室合作，组织软件的开发。新版系统采用 VB.net（VB7.0）的开发平台，数据库采用 Access2000。新软件吸取了“九五”排污申报软件的开发经验，对老软件中的不足和各地区五年应用中提出的意见进行了较大的改进，为服务于基层用户，增加了不少新的功能。新软件已应用于全省各级环保部门。

2. “十五”全国环境统计信息管理系统软件

江苏省环境信息中心承担了国家环保总局“十五”全国环境统计信息管理系统的开发任务，软件开发小组严格按照新的统计报表制度，利用 VisualFoxpro 实现数据的录入、校验、汇总、分析、报表等功能，为全国环境统计工作提供了一套新的统计支持软件。2001 年度，该软件已广泛应用于全国各级环保部门。

3. 江苏省环境监测断面地理信息系统软件

结合 2001 年江苏省水环境监测省控断面（测点）设置（约 500 个）认定工作，编制了“江苏省环境监测断面地理信息系统”软件，实现江苏省环境监测控制断面分布、水质监测项目和监测数据、河流水文参数、河流编码和断面编码等环境管理数据与电子地图的关联，显示环境数据的空间分布规律，把握环境数据的动态趋势。

4. 其他软件

此外，结合江苏省环境管理、环境监测工作的需要，江苏省环境信息中心还开展了其它业务软件的开发，包括污染物排放总量监测月报软件、江苏省建设项目环境管理软件等的开发和维护等。

5. 地市级应用软件

2001 年，江苏省大部分城市环保局在软件应用上仍以国家环保局下发的系列软件为主。无锡、苏州、南通等市相继启用了“城市环境地理信息系统”和“环保办公信息文档管理系统”等软件。连云港市初步开发了“环境监测药品试剂微机管理系统”。南通市自主开发了“江苏省工业污染源‘一厂一档’综合信息网络查询系统”、“空气质量日报预报互联网发布软件及局域网 WEB 发布查询分析模块”和“建设项目环境管理网络信息系统”

等七套环境管理实用软件，其中“江苏省工业污染源‘一厂一档’综合信息网络查询系统”在江苏省得到推广应用。南京市也配合本市监理和排污许可证发放工作，开发了“排污费征收管理系统”和“排污许可证”管理软件。

（三）加大地理信息系统（GIS）建设力度，为环境辅助决策提供技术保障

在GIS建设工作上，江苏省环境信息中心组织实施了“江苏环保空间共享GIS”信息服务系统，通过网络化的GIS平台集中管理各类环境管理、监测、污染源等信息，并提供网络查询服务。

在省辖市GIS的建设上，2001年组织常州、连云港、南通等市环保局1：1万电子地图建设。目前江苏省已有南京、镇江、常州、连云港、扬州、南通、苏州等七市环保局完成或正在制作1：1万电子地图，并在此基础上开展了辖区内环境地理信息系统研究和应用工作。淮安市在地理信息系统上也开展了一些工作，初步实现了环境数据和地图的交互查询。

（四）配合环境管理工作，主动、及时完成环境数据的收集、处理、汇总分析和上报工作

2001年，江苏省各级信息部门克服时间紧、人员少和数据量大等困难，承担并按时保质保量完成了大量的环境信息分析处理工作。如：对2000年江苏省约5万家企业完成了排污申报数据年审工作、对2000年占江苏省污染物排放总量85%以上的约6000家企业完成了环境统计数据上报汇总工作、建设项目环境管理、企业污染物排放总量控制和核定等数据库管理工作，并发布《2000年江苏省环境状况公报》和《2000年环境统计年鉴》。无锡市信息统计处、连云港信息中心配合本市“六．五”世界环境日新闻发布会，制作了“环境状况公报”、“工业企业环境行为信息公开化”、“创建模范城市”、“环境质量”等多方面的多媒体报告。南通市环境信息中心在“九五”环境质量报告书的编写过程中，充分发挥技术和设备优势，在短时间内为环境质量报告书编制了30余张统计表，确保环境质量报告书如期完成。

【存在问题和解决问题的思路】

（一）远程计算机通信平台问题

目前，江苏省环境信息网与国家环保总局信息网以及全国其它省环保信息网借助卫星实现通信。但省内各市（县）远程访问省环境信息内部网要通过长途拨号上网，通讯费用高，传输速度慢，极大的限制了省、市、县环保局域网之间的通讯。目前还未找到一种经济、有效、宽带的远程通信手段。平时数据传输通过Internet电子邮件，安全性得不到保障。

（二）网络使用效率底，缺乏综合、完整、实用的网络化环境管理业务信息系统解决方案

由于全国经济发展的不平衡，在具体的计算机应用中，市、县、区级基层环保部门仍以国家环保总局各有关司、处组织开发、推行的单微机版应用软件为多，这些软件开发环境不统一，数据统计口径不一，数据结构上联系少，造成数据冗余，且相互间缺乏可比性。另外许多工作还没有相应的应用软件，甚至缺乏管理台帐，急需一套统揽全局、信息共享、基本满足主要业务工作需要的业务信息系统软件。目前，网络除提供信息发布、网页浏览、资源共享、电子邮件外，缺乏网络版环境管理软件。加之信息发布工作量比较大，需要专人维护，更新频率要求高，在人力和技术水平制约下，部分市对外发布的环保网页信息内容更新缓慢，信息内容发布严重滞后于相关环境管理工作，信息缺乏时效性，没有发挥环境信息发布的作用。为此，江苏省环保系统在加强信息发布、上网的同时，将努力推行办公自动化，尽早实现无纸化办公、电子化办公。同时，积极探索、开发网络化环境管理软件。

（三）信息的加工分析能力和专业技术队伍力量薄弱，信息利用率低

由于人力、经费的原因，大量的环境信息资源还没有得到深度加工和利用。环保系统现在每年采集的报表数据并不少，但部分数据的采集和应用脱节，有的数据仅起到一个向上报送的作用，并没有体现出它应有的价值。有的市大部分数据录入工作归口在信息部门，由于数据量大，又基本集中在同一时段内，只能是忙于应付，不能保证数据质量。

当今计算机软硬件技术发展迅速，计算机行业人才竞争激烈，环保系统信息技术人才相对缺乏，素质和能力也难以适应环境管理现代化的要求。环保信息中心的技术人员担负着完成信息中心的本职工作，负责环保系统内部的计算机技术培训，开发环境管理应用软件的任务，其自身也急需有组织、有系统的进行计算机技术培训，以适应环境信息化的发展趋势。

（四）全省环境信息系统建设水平发展不平衡

苏南、苏北信息化水平相差较大，江苏省环境信息中心很难对全省环境信息工作作出统一要求。在此情况下，制定全省环境信息化建设规划难度较大，规划内容太高，对苏北是一种压力，反之，对苏南又失去意义。

（五）信息工作与环境管理工作之间没有形成良好的勾通

信息化工作有主动服务的愿望，但环保管理职能部门没有明确的、积极的需求，造成信息化建设与环境管理服务之间的脱节。信息工作并不是一个独立的工作，它是依附管理实际，提高具体管理工作效率的一种手段，而正是信息化手段的使用，又使具体的环境管理工作更趋于规范，离开具体工作的需要，信息工作也就失去目标。信息化建设的关键在于管理措施的具体落实，2001年推行的信息管理制度由于缺乏必要的行政支持和具体奖惩措施，没有狠抓落实，使一些管理办法流于形式，信息（数据）仍缺乏有效管理，部门之间信息不通用，各管一块，造成多头采集、数出多门；数据之间相关性差，缺乏相互校验、印证，若工作人员的工作责任心不强，极易造成数据的准确性差，有数据也不敢用的局面。

（六）对策

1. 进一步加强对全省环境信息工作的组织、协调和领导。当今社会各部门信息化建设应是在高层管理者的直接参与下，明确业务部门的主体作用，充分发挥信息中心的支持作用，从整体管理、职能部门、信息技术支持三方面协调动作才能达到信息化建设的效果。加强宣传，特别是对各级领导的宣传，提高各级领导的信息化意识；建立省环保厅系统信息化工作具体办法、实施步骤和考核、评比措施，并坚决落实；大力推行办公自动化系统，从基本的信息工作中培养信息化能力。

2. 制定并有效地实施“环境信息管理办法”，实行信息归口管理，规范环境信息的采集、传输、贮存、发布、管理等渠道，理顺关系，改变信息的各自分割状态，通过信息中心统一管理数据（信息）以推动江苏省环境信息的共享和应用。

3. 紧密结合环境管理重点工作，努力实现信息的系统化、规范化，为管理人员提供一套方便实用的信息管理系统，方便管理人员查询、分析信息，提高工作效率，减少工作量，同时促进业务部门完善规范管理台帐，提高管理水平。

4. 采取具体措施加强13个省辖市环境信息系统的建设，对信息化建设比较薄弱的盐城、泰州、宿迁等市环保局进行部分资金和信息技术扶持，为全省省、市级环境信息系统的联网作充分的准备。

5. 加强内部管理，提高信息队伍的政治思想素质，树立“为江苏人民服务，争创全国环境信息工作一流水平”的思想，增强事业心、责任心。注重职工业务素质的提高，走培训与自学相结合的道路，加强技术交流，了解环境管理要求，更好地为管理服务。

【2002年发展目标和主要任务】

1. 各省辖市环保局根据省环保厅的统一要求，明确成立、健全省辖市环境信息中心机构，确保人员、经费、管理到位。

2. 根据国家环保总局统一要求，在江苏省环保厅内部网安装、调试办公自动化系统，配合国家环保总局完成全国环保卫星通信电子公文传输系统的建设和运行工作。

3. 加强省、市环境信息网络基础建设，在江苏省环保厅与具备条件的省辖市间进行网络的广域连接建设，为环境信息采集、传输和存储提供通畅的通信能力，为省、市环保系统间提供一个高效、协同管理的网络平台。

4. 加强对各市环境信息工作的业务和技术指导，督促市级环境信息部门工作的正常开展，掌握各市环境信息工作进展。组织开展江苏省环境信息化应用软件需求调查。

5. 继续实施江苏省环境自动监测监控网络系统建设项目，建立较为完善的全省环境质量和重点污染源自动监测监控数据采集、传输和发布网络。开展江苏省水质自动站水质周报和江苏省城市空气质量日报、预报信息发布。

6. 围绕江苏省环境管理要求，组织开展江苏省重点污染源总量监测和排污许可证管理等环保业务信息系统的开发。（沈燕　姜勇）

江苏省金融业信息化发展概况

【重点工程】

（一）人民银行南京分行系统

1. 顺利有效地完成内联网工程建设

完成了内联网二期工程的调试和验收工作，建立了各市中心支行的通信平台和网络管理平台，实现了分行对各市中心支行主要网络设备的管理。完成了分行至总行、合肥中心支行及江苏省各市中心支行帧中继线路的改造。为提高内联网的可靠性和安全性，组织全省进行网络系统的调整工作，完成了省、市、县三级人民银行及各商业银行网络物理线路及IP地址的调整。

2. 会议电视系统建设卓见成效

圆满完成了苏皖两省人行系统会议电视系统的建设。为了节省投资，降低运行成本，我们在现有的数据通信网上建设了分行辖内会议电视系统，这是一项全新的高科技技术，在国内人民银行属首创。为了啃下这块硬骨头，我们组织了课题攻关小组，辗转苏皖两省进行设备安装、技术调试。经过近半年的攻关，解决了大量的技术问题，系统于2001年10月正式开通运行，11月7日分行第一次组织召开了辖内电视会议，收视效果十分满意。

3. 分行信息网站已正式开通运行

圆满完成了分行信息网站的开发、运行。为满足各业务部门金融信息的查询需求，提高办公效率，组织了软件开发课题组，采用了较为先进的技术平台，从方案的提出到设计、开发、调试历经了10个月时间。分行信息网站已于2001年11月份正式开通运行，各业务部门既可在网站上查询大量信息，又可通过网站实现总行及其它分行的信息互访。从开通至今，每天访问量均超过500点击，最高超过800。

4. 银行卡联网工程已顺利开展

2001年初，人总行召开了全国银行卡工作会议，明确了2001年及今后三年我国银行卡发展的工作思路。我分行及时按照总行会议精神，制订分行银行卡工作计划，组织召开了江苏省银行卡工作会议。提出了江苏省IC卡二级密钥管理系统的建设方案，会同江苏银行卡网络服务中心组织对苏北五市ATM联网开通工作，并进行了现场检查和测试。确定了全省各市POS联网联合方案，并于上半年正式进行苏州、镇江的POS联网联合工作，两市的联网联合POS已于11月正式运行。

（二）工商银行江苏省系统

1. 完成综合业务系统推广工程

综合业务系统包含二十多个子系统，涉及面广、推广难度大。全体科技人员克服困难先后完成了软件编程、数据移植、设备安装调试和改造、系统和网络环境搭建、技术培训、模拟测试等大量工作，2001年8月25日，完成会计核算系统在全辖的投产工作，12月2日和16日分别在营业部和无锡分行正式投产综合业务系统整合版。

2. 完成客户服务中心的建设

工行省分行在充分调研的基础上按照“客户服务中心建设方案”，处理好时间与质量、灵活与规范、总体规划与分步实施、银行与公司之间的关系，完成了客户服务中心的建设。在经过交叉培训、模式确定、软件编程、交易联调、性能测试、数据移植等环节后，于12月2日和16日按计划分别在营业部和无锡分行成功切换。

3. 完成营业部日立主机系统向省分行IBM主机的切换。

（三）农行江苏省分行系统

1. 基本建成省域计算机网络

2001年在全省范围内展开了以数据上收和中心合并为重点的省域网络建设工作，通过努力，全面建成省－市－县（网点）的分级分层次通信主干网，除苏州外的所有网点、所有数据全部集中，应用得到统一。数据处理中心已由13个合并成2个。重点应用已实现全省联网处理，基本建成了省域网，完成了城市网络向省域网络的阶段性跨越。

（1）建成全省通信主干网。作为省域计算机网络的基础，江苏省通信网络建设优先到位，依托广电和电信通讯网络，建成以省分行为中心，各市分行为节点的相互迂回的全省一级通讯主干网，各市分行及县支行、网点之间以租用电信DDN为主、拨号为辅方式建成了二级通讯网络。并通过地面网、卫星网和农总行实现全国联网，已建成了通讯网络支持数字和语音、支持多种协议、安全可靠、扩展灵活，为全省的数据处理、信息互通及功能扩展打下了坚实基础。

在数据通信网统一框架下，2001年完成了省、市、县三级管理行的内部局域网建设和应用，实现业务处理和经营管理两网合一，省分行统一制定全省IP地址编码，整合现有网络业务应用，目前全省数据通信主干网已承载了门柜业务的所有应用及跨市应用项目。全国电子汇兑、省辖电子汇兑、实时电子汇兑、卡交换系统、办公自动化系统、国际业务信息系统等全部进网处理，真正做到了"一个企业一个网"，实现了一网多用。同时加强了网络运行的规范化管理和网络安全体系框架的研究，确保网络运行的高效、安全、可靠。

（2）加快集中全省数据。根据年初确定的计划，继营业部、镇江、扬州、常州、泰州五市分行去年应用新一代综合应用系统后，2001年1－4月份，苏北五市从微机应用全部转换到AS/400平台，推广了新一代综合应用系统，数据集中到省分行中心。从2月24日到4月28日，省分行及相关市行共组织了28批次，对676个网点的各类数据进行了转换，无一差错。针对徐州、淮安市分行的各类应用系统对微机网依托较多的情况，将两市分行的储蓄业务、代理业务、信用卡、一卡通和所有的ATM、POS从微机应用一次性转换到省域中心的AS/400新一代应用系统，开发了同城交换，满足了徐州市分行的要求。集成了5市分行30余种代理业务和14家证券公司的银证联网，保证了苏北五市在数据上收期间各项业务处理的不停顿、不中断，实现了平稳过渡，同时运用新一代系统的优势拓展了苏北五市的中间业务。五市分行的数据上收达到了年初计划确定的时间和质量要求。

在苏北五市入网以后，省分行将无锡、南通分行老AS/400城市网络系统的所有网点所有应用包括本外币储蓄、对公、信用卡、代理业务、银证转帐等分别于8月25日、9月15日一次性成功切换至新一代综合应用系统，数据上收到省分行中心。切换后，全市所有网点采用新系统操作，新系统运行平稳，反映良好。这两次有条不紊的一次性整体切换，在我省农行省域网建设过程中尚无先例，为苏州分行向新一代综合应用系统切换奠定了扎实的基础。

（3）各数据中心合并到省域网络中心。为了尽快地完成一个中心的建设，2001年4月份将镇江、常州分行数据上收到省分行中心，撤消了镇江、常州中心，AS/400主机上收到省分行。8月和9月，又分别撤消了无锡、南通数据处理中心。全省统一了硬件平台，除苏州外，建成了一个中心，实现了全省AS/400硬件设备资源的共享，变对各城市的分散投资为省分行的集中投资，减少了对各城市网络的硬件、软件、开发和运行维护的重复投入，初步形成了省分行在全省电子化建设中的核心地位，为统一管理、集中开发充分发挥全省计算机网络优势打下了基础。

至2001年年底，省分行省域网络中心已上收12个市分行（除苏州），86个县级支行，2022个营业网点的全部数据和帐务核算，全网（除苏州）每月联机处理业务3000万笔左右，日均100万笔，高峰时达120万笔以上。

（4）网络优势初步形成。省域计算机网络初步建成后，全省所有营业网点全部实现联网，对公、储蓄、银行卡、同城交换、代理业务、外币储蓄、外汇对公结算等业务全部网络化处理。储蓄通存通兑业务量已占全部零售业务、卡业务、代理业务的20%以上，比集中前提高9个百分点。全国、省辖、实时电子汇兑三大结算系统业务量同比有很大幅度的增长。

2．优化、推广新一代综合应用系统

为解决苏州向新一代切换、加入省域网，最终形成全省一个中心、一套应用，同时也为了尽快把苏州已使用的金融新品辐射全省，2001年6月初，省分行组成技术组和业务组60多人进驻苏州，对新一代系统进行了全面的优化，经过5个月的奋战，软件开发及测试工作已经结束。在苏州期间，根据苏州的实际和全省新一代的应用现状，提出了10大类195个分类需求，技术组新增主机端交易程序102个、前置机程序39个，修改程序225个、新增或修改前台模块及处理程序几千个，实现了191个优化及新增功能。修改后的软件全部通过业务部门的详细测试。通过以上努力，达到了苏州向新一代切换的技术要求。新版软件程序的正确性、稳定性已大大超过老版本，在功能上已超过了老一代。优化后的程序，已从技术上实现本外币一卡通客户理财、个人外汇实盘买卖、企业银行、支付密码、IC卡及综合柜员制等方面的新增功能，特别是对柜员职责、岗位制约、凭证规范、监督复核、内部控制等方面进行全面整合。优化后的新一代综合应用系统已于12月8日在无锡顺利换版，在2002年一季度全省推广应用。

（四）中行江苏省系统

完成了会计系统的大集中。继2000年11月份中行零售系统大集中后，又完成了会计系统的大集中，新一代会计系统共覆盖全辖997个网点，全辖零售、会计系统的大集中，为下一步上收中总行华东信息中心打下了良好的基础。

完成了全省SWIFT的大集中，实现发报、收报、自动分报、转报。

【信息应用技术】

（一）人民银行南京分行系统

1. 完成电子邮件系统和公文传输系统的升级改造，参与组织分行办公自动化系统的准备实施工作。组织了电子邮件系统以及RS6000小型机的维护和备份工作，顺利解决系统运行过程中的一些突发性事件。制定分行邮件系统使用手册及规范。我们还组织辖内各中支完成了部分邮件用户的迁移工作。到2001年底，共创建邮件用户400多个，安装工作站300多台，传输信息大约达100G。

完成了分行电子公文传输系统的升级工作，并组织实施了该系统升级在辖内的推广。

2. 顺利完成银行信贷登记咨询系统的试点工作，配合总行实现全国联网的目标。为了配合人总行实现银行信贷登记咨询系统全国联网的目标，在今年头4个月里继续配合总行项目组做好对系统程序的测试。先后对包括城市行在内的各子系统进行了4次版本升级、数据重导和上报总行工作。测试过程中，总共从分行营业管理部和城市中心支行收集“城市行向分行上报数据表”、“数据一致性检查表”近500份，向总行传真“系统运行统计表”80余份。通过测试，对该系统软件提出了许多修订意见。经修改后的正式版本下发后，又组织全省进行了一次更新，6月中旬，我省银行信贷登记咨询系统开始正常运行，每天按时向总行传送数据。

3. 对外管局南京分局小型机进行了系统升级和改造。我们安全可靠地进行了数据移植，有力地保障了外管局江苏分局业务地正常开展。我们还完成了外管局江苏分局的MIS系统网络改造工作，在保证业务正常开展前提下，完成了路由器、防火墙等网络设备迁移和调试工作。

4. 完成了国库会计核算系统的推广工作。在系统推广期间，进行大量地系统测试和难点攻关。同时，结合本省实际情况为国库财税联网制定详细实施方案，进行可行性验证，受到了有关部门的好评。

（二）工行江苏省分行系统

1. 完成了“教育培训系统”、“法律工作管理信息系统”、“金融机构业务操作系统”、“住房信贷信息管理系统”、“会计业务报表系统”、“工会管理系统”的推广应用和网上银行教学系统的安装与调试工作。

2. 积极稳健地发展Notes邮件系统，全省邮件用户数较去年增加了近50%，同时完成了邮件系统的升级工作，开辟了江苏科技园地、江苏信贷园地和江苏防病毒园地，开发了评估资信调查管理信息系统、个人金融业务报表系统和牡丹卡报表传输系统等一系列应用。

3. 建成了覆盖全行的内部公用信息网。

（三）农行江苏省分行系统

1. 全省外汇对公结算业务（除苏州外）已全部集中省分行，通过省分行一口对外清算。5月份，完善、测试并全面推广了新一代综合应用系统中的外币储蓄系统，实现了外币储蓄的通存通兑。

2. 个人外汇实盘买卖系统已在无锡分行切换至优化版本的基础上开始进入试运行阶段，客户可以通过柜面和电话银行进行个人外汇买卖。

3. 建成代理业务平台，实现了标准化、集约化管理，基本解决了省分行集中统一和各市分行个性化之间的矛盾。各市分行通过此平台，按照面向市场、面向客户的要求，自行追加各类代理业务，既满足了本地区需求，又减轻了省分行软件开发的压力。目前代理业务平台已推广11个市行，新开通代收费项目35个。

（四）中行江苏省分行系统

2001年，中行江苏省分行先后推出了消费信贷系统、信贷管理系统、汇划即时通、国际结算保理业务系统等，大大提高了业务操作的科技含量。

2001年9月份，正式运行24小时个人外汇买卖、企业网上银行，为客户提供了方便和优质服务。

【创新的金融产品】

（一）工行江苏省分行系统

1. 完成了外汇交易管理系统、510廉政帐户监控系统、汇票代理系统、外汇牌价自动接收子系统、营业部政策性业务处理等系统的开发工作。

2. 针对个人客户，开发了银证通系统、汇市通委托盘系统、银证转帐系统、代理移动缴费系统、个人实时汇款系统、国库券额度控制程序、缴费通系统、电信和吉通IP系统、代理平安保险系统、财政统发工资系统、日立2845自动存款机程序等。

3. 加速电子银行产品的推广应用工作，完成了手机银行、企业网上银行、个人网上银行的版本升级工作以及向整合版的切换工作，开通了全辖的网上银行业务。

4. 完成了事后监督系统、信贷业务管理系统和营业部的信贷资金日报系统、向人民银行帐户管理系统提供数据采集、银企对帐数据接口、国债发行程序、营业部个人住房贷款等项目的调整、升级、改造和功能扩充工作。

（二）农行江苏省分行系统

1. 金穗借记卡是农总行统一推广的品牌，是产品创新的举措，将成为拓展对私业务的龙头。继2000年在沿江八市联网后，2001年4月，实现了金穗借记卡、信用卡在ATM、POS和柜面交易上实现全省、全国及跨行联网。极大地改善了用卡环境，推动了卡业务的迅速发展。据统计，全省金穗借记卡比年初增加164万张，新增存款20亿元以上，借记卡的理财、缴费、炒股、消费、异地结算等功能已经具备，成为对个人客户提供全面服务的重要产品。跨市、跨省、跨行交易不断增长，交易质量明显提高。到年底，省交换中心发生帐务性交易日均9300多笔，比四月底增长3.41倍，跨省、跨行卡交易数量明显增加，日均达6100多笔，跨省和跨行交易已占全部卡业务的63%，单边帐得到有效遏制。

2. 代理证券存取款、银证转帐、银证通等系列产品已经推出，很受股民欢迎。目前全省已与80多家证券公司实现联网，办理银证转帐。继年初和大鹏证券开通银证通后，年底已扩大到四个市分行联接八家证券公司，利用银证通系统，既可方便客户的抄股（银行或证券方双向发起），又增加了银行存款。

3. 农行江苏省分行营业部在南京化工大学推行了金穗IC校园卡。学校师生借助全国范围内通存通兑的借记卡网络进行存取款，借助校园内部网进行消费，随时可将借记卡上的钱转进校园卡。通过提高服务手段，不仅树立了良好的农行形象，又吸储了低成本资金。目前已发卡1.5万张，新增存款8000万元。

2001年12月初，省分行营业部开通了IC卡烟草公司代理收费项目，为大客户提供便捷的服务，半个月新增存款1700万元，达到了双赢的效果。无锡和常州分行已完成烟草代收费项目的准备工作，即将验收开通。

4. 全省各市分行均开通95599电话银行。该系统对活期存折、金穗借记卡、信用卡及对公业务集查询、转帐、缴费、炒股及理财为一体，塑造农业银行在线服务的品牌形象，日均业务已达13182笔。

5. 企业银行查询系统已开通电力公司、石油、法院等五个系统。今年新开通的省电力公司收支两条线项目，已在无锡、宿迁二市投入使用。

6. 根据农总行的要求，网上银行项目由原来的自行组织开发推广变为在江苏试点总行统一开发的网上银行版本，农行在年初已派两人参与了总行网上银行开发，并被总行确定为首批五个试点行之一。5月底，完成与总行的联调工作，第一期测试完成交易4217笔，现等待总行正式开通。

7. 自助缴费机已投入使用，在南京、镇江、扬州、苏州投放16台。在长江两岸新投放使用168台ATM，应用效果良好，日均每台业务量43笔。进一步丰富和完善了服务功能，充分发挥自助服务设备的窗口效应。苏州分行已推出全省第一家自助银行，全省另有7个市分行申报建设14个自助银行。

电话银行、企业银行、网上银行、自助银行等新产品的投产，进一步丰富了服务功能，拓展了服务渠道，电子银行体系开始起步建设。

（三）中行江苏省系统

开发完成了“B股银证转帐”、“B股银券通”、“华泰银证通等系统”，“A、B股合一”版本（2.0）也已正式投产。

（张建平）

江苏省科技信息化发展概况

【基本概况】

江苏省科技信息网是江苏省“九五”科技计划重点建设项目，也是全省科技系统有史以来资金投入最多、规模最大的信息基础设施建设项目，曾连续两年被江苏省委、省政府列入当年要办的二十件实事之一。在省科技厅的直接领导下，经过四年的建设，到“九五”期末，江苏省科技信息网已建成了拥有自己的省、市、县三级网络平台，覆盖全省的物理网络体系和专业化科技信息资源体系，开展了网络的基本应用与服务。

1996年11月省科技厅以重大科技发展项目正式启动了江苏科技信息网的建设，提出网络建设总体目标：把网络建成为全省面向21世纪的重要信息基础设施之一和全省科技创新服务体系的重要基础设施，为全省各行业提供快速、及时、准确、便捷的网络信息服务；建成一个与国内外信息网、省内各专业网互联的，覆盖全省各市县、各研究院所、各开发区以及全省高新技术企业、部分民营科技企业的计算机信息网络；建成有江苏特色、有自主知识产权的科技信息资源体系，实现科技信息资源的交流和共享，增强科技持续创新的能力；最终成为江苏科技系统的 Intranet 和全省“公共科技信息网络”。

现在，江苏省科技信息网已全面实现全省100%市、县联通，建有一个省网络管理中心（由江苏信息网络中心负责运行管理）、设有92个分中心，其中有13个省辖市分中心、64个县（市）分中心以及15个研究院所分中心。在苏南发达地区，科技信息网分中心已开始延伸到乡镇。江苏科技信息网省市分中心（不含科研院分中心）工作场地总面积达6417平方米，其中机房面积4166平方米，专业技术人员近500人；拥有各类网络机器设备2460台（套），其中计算机、服务器1520台（套）；有67个市、县院所分中心通过光纤或数字电路与省市信息网络中心直接联网，16个县级分中心通过电话线拨号方式上网。

在建设资金投入上，近三年多的网络建设期间，由省科委科技事业费拨款和各市、县地方财政配套资金以及建网单位自筹资金，建设省、市、县及院所网络中心投入的实际经费共计达6439万元。其中，省网络中心投入1300万元，省辖市分中心（不含南京市）投入1854万元，县（市）分中心投入1885万元，科研院所分中心投入约400万元。在总计的6439万元总经费中，属于省科委拨款的为2879万元，地方财政匹配的有1992.8万元，市县科委建网单位自筹的为1567.2万元。江苏科技信息网已与中国科技网、中国科技信息网、中国科研教育网、广电网、电信公众网以及20多个兄弟省科技信息网实现互联。与此同时，江苏科技信息网开发拥有了一大批有特色有实用价值的网上信息资源并实现资源共享。几年来已拥有各类上网科技数据库130余个，信息量超过1500万条记录，初步形成了具有自己知识产权和特色的网络信息资源体系。2000年7月，“江苏省科技信息网建设”项目成果通过了省科技厅、省财政厅组织的专家鉴定，鉴定委员会专家对科技信息网建设所取得的成果及应用效果给予了充分肯定和高度评价，一致认为该网达到了国内科技网的先进水平。2000年10月22日，科技部朱丽兰部长等领导视察了江苏科技信息网络中心，听取了网络及资源建设应用情况汇报，对江苏科技信息网建设给予了充分肯定。2001年，江苏科技信息中心建设项目通过了省科技厅组织的考核验收鉴定，获得了2001年度省科技进步二等奖。

在建设“科技系统省域大网”的同时，省科技厅也非常重视“内网”的建设，将“厅机关办公自动化局域网建设工作”列为科技系统信息化工作的重要组成部分。江苏省科技厅办公自动化网络建设自1991年起就酝酿筹建，1997年结合办公楼的维修改造，实施了网络综合布线，1998年成立了厅局域网网管中心，着手进行系统建设方案的制订、设备招标采购和物理网建设，1999年完成基于SQL的计划项目数据库及厅公文信息处理系统的开发，2000 年底厅局域网建设初步完成，软硬件系统运行畅通，实现计划项目管理和厅发文的网络运行。科技厅机关网页于 1997 年年底筹建，并于 1998 年 2 月 12 日在江苏科技信息网发布，为当时江苏省第一家上网的省级机关，网页运行三年来，点击率近万次，对宣传江苏省科技工作特别是科技厅工作，提高江苏省科技厅工作的显示度发挥了积极作用。2000 年 6 月，国家保密局对厅局域网进行了网络安全保密状况检测，检测结论是“网络系统安全保密性良好”。2000 年 11 月全国科技厅办公室主任会议上作了经验介绍，受到科技部的好评。

【组织结构】

1996 年 2 月经省编委批准，成立“江苏信息网络中心”。1996 年 8 月，省科委依据“加强集成”和“资源优化配置”的原则，决定江苏省网络中心与江苏省科技情报所合署办公，共同作为江苏省科技网络建设的承担单位，按照“两块牌子、一套班子”方式管理运行，完成了“所”与“中心”合并融合。1997 年 6 月重新组成新的工作班子，组建了三大业务部门——网管中心、资源开发中心、网络技术培训中心。

目前全省科技信息网络各级中心的管理体制是属于“块块管理”，即人、财、物管理权属于所属的省、市、县科技局。省及市、县大多数网络中心与情报所“二块牌子、一套班子”，有一部分与情报所完全分开，如镇江、徐州等市，也有个别隶属于生产力中心，如无锡、南通等市。

省科技厅负责全省科技系统信息化工作的组织领导，省信息网络中心负责全省科技系统信息化应用工作的具体实施与技术指导、负责全省科技信息网物理网通信信道的管理维护工作，在具体的网络业务方面与各市、县分中心进行协作与合作。

【工作部署】

2001 年江苏科技信息网络工作主要转入以网络的功能开发应用为主，推动网络的建设和发展的新阶段，主要做好以下几方面的工作：

1. 认真落实“江苏省十五科技发展规划纲要”精神，围绕建成高水平的省科技信息网，探索建立以市场为纽带的网络产业化运行机制，组织全网做好“江苏科技信息网十五发展专项规划”，进一步明确“十五”期间省科技领域信息化工作的指导思想、目标、具体任务、进度、措施，通过“规划”制订，找出中期、近期工作的重点，加强整体协调。同时制订出一个具体在网络、信息资源、人才、网络功能开发与服务等方面的一批具体重点项目计划，以切实把握住阶段发展目标、进度，把发展工作落在实处。

2. 加强重点业务、龙头业务、主导业务建设，大力推动网络应用与功能开发，找出一些能带动全局工作项目，推动全网工作。省科技厅在“省科技创新服务体系建设计划”中以择优择强的方式，继续支持网络与资源建设。2001 年将选择四个方面工作，促进全省科技信息化工作再上一个新台阶。

（1）在科技厅领导支持下，重点研究筹建以虚拟技术为基础的数字化的全省工程技术文献资源网络服务系统。以网络为手段，信息资源为基础，咨询服务为前沿，促进全省信息资源共享。并通过这项工作为各市、县分中心提供综合的公共信息资源。

（2）完成“高新技术及产品电子商务系统”开发，为科技单位与企业之间架起真正有效的技术及产品信息转移的桥梁，同时实现网上查新业务与网上咨询服务系统，引入市场机制运行，通过发展用户，实现增值服务，逐步实现自我发展。

（3）研究开发科技厅网上科技辅助管理应用系统，为今后省、市、县三级科委实现网上科技管理做好技术准备。

（4）完成利用广电网络对 13 个省辖市分中心主干传输网的 2M 光纤改造。同时加紧与省电信的合作，争取省科技网与省电信网的直联信道带宽有较大的改观。

3. 进一步加强网络信息资源建设。一是做好现在数据库的更新维护工作，对现有资源进行优化，引进一些价值高的数据库，加以整合，进行统一包装推出，开展增值服务。二是继续做好拥有自主知识产权数据库及网站的开发与完善，推出精品，投入市场。三是组织力量认真跟踪研究网上有用资源，提供服务，并以此进行二次开发，形成自己的特色资源。

4. 加大信息技术研发力度，推进全省信息产业的发展。

（1）紧密结合江苏实际，加快培育信息领域高新技术产品群。通过信息领域产品群的培育，形成一批技术含量高、产品关联度大、市场前景广阔的信息高新技术产品。建设一批具有国内领先水平的信息技术研究开发基地。

（2）全省高新园区要以构建信息产业发展的新高地为目标，营造适宜信息技术和信息产业发展的良好环境，使高新园区成为在国内外都具影响的信息产业的重要基地。

（3）以信息技术应用示范为突破口，推进制造业企业信息化进程。加快应用以信息技术为核心的先进制造技术，研究开发一批企业信息化关键技术，形成一批有一定市场占有率的自主版权软件产品，初步建立起适应市场经济要求的制造业信息化技术支撑、咨询、服务体系，培育一批制造业信息化咨询服务企业，使全省制造业的信息化水平居国内领先地位。

5. 加强厅办公室自动化局域网资源建设，提高网络利用率。完成厅部分处室网页制作和成果、新产品、软科学研究信息等数据库上网运行工作；进一步完善公文运行的规程；启动厅机关档案管理的信息化工作。

【基础建设与重点工程】

1. 网络建设与改进升级

江苏科技信息网采用国际统一的TCP/IP互联网技术，星型和树型相结合的网络拓朴结构，网络结构在物理上设计成省、市、县三级节点，各级分中心通过SDH光纤、DDN数字线路以及PSTN拨号连通。江苏省中心与13个省辖市连接为主干线，再分别由大市分中心与64个市县科技部门和机构相连。目前，54个市县分中心以SDH、DDN专线方式接入省网络主干，23个市县分中心以PSTN拨号方式接入。此外，省内12个省部级研究院所以及苏州等高新开发区也作为分中心以DDN专线方式与省中心直联，与此同时，江苏科技信息网实现了与中国科技网、全国22个省（市、区）科技信息网、省电信网、省经济信息网、省教育科研网、南京广电信息网、上海科技网、上海环球网等众多网络的直联和信息资源共享。

在99年基本实现全省100%市县建设分中心联通任务的基础上，2000年加强了通信平台的改造升级建设，重点任务是解决国际出口信道偏窄的“瓶颈”问题和各省辖市分中心主干线提速两个关键问题。首先，经省中心与中科院网络中心共同努力，省网络中心网络上行通道带宽（即由南京至北京并与Intemet相连的国际出口）于2000年6月由256K提速升级至2M，速度增加近8倍，通信质量明显提高。初步解决了出口“瓶颈”问题，保证了国际出口较为通畅。其次，省网络中心牵头与省广电网络公司合作，利用省广电光缆与省内13个大市主干信道改造工程被列为省科技厅重点项目计划。2000年完成了苏州、南通、无锡、南京、镇江、张家港等市的改造工程。通信速度由64K升至2M，提升了近30倍，而通信费用未增加，效果良好，2001年继续加强了网络平台自身建设，全面完成了除宿迁外12个大市的网络主干信道改造工作。利用广电2M光纤改造省市科技网主干信道的任务，解决了江苏科技信息网与中科网，省电信网及省辖市分中心网络传输的全部宽带接入问题，也为进一步开发网络功能、应用服务打下了坚实的基础。

2. 资源建设

在建设物理网的同时，省科技厅十分重视信息资源建设，为此制定了《“九五”江苏科技信息网信息资源建设规划》，并专门下发了苏科信（1999）29号文，提出了“1999年江苏省科技信息网资源建设及网络开发应用工作的意见”，要求大力开发有特色的有自主知识产权的网络数据库信息资源并上网。资源建设与网络建设同时并举，形成了江苏科技信息网的特色——拥有丰富的网上专业化信息资源。江苏科技信息网先后投入近700多万元，由省网络中心牵头，本着联合开发、资源共享的原则，组织全省数十家研究院所和市、县科委分中心共同建成了128个数据库和大量WEB信息资源，涵盖机械、电子、化工、纺织、医药、农林、渔业、交通、信息技术、建筑等十多个行业门类，以及中外专利、标准、学术会议、学位论文、科学引文、科技期刊等各类专业信息库。建成10多个有较大影响的专业网站，如“高新技术成果交易会”、“中国农药”、“中国家禽”、“东西在线—西部大开发”、“中国农药网”、“中国化工市场七日讯”、“智能建筑信息网”、“中国纺织互联网”、“丝绸图样库”、“海洋科技网”等，共计超过1200万条记录，初步形成了江苏特色的网络资源体系，网络信息资源拥有量在江苏乃至全国省级科技网中名列前茅。在围绕高新技术产业化，建立“新药在线”、“民营科技企业网站”、“江苏省咨询业信息网”和“蝴蝶科普网”、“龟鳖科普网”等，集中研究力量对现有数据信息资源进行深度开发。以及“中国863计划项目”“CL02产品技术企业库”“二氧化氯科技经济数据库”、“科技致富信息”等光盘。在建设资源的同时，也十分注重对网上WEB信息资源开发利用，已开始注重对国内外WEB资源跟踪研究、整理加工，提高信息开发应用能力和资源服务能力。此外，还完成了“编织机专刊精选”数据库的开发和“中国开关工艺数据库”的前期准备工作。

3. 厅局域网建设

进一步加强“内网”软硬件环境建设。目前全网配置了3台IBMNF系列中小企业级数据库、16台INTEL100M交换机，全网设有260个信息点，实际接人75台IBM、NEC和DELLP11300以上终端微机。江苏省科技计划项目数据库管理系统、WEB综合信息服务系统等应用软件系统在局域网上运行使用。目前厅局域网应用主要由三部分构成，一是综合信息，内容包括内参VCD、科技新闻、科委主页、内部信息、综合信息、电子书馆、网络综艺、每日新闻报道等，信息总量达12G，其中电子图书1700余册，1989～1998年10个年度电子版科技年鉴及多种计算机应用多媒体教学软件，内参VCD每半个月更换一次，专供处以上领导观看；二是办公公文处理系统，主要功能有收文管理、发文管理、档案管理、文档管理、电子邮件、公告板、网络论坛等，现2000、2001年厅发文已全部入库，收文办理的部分领导阅办意见已入库；三是江苏省科技计划项目数据库管理系统，全厅13个专项计划已全部在系统中实现申报、立项、结题的全过程，并完成了1996—1999年全省科技计划4806个项目基础数据的收集、整理、录入和审核工作。

4. 重点工程

江苏科技信息网络工作已经由建设为主全面转向以应用服务为主的新阶段。通过召开全省各分中心2001年网络工作会议，组织制订了“十五”科技信息网络发展规划。重点分析了运行机制改革问题，确立了近期江苏科技信息网社会化服务方面及功能定位。特别在加强网络应用服务方面，确定五大系统建设目标，启动了数字化工程技术文献服务系统、科技管理电子政务服务系统、省高新技术成果及产品交易电子商务系统、全省星火火炬科技网络信息服务系统及多媒体科学知识系统等五大服务应用系统。

2001年，组织专门班子基本完成了“高新技术成果及产品交易网络”电子商务系统平台研建工作，开展了成果资源的收集，初步建成了成果交易网站。

启动了网上星火信息服务系统开发项目，与省科技厅有关处室合作开发了科技成果评审专家管理系统，成果申报系统，成果鉴定管理系统，完善了科技成果申报，信息发布，科技计划，科技指南公告系统等，为科技厅相关工作提供网上辅助管理。此外，全面改版了省科技信息网主页，更加突出了江苏科技信息网的各项服务功能、宣传功能。

网络信息资源建设有了新的进展。在做好对已有数据内容扩充、恢复、更新等常规维护工作的同时，2001年基本建成并开通了省科技厅的重要项目“三药”（医药、农药、兽药）网站和“实验动物网站”，建设完成了中药药用成份，中草药图谱、经济植物、医药生产企业等近10个数据库，实时发布相关法规标准，专家人才情况，生产使用单位等信息，为“三药”及“实验动物”的网上管理，网上发布及市场开发架设了一条信息通道。

【信息技术应用】

网络功能开发与应用是网络建设与网络服务的重要工作，也是江苏科技系统信息化应用工作的重要内容。在省科技厅“以网络功能开发应用带动网络建设，网络建设要围绕功能开发应用展开”的工作思路指导下，全省各科技网络分中心主要围绕电子商务、电子政务、电子公务等几方面，结合各地的需求情况，有针对性地开展信息服务工作。

1. 推动引导企业上网和政府上网

各地许多科技信息分中心帮助地方政府、企业建立了初步电子商务、电子政务平台。各市县分中心都因地制宜地采取许多措施，推动了当地政府上网工作的进程，县市科技网在当地政府上网工作中起到主力军作用。例如张家港市科技网被市政府确认为政府网的网管中心，去年实现与市政府18个委办局及三个技校联网，正式确立了科技信息网的重要地位。此外被市政府确定为政府网络中心的还有：海安、江宁等市县。苏州分中心与地方税务的合作，建立“地税之窗”，利用网络加强税务管理及税务征收和监督。镇江分中心与镇江市运管处联合在网上开办了镇江交通栏目，通过网络可以了解运输管理各项办事章程，以及行政执法、行政案件处理的最新结果，扩大了运管部门行政执法透明度。省化工信息中心“化工七日讯”、南通信息中心的“中国农药网”、苏州“特快商情”、省纺织信息网等都把商业信息与电子商务服务融为一体，为企业开展深层次网络信息服务，取得良好的社会经济效益。

2. 促进高新技术产业化和科技成果的转化

以省科技信息网为网络平台，举办“虚拟展览交易馆”，实现实时的科技成果信息网上发布、洽谈、交易签约以及合同管理、音视频直播等功能，开发制作了网上成果交易会专门网站，开发了交易会技术成果数据库及光盘。徐州市网络分中心利用科技信息网络为徐州高新技术成果洽谈会提供先进的宣传手段并提供网上洽谈、签订协议的技术支持，建立了“中国徐州 Internet 网上技术市场”，为60多个企事业单位近200个项目商品进行具体介绍。

3. 为科技管理工作提供网络信息服务

为各级科委建立主页、网站，在网上发布科技管理机构及工作程序，发布各类科技计划指南、科技成果的申报与公告、星火计划、火炬计划等执行情况以及科技法规、政策的宣传等。为各级科技管理机构逐步实行电子公务起到一定作用，提高了科技工作的信息化程度。此外，科技信息网的建立为科技服务和科技创新提供了强有力的条件和手段，在成果鉴定、产品认定、项目立项、市场调研等科技咨询服务中发挥了巨大作用。

【主要业绩或成果】

全省科技信息网及各级分中心的建成，大大改善了全省各级科技情报信息单位的工作，技术条件，拓展了这些单位的经营手段、业务范围和服务内容，提高了服务能力。各级网络中心、情报所利用网络，面向社会广大用户开展了网络接入、域名注册、网页制作、多媒体制作、数据库开发等互联网基本业务，提供网站建设、网络系统集成、企业电子商务及其他的互联网增值业务；同时，还充分发挥科技情报信息优势，结合网络，利用自建的和共享的网上信息资源开展了诸如网上信息检索查询、企业及产品咨询、市场调查分析、科技查新、网上科技成果展示交易等网络信息服务；以及计算机培训、网络应用培训业务，为政府部门科技管理提供网上政务信息服务，取得了一定的成效。

据不完全统计，以各种方式上科技信息网的企业已超过2500家。不少企业利用科技信息网，发布经营信息，推销产品，开展网上交易。如张家港泗港金东药化公司通过科技信息网与瑞士等国客商达成AK糖业务，成交额达数十万美元。苏州唯瑜丝绸公司、苏州民德冶金化工所、苏州星星生物化工厂分别通过科技信息网找到了英国、加拿大、法国、丹麦的客户。苏州分中心与地方税务的合作，建立“地税之窗”，利用网络加强税务管理及税务征收和监督。省化工信息中心“化工七日讯”、南通信息中心的“中国农药网”、苏州“特快商情”、省纺织信息网等都把商业信息与电子商务服务融为一体，为企业开展深层次网络信息服务，取得了较好的社会经济效益。

全省科技信息网紧密围绕科技创新、促进高新技术转化开展了一系列活动。2000年5月10～18日发动全省网络中心举办了“江苏省首届高新技术成果网上交易会”。开发了成果交易会网站，实现了科技成果信息网上发布、洽谈、交易签约以及合同管理、音视频直播等功能，八天集中展示交易期间，共展出各类最新高新技术成果12000项，达成意向协议274项，成交额定2.01亿元，实现转让成果50项，转让金额1700万元，网络日访问量近1万人次/天，受到省市领导和社会广泛关注与好评，人民日报、中央电视台都作了专门采访报道。此外，无锡网络中心也举办了“无锡高新技术企业产品展销技术交易会”，省科委与徐州市政府联合举办“徐州高新技术成果洽谈会”、“中国徐州 Internet 网上技术市场”等也在科技信息网上发布信息、进行网上洽谈、草签协议。这些活动为改变传统的交易会方式提供了新的思路、方法、手段和渠道。

各级网络中心还十分重视为科技管理工作服务。围绕各级科技管理部门的工作重点，为科研院所、各级技术开发中心等等提供网络信息和咨询服务。为各级科委建立了主页、网站，在网上发布科技管理与服务工作程序，发布各类科技计划指南，公告科技成果，宣传科技法规、政策等等。促进了科技工作的信息化。一些市、县科技信息网分中心由于政府和科委的重视，自己服务做的也好，已在当地产生了积极影响，成为了地方政府网和网管中心，这些县（市）分别是：镇江（在建）、张家港、江宁、六合、铜山、东台、大丰、盐都、滨海、射阳、如皋、海安、宿豫、沭阳、锡山、扬中、句容、丹徒。目前，江苏科技信息网已成为全省有影响、有一定实力的省域科技及专业信息资源大网。

【重要措施和经验】

1. 领导高度重视。在科技网的建设过程中得到了省委、省政府领导的高度重视 1998、1999 连续两年被列为省委、省政府必须抓好的实事，省政府、省人大、省政协的领导多次亲临视察，对科技信息网顺利建设起到了重要保障作用。省科技厅将江苏科技信息网建设列为重中之重项目，成立了领导小组，把关定向，及时指导，明确了以信息资源建设为核心，以网络建设为基础的方针；高度集成，优化配置，全面调动省、市、县三级的财力、人力、物力，统筹规划，试点引路，分步实施；以改革思路，促进网络建设，合并机构，发挥综合优势；加强考核，推动工作。几年来，在江苏科技信息网网络建设与资源建设中，省、市、县三级政府共计投入在 6000 万元以上，是省科技系统近年来投入最多的项目。

2. 加强队伍建设。在江苏省科技领域信息化建设工作中，都成立了专门机构一科技信息网络中心及分中心，负责当地信息化工作，职责明确，人员固定，加强考核，科技信息化工作已成为各市（县）科技工作的重要组成部分，使得科技信息化工作能有条不紊地进行，并取得较好成效。

3. 保障经费落实。在江苏科技信息化建设过程中，建设经费通过科技专项以科技三项费用方式及地方财政匹配方式加以落实，并加强审计，使得经费用在实处。

【存在问题和解决问题的思路】

全省科技信息网的业务定位仍不够明确统一。科技信息网服务工作还没有树立起通过社会化应用服务来推动网络建设与发展壮大的新思路；网上信息资源内容质量乃至数量离实际应用需求仍有较大差距，网上信息资源市场化程度低，有特色的、有竞争力的信息资源少，缺乏动态性、实时性；网络硬件设备开始老化，运行成本较高，按市场规律进行收费难度很大，网络通信费缺口问题较为突出；当前的网络管理体制和运行机制难以适应市场化的发展要求，缺乏竞争力；网络高级技术和经营管理人才存在短缺现象。

解决这些问题，要进一步明确全省科技信息网络定位，积极争取省科技厅明确全省科技信息网络是非盈利的科技创新服务体系信息基础设施。积极承担重大技术基础项目建设和重大科研及服务项目，积极争取各级政府的财政专项投资和科技专项经费补助；实行科学化、规范化的管理，实施目标管理、层次管理、分类管理。强化管理功能，增强服务功能，建立各中心之间、各部门之间、各环节之间的工作流程和工作规范；增强信息网络自身实力，提高服务能力和水平，扩大影响，争取企业和社会各界的捐助和投入；积极培养用户开发人才，加强用户开发工作，拓展网络服务范围和内容，开拓网络的增值业务，提高经济效益；建立合理科学的分配奖励制度，运用分配制度“杠杆”调动全体人员的积极性和创造性；建立“开放、流动、竞争、协作”为基础的人才培养，使用和激励机制，建立“引得进留得住”的人事保障制度。

【2002 年主要工作任务】

2002 年江苏科技信息网络按照省科技厅全省科技工作的部署，组织落实“江苏省‘十五’科技发展规划纲要”精神，以“江苏省科技信息网络‘十五’发展规划”的总体框架来定位全年的工作。要将信息网络的工作全面转入以网络的功能开发应用为动力推动网络的建设和发展的新阶段。建立相应的新的运行机制和新的业务体系。主要做好以下几方面的工作。

1. 为了适应工作重点的转变，2002 年对网络管理运行机制进行调整改革，使网络管理与网络应用开发工作分离、业务内容重新定位。组建“网络管理中心”和“网络应用服务中心”，分别承担对全网络建设的指导、协调、管理和网络功能开发应用。

2. 完善江苏省高新技术成果交易电子商务系统，建立常设的高新技术及商品网上虚拟交易市场。提供基于Web站点的技术成果交易信息，通过交易系统实现电子交易。为成功举办江苏——中科院网上科技成果交易会奠定基础。

3. 启动“江苏省数字化工程技术文献中心”建设，为各市、县网络分中心及社会各界提供信息资源的服务。全面收集电子型、数字型科技文献、图书、专利资料、利用网络平台向我省各界提供网上工程技术文献信息。

4. 加强网络信息资源建设。继续对现在的数据库进行更新维护，对引进的数据库，以整合，优化，开展增值服务。要加强做好拥有自主知识产权数据库及网站的开发与完善，推出精品，投入市场。要组织力量跟踪研究网上有用资源、光盘资源等进行二次开发，形成自己的特色产品。

5. 做好“江苏科技系统网上科技管理电子政务系统”开发的前期调研和技术准备。建立基于江苏科技信息平台的省、市、县三级科技管理电子政务系统，为开展网上科技信息发布、科技计划管理、科技项目管理、科技成果管理、科技项目申报、网上评议和网上招标等项科技管理、科技服务等业务工作提供强大的网络和数据信息支撑，推进科技管理政务信息化。

6. 在继续改善全省网络平台，提高通信能力的同时，进一步扩大科技分中心建设范围和覆盖面。组织和吸引更多的大中型企业、高新技术企业、民营企业以及研究院（所）、高新技术开发区等进入科技信息网，进一步扩大科技信息网络的延伸和覆盖面。

（江苏省科技情报所）

江苏省农业信息化发展概况

【基本概况】

为了全面推进新世纪初江苏农业信息化建设，把农业信息化建设特别是网络建设水平推向新的高度，继续保持在全国的领先水平，为江苏率先基本实现农业现代化打好基础，在2001年初，召开了全省农业信息工作座谈会，并根据厅党组要求，对全省农业信息化状况作了较为全面的调查摸底，对2001年的工作作了初步的安排。为了部署今后一个阶段及“十五”期间江苏省农业信息工作，于5月召开了全省农业信息工作会议。省委副书记李源潮同志到会并作了重要讲话，厅领导作了工作部署，出台了《江苏省农业信息化2001－2005年规划》，对当前及“十五”期间农业信息工作进行了全面部署。会后江苏省农业信息中心分别于7月、9月、10月对各市县的信息化工作特别是农业信息网络建设进行了跟踪督促。8月召开了一次信息工作座谈会，对全省农业信息工作会议的贯彻落实情况作了了解，对一些完成情况较好的单位进行了通报。由于工作扎实，措施得力，全省农业信息工作会议部署的各项工作得到了较好的落实。

【组织机构】

江苏省农业信息中心，是省农林厅直属处级事业单位。主要从事全省农业信息化建设工作，制定江苏省农业信息化政策、规划、措施并组织实施，指导江苏省市、县、乡级农业部门开展农业信息化建设；承担省政府委托的江苏农业网站建设和运行，并根据市场要求运行江苏农产品大市场网站；采取多种有效形式为各级党委、政府提供决策性科学信息，为农业、农村经济战略性结构调整、农业增效、农民增收服务，以农业信息化推进江苏省率先基本实现农业现代化。

各市、县农业部门在实施农业网站和局域网建设、推进农业信息化进程的同时，先后建立或正在设立农业信息中心、市场与经济信息处、科。鼓励和支持乡镇农业部门及农村种养大户、流通经营组织、加工龙头企业、科技示范园区、农业信息示范户等与江苏农业网联网。实现农业信息的网上交流，促进农产品网上交易。

【工作部署】

“千里之行，始于足下”，能否做好新世纪江苏省“十五”期间的农业信息工作，关键在于是否能够落实有效措施。江总书记2000年指出：“狠抓落实，要作为当前全党的一项重要任务”。在农业信息工作中，我们发扬求实、务实、落实的工作作风，齐心协力，强力推进，真正把各项措施落到了实处。

1. 狠抓网站建设。2001年以再建20个县级农业网站为目标，进一步抓好市县二级农业网站建设。全部完成市级网站建设，同时要尽可能更多更好地建设好县级农业网站，为全面提高江苏省农业信息化水平奠定良好的基础。省农业信息中心对各市、县级网站与局域网建设方案进行审定。

2. 狠抓农村信息示范户建设。在已联网乡镇，选择1000个文化素质较高、思想观念较新、热心于农业信息服务、有一定经营能力、经营规模的营销、种养大户作为网络直接延伸到农户的信息示范户，以促进周围农户的信息应用。

3. 狠抓乡镇农技部门上网。乡镇农技部门上网，不仅是提高基层农技人员素质、提高工作效率的一个重要途径，更是转变基层农技部门工作职能的一个重要手段。通过上网，一方面能向广大农户传播农业信息，更为有效地引导农业结构调整，另一方面可以组织本地农产品上网销售，达到解决农产品卖难、增加农民收入的目标。目前，江苏省已有部分乡镇农技部门上了网，它们正成为农产品信息流转的纽带和广大农村信息进村入户“最后一公里”的关键。因此，推进农技部门上网就显得十分迫切和重要。2001年以市为单位，苏南五市要有60%，苏中三市要有50%，苏北五市要有30%的乡镇农技部门上网。

4. 狠抓资源建设。资源建设是信息化过程中一项艰巨而复杂的长期性工程，也是发挥信息价值的一项最为重要和紧迫的任务。据此，要把信息资源建设作为一项重要的工作来抓。一是抓好农业市场信息资源建设。切实做好市场信息及鲜活农产品价格行情的收集发布；组织好全省农业系统和种养、运销大户、专业合作经济组织的农产品供求信息的上网工作，力争2001年江苏省农产品网上成交额有一个较大的增长。二是抓好农业科技信息资源建设。虽然通过近几年的努力，在各地农业网上已有不少科技信息，但这些信息中，传统农业种植技术的内容较多，农业高新技术特别是农产品加工、贮藏、保鲜技术等信息内容偏少，不能够满足新阶段农业发展的需要。因此，必须加大最新农业科技信息的资源更新力度。三是抓好农业经济信息资源建设。不断强化农业政务信息、贸易信息、生产信息、统计信息、资源信息、法律法规以及农业和农村经济政策信息的资源建设，使江苏农业网成为指导管理农业和农村经济发展的一个重要手段，保障农业和农村经济的持续快速健康发展。要全面收集农产品生产、加工情况，摸清全市农业招商项目及营销、种养等，农村合作经济组织等情况，以便向外发布江苏省农业情况，促进农业外向发展。

5. 提高科学预测水平。面对农业市场化程度不断提高和加入WTO的现实，切实加强农业结构调整、农产品市场的信息服务，特别是要加强农业信息的科学分析、预测和研究工作，增强信息预测、分析和发布能力，及时向农业企业、农民传播农产品产销和价格信息，为调整农业结构提供指导服务，全面提高农业信息的分析预测水平。要组建农业信息专家队伍，各地还要组织招商项目上网，发布国外开发项目信息，积极为江苏省农业引进来、走出去服务。

6. 狠抓信息发布工作。省、市、县、乡农业部门要共同收集、开发信息资源，要充分利用因特网和传统媒体，切实做好信息特别是供求信息的发布。2001年要求每个市在江苏农业网站“供求热线”栏目中至少发布1000条供求信息。另外，2001年我们将与寻呼公司合作，发展10000个营销、种养大户为农业信息机用户，开设农业信息发布专栏，每天通过信息台向用户发布农业市场动态、农产品供求等信息。

【重点工程】

1. 江苏农产品大市场网站建设。为顺应市场经济形势发展和加入WTO的现实，为江苏省农产品提供良好的展示和营销阵地，根据省委李源潮副书记的要求，把建设省级网上农产品市场作为一项重要的工作来抓。一是已收集了6000个大户、200多家涉农企业、基地、1000多个农产品进出口企业、农产品质量标准等资料上网。二是基本设定了网站框架和栏目。所有栏目现已开通，并进行了经常性的信息资源更新。

江苏农产品大市场栏目的主要内容为：市场行情：收集、发布全国范围内重要农产品行情，通过与全省30多家农产品批发交易市场联网，提供粮油、水产、蔬菜、果品、花卉、畜产品、苗猪（禽）、冷冻畜禽水产、饲料的1000多个品种的价格行情及其走势。供求热线：提供农产品供求信息，并为广大用户免费提供网上产品宣传。信息服务：提供农产品进出口商、农产品质量标准、农民经纪人、种养大户等资料。市场动态：及时反映国内外农产品市场动态，提供决策信息参考。名特产品：提供国内外特别是江苏省名特优新农产品有关信息。商贸合作：发布商贸合作和招商引资信息，宣传商务典型。涉农企业：宣传江苏省涉农企业及其产品，提高涉农企业及其产品的知名度。

2. 实施市、县农业网站和局域网建设。2000年至2002年，用这三年时间，建立起以农业网站和局域网为标志的江苏省、市、县三级农业信息传送现代化软硬件体系，并以此为基础，建立起江苏省现代农业信息体系，并作为江苏省推进现代化农业的重要支持体系之一。

3. 推进农业信息进村入户工程。主要是推进乡镇农技部门、农业信息示范户、种养大户、农业龙头企业、流通经营大户、科技示范园区等与江苏农业网联网，通过网上信息实时交流，带动广大农户了解市场行情、农产品消费趋势等，促进农户根据市场需求组织生产、流通等。与此同时，各级农业部门加强与广播、电视、报刊等传统媒介的协同、合作，开辟专题、专栏、专刊发布农业信息。各县、乡农业部门利用农村科技大集、送科技下乡、农村集市、黑板报、农村有线广播等多种有效形式，传播有效农业信息。以逐步解决农业信息进村入户这“最后一公里”的问题。

4. 开展万户农业信息机工程。“江苏农业网”农业信息机工程开展了信息发布平台建设、人员招聘培训、40多名兼职信息员的培训考核、信息机的定制、发放及全省范围的信号测试等工作。10000台农业信息机已向农民经纪人、种养（植）大户发放，省农业信息中心和联通江苏分公司每天通过农业信息机发布农业信息。

农业信息机信息发布平台系统，可以通过江苏联通寻呼网实现全省13市的无缝隙覆盖，各地基站可以确保信息发布的稳定性和有效性，确保信息机用户能及时、正确、清晰地收到信号。同时信息机具有正常的人工、自动寻呼功能及集群寻呼功能，在省级平台上可以实现对市、县范围内用户的集群寻呼、管理及分权限发布信息。联通江苏分公司还为用户提供优质的售后服务和售后保障。

农业信息机设定了12个频道：其中，气象（提供全省十三个市的天气情况）、劳务（提供苏南各市、上海、广州、深圳等地的劳务市场需求行情）、股彩（股市行情、上证深证实时指数、体育福利彩票中奖号码），由联通公司负责；农产品价格行情、供求信息1至2、新闻发布、合作项目、市场动态，农业常识等由省农业信息中心负责。

【信息技术应用】

各地以个人电脑服务器为主，以Windows2000 srv为操作平台，以SQL2000数据库等为后台支撑，建立100兆或1000兆以太网为局域网，以ISDN、ADSL、DDN等光纤专线联接到通讯单位。以ASP、PHP服务器端编程语言，支持数据库、网页运行。

【典型推广】

在全省农业信息化建设中，充分发挥农业信息引导功能，强化农产品市场信息的收集、发布，开展农业信息分析预测，为农民增收、农业增效服务，为农业、农村经济产业结构战略性调整服务，强调县级农业信息化建设重在为农民服务的总要求。深入推广仪征市、丰县等农业部门农业网站和局域网建设、招商引资及供求信息发布等成功经验；推广六合、通州等农业部门建立农业信息服务专线电话为农民服务、为社会服务的经验；推广南京市等农业部门成功开发办公自动化系统的做法；推广盐城市等农业部门促进农业信息服务产业化等经验和做法；推广泰州市等农业部门着力促进乡镇农技部门上网的成功经验；推广沭阳县新河镇农民自费上网，成功开展网上花卉苗木等交易的先进典型，以推进江苏省农业信息进村入户工程和千家万户工程的实施。

【主要业绩或成果】

（一）开拓创新　初步建立起了覆盖全省、在全国领先的农业信息网络体系

1. 连续二年超额完成县级农业网站的工作目标。2000、2001年全省县级农业网站的建设任务都是20个，但每年都完成了32个县级农业网站建设。同时，在没有市级农业网站专项经费的情况下，挤出部分县级农业网站资金支持市级农业网站建设，二年分别完成了10个、3个市级农业网站建设。目前，全省13个市级农业网站建设全部完成。

2. 乡镇农技部门上网工作，取得很大进展。至2001年底，全省有600多家上了网。

3. 加大网络延伸的力度。省内30多家主要农副产品批发市场与江苏农业网联网，实现了鲜活农产品价格每天报送、发布及每周报送和发布1000多个农产品行情的主要方式。近千家农业企业、种养大户、农民经纪人上了网。

4. 农业信息培训工作有了较大的进展。2000、2001年，市县二级纷纷举办了农业信息培训工作，分别培训了3500和12700多人。这项工作，各地十分重视。如宿迁市委对县、乡分管农业的领导干部都进行了农业信息化知识培训，泰州所属各市县、徐州市丰县等地多次组织对农技干部、农民经纪人等进行上网培训。

（二）与时俱进　初步探索了适合江苏省实际的农业信息资源建设路子

省、市、县三级农业信息集散中心正在形成。省、市、县农业部门以农业网站建设为契机，加快了农业信息资源建设，加大了市场信息、供求信息、科技信息、政务信息、经济信息等的收集、整理、分析和发布工作力度，农业信息资源建设水平有了明显的提高，正成为广泛收集和传播农业信息的第四媒体。

1.“江苏农业网”资源建设有了新发展。为了提高江苏农业网站的发布效率，对网上栏目进行了更新，进一步强化了信息发布职责。目前开设的栏目有“农业新闻”、“实用科技”、“分析预测”、“农业论坛”、“结构调整”、“特色农业”、“电子公告”等。其中“农业新闻”栏每日更新，两年已更新近5000条。其它栏目是经常性更新。“分析预测”、“农业论坛”、“结构调整”栏两年分别更新了近800、230、450条。“实用科技”栏中实用科技信息已更新至12300多条。网站访问率也明显提高。

2.“农产品大市场”建设初见成效。根据省委李源潮副书记的指示，2001年信息中心把网上“农产品大市场”作为一项重要工作来抓。一是资源建设。已收集了6000个大户、200多家涉农企业、基地、1500个农产品进出口企业的资料上网。二是已经申请网站域名：www.jsagri.com.cn。三是初步设定了网站框架和栏目。栏目有：市场行情、供求热线、企业之窗、商贸合作、名优特产、市场动态、信息服务、在线大户、明星乡镇、江苏特色农产品推介等。

3.完成了“万户信息机”工程的发放使用工作。农业信息机的布线、平台建设、软件设计调试、人员招聘培训、兼职信息员的培训管理考核、信息机的定制、发放，全省范围的信号测试等前期工作已全部结束并开通。各地使用情况良好，促进了江苏省农产品市场信息的交流。

4.加强“江苏农业网”的内外网维护管理。2001年5、10月分别改造了江苏农业网的主页，其它网页的改造、规范工作也已结束；自行设计完善了初步的江苏农业网的发布系统；认真做好了厅内部局域网的管理，并为全厅所有用户提供了服务；做好了网站故障如交换机故障发生后的抢修恢复工作。

5.促进厅内信息上网工作。主动配合办公室、科教处、农业局、园艺处等单位，做好厅里会议、文件、材料的信息上网发布宣传工作，使厅内的重要工作或活动内容在江苏农业网上得以迅速传播；在厅领导的支持下，2001年召开了二次由有关处室负责人参加的信息上网检查会，使我厅优农中心、林业局、农展馆、常绿所及早上了网，畜牧局、土肥站、作栽站资源建设有了较大有进展。同时，信息中心及时做好技术支撑和服务工作。

6.强化农业信息分析预测工作。此项工作，信息中心较为重视，2001年上半年就组建了队伍开展工作，并在信息中心内部作了分工，较好地发挥了厅农业信息专家分析预测组的作用。到目前为止，已编发了《2001年我国农产品生产走势分析》、《江苏省油菜市场的供需情况分析》、《抓住机遇，发挥优势，提高江苏省小麦产业水平》、《当前棉花供求形势及应对措施》、《江苏省生猪市场形势分析与趋势预测》等10多篇分析预测性文章。每半月根据主要批发市场报送的行情，对我省农产品进行一次价格走势分析。同时，在江苏农业网发布了分析预测性文章400多篇。

通过二年来的工作，农业信息化建设成效日趋明显。一方面，农业信息在引导农业结构调整、开拓农产品市场、促进农民增收方面发挥了较好的作用。据统计，2000、2001年江苏省农产品网上交易额分别达7.7、12亿元以上，为江苏省农民增收发挥了应有的作用，并涌现了一批上网销售能人。另一方面是信息网络的建设和利用，对农业部门提高工作效率、转变职能，促进工作人员和广大农民拓宽视野、提高素质发挥了重要作用。农业信息网络已成为农业部门和基层广大农民群众信息发布的媒体，成为技术推广的载体，成为部门工作的抓手，成为农民致富的帮手，成为学习教育的大学校。

【重要措施和经验】

1.加强领导。农业信息化工作是一项开创性的工作，又是各级党政领导特别关心，农村基层干部和农民迫切需要的工作。任务重、困难多，各地增强了紧迫感、使命感、责任感。各级农业部门加强领导，精心筹划，抓紧组织实施。各市县农业部门主要负责同志亲自抓农业信息化工作，分管领导集中精力抓，加强指导，搞好协调。成立工作小组，明确人员，明确任务，明确职责，确保有足够的人员、足够的精力和时间做好这项工作。各市积极争取各级党委、政府对农业信息化工作的支持；制定了信息化工作的具体实施方案，排出工作日程。

2.狠抓资金落实。各市在抓紧做好2001年信息化建设重点任务的落实工作时，抓好建设资金的落实。通过向同级财政要一点、部门筹一点、引导农民出一点、省里补一点的办法，解决建设资金。

3. 抓好人才队伍建设。各级农业部门建立农业信息化建设工作班子，利用这次机构改革的契机，在原有人员中选调工作责任较强、计算机网络操作运用水平较高的同志来具体做好这项工作。增加农业信息工作人员的数量，不断提高队伍质量。各地结合实际情况，有针对性地开展计算机网络（网站管理）、农业信息分析预测等培训工作。对各县、乡镇农技部门在广泛普及、提高农业信息化教育和计算机操作水平的基础上，加强对重点岗位人员的培训教育，使他们成为既懂农业又懂信息的复合型人才，从而建立起一支信息快速反应队伍。积极引进农业信息化急需人才和高级人才，进一步发展壮大人才队伍。

4. 强化指导。农业信息化建设是一项崭新的工作，没有现成的模式可以参照，为最大限度地发挥、利用农业信息的价值，各级农业部门根据不同阶段不同的信息需求，调整农业信息的工作目标和工作方向，强化对本系统信息工作的指导。对工作中遇到的新情况、新问题，及时研究，提出解决办法，发现薄弱环节及时采取措施。

【存在问题和解决问题的思路】

虽然近年来江苏省农业信息工作取得了较好的成效，但必须清醒地认识到，目前农业信息网络体系还需要健全完善，农业信息服务还没有大的突破，在促进农业增效、农民增收方面的作用还有待进一步发挥。农业信息化的进程仅迈出了第一步，今后的路程还很长，任务还很艰巨。

当前制约农业信息服务和农业信息化成效发挥的最主要因素是农业信息资源建设特别是农产品信息资源建设水平较低，不能很好地满足形势发展的需要。因此，2002年全省农业部门要把全面推进农产品信息上网作为农业信息工作的重点，切实抓紧抓好。

【2002年“发展目标”】

2002年农业信息化建设的主要目标是：全力推进农产品信息上网。

近几年来，江苏省建立了覆盖全省、全国领先的农业信息网络体系，省厅根据省委、省政府的要求，建设了网上农产品大市场和万户信息机工程，这使江苏省具备了开展农产品信息上网的基本条件。在这种情况下，应审时度势，发挥优势，及时把江苏省农业信息化建设的工作重点由注重信息网络体系建设转移到注重信息资源建设和信息服务上来，转移到全面推进农产品信息上网工作上来。

当前，由于我国加入WTO，农产品市场形势更趋复杂，江苏省农产品生产经营面临新的机遇和挑战，如何开拓国际国内两个市场，促进江苏省农产品销售，是当前需要关注的大事。

——实施农产品信息上网，可以打破农产品销售受时空限制的格局，有利于拓展农产品销售市场；可以有效克服农产品流通上信息闭塞、位置偏僻、无实力进行宣传等一系列问题，利用网络，广泛、形象、生动地发布农产品信息，展示其品质和发展前景，扩大江苏省农产品的知名度，提高江苏省农产品在国内外市场上的竞争力，促进农产品销售方式的变革。

——实施农产品信息上网，可以促进招商引资，加速“三资”进入农业，为农业发展增添后劲。同时，有利于改善农产品进出口结构和市场环境，加快江苏省农业对外开放步伐。

——实施农产品信息上网，是信息技术在农业上的应用创新，可以逐步推进网上订单农业的发展，实现较大规模农产品数额配送，增强网上销售能力，加快农业信息服务产业化进程，为江苏“数字农业”打下基础。

——实施农产品信息上网，是农业部门由为农业生产服务转向为农产品流通服务的重要工作内容。

因此，实施农产品信息上网，是当前农业信息工作促进农业增效、农民增收的有效手段和重要举措，是农业部门改善工作手段，改进工作方法，提高工作效率的重要措施，对完成农业、农村经济中心工作和各项重点任务都具有重要的现实意义和深远影响。

【主要任务】

农产品信息上网是一项长期而艰巨的任务，它涉及的领域较广、内容较多，需要做的事也很多。为早出成效、多出成效，当前，急需针对市场要求，明确重点，集中力量，扎实推进。2002年实施“51115”信息上网行动计划，即全省要有50000条农产品供求信息、1000条名特优新农产品生产信息、1000条农产品加工企业信息、1000条农产品招商引资信息、500条农产品市场分析预测信息上网。

1. 抓好农产品供求信息上网。从实际情况来看，农产品供求信息上网是促进农产品流通较为有效的途径，也最易在农民增收方面取得实际效果。各级农业部门尤其是县乡农业部门同志必须深入城镇乡村、田间地头、市场企业等，与农民经纪人、合作经济组织、种养大户、农业企业及与批发市场、重点消费单位（宾馆、院校）等保持经常性的联系，广泛收集农产品供求信息上网发布。确保完成全年50000条农产品供求信息上网。

2. 抓好名特优新农产品生产信息上网。名特优新农产品是今后市场消费的热点，是农业产业化的重点。抓好名特优新农产品的生产信息上网，不仅可以向社会推介产品，扩大产品销售，而且可以通过数据库建立，为名特优新农产品数字化配送及实现市场经济条件下的有计划生产打下基础。2002年，重点是将各地特色农产品，无公害生产基地、科技开发园区、新品种的生产信息上网，确保完成全年1000条名特优新农产品信息上网。

3. 抓好农产品加工企业信息上网。这对江苏省经过加工后的农产品和食品拓展市场、扩大出口有较为直接的作用。国家和省级龙头企业以及各市县农产品加工企业，都要把产品上网作为营销工作的重要内容，省、市、县农业部门要做好组织、督促工作，确保2002年1000条加工企业信息上网任务的完成。

4. 抓好农产品招商引资项目信息上网。这是引导“三资”进入农业、促进江苏省外向型农业发展的一个重要途径。省、市、县农业部门的招商引资项目，都要开辟专页，摘编上网，把招商引资的项目库搬到网上去，全年1000条招商项目信息上网的任务也要确保完成。

5. 抓好重点农产品市场分析预测信息上网。加大农产品信息分析发布力度，是国际通行的政府支持农业的重要途径之一，亦是今后农业部门不可推卸的职责。各地要根据国内外农产品政策、市场变化情况，针对当地主要农产品和特色农产品做好经常性的市场分析预测工作，并逐步制定出主要农产品供需平衡表。考虑到分析预测工作的难度和要求较高，2002年确定500条信息上网的任务一定要完成。

通过开展农产品信息上网活动，2002年要初步建立起江苏农产品信息数据库，使江苏省农产品网上销售水平有一个明显的提高，实现2002年各县（市）农产品网上销售平均达2000万元以上、全省农产品网上销售达16亿元以上、网上农产品招商引资有起色、网上订单农业有突破的目标。

【主要措施】

全面推进农产品信息上网，是加快江苏省农业产业化、现代化进程的一项长期的基础性工作，任务很重、难度很大，各级农业部门对此要有清醒的认识，要真正把江苏省农产品信息上网工作摆上重要议事日程，加强领导，广泛发动，精心组织，采取措施，务求实效。

一要加强组织领导。农产品信息上网是涉及农业部门内部各方面的一项工作，仅靠农业网站或信息中心的同志是难以做好的。因此，市、县农业部门的一把手要亲自抓，分管局长要具体抓；要配强配齐各市县农业网站或信息中心工作人员力量，各市、县专搞信息的起码要有2-3人，有条件的要争取建信息中心。

二要制定工作规划。一是确定工作内容。结合本地实际情况，确定2002年要上网的农产品信息的具体内容；二是确定工作进度。要根据任务的轻重缓急，统筹安排、分段落实；三是明确工作责任。各市要将任务及早分解到县（市、区），市县要将工作任务分解到人、责任到人、扎实推进。

三要确保经费投入。农产品信息上网是一项利国利民的社会公益性事业，是农业部门一项重要的基本建设，各地要按照省政府信息化建设规划纲要中“各市、县都要安排一定数量的资金用于信息化建设”的要求，要把农产品信息上网工作经费纳入到部门的正常预算中去，2002年要着重解决农产品信息上网的活动经费和设备经费。要积极争取各级政府的重视，取得同级财政、计划等部门的支持，积极筹措资金。

四要进一步完善农业信息网络基础设施建设。市、县网络建设已经完成的要按机构改革后的情况，抓紧整合，提高完善。少数没有完成的，要抓紧建成。2002年溧阳、昆山、建湖、邗江、句容、泗洪必须完成县级农业网站建设，实现省农业信息网与所有县联网。这不仅是省委省政府的要求，更是实施农产品信息上网的必要条件，2002年要求这几个县（市）在5月份之前要报送农业网站建设规划，经厅信息中心审定后实施，力争在10月份之前完成网站硬件建设任务，年底前全面完成农业网站建设。江宁、高邮、江都、泗阳及一些县（市、区）农业网站，要抓紧完成或完善局域网的建设。要强化现有各级农业网站建设，特别要在信息资源建设、提升网站信息的发布和服务功能上多做文章。积极推进乡镇农技部门上网。2002年苏北要有70%、苏中要有80%、苏南要有90%的乡镇农技部门上网，以确保全省有80%以上的乡镇农技部门上网。积极引导用户上网，这是今后农业信息工作的一项重要内容。各地要通过典型宣传，激发种养大户、合作组织、批发市场、示范园区、生产基地、农业企业、营销大户上网的热情，引导他们运用现代化手段获得信息，取得效益。在有条件的地方，还可通过采取上网补贴、免费培训等办法，加速农户上网速度。省、市、县三级农业部门都要加快培养自己的电脑网络专家、信息专家，以确保满足顺利运转和应用培训的需要。

五要加大宣传力度。各市、县农业部门要向党委政府分管领导汇报，要向农业系统全体同志宣传农产品上网这项工作的现实意义。要利用传统媒体和农业网站，向全社会宣传农产品信息上网的积极作用。要十分注重农产品信息上网典型事例的宣传，让各级领导、社会各界、广大农民群众了解农产品信息上网的现实作用。农业部门要上下共造声势，营造农产品信息上网的良好氛围。

六要加大考核力度。厅里将对各地工作进展情况进行阶段性检查和通报，2002年底将对各市工作情况进行考核，并准备拿出部分经费进行奖励。各市农业部门要在5月底前向厅里报送全市农产品信息上网的工作规划。在工作规划的实施过程中，市县农业部门要及时了解和掌握工作进度，加强检查、督促和指导。为更好地促进农产品信息上网活动的开展，各地可根据实际情况，围绕“比上网信息数量和质量，比农产品网上销售数量和金额，比分析预测信息的作用”这一目标，开展一些农产品信息上网竞赛活动，以利于激发热情，总结经验，提高水平。

七要充分发挥农业信息机的作用。农业信息机是江苏农业网的一个重要部分，也是农产品信息上网的有效载体，各级要注重运用，发挥作用。厅信息中心应针对市场需求，不断调整信息发布内容，加大农产品信息的发布，提高发布信息的数量和质量。各地要根据实际情况，加强与联通的合作，应采取多种办法，用市场化手段发展农业信息机用户，扩大农业信息机的使用效果；应充分利用信息机的功能，着重加强地方信息的群呼发布，不断提高农业信息机的使用效果。

八要共同办好网上江苏农产品大市场。这几年江苏省投入相当部分资金建起了网站体系，要充分利用这个基础设施和资源优势，逐步形成信息产业。江苏农产品大市场虽是无形市场，但要当作有形市场来办，实行公司化市场运作。要发挥各方力量，市县共办，联合经营，逐步发展。

（邓磊）

江苏省水利信息化发展概况

【基本概况】

江苏水利从“九五”期间开始水利信息化的探索和实践，到目前累计专项投资已超过2亿元。水利信息化建设的总体思路是广泛应用信息技术，有效开发利用信息资源，建设先进的信息基础设施，建成全省水利信息采集处理系统、防汛指挥系统、水资源优化调度系统、重点水利工程监控系统和水利工作指挥决策系统，为防汛指挥、水资源优化配置、水利工程监控、水环境保护和行政决策等工作提供基础信息和决策支持，促进水利工作科学化、规范化、现代化。

2001年，是实施“以水利信息化带动水利现代化”重要战略举措，全面启动水利信息化建设的第一年。至2001年底，全省水利信息基础设施骨干框架已经形成，水情测报、防汛指挥、办公自动化系统已发挥效益。在水情信息采集方面，实现了241个向省以上报汛站、37个大中型水库水位、雨量、流量、闸位的自动采集、传输，其中331个向省以上报汛站的自动测报率可达到73%；信息传输网络方面实现了省水利厅与13个市水利局、8个厅属管理处、2个设计院、10个市水文局的光纤联网，形成了统一的信息网络平台，全省60%的县已与省骨干网相联；闸站监控方面实现江水北调一线江都二站、江都四站和运东闸的自动监控；正在建设淮安一站、淮阴二站和三河闸自动监控系统；应用系统建设方面建成了省厅、13个市水利局、8个厅属管理处的视频会议系统和防汛信息网站，建成了淮河和沂沭河两个流域、6座大型水库和3座中型水库的洪水预报调度系统，完成洪涝灾害统计分析、防汛物资管理等防汛决策支持软件开发；省厅的办公自动化系统投入试运行；起步实施了苏北地区水资源配置监控调度系统。同时，编制完成长江河道监测管理系统工程可行性研究报告，工程分为长江基础信息系统和长江动态监测与模拟两个分项工程；初步完成了太湖流域水利信息化规划。

各地水利（务）部门和厅直单位都加大了信息化建设力度，多渠道筹集资金，加强信息化基础设施建设和防汛决策、水资源管理、工程自动监控等应用系统开发，有效提高了工作效率和决策水平。

【组织机构】

为了加强江苏水利信息化工作的领导，加快全省水利信息化工作的步伐，2001年2月，江苏省水利厅成立了“江苏省水利信息化工作领导小组”，负责全省水利信息化工作。领导小组下设办公室，负责信息化建设的日常工作。

【工作部署】

围绕水利现代化建设目标，年初的全省水利科技工作会议上，明确提出“以信息化为先导，推动水利现代化建设”，要以先进的信息技术改造传统的水利产业，促进传统水利的技术升级，以信息化带动现代化。“十五”期间，将按照水利信息化“十五”规划纲要，重点抓好信息资源建设、水利数据库建设、信息网络建设及应用系统建设。基本建立水利信息资源采集处理系统、水资源优化配置系统、重点水利工程监控调度系统及全省防汛防旱和各项工作的决策支持系统。

在全省水利科技会上对2001年的信息化建设作了部署。一是抓好信息资源的规范化建设；二是初步建成水利政务、水资源、水环境等重要水利专业基础数据库；三是进一步完善全省水利信息网络，一半以上的县水利局要实现和省骨干网联网；四是加快开展重点信息应用系统建设；五是扩大水利信息公众服务，办好江苏水利网站和水利物资网站。

【主要活动】

受水利部委托，江苏省水利厅于2001年4月19日至20日在南京承办了全国水资源实时监控系统技术研讨会。会上部分流域机构、省厅的技术负责人对各自实施的水资源监控项目作了详细介绍，并与大家深入探讨了技术发展线路，会场研讨气氛热烈。

水利部张基尧副部长出席会议并作重要讲话。他强调指出，水利现代化首先是水资源调控现代化，实现水资源的优化配置，是水利现代化的主要目标。应用先进的科技手段，对水资源进行实时监控和优化配置，是现代水资源管理的发展方向，只能也必须采用现代化的手段，应用信息技术、计算机技术、人工智能等技术，建立水资源实时监控系统，实现水资源管理的信息化，才能解决复杂的资源配置问题，也是水行政主管部门实现政府职能转变，提高决策水平的需要。

在此次研讨会上，水利部提出建设水资源实时监控系统的基本目标是，以信息技术和现代水资源管理理论为基础，以计算机技术为依托，对流域或区域的水资源实时监测、优化配置和科学调度，以远程自动控制技术为依托，对流域或区域的重要水利工程进行控制操作。该系统的核心是实现水资源的优化配置，保障水资源的可持续利用，并以水资源的可持续利用，支撑社会经济的可持续发展。为确保以上目标的实现，在建设水资源实时监控系统时，要统一规划、分步实施、试点示范、全面推进；要坚持先进性与适用性结合，注重高新技术的应用，力求工作高起点；要积极借鉴国外成功经验，注重引进与自主开发结合；要充分利用已有工作基础和相关行业的信息资源，建立规范的信息库，实现优势互补、资源共享；要紧密结合生产实际、重视发挥科研院校的优势；要建立良好的管理机制和制度。建设中应突出五个特点。一是要以水资源的实时监测为基础；二是要以地理信息系统为框架；三是要以数学模型和决策系统为支撑；四是要以高新技术为手段；五是要因地制宜，针对不同流域，不同地区的经济发展水平及基础设施状况，使系统的设置具有不同特点。

【主要工程】

1. 苏北地区水资源配置监控调度系统工程

先实施一期工程，本期工程又分两步实施。其中一步工程投资3673万元，分为信息采集、监测监控、通信网络、软件配置4个系统，并成立相应的项目部。2001年主要进行了项目的招标文件编制工作，以及对该项目中技术难度大、实施精度要求高的有关设备、软件模型，编制了4项引进国际先进科学技术可行性研究报告向水利部进行了申报，并已通过了技术审查。

2. 江海堤防达标防汛指挥系统工程

该项目总投资3510万元，分为信息采集、水文设施、通信、计算机网络、视频会议、决策支持等6个系统，其中通信、计算机网络和视频会议3个系统已经完成；信息采集系统完成水情中心计算机设备调试，遥测系统进入现场安装，整个系统即将完成；水文设施完成无锡、镇江水情分中心以及南京水文自记台的建设，已购置部分仪器设备，完成任务占总投资的72%；决策支持系统完成总投资的65%，硬件已基本完成，软件方面进一步完善了水雨情查询系统、防汛WWW信息服务系统等。

3. 泰州引江河防汛指挥系统工程

该项目总投资1190万元，分为信息采集、通信、计算机网络、决策支持等4个系统，已经全部完成，正进行全面测试和竣工验收准备工作。

4. 徐州、连云港水情信息采集系统示范区工程

该工程投资725万元，2001年8月基本完成了项目建设内容，9月初通过省水利厅组织的预验收，10月份此项工程全部完成。

5. 太湖大堤通信水文监测

该项目分为通信监测工程和水文水质监测设施两部分，通信监测工程分为计算机网络、监测、通信和软件开发4个分项工程，2001年完成了计算机网络和通信系统，其余项目正按计划实施。

6. 太湖地区水质自动监测系统

该项目列入水利部引进国际先进科学技术计划，主要引进美国先进的水质自动监测技术和设备，2001年开展了方案制定、设备比选引进及技术人员境外培训工作。

7. 水库调度现代化

已完成37座大中型水库的水、雨情自动测报系统，其中有6座大型水库和3座中型水库建成了洪水预报调度系统，在石梁河、沙河、大溪3座大型水库还建立了大坝安全监测系统、闸门自动控制系统、电视监测系统等。

8. 防汛视频会议系统

2001年上半年完成了设备的安装和调试，并

于汛前投入了试运行。通过视频会议系统，省厅已多次组织13个市水利局和8个厅属管理处召开电视电话会议，系统运行稳定。

9. 水利基础数据库

将全省水利工作分为水文、水资源、水环境、水利建设等14类，2001年主要进行了14类数据库的总体设计及其中6类数据库的详细设计工作，厅信息化工作领导小组办公室组织有关处室对设计报告的信息分类、信息类描述等进行多次讨论，对近9000个信息项基本达成了共识。

【信息技术应用】

信息技术的应用，深刻影响水利行业各方面工作，正改变传统的工作模式，随着应用系统的不断开发，水利工程效益、工作效率和决策水平正逐步提高，也突出体现在勘测设计方面。勘探试验全过程实现了信息化处理，数据可自动采集；测量手段和方法，发生根本性变化，正向地图数字化方向发展，全站仪逐渐取代了经纬仪和测距仪，电子平板取代了大平板和小平板，电子手薄取代了手写手薄，GPS代替了传统的各种控制测量，航测全数字测量代替了传统航测，同时，GPS的RTK技术在水下测量已成功应用；规划设计中引进和自主开发各类CAD应用软件、概预算软件等，实现计算机出图率100%，极大地提高了工作效率和工作质量。

【主要措施】

信息化建设技术新、发展快且全局性强，省水利厅强调首先要在思路创新上突破，强化效益意识、全局意识和创新意识，统筹规划，做到建设与应用并重、硬件与软件并重；重点加强应用系统建设，着力开发一批先进实用、功能强大的应用软件系统，加强已建系统的集成整合，并适应信息技术发展的要求；对工作中各类信息资源进行科学分类组合，建设统一数据平台，水利信息化建设是一项全局性的工作，必须做到信息平台统一、技术标准统一。二是强化建设管理，加强对水利信息化工作领导，及时协调解决信息化建设中的有关问题。三是完善人才培养机制，推进水利信息化建设。人才是关键，通过建立有效的人才引进和培养机制，以适应信息化的建设、管理和推广应用的要求，将加大信息化培训力度，培养一批懂业务、善管理的信息化人才，为全省实现水利信息化目标做好人才支撑。全省水利通过广泛应用信息技术，将改变传统管理模式，真正实现水利工程效益升级、水利工作效率和决策水平提高。

【2002年发展目标】

2002年，全省水利将围绕“数字江苏水利”目标，立足高标准、高起点进一步修订完善信息化规划，并投资7000多万元，继续完善信息采集设施，加强应用系统的开发。将实现向省以上报汛站的自动测报率达到83%；推动市县网络建设，实现90%的县局与省骨干网联网；完成太湖大堤通信监测工程、水文水质监测工程，并与原太湖遥测系统、流域内水库遥测系统的整合；初步建成6个水利基础数据库，为各项应用系统提供共用数据平台；同时对已建各类水情信息采集系统在统一信息网络平台上进行全面整合，充分发挥已建系统的作用，形成比较完善的水雨工情测报、分析、显示系统。在应用系统建设方面，全面启动建设苏北地区水资源配置监控调度系统工程，力争汛情初步建成一期一步工程并投入试运行，形成现代供水调度系统的雏形，下半年启动实施一期二步工程；对已建的防汛指挥决策支持系统进行整合、充实、完善，达到预定的调度指挥决策支持系统；起步建设长江河道管理系统，实施有关数据库的建设和管理、查询等系统开发，完成1：10000和局部水下1：2000数字地图的制作，进行动态监测和模拟系统研究；进一步完善厅办公自动化系统，重点解决业务部门日常工作的计算机化，除完善公文处理外，建立各类报表和业务管理的统计分析，并逐步向市水利局、厅直单位推广。

（周钧）

江苏省物价管理信息化发展概况

2001年，江苏省物价管理信息工作紧密围绕物价工作中心任务，在各级物价部门的正确领导和中国价格信息中心的大力指导下，按照年初制定的工作目标，全面贯彻落实全局办信息、全系统办信息的方针，面对挑战，迎难而上，在价格监测、开发信息资源、拓展计算机网络、编辑出版价格刊物等方面取得了较明显的成绩，物价工作的服务职能得到明显增强，为全省的物价工作和经济发展作出了积极的贡献。

【价格监测工作】

2001年5月22日，经省编办批准，“江苏省价格监测中心”正式成立，该中心与江苏省价格信息中心两块牌子，一套班子，赋予了物价管理信息工作新的重要职能。江苏省价格监测中心的主要职责是：承担全省动态价格监测工作，统计、汇总价格监测数据，进行价格水平及趋势分析；在重要商品及服务价格发生显著变化时，向有关领导机关提出价格政策建议；发布价格总水平波动预警、预报；指导市、县（区）价格主管部门的价格监测工作；承担国家计委下达的价格监测任务。

开展监测工作，及时报告重要商品和服务价格变动情况，为政府经济决策提供依据，是《价格法》赋予物价部门的重要职能，也是在社会主义市场经济条件下，物价部门转变工作职能的重要体现。2001年，江苏省各级物价部门充分认识到价格监测工作的重要性，加强了对监测工作的领导，采取积极有效的措施，较好地完成了价格监测任务。

（一）按质按量完成国家计委下达的价格监测任务

江苏省承担重要商品价格监测任务的南京、徐州、南通、扬州、苏州五市，全年共完成了33786条监测数据的采集、整理、审核、上报工作，数据的上报率达到90.1%，名列全国第二。各地对上报的数据进行仔细审核，实现了无疑问数据和错误数据，严格按照规定的时间，及时上报。从事监测工作的同志，认真学习《全国价格监测报告制度》和《江苏省价格监测制度》，学习计算机操作知识，发扬不怕困难、恪尽职守、务实工作的精神，圆满地完成了国家计委下达的重要商品价格监测任务。在中国价格信息中心组织的考核评比中，江苏省及上述五市均被评为全国价格监测工作先进单位。徐州市价格信息中心的监测文字分析资料内容详实，语言生动，多次被中央办、国办采用，为各级领导掌握市场动态，科学决策提供了重要参考依据，使价格监测工作成为徐州市小有名气的“拳头”产品。

（二）组织开展药品价格监测工作

2001年，国家计委下发了《药品价格监测办法》，在全国范围内开展药品价格监测工作。根据国家计委的要求，江苏省及时召开药品价格监测会议，印发了《江苏省药品价格监测办法》，布置药价监测点，培训监测人员。到目前为止，全省共有74家药品生产经销系统和医疗单位作为药品价格监测点，上报了31100条药品价格数据，形成了系统的药品价格监测网络和监测管理办法，为提高药品价格管理的科学性和时效性发挥了积极的作用。

（三）充实价格监测内容，改进和完善价格监测管理办法

2001年以来，根据物价形势和工作需要，江苏省价格监测品种逐步增加，监测方法逐步完善，监测质量不断提高。南京市局高度重视，专门研究价格监测工作，并提出明确的工作要求，加强对节假日市场的价格监测，在元旦、春节、“五一”、华商会、国庆等重大节日期间，深入市场调查，密切关注市场价格动态，在节前、节中、节后都及时向上级有关部门反映市场价格变动情况，分析价格变动趋势。为了提高价格监测的时效性和针对性，制定了《南京市计算机网络价格监测管理规定》，于2001年6月15日正式实施。徐州市局在完成国家计委、局布置的任务外，又独自

开展了农副产品、农业生产资料价格监测工作，先后召开了4次价格监测工作会议，学习制度，掌握方法，提高水平。南通市局从及时性、准确性、全面性、价格异常性说明及分析材料等5个方面对各监测点进行考核，为完成监测任务提供保证。

（四）注重分析预测，提高价格监测工作质量和水平

2001年，各地加大价格监测数据的分析力度，提高分析质量和预测水平。省价格信息中心加强对分析资料的审核和筛选工作，先后向国家计委上报了33篇监测分析文章。徐州市局关注市场动态，围绕社会热点跟踪调查，及时撰写分析报告41篇。南通市局通过电子触摸屏、公用信息网发布监测信息，全年完成分析材料26篇。南京市局全年上报各类文字分析资料153篇次，数量比上年同期增加了146%，受到了上级有关部门的重视和好评。

【价格网络建设】

2001年，全省各地物价部门为了适应信息化发展的需要，按照省政府提出的建设信息化大省的要求，加大投入，在政府上网工程、提高政府办公自动化水平、加强计算机网络建设等方面做了大量工作，取得了新的成绩。

常州市局根据政府信息化工作的要求和市场需求，依靠自身力量，开发建设了医药网、企业价格内审网、嘉信商务网和局域网，受国家计委有关部门的委托开发制作了中国房地产网和价格举报信息管理系统，受到了中国价格信息中心和国家计委检查司的认可。扬州市局狠抓商务网的建设，经过一年的精心筹备，于2001年5月28日正式开通了万佳网，目前，平均每日访问人数达1400人，被市信息化领导小组评为“扬州市专业网络建设示范工程”。泰州市局更新观念，加强对价格信息工作的领导，针对组建时间短、原有基础相对薄弱的状况，局领导亲自带队，到先进市取经学习，结合泰州实际，理清思路，加强对“一线、二网、五库”的建设，开通了泰州价格信息网，局域网的技术水平提高了一大步。宿迁市局明确信息中心作为信息化管理的职能部门，立足市情，以为农服务为中心，年内筹建了黄淮海农产品价格信息网，为本市农产品的流通提供帮助。南通市局创办紫琅商务网站，开设装饰天地、南通购房中心、建材大市场等栏目，受到企业和消费者的欢迎。镇江市局以镇江价格信息网为依托，充实完善了房地产价格网内容，通过调研提出了建设镇江医药价格信息网和旅游园林网的工作方案。无锡市局经过多方调研分析，从去年下半年起开始筹建无锡市医药价格信息网。连云港市局克服人员少的困难，因地制宜，完善连云港物价局互联网，增设了“网上商品房市场”。南京市局以开发精品信息源为突破口，大力开发市场信息资源，开通并试运行了南京市汽配价格信息网，调整改版了南京价格信息网和南京医药价格网。

江苏省价格信息中心以江苏医药价格网建设为重点，计算机网络建设取得新成绩。江苏医药价格网经过一年多的运行，在省物价局领导的高度重视下，在各市物价局的大力配合下，基本实现了开好头、起好步的目标。2001年，网站实行24小时开通，增加了药品生产质量管理规范（GMP）认证企业查询。江苏医药价格网在全国价格信息系统有了一定的知名度，已先后有福建、浙江、陕西、天津、广东等省市物价局专门派人来学习考察。

【价格信息服务】

2001年，全省各级价格信息机构紧密围绕政府经济工作和物价工作这个中心，以开拓创新的精神，面向政府、面向企业、面向消费者，服务政府求生存，开拓市场谋发展，开展了多方位的价格信息服务，取得了较好的社会效益和经济效益。

南京市价格信息中心为了给市政府和有关部门提供更快捷的信息服务，创办了《价格快递》。泰州市价格信息中心在电信部门的支持下，开通了168物价查询热线，创办了《价格信息快报》。扬州市价格信息中心与市政府采购中心一起，对市区经营办公耗材、印刷行业、汽修业投标单位进行实地考查，详细了解各家的经营状况、经营规模、人员配备等情况，做成专题报告，供采购中心决策。连云港市价格信息中心每月出一期《物价内参》，每周一期《物价纵横》，为上级领导和有关部门提供服务。盐城市价格信息中心推行了首问负责的价格咨询。盐城、宿迁等市局与电视台合作，开设栏目。南通、徐州、宿迁等市局通过与报纸定期合作的方式，宣传物价政策，传递价格信息，取得了较好的经济效益和社会效益。

【价格信息刊物】

2001年，市、县政府机构改革全面开展，江苏省范围内实施了大规模的撤乡并镇，市县物价机构进行了调整，人员变动较大，新人较多，清理整顿报刊发行也给信息刊物的发行带来了较大的负面影响。可以说，价格信息刊物的发行遇到了近几年少有的困难。但全省价格信息系统的同志们，紧紧依靠各级组织，发扬了勇于克服困难、不断开拓创新的精神，迎难而上，知难而进，采取有力措施，精心组织安排，使刊物的发行工作没有出现大幅度的滑坡，基本保持稳定。

《中华人民共和国物价公报》（以下简称《物价公报》）是各级政府价格主管部门贯彻《价格法》、《行政处罚法》的政策性刊物，办好《物价公报》是政府价格主管部门履行法定职责和工作程序的主要工作任务。江苏省价格信息中心主要负责承担《物价公报·江苏版》的编辑发行工作。2001年，在全省各级物价部门的大力支持下，编辑质量稳步上升，发行规模稳中求进，面向社会公布了大量的价格法规政策文件，成为社会各方面了解国家价格法规政策的重要媒体，出版工作取得了明显成效。全年按计划出刊12期，公布文件419篇，其中中央版200篇，地方版219篇。发行《物价公报》，是做好《物价公报》工作的重头戏。全省各级物价部门都把发行《物价公报》作为一项职能性的工作，作为贯彻《价格法》依法行政的重要举措，采取得力措施，想方设法，力争多发行。常州市局是《物价公报》工作的老先进，几年来积累了丰富的发行工作经验，2001年，继续把《物价公报》发行工作纳入各地各部门的年度目标责任制，加以考核。所辖武进、溧阳、新区、郊区、天宁区等局领导都亲自部署，抓好指标的落实，带头组织征订，去年全市超额完成了省局下达的发行指标。宿迁市局克服本市企业少、经济底子薄等实际困难，在局领导的安排下，紧紧依靠县区和局内各职能部门，完成了省局下达的发行指标。南通市局针对去年发行的实际困难，增加服务内容，凡订阅《物价公报》的订户，中心负责为其制作网页，通过南通物价网站发布，力争完成发行任务。扬州市局通过各种形式抓发行，成效明显。连云港市局召开县区负责人会议，分解发行指标，调整发行办法和奖励措施，改过去省市公报分别发行为合二为一的方法，以一张订单的形式，减少了征订人员和订户的工作量，全年实际征订数超上年。镇江市局针对《物价公报》发行，年初下任务作考核，年中抓进度，年底抓落实，发行周期结束前一个月内，信息中心每周将各部门的征订情况向局长汇报和各部门通报，调动各方的积极性。徐州市局将发行责任明确到部门和个人，采取种种办法发行了3463份。常熟市局《物价公报》发行工作常抓不懈，基本完成任务。通过全省上下的共同努力，2001年全省《物价公报》发行29300份，基本上达到了预期目标。

此外，各市信息刊物特色鲜明，规模稳定。江苏省大多数市都创办了各种形式的综合性和专业性价格信息刊物，各具特色，各有市场。《苏州价格信息》是该市的一个传统信息产品，地方特色鲜明。淮安市价格信息中心与《淮海晚报》社联办《价格与市场》专版，每半月四版，面向社会公开发行，数量达5万份，扩大了物价政策和物价工作的宣传面。盐城市局在办好《盐城价格信息》的基础上，增加了医药、交通、驾培、餐饮、建材五个专版的栏目，内容也较上年有新的突破和发展。扬州市局集中力量办好《市场价格信息》，对旅游、房地产、装潢材料、涉农工作等方面开辟专版，发布信息，增加刊物的可读性。

【价格理论刊物】

2000年11月，省物价局机构改革，原来属省价格研究所的《江苏物价》编辑部并入省价格信息中心。《江苏物价》杂志是由省物价局于1987年创办的面向国内外公开发行的专业理论性刊物（月刊，大16开本），其办刊宗旨是“宣传物价方针，研究价格理论，传递价格信息，交流工作经验”，创刊15年来，为宣传价格改革和指导企业定价起到了积极的舆论导向作用。《江苏物价》是江苏省经济类优秀期刊，在价格领域具有权威性。

2001年，《江苏物价》杂志紧紧围绕江苏省经济工作和物价工作中心任务，在省物价局、杂志编委会的直接领导下，在各市、县物价局的大力支持和积极参与下，较圆满地完成了既定目标。

发行任务完成较好。2001年《江苏物价》的实际订数为4350份，比计划发行的4000份基数略高，但与上年相比，发行量减少27%，其中原因主要是市、县机构改革和撤乡并镇等多方面因素的影响。从发行数量上看，徐州、南通、镇江、扬州、苏州、常熟等市局完成情况较好，个别市局由于部门衔接问题，没有安排专人负责，发数量锐减，拖了全省发行工作的后腿。

组稿情况比较理想。编辑部全年共收到来稿662篇，实用稿件238篇，用稿率为36%。从稿件质量看，各地能够根据本市（县）的实际工作，联系社会关注的价格热点问题，每期都能推出几篇具有典型意义的文章，总体质量较上年有所提高。为贯彻落实"江苏省治理整顿市场价格秩序会议"和在宁召开的"全国经济涉农价格和收费工作会议"精神，《江苏物价》还在第6、第7期上刊发了有关领导的讲话、图片和工作意见，对指导全省价格工作起到了促进作用。

编辑出版质量不断提高。《江苏物价》承接上年图文并茂的特点，在广告制作、版面设计、内页配图、标题制作等方面花了不少功夫，受到广大读者和省新闻出版局报刊处的好评。

广告筹集实现了突破。上半年《江苏物价》广告一度出现危机，编辑部及时与有关市县联系沟通，加大工作力度，使各市广告任务按时上报，保证了杂志的正常出刊。与此同时，编辑部在广告筹集上从二季度起实施市场化运作，一方面继续实行省市联办，另一方面实现广告代理制度，借用社会上广告公司的力量，拿出一部分杂志内页作插页广告，既提高了《江苏物价》在社会上的知名度，又增加了杂志的经济效益。

【2002年的总体要求和工作任务】

总结回顾2001年江苏省物价信息管理工作，可以发现还存在着一些问题：一是信息工作如何更好地服务政府、开拓市场的路子还不多，缺乏勇闯敢干的劲头。二是全系统、全局办信息的思想还需要进一步统一和沟通。从系统看，信息工作发展还不平衡。三是价格信息从业人员的素质还不能完全适应信息产业发展的要求，缺乏高素质的专业人才、管理人才和市场经营人才。

2002年，江苏省价格信息工作总体要求是：紧紧围绕物价工作中心任务，充分发挥价格信息的监测、预警、发布、服务职能，以价格监测为突破口，积极开拓价格信息工作新领域；以计算机网络建设为重点，努力提高信息服务水平；以信息刊物为主要载体，稳步扩大信息服务的范围。依托行政职能，面向市场谋求发展，力争在信息服务的内容和质量上有新突破，实现全系统价格信息服务的社会效益和经济效益双丰收。

（一）以价格监测为突破口，开拓价格信息工作新领域

建立价格监测制度，开展价格监测工作，是价格信息工作的一项重要职能，也是物价部门实现"定规则、当裁判"职能的一项基础性工作。要认真贯彻落实国家计委下达的《全国价格监测报告制度》和《江苏省价格监测制度》，充分认识价格监测工作的重要性，切实履行好价格监测职能，进一步提高监测工作的质量和效率。2002年，全省要把价格监测工作作为价格信息工作的重点来抓，力争有一个较大的突破，为价格信息工作开辟新的工作领域。一是以价格信息系统的职能转变为契机，建立健全价格监测工作网络。为了保证价格监测任务的落实，国家计委和省局相继成立了价格监测中心，这是国家计委和省局加强价格监测工作的一项重要措施。各市要以此为契机，争取政府的支持，认真落实机构、人员，县级要明确专人负责，合理布置采价点，建立健全价格监测网络，从组织、机构、人员、经费上保证价格监测任务的开展。二是按照国家和省局统一部署，认真完成国家计委和省局布置的各项价格监测任务。2002年省价格监测中心正式运转，承担全省价格监测任务，省中心和各市局应以积极的态度、有效的措施、扎实的工作，完成好全省价格监测任务。三是重点加强监测数据的分析，努力为领导决策和社会服务。要紧紧抓住社会上的热点问题和影响价格变动的因素，搞好预警预报，及时为领导和社会提供一批有价值、有份量的价格监测分析报告，为政府调控宏观经济提供依据。五是有关市县价格信息部门要督促做好中国价格信息网基本网员户企业和全省批发市场的报价工作，按时上报信息，巩固上报率，提高准确性。六是强化价格监测制度建设，实现价格监测水平的提高。根据《江苏省价格监测制度》，针对江苏省价格监测工作的实际情况，制定一系列的工作责任制，包括价格监测报告制度、价格监测分析制度以及价格监测考核制度等，为全省做好价格监测工作提供有效的制度保障。

（二）以计算机网络建设为重点，提高信息服务的水平

1. 继续办好江苏医药价格网，提高服务水平

江苏医药价格网已初具规模，形成特色。2002年，必须丰富数据、增加新的服务，重点应从以下几方面开展工作：一是认真做好全省药品价格监测工作，要在全系统共同努力下，建立起品种齐全、数据准确、及时有效的药品市场销售价格数据库，丰富医药价格网信息，为价格管理和医患者提供准确有效的药品价格信息。二是丰富医疗收费价格数据库，要针对目前江苏医药价格网存在的医疗收费信息缺乏的现象，争取有关部门的支持，丰富医疗收费价格数据库。三是积极开拓市场，扩大医药价格网的用户。聘用具有较强市场开拓能力的人才，推广、宣传江苏省医药价格网，努力扩大网员户，开展网上广告服务，实现网站应有的社会效益和经济效益。2002年，江苏医药价格网仍本着利益共享的原则，由省中心集中管理，各市自愿发展网员户。四是进一步提高医药价格网的技术服务水平，适时更新网页，及时开发相应软件，保证数据库的更新、维护和加载等。

2. 利用先进的信息载体和网上技术，增强信息服务功能

利用先进的载体和网上技术，开展价格信息服务，实现信息服务的时效更快、范围更多、质量更高的目标，是价格信息工作的发展方向。2002年，全省价格信息系统要从各地的实际出发，紧紧围绕物价工作的总体部署，综合运用因特网，选择有市场、有潜力的开发项目，开拓网络信息服务的领域。2002年，要重新构建现有的江苏价格信息网，结合价格业务工作，开创栏目，充实信息，实现网络上的政务公开，力争将该网站办成展示江苏物价系统形象的新型网站。

3. 重视局域网运用，提高办公自动化水平

2002年各市机构改革已完成，要以更高的起点重视机关办公自动化建设，加大经费和人力投入，配置必要的设备，开发相应的软件，丰富信息内容，提高办公自动化水平。省价格信息中心仍将对各市计算机局域网和办公自动化建设加强指导。还要有计划地在全系统组织2次计算机相关技术培训，以提高整体水平。

（三）以价格信息刊物为主要载体，稳步扩大信息服务的范围

信息刊物是信息服务的传统的主要载体，是宣传物价工作的重要窗口，是传达最新价格政策的重要途径，是服务价格管理监督的基础性工作。2002年要按照“依靠系统、面向市场、服务订户、保持优势、开拓创新”的工作思路，改革完善出版、发行方式，提高刊物的质量，稳定发行数量，力争取得新的工作成绩。

1. 认真贯彻落实物价法规政策公告制度，切实做好《物价公报》的编辑出版发行工作

2002年《物价公报》要进一步提高公告的质量，及时、准确、规范地发布价格文件，建成价格文件库，改进编辑出版形式，提高针对性和可读性。要想方设法，克服基层机构改革、压缩征订经费等实际困难，努力稳定《物价公报》的发行数量。各市要总结前几年的工作经验，针对新情况，寻找新方法。局领导要高度重视，业务部门要密切配合，结合年检收费和物价检查等多种方式，巩固发行数量，完成上级交办的任务。

2. 提高建材价格测报质量，办好《建材》专刊，服务建设市场

改革《江苏工程建设材料价格信息》的编辑发行方式，争取在刊物广告运作、征订发行方面，引进市场机制，尝试组织协办单位、市县专版、企业专版等方式，拓宽经营渠道，提高经济效益。要充分利用现有建材价格测报网络，健全完善建材价格测报制度，更好地发挥建材预算指导价格的作用。抓住成立省价格监测中心的机遇，使之纳入全省价格监测网络，执行全省价格监测制度。进一步加强和有关职能部门的合作，培训测报人员，适时调整测报品种，提高工作质量和工作水平。

3. 结合本地实际，办好信息刊物

各市要认真总结创办各类价格信息刊物的经验，结合本地实际，集中力量，花大力气办好有市场潜力和发展前景的信息刊物。

（四）继续办好《江苏物价》，弘扬价格理论研究之风

《江苏物价》是全省物价系统惟一面向国内外公开发行的经济类综合性刊物。近年来，《江苏物价》作为物价系统的窗口和阵地，对江苏省的价

格改革和经济发展起了积极的作用。

2002年，《江苏物价》要在省物价局、杂志编委会直接领导下，充分发挥各市、县物价局的积极作用，面向市场，开拓思路，转换机制，按照市场经济规律办好杂志，争取《江苏物价》在社会效益和经济效益两个方面取得更大的突破。一是明确目标，努力提高刊物整体水平。继续坚持“宣传物价政策，研讨价格理论，交流工作经验，传递价格信息”的办刊宗旨，面向市场，面向社会，面向企业，面向消费者，为宣传党的物价方针政策，深化价格改革作出新的贡献。要在全省物价系统倡导研究之风，要以我国加入WTO为契机，充分利用《江苏物价》这一媒体，大力宣传和介绍全球经济一体化中的价格规律、国际惯例和相关政策，分析入世后我国各行业、各部门的利弊得失和应对措施，从而提高刊物的整体水平。二是继续实行省市联办，切实完善联办制度。通过五年多的办刊实践，省市联办《江苏物价》这一办刊方式已被证明是可行和成功的。因此，2002年联办的主要工作就是提高质量意识，在文章选题、栏目设置、版式设计等方面多下功夫，精益求精。三是采取切实可行的措施，加大发行力度。2002年《江苏物价》仍将与《物价公报》实行同步发行。在发行方式上采取市对省负责，县对市负责的做法，由省下指标安排各市的发行基数，并给予相应的激励政策。四是继续实行广告代理，完善市场运作方式。《江苏物价》2002年继续实行广告代理制度，完善和规范市场运作方式，与此同时，主动加强与业务处室和各市、县物价局的联系沟通，努力使《江苏物价》的广告业务更加合理、规范，获取更大的收益。

（五）注重发挥系统整体优势，增强信息服务功能

江苏是经济大省、市场大省、信息大省，各市都有一批著名市场、名牌产品、骨干企业，价格信息资源开发的潜力非常大。2002年，要发挥全省物价系统的整体功能，加强信息源的开发利用。各市要从本地实际出发，选择房地产、汽车摩托车及配件价格等信息，开发有特色的价格信息资源，形成数据库，为地方经济服务。要加强价格信息的反馈，信息互通，优势互补，努力实现全省物价系统信息资源的共享。要加强全省上下、地区之间的工作联系和合作，树立全局意识、系统意识，注重发挥系统整体优势。江苏价格信息网、江苏医药价格网是全省物价系统共有的信息网，各级物价部门可以通过因特网等手段及时提供本地信息资源，包括价格政策法规、信息刊物电子版、专项价格数据库、商品价格动态和供求行情等，最大限度地实现信息资源共享。

各地要紧紧围绕经济工作的中心任务和物价工作的总体部署，综合运用因特网、物价公报、信息专刊、与声讯台合作、与新闻单位合作等多种形式，开拓价格信息咨询服务领域，创出有各自特色的价格信息服务形式，增强服务功能。

【未来发展思路】

物价管理信息工作如何更好地体现物价工作的服务职能，增强服务功能，是研究、讨论做好价格信息工作的出发点和基本思路。围绕服务想问题、做文章，尽快适应物价职能转变的要求，将价格信息监测工作有机地寓于服务之中，通过提高服务质量和服务水平，来巩固和提升价格信息工作的地位，获取更大的生存和发展空间。结合江苏省价格信息工作的实际情况，从全省范围来看，今后一段时间应从以下几方面入手，来进一步思考和研究物价管理信息服务工作。

（一）以全面承担价格监测任务为契机，强化服务意识，全面提升服务水平

江苏省物价局决定，从2002年1月开始，省价格信息中心全面承担价格监测工作，增挂江苏省价格监测中心的牌子。各市信息中心也将全面承担价格监测工作。价格监测工作的全面开展，不仅增加了信息服务的内容，也对信息服务的质量和水平提出了挑战。能否高质量地完成价格监测任务，是对江苏省价格信息队伍的一次考验。物价管理信息系统的每一位同志，要认真学习有关文件，把深刻理解任务当作提高信息服务层次和展现价格信息工作者水平的好机会，迎接挑战，勇挑重担，保质保量完成价格监测任务。

要把开展价格监测工作与开发信息源这一信息工作的难点有机结合起来，合理利用价格监测制度，根据工作需要和市场实际，有计划、有重点地开发出一批政府、企业及消费者都欢迎的价格信息资源，丰富信息源的数量，扩大信息服务的范围，通过全面开展监测工作，制定相关制度，带动信息源开发工作上台阶、出成果，实现价格监测和信息源开发“双赢”的目标。

（二）树立系统观念、大局观念，促进全省价格信息工作的均衡发展

受各种主客观因素的影响，各市价格信息工作发展还不平衡，先进市和落后市之间差距较大。省局、省中心必须加强对各市价格信息工作的指导、督促工作，要扶强助弱。对先进市，要帮助做好经验的宣传推广工作，做到锦上添花；对落后市，更要雪中送炭，在条件许可的范围内，政策、资金、技术、装备等方面要有所倾斜，要在全省价格信息系统做好“扶贫”工作。信息工作先进市，要树立全省信息是一家的思想，可以主动传经送宝，满腔热忱地帮助落后市解决一些实际问题，提供必要的服务，使其少走弯路。信息工作落后的市，要有后来者居上的决心，虚心向先进市学习，结合自身实际，通过努力，闯出有地方特色的信息工作新路子。只有绝大多数市价格信息工作都上规模、上水平、有特色，江苏价格信息工作才能真正在全国保持领先地位。各市应高度重视价格信息工作，舍得投入，引进、调配必要的专业技术人才及经营管理人才，帮助解决信息工作中的实际困难，为提高信息服务水平提供保证。

（三）发挥整体功能，集中优势力量，提高价格信息事业发展的能力

从2001年各市总结报告看，过去的一年，各市在信息制作、信息宣传、信息发布，特别是在网络建设上取得了不小成绩，也有了一些成果，常州、扬州、南京的网络建设在全国小有名气。但网络建设需要投入大量的硬件、软件，全省各市一哄而上，不仅经济实力、技术条件不允许，而且有可能造成浪费。省中心可以根据各市实际情况，认真谋划，集中优势力量，发挥整体功能，组织开发一批既有物价部门特色，又有市场发展前景的信息产品，待条件成熟，可以全省推广。各市之间也应该加强横向联系，做好横向联合，力争花较少的投入，生产出更多更好的信息产品来。（赵楠）

江苏省交通运输业信息化发展概况

2001年，“十五”江苏交通信息化建设开局良好。信息化建设工作紧紧围绕省厅的中心工作要求和年初确定的信息化工作要点，狠抓落实，责任到人，各项工作稳步推进并取得了较好的成效。

【组织队伍建设】

厅直各单位、各省辖市交通局均设置了技术信息管理部门，厅及省辖市交通局均成立了交通信息中心，保证了信息化的组织和人员力量的落实。对于交通信息化重点工程建设，各相关单位还成立了相应的信息化工作协调领导小组开展专项工作，以利于统一思想、协调工作。组织对机关工作人员进行计算机应用基本技能培训和信息化知识培训，为实施电子化办公做好准备。同时，为提高信息中心的技术支持服务质量，不定期的组织中心的技术人员参加信息化权威机构组织的信息化建设专项培训。

此外，为适应江苏交通信息化建设的需要，提高对信息化建设工作的认识和重视，还组织开展了“江苏省交通厅信息化建设与信息资源规划”、“The Development Trend in Transportation Engineering”、“信息系统安全保密知识”等信息化专题技术讲座，以及“信息系统的体系结构”、“数据挖掘和知识发现”、“数据仓库和联机数据分析”等面向各单位领导与技术管理人员的信息系统新技术系列讲座，拓宽了视野，收到了较好的实效。

【基础建设】

1. 规划、标准规范、管理办法

(1) 基本完成了《江苏省交通行业信息化“十五”规划纲要》编制工作。纲要的编制结合了我省公路、水运行业特点，从综合利用高速公路光纤资源、信息资源、统筹考虑广域电子化办公建设、物流系统建设出发，提出了规范的信息化平台框架。

酝酿制订《江苏省交通信息资源规划》。为推进江苏省交通行业的信息化建设，切实加强信息资源的规划与管理，避免软件信息系统的大量重复开发，提高软件系统及信息资源的开发使用效率，组织开展交通信息资源规划，对厅机关及厅直各单位软件信息系统和信息资源的开发使用情况进行调查了解，提出合理的行业信息化发展目标、信息组织方式以及相关信息标准、规范、实施步骤与对策措施。

公路、航道等子系统也从全省行业管理实际出发，打破地域、部门界限，制订子行业信息化建设发展规划，目前，针对公路子系统信息化建设的《江苏省公路信息化总体工程规划》已经出台。

(2) 积极配合交通部完成交通信息化建设相关标准的意见反馈，组织完成了交通部下达的《交通部汽车货运站（点）代码编制规则》、《交通部高速公路通信模式标准》、《交通部公路有线紧急电话系统技术要求》等标准规范的征求意见工作。

积极组织开展地方标准规范的制订审查工作。组织完成了《江苏省高等级机电工程质量检验评定暂行标准》的制订工作；结合苏北路网收费系统升级改造，编制印发了《苏北高速公路联网收费暂行技术要求》，统一了北网各高速公路收费系统的技术标准，实现了苏北路网“一卡通”联网收费；为规范全省通信系统全程全网建设的基本要求，组织编写《江苏省高速公路通信系统技术要求》，对全省高速公路现有通信资源进行了调查，并在此基础上，组织专家对现状和需求进行分析，编写形成征求意见稿。

(3) 为提高信息系统的安全性和可靠性，出台了《江苏省交通厅网站管理办法》、《苏北路网收费软件安全技术要求》等一系列管理办法，以强化管理，保障系统的正常运行。

2. 局域网建设

厅机关、各省辖市交通局、厅直各单位基本建立了局域网，并已普遍应用于日常业务管理，电子化办公系统正逐步得到推广应用。

厅机关实施电子化办公的筹备工作结合厅综合办公楼的建设陆续展开。厅机关信息化建设一期工程可行性研究报告已通过专家评审，准备与办公大楼智能系统的建设同步进行；完成了智能系统的前期调研和方案构思，为实行内网、专网、外网网络物理隔离，编制了《交通厅机关三网建设工程可行性研究报告》。

扬州、苏州、徐州等市交通局积极筹备局域网及电子化办公系统的建设，并组织人员对连云港市交通局电子化办公系统进行了实地考察。扬州市交通局根据考察调研资料，结合工作实际，进行了系统建设方案的比选与优化，使电子化办公系统的建设取得了较大的进展。

电子政务的实施将使系统内部共享信息资源成为可能，规范办公流程和行政行为，方便对办公过程和结果进行跟踪和查询，节省办公支出，大大提高办公效率。为保障系统安全可靠运行，确保系统资源不被人为、自然原因所破坏，还采取了相应的安全保密措施，初步建立了局域网网络安全防御体系。

3. 城域网（广域网）建设

(1) 组织开展了江苏交通大厦“园区网”建设及南京“中心区通信网”建设。租用联通光纤，架构江苏交通大厦到厅机关大楼、江苏交通控股公司马群指挥中心、南京交通大厦、省交通厅航道局大楼的宽带传输网络，实现了南京城域网的数据、话音、图像的传输功能，为将来实施在宁各交通单位和部门的广域联网办公做好准备。

(2) 公路、航道、运管、地方海事等子行业全面推进省、市二级计算机联网建设，以期实现省、市联网办公。其中，公路系统已在全省十三个市公路管理处、二十六个县公路管理站分别建成局域网，部分实现了省、市、县三级互联，并在本系统内全面推广使用电子化办公系统。

(3) 常州市交通局也在积极运作，实现局机关和下属公路处、航道处、港监处、运管处、常州港以及市辖武进、金坛、溧阳等交通部门的网络互联与信息共享。

4. 公众信息服务

(1) 改版开通了“江苏省交通厅网站”(www.jscd.gov.cn)，同时制订了网站管理办法，以加强网站的运行管理和维护，充分调动厅机关各处室、厅直各单位更新网站栏目相关信息的主观能动性，保证网站信息发布的及时性、准确性和可靠性。改版后的网站融交通新闻、政策宣传、交通经济活动指导和交通办事服务为一体，已成为我省交通行政执法公示、政府规范性文件公告、建设、资审、成果性信息发布、民意征询的重要载体，成为民众了解、监督政府活动及向政府诉求的窗口，成为交通工作者学习与交流的园地。值得一提的是厅长信箱的开通，对了解民意、缓释民众情绪、改进机关作风正发挥越来越重要的作用。目前网站的主页月点击率超万次，所有页面月点击率已逾7万次。依托网站开办的全省交通电子邮局系统，极大地方便了全省交通公务信息交互。与此相同步，厅直各单位、部分省辖市交通局亦开设了自己的主页和网站，一起构成了全省全方位、多层次对外信息服务网。

(2) 开播了覆盖全省的“江苏交通广播网”(FM101.1)。为提高江苏省交通形象，江苏省交通厅与江苏省公安厅、江苏省广电总台联合打造了江苏交通广播网，组建了分布于全省交通、公安系统的通讯员队伍，为公众提供江苏地区实时路况、车阻、天气、交通管理等交通信息；开通《透明直播室》等栏目，让行业管理者与被管理者零距离对话，宣传、解释交通法规与政策；为交通从业人员提供法律援助和交通行政执法拯救服务等。交广网现已成为江苏省宣传交通建设、行业管理、道路运输的强势媒体，深受听众欢迎，听众群体逐步扩大并发展到邻省部分地区。

5. 办公资源库

(1) 开始建立和完善应用于业务管理的基础数据库。公路子系统结合全国公路普查建成了公路路况数据库、里程数据库，对1：5万公路空间数据库进行了完善。随着公路路政管理系统、养路费征稽管理系统、车辆通行费收费管理系统、人员服装管理系统、公路设备管理系统、机关办公及档案管理系统等各类系统的开发和应用，还将建成公路违章建筑及法制建设数据库、车辆信息数据库、单位人员基本信息数据库、公路设备信息数据库、档案管理数据库等数据库。航道子系统着手建立船舶交通量、人事劳资统计等基础数据库，通过对全省部分重点航道及船闸的船舶进行分类统计分析，为航道整治、船闸扩容及经济分析提供参考依据，对全省各市处及局机关的人事、劳资和统计工作实行计算机管理；地方海事子系统准备建立和完善水上安全监督管理工作的基本数据库和全省地方海事系统内部管理数据库，包括：船舶数据库、船员数据库、渡口数据库、船舶维修厂数据库、通航水域管理数据库、海事系统人员基本情况数据库、海事所数据库等；其他子系统也在拟定计划，建设基础数据库。

（2）规划实施主题数据库。信息资源规划项目已经启动，力争基本完成服务于交通厅机关和各业务局机关（公路局、运管局、航道局、地方海事局等）的办公信息资源规划和信息交换标准制订，并在建立完善基础数据库的基础上，利用数据仓库技术，共同建设主题数据库库，进行数据挖掘和知识发现，加强信息辅助决策功能。

【信息化技术应用】

1. 高速公路交通工程三大系统（通信、监控、收费）建设同步发展。2001 年，新建成通车高速公路 298 公里，使江苏高速公路通车里程达到 1386 公里，已建成通车高速公路通信系统。以 STM－1 等级的 ADM 设备构成了干线光传输系统，为全省提供监控、收费数据传输、语音传输的手段；以综合业务接入网设备构成各路段内的本地传输系统，为路段提供数据、语音的传输手段；以程控交换机设备构成全省的语音交换系统，为运营管理提供内部电话服务。

监控系统主要由道路信息采集、信息处理、信息发送三部分组成，通过分布在道路沿线的车辆检测器、气象检测器及遥控摄像机等各类检测器对全线交通量和交通运行实施状态监视，并将信息发送至监控（分）中心计算机系统分析处理，通过可变情报板、可变限速标志等信息发布设备向道路使用者提供信息或控制指令。

收费系统已形成苏南和苏北两个联网收费系统网络：北网联网收费规模约为 620 公里；南网联网收费规模约为 310 公里，收费系统的计算机广域网构成分为三（四）级，分别是收费站局域网、收费（分）中心局域网和路网结算中心局域网，局域网之间采用路由器通过通信系统提供的 2M 数据通道连成网络。

2. 开发应用“大型桥梁工程勘察信息管理与辅助决策系统”。在国内第一次运用三维地质建模和三维可视化仿真技术来辅助工程勘察的优化决策，为大型桥梁工程勘察、设计和施工单位提供全面、详尽的工程勘察信息及相关资料，大大提高工程管理部门的工作效率和决策水平。该系统的投入使用使各部门能及时了解工程勘察的最新进展，突破了空间、时间的限制，提高了工作效率。

3. 组织实施“工地闭路电视监控系统”。为保证长江大桥建设质量，将国家重点工程建设成为世纪精品工程，江苏省长江公路大桥建设指挥部组织开发并在润扬长江公路大桥工地应用了工地监控系统，对现场施工情况进行远程监控，对关键工程施工过程进行全记录取证，实现信息化的施工管理。指挥部和监理可以通过该系统随时监视施工现场，及时发现安全和质量苗头，防患于未然，同时也提高了施工人员的工作自觉性和责任感，从而提高工程质量。

4. 开展基于公路 GIS 的信息系统应用。公路子系统已建成包括 528 项公路属性数据的公路路况、里程数据库和 1：5 万公路空间数据库，据此开发的公路路政管理系统、全省路网调度系统以及省、市、县三级公路养护管理系统已开始试用和试点推广。这些信息系统的开发应用对推动江苏公路管理向科学化、规范化发展，提高管理决策水平，提升公路服务质量发挥了积极的作用。

5. 研发完成“航标管理信息系统”。航标管理信息系统完成了对全省航标位置、标种、电源、尺寸等数据的计算机分类管理，通过计算机远程呼叫安装在航标上的专用设备，收集航标各项性能技术指标数据，远程监视航标的发光率、正位率等数据指标。

6. 完成“江苏省交通行业与产业项目招投标信息管理系统”一期工程开发与试点应用。系统一方面可以实现省厅及招标办对江苏省交通行业与产业项目招标投标工作的动态、实时监督与管理，另一方面也为建设单位提供数据服务及招投标管理功能，将他们从繁复的工作中解放出来，对规范我省交通建设市场招投标活动，保证招投标活动公平、公正、公开发挥了重要作用。

7. 在 2001 年度交通科研项目计划安排中，还结合江苏交通发展需要，对“江苏交通科技项目管理信息系统”、“交通工程试验专用计量仪器计量检定计算机管理系统”、“路面表面破损自动识别系统”、“公路施工企业工程信息管理系统”、

"路网收费网络监控管理和安全系统研究"、"基于IP网络分布式高速公路监控系统"、"苏北航务管理处信息管理系统"、"多站点汽车检测监控管理网络系统"、"海事行政执法辅助系统"、"南京市交通行政执法公示网"等一批信息化技术应用课题进行了立项研究，有力地推动了信息化技术在交通行业的应用。

【重点工程】

组织开展了苏北高速公路联网收费工作。基于"以长江为界，按照苏南、苏北两个路网进行联网收费"的思路以及先期实现苏北路网"一卡通"的目标，在厅苏北高速公路三大系统联网工作领导小组统一领导下，组织开展了苏北路网联网收费工作，主要有：一是研究制订联网收费技术方案；二是对现状苏北高速公路联网收费系统实施升级改造；三是研究制订省高速公路网络安全技术要求和管理体制，有力地保证和推进了联网收费工作的质量和进度。

1. 开展联网收费专题研究

针对我省苏北高速公路联网收费系统的现状和今后建设发展要求，按照部颁《高速公路联网收费暂行技术要求》，为规划、设计、建设和运营管理好苏北高速公路联网收费设施，今年组织开展了三个方面的专题研究：

（1）研究制订苏北路网联网收费技术方案。苏北路网联网收费技术方案研究已经按预定计划完成了四个分报告——《苏北联网收费系统实施现状调查分析》、《联网收费关键和迫切性问题的解决方案》、《联网收费系统技术方案》和《联网收费软硬件技术指标》。其中，《联网收费系统的技术方案》和《联网收费软硬件技术指标》分别于3月和11月通过部门有关专家评审。

在《联网收费系统技术方案》的基础上，编制下发了《江苏省苏北高速公路联网收费暂行技术要求（之一）》。

（2）对苏北高速公路联网收费系统实施升级改造（对照部颁标准）。4月底，北网联网收费系统改造实施方案通过审查，5月至8月底，完成了北网收费系统的硬件改造、软件升级和数据转换等工作，实现了北网联网收费系统的升级。

（3）研究制订江苏省高速公路网络安全技术要求和管理体制。《江苏省高速公路网络安全技术要求》经过多方征求意见和多次修改已经定稿，并由北网结算中心管委会编制下发；管理体制由各路公司根据自身情况，结合日常管理维护工作进行制订。

2. 联网收费协调工作

在整个苏北路网联网收费工作的开展过程中，协调工作贯穿始终，其中共组织召开了13次工作协调会议，并形成相应的会议纪要，解决了各个相关单位之间存在的分歧，明确了各方的职责，协调了各方的利益。

3. 联网收费软件测试

（1）为保障北网联网收费系统的稳定运行，与信息安全技术公司的技术人员联合对改造升级后系统的稳定性与安全性进行了专业测试和评估，为系统及其文档资料的验收做好了准备。

（2）12月上旬，连徐高速公路一期工程、宁靖盐高速公路一期工程将建成通车，并与目前苏北高速公路进行联网收费。为此，在收费系统路段测试的基础上，对连徐高速公路和宁靖盐高速公路的开通路段组织安排了并网实车测试，完成了两条高速公路并网通车前的测试工作，使这两条高速公路得以顺利并网收费。

【经验体会】

1. 总体规划，加强领导

坚持统筹规划，以规划指导建设，切实解决由于管理体制上条块不协调而造成的重复建设和"信息割据"；成立由一把手挂帅的强有力的建设领导体制，主要领导既是交通信息化建设的决策者，更是热情的参与者和积极的实践者。

2. 需求推动，应用优先

牢固树立效率和效益意识，坚持以需求为导向，按需求的急迫与否，科学拟定建设序列；坚持以应用促发展，不坐而论道，以应用所带来的实效，去协调步伐、推动发展。

3. 点面结合，整体推进

注意避免将信息化工程变成"门面工程"和"形象工程"，而影响交通信息化的健康发展。坚持以先进促后进，以局部促整体，采取点面结合、以点带面、强力推行等方式，全面加快推进，以保证信息化工程整体效应最大化的特征得到充分的体现。

4. 优化机制，强化管理

结合机构改革，我厅明确了全省交通信息化的职能管理部门，厅直各单位、各省辖市交通局均设置了技术信息管理部门，厅及省辖市交通局均成立了交通信息中心，保证了信息化工作的组织和人员力量的落实；其次是加强各类信息系统的正常、安全运行。

【存在问题】

1. 对交通信息资源尚缺乏统一规划、规范，标准体系尚未健全；

2. 重组机关工作流程，实现与信息化良性互动等方面工作尚未开展；

3. 专业技术人才，尤其是计算机交通复合型人才缺乏。

【近期目标】

2002年，江苏省交通厅将在总结2001信息化工作的基础上，以《江苏省交通行业信息化“十五”规划纲要》为总体目标，落实规划拟定的年度工作目标，稳步推进，协调发展。

1. 主要任务

(1) 做好全省交通行业通信信息建设协调管理、技术咨询和技术服务工作，加快信息资源规划与建设，开始构筑全省交通信息传输平台和多媒体网络平台，组织开展省厅至市局通信专网建设方案研究及南京至无锡通信干线建设，年内建成苏南地区SDH通信网平台；加快建立交通信息化标准体系及信息组织与管理体系，制订信息交换标准等相关规范，建设中心数据库和数据交换服务中心，部分建成交通基础数据库群，以逐步实现交通行业各单位、各部门资源共建共享。

(2) 基本完成厅机关、厅直单位、各省辖市交通局“三网一库”建设，实现广域互联；推进厅机关电子化办公系统建设，加速电子化办公系统在交通行业的推广应用，选择有条件的市局，开展专网互联互通工作，做到无纸化传输和提供多媒体视讯会议功能。

(3) 开展高速公路南网升级改造和联网收费工作，并就联网收费中多路径识别、防换卡作弊、开展预付费业务、网管系统建设等关键问题进行专题研究；着手组织开展高速公路紧急救援系统建设。

(4) 加快交通智能运输系统（ITS）研究，组织制订江苏省智能运输系统（ITS）体系框架与发展规划；大力发展物流与电子商务。

2. 对策措施

(1) 加强法规建设，努力为交通信息化发展营造良好的政策环境；贯彻现有国际标准、国家标准和行业标准，积极参与全国行业规范、标准的制订，积极开展满足江苏需要的地方行业规范、标准的制订。

(2) 加大投入，充分利用存量资源，加强信息资源的整合，优化结构，保证信息资源的优化配置和共享。

(3) 加强交通信息化软环境建设，强调技术创新和制度创新并举，走开放式发展道路，重视人才的引进与培养，加强信息技术的引进与提升，推进产学研项目研究，推动国际间交流与合作。

(4) 加强交通信息安全与管理，建立健全网络、信息安全管理机制，实行信息资源的分级、分类管理，坚持安全技术与安全管理并重。

（陆毅）

江苏省旅游信息化发展概况

【江苏省旅游局旅游信息化工作现状】

江苏省旅游局领导对旅游信息化工作一直十分重视和关心，经常对旅游信息中心的工作给予指导和支持。2001年，江苏省旅游局从有限的经费中划拨出一部分经费进行软件和硬件设施的添置、更新，做到每个工作人员人手一台电脑，不仅提高了工作人员计算机水平，更重要的是提高了工作效率。此外，江苏省旅游局还上了10兆宽带光纤网，使工作人员能够更好、更快、更及时地从网上获取大量的信息，同时也为工作人员提供了一个和外界联系的电子渠道。

2001年江苏省旅游局继续发展江苏省旅游信息网，使其内容不断更新，同时还增加了网上假日旅游预报。

江苏省旅游局领导充分意识到信息化对旅游业发展的重要性，2001年请北京大学专家设计《江苏省旅游发展总体规划》，将旅游信息化规划放在了重要的位置。

【江苏省各地旅游信息化工作现状】

江苏省旅游局在建设局内部信息化的同时，也加强和各市的联系，在全省范围内推广旅游信息化，全省各市旅游局已初步启动所辖地区的旅游信息化工程，部分市旅游局已建立了自己的旅游网站，个别市旅游局还实现了办公自动化。

江苏省旅游企业在旅游信息化发展方面已取得一定的成效，很多旅游企业有自己的网站，部分宾馆饭店已实现网上预定功能。

（一）南京市旅游信息化工作概况

社会的发展进入了网络时代，旅游业的发展同样也面临着全面信息化的要求。2001年，在南京市委，市政府的直接领导下，在省市各部门及社会各界的关心支持下，根据国家旅游局“金旅工程”的相关要求，南京市旅游信息化工作以基础建设为重点，以推广应用为目标，使旅游信息化水平得以显著提高。

1.2001年南京市旅游信息化工作现状

（1）通过网络，大力宣传南京旅游资源，提供各类网上旅游服务。

采用网上宣传促销的方式，推出南京旅游业的整体形象，扩大南京作为旅游强市的影响力，提高城市知名度。对南京重大旅游活动单独制作网页，进行专题宣传，如2001年新年听钟声活动、2001年中国南京国际梅花节活动，2001年南京周边旅游交易会等。通过网络，使海内外游客更加及时、便捷的了解南京旅游资源，并且提供各类网上旅游服务，主要包括交通查询、气象服务、旅游咨询、旅游论坛、网上导游、医疗指南、休闲娱乐等。

（2）为南京旅游企业构建网上平台，推动旅游电子商务。

2001年南京市旅游局已筹备对原南京精灵旅游网进行改版，一方面在网上制作专栏为南京旅游企业提供免费的宣传，另一方面建立和完善饭店、旅行社的网上预定系统，争取形成南京地区的预定网络，将单纯的旅游订房、订餐向商务活动订房、订餐发展，同时注意开拓其他项目的电子商务。至2001年，已有132家星级饭店，140家旅行社，上百家其他类型的旅游、服务机构在精灵旅游网进行注册，开展网上预定、销售服务。

（3）利用旅游网络优势，大力推动网上电子政务。

2001年南京市旅游局通过精灵旅游网，初步实现了网上电子政务的有关功能。如及时介绍南京的旅游动态，介绍旅游政策法规，开设局长信箱、投诉信箱听取社会各界的意见和建议，开展网上抽样调查和相关统计工作，推出有关旅游方面的合作开发及南京旅游招商项目，提供相关的优惠条件等等。

（4）以第六届华商大会以及旅游黄金周为契机，全面推动旅游企业信息化工作。

以第六届华商大会以及旅游黄金周为契机，南京市旅游局集中全市各市属旅游企业召开动员大会，强调了旅游信息化工作的重要性、紧迫性。在市政府的大力支持下，通过与电信部门的协作，在华商大会召开前顺利完成了对所有华商大会接待宾馆饭店的宽带接入，随后又结合星级评定工作，陆续对南京市所有三星及三星以上的宾馆饭店实行了网络建设与改造，实现了宽带接入。在旅游黄金周中，不论是游客还是旅游企业也比以往更加重视网络旅游咨询，那些拥有自己独立网站的旅行社、饭店更是投入了不少精力于网络，通过网络招揽客源、推销精品线路，提供旅游相关服务。据统计，南京市目前上百家旅行社、各宾馆饭店、旅游服务机构中，网络普及应用率达到80%，基本实现旅游信息化。其中具有代表性的旅游企业网站有：中国南京走天涯旅行社网站，正大旅游信息网，中北旅游信息网，南京博物院网站、南京煦园网站、南京旅游预定网等等，南京各高星级酒店不仅建立了内部局域网络，而且基本都拥有自己独立的网站。此外南京市还利用中央数据库和电脑多媒体技术，在南京各大旅游景点，机场、车站的旅游服务咨询点、南京博物馆、各高星级饭店等地方，设置了多媒体触屏机，以形象、直观、便捷、生动的形式介绍南京旅游资源，提供周到服务，及时满足广大游客的需要。

2.2002年南京市旅游信息化工作思路

(1) 完成对精灵旅游网的改版工作、完善其各种功能，继续推动网上电子商务、电子政务。

(2) 架设南京市旅游局局域网，实现机关办公自动化，完成宽带接入，为建立局内部办公网、办公系统作好基础工作。

(3) 完成国家旅游局的导游IC卡试点工作。

(4) 通过网络更高效的做好旅游黄金周假日预报以及日常的旅游统计调查工作。

(二) 扬州市旅游信息化发展概况

扬州市是全国信息化试点城市之一。在扬州市发展计划委员会和扬州市信息化办公室关于《扬州市城市信息化试点工作实施方案》中，对扬州旅游信息化建设进行了明确的部署，并提出了扬州市到2005年网络旅游业务收入占总旅游收入的30%以上的目标。扬州市旅游局近年来已全面开展了旅游信息化工作。

1. 定旅游信息化建设基本思路

为进一步推动扬州市旅游信息话工程建设，更好的促进扬州旅游经济持续、快速、健康发展，在江苏省发展计划委员会科技处、扬州市发展计划委员会以及南京大学管理科学工程研究院的帮助、指导下，于2001年上半年确定了扬州市旅游信息化建设的基本思路。

(1) 总体规划，分步实施

扬州将选择一部分信息化基础比较好和对旅游市场信息化建设积极性高的旅游企业进行示范，逐步向其他企业辐射、推广，从而顺利实施扬州市旅游信息化工程。

(2) 坚持先进性

从长远看，作为扬州市信息化试点城市建设的一个重要组成部分，扬州市旅游信息总体框架设计应坚持以下几个方面的先进性：a、系统平台的先进性；b、开发工具的先进性；c、网站提供服务内容的先进性；d、系统性能可靠、高效。

(3) 逐步推进旅游电子商务

考虑到扬州市具体情况，虽然具备了良好的信息化基础，但是由于资金、技术等条件的制约，全面实施电子商务计划尚存在一定的困难。为此，逐步选择一部分操作相对规范的旅游业务流程实行电子商务方案；选择部分信息化基础好，对信息化需求比较强烈的旅游企业，整合、优化其旅游业务流程，推行电子商务。

(4) 力求高起点、高效益

立足已经建立投运的扬州旅游网站，对网站进行功能、结构拓展，力争将其建成扬州市旅游行业的网上门户，并通过互联网树立古城扬州的历史文化名城形象，向社会辐射，达到“招商引资，引凤筑巢”的效果，促进扬州市经济发展。

2. 建设旅游信息网站

在2000年与扬州市电信局合作建立“扬州旅游网”的基础上，扬州市旅游局与中国在线南京讯业公司合作于2001年中国扬州“烟花三月”旅游节期间建立了扬州第二家旅游综合服务网站——“扬州旅游在线”(www.yztour.com)，该网站已具有了较为完善的旅游服务和信息发布功能，但由于扬州市旅游局不能直接负责该网站的管理工作，造成旅游信息长期更新不畅。为此，扬州市旅游局于2001年底开始筹建自己的专业旅游网站——中国扬州旅游网(www.yztour.net)，该网站一期工程已于2002年4月份建设完成并正式开通。网站是扬州首家采用 asp 动态更新技术的旅游网站，扬州市旅游局有专人负责网站的维护和资料更新。

3. 旅游业相关单位信息化情况

除了扬州市旅游局，扬州各旅游相关单位也积极从事旅游信息化工作。扬州瘦西湖公园和大明寺以申报国家 4A 级风景区为契机，先后建立了各自的网站。扬州其他景点和部分星级酒店出于宣传自己和经营的需要，也陆续建立了有独立域名的网站或隶属于管理集团的网页，如个圆、西圆大酒店、新世纪大酒店、京华大酒店、花园国际大酒店等。

截止 2001 年底，扬州共有 46 家旅游相关单位上网（不同程度的经营网上相关业务），19 家单位拥有自己的网站或网页，且大部分上网单位都已在全单位或相关部门实现了办公自动化。根据扬州市旅游局的调查，发现各单位对于上网及开展电子商务的热情都很高，对旅游与网络结合的意义及可能带来的经济效益均较为重视，一些高星级酒店网上订房业务在总业务量中已占有相当比例，尤其在近几个旅游“黄金周”期间，部分酒店的网上订房甚至占了散客业务的主要部分。但目前大部分单位网络技术人员较为缺乏，这可能将成为旅游信息化工作进一步开展的瓶颈。

4. 扬州旅游信息化工作阶段计划

从实际出发，准备用二到三年左右时间，分三步实现扬州市旅游信息化工程基本框架功能。

第一阶段：在 2002 年建立扬州旅游信息基础数据库系统，并设计开发具有动态更新能力的扬州市旅游信息网站，这步工作目前已基本完成。

第二阶段：用半年到一年，建立多媒体旅游信息服务系统，游客决策与辅助分析系统，并选择部分旅游企业，整合优化其旅游业务流程，推行旅游业电子商务实施。

第三阶段：再用半年到一年，设计开发面向游客的交通出行指导系统，基于旅游信息的统计、分析及辅助决策支持系统，以及辅助的 BBS 和聊天室系统。

扬州市旅游局坚信，旅游业与网络相结合，可以产生巨大的经济效益。扬州市旅游局将在现有工作基础上，进一步建设和完善扬州旅游信息系统，在充分展示和扬州旅游资源的同时，组织更多的扬州旅游相关单位开展旅游电子商务，全面加强扬州旅游信息化工作。

（三）常州市旅游信息化工作情况

2001 年常州旅游信息化工作，以常州创建中国优秀旅游城市达标验收为主要推动力，迈出了重要的一步。一年来，常州市旅游局主要抓了以下三个方面：

一是建设好常州旅游网。对 2000 年 9 月开通的常州旅游局政府网站——常州旅游网（www.cztour.com）进行全面的改版与扩建，增强了网站的交互性、服务性，增加了更多的在线服务功能，包括在线投诉、在线旅游咨询、网上导游报名，设置了视频图象专栏。为配合常州创建中国优秀旅游城市活动，还专门设置了“创优专栏”。另外，由专人负责及时对旅游信息进行更新，使这一网站真正成为常州旅游的门户网站，2001 年，总访问量 5 万多人次。

二是大力推进旅游企业上网工程。常州市旅游局以常州创建中国优秀旅游城市为契机，要求主要景区（点）和所有三星级以上旅游饭店全部上网，至年底，全市共有 30 家旅游涉外饭店、19 家旅行社和 6 家旅游区（点）建立了自己的网站或网页，占全市旅游企业总数的 61%。

三是在 6 个旅游咨询窗口设立旅游咨询触摸屏，游客可以方便地查阅有关常州的历史与文化、旅游节庆、交通信息、专项旅游产品、地方土特产品和旅游纪念品、最新旅游线路、天天游、旅游服务等十一个方面的内容。其中，在“旅游服务”中设立旅游企业、常用电话、导游名录、旅游景点等栏目，既方便游客查询，又利于实施旅游监督。

常州国旅集团“龙之旅”网站是常州市旅游网站中的翘楚。该网站对网上预订线路、订房、订票系统进行多次改进，网上成交量明显上升。他们还开辟了会员社区，为会员提供旅游论坛、旅游影集、有奖参与等栏目，获得了网友的好评。至年底，龙之旅网站的总访问量突破 10 万人次，会员人数达千人以上，成为常州地区首屈一指的专业旅游网站，被常州市信息中心吸纳为市国际互联网协会会员单位。网站三名网管员在常州市第六届职工技能（网页设计）大赛中分获第一、三、四名，11 月底，作为常州市的参赛代表参加了江苏省网络与电子商务知识比赛，并荣获三等奖。

2002年，常州旅游信息化工作一是继续完善常州旅游网站的建设，上半年开通“常州旅游业管理系统”，实现全行业公文、信息的传输与交换基本在网上进行，同时在网上受理咨询和投诉，以适应社会信息化和世贸组织规则、提高行政效能的迫切需要。二是进一步大力推行旅游企业上网工程，要求所有旅游企业全部建立自己的网站或网页。三是通过实施旅游地接“一接一”工程和旅行社达标建设，积极推动旅游企业开展电子商务与网络营销。

（四）淮安市旅游信息化工作情况

为了加快淮安旅游信息化建设步伐，充分利用信息技术带动旅游产业的发展，淮安市旅游局于2001年9月建成了“淮安旅游金网”（网址：http：//www.hatour.com）。该网站共收集了200多幅图片、10多万字的文字材料，全面介绍了淮安的旅游业发展现状。设置的主要栏目有：旅游管理职能介绍、政策法规、景点之窗、宾馆饭店、旅行社、网上投诉、旅游招商、交通信息、旅游线路、旅游纪念品、旅游新网。

该网站的建设宗旨是为广大游客提供信息服务，为旅游企业开展宣传促销服务。主要做法是政府主导、市场运作、企业参与。淮安市旅游局建设该网时没有投入任何资金，而是通过与国内大型网站——中国在线南京讯业金网合作，利用他们的中心平台和技术，建立数据库，并进行定期维护和信息发布工作。建站之前，淮安市旅游局只是向旅游企业和景点下发建站文件，鼓励而不强求旅游企业参与。对参与建设的旅游企业每年只按网页多少收取一定的信息发布费用（每页200元/年），企业参与的积极性很高。网站建设后，对宣传淮安旅游、扩大淮安旅游企业的知名度都起到了很好的推动作用。

（五）盐城市旅游信息化工作情况

为适应信息化的潮流，盐城市自去年以来，把旅游行业信息化作为顺应时代发展，提升旅游形象，强化旅游宣传促销的一项重要工作来抓，加大硬件投入和专门人才培训力度，旅游信息化工作取得了一定成效。

一是政府带头，专门制作旅游网页。《盐城在线》等一批网站自建站以来，就专门制作了盐城市的旅游网页，既有总体概述，又有各县（市、区）的专门介绍，既有详实的文字描述，又有鲜活生动的图片。这些网站自开通以来，点击率比较高，不但成为盐城市广大市民了解盐城旅游的好途径，而且还成了许多外地人了解盐城的又一快捷方式。不少外地人通过点击浏览这些网站，不仅了解了盐城市的特色旅游资源，还通过这些网站进一步了解了盐城市的投资环境，纷纷前来盐城市投资产业。

二是企业积极参与，普遍尝到了网络带来的甜头。截止目前，盐城市各主要星级饭店已全部开设了电子信箱，不但配备了商务电脑、传真机、复印机，绝大多数饭店还向入住的客人提供房间直接上网。悦达国际大酒店专门开设了网吧，申请了专门网址，定期制作、更换网页内容。盐阜宾馆还定期将收来的电子信息内容进行筛选，接受客人的预订房、餐。盐城市职工旅行社率先在全市旅行社中实行网络化管理，与上海春秋国际旅行社联网，及时发布旅游线路信息，去年的旅游营业收入创历史最高水平，尝到了网络带来的甜头。

三是网络机构大力构筑旅游信息平台。盐城飞凌在线是一家专门构筑信息平台的网络机构，去年以来，该单位与盐城市十多家旅游企事业单位合作，制作专门的旅游网络，及时发布有关旅游信息，推介旅游产品。盐城电信等拥有网络优势的单位和部门也纷纷推出旅游网页，从而构筑了旅游信息平台。但同时，由于盐城市旅游业起步晚、基础较差，加之旅游企事业单位、规模和实力较小，对网络化的重视程度还不够，网页制作的水平还不太高等，这些都需要进一步加以解决。

2001年下半年，盐城市旅游局将同有关部门合作，制作专门的旅游网站，定期发布旅游信息，加速推动网络化建设，同时进一步加大硬件、软件的投入力度，要求有条件的旅游饭店实行网络化管理，旅行社全部开设电子信箱。

截止2001年底，江苏省除少数市没有自己的旅游网站，大部分城市都有自己的旅游网站，有些城市的旅游网站还经过了改版，内容时时更新，没有网站的城市，也都正在积极筹备建立本市的旅游网站。2001年，江苏省苏北地区的城市在旅游信息化方面取得了很大的进展，相继建立了自己的旅游网站，如淮安、盐城，苏南地区在原有的基础上进一步发展旅游信息化，如常州市旅游局开始在网上办公，并要求旅游企业能够上网阅读旅游局下发的文件。江苏省很多星级饭店都有自己的网站，并能进行网上预定，一些较大规模的旅行社也通过自己的网站进行旅游线路介绍、预定等。

【江苏省旅游信息化工作中存在的问题】

由于江苏省委省政府的高度重视和江苏省旅游局的几年努力，江苏省旅游信息化工作取得了一定的成绩。但也存在一些不足，主要有以下方面：

1．部分旅游企业信息化观念不强，现代化管理水平有待提高，一些旅游企业购置了电脑等硬件设备，但只限于日常办公，网络资源的开发与运用不够。

2．信息化投资不足，一些旅游企业由于只看到眼前利益，不愿在旅游信息化工作上花太多资金，而是采取观望的态度。个别市旅游局由于资金有限，在信息化工作上资金投入不足，在一定程度上影响了本地旅游信息化的发展。

3．缺乏从事旅游信息工作的专业技术人员，特别是既懂旅游，又熟悉电脑网络技术的人员。

4．很多旅游网站知名度不高，网上电子商务占旅游业务总量比重较小，网络稳定和网络安全有待提高。

5．全省旅游信息没有形成共享。

【今后江苏省旅游信息化工作的重点】

1．转变观念，提高认识。切实把旅游信息化工作放在战略发展的重要位置来认识，要彻底走出观念上的误区，改变旅游信息化工作是一个技术问题的观念，从旅游业长远持续发展的高度上来认识信息化工作。

2．创造条件，加大投入。要保障对旅游信息化工作资金的持续投人，在资金来源方面可以采取多种方式，积极创造条件，加大投入力度，不仅要依靠自有资金，而且要争取政府有关部门的扶持，积极进行社会资金的筹集，甚至要引进外资等。

3．注重科技，求新求精。要坚持跟踪最新的信息技术成果，注重将新科技和旅游行业特点相结合，以推动旅游信息技术工作不断发展。

4．强化培训，提高素质。一方面加大培训力度，不断提高旅游从业人员的信息技术能力，另一方面不断引进专业技术人员，提高旅游行从业人员的总体技术水平，从而达到提高旅游信息化工作的水平和目标。

江苏省旅游信息化工作相对于江苏旅游发展来说还是比较滞后的。但是考虑到江苏省信息基础设施相对完善，信息化水平相对发达，另外其与 IT 行业相关的人力资源也是相对突出的，所以江苏旅游信息化还是具有良好的发展前景的。而且发展不足既是缺陷，也为今后深度开发指出了方向。从外部因素来分析，国内旅游需求正在不断增长，电子商务的潜在消费数目大并逐渐增多，大力推进旅游业信息化的进程是旅游业自身发展的需要。同时旅游信息化也是把江苏未来发展成为中国的国际旅游重要目的地，增强自身竞争力，更好地面对加入 WTO 后来自全球的行业竞争的有效手段之一。我们将在今后的工作中把旅游信息化工作放在战略发展的高度上来认识，真抓实干，开拓进取，使江苏旅游信息化工作迈上一个新的台阶。

（丁世红）

江苏省工商行政管理信息化发展概况

2001年是江苏省工商行政管理系统信息化建设的关键之年。根据省委省政府和国家工商总局加强信息化建设的总体要求，全系统从提高思想认识入手，紧密联系自身工作实际，依照2000年所确定的建设“数字化工商”信息系统的各项任务，围绕建设“三网”“三库”“一中心”的总体目标，积极快速、切实稳妥地把信息化建设推进到了一个新的阶段。

【基本概况】

在总结2000年信息化建设已取得成绩和经验的基础上，2001年，江苏工商全系统扎实开展工作，信息化建设主要完成了如下几方面的任务：

1. 建立和培养了一支稳定的信息化专业技术队伍。为了保证整个信息化建设的质量和效率，2001年省局信息中心又增加了3名计算机专业人才；系统内各直属工商局都正式成立了信息中心，通过公开招聘和考试，共录用了42名技术人员，充实了力量。邀请了包括网络、应用软件、数据库和硬件设备等领域的专家，对有关人员，特别是新录用同志进行了四次专业技术方面的集中培训，使他们在较短时间内熟悉情况并进入角色发挥了作用，一部分同志现在已能独挡一面，成为信息化建设骨干。为了保证系统建立以后的整体应用水平，全系统干部的计算机操作技能培训也按照2000年排定的培训计划如期开展，到年底，系统内2万多名在职干部95%以上都通过了计算机操作等级考试，拿到了证书，达到了上岗的基本要求。

2. 完成了全省各级工商局机房改造装修、局域网布线及验收工作。该项工作从2000年12月初开始，历时一年时间结束，范围涉及到全省各级138个工商局，所布信息点总数达到了15000点，2001年底对布线情况进行了专项检查，验收合格率达到了99%。整个项目总投入资金接近1500万元。

3. 完成了全系统设备的招标工作。2001年4月份，江苏工商系统根据“数字化江苏”信息系统的设计方案，反复论证并拟定了相关产品的招标文书。5月份有60余家国内外设备和软件原厂商投标参与了江苏工商系统的设备招标，通过专家组的集中评标工作后，7月份省局集中与各中标厂商签订了购货合同。此次采购的范围包括了小型机、服务器、交换机、路由器、PC机和打印机等十一种硬件设备，数据库、系统监控、网络管理和防病毒等各类应用软件，合同总标的额达到一亿三千多万元。从2001年8月份开始，各种设备陆续到货，到年底，设备的到场清点验收工作已基本结束。

4. 完成了全系统网络的系统集成。通过细致调研和与有关部门反复协商，江苏“数字化工商”信息系统采用了省到市、市到县（区）均为2M数字电路，工商所则结合各自业务工作实际，选择拨号上网或专线连接的线路租用方案，并与省电信部门签订了线路租赁一揽子合同。到去年十月，全省电信线路的机房接入工作基本完成。年底，全系统省、市、县（区）三级网络及主机设备的安装调试基本完成，广域网架构已基本成形，实现了网络的互联互通。

5. 业务软件开发工作基本完成，测试试点稳步推进。到去年底，包括登记注册、企业监督管理、广告管理、商标管理、合同管理、案件管理、市场管理、统计报表、查询等9个子系统的工商新业务软件，都已完成了设计开发测试工作。业务软件的试点工作正在逐步推进，其中登记和监管软件已经在省局和南京、常州和扬州三个市局投入试运行，其他条线业务软件的试点也已经列出了时间表，从2002年5月起将全面展开。

6. 档案电子化、数据初始化、“经济户口”管理工作取得初步成效。全省工商系统的企业登记档案扫描录入工作2001年取得了阶段性的成果，到年底90%的实物工作量已经完成；企业登记监管数据初始化工作正分批在各级局开展，前两批的市已经基本完成，第三批四个市正在进行中，完成上述两项工作，预计资金投入量将达到3000万元。“经济户口”软件开发工作即将结束，下一步将在常州、扬州等地进行试点，待成熟后在全省范围推广应用。

【组织机构】

早在2000年，通过充分有效的宣传发动，在思想上，以信息化积极促进监管规范化、努力实现工作标准化，带动工商行政管理事业上台阶、上水平业已成为整个江苏工商系统的全员共识。信息化建设作为上上下下公认的“一把手工程”，也在实际操作中得到了切实贯彻。各级局都有专门的信息化领导小组来领导这项工作，局长是组长，局其他领导和各业务部门负责人都是小组成员，同时指定一名分管副局长牵头专抓此项工作，保证了整个信息化建设的协调运作和有序推进。

省、市两级工商局信息中心是信息化建设的具体工作机构，直接负责协调处理在信息化建设中涉及到的各类问题。省局信息中心2001共选调录用了3名同志充实信息化建设力量，各市局信息中心2001年分两批共引进了近50名技术人员，建立了一支稳定的专业技术人员队伍。区县工商局尽管没有成立信息中心，但为了保证工作的顺利开展，都按照统一要求专门配备了一名专业技术人员挂靠办公室，专职参与这项工作。

【工作部署】

意识到信息化建设工作的复杂性和艰巨性，江苏省工商系统着力研究信息化建设过程中可能遇到的各类矛盾和问题，寻找难点、确立重点，有针对性地对工作进行及早的科学部署，保证了各项工作在并行推进的同时能确实做到有条不紊。

1. 成立专门的工作组负责专项事务

2001年7月，江苏省工商局成立了用户设备组和用户软件推广组。8月份又专门下发了局文件，规定省各直属局、县级局都要迅速成立相应的工作小组。其中用户设备组的主要工作包括：负责本局现阶段所有设备的日常维护；认真做好省局项目设备组布置的各项工作；在完成省局组织的设备培训工作的基础上，做好本局及下属局其他管理人员的培训工作；配合电信进行线路接入的施工；做好下发设备的交货清点签收、配合协助供货商做好设备的安装调试、设备试运行状况的跟踪记录、设备的最终验收及系统集成工作；做好供货商对用户现场培训的组织安排并负责上述各个环节有关手续的办理。软件推广组的主要工作包括：负责本局业务软件的推广实施工作及现阶段日常维护；认真做好省局项目软件组布置的各项工作；在完成省局组织所有培训工作的基础上，做好本局其他操作人员的软件使用培训工作；提供本单位原有的软件、数据及技术文档，并根据数据迁移计划组织实施好本局数据补充和录入工作；在实施现场提供必要的实施环境、场地、工作配合；认真填写试点运行报告，积极准确反映所发现的问题。

对组成人员数量和结构，文件也作了定量和定性要求，省各直属局用户设备组人数不少于3人，用户软件推广组人数不少于5人（其中计算机人员2人，业务部门3人），各县级局的用户设备组人数不少于2人，用户软件推广组人数不少于3人（其中计算机人员1人，业务部门2人）。由于上述两组人员所涉很多工作是并行关联开展的，故文件同时规定了两组人员不得重复兼职，并受一名分管副局长统一领导。

2. 规范岗位职责，目标层层分解，任务落实到人

参考一些成功经验和江苏工商信息化现状，去年江苏省工商局还以局文件的形式，对涉及信息化建设的有关岗位进行了明确的职责界定，出台了包括《系统安全管理制度》、《机房管理制度》、《系统管理员职责》、《网络管理员职责》、《数据库管理员职责》、《微机操作人员管理内容》等六项细化的管理制度。对涉及到信息化建设和应用的每个岗位、岗位上的每个人都有具体的规定。在部署数据初始化和软件切换时，系统规定了“谁登记谁录入、谁检查谁录入、谁处罚谁录入”原则，明确数据录入责任，同时将这些工作列为年度目标，定期检查进展情况，并切实加强考核。

【信息技术应用】

江苏“数字化工商”系统由“内部业务网”、“信息服务网”、“对外协作网”和电子身份认证中心构成，在硬件上它是由20台小型机、300多台服务器、近7000台PC机以及大量网络设备和相关设备所组成的一个庞大网络，要管理好如此众

多的硬件资源，除了在制度上予以规范外，手段上借助可靠先进的技术也是必不可少的。2001年，通过广泛的研究和论证工作，江苏“数字化工商”系统采用了美国CA公司的资源管理工具——Unicenter。它具体包括如下五个功能模块。

1. 网络系统监控（NET & SYSTEM MANGER）

CA的NSM通过Common Service基础架构，由各种Agent完成对各种资源的监控操作。监控管理是由规则（POLICY）实现的，NSM自行带有许多“Out－of－Box”的规则，工商系统的各种监管要求可以利用这些规则，在系统的主控台上统一集中完成。

NSM提供丰富的监控内容，利用操作系统代理（OS Agent）可对操作系统的资源监控，包括CPU的利用率、交换空间（Swap Space）的利用率、虚拟内存（Virtual Memory）的使用率、文件系统（File system）使用率等；利用进程监控代理（Process Agent）可以实施进程的实时监控，以及出错时自动回调等。NSM对江苏省工商系统业务服务器操作系统的运行的监控、分析包括操作系统运行的总体状况监控和系统运行性能的详细分析两部分。对被监控对象可进行阀值设定，而且所有的设置都可由Unicenter的图形界面（GUI）完成，一旦对象在运行过程中某项指标超过设定阀值，系统就会按照预先定义的报警和排障操作进行处理。

2. 病毒防护（KILL安全胄甲）

江苏工商系统采用的KILL安全胄甲是针对网络上的防病毒解决方案，它提供对病毒的全面防护，一是防止病毒的侵入，二是控制病毒的传播途径，三是清除已入侵的病毒。这些功能通过实时监控和本地扫描两个杀毒引擎实现。KILL的防病毒策略可以集中在Manager端定制，网络管理员可以将这些策略一次性推到Agent端，Agent端每次扫毒完成后将有关情况报告到Manager进行汇总分析，给出相关报表。KILL病毒特征码的升级也提供了很多途径。由于江苏工商系统出于系统安全性的要求，只保留了一个公网出口，所以方式上选择了用一台与内网隔离的机器到外网下载特征码，再将之导入内网上的病毒升级服务器，采用PULL的方式，在网络空闲时间向下一直到PC机逐级分发。只要PC用户以系统约定的特定的身份登录本地域（LOCAL DOMAIN），系统就会自动运行一段定制的脚本文件，启动KILL的安装程序，实现客户端KILL的自动安装。

3. 远程控制（ROMOTE CONTROL OPTION）

RCO可以帮助江苏省工商用户将远程的计算机屏幕抓取过来，并可接管键盘进行操作。用户可以通过巨域网络和拨号等方式进行控制。它还可以作为一个中心点，同时访问多个用户。利用其独有的“录像”功能，能保存有关操作的视频记录。RCO还可以方便地与Unicenter集成，实现集中管理功能。利用RCO的这些功能，工商新业务软件的调试修改工作都实现了远程开展，节约了大量的人力和财力。

4. 文件分发（SOFT DELIVERY OPTION）

为了解决面广量大的软件推广应用任务，江苏工商系统引入了CA的SDO工具。它支持Windows NT/2000、Windows95/3.x、Netware、OS/2、UNIX等多种平台和网络通信协议，支持全网分发和定时分发，并自动对分发内容进行压缩，可以采用PUSH和PULL两种模式，使系统管理员集中控制系统内IT环境中应用程序、数据文件和操作系统的分发、安装、卸载、更新和版本维护。

5. 数据备份（BRIGHTSTOR ENTERPRISE BACKUP）

CA的BEB是一个技术先进的数据备份工具。它提供了全方位的数据保护方法，体现在对异构平台和各种流行数据库的支持，它还提供了简捷快速的灾难恢复手段，可以在无须重新安装操作系统、应用程序的状态下，以简单的几个步骤直接将此损坏的系统在最短的时间恢复原状。BEB提供友好的JAVA管理界面，用户通过这种管理界面可以方便地实现对数据备份策略、备份设备、备份介质、事务状况的管理。BEB还具有良好的扩展性，支持SAN架构、NAS架构和无主机备份。

【重要措施和经验】

1. 信息中心要有合理定位，配好带头人，建好队伍

政府机关面临着转变职能，提高效率的客观要求，信息化必然在这个过程中发挥积极作用。而作为实现这种转变的具体工作部门，传统的认知往往产生误导作用，使信息中心仅仅被作为一个单纯的技术部门来看待。随着信息化技术的快

速发展，信息化内涵的不断丰富，信息化进程的持续演进，相应的也对其在信息化建设中所应发挥的作用提出了新要求，信息中心工作必然涉及很多具体业务及很多部门，有很多的协调工作要做。所以在信息中心的定位上，在人员的安排上，特别是负责同志的配备上都要有前瞻性和权威性。江苏省工商局明确规定：全系统涉及到信息化的所有项目都要由信息中心参与，所有信息化工作都要围绕信息化建设总目标展开，服从并服务于“数字化工商”这个基础工程，一方面要确保兼容，另一方面坚决杜绝重复投入，信息中心要做到技术上扎口，费用上把关，以此保证技术的先进性和投入的有效性。江苏工商信息化建设的本质就是统一规范工商各项业务流程，综合利用工商业务数据信息，使资源状态转封闭为开放、变独有为共享，实现综合利用，这是一项业务性、政策性很强的工作，体现在规范后的业务流程必须是符合有关规定要求、切于实际，可操作性好，数据资源在开发利用的同时，要掌握政策，符合保密要求。信息中心所做的工作，正是在工商具体业务和应用技术之间架设一座桥。江苏省工商局为信息中心调派的负责同志有多年的业务工作经验，熟悉工商法律法规，而且具备很强的协调能力，同时对技术有一定的了解，这就较好地拉近了业务与技术之间的距离，在两者之间出现矛盾时很容易找到问题关键所在，予以协调解决。去年江苏工商还建立了一支专业技术队伍，为整个信息化建设提供了可靠的技术保障。

2. 做实基础工作，确保系统运行质量

2001年，江苏工商系统投入了大量的人力和将近三千万元的资金做两件事，一是数据的初始化，二是档案的电子化扫描输入。目的是将全省60万户企业登记数据，150万户个体登记数据，商标、广告、合同监管数据、经济案件数据及其他奖惩信息全面录入计算机，将所有企业登记档案扫描以后，以图文形式在计算机中永久保存。之所以花大力气做这些基础性工作，江苏工商系统作了充分的调研和考虑，简单讲就是要统一工商业务数据格式，保证数据质量，从整体上提高资源共享和档案管理的水平。对一个成功的信息系统而言，拥有丰富的数据资源作支撑是必须的，否则网络再宽，设备再好，也只是摆设。“数字化工商”系统之所以要建网络上软件，根本目的还是落脚于规范地记录、处理并开发利用大量丰富的工商业务数据。通过做数据初始化、档案电子扫描录入这些基础性工作，就可以使数据资源在合理规划的条件下，在格式上做到统一，内容上确保完整，为后面的综合开发利用打下坚实的基础。

3. 切实加强管理，提高科学管理水平

信息化建设有“三分技术、七分管理”的说法，在实践中，江苏工商系统也确实感受到了这句话的道理所在，并在具体工作中采取了一系列的举措来解释对此的理解。在工程开始时提出了“六统一”原则，要求全系统做到“统一领导、统一规范、统一标准、统一投资、统一施工、统一管理”。在项目建设过程中，系统坚持“先试点，后推广；先规范，后施工”的原则，在一项具体任务完成后，坚持“谁施工，谁负责；谁检查，谁负责；谁签字，谁负责”的要求，保证每项工作的开展都具备充分的初始准备、完善的过程监控、有效的协调措施、健全的责任机制，把许多表面上相对分散的管理内容整合为一个有机统一的管理体系，为各项任务的圆满完成在管理上提供了可靠的保障。

【存在问题和解决问题的思路】

1. 系统内计算机应用水平仍待提高

通过2001年形式多样的培训教育活动，江苏工商系统整体上在计算机应用能力方面确实有了长足的进步，绝大部分同志都通过了计算机操作登记考试，达到了上岗的基本要求。但可以预见，这种进步还不能完全适应信息化整个全局的要求。工商业务重新调整整合后，各条线能否把切换上去的新业务软件用起来，按照规定的流程规范使用好，并在使用过程中提出好的意见和建议，来帮助新软件在不断的磨合中走向完善和成熟，这是各项工作中的重中之重。今年，江苏工商系统把新业务软件推广应用之前的培训工作进行了周密部署，业务软件以条线为单位，测试与试点工作交叉并举，通过测试后，在形成试点经验的基础上，由开发公司和条线负责处室共同组织培训。培训方式上，根据不同软件的特点，或集中进行，或组成专门小组巡回讲授，务求使每一个具体操作人员都能把新软件用起来，并且用熟用好。

2. 专业技术队伍业务素质也待增强

从2001年信息化建设过程来看，江苏工商系统所建立的一支专业技术队伍能基本适应建设要求，完成好各项任务。但展望日后的发展，特别是系统建成以后所必然面临的大量繁重的维护任务，如何保证这样一个组成多样，结构复杂，同时稳定性要求又极高的系统的正常运转，特别是怎样依靠自身力量解决遇到的各类具体问题，这是一个非常现实的问题。江苏工商系统在这方面未雨绸缪，今年采取了和正在采取一序列举措来做好这方面的工作。一是从制度上保证和完善。今年制定了一套完整的故障报修程序，省局设立了专门的报障电话，并配备了专人值班，理顺了故障处理程序，确保问题出现以后的快速反应。二是将常见故障及其排除方法条目化，形成一本小册子，分发到相关人员手中，使常见故障即时就地解决。三是切实加强专业培训。在2001年几次初、中级培训的基础上，按照有关合同及江苏工商信息化建设的要求，今年将组织骨干人员进行五次有针对性的高级培训活动，有些项目还要组织人员参加认证考试，使队伍形成积极向上的技术学习和钻研氛围，形成各个专业方面具有鲜明特点的专业技术核心。

【系统展望】

在信息化网络建设基本完成后，江苏省工商系统将以信息化建设的推进为契机，全面推动工商行政管理工作上台阶、上水平，以信息化带动管理的科学化、规范化，最终实现标准化，建立一套以计算机管理为手段，以“经济户口”管理为中心，以12315投诉举报网络为纽带，以实施企业失信约束惩罚机制为依托，对市场主体实施上下联动的监督管理新体制。

1. 面规范工商行政管理各项业务，促进管理上水平

首先，促进管理科学化。通过新软件的开发和推广应用，将工商各业务部门的职能进行了必要的整合，将市场主体检查工作下移至工商所，在全省推行“经济户口”管理，并通过计算机落实市场主体的检查任务，将市场主体登记、检查、处罚等结果录入相关计算机，按照“谁登记，谁录入；谁检查，谁录入；谁处罚，谁录入”原则，从制度上确保登记监管信息得到及时维护更新。

其次，促进管理规范化。在工商新业务软件中设定了各项流程控制措施，以确保每项具体业务处理过程的准确性。从而使各项管理业务在全省形成统一的管理模式和要求，最大限度地减少了执法的随意性。

再次，促进监管职能进一步到位。传统的监管手段，特别是简单的手工方式，由于各地、各部门之间信息交流不畅，往往使工商一些监管职能不能履行到位。比如依照法律法规的规定，破产企业和因违法被吊销执照的企业，其法定代表人负有责任的，三年内不能再担任任何企业的法定代表人，但过去因为没有信息网络，数据不能共享，造成甲地被吊销执照企业的法定代表人，到乙地企业又担任法定代表人。现在，全省网络互联、并且全国互联，系统将每一个市场主体的各类信息汇聚到户口信息中，一旦市场主体的违法行为被查处，就会在相关数据库中增加一条记录，对有严重违法行为且屡教不改的，更将其列入“黑名单库”，进行重点监管，各地通过网络均可以查询到每一个市场主体的状况，这就为监管职能的进一步到位提供了保障。

2. 建立市场主体“经济户口”数据库，促进服务上水平

工商行政管理机关依法肩负着对各类市场主体的监督管理任务，通过对各类市场主体的登记、年检、检查、处罚等形成了大量的监管信息。以这些信息为依托建立市场主体“经济户口”数据库，不仅可以为国民经济的宏观决策、市场主体的交易安全，以及执法部门的监督管理提供基础，还可以及时、准确、快捷地为社会提供信息征信服务。随着社会主义市场经济体制的不断建立与完善，加入WTO后面临的新形势，客观上也要求我们加速政府职能的转变。本着这一想法，系统将各类企业的登记事项、年检、商标、广告、合同、消费者投（申）诉、检查、处罚等各类信息录入计算机，并建立了一整套数据录入、维护的制度，保证数据的准确、及时。由于有了对数据资源统一的高起点规划、高质量维护，工商部门既可以为宏观经济管理部门提供一个行业、一个地区的企业发展信息，又能为监督管理部门提供企业监管信息，还能为企业和消费者交易提供有关信息，从而可以不断提高工商系统的服务水平，体现为经济发展服务的根本宗旨。

3. 速建立工商系统企业信用监管体系

目前，企业及个人的信用失落已经成为影响我国经济健康发展的一个重要因素，制假造假活动十分猖獗、不履行合同现象比比皆是。要从源头上遏制各类失信行为的发生，还需要不断加大执法力度，努力促进社会信用体系的建立。江苏工商系统将充分利用工商系统信息化网络建设和市场主体“经济户口”数据库建设的有利时机，抓紧建立工商系统企业信用监管体系，将市场主体的奖励信息和失信处罚信息进行记录，并对外公布。同时，对有严重失信行为的企业进行制裁，在一定时间内限制其经营行为，并实行重点监控，建立一整套约束惩罚机制，从行政处罚、约束控制相关行为，为经营者、消费者提供预警信息等三个方面，对严重失信企业实施全方位制裁，让失信企业付出代价。

今后江苏省工商局将定期公布受奖企业、严重失信企业及重点监控企业的名单，让全社会共同关注、监督，把政府部门的行政监管扩大为社会化的大监管，消除失信企业赖于生存的土壤，使它们在市场上寸步难行。

【2002 年“发展目标”及主要任务】

2002 年是江苏工商信息化建设的决战之年，总体目标是以信息技术为手段，以全省联网为基础，以数据初始化、业务培训和软件的推广应用为重点，以数据资源共享为纽带，初步形成“经济户口”和企业信用动态数据库，并通过对数据库的开发利用，进一步提高工商行政管理工作水平和对外服务水平，树立工商执法的新形象。2002 年要着重完成好以下四项任务：

1. 全面完成全系统的联网集成和与国家工商总局的专线互联工作，形成纵向畅通，横向关联的网络。

2. 全面完成全省 60 万家企业、160 万户个体工商户登记数据、监管数据及奖励数据的初始化录入工作。

3. 完成各项业务培训及软件的推广应用工作，初步与有关部门建立企业信用数据交换关系。

4. 开通企业信息服务网站，建设 12315 投诉举报系统，内部 IP 电话系统及省市视频会议系统。　　（董涛）

江苏省国土资源信息化发展概况

【基本概况】

江苏省国土资源厅是由原江苏省国土管理局和原江苏省地质矿产厅合并组建而成，是主管全省土地资源、矿产资源等自然资源的规划、管理、保护与合理利用的省政府组成部门。省国土资源厅对省辖市人民政府国土资源主管部门实行业务领导。按照省委、省政府要求管理江苏省测绘局，代管江苏省地质勘查局和江苏省有色金属华东地质勘查局。

江苏省国土资源厅自 2001 年初正式运作以来，将国土资源信息化建设作为 2001 年国土资源厅重点工作来抓，把国土资源信息化建设作为国土资源管理基础业务的突破口。以往的国土资源信息化建设分别在全省土地管理部门和矿产资源管理部门进行，在硬件方面经历了计算尺、袖珍计算器、电子管计算机、大规模集成电路的台式个人计算机，到基于 PC 级服务器、高档服务器、小型机服务器的局域网应用、广域网应用、国际互联网应用等；在信息技术应用方面历经从数值计算、文字处理、简单的数据库和计算机制图等单一功能的应用，到基于地理信息系统软件平台和大型数据库平台的网络化综合业务管理信息系统的应用；其应用范围从局部小范围使用到大面积推广应用，已经取得了较好的社会经济效益。土地利用现状调查信息系统、地籍管理信息系统在地籍管理各项业务中的应用面达 90%以上，使地籍管理业务摆脱了大量繁杂的手工操作，极大地提高了工作效率和工作质量；土地定级估价信息系统在城镇土地的定级估价中发挥了积极作用，促进了全省地价体系的建立；农用地分等定级工作正在积极试点、稳步推开，其信息系统也已同步开发和投入应用；土地利用规划管理信息系统正在试点单位投入使用并已取得良好的效果；建设用地审批信息系统已开始试运行，即将在全省全面投入应用；探矿权管理信息系统、采矿权管理信息系统、矿产储量管理信息系统、矿山资源开发利用统计年报系统等已在省、市、县的矿政管理工作中得到普遍使用，取得了良好的成效。各省辖市国土资源管理部门在国土资源业务软件的开发、应用中做了大量的工作，积累了不少经验，为全省国土资源信息化建设和全面推广信息技术的应用创造了条件。

2001 年，全省国土资源管理部门在信息化建设方面加大了投入力度。据不完全统计全省各级国土资源管理部门共投入 5500 余万元用于国土资源信息化建设；省、市、县各级国土资源管理部门共拥有计算机设备约 2000 台（套），其中联网计算机总数约 1200 台，大型图形输入输出设备约 130 台（套）。江苏省国土资源厅 2001 年投资 400 多万元用于厅机关信息网络和江苏省国土资源厅网站建设、以及厅机关计算机设备的更新，按照国家有关要求将厅信息网络分为内部局域网（内网）和外部局域网（外网），并严格实施了物理隔离。并积极筹划与省政府、国土资源部联网。目前拥有台式计算机近 80 台、手提计算机 30 多台、服务器六台、中心交换机两台、楼层交换机 12 台、打印机 10 多台等；机关局域网的建成将使每个工作人员拥有内网和外网两个独立的信息点；江苏省国土资源厅网站经过改版已于 2001 年 10 月份正式向社会开通，由 64KDDN 专线转用 100M 共享宽带城域网接入国际互联网。目前，全省 13 个省辖市国土资源局已建机关局域网的有 12 个市，有 6 个市已建国土资源互联网站；县（市）级国土资源局建立机关局域网的约有 35 个县（市）；建立网站的有 6 个县（市）。

【组织机构】

江苏省国土资源厅在成立之初，厅党组就对信息化工作给予了高度的重视，把国土资源信息化建设作为国土资源基础业务建设的突破口，针对江苏省国土资源系统信息化建设发展不平衡、缺乏统一领导、统一标准和各自为政的现状，江苏省国土资源厅提出了加强全省国土资源信息化建设工作的统一领导、统筹规划、统一标准的要求，于2001年3月份成立了江苏省国土资源厅信息化领导小组。杨任远厅长任组长，王明祥、张洪甫、刘聪副厅长任副组长，成员由杨任远、王明祥、张洪甫、刘聪、吴震强、缪晓山、李闽、曹志文、姜正杰、孙治淮、李如海、刘正平、祖跃升、郑锡泉、崔德庚、邓中华、钱智敏、胡复生等十八名同志组成。领导小组办公室设在厅科技处，范广勤同志兼任办公室主任，李锋同志兼任办公室副主任。厅信息化领导小组负责贯彻落实省政府、国土资源部信息化工作的方针、政策和规划；审议国土资源信息化工作方针、政策，确定信息化建设的指导思想、目标和任务；审定国土资源信息化工作规划和国土资源信息系统建设总体方案；负责国土资源信息化建设中的关系协调和重大问题的决定；审定各省辖市国土资源信息化工作规划与信息系统建设总体方案；监督、检查国土资源信息系统建设进度和应用效果。领导小组办公室是厅信息化领导小组的办事机构，负责组织落实信息化领导小组的决议，负责全省国土资源信息化工作日常组织与管理，承办信息化领导小组交办的其他工作。

江苏省国土资源管理部门信息化工作在省、市、县三个层面开展，全省国土资源信息化工作由省国土资源厅科技处归口行政管理。省国土资源厅信息化领导小组负责全省国土资源信息化规划和领导，领导小组办公室设在厅科技处，负责信息化领导小组的日常事务处理。省级国土资源信息化建设机构为江苏省国土资源信息中心，于2001年底由省政府批准成立。13个省辖市大部分已成立了一把手局长为组长的信息化领导小组，南通、扬州、连云港、镇江等9个市国土资源局成立了市级国土资源信息中心作为本级国土资源信息化建设机构，其余的正在筹建中；部分县（市）国土资源局相应成立了信息化领导小组，江都、东台、东海等县（市）成立了县级国土资源信息中心作为本级国土资源信息化建设机构。全省国土资源信息化领导组织机构体系初步形成，省国土资源厅明确要求省辖市在2002年底完成组织机构体系建设，为江苏省国土资源信息化正常、有序开展提供组织机构保障。

【加强调研考察、进一步开拓思路】

为了开拓思路，学习国土资源信息化先进省、市的经验，4月下旬江苏省国土资源厅地籍处、财务处、科技处有关负责同志在分管副厅长的带领下，分别对广东深圳市规划国土局和辽宁省国土资源厅的信息化建设情况进行了考察取经，学到了许多宝贵的经验。在考察报告中结合江苏的实际情况，提出了尽快成立厅信息中心等一系列建议。杨任远厅长和张洪甫副厅长对此非常重视，在看了《赴广东深圳、辽宁考察信息系统建设考察报告》后，做了重要批示：一是要加快启动我厅的信息化建设，争取后来居上；二是抓紧成立信息中心，争取编制、争取经费、落实办公地点；三是在省内外考察的基础上，尽快制定切实可行的规划和实施方案。在厅信息网络（局域网）建设方面，提出了较高的要求，对成立信息中心非常重视，多次与有关厅局进行沟通，力争早日获得批复。

【信息化基础设施建设】

1. 局域网建设

省国土资源厅杨任远厅长对国土资源信息化建设的认识十分到位，对加快开展国土资源信息化建设作了多次批示，明确提出要争创全国一流水平。并根据省国土资源厅信息化建设滞后于市、县的现状，决定在调查研究的同时，首先要把厅机关的信息化基础设施——局域网建立起来，为今后应用系统奠定基础。2001年3月份省国土资源厅组织有关人员，聘请有关专家，在广泛征求意见的基础上，编制了《江苏省国土资源厅机关局域网、政府网站建设规划》，向省财政申请了省厅国土资源信息化专项经费。

8月份开始根据《江苏省国土资源厅机关局域网、政府网站建设规划》，对办公地的网络布线以及信息节点的分布情况进行了调研，邀请有关专家一起进行实地考察、了解情况；对网络系统集成如何进行政府采购的程序做了了解。国土资源厅机关各处室大力配合，组织相关人员到省财政厅、省级机关事物管理局、省保密局等有关单位，了解政府招标、标书制作、网络安全等方面事宜，还到了有关厅局了解局域网建设情况。同时还与国土资源部信息化领导小组办公室保持联系，得到了信息办的指导。针对国土资源厅还未成立信息中心这一现状，邀请了南京市地籍信息中心等有关专家组成了国土资源厅局域网筹建技术小组，结合国土资源部的有关要求，共同探讨国土资源厅局域网建设中的软硬件配置、应用软件的开发等有关问题。在前面工作的基础上，与多家网络系统集成商进行接触，了解情况，反复论证，编制了《江苏省国土资源厅信息网络建设实施方案》（初稿），在多方征求有关专家意见以及多次在厅机关各处室征求意见，对方案进行修改形成了《江苏省国土资源厅信息网络建设实施方案》（论证稿），于9月4日邀请解放军南京理工大学、江苏省信息产业厅、南京大学、省农林厅、省交通厅、省保密局等单位的有关专家以及国土资源厅机关有关处室对方案进行了认真论证，根据专家意见对方案进行了调整修改，在国土资源厅有关处室和直属单位的大力配合下，形成正式方案以及工作时间报表上报财政，被省财政厅批准列入第四季度政府采购计划。在标书制作、发标、开标、乃至工程的实施阶段，国土资源厅与省级行政机关政府采购中心积极合作，配合编制了标书的技术要求部分；2001年10月正式发标后按照有关程序，配合省级行政机关政府采购中心安排各购标公司到实地勘察和集中答疑。2001年11月30日正式开标，通过评标委员会认真讨论，最终根据打分结果，确定江苏东大金智软件股份有限公司、江苏宏图高科、南大苏富特软件股份有限公司为第一、第二、第三中标单位。按照有关程序，国土资源厅经过对公司的考察、采购中心核准，确定第一中标单位江苏东大金智软件股份有限公司为中标单位。12月上旬与江苏东大金智软件股份有限公司正式签订合同并开工实施。

2. 政府网站建设

省国土资源厅在原省地矿厅免费租用南京电信64KDDN专线以及“江苏地矿”网站的基础上，与省多媒体通讯局续签了2001年继续免费租用64KDDN专线的协议，着手对网站进行改版。按照南京市公安局以及《中华人民共和国计算机信息系统安全保护条例》、《计算机信息网络国际联网安全保护管理办法》的规定要求，于2001年2月到公安部门进行了网站登记备案并由“江苏地矿”更名为“江苏国土资源”。改版工作在广泛征求厅机关各处室意见的基础上，进行多次修改和内容充实，10月上旬江苏省国土资源厅网站正式开通，域名为www.jsmlr.gov.cn。江苏国土资源网站主页设有机构设置、政策法规、国土资源规划、土地资源管理、矿产资源管理、地质环境管理、执法监察、科技与对外交流、队伍建设、土地市场、动态新闻、公告通告、服务指南、厅长信箱、信访之窗等栏目。公众可通过网络方便地获取江苏省国土资源厅机构设置、职能以及所属事业单位的信息，了解江苏土地、矿产、环境地质等自然资源状况，了解江苏国土资源工作动态、地方性政策法规、对外交流、土地市场等信息。为了方便群众办事，网站设置了服务指南和信访之窗两个栏目。信访之窗是专门为社会公众和案件举报人设立的，社会公众和案件举报人可以通过因特网，将上访的内容或举报的问题发送到该信箱内，有关部门通过此信箱获取信息，做出相关处理。为全省国土资源信息服务于社会打下了基础。

3. 全省国土资源信息交换体系、数据中心建设

为确保国土资源信息系统的整体一致性，必须大力推进全省国土资源信息交换体系建设。江苏省国土资源信息交换体系建设包括网络系统建设和数据中心建设两方面的工作，是全省国土资源信息化体系的重要组成部分。全省国土资源信息化体系建设的基本构想是：通过国土资源调查评价主要业务流程的信息化和调查评价成果的数字化，建立基础地理、土地、地质矿产等方面的基础数据库。以基础数据库和网络为依托，以国家标准、行业标准、政策和信息化建设机构、人才为保障，建立省、市、县各级国土资源政务管理信息系统和信息服务系统，并通过全省国土资源信息交换体系，把各级信息系统联接成为全省统一的整体，形成全省统一的国土资源政务管理信息系统和信息服务系统。通过全国国土资源信息交换体系，将江苏省国土资源信息化体系并入全国国土资源信息化体系，实现全国国土资源系统统一的整体运行。

数据中心是信息交换体系的主体。数据中心既是全省国土资源信息交换体系的节点，也是省、市、县各级国土资源政务管理信息系统和信息服务系统的中枢。既承担省与国家国土资源部的数

据交换任务，又承担为本级国土资源政务管理信息系统提供统一的基础数据源；数据中心对各种国土资源基础信息进行统一存储、管理与维护，为国土资源政务管理信息系统各应用子系统提供统一的软硬件环境，避免各应用子系统自建一套数据库，保证国土资源管理各部门之间的数据一致性共享和信息系统的整体性。数据中心建设要有强有力的技术和政策措施，以确保建设工作的顺利实施，保证数据的及时汇交、更新与使用，实现国土资源信息在现代化网络条件下的有序、快速传递。江苏省国土资源厅计划在2002年底之前初步建成省级数据中心。数据中心建设按照国土资源部的统一要求进行，建设安全、稳定的运行平台，收集、整理和加工各类相关数据，并通过信息交换体系向各应用部门提供良好的数据服务。

全省国土资源信息交换体系和数据中心的建设是在省国土资源厅的统一规划、统一领导下，省、市、县三级按照统一的建设方案进行。江苏省13个省辖市国土资源局和有关事业单位按照建设要求，开展本地区、本单位的信息交换体系和数据中心建设。

【信息技术应用与交流】

1. 采矿权、探矿权管理信息子系统实现全国联网并在全省推广应用

国土资源厅按照国土资源部的统一部署，分别于3月份和5月份完成了矿业权管理信息系统的探矿权管理子系统和采矿权管理子系统的专用设备安装调试、软件安装调试，以及江苏省探矿权、采矿权数据库的转换和局域网联网调试；通过电话拨号实现了全国采矿权、探矿权管理信息系统的联网工作，提前完成了国土资源部的计划安排。11月江苏省国土资源厅在江阴市召开了13个省辖市国土资源局及部分县（市）国土资源局参加的“全省采矿权管理信息系统暨2001年度矿山统计年报工作会议”，在全省推广采矿权管理系统，对各市国土资源局及部分县（市）有关人员进行了计算机基础知识、网络基础知识的培训讲课以及采矿权管理信息系统使用的辅导。同时还部署了江苏省采矿权管理子系统在省辖市及部分县（市）的推广使用工作。

2. 土地定级估价信息系统的开发应用

省国土资源厅成立前原省国土管理局与南京师范大学早在1992年就合作研制了《土地定级与基准地价更新信息系统》第一版，经过大面积推广使用，利用该软件完成了江苏省80%的土地分等定级估价工作。随着新一轮国土资源大调查的开展，对城镇土地分等定级与基准地价更新应用提出了更高的要求。为了适应新的形势要求，江苏金宁达土地评估有限公司对该软件进行了升级开发。升级后的软件由原来Windows3.1操作系统更换为Windows98/WindowNT以上操作系统，运行模式由原来的单机模式升级为分布式网络环境模式，图形操作平台由原来的图形管理系统升级为GIS平台，在功能方面不仅适应城镇土地单一用途的定级估价，还可满足城镇土地分用途定级估价的需要。

3. 建设用地审批管理信息系统的开发

为了满足江苏省建设用地申报审批业务工作的需要，明晰申报审批流程，规范审批行为，优化管理模式，提高工作效率，促进审批监督、共享信息资源，推进依法行政、政务公开和廉政建设，提高建设用地审批管理水平。江苏省国土资源厅与南京国图信息工程有限责任公司共同开发了“江苏省建设用地审批管理信息系统”软件，经过反复论证和不断充实完善，该软件系统已经进入测试试用阶段，2002年验收并正式投入使用。

4. 国土资源信息化工作会议及信息化工作交流

2001年11月3日，国土资源部在深圳召开了全国国土资源信息化工作会议。这是国土资源部第一次召开全国性的信息化工作会议。会议总结了近年来的国土资源信息化工作，提出了国土资源信息化工作的奋斗目标和主要任务，明确了信息化建设的工作思路。这次会议的主要目标是要进一步提高认识，统一思想，明确工作发展思路、奋斗目标和主要任务，全面推进国土资源信息化建设。会议的主要任务是：贯彻落实《国土资源信息化“十五”规划和2010年远景目标（纲要）》，研究讨论《全国国土资源政务管理信息系统与信息服务系统建设总体方案》，交流信息化工作经验，进一步明确“十五”期间国土资源信息化建设的指导方针、原则、目标和任务，统一部署全国国土资源信息化工作。会议期间，田凤山

部长作了重要讲话，鹿心社副部长作了工作报告，国家计委、科技部、信息产业部等有关部委的领导同志到会指导，八个省、市国土资源厅（局）的代表在大会上作了典型发言。围绕《规划纲要》的贯彻落实，与会代表认真学习田凤山部长和鹿心社副部长的讲话精神，交流了经验、研讨了问题、筹划了未来，还现场考察了深圳市规划国土信息化工程。

国土资源部信息化领导小组办公室继召开西南——西北地区；华北——东北地区省级信息化建设研讨会后，又于2001年5月24日至26日在山东省青岛市召开了“中南——华东地区省级信息化建设研讨会”，国土资源部信息办、中南、华东各省、市、计划单列市及青岛市有关领导约60余人出席会议。国土资源部信息化领导小组办公室、国土资源部信息中心分别介绍了《国土资源信息化“十五：规划和2010年远景目标（纲要）》和《国土资源政务管理和信息服务系统建设总体方案》编制思路，同时还介绍了《全国国土资源主干网建设总体框架和思路》、《国家级地政与矿政管理信息系统建设现状与进展》等；与会代表对《国土资源信息化“十五：规划和2010年远景目标（纲要）》和《国土资源政务管理和信息服务系统建设总体方案》进行了认真讨论并提出了修改意见；各省市进行了工作交流。

8月中旬，国土资源部国际合作与科技司、国土资源部信息中心来江苏进行“信息技术在国土资源领域里的应用”专题调研，先后去了扬州市、江都市、南京市国土资源局，并召开了国土资源厅机关各处室有关人员参加的座谈会，就国土资源信息化工作存在的问题和今后工作如何开展等进行了讨论和座谈。国土资源部国际合作与科技司崔岩副司长、国土资源部信息化领导小组办公室查宗详副主任参加座谈并针对江苏省的现状如何加快信息化建设做了重要讲话。

12月上旬，根据江苏省部分市、县开展国土资源信息化工作存在的问题，江苏省国土资源厅邀请国土资源部信息化领导小组办公室查宗详副主任来江苏进行指导，在昆山市进行了调研和座谈；在南通市召开了全省部分市国土资源局参加的信息化工作座谈会，南通市、徐州市、连云港市、盐城市、淮安市、扬州市国土资源局分别就本局的信息化工作现状及今后的工作进行了座谈，对如何搞好江苏省国土资源信息化工作提出了好的建议，刘聪副厅长和查宗详副主任对全省国土资源信息化工作提出了具体要求。

【2002年国土资源信息化工作主要任务】

1.《江苏省国土资源信息化“十五”规划和2010年远景目标（纲要）》、《江苏省国土资源信息化建设总体方案》的编制

省国土资源厅拟于2001年底启动《江苏省国土资源信息化“十五”规划和2010年远景目标纲要》、《江苏省国土资源政务管理信息系统和信息服务系统建设总体方案》的编制项目，根据国土资源部《国土资源信息化规划和2010年远景目标（纲要）》和《全国国土资源政务管理信息系统与信息服务系统建设总体方案》，在对江苏省国土资源管理部门信息化现状和需求进行广泛的调查研究的基础上，结合我省的实际情况制定切实可行的建设规划和实施方案。计划于2002年二季度完成《江苏省国土资源信息化“十五”规划和2010年远景目标（纲要）》、《江苏省国土资源政务管理系统和信息服务系统总体实施方案》的编制。

2. 江苏省国土资源信息中心的组建

在国土资源厅的努力和省政府领导的关怀支持下，江苏省机构编制委员会于2001年12月19日下发了《关于同意设立江苏省国土资源信息中心的批复》（苏编［2001］79号文），同意国土资源厅成立江苏省国土资源信息中心，列人员编制四名。省国土资源厅于2001年12月29日发文决定正式成立江苏省国土资源信息中心。江苏省国土资源信息中心的组建是我厅信息化建设的重要保障措施，国土资源政务管理信息系统与信息服务系统的建设与运行技术含量高、难度大，必须有一支既懂业务又掌握信息技术的队伍。必须采取有效措施，吸纳和稳定一批高素质的人才，并大力开展信息技术培训与交流，提高广大系统操作人员的技术水平和工作效率。2002年要将江苏省国土资源信息中心的建设列入重要工作目标之一。

3. 加强全省国土资源信息化建设工作的归口管理和指导

国土资源政务管理信息系统与信息服务系统是具有内在密切联系的有机整体。为保障省、市、

县级国土资源管理信息系统的高效统一，保证系统的整体性，确保实现国土资源信息共享，提高国土资源管理办公效率，计划2002年加强对全省国土资源信息化建设的管理和指导，加强调查研究，督促各市按照加快国土资源信息化建设的要求，尽快成立信息化领导小组、成立信息中心、完善组织机构的建设，加强人才的培养和引进，积极争取经费，使国土资源信息化建设能够顺利开展。

4. 召开全省国土资源信息化工作会议，贯彻落实全国国土资源信息化工作会议精神

为进一步提高认识，统一思想，明确工作发展思路、奋斗目标和主要任务，全面推进国土资源信息化建设，准备在适当的时候召开一次全省国土资源信息化工作会议，贯彻落实全国国土资源信息化工作会议精神以及《江苏省国土资源信息化“十五”规划和2010年远景目标纲要》，部署全省国土资源信息化建设工作任务。

5. 厅信息网络（局域网）的系统集成、试运行和验收

厅信息网络系统集成政府招标已完成开标和中标单位的确定，已与江苏东大金智软件股份有限公司完成合同签定以及实施阶段，计划到2002年2月10日前完成网络系统集成和试运行并完成第一次验收，到2002年上半年完成最终验收。

与此同时，2001底前制定出计算机、网络及安全知识等内容的培训计划，并结合应用软件的使用作出相应安排。培训分两个层面进行，一是网管人员的培训，二是厅机关工作人员的全员培训。争取在2002年一季度完成对网管人员的培训和厅机关工作人员的一次轮训，以满足我厅信息网络的应用和安全需求。

6. 应用软件的开发

信息化建设的目的在于应用，以此提高工作效率，推进国土资源管理工作的规范化。应用软件的开发应用是厅信息网络建设的根本内容，按照国土资源部的规划、方案要求，我厅主要的应用重点是国土资源政务管理信息系统和信息服务系统。结合我厅目前信息化建设处于起步阶段，应用仅局限在矿业权管理信息系统等实际情况，计划首先开发结合窗口办文的公文流转办公自动化系统，在此基础上逐步开发和扩大应用。

2002年必须做好以下两项工作：一是做好应用的需求调查和需求分析，目前已在着手进行需求调查，力争在网络建成试运行时拿出一个雏形应用软件，在初步应用中逐步对其进行完善。

二是做好业务工作的划分和详细流程，此项工作与需求调查和需求分析同步进行，这对软件开发非常重要，更重要的是通过业务工作的划分和详细流程的建立，可进一步推进我厅业务管理工作的规范化、制度化的建立。

7. 国土资源信息交换体系及数据中心建设

2002年要按照省政府和国土资源部的部署，开展国土资源政务管理系统和信息交换体系以及数据中心的建设。与省政府办公厅建立经常性的联系，尽快与省政府政务信息网联网，通过省国土资源厅——省政府——国务院——国土资源部，实现与国土资源部的联网。与13个省辖市的联网拟采用同样方式，由省辖市国土资源管理部门与当地市政府联网，通过市级国土资源管理部门——市政府——省政府——省国土资源厅，实现与省厅的联网。初步实现全省国土资源信息交换体系省、市两级联网，有条件的县（市）也应与省辖市联网。省级数据中心建设2002年提出方案，按国家有关要求做好软硬件平台的选型调研，选择2～3个县（市）作为1:1万土地利用规划数据库、1:1万土地利用现状数据库建库试点，年底前数据中心初步建成。（李锋）

江苏民航信息化建设工作概况

【中国民用航空江苏省管理局信息化建设工作】

管理局信息化建设工作起步于1990年，开始只用于民航业务电报自动转报系统，信息化工作由局所属的通信总站负责。1992年省局成立了办公自动化信息小组。1997年省局局场分离后，根据不同用途，信息化工作分别由通信总站、省局财务处和基建机场处负责信息化设备的购置、安装、维护、维修和管理工作。经过10多年的建设，局信息化建设已初具规模，主要由办公区局域网、自动转报系统、空管系统三大部分组成。

财务电算化于1998年建成使用，主要有财务处理系统、报表系统、固定资产处理系统。2001年局机关办公楼按照综合布线的规模建立了该局内部局域网，购置了IBM小型服务器，安装计算机25台，实现了机关办公楼内所有计算机通过ADSL专线登录Internet网络的要求。1999年，该局所属通信总站在禄口机场航管楼和办公楼中也建立了办公局域网，该系统以Windowsnt4为操作平台，以文件系统服务为主要运用的单服务器网络系统。解决了办公楼和业务楼之间的资源共享和文件传输问题，同时实现了远程登录功能，提供远程管理和远程数据交换服务，基本满足了本单位办公自动化的初级运用需求。

自动转报系统是1990年安装使用的，其设备为邮电部西安十所研制的BJC-64型自动转报系统，从而结束了多年来使用手工传递电报的历史，大幅度提高了电报传递速度。1997年7月，该系统又得到进一步升级，改用青岛蓝波公司生产的DB/D2型64路自动转报系统，它采用WIN95作平台，界面为全中文屏幕提示，参数修改、收发电报、错情等信息一目了然。2001年已开通46路，每月电报量70余万份。目前，民航江苏地区的自动转报网以南京为中心，连接连云港、常州、南通、徐州、盐城等地，为各机场及航空公司及时提供电报承转业务，为保证信息畅通，确保飞行安全发挥着重要作用。

空管系统是1997年3月陆续建成并开通使用的，它由地调系统、气象情报网络（LAN）、气象情报广播接收系统（WAN）、机场气象自动观测系统、航行情报自动化处理系统5个部分组成。

地调系统是1997年7月正式开通使用的，其功能是自动识别、加工、拍发、收录各类业务电报，自动生成每天航班表，按机型分类自动生成高度和航线走向，自动显示每天的日出日落时刻，提醒管制人员开关夜航灯光设备。航班延误30分钟以上提醒管制人员发延误电报或自动向前方站询问航班动态功能等。主要设备有服务器（SPAER40）、操作系统（UNIX）、数据库（SYBASE）。

气象情报网络（LAN）1997年7月建成开通，主要用于接收处理气象常规业务（如天气图、卫星云图、AFTN报），并通过局域网提供给各业务部门（如空管系统内部、航空公司等单位），具有实时接受、处理、实时分发等自动功能。主要设备有气象卫星接收系统、自动填图系统、航空气象电报查询系统。

气象情报广播接收系统（WAN）1998年10月建成启用，其以北京气象中心、地区气象中心（6个）和全国53个机场组成链接的广域网，采用分布式数据库的方式，收集、处理、传递航空气象情报（如METER报、TAF报、航线重要天气预报和常规气象数值产品等）。主要设备有服务器（COMPAQ486）、操作系统（UNIX）、数据库（SYBASE）。

机场自动观测系统（AWOS）1997年3月建成启用，其功能是自动采集机场（主要以机场跑道为核心的）常规气象要素（温、压、湿、能见度）和航空气象特殊气象要素（跑道视程），通过专用网络，分发给空管系统内部使用单位和航空器，并通过AFTN对外进行航空气象情报交换，是得到国际民航组织（ICO）认证的助航设备。主要设备有MIDAS600、MILOS500、RVR。

航行情况自动化处理系统是 1997 年 10 月启用，其功能是自动接受、发送、应答、处理电报、自动生成明语摘要和校核单，并能够向飞行员提供多种形式的飞行前资料公告和各种检索功能。主要设备有服务器操作系统（Windowsnt）。

存在的主要问题

一是网络的安全管理。作为空管系统专业业务网络，其服务对象多，跨部门、跨单位，甚至跨公司，网络安全问题越来越显得突出和重要，网络的安全管理有待于进一步提高和完善。

二是网络管理技术和保障手段落后。庞大的系统和前沿的科技应用，缺乏专业的技术支持和必要的保障手段，疲于保证系统的正常运行，而无力进行系统的开发和改进。

三是部分设备陈旧。如气象情报广播接收系统，该系统于 95 年筹建，96 年到货的 COMPAQ486 服务器使用至今，短缺的资源和超期的服务，系统极不稳定。

【南京禄口国际机场信息化建设工作】

机场于 1997 年 7 月建成运营，一期工程设计能力为年飞行量 7 万架次，年客运量 864 万人次，年处理货运量 12 万吨。为适应民航业的发展，提高机场服务质量和管理水平，增强市场竞争力，机场公司从 1999 年开始成立了机场公司信息化建设领导小组和工作小组，负责制定和监督执行机场公司信息化建设工作。到 2001 年，机场信息化建设已取得阶段性成果，已完成的项目主要有：

（一）完成计算机网络基础设施。基本建成机场内的区域计算机通信网络，完成主要楼宇间光缆线路铺设 18 条，完成 16 座楼宇的综合布线。

（二）完成计算机网络基础设备。建成机场网络设备的基本配置，其中已配置小型机 2 台、服务器 8 台、网络交换机 40 台、路由器 8 台、网络终端设备 480 台、辅助计算机设备 240 台。

（三）已完成的信息应用系统 3 个。

1. 完成机场生产运营类系统，包括：

《航班信息管理子系统》，其由航班长期计划管理、航班临时计划管理、次日计划管理、其它规定和计划管理，航班动态信息建立、动态信息查询、统计报表生成、信息发布、报文管理等模块组成。

《机场生产指挥子系统》，其由机位分配和管理、地面服务监控和系统审计模块三大模块组成。

《机场地面服务子系统》，其由值机柜台的分配和管理、贵宾室分配和管理、机场车辆管理、机务日常维护信息管理、特服信息管理、要客信息管理、天气信息管理、岗位人员分配和计划管理、旅客信息管理、行李信息管理、邮运信息管理、配载信息管理、技术文档信息管理等十三个模块组成。

《航班运行服务管理子系统》，其由航班显示管理、自动广播管理、电话查询管理、触摸屏查询、查询信息维护和管理、终端查询、查询信息维护和管理等六个功能模块组成。

《动力设备运行管理子系统》，其由设备档案、设备购置、资产管理、设备运行、预防维修、维修管理、物资管理、设备事故、费用统计、技术改造、设备检查等十一个模块组成。

《安全监察子系统》，其由职工安全教育档案、安全奖励、安全责任、不安全事件、安全生产月报表、安全信息反馈、安全监察查询等模块组成。

2. 完成机场企业管理类系统，包括：

《办公自动化子系统》，其由公文处理、电子邮件、公共信息、个人信息、办公事务管理等模块组成。

《企业管理业务子系统》，其由机场财务信息查询、机场生产信息统计分析、机场运营信息统计分析、计量器具台帐信息管理、机场市场营销信息管理、投诉信息管理、标志维修管理、公司规范信息管理、子公司信息管理、政策法规信息管理、法律事务管理、机场对外投资项目管理、机场经济合同管理、责任制考核等模块组成。

《物资仓库管理子系统》，其由入库管理、出库管理、物资管理、物资资金管理、物资信息统计与查询等模块组成。

《人事信息管理子系统》，其由公司人事信息管理、部门考勤管理、员工培训管理、技术职称管理、团员青年信息管理、统计与查询、党务信息管理等模块组成。

《医药卫生管理子系统》，其由药库管理、药房管理、药房结算、卫生防疫管理、计划生育管理、健康档案管理、员工培训、系统维护等模块组成。

《物资管理子系统》，其由物资需求计划、采购管理、仓库管理、物资领用、存货检查、统计、报表及分析等模块组成。

《内部网站子系统》，其由部门概况、公报、通知、政策法规、规章制度、空港要闻、信息建设、航班生产、旅客服务、安全监察、市场营销、廉政建设、党的生活、团员青年、职工园地、职工教育、后勤服务、妇女天地、文体世界、集思广益、今日三餐等栏目组成，并可自由编辑、修改、删除和设定新栏目。

3. 完成机场系统集成类系统。系统集成项目以机场中心数据库为核心，将《生产指挥调度系统》、《民航自动转报系统》、《旅客离港系统》、《航班信息显示系统》、《自动语言广播系统》、《触摸屏综合信息查询系统》、《电话语言查询系统》、(后续《楼宇自动化系统》、《财务结算系统》、《电视监控系统》) 等集成在一起，数据共享，为将来的统计分析及辅助领导预决策系统的开发奠定基础。

目前南京禄口国际机场基本实现了机场公司范围内生产和管理信息的自动采集和一般性的统计分析、应用，为促进安全生产，提高服务质量和经济效益发挥重要作用。

【中国东方航空江苏有限公司信息化建设工作】

该公司于1994年4月成立了信息化工作领导小组，下设计算机信息中心，作为常设机构。信息中心主要负责各部门信息系统项目的审核和报批、制定公司计算机信息系统的运行规范和管理规定，为公司计算机应用项目提供可行性论证、立项、预算、引进、开发、验收和鉴定工作，负责计算机应用系统和设备的运行与维护，对公司各部门计算机及相关设备配置计划进行审核以及对报批设备进行选型和验收，并负责计算机应用的培训和考核工作。

2001年公司已有了初具规模的计算机机房，拥有CISCO各系列路器10台，服务器13台，交换机17台、计算机374台、集线器6台。其中主路由器为CISCO3662，主交换机为CISCO6509，办公大楼各层交换机采用CISCO35XX系列。

2001年8月，公司搬到禄口机场后，实现了基地办公大楼内部、楼宇之间，与禄口机场、海关、市内各销售点及Internet的互联，构成公司企业网络，保证公司经营、管理的各种数据在统一的信息网中得到有效利用，为进一步提高公司的“安全、正常、服务、效益”水平提供有效的工具和手段。

根据统一规划，统一标准，分步实施的方针，分别于1997年建成公司至东航总部128K DDN的网络；1999年建成机务、财务局域网；2000年10月完成128M WEB站点接入；2001年8月完成新办公大楼建立综合布线系统，基本消除了信息盲点，为公司全面使用综合信息管理系统铺就了信息高速公路。

此外，为适应公司发展的需要，从2000年7月，正式启动公司网站建设，于11月8日建成开通。网站的主要功能有：企业形象的宣传窗口，航班信息服务，网上订票与常规旅客业务，企业文化等。

【南京航空有限公司信息化工作】

该公司信息化基础建设工作起始于1997年，由公司航务部通信科管理，主要职责是参与公司对信息化建设工作的论证，对公司信息化的建设发展提出建议，具体负责公司通信和信息化设备的购置、安装、维护、维修等工作。

信息化主要应用成果：1997年在公司的新办公大楼内按照综合布线的规模建立了公司内部的通信骨干网络，建立信息点572个，先后购置小型服务器两套，计算机91套。使用的主要软件，一是财务帐务处理系统，该软件包括帐务处理系统，固定资产处理和民航企业会计报表系统。二是航空公司运输收入结算系统，该系统是1999年从厦航引进的，它包括运输收入、销售收入、空白票证等5部分组成，使用3年来，极大的提高了工作效率。三是工资管理系统（7.0 Forwindows95)，主要功能有建帐、工资管理、部门设置、工资分析表等。四是飞行机务运行管理系统。采用Access数据库开发BAE146 - 300第34版维修方案，减少人为差错，提高飞行维修效率。采用Excel数据库开发生产时间管理系统，便于生产计划部门统计飞机飞行时间、架次、发动机使用时间，热循环的统计，有利于对飞机定检的安排。采用Access数据库开发飞机故障统计系统，便于质量控制部门统计飞机各类故障及处理情况，使之成为飞机可靠性监控的依据。采用

Access 和 Excel 数据库开发航材订货送修管理系统及飞机附件拆换管理系统。采用 Access 数据库开发发动机档案管理查询系统，综合记录发动机的使用情况、故障情况、历史送修情况，为制定发动机使用状态提供参考依据。采用 Access 数据库开发飞机适航指令、服务通知登记查询系统。作为保证飞机适航性的一个重要部分，及时记录所有适航指令，服务通知的接收、执行情况等，保证了飞机的适航性。五是宽带上网系统。为满足公司部门的对外数据传输，建立了由电信部门提供的 ADSL 上网系统，为各业务部门提供与互联网的连接，方便收发电子邮件和信息的传递。

【民航东凯亚南京营业部 2001 年信息化工作概况】

民航华东凯亚系统集成有限公司南京营业部于 2001 年 8 月 1 日正工成立，是根据多方协议由原中国民航信息网络股份有限公司南京分公司、中国东方航空江苏有限公司计算中心、民航江苏省局电子站三节点合并组成。主要负责以南京为主的江苏地区民航商务数据网络的管理、维护和相关设备的维修，负责以订座、离港、货运三大系统为主体的市场开拓工作。

南京营业部主要工作范围包括：计算机系统集成，计算机硬件、软件，网络开发与销售，计算机网络设备的销售和维护，提供民航通讯网络节点机，用户终端及通讯设备的销售和日常维护及技术支持，开发与民航计算机相关的旅游产品。

南京营业部宗旨是更好地为驻宁航空公司和民航销售代理人提供最优质的服务，与各位用户共同发展。

（肖吕宏）

江苏省广播电视信息基础设施建设情况

【前言】

作为国家信息基础设施之一的广播电视网，由于具有公益性强的明显特征，近几年得到了飞速发展。江苏广电系统在各级党委、政府的领导下，经过多年的努力，全面实现了天上一颗星、地上一张网、全省村村通广播电视的目标。建成的覆盖全省各市、县、乡、村的宽带网络，在全国广电行业中处于领先地位。它在当好各级党委、政府喉舌的同时，丰富了人民的文化娱乐需求、扩大了内需，在促进我省精神文明建设、促进各地经济发展中起着不可或缺的作用。

广播电视宽带综合信息网，是我国应用最广泛的两种网络之一，它是由光缆传输、微波传输、卫星传输、地面无线广播电视、卫星广播电视、地面有线广播电视（含 MMDS）、LMDS 等多种传输、覆盖和接入手段构成的信息网络，其中有线网络是重要的组成部分。由于目前有线电视网络已经运用了上述的传输、交换和接入技术，因此人们习惯上又将有线电视宽带综合信息网称为广电网，它具有宽带、高速和接入优势，是承载综合信息业务的理想物理平台。

【历史回顾】

江苏广播电视信息设施的建设可追溯到“八五”期间建成的苏南、苏北的微波网络。截至 1987 年底，全省微波电路长度 1657.8 公里，设 34 个站点，主要传输中央和省级广播电视节目。与此同时，部分市、县也建立了微波传输网络。

但是，随着广播电视事业的发展，微波网络电路传输容量和质量已不适应发展需要，全省部分县（市）的信号源尚未很好解决，直接影响着省、市节目在这些地区的覆盖。“九五”期间，随着科技发展，交互式电视、高清晰度电视、数字广播、多媒体等技术进入实用化阶段。因此，为提升网络技术等级，扩大网络传输覆盖容量，实现高速、宽带、高质量的节目信息传输，并同时开展网络多功能应用，建设一张宽带综合光缆传输网，实现全省联网、一网到户，已成必然。

江苏广播电视有线网建设自 1992 年开始起步，按照统一领导、统一规划、分级建设、分级管理、全省联网、一网到户的原则进行建设与管理。经过近十年的努力，目前已基本形成一张连接省、市、县、乡、村、用户的宽带光缆同轴混合网。

干线传输网由省至市、市至县的光缆干线组成，省至市干线连通全省 13 个省辖市，采用 8 芯光纤配置，双环自愈，传输容量为 2.5Gb/s，传输模式为 SDH，分苏北、苏南两个环网，设 21 个中继站，线路总长 1800 公里，于 1998 年底建成开通，上连全国广播电视网，下连市县光缆传输网；市至县的传输网连通全省 64 个县，干线传输网至此基本建成。

13 个市的用户分配网都已建成了 550MHz 的 HFC 网，南京及苏、锡、常基本完成了城区网的环网改造且带宽拓展为 750MHz，每个光节点的用户数为 2000 个，个别已达 500 个；64 个县的城区分配网也已基本建成，半数以上为 550MHz 带宽，其余为 300 ~ 450MHz 不等。

【2001 年基本概况】

江苏各地的有线宽带综合信息网是在 90 年代初模拟单向 HFC 网的基础上逐步建立起来的，经过多年努力，取得了较大成绩。

广电网络的首要任务是扩大覆盖面，根据省发展计划委员会的计划安排，江苏 2000 年加大了广电网络的建设力度，加快了有线电视进村入户的实施进度。在量化指标上，共建成干线网 8 万公里，接入网 16.5 万公里，县——乡（镇）联网率达 94%，乡（镇）——村联网率达 60%，全省有线电视总用户数达 631 万户。

江苏绝大部分省辖市已建成 750MHz 的 HFC 城域网，实现了将 HFC 由集中式向分布式升级，由星型结构向多站点的环形结构发展的模式，大部分城市同时进行了城域网的双向化改造，使之成为既可覆盖本地又可方便扩容的宽带高速网络。部分城市还实现了城域网地埋、光缆到小区、楼栋的网络改造工作，从而大大提高了网络的安全性、可靠性，为开展交互式数字电视、数据通信和其它多功能业务提供了有力的网络支持。

【工作部署】

建网之初，我省即提出了要把广播电视网建成技术先进、安全可靠、功能多样、管理完善的广播电视宽带综合业务网。它的首要任务是满足广播电视节目的传输和覆盖，其次还应充分利用它的宽带资源，积极开展双向综合信息服务，使之向综合信息网络的方向发展。

【基础设施、典型网络】

到目前为止，全省已有9个市、31个县分别采用IP、ATM、IP+ATM的技术体制，对城市网络进行了双向化升级改造，使之具备向用户（单位用户和个人用户）提供各种宽带业务的能力，成为真正的双向宽带信息网络。其中南京、无锡、苏州、常州等地集中力量组织实施有线电视双向化改造工程，双向网络延伸至楼栋，共覆盖60万用户，同时还有针对性地进行了数字电视、信息推送等试验，在技术体制、经营模式、经营范围、服务方式、业务种类、服务收费、资本运作等方面进行了有益的探索。

常州是全省广电网络建设起步较早、发展较快的一个市，有线电视的网络建设已连续六年被市政府确定为民办实事项目，其有线网络已成为该市信息化基础设施的重要组成部分和社会信息化的重要力量。常州有线宽带综合信息网采用ATM+IP的技术模式及安全可靠的双星型结构，具备强大的交换容量和多业务、高速率的综合交换能力，能综合传输数据、图像和语音业务，能为用户提供高速数据链路、因特网接入、视频点播、财经频道、音乐频道、网上聊天、网上教育等多种宽带应用服务。由该市广电网络公司建设的天安城市花园信息化小区，已被列入全省十五个样板小区之一。除常州外，无锡、苏州、南京、扬州等地的宽带网络建设也各具特色。

【重大工程】

随着城市信息化建设浪潮的日益增高，不少城市都提出了诸如“数字常州”、“数字无锡”的口号，这意味着数字技术在该城市信息化建设中起着举足轻重的作用，标志着数字技术与其他技术的有效结合给城市建设发展、人民生活带来的全新变化。有线数字电视（DVB－C）的出现使2001年的广电网络建设迈上了新的台阶，把广电行业带入了一个前所未有的新境界。它采用世界上最先进的MPEG－2视频压缩编码技术，把传统的模拟电视节目数字化，经过压缩编码后利用有线网络将数字信号传到千家万户，用户通过一台数字电视解码器（即机顶盒）就可用现有的电视机收看清晰的数字电视节目，同时还能提供双向业务如点播类节目等，给用户带来高质量的服务与享受。这是数字化、网络化的有机结合给广电行业带来的一次革命，它将给我国广电事业带来新的繁荣和发展，也会加速我国信息产业的整体推进：首先作为广电行业新的龙头业务，能带动其他新型业务的开展；其次由于其带来的巨大社会效益和经济效益，将在社会生活和经济发展中扮演一个重要的角色。有线数字电视把我们带入了一个全新的领域，能有效地拉动信息产业发展和民族工业发展，彩电、机顶盒等电子信息产品的生产消费将出现新的高潮，这将对全省的经济建设、发展、丰富人民文化生活起到积极的推进作用。江苏作为全国十三个试点的省市之一，今年将全力做好试验工作，为下一步的业务开展奠定基础。

【主要业绩和成果】

1998年底，建成开通了江苏省广播电视光缆传输干线网。江苏广播电视网络在省委、省政府的关心支持下，积极发挥其作为重要信息基础网的作用，在完成广播电视主功能的同时，努力为江苏省两个文明建设服务。先后为江苏党政数据专用网项目、江苏省教委网上远程教育项目、江苏省中国银行省市联网项目、江苏省科委科技网的建设等提供服务，同时就江苏省公安、建行、农行等系统信息联网工程与有关单位和部门进行了合作与探讨，由省市广电网与江苏名校网共同开发的江苏省中学教育同步辅导网正在全省推广实施。

【存在问题和解决问题的思路】

广播电视管理目前实行条块结合、以块为主

的体制，因此广播电视有线网络的建设与经营也是以块为主，自我发展，造成各地网络发展不平衡，给有线网络资源的统一调度和管理、广播电视传输业务及增值业务的统一经营和管理、广播电视播出前端的统一指挥和管理都带来不少的矛盾和困难。这种管理体制使现有有线网络的投资、产权和管理的区域色彩浓厚，且极为分散，地方政府均参与投资，并直接参与网络的经营与决策，由此带来注重地方利益、缺乏全局观念的弊端，较难形成大区域的统一管理和规模经济。现有网络的区域性经营，给集中财力、物力进行网络建设带来困难；区域性划分也增大了网络技术标准的设立和技术支持方面的困难；最重要的，在日益激烈的信息服务市场上失去了规模经济的优势，缺乏竞争力。

【发展目标】

2002年是江苏广电网络发展进程中十分重要的一年，我们要以创新的精神建设好信息网络：思维创新，拓展新思路；管理创新，提高新水平；工作创新，寻求新突破，集中力量，以扩大有线电视有效覆盖为重点，以数字化、网络化建设为主线，以科技创新为动力，促进广电网络信息化建设的全面发展。

1. 进一步加快基础网络建设

除个别省辖市外，争取建成城市城域网的数据平台；全省各地的城域网络改造趋势是大容量光纤网，要引入DWDM等新技术，建成光纤到楼栋、光纤到小区的传输网，在去年苏南发达地区网络升级改造的基础上，推动苏中地区的HFC网络双向化改造。

2. 继续推进有线电视进村入户工作

不断发展有线电视用户尤其是乡村用户，进一步扩大广播电视的有效覆盖，加快进村入户建设步伐，尤其是苏北等发展相对滞后地区，要促使他们进一步加快建设步伐，使更多的农村用户看上、看好有线电视。

3. 积极拓展网络多功能业务经营，推进省市网络业务合作

紧紧抓住全国数字有线电视试验的契机，积极实施江苏省数字有线电视平台项目的建设，把有线电视多功能业务开发放在突出位置，努力开拓市场，促进我省数字有线电视发展和网络多功能业务经营，培植新的经济增长点。

充分利用已建成的城域网数据平台，为各地的政府上网、企业上网和学校上网提供通路；积极发展家庭用户，扩大苏南地区的信息化小区建设范围，推进苏中地区的信息化小区建设，把城区有线电视用户发展成为综合信息用户。在做好试验的基础上，准备在条件较好的苏南地区有计划地开展数字有线电视业务；开展互联网推送业务；促进企业上网、学校上网。

4. 积极实施省干线网络的技术改造和结构升级，提高省干线基础网等级，增强持续发展能力

随着全省特别是苏南地区经济的发展，业务量扩大迅速，省干线容量趋于饱和，而新业务不断提出新的容量需求与技术需求，这都使扩容与升级工作刻不容缓。为适应网络业务发展的需要，建设省干线系统扩容改造工程和光缆干线地埋改造工程是今年的主要工作。与此同时努力提高省干线管理的科技含量，规划建设省干线管理信息系统和办公管理自动化系统。

【主要任务】

1. 继续改造升级HFC，实现城域网的光纤到小区、光纤到楼栋，采取多种技术手段如Cable-Modem、LMDS、五类线等，实现宽带入户，建成NII。

2. 加快网络数字化进程，完善数据平台建设，把现有的模拟网络建成以DVB－C为标准的新一代网络，使其具有宽带化、数字化和个人化的特点并能满足不断发展的新业务的要求。

3. 大力发展双向宽带业务，重点发展网上教育、远程医疗等宽带业务，推进视频点播等双向业务，发展网络电视，加快建设宽带交互音像IAV业务平台，在我省苏南一些发达地区率先建设宽带信息库和视音频节目库，通过宽带接入提供VOD、网络电视等业务。

4. 积极实施企业上网工程。为联网用户提供安全、廉价、方便、快捷、优质的物理平台，以推进企业内部网与干线网、城域网相连，为企业实现信息化、提供电子商务应用打下基础，加快企业之间信息获取、交流和实现产品网上直销。

5. 与电信网、计算机网互联互通，实现信息共享，壮大国有产业，共同迎接我国加入WTO后面临的挑战。

【结束语】

国办［1999］82号文中明确指出，广播电视传输覆盖网是国家信息化基础设施的重要组成部分。广电网应与电信网、计算机网联合，实现优势互补、资源共享，从而全面推动我省的信息化建设。广播电视的数字化、网络化不可能脱离于国家的信息化整体建设而孤立存在，我们只有站在全省信息化发展的高度来看待和推动广播电视行业的信息化建设，把广播电视的信息化融入江苏省的信息化整体发展之中，以江苏信息化的发展促进广播电视的发展，做强做大广电网络，为江苏的信息化建设做出更大的贡献。

（陈宇昕　冯宁）

江苏省审计信息化发展概况

【准确定位，推动审计信息化建设进入发展的快车道】

首先是硬件设施不断加强。1998 年以来，全省各级审计机关投入资金达 2700 多万元，是 1997 年以前累计投入的 3.25 倍；新增计算机近 1700 台，是 1997 年以前累计的 5 倍，有部分市、县审计机关实现了人均 1 台计算机。在审计信息化工作起步较早、基础较好的南京、苏州、徐州等审计机关，在原有基础上继续加大资金投入。南京市局把信息化建设纳入全局长期发展规划，近两年计算机软硬件投入已达 470 多万元，全局 168 人，每人配备了 1 台计算机，并正在建设有 9 大分系统、53 个模块的审计信息系统。苏州市局 1999 年再次投入 160 万元资金，将计算机配备到人，其中业务处室笔记本电脑拥有量达 61%。徐州市局有计算机 88 台，达到每人 1 台计算机，每个审计小组 1 台笔记本电脑。一些地方在经济欠发达、办公经费不宽裕的情况下，想方设法筹措资金，统筹规划，优先安排，推进审计信息化建设的进程。盐城审计机关采取“挤、要、筹”等多种办法，共投入经费 240 多万元，全市已配备计算机 179 台，市局每个业务科配备了 2－3 台便携式微机。东台、建湖县局以及新建不久的泰州市高港区局等已达到人均 1 台计算机。

其次是计算机运用技能显著提高。全省以人为本，培养建设了一支审计信息化骨干队伍。针对审计系统计算机人才短缺现状，全省各级审计机关有计划、有组织、分层次地大力开展多种培训。1998 年以来，全省各地组织了 296 期计算机培训，受训人员达 6933 人（次）。各地采取委托高校脱产培训、以会代训、现场操作、计算机操作知识讲座及操作比赛等多种形式的培训方法，积极从内部发掘人才，重点培养。目前，一些市局的大部分业务处室都有了自己的“小专家”。全省面上普及型培训已取得明显成效。苏州市局 50 岁以下人员全部取得微软 Office 专家证书。徐州市局每年都要举办一到两期计算机应用培训班。镇江市局所有审计业务人员均通过培训取得省中级计算机应用证书。全省各级审计机关 50 岁以下人员有 2024 人通过了审计署的计算机考试，应考试人员的参考率达 98%，参加考试人员的合格率达 99%。有 800 多人通过了省市初、中级计算机等级考试，2001 年还举办了首期全省审计机关计算机骨干培训班，推广了南通 ODBC 等数据转换培训经验，审计干部的计算机应用能力和水平明显提高。

【讲求实效，找准计算机辅助审计的突破口】

计算机辅助审计全面启动。1998 年以来，全省配备专兼职计算机人员近 300 名，自行开发软件 40 多个，引进软件 225 个（次），呈现出省、市、县三级联动、全面开花的可喜局面。辅助审计软件运用于 998 个审计项目，查出违纪违规金额 14 亿元。

一是着眼于应用抓引进。全省各地立足现实，因地制宜，以抓应用求实效为主，1998 年以来，推广运用通用和专用软件 125 个（次）。各地巧用活用 Excel、Access、Foxpro 等国际通用软件，取得显著效果。如南通市局在税收审计利用 Excel 进行税收审计，面对某地税部门 5 万多张税票，仅用半小时就找出 7 张可疑税票，发现该单位利用套开税票的方法调节税种，多计个人所得税 255.5 万元，多提征收经费 38.3 万元。如皋市局则运用自制的贷款利息计算工具，对县工行、建行审计，只花了两个小时，就从 339 户贷款企业中，查出多计表外利息 3198 万元的违纪问题。苏州市局各处室普遍运用电子表格等进行辅助审计，产生的工作底稿数据准确完整，促进了审计质量的提高。镇江市局在对市电视机厂进行审计时，利用 Excel 电子表格编制小程序，查出该厂 1998 年度 3 个主要产品有 1 个多转销售成本 74 万元，2 个少转销售成本 361 万元。淮阴、盐城、扬州、高淳、宜兴、锡山、常熟、太仓、吴县、苏州市新区、海安、金湖、淮阴市清河区、射阳、建湖、东台、扬中、泗阳等市、县（区）局在审计工作中也积极运用 Excel 软件，最近省厅编写的《审计人员巧用 Excel》一书就是全省各地审计人员集体智慧的结晶。

各地还大力引进应用国内已开发的一些专用辅助审计软件。如审计署的“企业审计信息系统”、“金融审计信息汇总软件”、“全国粮食审计汇总软件”，南京特派办的“辅助审计数据采集和分析软件”、“金融审计工具包”，以及“神机妙算”软件、“造价师 2000”工程软件、“常州赛德工程预结算系统”等，都取得了显著的成效。徐州市局 1996 年开始使用“神机妙算”基建工程预（决）算软件，近 5 年来，审计了 20 多个重点工程项目，送审金额 6.7 亿元，净核减 2 亿多元，提高工作效率三至四倍。扬州市局在南绕城公路审计项目中，运用工程审核软件，1 个月内就可以结束总造价 5.19 亿元的工程审核任务。镇江市局在总造价 2500 万元的市一泉会议中心扩建工程审计中，通过运用“造价师 2000”工程软件，原本需要两个月时间完成的工程审计量缩减至二、三天，并在建行审核基础上再次核减工程造价 18.6%。

二是从需求入手搞开发。1998 年以来，全省各地结合审计项目计划和实际需求，共自行开发辅助审计软件 27 个。如南京市局自行开发了江海堤防水利工程辅助审计软件、金融辅助审计工具等，在审计实践中发挥了重要作用。该市对某县 30 多公里长江达标堤竣工决算的审计，原计划安排 2 人、50 天对工程决算有关资料、数据、图纸进行计算、核对等工作，运用江海堤防水利工程辅助审计软件后，1 人用 2 天时间将其结果输出。经过 7 天的现场测量核对，用 3 个小时对其数据进行了修正，实际核减 14.2%，大大提高了工作效率。苏州市局自行开发税收辅助审计软件，使过去需数名审计人员 2 周时间完成的工作量缩短为 2 个工作日，审核范围也由部分检查扩大到全面审核。无锡市局开发了商品销售成本审计软件；淮阴市局开发了基建工程计算机辅助审计软件；常州市局利用 Access 对应收帐款进行帐龄分析等。计算机辅助审计的突破扩大了审计工作的广度，增加了深度，规范了审计作业管理，提高了审计工作质量和效率。

【面向未来，构筑审计业务管理系统的新格局】

各地在大力加强计算机辅助审计的同时，着力于计算机在审计机关各项管理工作中的应用，面向新世纪的审计业务管理新格局正在逐步形成。

一是信息传输网络化和公文处理无纸化。现全省审计系统计算机网络已初具规模，省、市、县（区）审计机关之间建立了远程网，省厅与审计署、省委、省政府已实现了联网；省厅及 36 个市、县组建了局域网，在机关内部基本取消了纸质文件和材料的传递。各地充分运用网络优势，推动办公自动化。苏州市局通过购置微软系列系统软件，分别构筑了以数据库、信息发布、电子邮件等为基本单元的网络系统，实现了与政府内部网络和国际互联网的连接，初步实现了内部公文传递无纸化、信息化、网络化。省厅及徐州等市局利用网络进行信息调研，使审计信息的素材更加丰富；《网络信息参考》促进了信息资源共享。徐州市局建成全局文件共享系统及电子邮局，建设开通了 WWW 系统和新闻组、实时讨论等系统，并由各科室负责制作、维护自身的信息主页，在全局任何一台微机上都可以查阅各科室主页上发布的审计工作状况等信息。南京市局运用 Microsoft Office 软件中的链接工具对审计项目进行管理。镇江市局制作了“党建之窗”网页，内容丰富多彩。盐城市局开发了审计信息目录管理系统，通过有线电视信息服务系统下载大量信息，每天审计人员都能从该局的局域网上浏览 30 多种报刊杂志以及因特网上的一些信息。省厅建立了 Web 网站，常州、南京、徐州、南通、无锡 5 个市局已通过“政府上网工程”在网上开设了自己的窗口，上网宣传审计工作。

二是审计业务管理微机化。各地积极应用省厅开发的文件库和法规库，引进文档管理、会计电算化、人事管理等软件，并积极开发审计业务管理软件，促进实现文书、信息、档案、统计、财务、人事等工作的计算机管理。徐州市局利用电子表格编制了审计对象资料管理软件，开发了审计统计报表管理、审计刊物征订管理等应用软件。南通市局开发了审计统计报表软件，并对全市审计机关统计人员进行培训后推广应用，使全市季报统计工作实现微机化。无锡市局开发了审计数据台帐管理软件和图书管理软件、工资管理软件。镇江市局最近还自行开发了机关事务管理系统，目前“工资发放”和“文件管理”模块已投入使用。南京市大厂区局运用 FrontPage 制作了“Web 档案室”。沛县局自行开发了审计档案管理软件、审计信息工作管理软件。扬州市局通过使用文档一体化管理软件，变手工分档为微机自动归档，且查档迅速，初步实现了档案的微机化管理。

【存在问题】

虽然审计信息化建设进展很快，取得了显著成绩，但还存在不足。主要有：各地发展很不平衡，少数审计机关领导重视不够，措施不力，审计技术手段和业务管理面貌没有明显改观；在辅助审计，特别是推行审计过程电子化方面还需要加快步伐，加大力度；各地审计人员开发小软件、小工具的热情需要进一步保护并采取切实措施予以鼓励，还要加强情况沟通，防止重复建设。这些都有待全省各级审计机关进一步统一认识，增强紧迫感，加大力度，加快步伐，不断推进审计信息化进程。

【近期目标和任务】

当前，国民经济管理信息化和会计信息电子化的发展突飞猛进，21 世纪将是数字化信息化的世纪。因而审计必须以信息化的审计，应对信息化的审计对象。为此，全省确定近五年审计信息化建设“一、二、四”总体目标：“一”即指建立一个全省审计系统计算机广域网；“二”指构建两个系统，即辅助审计应用系统和管理服务应用系统；“四”即指实现信息传输网络化、公文处理无纸化、审计管理微机化、审计过程电子化。同时省审计厅信息化“十五”规划已得到省主管部门批准，列入 2001 年省科技攻关计划的“金审”工程也已正式启动。目前着重抓好以下两方面工作：

（一）逐步推进审计过程电子化

审计过程电子化主要是指审计作业过程的电子化。主要包括：对于实行会计电算化的审计对象，在下达审计方案的同时，要下达计算机辅助审计方案，在审计过程中要逐步采用计算机进行数据采集、抽样，以及审计统计汇总和数据分析等一系列工作。对于尚未实行会计电算化的审计对象，也要采用统计软件进行审计结果汇总分析，具体工作：一是少数至今尚未运用计算机进行审计的审计机关，要运用计算机进行审计文书的处理；二是已用计算机进行文字处理的，要利用 Excel 等通用软件，进行表格的设计、数据计算和汇总分析，巧用、活用 Excel，开发一些小工具。要逐步试行通过计算机编写和处理审计工作底稿；三是要广泛应用专用软件及 Access、Foxpro、SQLServer 等数据库技术开展辅助审计；四是有条件的审计机关，要尝试运用网络技术进行现场组网，实现审计组信息资料的共享，并提倡使用网络版专用软件；五是逐步向网间互联发展，实现审计组与审计机关、被审计单位的联接；六是坚持引进与开发并举的原则，有条件的地方要因地制宜开发实用软件，特别要鼓励审计人员制作开发一些小工具。

（二）加大网络资源开发和应用力度

1. 建网的目的是为了应用，建而不用就会造成资源浪费。全省各地在加大投入的同时，高度重视计算机、尤其是网络使用的经济性。一是建好、管好、用好“远程网”。安排专人管理，每天及时接收，按要求进行数据更新，以保持远程网的畅通。各省辖市局与少数县（市、区）局之间尚未取消纸质文件传递的，则力争尽快通过远程网传输。同时按照当地政府的要求，在政府上网工程中，尽快在因特网上申请域名和建立网站。二是建好、管好、用好“局域网”。各地有条件建而未建局域网的要尽快建，已经建的要充分运用。全省审计机关目前已在公文、信息、法规、行政事务管理、国内外动态、财经审计信息资料等方面，通过局域网开始应用一些成熟的软件，取得初步效果。当然，这方面工作还需进一步推进。

2. 努力实现公文无纸化。还未实现公文无纸化的审计机关，要首先运用网络进行阅览和查询文件、信息、法规等，然后逐步向公文办理无纸化方向发展。已实现公文无纸化的审计机关，要不断提高公文无纸化的程度。

3. 加速推进审计管理微机化。计算机的广泛应用正在改变传统的审计工作面貌，对审计机关的各项综合工作进行微机化管理，是形势发展的必然。各地在这方面已取得一定进展，今后要继续推进审计对象、计划、统计、信息、档案、人事、财务、行政事务、物业管理、会务管理等各项综合工作的微机化管理。尚未应用微机管理的要迎头赶上，先做到单机应用；已使用单机版的要逐步上局域网运行，以迅速提高审计业务管理水平。

【对策措施】

为实现全省“一、二、四”目标，完成好两项重点工作，全省审计机关要精心组织并将采取以下有效措施：

（一）加强领导，加大投入

推进审计信息化建设，加快计算机技术在审计领域的开发应用，加强全省各级审计机关的领导是关键。为此，在2001年的机构改革中省审计厅和绝大部分市审计局，率先在全国地方审计机关中成立了计算机审计处（科），加强了部分熟悉审计业务的人员，为计算机审计的展开创造了条件。各级审计机关领导亦站在审计信息化的前列，成立了审计信息化建设领导小组，主要负责同志亲自抓，领导班子内有人分管信息化工作，有一个职能机构负责；并在机构改革中注意适应形势需要，加强计算机工作，引进和培养一批既懂审计又懂计算机的复合型人才。资金方面，各地审计机关则多方筹集，并在正常审计经费中节约开支，优先安排审计信息化方面的投入，硬件上重点配备便携式计算机。

（二）加强培训，提高计算机应用水平和开发软件的能力

各地按照审计署和省厅的有关要求，坚持以骨干带全员、以重点带一般、以考试促培训的原则，对全省审计机关人员进行多形式、多层次、有针对性的计算机知识技能培训，提高审计人员的应用、开发能力。在5年内，省厅人员的20%、各省辖市局人员的10%－20%、各县（市、区）局人员的5%－10%，要成为能够在审计现场开发辅助审计的小软件、小模块的信息化骨干，其中应有少数尖子成为这方面专家；对现有审计人员实施普及性培训和在职后续教育，改善知识结构，使大多数人在熟悉审计业务的基础上，能熟练掌握常用的审计软件、1－2个较常用的会计软件以及数据库和网络知识；今后审计机关新进人员，必须经过计算机知识和技能培训，合格方可上岗。

（三）建立健全有关制度

一是建立软件开发项目备案制度。省厅将每年下达计算机开发应用意见，各地开发软件要向省厅备案，省厅将加强调研，协调统筹，以避免重复建设。二是建立软件开发和应用的奖励制度。对于在审计项目决策科学化方面发挥重要作用的、在审计实施中辅助审计功能良好的、能对被审计单位的财务信息系统或软件进行有效测试检查的、能为审计现场作业提供直接支持的软件等，实行项目开发奖励制度，对项目开发的有功单位和人员给予奖励。三是加强与有关部门的联系，建立省级的审计软件开发鉴定制度。对全省各级审计机关开发的软件进行鉴定，成熟的加以推广。

（四）加大考核力度

当前考核的重点：一是项目审计的电子化程度，包括运用计算机的项目占全部项目的比例，项目中审计作业程序运用计算机的环节占该项目全部环节的比例。二是网络的信息量和时效性。要以丰富实用的内容在网上运行，使网络的功能得以实现。三是资源投入情况，主要包括人员素质提高的幅度和资金投入增长的幅度。

（五）建立计算机工作责任制

针对当前各地计算机工作中的薄弱环节和现状，如硬件数量增多、使用频率加大后，使用和及时维护的难度相应增加；网络的有序运行要求加强管理，做好信息的发布、数据的更新和及时接收等；计算机在审计机关广泛应用后，其安全保密工作责任重大等。这一切都亟需采取有效措施，明确责任。全省各地要根据实际情况建立分级、分类计算机工作责任制，明确各级、各个管理环节的责任。出现问题要追究责任人，严肃处理。

（黄彦）

江苏省铁路建设信息化发展概况

【信息化技术在新长铁路通信工程中的应用】

新长铁路北起陇海铁路新沂站，向南途经江苏省新沂市、沭阳县、泗阳县、淮阴县、淮阴市、淮安县、阜宁县、建湖县、盐城市、大丰县、兴化市、东台市、海安县、泰兴市、靖江市，火车轮渡过长江后经江阴市、锡山市、武进市、宜兴市，沿太湖西岸于父子岭进入浙江省长兴县，与宣杭线长兴站接轨，全长638公里，纵贯江苏全省，连接全省8个市、20个县，不仅沟通了陇海、沪宁两大铁路干线，而且是正在建设中的沿海大通道的重要组成部分，其社会效益和经济效益都十分明显。新长铁路自1998年开工以来，总体进展情况良好，全线于去年9月20日铺通，临管运输已于2001年6月28日延伸至南通。按照设计的合理工期，新长铁路今年内将全线建成通车。

（一）通信工程概况

新长铁路（含海安至南通线）铁路等级为Ⅰ级。全线采用光纤数字同步传输通信系统为传输通道。袁北至靖江、江阴轮渡至长兴、海安至南通间沿铁路敷设一条8芯单模充油直埋光缆；考虑公务集群通信系统设置光纤射频直放站的需要，部分区间在8芯光缆的基础上增加了两芯光纤；靖江至江阴轮渡跨越长江，敷设一条32芯单模充油水底光缆。利用8芯光缆中的2芯光纤开设SDH－155（1＋0）构成本地网，2芯光纤开设SDH－155（1＋0）构成本线接入网，两层网络在适当地点用N×2M构成环路通道保护。光缆在通信站和中间站本缆引入，并采用光纤在线监测设备对光纤进行实时监测。在淮阴、盐城、海安、南通、藕塘、长兴设通信站，通信站内设数字电话程控交换设备。全线设800MHz数字集群公务移动通信系统及450MHzC制式无线列调通信系统。在有通信站的站点设通信站电源，沿线各中间站设铁路中间站综合电源，并配置电源环境监控设备对沿线各车站的电源、环境进行监控。区段通信采用数字调度系统。在淮阴、盐城北、海安、藕塘设OLT，各中间站设接入设备ONU，以进行语音、数据、图象、文字信息的接入。

（二）通信系统简介

1. 传输系统

传输系统主要负责交换设备和接入设备、交换设备和交换设备、接入设备和接入设备之间的连接与沟通，是整个网络的连接纽带，是连接各种信息、业务的桥梁。新长铁路袁北－东台－海安－长兴为两层传输网，第一层为本地网，第二层为接入网。海安－南通利用四芯光纤开设SDH－155（1＋0）环型网（1310nm），完成本地网和接入网的功能。

2. 公务移动集群通信系统

新长线全线的集群移动通信系统为全线覆盖的链状网结构，集群移动通信系统的移动控制交换控制中心设于海安通信站，在新长铁路沿线的车站根据场强覆盖要求设置集群基站，各基站通过光传输通道与移动控制交换中心相连。在海安通信站设置系统维护管理设备，藕塘通信站设置远端维护管理终端对整个系统进行维护管理。整个集群移动通信系统通过集群移动交换机与当地的有线用户交换机相连。在海安与藕塘的综合维护管理中心设有集群系统调度台。为了扩大集群移动通信系统的覆盖范围，在新长铁路沿线的相关地点设置光纤直放站及射频直放站。

3. 接入系统

在淮阴、盐城北、海安、藕塘通信站设置OLT，各中间站设ONU。以解决各中间站的自动电话以及红外轴温监测、电力远动、TMIS、信号的微机监测、通信的电源与环境监控等的接入；同时为今后的图像传输提供通道。

4. 电话交换

新长铁路在下列各点设置程控电话交换机：海安1500线、藕塘1000线、南通1000线、盐城北1000线、淮阴500线。南京设长市合一交换机，由于南京基地尚未建成，南京基地的长途交换机暂设在海安。与市话的连接采取自动出入。新长线为一个独立的编号区。

5. 区段通信

区段通信主要由数字调度专用通信系统解决。在海安设数字调度专用通信系统主系统，其余各站设数字调度专用通信系统分系统。用以解决列车的行车调度指挥，站间及站内行车指挥电话。

6. 无线列调及站场无线

无线列调采用400MHz，同频单工C制式无线通信系统，用以解决车站、机车的对讲电话。

在新长铁路的部分车站设置了站场无线通信，主要用以解决调车、列检的通信。

7. 电源及环境监控系统

电源及环境监控系统由海安监控中心的监控设备与沿线站点的监控设备组成。

该系统主要用以监控各中间站无人值守的电源设备的工作状态、门控和环境的变化以及实现对空调的遥控、遥信。

8. TMIS 系统

新长铁路在各区段站及设有货场中间站均设置了相应的TMIS系统，并一并纳入南京新长铁路公司计算中心信息管理系统和海安调度所信息管理系统。

该系统主要用以自动接收处理发送列车预确报信息；自动编制列车解体，编组钩计划，自动生成钩计划；根据上级下达的调度计划，交接班现车信息等编制本班的班计划；货物发送制票及货物管理等。

（三）工程进度情况

至2001年底，新长铁路通信工程已累计完成2993.33万元，占设计总数的33.3%。工程进度：基本完成了袁北－长兴、海安－南通的光缆敷设工作以及各站通信电缆的敷设工作。设备安装工作除集群外于2002年5月中、下旬开始，6月底设备安装完毕，7、8月份设备调试，9月份开通运行。集群通信系统计划于年底调试开通。

【信息化技术在宁启铁路通信工程中的应用】

南京至启东铁路西起南京市，途经南京、扬州、泰州至海安与在建的新长铁路相连，再经南通、海门，东至启东，全长约351公里，是横跨江苏东西的又一条干线铁路，它与正在建设中的南京至西安铁路连接后，将形成与陇海铁路大致平行的东西铁路干线，对于完善江苏省综合运输体系，促进东西部地区交流，加速地方经济发展具有重要作用。这条铁路与新长铁路一纵一横，构成了全省铁路的骨干框架。建成后，全省的省辖市就都通上了铁路。自1999年10月部、省领导就建设宁启铁路达成原则意见以来，各项前期工作快速推进。2002年1月23日，部省联合在扬州隆重召开宁启铁路开工动员大会，广大江苏人民期盼已久的宁启铁路（南京－海安段）正式开工建设。

（一）通信工程概况

传输系统，南京至海安段利用4芯光纤开设SDH—155光纤接入系统。长途通信设音频会议电话系统和普报彩智能电报终端。电话交换利用程控交换机的虚拟网功能，实现沿线工务、电务、水电等专用通信网。区段通信，南京至海安段设置列调、货调、车务专用电话，纳入新设数字专用通信系统，设公务数字集群通信系统。站场通信，站场集中电话系统，纳入数字调度分系统，站场无线通信系统，按站场专业确定的规模，配置相应的通信系统。TMIS系统，新设货运站设置相应的信息管理系统。客运信息管理系统，扬州站设客运广播系统、计时系统、计算机售票及预定系统、列车到发通告系统、旅客引导显示系统，其余车站按站场专业确定的规模，设置相应的客运广播系统，计时系统。通信线路，南京至海安间埋设一条8芯光缆。

（二）通信网构成

1. 基础网

（1）传输网（含无线）的构成。全线开设STM—1光同步数字传输系统，宁启铁路公司设STM—1TM设备，南京、六合、扬州、泰州和海安设增强型STM—1ADM设备，其余各站设STM—1ADM（1+0）设备，传输网组成环型网，采用1310nm传输波长，以提高系统的可靠性。干局线通信与区段通信合用光同步传输系统设备，为各通信站间及通信站间提供2Mb/s及以上速率通道。扬州设网管中心，负责宁海段SDH设备的管理。

全线设用户接人系统设备，扬州通信站为局端设备，其余各站为用户端设备。扬州设接人系统网管（与SDH设备合用网管设备）。用户接入系统设备为通信站和沿线各站提供音频共线通道（VFC）和点对点音频通道（VF）、自动电话（POTS）、Nx64kb和64kb等数据通道等，从而也可为调度监督、红外线轴温监测、运输管理信息系统及铁路数据通信网等提供传输通道。

（2）电话交换网的构成。a、地区电话交换设备：宁启铁路公司通信站设1000/240线交换机，在扬州设1500/450线交换机，海安1500/540线交换机、南通1000线模块在新长线中解决。交换机采用数字程控电话交换机。b、引入、测试设备：宁启铁路公司和扬州新设总配线架，分别为2000回线和3000回线。宁启铁路公司和扬州利用程控交换机维护测试终端进行本站地区用户的测试，其它各小站利用接入系统管维护终端进行各小站地区用户的测试。

2. 业务网

（1）铁路专用通信系统的构成

调度电话系统。本工程在新长铁路公司海安调度所新设宁海列调、宁海货调，负责宁海段的行车、客货运指挥。新增南通至南通东区段调度系统接入新长公司江北四台。

专用电话系统。全线新设车务专用电话系统，纳入新长公司海安车务段管辖，车务专用电话总机设在海安车务段。南通东站车务专用分机接入海安车务段电话系统。

调度电话、车务专用电话及站间行车电话采用数字专用通信系统设备组网，在海安设数字专用通信系统设备（HDD），其余各站设数字专用通信分系统设备（SDD）。

工务、电务、水电专用电话系统通过光传输和接入网利用程控交换机的Centrex（虚拟）功能分别组成本段范围内的专用自动网，由用户按系统自行组织、构成。

电报系统。普报纳入南京分局普报网。宁启铁路公司和扬州普报所各新设智能普报微机终端1台，接入南京铁路分局电报交换机。

无线列调系统。全线新设无线列调通信系统，主要用于实现机车司机与车站值班员间的通信、同时也配有调度总机与监测总机。宁启线列车无线调度通信系统采用有线、无线相结合的链状网结构。本系统采用中华人民共和国铁道行业标准《150、450MHZ列车无线调度通信系统制式及主要技术条件》（TB/T2294—91）所规定的450MHZ频段C制式。

站场通信系统。各站场设置以车站值班员为中心的站场集中电话系统。站场集中电话系统纳入数字专用通信系统，在车站值班员处设数字专用通信分系统，其余与车站值班员直通对讲的用户设共电电话机、磁石电话机等终端。

（2）电视会议网的构成

在宁启铁路公司设24回线会议电话总机，扬州通信站设10回线会议电话汇接机，段级单位和直属的车站设会议电话分机，接入宁启铁路公司会议电话总机。会议电话网与南京分局及新长铁路公司会议电话网相连接。

（3）集群移动通信网的构成

在宁启线全线设集群移动通信系统，用于工务、电务、水电等部门的区间维护作业和应急、抢修、求援等应急通信，并可接入公安、站场、行车等业务以满足铁路沿线其它公务移动通信的需要，同时可完成行车调度员与司机间的无线调度通信。

本系统的集群移动交换中心及网管设备设于扬州通信站，与当地的铁路有线交换机互联，在使用集群系统的相关部门设置集群系统调度台，在海安行车调度所设置宁启线集群行车调度台。分别在林场、葛塘、六合、余家营、仪征、扬州、江都、泰州和姜堰等沿线车站设置集群基站，各基站通过有线传输通道与扬州集群移动交换中心相连。南通—南通东段，在南通东新设集群基站通过有线传输通道与新长线海安集群移动交换中心相连。本集群移动通信系统通过设置于扬州的集群移动交换机与新长线海安的集群移动交换机互连，可实现在两个系统间自动漫游。本系统还预留有与宁西线的集群系统互联的能力，能够实现广域的区域漫游与跨区调度。

（4）各种管理信息系统的构成

在六合、仪征、扬州东、江都、泰州、姜堰站设置小型货运管理信息系统，通过专线调制解调器接入新长公司电算所。系统完成的主要功能有：现在车管理：对本站现在车的重空、运用状况进行管理；发送制票：根据货物运单制成货票，上传货票信息；、集装箱管理：对到达本站的集装箱按箱号进行管理；计划管理；提交要车计划，取得批准计划，编制装车计划；统计报告：进行本站各项统计，生成十八点统计报表，提供信息、辅助决策。

货运管理信息系统由1台微机服务和若干台PC机组成，通过MO—DEM接入新长公司TMIS系统。在扬州设置电算维修站，配备相应仪器仪表一套。

（三）铁路车站客运管理信息系统构成

1. 通告显示系统构成

在扬州设列车到发通告系统（中型站）、旅客引导显示系统（中型站）。列车到发通告系统由微机、通信接口箱及终端构成，系统采用一发多收方式，并将系统主机作为网络服务器，为其他系统及显示终端提供共享信息。旅客引导显示系统由控制微机、通信接口机、显示屏构成，显示屏均采用单色LED矩阵模块作为显示单元，室内采用高亮度LED显示屏，室外采用超高亮度LED显示屏。

2. 售票、检票系统构成

采用计算机对客票实现自动管理，完成售票、退票、预定、票额管理功能、查询、统计报表、帐务结算等功能。系统由微机服务器、微机、制票机、网络设施等构成。系统通过MODEM与南京票务中心联接。系统预留市内售票接入条件。

（四）新技术的采用

1. 光同步传输系统与数字程控交换机。光同步传输系统和数字程控交换机是当今通信技术的发展方向，也是当今最成熟最先进的通信技术，能满足通信网更高传输速度、更强的网管能力、更大的灵活性，便于提供优质的通信服务，为今后宽带综合业务数字网的发展和新业务的应用奠定了基础，也为今后全路通信网实现数字化及向宽带化、综合化、智能化、个人化等发展创造了条件。

2. 用户接入系统。采用新型用户接入系统，可全面支持话音业务、数据业务、图象业务，除了满足现有的铁路专用电话、自动电话、电报、传真的业务外，还可以提供低速数据、高速数据、会议电视、CATV、多媒体通信的综合业务，另外还具有组网方式灵活、便于扩容、集中管理和维护等优点。能与程控交换机较好地配合，为铁路各站提供方便的通信服务，能适应铁路区段通信特点灵活地组网，从而使传输和交换实现数字化，为铁路运输各种新业务的开展奠定了基础。

3. 信息管理系统。由计算机网络组成的运输系统，能加快车辆周转，提高各站货运作业效率，加快货运周转，实现生产管理现代化。

4. 光缆监测系统。光缆监测系统能实时监测光缆的工作状态，及时准确地判断事故故障点，极大的缩短了抢险维修时间，提高维护管理水平。

5. 集群移动通信。集群通信系统是一种高级移动指挥调度系统，它的主要特点是：无线电信道利用率高，采用分散式容错处理，有故障弱化功能，先进的信令系统，有灵活的多级分组，可进行动态重组与紧急呼叫，可进行数据传输和图像传输，能与有线交换机互联等。集群移动通信系统是铁路有线通信网的扩展和延伸，使铁路运营维护人员能在移动状态下进行通信联络，为提高铁路运输服务提供有力的保障。

（六）工程进度安排

宁启铁路将于2002年1月23日开工，合理工期三年，2002年计划完成投资12亿元。

（张飞）

江苏省统计信息化发展概况

【基本概况】

根据国家统计局的要求和《2001年全省统计工作要点》精神，2001年全省统计信息工程建设，围绕年初确定的建好两个网络、办好两个网站、加大统计数据库的开发力度、建立统计报表电子报送系统、积极推进办公自动化、建好安全保密系统、加强技术培训、做好第五次全国人口普查数据处理工作的主要任务，进一步促进了统计工作模式向网络化、电子化方向靠拢，扩大了网络技术在统计工作的应用。

【组织机构】

2001年，江苏省统计信息化建设的组织机构与以往相同。省统计局统计信息工程建设领导小组及其办公室能够经常召开会议，研究全省统计信息工程建设方面的重大问题。省统计局计算中心的人员在机构改革中没有受到冲击。

【工作部署】

在2001年3月召开的全省统计工作暨先进表彰会议上，省统计局局长夏鸣和副局长汤以伦同志分别在有关讲话中就统计信息工程建设提出了明确要求。

夏鸣同志在工作报告中提出：搞好统计信息工程建设，是事关统计工作现代化的大事，是统计部门适应国民经济和社会信息化、网络化最重要的措施。各级统计部门要高度重视，真正把信息工程建设和应用作为“一把手工程”，主要领导亲自抓，负总责。通过实施统计信息工程建设，推进统计工作的现代化。要抓紧实施《江苏省统计信息工程实施方案》中的各项任务，积极筹措经费，加快系统建设步伐，完成安全保密系统、IP电话系统、电子邮件系统的建设工作，继续推进办公自动化建设。要尽早完成“九五”统计信息工程的后续建设任务，在已形成的骨干网络架构基础上，构建统计的“骨干应用系统架构”，提高网络环境下统计数据采集和统计信息服务的能力。要继续办好统计信息网站，丰富网络内容，提高网络效率，充分利用网络进行统计信息的发布、传播和交换，使社会公众能够通过网络获取越来越多的统计信息。

汤以伦同志在会议结束时的总结讲话中明确提出：全省统计系统要全面领会温家宝同志的讲话精神：“关于统计手段问题，我认为统计建设的重点是信息化。作为国家统计局，在信息化方面应当先走一步，应该给自己提出更高的要求，做出更大的努力，国家统计局应该在利用计算机和现代信息技术方面走在前面，同时也请有关部门给予大力支持。”继续抓住国家大力推进国民经济和社会信息化的有利时机，抓住贯彻落实国务院领导要求的有利时机，进一步提高统计部门的信息技术装备和技术水平，努力实现统计信息处理和传输的现代化、网络化，提高统计工作的现代化水平。

2001年5月，省统计局办公室印发了《2001年全省统计信息工程建设工作要点》，对有关工作进行了部署。

【主要业绩或成果】

1. 统计信息网络工程建设

一是省统计局完成了与泰州市统计局的网络广域互连，年内实现了与十三个省辖市的广域网全部正式开通。

二是省统计局接受了国家统计局“九五”统计信息工程建设系统验收小组的验收，一次性通过验收，并获得国家统计局好评。

三是根据机构改革后省统计局驻鼓楼二条巷13号有关部门的调整，完成了三个调查局、普查中心、函授学院等部门的网络改造和IP电话系统的设计。

四是省统计局与省电信局签定了关于网络提速的协议，拟将与各市统计局之间的64KDDN提升到512KFR。

五是省统计局为配合第五次人口普查的数据处理，在小型机免费升级过期的情况下，通过自身的努力，对小型机的操作系统及相关软件进行了升级，由UNIX10.0升为UNIX11.0。

2. 第五次人口普查数据处理

一是年初在武进市完成了第五次人口普查数据处理中的光电录入试点工作并取得圆满成功，为以后的数据处理奠定了坚实的基础。

二是做好各项技术培训、服务支持、质量控制和经验交流工作，仅用4个月的时间，优质高效地完成了全省第五次人口普查数据光电录入和净化处理工作。

三是通过了国家统计局对江苏第五次人口普查光电录入数据质量的抽查，数据质量得到了抽查小组的认可和好评。

四是采用网上在线处理的方式，顺利完成了市级数据的网上报送、网上审核、网上验收、网上汇总等工作。

五是顺利完成了第五次人口普查省级数据处理工作，于12月10日前上报国家统计局且顺利通过验收。

3. 第二次全国基本单位普查数据处理

一是完成了市、县（市、区）级数据处理程序的修改工作，增加了部分审核条件和一些指标。

二是完成了市、县（市、区）级数据处理程序的培训下发工作。

三是根据国家统计局的要求，制定了江苏省第二次基本单位普查数据处理实施细则。

四是在南京市江宁区完成了市、县（市、区）级数据处理程序的试点工作。

4. 软件开发应用

一是省统计局从太平洋软件公司引进了数据仓库开发的应用平台软件BusinessObject即企业数据查询系统，并以基本单位数据和投资数据做了一些试点性的尝试，为数据仓库的开发奠定了基础。

二是组织力量完成了2000年年报数据的整理、光盘刻录工作，为以后的数据仓库的开发做好了数据的准备。

三是继续完善国家统计局人口普查数据处理程序，并协助国家统计局做好数据处理程序的答疑、辅导工作。

四是利用网页方式，开发了2001年“两会”服务应用系统，在“两会”服务期间得到了与会代表的好评。

5. 网站建设

加强了面向统计系统的内部信息网站和面向社会公众的外部网站的更新维护，内容不断丰富，信息量不断扩大，网站的吸引力和竞争力进一步增强。

6. 办公自动化建设

在省统计局内部举办了两期办公自动化应用培训，并在试点和全员培训的基础上在全局推广使用双杨OA办公自动化软件，基本实现了公文处理的自动化。同时，向无锡、苏州两市统计局推广了办公自动化软件，为实现异地远程办公准备了条件。

7. 其他

一是继续搞好计算机的应用培训工作，对省统计局处级干部进行了两期Powerpoint软件使用培训，提高了处级干部计算机使用的整体水平。

二是按时保质保量完成了2000年年报数据处理的审核、上报工作，以及2001年年报地址码的数据处理工作。

三是保证了全局广域网系统、Openmail系统、“双杨”OA系统的正常运行。对省统计局的计算机进行了病毒清除和防火墙的安装升级，确保了统计业务的正常进行。

【2002年主要任务】

根据国家统计局的要求和《2002年全省统计工作要点》精神，2002年全省统计信息工程建设的主要任务是：抓紧制定《江苏省统计信息工程建设“十五”规划》，进一步加强“三网一库”建设，加快现代化统计手段的应用，切实提高统计信息服务系统的快速反应能力。

1. 制定江苏省统计信息工程建设“十五”规划

在“九五”统计信息工程建设的基础上，根据国家统计局“十五”规划的要求，结合我省的实际情况，完成江苏省统计信息工程“十五”规划的制定工作。各市统计局应相应制定本地的统计信息工程建设规划。

2. 完成广域网提速升级工作

根据国家统计局的统一安排，完成与国家统计局4MATM和2MDDN广域网的提速和相关设备的升级工作，完成与国家统计局384K帧中继的改建工作。同时，完成省与各市、省局北京西路七十号办公楼与鼓楼二条巷十三号综合楼512K帧中继的提速工作，提高省市广域网的运行速度。

3. 切实加强网上信息开发利用工作

省局成立网络信息管理协调小组及办公室，以加强网上信息收集、报送和发布工作。要进一步规范省和各市县统计网站建设，修改完善信息上网规定和有关规章制度，引进网站采编发系统，开展全省统计系统优秀网站评比和网上信息报送的考核评比工作，切实抓好网站内容的维护更新，促进网站整体建设再上新水平。要在试点基础上，在各省辖市统计局全面推广应用双杨OA办公自动化软件，力争年内通过办公自动化广域网实现省市统计局之间文件、资料、信息的无纸化传送。

4. 积极推进数据库技术在统计工作中的应用

加强数据仓库建设，通过应用需求的分析，确定建库目标，完成建库工作。采用BO系统开发数据库的应用平台，通过加强对统计专业人员的培训，使统计专业人员能方便地使用数据库资源。在调研的基础上，通过采用合作开发或采购市场上已有成熟应用的软件的办法，推广应用在线数据处理系统，以解决市县统计数据采集、处理、发布一体化的问题。

5. 做好部门联网和县级统计部门联网工作

根据需要与可能相结合的原则，在保证统计信息内部网安全的情况下，逐步实现与省委、省政府和省有关部门的联网，实现统计信息共享。同时，申请16条电话中继线，建立拨号访问系统，满足县级统计局及有关部门上网访问需要。

6. 做好安全保密系统的建设工作

根据国家统计局的统一要求，同步建设省级安全保密系统，并制定和完善有关网络信息系统的管理和安全保密等各项规章制度。年内完成市级安全保密系统建设，配备防火墙、灾难恢复系统和网络防病毒软件，建立健全市级网络信息系统各项管理规章制度。

7. 完成人口普查资料开发利用和基本单位普查数据处理工作

大型普查数据处理是统计信息工程网络应用的重要方面，今年要精心组织完成人口普查资料的开发应用（人口普查资料的编印和省级人口地理信息系统的开发）和基本单位普查的数据处理工作。

8. 完成主服务器及相关设备的购置工作

为了满足大型普查数据处理、建设统计数据仓库及与省委、省政府和有关政府部门联网的需要，要通过公开招标，购置主服务器、相关存贮设备和网络设备，完成现有网络结构的调整。

（丁小洪　王思彤　潘志刚　杨斌）

江苏省地震监测信息化发展概况

【基本情况】

（一）江苏省地震监测系统概况

1. 监测台网。江苏地震监测系统有地震（含强震）、磁电、地壳形变、流体等四大学科139个观测台项组成。此外，还有跨断层流动形变观测（8个场地，360个测段），流动重力观测（106个测段）。截止2001年底，监测台网中有59个观测台项实现了数字记录，其中60台项实现了自动传输。

2. 地震信息传递与处理系统。江苏初步建立了以DDN为传输信道的数字化地震遥测台网，以电话拨号传输方式的数字化地震前兆台网，并建立了省地震遥测台网中心和地震前兆中心和以PSTN连接为主的计算机网络系统。

3. 地震分析预报系统。随着地震遥测台网和数字化地震前兆台网的建立，为地震分析预报提供了丰富资料，震情分析会商系统也初步进入计算机应用阶段，大大提高了震情会商的质量与科学性，特别是JSPS地震分析预报软件及有关学科预报软件的研制成功、现代化会商室的建成，无论在形式上还是在质量上都使得地震分析预报水平得到了极大地提高。

（二）计算机设备情况

目前，地震行业地震信息传输与处理以及日常办公已基本实现计算机处理。但是，使用时间在5年以上的占50%，486（含486）以下的占45%，而且一大部分586以上的计算机为地震监测预报等技术系统专用计算机。从上述数据可以看出，江苏地震行业计算机还比较落后，用于日常工作的计算机尤为严重。

【主要成绩】

通过“九五”项目的实施，江苏地震行业在信息化建设方面进展较快，取得了较大成绩。主要表现在以下几个方面。

（一）地震监测系统现代化改造

完成了21个数字化地震子台、地震前兆数据中心、三大地震前兆学科（地壳形变、地下流体和磁电）39个数字化观测项目以及计算机网络建设和改造。初步实现了由原来模拟台网向数字化地震观测台网的转变，前兆观测数据的自动采集和传输，以及省地震局与13个省辖市及15个省属地震台的计算机联网。初步改变了以往地震速报落后局面，基本解决了长期困扰防震减灾事业发展的数据通信和信息传递渠道不够通畅等老大难问题。为地震学和地球物理学的科学研究，及时、准确捕捉地震前兆信息和地震分析预报水平的提高创造了条件。目前，全省的地震速报能力和监测能力得到加强，基本能在10分钟左右作出地震“三要素”速报，对大部分陆地已经能控制Ms1.5级地震，近海已能控制Ms2.5级地震；地震观测资料的及时、准确，连续传递和地震通信和资料共享得到初步实现。

（二）地震应急决策指挥系统建设

在通信网络建设基础上，对地震监测、预报子系统进行了集成，初步建立了由防震减灾基础数据库、地震现场分析处理系统、演示系统等组成的江苏省地震应急、决策、指挥系统。

（三）地震分析预报系统建设

采用现代化科技手段，结合预报专家系统，初步建立了较现代化的地震分析预报会商系统，促进了地震分析预报水平的提高。

【存在问题】

一是江苏地震监测台网布局和密度及观测技术现代化程度，与省政府希望提高地震监测预报准确率的要求有明显差距。由于江苏大部分地区沉积盖层较厚，给地震台网布设带来困难。目前，江苏地震台的分布存在南密北疏和总体台站密度过低的问题。

“九五”期间，对全省地震监测台网进行了数字化和现代化改造，完成了21个数字化地震子台建设，使地震速报时间由原来的30分钟以上缩短到10分钟左右；完成39个前兆观测台项数字化改造，建立了省地震前兆台网中心；完成了局域网建设，与13个省辖市、15个省属地震台及中国地震局实现了联网；实现了地震会商系统的现代化等。尽管如此，地震监测台网观测技术的落后状况还没有得到根本转变。仍有半数左右的地震台和近四分之三的前兆台是模拟记录；一些前兆观测方法甚至还停留在人工读数的手工操作时代；地震监测信息精度较低，信息量不丰富。

由于高精度数字化地震台站密度过低，影响了小地震活动监测能力及重大地震事件的震后趋势判定。

二是地震信息网络通讯系统是应急指挥系统的中枢神经系统，江苏的地震信息网络通讯系统和可靠备用通讯系统还很不完善，无法保证在破坏性地震发生时通讯畅通。完善的地震信息网络通讯系统可及时向社会发布震情信息、进行防震减灾知识宣传，在发生大地震时，上传下达地震应急指挥信息。江苏地震现场的震情和灾情信息实时采集、快速传递和自动处理能力和水平都很有限，无法满足各级政府地震应急指挥的实际需要。

【主要政策措施】

（一）加强领导、认真做好“十五”规划的组织实施工作

防震减灾工作是一项涉及社会方方面面的系统工程，各级政府要把它作为一项政治任务，高度重视，加强领导，认真组织实施防震减灾“十五”规划。各有关部门，要按照《中华人民共和国防震减灾法》和《江苏省防震减灾条例》等法律、法规，各负其责，密切配合，加强协调，共同做好防震减灾工作，确保“十五”规划各项目标的实现。

根据省防震减灾“十五”规划，各地要相应制定本地区的防震减灾“十五”规划。

（二）加强法制建设，严格依法行政

广泛深入地宣传、贯彻、实施《中华人民共和国防震减灾法》以及《江苏省防震减灾条例》等法律、法规，建立、健全防震减灾法规体系，制定相应配套规章和办法，同时，对过去出台的规章、办法和规定进行清理、修订。加强执法队伍建设，规范执法程序，严格依法行政，做到有法必依、执法必严、违法必究，严格依法办事。

（三）加强检查和监督

各级政府要加强对本地区防震减灾“十五”规划实施情况的监督检查。地震部门作为政府管理防震减灾的职责部门，要经常检查、完善自身的工作措施落实情况，要依法行使职责，组织对本地区防震减灾“十五”规划落实情况进行督促检查。

【重点工程】

（一）加快地震监测预报系统现代化建设，健全地震监测预报体系

建设布局合理、技术先进的现代化数字测震台网。2005年台网的子台数达到40个以上，提高地震速报和监控能力，使全省陆地的测震监控能力达到1.5级，8分钟内做出速报。直接为地震应急决策、震害快速评估、地震学和地球物理学的研究提供科学依据。

建立完善全省数字化地震前兆台网和处理系统，提高地震前兆监测和处理能力，加强地震分析预报的实时处理，为中、短、临地震预报提供可靠、精确、及时的观测资料和决策依据。

扩建对地震分析会商系统，建立具有区域特色的单学科、多学科以及统计和物理相结合的综合预报指标体系，在完善本地区的地震短期前兆经验性统计预报方法的同时，开展本地区的地震短期预测新方法研究，以及大地震后短期强余震及区域地震活动的物理预测方法研究。

（二）建立反应迅速，应急高效，救助得力的紧急救援体系

加强防震减灾指挥中心建设。为实现反应迅速，应急高效，决策科学合理，达到最大限度地减轻地震灾害的目的，“十五”期间应完成省防震减灾指挥中心建设；重点监视防御区内有条件的省辖市也应相应建设防震减灾中心。

建立和完善紧急救援技术支持系统。建立全省地震灾害预测与震灾（快速）评估系统，平时为政府实施防震减灾规划提供科学依据，震时为地震应急、救灾和重建提供科学技术支撑。

（三）完善地震信息网络系统

建设省级防震减灾计算机网络中心和省地震局局域网，省级分布式数据库系统硬件平台，省地震局数据信息共享服务系统等。

建设与13个省辖市地震部门和15个省属地

震台专用通讯网络。

建设1套包括流动地震现场远程通信、现场局域通信和灾区机动通信的地震现场通信系统。

建设地震数据共享数据库系统。在地震信息网络省地震局、地级市地震局和省属地震台各节点上建设统一的，不同级别的数据库管理系统。包括：通过网络系统实现分布数据库系统连接，实现各网络节点的数据信息共享；建设数据库系统与各种地震监测系统和应用系统的接口；建设和开发数据库系统的数据分析处理应用系统；建设基于数据库系统的数据共享服务系统；实现地震系统现有的各种数据库系统的异构连接，实现网络分布式数据库系统与GIS、Loutus、Notes等通用软件平台和地震分析预报、防震减灾应用系统的连接。

（四）建设江苏省震害预测和震灾评估系统

建设地震灾害损失预测系统，包括地震灾害损失预测模型建立和软件平台建设，以及建设13个省辖市基础资料数据数据库。

建设地震灾害损失快速评估系统，包括地震灾害损失评估评估模型建立和软件建设。

（倪岳伟　陈健）

江苏省文化系统信息化发展概况

【组织机构】

江苏文化系统信息化工作在省、市、县三级开展。江苏省文化厅科教与产业处是全省文化系统信息化工作的归口管理部门，负责拟定全省文化信息化建设规划和年度工作计划，并组织实施。同时，负责制订全省文化信息化工作的规章制度和全省文化信息网络建设。

南京图书馆归口负责指导全省各级公共图书馆信息化工作，是省、市、县三级公共图书馆的数据和信息中心。南京图书馆还负责图书信息技术研究和开发，负责向全省公共图书馆提供技术支持和服务。

省文物管理委员会办公室归口指导全省文物信息化工作。负责编制全省文物信息化建设规划，出版不定期刊物《江苏文物信息》，督导全省文物信息网络建设。

省文化市场管理办公室归口指导全省文化市场信息化建设。通过网络化建设，逐步实现对歌舞娱乐、电子游戏、音像制品、营业性演出等行业实行计算机管理。

省文化厅艺术处、省文化艺术档案馆归口指导全省艺术表演团体的艺术档案信息化建设工作。

省文化厅社文处、省文化馆（群艺馆）负责编辑出版《文化新世纪》，指导全省文化馆系统的信息加工和处理。

省文化厅办公室负责厅机关局域网和办公自动化建设工作，负责全省各市县文化行政信息的加工和处理，负责编辑出版《江苏文化通讯》和《文化信息》。

省辖市文化局目前尚无专门信息管理部门，信息工作归口办公室管理，专、兼职人员1—2人不等。负责本级别范围内文化信息化工作和工作规划、计划的制定，组织辖区内文化信息的收集、处理，指导县（区、市）的文化信息业务工作，向上级部门报送辖区内的文化信息。县（市、区）文化局文化信息建设由办公室负责，有兼职人员1—2人。负责本级文化信息工作，收集上报辖区内文化信息，接受上级文化信息主管部门的指导。

【主要成绩成果】

1. 启动南京图书馆中文图书回溯性书目数据库建设工作。中文图书回溯性书目数据库建库工作是全省文化领域信息化2001年度重点工作之一，是数字图书馆建设的基础工作。年初，南京图书馆馆部成立了建库工作小组，并于2001年7月13日、8月8日及8月22日三次召开建库工作会议，就建库方案展开讨论，最终确定先期以“比对国家图书馆出版的《中文图书书目数据》（光盘）、校对公务分类目录，进行书目数据套录与添加，以构成馆藏书目的主体，未套录到的书目视为新种，进库提书，加以自建”的方案，制定了《中文图书回溯建库实施方案》。至2001年底，共套录数据K—I类75494种，抄录23093，校对41330种。

2. 完成“中国试验型数字式图书馆项目”的部分资源加工工作。2001年4月3日起，南京图书馆集中力量完成了由文化部立项、国家图书馆牵头组织，全国六个图书馆参加的“中国试验型数字式图书馆项目”的部分资源加工工作。内容为南京的钟山风景区与秦淮风光带两个景区，同时收录相关的作品、人物、事件等资料，分别建立了旅游、作品、名人、事件等四个数据库。共制作了124个景点、142件作品、37位名人、52个事件；总计制作加工数据13.5GB，总数据量为357条，计18万字，653张图片及40个视频资料。

3. 完成了南京图书馆本部计算机网络发展的主要工作。2001年，对全馆（主要是成贤街本部）的计算机网络进行改造，增加布点近40个，使每个阅览室和80%的工作间都有布点，每个部门都能利用宽带上因特网，进一步加强了网上信息交流。

4. 2001年3月，为充分发挥全省博物馆藏品的潜在价值和整体优势，强化对外宣传力度，扩大我省建设文化大省的影响，决定筹备组建《江苏省文博信息集团网站》，网站域名为：http：//www.jsmuseum.com，负责全省的文博信息交流和业务指导。该网站目前已做好了前期准备工作。

5.2002年2月，根据国家文物局文物博发［2001］81号《关于发布〈博物馆藏品信息指标体系（试行）〉和〈博物馆藏品二维影像技术规范（试行）的通知〉》，对全省博物馆藏品信息指标体系作了规范。

6. 全省艺术档案信息化建设取得了积极的成果。2001年完成了省艺档馆馆藏资料档案目录的计算机输入工作，计6500余条（包括剧本、资料、录像、照片等），基本建成了省艺档馆资料档案的数据库。研制开发《艺术表演团体艺术档案管理软件》，软件于年底通过了文化部组织的部级项目鉴定。该管理系统作为艺术表演团体艺术档案计算机管理的初始系统，能充分体现艺术档案管理的特点，界面美观，操作方便，易学易用，具有使用计算机打印卷内目录、案卷目录、建立艺术档案数据库，使用计算机进行组卷、检索、借阅、统计等功能，适用于我省现阶段艺术表演团体艺术档案管理体制，即：传统的艺术档案管理与艺术档案现代化管理并存。该系统的应用能基本满足艺术表演团体艺术档案管理工作的需要，一次录入信息，多次使用，减轻艺术档案工作者的工作量，提高工作效率。

7. 厅机关办公自动化建设上新台阶。文化厅机关结合搬迁新大楼，新建了厅机关的通讯网络和计算机网络，以适应新技术条件下的文化行政管理的要求，2002年，省文化厅开始启动局域网工作，为实现无纸化办公创造条件。

【信息技术应用】

1. 省电影公司根据广电总局电影局的要求，初步建立了影院电脑售票系统及票房上报系统。为杜绝影院偷、漏、瞒报票房行为，确保电影专项资金的提取打好了基础。为电影院线制的改革作好了基础准备。“电影在线”网站年点击数继续保持在60万次左右。

2. 截止2001年年底，南京图书馆馆藏缩微品达到2万件左右、视听资料达2.5万余种、电影出版物3000余件，现有各类计算机120余台、终端30余台、服务器7台，建有各类数据库17个。中文图书回溯性书目数据库建库工作取得了积极的成果，共套录数据K—I类75494种，抄录23093种，校对41330种。2001年，南京图书馆实现每个阅览室和80%的工作间都能利用宽带上因特网。完成了“中国试验型数字图书馆项目”的南京钟山风景区和秦淮风光带的制作与加工，总计制作加工数据13.5GB，总数据量为357条。

3. 南京博物院进一步完善了艺术陈列馆计算机异步通讯传输系统（ATM）网络，使数据交换能力达到了优秀，具备很强的多媒体数据传输、处理能力。南京博物院继续对院藏的20余万图书资料进行数字化处理工作。该院研制的“藏品管理系统”、“办公管理系统”、“IGP网站综合管理系统”正在加紧开发之中。南京博物院网站浏览人次继续居全国文博类网站之首。

4. 省艺术档案馆研制的《艺术表演团体艺术档案管理系统》，充分考虑到艺术表演团体艺术档案的应用状况，利用Windows操作系统的操作特点，使得整个系统简洁、易用，操作流程符合艺档管理规范；该系统采用了面向对象方法和ADD、OLEDB等最新的设计技术及客户/服务器，具有良好的可移植性和扩展性；该系统充分体现艺术档案管理的特点。系统利用多媒体技术集成了音像、照片、图纸的预览接口。同时还可使用自带的播放器播放声像，其界面及功能类似于微软的MEDIAPLAY播放器，有效地实现了艺术档案的管理和利用。该系统已于2001年12月通过了专家鉴定。

【存在问题】

1. 由于缺乏专项经费投入，加上受现行设施、设备条件所限，系统内未能形成统一的信息传输与数据交换加工平台和标准，信息资源开发和信息增值服务能力不强。数据库建设上存在着规模不大、特色不明显、使用不便等缺陷。网络主干作用还未能充分得以发挥，在数字图书馆研究、网络信息整序开发等方面有待进一步加强。现行自动化系统亟待升级或更新，以适应新技术条件下各项文化业务拓展的要求。

2. 由于没有形成统一的计算机网络，省内、外的信息传递依然要靠人工交换完成，不符合机关办公现代化的要求。由于各个单位计算机资源缺乏统筹规划与合理安排，计算机使用效率低下。

各个单位大多数办公业务的工作方式还沿用传统模式，办公效率低，科学性、合理性无法得到提高。而各个单位的计算机通讯因缺乏统一管理，造成通讯安全可靠性不够，计算机资源总体利用率不高。

3. 由于没有相应的法规、文档及信息等计算机数据库管理系统，大量的文件、档案的查询、存放还要靠人工管理，造成信息资源浪费，信息查询困难，工作效率低下等现象。

4. 由于未能建立一个对公众宣传的专业网站，老百姓对政府的文化政策、法规、方针、办事程序等不了解，对江苏的文化发展状况不了解，不利于提高政府的文化管理和服务水平，不利于江苏文化大省建设的顺利推进，也妨碍了江苏文化的对外交流。

【解决问题及今后发展思路】

1. 成立统一、协调的文化信息化建设领导小组。为做好江苏文化信息化建设工作，拟成立一个统一、协调的领导小组，由厅长担任领导小组组长，各分管厅长担任副组长，领导小组成员为各处室领导、部分相关直属单位领导、各市文化局分管局长。

2. 建设专业网站。Internet 上的专业网站将是江苏文化的对外宣传窗口，内容丰富，形式新颖，内容包括：江苏文化的历史渊源、发展现状、政府办事指南、网上图书馆、文物多媒体展示、本地最新文化新闻、演艺动态、江苏地方特色文化、旅游文化、饮食文化、企业文化、社区文化、名人名家、电影点播、网上会展、网上文化产品交易、视频点播、BBS 及聊天室、网上投诉及领导信箱、网上同学录等。

设计原则：近年来，网络上的信息应用正以前所未有的速度发展，新的多媒体应用及新的数据应用对带宽提出了更高的要求。网络的负载流量主要是从边缘到核心的数据交换，因此在设计网络系统时我们将遵循以下原则：

（1）网络系统的高性能；

（2）设备高可靠性和系统高可用性；

（3）系统的可扩充性；

（4）网络的安全性，适当的实施虚拟局域网技术；

（5）网络的可管理性，实施网络管理平台，对网络进行监控。对网络设备状态，故障报警，通过网络管理平台简化管理工作，提高网络管理的效率，减少网络的维护人员；

（6）信息网络采用开放技术、支持标准协议。采用标准的协议可以减少投资，提高设备和应用的互操作性；

（7）综合考虑系统的先进性与成熟性：当今世界，通信技术和计算机技术的发展日新月异。网络设计既要适应新技术发展的潮流，保证系统的先进性，也要兼顾技术上的成熟性，降低由于新技术和新产品中不成熟因素所带来的风险；

（8）既要考虑到信息的安全性，内部管理网络与外部 Internet 要实现物理隔离，又要考虑到资源的共享、信息的查询及移动办公的要求，做到内外网信息的授权交换。

3. 投资及运营方式设想。江苏文化信息现代化建设是一个整体工程，也可粗分为内部办公网络和 Internet 宣传门户网站，由于涉及到省、市、县三级文化行政管理部门，加上与上级和同级人民政府及其他相关管理部门的联网，将组成一个纵横交错的管理网络，再加上文化网站的宣传、服务功能，这样的规模、要求和复杂的技术所要求的资金投入也是比较大的。为此，拟采取以下方式：

（1）内部办公网络全部由各级政府财政投入。

（2）文化网站的投入全部或部分由各级政府财政投入，这是由于在文化网站上既要实现政府网上政策宣传和部分办公功能，同时也可以在文化网站上进行部分商业化运作的特殊性决定的。

（3）运营方式拟采用政府投入全部或部分资金，成立一个信息中心或将网站的运营权委托给某个有技术力量的直属单位进行商业化运营，或吸纳社会、民间资本投入，组成一个股份制网站，出资比例通过协商确定，出资方式可实行多元化，以现金、设备、提供信息服务、提供网页设计、编程甚至有一定知名度的文化类相关网站整体加入等多种方式入股，股东数不超过三个。不管采用哪种方式，均对该网站进行商业化操作，通过提供多种形式的信息有偿服务取得相应的经济利益，争取实现网站自身的投入产出良性循环，甚至产生较大的经济效益，成为文化产业发展的新的经济增长点。

（曹蕾）

江苏省建设系统信息化发展概况

【基本概况】

2001年，江苏省建设领域信息化围绕国家、建设部和省信息化总体部署与要求，认真贯彻“三个代表”重要思想，加强指导，开拓创新，真抓实干，建设领域信息化取得了新的进展：进一步明确江苏建设领域信息化建设战略思路——以行政管理信息化推动领域信息化；开展省建设领域公众业务处理系统建设，为建设系统电子政府建设奠定基础；加快“数字城市”建设，为经营城市、提升城市现代化水平提供更好的平台；信息应用服务开始发挥作用，为全省经济建设和社会信息化建设做出自己的贡献。

【组织机构】

由于在机构改革中江苏建设领域的行政管理机构变化比较大：有撤并，职能有划出划入，还有将整个信息中心成建制转入其他行政管理系统的情况，现在各地的信息化管理机构尚不完善，但各级建设行政管理部门，都明确了信息化管理要点，在领导层都做了职责分工。省建设厅明确由厅长、党组书记黄卫同志总负责，副厅长彭向峰同志、省建筑工程管理局局长高学斌同志具体负责。

【指导原则与工作部署】

党的十五届五中全会提出了全面推进我国信息化的发展战略，充分说明在新世纪的发展中，信息化被赋予历史重任，并将在国民经济全局中发挥至关重要的作用。在信息化建设如火如荼之时，江苏建设领域充分认识行政管理信息化建设是适应新形势下工作需求的必然途径和工作杠杆，明确江苏省建设领域信息化建设战略：以行政管理信息化推动领域信息化。江苏建设领域从事工作的各级行政管理部门、各级领导能够充分认识到信息化建设的重要性和紧迫性，并身体力行，使得江苏建设领域信息化在较短时间内取得较快的发展。现在，信息化已成为培育市场、服务消费的重要载体，已成为兑现社会服务承诺，提高办事效率和服务质量的必要条件。

随着改革的逐步深化，建设领域中各个部门在社会经济生活中的地位和作用越来越突出。要严格依法行政确保准确性，改善服务提高效率，传统作业方式已极不适应：一是服务承诺的要求，二是快速查询的要求，三是业务把关的要求，四是统计的要求。所有这些都必须充分利用现代化、信息化管理手段才能实现。

建设领域正是由于对形势发展的把握以及赶超先进的工作责任心，在思想和观念上，跳出了传统的工作方式，充分汲取现代科技的成果，在工作思路上确定行政管理信息化作为推动领域信息化的切入点，从而有力的推动了江苏建设领域信息化工作的加快发展。

在深入贯彻党的十五届五中全会精神和党中央、国务院关于加快国民经济信息化进程的总体部署基础上，结合《全国建设事业“十五”计划》及江苏建设事业发展，编制了《江苏省建设事业“十五”计划》，其中对江苏建设领域“十五”期间信息化工作也提出了具体的要求。“十五”期间将用数字化、网络化的手段，全面提高城市规划、建设、市政管理等管理水平。大力推动企业提高产品的信息技术附加值、实现管理过程信息化、开展电子商务等。同时，积极推动建设领域从业企业的信息化进程，通过指导与鼓励相结合的政策，促进企业的业务管理规范化、资源分配合理化、信息整合清晰化，制定明确、量化的推进企事业管理信息化的目标和切实可行的实施方案，建立ERP，CRM系统，提高企业的竞争能力、生存能力和发展能力。

一是江苏建设领域在“十五”期间将在行政管理信息化方面着力实现部门办公自动化、信息传输数字化、公众业务网络化、公益资源社会化，加快“三网一库”（三网为面向各地区、各部门政府机关的办公业务网，以国务院办公厅为枢纽的全国政府办公资源网，面向社会的政府公众信息网，一库为政府办公业务信息资源数据库）的建设步伐。加强建设系统政务信息网络建设，支持内部信息共享，促进部门信息资源的交换，制定信息交换制度，促进信息在本系统、本领域内的共享。重点抓好全行业的信息化基础性建设、网络建设、重要的基础数据库建设、推动业务流程上网，为江苏建设信息的综合利用奠定基础。

二是建立健全江苏建设系统信息化管理体制。

三是建立信息公开制度，适时将非涉密信息对外发布，充分发挥政府信息的导向作用与社会服务作用。

四是加快建设信息资源开发利用，根据建设行政主管部门的法定职责，加强信息收集与整理工作，保证每一项重要职责都能及时、全面、准确地得到工作所必需的信息。根据管理和决策的各项职责需求，理顺政府信息收集、交换、分析、处理的体制和机制，保证政府为履行其职责得到必需的高质量的信息产品和服务。

五是开展建设领域内信息交换标准的研究、发布、实施。

六是加强江苏省建设领域核心数据库建设，包括政府办公信息交换、企业、工程、人员、法规、规划、统计、产权产籍、住房公积金等。

七是规范公众业务处理流程及规范，加紧公众业务处理系统的开发与应用。

【管理信息化】

我国是一个政府主导型的社会。在我国，管理信息化是领域信息化的基础。在实施管理信息化过程中，2001 年江苏建设领域主要实现了如下目标：

完成基于 Windows2000、Sybase 数据库平台，网站信息管理系统开发，实现了互联网信息的“多点（分布）采集、集中（授权）审核、分级使用，有偿服务”的管理模式。该系统提供了用户管理、网站动态构架、网页自动布局管理、信息版块管理、信息采集管理、信息审核管理、信息发布管理等一系列功能，清晰了网站技术构架和信息管理之间的界限，有效解决了网站建设和发展过程可能遇到的多种问题。省建设厅利用该系统成功构建了江苏建设信息网（http://www.jscin.gov.cn），并将使用该系统来推进江苏建设领域信息发布工作。

根据新的《招标法》和《房屋建筑与市政基础设施招投标办法》（建设部 89 号令）对原有的招标投标管理系统进行了全面的更新，将过去的审核、审查流程管理转变至目前的招投标全过程备案，并将应用范围拓展至全省的县级市，完成省市县三级网络的建设。招投标全过程监督管理工作基本上实现了网络化管理，更好地体现了“一站式管理、一条龙服务”的原则，在全国范围内受到好评。

建设“江苏园林绿化产业信息网”（http://www.sugreen.com）来展示江苏城市园林绿化事业的发展成就，宣传园林绿化的重要性与管理政策，加强全省园林绿化行业管理工作，提高城市绿化规划、建设、管理水平和质量，沟通市场信息，合理配置人力资源，促进我省园林绿化产业的健康发展。

【建筑业】

2001 年，按照建设部统一部署，进行建筑业企业资质重新就位，为配合这一工作的顺利进行，并为以后的建筑业企业动态管理提供基础信息，江苏省建筑工程管理局、江苏省建设信息中心、南京深拓计算机系统集成公司联合开发了《江苏省建筑业企业管理信息系统 - 资质业务管理系统》，它是江苏建设领域第一个面向全省范围应用的公众业务处理系统，也是江苏建设领域行政管理信息化思想在全省范围的一次重要实践。本系统已成功投入运行，全省已有 5000 多家建筑业企业使用该系统，通过该系统实现企业资质申请信息的申报工作，取得了显著的社会与经济效益。使得政府与企业联系更加密切，行业监督管理也更加便捷，有力地提升了江苏建筑业企业资质管理规范化、信息化水平，为建立江苏建设领域公众业务处理系统奠定了扎实的基础；为建筑业资源化配置和产业结构调整提供了科学决策依据，也对江苏建设领域的信息化建设起到了示范与指导作用。该系统利用计算机网络为全省建筑业企业资质申报和审批提供了基础平台，全面实现了企业资质网上申报、申批功能，年检、变更功能；系统中根据政府部门行政管理权辖的特点，设置了行政审批中层次管理和审批流程配置管理，建立了基于角色的用户管理机制，提供了多种数据传输方式，提供了信息甄别功能，构建了公众业务系统处理模型，这将是今后江苏建设领域电子政府中公众业务的主要处理方式。

通过本系统的使用也使得建筑业企业对信息化有了新的认识，不少企业为此接入了互联网、购置了信息化产品，开始企业自身信息化建设的步伐。

【城市规划】

依靠科技进步，采用新技术，运用科技成果，不断地提高城市测绘、规划编制和规划管理水平与质量。江苏城市规划信息化在2000年取得成果的基础上，不断深化、不断进取，在新的思路下获得了新的进展。一是把过去系统建立以项目为导向的发展模式转向以管理为导向的发展模式，即信息系统功能应服务于机构所承担的管理职能，使其系统发展更好地与自身的管理工作结合起来；二是从开始的侧重文档的管理，发展到文档与空间信息（图文）一体化管理模式；三是从以应用程序为中心转变为以数据及数据库建设为中心的开发与建设方式。

2001年“数字城市”建设在江苏得到广泛响应。“数字城市”是以信息为基础的城市，它将城市中发生的一切活动均通过信息方式表现出来，是一个包括信息基础结构、信息应用和服务以及经济、社会发展响应在内的复杂系统。它的建设目标：一是为城市社会创造一种新的生活和管理方式；二是提高政府决策的科学性、规范化和民主化水平；三是提高城市规划效率，提高城市资源优化配置水平，促进城市可持续发展。江苏各级规划、勘测部门在已有的工作基础上进一步加大基础地理信息的收集、整理与分析管理工作，进行系统、规范的基础地理信息的生产管理，为向社会提供地理信息咨询服务以及建设“数字城市”进行积极准备。在各市政府的直接领导下，不少城市的规划部门在“数字城市”建设过程中承担关键的角色，有的担当牵头部门，有的承担其中核心课题。

2001年，航测数字化成图和建筑竣工放验线数字测图的基础信息生产得到进一步的发展。

完成镇江测区1/1000航测数字化成图和建筑竣工验收数字测图的基础信息生产，并在镇江测绘历史上首次将全数字摄影测量技术应用于城市大比例尺成图。先后运用全数字摄影测量技术测图完成长江路三期工程道路地形图测绘、丹徒新区1/1000航测、引资大道1/1000航测修测及大港新区1/1000部分航测。为镇江市重点工程顺利实施争取了时间，提供了可靠的全数字信息，并生产了部分全数字“4D”产品。

完成常州市450Km^{2}范围的彩色正射影像图。这是继常州市区综合地下管线系统之后的又一重要的空间基础资料。作为建设“数字常州”的重要组成部分，彩色正射影像图将为常州市城市规划和管理、环境监测、辅助交通设计、文物古迹和遗址保护及城市可持续发展研究等起到重要基础作用，是政府管理经营城市的基础性资料。启动常武地区1：500和1：1000大比例尺数字化地形图航测工作，为实现信息共享、便于动态更新数据与节约总费用，常州市规划局与国土资源局联合开展地形图、地籍图航测工作，并联合成立了专门工作机构。航测的准备工作在2001年底基本完成。建立数据动态更新机制，进行及时的数据更新，以保证信息的有效性、实时性。在基础地形图库、综合地下管线图库的动态更新工作中，广泛采用了全站仪、GPS全球定位系统、全野外数字化采集技术及3S技术，大大提高了工作效率和成果质量。具体采用红线预更新、竣工终更新、修测补更新、大面积航飞全面更新的办法。具体措施为：业务流转过程中产生的图文信息由办案人员在日常联网办公中实时更新；规划设计成果通过软盘报送制度进入规划成果库更新；基础地形图通过内外业一体化修测、补测制度更新；地下管线数据通过竣工测量更新；网站数据由信息中心每周更新；定期进行航飞对基础地形图全面更新。

在加快“数字城市”基础信息建设的同时，规划部门不断适应规划管理体制变化，开发出新的办公与业务处理系统，将管理工作推向一个新的高度。常州新规划局组建以来，根据分工细化，业务门类增加，行政审批中心开始运行，分局陆续组建等，实行统一制证制度，组织力量对“一书四证”图文办公信息系统进行了修改和完善，升级为规划管理“一书两证”图文办公信息系统，为新规划管理体制的正常运转提供了及时的技术支撑；配合“清临拆违”工作，开发规划监察信息系统实现了各类违法建设案件从受理、立案、调查取证、案件审理、送达执行到结案归档的全过程计算机化办案。规划检察信息系统与图文办公信息系统集成，提高了违法建设案件查处的效率和质量，对违法建设起到了有效的震慑作用，遏制了违法建设案件的高发势头。

做研究型的政府，规划系统在完成自身管理任务同时，放长眼光，开展一部分前瞻性，为社会发展、政府管理提供良好依据。苏州市规划局“苏州市空间地理信息系统”列入该市“十五”期间十大攻关课题。

常州研制《控制性详细规划技术咨询研究系统》，该系统将应用计算机软件，全面、公正、科学的确定地块的控制指标，评价、审议规划方案，为领导决策提供依据，该项目被列为2001年省建设系统第二批科技计划项目，将于2002年底前完成；研制《城市规划设计工程项目管理系统》，现已进入试运行阶段，该系统从城市规划设计工程项目管理、生产管理、ISO9001的角度出发，通过计算机网络系统以及管理信息系统软件，实现对城市规划CAD生产流程和成果质量的全过程管理，从而提高工作效率和质量，是城市规划设计单位集生产、管理为一体的综合应用管理系统。

镇江自行开发了城市勘测GIS系统，将92年以来完成的工程勘察成果规范入库，初步建成覆盖主要市区范围的城市岩土工程勘察数字库，为今后该市城市建设全面信息化打下了基础。

【房地产与住房公积金】

2001年，全省房管系统信息化工作在省建设厅、各市市政府的指导帮助下，承接了“九五”期间良好的发展势头。“十五”规划的开局之年，各地房管局领导都十分重视信息化工作，大力推进辖区房管系统信息化建设工作，信息化工作又有了新的进步。主要表现在：一是信息化建设工作舍得投入；二是领导重视；三是按照“三个代表”要求努力实践，将广大人民的利益放在工作首位，受到百姓的普遍欢迎；四是重视信息化人才培养与储备。抢占信息资源开发、利用的制高点，提高信息技术对房管工作的贡献率。

通过网络，信息传递更加快捷方便，信息化工作在房管系统内显示出愈来愈重要的作用。信息化建设工作的有效开展，简化了办事程序，提高了工作效率，方便了群众，受到了社会各界的欢迎和好评。

建成盐城市住房资金管理信息网络系统、市房地产交易、产权管理信息网络系统、市局信息中心三大局域网，所有的房改业务、房地产交易、产权产籍管理、金融信贷，市行政审批中心“房产”窗口全部实现了网络化、信息化。住房基金管理中心与市区各大商业银行全部实现了联网。投入经费约45万元，更换住房公积金条形码查询、路由器等设备，进一步更新系统，完善网络，以加强信息化工作的基础系统建设工作。研发具有自主知识产权的《盐城市住房基金管理信息系统3.1V》，系统由七个相互独立的子系统组成，涵盖了所有的房改业务。住房基金管理中心还与银行专线联网，根据授权，市区各大商业银行，各个网点可同时按照要求开办房改资金。而网络后台由住房基金管理中心专业技术人员实施全定时监控和管理，确保信息安全。通过建立网络，市区每个交款职工都获有一张公积金储金卡，随时可在银行或中心查询公积金金额，或根据有关规定提取本人的公积金用于自住房屋的购、建或维修；个人住房信贷电子化，通过查询职工房改资料，可及时杜绝多次享受房改优惠政策等违法现象的发生。网络全面运用极大地提高了办事效率，全市房改房上市准入3626套，其中成交2318套，成交金额近2亿元。与合作机构联合开发《盐城市房地产交易、产以产籍管理网络系统1.0—3.0》，房产交易大厅建立局域网，建立了一条龙办事体系，简化了办事程序。全年通过网络发放销预售许可证、租赁许可证、他项权证以及办理产权发证近2万份，面积在93万平方米，房地产交易金额近12亿，取得了良好的社会效益和经济效益。

镇江市2001年完成房地产管理系统的开发，其最新版本V2.32系产权监理处、交易所自主开发的软件系统，集成了触摸屏查询系统及杀毒软件自动升级系统，综合实现了抵押、查封、异议申请、商品房预售备案登记等多种房产交易登记管理功能，信息之间彼此互相联接共享，对控制重复发证、一证多抵等现象具有较为显著的效果。整个业务流程全部从预约评估、登记、初审、复审、终审直至发证、缮证、归档全部由微机实现，产生了良好的社会效益及经济效益。通过计算机网络将房地产产权产籍、房地产交易管理、档案管理等各部门的主要工作流程加以优化，已实现统一的数字化管理，提高办事效率，降低查询、汇总及统计方面的劳动强度，为广大群众提供了更为便捷的服务。开发了产权产籍管理查询系统，通过网络有效地提高了档案查询的工作效率，且探索出单机版软件无须做任何修改与升级而灵活实现数据网络共享的思维方法与实现途径，妥善地满足了过渡期内对档案信息微机化综合查询的需求，提高了各职能部门的办事效率，减轻了人工调档或集中查档的负担。此外，还在工作中广泛应用了直管公房成本价出售、财务管理电算化、人事管理、文书档案管理等多种管理软件，促进了信息化建设和办公自动化，提高了工作的准确性和效率性。

徐州房产图形数据库从1998年开始建设，历时近4年，投入700余万元，于2001年通过验收投入使用。房产图形数据库目前已完成了该市市中心区60平方公里的960幅房产分幅图和6000余栋房屋分层分户图的有关数据库。它的建成使用，进一步规范了房屋权属证书的配图工作，避免了重复测绘，提高了办证效率，在实现办公自动化和为社会、群众服务的水平上有了质的提高，这是我局信息化建设的一项大工程。

淮安确定把房产管理的信息化作为提高办事效率兑现服务承诺的切入点，作为塑好社会形象的提升点，作为加快启动住房消费的着力点，从而有力的推动了信息化工作的加快发展。目前建成全部主要业务单位的局域网和1个房产超市局域网，开发并应用17个业务子系统，所有业务均实现微机化操作，初步实现了办公自动化，全局联网工作正加紧进行。通过房产管理信息系统，不仅解决了无纸化办公、档案录入、查询把关和统计功能，还实现了服务期限黄牌警告和红牌加急的提示功能、过程控制功能、图库联动功能和以图管房功能等，为全方位的提高办事效率，促进规范化管理，服务经济发展提供了载体。近几年加大了对信息化建设的投入，共投入了500多万元用于信息化建设，人均达2.5万多元；梳理并规范了全局各项业务的办事流程，住房公积金和房产管理业务均实现了柜台式服务，对10万多份房产档案和4万多份的房改档案按省标进行了整理建档，全部输入微机。通过加大投入，从而为信息化建设提供了物质条件。

树立住房消费信息化的新概念，利用网络提升人们住房消费理念。通过市场运作，实现以业养业、推动房产管理信息化建设和服务住房消费的双重目标。通过房产超市将市区全部商品房、二手房、房屋租赁信息集于一市，消费者只要在超市里的任何一台查询系统电脑上就能浏览到全部信息，改变了过去购房者为寻找房源而东奔西走的状况，加之在超市内推行放心房和放心中介活动，从而使消费者在超市里就能购买到满意的放心房，不仅极大的方便了群众，还切实保护了消费者权益，规范了房屋销售行为，使信息化成为培育住房市场的重要载体，也为我省加快信息化建设探索出一条以业养业的新路。

【存在问题与对策】

建设领域信息化建设是一项长期的、复杂的工程，在建设过程中会遇到各式各样的问题。目前，江苏建设领域信息化中存在的主要问题如下：

一是利用市场机制来推动信息化建设思路没有被完全接受。不少单位与部门依然停留在自家信息是珍宝，不可示人的观念上，同时认为信息化主要是投资问题，自己没经费便就此打住，不去市场找合作，找风险，想方设法去挖掘信息的内在价值。

二是信息化人才严重不足。真正高水平的懂信息、懂管理、懂技术的信息化人才很难找，并且现在行政事业的用人机制也没有真正与市场经济接轨，即使人才来了也容易流失。

三是重视程度不够，导致资金缺乏。不少单位与机构设想很好，但信息化专用经费较少，无力完成工作计划。

四是建设规划与目标不明确，导致信息化建设成效较低。有不少单位在建设过程中缺少整体与长远规划，对信息化的目标也未作研究，很多项目匆匆上马，结果也不言自明。

面对上述问题，核心是要解决观念问题，解决思想问题，观念问题与思想问题解决了，其他问题也就可以找到相应的解决方式，归根结底是要解决本源问题。

【2002年工作安排】

为进一步加快推进江苏建设领域信息化进程，省建设系统将努力抓住信息化给江苏建设领域带来的发展机遇，2002年在如下方面加大政策和工作力度：

1. 统一认识、统一规划、指导建设。加强省建设厅对领域内信息化工作的指导与规范力度，明确厅公众业务处理系统建设目标，为建设江苏省建设厅电子办公平台打好基础，并争取用1至2年时间来全面实现。

2. 建设江苏建设领域信用体系，为公众提供领域的信用信息服务，同时规范建设领域中从业单位的服务行为，为建设领域规范的市场秩序的建设提供有力保障。

3. 加强"数字城市"建设的相关技术与理论的研究，在"数字城市"建设过程中充分发挥建设领域各部门、各单位的技术与资源作用。

4. 加快建设信息交换标准研究与实施。通过建设信息交换标准来规范与指导江苏建设领域信息化系统的的建设，提高信息化建设水平与质量。

5. 鼓励企业进行信息化建设。推动企业充分发掘自身的信息资源，利用现代信息技术这个有力的载体，来提高企业的管理水平与竞争能力。

6. 加强宣传、创造氛围。加强对建设领域信息化建设的宣传，提高建设领域信息化意识，提高对建设领域信息化是建设领域实现跨越式发展的重要组成部分的认识。

7. 加强信息化人才培养。信息化建设对高素质人才有特殊需求。这是由信息化本身性质决定的。信息化对人才的要求，不仅在知识结构和实际能力方面，而且还包括人格的修养等诸多方面。当前江苏省建设系统除了要多渠道加快培养人才外，还要高度重视留住人才和引进人才，创造条件吸引和留住信息化建设专业人才。

（吉同路）

江苏省气象系统信息化发展概况

【基本概况】

2001年是实施“十五”计划，建设《江苏省中尺度灾害性天气监测预警服务系统》重要的一年。“九五”期间江苏建成了气象卫星综合应用系统，基本改善了通信的瓶颈状况，资料信息的传输速度大大加快。近年来，全省在气象信息现代化建设方面加大了力度，取得了较好的效益。结合气象卫星综合应用系统的建设，江苏气象部门对气象业务进行了一系列调整，全省建设了较完善的地面备份网络，对省市级的业务网络进行升级改造。现在气象信息通过气象卫星综合应用系统可以实现从中国气象局到县级气象站的资料共享，通过地面备份网络，省市县可以实现互通。

2001年，江苏的“中尺度灾害性天气监测预警服务系统”的建设已经开始启动，其中的主要部分“大气探测分系统”建设已全面展开。南京、徐州、连云港等市局的新一代天气雷达正在筹备建设中，其中南京的新一代天气雷达建设的前期工作已经全部完成，雷达楼和业务楼已经动工。地面自动气象站的布点已全面铺开，已建成了30多个自动气象站、4部闪电定位仪、2套紫外线观测系统。新一代天气雷达、地面自动气象站等新型气象信息探测设备的建设，将有效地加强江苏气象信息探测、采集的时间和空间密度，为进一步提高天气预报准确率提供了有力的保障。结合新一代天气雷达和自动气象站等新型大气探测设备的建设，气象信息传输网络也进行了新的补充和扩容。

由地方政府支持建设的江苏省防灾减灾预警信息网络通信综合平台中气象通信网络分系统的方案已报省计委，近期将论证实施。此公用通信网将建成全省综合、宽带、高速、数字化的气象虚拟专用网络，实现省－市－县可视化会商。

2001年，在中国气象局和地方政府的正确领导和大力支持下，江苏气象事业的信息化建设正追赶着信息时代的大潮，飞速发展着。蓝图已经展开，江苏气象事业的信息化发展将呈现全新的面貌。

【组织机构】

气象部门是国家事业部门，气象业务、服务其实就是气象信息的采集、传输、处理、利用的过程。

气象信息的采集是气象事业最基础的保证。江苏有7个国家天气观测基本站、6个国家气候观测基准站和60个一般天气观测站，2个高空观测站，4个雷达站负责着全省所有地面、高空等气象信息的采集工作。

气象信息传输网络由国家级、省级、市级、县级组成，气象信息由气象台站采集，通过地面网络传输到省信息中心或市级信息中心，并通过卫星通信系统传输到国家信息中心，国家信息中心将处理分析过的全国的气象资料通过卫星通信系统广播，所有安装了卫星接收系统的气象台站都能及时的接收并使用。

气象信息的处理和利用过程是各级气象部门的预报员分析各类气象资料，做出天气预报产品，向社会发布，做好气象保障的工作。气象部门有中央、省、市、县四级天气预报中心，负责各级行政区域的气象服务工作。

【重点工程】

（一）大气探测业务系统的建设与完善

1. 以新一代天气雷达建设为龙头的“江苏省中尺度灾害预警服务系统”的大气探测自动化项目的建设全面展开。南京的新一代天气雷达已经开工建设，徐州、连云港的新一代天气雷达建设可研报告已经通过专家认证。南通、盐城的新一代天气雷达建设的前期工作已经展开。

2. 自动气象站网建设初具规模。目前，全省已经建设了国家基准基本气象观测站的有线遥测自动站10个，一般自动气象站20余个，计划在“十五”期间建成覆盖全省的自动气象站网。

3. 已布设了4个闪电定位仪，在全省建立业务化的雷电监测系统，建立定位处理和监控系统，提高气象服务水平的计划已开始实施，进展迅速。

4. 在全省建设大气环境与生态特种要素观测网的项目开始实施，已初步建设了2套紫外线观测系统。

（二）气象信息传输改革项目

1. 建成全国首家新一代航空气象信息传输系统，实现了航危报传输的网络化和自动化。

江苏省气象局组织研制的新一代航危报传输系统，由气象部门和电信部门的技术骨干联合攻关，实现了航危报传输的网络化和自动化。整个系统包括编报传输子系统、转报分发子系统和质量监控系统。该系统实现了气象电报传输的彻底改革，不但使基层气象部门测报人员从繁重的手工编报、发报中解脱出来，而且为电信部门电报电路的技术改革打下了基础，更重要的是使航危报气象信息传输时效提高了两百倍，传输准确率有了实质性的提高。该系统的开发研制属国内首创，其开发应用水平处于国内领先，达到中国气象局部门级创新项目水平。

自2001年9月开始，该系统业务运行稳定可靠，还提高了信息传输的时效和质量，满足了网络未来发展的需要。据测算，该系统可为江苏省气象部门每年节约电报费30万元，为电信部门降低成本1000万元，具有的社会经济效益十分巨大。

2. 由于新型气象探测项目的建设，对气象信息传输提出了更高的要求。现在，已经投入业务使用的自动气象站的数据通信全部采用专线方式，10个国家发报站的自动遥测站的资料每小时采集一次，通过专线传输到省信息中心，并通过卫星通信系统传输到中国气象局。其余自动气象站资料通过专线传输到所属市局，由市局分发处理。省级信息中心适应新业务的发展，对现有网络进行升级，自动气象站建设较多的苏州、无锡市局，采用先进的光纤接入技术，全面实现了新型大气探测设备采集的高密度气象信息的高速传输、交换，充分发挥了重点项目建设的效益。

（三）气象业务现代化项目建设的规范化、标准化管理

气象信息现代化建设是气象事业发展的重中之重，其建设质量和运行状况直接影响气象业务和服务工作，因此，项目建设的制度保障是关键环节。省气象局针对重点工程建设的具体情况和要求，制定了一系列管理制度：

1. 项目法人责任制。明确重点工程实行建设项目法人责任制，由项目法定代表人对工程质量负总责。

2. 项目负责人制。在省气象局重点工程办公室下面设新一代天气雷达、自动气象站、通信网络系统等项目组，项目组成员由业务主管部门、技术装备中心、省台及有关单位的业务管理和技术人员组成，负责全省重点工程项目建设的组织管理和技术指导。

3. 立项报批制度。要求各级气象部门执行现代化建设项目的立项报批制度，包括政府投资和自筹资金的自建项目，每年2月底将当年拟建的业务现代化项目上报省局，以便纳入全省统一布局，实行硬件和软件的统一选型和管理。

对于上报中国气象局和省局的大中型和小型业务项目，各单位还要填写可行性研究报告，纳入省局项目库，作为立项审批的依据。

4. 进展汇报制度。要求各市气象局指定专人负责重点工程项目建设进展的定期汇报，落实信息联络员，每月3日前将重点工程工作情况上报省局，省局每月汇总全省情况上报中国气象局。

5. 财务审计制度。加强重点工程建设的资金管理和财务审计监督工作。财务管理认真规范，审计工作全过程介入。

6. 工程验收制度。要求正确处理好气象业务现代化重点工程建设速度与质量、投资与效益的关系，把工程质量管理工作摆在重要位置，加强领导，强化管理，采取有效措施，确保工程质量。工程结束要按照可研报告或建设要求进行验收，验收报告上报省局备案。

7. 档案管理制度。要求所有现代化建设项目都要按照《中华人民共和国档案法》的有关规定，建立健全项目档案，从项目筹划、可研论证到工程竣工验收各环节的文件资料，包括仪器设备和软件资料等都要按照规定收集、整理、归档，形成完整的档案材料。

【信息技术应用】

在充分调查研究信息化建设的成熟经验基础上，在有效集成先进的信息化技术和产品的基础上，结合气象部门的具体情况，加强江苏在气象信息化建设的研发和应用。

1. 使用多普勒雷达、自动气象站、风廓线仪、L波段测风雷达等国际先进的大气探测设备，完善的气象探测网络。

2. 使用城市气象要素监测系统，在城市中布设相当数量的紫外线、地表温度监测站，酸雨、花粉监测站、负离子监测站，拓展气象服务领域，提高气象服务质量。

3. 使用分组交换网、宽带接入技术、DDN、ATM等数据传输技术，提高气象信息交换的效率。

4. 使用高性能的硬件系统平台、安全可靠的操作系统、快捷的软件开发系统，构建新一代大气检测自动化系统的实时数据库，有效收集、处理各类气象信息；开发针对新型业务的信息管理、监控系统等，提高基础气象信息的利用率。

5. 使用先进的Internet技术，建立地市级以上的气象网站，建立集有限共享资料、气象科普知识和防灾减灾、气候变化、气候资源利用等气象业务服务信息为一体的信息发布平台，能够更加便捷、高效地面向社会提供各类气象服务，获得更加显著的社会效益和经济效益。

【主要业绩和成果】

2001年，江苏气象部门工作的重心放在拓展气象业务服务领域，经过各级部门的努力，取得了可喜进展，并得到中国气象局和省委、省政府的一致肯定。主要有以下工作：

1. 组织研制了“江苏省环境气象指数系列开发及其业务系统”，采用气象学、统计学方法、数值预报释用方法和集成预报技术，研制了涉及生活、医疗、旅游、农副业、交通运输、建筑、商业和公用事业等八大类73种气象指数，并采用网络技术、可视化程序设计技术和语音合成技术建立了环境气象指数业务系统。在全省投入业务应用，取得了良好的社会效益和经济效益。

2. 利用计算机和通信技术，为水利、供电、铁路、保险、交通、水运等部门建立气象服务终端50余个，丰富了服务内容，提高了服务的自动化水平。

3. 省气象影视中心在全国首家开通了气象宽带网站，推出了视频点播、天气频道、谈天说地、气象与生活、生活指数、上下班天气、天气警报、环境质量预报等10多个栏目，深受用户欢迎，取得了较好的社会效益和经济效益。苏州、无锡、省气象台等也利用网络技术，建立了气象网站，进行网上气象服务。

4. 目前，全省已建成的30多个自动气象站、3个闪电定位仪和2套紫外线观测系统，已投入运行，并发挥作用。

5. 为重点工程提供气象服务，效益显著。1996年来，省气象科学研究所先后承担了南京长江二桥、江阴长江大桥、润扬长江大桥、苏通长江大桥和南京长江三桥的气象专题研究和专项服务。

6. 省气象局和沪宁高速公路指挥部合作的沪宁高速公路雾情监测预报服务系统的研究已经取得阶段性成果。该系统的自动采集子系统、预报制作子系统和建在高速公路指挥部和公路监控中心的预报服务显示平台已经建成并投入业务运行。该项成果能够有效降低由于雾情给高速公路造成的交通隐患，增加了高速公路使用效益，具有很大的经济和社会价值。

7. 江苏气象部门率先在全国进行了气象航危报传输方式的改革，建成了首家新一代航空气象信息传输系统，实现了航危报传输的网络化和自动化。该系统被中国气象局定为2002年业务创新推广项目。

【2002年发展目标和主要任务】

江苏气象部门2002年的发展目标是，继续“十五”《江苏省中尺度灾害性天气监测预警服务系统》的建设，提高进度，保证质量；进一步拓展气象信息业务服务工作领域，推动气象事业可持续发展。

气象信息化建设的主要任务如下：

1. 大气探测系统

（1）在全省建设相当数量的地面自动气象站、L波段测风雷达、闪电定位仪。

（2）城市环境监测系统的建设，在每个市局所在城市布设紫外线、地表温度监测站，布设酸雨、花粉等监测站，在著名景区布设负氧离子监测站

（3）在常州、东山、东台、高邮布设4个GPS观测站。

(4) 在南京、徐州、连云港、南通、盐城建成新一代天气雷达。

2. 信息网络服务系统

(1) 年内建成江苏气象网站，为网上用户提供天气预报、气象新闻、气象与环境、专业用户预报、决策服务、视频点播、气象论坛和气象知识等服务内容。

(2) 加快新一代农村综合经济信息服务网的建设。

3. 灾害性天气预警服务系统

开展各类气象灾害实时监测、预警技术研究，建立气象灾害与其它灾害相互作用模型，重点研究洪涝、干旱、台风、暴雨等预测技术，并进行自然灾害防御工程技术的研究。

4. 流域面雨量预报服务系统

由省市台制作发布稠密网格点降水预报以及沿江、太湖流域面雨量、洪涝指数预报。

5. 城市环境预报综合服务系统

建立江苏各类规范化的气象环境指数数据库，研制预报模型和预报质量评价方法；建立从信息获取、资料分析、产品制作到分发服务综合操作平台，最终建成可供省、市、县三级使用的城市环境预报综合服务系统。

6. 高速公路雾害监测预报服务系统

在现有的基础上，对高速公路的雾害的生消进行连续监测和试验研究，提高超低能见度的定时、定点、定量预报水平，建成高速公路雾害监测预报服务系统。

7. 海洋气象监测预警服务系统

沿海城市加快海洋气象检测预警服务系统建设，提高对海洋渔业、海上运输、海岛旅游、近海水产养殖、滩涂资源综合开发和盐化工业等海洋产业的服务水平。

8. 气候资源开发利用

做好农业气候可行性论证和气候区划工作，开展其它领域的气候论证工作。根据历史气候资料和实时气象资料对风力、光、热、水等气候资源进行历史和动态评估。各市局要围绕当地建立一项经济作物项目，完成综合调查工作。省气象科技开发应用中心开展相应的气候可行性论证工作。开展省内 3~5 项主要产业带布局的气候区划工作。

9. 建设天气预报可视化会商系统

建设省－市、部分市－县的天气预报可视化会商系统，提高天气预报会商的时效和质量。

（高岑）

江苏省煤炭行业信息化发展概况

【基本情况】

努力向科技型企业转制一直是煤炭行业的发展目标，信息工作的重点逐步由原来的为科研项目服务转向为产业服务。自1986年来，全省煤炭系统（主要是徐州矿务集团）先后配置了王安VS－100小型机、多种品牌微机、服务器，以及计算机网络、网站建设的硬件设备和光纤材料。建成了全长近200公里皮长的通信、计算机合用的光缆网络，通信传输设备采用SDH光端机构成逻辑环网，通信交换机数字程控化率达到96%以上，总交换机容量达到5万门，实际装机量达到4万2千门。整个专用通信网已于2001年4月与中国联通公网以DLD、DOD1以及N0.7信令方式联网。2001年6月与中国电信公网以DLD、DOD1以及N0.7信令方式联网。

【建成三个网站】

建成了徐州矿务集团公司计算机网站（www.xkjtnet）等三个网站，以100M出口与Internet相联，开发了局域办公自动化系统，部分单位实现了公文收发的电子化，完成了徐州矿务集团公司教育系统多媒体教育网建设工程。

【注重开发应用】

依靠自己的技术力量，先后开发了多个应用软件和监测控系统，其中《计划统计管理系统》、《财务管理系统》、《地质储量管理系统》、《井巷工程预算系统》以及《韩桥矿井生产监测系统》等荣获原煤炭部计算中心多项应用成果奖，整体计算机开发实力处于统配矿务局领先水平。近几年来，自主开发了《内部银行管理系统》、《三河尖、张小楼、夹河三个单位煤矿安全生产监测系统的改造》、《华美弱电工程综合布线系统》、《药品器械管理系统》、《医院管理信息系统》、《旗山洗煤厂监测监控系统》、《张双楼监测监控系统》等应用系统，为煤炭的安全生产、管理经营提供了强有力的技术支持。

【今后工作目标】

实现全省煤炭系统联网，建立全省各类煤矿安全生产监察网络；建设医疗机构网络硬件系统和开发医院和医保软件管理系统并与当地政府医保处联网接轨；完成煤炭运销管理信息系统；利用现有网络资源，面向煤矿，服务矿区，积极开发宽带增值业务。

（李东岩）

江苏省电力行业信息化发展概况

【历史回顾】

（一）初始阶段

江苏省电力系统计算机应用工作起步于二十世纪七十年代中期，当时主要用于电网潮流、稳定等离线科学计算。1978年，江苏省电网调度所和徐州电业局分别购置了一台国产数字通用计算机，主要承担江苏电网和徐州地区电网的科学计算任务。江苏电力系统在微机应用方面起步也较早。1981年9月，南京热电厂与南京工学院合作，应用微机进行大机组轴系校平衡多平面加重自动计算技术的研究取得实效。1983年，南通天生港发电厂应用Z80单板机实时控制化学水处理取得成功。同年，南京供电局也应用微机系统初步实现南京地区电网有功功率总加和实时数据检索功能。

1983年，省电力局机关、省电网调度所和部分基层厂、局开始在管理工作中应用微机。初始阶段主要是单机单任务应用，做些统计报表之类的简单事务处理。各发电厂、供电局（电业局）也陆续采用单机、单板机、单片机用于工业控制。到八十年代后期，省电力局（省电力公司）、省电网调度所和部分基层厂、局开始建立小型局域网，满足单一业务应用的需要。

（二）大规模建设和发展阶段

随着IT技术的发展及应用的深入，1994年底，省电力公司根据国家关于信息化建设的方针、政策，结合公司实际情况，提出了信息系统建设“统一领导、统一规划、统一开发和推广应用”的原则，并将MIS实用化达标作为江苏电力企业“创一流”的必备条件，同时加大了对专业技术人员的培养和资金投入力度，从而使信息系统建设进入一个快速发展时期。1995年，省电力公司经过广泛调研、审慎论证，对主机（服务器）、网络、数据库等应用平台统一选型。从当年9月起，根据“自主开发，专家咨询”的原则，从基层陆续抽调40多名计算机骨干集中进行应用系统的开发并在全公司系统推广应用，从而培养锻炼了自己的技术队伍，积累了宝贵经验，初步实现了信息化建设从小到大、从分散到集中、从低层次到高层次的过渡。到1998年底，以两个层次（公司本部与基层发供电企业）、三种模式（发电、供电、公司本部）的总体规划，按照“自顶向下设计，自底向上实施”的策略，贯彻试点先行、全面推广，全省发供电企业整体推进的指导思想，完成了江苏电力信息化建设一期工程，顺利通过了中国电力信息中心组织的计算机管理信息系统实用化达标验收。

计算机网络建设与信息资源开发同步进行。1997年，省公司利用原有64kbps数字微波信道建成了覆盖全省发供电企业的星型结构的公司内联网。随着Internet/Intranet技术的发展，1999年，省公司组织了光纤网的规划、论证，确定由南京、常州、泰州、淮安四个核心结点组成622MATM主干环，其它发供电企业通过155M带宽接入公司内联网的规划方案。2000年，随着公司通信网的发展，开始对基于数字微波的内联网带宽由64kbps升级到2Mbps。同时，部分基层单位实施了局域网主干扩充到千兆网的改造，县乡电力信息网也开始进行规划、建设。

“九五”期间，省公司将电力信息化列入跨世纪科技导向工程，各级领导信息化意识进一步加强，信息化建设取得了突破性进展，信息技术的应用更加广泛、深入，实现了“九五”发展目标，同时，也为“十五”信息化工作的深入开展打下了扎实的基础。

【2001年基本概况】

2001年，在党中央关于“以信息化带动工业化”的英明决策指引下，信息化工作在公司可持续发展中的战略地位得到进一步加强，当年制定的《江苏省电力公司“十五”信息化发展计划》明确提出了建设“江苏数字电力”的目标。

创建中国一流省电力公司是江苏省电力公司2001年的中心工作，公司党委把信息化作为创一流工作中体现技术创新、管理创新的亮点工程来推进。经过全公司上下共同努力，在网站建设和信息发布、地理信息系统在输配电中的应用、办公自动化、数字档案馆、生产、财务、营销、安监、全省电量电费和负荷管理信息综合查询等子系统的开发应用，公司内联网二期工程、客户服务中心和配电网自动化建设等方面取得了新的成就，2001年11月国家电力公司来省公司进行创一流电力公司诊断考评时，对此给予了较高评价。

2001年11月，在完成项目可行性研究并通过专家论证的基础上，科技部和国电公司向省公司正式下达了“十五”重点科技项目“江苏省电力公司信息安全示范工程”。

【组织机构】

江苏省电力公司由总经理担任信息化工作领导小组组长，各位副总经理和总工程师担任副组长，总工程师负责常务。公司本部各业务部室和直属单位主要负责人为领导小组成员。领导小组办公室设在信息中心，它是归口管理全公司信息化工作的职能部门。下属各供电公司和发电厂（发电公司）信息化工作组织机构与省电力公司本部机构设置基本相同，公司系统各单位还建立了部门兼职信息员工作网络。

【工作部署】

1. 在总结“九五”信息化工作的基础上，深入调研、精心制定《江苏省电力公司“十五”信息化发展计划》。

2. 加快网络建设，主要是加快省到市的光纤网建设，争取上半年省公司到各市的内联网主干带宽达155M。

3. 加强信息安全工作和运行管理：结合“江苏省电力公司信息安全示范工程”项目的启动，完成江苏电力内联网安全规划，完成省公司到各厂、局之间的防火墙建设；继续抓好Tivoli分布式系统管理试点，总结经验、以便推广；利用光纤网络建立数据备份中心试点。

4. 在网络带宽提升的基础上，加快企业上网工作和网站建设。

5. 结合国电公司创建国际一流电力企业考核标准，加强应用开发工作：利用GIS技术开发配电管理、输电管理及营销管理系统，结合呼叫中心（Call Center）建设开发以提高电力企业营销服务质量的客户服务系统；利用新技术提升应用系统开发水平，主要利用流程控制软件（Work Flow）改造OA，升级财务管理系统版本并在镇江供电局试点；继续扩大信息系统应用范围，组织安监管理、供电生产管理、全省电量电费和负荷管理信息综合查询子系统的开发。

6. 抓好电网调度自动化和配电网自动化技术改造和工程建设。

7. 继续抓好MIS实用化工作，工作重点放在县局MIS实用化上。

【重点工程】

（一）建成公司内联网二期工程

2001年7月底，省公司本部与各供电公司的广域网连接初步实现了光纤化，利用公司新建的622MATM光纤通信网的透明通道，建成了155MbpsATM宽带公司内联网，原有的基于数字微波的网络带宽升级到2Mbps，改作省公司光纤内联网的备用网络。各供电公司的内部网络，普遍开始由局域网向城域网和地区广域网方向发展，局域网主干普遍采用千兆以太网，城域网主干基本采用ATM技术，带宽155Mbps；市级供电公司范围内的市县广域网也大部分利用光纤ATM技术组网。另外，结合城网、农网改造，各地正在建设和完善县乡信息网。公司系统省、市、县、乡光纤内联网的初步形成，为高带宽、大容量的数据综合业务的传输与交换创造了有利条件，朝着建设“数字江苏电力”的目标前进了一大步。

（二）客户服务中心建设

江苏省电力公司客户服务系统一期工程包含省公司和13个地级市供电公司客户服务系统，主要包括CTI、IVR/FAX、录音系统、客户代表座席、班长座席、系统监控以及各项业务功能，其中主要业务为紧急服务（报修）、电量电费查询、投诉申告和业扩受理等。2001年10月，全省14个电力客户服务系统全部进入试运行，省公司电力客户服务中心可实现对全省13个市公司电力客户服务中心运行情况监控，保障全省电力客户服务中心实现优质服务，为客户提供一个通畅、高效、反应快速的服务途径。

（三）配电网自动化工程

2001年是江苏城市电网改造的最后一年，在部分市供电公司已建成或正在建设城市配网自动化系统主站的基础上，省公司对系统实用化的基本功能和主要考核指标进行了规定，强调对城市配电网的调度运行管理、带地理信息背景的配网设备、技术资料管理和馈线自动化管理，强调系统与地区调度 SCADA、MIS、负荷控制系统的信息交换。到 2001 年底，完成全省宿迁市除外的 12 个地级市的配网自动化试点工程立项审查、初步设计和概算审查；对镇江供电公司城市配网自动化系统一期试点工程实用化和南通供电公司 SCADA/EMS/MIS/DMS 一体化系统试点工程组织了验收。这两个市的城市配网自动化系统已通过扩大试点工程设计审查，正在进行第二阶段的工程建设；徐州、盐城的城市配网自动化试点工程也具备实用化验收条件；无锡、泰州、淮安、连云港、南京城北、扬州等六个城市配网自动化系统正在建设之中。

（四）抓紧江苏电网 E&TS（能量管理和市场交易系统）建设的前期准备工作，完善 OPEN2000 系统

在保证江苏电网现有 EMS 正常运行的同时，基本完成新 E&TS 建设的前期准备工作。由于新系统的建设周期较长和现有 EMS 存在的不足，为满足调度生产运行和创建国际一流调度中心的需要，2001 年对现有备用的 OPEN2000 系统进行了升级完善。完善后的 OPEN2000 系统于 2001 年 12 月 28 日投入运行，在电力生产和电网运行管理中，发挥了重要作用。

（五）重视信息安全工作，积极承担“江苏省电力公司信息安全示范工程”

公司信息中心从实践中对信息安全总结出一套行之有效的技术和管理措施：利用网络安全软件及工具，对网络入侵进行检测；加强对全省拨号用户管理；建立全公司基于广域网的计算机防病毒体系；加强对上网用户的管理；举办面向基层信息系统管理人员的信息安全管理技术培训班。启动“江苏省电力公司信息安全示范工程”，2002 年 1 月初，由科技部组织的“国家信息安全示范工程”考察专家组对我公司已开展的工作给予了高度评价

（六）加强网站建设，面向公司内外提供信息服务

省公司 2001 年根据国电公司网站建设规范和要求，结合公司的实际，建成了对外网站和对内网站。其中内部网站融部门网站、个人工作页面为一体，通过 NOTES 平台与办公自动化、公务信息管理等相互关联，进一步提高了工作效率和管理水平。外部网站融电力政策性、行业服务性于一体，通过信息的及时发布，成为公司优质服务的窗口。按照国家经贸委的要求，建立了“江苏电网调度信息披露网站”，按照三公原则发布电网调度信息。

【信息技术应用】

按照由信息中心统一集中管理信息系统后台数据库的原则，从 2001 年开始，重新规划和设计了省公司核心应用系统，着手开发包含客户服务系统在内的电力营销管理、供电生产管理、安全监察管理新版应用软件，新安排工程建设和保卫管理软件开发，对财务管理软件升级并在镇江供电局试运行，将地理信息系统作为 MIS 深入开发应用的公用平台，在 GIS 平台开展 MIS 的高级应用。在全省 11 个市局和 30 个县局电力负荷管理系统实用化的基础上，建立电力负荷管理信息综合查询分析系统，实现全省电力负荷管理系统联网，将现有电力负荷管理信息整合到省公司层面，及时准确了解各市电力负荷的运行状况，掌握行业分类负荷和重要用户的用电情况。

【主要业绩或成果】

（一）信息化在企业发展中的战略地位得到加强

1. 建立和强化了以“一把手”抓第一生产力的科技进步责任制。全公司依靠科技进步推动企业持续发展、以信息化带动企业现代化的意识进一步增强，信息化工作已经成为省公司改革、发展、稳定的重要组成部分。从 2001 年起，从省公司到各基层单位都充实和调整了信息化领导小组，由“一把手”亲自担任领导小组组长，全面负责贯彻落实中央一系列有关信息化建设的方针、政策，对本单位的信息化建设项目进行全面规划、协调及决策。

2. 信息化基础工作得到进一步加强，制定了较为完整的信息化工作管理办法。2001 年，为适应政企分开，做大做强江苏省电力公司的需要，建立健全了信息化的各项管理办法和工作制度，

制订、实施了《江苏省电力公司信息化建设项目管理办法》、《江苏省电力公司信息系统安全管理规定》、《江苏省电力公司信息系统运行管理规范》、《江苏省电力公司内联网管理规定》、《江苏省电力公司企业计算机信息网站管理办法》等管理制度，有效地保证了信息化工作的可持续发展和信息系统的持久、稳定、可靠运行。

3. 信息化投入逐年加大，投入产出比逐步提高。为了给企业信息化建设提供足够的经费支持，省公司按照国家政策规定，多渠道筹集资金，使用于信息化建设的专项资金逐年有所提高。

4. 按照省公司发展战略，制订信息化“十五”发展计划。《江苏省电力公司“十五”信息化发展计划》分析了省公司信息化工作的现状和差距，提出了省公司“十五”信息化发展的指导思想、基本原则、战略目标，攻关方向，重点任务和实现措施，于2001年10月下达执行。

（二）公司信息化工作稳步推进，“江苏数字电力”初具规模

1. 省公司坚持国电公司制定的“统一领导、统一规划、统一标准和统一组织开发”的原则，在电力生产、经营、管理的各个环节，设计、制造、施工的各个方面，开展计算机网络及管理信息系统的建设、开发及应用，并不断深化和扩展软件的功能，充分满足应用的要求；制定实用化验收细则，进一步加大对全省发供电基层单位信息系统实用化工作的考核力度。到2001年底，全省所有13个市级供电公司、8个发电厂和2个直属单位通过了省公司组织的实用化现场测评验收，有6个市级供电公司完成了所辖全部县级供电公司的实用化验收工作。

2. 加强信息化基础设施建设，“信息高速公路”初步建成。

3. 积极开展应用平台建设，加强信息化工作的标准化、规范化。

4.2001年7月，配网GIS公用基础应用平台在基层供电企业的应用获美国环境系统研究所的“GIS特别成就奖”。基本完成了国电公司重点科技项目“电力系统地理信息系统软件技术要求研究”的编写工作；完成了国电公司下达的“基础数据库框架”编写任务。

（三）电网调度自动化系统成为电网安全、经济、优质运行的技术支撑

电网调度自动化系统直接关系着电网的安全、经济、优质运行，我们一直用有效的管理作为系统稳定运行的保证，依靠科技进步、科技创新作为系统稳定运行的重要手段，加强新投运设备信息管理，减少数据库切换，合理安排在线操作，及时做好系统和数据库的备份，为保证江苏电网长期安全、稳定运行发挥了重要作用。

【重要措施和经验】

回顾几年来的信息化工作，特别是2001年的工作，有几条经验体会值得总结。

（一）领导重视是关键

近年来公司信息化工作之所以能取得一些成绩，关键在于真正贯彻了“一把手”原则。公司领导层高度重视、果断决策，把信息化工作作为实现“同行领先、国际水平、江苏特色、人才高地”的重要方面，从省公司到基层各单位都逐步建立健全了信息化建设工作网络，制订和完善了一整套规章制度和激励机制，对推动信息化工作的全面实施起到了关键的作用。

（二）认识到位是前提

根据公司党委“同类可比、同行领先”明确要求，通过与国际一流标准的要求相比，与山东、天津等先进电力公司相比，“跳出江苏看江苏”，全公司依靠信息化推动企业持续发展的意识进一步增强，信息化工作在公司发展中的战略地位得到巩固。

（三）必要投入是保证

公司信息化工作的深入开展，一定的投入是基本保证。近年来，公司信息化建设费用逐年都有增长，为公司信息化工作提供了强有力的保证。

（四）一流人才是根本

人才是科技发展的决定性因素。构筑人才高地，造就一流的高级经营管理人员队伍，专业技术专家队伍和技能型人才队伍，是公司发展战略的核心战略，也是全面推进公司信息化建设、构建“江苏数字电力”的关键。2001年省公司进一步确立了人才是“第一资源”和以人为本的观念，选拔了一、二级专家队伍，加大力度研究和建立科学的分配制度和有利于优秀人才脱颖而出的激励机制，对尖子人才采取特殊的政策，创造条件使他们能充分发挥潜质，保证优秀人才能享受到相应的政治待遇、生活待遇，从政策上、机制上吸引人才，留住人才，充分起到了鼓舞人心，激励士气的作用。

【信息化工作中存在的主要问题】

1. 部分干部职工对信息化工作重要性认识虽然有所提高，但认识还不到位，没有将认识提高到“大力推进国民经济和社会信息化，是覆盖现代化建设全局的战略举措”，“以信息化带动工业化，发挥后发优势，实现社会生产力的跨越式发展”的国家方针政策高度加以领会。有些同志知识更新较慢，思维和工作仍然停留在传统方式上，跟不上现代信息技术应用发展的步伐，一定程度影响了信息化工作的深入开展。

2. 不少单位信息安全意识薄弱，在系统规划、建设时没有将信息安全同步纳入实施，在管理和执行中缺乏具体措施和约束，信息安全存在不少隐患，急待解决。

3. 信息资源规划及信息标准化工作滞后于信息资源开发，信息资源管理分散、利用率低，数据的完整性不够、准确性不高，数据交换接口不规范，相应标准、规范的制定不够及时，导致信息标准不统一、技术规范不健全、应用系统互联互通性差、共享度不高，制约了信息化的深入发展。

【解决问题的措施】

1. 规范省公司信息化工作程序，做好省公司信息化工作推进策略、技术路线和长远规划纲要。结合省公司发展战略，实施省公司“十五”信息化计划，并指导各基层发、供电企业，制定本单位切实可行的信息化计划。

2. 制定并实施“江苏省电力公司关于进一步加强信息化工作的决定”和“江苏省电力公司信息化工作考核办法”，加大管理力度，强化实用化工作、推进应用向纵深发展，确保在2003年前省公司下属所有发供电企业（含县级供电企业）全部MIS实用化达标。

3. 进一步加强信息系统基础设施建设，全面建成上、下连通，高速、可靠的企业内联网；建成满足省公司核心业务处理的稳定、可靠、有一定容错能力的主机系统。完善各企业的主服务器系统和存储及备份管理体系，保证信息系统的后台运行能满足应用需求。

4. 进一步加强信息系统的运行管理工作，重点加强信息系统的日常预防性维护、数据的可靠备份和网络安全性管理，保证系统的正常运行。

5. 完善省公司对外信息交流和发布系统，在省公司本部建立数据中心，负责省公司各级企业的信息对外发布和信息交换，进一步提高信息系统安全性，优化省公司信息资源配置。

【2002年发展目标】

2002年公司信息化工作是根据公司信息化“十五”发展计划来安排年度计划的，要以创国际一流电力公司工作为主线，以建设“江苏数字电力”为目标，以信息技术应用为导向，以信息资源开发利用为重点，以体制创新带动应用创新。

1. 精心组织、落实措施，确保“江苏省电力公司信息安全应用示范工程”国家重点项目的实施，2003年全面完成。

2. 加大管理力度，结合公司“专业管理效益年”活动，强化实用化工作、推进应用向纵深发展，确保在2003年前公司下属所有发供电企业（含县级供电企业）全部MIS实用化达标。

3. 加强乡镇供电所的基础数据管理，加快将乡镇供电所纳入县电力营销系统统一管理的进程，在全省选择十个县进行试点工作。继续抓好全省客户服务技术支持系统的完善和功能拓展，做好“95598”全国统一客户服务电话开通工作。

4. 公司内联网向县乡电力企业延伸，2003年前，公司所属110kV及以上电压等级的变电所和县级供电企业全部实现宽带接入公司内联网。

【主要任务】

（一）实施江苏省电力公司信息安全应用示范工程

江苏省电力公司计划结合实施该示范工程，建立起完整、严密、高效的信息安全体系。

1.2002年上半年完成公司信息系统安全总体框架设计并编制公司信息系统安全控制策略和管理制度。

2. 在公司信息系统安全总体框架通过审查后，分三阶段实施：

（1）实施外部Internet访问安全策略；

（2）实施外部拨入系统的安全控制；

（3）实施内部局域网、城域网的基本安全措施。

3. 根据科技部和国电公司安排，完成示范工程的有关工作。

（二）在做好可行性研究并通过论证的基础上，公司内联网升级改造

（三）组织软件开发和推广应用

1. 继续抓好供电生产、工程建设、营销管理、安全监察、数字档案馆、电网调度管理、保卫管理等信息系统的开发和推广应用。

2. 安排信息中心专业管理、审计管理、法律事务管理和纪检监察管理等信息系统的开发和推广。

（四）抓紧抓好重大项目的可行性研究

1. 建立公司数据中心的可行性研究。

2. 实施 ERP（企业资源计划）的可行性研究。

3、实施电子商务的可行性研究。

（五）高标准、严要求，继续抓好信息系统实用化工作

1. 县级供电公司必须在 2002 年底前全部通过 MIS 实用化验收。要求工作不到位的单位抓紧整改，落实措施、排出计划、务期必成。

2. 上半年完成对下关发电厂的 MIS 实用化验收，实现直属发供电企业全部通过 MIS 实用化验收。

3. 对通过 MIS 实用化验收的发供电企业进行动态检查，结合创一流复查、网上查询、现场抽查、网站评比、专业竞赛等多种方式促进公司系统 MIS 实用化工作持续不断、卓有成效地开展下去。

4. 进一步拓展负荷管理系统功能，开发完善负荷管理查询分析系统，2002 年上半年实现 30 个县级公司系统联网，做到功能完善，数据正确，并可查询特大客户的定时用电数据。各市供电公司负荷管理系统要在原有的监控功能的基础上拓展其它功能，实现计量装置监测、电量远抄、催收电费等。按照省经贸委要求，做好全省 500 家大客户用电信息采集、汇总功能开发及系统建设。

5. 重点抓好南京、苏州等城市配网自动化系统的建设，其次要抓好配网自动化系统与 GIS 系统的接口开发工作，充分发挥 GIS 系统在设备、资料管理方面的优势，把各供电公司的配网设备、图纸资料管理工作开展起来。

（万绍贻）

江苏省农业机械管理局

江苏省农业机械管理局为省政府直属事业局，履行全省农机化行政管理职能。

2001年，全省农机化工作取得了“十五”的良好开局。至年末，全省农机总动力达2960万千瓦，拥有拖拉机95.6万台，其中：大中型拖拉机保有量达到6.16万台，变型拖拉机达到1.8万台；各类配套机具300多万台；联合收割机保有量达5.2万多台，其中高性能联合收割机达5000多台，占全国总保有量的70%以上。水稻机插秧取得大面积试验示范成功，适应农业结构调整的多种农机化新技术、新机具的试验示范取得突破，稻、麦生产综合机械化水平达到72%。高性能联合收割机保有量、农业生产综合机械化水平、农机化发展速度均居全国之首。全省农机化信息工作取得新突破。省农机局召开了“十五”第一次全省农机化宣传信息工作会议，各市分管局长、办公室主任和部分信息员200人参加了会议，会议对“十五”农机化宣传信息工作进行了总结部署，并确定了“十五”期间的目标任务；通过对省农机局办公楼的改造装修，省农机局按照现代信息化发展的要求，建立了局域网，基本实现了办公自动化；同时，省农机局实现了与中国农机信息网和各市农机局的农机化信息传输。中国农机化信息网所使用的江苏农机信息占30%以上，各省辖市农机局向省局报头的信息有70%以上通过网络化传递，省农机局编发《江苏农机信息》、《水稻种植机械化简报》及在中央、省级新闻媒体上登载、播发的信息量达到100万字以上。

发展农业机械化，是促进农业和农村经济结构战略性调整、增强农产品国际竞争力、增加农民收入的重要举措，省委、省政府明确“十五”全省主要农作物（麦、稻、油菜、玉米）生产实现机械化的目标任务。“十五”期间，全省农业机械化工作将以“富民强省，率先基本实现现代化”总揽全局，围绕农业增效、农民增收，以解决水稻种植和收获机械化为重点，立足大农业，发展大农机，积极组织实施“兴机富民”工程，加快农机科技创新和机制创新，积极推进农机装备适应性、战略性和区域性调整，全面提高农业机械化水平。到2005年，全省农业生产综合机械化水平达到78%，部分地区率先基本实现农业生产全面机械化，为推进江苏农业现代化进程作出积极的贡献。

地址：南京市北京西路24号　　邮编：210024
电话：025－3275105　　传真：025－3275107

新型塑料覆膜机正在作业

高性能插秧机将农民从繁重的劳作中解脱出来

洋马农机（中国）有限公司生产的人民—2号联合收割机进行麦收作业

江苏省建筑工程管理局信息化发展概况

二十一世纪是信息化事业飞速发展的时代，建设部和省委、省政府领导多次提出要加大信息化建设的步伐。我局领导对信息化建设的发展也非常重视。早在1989年就开发应用了全省建筑业企业统计软件，近几年又在不断地对该软件的版本进行升级，使其更科学、合理。

随着信息化建设事业的飞速发展，我局在近几年分批购买了四十多台计算机，基本上达到人手一台。2001年，我局接入了宽带，建立了局域网，实现了机关内部资源共享，方便了工作，引进了自动化办公系统，向实现无纸化办公迈进了一步。

为了方便建筑业企业申报资质，2001年9月，我局和建设厅联合开发了项目经理网上申报软件，对全省建筑业企业的资质和项目经理资格的申报可以直接在网上进行审核与评定。目前该系统已经正常运转，深受企业的欢迎。

2002年3月，我局又引进了档案系统管理软件，今后档案工作将通过计算机来管理，只要输入档案的名称或文号，计算机将很快地调出所需的文件，大大提高了工作效率。

为了方便建筑业企业快速、准确地查询建筑业信息，我局正在会同省建设厅联合开发江苏省建设信息网，估计不久的将来我局的信息化建设将会取得更大的发展。

江苏省建筑工程管理局

江苏省科技干部进修学院
江苏省科学技术协会

江苏省科技干部进修学院一九八四年经省政府批准正式成立。主要任务是对科技、工程技术人员、干部、管理人员及其他人员进行知识更新和科学技术知识普及方面的继续教育。经过多年的努力，目前学院有固定教室、办公场地及协助办学场地近2000平方米，配置了较高水准的计算机教学机房及网络设备，教学师资固定，有专兼职教师近百名，开展了中、短期培训的科目、专业近百项，具备开展远程教育的能力。一九九八年由江苏省科技干部进修学院、财政部信息中心和北京兴财信息科技开发公司联合投资组建了"江苏兴财通用网络科技有限公司"，目前已成为拥有计算机专业博士、硕士和一批通过专业论证的工程师和会计师队伍的高科技软件开发企业，并在各省辖市建立了开发服务网络。"江苏兴财通用网络科技有限公司"是财政部信息中心指定的政府财政信息管理系统研发基地，已成功开发了行政事业预算单位管理软件、工资统一发放软件、财政预算编报和零户统管、集中预算、国库支付等系统管理软件产品，在全省各级财政和行政事业单位广泛推广应用。

江苏省科学技术协会是江苏省科学技术工作者的群众组织，是中国共产党江苏省委员会领导下的人民团体，是党和政府联系科学技术工作者的桥梁和纽带，是发展科学技术事业的重要社会力量。近年来，省科协积极运用现代化手段，大力推进信息化建设，先后建成开通了江苏科协网（www.jskx.org.cn）、大众科普网（www.kepu365.net.cn）、江苏科技咨询网（www.jsast.com）等网站，积极开展网上科普活动，促进科技与经济的结合，通过积极而又卓有成效的工作，努力实践自己学术交流主渠道、科普工作主力军、国际民间科技交流主要代表的社会职能。

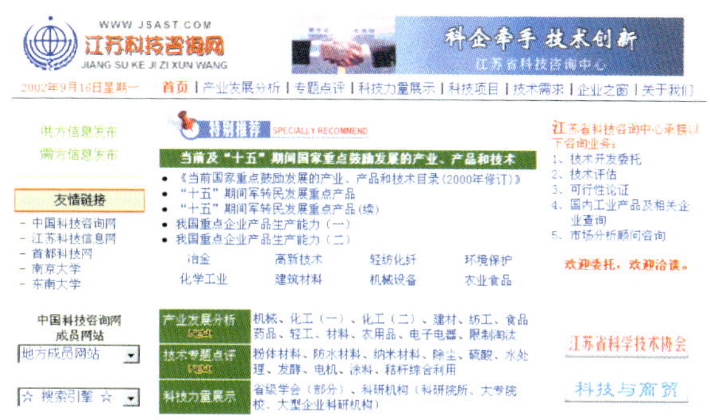

江苏广播电视网络中心

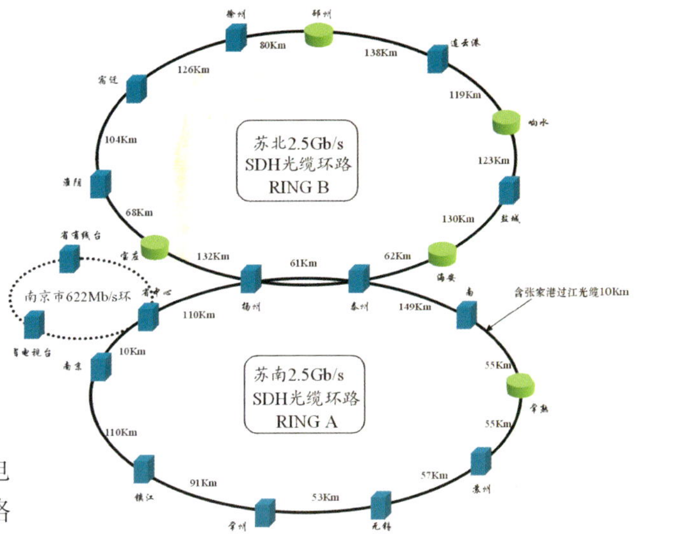

Topology of JiangSu BC&TV SDH Network　　江苏广播电视网络中心绘制

江苏广播电视网络中心是江苏省广播电视总台直属负责江苏广播电视光缆干线网络建设、运行、管理的事业单位，成立于 1999 年 1 月。江苏广播电视传输网络有限公司成立于 1998 年，是江苏省广播电视总台（集团）控股、江苏省 13 个省辖市广播电视局网络中心（公司）共同参股的股份制国有企业，注册资本 1.4 亿元人民币。省网络公司与省网络中心合署办公，两块牌子一套班子。江苏广播电视光缆传输网始建于 1997 年，1998 年建成并开通试运行，是全国省级干线网建设较早的省份之一。省级干线网全长 1800 公里，8 芯光缆配置，采用 2.5Gb/s SDH 数字传输系统，和国家广播电视光缆干线网以及市县干线网、城市分配网互联互通，完成了广播电视网中央—省—市—县—乡镇—用户的宽带传输，是真正意义上的信息高速公路；现省级干线网承担了省广播电视总台 5 套电视节目和 2 套广播节目以及省委省政府党政信息网等各类数据业务的传输任务，已成为我省信息产业的主要基础设施。为实现网络资产的保值、增值，省网络公司在确保广播电视节目安全优质传输的基础上，积极拓展各类业务，竭诚为各行业提供优质服务，以我们的诚信换取用户的安心、放心，深受用户赞誉。

我们相信，通过全体员工的不懈努力，江苏广播电视网络事业将有一个更加辉煌的明天！

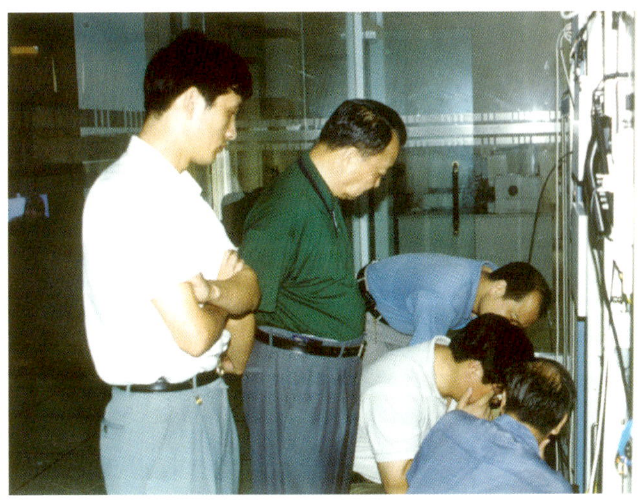

省干线网工程竣工测绘

第六部分

地区发展篇

南京市信息化事业发展概况

【本市概况】

南京是江苏省省会，中国 7 大古都之一，长江流域四大中心城市之一。南京地处长江下游平原，东连长江三角洲，西达荆楚，南临皖浙，北接江淮平原；距入海口 380 公里，长江穿越境域。现辖 11 区 4 县，面积 6597.63 平方公里。自然条件优越，物产丰富，拥有 40 多种矿产和丰富的水力资源，其中锶储量位居东南亚之首。

2001 年，全市完成国内生产总值 1154.44 亿元，比上年增长 11.2%；三次产业的比例为 5.1：48.3：46.6。财政收入 204.77 亿元，增长 24.4%；其中地方财政收入 112.64 亿元，增长 21.7%。全社会固定资产投资 464.91 亿元，增长 12.8%。城镇居民人均可支配收入增长 7.5%，农村居民人均纯收入增长 6.1%。居民消费价格总指数为 99.9%。全市人口总数达 553.04 万人，其中非农业人口为 323.86 万人，分别比上年增长 1.5%和 4.6%。

作为全国八大通信枢纽之一的南京，近年来，在全市上下的共同努力下，特别是经过“九五”期间的大力推进，信息化建设取得较快发展，信息技术应用水平得到较大提高。信息化已成为全市现代化建设的重要支撑。

【2001 年发展基本情况】

2001 年，是南京市信息化建设力度最大的一年，也是取得成效最为明显的一年。一把手市长亲自担任南京市国民经济和社会信息化工作领导小组组长，信息办设在计委。召开了全市信息化大会和全市信息化重点工作会议两个全市性的信息化大会，起到了很好的发动作用。在全市信息化大会上，成立了由 33 名专家组成的南京市国民经济和社会信息化专家组，下发了《2001 年南京市国民经济和社会信息化工作意见》，江苏电信南京分公司、南京有线电视台、珠江路管委会、金城集团等信息化建设有代表性的单位进行了现场演示。在全市信息化重点工作会议上，市领导和承担 2001 年信息化重点工作的十八家责任单位签订了目标考核责任书。在全省信息化会议上，南京市作为全省 13 个省辖市的唯一代表进行了典型发言。在全省信息化重点工作会议上，南京计委也作为 13 个省辖市的唯一代表进行了交流发言。此外，南京市还参加了江苏省信息化白皮书的编制；组织编制下发了信息化“十五”专项规划，信息化规划是首次列入南京市五年计划的重点专项规划。

2001 年，南京市以第六届华商大会为契机，大力推进信息化建设，全市信息化综合指数已超过 40%，居全省前列。

【信息化基础服务】

——电信。2001 年，全市完成业务量 20.1 亿元，完成业务收入 20.1 亿元，分别增长 13.3%和 9.1%。放装本地网电话 27.4 万户，累计用户已达 159.3 万户；放装校园网电话 63098 部；净增数字数据网（DDN）用户 1023 户，累计已达 7319 户；净增帧中继及 ATM 用户 263 户，累计达 547 户；净增因特网注册用户 15.42 万户，累计已达 33.8 万户，完成拨号上网总时长 24.3 亿分钟；净增 N－ISDN 用户 2136 户，累计达 5688 户；召开电视会议 267 场，电话会议 253 场。“800”被叫集中付费业务用户累计达 294 户。国内长途电话去话业务量 2.1 亿次，国际及台港澳去话业务量 215.7 万次，本地网电话计次通话次数 68.1 亿次。宽带接入建设取得明显进展，大规模宽带线路的新建和改造工作在全市范围内进行，共完成用户驻地网建设超过 31 万户，发展 100M 集团客户 50 户，发展 10M 集团客户 628 户。中央电视台国际宽带网南京镜像试验站于 8 月 20 日开通，这是央视在国内开设的第一个站点，用户通过 IP 网可在线收看央视节目。华商大会期间，在华商大会主会场国展中心及大会新闻中心所在酒店设置了电信服务专区。在新闻中心架设了 10 部临时外线电话，10 部传真机，220 间客房每间都可以宽带上网，每间客房都可接两部电话。在主会场及重要场馆，提供与会人员通过手提 PC 机无线高速上网（10M 带宽）业务。

——广电。6 月 27 日，原南京电视台和南京有线电视台合并，成立了新的南京电视台，新台共拥有 2 个无线频道和 4 个有线频道，形成了以新闻综合频道为龙头、若干个各具特点的专业频道相配套的的多功能、系列化的新格局。积极推进有线电视“进村入户”工程，全市新联网行政村 201 个，联网行政村总数达 688 个，郊区基本实现有线电视“村村通”，全市 77 个乡镇有线电视联网率达 100%。城区有线电视光缆到小区大楼工程完成光缆铺设 120 公里，有线电视 750 兆双向 HFC 接入网完成 70%用户的改造工程；全市各类多媒体宽带用户达 2 万户；DVB－C 宽带多媒体交互式数字电视信息系统已经投入试运行。

——邮政。2001 年，南京邮政实现业务收入 5.24 亿元，收支差额 2223.18 万元。大力发展绿卡用户和扩大绿卡的服务功能，新版绿卡（大学生卡）在校园的发卡量已突破 1 万张。绿卡 POS 交易量、交易额均列全省邮储第一。在扩大代理保险品种的同时，不断壮大代发工资和代发养老金市场的规模，新增代发工资 9900 户，并推出了代售充值卡和代收寻呼费业务。7 月 1 日，在全省率先开通了电子汇兑业务，实现了汇兑系统支局“一台清”，全年发展电子汇兑网点 55 个。

——出版发行。2001 年，全市杂志出版量 301 种，总印数达 9850 万册；报纸出版量 62 种，总印数达 17.13 亿份，其中全年印数超过 2000 万份的报纸共 12 种，全年印数在 1000 万～2000 万份之间的共 5 种。新华书店图书销售量 4129 万册。《明南京城墙砖文图释》获第十二届中国图书奖。

——移动。2001 年，南京地区净增移动用户 38 万户，客户总数累计达 110 万户。通信能力不断增强，通信网实现由单纯话音通信向宽带化、多媒体化方向转变，成功地推广了 WAD 无线广告业务和移动证券、移动梦网、润迅通、一卡双号等业务。年底，在全国率先推出了 GPRS 业务，进入试商用阶段。

——联通。2001 年，全年完成业务收入 4 亿多元；GSM 网上累计用户近 60 万户；寻呼累计网上用户 20 多万户；165 累计在册登记户近 2 万户。“小区广播”、“如意呼”“QQ 校园卡”、“会议集群电话系统”等多项新业务相继推出。CDMA 工程开始启动，9 月 7 日实现了网内开通，年底完成了安装调试。

——其他。铁通：4 月 10 日，铁通江苏分公司成立，是铁道通信信息有限责任公司在江苏的分支机构，承担铁通在江苏省的电信和业务发展，下辖南京分公司（筹）、常州、苏州等 8 个地市分公司。目前开展的业务主要有：本地电话业务、长途电话业务、IP 电话业务、智能业务、视讯业务、数据业务、网络资源出租及代维业务、无线寻呼业务以及综合信息服务业务等。网通：2000 年 9 月，中国网通进入南京。2001 年，南京网通城域网建设进展顺利，已拥有市内管道 176.6 孔公里，铺设城域网光缆 4080 芯公里，其余各类接入业务光缆芯 3064 公里。业务量保持每月增长 20%的良好势头。长宽：全年在南京地区开工建设宽带网工程近 20 万户，完工 6 万户，开通 30 余个小区共计 3 万户，向用户提供高速因特网浏览、网络游戏、网上教学、电子商务、远程医疗等宽带增值服务。

【电子信息产业】

——总量增长。2001 年，南京市电子信息产业完成工业总产值 320.81 亿元，同比增长 12.96%；销售收入 318.21 亿元，同比增长 16%；工业增加值 73.63 亿元，同比增长 9.9%；实现利税 28.56 亿元，同比增长 6.7%；其中利润 12.45 亿元。主要产品产量是：程控交换机 71.74 万线，彩色电视机 99.81 万部，组合音响 123.6 万部，集成电路 1788 万块，彩色显像管 367.86 万只。

——重点企业。2001 年，电子信息产业重点企业发展迅猛，销售收入过亿元的企业达 25 家，销售总额达 292 亿元，占总销售收入的 97.3%。南京熊猫电子集团销售收入已达 206 亿元，同比增长 31.7%；实现利税 22 亿元，其中利润 9.5 亿元，分别同比增长 81.8% 和 35.2%；出口创汇 4.5 亿美元；全年有 106 个项目列入科研计划，有 48 个项目完成鉴定定型工作，其中部省级 20 个，市级 2 个，获得国家级新产品 2 项，省优秀新产品 3 项。熊猫爱立信取得 7 个省联通 CDMA 项目主设备供应合同，全年销售收入超过 134 亿元。

——软件业。2001 年 8 月 22 日，南京召开了软件产业工作会议。全市 250 多家从事软件开发和生产的企业以此为契机，全年共实现软件销售收入28.8亿元，其中销售收入超千万元的37家，超亿元的6家。涌现出南大苏富特、东大金智、南京联创、新模式等一批在国内外有一定知名度的软件企业。在江苏省2001年第一批通过认定的软件企业和产品中，南京市有57家企业和154个产品通过认定和登记，占全省总数的近一半。在市首届优秀软件奖评选中，5项获一等奖，10项获二等奖，30项获三等奖。省市共建的江苏软件园入园注册软件企业257家，入驻企业118家，7月被国家计委、信息产业部命名为国家软件产业基地。国家火炬计划软件产业基地南京软件园，入园创业企业已达39家，园内注册软件企业100多家，投资3000多万元建设的1.2万平方米创业孵化中心大楼已投入使用。南大苏富特公司作为省内高校第一股，3月在香港联交所上市。

——珠江路一条街。2001年，从事电子电脑经营的企业已达1600多家，拥有自主电脑品牌企业13家，16座电脑商城，市场总面积30万平方米。从业人员2万多人，其中大专以上学历占70%以上，具有硕士、博士、高级职称的1000多人，海外归国人员200多人。全年个体私营、民营企业商贸总额60多亿元，同比增长30%。江苏软件园和东大科技创业中心入驻珠江路。

——重点项目。江宁IT产业园起步情况良好，已有总投资10亿美元、一期投资1亿美元的项目入园建设。华飞三期、华新藤仓光通信、特恩弛光棒、华日液晶显示器等重点项目进展顺利。898厂移动通信片式元器件、熊猫集团大规模电子生产关键装备、同创微机卫星通信核心部件产业化等项目的厂房主体工程均已基本建成。江苏天泽信息产业公司全球卫星定位公众信息系统也开始建设。

【信息技术应用】

——电子政务。2001年，南京市政务网基本完成了市级机关大院和台城办公楼的主干光缆建设工作，相关的电子邮件系统、视频信息点播及直拨系统、领导专用系统等网络应用系统已经进入全面开发建设中。劳动和社会保障信息系统正在抓紧建设，系统网络管理控制中心已经建成；人力资源市场、医保中心两个管理中心已投入使用；2月1日，南京医疗保险子系统开通运行，7月1日失业保险子系统开通运行；职业技能培训鉴定子系统已投入运行；南京劳动和社会保障卡已经制作完成，并在高淳、江浦县等地先期投入使用，在全市的推广工作已全面展开；7月1日，南京劳动社会保障网站建成开通，个人信息查询功能开通的准备工作已经完成；各县劳动保障信息系统建设已经启动，各区已经实现了区与市之间社会保险和就业服务的信息共享，并能实时操作。

——电子公务。2001年，南京市宽带网接入学校已占全部学校的12%，南师附中等20多所中小学完成了校园网建设，所有普通高中和城区初中已经开设了信息技术课，省市级实验小学、示范小学也已开设信息技术课；完成网上培训教师1万名。在全市大中型商场中，全年安放联合POS机在1500台左右，撤出单一POS机700多台，全市所有大中型商场以及448家特约商户已经可以受理所有银行卡。公交IC卡投入使用，市政公用一卡通试点工作也已开始。

——电子商务。南京市积极推进电子商务试点工作，取得初步成效。唐城网络系统开发有限公司设计完成的虚拟物流中心交易平台已在合肥百货、徐州百货等单位投入运营，并正在南京蔬菜、商贸系统推广。新华海在线公司开发的制造流通业电子商务系统已在新华海集团、扬子汽车公司等单位试用。南京邮政电子局建立了nj.183.com.cn网站，开展了邮品信息发布和网上交易等业务，推出185电话商城会员卡业务，开展了B to B、B to C的物流配送业务。擎天公司开发的电子商务平台已在金陵装饰城投入运营。

——企业信息化。以应用ERP、CAD、CAM、OA、MRPII等为核心技术的制造业示范工程正在大力推进，高淳纺机厂集成制造系统（CAD/CAPP/CAE/CAM/PDM）已经通过验收；金城集团作为全国各行业实施CIMS工程的201家企业的唯一代表参加了国家“863”十五周年成就展；南京化纤厂、电力变压器厂、第二机床厂等企业承担的制造业信息化示范工程在积极实施。南京供电局大力推进电力信息化管理，供电管理信息系统（MIS）已经成为供电企业电网监控、生产运行、客户营业管理以及人、财、物、办公自动化等现代化管理的主要手段，电网调度实现了自动化控制。企业上网工程进展较快，全市销售收入在500万元以上的企业已基本建立网页，销售收入在3000万元以上的企业在逐步采用宽带接入，企业累计上网已达2.1万家；建成了南京普天公司、红太阳集团、曙光化工厂、南京消防器材厂、南京医药股份公司、南京微盟电子有限公司等10个精品网站。

【信息人才】

——科技人才。2001年，南京市各类科技人才达30万人，占全市人口的5.4%；全日制高等学校在校学生27.8万人，同比增长28.2%；专任教师总数6.15万人，其中普通高校教师1.69万人，分别增长2.65%和12.62%。东南大学的计算机与技术学科获准设立博士后科研流动站。

——南京信息管理学院。经省教育厅批准，7月16日，中国信息大学和南京信息中心共同组建的南京信息管理学院成立。这是我省第一所信息类专业学院，开设工商管理、公共行政管理、外贸英语、涉外会计、计算机技术及应用、信息工程、法律等课程。学院与澳门科技大学合作，学生所修学分澳门科技大学予以承认；学生在澳门大学继续研修合格，通过论文答辩后可获得该大学授予的相应学位证书。学院在大连、上海、宁波等地开设了分院。

——软件学院。南京大学和东南大学利用自身优势，通过答辩评审，首批获准试办国家级示范性软件学院，成立了全省唯一的两所软件学院。

【存在的主要问题】

信息化的意识有待进一步加强，部门之间信息化建设存在一定的不平衡性；管理体制和调控力度有待完善和加强，信息化建设中的规划、标准、法规建设滞后，吸引人才措施力度不够大，已影响到全市信息化建设的发展。信息化建设重网络、轻资源现象较为严重，信息资源开发利用滞后，网络的互联互通、资源共享较为困难。电子信息产业的发展速度低于国内一些大中城市，缺少国际、国内著名的大公司、大集团、大项目；特别是市属、区（县）属电子工业的发展，长期徘徊不前，其发展速度低于全市工业水平。城市科教综合优势没能得到充分发挥，依托在宁大院大所的智力和技术优势发展南京市信息化的工作需进一步加强。

【2002年工作思路和重点】

面对已经加入世界贸易组织新的形势，要求我国必须建立符合国际惯例的政府管理体制，要求政府的工作更加公开、公平、公正、透明。这些都对南京的信息化工作提出更高要求，必须未雨绸缪，早思考，早准备，早动手，加快全社会的信息化建设工作。

“十五”至2010年是南京市信息化建设的关键时期，也是信息化重点发展的时期。南京市信息化建设的总体目标是：到2005年，将南京建成国内一流的信息化城市，使南京成为全省和长江中下游“信息高速公路”的主要结点；全市信息化综合指数达到世界中等发达国家水平；信息化成为南京现代化的重要载体，到2010年，全市基本进入信息化社会，信息化水平处于全国领先地位并达到发达国家水平。

推进南京市信息化建设，将坚持以下指导原则：

第一，坚持面向市场，需求主导。不能为了信息化而搞信息化，要按照经济和社会发展的客观需求推进信息化；要用市场的办法发展信息化；不能搞没有效益的信息化，更不能搞“花架子”。

第二，坚持“政务先行，商务促进，企业跟进”的信息化发展策略。用加快政府信息化带动企业信息化建设，以此提高企业的经济效益和竞争力。

第三，坚持信息化技术应用与信息化产业基础建设并重，注重运用信息技术改造和提升传统产业，以信息化带动工业化和现代化。

第四，坚持既要培育竞争机制，又要加强统筹协调。防止一哄而起，资源浪费。

第五，坚持既要重视系统建设，又要重视人才培育和信息技术的普及，公务员和企事业工作人员都要掌握一定程度的信息知识和应用技术。

2002年，南京市将围绕“富民强市，加快发展”的总体目标，把全面推进信息化作为南京市现代化建设的重要战略，以电子政务建设为突破口，带动电子商务、电子公共服务等全社会的信息化。进而以信息化带动工业化、促进现代化，实现跨越式发展的战略目标。

南京市电子政务建设的目标是，要以规范和创新政府的行政行为为主导取向，以加强公众监督和改善公共服务为基本要求，经过一到两年的时间，基本建成体系完整、结构合理、高速宽带、相互连通的电子政务网络系统，建成全市政务系统共建共享的信息资源库，逐步开展网上交互式办公，提高工作效率和服务水平，推动职能转变和政务公开；使社会和广大市民切身感受到电子政府所带来的高速、便捷、透明、廉洁。使南京的电子政务建设达到国内领先、省会城市中一流的水平。

2002年，全市政府系统电子政务建设将遵循"以需求为导向，以应用促发展，统一规划，协同建设，资源共享，安全保密"的指导思想，主要完成以下重点工程，力争取得看得见摸得着的实效。

1. 市级机关政务信息专网工程。构筑以市政府办公厅为核心的政务信息交互平台，实现公文、信息的电子文本交互传递，初期可以手工和网络两种方式同步进行，条件成熟了再过渡到无纸化的单一电子文本网络传输；同时提供必要的视频信息和视频会议功能；根据不同的授权，查询和掌握各单位动态的政务活动情况。年内，实现市政府所有工作部门、15个区县政府及市政府与市委、市人大、市政协及市纪委机关的互联互通。

2. 公众信息网建设工程。进一步加强市政府的门户网站"中国·南京"网站的建设，全面实现四项功能。第一，网上宣传和形象展示功能；第二，政务公开功能，凡是能公开的公文全部上网公布，政府各部门的工作职责与办事程序全部上网公布；第三，与市民沟通联系功能，通过"市长之窗"、"市政论坛"、"人民意见征集处"、"市民办事指南"等栏目，实现交互式服务；第四，逐步实现网上申报、审批、注册、年检等网上办公、网上服务功能。

3. 部门局域网与办公自动化工程。机关办公自动化不是照搬现有工作流程和方式，而要体现创新的、科学的管理思想与方式。把规范的创新的行政程序和工作方式固化到软件中，真正做到办公业务信息化，行政行为规范化，工作程序标准化，绩效评估实时化。2002年，政府办公厅、计委、财政局、科技局、统计局、工商局、地税局、规划局、物价局、人事局、劳动和社会保障局等部门要实现内部公文、信息、值班、督查等办公业务的数字化和网络化，取得经验，逐步推广。

4. 网上政务大厅工程。结合行政审批制度改革和政府职能的转变，针对社会需求迫切的热点、难点问题，应用信息化技术增强为民办事的透明度和公正性，在网上创办"南京市政务大厅"，进行"一站式"政务服务；2002年，实现工商、税务、物价、市政公用、劳动和社会保障、人事、统计、外经贸等部门进厅办公，在线受理政务，全天候提供网上服务。

5. 专业网建设工程。重点提高网上远程教育系统、劳动和社会保障信息系统、税收征管系统，年内要力争达到全国一流水准。其他如电子商务、统计网上直报系统、"金关"、"金税"、"金卡"工程等也将进一步提升总体水平。

6. 城市地理信息系统库工程。以城市地理信息为载体，建立包括数字人口管理、数字土地管理、数字资源管理、数字环境管理、数字经济管理、数字交通管理、数字社区管理、数字教育管理、数字文化管理的全市基础数据库，是建设数字南京的坚实基础。2002年，着手面向市民服务的2至3个子系统的建设，并在机场、宾馆等公共场所设置一批多媒体信息触摸屏。

在以电子政务为突破口、抓好政务信息化建设的同时，南京市将继续一着不让地推进信息化基础产业、信息高新技术研发、信息网络基础设施的建设与发展，带动整个信息产业链的共同繁荣。同时将加强组织领导和政策协调，进一步为信息化发展创造宽松的环境。

一是继续突出信息基础设施的先导作用，高起点高效益地建设一个完整先进的信息化基础网络，继续推进宽带传输网进楼入户，保持年增10万户的网络接入规模，使南京的信息通信网络规模容量、技术层次和服务水平居于全国省会城市前列，巩固南京作为江苏省和南京经济区域"信息高速公路"枢纽的地位。

二是继续大力发展电子信息产业，加强先进信息技术的引进、消化、吸收和创新，大力开发核心技术，加快南京软件园、江苏软件园、江宁IT产业园区的建设。加强对IT产业外资大项目大企业的招商引资，加快推进熊猫集团CDMA基站、普天CDMA手机、华飞三期、飞利浦液晶显示、华新液晶显示、统宝液晶显示等一批电子信息产业项目，做大做强熊猫产业集团。

三是继续推进企业信息化，重点推动一批传统支柱行业进行信息化改造升级，采用先进的计算机控制技术和自动化技术，向综合化、智能化、集成化发展，以提高南京制造业的国际市场竞争能力。

四是大力培育各类网络服务商，提高网络覆盖面，积极发展电子商务、网上招商、网络广告等网络服务。抓住我国加入WTO给服务业对外开放带来的机遇，加快发展信息咨询服务业，集约化地开发信息资源，实现全方位、大范围的开放、开发和共享。要用现代技术和设备武装信息咨询企业，鼓励信息咨询企业走联合发展的道路，形成集科技人员、管理人员、专家学者于一体的具有雄厚咨询力量的顾问队伍和智力服务网络，建成比较发达的、结构合理的、现代化的信息服务体系。

五是强化信息化的组织协调工作。信息化是系统工程，内容新、涉及面广、交叉多。信息化建设又深入到经济和社会生活的各行业、各部门，是一项基础性、综合性很强的工作，加之历史形成的条块分割和部门利益等因素，信息化建设的合力不易形成。这就需要政府进行认真组织协调，要本着“五统一”的原则，统一思想、统一规划、统一管理、统一技术标准、统一资源使用，打破行业壁垒和部门垄断，努力实观软硬件资源的共享。

六是进一步研究落实推动信息化建设的配套政策。南京市坚持每年安排一定的信息化建设专项经费，对列入市里信息化建设重点任务的项目，给予适当资金配套或贴息。资金使用与项目完成进度、质量挂钩。

七是继续发挥信息化专家咨询机构的作用，充实南京信息化专家工作组，就全市信息化建设的重大问题提供决策咨询。同时，要充分发挥省级机关和中央、省驻宁单位在信息化建设中的作用，积极争取他们的支持，将其拥有的信息资源融入全市信息系统中来。

八是加强学习和宣传工作。为了适应信息化建设事业尤其是政务信息化工作的需要，必须在全体机关干部中普及相关知识，培训使用能力，解决本领危机，扫除新的意义下的文育。要以自学为主，同时有计划地组织培训。在2002年内，使全体机关干部的信息化知识水平和应用能力有显著的提高。同时，各新闻媒体要充分应用先进的宣传工具，采用广大市民喜闻乐见的形式，加强对信息化、尤其是政务信息化工作的宣传，形成信息化建设的良好氛围。

（张谦）

追随时代步伐　谱写信息强音

——南京市信息化建设特色

一、信息基础设施建设取得新成就

南京市是全国八大通信枢纽之一。经过多年特别是“九五”期间的努力，一个宽带化、广覆盖、地空一体的现代化信息基础设施已基本形成。电信、广电、计算机三个网络都有了较快的发展。

南京 IP 宽带城域网在全国率先建成开通。该网处于国内先进水平，具备 400Gpbs 的核心处理能力，出口带宽达 4000M，并直接与国家和省骨干因特网联结，在全市光纤接入网主干环各主要结点上，首期设置了 17 个宽带结点，4 万个等效 10M 端口。南京 IP 宽带城域网是信息化城市的基础和重要标志，是规划中的通信“三楼四网”重要组成部分，是新一代光纤因特网在城域范围的实现。IP 城域网已能够覆盖全市并向各类用户提供诸如高速因特网接入、语音和影视电视会议、远程教学、远程医疗、IPVPN 虚拟专网、智能电子商务，网上交易、网上娱乐、IP 电话、IP 传真、企业用户专线连接、城域网互连等高品质、经济实惠的宽带接入和各种信息服务。能够实现“千兆到大楼，百兆到层面，十兆到桌面”的传输质量，首期开通的“网络特快”业务，较之普通电话上网速度提高了 170 倍。该通信网采用最先进的交换平台，来充分保证网络运行的稳定性和可靠性。城域宽带 IP 网的建成，使南京网络服务环境有了根本性改变。南京宽带 IP 城域网分为三层结构，即骨干层、边缘层和接入层。各层之间采用环状与网状相联，层间全部采用全双工热备份的双物理光纤路由，确保网络运行质量安全可靠。

宽带 IP 网具有的简便、高速特性，流畅的数据、音频、视频传输效果，使 21 世纪信息高速公路在人们的脑海里由虚幻的想象变成了活生生的现实，让人们切身感受到了“三网融合”及“新一代光纤网络与媒体”的无穷魅力。用户低廉的设备投资、简单的接入方式、透明的传送技术、极高的网络性能，使得宽带 IP 城域网展现出了诱人的魅力和广阔的市场前景。

在试验网的基础上，南京市总结经验，系统地分析了宽带网络的可行性和必要性，概括出完整的城域宽带网络建设模型，提出了建设面向 21 世纪的高速信息网络的重点工程——南京电信公众宽带 IP 城域网。

南京宽带 IP 城域网建网目标定位是采用先进成熟的技术，建设一个面向新世纪的、综合承载各类多媒体业务的、安全稳定的运营级基础信息网络。近期已实现“对商务楼，实现千兆到大楼，百兆到层面，十兆到桌面”；对住宅小区，实现“千兆到小区，百兆到楼头，十兆到家庭”的目标。网络主要采用高速 IP 路由交换技术和千兆以太网光纤传输技术，依托南京电信丰富的光纤资源，实现信息网络“最后一公里”的高速接入。网络内部采用全光纤连接，末端通过五类线延伸到用户端。用户只需一块网卡便可以方便地接入网络，不再需要其它昂贵的设备和复杂的连线。

南京宽带 IP 城域网的建设分为网络平台和业务平台两个部分。网络平台建设的基本出发点是充分利用现有光纤资源，结合本地的市场需求，采用成熟、简单、低成本的标准技术，建设一个能够支撑多种业务的宽带传输平台。业务平台建设的基本出发点是利用带宽的优势，建设集音、视频为一体的多媒体网站群，为用户提供包括信息查询、网络电视、视频点播、可视电话等各种形式的信息服务，从而推动社会生活信息化的发展。

南京宽带 IP 城域网的建设是江苏信息化八大示范工程之一——“数字南京”的重要组成部分，是南京新三年面貌大变、通信“三楼四网”工程的重要组成部分，它的建成开通标志着四网建设的主体取得了历史性的突破和重要阶段性成果。

南京宽带 IP 城域网是新一代光纤因特网在城域范围的实现。首期同步开放的“网络特快”高速 IP 接入业务，较之利用普通电话上网速度提高了 170 多倍。

南京宽带 IP 城域网以城域光纤接入网为基础，采用分层汇接式的网络结构，网络拓扑结构以星型为主，进一步分为汇接层、边缘层和接入层三个层次。各层之间采用环状及网状相连，层间全部采用全双工热备份的双物理光纤路由，确保电信级 IP 宽带网的安全可靠和优越的运行质量。

南京电信宽带 IP 城域网网络覆盖南京城区和部分郊县，具备 400G 的核心处理能力，并直接与省和国家因特网骨干连接，出口带宽达到 4000M，在覆盖全市的光纤接入网主干环各主要节点上，首期设置了 17 个宽带节点，4 万个等效 10M 端口。

南京宽带 IP 城域网现可直接向全市集团客户提供 10M、100M 甚至 1000M 的因特网接入带宽和互联带宽。机关、学校、和其他企业集团用户可利用该网络组成全市到全国范围内的虚拟专用网。对信息化小区个人住宅用户而言，宽带 IP 城域网现可提供 10M 到户的因特网接入速率，将来并可平滑提速至 100M，直至 1000M。

电话发展到今天，已有一百多年历史。随着信息化进程的加速，可以预见，不久的将来，南京宽带 IP 业务将与今天的电话一样普及。

宽带 IP 网的开通，为全面实现信息高速公路到达千家万户奠定了坚实的网络基础，除对南京信息化事业产生深远影响外，必将对社会经济与生活各方面起到极大的促进作用。对信息基础建设，信息设备制造、信息家电、软件开发、电子商务、远程医疗、远程教育、远程办公、生活娱乐等方方面面均将发挥巨大促进作用。

南京宽带 IP 城域网由于采用了新一代的交换与传输技术，使得使用成本与时间和距离的关联度大大降低。

2001 年，南京市十分重视宽带网的用户接入，市政府将扩大宽带网用户接入规模列入了全市信息化建设的重点任务，并加强对此项工作的领导。南京电信按照“确保国家骨干网建设需要，以宽带接入建设为重点，继续完善本地通信网，适应各项业务发展需求，全面提高投资效益”的要求，进行网络规划和建设，加速宽带网的用户接入工作。全市有关单位努力落实人员，确定技术方案、做好设备选型、市场的推广以及用户接入等工作。在全市范围内大规模进行宽带线路的新建和改造工作，仅南京电信就完成宽带网到户布线 10 万户，用户驻地网建设超过万户，发展 100M 集团用户超过 50 户，发展 10M 集团用户 628 户，发展局域网住宅用户 630 户，发展 ADSL 用户 1409 户，完成年度目标的 200%。此外，长城宽带网络公司也开通 30 多个社区共 3 万宽带用户。

为确保 2001 年华商大会通信畅通和安全，南京电信专门成立了工作领导小组，建立了 100 余人的多项服务保障工作队。在华商大会主会场国展中心及大会新闻中心所在酒店设置了电信服务专区，在新闻中心架设了 10 部临时外线电话，10 部传真机，220 间客房每间都可以宽带上网，每间客房都可接两部电话。在主会场及重要场馆，提供与会人员通过手提 PC 机无线高速上网（10M 带宽）业务。根据大会安排，南京电信将这次电信服务的重点分为两个方面。一方面，对于服务对象，重点抓住重要宾馆饭店和重要场所，尤其是组委会、新闻发布会、主会场和首长、重要来宾入住宾馆饭店，从业务提供和通信安全、保障角度设计方案，满足需求，并在此基础上，由点及面，覆盖所有来宾入住宾馆饭店和公共场馆。另一方面，在提供的通信服务方式上，此次华商大会，力求全面展示电信最先进、最安全的通信技术，除传统的固定电话以外，还提供了基于宽带投入的多媒体网络通信服务，客户服务中心为大会开通了号码为 91000 的服务热线，全天 24 小时接受信息咨询；为提升大会期间公共通信服务水平，南京电信还在主要会场和南京主要干道新增 IC 卡电话、密码电话 3500 部，并为 450 部公共电话亭换装。为宣传华商会，利用江苏电信所有的门户网站，为华商大会做好广告宣传工作并为大会网站提供链接。另外，南京电信还提供网络空间出租，为华商大会主站点提供镜像映射，在会议期间，南京电信共转播 4 场活动（欢迎晚会、开幕式、经济论坛、闭幕式），传送新闻 5 次。大会期间，按照要求，南京电信还提供电视电话会议服务，可以将图像和声音传到省内外或国外部分国家，从而使得大会的许多情况实时传往世界各地。

在骨干传输层，电信本地光纤骨干传输网已覆盖全市及五县各乡镇，经过多年的建设，目前已具备传输话音、数据、图像等多媒体信息的能力，成为南京市信息基础设施的重要组成部分。至2001年底，南京市话程控交换机容量219.9万门，固定交换设备总数达到228.1万门，市话用户达159.3万户，全市主线普及率达29.2%，长途交换机达9万路端，已铺设长途光缆1008皮长千米，光纤总长度达到4851皮长千米。在国内同等城市中处于先进行列。在维护支撑层，建立了数字同步网、七号信令网和电信管理网，实现了对传输、交换及各专业网络的实时监控。

无线广播电视覆盖网更趋完善，广播综合覆盖率达100%。全市有线电视宽带综合信息物理网已覆盖整个南京行政区。市、县、乡三级光缆网已建成。2001年全市有线电视网总用户数达到92万户，其中南京市区网络用户达约60万户，郊县网络用户32万户，按每户3.5人计算，有线电视入户率达到32%。全市已建成光节点464个，城区有线电视光缆网络覆盖率已超过95%，市区70%以上用户地区已经完成750兆光纤同轴混合网（HFC）双向改造，形成广播电视和数据业务两个平台，利用有线网开展数据业务传输试验取得成功。南京市数字电视平台已经建成，并且试验播出了50套以上的电视节目，省信息化示范小区已经开通。南京市有线电视已全部实现县（区）、乡（镇）联网，联网行政村总数达688个，联网率约67.5%，其中四个郊区联网率100%，五县联网率60.6%，除雨花台和浦口两个郊区外，均已建成并开通了广电千兆位以太网，开展了部分数据通讯业务。南京市城区建成了以广电大厦为信息中心的东西南北四个核心站和四个二级站，通过64芯光缆连接4个局间站，形成了42.6公里的市区主环网，再通过16芯光缆连接二级站，2001年南京广电网络拥有各类用户60万户，其中数据广播等多媒体用户2万户。全市广电网络规模居全国同类城市前列。此外，建成82个多媒体数据业务工程。

联通、网通、吉通、铁通、长城宽带等网络公司积极在南京发展网络业务，网络建设呈现多元化的竞争发展新格局。此外，市电台、电视台和有线电视台均已开通自己的网站，部分节目已实时播出。

二、南京市政务信息网建设取得阶段性成果

南京市始终将全市政务信息网建设作为推进政务信息化的重要举措，并将其视为全市电子政务的标志性工程。2001年，南京市政务信息网建设取得了阶段性成果，实现了预期目标。南京市政务信息网由政务核心网、政务城域网、机关各单位局域网三层网络和覆盖各层的信息资源应用系统四个部分组成，涵盖了南京市各市级机关单位中具有资源共享价值的、以计算机和通信技术为主要手段建设的信息网络、信息应用系统、信息资源开发、系统集成服务和原有系统扩充更新等具体内容。

政务核心网　是市直机关信息交换与共享的枢纽，主要位于北京东路41号大院和台城办公楼。通过专用光缆连接30多个厅部委办局和市直属单位，满足这些节点单位的数据、视频、语音、多媒体网络通信要求和安全保密要求。

政务城域网　是建立核心网与分布在全市各地址位置的市直机关单位、十五个区县的网络通信线路，建成各接入节点，覆盖所有的市直机关单位。

机关单位局域网　是各单位内部的计算机局域网络系统，是市政务信息网的各个接入节点，是全市机关信息的信息资源和网络应用的基础。

信息资源应用系统　包括了全政务网内的和市直各部门的办公自动化系统、业务信息办理及管理系统、办公业务资源共享数据库和政府公众信息服务系统。对各部门现有的信息资源和业务进行数字化、数据库化、规范化、标准化，实现全市范围内的办公业务应用和信息共享体系。

政务信息网2001年一期工程以北京东路41号大院和台城综合办公楼作为主要建设对象，建设内容主要包括：

两套网络　建设覆盖41号大院和台城大厦的计算机通信网络系统，其中包括政务信息网的内网网络和外网网络，以及政务信息网网管中心。

27家联网单位　建设或完善一期工程中接入的27家单位的局域网络系统，使政务网拥有一定规模的用户单位和应用基础。

三项主要应用系统　建设以政务信息共享数

据库、法律法规数据库、视频资料数据库为主的一批信息资源应用系统，其中还包括政务网应用系统框架模型，3～5家联网单位办公自动化系统的试点和推广，1～2项业务办理系统的上线运行，公众信息服务系统的积极探索和初步建立。

管理措施和制度　本着“统一规划、分步实施，统一标准、联合建设，互联互通、资源共享”的指导思想，确立了政务网工程建设规范，建立一系列的网络管理和网络安全的措施和制度，以及建立一系列的信息资源组织、应用系统建设规范和制度。

干部网络应用培训　积极开展计算机和网络应用培训，针对所有联网单位不同人员的知识和应用层次，采取多种形式的培训手段，提高广大机关工作人员的计算机网络使用能力和应用水平，提高对信息化手段的认识和使用兴趣，为今后二期机关信息化打下观念和技能基础。2001年南京市基本完成了政务网建设工程的前期施工和必备的工程项目建设工作，主要包括：

现状调研　对全市机关单位的信息化水平进行了摸底调查工作，特别是对一期工程准备联网的27家单位进行了详细的调研工作，基本摸清了这些单位的局域网建设情况，为下一步政务网建设工程全面开展提供了一手资料。

建设方案　拟定了南京市政务信息网建设工程的总体建设方案，并在2001年5月召开的政务网建设领导小组第一次会议上原则通过，同时根据会议要求进行了完善和修改，在条件成熟的情况下尽可能的扩大一期工程的联网范围，重点加强信息资源的组织和应用。

技术方案　根据总体建设方案的要求，在征求了各方意见、考察了多个省市、咨询了多位专家和公司的基础上，完成了一期工程建设的技术方案，进一步明确了一期工程建设项目中各个子项目的建设内容和建设进度，以及各个子项目的实现技术、要求和相互关系。

光缆铺设　基本完成了41号大院和台城办公楼的光缆铺设工作，完成了主干为96芯、支干为6－12芯的光缆铺设，实现了与所有一期工程联网单位的连接。

网络试点　完成了政务网网管中心的大部分机房基础设施建设，即机房改造、主机和网络实验环境的配置与调测；完成了政务网内网网络和外网网络的独立试点运行，内网网络联接了市委办公厅、市政府办公厅、组织部、计委、信息中心；外网网络联接了市委办公厅、组织部、计委、司法局、经委、体改办、管理局、华商大会办公室、信息中心；完成了计委局域网建设工作，市人大、市政协的局域网建设的监理工作。

应用试点　积极组织和开展了各种应用系统试点工作，例如计委和信息中心的办公自动化系统的试运行；初步建立了信息资源组织渠道，组织了大量的形式多样的信息资源，如南京市机关信息、中经网、新华网、卫星电视、视频内参等；建立了可容纳50个用户同时点播的VOD视频系统，可容纳32人且4人同时发言的语音会议系统，网络——手机的双向短消息呼叫中心等。

技术准备　为了使政务网建设工程能够顺利进行，对工程技术方案中涉及的多项工程项目进行了大量的技术准备工作和应用开发工作。开发了应用于政务信息共享数据库的政务信息平台，进入了测试版的试运行阶段。对可能采取的多种技术进行了充分的论证和测试工作，其中包括：视频点播技术、语音技术、身份认证技术、中间件技术、网络管理技术、操作系统、数据库系统、邮件系统，对有关的应用进行了广泛的调研和考察。

资源组织　编制完成了政务网建设工程必需的政务网信息资源组织办法，针对现阶段的实际情况对一期工程联网单位的信息资源组织提出了明确的内容要求，并经政务网领导小组第一次会议通过和各联网单位的认可，初步建立了信息资源组织渠道，已开始着手进行了信息组织工作。市信息中心积极组织政务网上公共信息资源的汇编和整理，尽可能的丰富一期工程的信息内容。

应用培训　进行了多次针对不同应用层次的计算机和网络知识培训，先后完成了市政府办公厅、市人大办公厅领导和工作人员以及市委办公厅领导和全体干部的培训任务。根据政务网一期建设内容，基本完成了政务信息网应用知识总体培训规范和计划。

基础和外围工程建设　进一步完善了网管中心的建设；建设和完善一期工程联网单位的局域网建设，使大部分联网单位具备基本了网络应用条件；进行应用系统框架设计和安全设计，使随后的应用开发有章可寻、有法可依。

重点设备采购招标　制定各项目招标计划，完善和核准设备采购标书，对投标公司进行深入和广泛的资格审察和实地考察，进行各种设备的采购招标工作，与中标公司签定供货合同，合理安排各项资金使用计划，办理各项设备采购手续和进关手续，做好设备到货的验收和管理工作。

系统集成、开发、调试、验收和运行　全面完成了网络系统、主机系统、软件系统的集成和开发工作，建立了领导机关、项目单位、施工单位、监理单位、用户单位之间良好和畅通的合作和协调关系，严格进行项目管理工作，认真解决工程建设中的所有问题，把好质量关和进度关。对完成的工程项目进行验收工作，建立各项运行管理制度，各系统进入正式运行。

目前，南京市政务信息网正按建设计划有序地推进。预计到 2002 年 6 月底，将有包括市委、市政府在内的 28 家部门与政务网相连，此后将继续向区县党政机关延伸。

三、南京市软件产业迈上发展的“硬台阶”

2001 年，南京市的软件产业，凭借雄厚的科技优势和产业基础，增长势头迅猛，已成为全市电子信息产业的重要组成部分。目前，全市软件企业共有 250 多家，从业人员 1.5 万多人。2001 年实现软件销售收入 28.8 亿元，同比增长 60%。其中销售收入千万元以上的约有 37 家，销售收入超过亿元的企业达 6 家。南京软件产业开始迈上发展的“硬台阶”，主要体现在如下几方面。

（一）发展加快

据不完全统计，目前南京市 250 家软件企业中，国有及国有控股的企业占 25%，民营企业占 63%，外资企业占 12%，其中有 80 家企业为省认定的软件企业，占全省认定数的 47%；有 40 家软件企业通过 ISO9000 认证。2001 年，全市涌现出了一批规模化软件企业，软件销售收入超亿元的企业已有联创公司、南瑞继保、东大金智、南瑞科技等 6 家企业，软件销售收入千万元以上的企业已有南大苏富特、南京图博、江苏金思维、新模式、欣网视讯、洛普股份等 37 家，占企业数的 15%，其中，南瑞科技、联创公司、欣网视讯、洛普股份被认定为国家火炬计划骨干软件企业。37 家千万元以上的软件企业 2001 年软件收入占全市软件收入的 89%。联创公司、南瑞继保 2001 年自主软件销售额分别达 1.2 和 1.7 亿元。东大金智主营业务定位在国内外专业化软件与应用系统集成上，被认定为系统集成一级资质单位和国家火炬计划重点高新技术企业，其集成业务在以江苏、上海、北京为中心的区域范围内的影响力持续增强，2001 年企业总销售额达 3.6 亿元，其中软件销售收入达 1.2 亿元，“东大金智”的品牌已有了一定的知名度。南大苏富特 3 月作为江苏高校“第一股”，在香港联交所上市，上市以后，凭借良好的发展态势和稳定的市盈率，入选国企成份股指数，企业销售额近 6000 万元，成为国内领先的网络安全行业的企业之一。

（二）特色产品群初步形成

2001 年，南京市软件企业积极面向应用市场和服务，软件的技术水平、产业化规模和市场竞争力呈现出良好的发展态势。网络安全、系统应用平台软件、银证管理网络、电力系统管理及其自动化、电信及网络管理系统、集成电路设计及制造业信息化等应用软件方面正在逐步形成优势和特色。

南瑞继保电气保持其在电力保护领域的优势，全年总销售收入达 5.5 亿元，其中 LEP-900 微机电网保护系统单个软件产品的销售额达 5984 万元；南瑞科技的变电站监测系统、银山电子的电力故障录波测距装置系列 2001 年全年单个软件产品销售收入分别达 4295、4176 万元；联创公司紧紧围绕电信业的计费业务开发行业管理软件，其移动计费系统产品覆盖了江苏、云南、湖北、青海、甘肃、贵州、安徽、新疆等众多省市的电信业务，2001 年底签约的移动计费和宽带网建设软件与系统集成业务合同额共计 3 亿元；南大苏富特的“苏富特防火墙 SOFTWALLWPHV1.0”是目前江苏省唯一获得公安部计算机信息安全系统安全产品质量检测中心安全检测的软件产品，并通过了 INTEL 国际标准认证，已被列入江苏省政务信息网建设的首选安全产品，逐渐成为江苏省乃至全国的知名品牌；南京擎天科技的“擎天出口退（免）税管理系统软件”已在省内 5000 家生产型出口企业内正式使用，该软件是国内第一家针对“免、抵、退”税政策而开发成功并得到实际应用的产品；欣网视讯的联通大客户管理分析系统，第一批入围中国联通业务，并取得北京联通分公司定单；新模式软件公司致力于制造业信息化的软件服务，公司作为国家7家863CIMS/系统集成技术服务单位和江苏省首批14家制造业信息化技术依托服务单位之一，已完成南京市及省内的20家制造业的信息化建设，其中PDM（产品数据管理系统）软件被评为国家863重点目标产品；金思维的主导产品JSERP在国家科技部863/CIMS重大目标产品公开评测中获第一名。在2001年公布的12个江苏省优秀软件产品奖中南京就占了11个，2001年江苏省认定的软件产品中，南京市有274项软件产品榜上有名，占全省通过认定数的近一半。

（三）软件园区初具规模

被国家科技部批准为江苏省第一家国家火炬计划软件产业基地的南京软件园在全市软件业发展中的核心作用、牵引作用和示范作用进一步得到体现，软件园企业不断增多，已成为南京市软件产业发展的核心力量。2001年，南京软件园建设进展较快，投资3000多万元建设1.2万平方米的创业孵化业中心大楼已投入使用，软件园的高速宽带光纤网络、道路、住宅等已经建成，南瑞科技、联创公司、凤凰科技、欣网视讯等40多家软件企业入园创业，园内注册软件企业达110家，2001年园内企业软件销售收入达8.4亿元，其中自主版权软件收入达5.8亿元。体现“以人为本”和“工作与休闲于一体”特色的17幢总面积达9000平米的别墅式办公用房已开始对外订购，集办公、商务、餐饮、休闲、娱乐等多种设施的园区服务已经形成；江苏省和南京市共建、并由熊猫集团参股的江苏软件园2001年4月10日在熊猫集团西区隆重开园。江苏软件园充分利用高校、科研所和大型企业的人才资源和技术优势，积极吸引国内外软件开发和集成电路研发机构入园创业，截止2001年底，驻企业达118家，入园软件企业达257家，2001年软件产值近12亿元，，7月12日又被国家计委、信息产业部确定为重点建设的10个国家级软件产业基地之一。

（四）推动传统产业改造升级

“九五”以来，南京市以“抓应用、促发展、见效益”为方针，组织实施了以应用MRPII/ERP（企业资源计划）、CAD（计算机辅助设计）、PDM（产品数据管理）、OA（办公自动化）等为核心技术的制造业信息化示范工程，加速软件产业向传统产业的渗透，促进传统产业的改造升级。2001年，南京市重点组织实施了南京化纤股份公司、南京数控机床公司、南京电力变压器厂、南京江标集团、南京晨光航天股份公司、南京消防器材厂、南瑞科技股份公司、高淳纺织机械厂、南京第二机床厂、南京蓝深制泵公司等10家制造业信息化示范工程，“示范工程”的实施极大地提高了企业的市场竞争力。晨光航天股份公司实施CAD、CAE工程后，专用车辆新品CAD设计出图率达100%，一次设计成功率达90%，缩短产品设计周期40%，大大提高了产品质量和市场竞争力；高淳纺织机械厂实施基于CAD/CAPP/CAM/PDM集成的计算机管理信息系统，产品设计和新产品开发周期缩短了30%，产品合格率提高了3个百分点，新增利税180万元；2000年列为省制造业信息化示范工程的金城集团作为全国各行各业实施CIMS工程的201家企业的唯一代表，2001年参加了国家“863”十五周年成就展，其信息化工程受到了党和国家领导人及参会代表的肯定和赞扬。这些共性技术的推广应用也极大地促进了软件产业的发展。

（五）支撑体系不断加强

软件产业发展除了依靠技术和人才两大因素外，另一个重要因素是包括政策、资金、服务等在内的支撑体系。南京市委、市政府高度重视软件产业的发展，软件产业的支撑体系建设不断加强。在2001年的机构改革中，明确了市科技局为南京市软件产业的行业管理部门，并在市科技局设立了南京市软件发展办公室，加强对全市软件产业的领导与宏观管理，业务对口省信息产业厅。在营造政策环境上，市政府2001年出台了《南京市鼓励软件产业发展的若干政策规定》，从投融资、税收、产业技术、出口、创业、教育培训、采购、知识产权保护等方面全方位鼓励、扶持软件产业的发展。“十五”期间，市政府将每年拿出1000万元的软件产业发展专项资金，用于支持企业、个人利用软件技术和产品投资创业和孵化器建设，以及用于国家、省相应专项资金的配套；对高新技术企业、软件企业采用产学研联合方式从事共性软件、基础软件开发的，择优予以支持资助；2001年南京软件园也设立专项发展资金和创业风险资金，以投资、担保等多种形式扶持入园企业发展；鼓励高等院校、科研院所科技人员、大中专学生及海外留学人员在南京市创办软件企业，对企业从创办年度起两年内交纳的税费额，市软件产业发展专项资金予以补贴；高级软件人才在宁购房购车的，还将得到相当于上年度本人已缴纳个人所得税80%的资金补助等等。此外，市政府还发布了《关于在政府部门中使用正版软件的通知》，通知中明确规定了各级政府部门均要使用正版软件，不得购买、使用盗版软件；购买软件所需经费要纳入部门预算；所购软件达到固定资产价值标准、符合固定资产管理要求的，要将其作为单位固定资产进行核算和管理；购买软件纳入政府集中采购管理范围等等，具体落实了软件产业发展有关政策。同时，在广泛征求有关专家和企业意见的基础上，市科技局出台了《南京市“十五”软件产业发展计划纲要》。

南京市科技计划也加大了向软件产业倾斜的力度。2001年有34项软件项目列入市科技发展计划，获得科技三项费拨款500多万元。其中，东大金智的“制造业电子商务应用平台开发及推广应用”项目获得80万元市科技拨款；新模式公司的“企业信息化集成平台产业化开发及应用推广”项目获得市科技拨款75万元；南京一德的“城市管线应用地理信息系统共享平台软件”项目获得市科技拨款100万元。此外，斯威特公司和东大国家专用集成电路系统工程中心的“基于目标产品的SOC芯片设计及产业化”项目还获500万元省科技拨款。同时，银行信贷、风险投资资金、上市公司及社会其他资金也纷纷投向软件产业，以期获得高效益。南大苏富特致力于网络安全和政务网系统产品，2001年4月已成功在香港联交所上市融资7000万元港币；国际知名公司INTEL（英特尔）、SOFTBANK（软库公司）、GIC（新加坡政府投资公司）拟向联创公司投资1400万美元，已在香港正式签约；三宝实业与华东科技、南京中北等上市公司合资成立三宝科技股份公司后，实现电子警察、海关物流监控系统等产品的规模发展。此外，北极星软件、南华擎天、移软科技等一批软件企业获得境外创业投资公司的风险投人，共计近千万美元。一个由政府引导、社会广泛参与的多元化投入体系正在形成。

（六）人才培训基地逐步形成

南京市拥有高等院校37所，大部分院校都开设计算机专业，每年培养大批的软件技术人才，尤其是在计算机软件、计算机网络、集成电路设计的人才培养方面具有很强的实力。国家、省、市出台有关鼓励软件产业发展的政策以后，市政府加大了对软件人才培训的投入和支持力度，全面构筑学历教育与社会办学相结合的软件人才培养模式，培养各种层次的软件人才。2001年，南大、东大两所高校被教育部批准试办软件学院；高新区软件园与南大合作，在软件园内设立南大软件学院，以南京软件园为实习基地，根据园内企业需求确定课程，定于2002年9月开始招生；市软件行业协会、玄武区软件发展中心和南京普雷实业公司与北大青鸟APTECH公司合作共同组建南京市软件技术学校，引进印度APTECH先进的教学理念及教学方法，培养软件人才。目前招生人数已超过600人，并与东大金智、三宝科技等16家企业签订用人协议；此外，南京信息管理学院与澳门科技大学、南京科技干部进修学院与金蝶软件公司签约利用互补优势培养南京本地化信息技术和软件人才。一个多层次的软件人才培训基地正在形成。

国务院、省、市相继出台了全面扶持、鼓励软件产业和集成电路发展的各项政策，为软件产业创造了良好的政策环境。南京市将利用当前国内外良好的软件发展环境，依托雄厚的研发、人才优势，把软件产业作为全市信息产业的重中之重来抓，继续做好各方面的工作。

（陈铭）

无锡市信息化事业发展概况

【基本情况】

2001年，在无锡市委、市政府的领导下，全市信息化工作在信息基础设施建设、产业发展、政策制定以及组织宣传等方面取得了较大进展。召开了无锡市历史上第一次全市信息化工作会议，修订完善了无锡市第一部信息化发展五年专项规划，成立了主管全市经济和社会信息化发展的政府工作部门——无锡市信息化办公室，标志着无锡市信息化发展进入了一个全面建设，整体推进的新阶段。

【工作机构】

为适应当今时代信息化迅猛发展的需要，加强全市信息化工作的领导，在2001年无锡市政府机构改革中，于2001年11月8日以锡政办发[2001] 159号文批准成立了无锡市信息化办公室，正局级建制，并明确了以下职责：

1. 贯彻执行国家、省有关信息化工作的方针、政策和法规，研究起草全市信息化工作地方性政策、法规和技术规范、标准等，并组织实施。

2. 会同有关部门研究制定全市信息化工作的发展战略、中长期规划、年度计划，并组织实施和监督检查；会同有关部门组织信息化指标统计及信息发布；协调解决信息化工作中的重大问题。

3. 负责编制全市信息化建设投资年度计划，审核上报全市信息化建设投资项目；监督全市信息化建设专项发展基金的使用。

4. 负责全市电子信息技术的应用、创新、成果转化和产品化、产业化推广工作；指导集成电路企业的认定和计算机技术系统集成公司的资质认定；负责组织有关部门认定软件企业和软件产品，指导软件行业协会发展。

5. 指导、协调全市信息产业的发展；组织、协调全市信息产业重大建设项目的实施。

6. 组织、协调和指导信息资源的开发、利用和通信管线（网）等基础设施的规划和建设工作。

7. 协调和指导全市信息网络安全技术、设备和产品的监督管理；指导全市信息网络和计算机病毒防范工作。

8. 组织、协调和指导信息化宣传与普及教育，协同有关部门做好信息化专业人才的预测、规划等工作，负责信息化工作的国际合作与交流。

9. 承办市政府交办的其他事项。

根据上述主要职能，市信息化办公室下设3个职能处室：综合处、信息资源管理处（挂“信息产业发展处”牌子）和信息技术应用处。

【工作部署】

2001年10月29日，无锡市委、市政府组织召开了无锡市有史以来第一次全市信息化工作会议，市委、市人大、市政府和市政协主要领导以及市各有关部门、各市（县）、区的党政主要领导参加了会议，会上市委书记蒋定之、市长王荣（当时任代市长）分别在会上作了重要讲话。会议下发了《无锡市人民政府关于加快国民经济和社会信息化的意见》和《无锡市加快信息产业发展的若干政策规定》2个文件，为今后一段时间内无锡的信息化工作指明了方向，解决了有关政策规定。同时明确提出“数字城市”建设为未来无锡信息化工作的核心任务：

1. 建成覆盖全市的统一的高速宽带城域网络平台，实现声音、数据、图象的一体化传输和交换，用户网络接入宽带化，促进通信网、有线电视网、计算机网三网融合。

2. 以集成电路、软件为核心，大力发展信息产业，在未来五年内达到年平均30%以上的增长速度。

3. 加快利用信息技术对传统产业的改造，实现电子信息及网络技术在企业产品研制、生产、营销和管理等各个环节的普及应用，“十五”期末，传统大中型企业基本完成信息化改造。

4. 大力开发政务、公众、市场三大信息资源并上网运行，实现信息资源共享。

5.“十五”期末，基本建成政务信息系统、城市管理信息系统、电子商务系统、远程教育系统、社会保障信息系统等一批国民经济与社会管理的骨干应用工程。

6.“十五”期末，基本形成全市信息化建设的科学管理体制、法规体系、标准体系及信息化人才高地。

【领导指示】

在2001年10月29日的全市信息化工作会议上，市委书记蒋定之、市长王荣分别作了重要讲话，主要精神如下：

蒋定之书记讲话主要分三个部分：

1. 统一思想，把对信息化工作的认识提高到一个新高度。一是要从顺应当今世界经济社会发展潮流的要求来认识信息化工作的重要性；二是要从实现新世纪初发展目标的要求来认识信息化工作的重要性；三是要从增强无锡综合竞争力的要求来认识信息化工作的重要性。

2. 理清思路，把我市的信息化建设推进到一个新阶段。一是以宽带城域网为重点，在信息基础设施建设上求突破；二是以发展集成电路和软件为核心，在信息产业的发展上求突破；三是以信息化带动工业化为载体，在改造和提升传统产业上求突破；四是以政务和公众服务为主体，在提高社会公众服务水平上求突破。

3. 落实措施，把领导信息化工作水平提高到一个新层次。一是要进一步增强信息化意识；二是要进一步提高规划水平；三是要进一步营造良好环境；四是要进一步凝聚各方合力。蒋定之书记对无锡市信息化提出了“高起点，有重点”的发展要求，并希望全市各级解放思想，抓住机遇，扎实工作，奋力开创全市信息化工作的新局面，为加快推进富民强市、率先基本实现现代化而努力奋斗。

王荣市长的讲话主要分三个部分：

1. 肯定成绩，总结经验，坚定加快信息化进程的信心。无锡是国内信息化起步较早的城市之一，在市委市政府的领导下，信息化工作取得了明显成效，有力地推动了全市国民经济和社会的发展。主要表现在：一是信息基础设施条件不断完善；二是信息产业规模不断壮大；三是信息技术应用领域不断拓展；四是信息化发展的环境不断优化。

2. 明确任务，分步推进，努力提高数字化城市建设的水平。必须把信息化放在优先的、带动全局的位置上，集中力量，突出重点，全力以信息化带动工业化，以信息化促进城市现代化，实现社会生产力的跨越式发展和城市综合竞争力的进一步提升。当前今后一个时期重点要抓好以下几方面的工作：一是加强信息基础设施建设，全面改善网络环境；二是大力发展信息产业，尽快形成新的增长点；三是加快实施传统产业的信息化改造，实现产业优化升级；四是强化政务信息化建设，提高政府工作效率；五是逐步推进城市信息化，提高城市综合管理水平；六是着力建设公众服务信息系统，提高人民群众的生活质量。

3. 加强领导，落实措施，形成推进信息化建设的强大合力。各地区、各部门要立即行动起来，采取切实有效措施，全面落实各项目标任务和政策措施，力争有所突破、有所创新，努力实现无锡市信息产业和信息化建设的跨越式发展。一是要加强信息化工作的组织领导；二是要加大信息化人才的培养引进力度；三是要加大信息化建设的投入力度；四是要加大信息化法制建设的力度；四是要加大信息化建设的力度。

王荣市长最后强调，全面推进国民经济和社会信息化，对实现全市新世纪发展的宏伟目标意义重大，影响深远。一定要以“三个代表”的重要思想为指导，进一步解放思想，开拓进取，团结拼搏，扎实工作，努力把无锡的信息化建设提高到一个新的水平。

【信息化政策】

在2001年10月29日的全市信息化工作会议上，下发了《无锡市人民政府关于加快国民经济和社会信息化的意见》和《无锡市加快信息产业发展的若干政策规定》2个文件，为全市信息化建设指明了方向及有关政策规定。

1.《无锡市人民政府关于加快国民经济和社会信息化的意见》

为大力推进无锡国民经济和社会信息化进程，促进信息技术在国民经济和社会发展各个领域的应用，推动社会生产力的跨越式发展，无锡市政府特提出如下意见（摘要）：一是信息化是当今世界经济和社会发展的大趋势，是衡量一个地区现代化程度的重要标志，也是产业优化升级和带动工业化、现代化的关键环节；二是“十五”期间无锡市信息化工作紧紧围绕《无锡市国民经济和社会发展第十个五年计划和2010年远景目标纲要》所提出的总体目标，加快信息基础设施建设，重点建设宽带城域网和高水平信息港，充分发挥无锡市国家微电子产业基地的优势，以建设国家软件基地为主体，加快发展信息产业，到2005年，信息产业增加值占国内生产总值的比重达到15%；三是加快高水平信息港建设，构筑高速、宽带、互联的传输网络；四是大力开发和利用信息资源，积极推进政府公务、社区和公共服务信息化；五是以信息化带动工业化，加快信息技术对传统产业的改造；六是调整产品结构，加快发展信息产业；七是积极推进数字化城市建设，加快城市现代化进程；八是积极推进信息农业建设，加快农业现代化进程；九是加快信息化人才队伍建设；十是加强信息化法制建设；十一是加大对信息化建设的扶持和投入；十二是加强对信息化工作的领导和考核。

2.《无锡市加快信息产业发展的若干政策规定》

为推动无锡信息产业发展，增强信息产业的竞争力，根据《国务院关于印发鼓励软件产业和集成电路产业发展若干政策的通知》(国发[2001]18号)和《江苏省关于印发鼓励软件产业和集成电路产业发展若干政策的通知》（苏政发［2001］59号）的精神，结合无锡市的实际情况，制定了无锡市加快信息产业发展的若干政策规定。该规定包括产业发展导向、投融资政策、软件业政策、集成电路行业政策、人才政策、企业认定以及附则等部分，为今后一段时间内无锡的信息产业发展指明了方向，提出了有关政策规定。

【主要成就】

2001年，无锡市信息化工作在市委市政府的领导下，以信息网络建设、信息产业发展、信息技术应用为重点，统筹规划，协调发展，积极推进信息化进程，取得了明显成效。主要表现在：

网络基础设施日趋完善。围绕网络宽带化和信息化小区建设两大重点，加快了信息基础设施建设的步伐。2001年年初，无锡电信成为继南京后江苏省第二个数据出口局，由原来的省网节点提升为国家骨干网的核心层节点，使无锡电信宽带网建设进入了快速发展期。如今无锡电信已基本建成覆盖全地区（含江阴、宜兴）的宽带IP城域网；信息化小区建设迅猛发展，到目前已签约170个，其中益都苑小区已初步选定为江苏省信息化示范小区。无锡广电20万户双向改造工程也正在建设中。

信息产业发展颇具活力。2001年全市信息产业增加值达105亿元，占GDP的7.7%，其中规模以上信息设备制造企业预期完成销售收入190亿元，同比增长率为30.7%；软件业完成销售收入6.5亿元，增长率为62.5%；信息服务业完成增加值62亿元，增长率为25%。涌现了希捷国际科技（无锡）有限公司、无锡夏普电子元器件公司、华晶电子集团公司、TCL数码科技（无锡）有限公司、无锡阿尔卑斯电子有限公司等15家销售收入超亿元的企业。华晶微电子股份有限公司的双极集成电路技术开发、江阴法尔胜光器件有限公司的光器件产业化、永中科技公司的Office办公自动化软件开发等5个项目成为2001年江苏省重点信息化建设专项资金项目。无锡集成电路设计产业化基地已通过评审，成为国家级集成电路设计产业化基地；无锡市新区软件园正在争创国家级软件园，仅在2001年全市就有17个软件企业，54个软件产品通过国家审核，享受优惠政策。

信息技术应用日益广泛。无锡已建成了若干信息技术应用系统，财政、地税、国税、工商、人事、劳动等一批政府部门信息系统得到了进一步的完善。各类专业网发展迅速，科技信息网、中国技术创新无锡网、无锡经济信息网等一批专业网络的建立，为政府决策、科学技术、商贸经济和工商企业开拓市场提供了大量的信息。轻大科学园的生物发酵工程产品及功能食品专业网、商业大厦的东方百业网成为2001年江苏省专业网站建设示范工程。为配合国家推行的“政府上网”工程，无锡市专门建立了政府网站，全市已有340余家（含乡镇级）政府部门上网。企业信息化建设发展迅速，目前全市上网企业达27000多家，居全省首位，上网的大中型企业占全市大中型企业总数的83%，MIS（信息管理系统）、CIMS（计算机集成制造系统）、MRP（制造资源计划）、ERP（资源管理计划）在大中型企业中得到了较为广泛的应用。

信息消费能力持续增强。无锡市本地电话交换机容量已突破 200 万门，固定电话用户 135 万户，移动电话用户已超过 120 户，城乡电话主线普及率达 30 号线/百人，公众多媒体通讯网用户已超出 40 万户，城市居民每百户拥有计算机近 30 台，位于全国中心城市前列。有线电视用户 85 万户，广播电视网覆盖全市 2076 个行政村。

【存在问题】

一是信息产业的规模与兄弟城市特别是国内先进地区相比还有较大差距。主要表现在：作为城市品牌形象和附加值较高的整机业仍然是我市信息产业中的一大薄弱环节，软件业中的龙头企业和拳头产品还没有形成。二是信息技术应用在各个领域中均有较好的典型，但还缺乏有效的整合和提升，“单打一”的情况仍较普遍。这既有国内普遍存在的机制和体制上的因素，也有政府及职能部门缺乏必要的调控手段等原因。三是信息化建设的工作体系还有待进一步加强，指标统计体系需逐步建立。

【发展思路】

以十五届五中全会精神为指导，根据市信息化工作会议提出的总体要求，紧紧围绕建设“数字无锡”这一核心目标，抓紧建设现代信息基础设施，实现网络设施的宽带化；推动产业结构升级，实现工业发展的信息化；推广信息技术在农业领域的应用，实现农业生产和管理的精准化；加快政府信息网络建设，实现城市管理的数字化。“高起点、有重点”地推进“数字无锡”建设，提升我市国民经济和社会信息化水平。

【发展目标】

到 2005 年，基本形成现代化的信息基础设施和信息化发展的优良环境，推进并实现“三网”(电信网、有线电视机网、计算机网）互连互通，构筑起“数字无锡”的坚实基础；基本形成普遍应用信息技术的格局，国民经济各部门将现代信息技术作为提高生产力和工作效率的主要手段；基本形成信息产业的支柱地位，产业信息化程度将得到极大提高。到 2010 年，无锡将全面进入信息化社会，高速、宽带、交互、智能化的信息基础设施遍布国民经济各部门和社会生活各领域，信息高速公路将通向所有工商企业、机关事业单位、文教事业部门和城镇居民家庭，全社会可享受“数字无锡”便捷、广泛的信息服务。

【重点任务】

以实施“三个三计划”为重点突破口，即：建设具有国内先进水平的宽带主干网、基本业务网和宽带接入网三大网络，重点发展集成电路设计与制造、应用软件开发和数字视听产品生产三大产业化基地，大力开发政府、公众和市场三大信息资源并实现资源共享。围绕这“三个三计划”，2002 年将重点开展以下几项工作：

1．政务网及公用网络改造建设

建设与英特网隔离的覆盖全市的政务业务网，并在适当时候实现与省级政务网的连通。重点推进市委、市政府主要工作部门的网络互联，提高各部门的信息共享程度，对内实现相关业务的数据共享，对外实现政务公开。以市行政审批中心办公自动化建设为突破口，将其作为政务信息系统的示范工程，并以此为契机，推动全市办公自动化进程。年度目标：市行政审批中心信息系统建成投运，启动或加快建设教育、医疗卫生、交通、农林等行业的信息系统，形成全市政务信息系统基本框架。

与此同时，切实改善公用网络环境。重点实施 IP 宽带城域网到楼到户工程和有线电视网络双向改造工程。年度目标：完成宽带接入小区 30 个，力争覆盖 3 万户以上。开展信息亭试点工作，年内建成若干个集信息查询、发布、浏览等功能于一体的信息亭。有线电视年内新增覆盖用户 10 万户，初步形成集语言、图象和数据于一体的、与现代化城市相适应的宽频数码互动多媒体广播电视和信息传输网。

2．地理空间信息平台建设

本着空间信息资源集约利用的原则，启动全市统一的地理信息平台建设，从而可以进行统一交流、管理、数据共享与办公自动化相联等一系列的运行系统功能，为无锡市市情决策支持系统提供平台和支持。同时着手制定数据标准、规范和数据共享政策，对政府部门现有数据库进行规范化改造和整合。

3．产业发展

一是注重传统企业改造升级，加快工业发展信息化步伐。切实推进 CAD（计算机辅助设计）应用，大力提高企业产品开发能力和技术创新能力；切实推进 SCM（供应链管理）、CRM（客户关系管理）应用，进一步规范和提高企业的现代化管理水平。切实推进先进生产技术的应用，全面提高企业的生产效率和产品质量，用嵌入式软件提高消费品、工业品的智能化水平。年内全市各行业或选择部分行业进行传统企业的现代化改造，用先进的技术和现代的管理来实现传统企业的创新，加快工业现代化进程。

二是结合产业结构调整，加快信息产业发展步伐。以发展壮大 IC 设计制造、软件、数字视听产品三大基地为抓手，重点加以培育、发展。

集成电路设计与制造基地。切实推进国家集成电路设计无锡产业化基地建设，初步形成新区的 IC 设计产业化区、蠡园开发区的 IC 设计企业孵化区、华晶集团的加工测试区。应用软件生产基地。以无锡软件园为重点，尽快形成自己的骨干企业和品牌产品，争创国家级软件基地。积极扶持一批新型软件企业，加快开发有自主知识产权的软件产品。年内力争有 10 家企业、35 个产品通过省的认定。

数字视听产品生产基地。以 TCL 数码科技（无锡）有限公司、无锡东强数码科技有限公司为载体，大力发展各类数码产品。其中，TCL 数码科技（无锡）有限公司通过生产线改造，新增数码彩电 60 万台；无锡东强数码科技有限公司通过引进设备、实施技术改造新增激光拾音器 150 万只。

三是强化重点项目的申报与专项资金的争取。“十五”期间，省财政每年拿出 5000 万元用于支持软件和集成电路产业的发展，2001 年无锡市申报了永中科技等一批重点项目，获得 480 万元的专项支持，占全省专项资金的 20% 以上（因 5000 万元中 2700 万元被指定用于支持江苏软件园等项目建设）。今年将继续强化专项经费的争取和项目申报工作。此外，2001 年全市共申报并获批 9 个倍增计划项目，获批项目数、贷款额均占全省总量的 30% 以上。今年还将继续争取国家电子信息技术应用推广倍增计划项目。

（汪庆和）

以我为主　开拓前进　争创民族软件品牌

——无锡市信息化建设特色

无锡永中科技有限公司成立于2000年1月，是由无锡新区经济发展集团总公司和海外留学人员共同投资建立的创业型公司，总投资390万美元，其中无锡新区投资270万美元；现有员工170人，其中软件工程师137名，英文翻译13名，公司拥有博士2名，硕士7名，主要从事办公软件Office产品的开发和销售；公司坐落于无锡新区科技创业园。

无锡永中科技有限公司不乏懂技术、善管理的人才，正是他们带领着全体员工在创业的道路上探索前进。副董事长、总经理兼首席软件设计师曹参先生，在海外留学深造多年，具有软件开发、团队经营管理、产品营销等方面的丰富经验。他以敏锐的眼光、犀利的视角，对目前市场上广为使用的Office软件进行深入的研究，提出了以全新的技术思想开发Office的计划。1999年起，他带着开发世界级Office软件的技术和梦想，先后与西安、南京、苏州、杭州、无锡等地的投资者接触，并最终为无锡的整体环境、优惠政策和发展思路所吸引，立足无锡，投入永中Office的研发。从2000年4月13日至两年后的同一天，永中公司投入了3066个人月，推出完全自主开发141万行Java源代码的永中Office推广版，其中三大应用达到微软约80%的功能，另具17%的独创功能，成为国产Office软件新秀。

CPU、操作系统和办公软件是发展IT产业的三大支柱项目，国家对这三个方面都十分关注。办公软件Office产品是仅次于操作系统的通用基础型软件，几乎每一台微机上都要使用。操作系统好比是舞台，Office应用软件就好比是舞台上的演出队伍，没有演出队伍的空舞台不能构成精彩的表演，受制于舞台的演出队伍，不能进行完美自如的表演。微软利用自己的Windows构成的舞台，可以任意决定在上面的演出的成败，我们要做的就是要摆脱这种钳制，不依赖于它独霸的舞台。

永中主要进行新一代整体集成Office软件产品的研制开发，向现有Office产品所使用的集成技术发出挑战。江总书记曾说“创新是一个民族进步的灵魂”，“是一个民族兴旺发达的不竭动力”。面临国际上软件行业强手如林，微软称王称霸，国内软件企业幼稚弱小，无法抗衡的严峻局面，靠什么去竞争，靠什么屹立于世界软件列强之林？唯有创新！创新！再创新！真正做到“人无我有，人有我优”。

Office是一个在市场中已有八年多历史的产品类别，一方面其中的个别功能如文字处理、电子表格等软件更有二十余年的历史，产品功能发展极其成熟、完善，可以说已经作“绝”了。为了让用户愿意升级换用更新版本，连独霸Office已达八年之久的国际软件业巨头微软，都在为不知道增加什么新的重大功能而大伤脑筋。

但另一方面，微软Office虽然可以做到数据链接，但速度慢，还会造成数据不一致的致命错误，主要原因在于微软Office的集成应用技术存在缺陷。这就是永中Office的机会，是永中的创新突破点。微软Office的各应用功能就好比各种乐器的演奏高手，微软将他们聚集来一起演奏，但又没有指挥协调好，这些音乐家演奏时就会出现不和谐的音符。而永中Office则是一个交响乐团，强调协同，以和谐一致的步调演奏精彩的乐章，这是永中Office的集成技术超越其他Office的地方。

这种全新的革命性技术就是“数据对象储藏库”，它可为用户提供解决Office各应用软件间数据集成的完美技术和真正的解决方案。由于系统设计思想的创新和领先，SUN公司StarOffice需要760万行程序达到的功能，永中的程序员仅用141万行的程序就达到了，对体积更大的微软Office也实现了17%的功能创新。

永中科技所有员工以敢攀高峰的勇气，顽强拼搏的精神，赋予创新的思路，同舟共济，潜心开发，把强烈的民族自尊心和责任感融人到研发工作，保持高涨饱满的工作热情，埋头苦干，放弃自己的休息时间，全力投入属于永中人的共同事业。在永中，有一个说法叫："1234555"，意思是每天都是工作日，每天都在奋斗。经过短短20个月时间，永中公司成功地研制出永中Office个人版测试版软件。

2001年11月23日，永中Office软件通过了由信息产业部、中国工程院和江苏省人民政府联合组织的国家级技术鉴定。由全国政协副主席、中国工程院院长、两院院士宋健担任主任，中国工程院副院长、中国工程院院士朱高峰和中国科学院院士张效祥担任副主任的22名专家组成的鉴定委员会经鉴定，一致认为："永中Office是一个拥有自主知识产权的大型集成办公软件，它的整体技术达到了该领域的国际先进水平，并在数据对象储藏库、Office三大应用之间的集成、统一数据和文件格式、统一用户界面、跨平台等方面做出了创新。""永中公司采用自己的专利技术和独特的技术途径，在较短的时间内，就开发出这样一个大型的Office软件产品，这是我国软件界的一项重大成果。"

宋健、张效祥等专家对永中十分赞赏，称赞永中人敢于向微软挑战，敢于攻克大的工程，为国产软件树立了信心，赞扬永中科技在通用性软件方面难能可贵的进取精神，为我国软件业的发展提供了突破口。江苏省领导对永中Office技术鉴定会也予以高度评价：如此高层次的专家鉴定委员会、如此流畅的鉴定过程、如此好评一致的鉴定意见，在国内实属罕见。

2001年12月8日，永中Office个人版测试版在北京人民大会堂隆重发布，江苏省人民政府、中国工程院联合举办此次产品新闻发布会，全国政协副主席孙孚凌，全国人大、全国政协的领导，国务院各有关部、委、办、司、局的领导，全国工商联，中国工程院、中国科学院的专家教授，投资企业和用户单位以及新闻媒体等近500人参加了新闻发布会。会上，信息产业部科技司司长徐顺成宣读了国务院信息化领导小组办公室副主任、信息产业部副部长曲维枝的贺信。中国软件行业协会理事长杨天行教授也表示非常认同永中科技创造的先进研发模式，认为它能充分发挥海外学者在掌握国外先进技术和开发大型软件经验方面的优势，又能发挥国内科技人员良好的开发素质、刻苦的研发精神优势，也正因为海外学者和国内科技人员团结一致、通力合作、取长补短、艰苦奋战，永中Office项目才能在很短的时间内取得这样的成绩。

接着在曹参总经理的带领下，永中公司参加了在北京国际展览中心举行、由国家信息产业部主办的中国国际信息技术展览会，永中Office个人版测试版以38元的特惠价在会场发售。在为期四天的展览中，永中公司迎来了业界、院校、企业、政府部门的用户群和朋友们。展览会现场的演示和讲解后，永中Office赢得了一个让人欣慰的评价："惊艳"。一位清华大学的学生，看到了媒体中关于永中Office的报道，他不相信，特意到展会现场观看软件演示并上机操作。临走的时候，他花38元钱买了一套测试版，告诉我们，要回去向其他不相信的同学演示，帮永中到网上去做说服工作。还有一位在大专院校教计算机课程的老师，他也是无锡人，而且还是JAVA软件协会会长，看到永中Office非常激动。他说，以前教的都是外国软件，为他们做无偿的宣传，苦于没有优秀的国产软件，现在看到了永中，就看到了希望，并当场购买了一套。像这样热心支持国产软件的人还有很多，有的第一天买了一套，第二天又买一套，他们激励着所有永中人投入更多的时间、精力和智力，不断完善现有的个人版，并将包括更多创新功能的更高层次版本的产品尽快开发出来。

无论是在技术鉴定会、新闻发布会还是在展览会现场，都可以听到一句话"Office产品的开发意义重大"。软件产业是一切产业之魂，也是所有高科技产业的制高点。我国要想在21世纪与美、欧、日、俄等世界强国进行有效的竞争，必须发展这个至关重要的产业。特别是在Office和操作系统方面，我国还没有可与微软抗衡的产品，为了国家利益，不能长期依赖进口产品，更何况使用进口的Office和操作系统产品会对国家安全构成潜在的威胁。

中国已在正式加入世贸组织，我国必将更尊重知识产权，正版软件的购用势在必行。永中Office软件产品具有独创卓越的功能，不但可以与微软媲美，还多方面实现了革命性突破，可解决我国每年在Office知识产权上达数十亿美元的侵权问题。产品跨平台的特性，可与国产Linux系统软件结合，在我国入世后解决操作系统和Office两个重大知识产权问题。如果不再依赖微软的Windows，将既免除国家信息安全的隐患，又解决了Windows每年达到数十亿美元的知识产权问题。

永中Office符合中国国情，是既拥有自主知识产权，又为广大的软件用户提供可负担和合理价格的优秀产品；永中产品的创新和功能超越了微软这一世界高科技的霸主的同类产品功能，证明了中国在软件上创新和开发的能力，中国的整体科技实力的认同度将得到大幅提升；“超越微软”的世界级高科技产品的成功开发成为中国人的骄傲，凝聚海内外华人对祖国的向心力，吸引大批留学人员回国创业，从而带动产业的其他投资，形成快速、全面发展的软件产业。

但正如信息产业部曲维枝副部长所说，一个产品的开发成功，仅仅是企业成功的第一步。永中Office项目已经正式立项国家“863计划”，科技部创新型中小企业基金等各部委的经费补助项目也已明确对我们的支持，无锡市领导也表态会以配套资金形式在经济方面支持我们。我国加入WTO之后，知识产权保护和使用正版软件等情况将大大改善，特别是随着我国国民经济和社会信息化建设的进一步发展，国家电子政务计划的推广，给国内软件的应用开拓了一个更广阔的市场，对永中公司来说，也提供了一个很好的发展机会。

永中Office测试版在北京亮相，一方面，得到了政府、专家、媒体、投资界、产业界的热情支持和响应，另一方面也存在着加入WTO后市场的迫切需要和产品的尚未完善的矛盾。Office是一个庞大而复杂的软件，微软Office在近十年来发展为7000多人研发团队所作的事情，永中以极少的物质资源和人力资源，用极短的时间去完成，推出的测试版还只是一颗青涩的果实。因此，对永中公司而言，现在取得的成绩只是万里长征的第一步，永中的员工深知：任重而道远。

测试版发售后，众多使用者经过试用，找出软件中所有潜在的问题，热心、及时地反馈到永中，在最近的四个多月中，永中全体员工倾尽全力，不断完善，最近正式版将正式面世，让中国人能使用到完全由国人自行开发且价格合理的软件。同时，永中科技已经开始下一版本软件开发的规划，明年计划投入更多人力、物力不断开发后续版本，解决Office中其他尚未解决的重大应用需求，矢志成为“21世纪Office产品和技术的创新开拓者”。

同时，永中也将像抓技术攻关那样创造性地做好产品的市场营销工作，不仅在国内销售，还要打入国际市场。目前，永中已经与国内的软件零售连锁商北京连邦软件股份有限公司签订了销售协议，与“新华驿站”等软件销售代理的接洽也在不断进行，现在已经与中永联科技有限公司、国家机动车辆安全鉴定检测中心、南昌先锋软件有限公司等已经达成了意向。在捆绑销售方面，永中Office与国内知名PC厂商联想、方正、长城的合作正在洽谈，多方面、多渠道的销售正在展开。永中计划在北京、上海、深圳三地设立销售分公司，区域化开发、管理华北、华中、华东、华南的销售市场，建立一千多家销售（服务）代理网络，将永中Office的销售服务工作做到政府、学校、企业等，使永中Office集成办公软件早日实现产业化。永中特别希望能将产品首先在无锡推广开来，特别是在无锡政府机关、学校和大型企业里，购买办公软件时优先考虑永中Office这种价格合理、功能优异的产品，也是为了国产软件业的发展。

随着永中Office品质进一步完善，功能进一步提升，其国际竞争力的进一步增强，永中公司还将推出同期开发的英文版产品，迈向国际市场，必将为促进我国软件产业的腾飞和无锡经济的发展作出更大的贡献。

（汪庆和）

徐州市信息化事业发展概况

【本市概况】

2001年以来，徐州市各级认真贯彻落实中央精神和省委、省政府的重要部署，坚持改革、调整、创新一起抓，速度、效益、质量一起上，促进了全市经济持续稳定增长。全市GDP增长11%，地方财政收入增长15%，农民人均纯收入和城市居民人均可支配收入分别增长5%和6.3%。工业发展步伐明显加快，农村经济结构全面优化，私营个体经济蓬勃发展，开放型经济保持增长，城市化进程进一步加快，全市经济呈现出稳中趋快的发展态势。

【信息化概况】

2001年，徐州市委、市政府高度重视信息化建设，把“发展信息化”摆在“五大战略”的优先位置上，以信息化带动工业化，以信息化促进经济结构调整，以信息化推动社会文化建设。经过全市上下的共同努力，信息化建设取得了明显成效，基础设施建设速度加快，信息系统和信息资源开发力度加大，信息消费平稳增长，信息化对工业化带动作用增强，网络建设、产业发展、制度创新、人才培育等方面取得新进展。

【信息基础网络建设】

徐州市是江苏省“信息化城市”试点城市，网络设施是“信息化城市”的基础，徐州市始终把信息基础设施建设放在重要位置，加大投入，着力构建区域性网络枢纽中心。2001年，徐州市信息基础设施投资继续保持较快增长，电信光纤网络、传输网络和多媒体网络扩建等工程，全年完成投资20多亿元。联通全年投资5.8亿元，其中G网七期工程总投资2.3亿元，于三季度完工；CDMA工程、DCS1800网等项目建成并开始运行。移动公司投资9.2亿元，其中G网五期扩建工程，投资5亿元，已全面竣工。吉通宽带城域网建设投资8000万元铺设光纤，并建立宽带卫星地面站2个。网通、铁通以及汉高宽带网络建设已经全面展开。电信宽带ADSL已经开通运行，铁通徐州分公司完成了中心局扩容改造工程。

【信息技术应用与推广】

在加快运用高新技术改造传统产业上，徐州市从实施制造业信息化示范工程和推进传统产业技术升级两方面努力实现突破。重点抓好徐工集团3家企业国家863计划计算机集成制造系统应用示范试点和徐州压力机械股份公司计算机辅助设计应用推广示范试点。为加快技术进步和产业升级，“徐工”以信息化带动工业化，着力用计算机技术、电子监控技术、网络信息技术等改进和提升现有产品，加快了新产品、新技术的市场化、规模化和产业化，被国家863计划专家组评为信息化推广应用先进企业。

【信息设备制造业】

徐州市信息制造业增长较快。天宝集团的高档汽车音响等项目取得了一定进展；徐港公司已转制为股份有限公司，7月进入辅导期，正抓紧上市前的各项准备工作。贾汪白集集团液晶显示器项目，6月进行主生产线的安装调试，年底投产运营。新沂市视达宽频数字设备有限公司DVB—C数字电视信号传输设备项目，于6月份开工建设；新沂金卡基材厂智能卡基材二期建设正在抓紧进行前期准备。徐州墨爵软件技术公司进一步发展壮大，其开发的中国职业教育校园网集成系统CVES，被教育部向全国重点推广。

【上网工程】

近年来，政府上网、企业上网、家庭上网全面启动。政府上网工程2001年着重建设网上政府和徐州市政务综合信息网络工程，目前徐州市已上网的政府部门达92个，占市级机构总数的93%。企业上网工作通过不断促进信息服务企业与工商企业的合作，上网企业迅速增加，目前徐州市企业上网数已有25700家。家庭上网重点进行了宽带信息化小区建设，宽带光纤接入信息化小区已建成13个，签约31个，远远超过2000年制定的8个计划，其中康居工程信息化小区被省计委列为省级信息化小区示范工程。

【电子商务】

徐州市电子商务在全省乃至全国处于先进行列。国家“城市电子商务试点工程”——淮海食品城电子商务系统通过国家科技部验收，现已吸纳网络成员近4.8万家，网上累计交易额已达10亿元。中国文具网目前在线会员及离线会员达2.7万家。丰县中华果都网自2000年9月份建成运行以来网上成交额已达2亿元，已建设成为全国具有较大影响的农业电子商务网站。淮海食品城电子商务和中国文具网、中华果都网还一起被列入省专业网站示范工程。

【农业信息化】

徐州市是个农业大市，是国家商品粮、商品油、商品棉、商品猪生产基地。为适应农业发展的新形势和新要求，徐州市把农业信息化工作摆上重要位置，去年8月市农业信息中心建成了徐州农业网。2001年，全市农业局系统已建成网站10个，内部局域网6个，各县（市）、贾汪区都建成了自己的网站，睢宁、丰县、铜山、新沂等4县（市）建起了内部局域网，全市已有30个农产品市场、41个农业企业、1350个有代表性的种植大户和经济组织加入了全市农业信息网络。据统计，徐州市农业网建网以来，已累计接受国内外访问22万人次，通过网上交流、网下交易等方式，实施“龙企带动”计划，以网络为依托，突破了小农户迈向大市场的瓶颈。全市销售农产品91个品种4.17亿元，极大地推进了农副产品的双向多边快速流通，拓展了徐州市农产品的市场空间。

【徐州市招商网】

为加大招商引资力度，推进徐州大开放、大发展，由市政府主办、市招商管理局承办的专业招商网站——徐州招商网于8月28日正式开通。该网是徐州市18项重点工程之一的政府上网工程的重要组成部分，是一个全新和有效的招商引资方式。招商网设徐州概况、地方法规、投资指南、项目资料、服务机构、资信在线、订单农业、旅游之窗、县（市）区招商之窗、开发区招商在线等网页，并与新浪网、搜狐网、中国招商网、中国外资网链接，既为广大内外客商提供了一个了解徐州的窗口，又为全市各地、各部门和各企业单位提供了一个展示形象、招商引资的理想平台。

【江苏园艺网】

8月8日，由江苏省园博会组委会办公室、徐州电信局多媒体公司设计、制作的第二届江苏省园艺博览会宣传网站——“江苏园艺网”正式开通，该网站内设“园博会总体方案简介”、“园博会主会场介绍”、“园博会景点撷秀”、“园博会活动安排”及“园博会招商指南”等五个主要板块，全方位、多层面地介绍了本届园博会的景点规划、建设和招商等内容。

【国税光纤数据网】

由中国联通徐州分公司承建的徐州国税光纤数据网2001年8月28日全面开通使用。它的建成将大大提高国税工作效率，方便纳税人网上纳税，为税收征管工作的顺利进行打下了坚实的基础。

徐州国税光纤网所有传输线路均采用光纤连接，传输质量稳定可靠，接点速度由过去的64K提高到2M，速度提高了32倍，联通中心机房配备集中监控和网管系统，可以确保网络运行安全。同时开发了电视电话会议等十多项新功能，提升了整个网络的先进性。下一步徐州国税部门还将以此为契机，全面实现全市国税系统办公自动化、FTP传输、省市县乡四级电子邮件发送等，同时充分发挥光纤数据网的电视电话会议、网上教学等功能，以信息化促进国税再上新台

【“小灵通”网】

2001年9月1日，徐州电信局推出的无线市话“小灵通”开始在城区开通。该网建设共耗资1.3亿元。无线市话充分选用市话的交换传输资源，通过无线接入技术，将原来只能固定使用的电话随身携带，在一定范围内移动使用。同时，这种无线市话采用微蜂窝技术，发射功率不到10毫瓦，对人体无电磁辐射伤害，对各种精密电子

设备无电磁干扰，称作“绿色环保电话”。无线市话还具有来电显示、呼叫转移、语音信箱等多种功能。自今年6月中旬以来，徐州市电信局经过2个多月的加紧施工、调试，已架设基站2000余个，开通了1900多个站点，网络信号已经覆盖三环路范围内的大部分地区及黄山垅、淮海食品城、金山桥等地区。

【联通徐州分公司】

江苏省服务质量奖审定委员会授予南京供电局、泰州邮政局、南通港务局等35家单位为“江苏省服务质量奖”荣誉称号。中国联通有限公司徐州分公司榜上有名，这也是徐州市唯一获此殊荣的单位。

【网页设计大赛】

2001年9月15日下午，由徐州电信局、中国矿业大学等单位的专家、学者组成的评委会，在徐州展览馆进行“徐州科技城杯”网页设计大赛现场评分。经过近3个小时的严格评选，20件作品分获一、二、三等奖和佳作奖。徐州市第二公证处当场进行了公证。这次由徐州科技城开发有限责任公司主办、《都市晨报》等单位协办的首届“徐州科技城杯”网页设计大赛，从6月22日开始，至9月10日截稿，历时80余天。参赛人数突破2000名，选手来自全国8个省市，参赛选手年龄最小的13岁，最大的71岁。参赛作品包括“绿色环保”、“科技与人类”等7个主题，其中60%以上的选手都采用“绿色环保”这一主题进行参赛。

【铁通淮海通信公司】

2001年，在徐州市政府支持下，江苏汉高通信产业股份有限公司与中国铁路通信信息公司合作，共同组建了铁通淮海通信公司，并于5月1日挂牌运营，负责铁通在淮海经济区的基础电信、电信增值业务的经营与代理，构建覆盖淮海经济区20个地市1.2亿人口的宽带网及淮海信息港电子商务平台。目前，淮海信息港电子商务平台建设已初步完成，实现基于宽带网络的视频新闻和视频点播。淮海经济区20个成员市政府网站已进入淮海信息港，年底全面完成淮海经济区宽带区域网建设。

【徐工集团】

徐工集团是我国工程机械行业惟一实施国家863项目“机器人化工程机械现代集成制造应用工程”的企业，在国家863/CIMS主题的推动下，徐工开始启动信息化工程，把先进制造原理与计算机集成制造技术应用于产品设计、制造、生产控制、经营管理等各个方面，使企业管理水平、研发能力、产品品种、质量可靠性以及综合经济效益都上了一个新台阶。信息化犹如一剂助推剂，推动徐工驶上了加速发展的快车道。国家863项目“徐工CIMS工程”和“机器人化工程机械现代集成制造应用工程”两个项目顺利通过国家科技部高新技术司的验收，受到专家的高度评价，徐工集团及下属3个分公司被评为国家CIMS应用先进单位。通过CIMS等工程的实施，大大提高了产品开发能力，缩短开发周期1/3至1/2。机器人化集成制造技术不仅对老产品进行改造，大大缩短目前装载机技术与国外先进技术的差距，而且还成功地应用于徐工的平地机、稳定土拌和机、摊铺机、智能搅拌站等产品的升级改造上，大大提高了老产品的市场竞争力，使企业的经济效益明显提高。同时CIMS工程也为企业进一步向电子商务、动态联盟发展打下了坚实的基础。

【信息服务业】

信息服务业呈快速增长势头，信息服务能力迅速提高。全市固定电话交换机总容量143.7万门，电话用户突破100万门；全市移动通信基站达500多个，网络容量130万门，网上客户63.5万户；建成宽带局域网21个，信息化小区13个，企业上网2.6万家。

【移动电话“如意通”】中国联通徐州分公司移动电话“如意通”预付费业务，11月在徐州城乡全面开通。“如意通”预付费业务是中国联通推出的一项较“如意行”业务升级的移动电话新兴业务，它以智能网为平台，具有较大的灵活性、便利性，可以为用户提供较多的服务。除了用户可以随时查询自己的账户、通过服务菜单选择所需的服务外，通过手机可直接拨打17911IP电话，长途话费可节省70%。将来，智能平台还可以支持多种业务，如：费率套餐、homezoon（用户在设定的某个区域内享受优惠）、虚拟专网等，在国际上广泛应用，能为用户提供优质、高效、灵活、便利的电信服务。

【模拟网退网】

根据信息产业部有关文件要求，中国移动通信集团公司将于2001年12月31日关闭模拟移动电话网，停止经营模拟网移动电话业务。徐州市的广大模拟网用户均站在国家利益的高度，服从国家的需要，使徐州市模拟网的转网工作得以有条不紊的进行，从年初的3万多户开始，至2001年12月中旬顺利完成退网工作，提前实现关网。

【固定电话】

截止到2001年9月20日，徐州市固定电话突破100万部，达到101.79万部，交换机总容量达143.7万门，本地网电话主线普及率已达11.2部/百人，标志着徐州市电信事业实现了里程碑式的跨越，进入了一个新的历史发展阶段。

【1001客户服务系统】

为给联通130手机用户提供简便、快捷的售后服务，中国联通徐州分公司正式开通1001客户服务系统。该系统是将各项业务有机结合而推出的全新客户服务平台，使用全国统一的接入号码“1001”，系统集中目前先进的计算机电话集成技术、集成交换技术、计算机技术、网络技术和数据技术为一体，以呼叫中心为基础，依托各电信业务计费营账、网管等系统，可涵盖联通公司所有业务项目，满足不同层次用户的多样化服务需求。1001客户系统实行首问应答制，当客户拨打“1001”提出服务请求时，客服系统通过闭环、规范的处理流程，保证所有问题在约定的期限内得到答复，实现“一台清”，确保用户得到规范、全面、优质的电信服务。

【沛县信息化建设】

徐州市沛县狠抓信息网络建设。先后投资近亿元建成了自动化程度高、覆盖面广的程控交换网，交换容量从200门飞速增加到15万门，在全县拥有30个交换网点和60个接入网点，覆盖了全县所有的乡镇村庄，固定电话用户已经突破10万户，其中仅农村用户就接近8万户。年初以来，在原有3个DDN接点的基础上，又投资300多万元在全县建设12个接点，完善了以DDN为轴心的数字数据网，向全社会用户提供全面的综合信息服务；在此基础上，沛县进一步建设宽带化的数学交换网络，投入100多万元建成的ATM接入网和ADSL接入网已经开通，提高了接入速度，大力推进计算机互联网工程建设。

【“中小学校校通”工程】

2001年徐州市大力实施“中小学校校通”工程，全市教育技术装备总投入3000余万元；10所学校建成电子阅览室，57所学校建立了图书微机管理系统，全市有300所中小学能够开展信息化教育活动，约占全市中小学数的10%，每所重点中学、实验学校拥有至少25台计算机。2002年，市教育局将拨款500万元，县（市）、区将配套500万元用于今年农村中心初中的信息化技术装备建设。全市重点中学、实验小学、示范初中、市局直属学校及部分县（市）、区中学建成校园网，并接入互联网。各乡镇中心初中至少要装备一间28台微机的教室；县区高级中学至少有两口微机室；市区直属中学每10个班装备一间微机室；乡镇中心中学全部配备微机室；普通高中、示范初中、实验小学城区初中要开设教育信息技术课；2002年城区和乡镇中心中、小学基本实现网上教学。

【企业先进制造技术推广】

2001年11月28日，“企业先进制造技术推广动员会”在徐州科学会堂举行，拉开了徐州市工业企业向信息化技术进军的帷幕。目前先进的计算机辅助制造（CAM）、计算机辅助设计（CAD）、计算机辅助工艺管理（CAPP）、计算机辅助检测（CAT）、产品数据管理（PDM）、制造资源计划（MRPM）、企业资源计划（ERP）及集成制造系统（CIMS）等为主要内容，在全市首批选择百家企业推广，以促进徐州市传统产业的改造和结构升级。

徐州科技局将在企业申报基础上，选取百家企业首批推广“企业先进制造技术”（AMT），组织ATM暨ANSYS系列演示会，邀请国内外专家举行系列讲座，向企业免费提供正版技术软件，免费为百家企业进行人员技术培训，使信息技术与企业生产实践得到很好结合，切实提高科研、设计、生产、管理的效率，提高徐州市企业的劳动生产率，为企业创造良好效益。

【“信息化与信息技术”报告】

2001年10月17日，省信息产业厅和徐州市委、市政府联合举行报告会，邀请南京大学计算机系主任陈道蓄教授和省多媒体通信局副总工程师汤九斌博士作“信息化与信息技术”知识讲座。省信息产业厅副厅长谢正义参加报告会。

报告会上，谢正义简要介绍了国际信息化的发展情况，陈道蓄作了题为“信息技术与信息化”的报告，汤九斌作了题为“政府上网、企业上网及信息化带动工业化相关问题的思考”的报告。这些报告站在世界科技发展的前沿，阐述了信息资源和技术的特征以及信息对国家、地区、城市发展的重大影响，内容丰富，资料翔实，极具科学性、知识性和学术性，充满着时代气息和科学精神。

【2002年徐州市信息化工作重点】

1. 加大基础网络设施建设力度

继续加大信息网络基础设施的投入，重点建设技术先进、安全可靠、功能强大、性能完善的高速公用互联传输网和高水平的城市信息平台。建立起一个宽带化、综合化、数字化、智能化的通信网络，完善电信网、广播电视网、计算机网的三网融合技术方案。协调解决“最后一公里”的接入问题，在信息化小区中进行试点，逐步推开。同时，发挥信息化示范小区的示范作用，积极推进住宅小区的结构化布线工作。

2. 以信息化带动工业化，促进产业结构调整

一是推进信息技术与传统产业的融合，改造提升传统产业。变革企业管理模式，充分运用企业资源计划等信息化管理手段使企业的信息、决策、执行三者集成化，提高决策质量和效率。加快运用计算机辅助设计、辅助制造、计算机辅助测试和诊断、柔性制造技术等，将制造业的传统手工控制转变为计算机控制，提高产品质量和生产效益。推广计算机集成制造系统（CIMS）技术，实现从产品设计、工艺设计到制造，以及生产与市场、库存、财务、质量和设备管理等全面信息化。二是着力发展电子商务体系建设，增强企业竞争力。继续推进企业上网工程，通过基于Internet平台上的信息管理系统（如ERP），实现企业与供应商之间的网上业务管理，降低交易成本，增强企业竞争力。大力发展B to B、B to C等电子商务形式，重点支持汉高信息产业股份有限公司等一批电子商务公司和大中型企业，建设专业示范网。积极推进CA安全认证、金融系统支付网关和物流配送等工作，逐步实现电子商务支付“一卡通”。

3. 加快发展软件产业

一是充分利用徐州市人才和技术优势，结合经济结构和产业结构的调整，以市场为导向，以优势企业为龙头，加快软件产业发展，并依托骨干企业和高校，大力开发应用软件、与计算机网络通信有关的软件，以及数据库等以内容为核心的软件，形成一批有自已特色的软件。二是依托徐州科技城，建设好软件园区，创新经营机制，营造创业环境，吸引国内外著名公司入园，创建省级软件基地。目前科技城一期工程已完工，招商工作进展顺利，本地企业已有百余家签约入驻园内，与北京大学、清华大学等知名高校和IT企业建立了联系，与联想、IBM、康柏、托普、台湾庆康、和纬等大公司达成了入驻科技城的意向。

4. 加强信息资源的开发及应用

深度开发和综合利用政府、企业、社会公众信息资源，推进信息技术在各个领域的应用，实现电子政务、电子商务和公共领域信息化，初步形成与信息社会相适应的信息化发展软环境。抓好一批实用性强、应用范围广、信息量大、社会需求迫切的数据库建设，鼓励计算机应用服务业的发展，形成完备的网络化、数字化资源体系，实现资源共享。结合3家全省信息化建设示范网站，推动信息资源市场化进程。加速建设和完善一批应用需求广泛的公共地理空间信息系统及其信息服务体系，如公安、交通、资源环境、经济信息系统、基础地理信息系统等。

5. 促进以电子政务为核心的政府服务信息化

继续抓好政府部门、社会保障、社会公众服务、金融财税、科技教育、工商贸易、建设和农业八大信息系统等领域的信息化建设，重点突出信息资源的开发与共享。进一步提高办公自动化水平，实现内部业务网上办理，积极推进网上审批。重点建设国民经济和社会发展综合信息网（T型网），以八大骨干应用系统工程建设为节点，

构筑全市统一的网络平台与数据平台，实现各政府部门之间的互联互通、资源共享，积极控制“一站式”服务的政府运作方式。统一资源管理，把部门之间静态的、独立的政务信息资源转变为动态的、网络化的信息资源，做到互联互通，提高公共资源的共享能力，实现信息资源的优化配置。

6. 积极开展社区信息化建设

重点抓好信息化小区的建设。通过实施信息化示范小区项目，改变宽带网开发无序、实施标准不一、带宽不达标的状况，进一步推进通信、广电和计算机网的三网融合。启动“家庭上网工程”，面向社会、家庭，让网络技术切实给老百姓的生活、学习、工作带来便捷。积极完善家庭上网政策环境，开放驻地网建设，让宽带进入家庭，降低上网成本，强化网上服务内容，力争2002年上网新增人数5万人以上。

7. 推进城市地理空间信息基础设施建设及应用

根据国家制定的地理空间信息基础建设的有关标准规范，积极探索建立地理信息系统及其运行机制，带动地理信息产业发展。逐步建立完善地理空间信息资源的采集体系，建立统一的信息交换网络体系。促进地理空间信息基础设施的广泛应用和相关产业的发展，推进基础性、业务化地理空间信息系统应用工程的开发。初步建成智能交通信息管理系统、城市防洪信息系统、徐州市情等一批试点工程。加快城市市政网络化、数字化管理，积极探索自来水管、电力线、通讯线、煤气管道等地下管网协调管理机制。

【2002年信息化建设主要政策措施】

1. 加强领导，强化调度，推动信息化建设

信息化建设是一项庞大的系统工程，涉及经济社会的各个领域，各级政府部门要解放思想，更新观念，以超前的意识，敏锐地把握世界科技和生产力发展的根本方向，充分认识到信息技术巨大推动力量，并进一步加强领导。一是今后坚持定期召开全市有关部门负责人联席会议，加强对信息化建设的管理和协调；二是加强调度。今年徐州市信息化建设工作重点及牵头调度单位都已明确，要根据市信息化领导小组的总体部署，定期调度，确保信息化各项建设任务顺利完成；三是广泛宣传，形成人人支持，共同推进信息化建设的局面。

2. 项目带动，园区依托，加快发展信息产业

项目是信息产业发展的支撑点，科技园区则是信息产业发展的重要载体。一是要抓好宽带接入设备、智能卡基材、液晶显示器和数字信号传输设备等一批项目建设，实施项目带动战略，强力推进信息设备制造业的发展；二是要加快徐州科技城的建设，营造良好的小环境，引进国内外知名IT企业来徐发展，并在科技城内规划建设软件园，将科技城建设成为电子商品、技术集散地、科研开发基地和软件基地。

3. 抓住机遇，增加投入，支持重大信息化工程建设

抓住省加快苏北区域发展的机遇，积极争取省对信息化在资金、人才和项目等方面的支持，同时增加市财政投入，加强政府导向作用，支持重大信息化工程建设。市财政对信息化项目的投资，建议实行企业化管理。

4. 招才引智，强化培训，着力构筑信息化人才高地

实施人才工程，建设一支高素质的人才队伍。积极配合省信息产业厅，对徐州市市、县、乡村三个层次进行培训，普及信息化知识。启动“淮海人才高地”建设项目，吸引知名院校、培训机构进入，发展远程教育，大力培养信息化建设急需的中高级专业人才。

（郑国栋）

抓好政府网站建设　促进地区经济发展

——徐州市信息化建设特色

2001年是走向未来的新纪元，徐州市在推进国民经济和社会发展信息化进程中迈出了可喜的一步，特别是“徐州市人民政府网站”的建设更上新台阶。网站设置栏目日益科学，信息内容日益丰富，版面效果日益美观，主体功能日益强化，对下一步推进徐州市电子政务夯实了基础。

一、徐州市人民政府网站的诞生和发展

1999年初，为加快国民经济信息化建设，推动徐州市各级政府办公自动化，树立政府在国际互联网上的形象，提高政府工作的透明度，在市委、市政府的统一规划、协调下，经过5个月的紧张筹备，“徐州市人民政府”网站于1999年5月17日正式开通运行，向社会提供web浏览服务，迈出了电子化信息整理信息传递、信息交流的第一步。两年多来，“徐州市人民政府”网站先后进行三次大的改版和整合，使网站的版面和内容、数量和质量等方面有了较大提高，据初步统计两年来共组织开发整理各类经济信息3万余条，2300多万字，点击率逐年逐月上升，在社会上产生了一定影响。

二、加强网络设施建设，夯实网站基础

2001年初，市委、市政府决定建设十八项重点工程，其中围绕“徐州市人民政府”网站建设的“网上政府”工程在项目资金未到位的情况下，经过一年的努力，克服困难，依然取得较好的成效。目前，全市党政机关上网率达95%，建设和完善了市政府大院和人大、政协大院等各单位的网络基础设施，铺设光纤1000多米、粗缆200多米、双绞线10000多米，设置网络节点300多个。共计维护八台服务器，为市政府、市人大、市政协、市计委、市经委、市建设局、市法制办、市招商局等近二十个部门提供web浏览、FTP文件传输、电子邮件功能、DNS域名解析、虚拟主机和数据库服务。2001年徐州市在“徐州市人民政府”和“中国徐州”网站的基础上，又建设了“徐州市无线电管理”、“徐州市高层人才网”、“徐州招商网”等6家网站，较好地完成了年初制定的工作计划，从而推进“网上政府”方案的逐步实施。

三、大力开发信息资源，充实网站内容

2001年，“徐州市人民政府”网站进行了两次改版工作，针对网站的宗旨和服务对象，把首页栏目调整为“徐州新闻”、“国内新闻”、“国际新闻”、“便民指南”、“本市网站”、“网站直航”等九个，频道栏目设置为“工业经济”、“农业经济”、“城乡建设”、“三外信息”、“公检法司”、“财政贸易”、“第三产业”、“价格信息”、“锦绣徐州”、“经济信息”、“政府上网”、“企业上网”、“政务信息”、“招商引资”、“网上查询”、“两汉文化”、“为您服务”、“文教卫”十八个，基本与政府各职能部门工作相吻合，并组织了相应的资源开发班子，集中力量开发信息资源。之后又增加了“WTO”、“市政府行政审批方案”、“江苏省园艺博览会”、“为徐州市经济发展献计献策”、“徐州市软环境投诉中心”、“便民指南”等七个专题，共计新增了3600多个页面，10000多条信息。为了加强对栏目信息更新的管理和提高信息的更新效率，又组织技术人员开发了信息提交系统，统一扎口对各个栏目更新的信息进行审查，选出安放在主页的信息，并在数据库中自动记录，这项措施大大提高了各栏目编辑的质量意识，确保信息更新的及时性，便于对网站编辑的管理和审核。同时，又专门培训网站维护人员的美术、编程技能，大大提高了设计制作页面的水平。网站的点

击率比去年翻了一番，平均每月访问量达 26 万余次，全年累计 320 万余次。

四、社会经济效益初见成效，交互性日益明显

“徐州市人民政府”网站建设以来，在宣传徐州、招商引资、便民服务、提高效率等方面初见成效。为推动党政机关和基层有关部门建设办公自动化和网络建设，促进徐州市的经济发展取得了可喜成绩。台湾大中钢铁股份有限公司通过市政府网站找到在徐州市的投资项目，在市信息中心的中介的基础上与徐州市有关单位多次谈判和实地考察，签订了合作意向书，现正在实施；淮海烈士纪念塔管理处经过网络宣传，顺利通过了国家 4A 级旅游景点审查验证；在政府网站上开展交互性咨询调查，评选出徐州市市花市树；市委组织部成功的通过政府网站进行了跨世纪后备干部数据库的网上自荐并在政府网站上建立了“徐州高层次人才网”等。全市 90% 以上的党政机构、市属机构通过政府网站架设起沟通市民的桥梁，交互性日益明显。自网站开通以来，“市长信箱”收到市民近 1000 余封电子信件，不少人民来信已经处理和回复，如北郊马厂湖与中山北路交叉的东西路的道路问题、城西三环路两旁长期堆放建筑垃圾的情况等，市政府信息查办处及时查办、妥善处理，受到广大市民的欢迎和赞誉。受到市委、市政府的一致肯定，何权书记亲自批示赞扬了“徐州市人民政府”网站的建设，同时要求有关部门解决具体问题。2001 年下半年，国家信息中心、省信息中心在内部刊物上分别刊登了“徐州市人民政府”网站建设的情况。

五、发展对策

总的看，“徐州市人民政府”网站建设取得了一定的进展和成效。但是，还存在一些问题。主要是各级政府和各部门对政府上网的认识还不够一致，目前还有少数单位没有认真落实，政府上网工作的发展不够平衡，政府信息网络框架体系、政府信息资源开发组织体系、信息安全和信息交互体系等方面没有形成统一规范和管理，个别部门甚至封锁垄断信息，这将影响徐州市政府信息资源的有序、高效利用，造成信息资源的流失和不必要的重复性投资以及信息资源的低层次开发，从而影响在网上推出政府整体新形象。

为了促进“徐州市人民政府”网站健康、有序的发展，促进信息资源广泛开发利用，徐州市在 2002 年重点采取以下几项措施搞好政府网站建设。

（一）进一步加强领导，把政府上网工作落到实处

1999 年是我国的政府上网年。由国家各部委发起的政府上网工程，目标为 2000 年达到 80% 政府上网，网站运营进入良性循环。这个目标对徐州市来说已经基本实现。徐州市的政府上网工程启动较早，进展也比较快，但与先进城市比起来还有差距。“徐州市人民政府”网站对于进一步全方位的及时的宣传徐州，提高办事效率，加强政府与群众的沟通，树立政府的形象，促进经济发展都具有重要的现实意义和深远的战略意义。为进一步抓好政府网站的建设，各级政府领导要把这项工作摆上领导工作的重要议事日程，尽快抓紧、抓实、抓出成效。使各级政府更好地面向社会、面向企业、面向公众，从而推动政务公开，转变政府职能，增加执政透明度，促进徐州市改革开放和现代化建设。

（二）建设基础设施，尽快实现政府网站全面开通运行

目前，徐州市政府上网工程实施的硬件建设初具雏形，解放路政府大院内及人大、政协大院全部实现互连互通。但是，市委大院没有因特网专线，很多部门没有建立相应的办公自动化系统和局域网，影响了“徐州市人民政府”网站的协调统一发展。对此，负责“徐州市人民政府”网站建设的信息中心要同电信运营商等部门进一步加强合作，利用其已建好和正在构建的宽带网，争取早日实现全市党政机构全面开通运行，最大限度地推动行业上网、企业上网、家庭上网，使各行各业、千家万户通过网络实现信息共享，进而发挥网络的多种社会功能，快速实现徐州市数字化城市的发展目标。

（三）政府牵头，坚持联合共享，开发利用各类信息资源

能否提供出有数量、有质量的各类政府信息，是实现政府上网的关键，也是政府上网质量的关键。为了充分发挥政府现有各类信息系统的作用，大力开发信息资源，加强信息资源管理，逐步建

立政府信息资源管理制度，建设支持政府日常事务工作的办公信息系统，支持政府部门主要业务工作的业务信息系统和支持国民宏观调控决策的辅助决策系统，集中精力搞好各类政府信息和我市政治、经济及文化等各类信息的采集、处理和综合加工工作，逐步实现政府各部门之间的以及政府和公众之间的信息资源共享，提高政府资源的利用率。各委办局负责对各自行业部门的信息资源进行开发，逐步实现职能、业务信息资源的数字化、网络化，使内部业务系统的开发与外部联机信息服务有机地结合起来，提高部门工作效率。

（四）争取资金、人才等方面的有力支持

政府网站开发、维护、运行需要资金和人才的支持，否则无法建设或者建设起来无法运行。为此，徐州市要统筹兼顾，合理配置，争取每年在财政预算中列出常项资金，为“徐州市人民政府”网站的开发、维护提供有力的保证。各上网单位都应注意培养自己的网络维护运行人才，要配备专（兼）职人员，负责网络主页的制作和内容的及时更新，真正把政府网站办成宣传政府形象的阵地，联系群众的桥梁，为民服务的载体，把“徐州市人民政府”网站建设成一流的站点，为下一步“电子政府”的实施打下坚实的基础。

（郑国栋）

常州市信息化事业发展概况

【2001 年信息化建设基本情况】

2001 年，全市在通信基础设施建设、信息产品制造业及软件业发展、信息技术应用和服务以及信息化环境建设等方面继续取得了较大进展，社会信息化综合水平明显提高，先后被省政府确定为江苏省信息化建设试点城市之一，被省科技厅列为全省第一家制造业信息化试点城市。

以常州电信、常州有线电视两大宽带城域网为支撑的常州现代信息基础设施得到了进一步的扩充完善。2001 年，全市信息基础设施建设共完成投资 14.3 亿元。其中常州电信的光纤网络已基本覆盖全市，光纤皮长近 3000 公里；宽带上网端口能力达到了 7 万户，初步具备了“千兆到社区，百兆到大楼，十兆到用户”的服务能力；有线电视基础网遍布全市城乡，入户率已达 57.3%，市区主干 SDH 光纤传输网基本建成，正在进行数字化双向传输改造，将成为一个新的宽带城域通信网；网通、铁通等新进入的网络运营公司正在积极参与常州宽带城域网建设。至 2001 年底，全市固定电话交换机容量达到了 133.7 万门，移动电话交换机容量达 151.5 万门，互联网出口带宽已达 10G，互联网用户、固定和移动电话用户分别达到近 26.8 万、89 万、95.6 万，累计分别比年初增长 1.2 倍、17.3%、68.6%。

信息产品制造业在激烈的市场竞争中继续加快升级换代步伐。2001 年，195 家规模以上信息产品制造工业企业共完成销售收入 101 亿元，较 2000 年增长 11.4%，占全部规模以上工业的 10.8%；工业增加值 23.3 亿元，增长 16.3%，占全部规模以上工业的 9.6%。其中，新科集团共实现出口 1.4 亿美元，在全省自营进出口生产企业中名列第一。与此同时，全市软件产业呈现出良好的发展势头。2001 年，全市软件业共实现销售收入 5.9 亿元，有 18 家企业、33 种产品被省认定为软件企业、软件产品；规划总占地面积 2300 亩的常州软件园二期工程正式开工建设，并被省计委列入了全省“十五”重点支持的沿江软件产业带发展计划之中。

政务信息化工作取得长足进步。成立了常州市“政府信息网络”管理中心，市房管、教育、劳动、工商、物价等部门依托常州信息港平台，已开始在网上为市民提供服务。制造业信息化试点工作得到了大力推进。“企业上网工程”进展顺利，至 2001 年年底，全市累计已有 13000 多家企业上网，比年初增加了近 30%，其中，拥有独立域名的企业网站有 3175 家。社会公共服务领域信息化已逐步展开。城市地理信息系统建设逐步完善，为供水、供电、供气、110、119、120 及社区服务等公共服务信息系统的建设和互联互通提供了空间基础信息平台；通过银行一卡通工程的实施，市民已可以方便地进行电子消费和公共收费的交纳，公共交通 IC 卡已经在部分公交线路开始使用；随着宽带网入户工程和信息化小区的建设，许多市民足不出户就能享受到上网浏览、网络电话、电子邮件、网上交易、视频点播、远程医疗、远程教学等方面的各类新颖的信息服务。

【工作机构】

常州市信息化工作领导小组办公室是推进全市信息化建设的组织牵头部门，负责制定全市信息化中长期发展规划，统一管理全市信息资源和信息化工程建设，组织、协调全市跨地区、跨部门、关系国民经济和社会发展的重大信息化工程项目的立项、可行性研究和项目建设等。

【工作部署】

为加快城市信息化进程，年初市政府把确定的全市信息化重点工作和信息基础设施建设重点项目，列入政府重点工作目标，考核有关责任部门。同时还把信息宽带网入户作为市政府为民办实事项目，精心组织实施。

【领导指示】

在 11 月 27 日召开的全市信息化工作座谈会

上，市委书记李全林指出：推进信息化建设，必须抓住对信息化发展起关键作用的关键环节，努力在“四个结合”上取得新的突破。一是要把加强信息基础设施建设与培育信息产业的龙头企业和名牌产品结合起来；二是要把加快信息化发展与改造传统产业、带动产业结构优化升级结合起来；三是要把推进信息化与提高社会公共服务水平结合起来；四是要把加强政府引导与发挥市场机制作用结合起来。代市长范燕青要求各级党委和政府一定要从关系常州未来发展的战略高度出发，切实加强对信息化工作的领导，落实措施，完善环境，形成合力，埋头苦干，努力开创常州城市信息化工作的新局面。一是要进一步提高全社会的信息化意识；二是要进一步健全推进信息化工作体系；三是要进一步营造信息化发展的良好社会环境。同时，各有关部门要发挥各自优势，积极向上争取国家和省专项资金支持。要集中财力，重点支持信息化建设。要全面引入有利于竞争、联合、发展的激励机制，积极引导和鼓励各行业、地区、企业、社会团体以及外国资本，参与和投入常州信息化建设和发展，依法进行信息产业的开发、建设和经营。

【通信网络】

2001 年，随着网通、铁通等网络通信公司的相继进入，常州出现了电信、广电、联通、移动、网通、铁通等六家公司同建宽带城域网的竞争局面，全市信息化基础设施水平迅速得到提升。

常州电信 2001 年完成投资额 4.7 亿元，共完成工程项目 742 个。其中，电话交换机扩容 10 万门，市话光缆工程完成 111.1 皮长公里，农话光缆工程完成 127.45 皮长公里，光缆总容量达到了 9.5 万芯公里；建成宽带小区 69 个，完成 200 多个点的 ADSL 方式宽带接入设备安装工程，实现了城区宽带业务的全覆盖；多媒体网三期扩容工程完成，全年新建拨号上网端口 10000 个，常州节点出口传输带宽由 155M 扩展到 10G，提速 64 倍。

江苏移动常州分公司投资 2.89 亿元，对移动 GSM 网络进行了大规模的扩容，全区基站达到 289 个、载频 3388 个、交换机 19 套、全网容量达 89 万；建成了移动互联网一期工程；完成 GPRS 一期工程、常州移动传输本地网的传输管道、杆路、光缆、设备及其他相关配套工程。

中国联通常州分公司全年完成投资 3.55 亿元，其中 GSM 七期扩容工程完成交换容量 19 万门，建成基站 60 个；CDMA 网一期工程新建交换容量 8 万门，建成基站 74 个；GSM 移动智能网三期工程扩容交换容量 12 万门；本地传输接入网一期工程新建骨干 POP 点 3 个、接入 POP 点 20 个；完成了 VOIP 三期和 UNINET 二期建设工程。

中国铁通常州分公司全年完成投资 7800 万元，重点建成了铁通火车站长途局和汇接局。

中国网通常州分公司全年完成投资 5000 万元，完成了网通机房、主干光缆入市及部分宽带小区等建设工程。

【广播电视网络】

至 2001 年底，常州有线广播电视网络已经建成了融数模技术为一体，集光电传输为一身的 HFC 宽带接入网，通过光纤网上联全国有线电视、江苏省、上海有线电视骨干网，下通武进、金坛、溧阳三辖市的纵横交错、南北贯通的有线电视网。网上传送 30 套电视节目，6 套调频广播，8 套加密电视节目，服务用户 60 余万，市区入户率达 95%，全市入户率达 57.3%。

2001 年，常州市开始逐步建设双向 750MHz HFC 系统，光节点达到 100 多个，平均每个光节点覆盖用户 1000 - 1500 多户，为开展交互式数字电视、数据通信和语音电视业务提供网络支持，并被市政府列入了为民办实事项目。到年底，共计实现双向改造用户 6 万户。同时，还完成数字电视系统（DVB - C）第二代级顶盒的试用及机房设备的调试工作，实现了传输 8 套包括影视、体育、戏曲、音乐等频道的数字节目。

【信息设备制造业】

2001 年，全市信息产品制造业列统企业产值完成 105 亿元，销售收入达 101 亿元，实现利税 6.33 亿元，工业增加值 23.3 亿元。涌现出一批规模较大、实力较强的企业，4 家企业销售额超过 5 亿元，14 家企业销售额突破了 1 亿元，前 10 位企业的工业现价产值、销售收入、工业增加值分别占全行业的 69.6%、70.7%、59.3%，产业集中度进一步提高。其中新科集团公司完成了 35.6 亿元销售，在信息产业部公布的百强企业中名列第

30位。新科、国光等国内知名品牌产品的市场占有率进一步巩固，元器件配套能力明显提高。投资类、消费类、元器件类产品分别完成12.4亿元（+16.3%）、35.8亿元（+15.3%）、56.6亿元（+5.7%）；重点产品中DVD完成408.5万台（+25.61%），通讯柜完成40762台（-20.2%），中西文终端完成40182台（+30.1%），分立器件完成173832万只（+29.3%）。

【软件业】

常州市软件产业快速成长，2001年经省信息产业厅认定的软件企业有18家，实现销售收入2.6亿元，增长30%，其中软件销售1.2亿元。规划总占地面积2300亩的常州软件园二期工程正式开工建设，并被省计委列入了全省“十五”重点支持的沿江软件产业带发展计划之中。江苏炎黄在线、远东科技、天大天财等上市公司和江苏国光软件、汉王科技等30多家国内软件开发企业以及日本OKI公司等外资软件企业相继签约入园。

【信息服务业】

2001年，全市信息服务业快速发展，形成了电信、广电、联通、移动、网通、铁通、吉通七家网络运行公司竞争的局面，在推动电信服务业快速发展的同时，带动了一大批通信器材类等相关服务型企业的发展。全市从事计算机应用服务的企业，包括软件开发咨询、数据处理、数据库服务、计算机设备维护咨询等的企业共有500多家，从业人员近万人。其中涉及软件开发的企业100多家，各类软件开发人才2000多人。传统的信息、咨询服务业中，广告业约有企业600家，会计及评估事务所20家，律师事务所34家，从业人员万余人。成立了常州市国际互联网络协会，面向全市有关单位和个人提供咨询服务和技术支持，共同促进全市网络信息技术的应用和推广。

【信息资源开发】

常州信息资源开发利用继续向综合化和专业化方向发展。至2001年底，全市已在计委系统、经贸委系统及科技、教育、金融、财税、农业、工交、物价、商贸、物资等领域开发各类信息资源数据库几十个。其中综合信息数据库、财政信息数据库、社保信息数据库、法律法规数据库、专家数据库、成果数据库、项目数据库、企业产品数据库等已成为常州社会经济发展的骨干数据库，对宣传常州形象，改善投资环境，为社会提供各类信息服务发挥了积极的作用，取得了一定的社会效益和经济效益。

【信息技术应用重点工程】

常州市公用事业个人缴费“一卡通”建设工程前期准备工作全部就绪，2002年将全面实施。在对公用事业缴费“一卡通”进行充分调研和可行性论证的基础上，完成了常州市公用事业缴费银行代收代扣业务信息服务中心系统的建设方案，制定了《常州市代收代扣公用事业个人缴费业务管理暂行办法》，并进行了应用系统软件的招标开发。小区信息化建设试点进展良好，其中怡康花园和天安城市花园两个小区还被列入了省级试点。城市GIS系统建设有序进行，相继完成了1：500、1：1000扫描地形图、地下管线数据更新及1：500数字彩色正射影像图的航摄及像控测量等工作。

【政府信息化】

积极探索实施电子政务，政府及各部门网站的宣传服务功能得到了进一步的强化，新的部门专业网站不断涌现。一是成立了常州市“政府信息网络”管理中心，开始逐步构建政府网络信息交互平台。管理中心负责提出政府网络建设统一标准和技术规范，并组织实施和管理；负责“市政府网络”和“市政府宏网”的网络建设、信息资源开发、日常运行维护和管理，推进电子政府和电子政务等政府信息化重大工程的实施，确保政府网站和政务网络的正常运行等。二是深化政府上网工程，注重网站内在质量的提高。2001年，常州市各部门网站大部分进行了改版，网站发展由追求数量向追求质量转变，政府网站功能逐步从单向传递信息向双方互动，实施政务公开，为企业、市民提供服务转变。三是积极改造网络基础设施，保障政务信息安全运行。2001年，根据网络迅速发展的情况，对市政府大院内的网络基础设施逐步进行过渡改造，实现了百兆宽带接入，使得各部门的网络访问速率有了很大提高，并实现了对院内大多数部门网络的有效管理。

【行业信息化】

教育信息化取得一定成效。制订了《常州市中小学教育信息化建设五年规划》，确定了教育信息化建设的基本原则，提出了《关于加快常州市中小学教育信息化建设的意见》，专题召开了全市中小学教育信息化建设工作会议，并对常州教育网站进行了扩容，一个覆盖全市的基础教育信息网络和网络服务体系已初具规模。全市所有高级中学已经将信息技术教育作为必修课，初级中学和有条件的中心小学也开始将信息技术作为必修课。被教育部确定为中小学信息技术教育实验区和中小学教师继续教育远程教学试点地区。

信息技术在农业发展领域的推广力度加大。建立和完善了农业宏观决策系统、农业资源环境系统和农业科技管理系统等，促进农业生产、经营、管理现代化，并进一步建立健全了农业信息网络体系，逐步推进农业信息进村入户，全面提供农业生产技术、农产品和农资市场行情、农村经济信息，同时加大农业各专业数据库，发布分析预测性信息，以指导和引导农业结构调整方向，促进农民增收。2001 年，由市委农工办主办的中国园艺网先后被省计委评为“江苏省专业网站示范工程”，被农业部评为“全国优秀专业网站”。

工交行业信息化取得新进展。建立了城市公交 IC 卡收费管理系统，受到市民的普遍欢迎。进一步完善了常州城市公共交通综合信息网络管理系统，实现了原始信息一次采集、计算机系统集中处理和综合信息的共享。

电力行业信息化改造步伐加快。MIS 系统得到了进一步的推广和应用，数据管理得到了进一步的强化。积极发挥网上服务方式，开始逐步向网上报装、网上查询、网上交费等现代化营销手段过渡，启动实施了 ATM 广域网建设和 ATM 城域网建设工程，电力信息网得到了进一步的完善和改善。

【企业信息化】

企业信息化推进工作取得新进展。常州市被江苏省科技厅批准为全省首家制造业信息化示范工程试点城市，成立了常州市制造业信息化示范工程试点工作领导小组，确定了 30 家基础较好的企业作为信息化试点企业，出台了《常州市制造业信息化咨询服务优选单位认定办法》。常林股份、武进新华昌等四家企业成为省制造业信息化示范工程试点企业，并获得了省级和地方匹配经费的支持；其他试点企业的信息化建设也进展良好，2001 年启动实施 CAD、CAPP、PAM、ERP、OA 系统的企业有 52 家，电子商务及信息化管理的单位 15 家，完成企业信息化诊断咨询的企业有 52 家，培训 500 余人次，制造业信息化试点工作得到了大力推进。企业上网工程继续推进，企业上网率达到了 54%。

【城市信息化】

为适应新的发展要求，进一步明确全市信息化发展的目标定位、发展重点和工作抓手，为城市现代化建设和产业结构调整提供优选方案，提高资源优化配置水平，增强全市的综合竞争能力。常州市计委会同市规划局、经贸委、信息中心等部门组织专家学者进行《建设常州数字城市》、《信息化带动工业化》两大课题研究，进一步明确了以信息化带动工业化，信息化推动现代化的工作思路，提出了建设“数字常州”的战略目标：到 2005 年，建成覆盖全市的高速通信网络基础设施，实现宽带接入的普遍服务，深度开发和综合利用各种信息资源，推进信息技术在各个领域的应用，实现电子政务、电子商务和公共领域信息化，初步形成与信息社会相适应的信息化发展软环境，形成一批有自主知识产权的信息产品，信息产业成为全市支柱产业，信息化总体水平达到全国领先地位，争取成为国内最先进的高清晰度数字电视播放地区之一，基本形成信息畅通、政府高效、生活便捷的信息化社会雏形，初步实现常州经济和社会信息化。2001 年 10 月 20 日，市计委会同市经贸委、科技局在市和平假日大饭店举行了《建设常州数字规划研究报告》和《常州市信息化带动工业化研究报告》汇报咨询会。邀请中国工程院院士、东南大学校长顾冠群教授，省计委主任钱志新教授，复旦大学计算机网络中心主任张世永教授、南京大学工程学院院长盛昭瀚教授、华东师范大学张超教授、上海市信息办副局长应志刚、省经贸委副主任戴跃强、省科技厅副厅长史苑芗教授、省信息产业厅副厅长王道五等 20 多位专家和领导莅会，进行了汇报咨询，与会专家对常州加快信息化发展尤其是以信息化带动工业化的做法表示肯定，并就规划和具体实施提出了许多真知灼见。

【信息技术研究】

2001年，常州继续坚持引进、消化、吸收与创新相结合，加大科研开发投入，在计算机网络、数字化终端产品和新型元器件等领域科研开发及产业化取得了新的突破。江苏炎黄在线股份有限公司不断加大对新技术和新产品的研发投入，公司在网络通信、多媒体数字显示终端、宽带接入、网络优化等涉及电子商务基础平台和应用服务等方面为客户提供整体的解决方案；公司自行设计开发的电力系统、保险系统、网络招投标系统、嵌入式操作系统等系列软件产品获得了国家版权局颁发的软件著作证书；多媒体数字显示终端产品技术方面获得了相关技术专利。新科“超越号”实验室早在两年前就致力开发双解码技术，并得到杜比公司、DTS公司及美国著名的芯片商的技术支持，2001年，经过不懈努力，成熟的双解码DVD终于破茧而出。国光公司研制的CJ380L中西文液晶终端、UT2000型Windows终端等六项新产品通过了江苏信息产业厅主持的省级鉴定。

【信息化人才】

一是利用各种渠道普及信息知识。充分利用广播、电视、报刊等多种形式，加大信息化宣传力度，普及信息化基本知识，提高全民信息化意识，市内各主要新闻单位开辟信息化宣传专栏或专题节目；组织国内外知名专家举办信息技术和信息产业发展专题报告会。邀请美国马里兰大学三位教授来常作关于信息化技术方面的讲座，会同省信息产业厅成功举办了2001‘常州信息产业高层论坛；与《常州日报》联合推出信息化专版，宣传信息化基础知识和常州信息化发展情况。二是加强信息化专业教育。推动在常的大专院校更多地开设信息化相关专业，扩大招生数量；增加学校上网接口，给学生提供更多的上网机会。三是搞好在职人员培训。有计划地对各级各类在职人员进行信息科学技术和知识的教育培训，促进全体社会劳动者逐步学会运用和掌握基本信息技术。

【信息化政策】

为加强全市基础通信管线和信息化建设项目的规范管理，实现基础通信管线资源的综合利用和集约化建设，避免城市道路的重复开挖和乱敷设，2001年年底，市计委（市信息办）会同市规划局、建设局联合下发了《关于加强对全市基础通信管线及信息化建设项目管理的通知》，并在此基础上组建了常州市基础通信管道建设有限公司，授予该公司对今后市内地下管道统一开挖、敷设的独家运营管理业务，并规定今后凡市区新建、改建道路和区域均由该公司统一负责管道建设和运营，并与现有通信管线实行互联互通。

年底，市政府正式同意设立全市信息化建设引导专项资金，以推动和促进全市信息化工作。主要用于支持信息化发展领域应由政府承担的为民服务信息系统、政府及各部门信息系统互联互通的共用系统、省市确定的信息化应用示范项目以及信息化培训等方面的补助和贴息。

【主要成就】

一是认真制定信息化发展战略，进一步明确了“数字常州”的建设目标。二是制定出台了《全市基础通信管线及信息化建设项目管理办法》，全市基础通信管线和信息化建设项目的规范管理得到了进一步的强化，实现了基础通信管线资源的综合利用和集约化建设，避免了城市道路的重复开挖和乱敷设。三是加强协调服务，全市制造业信息化发展步伐全面提速。四是加强组织引导，社会公共服务领域信息化全面开展。五是加强宣传培训，全社会对信息化工作的认识得到了进一步提高。

【存在问题】

一是管理体制有待进一步理顺，组织程度有待进一步提高。目前“信息孤岛”现象比较严重，缺乏基本的信息共享机制；二是信息资源的开发利用不够，信息处理、加工方法落后，明显滞后于网络建设，“路多车少”的现象较为普遍；三是电子商务尚处于起步阶段，利用网络开展生产经营活动的企业甚少；四是信息技术、网络技术推广应用的广度和深度不够，对国民经济的带动和渗透力不强；五是信息产品和信息服务目前还不能满足企业日益扩大的需求，不能为企业提供特定信息产品和信息服务；六是缺乏资金和人才的强力支撑，对全局起带动作用的重点示范工程不多。另外，西方国家和敌对势力不断利用互联网进行意识形态渗透，信息安全、网络犯罪、有害信息传播等问题也日益突出。

【2002年发展思路】

进一步解放思想，提高认识，把信息化建设作为新时期全市国民经济和社会发展的战略举措来抓，全面组织实施“常州市信息化建设‘十五’计划”以及“建设数字常州”和“常州市信息化带动工业化”专项规划，以信息化应用为重点，以市场需求为导向，齐心协力，共同推进全市信息化建设的几件大事和实事，为全市实现“以信息化带动工业化，以信息化推动现代化”打好坚实的基础。

（一）发展目标

全市信息产业增长20%，增加值占GDP7%左右；软件业销售额增长50%以上；信息基础设施建设的投资保持10亿元以上，初步建成多网覆盖、互为补充的高速宽带传输骨干网。固定电话、移动电话、有线电视覆盖率、电脑拥有量、Internet用户、信息化综合指数等指标保持全省领先水平。

（二）重点任务

一是加强政府信息网络和应用系统的建设和管理，积极推进电子政务工程建设。重点抓好市“政府信息网络”管理中心筹建及政府网络管理办法的研究制定工作。同时结合新行政中心建设，认真做好电子政务过渡方案和新电子政府网络建设方案的制定工作。二是以信息化建设管理办法的实施和管线公司的运作为抓手，继续加快信息基础设施建设。建立健全全市信息基础设施建设联合推进协调制度，组织实施好信息化建设项目的规范管理工作。三是加快推进产业信息化进程，重点抓好市首批30家制造业信息化试点企业的示范工程建设。四是以软件协会和网络协会为中介，促进软件业和信息服务业发展。重点抓好全市软件企业认定、产品登记的初审上报及国家对软件企业和产品优惠政策的落实工作。同时，继续争取国家信息中心支持并合作建设常州软件测评中心，为常州软件业的发展提供支撑条件。五是以促进信息消费和培育信息需求为目标，不断推动社会公共服务领域信息化。重点抓好家庭上网工程及信息化为民办实事建设项目的协调推进工作。组织开展网络知识大奖赛、全市妇女上网培训和青少年网络道德、安全防范教育等活动，协调推进110、119、120等公共服务系统与城市地理信息系统联网。建设社区服务信息系统，选择一批宾馆、饭店、医院、车站等场所，建成一批集公共信息查询、发布等功能于一体的信息亭（屏），切实为广大市民提供方便、实用的信息服务。积极推进旅游信息化，推进信息产业与旅游业的融合。全力推进公共事业缴费“一卡通”工程的实施。年内所有公用事业缴费、银行所有ATM、POS终端实现一卡通。六是统筹运作好市信息化引导资金，进一步加大对信息化的投入力度。同时继续选择一部分信息化建设试点项目，积极向上争取国家和省专项资金支持。七是配合“学习型城市”建设，继续抓好信息化知识普及宣传和队伍建设。重点抓好机关公务人员信息化知识及上网应用技能培训工作。八是切实加强信息化政策支撑体系建设。年内完成建立个人信用联合征信体系课题研究及实施办法，研究出台加强全市信息化建设项目招投标和监理管理的补充办法、常州市信息化小区建设管理办法等规章制度。

（邵宏　李吉祥）

着力作好城市地理信息建设的文章

——常州市信息化建设特色

城市地理信息系统是储存和处理空间信息的高新技术，把地理位置和相关属性信息有机的结合起来，能根据实际需要，准确真实、图文并茂地输出并提供给用户，满足城市建设、企业管理、居民生活对空间信息的需求，同时借助其特有的空间分析功能和可视化表达，进行各种辅助决策。城市地理信息系统是超越传统解决方法的一种先进手段，并作为现代城市必不可少的基础设施，渗透到社会活动的诸多方面。建立高效、覆盖全社会的公共空间数据网络系统，提供全面、准确、详实的空间数据服务，供生产生活使用，已成为城市发展的迫切需要。

常州市城市规划管理信息中心成立于1991年，隶属常州市规划局。十多年来，常州市城市规划管理信息中心一直致力于建设常州市空间信息基础设施（SDI）、为社会提供空间信息服务、服务规划用地管理和辅助政府决策。中心根据国民经济和社会发展需要，紧紧把握信息技术（IT）和产业发展潮流，积极有效地开展常州市城市地理信息系统建设工作。1991年至今的十余年间，先后开发建立了九个数据库和六个应用系统。其中，图文办公系统荣获1999年度国家测绘总局优秀成果二等奖和1999年度建设部科技进步三等奖，地下管线信息系统获2001年度常州市科技进步二等奖。

目前，常州市城市地理信息系统有九个数据库，具体内容如下：

1. 数字栅格地形图（DRG）——扫描地形图数据库，比例尺为1：1000，已完成280平方公里。

2. 数字线划地形图（DLG）——数字化地形图数据库，比例尺为1：500，已完成160平方公里。

3. 正射影像图（DOM）数据库，比例尺为1：5000，已完成450平方公里。

4. 规划成果数据库，含常州市城市总体规划（1996～2010年）、分区规划、专项规划、规划道路红线、控制性详细规划等。

5. 规划审批档案数据库，含规划选址红线、规划用地红线、建设工程红线等。

6. 地下管线数据库。市政府1998年开始共投资1200万元，对常州市地下管线实施了全面普查，到2000年2月底完成常州市地下管线的全部普查任务（80Km2）。地下管线数据库含市区80平方公里范围内，给水、燃气、雨水、污水、电力、电信、路灯等10大类管线，管线总长1600公里，管线的属性包括管线类型、管材、管径、管线长度、埋设年代、权属单位、管顶（底）高程、埋深等。至2000年6月，全部数据入库。管线总长约1600公里，普查了给水、雨水、污水、电力、电信、煤气、热力、有线电视、路灯、工业等十类管线。现一已提供给管线权属单位系统及数据光盘9套，管线普查成果图4000多张。

7. 地籍数据库，已入库宗地3万多宗，形成了6万多本土地使用证发放的权源资料，信息存量达3GB。

8. 地价数据库，含市区基准地价数据。

9. 土地利用数据库，含全市土地利用数据。

在建设数据库的同时，围绕服务城市规划、建设和管理，相继开发了六个应用信息系统，主要包括：

1. “一书两证”图文办公信息系统

常州市“一书两证”图文办公信息系统的主要功能包括：①文档动态流转、联网审批；②红线划拨、制图制证；③联网图文查询；④业务统计、报表输出；⑤跟踪督办功能；⑥图、文信息管理功能等。通过该系统的应用，在常州市规划局建成了行政管理公示制、建设项目行政审批中心窗口报建和图文办公信息系统三位一体的审批管理模式，公开了办事程序和工作规范，简化了公文周转时间，规定和缩短了办案期限，减少了建设单位与经办人员的直接接触，建立了良好的社会和内部监督机制。同时促进业务管理人员改进作风，提高了工作效率。据初步估计，工作效率提高40%。

2. 常州市地下管线信息系统

常州市地下管线信息管理系统是一个集空间数据管理与属性数据管理于一体的城市管线信息管理系统，主要特点是将城市大比例尺地形图（带状）数据库与地下管线数据库统一管理，形成具有特色的图文共管功能。

整个系统具有的功能有：

(1) 数据采集与输入与输出。野外采集的普查数据及竣工测量数据的转换、查错、纠错及计算机监理、入库。

(2) 数据管理。地下管线图形及属性数据的管理。历史数据的管理。

(3) 信息查询。图形与属性的交互查询，图形属性的各种条件组合查询，即按照管线类型、坐标、管径大小、埋设年代等各种属性组合查询。

(4) 空间分析。任意横断面（任意地点、任意角度）的生成与分析，管线纵断面的生成与分析，给水、煤气爆管事故的影响区域分析。

(5) 管线工程综合。地下管与建（构）筑物之间水平净距判断与分析：各类地下管线之间水平与垂直净距判断与分析。

(6) 管线工程辅助设计。以国家有关管线工程的最小覆土深度，管经最小水平净距、管线交叉的最小垂直净距等规范为准则，在地形图库、现状管线库的基础上，实现管线设计计算、分析、绘图及方案的比较。

(7) 对外服务。对外服务图件以“综合管线图+比例尺横断面”形式提供。同时，系统具备自动裁剪功能，能取消地形图图框，建立框围内图框，自动添加成玫瑰，并加入图纸名称，图形能任意旋转输出。

(8) 与图文办公系统的衔接。本系统设计在竣工测量数据内添加管线工程的项目编号，为图文一体化查询提供技术依据，并向图文办公系统提供管线数据库的结构及存储方式，实现在图文办公系统中的管线数据查询提供技术支持。

(9) 数据转换。与其它系统的数据可以相互转换，尤其与AUTOCAD系统进行数据互换具有实有意义。

3. 规划监察信息系统，完成违法建设的立案、调查与处理。

4. 常州市地籍管理信息系统，完成宗地权属的登记管理、发放土地使用证。

5. 常州市宗地评估信息系统，完成土地级别与基准地价查询，实时科学评估宗地地价。

6. 土地利用规划信息系统，完成土地利用规划动态实施管理，实现耕地占补平衡。

此外，常州市有关行业部门，根据各自的业务也陆续开发和建立了一些城市GIS数据库和应用信息系统，如公安110报警信息系统、供电线路管理系统、航道管理系统、公安消防指挥系统、120急救调度指挥系统等。

这些城市地理信息数据库和应用系统为建立“数字常州”公共基础地理信息平台奠定了坚实的基础。2001年底，常州市规划局、常州市国土资源局正式启动“常武地区地形图、地藉图数字化航测”工作，并同步建设常州市基础地理信息系统。常州市基础地理信息数据库将包括：①130平方公里1：500数字化地形和地籍数据；②580平方公里1：1000数字化地形数据；③2400平方公里1：5000线划地形数据。常州市基础地理信息系统的建立，必将更好地为城市规划、建设和运营管理以及城市生产、生活提供空间信息服务，必将有力地推动常州“数字城市”的建设。

（周晟）

苏州市信息化事业发展概况

【本市概况】

苏州地处沿海经济开放区，是一座有着2500多年历史的文化名城。全市面积8488平方公里，人口580.53万，其中市区1649平方公里，建成区102平方公里，古城区14.2平方公里，人口209.45万。全市下辖张家港、常熟、太仓、昆山、吴江5个县级市和平江、沧浪、金阊、虎丘、吴中、相城等6个区以及苏州工业园区、苏州新区。经过近几年的快速发展，苏州国民经济综合实力明显增强，苏州已步入了中国经济发达城市的行列，5个县级市都进入了中国综合经济实力百强县的前列。2001年，全市国内生产总值1760亿元，在全国大中城市中列第6位，人均国内生产总值超过3万元，按现行汇率折算已超过3600美元。

【2001年信息化建设基本情况】

2001年，在市委、市政府的领导和支持下，苏州市信息化建设在通信基础设施、信息产品制造业、信息技术应用、信息服务以及信息化环境建设等方面取得了明显成效，信息化总体水平有了较大提高。2001年，全市信息化建设的重点项目计划投资约23亿元，利用外资引进电子信息技术项目218个，合同金额达到25.9亿美元，占新增合同外资金额的三分之一；全市电子信息产品制造业销售收入557亿元，同比增长21%，占全市六大新兴主导产业的比重达47%；邮电通信业实现增加值42亿元，增长22%；每百户家庭电脑拥有量为22台；全市共发放各类银行信用卡近300万张。所有这些都为进一步实施“信息化城市”规划奠定了良好的基础。

【工作机构】

在2001年的机构改革中，苏州市在原信息化领导小组及其办公室基础上，成立了苏州市信息化办公室，设在苏州市发展计划委员会。目前，信息办暂设信息规划协调处和信息资源管理处，负责全市信息化的组织、规划、管理和监督工作，并组织、协调和指导信息资源的开发利用，推进全市信息网络的建设和互联互通工作。各县级市也陆续建立了信息管理机构。

【工作部署】

2001年苏州市信息化工作主要围绕以下几个方面开展：

强化管理体制。调整市信息化工作领导小组，由市长担任组长，常务副市长任副组长，成员由24个部门（单位）的主要负责人组成。完善各市、区和市各有关部门的信息化工作网络，建立了联络员制度。

制定专项规划。2001年初，苏州市政府将《苏州市国民经济和社会信息化“十五”规划》确定为全市三个重点专项规划之一，此项目由市计委牵头，经委、科委等部门共同参与，通过工作调研、了解现状，并且结合苏州市未来发展目标，组织编写了《苏州市国民经济和社会信息化“十五”规划》（讨论稿），经多次修改，11月份通过专家论证，形成了《规划》送审稿，待市政府审定批转后实施。

研究信息化指标体系。2001年7月，国家出台了信息化指标体系，市相关部门根据20项信息化指标，开展了调查研究，并针对全市的实际情况，确定15项信息化相关指标，对苏州市信息化发展目标的制定起到积极的作用。

开展信息化重点领域的调查研究。市计委、信息办、信息中心组织开展了“苏州市信息化建设的基本现状、制约因素和对策建议”课题调研，初步掌握了近两年本市信息化建设的重点项目，并从人才、资金、体制和观念这四个制约信息化发展的瓶颈分析入手，提出了相应的对策建议。市经贸委、市科技局等部门分别组织开展了“以信息化带动工业化，实现苏州经济跨越式发展”、“苏州市软件产业的调查和对策”等课题研究，为建设“信息化城市”提出了很好的决策思路。

拟订《苏州市信息化建设管理办法》（初稿），探索苏州信息化建设和管理的相关政策。

同时，还完成了省“十五”信息化规划苏州部分、市“十五”规划信息化部分、江苏省信息化年鉴苏州部分，完成上报信息化小区试点单位和优秀网站的参评工作。

【领导指示】

2000年下半年，苏州召开全市国民经济和社会信息化会议，市委书记陈德铭在会上就苏州全面推进信息化工作提出三点意见：一是把握时代脉搏，充分认识信息化带来的机遇和挑战：信息化是历史发展的必然趋势，它将给苏州带来前所未有的发展机遇，我们应正确估价我市信息化建设的现状，充分认识面临的挑战。二是明确努力方向，加快建设面向新世纪的信息化体系：大力加强信息基础设施建设，深度开发利用信息资源，切实提高重点领域的信息化水平，努力实现信息制造业的跨越式发展。三是采取有效措施，切实提高信息化工作的组织程度：加大宣传力度，完善信息化管理体制，营造良好的阵和法制环境，抓紧建立一支高素质的信息化人才队伍。

【通信网络】

2001年，苏州通信业在竞争中获得发展，各项业务继续保持快速增长，提升了苏州市的城市信息化水平。

全市固定电话用户已达200.54万户，比上年增长18.0%，其中住宅电话158.71万户，增长13.7%，城乡话机普及率达到每百人97.9部，比上年增加24.7部。市话和农话交换机总容量317.8万门，比上年增长15.3%。

全市移动电话用户总数达197.16万户，比上年增长78.8%，平均3个人就有一部移动电话。苏州电信局2001年立项投资10.92亿元，建设IP宽带城域网（二期）、光接入骨干网、宽带信息化小区、本地网计费帐务以及交换、传输、管线等通信工程，共铺设光缆120万芯公里，宽带骨干网带宽和出口带宽分别达到400G和10G，其网络容量、技术水平已达到国内先进水平。同时已建成FTTx+LAN（光纤+局域网）方式的宽带信息化小区85个，IP网端口36332个，DDN节点机端口11290个，分组交换节点机端口1599个，ADSL（非对称数字线性用户线）方式接入已实现城区全覆盖，累计发展宽带用户数达7380户。

江苏移动苏州分公司2001年完成建设投资5.2亿元，新建各类交换机19台，新建管道约200公里，完成10G、2.5G12端SDH设备安装，移动电话用户总数达143万户，年度净增59万户。

中国联通苏州分公司至2001年底拥有通信基站364个，交换容量62.5万门，发展用户总数54多万户。新一代的移动通信网CDMA，一期2.5亿人民币（包括无线容量14万，交换容量30万门）的投资建设已经完工，二期建设正在进行。另外，联通寻呼业务已占全市80%的市场份额，每个月的寻呼服务量保持在400万次左右；IP电话、193长话业务和国际互联网业务及其它增值业务都取得了长足的发展。

【广播电视网络】

全市有线电视入户率达到54%，农村有线电视入户率达到40.60%，累计有线电视用户近百万。

苏州市区全年新增光缆30万公里，增加光节点50个，设计、开挖管线48沟公里，完成了45个双向小区的设计，双向网覆盖已达2万户，对5个小区近3000户用户进行了局域网改造；完成了苏州有线电视宽带IP城域网建设、有线电视数据平台（B平台）的技术升级改造、网络新业务新功能的试点以及三个较大集团用户共计9个项目的发展工作；积极参与江苏省社区信息化示范工程建设项目，苏州狮林苑的社区信息化被江苏省列为全省15个社区信息化示范工程建设项目之一。

全市县乡光缆干线总长为2538.3皮长公里（10832.5芯长公里），乡村光缆总长为6420.8皮长公里（25568.1芯长公里）。全市2620个行政村已有2602个村实现了有线电视镇村联网，联网率达到99.3%，并且村铺网率达到79%。

【信息设备制造业】

2001年，苏州被美国《新闻周刊》列为本世纪世界九个最具增长力的新兴科技城市之一，已经形成工业园区、苏州新区、昆山开发区、吴江开发区等主要产业区，正成为国内IT产业的生产基地。全市已有近千家电子信息企业，涵盖电子零部件、通讯、光电、集成电路、家电等IT产业的主要门类。全年完成信息设备制造业销售收入557亿元，同比增长21%，其中，规模以上信息设备制造企业共有216家，实现销售收入439亿元。世界500强跨国公司已有24家IT企业来苏投资建厂，投资额超过1亿元的有飞利浦、精工爱普生、明基、名硕等企业。特别是近年来台湾的企业投资逐步由广东等地向苏州转移，截止年底，涉及电子信息产业的台资企业有550家，台湾的宏基、广志、伦飞志合、英业达、神达、蓝天等6家笔记本电脑生产企业进驻昆山出口加工区，形成了国内较大的笔记本电脑生产基地；另外一批台湾及世界知名的电子资讯业大公司如华渊电机、华宇电脑、中华映管、全友电脑等相继落户吴江经济开发区，提升了吴江IT产业的优势。

2001年，苏州爱普生有限公司、明基电通信息技术有限公司、四海电子（昆山）有限公司、超微半导体（苏州）有限公司等八家电子信息产品制造企业居全省外商投资企业出口前十名之列，鼠标器、扫描仪、笔记本电脑、显示器等产品已在国内外市场上占有较大的份额，其中飞利浦苏州显示器厂生产的38cm、43cm、48cm和54cm的彩色显示器，有50%左右的产品出口国外，而且连续四年保持国内市场占有率第一。

同时，摩托罗拉、诺基亚、阿尔卡特、宏基等20多个跨国公司还设立了研发机构，使其产品与不断更新的世界先进技术保持同步发展。

【软件业】

2001年，全市从事软件应用开发的相关单位350家，全年销售收入3亿元，同比增长50%，其中自产软件收入达100万元以上的软件企业有近10家，迪讯、中软、金蝶、震旦、安博、启杭、广信联和国信等22家企业成为省信息产业厅认定的软件企业。苏州市有著作权的软件产品56个，初步形成了基础网络集成、现代远程教育、人才资源管理、企业ERP等应用软件开发为主体的软件产业群。自2000年4月开始组建的工业园区国际科技园，已有60多家软件企业入驻，发展势头良好，2001年底，园区迪迅软件开发有限公司率先向海关申报出口“智能化网络营销管理系统”软件，突破了苏州软件出口海关申报的零纪录，目前园区软件园正在申报科技部火炬计划软件产业基地；昆山软件园已有一批国内著名的高新技术企业相继落户创业，如中创软件等，托普集团在园区设立了托普软件基地和托普信息技术学院；苏州新区依托留学生创业园引进、培育软件企业60多家。

【信息服务业】

2001年全市邮电通信业继续保持了快速增长，全年完成业务量48亿元，比上年增长8.6%。年末城乡电话主线普及率达34.69线/百人，计算机互联网用户93.45万户，比上年增长1.6倍，其中，ISDN用户2.67万户，DDN用户8699户。企事业单位上网2.5万家。电视人口覆盖率100%。全市电信服务行业不断深化改革，初步形成了以电信为主，联通、网通、吉通、铁通等多家网络通信服务公司共同参与竞争的新格局，信息服务手段不断创新，有力地促进了苏州信息服务市场的良性发展。

与此同时，苏州的信息咨询服务业也蓬勃发展。2001年全市共有信息咨询服务机构近2000家，涉及的领域包括政府管理、新闻媒体、科技开发、工程管理、金融、会计、法律、保险、商务、外贸、房地产等，其中民办和个私信息咨询服务机构数占较大比重，成为苏州市信息服务企业的主要力量。据统计，2001年从事网络服务、电脑销售、软件销售、系统集成的企业近800家，仅“苏州乌鹊桥路”电脑一条街，从事计算机销售、维修服务的企业就有64家，年销售额达7亿多元，销售品牌电脑10多万台。

【信息资源开发】

2001年，苏州市重点信息应用系统建设稳步推进，科技信息网、人才信息网、教育信息网等信息骨干应用系统，在信息资源开发和利用方面作了大量的工作，取得了明显的社会和经济效益。如科技信息网建成了拥有高新技术企业、民营科技企业、科技成果、专利工作、技术咨询机构、科技统计数据等多个专业数据库，可提供网上查询、技术支持等多种服务。社会保障信息应用系统，在失业、养老、医疗等社会保障领域实现了电子网络化。医疗卫生信息系统，市、区两级医院先后建立了内部信息管理系统，市级医疗经费管理系统已实现了市区各大医院与社保中心的联网。与此同时，各行业专业数据库建设工作正在有序推进，国外贷款项目、人才、企业登记、政策法规等数据库已投入使用，其他如工商信用管理数据库、农业信息数据库、党政信息数据库、水利信息数据库也正在建设之中，并将逐步投入使用。

【信息技术应用重点工程】

围绕建设“信息化城市”的目标，2001年苏州市城市基础数据平台基本建成，目前已拥有覆盖市区72平方公里1：5000数字地图、大市范围1：100000数字地图和影像图以及市区商业中心（观前地区）的“数字观前”。苏州工业园区完成了《苏州工业园区管线信息系统》项目，“数字园区”迈上了一个新台阶。苏州新区采用全数字航测系统，更新了区内85平方公里1：1000数字化地形图。同时，电子地图已在规划、消防、公安等部门得到应用。如苏州消防支队的全球定位系统（GPS）结合了地理信息技术（GIS），能自动准确定位火警事发地点及周边地理信息，消防人员可以根据电子地图设定的最佳路径赶赴现场。苏州110/120指挥中心、苏州交通管理控制中心充分利用了GPS和GIS技术，显示苏州市区重点地段的交通状况，如交通流量、路段流量的分布情况及其拥堵状况等，提升了苏州市城市交通的现代化管理水平。

【政府信息化】

自国家实施“政府上网工程”以来，苏州市稳步推进政府电子化建设进程，建成了税务综合业务、公安综合业务、金融、工商、统计、教育信息系统等一批信息网络系统。苏州市各党政机关的信息系统局域网不断完善，利用信息公用平台逐步扩充服务内容，努力实现政务信息资源共享，为实现政务公开打下了良好的基础。至2001年底，市区42个政府部门与行政中心网络连接。工商、农业、税务、气象等30多个政府机关部门建立了信息网站，依托苏州热线平台，已开始在网上为市民提供服务。与此同时，各市（县）、区政府部门网络系统相继建成，太仓市已列入科技部县级数字化城市试点，昆山开通了全国首家数码城市系统，全市乡镇政府上网率达到85%以上。“名城苏州”、“苏州热线”、“中国苏州”、“苏州经济信息网”、太仓“长江第一港”、“中国昆山”等网站已有一定的影响力。

【行业信息化】

教育。2001年，苏州教育信息化进入一个新的发展阶段。苏州市教育局与市电信局合作共建苏州宽带教育城域网，至年底，千兆光纤已接入市教育局教育信息中心，全市已有近200所学校使用百兆或十兆宽带接入教育城域网。在此基础上，校园网建设的步伐进一步加快，全市已有50%的学校建成或正在建设校园网。全市中小学拥有计算机3.9万余台，平均每18个学生拥有一台计算机。建有校园网的中小学达248所，建有多媒体教室450个，网络活动室450个。信息技术必修课在全市开设率达99.5%。同时，建立了教育信息网站和信息资源库，吴江、昆山、常熟、太仓、张家港、吴中、平江等市、区的教育信息网相继开通，“苏州教育信息网”自1998年开通以来，访问人数超过70万人次。

金融。从2000年起，在中国人民银行苏州分行统一组织和协调下，全市11家商业银行和邮政储汇局通力合作，经过近一年的努力，终于实现了“一柜一机、一机多卡、多行共享”的目标。目前，全市拥有157家入网商户，联网的POS机数量已达356台，20多种银行卡都可享受到方便快捷的刷卡消费服务，通过POS机消费的金额日均80万元左右，日交易最高峰达360万元，“金卡工程”又上了一个新的台阶。

民政。2001年7月，苏州市金阊区开通社区服务“一指通”网络系统，利用市话网将居民家中的呼叫终端与网络中心连接，为市民提供社区信息服务，服务项目涉及医疗急救、治安报警、家庭防盗、生活服务等18类，且有20多家服务商加盟一指通网络中心，110、120、派出所、各大医院、超市等单位部门与“一指通”联网后，实行24小时便民服务。金阊区“一指通”社区服务网络的开通，在市区产生一定的影响，目前，“一指通”服务范围逐步扩大至市区7个区，用户近千户。

人事。1998年苏州开通人才网站，至2001年，网站访问人数从开通之初每天只有二三十人激增至三四千人，特别是毕业生双选会前后，平均每天的访问量都要在1万人次以上。2001年4月与12月对苏州人才网站进行接入带宽扩容，由64K扩大到1兆，将DNN专线改为光纤接入，带宽达10兆。现在网上人才信息库每天登记入库者有300余人，累计登记人数超过6万，其中毕业生2万余人，有效信息13000多条，每天有三四十家单位在网上觅才。同时，苏州工业园区人力资源网站“人才新干线”至2001年底用户访问量接近200万人次；昆山人才网站访问人数突破100万；还有苏州新区人才网站等都得到了越来越广泛的社会关注。

海关。苏州海关2000年底开始与从事加工贸易的10多家大型IT企业实行新的“联网监管”模式。“联网监管”后，海关和企业间通过计算机进行联网运作，海关依托企业的生产管理系统，获取监管要求的各类数据，实时监管企业生产全过程，借助“电子账册”，实现实时监管审批、备案、报关、进出口、核销等出口加工贸易全过程。“联网监管”模式试行一年，取得了明显成效，最直接的效果是通关速度大大提高，为企业争取订单赢得了大量时间。如参加试点的名硕电脑（苏州）有限公司，联网后进出口总额翻倍增长，而企业原料库存周期从过去3个月降至1周左右；旭电（苏州）科技有限公司试点一年，年业务量由原来的1000万美元上升到6亿美元。

【企业信息化】

2001年，苏州科技进步步伐加快，全市新认定省级高新技术产品240个，新增省级高新技术企业64家，企业与100多所高校、科研所共建200多个产学研联合体，新签合作协议81项。科技合作从国内合作开始走向国际，成功承办第四届APEC技术展示暨交易会，26个APEC成员体的近1000个参展机构参加了本届技交会，成交项目513个。工业科技进步贡献率达47.6%，列全省第一。苏州市和张家港、昆山被省推荐为国家科技进步城市。

信息技术在企业的应用日趋普及，2001年近千家规模以上企业应用了管理信息系统（MIS）、销售点终端（POS）、计算机辅助设计（CAD）、计算机集成制造（CIMS）、企业资源计划（ERP）等各种信息系统，100多家企业将传统的生产管理方式逐步朝工艺设计电脑化、生产制造自动化、经营管理电子化方向发展。省级电子商务试点单位苏州一百“网上商店”2001年的网上成交金额比上年同期增长25%，达到300万元左右。化工、工艺等行业电子贸易交易额已占到其总销售的10%以上。

【城市信息化】

在加快政务电子化建设步伐的同时，城市公共服务领域信息化建设继续推进。110/120治安急救系统、交通管理控制中心一期、二期、苏州图书馆新馆信息系统、苏州市体育中心信息系统、金阊区社区综合服务呼叫系统等新的网络应用项目，在2001年相继建成使用。同时，市级医疗保险信息管理系统已开始使用，并实现了市区各大医院与医保中心的联网；房地产信息管理系统实现了对全市职工住房公积金收缴、支付情况的统一管理、统一核算、住房公积金的热线查询。城市基础地理信息系统前期工作正着手开展，《苏州工业园区管线信息系统》项目的完成，标志着“数字园区”迈上了一个新台阶。随着宽带网入户工程和信息化小区的建设，网络电话、电子邮件、网上交易、视频点播、远程医疗、远程教育等各类新颖的信息服务日益普及，为市民提供更多的方便。

【信息技术研究】

2001年，全市组织实施科技攻关、应用研究技术开发、火炬计划、星火计划、成果推广、国际科技合作等科技项目508项，153项科技成果获市级以上科技进步奖。

苏州工业园区新海宜电信发展股份有限公司自主开发的“OAMS－2000光缆线路自动监测系统”通过信息产业部技术鉴定；自主开发的“C018系列通信电缆充气机及系统”被科技部批准成为国家级火炬计划项目。

【信息化人才】

2001年苏州市新增人才总量2.1万余人，其中高层次人才超过8700人，比去年同期增长18.25%。全市近3万名机关干部、5万名企事业单位专业技术人员和管理人员参加了更新知识的培训学习。为加强全市高级人才的选拔培养，人事部门组织了苏州市跨世纪高级人才公共科目培训和启动 IT 高层次人才培训教育。同时，IT 认证考试、企业 ERP 培训等正在形成热潮。

人才培养渠道进一步拓宽，各类高等院校和人才中介机构与苏州的合作进一步加强，如：德国技术合作公司与苏州市城建技工学校联合设立电子商务专业；北京大学青鸟 APTECH 计算机培训中心在苏州成立；苏州工业园区与中国科技大学合作培养 110 名硕士研究生的项目不久前启动；南京大学继续教育学院常熟函授站正式挂牌；市政府与南京理工大学的合作协议也已签约；还有昆山也正与清华大学、同济大学等著名学府洽谈合作培养微电子人才，同时与台湾的一些民办高校密切接触，打造培养不同层次 IT 人才。

【信息化政策】

制定《苏州市国民经济和社会信息化“十五”规划》（送审稿）；拟定《苏州市信息化建设管理办法》（初稿）；苏州电信运营企业共同签订了《苏州市电信同业公会公约》；制定《苏州市城市管线规划管理》办法；出台《苏州市“十五”人才资源开发规划》，制定了加大高层次人才引进力度的《关于进一步加强高层次人才队伍建设的意见》、《关于回国留学人员来苏州创业的若干规定》和《关于对外地人才柔性流动来苏工作实行特聘工作证的意见》。

【主要成就】

2001 年取得的主要成就有：

苏州市信息化办公室挂牌成立，信息化建设和管理纳入政府统一管理序列。

初步确定建成国内先进的“信息化城市”的目标框架和建设思路。初步规划政府门户网站的新的建设方案。稳步开展围绕市区地理信息系统的建设、地下管线建设的统一管理等一些基础性工作，“数字观前”已经建成。110/120、道路交通指挥中心等系统工程得到很好应用。社会保障系统实现电子网络化。金阊区社区服务网“一指通”由试点工作转向逐步推广。银行 POS 系统联网基本完成。

全市电子信息产品制造业销售收入 557 亿元，同比增长 21%，占全市六大新兴主导产业比重达到 47%。工业园区国际科技园在国内外影响越来越大。IT 产业基地规模逐步扩大。

苏州市固定电话用户突破 200 万户，中国联通苏州分公司开通新一代的移动通信网 CDMA。宽带入户工程基本完成。

信息服务领域不断拓宽，电子商务日趋成熟。

【存在问题】

观念意识滞后，重视程度不一。人们对信息化在经济和社会发展中的战略地位和作用的认识提高不快，创新意识不强。

体制尚未理顺，信息化建设没有形成共建合力，资源较难实现共享或互联。政策、法规不够健全，政策出台滞后于发展速度。

资金需求量大，投入不足。政府财力有限，社会资本参与信息化建设的程度又较低。

人才基础薄弱，高层次人才短缺，信息技术类人才的供需矛盾尤为突出，同时存在高层次、复合型人才流失严重问题。

信息服务业（计算机服务领域）整体规模偏小，信息资源开发不足；电子商务发展滞后，物流信息平台有待建设完善。

【2002 年发展思路】

（1）理顺信息化工作机制，强化领导，加强信息化建设的组织推动工作。完善苏州市信息化建设管理办法以及相应的法规、规章。

（2）构建苏州信息化城市建设基本框架，加快政务信息网建设步伐，提升城市公共服务水平。

（3）加快发展信息产业，提高我市电子信息产业水平，延伸产业链，形成产业群。强化关键技术的研究开发，努力掌握一批具有自主知识产权的核心技术。

（4）加强信息基础设施建设，建设宽带信息传输网络，提高各种接入服务能力。加快有线电视网的数字化发展，提高有线电视农村覆盖率。

（5）积极推进信息技术对传统产业的改造，加快传统产业的升级步伐，提高企业信息化水平。

【发展目标】

2002 年苏州市信息化建设的发展目标：发展信息产业，电子信息产品销售收入达到 700 亿元，同比增长 20～25%，软件产业和集成电路产业有较大突破。建设和完善信息基础设施，邮电通信业增加值达到50亿元，同比增长19%。加大信息技术的推广和普及，企业上网达到3.5万家。建设和完善重点领域的10个骨干应用项目，信息化整体水平有较大提高。

【重点任务】

（1）加强信息化建设的组织推动工作。各市、区建立和完善信息化工作领导小组，明确主管部门。研究制定苏州信息化城市建设方案。完成《苏州市国民经济和社会发展信息化“十五”规划》的修改和报批工作。研究制定《苏州市信息化建设管理办法》以及相应的法规、规章。成立苏州市信息化建设专家咨询委员会。建立网络运营商联席会议制度。

（2）启动全市政务宽带城域网建设，年内实现全市各骨干应用系统的联网，建成全市统一的电子政务平台。建设政府行政审批服务中心信息网络。推进政府部门使用软件正版化工作。完成国家计委系统纵向网苏州节点建设。实施“地理”、“教育”、“公安”“劳动和社保”、“金融”、“社区”、“农业”、“生态环境”、“旅游”、“金关”等信息化骨干应用系统项目的建设。

（3）重点建设高速公用互联传输网和高水平的城市信息平台，建设基于密集波分复用技术的多媒体通信宽带传输网。推进GPRS、CDMA移动通信业务。建设双向数字电视传输系统和综合信息网数据系统。积极推进住宅小区的结构化布线工作。

（4）加大招商引资力度，提高全市电子信息产业水平和规模，实现销售收入增长20－25%。以苏州工业园区国际科技园、苏州新区软件园、昆山软件园为基地，建设苏州软件园（虚拟）。推进软件、系统集成企业认定工作。

（5）继续推进企业上网工程，企业上网达到3.5万家，力争把80%的企业和90%的工业产品推到互联网上。重点扶持一批物流企业，构筑物流信息平台，扩大商品的配送。争取建成5个省级信息化示范企业，启动5项信息化带动工业化项目。在有条件的企业推广CIO制度。

（6）开展城市信息化试点和专项试点工作。积极争取苏州市成为国家城市信息化建设试点城市。组织张家港、太仓两市上报省级试点城市。推广昆山市在政务信息化的建设经验。选择若干大型专业市场，开展电子商务和行业技术创新中心试点。

（7）推进“家庭上网工程”，积极完善家庭上网政策环境，开放驻地网建设，降低上网成本，同时加强包括政务、公共服务、社区服务、医疗、卫生、教育、娱乐等各类信息资源的开发。

（夏文　张光宇）

天堂硅谷的摇篮

——苏州市信息化建设特色篇之一

2001年，苏州工业园区在集成电路IC、彩色液晶显示器TFT项目上，新增合同资金达28亿美元，占当年招商引资总额的78%。人们惊讶的发现，一个新的“硅谷”正在苏州迅速成长。苏州工业园区是中国和新加坡两国政府间重要的经济合作项目，其位于苏州城东金鸡湖畔，总面积为253平方公里，其中，中新合作开发区规划面积70平方公里。

自1994年5月份正式启动以来，苏州工业园区的开发建设一直得到中新两国政府和领导人的高度重视和大力支持。1997年12月，国家主席江泽民在会见新加坡内阁资政李光耀时说：“中新两国政府间最大的合作项目苏州工业园区，是中新经济合作的重中之重，更是中国对外合作的重点项目。”2001年6月8日，值苏州工业园区庆祝开发建设7周年之际，江泽民在园区会见李光耀时强调，园区是中国对外开放的重要窗口之一，希望双方密切合作，把苏州工业园区建成具有国际竞争力的工业园区。

近年来，苏州工业园区的开发建设取得了令人瞩目的成绩，已成为全球瞩目的一方投资热土。其具备的软硬投资环境的独特优势，吸引了世界各地的众多投资者。一批名列世界500强的著名跨国公司捷足先登，这里开始出现一个以电子通讯、生物制药、精密机械和新材料产业为主体的高新技术产业群。经济规模平均每两年翻一番，工业增加值、利税收入、外贸总额等许多经济指标的年增长率不断创造历史新高。到2001年年底，苏州工业园区批准各类外商投资企业679个，其中进入中新合作开发区内的外商投资企业达到291家，累计开工的工业企业有179家，投产的工业企业有133家。名列世界500强的国际跨国公司有37家（投资了47个项目）进入园区发展。全园区累计实现合同外资113.44亿美元，实际到账外资45.18亿美元。进区项目中95%为国际知名跨国公司，超亿美元的大项目就有26个。

2001年元月1日以后，中方财团已持有中新苏州工业园区开发有限公司CSSD65%的股权。随着首期开发建设的成功，苏州工业园区已进入一个新的发展阶段，已成为国内发展速度最快、项目规模最大、基础设施标准最高、投资环境最好的开发区之一。

电子信息技术是园区高技术产业中的主导产业，此类外商投资项目数占园区各类外资项目的40%以上，区内企业数超过127家，如美国的超微半导体AMD、快捷半导体Fairchild、旭电科技Solectron、天弘科技Celestica、安德鲁通讯器材Andrew和固宝得电子JoinElectronic，日本的日立HITACHI半导体和显示器、住友电木SumitomoBakelite、富士通Fujitsu和三井铜箔Mitsui，法国的阿尔卡特Alcatel，荷兰的飞利浦半导体Philips，韩国的三星电子半导体Samsung，芬兰的诺基亚Nokia以及德国、丹麦、新西兰和新加坡等国的电子信息企业。平均每个项目的投资额超过3000万美元。2001年电子信息产品的销售总额为206亿元，出口额达到11.6亿美元，其中销售额同比增长34%。

园区拥有众多的与半导体集成电路IC设计、加工、封装和测试相关的企业，如超微半导体（苏州）有限公司AMD、快捷半导体（苏州）有限公司Fairchild、日立半导体（苏州）有限公司HITACHI、飞利浦半导体（苏州）有限公司Philips、三星电子（苏州）半导体有限公司Samsung、旺宏电子（苏州）有限公司Macronix、苏州住友电木有限公司SumitomoBakelite、库力索法半导体（苏州）有限公司、天华超净科技有限公司、爱德万测试（苏州）有限公司Advantest、得力（苏州）半导体工程有限公司等。2001年园区半导体产业销售额达21亿元人民币，出口额达2.5亿美元。其中日立半导体2001年的产值上10亿，产值上亿的企业有三星电子半导体、富士通多媒体品部、超微半导体和住友电木。

从IC设计（Fabless）、加工厂（Foundry）到IC封装、测试和设备，苏州工业园区已初步形成半导体集成电路生产的产业链。其中飞利浦半导体（苏州）有限公司于2001年5月22日在园区奠基，将独资建造研发、制造、装配、测试集成电路和半导体件的工厂，总投资9.685亿美元。首期将建造一座具有当前最高水平的集成电路装配及测试工厂。

美国快捷半导体公司成立于1957年，是世界半导体鼻祖，有“硅谷的创始者”之称。2001年4月18日，苏州工业园区管委会和美国快捷半导体（苏州）有限公司在新苏国际大酒店签订了土地出让协议。快捷半导体苏州公司占地10公顷，投资总额为2亿美元；其中一期工程投资1亿美元，建筑面积2.5万平方米，2003年底建成后，将主要从事集成电路的封装和测试。园区生产电子元器件的公司有旭电（苏州）科技有限公司Solectron、德联覆铜板（苏州）有限公司Isola、德尔福德科电子系统（苏州）有限公司DelphiDelco、富士通多媒体部品（苏州）有限公司FujitsuMedia、日立金属电子（苏州）有限公司HITACHIMetal、楼氏电子（苏州）有限公司Knowles、高德（苏州）电子有限公司GulTech、苏州元本电子有限公司Epoch（生产微型步进马达）、三井铜箔（苏州）有限公司Mitsui、天弘（苏州）科技有限公司Celestica、TDK（苏州）电子有限公司等。其中旭电（苏州）科技SolectronTechnology致力于电脑及外部设备、通讯与网络系统等印刷线路板组装、测试和销售业务。目前公司有员工近3000人，业务迅猛发展，公司1999年的业务量比上年猛增20倍，2000年公司的营业收入达50.4亿元，比1999年增长3倍，2001年销售额达51.2亿元人民币，出口额达2.2亿美元。

天弘Celestica也是全球电子制造服务（EMS）行业知名企业，在全世界拥有35家从事电子设计和制造的子公司，其2001年2月19日在园区投资6000万美元兴建的天弘（苏州）科技有限公司，投资当年的产值就达7000万美元。

2001年7月5日，日本日东电工株式会社在苏州工业园区设立新公司：日东电工（苏州）有限公司，该公司是一个以制造柔性印刷线路基板（FPC）作为中心的生产基地，总投资达100亿日元，预计2003年投入生产。

园区生产通讯器材和产品的公司有诺基亚苏州电信有限公司Nokia、阿尔卡特苏州通讯有限公司Alcatel、康姆迪国际无线通讯设备（苏州）有限公司COMDEV、安德鲁电讯器材（中国）有限公司Andrew、苏州工业园区新海宜电信发展股份有限公司NSU等，其中诺基亚电信生产GSM基站及相关蜂窝传输产品，2001年销售额达27.8亿元人民币，出口额达2亿美元。安德鲁电讯器材2001年的产值上10亿，产值上亿元的企业有阿尔卡特苏州通讯和新海宜电信。

苏州工业园区新海宜电信发展股份有限公司主要从事通信产品的研究、开发、生产和销售，公司主要产品有通信网络设备监控管理系统、宽带传输网连接设备及电信防雷新技术产品三大类。公司的网络管理型通信电缆智能充气系统在江浙地区市场占有率达75%以上。自主开发的“OAMS－2000光缆线路自动监测系统”通过信息产业部技术鉴定；自主开发的“CO18系列通信电缆充气机及系统”被科技部批准成为国家级火炬计划项目。公司员工从创业初期的20人发展至如今400多人，增长了20多倍；2000年销售收入9000多万元，是1999年的4倍，是1997年的10倍。2001年销售收入已达1.9亿元。

园区生产计算机及外部设备的公司有艾佩斯（苏州）不间断电源有限公司APC、码捷（苏州）科技有限公司Metrologic（生产扫描仪）、日立显示器件（苏州）有限公司HITACHI Display（生产液晶显示器LCD）、太扬塑胶电子（苏州）有限公司TaiYang（生产笔记本电脑键盘）、虹光精密工业（苏州）有限公司Avision（生产影象扫描仪）、豪利士电线装配（苏州）有限公司Volex、联建（苏州）科技有限公司UnitedWin（生产液晶显示器LCD）、苏州罗技电脑设备有限公司（生产鼠标）、志合电脑（苏州）有限公司和大将（苏州）科技有限公司（生产笔记本电脑）、海昌电子（苏州）有限公司（生产主板）等。其中2001年产值超亿元的企业有APC苏州、日立显示器件、豪利士电线装配、虹光精密和大将科技等。

和鑫光电是台湾七大液晶显示器生产商之一。2001年7月6日，该公司联合其他几家海外企业在苏州工业园区投资6000万美元，成立冠鑫电子

（苏州）有限公司，进行液晶显示器零件的生产及组装。项目用地10公顷，厂房2万平方米。

2001年10月24日，日立显示器件（苏州）有限公司正式开业。名列世界500强企业的日本日立公司自1995年进入园区，已投资兴建了6个企业，涉及半导体芯片、电子器件、精密仪器、医疗设备及餐饮服务等行业。日立显示器件（苏州）有限公司是由株式会社日立制作所、日立电子装置株式会社和日立（中国）有限公司联合投资的独资企业，公司总投资4500万美元，主要从事显示器件产品的设计、制造及销售，并提供售后服务及其他相关服务。其产品主要应用于个人电脑和手机。

2001年11月23日，虹光精密工业（苏州）有限公司正式开业，该公司是一家台商独资企业，投资总额为3600万美元，主要生产影象扫描仪、数位复印机、打印机等高科技产品。公司1999年落户园区后，一边在标准厂房组织生产，一边加紧建设独立的新工厂。新落成的工厂位于园区苏虹西路，占地面积67000多平方米，其中厂房建筑面积为28500平方米，目前，公司已具备了月产扫描仪30万台的最大生产能力。2001年，公司营业额达到了3.5亿元，产品100%出口海外。

在软件设计开发方面，来自中国、美国、英国、加拿大、日本、新加坡和中国台湾的70余家软件开发企业已进入园区发展，开发人员超过1500人。目前，落户园区的软件开发企业主要从事计算机应用系统、数字通讯、办公自动化软件、多媒体产品、电子商务、网上信息发布和信息技术咨询等方面的研发工作。代表性的企业有新电信息（苏州）科技有限公司NCS、旺宏电子（苏州）有限公司Macronix、苏州工业园区国信信息技术发展有限公司SicSoft、高达计算机技术（苏州）有限公司Gaoda、欧索软件有限公司Ocean-Soft、苏州广大信息产业有限公司、美商网计算机网络（苏州）有限公司、华美商务网（苏州）有限公司、苏州数码通宽带网络有限公司、苏州工业园区天诚网络技术有限公司、久葳商务网络（苏州）有限公司、国信方舟软件技术有限公司、苏州联图软件等。

为了加快吸引软件开发和IC设计项目，苏州工业园区管委会制定了以建设软件产业为主的国际科技园的发展计划。国际科技园规划面积15公顷，首期工程提供了4万平方米的研发用房。二期工程正在建设中，预计2002年年底可提供6.2万平方米的研发用房。目前，国际科技园已被认定为国家级的“科技企业孵化器”，“高新技术企业”，“中国青年科技创新示范基地”，“中国留学人员苏州创业中心”和“苏州软件园”。其已逐渐成为众多海内外科研机构和科技创业人员关注的对象。

根据国家产业布局规划和江苏省有关半导体IC产业的定位，苏州市明确将苏州工业园区作为发展半导体IC产业及光电技术产品的重点基地；园区不仅要吸引整合元件制造型半导体企业（IDM）、半导体设计企业（FABLESS）以及代工生产型（FOUNDRY）半导体企业，而且更倾向吸引把IC设计、前道、后道以及线路板组装、TFT－LCD等最终产品整合的关联性基地企业。目前，苏州工业园区已在二、三区规划建设10平方公里的世界水平的信息产业园，将形成与国际电子信息技术发展相适应的一流投资环境，成为国际知名的电子信息产业基地。

未来5年左右，将引进各10条左右8～12英寸半导体IC生产线和TFT－LCD生产线，积极引进、培育一批在国际上具有一定品牌和市场占有率的软件、IC设计和其他研发企业，力争5年内聚集上百家左右的软件、网络、IC设计企业，使园区尽快成为长江三角洲、乃至中国内地以生产半导体集成电路IC为主的电子信息产业重要基地。

（程远峰）

大力营造发展环境　构建电子信息产业的新高地

——苏州市信息化建设特色篇之二

一、苏州新区的基本情况

苏州新区是苏州市委、市政府遵照1985年国务院关于苏州城市总体规划批复“保护古城风貌，加快新区建设”的指示精神于90年开始开发建设的，92年被批准为国家高新技术产业开发区，97年被外交部科技部批准为APEC科技工业园区。开发建设十年来，共引进外商投资企业540余家，投产企业超过250家，投资总额超过56亿美元，形成了电子信息、精密机械、精细化工、新材料等四大主体产业。2001年，全区实现国内生产总值160亿元，工业销售额371亿元，财政收入20.7亿元，进出口总额58.73亿美元，出口29.7亿美元，其中，出口额已占全省10%，占全国1%以上。各项经济指标综合考核在全国53家高新区中名列前三位。

二、苏州新区电子信息产业的现状

目前，苏州新区电子信息产业制造企业已达200余家，投资总额超过35亿美元，实际利用外资超过15亿美元，2001年，电子信息产业的销售产值和出口分别占全区的74%和80%，并形成了电子基础材料、电子零部件、电脑及外设产品以及新型电器产品的产品群，并拥有了鼠标器、小屏液晶显示器、水晶振子、电脑摄像探头、扫描仪等一大批在国际市场上占较大份额的产品。另外，苏州新区还引进了包括摩托罗拉国家级0.13微米的IC研究设计中心、飞利浦具有国际水平的高清晰度视频显示系统研发中心、华芯微电子有限公司的超大规模集成电路产品设计等十余家电子信息产业的前道研发机构，以提升产业和产品的层次。近两年，随着产业配套和引进步伐的加快，一大批新项目正在加快建设。

三、苏州新区发展电子信息产业的优势

（一）便捷的交通物流优势

苏州新区处于一个现代化交通网络的结点，海、陆、空运输便捷、畅通。经海关总署批准，苏州海关在苏州新区设立了直通式监管点，所有空运和海运货物的进出均可由上海直达苏州新区，并在区内、厂内实现开关验关。区内还设立了公用型保税仓库和出口监管库，积极推行EDI电子联网、报关，对企业进出口的原辅材料零部件实行保税、配送、监管，大大降低了企业资金垫付的生产成本，提高了时效。

（二）强大的产业配套优势

在苏州新区周围50公里半径范围内，涉及到电子信息产业的产品种类和技术装备已能完全适应任何一个电子产品的配套需求，企业的原辅料采购甚至产品的销售都能在这一范围内实现。

（三）人才资源优势

苏州新区具备较完善的吸引人才网络及吸引人才优惠政策，每年约有千名中高级管理人才和近万名受过中等以上教育的新增劳动力流入就业市场。有多个技术和职业培训网点，每年有万名职工接受上岗培训。另外，苏州市全面放宽了外地人员进入苏州的条件，充分满足了企业对各类人才的需求。

（四）精干高效的服务优势

苏州新区是苏州市政府派出机构，享有与苏州市政府同等级别的省辖市行政管理权限，坚持“服务第一、信誉至上”的原则，注重对企业实行“全过程服务”，无论是前期考察，还是项目审批、开工建设、生产经营过程中，不管企业遇到任何问题或困难，苏州新区都会随时帮助解决。

（五）优惠的政策优势

作为国家重点高新技术产业开发区、对外开

放的 APEC 科技工业园区和国家环保科技工业园区，苏州新区享有国家及省、市各级优惠政策。

四、苏州新区发展电子信息产业的思路和措施

（一）加大对电子信息产业的招商引资力度，进一步形成规模

利用苏州新区已有的电子信息产业基础和完善的配套，着力引进资金规模大、高新技术含量高、管理手段先进、专业技术人才集中的旗舰性项目，以此带动整体产业的提升。进一步完善产业链的整合，引进苏州新区缺少的行业和产品，使企业在区域内完成原材料的供应和各生产工艺的配套。

（二）加快“二期开发”计划的实施，为区域经济的进一步发展提供新的载体

苏州新区的“二期开发”进展顺利，目前规划报批、项目包装、资金运作、征地动迁和基础设施建设步伐正在加快进行，并集中了一块区域用于重点发展电子信息产业。

（三）加紧构造物流竞争优势

苏州新区将在完善海关直通式监管点、公用型保税仓库等功能配置的基础上，积极完善 EDI 电子联网监管工作，并加强与仓储、运输、货代等各级部门之间的协调，为加快企业的物流速度创造最有利的条件。

（四）大力推进技术进步，提高自主创新能力

在引进外资的同时，注重对国外先进技术、科学管理方式和专业技术人才引进，努力培育有自主知识产权的电子信息产业项目和企业。积极办好留学生创业园、国际企业孵化器、苏高新软件园。

（五）加强对企业的后道服务工作，促使企业加快发展

进一步加大对重点企业的走访力度和跟踪服务，切实发现和解决企业在生产经营过程中的实际问题，按国际运作惯例为企业提供最优化服务。

（六）抓好对国家新政策的落实和宣传工作

配合各级部门做好加入 WTO 后新政策的实施、宣传和解释工作，加强综合协调，创造条件为企业的生产经营提供各种便利。

苏州新区的电子信息产业已形成了一定的基础，市场机会正在逐步扩大，苏州新区将以更完善的投资环境和更周到的服务欢迎海内外各界客商来苏州新区投资兴业，共同发展。

（苏州新区管理委员会）

南通市信息化事业发展概况

【2001年基本情况】

2001年南通市信息化工作紧紧围绕“以信息化带动工业化”的主题，全市上下根据市委、市政府的部署，突出重点，整体联动，密切配合，在着力推进运用信息技术改造、提升传统产业，进一步加快信息基础设施建设，加强信息资源的开发利用以及大力发展信息产业等方面继续加大工作力度，全市信息化工作在“十五”开局之年继续保持了较快的发展速度，为促进全市经济、社会发展以及人民生活水平的提高和顺利实现“十五”各项目标打下了一定的基础。

2001年全市围绕完善“南通信息港”建设，进一步加大投入，全年完成信息基础设施建设投资近20亿元，较上年增长一倍以上，以“南通信息港”三大基础工程为代表的一批重点信息化基础设施工程相继建成并投入使用。

【邮电通信网络】

南通电信分公司在通信建设压缩较大的情况下，克服困难，全面完成了全市信息化重点建设项目和考核任务。建成了各县（市）用户光纤网，光纤接入网基本覆盖了市内党政机关、社会团体、交通、电力、医院、金融、保险、宾馆、学校、商场、工厂等集团用户的大楼，以及大部分住宅小区；完成了互联网拨号端口及出口带宽的扩容，电信宽带网3月份成功开通，全市新增互联网拨号端口20000个，互联网出市带宽增至5000M，有效地提高了全区拨号用户的接入能力，网络节点已覆盖所有电信大用户、小区、政府机关和中小企业，较好地满足了本地数据业务的需求；加大了用户驻地网的建设，全年建成和在建的信息化小区近20个，其中东升花园被列为全省信息化建设示范小区。联通分公司全年完成投资4亿多元，基本完成联通南通城域网一、二期工程及GSM网七期扩容工程的建设任务，通信容量实现翻番，达到20万门，联通数据网目前建设有5个2.5G SDH传输系统，构成了本地传输网的骨干。移动分公司移动互联网建设顺利实现年初建设目标，市内管线建设全面完成；移动交换机、基站实现了总扩容，移动传输网建设也取得了新的进展。此外网通公司也已入驻南通，管网建设的各项前期工作基本就绪，部分业务已经开通。

【广播电视网络】

全市有线电视进村工程全面达标，有线电视光缆进村率虽然受到行政村区划调整合并的影响，年底仍达到71%，市区及通州市率先实现了村村通，到年底全市有线电视行政村达2091个，其中联网1487个，有线电视光缆干线4822公里。南通广电宽带综合数据网建设全面启动，市广电网络中心完成了中心机房和分机房模拟及数据业务设备的安装调试，开通了部分光纤传输链路，逐步实施了全市光纤同轴混合网的双向改造，建立和完善了“模拟”和“数据”两个平台，正在逐步构建集语音、数据和图像为一体的“宽带、高速、多业务、多媒体”能覆盖全地区、技术先进、性能完善、安全可靠，与国内外通讯接轨的广播电视和信息传输城域网，六县（市）与市区SDH数据平台成功搭建并实现开通，省到市到县的党政机要信息保密通信网开通运行。同时对市区小区进行的双向改造试点进展顺利，已开通了23个光节点，200多幢楼房的6000多户CATV用户实现了能随时要求上网，现已有部分用户开始了广电宽带上网。

【信息产品制造业】

2001年，南通市努力加大对电子信息产业的结构调整力度，产品结构、组织结构和市场结构得到了优化，产业规模不断扩大，据初步统计，全市信息产业完成增加值40亿元左右，较上年增长25%以上。

南通的信息产品制造业以通信光缆、集成电路封装、电子元器件等优势产品为龙头，一方面努力扩大现有产品的生产，同时注重引进项目，积极培育新的增长点，信息产品制造企业规模不断扩大，2001年全市拥有销售超5亿元的企业7家，超亿元的企业10多家。富士通公司财政在帐贷款技改项目顺利实施，现已拥有年封装8亿块集成电路和年测试4亿块集成电路的生产能力，综合经济效益在全国集成电路封装行业名列第一。华容集团努力加大技改投入，积极做好“猛攻投入，猛攻发展”的大文章，集团发展后劲明显增强。通光集团和中天集团位居全国十大光缆生产企业之列，2001年面对光缆市场起伏形势，沉着应对，业绩大幅增长，通光集团实现销售收入近10亿元，利税超亿元，并进入全国电子元件企业百强的前十名；中天集团销售收入5亿元，增长78.2%，同时经过3年多努力，成功开发出拥有自主知识产权的海底光缆，年底顺利通过部级鉴定。中联公司主要从事铝电解电容器关键材料——全系列高性能电极箔的生产与开发，目前国内市场占有率达45%。南通江海电容器厂专业生产铝电解电容器，全年实现销售收入9.93亿元，出口创汇1180万美元。东洲通信设备公司主要生产GSM移动通信直放站及室内分布系统等，全年销售收入近2亿元。通过这些优势企业的带动，信息产品制造业已经成为南通新的工业支柱之一。

此外，南通还在市经济技术开发区、通州开发区、海门开发区基本形成了三个信息产品制造企业相对集中的产业基地，全年三地信息产品制造业实现销售收入近80亿元。南通经济技术开发区已有中天光电子基地等一批电子信息项目陆续建成，区内电子信息产业的发展以电子元器件为主，突出了电子技术的高新技术产业化和基础产品基地化，目前已形成了计算机外部设备、网络产品、软件产业、光电子器件及其产品、广播电视设备、通信产品等多种门类。通州开发区随着总投资16亿元的“综艺数码城”等一批重点项目相继上马，初步形成了以综艺股份、中联科技、江海电容器、百格电子等重点企业为龙头的、以电子材料为主体的多门类相配套、具有一定生产规模、外商投资比重逐年增加的电子信息工业产业体系。海门开发区现有通光集团、东洲通信、三鑫电子等多家骨干企业，主要产品有光纤光缆、光电缆辅助材料、GSM移动通信直放站及室内分布系统等，产品主要销往全国各地及东南亚。

【信息服务业】

全市信息服务业继续保持快速增长态势，邮电通信业全年完成增加值14亿元，增长30%。全市固定电话用户年底达148万，手机用户超过90万，互联网用户达22.5万，有线电视用户超过55万户。信息服务手段也不断推陈出新，服务种类、服务方式趋向多样化，目前电信业务涵盖了话音业务、数据业务、网元出租业务、互联网业务、多媒体业务等多方面。联通业务囊括移动电话、无线寻呼、数据通信等各个领域。广电在发展传统的广播电视节目传输的基础上，逐步增加了为用户提供高速数据广播、VOD点播、远程教育、远程医疗等多种服务项目。

【软件产业】

南通市软件业的发展基本上还处于起步阶段，2001年市政府加大了发展软件业的工作力度，有关部门对建立“南通软件园”进行了调研，详细提出了建设“南通软件园”的发展思路。市科技局和信息办首次成功主办了“南通软件展示会”，展示了近百个最新软件产品，其中有6家软件企业展示了10多个软件产品。南通市传统的“范思”、“华诚”、“名元”等软件企业加快了发展步伐，实力逐渐增强。综艺集团部分软件项目随着“综艺数码城”开工建设，将把所属部分高科技子公司的总部迁回南通，实行本土发展战略。另外南通经济技术开发区也正在加大招商力度，力争国内一些著名软件企业落户南通，从而做大做强南通的软件产业。

【政府信息化】

党政系统政务信息化建设取得长足发展，一是办公业务资源网初步建成，实现了省、市、县政府办公室三级政府政务信息和领导讲话材料的数字化传输。建成了新一代政府公务邮件系统南通节点，实现了由低速分组交换向广电系统高速光纤的过渡升级。二是办公业务网建设进展明显，实现了文件、档案计算机管理和电子数据共享。三是市、县（市）区政府网站建成开通，南通市人民政府网站于2000年月12月份推出后，经过一年的运行，在宣传南通、增强政府工作透明度等方面发挥了较好的作用。

【企业信息化】

2001年全市围绕“以信息化带动工业化，用工业化促进信息化”的主题，紧扣年初市政府下达的信息化目标考核任务开展全年工作，积极推进企业信息化建设，扎实抓好利用信息技术改造、提升传统产业的工作，为传统企业降低生产成本，提高技术创新能力，提升产品档次，增强竞争力起到了明显的促进作用。全年重点抓了50个重点企业ERP、CIMS、CAD/CAPP/CAM、MIS的应用和50个信息软硬件产品的开发与生产，确定了23家企业作为企业信息化建设和企业上网示范单位，总投资达1.1亿元。全市有21%的重点企业实施了生产过程自动化，23%的重点企业建局域网，并有9个项目被列入国家电子信息应用倍增计划项目。全市还在针织服装行业和电子行业率先推广以财务管理为核心，以企业资源计划系统（ERP）为平台，支撑客户链、供应链、制造链和研发链的管理系统。市政府为此拨款扶持了4个企业的信息化建设项目，通过试点企业的项目建设带动和推进了全市企业信息化工作的深入开展。同时企业上网工作继续大力推进，全年企业上网数达25200多家。

【行业信息化】

实现国民经济和社会信息化的关键在于信息资源的开发与利用。2001年，以十大重点信息应用系统建设为代表的全市各部门信息应用网络建设全面铺开，信息资源开发利用不断深入。据年底对政府主要组成部门的不完全调查，各行业信息应用系统建设已累计投入资金近亿元。

1. 科技信息应用系统

科技信息网作为面向21世纪的科技信息基础设施，是目前南通规模较大的互联网络平台之一，系统主要包含科技项目、高新技术企业、万方数据、科技期刊全文检索等子系统，为政府有关部门及各企事业单位提供了优质的信息服务。其中“南通市多媒体电子阅览室”涵盖了国内主要信息权威机构出版的电子信息（数据库）资料，为用户单位提供了良好的信息查询与咨询调研服务；同期建设的“中国农药网”是国内农药行业建设最早、信息量最大、更新速度最快、影响最广泛的专业网站，发展势头良好。

2. 教育信息应用系统

南通教育城域网自1999年开始建设，一期投资100多万，2001年市教育局主节点建成开通，市教育局、南通市一中、南通中专等一批学校和单位实现千兆接入高速城域网，开通了多项功能，基本形成以市教育局主节点为中心，向外拓展的一个相对独立的子网系统，为实现全市“校校通”工程打下了良好的基础。同时校园网建设投资2000多万元，已建成19个功能比较完善的数字化校园网，全市上网学校已达200多所。

3. 农业信息应用系统

农业信息应用系统2001年又投入建设资金近300万元，大大改善了网络通讯条件，全市150个乡镇的为农服务机构已超过1/3实现上网。通过加强信息资源的开发利用，在指导农业生产、引导农民致富等方面取得了较好的成效，全市各级为农服务机构广泛收集各种信息，通过网络发布产品供求、最新农业技术及农业新闻3600多条，通过网上发布信息实现交易额1.31亿元。

4. 金融信息应用系统

在人行南通中心支行的领导协调下，全市完成了POS联网联合方案，并已经取得南京分行批复同意。在ATM跨行联网工作方面，全市已全部实现工、农、中、建、交和商行、浦发、邮储等八家金融机构的ATM联网通用。在推进同城清算业务网络化方面，南通是人民银行总行确定的全国首批试点城市之一，2001年在同城清算系统二期工程稳定运行的基础上，借助支付密码和同城清算网络实现了同城清算业务到县及联网票据查验等支付密码功能扩充。在积极推进财税库行联网方面，以国库为信息交换中心，财政、税务等部门为信息交换节点的全市财税库行联网系统已制定完成工作方案、需求分析和方案设计，各相关单位正在进行内部组网和系统开发改造工作。

5. 税务信息应用系统

市地税系统成功构建的市—县—分局三级宽带广域网已投入运行，2001年在整个宽带广域网工程中新租用专线线路51条，新增高端服务器10套，新增网络交换机套50套，新增计算机300多台，硬件网络总投入1000多万元。截止年底，全市地税系统共建立了7个数据集中处理的服务器系统，上网运行的工作站600多台，初步实现了在宽带广域网基础上的信息共享。一条建立在高技术、高平台基础上的信息高速公路正在税收征管工作中发挥着巨大的作用。

6. 港务信息系统

港务信息系统的集装箱码头管理信息系统、物资管理系统等子系统已经建成，其中集装箱码头管理信息系统基本涵盖了集装箱码头生产管理全过程，有力地推动了工作效率的提高，物资管理系统包括采购、进料、领料、库存、做帐、统计等功能。2001年港务局重点推进了各子系统的互联进程，港口城域网体系正在逐步形成。

7. 社会保障信息应用系统

南通市社会保险管理信息系统于1997年开始建设，经过多年发展，2001年已完成养老、工伤、生育三大保险的征缴，养老保险个人帐户管理，离退休人员养老金支付，工伤生育待遇支付等应用。劳动力市场管理信息系统目前联通了一市三区及部分街办，实现了职业介绍、城镇就业、流动就业、人事代理等应用，系统多次获得省有关部门表彰。职工医疗保险管理系统已实现职工医疗基金管理、结算管理、财务管理等应用，已在全市普遍推开，运行情况良好。

8. 其他行业信息应用系统

物价信息应用系统、工交信息应用系统、商贸信息应用系统等也已初具规模，在信息资源开发和利用方面做了大量的工作，开始为社会公众提供信息服务，取得了较好的社会影响，有些还产生了一定的经济效益。公检法、海关、商检等部门的专用信息网络建设也取得长足发展，市检察院2001年底已实现了省院与市院语音、数据、视频三网合一，同时二级专线网也已建成；公安系统全市三级网的覆盖率达百分之百，初步形成了全市公安计算机城域网。

【工作机构】

2001年全市机构改革中明确，南通市计委、信息办是全市信息化工作的牵头协调单位。主要负责全市的信息化工作，组织编制和实施全市信息化发展规划，研究制定并组织实施信息资源开发利用的政策措施，指导、协调全市信息资源的开发利用和信息产业的发展，负责信息化重大工程项目的审批，协助推进各项重大全市信息化工程，组织推进电子政务、电子公务、电子商务建设，指导电子信息技术的推广应用和信息化普及教育。

【工作部署】

根据市政府赋予的职能，2001年南通市计委、信息办明显加大了对全市信息化工作的组织管理力度，一是建立健全了全市信息化目标考核制度，年初市信息办排出了全市信息化重点项目库，并在此基础上，制定了全市信息化工作目标考核任务表，由市政府办公室下发全市对照执行，并对全市各项信息化重点建设项目进展情况进行了跟踪、检查，保证了全市信息化重点项目的顺利完成，推动了全市信息化工作。二是组织召开了全市信息化工作会议，确定了全市2001年信息化工作“以信息化带动工业化”的主题，对全市信息化工作进行了部署。三是组织市区各电信服务单位进行管线共同建设，年内先后两次牵头召开了有关管线建设单位的协调会议，做到了市区管线建设统一开挖、统一施工，有效地避免了重复建设和道路重复开挖，取得了一定的经验。此外市计委、信息办还针对信息化工作面广量大的实际情况，在有关部门中实行了分工负责，以充分调动各方面的工作积极性，如由市经贸委负责全市企业信息化工作和信息产品制造业的发展，市科技局负责全市软件业的发展及信息技术的研究与开发等，信息办每季度对有关情况进行汇总、检查，年终进行考核，这些措施有力地促进了全市信息化工作的开展。

【信息化政策】

2001年全市信息化工作会议之前，市信息办在广泛调研并征求有关部门意见的基础上，制定了“南通市以信息化带动工业化若干政策规定”，上报了市政府。市经贸委根据分工和我市企业信息化现状，围绕南通市信息化发展“十五”规划的总体要求，起草了《关于加快南通市企业信息化建设的工作意见》和《南通市“十五”前三年信息化带动工业化实施计划》，以提升传统产业发展为主线，以提高企业经济效益和竞争力为目标，以企业管理的规范与优化为基础，以信息资源的深入开发和充分利用为核心，以信息技术的战略应用为特色，以网络贸易或电子商务为前景，指导全市企业信息化建设的开展。此外，为指导、培育南通软件产业发展，市科技局与市信息办还起草了“关于‘南通软件园’选址的调研报告及南通市软件产业发展对策意见”等。

【信息化人才培养】

2001年南通市认真开展信息化人才培训工作，有关部门对全市主要企业负责人和管理人员进行了信息化知识普及培训、技术人员信息化业务培训，内容涉及企业家信息化解决方案与ERP技术实施、CAD2000二维、三维等方面技术，全年共培养各类管理、技术人员500多人次。开展了全市信息化培训系列活动，邀请省内外知名信息化专家到南通进行技术讲座或专题研讨，全年共组织各层次专题讲座50多场次，在推进全市信息化建设中取得明显成效。

【2002年主要工作】

2002年南通市信息化建设的主题是：大力推进南通城市信息化进程，启动建设“数字南通”。在启动阶段，首要任务是从政府推动入手，确定“数字南通”建设的总体目标、发展规划，制定行动方案，营造发展氛围，组织和动员社会各方面力量参与“数字南通”建设。

一、主要目标

——不断完善南通信息港，加快电信宽带网、移动数据网、广电综合网三大基础工程的升级、扩容、改造步伐，促进网络互联互通、资源共享和业务融合，启动建设南通城市地理信息系统，积极构建“数字南通”的基础通信平台和基础地理信息平台。

——加快政府部门信息化建设，推进政务信息系统建设，促进“政务公开”，推动政务信息网络互联，逐步实现政府事务网上与社会公众互动处理，建立“电子政务”系统。

——积极推进企业信息化进程，力争全市50%以上重点企业建设自己的局域网，确保顺利完成三年80%企业上网的任务，实现部分外向型企业开始应用电子商务。

——全面启动“家庭上网”工程，力争年内全市因特网注册用户增长50%以上，城镇家庭计算机拥有量增长30%以上。

——大力发展信息产业，继续保持信息产业增加值年增长20%以上。在南通经济技术开发区、通州开发区和海门开发区三地构建市级电子信息产业基地，这三个基地2002年电子信息产业产值接近或达到100亿元。

——建立健全全市社会信息服务体系、管理体制与运行机制，推动我市的经济建设、社会发展和人民生活质量的提高，大力推进信息化普及教育，力争建成市级信息化培训基地。

二、主要工作

1. 信息化基础设施建设

加速数据多媒体网络建设，形成综合、宽带的网络平台，加快用户接入网的建设，尤其是用户宽带接入网的建设，推动因特网的应用和普及，加快窄带网向宽带网的过渡。启动建设“数字南通”基础地理信息平台，利用地理信息系统、全球定位系统、遥感系统等技术，开工建设全市统一、完备的地理信息数据平台，建立覆盖全市范围的海量的、多尺度的、动态的空间数据库，为城市供水、供电、供气、通信、治安、消防、交通等运行管理及道路、土地规划管理等提供数字化的基础数据，把城市基础地理信息系统逐步建成为全市各类信息系统的公共基础平台。

2. 信息化普及应用

一是电子政务，在加快政务信息网络基础设施建设的基础上，依托计委纵向网，建设全市政务公共平台，努力实现政府机关网络的互联互通，加强对政府网站的规范化管理，强化信息资源的开发、利用和管理。二是电子公务，加快全市十大信息应用系统的建设，今年要在农业、金融、保险、教育、科技、港口等领域对社会服务的项目电子化方面取得较大突破。三是电子商务，积极尝试发展B to B、B to C等电子商务形式，继续推进我市企业上网工程，围绕省政府下达的三年全省80%企业实现上网的目标，继续抓好落实，做好各方面工作，确保南通市任务的圆满完成。分门别类地在有关行业实施信息化带动工业化的工程。在纺织服装行业，重点在纺纱、织造、染整和服装各生产工序推广适应多品种、多批量的CAD技术、装备自动化技术和过程控制技术、质量检测和分析技术等，并以新型面料和名牌服装为突破口，采用先进技术与装备，提高产品质量和档次，实现产业升级。在机电、轻纺、精细化工等行业，选择重点企业实施高层次的企业信息化工程，推广计算机集成制造系统（CIMS）、制造资源计划系统（MRP）、企业资源计划（ERP）

管理技术等的应用示范，通过业务流程和组织结构的重组，确保企业信息流、资金流和物流的顺畅，优化资源配置，提高管理水平，增强竞争力。四是电子家务，要积极实施“家庭上网”工程，积极探索并逐步建立家庭上网和社区信息化的运行机制、管理规范，促进家庭上网工程正常、有序、健康开展。继续大力推进信息化小区建设，在市区选择一两个具备条件的街道社区服务机构建立自己的信息网络中心，开展社区信息化试点，逐步实现互联，并最终建立全市统一的社区服务中心网站，形成社区服务的信息网络支撑体系。

3. 信息产业发展

一是要加快发展信息产品制造业。重点抓好市级电子信息产业基地的培育工作，在市经济技术开发区、通州开发区、海门开发区大力推进信息产业园区的建设。二是要创造条件发展南通软件产业。大力支持“综艺数码城”的建设，利用江苏综艺集团的“连邦软件”、“南大苏富特软件”、“综艺达软件”等优势企业，使综艺成为我市软件业发展的重要基地之一。加强与国内一些知名软件企业集团的联系，力争在南通开发区上马一两个大的软件项目，以项目启动“南通软件园”的建设。积极扶持“范思”、“华诚”、“名元”等软件企业，探索市内软件企业横向联合的路子和方式，尝试强强联合，优势互补，以承接软件加工为突破口，积极开拓渠道，承接上海、南京等周边地区及国内外的软件订单，引导软件企业开拓市场，走引进与自主研究相结合的路子，尽快形成具有一定规模的软件加工企业。

4. 组织领导

一是加强宣传，通过广泛宣传、典型推广等多种形式，增强全市上下对“数字南通”建设的认识。认真研讨，集思广益，特别是认真听取专家的意见，努力提高“数字南通”的建设水平。认真做好南通城市信息化发展的规划工作。切实加强对信息化工作的组织领导，拟建立由市里主要领导和分管领导、信息化工作领导小组成员及有关单位主要领导参加的全市信息化联席会议制度。同时建立健全全市信息化工作组织网络，健全例会制度，切实加强组织协调。开展城市信息化方面的政策、标准、规范体系的研究制定工作，研究制定全市信息化统计方法，建立健全信息化统计制度。不断完善全市信息化工作目标考核制度，在全市各行各业广泛开展信息化达标工作并纳入市目标管理体系。建立市级信息化培训基地，加快信息化人才队伍建设。（陈海兵）

党政数据宽带综合信息网展风采

——南通市信息化建设特色

近年来，南通市把国民经济和社会信息化工作作为实现经济跨越式发展、缩小与沿海及省内经济发达地区差距、在苏中地区率先快速崛起的有效途径和实现现代化的一项重要工作来抓，切实加强组织领导，加大推进力度，注重加强信息资源的开发利用和信息技术的推广应用，在加快推进党政机关办公自动化建设方面，取得了一定的成效。其中通州市于 2000 年 6 月 16 日在全省县级市中第一家开通了覆盖范围最广的党政部门内部办公网——通州市党政信息网，运行一年多来，已经得到通州全市各级、各部门、各单位的高度重视和广泛响应，接入用户数量逐渐增多，覆盖面越来越广，经济效益和社会效益日益凸现。

一、通州市党政信息网建设情况

（一）基本组成

通州市党政信息网的硬件平台是依托广电的宽带光纤网络平台，该平台由通州市广电部门投资 1200 万元，采用专用 PVC（专用虚拟通道）技术于 1998 年开始建设，1999 年 12 月开通试运行，2000 年 9 月通过省、市广播电视系统组织的工程验收。在此基础上通州市政府购置了服务器、交换机、防火墙等设备，乡镇和部门购置了光电转换器和计算机终端等设备，为通州市党政信息网的发展奠定了良好的物理基础。软件部分包含党政信息网站、系统软件、应用软件和防病毒软件等，总投资 30 多万元。截止目前，通州市党政信息网由市中心节点，市委、市政府局域网、市人大、市政协局域网，所有镇及市级机关等 105 个部门的 200 多个终端组成。

（二）主要应用

通州市在全市部门、乡镇实现大联网、信息资源共享的基础上，通过不断开发网络应用软件，拓宽党政信息网的应用领域，如将文件、通知等由书面发送改在网上传输，全市 34 种内部刊物全部改为电子版本，开发网上公文处理工作流系统等，使全市党政机关办公逐步向电子化、无纸化方向发展。目前通州全市性会议通知、部门和单位编发的简报、内刊、各种统计资料及市委、市政府下发的文件、领导讲话等均已实现网上传输，不再以书面形式发送。近一年来，通过网上传输各类文件、会议通知等近 600 件，大大提高了办事效率，节省办公经费达 60 多万元。同时通州市党政信息网还围绕市委、市政府的中心工作做好服务，为市委、市政府的决策提供各种信息支持，作为“第四媒体”搞好宣传工作。党政信息网自开通运行以来，先后推出了“三个代表”、“双思”教育等专题以及“五大结构调整”专题，行政村合并专题、市场化战略研讨专题、个私经济服务月专题等，利用资源共享的优势为各级领导及时提供丰富、详实的国际、国内、地区经济信息和经济动态，开拓思路，使决策更具有科学性和合理性。另外，本着不断完善、逐步提高的发展原则，通州市党政信息网已进行了多次改版，新版本信息量更大，应用和服务功能更强，越来越受到各级领导的重视。

（三）主要做法

在推进通州市政务电子化、政府信息化的工作中，通州市切实加强领导，全面规划，整体联动，加快建设，做了大量的工作。

1. 建立组织

为进一步强化对信息化工作的领导，统筹规划、协调信息资源的开发利用、信息技术的推广应用、信息化重大工程以及信息产业的发展，加快推进党政机关办公自动化建设，2000 年 4 月，通州市成立了以市长任组长，市四套班子有关领导为副组长，20 多个部门负责人为成员的通州市国民经济信息化工作领导小组，并从市委办、市政府办抽调人员设立了专门的办事机构。全市各级、各部门也把国民经济和社会信息化工作作为一项重要工作，相继建立了信息化工作领导组，一把手亲自抓，分管领导重点抓。由于各级领导的支持，特别是市领导的高度重视，全市信息化工作正在扎实有效的推进，并取得了良好的成效。

2. 制定规划

在建设党政信息网过程中，通州市根据市情及信息技术的发展现状、发展趋势，组织了有关部门、东大阿尔派股份有限公司的专家，就网络的建设进行了深入的调研、论证，明确了建网的指导思想、目标任务。总体设想是：党政信息网建设以实现政务电子化、政府信息化为根本目的，以应用为导向，以向领导和部门、乡镇机关提供服务为宗旨，以实现公文和信息处理与流转的自动化为重点，逐步实现全市党政系统无纸化办公，不断提高工作效率和工作质量，推进党政系统的信息化进程，适应新世纪工作的要求。具体分为：第一步，实施市直各部门、乡镇，包括群众团体、条管部门大联网，实现政务信息资源共享；第二步，在实施大联网的同时，要求各部门、乡镇提供本单位制作网页的材料，组织市有关部门技术人员为部门、乡镇免费制作网页，研究开发网络应用软件，实现电子公文、电子表格、电子数据等业务的网络传输，逐步推行无纸化办公；第三步，通过行政推动积极拓宽网络覆盖面，增加联网计算机数量，不断丰富网上信息，大力提高网络使用效率。

3. 宣传发动

党政信息网建设初期，通州市注意做好舆论宣传和发动工作，制定了一整套宣传发动的计划。通过对市委、市政府有关领导和有关部门、乡镇负责人的记者访谈，在媒体上各级领导畅谈对建设党政信息网的认识，系列报道党政信息网建设的意义、目标、任务、时间部署；通过开辟专栏，分期刊登党政信息网有关知识。在网络建设过程中，注重利用新闻媒体，做好跟踪报道，及时报道党政信息网建设过程中的典型做法和进度。通过多种媒体，有计划、不间断的宣传，有效地激发了全市部门、乡镇的联网热情，增强了信息化意识，在全市上下形成了良好的推进信息化工作的氛围。

4. 加强培训

通州市在建设党政信息网的过程中，十分重视对各类人员的培训工作，把人员培训作为党政信息网的一个重要组成部分，作为充分使用和发挥党政信息网功能的基础工作来抓。市国民经济和社会信息化工作领导小组办公室根据全市各级领导干部和机关工作人员的计算机应用能力，分期分批有针对性地对各类人员进行了专门培训。对各级、各部门一把手主要教会其掌握计算机的使用常识、查看电子邮件、上网浏览等基本操作技能。对各部门、各乡镇、单位的信息采编人员则不仅要求其掌握互联网的一般知识，而且还要求其掌握电子邮件的收发、网页内容的更新、维护等专业知识。另外，利用召开市政府常务会议、企业家联谊会、科技成果洽谈会等活动，邀请专家、学者讲授信息技术的发展前景，计算机、国际互联网知识。通过培训、讲座，强化了各级、各部门一把手的信息化意识，提高了机关工作人员的信息化知识水平，也促进了党政信息网的建设。例如在通州市第十二届市政府第五次组成人员会议上，30多名市政府组成部门的主要负责同志，围绕政务公开和年度工作目标、措施在网上进行了演示操作，反响十分强烈。

（四）主要影响

通州市党政信息网开通运行，扎实的工作取得了较好的社会影响，先后荣获省机要系统科技进步一等奖和通州市科技进步三等奖。先后有贵州省机要系统、江苏省机要系统及南京、苏州、盐城等市机要系统和政府部门200多人次到通州参观、访问。南通市机要系统、信息办等部门也分别在通州召开了现场会，有力地激发了南通各县市建设党政信息网的热情。

二、南通市党政信息网建设情况

（一）广电硬件平台建设

由于省委、省政府有明确规定党政信息网必须主要依托广电网络建设，因此在南通市委、市政府的领导下，经过全市广电系统的共同努力，南通市广电党政数据宽带综合信息网一期工程已顺利完成并投入试运行。2001年南通广电全面启动广电党政数据宽带综合信息网工程，建立和完善了“模拟”和“数据”两个传输平台；改造建设了中心机房和二个分机房；完成了联接市到六县（市）622Mb（以后可扩容至2.5Gb）SDH骨干传输系统的设备安装调试，省到市到县的党政机要信息保密通信网已开通并稳定运行，市到六县的其他数据业务也实现了联网；完成了联接市区两个分机房的ATM宽带传输交换环网干线、集团数据用户IP宽带边缘接入设备的安装调试，并成功地为党政、教学、金融、石化、医保、物价等系统开通了数据联网、数据专线等业务；建成了市区860MHz、具有两个分前端、高质量的模拟传输平台并已调试开通；建设CableModem双向数据传输系统，对部分区域进行了HFC宽带接入的尝试；建成了一套集模拟和数字两大平台、稳定可靠的网管系统；正在形成一张覆盖南通城乡、上连全国和省、下连县（市）乡（镇）和村的宽带广播电视网络。

（二）全市党政系统信息化建设现状

南通市党政系统信息化建设自国务院办公厅就推进政府首脑机关办公自动化建设下发文件（国办发［1992］25号）以来，经过十来年的努力，全市党政系统政务信息化建设取得了长足发展。一是办公业务资源网初步建成。从2000年底开始，已建成新一代政府公务邮件系统南通节点，实现了由低速分组交换向广电系统高速光纤的过渡升级。二是办公业务网建设进展明显。市政府办公室在全市政府部门中率先建成了内部局域网，实现了文件、档案计算机管理和电子数据共享；市计委、科技局等部门也相继建成了内部办公局域网。各县（市）继通州之后，2001年海门市开通了党政数据宽带综合信息网，逐步建成了交通信息专网、国税专网和计生专网等；如东数据网络从筹建到开通用时不到半年，速度快，发展前景好，县委、县政府专题发文要求全县党政机关、事业单位必须进入党政数据信息网；海安等县（市）也正在积极筹划，充分论证，提出了建设规划和技术实施方案。

（三）党政信息网建设目标

近期目标：重点以“三网一库”建设为基础，逐步完善网络功能，在各县（市）区和政府部门各自完善网络节点建设的同时，实现与政府信息资源网对接。建成全市的党政信息网，大力推进网络应用水平，加快全市政务信息化建设进程。重点做到：一是不断强化办公业务网的应用功能，进一步拓宽网络应用领域，积极推进公文、信息、值班、会议、督查和其它“无纸办公”项目的应用，实现数字化和网络化。二是逐步规范政府网站的建设、加强政府网站的管理，在确保安全的前提下，最大限度地为全社会提供政务信息服务。三是大力开发政府办公业务资源数据库，加强开发利用，做好信息资源的收集和积累工作。四是强化组织管理，成立政府网络管理中心，抓好机关工作人员应用技能的培训，不断提高管理和应用水平，加强对专业技术人员的业务培训和知识更新，提高专业技能。五是在现有的基础上，继续加大工作力度，不断研究、开发网络应用软件，增加网上传输新品，逐步与办公自动化接轨。研究开发网上办公、公文处理工作流系统，切实提高办事效率和办公自动化水平。（陈海兵）

连云港市信息化事业发展概况

【本市概况】

连云港市位于我国沿海中部的黄海之滨，隔海与日本、朝鲜和韩国相望，是国家首批对外开放的沿海城市之一，新亚欧大陆桥的东方桥头堡，地理位置极为优越。全市下辖赣榆、东海、灌云、灌南四县和新浦、海州、连云三区，拥有一个国家级开发区和两个省级开发区，总面积7444平方公里，人口465万，其中市区面积880平方公里，人口70万。连云港地处海陆、南北过渡的结合部，历史悠久，景色壮丽，文物遍布，资源十分丰富，有着四通八达的海陆空立体交通网络，是全国49个重点旅游城市之一，江苏省三大旅游区之一。2001年全市实现国内生产总值316亿元，比上年增长8.2%。

【基本情况】

2001年，连云港市高度重视信息化工作，按照信息化建设“应用主导、面向市场、网络共建、资源共享、技术创新、竞争开放”的指导方针，着力发挥后发优势，全面推进信息化建设进程，经过全市上下的共同努力，在邮电通信、计算机网络建设、信息产业、信息资源开发与利用、信息系统推广应用等方面都取得进展，全市的信息化总体水平有了新的提高，信息产业对国民经济增长的贡献份额进一步加大。2001年全年共完成信息产业增加值9.52亿元，占GDP比重3.01%；其中信息设备制造业实现增加值1.32亿元，比上年增长60%，信息服务业实现增加值8.2亿元，比上年增长11%。

【工作机构】

连云港市信息化工作机构趋于完善。2001年政府机构改革中，在市发展计划委员会内部成立了信息产业局，负责全市的信息化推进和信息产业的发展工作。为加大组织协调力度，在此基础上，市政府又建立了信息化联席会议制度。信息化联席会议制度由常务副市长、分管工业副市长和各有关部门主要负责人组成，下设办公室，办公室设在市信息产业局。市信息产业局的主要职责是：研究制定全市信息化发展战略、中长期规划、年度计划以及实施方案，督查年度工作目标的实施情况；研究制定全市信息化的有关政策措施，会同有关部门和单位组织筛选、论证和申报信息化项目，协调解决国民经济信息化进程中的有关问题；引导、扶持全市信息产业的发展，承担软件行业的监管工作，负责全市信息行业产品的认定；负责网络建设统筹规划并进行行业管理，协调基础电信网、计算机网、广播电视网和各种专用通信网的建设；组织对重点行业、区域以及跨部门、跨地区信息化工程和网络建设的协调、指导工作；指导、协调与组织信息资源的开发利用和信息化普及教育；负责组织本市重大信息化建设项目技术论证、评估验收工作；负责组织信息化建设中的技术攻关、推广和应用，制定有关的技术和应用标准；组织建立本市计算机信息网络系统的安全认证体系；参与计算机病毒防范工作；负责全市无线电管理工作。联席会议制度的主要任务是研究制定全市信息化工作的方针政策、信息化发展战略及总体规划；听取上年度全市信息化工作情况汇报，研究制定本年度的信息化工作计划、目标、任务和工作重点；研究全市信息化发展中的重大问题，协调跨部门、跨地区以及关系国民经济和社会发展重大信息工程项目的建设。

【工作部署】

2001年5月，市政府召开了连云港市信息化联席会议第一次会议，对全市信息化工作进行全面部署。市委常委、常务副市长周保法、副市长杨少华和各个县区、政府部门的主要负责人参加了会议。会议讨论并通过了由市发展计划委员会、信息产业局拟订的《连云港市“十五”信息化发展规划》和2001年度信息化工作安排意见，明确了信息化联席会议组成单位的具体工作职责。对全市信息化工作作了部署：一是进一步加快信息网络基础设施建设。积极创造好的环境，引进更多的网络运营商来连云港市参与基础设施建设。二是加快发展信息产业。信息产品制造业，重点是做好硅资源高新化、产业化这篇文章，以硅微粉为中间产品，向下延伸，拉长产业链。软件业，重点是发挥中国船舶重工集团公司第七一六研究所、淮海工学院等科研院所的优势，开发具有自主知识产权的软件产品。三是强力推进企业信息化。广泛应用 CAD、CAM、ERP 等成熟信息技术，不断开发新产品，提高产品质量，改善经营条件，提高管理水平，促进传统产业的改造。创造条件，积极开展电子商务。四是加快推进政府信息化。加强局域网和市机关信息网建设，确保年内所有政府部门全部上网，2005 年 80% 业务在网上运行，为建立电子政府打下基础。五是积极推进城市信息化。充分利用信息技术，加快城市规划、建设、管理信息系统建设。六是加强政策的制定，为信息化建设创造良好的环境。

【领导指示】

2001 年 5 月 28 日，市委书记陈震宁在检查大陆桥国际信息中心、电信运营企业、天晴制药等工业企业信息化工作时强调，信息化具有鲜明的时代性，是有着深刻的历史和现实意义的重大课题，各级、各部门要充分理解、全面把握推进信息化进程的内涵，大力推进信息化工作。陈震宁指出，信息化是市委、市政府着力推进的“六化”进程之一，没有信息化就没有工业化，没有信息化就没有城市化、现代化，全市各条线，方方面面都要高度重视，协调配合，形成合力推进信息化进程的浓厚氛围。陈震宁说，连云港市作为开放城市、港口城市、新兴的工业城市，推进信息化进程是一项十分重要的工作，要迎头赶上，充分发挥后发优势，实现跨越式发展。首先要加快信息化基础设施建设，尽快建设宽带城域网，扩建高速率、大容量的光纤传输网，逐步实现覆盖全市网络的数字化、综合化、宽带化、智能化。其次要积极推进信息技术的应用，要在信息化带动工业化上得到体现，全面实施政府、企业、家庭上网工程，突出开展好电子政务和电子商务，提升全社会信息化水平。第三要大力发展信息产品制造业、软件业和信息服务业，要为企业和科研院所创造良好的环境，使信息产业成为经济社会发展的新亮点。

【通信网络】

通信基础设施建设力度加大，2001 年电信、移动、联通、吉通等公司完成固定资产投资 6.8 亿元。电信完成程控电话交换机扩容 10.6 万门，全市电话交换机总容量达 79.6 万门；新增固定电话用户 8.9 万户，全市固定电话用户达 54.2 万户；建成本地 ATM 网和 IP 网工程，完成 SDH 传输三期工程、本地智能网四期工程；实施无线市话工程，发展小灵通用户 1.6 万户。移动完成 G 网 5 期扩容和 6 期紧急扩容工程，交换机扩容 30 万门，交换总容量达 44 万门，增加移动电话 9.1 万户，总数达到 20 万户，新建基站 30 个；建成中国移动通讯本地传输网一期工程，打通市县 130 余公里骨干光缆，完成 5 个传输节点建设；完成移动互联网一期工程，即建成中国移动互联网连云港局域网业务节点工程，为用户提供拨号接入、专线接入、WAP 接入等数据业务；完成中国移动江苏省传输网连云港节点建设；完成 GPRS 一期工程建设。联通完成 GSM130 网七期扩容工程，交换扩容 8 万门，网络总容量 18 万门，新建基站 50 个，扩容基站 45 个，G 网基站总数 168 个；完成 CDMA 一期工程（3.49 万门），建设基站 37 个；建成宽带城域网工程，为用户提供 165 上网、DDN 专线等综合电信服务；完成北沿海国家一级光缆干线连云港段的 153 公里工程建设及连徐光缆工程连云港段 60 公里建设。

【广播电视网络】

继续实施有线电视村村通工程，全市乡镇有线电视联网率达 100%；行政村联网 572 个，联网率达 27%。发展有线电视用户 1.02 万户，目前总数达 12.12 万户，有线电视入户率达 11.33%。新增商检、科委、建行等用户的点到点光缆数据传输业务。城区有线电视建设进一步推进，完成了市区东西城区环网、海州至锦屏线路河南小区、巨龙小区基站建设新架光缆线路 60 公里，地埋光缆 13 公里，新增光节点 60 个。加快广播电台建设并启用了音频工作站，新增一套直播系统，全面提高了节目传输质量。在原有线台的基础上组建了连云港广播电视传输总台，加快网络的多功能开发，不断培植新的增长点。

【信息设备制造业】

连云港市信息设备制造业打破了自1995年以来一直处于下降的低谷徘徊局面，首次实现了产销利同步增长，全市信息设备制造业实现产值6.35亿元，比上年同期增长33.16%，实现销售收入4.41亿元，利税4970万元，利润3017万元，产品销售率达90%。主要有以下几个特点：一是骨干企业对全行业支撑作用增强。恩佳升公司实现销售收入1.5亿元，增长90.1%；华威公司、平河电子增幅都在20%以上，华威、晶宇、恩佳升、福泰克、平河公司、七一六研究所、东海硅微粉厂等企业的生产总量均占全行业的90%以上。二是产品结构调整效果明显。首先是以充分发挥地方硅资源优势的微电子材料产品在技术含量和产品门类方面不断提高和拓展。硅环氧模塑料完成3700吨，创历史最高水平，国内市场占有率在30%以上，在国内同类产品生产企业中产量处于第一；硅微粉生产企业由原来一家发展到多家，年产量由原来几百吨增加到上年16000吨。其次发展高新技术生产新型元器件的效果日见显现，49S-SMD石英晶体、轻触动开关、微型接插件、转换模块、传感器、集线器等一大批新产品投放市场，取得较明显的经济效益。三是技术改造力度加大，发展后劲明显增强。华威公司省级工程中心，已获省科技厅批准，前期工作已启动。大规模集成电路用环氧模塑料技改项目，已获准为国家第六批国债项目，总投资4700万元，竣工后可新增生产能力2000吨；东海硅微粉厂年产2万吨溶融硅微粉项目已获批复，上马后可新增2万吨生产能力；七一六研究所生产的转换模块，国内市场占有率第一，现正在对微型转换模块生产进行技术改造，引进表面贴装机、波峰焊、回流焊等设备，总投资1300万元，2001年已完成800万元引进设备，竣工可增创销售收入2000万元；新电公司的高纯超细熔融硅微粉项目、恩佳升的电子配件生产线技改等项目进展顺利。

【软件业】

连云港市的软件业起步较晚，目前还没有形成较大规模，截止2001年底，全市共有20余家软件开发企业，全年销售收入约3000万元。在软件产品开发方面，主要有七一六研究所、淮海工学院等具备一定软件开发和应用能力的科研院所，围绕办公自动化、信息管理、工程控制以及信息库建设等开发了一些软件产品，部分软件产品拥有一定的市场。2001年自主研制开发的智能交通管理系统、办公自动化软件、企业ERP等软件产品，已经推向市场，获得了较好的经济效益和社会效益。

【信息服务业】

邮电通讯业持续发展，新的增值业务不断涌现。信息咨询、信息中介、电子信息技术和培训等服务业发展迅速，目前这类企业已达500余个，从业人数达3万余人，初步形成一支从事信息采集、加工、发布、数据处理、分析预测工作的基本队伍。2001年，实现增加值8.2亿元，占第三产业增加值的8.12%。

【信息资源开发】

着眼于建立面向政府和公众的公益型数据库体系和面向微观经济活动的商用型数据库体系的目标，依托大陆桥东方桥头堡的区位优势和信息网络的载体，广泛收集、深度开发沿桥城市和我市经济与社会发展方面的信息资源。一是本地信息资源。首先统筹有序地建设了一批数据库，按照十五规划的要求，开发了国民经济宏观规划、计划信息数据库，政策法规信息数据库，基本建设项目管理数据库、人才数据库，天气预警报、海洋环境预警报、旅游项目技术监督信息数据库，财税信息数据库，教育系统信息数据库、专利信息数据库、科技信息数据库等。其次以市政府网站改版为契机，开发了大量的经济社会发展栏目，以图文并貌的形式全方位展示了改革开放以来所取得的成果。二是陆桥信息资源。以信息网络（www.silkroad.org.cn）为载体，按照沿桥与地方并重、国际和国内兼顾的思路，通过加入供求信息联盟、收集沿桥35个国家概况黄页、发布联合国贸发会发展中心电子贸易信息、成立信息网络协会和与大陆桥理事单位联办栏目及刊物等各种途径大力开发陆桥信息资源，开发了招商项目、人口资源等数据库。三是政务信息资源。为市委、市政府搞好决策服务，力求贴近连云港市实际，开发了一批深层次具有权威性、前瞻性、时效性强的信息。

【信息技术应用重点工程】

主要体现在“金”字系列工程方面继续取得进展。金卡工程在全市各专业银行的金融网络进一步得到完善，电子化网点覆盖率达95%以上。金税工程实现了各系统的全面升级，已推行防伪税控系统的企业1600多家，全面实施的征管系统情况良好。金关工程实现了海关等垂直系统的信息传递电子化和部分口岸单位间传递电子化。金盾工程初步建成了覆盖全市的公安信息通信专网和涵盖各项公安业务的计算机信息网络。

【政府信息化】一是政府上网工程取得阶段性进展。市政府公众信息网于1999年10月10日开通，2000年在百城在线交流中被评为全国优秀政府网站。2001年，进行了全面系统的改版，改版后的政府网站设有18个主栏目74个次级栏目，数据量达280兆、网页数1000多页、图片220多幅，全面提高了网站建设的独创性、网站结构的可扩容性和网络运行的双向性。同时，按照以市政府网为主站点、各部门网站为政府网分站点的指导思想，制定了规划，统一解析了域名（www. lyg. gov. cn），将8个县区政府和机构改革后的48个政府工作部门全部推上互联网。二是内网建设取得进展，制定了政务信息网建设方案，部门局域网达23个，提高了办公自动化水平。

【行业信息化】

重点抓了金融、税务、农林、水利、科技、教育、交通、公安等领域的信息化。

金融信息系统，2001年投入4200万元，全面完成了市域网建设，完成了内联网信息平台建设任务，初步建成自助银行、电话银行、网上银行、电子商务网上结算等新型金融服务系统，实现全市内工、农、中、建、交五家金融机构的银行卡联网联合，实现了全市境内ATM跨行联网完全通用。

税务管理信息系统，建成了市、区县、基层分局三级广域网，实现了省、市、县、专业分局的四级网络联通，信息通道成倍扩容。完成办公自动化公文处理系统的推广应用；加速税务管理信息化进程，2001年推行防伪税控系统企业1600户。

农林、水利信息系统，农林部门建成了市局局域网和四县农业信息网及局域网，推进农业信息“进村入户”工程和农户的信息应用。水利部门进一步完善城市防汛决策支持系统，增建水雨情自动测报站40个，增设3个遥测分中心，建成市水政水资源综合信息查询系统和石梁河水库综合信息管理系统。

科技信息系统，初步建成连云港市科技数字化图书馆，开展高新技术及产品信息网上查询、技术产权网上交易业务服务。

教育科研信息系统，共投入资金3600万元，基本完成教育培训主干网建设，主干网覆盖全部县区及所属乡镇和办公机构，推进“校校通”工程，上网学校新增150所，在所有普通高中、初中和部分小学校开设信息技术必修课。

交通信息系统，投资4000万元，建成徐连高速公路（一期）具有国际先进水平的监控、收费、通信三大自动化系统，建立全市公路基础信息数据库，建成机关局域网和广域网，实现部门之间通讯网络化、文件传输无纸化、信息检索和文件调档自动化。

公安管理信息系统，初步建成覆盖全市的公安信息通信专网和涵盖各项公安业务的计算机信息网络，建成了信息中心和机关局域网，完成350M连云地区1+2知灵无线集群通信系统的分基站建设，建成了指纹自动识别系统。

口岸信息管理系统，完成港区光纤城域网建设，路、港、贸、检主要单位均建立内部局域网，并实现了垂直系统的信息传递电子化和口岸各单位间部分实现了传递电子化，口岸电子执法系统的推广应用取得初步成效，有180多家外贸、生产和外商企业加入，口岸电子商务平台建设项目通过省批复。

劳动和社会保障信息系统，初步建成市级劳动和社会保障信息网络，养老保险、失业保险、医疗保险、工伤生育保险信息系统建设取得进展，初步实现全市社会保险管理信息化。

【企业信息化】

2001年，继续推进企业上网工程，截止年底，全市上网企业达9000多家，其中300多家企业实现主机托管和虚拟主机托管。上网企业覆盖全市各大行业，上网企业数占全市企业总数近50%。电子商务开始起步，开展了网上采购、网上招商、网上招聘等业务，为企业降低成本，拓展国内外市场起到了积极作用。去年全市外贸企业完成网上交易5000万美元，占出口总额的10%，促进了全市外向型经济的发展。继续加大利用信息技术改造传统产业的力度。积极开展三项示范工程活动，推进企业设计、生产、经营、管理的信息化，目前，全市CAD示范企业达20家，CAM示范企业5家，ERP示范企业2家。正大天晴公司推行了SLM供应链管理，杜钟氨纶公司推行了CRM客户关系管理和ERP、BPR业务流程重组。

【城市信息化】

2001年，新成立的市信息产业局会同市国土、规划、建设、城管等部门制定了GIS、GPS、RS为重点的基础地理信息平台方案，加快了以地理信息系统、卫星定位技术、卫星遥感为基础，对城市的规划和设施进行统一、高效管理的步伐。在社区信息化方面，积极加快宽带信息化小区建设步伐，新建宽带信息化小区11个，并且完成了所有新建住宅小区的光纤接入工作。启动了家庭上网工程，新增家庭上网用户3万户。

【信息技术研究】

2001年，连云港市依托在连科研机构和高新技术企业，在信息技术研究方面取得了丰硕的成果。中国船舶重工集团公司第七一六研究所完成了Compact PCI PII系列抗恶劣环境计算机、JYX加固液晶显示器、将网站与GPS、GIS、GSM技术相结合的WEG3G信息增值服务系统、信息家电电脑控制板的商品化开发、微型化A/D、D/A转换模块、智能交通管理系统、办公自动化软件、企业ERP软件等新技术、新产品的开发研究工作，部分新产品已经推向市场，获得了较好的经济效益和社会效益。连云港中电华威电子有限公司完成“SOP封装用环氧模塑料中试”科技开发项目，并与连云港硅微粉厂、连云港华洁树脂有限公司合作完成配套新产品（SOP环氧模塑料用硅微粉、SOP环氧模塑料用酚醛树酯）的开发研制工作。该系列产品技术水平已达到国内领先、国外同类产品先进水平，可以用于替代进口。

【信息化人才】

连云港市十分重视信息化人才的培养和引进工作。2001年，新增信息技术中级职称人员33人，高级职称9人。在校大专以上信息技术类学生达3468人。参加“计算机科学与技术”及相关专业自学考试有1020人次，23人获得了毕业证书。国家计算机应用软件资格（水平）考试共有560人报名参加，合格72人。组织公务员计算机基础知识培训17期，500多名公务员参加了培训。组织3.5万名教师参加“信息技术与教育”全员培训学习。

【信息化政策】制定实施了《连云港市政府上网工程管理办法》、《连云港市十五信息化发展规划》、《连云港市加快以信息化带动工业化的实施意见》。这些办法和意见的出台为信息化的推进创造了良好氛围。

【存在问题】

连云港市的信息化总体水平相对较低，与发展的要求和先进地区相比存在较大差距，发展中还存在着很多的矛盾和问题，主要表现在：社会对信息化的重要性认识不足，信息化对国民经济的重大发展作用尚未被人们普遍认识；信息产品制造业总体规模小，软件业还刚起步；通讯服务业的整体水平有待提高；信息技术推广应用的广度和深度不够，对国民经济的带动和渗透能力不强；信息化建设缺少资金和人才的有力支撑，对全局起带动作用的重点示范工程不多。

【2002年发展思路】

2002年连云港市信息化发展思路是根据国家、省信息化建设的总体要求，按照信息化建设“应用主导、面向市场、网络共建、资源共享、技术创新、竞争开放”的指导方针，结合连云港市实际，紧紧围绕十五信息化发展目标，组织全市各方面力量，高起点、高标准地加快信息基础设施建设，抓住面向全社会的有影响的关键性应用工程，以信息资源开发利用为核心，以信息技术应用为主导，大力发展信息产业，加强利用信息技术对传统产业的改造，着力以信息化带动工业化，大力创造良好环境，全面推进国民经济和社会信息化。

一、发展目标

2002年总的发展目标是：信息化基础设施投资6.5亿元，程控电话交换机扩容6万门，发展固定电话用户6万户、小灵通3万户、互联网用户4万户，移动电话GSM网扩容15万门、CDMA网扩容5万门；发展有线电视用户1.5万户；信息产业增加值达11亿元，增长20%，其中信息设备制造业增加值增长30%，信息服务业增加值增长15%。

二、重点任务

一是加快信息网络基础设施建设。主要是扩容本地网规模容量，加快宽带信息网建设。移动建设G网六期扩容工程、移动通信本地网传输二期工程、GPRS二期工程，完成基站的动力环境监控、防雷接地改造；联通建设C网二期工程、G网八期工程，建设综合通讯楼；电信扩容程控电话6万门，进行ADSL三期扩建工程，完成本地网ATM三期扩容工程；广电实施有线电视网改造。进一步加强协调，创造更好的环境充分发挥电信、广电、移动、联通、吉通等网络运行商的优势，形成优势互补，共同推进的局面，为信息化的加快发展奠定坚实的基础。二是抓好以信息化带动工业化，促进经济结构进一步优化。积极用信息技术改造传统产业，实施信息化示范工程，加快运用计算机辅助设计（CAD）、辅助制造（CAM）、企业资源计划（ERP）等，逐步提升企业的竞争力。重点抓好连云港中电华威电子有限公司、杜钟氨纶有限公司、正大天晴有限公司的"企业信息化工程"。继续推进企业上网工程，力争把全市70%的企业和80%的工业产品推上互联网。大力开展电子商务，建设一批专业示范网，形成一批创新中心、服务平台。三是积极发展信息产业，增强国民经济信息化动力。以华威、晶宇、恩佳升、福泰克、平河公司、东海硅微粉厂等电子企业为龙头，充分依托现有条件，发挥硅资源优势，将企业做大做强。组织研究硅微粉产业化基地建设方案和高纯、超细熔融硅微粉开发生产，大力开发新技术、新产品，拉长产业链，增强竞争力。加大新型电子元器件产品结构调整力度。继续发展专用型计算机、信息网络接口仪器、网络安全产品和GPS全球定位跟踪系统。加快建设省级集成电路封装材料工程研究中心和抗恶劣环境计算机工程中心。充分利用716研究所等单位的科研优势，争取发展一批具有自主知识产权、在国内市场占有一定份额的软件产品。大力促进信息服务业的发展，提高信息资源开发利用水平。四是加快推进重点领域的信息化。大力推进政府信息化。继续推进政府上网工程，在去年政府部门全部上网的基础上，推进政府上网工程向纵深发展，加快内部网络建设，构筑全市统一的政务信息平台和数据平台，为建立电子政府创造条件。积极推进社区信息化。建设信息化示范小区或住宅组团18个，加强信息化示范小区管理，改变宽带网开发无序、实施标准不一、宽带不达标的状况。继续实施"家庭上网工程"，积极优化家庭上网环境，降低上网成本，完善服务项目，丰富服务内容。五是加快骨干应用系统工程建设。继续抓好金融、财税、海关口岸、农林水利、科技教育、经贸、公安和社会保障等信息系统的建设。大力开发信息资源，建成一批数据库和信息系统。六是积极组织重大项目实施。主要有汾灌高速公路信息化工程、公路处信息化工程、公检法司网络中心建设、港口电子商务平台建设、水利信息系统、国土信息系统、国民经济信息网等信息化应用项目，电信、移动、联通等网络基础设施项目和华威、晶宇、平和、716所等电子企业的技改项目，组织研究硅微粉产业化基地建设方案。

（李振峰　林东）

建设陆桥信息中心　促进陆桥经济发展

——连云港市信息化建设特色

1990年9月12日新亚欧大陆桥实现全线贯通，1991年4月国务院生产委员会确定连云港市为新亚欧大陆桥东方桥头堡，1992年12月1日从连云港发出首列过境集装箱运输列车，标志着这条亚欧大动脉正式投入运营。连云港市作为亚欧大陆桥东方桥头堡，一直致力于陆桥运输和陆桥经济的振兴和发展，并相应形成了以新亚欧大陆桥国际信息中心为代表的陆桥特色服务体系和网络体系。

一、陆桥运输和陆桥经济发展促使陆桥信息中心应运而生

新亚欧大陆桥贯通后，连云港市在国家有关部门和沿桥省区的支持下，加强政策研究，积极组织货源，开展经贸合作，加强国际交流，完善相关设施，加快桥头堡建设，大力推进陆桥运输正常化运营和陆桥经济实质性进展。

一是积极组织过境运输。陆桥开通后，连云港市积极协助国家有关部门，圆满完成了首列国际试运任务，开通了连云港至阿拉山口和成都等地的“五定”班列，建立了陆桥运输卫星跟踪信息系统，相继开辟了6条国际集装箱班轮航线，分别与国外一批大公司建立了货物代理关系，稳定和扩大了陆桥运输货源。目前，连云港承担了陆桥开通后90%以上的过境运输业务。

二是开展沿桥经贸合作。本着服务陆桥、优势互补、共同发展的原则，大力开展与沿桥地区的经贸合作。近几年连云港市坚持每年举办由沿桥国家和地区参加的经贸洽谈活动。为进一步促进陆桥经贸合作，目前正在进一步完善连云港国际展览中心，争取为举办各类经济贸易洽谈活动提供良好条件，为沿桥国家和地区来连云港建立办事机构、兴办窗口企业提供优良服务。

三是加快交通设施建设。九十年代以来，连云港市先后完成了东陇海复线工程，连霍高速公路、同江至三亚高速公路连云港段，增开了至宝鸡、库尔勒、乌鲁木齐的直快和特快列车，密切了与中西部地区的联系，增强东方桥头堡的服务功能，推动陆桥经济带的加速发展。陆桥运输和陆桥经济的加速发展，陆桥影响的逐步扩大，对东方桥头堡提出了更高的要求，迫切需要东方桥头堡牵头构筑一条陆桥信息高速公路，以推动新亚欧大陆桥沿线国家及国内沿桥省市之间的经贸合作和科技文化交流，促进陆桥区域经济协调发展。在联合国开发计划署的支持下，国家计委、科技部、外经贸部等有关主管部门联合批复在连云港市成立国际性信息机构——新亚欧大陆桥国际信息中心。1997年1月，国家有关部委代表和联合国开发计划署、世界银行驻华代表处、日本世界规模社会基础研究财团等国际组织与机构的官员出席仪式，新亚欧大陆桥国际信息中心在连云港市正式挂牌成立。

二、陆桥升温和陆桥战略实施推进陆桥信息中心加快建设

近几年，随着陆桥的不断升温和陆桥战略的实施，国内沿桥省市纷纷围绕陆桥经济带的规划建设，不断加强学术研究，制定实施举措。连云港市在联合国开发计划署和国家有关部门、国内有关省区的支持下，不失时机地积极推进新亚欧大陆桥国际信息中心的建设，加速陆桥信息交流与传播。

一是完善信息中心功能。信息中心下设国际部、国内部、综合部、交流部、计通部、办公室等六个部门，拥有一批专业技术人才和必备的计算机软硬件设施，演示厅、培训基地、采编中心、主机房配套齐全。1998年6月，信息中心联合中西部10省区、30多个城市成立了新亚欧大陆桥国际信息网理事会，建设了新亚欧大陆桥国际信息网中英文双语版，创办了信息刊物《陆桥网信

息》。信息中心先后与欧洲、东亚、中亚等20多个沿桥国家和地区的有关机构开展了多方面交流与合作，1998年11月参加联合国开发计划署大陆桥项目欧洲四国考察团，交流网站建设情况，加快国际网站建设步伐。联合国开发计划署先后派遣三批国际网络专家援助站点建设，进行人员培训，提高了站点管理水平和技术含量。几年来的工作得到了国家有关部委主管部门的肯定和联合国开发计划署的认可，并被联合国开发计划署列入新亚欧大陆桥开发能力建设项目的援助单位。

二是加强陆桥信息服务。信息中心主要负责收集、整理、加工、发布沿桥各国、国内沿桥省市的政策法规、城市建设、区域发展、交通运输、文化旅游、投资机遇、资源利用、环境保护等方面的信息，运用现代信息技术形成沿桥各中心城市乃至全区域信息网络，以信息化推动陆桥经济带经济社会的全面发展。首先，把陆桥网办成国内沿桥地区对外信息发布的重要窗口。陆桥网中文版重点推介中西部10省区和30个主要城市的投资指南、招商项目、企业名录、人才市场、文化旅游等情况，以及沿桥35个国家概况、黄页、欧洲各国商会、国际贸易博览会、50万家企业名录等信息，每日发布联合国贸发会议贸易点发展中心开发和维护的全球性电子贸易信息近50条，西部大开发论坛栏目汇集了各级领导、专家学者研究西部开发文章和最新开发动态。英文版主要对外发布中西部地区开发开放信息，将大开发中的西部地区全面推向世界，让世界更多地了解西部。其次，把陆桥网理事会办成联系东中西部地区的经济信息协作组织。1998年6月国家四部委主管部门在连云港市召开“新亚欧大陆桥发展战略与信息网络建设工作座谈会”，会上成立了新亚欧大陆桥国际信息网理事会，通过了《新亚欧大陆桥国际信息网理事会章程》，选举产生乌鲁木齐、兰州、太原、西安、郑州、徐州、连云港等12个沿桥城市信息中心为副理事长单位，秘书处设在新亚欧大陆桥国际信息中心。1999年理事会工作例会在连云港市召开，通过了关于加强2000年沿桥城市信息交流的实施意见，2000年、2001年理事会又分别在徐州市和乌鲁木齐市召开。由秘书处主办、理事会各单位联办的《陆桥网信息》面向沿桥及中西部地区，传播西部大开发最新信息，宣传中西部发展优势，交流各地信息工作经验。2000年1月又与新疆铁道学会联合创办《大陆桥》杂志，对于宣传大陆桥发挥了积极的作用。

三是加强对外交流。新亚欧大陆桥国际信息中心成立几年来，注重与国际组织机构和沿桥国家的交往，相互间建立了良好关系。1997年5月，信息中心应邀参加了联合国贸发会议在日内瓦召开的“利用信息技术增进过境安排的效率”专家会议，作了题为“信息技术在新亚欧大陆桥（中国段）过境运输中的运用”的发言，引起与会代表极大关注。1998年4月，联合国开发计划署高级顾问马哈瑞塔来信息中心考察观摩了陆桥网。1999年4月，日本国际协力基金“新亚欧大陆桥构想考察团”来连云港访问，认为新亚欧大陆桥国际信息中心对沿桥国家和地区非常重要，愿意与信息中心进行广泛的合作。1999年7月，日本花甲志愿者协会专家应邀来信息中心讲学，并就信息资源收集、管理、利用等问题进行交流。1999年11月，中国·哈萨克斯坦新亚欧大陆桥专家考察团考察参观了信息中心，与信息中心达成信息交换意向。2000年1月，中日两国政府在日本东京举行大陆桥东京经济论坛，信息中心参加会议并介绍情况。7月，参加了在秦皇岛召开的新亚欧大陆桥东西部发展与合作战略研讨会，并作了专题发言。2001年6月，前去采访上海五国首脑会晤的中亚五国联合新闻代表团来连云港考察期间，参观了信息中心，并给予了极大关注。2001年10月，参加了在西安举办的新亚欧大陆桥区域合作国际研讨会。不断扩大的对外交往，有效地提高了信息中心的知名度。

三、西部大开发和经济全球化展示陆桥信息中心广阔前景

当今世界，知识经济初露端倪，科技进步日新月异，经济全球化进程加快，人流、物流、资金流、技术流、信息流等要素的流动越来越迅速。特别是西部大开发战略的全面实施，中国加入WTO，给整个陆桥经济带的蓬勃振兴带来难得的历史机遇。作为新亚欧大陆桥东方桥头堡，连云港市正在主动顺应历史发展的大潮流，积极抢占经济发展的制高点，千方百计加快信息中心建设，坚定不移地致力于信息服务与传播，努力在西部大开发大发展中继续发挥积极作用，为陆桥运输和陆桥经济发展作出更大的贡献。

第一，构筑陆桥信息高速公路。新亚欧大陆桥不仅改变了世界运输格局，而且对沿桥国家和地区的经济发展起着十分重要的推动作用，成为亚欧经贸交流与合作的纽带。连云港市正在努力适应世界经济信息化和西部大开发的新形势，进一步加强合作，在强化这条交通大动脉和经济纽带的基础上，以新亚欧大陆桥信息中心为龙头，加强信息基础设施建设，大力开发信息软件系统，培育和构筑一条信息大通道，形成以陆桥运输服务为特色、以招商咨询服务为重点、以千家万户生活服务为基础，能够大量、高速传输信息的“陆桥信息高速公路”。

第二，拓宽信息中心服务范围。继续加强与联合国开发计划署等国际组织的交流，密切与国家有关部委和中西部省市的联系，进一步搞好信息中心的软硬件建设，努力提供更为优质的服务。一是高质量发布招商引资信息。建设以信息中心网络为骨干网的高速大容量信息传递平台，在沿桥的荷兰、德国、俄罗斯、中亚五国等国家和地区建立联络处，在中西部10个省区中心城市建立分站点，重点建成招商引资与技术合作项目、企业与产品、价格与市场、政策与法规等四大数据库，促进国内沿桥城市与沿桥国家间的信息交流，实现陆桥经济带信息资源共享和综合利用。二是积极开展电子商务。探索引进新型互联网商业模式，提高网站技术档次和水平，促进沿桥中西部电子商务工程建设，开发中西部地区特色信息资源，吸引更多的企业、项目、贸易信息上网，使中西部的各类信息资源得到有效的充分利用。进一步开发沿桥35个国家信息资源，及时发布全球性电子贸易信息。三是高水平服务陆桥运输。争取铁路部门尽快健全陆桥运输监控系统，加快电子数据交换系统建设，逐步与沿桥各国联网，实现运输单据电子化，提高运输效率和减少制票造成的各种浪费，为货主及时查询货物联运过程中的信息提供服务。

第三，探索信息中心运营机制。本着社会化、市场化、产业化的发展方向，积极探索信息中心新的运行机制。一是加强与中西部地区的联系，争取各方面更多的支持，真正把信息中心办成陆桥沿线各省市共有共享的信息机构。二是加强与企业特别是科技企业、民营企业的联系，为企业提供对外宣传的舞台，招商引资的窗口，开拓市场的渠道，使信息中心的发展壮大与企业的繁荣兴旺系于一体。三是加强与外商的合资合作，利用信息中心和陆桥网潜在的品牌优势，积极争取国际组织与机构的支持，加强与国际风险投资公司联系，制定网站创业商务计划，争取风险公司投资，并通过与其他优质资产重组争取能够上市，不断把信息中心做强做大。

第四，加强信息人才队伍建设。建设好信息中心并充分发挥其作用，必须高起点加强人才队伍建设。最近连云港市制定实施了建设三支队伍、构筑人才高地的意见，对引进高层次人才、特别是高科技人才包括网络信息人才制定了一系列优惠政策。现在正在认真落实这些政策，面向全国高校毕业生和回国留学生，争取引进一批高素质网络信息人才。同时利用信息中心设备先进、功能齐全的培训条件，定期聘请国际网络专家，举办互联网最新技术、网站经营管理讲座，为社会培训网络技术、信息采编专业人才，促进信息服务业发展。

第五，加快建设连云港区域性国际商务中心。江苏省政府确定将连云港市作为全省三个区域性国际商务中心之一，并已进入实质性建设阶段。建设区域性国际商务中心，目的就是促进“西部大开发”、“经济国际化”、“区域共同发展”战略的有效实施，依托连云港的基础设施，建立高效完善的服务体系，为中西部省市及江苏省苏北地区搞好服务。连云港市正在以新亚欧大陆桥国际信息中心为载体，全面运作商务中心，真正建立起高效、规范、完善的服务体系，进一步丰富信息中心的内涵，提高信息中心的服务能力和水平。

（李振峰　林东）

淮安市信息化事业发展概况

【本市概况】

淮安是一代伟人周恩来总理的故乡。现辖清河区、清浦区、楚州区、淮阴区、涟水县、盱眙县、金湖县、洪泽县8个县区，总人口510万人。淮安市是苏北重要的农副产品生产基地，盛产粮食、蔬菜、生猪、水产、家禽、林果等产品；交通便利，宁连、宁徐、徐淮3条高等级公路及京沪高速，新长铁路均贯通交汇于淮安市。

【基本情况】

2001年，淮安市信息化工作受到了市委、市政府的高度重视，6月份召开了全市信息化工作会议，会议总结交流了全市信息化建设取得的成绩和经验，分析了当前面临的形势，部署了信息化工作的重点。在2001年，加大了信息化基础设施的建设，加速信息产业的培育和扶持，大力推进信息技术在各个领域的应用，产业结构进一步优化，大力推进国民经济和社会信息化，以信息化带动工业化、农业产业化，促进城市化、外向化，全面提高淮安市的经济素质和对外形象。

【工作机构】

淮安市1997年就成立了淮安市信息化工作领导小组，由原淮安市市委常委、常务副市长黄天汉担任组长，现由市委副书记、常务副市长丁大卫任组长，下设办公室。办公室是领导小组的日常办事机构，设在市计划委员会，由计委主任兼任办公室主任。主要职责：研究制定全市信息化工作的方针、政策，组织协调有关法规、规章的起草工作；组织拟订全市信息化的发展总体规划以及分阶段实施方案，监督、检查规划方案的实施；组织协调跨部门、跨地区、关系到经济社会发展的重大信息工程项目的建设，协调指导重点地区的信息化建设工作，在统筹规划下，对重大信息工程项目的立项、可行性研究、开工建设提出意见；组织研究全市信息化建设中涉及的关键技术，协调有关单位做好标准化和网络互通工作。

【工作部署】

（1）不断完善信息化基础设施建设；

（2）大力推进企业信息化进程；

（3）积极推进“网上政府”建设，完善城市服务功能；

（4）积极发展有地区特色的电子信息产业；

（5）突破农业信息化，形成淮安市农业产业化的新特色。

【通信网络】

经过多年建设发展，淮安电信已初步建成了较先进的信息通信基础网络。在骨干传输层，已经建成了大容量，数字化、覆盖所有县（区）和乡镇的光缆网络，传输网光纤累计达18000芯公里，同时具有自愈保护功能，实现了双路由传输，为各种业务提供了安全、高效的传输平台。建成了近20个622M和2.5GSDH光纤数字传输系统，在市内形成了南、北两个SDH骨干环路。

在接入层，淮安电信在“户线工程”和“杆线到村”的基础上，又连续多年大规模实施了光纤接入网工程。全市光纤接入网累计达3万芯公里。城市内部用户光缆网纵横交织、四通八达，并已大部分埋入地下。光纤节点更加接近用户。全市党政军机关、企事业单位、发达乡镇光纤接入到位率为100%，城市居民小区光纤通达率为90%。

在交换层，已建成局用电话交换机95万门，出局线对130万对，同时，加快网络宽带化建设，建成了宽带IP城域网。

在维护支撑层，建成了全市的数字同步网、七号信令网和强大的电信管理网，实现了对传输、交换以及各个专业网络的实时监控，使网络的运行更加安全、高效。

在信息业务网络方面，建成了规模庞大的多媒体通信网，为政府上网、企业上网、家庭上网提供了安全、可靠、宽带化的保证。市到省出口总带宽达5000M。已经可以实现帧中继、高速局域网互连、会议电视等宽带业务。

信息基础网络建设，有力地推动了电信业务的发展和信息化水平的提高。全市已实现行政村村村通电话，固定电话用户达到63.5万户，电话主线普及率达到13.1线/百人，其中市区达到32线/百人，同时投入4000万元，建成覆盖市区的无线市话（小灵通）网络。

为了更好地以信息化带动工业化，为富民强市铺路搭桥，在资金非常困难的情况下，投入了5000万，建成了淮安宽带IP城域网骨干部分，采用世界先进的路由交换和光纤传输技术，网络内部以全光纤连接，末端通过五类线延伸到用户端，用户只需一块网卡就可以方便地接入宽带网，客户投入低，而速率则比电话拨号上网方式提高了200倍；在市区富淮园等十个点完成了宽带接入到户的建设，用户在家就可以享受到10M带宽所具有的便利和快捷，领略宽带带来的风采。

无线移动通信网络基本覆盖全市，已拥有移动通信用户22万户，GSM实现900M和1800M频自动切换，基站304个，中国移动基本实现了无缝隙覆盖，网上增值业务正逐步展开。

淮安移动通信分公司不断加快移动通信基础设施建设。2001年完成G网5期扩容工程，新增MSC1个，GW1个，HLR1个，基站64个；启动G网6期扩大容工程，新增MSC2个，GW1个，HLR2个，基站30个，载频600个；启动GPRS工程，新增多基站子系统快速分组服务器一套，核心网SPSM一套，五个基站控制器软硬件升级，多个基站升级改造，容量由6000户扩大至50000户。

【广播电视网络】

全市的有线电视网络不但扩大了规模，在逐步进行光纤化改造的同时，还开通了具有因特网接入、视频点播等功能的有线电视宽带综合业务。全市所有县（区）城区建立了有线电视网络系统，已建成市县光缆专用数字化宽带传输网，采用SDH传输方式，总传输速率2.5G，每个县还配备了3个2Mbit的数据传输口，可正传12套电视节目，回传2套电视节目。全市县到乡的广播电视光缆传输网联网数已占总数的35%，金湖县已实现县乡的光缆联网，在县到乡的广播电视光缆网路上分别建成了CATV有线电视平台和宽带综合数据信号平台，并采用综合覆盖的方式（有线和微波）实现了村村通有线电视。盱眙县和涟水县利用MMDS全向微波已实现了乡乡通有线电视，并正在积极加快县乡广播电视光缆传输网的建设。洪泽县除老子山镇外已全部实现了广播电视光缆联网，淮阴区、楚州区接近一半的乡镇已实现了广播电视光缆联网。全市的有线电视用户已超过18万户，光缆联网的用户都能收看到26套以上的电视节目。

【信息设备制造业】

淮安市经济相对全省而言较落后，信息设备制造业基础薄弱。一方面“八五”、“九五”期间，淮安市电子信息产业由于缺乏大资金投入、大项目支撑，未能形成行业龙头；另一方面，淮安市电子信息技术研究和开发力量薄弱，人才少而散，无专门研究和开发机构，直接影响了全市信息产业的健康发展。淮安市信息设备制造业主要是制造一些粗加工以及少数具有科技含量的信息产品，如电线电缆、光缆、仪器仪表等。淮安无线电元件厂叠陶瓷片式电感器、市无线电元件三厂新型片式热敏电阻、市仪器仪表厂智能化电源和智能化仪器仪表、金湖热工仪表、辐射交联电缆、智能化控制机柜等产品，都是具有一定科技含量的信息产品。淮安八方电缆厂生产的光缆在国内市场占有一定的份额。

【软件业】

从事软件业的企业较少，软件开发起步较晚，但起点较高，已有了较好的开端。远景科技开发有限公司被省科委认定为全省首批软件制造企业，该公司开发的房产产权信息管理系统、医疗保险管理系统等相关的应用软件，通过了省科委软件产品的论证，已投入正常应用，将在江苏省系统内推广。淮安万联电子商务网络有限公司也具备了一定的软件开发能力，可为全市“政府上网”、“企业上网”提供网站申请、网页制作、发布、更新、维护等服务，还可为企业开展电子商务活动提供技术支持。房管局成立的全市首家开发房产软件的专业公司——冲浪房产科技公司，相继完成了“淮房中介贷款业务管理系统”、“住宅小区物业管理系统”、“淮安市担保公司档案管理系统”、“冲浪房地产经营与管理系统”等软件的开发，应用情况良好，受到客户的高度评价。在此基础上，又逐步向教育业和中小企业渗透发展，相继开发了“冲浪中小型企业管理系统”、“冲浪校园信息管理系统”等系列软件产品，并分别成功应用到豪门内衣进销存管理和清浦中学、第四中学、第八中学、城建中专的多媒体教学中，获得较高的评价，也取得了较好的经济效益。尤其值得一提的是用5个月时间独立开发成功淮安市房产超市信息系统，为实现数字房产超市提供了可能，属省内独家推出。该系统包括商品房销售管理、房产中介管理、多媒体查询和电子显示屏滚动显示等4个子系统，进入房产超市的26家企业分别使用相应的子系统，并通过局域网连接在一起，市场外的企业也可以通过简单拨号连接方式实现远程数据实时更新，从而将市区全部商品房、二手房、房屋租赁信息集于一市，消费者只要在超市里的任何一台电脑上查询系统就能浏览到全部信息。

【信息服务业】

经过几年的发展，全市信息服务业已形成以通信服务、计算机技术应用服务、信息咨询服务为主的新兴服务行业。目前，全市从事信息服务业的已有600多家，从业人员近万人。信息产品市场建设步伐不断加快，已形成健康西路电子信息一条街，引河路计算机应用服务集中区，淮阴电子市场和清中电子市场，其中健康西路主要是经营电脑产品、通信产品、办公用品和系统集成、网络设计、软件开发等，引河路主要是打字、复印、广告设计、会标制作等。淮阴电子市场和清中电子市场主要经营各类电脑散件、耗材、电子音像产品等。

【信息资源开发】

结合本市实际，重点开发和利用本市信息资源，先后建成了本市人才信息库、科技成果信息库、专业信息库、物价信息库等一批数据库，相当一部分数据库接入互联网，可实现网上直接查询。

淮安专业技术人才信息库是由市人事局和市科技局联合开发，是一个支持WEB查询的基础人才数据库。该库收集全市具有中级以上专业技术职称的所有人员信息，为各类专业技术人才查询提供有效的手段。科技成果信息库收集历年来通过科技部门鉴定和验收的科技成果，通过该库可了解全市历年来各类科技成果，为把科技成果转化为生产力提供了全新的技术手段。骨干企业商情数据库收集了全市骨干企业概况，需求产品以及企业的主要产品等方面信息，为外地人了解淮安企业情况提供了有效途径。

市环保局在网上发布了环境统计、排污申报数据查询、空气质量日报、地理信息系统空间数据查询等环境信息，初步实现环境信息资源的共享，提高了环境信息资源的利用水平，为决策层提供了信息支持。

【信息技术应用重点工程】

华能淮阴电厂CIMS工程项目于1999年7月获国家科技部批准，正式立项为国家863/CIMS应用示范工程，是华能系统电力企业唯一一家国家级示范工程。2000年8月通过江苏省科技厅组织的验收，2001年3月被科技部命名为“国家863计划CIMS应用示范企业”。华能淮阴电厂CIMS应用示范工程主要由DCS、ERP、OA三大分系统组成，覆盖了全厂的生产过程控制和生产、经营管理、物资管理、燃料管理、人力资源管理、质量控制以及办公自动化等全厂所有业务流程的主要功能和主要方面。DCS分系统主要完成生产过程自动化，实现发电生产自动控制。ERP分系统使用的是由江苏华能发电有限公司与金思维信息技术有限公司联合开发的，符合现代企业管理模式，以电力企业生产方式为特色的ERP分系统，通过完成生产、燃料、安全监察、设备、财务、质量等信息的管理，实现以ERP为核心的企业信息流、物流、资金流的有效集成。OA分系统是一个覆盖全公司的办公自动化网络，主要实现企业内部的办公管理，包括收文、发文、电子公告等以及收发文的自动管理和归档。同时，还实现了与华能集团及省电力公司所有单位的电子传送。

通过实施CIMS，提高了管理水平，实现了生产过程自动化，实现了发电生产自动调度，发电机组的经济性也有较明显的提高，员工素质也得到了提高，降低了经营成本，提高了企业综合竞争力，为企业创造了良好的经济效益，年综合效益在1500万元以上。

淮阴卷烟厂CIMS是全国烟草系统唯一的863计划示范工程，2000年底通过了国家烟草局以及国家863/CIMS主题专家组的验收，被国家科技部确定为国家863/CIMS应用示范企业。

系统由生产过程控制系统、物流管理与控制系统、能源动力监控系统、工业数字监控系统、网络系统、综合查询与决策支持系统、ERP系统、计算机辅助配方设计与管理系统、质量保证系统、办公自动化系统构成。

通过实施 CIMS，实现了企业信息共享，缩短了数据处理周期，有效提高了企业的管理水平和工作质量；有效地控制与降低了企业生产成本，强化管理，促进效益高速增长，通过分析与计算，项目建成后年节约配方成本 1200 万元，减少材料报废损失 2000 万元，减少原料库耗 600 万元，提高原料养护质量增效 6000 万元，优化结构增效 10000 万元，节约流转费用 1800 万元；使企业从传统的管理模式逐步转变为目前的科学化管理，整个生产经营达到充分协调；项目的实施促进了企业人员素质全面提高，整体竞争力大大加强。

【政府信息化】

市委、市政府建立了连接省及各县（区）内部网，实现了公文流转、内部信息交换的网络化。政府上网工程进展顺利，目前淮安市市、县（区）政府全部上网，上网政府部门达 285 个。市政府、工行等金融单位、公安、税务、工商、水利等部门都已租用电信局的骨干传输网，与电信局多媒体网相连。并且市政府和各县（区）政府均已在网上设立站点，并在网上提供了政务动态、部门职能、办事程序等栏目，增加了政府工作的透明度。市国税局、房产局是“政府上网”的典范，通过网上报税系统、房产交易系统的建设，提高了办事效率，增强了行政透明度，方便了企业与群众，改善了政府形象。

【行业信息化】

市供电局建成一个覆盖全市供电系统的管理信息网络。该网络以 ATM 为依托，市区变电所环网、跨行实时电费结算系统、县——市企业互联网、县——乡信息网、220KV 及以上变电所均采用光缆连接，同时提供远程拨号、市——县程控交换机联网、IP 电话、视频监控等应用服务功能。

市文化局建成内部局域网，实现机关信息共享、缩短公文处理周期，有效提高机关的管理水平和工作质量。加大职工信息化应用能力培训，提高职工的信息化应用水平。实行档案管理信息化，通过局域网向职工提供档案、资料（无密级）阅览等服务。

市教育局抢抓机遇，加快实施“校校通”工程。一是制定发展规划。市教育局制定下发了《淮安市 2001——2005 年实施“校校通”工程规划》，对教育信息网络环境建设原则、标准和完成时间作出明确要求。二是争取政策支持。市政府教育信息化领导小组和市教育局、市政府采购中心还出台了市教育信息化工程招标有关政策，吸引商家投资淮安市教育信息化建设。

市劳动和社会保障局在劳动力市场、医疗保险等信息化工作方面取得了突破性进展。2001 年淮安市劳动力市场信息网正式开通，市职介中心与清河、清浦、淮阴三区实现了实时联网，与其它五县（区）实现了电话拨号联网，全市公共职业介绍服务机构均实行计算机前台服务。市医疗保险计算机网络系统与全市各定点医疗机构通过广域网联接，目前已与一院、二院、三院、四院、八二医院、妇幼保健院、中医院、一院分院、机关医院通过 DDN 专线连接，能够实时交换信息。

市气象局建成覆盖全市、功能较全、安全可靠的七大信息网络体系，即信息传输网，为农服务网，气象监测网，决策服务网，公众服务网，灾害性天气联防网和人工影响天气服务网，形成了淮安气象信息网络。

市交通运输部门不断加大投入，加快交通信息化的步伐。京沪高速公路淮安段的通讯、收费、监控等三大信息系统建设，在国内处于领先水平；港监、运管等行业管理部门结合“公示制”，建成行业管理信息系统，并通过触摸屏、大屏幕显示屏等手段实施公示，港监采用了 GPS 卫星定位系统对船舶进行航行安全管理。

市国税局结合国税工作实际，不断加快税收信息化建设进程。一是税收征管业务实现集中管理。通过 DDN 专线、帧中继技术和无线网等方式，全面建成市、县（区）和各专业职能局（分局）三级畅通、信息共享的计算机广域网，并且与国家税务总局、省国税局网络相连，将所有征管业务集中在一个平台处理，初步形成了征管信息数据集中处理和高效运行的涉税数据库，大大提高了信息资源开发利用水平和税源监控水平。二是涉税信息数据实现内外对接。利用国家金税工程系统，将外部企业的涉税信息与内部管理信息对接；利用因特网，建立国税网站，开发网上申报软件，将外部企业的申报信息、发票信息与内部管理信息对接；利用外部门的网络资源，改变个体户按月上门申报纳税的方式。三是税收征纳行为实现有效监控。初步实现了“人管人”、

"制度管人"、"机器管人"的有机结合。四是税务行政事务实现信息化管理。依托内部网络优势，全面运行办公自动化系统；依托万道题库，提高全体税干的业务素质；依托市局人才库，建立优秀人才脱颖而出的竞争激励新机制。

市地税局从淮安市地税系统实际出发，积极稳妥地推广使用新征管信息系统，及时成立推广应用领导小组，全面推广高平台软件。完善计算机系统，有的放矢更新和升级计算机设备，通过市政府采购中心公开招标，购买了700多万元的设备及相应软件。建立全市地税系统的广域网，并在此基础上完善主体平台建设，建立数据实时传输，包括音频和视频实时通信的信息高速公路，整个网络采用环路建设，为52个基点开通2M的光纤线路，为地税局现有办公电话提供长话200IP业务和广域虚拟网功能，实现淮安地区地税系统内通话免费，在此网络基础上，建立一个数据中心。适应多方面需求，组织相关技术和业务人员完善和开发软件，对淮安市地税网页全面更新，并大力开发与征管信息系统配套的外挂软件。

市环保局以日本援助项目为主线，抓住机遇，开拓进取，精心组织实施日本援助项目，城市环境信息建设项目共投资201万元，圆满通过日方和国家环保总局的项目现场验收。完成了基础数据库的转换工作，包括环境统计数据库和环境质量监测数据库，完成了地理信息底图制作，初步实现由地图查数据及由数据查地图的工作，还完成了统计图的制作。完善环境网络建设，加大硬件维护，加快网站建设，注重网上宣传，充分发挥互联网作用。

市农业局全面完成农业局系统信息网络建设。对农业信息网络建设进行了具体规划，制定了切实可行的方案，增加了软硬件的投入，并对信息资源进行了全面收集整理，全面建成了市、县（区）农业局局域网，并建成了市、县（区）级农业网站，达到了具有接收和对外发布信息的功能，信息资源共享已全面实现。

市司法局已成功应用了"148"法律服务、人事档案及劳资管理、行政装备管理、财务管理、律师、公证员、基层法律工作者数据库管理等一系列系统软件，其中"148"法律服务是司法局信息化工作的一项重要内容。"148"法律服务专线工作平台，是一个多媒体通信语音平台。该平台主要作用是解答法律咨询，普及法律及政策知识；接受服务要求，提供法律服务与帮助；协助调解民间纠纷，防止矛盾激化；沟通部门关系，协助处理有关问题；掌握社情民情，当好党政参谋；接受社会监督，搞好队伍建设。"148"法律服务专用电话开通以来，面向社会和广大人民群众提供便捷高效的法律服务，较好地发挥了"上为党委政府分忧、下为黎民百姓解难"的职能，得到了地方党委、政府的肯定和人民群众普遍赞誉。

市房管局1997年上半年与南京大学联合开发成功住房公积金电话查询系统和磁卡条码查询自动打印系统，处于全省领先水平，部分性能指标在全国领先。目前，全局主要业务均已实现微机化管理，特别是房产超市信息系统的开发应用，为管理信息化奠定了扎实的基础。现已建成2个主要业务单位的局域网和1个房产超市局域网，开发并应用17个业务子系统。房产管理信息系统，不仅解决了无纸化办公、档案录入、查询把关和统计功能，还实现了服务期限黄牌警告和红牌加急的提示功能、过程控制功能、图库联动功能和以图管房功能等。还独立开发成功淮安市房产超市信息系统，为实现数字房产超市提供了可能，属省内独家推出。近几年，共投入了500多万元用于信息化建设，人均达2.5万多元。

金融系统坚持"业务发展，科技先行"的战略方针，以加强计算机安全为核心，以网络平台的建设、支付清算体系的完善、新兴业务的拓展和办公自动化为重点，继续大力加强信息化建设工作。人行、工行、农行、建行、中行、农发行、商业银行分别对自身的网络系统进行改造，以保障各项金融电子化业务安全高效地运行。

【企业信息化】

企业信息化工作全面启动，上网企业已经达1万家，企业内部信息网络建设进程加快，以计算机辅助设计（CAD）、计算机辅助制造（CAM）、计算机集成制造系统（CIMS）、计算机辅助工艺流程重组（CAPP）、企业资源计划（ERP）为代表的信息技术和网络得到广泛应用。华能淮阴电厂CIMS工程项目和淮阴卷烟厂CIMS项目是信息技术应用重点工程，都是国家科技部确认的国家863/CIMS应用示范工程。江苏清江电机股份有限公司的CAD、CAM系统获得省部级奖励，通过CAD、CAM，提高了产品设计与创新水平，缩短了产品从设计、开发到试产、定型生产的周期，能及时适应市场的变化，降低了成本，强了企业竞争力。洪泽县瑞特电子设备有限公司于2001年4月开始启动企业信息化工程。首先使企业领导人以及相关人员深刻认识到，信息化项目是一个管理项目、一把手工程。完善了企业内部的局域网，在机械结构和电子电路设计方面都应用了计算机辅助设计，极大地提高了产品的设计和开发速度，同时也使产品的产量和质量得以进一步提高。辉煌公司是我国最大的太阳能研究、生产、营销的科技型企业之一。2001年公司投入巨资为技术开发部门配备CAD系统、单片机开发系统，并培养了一批精通系统使用与管理的人员。目前系统已全部投入正常使用，缩短了产品的开发周期，提高新产品研发效率，解决了过去手工绘图效率低、涂改繁、效果差的弊端，大大改善了产品的设计效果和产品质量。江苏今世缘酒业有限公司应用企业管理软件实现销售、仓存、生产、财务等基层环节的系统功能，彻底地解决了企业的基础管理问题，从而提高系统内部数据传输的精确性、可靠性和安全性。以业务流为导向优化业务方式，使产、供、销连贯起来，财务处理和业务处理一体化。应用电子商务实现网上物资采购和销售，交易过程采用网上签约，网下支付和执行的方式。一拖清江拖拉机有限公司、江苏清棉集团有限公司、江苏清印集团、江苏安邦电化有限公司、江苏双合化工股份有限公司等企业都实现了内部局域网，财务管理系统信息化，运用CAD设计产品，缩短产品研制周期，加快产品更新换代的步伐，增强公司产品的市场竞争力，通过互联网宣传自己、开拓市场。

【城市信息化】

城市信息化具体表现在公用服务事业信息化方面。富淮园是淮安市唯一的省级信息化示范小区，具有现代化水平的物业管理信息系统和宽带接入功能，为小区住户营造了一个舒适、整洁、安全的居住环境。市公交公司的公交IC卡乘车服务与管理系统是淮安市城市信息化的“亮点”，也是全省公交系统信息化的先行者。市电信公司在全市大街小巷大力发展无人值守IC卡公用电话，每50米就有一个IC卡公用电话。市供电局跨行电费结算系统已在全市推广运用，跨行系统已和市区工行、建行、农行联网运行，营业所和六个县（区）局实时在线收费。

【信息技术研究】

淮安市信息职业技术学院结合自身实际和发展的需要，积极加快信息技术研究的步伐。2001年，该院先后开发《立体图形几何画法》、《电子技术教学软件》、《组合体》、《单链表操作》等近20个多媒体教学课件。在首次举办的多媒体教学课件评优获奖的基础上，初步建成了网上课件库。《空间图形画法演示》多媒体课件参加由教育部组织的评比，获三等奖。淮阴工学院加强科学研究，开展社会服务。他们结合自身优势开发了教学型柔性制造系统（FMS）；橡胶硫化微机控制系统；高炮模拟训练器；电网品质估计及补偿方案研究；玻璃钢管生产线微机控制系统；纤维缠绕机准微机控制系统；市城建档案馆监控系统；公安行政处罚系统；沂淮高速公路路政管理系统；船闸船舶调度系统等具有较高价值的科研成果20多项，其中教学型柔性制造系统（FMS），居国内领先水平，获省科技进步三等奖，“高炮模拟训练器”获省军区科技练兵一等奖；橡胶硫化微机控制系统等技术成果被推广应用到全国许多省份。

【信息人才培养】

人才是信息化建设的根本。入世后，人才竞争将更加激烈。淮安市采取有力措施，多种形式，多种渠道，加大培养和吸引人才的力度，抓住世界信息产业结构调整的有利时机，积极吸引人才来淮工作，提高信息产业队伍的整体素质。首先，制定优惠政策，引进高层次人才。二是在全市范围内普及信息技术，提高计算机的应用水平，开展计算机知识的普及教育和应用技能的培训和考核。在政府机关公务员、企业事业单位领导者和经营管理人员、大中专学校的学生、中小学生以及下岗职工中都广泛地普及计算机知识，提高他们的计算机应用技能。三是积极培养专业技术人才，淮阴工学院、淮阴师范学院和淮阴信息职业技术学院强化计算机专业的建设，使之成为培养信息技术人才的基地。四是淮安市电大组织全市的江苏省计算机应用能力的培训和考核，淮安市人事局组织全市国家公务员计算机办公自动化应用能力的考核和全市企事业单位专业技术职称的计算机应用能力的考核，淮安市电振办组织全市全国计算机等级考试。每年全市参加各类考核人员多达万人。

【信息化政策法规】

目前淮安市还没有出台有关信息化方面的政策法规。随着信息化的发展，必须加强信息法制建设，为信息化发展营造良好的氛围。按照国家有关法律法规，结合淮安实际，对信息产业重点发展领域、信息市场规范、信息安全保密、知识产权保护、投融资渠道、人才培养、技术引进等进行研究，作出规定，为信息化建设提供宽松的环境。加大行政执法力度，维护市场竞争秩序，坚决查处和制裁信息化建设、经营、服务中的各种违法行为。制定信息安全保密措施，建立和健全安全保密责任制，依法打击危害社会安全的犯罪活动。加强网络道德教育，规范网络行为，严格网吧管理，为青少年营造健康的网络环境。

【主要成就】

淮安市信息化工作在市委、市政府的重视和领导下，市各相关部门密切配合，通力协作，采取有力措施，加大落实力度，全市信息化工作已经与全省同步起动并取得了显著成绩。

在信息化发展战略方面，市计委结合淮安市实际，制定了《淮安市国民经济和社会发展信息化第十个五年计划》，明确了“十五”期间淮安市信息化工作的目标、任务、战略重点；市科技局紧紧抓住以信息化带动工业化主题，委托清华大学专家完成了《发挥后发优势以信息化带动工业化的战略研究》，提出了很好的建议和措施；市经委“企业上网”工程也有声有色，这些对淮安市的信息化的健康发展起到了指导与推动作用。

在信息化基础设施建设方面，市电信局已经完成了骨干传输网、接入网、交换层、维护支撑层和信息业务网的公用数据通信网建设，为城市宽带IP网建设奠定了基础，并实现了农村乡乡通光缆；移动通信公司和联通公司在对现有网络进行完善的基础上，正在分别建设具有国际先进水平的GPRS网络、CDMA网络；有线电视网络不但扩大了规模，在逐步进行光纤化改造的同时，还开通了具有因特网接入、视频点播等功能的有线电视宽带综合业务。

社会信息化进展顺利，企业信息化工作全面启动，上网企业已经达1万家，企业内部信息网络建设进程加快，以计算机辅助设计（CAD）、计算机辅助制造（CAM）、计算机集成制造系统（CIMS）、计算机辅助工艺流程重组（CAPP）、企业资源计划（ERP）为代表的信息技术和网络得到广泛应用；“网上政府”工程进展顺利，全市已有285个部门在网上设立网站，为市民提供政策法规、办事程序、政务动态等咨询与服务，方便了群众；“家庭上网”方兴未艾，全市上网家庭达35000户，城市居民区光纤接入率达90%；“金卡”、“金税”、“金关”以及工商、质监、教育、农业、科技咨询等专业信息系统也初具规模。此外，软件制造业、信息传播服务业等开始起步，为信息技术的推广应用奠定了基础。

【存在问题】

在看到成就的同时，我们也要清醒认识到，与先进地区相比，与全省平均水平相比，淮安市信息化水平还较低，有的指标甚至低于全国平均水平。主要存在以下薄弱环节：一是信息资源和设施的开发利用率不高，信息市场发育水平较低，社会对信息及其服务价值观念淡薄；二是电子信息产业基础薄弱，未能在产业升级中发挥应有的倍增作用和乘数效应；三是信息技术对改造传统产业的应用广度和深度不够，带动作用不强；四是资金缺乏，人才短缺，特别是软件专业人才更少，成为淮安市全面推进信息化建设的主要障碍。

【近期目标】

（一）建设“数字淮安”的指导思想、总体思路及基本原则

指导思想：以党的十五届五中全会精神和国家十五计划纲要为指针，以全面贯彻落实省政府《关于加快国民经济和社会信息化的意见》以及全省信息化工作会议精神为重点，按照跨越式发展的要求，全面启动淮安市信息化工作，大力推进数字技术、信息技术和网络技术在淮安市国民经济和社会事业中的应用，发挥“后发优势”，以信息化促进和带动淮安市城市化、工业化和现代化。

总体思路：坚持政府引导，应用主导，网络共建，资源共享。“数字淮安”重点建设应用层，充实完善基础层，营造发展支持层。着力加快公文处理、决策辅助等系统应用的政务领域信息化，工业企业“4C + E”、农业产业化、物流配送等系统应用的经济领域信息化，城市空间地理信息、智能交通管理等系统应用的城市建设与管理领域信息化，网上教育、综合便民服务等系统应用的公共服务领域信息化的建设。着力推进新技术的应用和电信、广电、计算机三网融合，完善宽带

城域网；建设纵联国家、省、市、县（区），横联市直党政部门的安全、高效的政务网（内网）；搭建政府网站（外网），建成能够提供个性化服务和综合数据处理能力的数据中心，即“三网一中心”的硬件建设。着力营造领导重视、全员参与、技术支持、政策服务的外部环境。

基本原则：按照国家信息化建设“二十四”字方针，“数字淮安”坚持一步规划，分步实施，避免重复建设、减少低起点投入；政府引导搭建主体框架，全社会参与，新建和整合并举；以政务信息化为龙头，全面启动，重点突破；核心部门、有条件有积极性单位先上，整体推进、系统优先，区域与亮点齐抓，不断促进淮安市国民经济和社会发展信息化。

（二）今明两年建设“数字淮安”的主要目标

今明两年重点实施“11216”工程，即整合1个网站，建成1个数据中心，组好政务和宽带两张网，建成10个信息化示范系统和6个信息化示范“亮点”。“11216”工程的实施，将在淮安市的政府部门、企业、家庭和公共服务等领域，初步实现部分职能、功能和服务的信息化、智能化、网络化，在一定的区域展现“数字家园”的雏形。

1. 整合一个“中国淮安”网站

“中国淮安”是淮安市政府统一的、规范的、权威的网上“窗口”，它既在世人面前展示淮安形象，又为政府实现网上办公、政务公开以及与市民沟通架起桥梁，还为广大市民、企业和投资者提供便捷的办事通道。为此，在市信息中心建设网站的基础平台，全市各级政府部门都必须在此平台上建立子网站或与它实现链接，建立相应的管理机制，保证网上信息的真实及时、网上办公的规范高效、网上办事的简便可靠和网站的安全运行。同时对现有部门网页、网站进行全面规范。

2. 建成和完善一个数据中心

为了能为各级领导提供个性化服务，在市信息中心建设具有高效信息处理能力的硬件平台，同时各有关部门通力配合，逐步建立国民经济综合数据库、工业经济运行质量数据库、农情数据库等若干数据库。数据中心前期实现数据交换功能，后期建成“数据仓库”，并提供个性化服务。

3. 初步建成并完善政务网和城市宽带传输网

初步建成政务网（内网）框架。以市信息中心所建数据中心为中心节点，结合国家国民经济纵向网建设，初步实现市政府大院局域网的组网和院外部分市直部门及八个县区政府的联网，其中对院内未联网的单位完成布线到户。同时筹建网管中心，统一管理IP地址设置、个性化服务、网络安全和维护等。

完善城市宽带传输网。积极应用多媒体技术和高速无线传输接入技术，在统一规划和组织协调下，电信局、广电局、联通公司、移动公司和网通公司同时加快城市宽带骨干传输网和宽带接入网的建设，积极推进电信、广电、计算机三网的互联互通和互相融合。对于市区行政办公楼、商务楼和大中型企业，逐步实现“千兆到大楼，百兆到层面，十兆到桌面”，市区现有32个小区中50%基本实现“千兆到小区”，今后所有新建的住宅小区实现“千兆到小区，百兆到楼宇，十兆到家庭”的目标。

4. 初步建成10个信息化示范系统

（1）公文处理系统：今年先在市委办、市府办及计委实现部门内部的公文网上流转，明年所有政务网联网单位实现部门间公文的网上传送和“无纸化”通知。

（2）决策辅助信息系统：市委办、政府办和计委率先实现综合经济信息的网上传输及个性化服务，市经贸委、财政局、国税局、地税局、统计局、人行等有关联网单位提供相关个性化服务内容。

（3）行政审批信息系统：部分部门先在内部实现审批程序末端的信息化，逐步实现与市审批中心资料信息无纸化传递和网上审批。

（4）城市地理信息系统：年内建成较小比例尺的“电子地图”，满足普通居民和一般人员对城市公用信息的需求；明年开始筹建较大比例尺的“城市地理信息平台”，逐步实现城市规划、市政管理、国土资源管理等功能。

（5）物流配送信息系统：先利用已具有雏形的邮政综合网作为试点平台，再逐步整合交通配载信息系统，建成“淮安物流”。

（6）财税监管收缴系统：实现市、县、乡（镇）三级税收统一征收、监管的电子化。

（7）智能交通信息系统：整合电子监控、电子警察、城市交通流量分析、交通指挥等功能，搭建交通信息平台，建成智能交通信息处理、指挥监控系统。

(8) 网上教育信息系统：完成重点中小学教育网“校校通”，建立远程教学网络，开设网校，优化配置大中专院校和职业学校的教学资源。

(9) 交通旅游服务信息系统：建立电子地图，实现旅游景点、线路、交通时刻表、宾馆饭店和天气预报等公益性服务功能。

(10) 综合便民服务系统：提供网上下载公务表格，逐步实现网上审批，同时整合市长热线、市长信箱、政府公告和政策法规等便民服务。

5. 初步形成6个信息化示范“亮点”

农业信息网站：重点搭建农、林、牧、副、渔综合网络平台，建立网上农业新闻中心和各类农业资源数据库，逐步形成覆盖市、县（区）、乡（镇）并广泛连接产业化龙头企业、农产品批发市场、中介组织和经营大户的信息服务体系。在此基础上，建立产量预测、灾害预报等农情信息系统，支持政务网的决策辅助系统。

工业企业“4C + E”工程：重点推进 CAD、CAM、CAPP、CIMS、ERP 等企业信息化技术的应用，改造和提升传统产业。今明两年完成淮钢集团和淮化集团的 CIMS 工程。

科技信息网站：以现有科技信息网为基础，开发国内大专院校科研及成果信息、淮安市有关产业研究等科技信息资源，建设网上科技便民服务公务栏，加快科技数据库建设，为全市广大企业和居民提供及时准确的科技信息服务。

行政审批中心“一窗式”服务：重组中心内所有业务流程，实现审批业务电子化流转和“一窗式”服务。

小区信息化：推进宽带的进区入户和“家庭上网”工程，今明两年至少实现1个省级信息化示范小区。

信息亭：在市区公共场所建成2～4个信息亭，市民可以通过它获得便民服务或浏览互联网。

在建设“11216”工程的同时，各县区实施并完成“四个一”工程：100%的乡（镇）政府实现上网并建立自己的网页；县、区以“两办”为核心建好一个局域网，并与市政务网联网；建成一个信息化示范小区；建成一批信息化示范“亮点”。各大中型企业特别是重点骨干企业在完善各自网页或网站的基础上，重点推进 CIMS 和 ERP 的应用。市经贸委、工商局、质量技术监督局、环保局、财政局、物价局、统计局、教育局、水利局、交通局、建设局、规划局、房管局、国土局、公安局、人行、海关等有条件部门要加快部门信息化建设，尽快建成部门局域网，实现与政务网的互联互通。同时按照省统一要求，抓好金融、产业预警、社会保障等“十大骨干系统”的建设。抓紧筹建“市基础通信管线公司”，加大城市地下管线统管力度。

【主要措施及工作意见】

1. 加强组织领导。充实加强市信息化领导小组及其办公室，研究制定全市信息化发展战略、规划和政策，组织实施年度计划，协调解决重大问题。各县区、市直各部门实行主要领导负总责，并按项目成立相应领导小组，明确相应工作班子，抓好项目实施工作。市信息化办公室要做好牵头协调工作，对全局性技术及规范提供支持和服务，对信息化项目实施专项督查、督办和目标考核。

2. 制定政策意见并严格执行。主要是五个方面：一是制定“信息化建设管理办法”，重点是加强信息化项目、资金、招投标和专门人才培训的扎口管理，明确由市信息化办公室统一把关，避免信息化项目的重复建设、信息化建设的低起点投入、信息化设备的非标准采购、信息化人才的无的放矢性培训。二是制定“信息化工程建设管理意见”，规范办公、住宅、宾馆等公共建筑物信息化设施建设标准、工程项目审核与监理。三是制定“信息资源共享管理意见”，促进信息资源的开发和利用。当前要加快制定“中国淮安”政府网站（外网）和政务网（内网）信息资源开发管理意见，明确内、外网信息征集、过滤和审批工作责任。四是制定淮安市“软件企业认定及其管理办法”，提升淮安市信息化技术支持能力。五是制定“安全保障和技术标准”实施意见，提出信息保密和互联互通的业务规范。

3. 明确分工，实施目标管理。在市信息办统一规划和综合协调下，按照各部门职能，分别承担相应建设任务，并列入部门目标考核。近两年实施的“11216”工程分工如下：

整合网站：计委、信息中心

数据中心建设：计委、信息中心

政务网（含纵向网）建设：计委、信息中心

宽带传输网建设：计委、建设局、广电局、电信公司、联通公司、移动公司、网通公司、吉通

公司

公文处理系统：市委办、政府办、计委

决策辅助信息系统：市委办、政府办、计委、经贸委、财政局、农业局、统计局、国税局、地税局、人行等

行政审批信息系统：计委、工商局、财政局、规划局、国土局、行政审批中心

城市地理信息系统：计委、规划局、建设局、房产局、旅游局、交通局、国土局

物流配送信息系统：计委、经贸委、邮政局、交通局、外经局、供销社

财税监管收缴系统：财政局、国税局、地税局

智能交通信息系统：计委、公安局、建设局、交通局、广电局

网上教育信息系统：教育局

交通旅游服务系统：计委、旅游局、交通局、建设局、气象局

综合便民服务系统：市委办、政府办、计委

农业信息网站：农业局、林牧渔业局

科技信息网站：科技局、科协

工业企业“4C+E”工程：经贸委

行政审批中心“一窗式”服务：行政审批中心

小区信息化：计委、建设局、规划局、房管局、广电局、电信公司、联通公司、网通公司、吉通公司

信息亭：市委办、政府办、计委、电信公司、联通公司

4. 多方筹措资金。“11216”工程的投入由财政、部门和企业共同分担。其中政务网、数据中心建设资金由财政负责解决，或争取设备制造商先行垫支；国家国民经济纵向网建设资金由省统筹切块资金解决，市政府院内联网单位分别承担各自的硬件建设经费，院外联网单位承担本部门硬件建设经费和本单位到数据中心的线路租用费用。

今后，全市信息化建设要坚持多元投资，市场运作。市级设立信息化发展资金，并列入年度财政预算。全市科技三项费用中要切出一块作为信息化建设引导资金，省预算内统筹切块资金每年安排不少于150万元用于信息化专项。各地各部门预算内基本建设经费中要安排一定比例用于信息化设施。各部门、各单位信息化建设经费自筹比例不得低于50%。同时，加大招商引资力度，鼓励各地各部门向上向外争取资金，鼓励个人、企业和社会其他力量投资“数字淮安”建设。

5. 加强宣传、培训和教育。发挥各种媒体的作用，加快信息技术和网络技术的普及、推广和信息化专门人才及应用人员的培训。加快制定有关优惠政策，留住和吸引信息化专门人才。同时大力推进“家庭上网”工程，营造信息化应用氛围。

（陈雪梅）

盐城市信息化事业发展概况

【经济概况】

2001年，在盐城市委、市政府的正确领导下，全市上下认真贯彻落实党的十五届五中、六中全会精神，开拓创新，团结奋进，国民经济保持较好的发展态势，各项社会事业和精神文明建设取得新的成绩，实现了“十五”发展的良好开局。全年完成国内生产总值603亿元，比上年增长10%。全年完成工业增加值209.7亿元，比上年增长13%；规模以上工业实现增加值128.2亿元，增长12.9%，增幅高于全省平均水平；全年实现建筑业增加值27.3亿元，增长10.2%；农业和农村经济稳定发展，全年农民人均纯收入3606元，增长4.7%。全年完成社会消费品零售总额192亿元，增长8.7%。市区居民人均可支配收入6935元，增长6.8%。财政收支平稳增长，金融形势基本正常。

【工作机构】

在2001年的盐城市政府机构改革中，调整充实了信息化工作机构，市发展计划委员会负责全市信息产业发展和信息化建设工作。在盐城市发展计划委员会的内设机构中设置信息产业发展处（市信息化办公室），其主要职责是：编制并组织实施信息产业和信息化发展规划和年度计划；提出信息产业和信息化发展的政策措施；协调全市基础通信网、计算机网、广播电视网和其它部门专用通信网的建设并进行行业管理，促进公用网与专用网、服务业与制造业的协调发展；负责对软件产业的管理和监督，推进信息产品制造业、软件业的科研开发工作，促进科技成果产业化；指导、协调各地、各部门的信息化工作，协助业主推进重点信息化工程；争取国家、省信息化发展资金，并监督管理；负责信息化建设工程重大项目立项、可行性研究的初审工作，对项目建设进行督查和验收。市直许多部门都有领导分管信息化工作，明确职能处室，指定专人负责。各县（市、区）都成立了信息化工作机构或明确了职能部门，协调、组织本地的信息化工作。

【工作部署】

召开信息化工作会议。为了加强对信息化工作的组织领导，推动全市信息化进程，2001年5月，召开了全市信息化工作会议。各县（市、区）政府分管县（市、区）长、政府办、计经委、科委、电信局、信息办负责人，市各有关部门、单位负责人共300多人参加了会议。会议总结、交流了盐城市几年来的信息化工作情况，研究部署了今后一段时期的信息化工作。会上，大丰市人民政府、江苏电信盐城分公司、江苏江动集团有限公司、江苏威特集团公司等单位进行了典型交流发言，市委常委、常务副市长张炳贤同志作了重要讲话。加强信息化目标考核。根据2001年全市信息化工作的任务和要求，市信息办将全市的信息化工作进行逐级分解、细化，下发“全市信息化工作目标任务考核分解表”，市计委、信息办负责检查、督促和汇总、考核，指导并推动各县（市、区）、各部门信息化工作的开展。开展信息化宣传培训。2001年7月，在省信息产业厅的大力支持下，由市信息办牵头，组织开展对全市各县（市、区）的信息化宣传培训活动，举办巡回讲座9场次，编发教材1800本，由专家授课，总计听众达2500人。2001年，由市经济信息中心负责讲课，先后对市委办、市人大、市政府办等机关工作人员进行计算机及互联网应用培训，普及信息化知识，市人大主任、市委秘书长等领导同志均以极高的热情，带头参加学习。2001年下半年，市信息办会同团市委等部门联合组织开展了面向全市的“互联网络知识竞赛”活动，推动互联网的普及应用。

【领导指示】

在2001年5月召开的全市信息化工作会议上，市委常委、常务副市长张炳贤同志根据市政府研究的精神，就盐城市今后一段时期信息化工作的主要目标和任务，提出了三点意见：一是要从全局和战略的高度，充分认识加快信息化建设的重大意义。信息化是顺应当今科技经济发展潮流，实现富民强市的必由之路；信息化是盐城市发挥后发优势，实现跨越发展的重大机遇；信息化是实现全方位开放，早日融入世界经济一体化的迫切需要。二是要打牢基础，选准重点，加快推进全市信息化建设。三是要加强组织领导，为全市信息化建设创造良好环境。

【通信网络】

电信：全市程控交换机容量达到139.71万门，比上年增长21.5%；建成覆盖全区的2.5G SDH传输网，新增ADSL4344线，建设带宽为5G的市内互联网主干传输网；完成第一综合接口局扩容工程和第二综合接口局新建工程；电信业务种类、服务手段等更趋多样化，实现了全市联网，基本建成统一以IP为标准通信协议的宽带数据网。移动：2001年G网五扩工程共投资新增G网交换机4台，扩容G网交换机2台，新增G2BSC7套，新建铁塔20个，基站32个，交换网络容量达到了120万门。联通：GSM130扩容13万门，达29万门，含2个MSC，5个BSC，基站277个；新建成开通了CDMA网，网络容量8万门，成为盐城市唯一同时拥有两张移动通信网的电信运营商。信息化小区：2001年，盐城市信息化小区建设步伐加快，建成1000M到小区、100M到大楼、10M到用户的宽带信息化小区试点工程15个。由中国联通盐城分公司开发的“锦绣苑”信息化小区，被列为全省信息化示范小区。

【广播电视网络】

盐城有线电视网已建成覆盖面广、技术可靠、具有相当规模的HFC光纤同轴电缆混合网，已实现上与江苏省、下与各县（市、区）互连互通。盐城有线电视网乡村联网数占行政村总数的63.6%，有线电视干线网络光缆5307缆公里，电缆5934缆公里。广播、电视人口覆盖率达到100%。已对17.1%的居民小区进行了有线电视网络双向化改造。至2001年末，共投入资金1100多万元。广播、电视人口覆盖率达到100%。2001年盐城市广播电视局与上海广电通讯网络有限公司、上海广电信息产业有限公司、江苏广播电视网络中心合资成立了盐城广电信息发展有限公司（盐广信息），购置了622M数据传输设备，开通了盐城市至各县（市、区）的数据传输服务。

【电子及信息设备制造业】

2001年，盐城市电子工业通过改革改制、新品开发、市场开拓，提高了行业整体水平，呈现出较好的发展势头。全年电子及信息设备制造业实现销售收入26842万元，增加值5747万元，利税1227万元。全年共开发新产品82项，其中省级以上新产品71项。盐城燕舞新实业电真空有限公司投入480万元，实现了年产150万屏动态荧光显示屏VFD技改项目；盐城燕京光电有限公司投入4900万元，新上了DVD光盘生产线；盐城市射海智能电器有限公司开发了ST智能控制器等新产品；燕舞新时代公司与香港启明电子有限公司在盐共同投资创办了盐城电子有限公司，开发生产的出口收录机项目已进入运作；燕舞华丰公司利用产品和市场优势，与深圳航盛电子有限公司在盐共同投资开发了汽车收放机项目。江苏江动集团开发的数码系列项目工程，总投资15886万元，至2001年底完成投资7914万元。数码相机已形成年产3万台能力，并着手230万像素数码相机的开发，MP3随身听、车载音响进入试生产。

【信息服务业】

政府部门宏观决策信息服务：全市各政府部门信息机构积极开展宏观经济分析、预测、监测信息服务，贴近需求，提高质量，发挥信息工作的辅助决策作用。在开展各类信息产品服务的同时，许多政府部门信息机构发挥自身的技术优势，为各级政府部门开展网站建设、局域网建设、计算机及网络知识培训等信息技术服务。通信、广电信息服务：盐城电信、移动、联通、吉通、广电等单位，在提供各类信息平台、信息技术服务的同时，广泛开展移动声讯、可视图文、语音信箱、电子信箱、视频点播、电子商务、数据中心等信息服务。2001年，全市完成邮电业务收入15亿元。电信公司完成业务收入6.8亿元，移动公司完成业务收入4.03亿元，联通公司完成业务收入1.56亿元，与上年相比，均有不同程度的增长。2001年，全市新增固定电话用户25.7万户，用户总数达到105.2万户，固定电话来电显示用户发展8.84万户，电话普及率达到13.35线/百人；新增移动电话用户22.06万户，移动电话总用户数达到59.2万户；计算机互联网用户数达9.5万户；全市有线电视用户达65万户。民营、个体信息服务：从事计算机及其软件、耗材销售和手机销售的民营、个体企业数量众多，仍具有较大的消费需求和市场发展空间；全市拥有各类网吧500多家；从事互联网业务（如网站域名注册申请、网页设计制作等）的新兴服务业发展迅速；各类信息咨询服务企业的服务手段和服务领域不断拓展。据估算，至2001年末，全市从事各类信息服务的机构1100家左右，从业人员超过10000人。

【信息资源开发】

2001年，以各类应用数据库为重点的信息资源开发利用工作在许多部门、行业有了新的进展。市农林系统加强了市场信息（市场行情、分析预测、特色农业等）、科技信息、农业标准化、WTO对农业的影响等信息资源的开发建设。市人事局建立了公务员信息库，人事人才政策法规信息库、专门人才信息库数据得到及时更新并正常运行。市卫生系统开发了一批医院信息管理系统数据库。市劳动与社会保障信息系统建立了求职资源、用工资源、失业职工、劳务输出、档案管理等信息数据库。市公安系统建立了人口信息、车辆信息、犯罪信息等信息数据库并在网上应用。市各商业银行建立了帐户库、信贷库、资料统计库等金融专业信息数据库。市国税局开展了“金税工程”的网上应用；市地税局开发了“社保费征收管理系统”和“发票控税系统”等应用系统。

【信息技术应用重点工程】

江苏森达集团通过2年多时间的深入调研，选择在世界制鞋行业具有丰富管理经验的加拿大杰雅公司作为ERP供应商，投资1000多万元，于2001年初全面导入ERP管理。通过实施ERP管理系统，对集团的产品开发、原辅材料采购、规模生产、市场营销、财务及行政服务体系实行数字化管理，使产品开发周期较前缩短三分之一以上，产品总成本平均下降11%，库存下降30%，管理人员减少五分之一，进而全面提升了企业素质。

【政府信息化】

盐城市及东台、大丰、建湖、射阳、盐都、阜宁等县（市）设立了信息化领导小组办公室。盐城市政府建有主干网、万维网（WEB）和大楼数据节点机，建立了市党政机关计算机通信网、与国家和省联网的宏观经济监测系统。市政府《中国盐城》网站及各县（市、区）政府网站正常运行，市政府部门建立局域网的占55%以上。设立了政务信息网络管理中心，政务信息网与国际互联网进行了物理隔断，30个政府部门加入了政务信息网的互联互通，占政府部门总数的80%左右。根据国家和省的统一部署，开始建设作为政府主干网的计委系统纵向网工程，市发展计划委员会成立了纵向网工程领导小组，制订了“盐城市计委系统纵向网技术方案”，按照省计委对工程进度的统一要求，组织工程的实施。

【行业信息化】

2001年，盐城市行业信息化步伐加快，在基础设施、资源开发、网络建设、信息技术应用等方面有了新的进展。

农林系统。盐城市和各县（市、区）农林部门全部上网，建立了农业信息网站，有一批乡镇、龙头加工企业、批发市场、合作流通组织、农民经纪人、种养销大户加入了互联网，农产品电子商务方兴未艾，网上农产品销售已成为全市农产品销售的重要渠道之一。市农林局建成了局域网，“沿海农网”已成为具有较高知名度的农业专业网站，印发《盐城农贸信息》（联网版），发放1500只农业信息机，农业信息服务全面展开。

金融系统。盐城市人行拥有AS/400小型机2台，服务器20多台，建有300多平方米的现代化大型机房，全行金融业务全部实现电子化。全市各商业银行都已建成内部局域网，建立了信用卡中心，投放一大批自动柜员机（ATM）、信用卡消费系统（POS机），建成了会计核算、电子联行、同城清算、国际收支、信贷咨询管理等信息系统。盐城市建设银行等专业银行开通了网上银行服务，服务内容有：网上咨询、网上结算、网上B2B业务等。

卫生系统。2001年，盐城市疾控信息网已基本建成，为快速扑灭疫情、控制突发事件提供了实时信息，提高了传染病、食物中毒等突发事件的报告速度。全市40%以上的综合医院、中医院实现了院内联网，市一院、市三院、盐阜医院等已成功地进行网上远程会诊。全市90%左右的县级以上医疗卫生单位都配备了计算机，14所县级以上医院的局域网已正常运行。

劳动和社会保障系统。2001年，盐城市劳动保障信息系统分块建设，齐头并进。市社会保险信息系统与河海大学共同研制开发了覆盖全市各县（市、区）社会保险经办机构和社会保险业务整个结算流程的《盐城市社会保险计算机管理系统》；全市所有医保基金管理中心都建立了局域网，另有31家定点医院建立了局域网，有233家定点医疗机构进行了单机联网；市劳动力市场信息网络已初具规模，职业介绍、城镇就业管理、失业保险基金管理等动态系统正常投入运行。

公安系统。全市公安系统已建成市局至县局的公安主干网络，东台、大丰、射阳、响水等县（市）已建立了公安信息中心。建成人口信息、车辆信息、驾驶员信息、违法犯罪信息、在逃人员信息、被盗车辆信息等管理信息系统。

教育系统。2001年全市教育系统投入信息化建设资金6418万元。全市中小学中，“校校通”学校231所，校园网宽带连接数21所，已建网络及多媒体教室384个，联网计算机12000多台，有161所中小学开设了信息技术课程，配置计算机教师646人，开展计算机基础及网络技术培训16142人次。

国税系统。全年信息化工程投资600多万元。至2001年末，全市国税系统共有服务器80多台，PC机近1000台；实现了中央、省、市、县四级广域网。到2001年6月底，全市县域网建设全部建成，网上应用相继开通。征管软件的应用质量进一步提高，实现了市区数据集中处理。建立了《盐城国税 Internet 网站》。为适应纳税户网上申报的要求，实现了税务机关与建行网络的外部连接，纳税户可实时通过外部网利用银行卡缴纳、查询税款。

地税系统。全市地税系统共配置各类PC服务器48台套，PC机500多台套。市局和各县（市、区）局相继完成了楼宇智能化布线、中心机房建设、网络系统集成等重点信息化工程，建设完成了9个数据处理中心。在完善原有各局域网的基础上建成了覆盖全市的广域网主干，市区城域网、县区广域网网络建设工程和系统集成工程全部完成，构建“一个网络、一个平台、四个系统”的税务管理信息化新格局。以《省统一征管信息系统》和《公文处理系统》的推广应用为主体，加大软件推广应用的力度，满足各业务环节的要求；开发了“发票控税系统”，同步与电信局联合开展了168发票有奖查询活动。

【企业信息化】

企业上网工程进展较快。至2001年底，全市上网企业已达15000家。江苏森达集团、江苏悦达集团等一批重点企业集团申请了国际、国内域名，建立了自己的网站，开展电子商务活动，通过网上招商、网上营销等网上业务的开展，拓展市场空间，降低企业成本，提高经济效益。信息技术应用逐步开展。积极运用信息技术改造、提升传统产业，计算机辅助设计（CAD）、计算机辅助制造（CAM）、计算机集成制造系统（CIMS）、企业资源计划（ERP）等信息技术在机械、纺织、轻工等行业中得到应用。通过采用机电仪一体化技术，开发数控机床、加工中心、智能电控设备、智能化电动车等高技术产品。盐城市机床生产企业通过发展数控，数控机床生产规模进一步扩大，取得了较好的经济效益。

【信息化人才培训】

盐城市信息办十分重视信息化人才培训工作。一是组织了政府部门和企业两个层面的人员参加省计委和人事厅举办的江苏省首席信息主管（CIO）高级研修班的培训；二是在省信息产业厅的大力支持下，邀请高校有关专家来盐举办信息化知识报告会；三是会同用友软件股份公司盐城分公司举办信息技术改造传统管理（ERP）专题报告会，通过专家讲授、企业用户现身说法推广信息技术应用，全市近百家企业的厂长、经理及信息主管参加了培训。盐城工学院等高等院校扩大了信息、计算机应用类专业招生人数，全市高中和有条件的初中、小学开设了信息技术课程；计算机应用技能已成为晋升职称、各类人才聘用的重要考核内容。

【信息化政策】

2001 年，为应对经济全球化和科技进步日新月异的新形势，推进全市工业结构的战略性调整，盐城市制定了《关于发展盐城市工业特色产业、特色产品的工作意见》，其中，通信电缆、机电仪一体化、数码技术等信息产业和产品被列为重点发展项目，并提出了七条配套政策措施，优先支持发展，力争使之成为盐城市的特色产业和特色产品。

【主要成就】

2001 年，盐城市委、市政府高度重视信息化建设工作，按照省里的统一部署和要求，结合盐城实际，进一步加大信息化工作的组织力度，加快推进全市信息化建设，在全市上下的共同努力下，信息化事业发展取得了新的成绩。信息化基础设施建设步伐加快，全市共完成信息基础设施投入 9 亿元；信息产业取得较快发展，信息产业增加值占全市国内生产总值的比重约为 2%；信息技术应用和电子商务初见成效，电子政务发展较快，运用信息技术改造和提升传统产业有了良好开端；信息资源的开发利用逐步开展；信息化人才队伍初步形成；信息化工作的组织力度得到加强。

【存在问题】

2001 年，全市信息化建设取得了一定的成绩，但同时也存在着一些问题和不足，与先进地区相比，信息化程度还比较低。一是信息资源开发利用相对薄弱，滞后于网络建设，“路多车少”的情况比较严重；二是计算机应用水平不高，一些部门和企业计算机数量不少，但联网不多，应用系统少；三是信息产业规模小，软件开发能力差；四是加快信息化建设，还缺少人才、技术和资金等诸多方面的强力支撑。

【2002 年信息化工作思路】

根据国家、省信息化工作的指导方针，结合盐城实际，紧紧围绕“富民强市、跨越发展”的战略目标，坚持“打好基础、主攻应用、项目启动”，高起点、高标准地推进信息化基础设施和基础工作建设，抓好一批有带动和示范效应的关键性应用工程，实施一批信息资源开发利用项目，促进全市信息设备制造业、信息服务业、软件产业等信息产业的快速协调发展，带动盐城市的工业化和现代化。

【发展目标】

2002 年全市信息化建设的主要目标是：信息化基础设施投入 6 亿元。信息产业增加值力争达到 15 亿元，占全市国内生产总值的比重进一步提高。全市程控交换机容量新增 16.8 万门，新增固定电话 15 万户，新增移动电话 27 万户。主干网带宽达到 5G，新增宽带接入用户 3000 户。

【工作重点】

1. 组织开展多层次的信息化知识培训。把推广和普及信息应用技术和知识作为信息化建设的首要任务来落实。2002 年，市里在继续配合省做好重点企业集团信息主管（CIO）培训工作的同时，着力抓好三个层次的培训活动：一是县处级干部培训。继续争取省信息产业厅的支持，以市委党校为基地，以常州信息职业技术学院为依托，组织两期县处级干部信息化知识脱产培训，每期 80 人左右，时间一周。二是科级干部培训。以乡镇负责人、市直机关科级干部为对象，利用市委党校、盐城工学院的办学条件，全年计划培训 4 ~5 期，参训人数 300 人以上。三是重点规模企业培训。以市经济信息中心为阵地对全市重点企业负责人和信息主管进行培训，全年搞 6 ~ 8 期，培训 300 人左右。各县（市、区）负责抓好农村种、养植大户和经纪人的培训。同时加大对信息化工作的宣传力度。充分利用报纸、广播、电视等宣传媒体，通过开辟信息化知识专栏、专题讲座，报道全市信息化建设的先进典型，加速信息化知识的传播和普及，营造推进信息化的强烈氛围。

2. 大力度推进政府上网工程。充分发挥政府的先导作用，坚持信息化建设“政府先行”。力争从两个方面取得率先突破：一是建立健全政府系统信息网络。市、县、乡政府全部上网并实行联网，市，县两级直属机关，建立自己的网站。二是争取新建一批专业网站。建立盐城“名特优新”网站，把盐城市名特优产品推向世界；建立“海洋经济”网站，宣传盐城市丰富的滩涂资源，开展网上滩涂开发招商活动；建立“高新企业”网站，为高新企业提供一个展示形象、宣传产品的平台；建立“引智网”，为全市企事业单位引进人才、技术、项目开发、技术攻关等提供智力支持。

3. 加快企业信息化建设。2002年要继续巩固和扩大与北京海尔软件公司、用友软件公司的合作，在运用信息技术改造提升传统产业方面进行试点，并向面上拓展。一是选择5家大中型企业作为制造业信息化示范试点，推广和应用计算机辅助设计（CAD）、辅助制造（CAM）、计算机辅助测试等，将制造业的加工、成形、装配和测量等制造过程的传统手工控制转变为计算机控制，提高产品的质量和生产效益。二是抓好5家企业信息化管理试点，重点是推广运用企业资源计划（ERP）、供应链管理（SCM）和灵捷制造（AM）等信息化管理手段，使企业的信息——决策——执行三者集成化，提高决策质量和效率。三是抓好5——10家重点企业电子商务试点。继续推进企业上网工程，力争把40%的企业和60%的工业产品推到互联网上，实现企业与供应商之间的网上业务管理，降低交易成本，提高服务质量，增强企业竞争力。

4. 加速发展信息服务业。一是不断建立和完善宏观经济分析、预测、监测信息服务系统，为政府宏观经济决策提供准确、及时的信息服务。二是大力发展计算机应用服务业，提高和改善计算机应用水平，提高计算机普及程度，扩大应用领域，努力形成以电子商务、网络开发、系统集成、数据库服务、数字处理等高智能的新兴服务行业。三是继续实施信息化小区示范工程。2002年市区计划新建60个宽带信息化小区，使信息化小区达到75个，县（市）也力争建设3－5个信息化示范小区，向市民提供教育、娱乐、广播电视、购物、旅游、医疗、纳税、水电、电话费用自动化管理等各种信息服务，建立完善社会服务咨询系统，提高社区建设水平和管理水平。四是启动家庭上网工程。积极推进家庭上网，面向社区、家庭，让网络技术切实给老百姓的生活、学习、工作带来便捷。

5. 积极探索多元化投入机制。坚持“面向市场，需求主导”，用市场的办法发展信息化。形成以政府投入为引导、企业投入为主体、社会投入和外资投入为重点来源的多元化投融资体系。2002年要继续大力度地推进信息化重点项目进度，力争在电信公司综合楼、城市电信管道建设、电话程控交换机扩容，本地传输网建设和联通公司GSM扩容、CDMA扩容、联通通信综合楼等项目建设上有重大进展。根据国家和省里的要求，各地都要积极创造条件，设立信息化发展专项配套资金，解决投资不足这一制约因素。积极培育和壮大风险投资资金，实行企业化运作，利用市场机制，引导民间资本更多地投向信息化建设，特别要下大力气吸引市外资金到盐城市投资信息化基础设施建设，努力改善盐城市信息化基础设施条件。

6. 强化对信息化建设的组织领导。信息化建设是一项庞大的社会系统工程，必须从战略的高度予以重视，加强统筹协调，扎实推进信息化建设。一是健全信息化工作领导体系。各县（市、区）都要建立信息化领导小组，并根据实际工作的需要进行调整充实；建立完善领导小组例会制度，提高组织化程度；建立领导责任制，切实把信息化列入工作的议事日程。二是完善信息化工作网络。市、县两级计委是信息化工作的职能部门，必须建立起纵向贯通、横向协调的工作联系网络。电信、广电、移动、联通、吉通等信息化业务部门要加强与各级计委的工作联系，协同行动，服务大局。三是制定区域性信息化建设规划。以规划统领全局，既要培育竞争机制，又要加强统筹协调，努力为信息化建设创造良好的环境，按照“互联互通，资源共享”的原则，杜绝各种网络和系统重复建设，防止一哄而起。四是加强目标考核工作。市信息办将根据《盐城市信息化建设规划纲要》的总体目标要求，研究制定全市信息化建设目标考核体系，同时加强对全市信息化重点工作和重点建设项目的协调、检查和督促。各地、各部门要根据各自的情况，在明确目标的基础上，制定本地、本部门的目标考核办法。通过强化目标考核，真正把全市信息化工作落到实处，取得成效。（邓伟　丛洪深）

开发信息资源　加强网络建设

——盐城市信息化建设特色

盐城市是一个农业大市，为了适应农业市场化、产业化发展的新形势，从1995年开始，盐城市委、市政府就把农业信息化建设列入了全市的重点实事工程，市、县农林部门更是把信息化工作作为农村和农业工作的重点工作之一，加大组织力度，增加资金和技术投入。多年以来，全市农林信息化建设呈现良好的发展势头。

一、历史回顾

（一）农业信息化组织体系基本健全

1996年，盐城市农业局在多年农情工作的基础上，成立了盐城市农业信息中心，配备了5名专职人员。各县（市）农业局、城区农委都相继成立了农业信息中心。各乡（镇）农技站都配备了专职或兼职农业信息员，2000多个村的村农技员也都肩负农业信息工作的职责。同时，市农林局还发展了龙头企业、合作经济组织、种养植大户、营销大户和农民经纪人作为特约信息员，颁发聘书，组织培训，保证了组织体系的建立和健全。

（二）网络建设逐步完善

盐城市农业信息网络建设开始于1995年，全市农业部门统一装备了微机，在全省率先加入农业部主办的中国农业信息网。1997年，市农业局加入了国际互联网。1998－1999年，县级农业部门也相继加入了国际互联网。1999年，市农业局与中商网合作，租用虚拟主机，创建了沿海农网网站，成为全省第一家市级农业网站。2000年，市农业局又建立了内部局域网，所辖的盐都、阜宁、滨海等三县也建立了局域网，射阳、大丰、盐都、阜宁、滨海等五个县（市）创建了农业信息网网站。

（三）农业信息服务逐步展开

1997年，市农业局创办了《盐城农业信息》联网版，主要刊载农业政策法规、市场预测、三新技术、产品供求等方面的信息，面向全市基层干群、龙头企业和农民经纪人，共发展用户1000余家，编发期刊140多期，发布信息近3000条。阜宁、响水、东台、射阳、盐都等县（市）也相继编发了农业信息期刊。市农业局开通了信息咨询热线，滨海县农业局也开通了农技110，提供专题信息咨询。东台、射阳、盐都等县（市）与电视台联合开办了农业节目，发布各类农业信息；召开农业信息发布会，发布中长期的农业市场信息及品种、技术信息，引导农民进行结构调整和农产品流通。

（四）信息采集处理能力不断提高

制定规范的信息采集报送制度，实行规范化管理，制度化运作。一是与《盐阜大众报》合作，及时在网上报道全市农业系统的发展动态。二是与市农副产品批发市场联合，每日发布主要蔬菜品种的市场价格。三是由市农业局编制乡镇农业资源调查表，各乡镇定期上报，充分挖掘基层农业资源信息，保证信息的真实性和及时性。四是在2001年初市农林局开发了信息报送系统软件，改革信息报送和处理的方式，通过网络直接报送，提高信息处理的能力。

存在问题。与信息化的发展趋势和社会及市场需求相比，盐城市农业信息化建设还面临着许多困难和问题。一是投入不足。市县农业网络建设的技术装备尚不能满足实施农业信息化的要求，沿海农网及县级农业信息网都是租用虚拟主机创建的，难以实现网站的规模扩张。大部分县级农业部门还没有建成局域网和网站，制约了信息的传输和发布。二是信息进村入户较慢。虽然已有少部分乡（镇）政府和农业部门已经上网，但总体而言，与发展市场农业的需求相比相差较远；龙头企业、合作经济组织和种养大户加入互联网的不多，迫切需要加以引导和培植，从而不断推进信息进村入户。三是基层干群信息意识不强。

基层干群对信息重要性和迫创性认识不足，信息的筛选、识别、利用能力较弱，农业信息对推进结构调整、实现农业增效、帮助农民致富的效用显现还不充分。

二、2001 年农业信息化工作情况

2001 年，盐城市按照中央农村工作会议提出的建立健全农村信息体系，做好直接面向农民的市场、科技信息服务的要求，狠抓了网络、信息资源和队伍建设工作，积极实施农业信息“三百二千”工程，努力促进农业信息“进村入户”。全市农业信息工作取得了新的进展。

（一）网络建设取得新突破

继盐都、阜宁、滨海之后，2001 年，盐城市又有东台、大丰、射阳、响水等 4 县（市）建立了局域网和农业信息网站，市、县农业信息网络基本建成，实现了信息收集和发布的双向流动。“沿海农网”设有农业新闻、农业资源、政策法规、价格行情、市场供求、农业招商、三新技术、特色农业，名牌产品、致富典型、专家论坛、农事智多星、农民经纪人、农网搜索等近二十个栏目，内容涵盖了农林牧副渔及园艺等各个方面。与国内几十家农业网站建立了合作关系，网站知名度逐步提高。同时，积极推进乡镇和龙头企业、合作经济组织上网。至 2001 年末，全市已有 69 个乡镇政府和农技站、53 个龙头企业和合作经济组织、60 个农民经纪人和种养大户实现了联网。

（二）农业信息“三百二千”工程顺利实施

农业信息“进村入户”，是农业信息工作的瓶颈，为了把农业信息送到基层，送到千家万户农民手中，盐城市启动了农业信息“三百二千”工程，即发展一百个乡镇政府或农技部门，一百个龙头企业或批发市场，一百个农村合作经济组织、农民经纪人和种养销大户加入互联网；发展二千个农业信息机用户。截止 2001 年年底，全市已有 101 个乡镇、104 个龙头企业或市场、110 个农村合作经济组织、农民经纪人和种养销人户加入了互联网，成为农村信息收集发布的重要渠道，推进了农业信息“进村入户”。同时，认真做好农业信息机用户的登记、核查和发放工作，1500 只农业信息机已经全部发送到种养销大户手中。

（三）信息资源开发利用得到加强

全年共收集、发布信息 23600 多条，内容主要侧重于农业新闻、价格行情、市场供求、农业资源、特色农业、农产品信息、三新技术、农业标准化、农民经纪人、专家论坛等。开发了市场供求、农民经纪人、农产品采集和发布系统，从而丰富了全市农业信息资源建设。“沿海农网”知名度逐步提高。以市场机制手段与海啸信息服务公司开展合作，沿海农网建设达到了双赢的效果。沿海农网制作更加精美，栏目更加新颖有特色，功能更加强大，信息量也显著加大，网站档次得到了提升，知名度进一步提高。至 2001 年底，沿海农网电子杂志订阅人数达 530 人，注册会员 1000 多人，日均访问量突破 300 人次。

（四）信息队伍进一步壮大

市、县农林（农业、林牧）部门都成立了专门信息工作机构，配备了专职信息工作人员。市农林局还发展了一批种养销大户、农民经纪人作为沿海农网的兼职信息员。市、县两级都加大了信息员队伍的培训力度，全市全年共培训信息人员 2136 人次，其中，种养销大户和农民经纪人为 100 名，壮大了信息队伍，提高了信息队伍的整体素质，促进了信息的收集、发布和利用。

（五）农产品网上销售业绩明显

盐城市积极开辟农产品流通新途径，努力拓展农产品网上销售空间，提高农产品网上销售份额。2001 年，全市共通过网上销售农产品 2.3 亿元。沿海农网已达成 200 多项产品交易，贸易额达 1 亿多元，盐城的许多农产品通过沿海农网远销到上海、杭州、深圳、云南、西北等地，有的已经走出国门。阜宁县农民经纪人岳海水创办了岳氏水产批发网（http：//www.ys918.com），通过批发网销售经营的水产品，2001 年已经向新加坡、日本、澳大利亚等国家出口龙虾仁 70 多吨。“中国药材之乡”——射阳县洋马镇建成 12 家为药农服务的“田网吧”，通过网上销售中药材达 9000 多万元。

（六）信息服务全面展开

信息服务已成为盐城市各级农林部门转换职能的重要方式。2001 年，市、县农林部门一方面自办信息期刊，发放给乡镇、村和种养大户，另一方面加强与传统媒体的合作，利用传统媒体发行面广、影响力大的优势，发布农业信息。市农林局创办的《盐城农业信息》联网版已发行 165 期，与《盐阜大众报》合作开办《农业信息集粹》

栏目，每周一期；东台市农业（林牧）局与报社联办《市场大看台》；射阳县农林局与电视台联办《市场农业》栏目；其它各县（市）也都与报社、电视台联办了农业信息相关栏目。信息咨询已成为盐城市农林系统信息工作者的日常工作。全年共接受咨询1000余次，满足了社会需求。市、县还组织了多次信息发布会，邀请大中城市批发市场、超市的老总与基层干群面对面的交流，传递市场信息；利用信息网站，帮助基层干群发布供求等方面的信息4000多次。

三、2002~2003年信息化建设重点

盐城市农林系统计划用两年时间，投资770万元，建设“盐城市农业信息资源平台开发与利用”项目，整体推进全市农林系统信息化建设进程。

（一）构建农业信息资源平台

通过研发基于互联网的农产品资源收集发布系统、农民经纪人信息服务系统、农业科技信息服务系统，整合农业市场信息资源，构建农业市场信息数据库，形成功能强大的农业信息资源平台。

1. 研发农产品资源收集发布系统

面向全市有一定规模的农产品生产基地，以计算机和互联网为工具，采集和发布全市农产品的生产、流通、加工信息。此系统首先应用于盐城市40多个农业科技示范园区和放心农产品生产基地，再逐步发展到全市大部分乡镇，从而实现农业生产的产前调整与产后销售的紧密连结，把千家万户的小生产通过农产品资源采集发布系统有效地整合在一起，形成区域生产的规模优势，促进农产品流通。

2. 整合农业市场信息资源

统一信息采集标准，改进信息采集手段，构建农产品供求、市场价格、市场动态、分析预测、农资市场、农产品贸易、质量标准、消费习惯等数据库。重点打造农产品分析预测数据库，对主要农产品国际国内市场行情、产销形势进行分析预测，在平台上建成主要农产品分析预测系统，实现信息资源共享。

3. 农业经纪人信息服务系统

动态收集全球大量的农产品供求信息，根据经纪人和中介组织个性化的需要，将供求信息归类、整理，提供给经纪人和中介组织，提高农业经纪人和中介组织搜集信息的效率。同时，提供信息发布平台，满足经纪人和中介组织向多个供求信息发布平台发布供求信息的需求，同时动态监控各供求信息平台对发布信息的回复情况，及时反馈给用户。构建农产品加工和流通客户数据库，将农产品的加工企业、流通企业、购销商的经营产品、经营规模、联系方式等数据录入到数据库中。实现供求信息自动配对，供应商与采购商自动对接，提供网上营销平台，促进网上农产品交易。

4. 建立农业科技信息服务系统

将农业生产的产前、产中、产后各个环节的科学技术集中起来，组成数据库，提供关键字查询，方便上网者查阅和应用。通过众多已建和拟建的信息终端，敞开向广大农民提供查询服务。同时，购买智能化畜禽养殖配方系统、疾病诊治系统、植物病虫草诊治系统，提供智能化查询服务。

（二）做大做强沿海农网

立足盐城，依托苏北，面向全国，进一步把沿海农网做大做强。

1. 增强沿海农网网络中心功能

租用DDN专线、装备小型机、政务信息系统服务器、语音服务器、路由器等设备，购置Windows2000server、SQLserver等软件及语言系统、多媒体触摸屏查询系统，为各县、乡及涉农企业提供虚拟主机服务，提供电话查询，实现远程登录服务。

2. 构建沿海农网特色产品网站群

在办好沿海农网综合网站的基础上，以盐城市农业主导产业为基础，创办药材、大蒜、西瓜、蔬菜、果品、猪、山羊、兔等特色产品专业网站，形成相辅相承、专博结合的网站群。

3. 提供语音查询服务

购置语音服务器，创建语音查询系统，将沿海农网的重点栏目与语音服务器相配套，使不具备上网条件的用户可以用电话查询，扩大服务范围，增加用户群。

4. 创新运作机制

沿海农网和农业信息资源平台的建设将采取市场化运作模式，实施会员制，建立网上大卖场

展销位进驻制，采取网上交易佣金制。通过新机制的偿试，逐步实现农业网站产业化。

（三）建立健全农业信息服务体系

1. 建好县级农业网站

县级农林部门全部建成农业信息网站，并加强网站信息的更新，形成市县联动的网站群。

2. 建设乡镇农村信息工作室

乡镇农业服务中心要按照“六个一”，即有一套设备、有一条电话专线、有 1－2 名专兼职人员、有一个组织网络、有一套管理和服务制度的要求建立乡镇农村信息工作室，负责本地信息资源的采集和为基层干群提供最直接的信息服务。

3. 发展农村信息示范户

发展 2000 家龙头企业、专业合作经济组织、种养销大户、农业经纪人作为农村信息示范户和信息采集点，购买计算机，加入国际互联网，收集、应用和发布信息，带动周围农户应用信息，共同致富。

4. 发放农业信息 BP 机

为全市种养销大户订制发放 2000 只农业信息机，进一步低成本推进农业信息的“进村入户”。

5. 建立市级农业信息技术培训基地

建设电教中心，配备 50 台计算机及一套较为先进的多媒体教学设备，开展农业信息技术培训，分批、分期培训 2000 人次。

（丛洪深　王甫同）

扬州市信息化事业发展概况

【概述】

2001年，在扬州市委、市政府的领导和大力推进下，全市把加快信息化建设、发展信息产业放在经济发展和社会进步的优先位置，以信息化建设促进经济结构调整，加快工业化、城市现代化的进程。经过各地、各部门和社会各行业的积极开拓，共同努力，信息化建设取得新进展，全市信息化总体水平有新提高。根据资料测算，全市信息产业实现增加值22.4亿元，比2000年增长19%，占全市GDP的4.39%。

信息化基础设施投资保持快速增长。以宽带城域网建设为重点的信息基础设施全年投入10.43亿元，比上年增长51%，基本建成商用城域宽带网和80多个宽带接入小区，电信部门出口带宽扩大到5G。至年底全市程控交换机容量达到143万门，固定电话用户109万户；移动交换机容量62万门，移动用户数47万户；寻呼用户19万户；互联网新增用户14.65万户，总数达25.92万户；有线电视用户57万户，广电部门实施市区有线电视线路双向传输改造已完成95%，光纤到乡至村工程全面完成。

信息资源开发利用和信息技术推广应用工作取得新成绩。各地以网络建设为重点，整合优化信息资源，涌现了一批贴近企业生产、贴近社会生活、受到群众欢迎的优秀专业网站，“扬州热线”、扬州房地产信息网、万佳网、龙威网、中国家禽网、扬州旅游网、仪征农业信息网、宝应农业信息网等8个网站被评为2001年度“扬州市专业网站建设示范工程”，市人大网、市政协网、市人事信息网等6个网站被评为优秀网站。应用信息技术改造传统产业，继续在企业推广CAD、CIMS、ERP等信息技术应用，全年新认定市级CAD推广应用示范企业20家。加强了电子公务、电子商务建设，主要实施了“政府联网工程”的二期工程，为市级机关大院外的联网单位工商管理局、地税局、科技局等8个部门铺设了专用光纤，共有15个部门接入联网；积极推进企业上网工作，全市新上网企业10887家，至年底企业上网总数18000家，上网数达50%，其中列统企业上网数达80%。市经贸委排出10家有一定基础和实力的企业作为电子商务试点企业，开展了试点工作，大批中小企业利用互联网发布信息，订货采购，推销产品，进行商贸活动，取得了实质性进展。

信息产业保持良好的发展势头。电子信息产品制造业围绕数字化、机电仪一体化、模糊控制等关键技术，开展元器件、通信、军工、数控机电、线缆和医用电子器械等六个领域产品的研发，实现产业规模的有效扩张，电子行业实现增加值3.8亿元，同比增长19%；邮电通信业开发新业务，满足市场不同需求，全年实现增加值13.2亿元，同比增长28%，占全市服务业增加值的6.7%，居全省第三位；启动软件业，软件业销售规模在5000万元以上。市区以系统集成、信息咨询、IT产品销售为服务内容的企业近500家，从业人员5000多人，经过几年市场建设，已形成银河、江隆、奥力威、鸿联、曲南、渡江、罗城7个信息产品专业市场，总营业面积1.9万平方米，经营摊位600多个，主要经营电脑、耗材、商品软件、手机及配件等。全年信息服务业年营业收入可达16.5亿元，同比增长23%。

认真组织开展城市信息化试点工作。2000年10月扬州列为国家信息化试点城市，为扬州信息化建设带来新的发展动力。2001年市计委和市信息办集中力量，深入调研，于4月上旬编制完成了《扬州市城市信息化试点工作实施方案》，同月通过了国家有关部委专家组的评审，进一步修改后上报省和信息产业部审批。根据实施方案，为了加快数字扬州的建设，市信息办与市规划、国土部门共同调研，提出了建立市级GIS（地理信息系统）公用平台的具体计划；全市加快了农业信息化的步伐，先后建立开通了“扬州农业综合信息网”和“润扬农业网”，仪征、宝应等5个县

（市、区）开通了农业信息网站，48个乡镇开展了网上发布查询农业信息的工作，占乡镇总数的49.5%，全市农业信息初步实现网络化；启动信息化带动工业化的工作，由市经贸委牵头编制了《扬州市“十五”前三年信息化带动工业化实施计划》，编报了列入省信息化带动工业化技术创新项目9个、技改项目13个，总投资4.73亿元。江苏扬农化工集团有限公司的《拓展和提升国产DCS应用内涵和水平，实现管控一体化》的技术创新项目，被列入省经贸委、信息产业厅等四部门专项经费计划。

加大信息化宣传普及和人才培训力度。全年先后组织举办了“中经50人论坛”、“中文信息处理发展研讨会”、“第二届信息化宣传周”等重要活动；充分利用扬州大学办学设施以及与外地合作办班等形式，培训信息化人才，营造了信息化建设的良好氛围，形成了全社会关心、参与信息化建设的热潮。

【工作机构】

1997年扬州市成立了信息化工作领导小组，下设办公室，从有关部门抽调人员开展工作，属非常设机构，直至2001年6月扬州市政府机构改革方案出台。根据《扬州市市级党政机构改革实施意见》，2002年1月市政府批准了信息办的“三定”方案，明确扬州市无线电管理办公室、扬州市信息化领导小组办公室合并，重新组建扬州市信息化领导小组办公室，为市信息化领导小组的常设办事机构，正处级事业单位，事业编制10名，挂靠市发展计划委员会，内设3个处室：秘书处（挂“政策法规处”牌子）、综合协调处、信息化推进处。

【工作部署】

2001年3月13日市政府召开了全市第四次信息化工作会议，对开展城市信息化的试点工作进行了动员，部署了全年信息化工作任务。随后市政府办公室以扬府办（2001）25号文印发了2001年信息化工作目标分解表，将全年信息化工作7个方面的42项目标分解到各有关部门、单位和各县（市）区，按照目标管理办法，加强了管理和督查，对重点工程进度每月向市政府反馈，及时解决存在问题，年终进行了全面检查考核，有34项完成，6项在实施，2项目标暂不具备条件作了调整，目标完成率达到81%。

【信息化基础设施】

信息基础设施是信息化的基石。1997年至2001年全市累计投入27.4亿元，建设信息基础设施项目，其中扬州电信先后投入扬州信息港的资金达到13.9亿元，已建成一个规模较大、技术先进、功能完善的公众有线通信网络。在骨干传输层，全市形成了大容量、数字化、覆盖所有县（市、区）和乡镇的光缆网络，实现了双物理路由传输，为各种业务提供了安全、高效的传输平台；市区形成了东、中、西三个SDH骨干环路；在接入层，大规模实施了光纤接入网工程，光缆皮长5290公里，全市党政机关、企事业单位、发达乡镇光纤接入到位率为100%，市区居民小区光纤通达率为85%；在交换层、建成覆盖全市的ATM本地宽带交换网，已实现双向交互式电视电话会议、视频点播、远程教育、远程医疗、帧中继、高速局域网互连等宽带业务；在维护支撑层，建立了数字同步网、七号信令网和电信网管系统，实现了对传输、交换及各个专业网络的实时监控；在网络应用层，建成了DDN（高速数据通信网）、分组交换、Internet等五个通信平台为主的计算机通信网，扬州电信的DDN已覆盖全市所有乡镇，用户端口达3500个，公众多媒体网（Internet）出口带宽由1997年的8M扩大到2001年的5G，拨号端口由500个增加到1.11万个，上网用户达30万户。

2001年，扬州邮政局投资1500万元，在邮政计算机综合网与国家中心联网的基础上，向各县（市）邮政局延伸，连接全市邮政营业网点192个，有多项邮政业务在邮政综合网上运行。

【宽带网建设】

2001年是中国宽带网建设年，扬州电信、联通、网通等公司和广电部门全面启动和推进宽带网建设。扬州电信筹集1.5亿元，建设商用城域宽带网，建成省——市的2×2.5G宽带骨干网，覆盖全市的SDH 2.5G宽带本地网，实现了“千兆到集团，百兆到企业，十兆到家庭”的高速接入。宽带小区的改造是宽带网发展的关键，从一季度开始扬州电信对小区布线进行改造，8月中旬，高速通在全市正式开通，做到市区全覆盖；网络通完成了 80 多个小区的建设，覆盖近 10 万户家庭和企业。

联通扬州分公司宽带网建设从 2 月份开始，新铺设 48 芯地下光缆 40 多公里，5 月完成了市区骨干网建设，并确定了建设 5 个宽带小区，小区内的传输线路全部布放光纤，确保用户畅通上网。

【无线通信网】

扬州移动通信公司在 2001 年投资 2.3 亿元，进行 GSM 数字移动通信系统五期扩容和移动通信大楼建设，使 GSM 的网络容量达到 50 万户，新增移动通信用户 16 万户。到年底，建成 GSM 基站 245 个，交换机容量 80 万门，用户达 34 万户，新开增值业务有短消息、信息点播、呼叫转移、移动 IP、手机银行等，并着手建设第 2.5 代移动通信网络—GPRS 网。4 个县（市）建设了移动通信楼，市区建成综合指挥中心大楼、第二、第三交换枢纽大楼，全市形成独立的移动通信传输网络，建成无线因特网（移动梦网）节点，初步具备宽带移动通信传输条件，经营业务加速向包括无线语音、数据、图象等在内的多元并举模式发展，以满足消费者对移动通信服务“个人化、宽带化、数字化”的要求。

联通扬州分公司投入 3.2 亿元实施从单一经营 GSM 业务向集数据、长途、寻呼和互联网等多元化业务为一体的综合电信业务的探索。投资 1.8 亿元，11 月下旬完成了 GSM 网 7 期扩容工程，G 网的 242 个基站遍布全市主要乡镇，基本实现无缝隙覆盖；根据省联通公司的规划，投资 0.9 亿元进行了 CDMA（第三代移动通信）一期工程建设，建设基站 50 个，容量为 5 万门，于年底完成了设备安装并试运行。同时投资 1400 万元，建设了通信综合楼。

扬州电信利用现有固定电话线缆、号码资源，于 8 月建成无线接入网，向用户提供 PHS 无线市话（又名小灵通），小灵通采用先进的微蜂窝技术，用无线方式将用户接入到固定电话网，成为固定电话的延伸和补充。小灵通网络初期覆盖扬州市区、江都和仪征的胥浦地区，具有经济实用、语音清晰、绿色环保等特点，至年底发展 8000 个用户。扬州移动通信的快速发展，形成了无线业务的竞争格局，促进了消费市场的繁荣。

【广播电视网络】

市广播电视系统根据广播电视技术发展应用趋势和省、市规划要求，加快新技术、新设备的应用与开发，在有线电视网络光纤化、双向化、宽带化、高速化、多功能化和扩大广播电视有效覆盖方面，投入了大量的人、财和物力。2001 年，扬州市区有线电视网光缆干线全面开通，基本实现了有线电视网络向 HFC（混合光纤同轴）的升级，全面开展了综合数据业务，实现了加密电视、视频点播、因特网接入、实时网上新闻和广播式远程教育等多功能服务。各县（市）广电系统启动了城区有线电视网光纤、双向、宽带改造工程，市——县光纤干线网和县（市）城区有线电视网进行了 Internet 接入等多功能业务试验，县（市）——乡（镇）光纤初步联网，80%的村通光纤（电缆）有线电视，农村有线电视入户率达 40%。

6 月份，市广播电视局在经过长期调研、论证的基础上，投资 8000 万元，以实现有线电视向网络电视的战略性转变，到年底完成了市到县 IP 环网，80%有线电视网络实现双向化、数字化改造，为实现广播电视数字化打下了基础。同时，建设了基于 IP + MPLS VPN 技术的扬州城域计算机网，其主要功能是开展数据业务和广播电视增值业务。由扬州广播电视数据网络有限公司与扬州网通公司合作，于 10 月开通了扬州城域计算机网，该网包括互联网、数字电视和企事业单位局域网互联 3 个平台，向社会发展用户。市广电部门对传统新闻传媒和现代科学技术的优势资源进行整合，加强广电宽带网站建设，为用户提供新闻频道、电视频道、电影频道、教育频道、广告频道、股市频道、相声小品频道等信息内容服务，并可为用户提供光纤专线、MPLS VPN 专线、虚拟专网、视频会议等网络服务。有线电视网络升级改造为实现有线电视数字化传输奠定了坚实基础。

【电子信息设备制造业】

扬州电子信息设备制造业有一定基础，近年来坚持以产品和企业结构调整为主线，加大新品开发和技改投入力度，产品结构初步实现两个转变：基础元器件产品由为传统电子整机产品配套逐步向为信息化产品配套转变，整机产品由采用模拟技术开始向采用数字技术方向转变，企业整体素质和运行质态提高，使电子信息制造业走出低谷，迎来曙光。2001年全市电子工业系统完成总产值12.67亿元，实现工业增加值3.46亿元，出口创汇2.7亿元，其中市直电子系统各项经济指标保持了较快的增长速度，完成工业产值4.11亿元，同比增长106.3%，其中新品产值2.33亿元，同比增长2.4倍；实现工业增加值1.3亿元，同比增长90.6%；产销率达97.1%；实现利税1800万元，同比增长34.6%；完成出口交货值5713万元，同比增长80%。市直电子系统主要产品为元器件、仪器产品和军工产品，通过企业改制、引资、抓重点工程项目，已逐步形成新型半导体器件、压电陶瓷及传感器、新型地面询问机、通信电源、干扰车等一批科技含量高、具有国内或国际先进水平的产品。扬州晶来集团DK系列晶体管供不应求，小电流可控硅、肖特基二极管打开了市场，与中科院半导体所共建研发中心，对“半导体光衰减器阵列”产品进行研发，在南京华商大会期间，晶来集团与日本国际贸易株式会社签订了“5英寸硅芯片生产线”增资扩股协议书，外方增资1500万美元，该集团全年销售收入达到1.65亿元，同比增长50.1%。扬州高路华电视机厂注重生产管理，加强成本核算，产品质量稳定，全年累计组装生产21寸、25寸彩电10.6万台，实现销售收入1.13亿元。扬州通信设备公司改制后，积极开发新品，与清华同方等合作开发了“数字化接收机”；四菱电子公司与南航、扬大工学院联合开发DC-DC电源模块；宝军科技发展有限公司与南理工合作开发“遥控信标源”等产品，培育了一批信息产品生长点。2001年晶来IA肖特基、YCR02-08晶体管等3个产品获省金牛奖，140设备获省科技进步二等奖。扬州江佳实业公司主要产品是陶瓷滤波器、介质滤波器和声表面波器件，其生产的超小型和片状滤波器质量达到日本先进水平，成为国家数字移动通信国产化配套企业，年出口创汇达1000多万美元。

扬州市列统工业企业中有电线电缆生产企业36家，在产品品种方面形成了电力电缆、通信及网络电缆、特种电缆三大类产品。2001年宝胜集团重点开发信息网络系统计算机干线电缆、5类以上局域网电缆和通信用软光缆；江苏中山电缆厂、扬州天虹光缆有限公司、扬子江电缆厂通过技术改造开发生产了通信软光缆、带状光缆等新产品，适应了市场需要。

【信息服务业】

信息化建设为各类信息服务业的发展提供了广阔的空间。2001年，全市信息服务业呈现出服务门类增加、服务形式多样、服务内容更新的特点。许多部门和行业结合自身业务，兴办各类信息服务机构，增加服务内容，开展了电子信息服务、工业信息服务、交通运输信息服务、科技信息服务、邮政信息服务、对外经贸信息服务、证券信息服务、农业信息服务、计算机销售应用服务、人才培训服务等。信息服务业的几个主要门类都有新的发展：一是通信服务业保持了较快的增速。国内各大通信运营商抢摊扬州市场，继联通、吉通之后，网通也在扬州拓展经营，形成发挥各自优势、开展公平竞争的态势。在电信资费连续下调的压力下，扬州电信部门改进服务，不断创新，千方百计增加增值服务，业务增幅保持了两位数的增长。二是计算机销售应用服务业进一步扩大。随着全市信息化进程的加快，全社会电脑普及应用水平大幅度提高，计算机产品销售应用企业有新的增加。国内外知名计算机品牌如IBM、惠普、联想、方正等在扬州都有正式代理商，售后服务得到较好保障，在合作过程中，广源、新大通等一批IT销售企业得到提高，正在做大做强。由于IT市场的竞争激烈，电脑硬件销售市场虽然火爆，营业额增长较快，但综合利润率偏低。三是系统集成业初具雏型。以系统集成业务为主的网络工程公司在市区有23家，但企业规模较小，实力不强，企业注册资金平均不足30万元，对一些较大工程难以承接，有少数企业在政府采购招标中标后，往往采用与外地大企业合作的方式进行业务。四是咨询服务业蓬勃发展，工程、科技、管理、会计、法律、房地产中介等传统咨询服务业，采用网络技术、计算机辅助管理等新技术开展信息服务，明显提高了服务质量和服务效率，受到客户欢迎。据调查，市区有咨询服务企业238家，注册资金6.67亿元，民营服务企业占63%。五是交通运输信息服务开始起步，2000年9月，扬州市公路货物运输交易市场与北京科利华中运网络有限公司合作，组建了中运网扬州代理中心，网上有货车司机 300 多人，初步形成了货运配载网络，传统的运输经营模式向现代物流方向转变，提高了运输车辆的实载率。

【软件业】

经过政府积极引导和培育，全市软件业从无到有，从事软件开发生产的企业有 20 多家，经省认定的软件企业 1 家、软件产品 4 个。金典软件开发公司于年初入驻江苏省软件园，市开发区科技创业中心有 3 家企业进行软件开发。扬州恒春科技开发有限公司是以电子通讯类产品开发为主的民营高科技企业，开发了 HC2000 智能电话查询系统等软件产品，2001 年完成产值近 1 亿元，其中软件产品的产值占 1/3；金典软件开发公司开发了金典股票分析软件上市销售。为了促进软件行业健康发展，市科技局于 10 月筹备成立了扬州软件行业协会，有 37 个企事业单位参加协会。发展软件业，关键在人才，9 月中旬国内驰名的北大青鸟集团与市科技局正式签约，合作成立北大青鸟 APTECH 扬州区域培训中心，培养地方急需的软件开发人才。北大青鸟集团是著名的大型软件企业，资产规模超过 50 亿元，该集团与世界上规模最大的专业计算机教育公司印度 APTECH 公司联合，成立了北大青鸟阿博泰克信息技术有限公司，进军国内计算机教育领域，在全国设立 30 多个培训点。根据合作目标，扬州区域中心在“十五”期间培训 5000～10000 人，使扬州市软件人才达到“本地化”的要求。当年有 120 人参加软件培训学习，二年结业。

【信息资源开发】

以各类网站为载体，开发和整合政治、经济、科技等地方信息资源上网，搭起沟通政府与企业、社会及消费者的桥梁，全市涌现了一批具有地方信息特色的优秀网站。

《扬州人大网》（www.yzrd.gov.cn）经过二年多的筹备，于 2 月 10 日建成并开通，设置了 10 多个栏目，信息内容丰富，并定期更新。在 2 月下旬市四届人大四次会议期间，人大网站作了在线直播，网上人代会的实现增加了会议透明度，拓宽了民意的传播渠道，受到从中央到地方诸多新闻媒体的关注，新华日报、扬子晚报、新华网、《中国人大》网站等进行了报导，3 月 2 日中央电视台《东方时空》也作了介绍。市人大网站将人大代表提出的议案、建议在网上公布，开设了市民信箱，鼓励市民参政议政。经过一年运行，人大网站成为倾听民意、反映民声、集中民智、推动民主法制建设和人大工作的重要阵地。《扬州政协网》也于 2 月 17 日建成开通，主要设置了主席信箱、政协新闻、政协简介、委员名录、委员提案、建言献策、全会专题、委员风采、文史资料、党派团体、区县政协、政协会刊等 14 个栏目，架起了反映社情民意的桥梁。网址为 www. yzzx. gov. cn。

《扬州热线》是由市电信部门开发管理的门户网站，主要栏目包括新闻、财金、IT、影音、旅游、社区、娱乐、宽带服务等，平均日访问量达到 21000 人次，访问时长居全省第 3 位，2001 年扬州热线推出的寄语市长、申奥签名、宽带大家谈等栏目成为市民关注的热点，网站服务人员达到 15 人。由扬州市价格信息中心投资 90 万元建立了《万佳网》于 5 月 28 日开通，网站提供“实用资讯”，及时发布各类物价政策法规，动态发布市场价格信息，提供全市主要生产、生活资料价格的查询，受理价格投诉；同时以各类网上专卖店、拍卖调剂、政府采购为切入点，提供网上商品推介和商务活动；建立开通了“扬州市医药价格网”，汇集全市医药行业信息，反映最新价格动态，向社会提供医药及医疗服务价格查询．该网先后改、扩版 5 次，动态发布各类价格信息近 10 万条，接受价格咨询、投诉 500 多人次，访问总人数达到 11.6 万人次，受到社会各界好评，网址为 www.winjia.com。《扬州房地产网》由市房地产管理局开发建立，经过二年建设已在中小城市的房地产专业网站中独树一帜，该网站包容了电子政务与电子商务，专业信息量十分丰富，市民足不出户即可浏览最新的房源信息、房地产政策法规及政务公示，并可进行在线咨询，享受免费的网上中介服务，初步建成了房地产开发商、中介公司的网上交易平台和网上房源贸易平台，房地产信息网具有良好的社会效益，扬州市被建设部确定为中国住宅与房地产信息网首批试点城市之一。《扬州市人才网》自 2000 年 8 月开通以后，受到广泛关注，访问量日均 1887 人次，2001 年访问总数达到 71 万人次，登录人才 2 万多人。人才网的内容包括三类：一是正常的人才市场招聘信息在网上同步发布，即时更新；二是专业技术人员个人求职信息发布，并接受专技人员免费登记个人信息；三是特殊专业人才需求信息发布，招聘者与应聘者直接在网上双向选择，建立了真正意义上的跨越时间和空间的网上人才市场。此外，市和各县（市）建立了一批具有本地特色的农业网站、教育网站。

【信息技术应用】

信息技术的应用已渗透到各行各业，结出了丰硕的果实。一是通信、广电行业积极跟踪并应用先进的网络和通信技术。2001年，扬州电信部门坚持学习、引进国际信息新技术，适度超前发展通信事业，采用光纤传输技术和千兆以太网交换技术，精心组织了扬州宽带网和无线市话建设，建立了在全省处于一流水平的YES90商务平台，同时采用数据库、动态生成静态页面等先进技术，建成了扬州第一个宽带网站（www.yzvod.com），为网民提供影视点播、网上卡拉OK、网上教育等多种信息内容。第三代移动通信CDMA技术开发与研制成功，将进一步提高移动通信技术发展的水平，联通扬州分公司投入巨资进行了CDMA一期工程建设，使扬州通信业做到与时俱进。扬州广播电视局利用有线电视光纤线路，应用IP + MPL SVPN技术构建了城域计算机网的物理平台，为下一步完成有线电视的DVB－C系统即“数字广播电视”业务打下了良好基础。二是工交建筑行业利用信息技术改造传统产业，以信息化带动工业化。继续推广CAD/CAM（计算机辅助设计制造）、CIMS（计算机集成制造系统）、ERP（企业资源计划）等信息技术改造传统产业，由单项应用信息技术向集成化、网络化应用方面发展。全市通过验收的CIMS应用推广示范试点工程2项、省级CAD应用推广示范工程3项、市级CAD应用推广示范工程35项。根据不同类型的企业，有重点有针对性地推进生产技术信息化，对机械、轻工等加工组装类企业，加大了设备的改造，采用数控机床和柔性制造系统（FMS）、加工中心、机械手、机器人等智能化设备提高生产制造的自动化水平，做好零部件的数字化工作，实现计算机辅助制造；对化工、纺织、农药等流程类企业，推广应用DCS系统，实现生产数据的即时采集和传输，实现产品质量的实时监控；对机电产品企业，主要利用计算机技术、控制技术提高产品层次、采用嵌入式软件技术提升仪器仪表、医疗设备产品的档次，信息技术的推广应用推动了扬州传统工业结构的调整和技术升级，发挥了应用信息技术改造、提升传统产业的倍增作用和催化作用。三是在各部门和有关单位推广应用网络技术、数字技术和多媒体技术。经调查，市级党政机关绝大多数部门已经建成计算机局域网，建网部门占调查总数的80%，近几年用于信息化建设的投资超过5000万元，政务信息网络具备了相当规模。市规划局、国土局、经济信息中心应用数字技术构建了局部的地理信息系统。市教育系统推广应用多媒体技术，到2001年底已建成多媒体网络教室86个，多媒体教室300个，电子阅览室40个，在重点中学普遍采用了多媒体的教学手段。此外，在2001年进行的扬州市社区信息化示范工程工作中，推广应用智能化技术，多数示范小区具有出入口监控系统、红外报警系统、语音对讲系统、物管监控机房等现代化设施。

【政府信息化】

1999年市政府投资140万元完成市级机关办公自动化网络一期工程，初步建成市级机关公用网络平台；2000年市委办公室、市政府办公室、计委、经委、财政局等8个部门与机关主干网实现千兆光纤互联；2001年在市政府大院外的工商、税务、科技局等7个部门作为第二批联网单位，完成了与主干网联网的专用光纤铺设任务，各联网单位积极开展了网上应用。市经济信息中心在网络管理中制订了统一的管理规范，确定了各部门的网站内容、更新周期、责任等，政府网上的一批应用系统如法律法规库、视频点播、专题信息等已经建成投入使用。

各县（市、区）从本地实际出发，稳步推进政府信息化。江都市根据省政府办公厅《关于加快建设全省政府公务邮件系统的通知》要求，以“机关公务邮件网”的建设为抓手，全市23个乡镇和100多个部门连入“机关公务邮件网”，实现了机关公文的网络传输，到年底通过网络传输的文件达1143份，平均每天有4－5份文件在网上传送，提高了行政办事效率。仪征市由市信息办牵头，广电局负责实施党政办公综合信息网工程建设，共投入 500 多万元，已形成一个覆盖全市机关部门和乡镇的宽带骨干网，到年底有 40 多个部门联入党政网，软件办公平台试运行，实现了浏览、视频点播等多项功能。广陵区政府拨出专款，组建了区政府大院宽带局域网，初步建成了政府信息平台，为推广办公自动化打下了基础。

【部门数字化】

年初市工商行政管理局提出以“一库、二中心、三网、四化”为目标，分步建设“数字工商”。“一库”是在基层工商所和市、县二级工商局分别建立门类齐全、内容丰富、更新及时的信息资源数据库；“二中心”是市、县二级工商局都建成各自的数据中心和网络中心；“三网”是逐步建成为工商行政管理业务服务的内部业务网、与相关职能部门合作的执法协作网和为社会服务的红盾信息网；“四化”即在业务管理电脑化、档案存储光盘化、信息查询网络化的基础上，逐步实现领导决策科学化。当年完成了市局和 8 个县级局局域网的布线、机房装修和线路检测工作，市与各县局、省局间实现了光纤广域互联；对全市 4.5 万户内资、外资和私营企业档案进行扫描录入，累计 360 万页，约 100G 数据量；完成了数据初始化第一阶段工作，共输入 8 万多户企业的开业、变更、注吊销和年检资料。全系统配备了 327 台 PC 机、172 台打印机、2 台小型机、19 台服务器、39 台 UPS 等，组织全系统 1000 余人参加了计算机应用能力中级培训，45 岁以下干部 90%通过省计算机中级能力考核。全市各级工商部门面向企业提供了登记咨询服务，面向社会提供档案查询服务，面向领导提供决策咨询服务，取得了良好效果，被省工商局表彰为“信息化工作先进集体”。

市国土资源局先后投资 300 多万元，全面建成市区地籍信息系统，该系统以城市 1：500 地形图为基础，加载土地管理的各种数据信息，系统中录入了城区（含城郊结合部）约 60 平方公里、近 1000 张标准分幅基础地籍图件，2 万多宗土地权属调查和登记发证资料，这一系统在初始地籍调查和登记发证工作中发挥了重要作用。2001 年在南京师大合作指导下，对系统进行了更换升级，建成了以 MAPINFO 为图形平台、SQL 为数据库平台的网络系统。该局还与郑州解放军测绘学院合作，建立了规划信息系统，这一系统是集图形数据与属性数据于一体的地理信息系统，已录入了市区和近郊 17 个乡镇土地利用现状、规划数据，1：1 万的现状图和规划图信息，利用规划信息系统可以进行动态变更和数据汇总、分析。

市规划局积极开展构建城市地理信息系统的准备工作，对部分 1：500 地形图进行了数字矢量化处理，对市区的燃气、电力、给排水、电信、联通、有线电视等各种管网进行了探测普查，形成管网图，分类建立了数据库，制成光盘提供有关管网单位使用。

【行业信息化】

行业信息化是国民经济和社会信息化的重要方面，2001 年全市多数行业部门在信息化建设中取得了新进展。市劳动和社会保障局与国家劳动保障部社保研究所、交通银行扬州分行联合开发了扬州市社会保险计算机管理系统，该系统是利用国家劳动和社会保障部“五保合一”核心平台，结合扬州实际开发的大型管理实用软件。“五保合一”是指“养老、失业、医疗、工伤、生育”五种社会保险，在一个系统中统一运作。在进行数据调试的过程中，全市城镇职工基本医疗保险先行进入社会保障卡运作，城镇居民一卡在手就可到定点医院、药店就医购药。该 IC 卡具有社会保障和银行卡两种功能，卡中的智能芯片保存了持卡人的个人基本资料和五保信息。到年底累计发放医保卡 11 万张。在应用软件方面还开发了系统管理、申报结算、养老保险、工伤生育失业保险、医疗保险、财务、统计查询等 7 个子系统。

金融信息化是城市信息化建设水平的重要标志。人民银行市中心支行积极推进银行卡商户 POS 联网联合。2000 年 10 月银行卡 POS 联合系统正式开通，到 2001 年底，有 7 家银行和市邮政储蓄局的银行卡系统并入联合系统，特约商户已有 110 家，设置了 230 台 POS，所有的银行卡都能使用，通过银行卡 POS 系统成功消费了 6400 多万元，共计 26 万多笔。POS 联网联合系统的使用，既解决了各发卡机构重复投资的问题，树立了银行和商户的良好形象，又提高了用卡率，减少了现钞流通，方便了商户和持卡人。

市旅游系统加强了旅游网站建设，建立了“扬州旅游网”（www.yztour.com），各旅游相关单位有42家上网经营相关业务，其中有13家单位拥有自己的域名或网页。在此基础上，又建立了“扬州旅游在线”网站，该网站除提供扬州即时旅游资讯外，还具有较为完善的旅游服务功能，可为来扬游客提供多种旅游信息服务。国家级著名风景区扬州瘦西湖公园和大明寺以申报国家4A级风景区为契机，与国内知名网站合作，先后建立了自己的网站，扩大了影响。市内三星级以上饭店、国家4A级旅游景区都设立了电脑触摸屏，方便了游客。

市公安部门实施了金盾工程，加强全市公安信息网络和应用系统的建设，先后完成了市局至各派出所的无线网络、市局至各分局和驻外部门的光纤线路；2001年对110指挥中心和二级网的线路更新改造，建成电视电话系统，实现了图像、语音、数据三网合一；进行了人口信息系统的升级改造，市交警支队、刑警支队、经侦支队建立了部门局域网；各县（市）公安局的350M集群系统也全部建成，全市形成了有线、无线和计算机网络相互联接的多功能有机整体。

教育信息化建设方兴未艾。高校在教育信息化建设中发挥了带头作用，扬州大学校园网工程已完成了扬大本部和师院、农学院、工学院等二级院校虚拟网建设，可提供语音、数据、图像、ISDN等多种业务；同时，加大了信息学科实验室建设，2001年投入714万元用于计算机中心、现代教育技术实验室、计算机技术实验室、电子技术实验室等建设，进一步改善了信息学科实验室的条件。在中小学计算机辅助教学和多媒体电化教育发展较快，到年底全市教育系统拥有各类计算机1.4万台，接入Internet学校723个。江都市95%以上的中学、中心小学都建起了计算机教育中心，通过该市的教源网和其所在学校网站进行教学，有电脑的家庭，学生可通过“一线通”在家中打开学校教学网，享受远程教育的便捷。

市计划生育部门以育龄妇女管理信息为重点进行计算机网络建设，基本建成全市计划生育传输网络系统，市、县、乡三级计划生育部门共配置计算机200多台，市－县通过X.25专线、县—乡通过拨号方式实现了联网，启用网络版育龄妇女信息系统，进行日常管理、统计与服务工作；市、县两级计生委都建立了局域网，基本具备了办公自动化的硬件条件。

市无线电管理办公室于11月完成了“江苏省苏中区域无线电监测中心”一期工程，共投入资金580万元。该项目由85米接收天线塔、全频段接收天线、宽带接收机、比相测向仪、传输专线及无线电管理信息系统、频率台站数据库等软件构成，承担扬州、泰州、镇江、盐城4个地区的空中电波监测任务，实现无线电管理办公、监测自动化。

【企业信息化】

企业信息化是国民经济信息化的基础，全市从三个方面大力推进企业信息化：一是继续推进企业上网。年初市经贸委编印了全市“企业上网工程”工作计划，明确了主要任务、责任部门和时间要求，各县（市、区）制订了有关实施方案和具体工作计划，定期检查考核，同时市、县组织了多种形式培训班，有1000多人次参加了培训，使企业上网工作落到实处，全年新上网企业1万家，比上年增长53%，总计上网企业1.8万个，实现了50%以上的企业上网的目标。二是开展电子商务试点工作。市经贸委确定10家企业作为电子商务的试点单位，开展了试点工作，5月16日举办了扬州市电子商务研讨会，邀请中联江苏电子商务有限公司等单位与有关企业研讨洽谈。市对外贸易经济合作局把宣传引导企业参与国际电子商务活动作为重要工作，组织涉外企业参加《中国商品市场》、《中国在线广交会》、《中国招商》等网上交易（洽谈）会，新发展电子商务网新会员企业22家，总数达到213家，主动帮助企业用好电子商务工具，开展了“送电子商务到企业”的活动。同时投资建设了《扬州招商》动态化网络平台，开辟了利用电子商务手段进行招商引资的先河。由专业人员自筹资金60万元建设的工艺美术电子商务专业网站“龙威网（www.Loweb.com），该网站整合扬州工艺美术行业的传统资源，将网站内容与电子商务平台紧密集成，于2000年初开通运行，日访问人数在300人左右，到2001年底访问总数为10多万人次，龙威网络公司网上网下每月的营业额近万元。三是抓住重点开展企业信息化的示范应用工程，重点企业信息化成果明显。江苏群发化工有限公司（原扬州有机化工厂）在1995年初列为省首批国家级CIMS推广应用试点单位，至2001年累计投入850万元以上，在建立CIMS的过程中，企业对管理机制、管理制度、管理模式和管理手段进行了改革，明显提高了经济效益，产品质量大幅度提高，锦纶帘子布一级品率由1997年的72.4%上升到2001年的94.9%；原材料消耗同比节约500多万元，库存明显下降，2001年企业实现工业总产值5.01亿元，销售4.46亿元，利税3962万元。江苏扬农化工集团有限公司经过多年努力，已建立了工艺设计与生产控制信息系统、企业内部管理信息系统和基于互联网的企业电子商务系统，显著提升了企业的综合竞争力，2001年出口创汇达1088万美元，比上年增长了330%，出口产品占总销售额的12.9%。仪征双环活塞环有限公司引进美国四班系统，利用MRPII（计算机制造资源管理信息系统），在采购、销售、财务和生产管理等方面取得成效，产品及时交货率从90%提高到99%，在制品库存下降了1200万元，年降低采购费用100多万元，生产周期从35天缩短到15天。该公司信息系统获美国四班系统2001年度亚洲最佳用户奖。

【信息化人才】

全市在五个层面组织开展信息化人才的培养，进行信息技术、技能的培训。

1. 正规的学历教育。2001年扬州大学加快专业调整，增加信息学科的新专业，共有信息与计算科学、通信工程、信息管理与信息系统、应用电子技术、计算机应用与信息管理5个专业招收了360名本科生，公有民办性质的广陵学院招收了信息学科专业200名本科生；同时积极开展信息学科的继续教育，涉及到电子信息工程、电子商务、办公自动化、计算机应用等12个学科专业，2001年在校生2695人，其中毕业573人。扬州大学还积极争取信息学博士生招生点，对计算机应用技术、信号与信息处理两个硕士点加强导师队伍建设，已有相关硕士生导师13人，为今后构筑信息学科人才高地奠定了基础。扬州职业大学、广播电视大学和扬州教育学院等地方大专院校也扩大了信息类专业的招生人数。

2. 发展中小学计算机教育。将信息技术课程列入中小学生的必修课程，2001年全市县城以上的初级中学都开设了信息技术必修课，并实行了联考，市区小学和各地实验小学开设了有关信息课程。教育行政部门加强了中小学信息技术教育师资队伍的建设，除进行信息技术继续教育的培训外，在安排教育经费时充分考虑中小学信息技术教育经费的需求，保证了学校开展信息技术教育的正常进行。

3. 各行各业和社会团体举办计算机培训。市区具有一定规模的培训单位有20多家，市科干院电脑培训、人事局培训中心、723研究所培训中心、永通科技培训中心等单位，常年举办电脑初、中级班、图形图像、平面广告设计、电子商务等培训。全市年培训人数超过1.5万人次。

4. 计算机等级考试培训。每年由市教育学院承办培训和考试工作，2001年有5300多人参加全国计算机等级考试，有1200多人获得通过。

5. 通过组织计算机知识竞赛开展培训。2001年由市总工会、市劳动和社会保障局、市信息办联合组织了“广源电脑杯”计算机知识、技术竞赛，经过广泛发动，全市万名职工参加了所在企业的各类计算机知识培训，层层参加了比赛，提高了职工应用电脑的能力。

【城市信息化试点】

根据信息产业部要求，市计委和市信息办经过深入调研，于4月上旬完成了《扬州市城市信息化试点工作实施方案》。方案明确了城市信息化试点的指导思想、总体目标和工作思路，提出试点工作主要从基础设施、开发与应用、信息产业三个层面进行，重点实施扬州信息港主体工程、数字扬州工程、政务信息化工程、企业信息化工程、农业信息化工程、旅游信息化工程、文化教育信息化工程、社区信息化工程等八大工程，以城市信息化试点为契机，积极调整全市电子信息产业结构，壮大软件业，加快城市信息化进程。这一方案在市内广泛征求了意见，4月22日扬州市邀请了以中科院高庆狮院士为组长，由部、省、市专家、领导组成的评审组，对该方案进行了论证评审。专家组评价该方案符合国家对城市信息化的有关要求，目标明确，思路清晰，重点突出，起点较高，措施可行。方案突出信息基础设施建设、信息资源开发利用、信息产业三个层面的重点项目建设，选择信息产品制造业、农业、文化、旅游为重点，展开对扬州城市信息化试点的各项工作，具有扬州特色，可操作性强，有一定的前瞻性。根据专家组提出的意见，市信息办对方案进行了修改完善，于5月中旬上报省信息产业厅和国家信息产业部审批。

【举办“中经50人论坛”】

扬州市政府和国家信息中心于4月22日至24日在扬州共同举办了“中国经济50人论坛”，来自全国经济界的一百多名领导和专家就城市信息化及区域经济模式比较进行了研讨。“中经50人论坛”是国内具有权威性的经济论坛，中央政策研究室副主任郑新立、国务院发展研究中心副主任陈锡文、信息产业部副部长吕新奎、国家信息中心常务副主任刘鹤、北京大学中国经济研究中心主任林毅夫教授等登坛演讲。吕新奎在讲话中指出，在扬州举办论坛，对扬州的信息化建设有着现实的指导意义，扬州要加大利用信息技术改造传统产业力度，以信息化带动工业化，走工业化和信息化相结合的发展道路，要大力推动电子商务发展，逐步把扬州建成一个区域性物流配送中心，带动经济跨越式发展。在研讨“十五”期间城市信息化建设的思路时，许多专家对扬州的试点提出了具有针对性的意见，具有较强的指导性。论坛举办期间，扬州电讯仪器厂、扬州无线电二厂等企业与有关方面签订了8个合作项目，总投资超亿元。

【联办中文信息处理发展研讨会】

扬州市人民政府、上海交通大学、中国索引学会于4月4日～5日在扬州共同举办了“第一届中文信息处理国际研讨会”。会议邀请了中国大陆、香港、台湾及新加坡、美国、日本、德国、加拿大等国和地区的著名专家、学者和实业家，围绕“中文信息处理在世界语言信息处理领域中应有的地位和未来方向”的主题，就国内外中文信息处理研究的最新成果与创新思想进行交流，展示了中文信息处理技术涉及的相关产品，并研讨了中文信息处理的发展方向。扬州市有8家软件开发生产企业参加了研讨会。有部分科技成果首次在扬州市洽谈转让或合作生产。

【市人大常委会视察信息化建设】

2001年9月27日市人大常委会组织了一次市区信息化建设视察活动，参观考察了江苏群发化工有限公司、电信局、江苏油田信息中心、扬州恒春科技开发有限公司、市广电局等单位。视察后市人大常委会召开第86次主任会议，专题听取市政府关于全市信息化建设基本情况的汇报。市人大负责同志提出，扬州市今后要在软件开发、人才引进、信息化服务上下功夫，在提升传统产业、招商引资上求突破，培植一批信息制造业的骨干企业和品牌产品，牢牢抓住国家信息化试点城市的良机，加速发展有竞争力的信息产业，努力使扬州成为长江三角洲都市群体中充满活力的数字化扬州，现代化扬州。

【组织信息化宣传周活动】

10月20日至26日全市举办了第二届信息化宣传周活动，以“推介新技术，开拓新市场，加快信息化城市建设步伐”为主题，组织了大型的新技术推介展示、信息化示范小区（工程）授牌表彰、信息服务企业诚信承诺、信息技术知识竞赛、学术研讨、科普教育和国内外知名IT企业推介等六大类二十多项活动。市区在市友好会馆举办了为期三天的大型信息化新技术、新产品展示活动，宽带网、无线电话“小灵通”成为吸引人们眼球的热点，参观人数超过1万人次，市四套班子主要领导到场参观指导。宣传周期间，举办了城域计算机网安全对策、企业信息化建设、智能建筑设计与管理、电子商务等4个学术讲座，组织了计算机知识竞赛。这次活动进一步宣传了市“十五”信息化规划和城市信息化试点实施方案，促进了宽带网的推广应用和信息化示范小区、专业网站的建设，进一步普及了信息化知识。江都、仪征等县（市）结合本地实际，组织开展了相应的宣传活动。经市信息化领导小组批准，在宣传周期间授予江苏油田扬州石油新村、市区梅香苑、宝带小区、康乐小区、扬州大学苏农五村、邗江区莱福花园、仪征市红叶小区、宝应县世纪园、高邮市新华园、江都市龙川广场等10个住宅小区为2001年度“扬州市信息化建设示范小区”称号。

【荣获全国计算机大赛团体第一名】

国家劳动和社会保障部于2001年主办了全国首届计算机应用大赛，全国共有3200多个企事业单位组队参加。扬州市劳动和社会保障局、市信息办在层层选拔的基础上，组织4支代表队参加江苏省150个代表队的角逐，扬州代表队在全省的团体选拔赛中获得一、三、四名后，省指派扬州大学代表队作为江苏省代表队、邗江县职教中心代表队作为江苏代表队的后援队参加全国的团体预赛，随后，在预赛中进入全国前六名的省际代表队举行了决赛，经过激烈争夺，江苏扬州代表队以91.7的高分获得团体第一名，为省和扬州市争得了荣誉。

【2002年发展思路】

以江泽民总书记"三个代表"重要思想为指导，认真落实国家和省、市经济工作会议精神，大力推进国民经济和社会信息化的进程，以信息技术应用为重点，加大基础设施、电子政务、企业信息化、社会信息化和人才培训工作力度，力争在城市信息化试点方案的实施上取得突破。

【2002年主要目标】

2002年3月9日扬州市召开了全市信息化工作会议，会议提出主要工作目标是：以社会和国民经济应用急需的"一网二平台三大工程"为核心，进一步完善公众通信基础设施建设，全年通信基础设施投入9亿元；加快推进政府信息化应用，构筑电子政府框架；以信息化带动工业化，改造提升传统产业；加快推进家庭上网和社区信息化建设。信息产业增加值达26亿元，比上年增长18%，其中，信息服务业增加值增长18.8%（邮电通信业增加值增长20%以上），软件业增长20%，系统集成业增长25%，电子信息制造业增长15%。

【2002年重点任务】

认真实施城市信息化试点方案，全市信息化建设重点抓好六个方面：组织实施"一网二平台三大工程"。"一网"即城域宽带网，年内建成一个在市区覆盖率达95%、县城覆盖率达80%的全市城域宽带网；"二平台"即建立区域性公共信息交换平台和城市GIS（空间地理信息系统）平台；"三大工程"即管道集约化、公共事业收费"一卡通"和"电子政府"骨干网工程。积极推进电子政务体系建设，高标准设计制作"中国扬州"门户网站，建立一个有利于市民、投资者了解投资、申诉、办事的查询系统，在政府办公自动化方面有所突破。加快信息技术在一、二、三次产业中的推广应用。一是以信息化带动工业化，发展信息产品制造业，用信息技术改造传统产业，继续进行企业电子商务的试点，构建扬州市技术创新服务网，年内企业上网率达到80%以上；农业上主要加强农业资源信息、水利信息和农产品供求信息网络建设，推动扬州农业的二次创业；服务业方面加快旅游信息化工程建设，建立旅游信息中心，完善高效安全的医疗、失业、养老等社会保障信息系统。推进社区信息化建设和实施家庭上网工程。在全市高标准新建20个信息化小区，家庭上网率达到5%以上。加快信息化人才的培训与教育，重点抓好各级领导的培训和学校的信息知识的教育，同时与省有关部门联办CIO培训班，推行CIO制度。编制信息化的专项规划，邀请国内知名的高等院校、科研机构和IT专家帮助编制电子政务规划、GIS规划方案等。　（钱刚）

实施农业信息工程　以信息化促进农业现代化

——扬州市信息化建设特色

近几年来，扬州市委、市政府大力推进信息化建设，在扬州大地上掀起了一股信息化的热潮。在信息化的进程中，全市农林部门加大投入力度，加强农业信息基础设施建设，组织实施农业信息化工程，构筑农业信息网络，初步形成覆盖全市的农业信息网络框架，同时积极开发农业信息资源，扩大信息技术在农业领域中的应用，为农业结构战略性调整服务，为农业增效、农民增收服务，走出了一条具有地方特色的农业信息工作的路子。

一、抓住重点，建设有特色的农业网站

随着知识经济时代的到来，信息已成为农业经济增长和农产品市场竞争力提高的基本要素，在中国加入WTO以后，如何使千家万户的小生产与千变万化的大市场进行有效对接，是农业和农村工作面临的新课题。扬州市借鉴国内外农业信息化的成功经验，以建设农业信息网络体系为抓手，在实践中大胆探索农业信息化发展之路，取得了成效。

首先，统一思想认识，实施市、县、乡联网工程。市、县两级农业部门从加强农业、稳定农村、富裕农民，积极推进农业现代化的战略高度，统一思想认识，重视和加强农业信息化工作，始终把网络体系建设列入农业重点建设内容，在市农业信息领导小组的指导下，统筹规划全市农业信息化建设，坚持不断投入，分年实施，逐步完善农业信息网络体系。至2001年底，建成了2个市级网站、5个县级网站和1个区域性网站。扬州市农业综合信息网，上与省农林厅相连，下与各县（市、区）农林部门和40%的乡镇农技站相连。同时积极发展网络终端用户，全方位拓展网络体系，重点发展种养大户、经纪人、龙头企业、农贸市场连接上网，已有经纪人、种养大户200多户上网，并与20多个涉农企业定期交流信息。

其次，开发信息资源，建设具有地方特色的农业专业网站。由市农经委牵头建设的扬州农业综合信息网站（WWW. jsyzagri. gov. cn）于2001年3月18日建成开通，为宣传扬州农业打开了新的窗口；同年9月18日由市农林局承建的“中国润扬农网”（WWW.ryagri.gov.cn）建成开通，该网站以大力推进农业科技服务和信息服务为重点，面向农业、农村、农民提供科学、实用、可靠的信息，开设了农业快讯、市场行情、供求热线、农业科技、投资指南等10个专栏，数据总量达150兆，成为沟通政府与农民、农民与市场之间的桥梁。仪征市农业局成立了农业信息中心，在2000年4月建成“仪征农业信息网站”（WWW.yzagri.gov.cn)，经过3次改版形成农业新闻、价格行情、名优特产、项目合作、农业社区等12个板块，网络内容丰富，信息更新快捷，服务项目广泛，网站的访问量持续上升，在省农林厅组织的首批建成的县级农业网站评比中，综合得分名列第一。“农业社区”板块是以社区的形式提供浏览者交流技术、信息及发表言论的场所，同时通过聘请专家担任客座佳宾解答有关问题，使社区成为农业工作者、农民朋友虚拟的家，已有注册用户150多人，在全国农业网站中属于首创，这一创新得到部、省有关农业专家的肯定。仪征农业网站在2000年12月加入江苏省农业网站流量统计系统，至2001年10月IP访问量达11323次，其中来自欧美、新加坡、日本等国外的访问占10%以上，总访问量和日均访问量仅次于“江苏农业网”，列全省农业网站统计第2名。宝应县农林局主办的“宝应农业网”(www.byagri.gov.cn)在2000年9月投入运行，内容分为农业新闻、供需见面、三新技术、致富经、绿色食品等12个板块，内容紧贴全县农业发展实际，重点介绍和推广绿色食品、生态农业和结构

调整的品种模式，基层反映宝应农网乡味浓，很耐看，有参考价值。宝应县还办了“中国荷藕网”，建起了一个“让世界了解荷藕，让荷藕走向世界”的新窗口，内容主要有藕保健、藕文化、藕美食、生产基地等10个板块，既有浓郁的文化气息，又有实时的商务信息。由省家禽科学研究所建设的“中国家禽业信息网”（www.pouitryinfo.com.cn）于1999年正式开通运行，经过3年努力已发展成为我国畜牧行业四大站点之一，形成以家禽业信息为主，包括饲料、兽药、养禽设备等相关信息的专业网站，初步实现了信息引导、决策支持、监督咨询、监测预警的整体功能，已有500多家国内大、中型家禽生产企业成为网员单位。

第三，积极探索，不断拓宽农业信息的服务领域。各地因地制宜，从实际出发，注意把发挥计算机联网优势和发挥报纸、刊物、广播、电视等传统媒体作用结合起来，强化网络与传统媒体的结合，初步摸索出一条适合市情的农业信息服务路子。一是扩大了服务对象，农业信息工作由过去单一的供领导参考，向服务于领导决策、服务于农民选择、服务于市场调节转变。二是扩大了服务内容，由过去主要发布农情、苗情、灾情、农业政策等生产、政务信息，向生产信息、政务信息和市场信息相结合，本地信息和外地信息相结合，国内信息和国际信息相结合，当前信息与分析预测信息相结合的信息发布格局转变，较好地满足了社会不同层次的信息需求，在引导农民调、指导农民种、帮助农民销方面取得了一定的成效。三是服务方式趋向多形式，一方面实现了农业信息的网上发布；另一方面充分利用网上信息量大的优势，精选实用信息，通过传统媒体的专版、专栏、专题等载体，及自办简报、小报等形式向基层和广大农民发布信息；另外通过召开农业信息发布会、举办信息集市等形式向广大农民发布高质量的实用信息，提供面对面、实打实的信息服务。

扬州市郊区的“江苏联谊农副产品批发市场”在1998年建起了全省第一家市场信息网站，每天向市物价信息中心报送市场批发价格行情，向市各大集贸市场发布零售指导价，通过电脑网络向全国发布市场价格行情，人们称赞联谊网站起到市场稳定的“平衡器”、农业科技发展的“推进器”和农业结构调整“加速器”的作用。农业结构调整的难点之一是销售不畅，这两年郊区每年蔬菜上市量已达7200万公斤，本地市场销售仅占20%，“联谊”每年为郊区生产的6000万公斤蔬菜找“婆家”，成为郊区农业结构调整的好后勤，避免了农业结构调整中不必要的损失。近两年“联谊”网站共发送信息1万多条。由于成效显著，在2001年6月省农林厅召开的全省信息工作交流会上作了经验介绍。

二、从实际出发，积极推广应用农业信息化技术

扬州市因地制宜，根据农业、农村的实际情况，从三个方面推广应用农业信息化的新技术，取得了实效。

（一）积极开展农业网上商务

各地农业网站开通以后，努力开展网上营销，促进了农产品的流通，网上交易额不断增加，创造了良好的经济和社会效益。宝应县农业网对本县农副产品进行网上宣传，扩大了知名度，促成农产品交易30多宗，实现交易额近千万元，荷藕、大米等绿色食品通过网络远销到广西等地。2001年为曹甸镇政府在网上销售鹅苗，半个月销售了5000只，价格比在本地每只高出2元；汜水镇农民高金泉在网上求购葡萄种苗，节约成本近2万元；柳堡乡的鹧鸪养殖原来只有县内市场，年销售不足1万只，2001年6月上网销售后，打开了上海、南京、徐州、云南等地市场，半年销售种鸪200多对，鹧鸪近万只；台商邱先生从网上得知宝应安宜镇是全国最大的鹤望兰生产基地后，专程到宝应考察，与安宜镇政府签订生态高效农业合作协议，决定投资300万元组建技术股份公司，安宜镇成为全县最大的花卉生产乡镇，南非、日本、韩国的一些客商也与该镇建立了供货关系。仪征农业信息网站建成后，发布各类农产品信息1000多条，促成农产品交易近100宗，交易额900多万元，雨花石、草席制品等地方特产上网销售后，吸引了广东等地的客商；大仪镇加工的风鹅、牛肉是传统风味食品，上网发布信息后，美国新中冠公司上海代理处、浙江、福建的企业要求代理总经销，产品供不应求；月塘乡养殖大户马成骁饲养美洲绿头野鸭，由于交通不便销售困难，上网销售后丹阳市直柳镇的肉禽有

限公司派人考察，签订了购销合同，人们赞叹说：“信息网络架金桥，绿头野鸭飞过江”。

（二）在农业管理、科研中积极推广应用3S技术

3S技术即全球定位系统技术（GPS）、地理信息系统技术（GIS）和遥感技术（RS）。市农业局以高邮基本农田保护区耕地为研究对象，综合应用3S技术，建立了GIS支持下的“基本农田信息管理系统”，1999年获农业部科技进步三等奖。近两年市农业科技人员致力于遥感技术、全球定位系统技术、多媒体技术等现代信息技术在农业上的应用开发工作，由市农林局、仪征农林局合作开发的《农业辅助决策支持系统》研究课题已由国家科学技术部、农业部立项。该系统包括四个模块：（1）以RS、GPS及基本农田、土壤理化、农村经济等数据库为主要内容的数据采集系统；（2）包括耕地、农业资料、专题评价模型的农业资源信息管理系统；（3）科学施肥、病虫预测、作物栽培、结构调整等专家系统；（4）信息发布系统，包括语言查询系统等。这一课题的系统软件已开发完成，进展顺利，即将投入生产适应性试验。

（三）应用网络技术实现办公自动化

市和部分县级农林部门组建局域网，加快了办公自动化步伐。仪征农林局采用以太网技术，将局内各部门配置的33台计算机全部联网，提高了信息加工、整理、分析、存储和传递速度，实现了数据资料等的资源共享，基本实现无纸化办公。各地在推进农业信息化工作的过程中，农林部门及广大农村基层干群逐步了解了计算机、互联网等信息技术知识，逐步掌握了操作应用的技能，通过网络的应用，拓宽了视野，学到了新知识，提高了人员的素质和工作效率。

三、制定规划，扬州农业信息化前景灿烂

扬州市的农业信息化工作虽然取得了长足的进展，但与先进地区相比仍有不少差距，主要是网络体系尚需延伸完善，农业信息进村入户的最后一公里问题未能突破，全市农村合作经济组织、生产基地、涉农企业、科技示范园及广大农户上网的比例低，建设资金、技术人才缺乏等。为了加快农业信息化的步伐，扬州市制定了农业信息化“十五”发展规划。

“十五”期间，全市农业信息化以开发、应用农业市场信息和科技信息为主线，以农业增效、农民增收为目标，以市场为导向，建立健全农业信息网络体系，促进农业集约化和现代化；基本实现农业信息服务进村入户，抓好农村电话、电视和计算机网络的硬件设施建设，形成与其配套的信息内容服务体系；大力开发农业信息资源，加强农业数据库建设，建立农业决策支持系统、农业资源环境系统、防灾减灾管理系统、农业科技管理系统、农业监测预报预警系统；围绕农业现代化建设，在农业生产、流通过程中广泛应用先进实用的信息技术，积极推广精准农业技术；应用农业信息网络体系，开展电子商务，推进农业信息服务产业化进程，到2003年，全市98个乡镇农技部门全部联网，50%的龙头加工企业、专业批发市场、合作经济组织和农民运销经纪人、种养大户入网，2005年全面实施信息进村入户工程，达到村村联网、户户（专业大户）用网的目标。人们有充分的理由相信，经过“十五”的努力，全市农业信息化建设将提升到更高的发展平台，以信息化带动农业现代化的宏伟目标定能实现。

（钱刚）

镇江市信息化事业发展概况

【本市概况】

镇江市位于江苏省西南部，长江下游南岸，是国家历史文化名城和长江下游重要的港口、工贸、旅游城市。全市总面积3843平方公里，城市建成区面积60.2平方公里。2001年年末户籍总人口266.58万人。2001年全市实现国内生产总值505.15亿元，人均18949.28元。“十五”以来镇江市对信息化事业加倍重视，信息化在经济建设中的作用日益增强，信息产业有了长足发展，并正在成为国民经济新的增长点。

【基本情况】

2001年，全市围绕信息化领导机构建设、信息化规划、信息网络建设、信息产业发展等方面做了大量的工作。市委、市政府越来越重视信息化建设方面的法律、法规及技术标准的制定和实施工作，为信息化建设创造了良好的环境，并积累了一定的经验；信息化人才的培训工作已在全市范围内分层次展开。全市信息化建设在领域信息化、区域信息化、企业信息化和社会信息化等四个方面顺利展开，取得了明显成效。网络基础设施建设得到加强，信息资源的开发利用不断深入，电子信息产品制造业规模不断壮大，为全市经济持续发展作出了积极贡献。2001年全市固定电话用户达到76.36万户，比上年增长了20.14%，全市电话主线普及率达到28.7%。移动电话用户达到44.5万户，比上年增长了41.04%。全市有线电视用户29.24万户，市区有线电视用户11万户。全市互联网用户已超过20万户，比上年增长了86.6%，其中宽带用户9000户。

【工作机构】

在镇江市委、市政府的高度重视和市人大、政协的关心支持下，镇江市信息化办公室与信息产业局在新一轮机构改革中组建，列入政府序列，并于2001年10月29日在全省13个省辖市中率先揭牌和对外办公，下设办公室（政策法规处）、综合规划处、软件业管理处、信息化推进处（市信息化推进工作办公室）4个职能处室。主要职能是组织、协调和推进全市信息产品制造业、软件业、信息服务业和通信业的发展，拟定全市通信网、计算机网、广播电视网和其它部门专用通信网规划，并进行行业管理，研究制定本市信息基础设施规划、信息产业发展计划、以及组织信息网络安全保障等工作。

【信息基础设施建设】

2001年，全市信息化基础设施建设取得初步成效。现已形成了电信网、广电网为代表，移动、联通、吉通、网通等运营商相互竞争、共同发展的格局。2001年10月26日中国铁道通信信息有限公司镇江分公司正式挂牌，通信领域又加入了一支新的生力军。SDH（同步数字系列）传输技术、ATM（异步传输模式）交换技术的应用，GSM（全球移动通信系统）网、CDMA（码分多址）网的相继开通，全市已形成以地下光缆为主，数字微波和卫星为辅的大容量、高速率的立体传输网，用户接入网实现了光纤到小区、到大楼；同时智能业务、ATM/IP业务、IP电话业务、多媒体业务等各种新业务网和电信支撑网的建设不断深入和扩大。广电传输网的光缆化、宽带化改造步伐加快，市至县（市）区已全部实现光纤联网；县（市）区至乡镇光纤联网96.6%（除丹徒县属的高桥、江心和世业乡镇外）；乡镇至行政村联网70%。

1. 广电网建设情况

2001年实现了广电传输网的光缆化、宽带化改造。市至县（市）区已全部实现光纤联网；县（市）区至乡镇光纤联网96.6%（除丹徒县属的高桥、江心和世业乡镇外）；乡镇至行政村联网70%；全市有线电视用户29.24万户，市区有线电视用户11万户（不包括三个区农村）；全市无线广播、电视覆盖率100%；市区光纤环网建设已建成干线50KM，光中继站7个和75个光结点的准双向双HFC网络的改造，改善有线电视收视效果约5万户。固定资产投资约5000万元。有线电视收入1660万元。

2. 电信网建设情况

2001年镇江电信分公司全年实现业务总量6.16亿元，业务收入5.8亿元；扩容电话交换机容量18万门，铺设光缆876公里；发展电话用户12.8万户，因特网上网用户8.9万户，其中宽带上网8556户；全市电话主线普及率为28.7%，固定资产投资3.2亿元。2002年预计固定资产投资规模约2.2亿元。扩容市农话交换机17.9万门，交换机总容量已达到了100余万门；完成省163/169网络三期扩容镇江站的设备安装工程、江苏省公众计算机互联网提速传输配套应急工程中的镇江站设备安装工程和拨号器四期扩容镇江站设备安装工程以及镇江市公众多媒体通信网三期扩容工程的网管及安全系统设备安装工程；完成LAN宽带接入方式3.16万个端口、ADSL接入方式8192线和199个小区约9.23万户用户驻地网（五类线到位）的建设；完成镇江、句容接入网主干光缆环的建设和本地网镇江至丹阳、丹阳至句容、丹阳至扬中光缆工程和市县局骨干层、用户接入层光缆工程，宽带业务平台和IP城域网建设日趋完善。完成镇江、扬中无线市话5500线的建设，实现市区的网络初步覆盖，为无线市话业务的迅速推广创造了基础性条件。

3. 移动通信网建设情况

2001年中国联合通信有限公司镇江分公司业务收入11205万元；交换机容量：GSM24万门，CDMA4.5万门；基站数：GSM138个，CDMA44个；移动电话用户数：11.3万户；寻呼用户：6万户；固定资产投资：14635万元。为进一步扩大通信能力，2002年将进行GSM八期扩容工程建设、CDMA二期工程建设、城域接入网二期工程、ATM网扩容及联通办公楼等项目的建设，预计投资1.5亿元。

2001年江苏省移动通信公司镇江分公司度固定资产投资2.19亿元，由于关闭模拟网减少固定资产3亿元，全年收入3.8亿元，全区移动电话用户数累计达33万部。2002年固定资产投资约24210万元。2001年，该公司在确保网络安全的前提下，调整省内电路28条，核减A网省内电路7条，核减G网基站电路18条、A网基站电路31条，使网络资源的利用更加合理。GSM网信道可用率达100%，最差小区比率从年初的1.6%降为0，全区无线接通率达99.79%，网络覆盖及通信质量进一步提高。

4. 其他通信网络建设情况

2001年全年中国网络通信公司镇江分公司业务总量为300万元，骨干、中继机房及城市引入管道建设投资3000万元以上；城市引入管道建设约29公里；市内光缆已达150皮长公里；交换机容量2000门，语音主叫线数1800多线；小区宽带驻地网建设覆盖约4000户。2002年计划投资约1060万元。

2001年吉通通信有限责任公司镇江分公司业务总量为104万元，固定资产投资超过500万元，167拨号上网用户3950户，17921主叫电话用户数2800户，Internet专线接入用户数23个。

5. 邮政通信事业发展情况

2001年镇江市邮政局全年固定资产投资1134万元，收入119528.81万元，同比增长10.94%；市区收入10625.15万元，同比增长9.94%。现拥有邮政局所140处，其中农村局所82处。

【信息技术应用】

1. 电子政务建设

2001年镇江市在上一年电子政务建设的基础上，狠抓政府信息网络建设，由市信息中心具体实施的政府信息网络建设取得了一定的成绩。

（1）电子政务网络基础设施建设

市信息中心2001年完成了中心主机房到市政府大院内各大楼的光缆敷设、改造工程，同时还敷设了中心主机房到市人大、政协、市法院、市人事局等市政府大院外机关办公大楼的光缆。市电信局在信息中心主机房设置了环网接入中心，具备了宽带上网条件，有关办公大楼的楼层交换设备已安装到位，政府机关信息网络主干框架已搭建成功。在上一年已提供的网络服务项目的基础上，2001年市信息中心从国家有关部委及其它部门组织了大量信息。为了充分利用这些信息为市领导提供信息服务，信息中心在主机房专门设置了市政府、市委信息服务器，制定保密安全制度，安排专人每天对所组织的信息进行加工整理、归类后分别放置到两个服务器上供有关领导查询。

（2）人事信息化建设

2001年镇江市人事局配合政府的线缆下地改造要求，将局本部到人才市场的总线换成100M

光纤，完成了宽带接入互联网。对人事局的(www.zjsrsj.gov.cn) 网站进行了改版，强化了政务公开，提供考试成绩查询、专业技术职务任职资格的申报网上咨询服务；增加了留学生创业园版块。开通了镇江市外国专家管理局的双语网站(www.feb.gov.cn)。对人才市场网站进行了全面改造，将系统从 windows - NT 平台顺利迁移到 Linux 平台下，注册了“人才在线”(www.hrol.com.cn) 域名，对网站的内容全部更新和改版，加强了在线服务功能，提供了网上人才市场较全面的功能，优化远程服务和互动功能，与在沪教育部直属高校毕业研究生就业工作协作组联合举办“人才在线”首届网上高级人才交流大会，自主完成了网上高级人才市场的开发任务。以建立全市机关事业单位人员数据库为目标，完成了县（市）区专用软件的开发和人员培训，基本完成县市区机关及直属事业单位的人员建库任务，并完成了远程的网上维护功能，实现了远程业务联网的首个应用。强化信息建设的程序规范和运行制度，保证信息化建设的持续发展，出台了电子政务和网站建设方案以及信息更新的有关规定，促进信息建设的日常管理和长效管理。

（3）税务信息网建设

镇江国家税务局2001年建成了完善的网络税收管理系统。市局至各县（市）局使用128K帧中继联网方式；各农村分局与县（市）局分别建成64 KDDN 和 2M 无线网；市局与省局使用 256K 帧中继连网方式，实现县、市、省直至总局信息的四级广域网体系连通。全市国税系统内所有纳税户全面使用计算机管理，实现从税务登记、纳税申报、税款征收、税务稽查、税收监控等自动化管理。全市纳入防伪税控系统共3538户，纳税人通过计算机开具带有密码的专用发票，有效地制止了偷漏税情况的发生。

2. 传统产业的信息化改造

（1）供电系统信息化改造

2001年镇江供电公司局本部主干网、局本部至四个县局光缆通道已建成，全部实现 155M ATM 传输，部分实现了千兆，市局与省局之间即将开通 ATM 通道，省到市、市到县、县到乡的网络格局基本形成。目前局拥有 IBM 小型机 3 台，各类服务器 80 余台，上网微机工作站近千台，重要部门人手一机。培养了一批计算机专兼职管理人员，在计算机专职人员中，拥有通过 IBM 公司认证考试的系统管理员、网络管理员、数据库管理员，有相当的计算机兼职管理员具备应用软件的开发能力。目前供电公司拥有数据通信光缆 300 余公里。

2001年3月镇江供电公司安装了 CISCO 8540 千兆交换机，调通了与省局的 155M 光缆通道，并且先后开通了大照公司、培训中心、象山仓库及车队的光缆通道，目前全局光缆已全部贯通，形成了纵向与省公司、各县公司相连，横向与各部门互联的高速、可靠的网络，为全市供电系统信息化建设打下了坚实的网络基础。2001 年 8 月镇江供电公司配网自动化系统 1 期工程通过验收在全省率先通过省公司组织的实用化验收，得到了省公司有关领导的充分肯定和积极评价。在配电 GIS 建设的同时，镇江供电公司的输电 GIS 建设也取得了进展。在全省输电 GIS 建设中，镇江供电公司组织有关技术人员全力配合省公司的输电 GIS 建设试点工作，是全省第一家将全部输电线路资料输入系统的单位。

（2）制造业信息化改造

2001年，镇江市通过实施 CIMS 工程、ERP 工程，促进了全市制造业信息化的进程。

2001年江苏长江电器集团、华鹏集团实施了 CIMS 工程，并通过了省级验收，实施效果受到了验收专家的好评，并各自获得了省火炬计划贷款贴息5万元的资助。通过实施 CIMS 工程，使企业在人才、技术等方面形成了一定的基础，提高了企业技术开发和管理水平。镇江华东电力设备制造厂、惠通集团、句容骏升显示技术有限公司、镇江稳润电子有限责任公司等5家企业成功实施了 ERP 项目，被认定为省制造业信息化示范工程试点企业，有3家企业获得省40万元经费支持。

2001年镇江华晨华通机械集团有限公司、镇江市无线电厂两家企业被认定为市制造业信息化示范试点企业，获市科技局三项经费资助 15 万元。

3. 教育信息化建设

2001年3月，镇江市教育信息网（www. zje. edu. cn）正式建成并开通试运行，该网为主干千兆的纯 IP 宽带光纤城域网，采用 CISCO 千兆路由交换机、SUN 小型机群、HP 服务器群、大容量磁盘阵列机、CA 系统和大容量网络安全日志自动记录系统、高性能图形工作站、视频采集工作站、APC保障电源等先进的网络设备，能够提供高速、安全、稳定、可靠的网络服务。而且网络中心具有对镇江市教育城域网用户的管理功能，是整个网络的安全门户。网络中心已向本市教育单位提供了高速的WEB浏览、安全的E-mail服务、视频点播（VOD）、远程电子白板、IP可视电话等多项网上服务。现在正在开发视频会议、多频道教育电视在线播出、网上多学科培训和网上办公自动化等服务。目前，全市市区及县（市）城区部分学校、乡镇重点学校等200多家单位已入网，实现了覆盖90%的乡镇中心校和中学的目标，预计到2003年全市学校基本上都要实现宽带光缆的连接，实现高质量的“校校通”，使全市95%以上独立建制的中小学都能通过光缆上网，使中小学师生都能共享网上教育资源，提高中小学教育质量。

【信息产业发展】

1. 电子信息产品制造业

镇江市已形成了激光影音、多媒体电视、显示设备、网络接口部件、新型电子元器件、特种移动通信和专用设备、绿色照明、光集成通讯器件等几大产品群。2001年，全市电子信息产品制造业实现销售收入25亿元。VCD、DVD、高性能彩色电视机等影视产品、IC卡、特种无线电通信设备、精密电子仪器以及计算机接插件均在全国占有一席之地，汽车雷达智能防撞系统、可录式DVD、DVD光头组件、数码相机等一批重点技术创新项目正在实施之中，有望成为电子信息产品制造业新的经济增长点。

2001年全市生产彩色电视机共计43.8万台，同比增长45.5%；DVD143.8万台，同比增长122.9%；通信车装车443辆，同比增长33.4%；遥控器544万只，同比增长14.3%；节能灯管561万支，同比增长54.1%；电容器421万只，同比增长16.7%；液晶显示屏40万台；IC卡94万张。镇江市的电子产品六成以上市场在国外，整机出口比例达80%以上，特别是江奎集团、赛博公司、惠通集团、强凌电子和亚泰凯隆等企业的外贸领域不断扩大，出口品种不断增加，出口形式也更加活跃。

在高新技术应用和新产品开发方面，2001年全市信息产品制造业共新立科技项目104项，完成86项。计划新产品28项，已完成40项，新产品产值完成14.1亿元，新产品产值比重已达82.9%，比前一年增长44%，完成技改工作量7297万元，同比增长29.9%。江奎1.67亿元DVD产业化项目顺利竣工验收，受到国家经贸委表彰；5000万元数码相机项目已获国家批准，自主研制开发的CMOS数码相机已完成新品出样，即将投放市场；赛博电子智能防撞雷达进京进入“精品馆”，向中央领导汇报展示，目前中国煤矿总公司要求率先在矿山大型运输车辆中使用；惠通4000万元光纤连接器项目被批准为国家第二批“双高一优”项目，与北京王码集团的数字五笔型鼠标项目的合作也已落实。江奎DVD新品开发70项，赛博电子开发网络电视、高清晰电视等新品30项，惠通集团主产品遥控器已达50个品种，产量质量已成为同行的“大哥大”。2001年，惠通集团投入100多万元，创建了省级企业技术中心，无线电厂投入800多万元，创建了市级企业技术中心。至此，全市信息产品制造业80%的企业已运用CAD技术，用于新品开发，多数企业已开始网上贸易，部分企业开办局域网，建立了厂内工作站。

2. 软件业和信息服务业

为了鼓励软件产业和集成电路产业发展，加快信息化带动工业化的进程，镇江市申报了2001年度省软件和集成电路专项经费项目，其中镇江金钛软件有限公司开发的“中小企业管理IS”、镇江奥雷光电有限公司的“光电工程”、镇江江奎信息系统集成公司的“数码影像技术及产品数码相机（DSC）关键主件产业化”、江苏索普化工股份公司的“DCS控制技术”、江苏赛博电子有限公司的“开发生产海量存储设备”等5个项目共争取专项经费260万元。2001年全市从事软件开发生产的企业已有20多家，开发的软件产品37个，其中有5家软件企业、9个软件产品通过省级认定和登记。金钛软件公司的电信管理软件、银网软件公司的企业信息资源管理系统、江苏大学科茂公司的医院管理系统等软件已在省内外拥有一定的知名度。信息资源开发和信息技术应用初见成效。金融、税务、邮电、供电、科技、工商、保险、物价、公安、交通、教育、统计等部门的信息系统已经形成并不断完善；电子政务、社会保障、经济信息、城市社会服务、城市建设与资源管理、市场信息、教育与科研、人才等信息应用系统工程已全面规划启动；公交、银行系统两个“一卡通”已投入运营，市内无人售票公交车改为非接触式IC储值卡和投币两种方式，银行卡异行异地通存通兑；商场、宾馆等POS系统联网。电子商务和企业信息化、城市信息化正在积极推进中。全市已有10000多家企业上网，建筑设计、机械和电子行业95%以上企业实现了不同程度的计算机辅助设计（CAD），充分利用现代信息技术提升和改造传统产业，组织实施电子信息产品制造业的信息化示范项目、CAD应用推广示范项目、CIMS应用示范工程和ERP实施示范项目，重点实施了华鹏集团、惠通集团、华东列电、句容骏升等4家企业的国家、省制造业信息化示范项目。长江电器集团的CIMS（计算机集成制造系统）项目已通过省级验收，达到国内先进水平。信息资源的开发和信息技术的普及有效地带动了信息服务业健康快速发展。目前全市已成立信息咨询服务机构1000多家，信息服务功能多样化，既有决策服务、管理服务，又有技术服务、中介服务，市场规范和运作日益完善。

2001年镇江市主要软件企业和软件产品一览表

企业名称	主要产品
万佳科技开发有限公司	电脑网络验印系统、银行票据光盘缩微系统、网络加密系统
资深软件有限公司	酒店系列管理软件、医院系列管理软件
船院金舟软件公司	金舟管理软件ERP/MRPII、管理信息系统MIS
金钛软件有限公司	本地网电信业务管理系统、地理信息系统、中小企业管理软件
京茂软件公司	企业资源计划管理系统软件
船苑计算机网络公司	收容遣送计算机管理系统、管理信息系统MIS
江大科茂信息系统公司	医院信息系统HIS
银网软件有限公司	OLAP数据仓库、ERP
金蝶软件	财务软件、K3企业管理软件、开思TEEMS电子商务软件（销售）
用友软件	财务软件、企业管理软件（销售）
联盟计算机公司	主营软件开发，兼营系统集成、软硬件销售
恒宝股份公司	智能卡操作系统COS

【信息化人才的培养和引进】

人才是信息化建设的关键因素之一。2001年，镇江市在信息化人才方面坚持培养和引进两手抓的方针。一是依托江苏大学和华东船舶工业学院抓好在校学生的信息化知识和技能的培训，全市已形成由小学，中学，职业学校和大学组成的信息化正规教育体系。二是政府引导，社会各方面力量参与，搞好信息化知识的继续教育和普及教育，2001年，市政府的相关部门和许多社会机构均针对社会的不同层次开办了一系列的信息化知识培训班，培养了大量的信息化人才。在人才引进方面，一是利用现代信息技术，以“人才在线”（http：//www.hrol.com.cn/）和镇江市外国专家管理局双语网站（http：//www.feb.gov.cn/）为主力站点，在因特网上广泛招募国内外的信息化人才；二是多次组织有关部门赴我国西北、东北等地区招聘信息化人才。至2001年末，我市已有各类程序员6000余名。

【近期目标（2002－2005）】

“十五”期间镇江市的信息化建设的总体目标是：初步建成“数字镇江”，建成具有现代化水平的信息基础设施，各种主干通信网络实现宽带化、智能化，电子信息技术得到广泛应用，信息资源的开发利用比较普遍，能为各方面提供准确、及时、高质量的信息服务；同时，在电子信息产品加工生产、信息技术开发研究、信息化综合环境等方面达到较为先进的水平。到2005年，建立一个完善的符合镇江现代化发展要求的信息化支撑体系，信息化综合指标达到全国中等城市一流水平。

为了完成这一总体目标，镇江市“十五”期末，信息化水平的主要预期指标是：

1.计算机的普及率城区达到每百户55台。

2.全市互联网用户数超过50万人。

3.有线电视网家庭接通率市区达到90%以上，全市达到50%；高清晰度数字电视、数字广播开始向全市试播。

4.全市固定电话用户达到100万户，每百人电话主线普及率37，移动电话用户达到100万户。

5.实现全市政府各部门、各单位的信息系统和数据库联网，全面开展网上交互式办公。公务员中能熟练应用计算机技术的人数达到总人数的70%以上。

6. 全市大中型企业建立信息系统的比率达到95%以上，企业上网率达到90%；重点骨干企业信息化普及率100%，且进入电子商务。

7. 学校上网率达100%，大、中学生的计算机教育普及率达到100%。受过信息和计算机技术培训的人员占总人口的20%以上。

8. 全市信息产业增加值占国内生产总值的比重超过10%。

9. 信息产业对GDP增长的直接贡献率达35%以上。（金旭）

电子信息产品抢滩欧美市场

——镇江市信息化建设特色

如何应对WTO是国内厂商面临的一个重大问题，在电子信息产品制造业就明显存在两种应对思路，那就是：“东成扬名，西就吃肉”。所谓“东成”就是不计较眼前利益，尽力向东抢占日本、北美及欧洲市场，为以后的发展打基础；“西就”就是利用自己相对先进的技术进军西亚、南亚、非洲及拉美市场顺利获取眼前利益。镇江市的思路却是：“东成！不仅要扬名，而且要吃肉”。

欧美市场相对来说竞争较为激烈，许多势力雄厚的世界知名企业逐鹿于此，它们有先进的技术、完善的销售、售后服务网络和强大的生产能力。为了顺利地进入欧美市场，镇江市采取的战术是：以技术较成熟的“激光视盘机”为先导，首先进入美国市场，建立销售和服务网络，再向欧洲、澳大利亚及其他国际市场辐射，其他电子信息产品利用已建立的销售、服务网络和竞争经验跟进。为确保目标的实现，镇江市采取了以下步骤。

一、DVD产品以世界一流公司为对手争夺美国市场

镇江市企业经过多年经营，在美国的家电市场营已经建立了完善的销售和售后服务网络，为了能够最终成为美国DVD市场的第一大品牌，镇江市采取了以下措施：

（一）应对市场，不断创新，以先进的技术提升竞争力

镇江市建立了“江奎——清华光盘实验室”，该实验室研制开发的DVD光学头动态信号分析仪，有力地保证了DVD的产品质量。同时引进大批人才充实相关企业，仅江奎集团2001年就引进大学本科以上人员20余人，其中博士2人。在相关部门和单位的共同努力下，镇江市2001年共开发DVD系列新产品27个，出口机型成功率达100%。

（二）扩大产能，优化配置，以强大的生产能力加强竞争力

2001年镇江市1.67亿元的DVD产业化项目顺利通过竣工验收，标志着DVD的生产能力又上了一个新台阶。此外，还在四川长虹和常州星球设立了OEM加工基地，进一步加大了镇江市的生产能力。

在优化配置方面，镇江市2001年对江奎集团所属子公司、分公司进行了全面的清理、整合和优化，实现了江奎集团的轻装上阵。同时，注册资本为900万美元的“镇江爱派克斯（APEX）数码有限公司”宣告成立，进一步加强了相关产品的产销能力。在围绕着整机、配套于整机、服务好整机的思想指导下，采取租赁、收购、闲置资产变现等种种手段，最大限度地优化了与整机生产相关的众多生产要素，为镇江实现年产1000万台DVD整机的生产能力打下了基础。

由于镇江的DVD产品更新速度快，生产能力强，大量的最新产品可以在短期内大量投放市场，加上物美价廉，据美国权威机构统计：2001年，镇江生产的APEX牌DVD在美国的市场占有率大于30%，交货额超过1.3亿美元，首次超过世界家电业巨头—日本的索尼公司，成为第一大品牌。

二、以美国市场为支点，进军欧洲、澳洲市场

2002年，镇江市将在确保美国市场份额的前提下，将重点拓展欧洲市场和澳洲市场。建立以国际著名的Walmart、家乐福、迪克生、CircuitCity等家电、百货连锁公司为营销合作伙伴；以柯达、ESS、SANYO、美国国家半导体，以及微软、摩托罗拉等公司为技术合作伙伴；以海外著名的金融、保险等公司为融资合作伙伴的全球一体化的市场网络和战略联盟，并在香港筹建网络控制和结算中心。力争在欧洲、澳洲市场取得接近美国市场

的销售业绩，并为其他电子信息产品进入欧美市场，开辟销售网络。

三、努力扩大市场，造就新的亮点

为了充分利用 DVD 产品在国际市场上的销售渠道和售后服务网络，镇江的彩色电视机、电子元器件等电子信息产品也大量跟进，进一步扩大了镇江市电子信息产品的出口量。为了保持电子信息产品的持久竞争力，镇江在确保 DVD 产品向可录式、多功能、板卡式和便携式 DVD 等系列化方向发展的同时，将继续开发 COMS、CCD 等数码相机系列产品；开发生产 HIFI、MINI 和数字功放等高保真音响产品；开发数字通讯和数字抗噪声技术；开发生产环保型镇流器和电子节能整灯产品系列，以及开发掌握信息控制平台操作系统、控制软件、嵌入式 DVD 机芯、便携式 DVD 电源和机芯等关键技术。并在产品结构上实现民品与军品并举，消费类与投资类并重，在产品技术水平上实现拥有自主知识产权和嫁接兼容国际最新技术相结合，在产品设计理念上实现不断创新和降低成本相统一，使镇江的部分产品在同行业中始终处于领先地位。

镇江正在努力造就新的明星电子信息产品。镇江市自主研制开发的 CMOS 数码相机已经完成新品出样；镇江掌握的数字抗躁声技术处于世界先进水平，目前只有个别国家掌握该技术，数字抗躁声处理器将有望成为一个极具竞争力的产品。

镇江电子信息产品制造业应对 WTO 的思路是：争创一流、跨越发展，去中流击水、浪遏飞舟。具体工作的特征是：到世界上竞争最激烈的地区去，跟世界上最强大的对手竞争，在竞争中学习，在竞争中提高，一旦取得成功，那么进军其他市场将只是时间和精力的问题。（金旭）

泰州市信息化事业发展概况

【本市概况】

泰州市位于江苏中部，长江下游北岸，滨江近海，素有“汉唐古郡、淮海名区”的美称，是一座历史悠久的文化古城。下辖兴化、泰兴、靖江、姜堰四市及海陵、高港两区，全市总面积5793平方公里，总人口503.53万，其中泰州市区建成面积约40平方公里，人口59.5万人，是经国务院批准的沿江开放城市。泰州具有良好的区位优势、资源条件和经济基础，已发展成为长江三角洲地区工业发达、交通便捷、商贸繁荣的区域经济中心。近年来经济平均增长11%，高于全省的平均水平。2001年，全市实现国内生产总值450亿元，人均实现国内生产总值8939元。培育出春兰、扬子江药业、林海等著名大型企业集团。泰州市经济和社会事业的快速发展，有效地推进了泰州市信息化建设，并取得了丰硕的成果。

【信息基础设施建设】

“九五”以来，市电信、联通、移动、广电等单位，集中力量狠抓信息基础设施重点工程建设。2001年总投资近10亿元，高起点、高标准地加快建设电信网、广电网、移动通讯网及多媒体网络，电信、联通、移动既定的扩容工程竣工，全市全面建成电话市。

1. 电信网

市电信部门按照满足需求、适度超前的原则加快多媒体通信、电话交换和线路管道工程建设。2001年总投入4.43亿元，进行本地网交换、传输、线路、数据等工程建设。已建成宽带互联网，骨干带宽已达10G。电话网交换机增加19.8万门，总容量达140.4万门，局间传输全部采用光纤数字传输；全市长途程控自动交换机总容量达到2万路端，长途业务电路数达到2.1万路，电话出局线对160万对；电信骨干光缆累计629皮长公里，传输光纤累计3170皮长公里，接入光纤累计642皮长公里，实现光纤到政府、学校和企事业单位以及村镇、小区；全市数据网（DDN）网络端口达到4073个，分组交换网端口达到992个，覆盖到全市乡镇。电信部门共建成11个宽带信息化示范小区。

2. 广电网

泰州广播电视网从1990年开始筹建，现已建成一张覆盖四市两区、连接千家万户的具备宽带传输特性的光缆、同轴电缆混合网。1998年12月泰州广电宽带网与省广电宽带网开通互联，实现泰州四市两区全面联网。1999年在全省率先建成市级SDH同步数字自愈型环网。为加快单向有线电视接入网的双向化改造步伐，大力发展有线电视的数字扩展双向增值业务，2001年8月，由泰州广播电视传输网络有限公司投资3000多万元，采用最先进的GRS12000千兆交换式路由器，在全市构建5个区域分中心，6个骨干节点的光纤环网，建成面向全市、通达乡镇的泰州广电IP宽带网络，基本实现“千兆到小区，百兆到楼栋，十兆到桌面”。2001年全年总投入8000万元。市广播电视中心建设完成工程量的80%；电视塔改造工程完成工程量的60%；全市各局（台）广播电视发射机主机固态化率达100%，泰州广电网站建成开通。全市广播电视SDH光缆传输主干网容量为2.5G，光缆传输网线路总长2519Km，单向HFC有线电视接入网已覆盖全市所有城乡，完成城市单向网的双向化改造。2001年，进村入户工程得到持续发展，全市所有市区已100%完成光纤到小区，100%光纤到乡，83%光纤乡到村，全市有线电视覆盖面达到83%，综合入户率36%，全市用户总数48.26万户，其中市区有线电视网络覆盖面达100%，用户7.76万户，入户率84.3%。

3. 移动通讯网

（1）联通公司。2001年联通泰州分公司投资完成2.2亿元，重点开展了GSM网七期扩容、数据通信网以及CDMA一期工程的建设。完成了数据接入网一期工程及二期工程的规划和前期准备工作、VOIP 三期扩容工程、ATM 二期扩容工程、165 网二期扩容工程。架设光缆约 600 公里。完成联通大厦的主体工程建设。至 2001 年底，联通已建成无线通讯网基站 214 个，交换机扩容 13 万门，交换机总容量达到 27.25 万门。全年新增 GSM 用户 67976 户，达到 16 万户，拥有无线寻呼用户 6 万户。即将开通 CDMA 移动电话业务。全年业务总收入 1.6 亿元，是 2000 年的 1.2 倍。

（2）移动公司。2001 年泰州移动公司顺利完成 2 亿元的投资任务，进行了 G 网五期扩容和接口局改造；市移动通信大楼业已建成；共建无线通讯基站 220 个；移动交换中心 4 座；交换机总容量达 132 万门；新增 GSM 用户 21.45 万户，达到 30.17 万户；全年业务总收入达 37900 万元，实现年利润 7638 万元，累计实现利润 28890 万元。泰州移动互联网（CMNET）在全省统一部署下进行建设，目前泰州地区可提供 600 个用户端口。

【政务信息化】

1.“政府上网工程”

1999 年国庆前夕正式开通“泰州市政府网站”后，由市科技局进行网页制作，市电信局负责网站的运行维护。2001 年 8 月由市计划委员会（信息中心）接管了政府网站，负责政府网站的管理和维护并着手进行政府网站全面改版。2001 年底，上网市直政府部门已达 35 个，乡镇政府上网率达 88%，预计 2002 年可完成既定目标。两年多以来，许多部门能够充分利用政府网站的便利条件，多次在网上发布公告、招商、招标、网上评选和网上调查等信息，收效明显。

2. 计委系统纵向网、市行政中心局域网工程

2001 年，市计划委员会（信息中心）牵头负责，积极按照市政府及省计委的有关要求，根据实际情况进一步完善了两项工程的建设方案，目前正在施工当中。市行政中心局域网（含内网、外网）建成以后，可将政府网站移至外部网络平台上，有利于更科学的管理政府网站，为“电子政务”做好准备，同时也有利于各个部门与外界的信息沟通。

【企业信息化】

1. 企业上网

2001 年底，全市工业企业上网数已达到 4500 户，其中列统工业企业 650 户。已建独立网站的企业 800 户，其中列统工业企业 300 户。设置网页和电子信箱的列统企业比重为 66.64%。76 家重点企业全部上网。完成企业上网人员培训 2395 人。网上销售为 35.1 亿元，涌现出一批网上拓展市场空间的成功典型。例如，靖江亚星锚链厂从 1992 年就开始设计制作网页，并以中国锚链的域名与世界各大船舶生产、修理企业链接，大大提高了产品知名度；同时组建了一支外销队伍在办公室利用计算机网络与外界进行商务往来，成功地赢得了众多订单，2001 年实现外销 1500 万美元，占总销售额的 80%。

2. 信息技术应用

应用先进信息技术提高企业的设计、制造和管理水平成效显著，初步形成了泰州市企业信息化建设的特色。近年来全市已有扬动股份公司、泰兴机床厂、永升集团、江苏明星减震器有限公司、泰丰潜水泵厂等 20 多家企业建立了 CAD 技术中心，同时申报了市级 CAD 技术示范项目。1999 年，姜堰正时汽车电子有限公司、泰兴永升空调集团被列入江苏省 CAD 技术应用示范企业，并顺利通过鉴定验收。江苏小天鹅电器有限公司接订单后，使用 CAD 技术出样图，大大缩短了设计时间，提高了生产效率，加快了交货速度。江苏光芒集团也积极着手加大投资，建设集团内部网络，实现产品设计、销售、财务、人员管理、物流仓储的网络化管理及办公自动化。江苏明星减震器有限公司建成企业资源计划管理系统（ERP）后，生产和管理成本明显降低。在江苏春兰集团、陵光集团、绝缘材料总厂等企业以及在机电、化学、医药等支柱产业领域已开始进行电子商务试点。春兰集团现已全面启动“信息化企业”工程，近几年总投入 1.5 亿元进行包含电子商务在内的信息化系统工程建设，利用其计算机网络在国内设立了 15000 多个服务点。

【城市信息化】

到 2001 年底，全市共建成信息化示范小区 14 个，分别是：由联通公司建设的莲花二号小区、市交通局公路管理处住宅小区、靖江人民医院小区等 3 个信息化小区；由电信部门建设的香江花园、明珠小区、春兰专家楼区、靖江机关住宅等

11个信息化小区。

【行业信息化】

目前，信息系统建设渗透到全市各行业，大部分建成并开通自己的局域网，有的还积极自主开发基础数据库和应用数据库，部分行业还建立了内部信息服务（如电子邮件）和对外信息服务，极大提高了办事效率和服务质量。2001年泰州市主要行业信息化建设的基本情况如下。

1. 工商。2001年10月建成并试运行系统内局域网，实现机关内部办公自动化和无纸化办公，对外实行网上登记注册、企业监管、商标登记、广告监督，实现网上投诉办理，有效地节约了资金，提高了工作效率。

2. 国税。以信息化为基础的专业化税收征管新格局初步形成，全市计算机网络全面提速覆盖，征管数据实现集中处理，数据录入的准确度有了质的变化。"泰州国税信息网"已开通运行，征管质量显著提高，税款入库率达99%，滞纳金加收率和处罚率也达到了相当的程度。

3. 地税。建成开通局域网，通过ISDN方式与四市两区联网，建成发票库、税票库等基础数据库，应用税收信息征收管理系统和办公自动化系统，实现税收全过程自动化管理。

4. 公安。泰州市公安部门高度重视应用系统建设和数据库的开发，促进了社会治安稳定、维护了网络安全。全市公安系统已形成上联省厅、下覆四市两区的基本网络骨架，并相继建成人口信息、交通管理、案件信息等五大管理系统，人口信息、犯罪信息、车辆及驾驶员信息等数据库得到进一步充实和完善，公安信息网已成为政府部门信息量最大的网络之一。

5. 教育。2001年投资2000万元建成局域网、"泰州教育网"网站、大型人事档案库、教学资源库以及各种管理系统，真正把全市基础教育资源搬到网上，开辟第二课堂，提高了学生素质。同时在中小学增设计算机课程和计算机活动，部分有条件的学校实现了计算机辅助教学。2001年底，全市已有30所中小学建成或在建自己的校园网络，有100个网络教室和30个电子阅览室建成并投入使用。江苏省泰州中学、姜堰中学等省重点中学建立了网上学校，为学生提供广泛的学习资源。目前，教育部门正加紧进行宽带网络建设，为实施远程教育做准备，以实现低投入扩大教育规模。

6. 医疗卫生。到2001年末，全市医疗系统信息化建设总投资约为1600万元，微机广泛应用于财务管理和医疗诊断。全市医疗系统共有服务器近20台，终端机约30台，其它微机数近400台，204所医疗单位中，已有各市人民医院、中医院、卫生防疫站在内的20多家单位建立了局域网。

7. 金融。建设全市金融区域网，积极推动实施"金卡"工程。除农联社以外，全市各商业银行均已建成内部局域网且延伸至各市（区），各金融机构均开通了系统内的联行业务，系统外的联行业务即将实施。除农联社系统外，各银行均建立了与省中心连接的银行卡中心。各商业银行均建立并运行了包括账户库、信贷信息库、金融统计信息库在内的基础数据库。据中国人民银行泰州市中心支行统计，2001年底，全市各商业银行入网的自动柜员机（ATM）达到70台，投放与银行联网的银行卡消费系统（POS机）482台；2001年共发行各种银行卡91.4万张，交易额1.3443亿元，分别比2000年增加22.1813万张和1.1015亿元。农联社通过技术改造建立了"客户一证通"，在全国属首创。农行金穗卡已实现与全国联网。

8. 人事。市人才交流中心建立了局域网和"泰州人才网站"，自行开发建立了150多个数据库，如高层次人才数据库、泰州籍在外高层次人才信息库、海外留学人员信息库、求职人员信息库等。拟建人事局局域网。

9. 国土。建成以国土图文办公系统为支撑的局域网，2001年投资350万元，建立地理定位系统（GPS）及泰州主城区地籍管理信息系统，拟建土地利用规划、办公信息等数据库。

10. 邮政。泰州邮政局2001年投资100万元，建成计算机综合网和"电子泰州"网站，建有客户名址库、储蓄数据库、综合业务等数据库，建成邮政营业平台（电子邮政支局）、物流平台、速递查询系统、商函系统、内部语音系统、泰州绿卡城市中心、电话银行"185"客户服务中心和户箱便民用邮工程等应用系统。

11. 物价。建成局域网、"泰州价格网"网站和价格管理的九大管理系统以及商品价格数据库、文件法规数据库等基础数据库。开展网上查询、价格举报等信息服务。

12. 统计。已建成局域网和大型统计数据库，为市政府提供统计资料和实现宏观经济的运行、监测分析报告，为各个接入统计信息网络的企事业单位和社会公众提供数据报送、信息查询等信息服务。

13. 水利。建成局域网（含内、外网），运用水情遥测和闸门自动监测系统，水旱灾害统计系统以及与省网联接的决策支持系统，正着手地理信息系统和业务应用系统及相关软件的研究与开发，实现数字水利。

【农业信息化】

泰州市在大力实施农业产业化的同时，逐步引进先进的信息技术应用于生产、管理及销售的各个领域。市、各市（区）农业部门实现了与省农林厅信息中心联网，创办了农业信息刊物，把为农民提供农业政策、农产品市场、农业科技信息服务放在重要位置，使信息成为调整农业结构、农民致富的好帮手。覆盖全市的“农业信息网”网站于2000年建成开通，使泰州成为全省第二个实现市、各市（区）农业信息网络开通的地级市，乡镇网站建设进一步加快。乡站上网、用网逐步普及，姜堰、兴化的多数农技站都实现了上网联网，网上发布来自全市农副产品批发市场的有关行情。兴化农业信息网与中国农副产品交易市场合作创办的农副产品信息广场业已开通，为当地农副产品的网上交易提供了广阔的信息平台。兴化市农业信息网自2000年6月建成以后，每年下载、发布各类信息1000余条次，其中供求信息100多条次，吸引了许多外地客商前来交易。并且，该网站还免费为该市“一禾”瓜蔬有限公司等企业制作网页发布相关信息，有效促进了当地农副产品的网上销售。

【信息设备制造业】

据统计，2001年全市信息制造业企业有57家，职工约1.5万人，总资产15亿元。“九五”期间，全市信息制造业的年平均增长幅度为28.6%，全市信息制造业不断发展壮大，产品结构显著改善，并拥有了自主开发的知识产权电子信息产品。据资料测算，至2001年底，全市信息制造业完成产值22.5亿元。

【信息服务业】

2001年，全面开通视频点播、家庭办公、网上教育、医疗咨询、图书浏览、商品信息及网上购物等信息服务业务，有力提升了全市的信息服务数量和质量。

1. 通信服务业。2001年全市邮电通信业完成业务收入13.9亿元，增长8.5%。全市新发展电话用户24.3万户，电话用户达到106.7万户，较上年增加4.7万户，全市城乡电话主线普及率达22%，其中城市电话主线普及率达44.3%。全市移动电话用户数达46.7万户，为上年的1.12倍。互联网用户数新增96900户，达到17.4万户。

2. 邮政服务业。泰州邮政部门通信总量每年以30%的幅度递增，2001年通信总量25572万件。依托“电子泰州”电子商务网站（www.etz.js.cn）推出“网上商城”、“网上邮局”、“电子地图”、“网上订报”、“企业黄页”以及电子汇兑、电子信箱租用、混合电子邮件（PC－Letter）等网络服务业务，通过185电话、网站、营业窗口、中邮专送广告等媒体提供各种信息服务，全方位地运用信息技术完善邮政服务，提供新型、实用的服务，大力提升服务效率和质量。

3. 广电服务业。全市行政村有线电视联网率100%。全市有线电视用户总数48.26万户，较上年净增3.26万户；有线电视综合入户率36%，较上年上升4个百分点。率先在全省建成全市IP广电宽带网络。

【软件业】

2001年，全市坚持以市场为导向，主动依托著名软件公司、高等院校和科研院所，认真落实国发［2000］18号文件，重点发展应用软件，培育新增7家软件开发生产企业。2001年全市软件从业人员达50人，软件销售额近500万元。

根据资料测算，2001年泰州市信息产业实现增加值23.3亿元，占全市GDP的5.52%，比2000年提高1.12个百分点。

【组织建设】

为切实做好信息化推进及信息产业发展工作，强化对全市信息工作的协调管理，2001年底组建了泰州市信息产业局，主要负责全市信息产业指导、信息化推进、软件业管理等方面的工作。市信息产业局组建后，提出了2002年全市信息产业工作意见，目前正在进一步细化之中。该局的建立是泰州市信息化工作的一件大事，为推动全市信息化的发展创造了重要条件。

此外，泰州市发展计划委员会、泰州市信息中心正积极筹备“泰州市信息协会”。2001年底，方案已获市政府批准。信息协会的成立将集中全市各行各业的计算机和信息管理方面的专门人才，借助他们的智力资源，将为全市信息化建设提供强有力的技术支撑，同时也将有效提升全市对信息工作的重视程度。

【信息化人才】

近年来，泰州市引进、培养双管齐下，多种渠道加强信息化人才工程的建设。

1. 引进信息化人才

2000年市政府制定了许多优惠政策，着力重点引进高水平的学科带头人和经营管理人才，加强对用人单位进行宏观指导，同时广泛收集信息，积极组织用人单位参加各种招聘会，并利用泰州市人才网、人才信息汇编等形式，及时发布人才需求信息。此外，市政府着力培养信息产业，规划泰州市信息产业基地和高新技术孵化中心，引导信息化企业创办研究所、技术中心、产品开发中心，通过载体的建设增强对信息化人才的吸纳能力。

2. 培养信息化人才

(1) 学生。在泰州职业技术学院、泰州师范高等专科学校等高校教育改革中，设立计算机本科专业和信息管理本科专业，使高校成为培养信息技术人才的基地。到2001年末，全市累计培养信息相关专业本科毕业生553人，专科毕业生1139人。同时加强中小学计算机知识的普及教育。全市学校按照2000年制定的《中小学信息技术课程指导纲要（试行）》的要求，规范和加强了中小学信息技术必修课程教育。

(2) 在职人员。继续狠抓中小学教师信息技术培训。按照2000年底市人事局下发的《关于对全市国家公务员、专业技术人员进行计算机应用能力等级培训和考核的通知》，对各级政府在职人员进行信息化知识培训。据统计，2001年参加人事部门组织的信息知识培训的人员有492人。通过举办信息知识培训，不仅提高了全民应用信息技术的能力，也掀起了全社会学电脑、买电脑、用电脑和上网的热潮，并明显扩大了全市的信息消费。

3. 发掘信息化人才

2001年，成功举办了首届“泰州市计算机应用技术大奖赛”。通过举办活动，在全市发掘了大量信息化人才，在全社会形成了学习信息技术的浓厚气氛，为加强信息化知识的学习、应用、普及和宣传等工作奠定了坚实的基础。

【规划制定、管理和协调】

1. 规划制定

2000年，研究制定了《泰州市“十五”信息化建设规划》。2001年上半年，按照市委、市政府的统一部署，泰州市发展计划委员会对全市及周边地区的信息化工作进行了大量的调查和深入研究，完成了《关于泰州市信息化建设情况的调查报告》，较为全面的总结了全市信息化建设的现状和存在的问题，为今后全市信息化建设指明了方向。在此基础上，提出了建设“数字泰州”的构想，并于2001年下半年完成《“数字泰州”规划大纲》的编制，提出了全市信息化的战略目标、发展重点、对策措施，对今后5年全市的信息化建设具有重要的指导作用。目前正按照大纲要求进行深入调查研究，着手编制“数字泰州”实施方案，确保实施方案具备较强的可行性。

2. 管理与协调

2001年，泰州市继续加强对全市信息工程的审查、监督和管理工作，进一步规范了信息化建设，并有力地促进了全市信息产业软环境建设。

社区信息化建设管理。根据“十五”期间泰州市信息化发展的主要目标和工作重点及2001年全省信息化工作会议精神，为进一步规范全市宽带信息化小区建设的规划、设计、管理要求，正确指导宽带信息化小区的建设，2001年5月，市计委研究制定了《泰州市信息化小区建设的管理意见》，重点加快用户接入网建设，促进电信网、电视网、计算机网络的“三网融合”，以健康有序地推动中心城市信息化建设的进程。

为促进全市信息产业的快速发展，根据全市信息化工作会议精神，市计委研究出台了《关于鼓励泰州市信息产业发展的若干政策意见》，为泰州市信息产业的蓬勃发展提供了政策导向。

【存在的问题】

地级泰州市成立以来，全市信息化建设取得了丰硕的成果，但在建设进程中也还存在诸多比较突出的问题，主要表现在：

1. 信息化建设规划和法制等支撑环境还不够健全，信息化的法规建设以及相关标准、规范的制定严重滞后，直接影响到泰州市信息化事业的整体进程。

2. 信息化基础设施建设力量分散，部门和条块分割、低水平重复建设等现象比较突出，使现有高速宽带主干网难以发挥应有的效用。

3. 信息化意识薄弱，知信息、懂信息、重信息的氛围尚未形成。企业上网的积极性和用网的质量水平不高，企业运用先进的信息技术整合内部资源优化管理、运用网络拓展市场抢占战略高地的意识不强。

4. 信息产业总量偏小，发展速度还不够快。信息产品制造业没形成规模，产品结构层次、技术水平较低。信息服务业产业化程度低，信息市场不完善，产业规模及信息服务产品价格体系尚未形成。信息资源的开发利用明显滞后于网络建设，数据库以专用数据库居多，公益性数据库、网络数据库、动态数据库以及应用系统的开发严重不足。软件业发展太慢，难以满足经济和社会事业发展的需要。

5. 信息化建设受资金、人才短缺的制约非常明显。

【发展思路】

紧紧围绕泰州市国民经济和社会发展的总目标，遵循国家信息化建设的方针和原则，以信息技术的广泛应用为核心，以技术创新和体制创新为动力，组织全社会各方面力量，高起点、高标准地加快信息基础设施建设，重点开发利用信息资源和拓展信息服务业，积极发展有特色的信息制造业，加快启动软件产业，通过政府有效引导，大力创建良好环境，建设全市先进、高效、实用的信息化体系，以信息化带动工业化、加速现代化，推进全市国民经济和社会跨越式发展。

【2002 年发展目标】

1. 信息基础设施建设。2002 年，信息基础设施建设投资 5.75 亿元，新增本地网话交换机容量 37 万门，泰州信息港出口带宽达 15G。全市电话主线普及率达 24 部/百人，有线电视综合入户率 40%，全市有线广播电视通村率达 90%，全市完成 50 万有线电视用户的双向网改造。全市无线通讯网基站总数达 2500 个，建成 1 个无线电固定监测站。

2. 信息技术应用。政府上网率（含乡镇）达 100%，设网页和电子信箱的列统企业比重达 80%，家庭上网总户数达 13.5 万户。企业网上销售额占全部销售的比重提高，电子商务试点企业新增 3～5 家，信息技术市级应用示范企业达 20 家。市级政府部门新建局域网 5 个以上，新建纵向网 2 个。全市累计发行银行卡总数达 100 万张，累计投放 POS 机 530 台，ATM 机 76 台。市区建成集查询、信息发布、网上浏览等功能于一体的信息亭 1～2 个，在主要商场、宾馆建成 2～3 个免费网络终端。

3. 信息资源开发。各部门均建成与业务有关的信息库 1～2 个。“泰州热线”网上资源总数达到 210 个以上，日访问人数超过 1 万人，进一步加快信息内容更新速度。

4. 信息产业。信息产业年均增速达 20% 以上，信息产业增加值占 GDP 的比重明显提高。全市 12 家独立核算的信息设备制造业企业完成工业总产值 4.4 亿元，完成销售收入 3.9 亿元，实现工业增加值 1.5 亿元（均为当年价）。邮电通信业完成增加值 9.7 亿元，邮电业务总量达 31 亿元，计算机互联网用户达 24 万户（其中宽带网用户达 1 万户），移动电话用户达 70 万户。软件业力争形成 2～3 家上规模的软件产品开发生产企业。

5. 人才工程。应用人才以本地化为核心的人才建设初见成效。全市通过计算机初级以上考试的人员达 5 万人，参加 CAD 学习的工程技术人员超过 3000 人，50% 的公务员和教师接受过计算机和网络知识培训，50% 的大中型企事业单位的管理人员能在实际工作中使用计算机获取与处理信息，50% 以上的在职会计人员受过会计电算化培训，城区所有的中小学均开设信息技术课程，全年引进计算机和信息专业本科以上人才 80 人以上。

【重点任务】

2002年信息化工作重点是：着力建设一个网络、一个平台，大力发展三大产业、全力推进六个领域的信息化、开发完善八个数据库。

（一）建设高速宽带城域网和基础地理信息系统平台

1. 建设高速宽带城域网

积极引导电信、广电、联通、移动、邮政加快基础设施投入，建成一批信息基础设施工程。

泰州电信：年内总投资1.5亿元，重点完成互联网出口带宽扩容等工程。

泰州广电：重点完成4万用户双向改造，开通广播电视宽带数据平台，发展上网用户4000户。

泰州联通：年内总投资2亿元，重点完成GSM八期工程、CDMA移动通信网二期工程、数据网三期扩容。

泰州移动：年内总投资2.2亿元，重点完成GSM六期扩容、本地传输网工程等。

泰州邮政：年内总投资500万元，重点完成邮政网点改造以及泰州邮政综合网、物流配送业务平台、速递业务查询系统的建设。

采用多种先进网络技术建设宽带城域网，建成多个光纤环网，政府、学校、医院等部门之间采用千兆光纤连接，建设多条高速互联网络出口。采用ADSL、FTTLAN、HFC和无线接入等方式加快宽带接入网络建设，通过整体规划、以点带面、分步推进，扩大各市（区）城区的宽带接入覆盖面，推动语音、视频、数据三种业务在接入层面上的融合。规划建设泰州信息网络互联中心和信息网络平台，着力推进“三网融合”，为实现同城异网互联互通和资源共享，增强全市网络的整体优势，树立泰州信息网络统一的对外形象创造条件。

2. 建设基础地理信息系统平台

地理信息系统是“数字泰州”建设的基础平台，在建设由高档工作站组成的大型图形和数据处理平台的基础上，根据需要对全市和城区采集不同比例尺的地形图构建系统的基础底图（空间数据库），分期分批加载全市的交通、水利、电力、通信、种植、城建、产业、人口、国土等专业数据信息。2002年组织由测绘、地理、遥感等领域的专家召开泰州市基础地理数据库研建项目开题论证会。在对项目进行认真评审的基础上，明确责任部门和承担单位，着手研建，内容包括制定数据标准和规范、数据库设计、数据转换设计、数据应用、质量控制和数据维护六大模块，涉及地理信息采集、管理、存储、输出、提取、发布、维护、更新八个方面。

（二）发展三大重点产业

1. 信息设备制造业

按照“正确定位、借力发展，重点突破、形成特色”的基本思路，以泰州市高新技术开发区为突破口，大力实施外向带动战略，优先发展通信及音视频产品、新型电子元器件、计算机及其网络产品、电力电子通信设备配套产品、家电配套产品、电子智能化高附加值产品等六大类电子信息产品，重点发展高能电池、热敏电阻、液晶显示器等具有知识产权、能填补国内空白的电子信息产品。加强与科研院所、著名高校以及知名IT企业合作，建立掌握核心技术、拥有自主知识产权的信息技术创新体系，力争在数字通信、电子产品数字化、计算机与网络外围设备开发、专用集成电路等先进技术方面有所突破。继续重点考核10家重点骨干信息产品企业，使其现价产值增幅高于全市电子行业平均增幅3～4个百分点。继续加大对电子行业技术改造的投资，加大对新型家电产品（含网络家电）、新型蓄电池及通讯电源、计算机键盘、各类元器件和纳米传感器等项目的投资，全年电子行业计划新增投资3～4亿元，形成新的经济增长点4～5亿元。

2. 信息服务业

狠抓市区信息服务市场的培育，突出计算机应用服务，充分发掘现有信息技术企业的潜力，扩大内引外联力度，鼓励企业重组，发挥优势，增强实力，全面提高计算机应用服务水平。继续发展电信和广播电视服务业，拓宽服务范围，开展多种服务。重点发展：以远程教育、电子商务、文化娱乐、新闻、体育、医疗等为主体的网络服务业；以法律、会计、审计、经济管理、统计、工程、科技等为主体的信息咨询服务业；集系统设计、硬件设备、软件平台、信息资源开发、网络为一体的计算机应用服务业。力争2002年末全市注册登记的信息服务企业超过500家，注册资本超100万元的达到20家，从事计算机信息技术服务的达30家，市区形成1～2家年销售额超过5000万元的信息服务市场。

3. 软件制造业

以工具软件和应用软件为重点，积极研究开发数据库应用技术、计算机网络技术、多媒体技术、中文信息处理技术，力争形成一批拥有自主知识版权的商品化软件。以高新技术创新中心为基地，出台比国家、省及周边地区更为优惠的政策，进一步营造局部优化的创业环境，吸引一批国内外软件企业、研发机构和软件人才到高新技术创新中心投资创业，在此基础上规划筹建泰州市软件科技园。

（三）推进六个领域的信息化

1. 政务信息化

（1）建成市行政中心局域网，规划建设网管中心，实现市行政中心大院内各部门办公室的节点连通，建设电子邮件系统、领导专用系统等软件系统，并建立运行相关数据库，为今后建设泰州市政务信息网，提高各部门的信息共享程度，逐步实现网上交互式办公打好基础。

（2）建设计委系统纵向网。按照省计委、省信息中心的统一部署，实现泰州市计委与省计委的纵向连通。

（3）建设土地管理信息系统、统计信息系统、人才资源信息系统、价格信息系统、科技信息系统、房地产管理信息系统等，增加信息量，为今后政务信息网的互联互通打下基础。

（4）建设劳动和社会保障网络信息管理系统。在完善和扩大医疗保险子系统和其他专业子系统的基础上，探索建立“五保合一”的社会保险系统，研究“社会保障卡”的设计、开发、应用。

（5）加快建设城建和管理信息系统，全面提升城市规划、管理、交通、应急和治安管理水平。完善公安三级干线网络和110接警指挥中心等系统的建设，建成市局局域网；建成城市交通管理指挥信息系统；立项建设城市水情信息、防汛指挥决策支持系统；开始启动公安、消防、医疗急救、人防、地震等应急部门的联网。

2. 企业信息化

（1）运用信息技术改造传统产业

重点在曙光集团、扬动股份有限公司、亚太泵业集团、泰兴减速机厂等10家企业运用CAD和CAM、CAT、CAPP、仿真技术，实现提质扩产，提高技术开发能力和生产自动化水平；在春兰、扬子江药业、林海、双登电源等15家企业中推广CIMS、ERP的应用，规范和提高企业现代化管理水平，积极探索与外部资源的衔接，为实现初步电子商务做准备；在春兰集团、陵光集团等10家重点企业探索采用BtoB电子商务模式进行招标采购和营销，力争这些企业网上交易额占总交易额的比重达到15%。在春兰集团、林海集团运用信息技术提升空调、彩电、冰箱、摩托车等产品的智能化、数字化水平。

（2）推进“企业上网工程”

通过建设工业经济信息网，让占全市企业总数80%以上的中小企业在网上安家落户，解决企业因建网费用较大而不能上网的问题，达到宣传企业自身、形成整体优势和规模优势、捕捉更多商机的目的。

（3）提高企业上网质量

销售收入在500万元以上的企业基本建立网页，销售收入在3000万元以上的企业采用宽带网接入，力争使已上网的列统企业建立独立域名的比例达60%以上，全市工业企业上网数累计达到6400户。建成春兰集团、扬子江药业、河海纳米等特色网站。

3. 城市信息化

（1）建设“数字泰州”。积极做好“数字泰州”实施方案的调研、编撰、论证和审核工作。

（2）建设信息化社区。新建20个以上市级信息化小区，建成1～2个省级信息化示范小区，向用户提供家庭宽带信息服务、住宅智能化服务、小区公共服务和物业管理服务，让广大市民享受到信息化带来的便利和好处，从而带动家庭上网和信息消费。

（3）启动“家庭上网工程”。积极响应入世给泰州带来的发展机遇和挑战，尽快启动“家庭上网工程”，提高全民信息意识和计算机应用水平，全面推进国民经济和社会信息化建设。

4. 农业信息化

（1）建成市、县级市（区）、乡镇、龙头企业四级农业信息网络，促进农业大户和农民经纪人上网。

（2）办好农业信息网，开发网上农业市场，积极组织种养大户、农民经纪人、合作经济组织以及各类涉农企业的信息上网工作，扩大市场信息资源和信息传递。

(3) 市、市（区）、乡镇三级全部开通农业咨询服务热线电话。

5. 教育卫生信息化

(1) 教育信息化。筹建“三泰网校”，在大中专院校、省重点高中建成10个校园网，建成国内一流大学的远程教育站点2~3个。

(2) 医疗卫生信息化。市人民医院建成开通与上海有关医院的计算机远程会诊系统，建成医院计算机管理系统，初步实现病区医嘱、处方、计费及门诊划价、收费等业务的电脑管理；各市（区）人民医院、中医院、卫生防疫站、妇幼保健院均建立微机收费管理系统局域网；市中心血站建成“计算机综合业务管理系统”，实现采供血业务电脑管理。

6. 金融税收信息化

(1) 加大银行卡发卡量和ATM、POS机的拥有量，提高银行卡结算在社会资金结算中的比重，逐步实现“一机多卡”和“一卡多用”。

(2) 建立和完善银行“同城电子清算系统”和“电子联行系统”，减少差错，加快资金周转速度。

(3) 继续建设和完善税务部门三级税收纵向网，建立完整的税收信息管理和分析监控系统，增值税交叉稽核系统及增值税专用发票防伪税控系统，初步实现纳税人通过IC卡和网络进行纳税申报。

（四）开发完善八个数据库

坚持政务信息、公共信息、市场需求信息并举的原则，重点开发完善8个数据库：招商项目数据库（市计委）；统计基本单位查询数据库（市统计局）；社会保险数据库（市社保局）；行业行政管理数据库（市建设局）；工商企业数据库（市工商局）；价格数据库（市物价局）；医疗服务数据库（市卫生局）；地方法律法规数据库（市法制局）。

【主要工作措施】

（一）强化宣传，营造氛围

1. 组织各部门在市区开展首届“信息化宣传周”活动，强化全民信息化意识。电视、广播、报纸等新闻媒体开设专栏，全方位报道全市各行各业信息化建设的成绩。电信、广电、联通、移动、邮政等单位推出新业务项目，信息技术应用示范企业开展信息技术演示，电子企业开展系列产品展示。

2. 举办论坛、组织考察，在高层普及信息化知识。聘请知名专家、学者，举办信息化高层论坛，在各级政府领导层中大力推广信息技术，普及信息化知识，组织各级领导到信息化建设先进地区考察、学习，展望信息化建设的未来，使领导层重视信息化并增强对信息化建设必要性的认识，从而推动“政府引导”工作。

3. 大力开展网上招商活动，力争通过这一新的招商形式，为泰州吸引更多的项目和资金，使领导和企业感受到信息化建设带来的好处。

（二）建立工作网络，实施目标管理

各部门均设立一名领导分管信息化工作，设立专人负责信息化工作，各市（区）均设立信息产业主管部门，实行“三定”，扎口管理，围绕信息化建设建立完善的工作网络。市计委和市信息产业局对信息化建设项目实施目标管理。市信息产业局会同市计委提出列入考核的项目和具体考核办法报市政府同意后，将重点项目和考核任务分解到各市（区）及市各有关部门或单位。各单位分别对本地区、本单位列入考核目标的信息化重点建设项目（任务）进行汇总，每季度一次，并报市计委和市信息产业局。市计委和市信息产业局定期组织检查，年终进行考核。

（三）研究出台若干政策

1. 研究制定《泰州市信息化建设管理办法》，包括信息网络建设与管理、政府行政部门信息管理、信息资源建设与管理等。

2. 研究制定《泰州市信息工程管理办法》，包括信息工程的审核与监理、信息工程的招、投标制度等，规范全社会信息行为，理顺各行业、部门之间的关系，保障信息化建设健康发展。

3. 制定宽带接入网络建设管理暂行办法，对在全市从事宽带接入网络建设及运营的单位进行资质认定，保护消费者利益，规范网络投资管理。

4. 在调研的基础上提出培植全市信息服务市场的意见，让信息服务市场享受比市区重点市场更为优惠的政策。

5. 检查了解《泰州市鼓励和支持信息产业发展的规定》执行情况，组织市财政、国税、地税、工商、科技、国土等部门联合制定鼓励全市信息产业发展的有关实施细则，明确享受政策的对象、税率、土地批租、IT人员一次审批多次出国等措施。结合泰州实际，制定人才来泰的特殊政策，真正形成人才引得进、留得住的良好氛围。

（四）加强对信息化建设的管理

1. 抓好信息基础设施资源的合理开发利用。做好地下管道集约化工程规划，避免城市道路到处不停开挖；尝试基础设施的公共资源以投标的方式提供给已被批准的信息业务经营者使用，实现在统一的信息传送平台上开放信息业务网的经营。制定切实可行的政策，规定租赁基础通信设施的服务标准，使租比建更经济，以减少不必要的重复建设。

2. 加强对信息资源开发的管理。打破部门的条块分割，对信息资源的开发利用制定统一的规划，制定泰州市信息资源开发与管理办法，采取有力的行政措施，使各部门在规划的指导下，在管理办法的制约下，承担应尽的信息资源开发任务，并把年度开发任务列入市政府对部门的重点考核内容。

3. 开展对网站、网吧的审查、管理和评比。建立健全安全保密责任制，加强网络道德建设，严格网吧管理，推动全市信息化建设快速、健康、有序的发展，最大限度地实现资源共享和社会安全。开展市（区）优秀政府网站的评比活动，推动政府信息化，开展全市星级网吧评比活动，促进网吧上规模和上层次。

4. 成立泰州市信息化工程项目监理部门，授权对信息服务业的企事业单位进行资质认定和审查，对信息服务质量进行科学评论。

5. 积极筹备泰州市软件行业协会，组织软件企业和软件人员进行培训交流，开展软件企业和软件产品认定和测评等工作。

6. 建立信息化建设专家咨询组。对市政府出资建设的信息化规划和项目，引入招投标机制和专家组咨询机制。非政府出资的项目参照执行。

（五）加大对信息化人才的培养力度

1. 充分发挥现有教育资源的作用，由市教育局负责，统一协调泰州职业技术学院、泰州师范高等专科学校、泰州广播电视大学等高等院校，优化专业配置，扩大招生规模，满足对高等专业人才的需求。

2. 高校联合办学、办班，为全市定向培养信息化人才。

3. 要利用清华、北大、中科院等设在泰州的远程教育站，合作开办信息技术课程进修班，鼓励自学成才。

4. 有计划地选派机关、企事业单位从事信息化工作的相关人员到大学接受信息类学科继续教育。

5. 创造优越条件大力引进急需的信息技术人才。

（栾钉锁　马长刚）

发挥信息威力　促进企业发展

——泰州市信息化建设特色

2000年是企业上网年，同年11月泰州市召开了全市信息化工作会议。2001年，全市工业企业认真贯彻会议精神，按照跨越式发展的要求，坚持"应用主导，面向市场，网络共建，资源共享，技术创新，竞争开发"的发展思路，瞄准国际、国内先进水平，发挥比较和后发优势，大力推进企业上网工程，加快信息技术的推广应用，以信息化带动工业化，加速发展信息产业，努力培植新的经济增长点，充分利用先进的信息技术改造传统产业，促进产品结构和市场结构的升级。

一、现状概述

为系统了解全市企业信息化建设状况，对全市有代表性的26家重点企业进行了调查走访。结果显示，有19家已建企业内部局域网和专门的应用系统，有13家已建数据库，有22家拥有自己的网站，有21家企业设有信息中心，并有专业技术人员管理企业整体的信息化建设。总体而言，泰州市企业信息化建设取得了新进展，信息技术应用得到初步显现，形成了泰州市信息化建设的主要特色。

（一）基础设施建设情况

信息化基础设施建设得到不同程度发展。大部分企业领导人已意识到信息化的重要性，企业在信息化基础设施方面资金投入较大，且将在近期内继续加大投资。

江苏扬子江药业集团公司信息化建设始于1997年，财务、销售等核心部门开始全面实行电子化。1999年，成立信息化建设主管部门（信息中心），公司电话总机系统正式投入使用，形成了内部数据网络的雏形。2000年，公司与泰州电信合作，利用DDN专线建立了可基于Internet进行业务操作的网络结构。2001年初，公司投入20多万元建立了内部邮件系统，使电子邮件成为公司内部以及与外界进行联系的最常用方式。同年5月建成光纤宽带网络，通过铺设信息中心到各个部门的光缆，使新品、生产、采购、质量管理、高架仓库、项目管理等部门也并入了公司内部网络，形成了以光缆为主干、信息中心机房为核心的内部网络（节点数200多个），现共有微机400余台。目前，公司正在积极建设办公自动化系统。

江苏曙光集团有限公司、江苏隆源双登集团均已建成开通企业内部局域网，购进各式电脑数百台，企业决策层非常重视互联网，在员工中也掀起了"网络淘金热"，企业运用信息网络技术进行管理已达到较高水平。江苏隆源双登集团已征地300亩，规划"十五"期间征地1500亩以上，建"双登工业园"，投资10亿元发展电池系列产品，在5~10年内建成亚洲最大的电池生产基地；该集团已建有5个小型局域网，配有5台服务器、100台PC机、50台笔记本电脑。

江苏光芒集团有限公司在信息技术应用方面舍得投入，计划2002年投资60万元，建立集团内部网络，使产品设计、销售、财务、人员管理、物流仓储等实现网络化，年底将实现公司办公自动化。

梅兰集团已建成计算机联网一期工程和办公自动化系统，集团内部基本实现了文件流转无纸化、收发文电脑化、日常办公邮件化、人事档案管理电子化的"四化"目标。

春兰集团2001年进行主干网建设完成投入约1000万元，准备新增投入约9300万元，进行春兰"信息化企业"项目的设计、开发与实施，包括集团主干网建设与完善、信息交换平台的设计与实施、决策与分析系统的设计与实施、ERP系统设计与实施、电子商务计算机系统设计与实施以及工程数据库系统建设。

扬动股份公司建有局域网，有15台HP服务器、200台PC机。该公司与美国合资1.1亿元，生产TFT显示器，已进入二期工程。

（二）CAD 等系列技术应用情况

运用信息技术改造传统产业取得明显成效。企业开始利用信息技术来提高产品设计、制造和管理水平，并取得可观的经济效益。全市机械和建筑行业甩图板率分别达 50%和 80%。广泛采用信息管理系统（MIS）、计算机集成制造系统（CIMS）、计算机辅助设计与制造（CAD/CAM）等技术提高企业信息化和自动化水平，增强企业生命力和市场竞争力。

在全市 76 家重点骨干企业及机械行业中广泛应用计算机辅助设计与制造（CAD/CAM）、计算机辅助工艺管理（CAPP）、客户关系管理（CRM）等先进信息技术，进行产品设计、开发与管理。春兰集团一是把计算机技术运用于生产线上，应用信息技术实现生产柔性化、产品智能化和办公自动化，使产业小批量、多品种，适应客户的个性化需求；二是将信息技术渗透到产品中去，实现产品智能化，如变频空调、电子节能冰箱等；三是计算机网络技术向管理领域渗透，实现办公自动化。截止 2001 年 8 月，春兰集团在 CAD/CAM/CAE/CAPP 系统已完成投入约 2000 万元。扬动股份公司加大企业内部的计算机硬、软件投入达 500 多万元，实现内部工艺文件联网，计算机辅助设计与工艺甩图版率达 100%。梅兰集团一是在国家经贸委“双高一优”项目、省科委“火炬”计划项目上采用集计算机、显示技术、通信技术、控制技术于一体的数据传输（DCS）系统，总投资近 300 万元，改变了集团延续了 40 年的手工操作方法，改善了工作环境，保证了产品的优质、高产、低耗和长周期运作，提高了企业的经济效益。江苏陵光（集团）公司、泰州绝缘材料总厂、江苏林海动力机械集团公司、江苏兴顺电子有限公司等企业的产品生产线采用计算机控制集成技术，使产品的品质和生产的效率大大提高。

（三）ERP 实施情况

企业信息化管理水平不断提高。越来越多的企业认识到信息化管理对企业带来的巨大收益，采用企业资源计划 ERP，实现企业内部管理现代化。

2001 年，江苏明星减震器有限公司与泰州飞碟科技软件工程公司合作，进行整合式管理信息系统开发，并投资 240 多万元利用 ERP 系统建立了企业内部管理网络，实现了辅助决策功能，从而使企业管理水平上了新台阶。经过半年多的运行，取得了明显效果：库存物资大幅减少，库存周转率明显提高；客户满意度提高，实施 ERP 项目前准时交货率只能达到 70%左右，实施后准时交货率达到 98%以上；采购工作效率提高，采购计划的实施时间由原来的 5 天缩短为 2 天，准确率由原来的 60%提高到 98%以上；停工待料情况减少了 85%；在同等生产量情况下加班时间减少了 90%；对客户的响应速度提高；通过项目实施，建立了以业务流程为导向的组织架构，做到了岗位明确，责任清晰，大大提高了员工的工作责任心和工作效率；使业务流程更加清晰；员工素质显著提高，培养了一批既懂管理又善于应用计算机技术的管理人才，实现了管理的良性循环。2001 年 10 月，ERP 项目二期工程已开始上线运行，内容包括成本核算和财务管理，进展情况良好。江苏明星减震器有限公司计划在未来的 2～3 年中，将 ERP 和客户关系管理（CRM）、供应链管理（SCM）、电子商务（E－Commerce）、办公自动化（OA）整合，组成企业管理信息化的全面解决方案。

江苏扬子江药业集团公司于 2001 年 5 月正式启动了 ERP 项目一期工程。目前已通过试运行，即将投入使用。春兰集团 2001 年投入约 2000 万元建设完成企业内部管理系统。泰州绝缘材料总厂投入 110 万元建成计算机中心和内部资源管理系统（ERP）。另有部分企业 MIS 应用情况较好，实现了企业的辅助决策管理。如梅兰集团投入 40 万元，与天津大学合作开发了一套 MIS 系统，提高了经营管理水平，企业尝到了“管理出效益”的甜头。

（四）企业上网及电子商务发展情况

至 2001 年底，全市列统工业企业上网数 650 户，非列统工业企业上网数 3850 户，分别占列统、非列统企业总数的 67.97%、52.75%，其中已建独立网站的企业 800 户，约占上网企业总数的 17.78%，其中列统企业 300 户。设置网页和电子信箱的列统企业比重为 66.64%。完成企业上网人员培训 2395 人。

实现电子商务是企业发展的必经之路，也是企业信息化建设的主攻目标和最高层次。2001 年，泰州在全市市直企业中选取苏中制药厂、扬动股份公司等 20 家企业作为电子商务试点企业，以此引发电子商务示范效应，循序渐进地推广重点示范企业的先进经验，促使全市企业通过内部信息化基础设施建设，促进经营和管理方式优化组合，切实转变经营方式，努力拓展商务范围，利用计算机及其网络提高企业的工作效率和扩大业务范围，使企业网上交易额比重不断上升。2001年，全市上网企业开展电子商务取得新突破，全市实现网上销售总额为35.1亿元，涌现出一批网上拓展市场空间的成功典型。许多企业将销售系统实施联网，给各销售办事处主要销售人员配备手提电脑，并开展计算机知识专业培训，为实施电子商务提供充分的智力资源。企业通过信息网络的建设，改变了企业进军国际市场依靠传统的代理商营销方式，增强了企业加入WTO后的适应能力。

近年来，泰州市企业上网以及电子商务试点，主要取得了以下两方面成效：

一是通过网络，宣传了企业形象，扩大了企业及其产品的知名度，赢得了客户。

全市22家重点培育的春兰式企业和76家重点骨干企业全部上网，在网络上进行产品宣传、市场策划、交易结算、售后服务等方面有所突破。企业上网人员培训也已全面展开。在有关网站上，开设企业概况、最新动态、产品介绍、业务来往、供求信息等内容，提高了企业的知名度，加强了企业与客户、企业与社会之间的信息联系。例如泰州市经济委员会主办的“泰州经济网”(www.tzjj.net)，运用网站平台，开设12个栏目，突出以招商引资和网上展销为重点，为宣传泰州经济，促进企业发展起到了很好的推动作用。

在已建网站的800家企业中，40%以上已涉足电子商务，网上贸易合作取得显著成效。

梅兰集团现已注册国际顶级域名5个，并拥有网上交易CA证书，互联网应用已从当初的利用E-MAIL进行信息往来发展到在因特网上尝试宣传企业形象、展示特色产品，为企业全面实施电子商务工程作好充分的准备。

江苏扬子江药业集团公司的门户网站可以进行产品查询、搜索，为客户提供在线订单，在线洽谈，在线投标等服务功能。春兰集团电子商务系统已投入1亿元以上建设春兰配送体系，目前已全面建成完善的配送渠道。靖江亚星锚链厂从1992年开始请专家设计制作网页，并以“中国锚链”的域名与世界各大船舶生产、修理企业相链接，大大提高了产品的知名度，赢得了广大用户；他们组建的一支外销队伍，并不是外出推销，而是整天坐在微机旁随时登录世界各地相关网站，发出电子邮件，利用电子商务的一切优势，成功地赢得了众多的买家和订单，2001年实现外销1500万美元，占总销售额的80%。江苏兴顺电子有限公司网上成交3000万元，占销售收入的85%。泰州苏中天线集团网上签订出口订单2000万元以上，与客户建立了良好的网上反馈系统。

二是通过网络，与高校和科研院所达成合资合作，为寻求新产品项目、发现人才、引进先进技术开辟了新途径。

江苏曙光集团有限公司2000年4月，从网上获知信息：四川油田获得世界银行贷款，面向国际招标石油钻采设备，立即研究对策，很快取得了这笔价值404万美元的订单。江苏隆源双登集团通过网上引进信息产业部和南京大学等单位的教授级人才50多名，达成了10多项高新技术产品合作协议。江苏陵光（集团）公司与西安交通大学合作，投入750万元构建该集团电子商务系统，实现了产、供、销联网和办公自动化。江山制药有限公司将信息技术运用到提高产品质量上，通过网站向外发布相关技术难题，邀请相关科研机构及时提出建议或意见，使难题及时得到解决。

二、问题及对策

（一）主要问题

泰州市企业信息化建设由于起步较晚，在进程中也遇到不少突出问题，归纳起来主要有以下三个方面：

1. *信息意识薄弱*。部分企业法人代表或管理层信息意识非常薄弱，对新事物、新形势反应不灵敏，没有意识到信息化建设对企业的重要意义和紧迫性，对加快信息产业建设的重要性和信息产业必须超前发展的意识不强，信息资源作为一种战略资源的重要性认识不够，总是拘泥于传统产业和陈旧观念，这实际上是一种最大的无形差距。

2. *发展不平衡*。信息化客观上要求企业和部门管理规范化、科学化，因此信息化会影响部分管理者的利益关系，造成许多企业难以推进信息化建设。一些企业经济基础薄弱，资金缺口大，来源窄，难以扩大投资改造和优化传统产业。以上因素直接导致企业信息化基础设施建设发展不平衡，信息技术与传统产业结合的深度和广度不够，通过信息化带动产业结构调整和优化升级的作用还不明显，企业信息化的总体水平较低，不同行业、不同区域的信息化建设存在很大差距。

3. 上网积极性不高。由于对典型范例宣传力度不够，致使许多企业对上网缺乏基本了解，缺乏进位意识，总是靠政府推着走，即使上了网，用网的质量也很差，更不用说通过网络来开展网上交易。

4. 人才、资金短缺，组织不健全。这三个因素严重制约了企业信息化推进，不少企业没有专门的信息管理部门（如信息中心），缺乏信息技术的专业人才和应用人才，因此信息资源开发明显滞后于周边先进地区。

（二）对策措施

1. 企业管理层重视是关键。有计划地组织企业领导（法人代表）参加信息相关知识的学习，同时加强对企业进行信息化宣传，促使企业管理层更新观念，提高企业上网的积极性，把政府推动转变为企业的自觉行动，才能有效推动企业信息化建设和总体水平的提高。

2. 实施分类指导，拓宽企业上网途径，形成拉动效应。对已上网企业要加强指导与协调，帮助企业用好网，提高网络使用效率，并逐步引导企业开展电子商务；对有条件而未上网的企业要进行帮助，使之尽快建设网络，实现上网；对没有条件上网的企业，以系统为单位，建立主网站，帮助企业在网上拥有自己的网页。充分发挥示范效应，从点到面，逐步推进企业信息化建设。加强企业信息化建设的整体协调和引导，促进共同发展。

3. 充分发挥典型示范作用，逐步推进电子商务。在抓好现有电子商务试点的基础上，已上网的列统企业可以开始实施电子商务，通过组织企业负责人及相关技术人员到试点企业参观学习，不断提高对电子商务的认识和开展电子商务的积极性。

4. 加快运用信息技术促进传统企业优化升级。通过技术开发，带动传统产业的发展。建设技术开发中心，充分利用信息技术改造传统的生产方式和经营模式，促使传统产业优化升级。

5. 加快信息化人才的引进和培养。要加强与高等院校和科研机构的联系，研究企业今后的人才需求，为企业的发展储备人才资源。同时要提高在职人员的信息化知识水平，有条件企业应设立信息主管（CIO），按照现代企业的要求建立信息应用管理系统，提高企业全员的信息化应用水平，逐步普及计算机和网络知识。

三、发展目标

应用信息技术提升产品的智能化、数字化水平，重点发展变频空调、彩电、手提电脑、节能冰箱、摩托车等产品，使生产规模不断拓展。

应用信息系统集成技术提升成套设备或组合加工设备集成化、自动化水平以及连续加工工业的流程控制水平。重点发展新型机、数控加工中心、机器人技术和机械手设备、建材生产线的自动化控制、医疗行业的精细加工计算机检测和配料等，使技术水平达到国内领先。

应用信息网络技术提升企业资源管理系统和管理信息系统。重点发展应用 ERP、CIMS、SCM、CRM 等信息技术，开展在线电子商务等，提高企业管理水平，逐步实现网络销售。

应用信息化手段提高企业技术开发效率和技术水平。重点发展应用 CAD、CAM、CAPP 和仿真技术等，提高甩图板率，开发自主知识产权产品。

应用电子商务技术改造企业物流和销售系统，重点发展网上签订合同、电子论证、电子货币支付等，实现远程购物，加速资金回笼。

（栾钉锁、马长刚）

宿迁市信息化事业发展概况

信息化是现代经济和社会发展的强大推动力，是二十一世纪国家以及地区间综合竞争力的主要构成部分，它为区域经济的发展提供了难得的历史性机遇，也带来了严峻的挑战，它既是欠发达地区发挥后发优势，实现跨越式发展的捷径，同时，也可能是进一步拉大地区间发展水平差距的加速器。为此，宿迁市从区域经济发展的战略高度积极推进区域信息化进程。

2001年宿迁市委、市政府高度重视信息化工作，大力推进信息化事业的建设步伐，把信息化建设作为实现区域经济快速崛起的基石之一，信息产业得到了较快发展，信息基础设施得到进一步改善，信息技术的应用领域得到不断拓展，政府上网、企业上网、家庭上网工程继续向纵深推进。信息化建设保持了良好的发展势头，区域信息化水平持续提高。

【信息化领导工作】

宿迁市委、市政府加强信息化领导工作，强化了市信息化工作领导小组职能，加大了信息化工作的落实与督查力度，将信息化工作列入市委、市政府的督查事项。市委、市政府的主要领导亲自过问信息化建设情况，多次召开信息化工作领导成员单位会议，分析信息化发展趋势，交流信息化建设的信息与体会，密切联系宿迁市的实情与实力，充分发挥后发优势，找准信息化建设的契入点与突破口，明确了加快通讯现代化，加大信息技术改造传统产业的力度，以信息化促进与带动区域工业化的发展战略，实现区域经济的快速崛起。将信息化建设作为市政府为民办实事重点工程目标列入监督，强化相关责任单位的工作落实力度。

市组织部门、市人事部门组织与举办了政府上网知识培训班。市经委系统以企业信息化为重点开展研讨，组织了企业上网情况调研与“企业上网交流会”，举办了企业上网知识竞赛。市计委、科委、电信局和广电局等单位开展了机关内部的信息化知识竞赛活动，在政府部门营造了知信息、懂信息、应用信息的浓烈氛围。市教委开展了多期多媒体技术研讨及培训班，开展了多媒体课件评比活动。

宿迁市政府要求市建设局、规划局把网络建设纳入规划建设管理范围内，确保每一幢新建的办公楼的网络布线一次到位。

【信息基础设施建设】

2001年固定资产投资达5.40亿元，同比增加39.5%。光纤总长度达到5195.20皮长公里，增长54.28%，其中长途光纤总长度达到549.92皮长公里。移运通讯交换机总容量达46.4万门，同比增长74.44%。固定交换设备总数量达73万门，同比增长21.67%。

【电子商务】

2001年全市新增上网企业2800家，到2001年底共有4600家企业事业单位实现了上网。全市的重点骨干企业已全部上网，并且通过Internet推介产品，它们的示范作用也正为越来越多的中小企业所接受。沭阳通过花卉专网向内外推介产品，仅2001年通过互联网就接到订单数千万元，成交额达2000万元以上。市政府在建设生态宿迁的过程中，通过网络竞价采购花卉苗木，扩大了选择范围，提高了竞争效率，节约了大量资金，将供应商的选择范围扩展到了外省，使得即使在大旱的2001年所植苗木的成活率仍达95%以上。市科委网站通过组建中小企业网站，一方面分摊了网络的运营成本，另一方面吸引一些中小企业挂靠，实现了中小企业产品的网上推介与交易，提升了企业形象，同时，实现了企业产品网上委托研发，缓解了中小企业技术力量不足，为中小企业寻找合作伙伴开辟了新的途径。宿迁市结合企业的二次改制，通过网络将部分企业向社会推介，吸纳了其它主体参与，取得了较好的成效。全市除市级以上龙头企业都已实现上网外，尚有近200户农业大户上网。

【电子公务】

至2001年底，宿迁学院、徐师大宿迁分校以及全市省级重点中学、部分重点小学采取多方筹措资金，推进上网建设工程，扩展了师生的知识视野，拓宽了教师的科研空间，为学生提供了网上丰富多彩的课外活动。市人民医院通过上网，实现了诊断咨询与对外业务交流以及网上的进修学习。市人民医院及所辖县（区）人民医院将信息技术广泛应用于财务与药品管理，建网率达100%。市医疗系统数据库建设已经启动，全市县以上医疗系统建网率达40%以上。金融系统内部局域网建设不断完善，实现了市县联通。各金融机构均开通了系统内的联行业务，至2001年底，全市商业银行入网的自动柜员机（ATM）数量达到42台。各商业银行均建立与开通运行帐户库、信贷信息库、金融统计信息库等数据库。宿迁市人才中心的网站与人才数据库建设得到进一步完善。2001年底，市农林局初步建成了农业网站，同时还建立了农业信息培训中心，为及时进行信息的搜集、整理、发布以及对全市人员的培训创造了良好的条件。沭阳、宿豫两县也建立了农业网站。全市有30余个乡镇农业部门实现了联网，使农业信息得到了充分交流与共享。

【电子政务】

宿迁市信息中心抓住计委系统T型网建设契机，将T型网建设与宿迁市党政信息网建设相结合，其间数易其稿，制定了较为完善的党政信息网建设方案，避免了大量重复投资，缩短了建设周期。成功地申请了计委T型网主机房，并按标准装修完毕。承建的市级机关网络互联工程已经顺利实施，目前已实现包括市级四套班子以及市党政办公大楼内几十个部门在内的所有单位计算机网络的互联互通。宿迁市政府办公室围绕政府办公业务需要，不断加强应用开发，强化办公业务网的应用功能，拓宽网络应用领域，积极推进公文、信息处理软件和其它“无纸办公”的应用。宿迁市在维持目前由江苏省宿迁市电信分公司维护的宿迁网站运行的同时，不断改进政府网络主页，充实网页内容，将全年市政府和市政府办公室所发文件放到网上。宿迁市信息中心根据政府上网的要求，制定严格的公众信息发布工作程序和审核制度，在确保安全前提下，为全社会提供政府信息服务。

宿迁市公安局着手开发城市交通安全系统。宿迁市规划局将计算机辅助设计技术应用于城市规划设计工作中。市统计局联通了统计系统广域网，实现了统计数据的网上传输与查询。市科技局利用已经建立的科技系统网，广泛搜集科技信息，在网上开展技术合作与委托开发，为地方企业事业单位与外部交流提供了一条快速通道。市物价局组建宿迁市物价网站，定时发布市骨干企业所需原材料的价格波动情况，以及地方产品的价格行情，引导本地工农业的发展。市财政部门围绕业务工作，强化在职培训，加强会计业务人员财会电算化培训，从严进行定级考核管理。市卫生局、劳动与社会保障局开发与应用医疗保险与劳动失业保险系统，初步将养老、医疗、失业等实行统一管理。

【信息技术对传统产业改造】

传统产业通过广泛应用信息技术、先进制造技术、先进管理技术，促进了传统产业技术升级。2001年度，市14家重点骨干企业中，2家运用CAD系统，8家建立企业网站，4家初步开展电子商务，4家运用OA系统。宿迁市泗洪油嘴油泵公司在全市率先建立起比较完整的信息化系统，包括ERP（企业资源计划）、CAD（计算机辅助设计）、CAPP（计算机辅助工艺）、上网工程、OA（办公自动化）等，尤其是ERP的运行，将生产、销售、库存、采购、财务、技术、质检、劳资等业务环节融为一体，实现“三流合一”，创建了“扁平式”业务运作流程，同时该系统也是省科技厅在宿迁市第一家企业信息化示范工程，标志着与国际化企业管理接轨。江苏精科互感器公司实现了进、销、存业务模块的联接，实现了数据信息横向流动，改变了传统的企业管理模式，初现现代企业运作模式雏形。江苏洋河集团、江苏双沟酒业集团、江苏玻璃集团、江苏泗绢集团等4家企业建立了网络平台和分离的计算机业务系统，CAD、上网工程、财务、库存、销售、人事薪金模块等都在运行，替代了手工劳动，提高了工作效率。此外，江苏洋河集团、江苏双沟酒业集团广泛将微机用于发酵、勾兑等生产过程中，提升了传统产业的技术水平。

【信息服务业】

通讯业。电信业务总量15.13亿元，同比增长87.20%。移动电话通讯业务收入1.49亿元，同比增长35.34%，移动通讯业实现通讯业增加值1.26亿元，同比增长45.83%。电话普及率12.22%，增长3.72个百分点。其中固定电话普及率达到8.89%，比上年增加2.46个百分点。移动电话达到17.43万部，比上年用户净增加7.15万户；无线电寻呼用户由6.9万部降到2.4万户。

广播电视业。至2001年底，全市拥有165座卫星地球站点，比2000年净增23座。全市拥有4座微波站，微波通讯线路达到148公里。广播综合人口覆盖率达到95.18%。拥有4座广播电台，广播节目套数达到5套，无线广播每日播出时间达到46个小时。电视综合人口覆盖率达到97.26%，拥有5座电视台，电视节目达到5套，每周播出时间达到455小时，比2000年每周增加了35个小时。有线电视用户达到7.96万户，比2000年净增0.98万户，有线电视入户率达到5.94%，比2000年提高了0.74个百分点。有线电视传输网至2001年底达到756公里，同比增长19.62%。

【信息市场建设】

围绕对外开放，加强区域间的经济、技术、贸易合作，有针对性地选择国内著名经济信息（资讯）公司加强合作与交流，实施互为代理制，充分利用外部信息资源和全市拥有的计算机网络设备，为经济发展提供实用性、商业化的经济信息。加强地方咨询行业基础建设，促进咨询业网络化、电子化，培育大型咨询企业，形成了多种类型的信息咨询和广告服务。积极发展各行业不同类型、不同层次的专业信息市场，努力实施网络互联的信息共享，促进信息产品商品化、社会化。

【信息化人才队伍建设】

宿迁市采取多管齐下的办法加强信息化人才的建设，着力引进信息化建设人才，市委、市政府主要领导亲自关心信息化建设人才的引进，多次指示组织人事部门放宽政策，延揽信息化建设人才，对用人单位进行宏观指导，引导用人单位转变观念，同时广泛收集信息，积极组织用人单位参加各种招聘会。充分利用宿迁市人才网、人才信息汇编等形式，将用人单位的需求信息及时发布。其次采取切实措施，积极培养专业技术人才，依托宿迁职业技术学院、徐州师范大学宿迁分校，在教育改革中不断强化计算机专业的建设，使之成为宿迁市培养专业信息技术人才的基地。2001年，这两所学校继续扩大了计算机和信息管理专业的招生规模，到2001年底，全市累计专科毕业约2000人，中专5000余人。第三，加强了信息化知识和技能的普及教育。宿迁市一方面加强各类学校计算机知识的普及教育，2001年全市60%以上的初级中学都已开设了信息技术必修课，各校认真贯彻《中小学信息技术课程指导纲要（试行）》，规范信息学课程教育，加快中小学信息技术课程的建设，并完成了对全体中小学教师的首轮信息技术继续教育培训；另一方面，对在职干部职工进行现代信息知识和技术的继续教育，2001年下半年宿迁市委组织部、人事局下发了《关于对全市国家公务员、专业技术人员进行计算机应用能力等级培训和考核的通知》，并决定采取“分层、分类、利用各种资源”的办法对市级党政机关工作人员进行信息化知识培训，2001年全市参加培训的人员达到80.1%。着力提高全民应用信息技术的能力，扩大了全市的信息消费。第四，搞好计算机等级考试组织工作。

【信息化工作落实】

根据2001年全市信息化工作的任务和要求，市目标办对目标任务进行细化和分解，制定切实可行的工作计划和实施意见，将任务下达到具体部门和县（市、区）。市计委认真研究、制定全市信息化建设目标考核体系，积极向市政府建议制定各地、各部门信息资源开发、网络建设、信息技术应用目标责任书，纳入政府工作考核目标，以此推动各地、各部门信息化工作的开展。加强对全市信息化重点工作和重大建设项目的协调、检查和督促，把企业信息化工作与企业机制创新、技术进步、年度目标考核工作结合起来，加强检查和考评。通过强化目标考核，力求全市信息化工作落到实处，取得实效。

经过不懈努力与扎实的工作，全市信息化建

设取得了较大成绩，但与信息化发展的深度与广度相比，尚存一定的差距，主要表现在以下几个方面：信息技术服务层次较低，难以满足社会日益增长的需求；资金不足，人才缺乏；现有信息资源尚未得到充分开发和合理的利用；信息产品制造业虽实现零的突破，但发展规模与质量亟待提高，软件业尚无起色。

【近期工作目标】

（一）调整与强化市信息中心职能。为了适应信息化发展浪潮，现已向市编委申报，将市信息中心由部门所属事业单位，改为隶属市政府的事业单位，并增加编制，调整内部人才结构。

（二）积极策应与配合计委纵向网建设，推进市党政信息网的建设。到2002年末，初步建成覆盖全市、联通市外的通信网络。信息资源得到大力开发，较大幅度提升计算机在工作、生产、生活中的应用水平，实现信息资源的快速传递和共享，为政府、企业、公众提供准确、及时、有效的信息服务，提高国民经济和社会信息化水平。完成80%乡级以上政府部门上网，建成一个电话县。全市信息服务业实现年业务收入递增28.3%。固定电话用户达到60.3万户，移动电话用户达到20.6万户，电话普及率达到15.7部/百人左右；有线电视用户达到9万户。积极推进家庭上网工程，争取至2002年家庭上网户数达到7万户。注重对电子信息产品制造业及软件业的规划与引导，促进信息产业品制造业的成长壮大。

（三）建立起符合国家法律法规，又能体现地方特色的信息化管理规则和制度。

（四）进一步完善三大系统建设，继续推进信息化小区建设。

电子教务系统：完善宿迁市教育系统信息数据库建设工程，实现教育信息综合查询、教职工情况、图书资料、学校管理、教育事业统计等功能。启动建设宿迁市虚拟图书馆系统、高校招生和就业信息服务系统，为地方远程教育事业提供良好的服务。

电子地图系统：联合市各职能部门，建立以电子地图为主载体，服务于政府决策部门、企业事业单位和公众查询等，使之成为综合反映宿迁市经济、资源、社会环境与发展的信息系统。物价与市场信息系统：依托建设中的党政信息网建设，推进全市价格系统广域网建设。

居民小区信息化实验：选择二个以上住宅小区作为信息化实验小区、建成电信、广电接入子网，结合现阶段电信、广电网提供的信息服务，逐步实现住宅小区智能化，为居民提供安全防范信息系统和物业管理信息系统等智能化业务服务，根据不同的消费层次提供VOD点播、家庭办公、网上教育、网上医疗、网上图书浏览、商品信息及网上购物等信息服务，最终建成社区服务网，提高人民群众的生活质量。

（范化理　王万山）

量力而行　推进党政信息网建设

——宿迁市信息化建设特色

随着信息技术的发展，信息化水平成为衡量一个国家一个地区综合竞争力的重要标志，推进政府信息化已成为新一轮公共行政管理改革的重点。宿迁市委、市政府为加快转变传统思想观念，提高工作效率，紧紧抓住信息化带来的机遇，量力而行，逐步推进宿迁市党政信息网建设。在工作中努力探索经济欠发达地区推进政务信息化的可行途径，尽可能用最少的资源实现最大的功能。

一、顺应发展，统筹谋划党政信息网建设

宿迁市党政信息网是利用计算机与通讯技术在党政机关之间进行信息处理和信息交换的网络系统，它的建设对提高党政机关办事效率，推进党务和政务管理信息化，促进信息化建设具有重要和深远的意义。作为一项复杂的系统工程，在工程的实施过程中始终坚持以下原则：高起点规划，高标准要求。规划是工程建设的起点与基础，应体现指导性、系统性和长期性的基本原则，必须坚持高起点制定总体规划。决不能因资金的临时短缺或其它条件的暂时制约，而制定一个低起点的临时计划。因此，在实施市党政信息网过程中坚持按高标准要求，尽可能采用较先进的技术方案，避免频繁进行技术更新所带来的重复无效投资。

量力而行，分步实施。在总体规划指导下制定分步实施的计划，一是在建设资金不足的情况下，用有限的资金启动并逐步推进；二是通过分步实施，有利于积累建设、应用和管理经验，回避和化解设备或技术过早投入的风险。

统筹规范，互联互通。重点建立党政机关的信息交换平台，规范接入、管理和应用，各部门局域网根据统一的规范接入党政机关信息交换平台。

统一管理，保障服务。组建党政机关信息交换平台的网络管理中心和专门的技术与管理队伍，统一规划与党政系统各部门、各节点的连接，保障整个信息服务平台的正常运行。

技术开放，确保安全。全面采用开放技术，以利长远发展和互联互通，内部网与外部网在各个层次上严格实行物理隔离。

统一领导，联合建设。在宿迁市委、市政府领导下，成立专门的领导协调机构和专门的工作班子，加强对这项工作的统一领导。各部门、各单位共同参与，充分发挥各自的资金、资源和人才优势。

二、精选重点，构筑功能较为完善的党政信息网

根据宿迁市实际情况和党政机关的特点，市党政信息网建设的主要内容是以“三网一库”为基本架构的网络系统，即：部门办公业务网、办公业务广域网、公众信息网和办公业务资源数据库。

1. 部门办公业务网，它为采用 Internet 网络标准和 IP 技术实现的机关内部网，主要处理各机关内部包括涉密的业务，实现本单位内部信息共享、网上办公，并提供与办公业务广域网的联接。

2. 办公业务广域网，它为 Extranet 结构，是采用 Internet 广域互联技术而实现政府网络互通互联的内网，包括纵向网和横向网。主要处理省、市、县三级之间跨区域、跨部门的内部及涉密业务，实现各级党政部门之间信息共享和网上办公。

3. 公众信息网，它是用来进行信息访问、信息发布和政务服务的 Internet 接入网，与前两网不进行任何物理联接而独立构建的另一网络。为企业和公众服务，开展电子政务、电子公务和电子商务活动。

4. 办公业务资源数据库（应用系统），在以上三网搭建的基本网络平台上，重点开发以下应

用系统和数据库：

1. 电子邮件及公文无纸化传输系统；

2. 办公业务应用系统；

3. 其它业务应用系统；

4. 机关事务管理系统；

5. 信息发布及资源共享系统（WWW 应用）；

6. 视频点播系统（VOD）。

三、立足网络特点，强化安全体系建设

安全与保密是党政信息网设计和运行的最重要因素之一。为了保证网络系统及接入本系统的各个子网的安全，对内网与互联网实行物理隔离，防止外部的入侵。在系统内规范保密管理与业务人员工作规范管理，防止来自内部的非法攻击、身份的窃取、身份的假冒、非授权存取、数据窃取、不良信息的传播、秘密信息泄漏。加强对路由器配置、口令文件的安全管理，保护合法用户对信息资源的访问，保证网络正常运行。主要采取如下的安全措施：

1. 防火墙。在网络中心、接入网、公用信息网之间的出入处安装国产防火墙设备，实施第一层次的安全保护。

2. 黑客监测。由于入侵者可寻找防火墙背后可能敞开的后门或绕过防火墙的防护进入网络内部，因此除了采用防火墙外，还安装了安全检测系统，实时检测和阻挡“黑客”的攻击。

3. 多层病毒防御。病毒威胁来自于多方面，包括来自接入网和各部门局域网。为使网络平台免受病毒所造成的损失，党政信息网的每台服务器和台式机上均安装了网络或个人反病毒软件。

4. CA 认证与身份验证。CA 认证中心专门负责发放并管理所有参与网上通信的实体所需的数字证书，包括个人证书和服务器证书。数字证书是各实体在网上进行信息交流活动的身份证，用来验证用户上网的合法性。通过对用户划分等级，不同等级具有不同的权限，以满足多级控制的安全模式。

5. 数据备份与恢复。党政信息网中存在着大量的历史数据和实时数据，有着较高的使用价值。必须建立数据备份与恢复系统，定期对这些数据进行备份保存，为历史数据资料的查询提供依据，为数据的意外丢失提供恢复档案。

四、立足市情，分步推进党政信息网建设

由于目前的计算机网络安全技术还不能保证内网的安全，国家规定内网与外网必须进行物理隔离。在现有技术条件下，要在保证党政信息网安全的同时，实现面向公众和社会的网上办公服务，市党政机关大楼和各部门将需要搭建两套互相隔离的网络平台，每个工作人员配套两台微机或每台微机添置隔离卡，这在目前显然是不现实的。根据宿迁市资金短缺、计算机专业人才缺乏、各单位计算机数量较少、大部份工作人员操作计算机不熟练等现状，宿迁市党政信息网建设采取分期实施，逐步完善的路子，具体分三期工程实施：

第一期工程，主要以建设公众信息网及开发应用为主，以建设市党政机关大楼办公业务网及开发应用为辅，组织有条件的部门建设本单位办公业务网（局域网）。建设内容主要包括：购置主交换机和二级交换机，搭建市党政机关大楼网络平台、搭建部分单位局域网、接入公众信息网、建设政府网站和内部党政信息网站。实现大楼内各单位对 Internet 的访问，政务信息的发布，楼内各单位可公开信息的共享与交流。同时，建成并开通省到市的纵向网。

第二期工程，主要以办公业务广域网建设及应用为主，以公众信息网应用为辅。建设内容主要包括：市直党政机关全部建成内部的办公业务网；市党政机关大楼再配置一套主交换机和二级交换机，实现办公业务广域网和公众信息网的彻底隔离；办公业务广域网扩展到大楼外的市直机关和各县（区）；建设公共数据中心和综合办公服务系统，初步实现市、县党委、政府之间和市直党政机关不涉密业务的办公自动化。加强对市政府网站的规范化管理，建立和完善各县（区）、市直各部门的网站，进一步扩大为公众的服务范围。

第三期工程，在解决网络安全技术的基础上，实现“三网一库”的融合，以及党政、计划、科技、统计等纵向网之间的整合。建立高效的办公自动化系统，实现电子公文流转和处理、网上会议、IP 电话、宏观决策支持、应急指挥与调度等，提高政府的整体办事效率和决策水平。充分共享各种信息资源，为企业经济活动提供电子化

支持和服务，向公众提供卫生、教育、职业、公共、法律、税务、金融等范围广泛的信息服务，为实现电子政府奠定基础。

五、采取有力措施，切实保障党政信息网的顺利实施

1. 加大组织领导力度。为进一步加强对全市信息化建设的领导，重新组建了以市长张新实同志为组长，常务副市长谢波同志与分管电信的副市长汤建鸣同志为副组长，各县（区）和市直有关单位主要负责同志为成员的市信息化领导小组，领导小组办公室设在市发展计划委员会，从组织上保证信息化建设的顺利推进。

2. 成立专门工作班子。为切实抓好党政信息网的建设，成立了由谢波常务副市长任组长，市委办、政府办、计委、统计、科技、财政、经贸、农林、电信、广电、报社等部门分管负责人为成员的市党政信息网建设协调小组。协调小组下设办公室，由市政府分管副秘书长任主任。办公室抽调一部分责任心强、懂业务的同志组成两个工作班子；一是由市计委、市信息中心、市电信局牵头的技术工作班子，具体负责党政信息网络平台、政府网站和内部党政信息网站在硬件和技术方面的建设工作。二是由市委办、市政府办牵头的信息采编工作班子，具体负责政务、经济等信息的采编、审核工作。市直各部门都要把党政信息网的建设列入重要议事日程，指定专人负责这项工作，并在资金、人员、场地等方面给予保障。

3. 强化信息化知识培训。根据国务院办公厅对政府系统政务信息化建设规划的统一要求，市党政信息网必须有相应的技术管理机构和技术支持人员来承担系统运行管理、技术保障和支持的职能。同时，还要有一大批适应电子政务建设需要的高素质公务员队伍。为此，宿迁市一方面积极培养和引进一批计算机专业技术人员；另一方面结合政府机关信息化建设的特点，有针对性地对不同应用层次的管理和使用人员开展培训，提高他们的技术开发、管理和应用水平，促进系统应用整体水平的提高。市委组织部、市人事局规定凡 45 岁以下的工作人员必须通过计算机应用能力考核，并接受系统业务软件的应用培训，熟练掌握日常办公业务软件的应用技能。同时重视搞好领导干部的信息化教育与培训工作，使领导干部进一步了解信息化，从而更好地推动政府信息化的建设与应用。

（范化理　王万山）

常熟市信息化事业发展概况

【本市概况】

常熟市地处长江下游南岸，北与南通市隔江相望，东邻太仓市，南接昆山、苏州市，西连无锡、江阴市，西北与张家港市接壤。总面积1264平方公里，辖有24个镇、3个农林牧渔场，总人口103.7万。常熟历史悠久，经济发达，各项经济指标长期位居“全国综合实力百强县（市）”前茅。域内山清水秀，人文荟萃，是国家历史文化名城、国家卫生城市、国家园林城市、中国优秀旅游城市、国家环保模范城市、全国城市交通畅通工程优秀城市。

【“九五”回顾】

“九五”期间，常熟市在通信业、广播电视业等方面发展迅速，网络建设处在全国前列；电子工业、信息系统推广应用等方面有了较大进步，为全面深入地开展信息化建设奠定了良好的基础。

（一）信息基础设施

1. 电信网

电话交换网：全面实行交换程控化，采用光纤接入技术，将公众电话网的业务节点延伸到城市乡村。至2000年底，全市交换机总容量已达到45万门。

传送网：已建成以一个2.5Gbps SDH自愈环、六个622MbpsSDH自愈环为骨干的、覆盖全市的传送骨干网。同时建成了苏州本地网2.5Gbps的SDH环，设有县南街、新区两个传输枢纽。常熟市的长途干线传输网是全国长途骨干网和省沿江干线网的重要组成部分，采用密集波分复用技术，传输速率10Gb/S以上。

光纤接入网：光纤接入网建设97年全面启动，至2000年年底，光纤传输网络已全面覆盖城区和部分行政村，接入网光纤铺设已达到2.58万纤芯公里，光纤接入半径已缩小到500米。因特网接入：宽带多媒体通信网和互联网建设启动并逐步加大建设力度。1995年，常熟在全省县级市中率先建成了DDN（数字数据网），接入端口数达到1372个。至2000年底，常熟市互联网拨号端口达到5640个，专线上网端口达60个。在宽带接入建设方面，常熟市已建成琴枫苑、湘江苑、创业园、枫泾、漕泾、五星等39个宽带信息化小区，可提供1.45万个LAN宽带接入端口，能提供给每个用户的访问带宽可达到10M以上。

2. 广电网

广电网络设施已具有：九套卫星地面接收装置；二套微波系统，省NEC数字微波系统、苏州市六县市自环的微波系统；省市三条光传输通道，省经我市中继的2.5G/S光通道、苏州与常熟市联网并中继到张家港（传送MPEG－2压缩代号）的光通道、苏州与常熟市联网并中继到张家港的党政机关数据网的2.5G/S光通道；全市已实现光缆大联网，架设光缆323Km（市——镇）、有线电视网按HFC设计，94年起已实现光纤到路边（小区）、城区光结点24个，市到镇33个，镇到村90个共计147个光结点，光缆主干线采用750MHZ系统、分配网采用550MHZ系统；至2000年底，全市共拥有有线电视光缆传输网达1200皮长公里(光纤总长17000芯公里)，共设立光节点达500个，有线电视用户近16万户，入户率近50%，已建成一个完整的市、镇、村有线电视光缆传输网络。

依托现有有线电视网络，光电网络中心从2000年开始，建设ATM宽带数据传输网络，向全市提供高速、宽带、安全、可靠的数据传输、数据专网服务。

3. 无线通信网

移动通信网：A、B、G三网覆盖全市范围，并可在全国漫游。现拥有一个模拟蜂窝移动交换中心和一个数字蜂窝移动交换中心，移动基站150多个，移动与联通信道总数7500多个。

无线寻呼网：有省网、本地网两套系统，设备先进，服务功能齐全，现拥有频点8个。

4. 联通网

至2000年底，已铺设光缆总长350皮长公里，光纤总长5250芯公里，光纤接入点500个，可用带宽2.5G，电话交换机容量10万户。

（二）信息技术应用

企业管理系统进一步得到普及，财务处理系统、CAD、CAPP、CAM等技术在通润机电有限公司、常熟市开关厂、康博集团公司等企业中得到广泛的应用，企业的办公效率、管理水平和生产经营水平得到了提高。

流通领域积极探索电子商务，常熟华联商厦等企业建立网上商店，开通网上支付，为企业的可持续发展打下坚实的基础。

全市国民经济和社会发展各部门以优先、超前发展的战略，大力建设相应的信息应用系统（如党政、科技、教育、公安、卫生、劳动和社会保障、环保、城建等）。至2000年底，在不同层次上建成使用的信息应用系统已基本覆盖了全市经济发展、社会保障和人民生活各方面，大大增强了信息意识，提高了办事效率，促进了各方面发展。

（三）信息产业发展

信息工业（电子信息设备制造业）：以中利光缆、常熟光缆、亿通、高士达、视通等为代表生产高科技电子信息产品的企业在国内形成了一定的生产能力；夏普办公设备有限公司电子办公设备生产落户在常熟；为康佳等电视机配套生产器件的企业产值一直保持稳定增长。2000年常熟开发区建立软件开发基地，为软件开发企业提供全方位的政策和基础设施支持，建立之初有两家软件开发企业入驻。

电信信息服务业：通信网络不仅能提供话音和窄带数据业务，还能提供基于宽带数据和IP网的ATM、视频点播等多媒体业务，电信业务种类从单一的话音业务发展成为多元化的智能业务。“九五”期间，全市净增固定电话用户21.67万户，2000年底达到30.39万户，电话主线普及率提高到29.22线/百人。1998年实现了全省第一个百万以上人口的电话市。2000年10月，实现了市内固定电话用户超10万，成为全省第一个市话超十万的县级市。2000年共完成电信业务总量3.07亿元。全市现有无线寻呼用户8万以上；移动通信用户已逾16.8万；DDN用户1058户，分组交换网也已覆盖全市；常熟电信的虞城热线信息网站成为全市家喻户晓的综合性网站，在日常工作生活中发挥着极其重要作用。全市单位、家庭用户可直接通过163、169拨号或数据专线进入China－Net和国家公众多媒体信息网。已发展163、169信息用户8.58万户。

广电网：无线电视转播6套频道、人口覆盖率100%；广播2套中波频道，1套调频频道，人口覆盖率100%；有线电视传送22套频道，1套深证股市频道、1套上证股市频道、1套图文电视频道；已经开通市到33个乡镇的双向模拟电视会议系统。宽带数据传输网络，开始向全市提供数据传输、数据专网服务。

电子信息服务业在“九五”期间得到了快速发展。涌现出了一大批围绕163、169网从事计算机经营服务、咨询、中介服务机构和网络服务机构，尤其因特网的利用近年有了较快的发展，到2000年底，全市从事计算机类经营和技术服务的单位有50余家。

（四）信息资源开发

1999年“政府上网工程”启动之后，全市政府部门基本上都建立自己的网站（网页），相应的政策法规方面的信息大部分已上网公布。

宏观经济信息和微观经济信息随着各部门信息应用系统的建设运行，已基本实现外部信息资源和本地经济信息的网络实时交流。

2000年初，以Mapinfo为开发工具的图、文、表一体化规划管理信息系统正式启用，全市城市规划区内面积近100平方公里的1:1000地形图数字化处理工作于1999年1月完成，为建设数字化城市奠定了坚实的基础。全市气象、环境质量日报等信息都通过网站每天发布。

“九五”期间，常熟投入了大量人力、物力和财力建设常熟人才网上市场，逐步实现了人才交流信息资源的社会共享，实现了个人求职上网、单位网上招聘的交互式服务。自行和委托软件开发商开发研制的人事人才管理软件，实现了招聘发布、求职登记、毕业生报到、人才流动、人事代理、档案管理、集体户管理等一系列工作环节的计算机数字化管理，为全市人才引进和实现人才合理化配置提供了便捷的途径，有效推动人才效益的最大化和社会经济的发展。

（五）信息人才培养

“九五”期间，常熟市国民经济和社会发展各部门、各单位，一方面对员工开展多层次的计算机应用技能培训，另一方面通过各种渠道积极有序地引进各类高层次的信息化建设人才，确保了全市信息化事业的健康发展。

学校教育方面：从1996年开始，全市学校实施信息化工程，配备计算机，建设计算机网络教室、校园管理网络和学校教师用课件制作中心等。全市各校于1997年10月全部连通因特网，初步实现“校校通”；1999年12月建成常熟教育网站。至2000年底全市教育系统已配备计算机6245台，建成计算机网络教室125间，建成多媒体电化教室115间，建有信息点到每个班级和办公室的校园网30个，64所学校建成网上主页。农村完全小学也开始装备计算机教室，已经建有计算机房10多间。从1999年下半年开始，全市基本实现了小学四年级以上全部开设计算机课程的要求，多媒体辅助教学覆盖了中小学教学的全部学科。

社会教育方面：采取多种教育方式，建立全市信息教育培训体系。一是对在职的信息及网络技术人员、信息管理人员进行专业知识培训和继续教育；二是对企业领导干部和机关干部进行信息技术和知识的培训教育，并实行上岗制度；三是利用社会宣传媒体等多种渠道，宣传信息化的基本常识和建设意义，普及信息化知识，增强全民的信息化意识；四是鼓励所有有条件的单位，组织面向社会大众的信息技术应用培训。至2000年底，全市接受信息及计算机技术培训和具有信息及计算机知识的人员占市总人口的20%。

【2001年信息化建设情况】

2001年是新世纪和“十五”计划的开局之年，在6月召开的中国共产党常熟市第十次代表大会上的报告中明确指出：“要把信息化作为促进产业优化升级，提高常熟工业层次的关键举措。大力推进企业应用信息技术。运用电子信息技术提高企业的工艺装备、产品设计和现代化管理水平。要依托现有基础，积极发展信息制造业，提高研究开发和生产应用能力，逐步实现技术开发、生产经营、管理决策全过程信息化，以信息化带动工业化，推进现代化。完善以科技服务、信息服务为重点的农业社会化服务体系，推进农产品标准化生产和农业信息化建设，增强农业的市场竞争力。进一步发展信息、咨询等现代服务业。”全市上下思想大解放，围绕新一届市委提出的增创“五大”新优势、实现常熟新发展的奋斗目标，励精图治，奋勇争先，实现了新世纪“高起点，开好局”的预期目标。信息化建设取得新成效，信息化事业呈现出新面貌。

（一）信息基础设施

1. 电信网

2001年交换机总容量新增8.35万门，交换机总容量累计已达到52.94万门。2001年新增通信管道535.41孔公里，本地接入网光缆达到431皮长公里。在管线建设方面，完成了环城路、阜湖路、市区东南西三大入口的管道建设及线路入地工作。

2001年，建成信息化小区17个，业务端口2万多个；城乡宽带接入已成为可能，在继ADSL一扩开放业务端口2000多个后，ADSL两扩又开放业务端口5000个左右，业务开放范围从原来的覆盖城区扩大到基本覆盖全市。

2. 广电网

至2001年底，全市共拥有有线电视光缆传输网达1320皮长公里（光纤总长22000芯公里），共设立光节点达600个，有线电视入户率达55%。

依托现有有线电视网络建设的ATM宽带数据传输网络（常熟广电宽带数据传输网）全面建成并对社会提供服务，通过苏州与省网、上海网实现全国互联互通。

3. 无线通信网

2001年江苏移动通信有限责任公司常熟分公司新建3台交换机，增加5000个话音信道。目前共有5台移动交换机，88个移动基站，网络总容量达到60万门。

4. 联通网

至2001年底，已铺设光缆总长400皮长公里，光纤总长6000芯公里，光纤接入点800个，电话交换机容量15万户。

（二）信息技术应用

信息技术在工业系统应用得到全面普及，有10多家企业开发应用ERP、MIS系统；应用CAD、CAPP、CAM等技术的企业有100多家（其中应用比较上规模的内资企业有5家），配套形成年产值约65亿元的生产规模；有互联网域名及网页的企业有1000多家。企业的竞争力得到很大提高。

以华联网上商店为代表的流通企业电子商务

业务不断拓展，推出近3000种商品，实行24小时以内免费送货上门，一年多来，网站的点击人数达到5.2万。

常熟市农副产品交易城发挥物流、信息等方面的优势，认真办好“常熟农副产品信息网”，同时加强与国内其它市场以及“中国绿蓝网”“十亿农产品网”等做好信息衔接工作，使常熟市的农副产品信息融入全国信息网，覆盖全国大市场，为服务农业产业化发挥更大作用。中国常熟招商城网站正式开通并成功运行，网站汇集1000多家厂商，提供在招商城经营的服装、布匹面料、电子产品、日用百货、五金装潢、缝制设备等12个大类的产品，部分工商户已通过网站成功地实现了交易。

2001年全市国民经济和社会发展各部门相应的信息应用系统，采用宽带技术和数据库技术，不断提高应用层次，开拓新的应用领域。信息技术在工作和管理中应用的实践和研究得到加强，办公自动化、管理信息化的水平不断提高。

常熟市防汛网络、常熟市防汛指挥信息系统建成投入运行，全市水利工程建设、管理、水资源保护和指挥防汛抗灾等重任实现信息化、科学化。

全市农业信息服务水平不断提高，建立了一支农产品市场信息员队伍，确保农产品价格信息的及时采集和传播，提高了常熟农业网站的影响力。

城市建设信息网络建设启动，构筑城建信息平台，推进城市基础设施运行监控系统、灾害报警、指挥系统和领导决策服务系统的建设。

常熟市劳动和社会保障系统信息化建设发展迅速，信息基础设施建设在省内、国内居先进地位，开设了全国县级劳动部门中首家劳动网站，基本形成了城乡兼顾，统一开放，高效运行的劳动力市场；医疗保险网络已覆盖全市，养老保险全市联网工程已经开始启动；信息网络建设全面铺开，信息传送平台、信息业务平台功能不断提升。

常熟市卫生系统信息化建设快速推进，城区医院已全部启用医院信息管理软件（HIS），提高了医院管理的现代化程度；各医院建立健全了医疗保险计算机管理网络；公共卫生监督管理信息系统通过专家鉴定；全市儿童预防接种全部实行IC卡管理；新生儿电子监测系统列入卫生部中美合作项目；零售药店信息管理系统软件投入运行；建立了全市药品采供销信息集中管理体系；采供血信息化管理日益加强。

（三）信息产业发展

信息工业（电子信息设备制造业）稳定发展。以夏普办公（常熟）公司、中利电缆、亿通、常熟康佳等为代表生产高科技电子信息产品的企业产值稳定增长，2001年销售额达29亿元。

常熟软件开发基地影响日益扩大，2001年有四家软件开发企业入驻（南大苏富特、剑桥技术、鼎新、春晖）。

传统信息服务业取得新成绩。截止2001年底，全市电话用户数达到35.62万户，其中市内用户达到13.34万户。全市话机普及率达62.59%，主线普及率达34.28%。因特网用户达到9.3万户，其中宽带用户达到0.13万户。开发成功了“超级虞城热线”网站，提供基于宽带数据的多媒体业务。

2001年全年净增移动电话客户13万户，总量达到30万户，除了已投入使用的“呼叫等待、短消息、秘书服务、移动梦网、信息点播、WAP上网”等业务外，2001年还推出了GPRS高速上网业务、手机银行、一卡双号等业务，GPRS业务的启用，标志着移动通信技术由第2代提升到2.5代。

常熟广电宽带数据传输网开始面向全市提供帧中继、可视电视会议和会议电视、以太网（IP）接入、Internet互联网接入、ATM等业务，系统型数字数据用户达35家。

电子信息服务业服务领域不断扩大，服务水平不断提高。从事计算机经营服务的企业大部分提升至系统集成、网络工程服务；咨询、中介服务机构和网络服务机构，纷纷通过网络、网站提供快捷、便利的信息服务，服务单位数量大增，服务面涉及国民经济和社会发展各领域。

（四）信息资源开发

全市政府部门以政务公开为突破口，加大政务信息资源的开发利用力度，通过网站公开办事程序和要求，网站涵盖了部门机构设置、工作职责、服务内容、办事指南、承诺服务、政策法规、工作动态等各项内容，同时推进电子政务工程，建设服务全社会的全新载体。

宏观经济信息和微观经济信息的开发利用向深层次推进，经济预测、经济分析、决策辅助等信息的二次开发应用面日趋扩展，全市宏观经济和微观经济的预测预警及分析工作信息化、规范化，涉及国民经济和社会发展的重要指标实现网络化实时跟踪。

2001 年 3 月，新版（2000 版）规划管理信息系统的安装调试工作顺利完成，同时，规划监察管理子系统也开始启用。建设开通了常熟市城乡规划局信息查询网，包含了规划设计、法律法规、技术标准、规划文件、服务指南等八个方面的内容，进一步加强了建设数字化城市的信息资源的开发力度。

环境信息资源开发不断深入，2001 年在环境质量日报的基础上进行城市空气质量预报，并且在网站上公布环境管理制度、相关规定以及环境标准等，加强了与公众和企业在环境保护上的沟通。

常熟人才网上市场进行了全新改版，新增了英文版，对原有网站进行了改造和升级，对传输带宽进行了扩充，功能不断拓展，人才信息日益丰富，提高了招聘的成功率，已受到越来越多全国各地求职者的青睐。网站开办至今，累计访问量达 80 余万人次，网上注册登记个人会员（简历）4600 份，会员单位 109 家，日渐显示出其强大的生命力和吸引力，人才信息资源的开发利用效益不断提高。

（五）信息人才培养

2001 年，常熟市国民经济和社会发展各部门、各单位通过吸收引进计算机硬件与软件专业高校本科毕业生和专业人员组成专业管理队伍，根据部门实际应用需要安排他们参加相应层次的培训进修，再由他们对部门具体应用人员进行辅导提高，形成了经济合理、高效可靠的信息人才结构，保证了全市信息化事业的发展需要。

学校教育方面：2001 年全市城镇学校以及农村集镇中学、中心小学全部开设信息技术必修课程，学校建成的所有多媒体电化教室（含班级多媒体教室）学科使用覆盖率达到 100%，课时使用覆盖率不低于 30%，学校共用多媒体电化教室的使用率达 80% – 90%。计算机教室全天候向学生开放，让学生上网获取信息或开展基于网络环境中的综合实践活动。用于网络环境下组织学生自主学习（学科教学与信息技术的整合）课时达到计算机教室除信息课外可利用课时的 60% 以上。

社会教育方面：全市信息教育培训持续高涨，计算机、上网已不再是年轻人的专利，中、老年人纷纷加入培训行列。同时，人们已不满足简单的初级应用培训，继续进行中级甚至高级应用培训的大有人在。基于信息技术的飞速发展，专业人员的继续教育蔚然成风。至 2001 年底全市接受信息及计算机技术培训和具有信息及计算机知识的人员占市总人口的 25%。

（六）存在问题

1. 信息基础设施利用率较低，网络功能大量闲置。

2. 信息技术应用尚处于初级阶段，应用领域比较单一。

3. 信息产业在整个社会经济中比重偏低，信息服务面不够宽广。

4. 缺乏全市范围内信息统一交流平台，存在“信息孤岛”现象，政府门户网站建设滞后于发展。

5. 信息化建设的专业队伍构成中缺乏高层次的信息化建设人才。

6. 信息化建设的相关政策法规有待于完善。

【2002 年信息化建设发展思路】

2002 年，常熟市的信息化建设将紧紧围绕增创“五大”新优势、实现常熟新发展的奋斗目标，继续加大对信息化建设的投入，积极贯彻“信息化带动工业化”的要求，在国民经济和社会发展各领域广泛应用信息技术，加速现代化进程。重点建设覆盖全市的信息化应用系统，以实现资源共享为目标，统一信息平台；努力推动常熟信息产业的发展，使信息化建设成为经济发展和社会生活提高的推进器。

（一）信息基础设施

1. 电信网

2002 年计划投入 1.04 亿元加强通信基础设施建设，使通信基础设施建设方向与城市发展规划相配套。加快电信线路、管道等通信配套工程建设，继续实施“线路优化”工程，做好主要道路的线路入地及老线路整治工作。

到 2002 年底建成信息化小区 50 个，覆盖城区全部已成形居民小区，实现“千兆到小区，百兆到楼道，十兆到桌面”的多媒体通信能力；投资300万元用于ADSL二期建设，实现全市城乡范围的宽带接入全覆盖；继续完善城区光纤骨干网建设，计划2002年敷设光缆2万纤芯公里，光纤接入半径缩小到300米。

2. 广电网

至2002年底，全市计划建设有线电视光缆传输网达1620皮长公里（光纤总长29000芯公里），有线电视入户率达63%。

常熟广电宽带数据传输网提高宽带接入的覆盖范围。

3. 无线通信网

完成GSM网络六期扩容新建20个基站和扩容52个基站的任务。

4. 联通网

至2002年底，计划铺设光缆总长达450皮长公里，光纤总长6750芯公里，光纤接入点1200个，电话交换机容量20万户。

（二）信息技术应用

加大信息技术在工业系统应用的深度和广度，围绕提高企业竞争力和企业经济效益，积极鼓励更多企业采用先进的信息技术和信息管理技术，改造传统的生产流程和管理模式，使全市工业的整体水平得到较快提高，加速工业化进程。继续加强“企业上网”的宣传工作，通过企业上网，实现“产品上网”、“服务上网”，促进“网上交易”。

大力推进流通企业电子商务业务的开展，筹建信用认证系统，积极引导企业采用国际流行的会员制业务模式，不断提高服务质量，拓展服务领域。

加快宽带接入网、单位专用网的建设步伐，建成机要网、税务网、教育网、劳动和社会保障网等宽带应用网络，为信息化应用提供可靠、安全、先进的网络平台。金融、海关等机构以安全、高效的通信手段实现电子数据交换、电子报关、网上结算等实际应用。财税、商贸、工业、交通、城建、科教、统计以及社会治安、社会保障、公众服务等方面建设完善规范化的信息系统，逐步形成与国家“金”字系列配套工程相衔接的网络，为全社会提供各种信息服务。

（三）信息产业发展

积极鼓励信息工业（电子信息设备制造业）按市场化原则加大投入力度，努力提升其在全市整体工业经济中的份额。采取有效措施吸引海内外电子信息设备制造业投资常熟，建立生产基地或配套生产基地。

加大常熟软件开发基地的招商引资力度，进一步完善基地的相关政策和配套服务措施，增强吸引力。

超级虞城网站本地网宽带网年点击次数争取达到800万次。在已推出的VOD点播、网络电视、远程教育等宽带业务基础上，继续拓展宽带应用，开发远程教育、网络可视会议、远程监控、社区服务等应用系统，将信息化应用引入社会各个领域。力争“十五”期间因特网用户突破40万户，其中宽带用户12万户；固定电话总数达到50万户，主线普及率达到48线/百人。大力发展来电显示、虚拟网、168语音信息、VPN（虚拟专用网）等各类电信业务。

大力推广GPRS新一代移动通信技术、移动梦网等新业务。提供移动信息化电子商务解决方案，建成政府、企业、村镇、小区等示范点。CDMA技术投入应用。

常熟广电宽带数据传输网积极开发数据广播、视频点播、数字电视、远程医疗、远程教育以及网上购物、股票家庭大户室等增值业务，更大范围地满足不同层次的需求。集团数字数据用户达400家，互联网宽带用户达1000户。

电子信息服务业优化组合，形成品牌，逐步克服目前“小、散、乱”状态，提升整体服务能力和竞争力。

（四）信息资源开发

以推进电子政务为契机，加大政务信息资源的开发利用力度，筹建政务信息资源数据库，规范信息资源的开发和利用。

建设覆盖全市的宏观经济信息和微观经济信息交流平台，筹建经济信息资源数据库，为经济发展提供高效的信息服务。

开展对常熟市城市规划区内面积近100Km^{2}的1：1000数字化地形图的开发利用工作，数字化城市建设启动。

加快环境管理信息化建设。筹建常熟市环境监测监控指挥中心和饮用水源水质自动检测系统。

开发人事管理信息系统，建立事业单位人事管理和公务员管理两个信息库，扩展信息化服务领域，力争年内完成人才测评软件的开发，并启动人才测评业务。

（五）信息人才培养

进一步加强信息化人才特别是高层次信息化人才的引进和培养工作，确保全市信息化事业的发展需要。

学校教育方面：2002 年内，全市各校计算机教室的计算机数量全部达到每生一台。所有中心小学以上学校（含虞山镇完小）完成宽带网接入工作，70%以上的学校建成校园网，全市所有学校都开设信息技术必修课程。

社会教育方面：结合信息技术发展，不断提高全市信息教育培训和实际应用需求的联系程度，创造条件开展高层次的、业务针对性强的信息教育培训，为全市信息化建设专业队伍能力的提高提供便捷途径。

（六）信息化政策法规

随着全市信息化建设的不断深入，适时地建立和完善相应的法律、法规体系，以保证信息化建设的顺利进行。重点是：信息资源管理、信息安全保密、信息市场管理、知识产权保护、信息服务管理、信息工程项目管理、信息化建设专项资金管理等。对于当前急需规范而国家又没有相应法规可依的，可根据国家有关政策，研究制定试行管理办法，规范全社会的信息行为，理顺各行业、部门之间的关系，保障和促进全市信息化建设的健康发展。

（袁震）

张家港市信息化事业发展概况

【本市概况】

张家港市位于江苏省东南部，全市总面积999平方公里，总人口95万，是长江黄金水道上一个新兴的港口工业城市。

2001年，全市完成国内生产总值306.8亿元，同比增长14%；财政收入32.08亿元，同比增长56.3%；完成工业开票收入518亿元，工业用电43.2亿度，外贸出口10亿美元，同比增长42.2%；实际利用外资3亿美元，农民人均纯收入5894元。

张家港市经济以工业为主体，一、二、三产产业协调发展，初步形成了以冶金、汽车、机电、基础化工、粮油食品为支柱的工业产业框架。有40多家世界著名的跨国公司落户张家港，到目前为止，张家港市已建办外商投资企业1244家，合同利用外资54.36亿美元，到帐外资32.2亿美元。形成了沙钢集团、牡丹汽车集团、欧洲精纺城等10大重点企业集团，沙钢电炉钢、牡丹汽车、华润玻璃、梁丰食品、银河电脑机箱、海狮干洗机等20多种产品的产销量，在全国同行业中名列前茅。与此同时，张家港市农业产业化进程不断加快，第三产业稳步发展。

【历史回顾】

近年来，张家港市的国民经济和社会信息化工作日益得到全市上下的重视，信息化建设有了较好的开端。

信息设备制造业初具规模。"九五"期末，全市有信息设备制造的企业50多家，2000年销售收入近15亿元，占全市工业销售收入的3.3%。银河电子集团年销售收入4.3亿元，其电脑机箱、开关电源的国内市场占有率达25%左右，其开发生产的数字卫星接收器填补国内空白。光王电子有限公司年销售额6亿元，是目前国内最大的液晶显示器生产企业。张家港华峰电子接插元件有限公司已成为全国最大的电源开关、插座生产企业。三兴特恩驰电缆有限公司的通讯电缆、港区彩勤电子元件有限公司的900Hz高频介质滤波器、市无线电厂的微电机、华杰电子有限公司的推推开关、印制线路板厂的印刷电路板等均已形成了一定的生产规模。

信息基础设施建设步伐加快。至2000年，局用交换机总容量31万门，城乡电话用户19万户，电话主线普及率25.31号线/百人，移动电话用户10万户。电信铺设主干电缆2671皮长公里、光缆644皮长公里（13400纤芯公里），初步建成了智能化、宽带化、规范化的公用信息网。有线电视网建设步伐加快，有线电视光缆已从市区延伸到各镇及全部行政村，总长4000纤芯公里，有线电视用户达14万户，有线电视网已传输21套电视节目。

网络和信息技术推广应用迅速。全市已建成局域网50个，上网用户2万余户、企业单位200多家。其中186个单位共注册域名268个（其中国际域名156个，国内域名113个），制作主页160个（其中企业主页131个）。大部分政府部门及乡镇建立了独立的网站。张家港"信息港湾"主页"金港热线"点击次数超过250万次。企业信息化建设稳步推进，有33家企业引入计算机辅助设计技术（CAD），3家企业引入计算机辅助制造技术（CAM），沙钢集团在全国冶金行业率先引入计算机集成制造系统（CIMS）。有10多家企业开展了电子商务，200多家企业运用计算机进行信息收集和商务、人事、库存、档案管理。

信息服务及软件业有所起步。信息服务业占第三产业的比重达4%左右。有从事计算机销售、网络系统集成、软件开发、网络接入服务的企业67家，从事信息咨询的企业30家。国泰新技术公司、沙洲职业工学院等单位已具备一定的软件开发能力，开发的建筑预决算软件、管理软件和教学软件已实现商业化。

张家港市信息化建设虽然有了一定的基础，但总体上来看，尚处在起步阶段，发展过程中还存在着一些问题。主要表现在不少同志对信息化工作重要性及其发展趋势认识不够，管理体制还没有理顺，信息设备、资源的开发利用水平不高，信息设备制造业比重偏小，信息技术人才大量缺乏，软件开发能力十分薄弱。

【2001年信息化建设基本情况】

2001年，张家港市围绕提高全市经济社会信息化水平的目标，领导重视、统筹规划、各方配合、合理竞争，加快了信息基础设施和信息网络建设，注重了信息技术的推广应用和信息资源的开发，信息化建设取得了新的进展。

（一）工作机构

在机构改革中，张家港市发展计划委员会增挂市信息化办公室牌子，负责全市信息化建设的规划、协调和日常管理工作。

（二）通信网络

至2001年底，张家港市共有电话用户27.13万户，城乡电话主线普及率达31.73号线/百人。IP注册上网用户达12.26万户，宽带用户1000余户。张家港电信已建成本地网中继光缆8885千芯公里，接入区光缆19457千芯公里。传输网络采用2.5G SDH自愈环，覆盖市区和所有镇区。光纤接入网已通达市区及镇区各主要干道、大厦，实现全覆盖，ADSL也已覆盖所有镇区。掌握了ISDN、DDN、ADSL、SDSL、VDSL、HDSL、局域网等各种接入手段，能够提供最高达622M的全部用户接入速率，并具有双向高速传输的特点。至2001年底，移动公司已建成2个交互中心，处理能力达35万户，建成基站66个，话音信道6650个，可满足25万用户同时通话。除扩建GSM900数字网外，另建设了GSM1800数字网，基站16个，话音信道1050个，可满足3.6万用户发展需要。2001年底建成了第2.5代GPRS移动通信网，开通了互联网（WAP）用户达270户。2001年度移动通信新增用户8万户，累计用户达19.9万户。中国联通在张家港区内GSM公众移动电话网经过七期工程建设，共投资1.3亿元人民币，已建成完全独立的移动基站44个和与其相配套的总长度约300KM的光纤杆路网络，130信号实现全覆盖，CDMA公众移动电话网的一期工程竣工，建成基站14个，中国联通已发展用户5.2万户。

（三）广播电视网络

有线电视系统传输干线实现光缆化，光接点400多个，采用550兆系统，传输电视节目23套，部分网络已开始双向改造。有线电视实现了组组通，用户达16万户，农村入户率为50%，城区、镇区入网率达90%以上。为了充分发挥网络优势，提高有线电视网络的综合利用率，2001年度，市有线电视台经考察论证，在充分吸收苏州及周边县市经验的基础上，投资1200万元，采用ATM + IP的网络技术方案，组建了覆盖全市的高速宽带数据网，现有接入单位3个，接点60个。

（四）信息设备制造业

至2001年，张家港市有信息产品生产企业27家，其中股份制企业11家，私营企业9家，中外合资、合作企业5家，外商独资企业2家，固定资产原值超过500万元的企业有9家，其中银河、光王两家电子有限公司固定资产原值超过5000万元，少数企业经济运行状况较差，个别企业亏损严重。主要信息产品中，整机有数字卫星接收机、射频调制器、开关电源、通讯电缆等4种，元器件有液晶显示器、模块、电脑控制板等18类。多数产品技术、质量水平处于国内先进或国际同类产品水平。2001年内，数字卫星接受机产量4.07万台，通信电缆32.65万对公里，液晶显示器3435万标片，电脑机箱139.65万台，印制线路板1.16万平方米。大部分产品国内市场占有率在25%以上，最高的达80%。液晶显示器、模块等9种产品出口美国、欧洲、日本、香港等十多个国家和地区。8家出口生产企业共创汇4700多万美元。2001年内，新增2家省级高新技术企业，累计4家；新增苏州市级高新技术企业和苏州市级企业技术中心各1家；新增ISO9000质量认证企业2家，累计11家。省级高新技术产品有液晶显示器、模块、电极箱、微波介质滤波器、铅电介电容、开关电源用变压器等6种。

（五）信息技术应用重点工程

张家港市重点制造企业中生产设备全自动化或半自动化水平大大提高，在重点机械行业中引进了具有国际九十年代技术水平的数控加工中心、激光线切割、机械手等生产设备，CAD（计算机辅助设计）的应用已达50%以上，出图率超过60%。在纺织行业的重点企业引进了电子分色、电子配色、电子图形设计、电子制网、电子印花、电子绣花等先进设备。在大型商业企业中，应用了 MIS（管理信息系统）对商品配送实施计算机管理，应用 POS（现金出纳终端）系统实现了销售管理网络化。目前张家港市已有千余家企业在互联网上建有网页，有 700 多家企业注册了自己的域名，有 200 多家企业建有自己的独立网站。市第二家具厂、银河集团、华芳集团、海狮集团、凤凰五原钢制品厂、幸运金属饰品有限公司等通过网络了解行情，接收订单，拓展了国内外市场。

沙钢集团率先应用 CIMS（计算机集成制造系统）对全企业的生产管理流程实现了计算机化。每年平均节约采购资金 1359 万元，压缩库存 4970 万元，节约利息支出 600 万元，目前正在实施二期工程。

市公安指挥中心建设。以公安指挥中心为龙头的市区交通管理自动化指挥系统和消防设施建设工程是 2001 年度张家港市的为民办实事工程之一，于 2001 年 2 月份开工建设，2002 年 2 月 2 日正式落成投入运行。目前该指挥中心的装备设施及现代化程度在全省公安机关处于领先地位。该中心集 110 报警、119 火警、122 交通事故报警、卫星定位系统、固定点自动报警、旅馆业联网报警为一体，包括接处警系统、大屏显示系统和计算机网络系统三部分。计算机网络系统采用广电光纤连接张家港市各派出所、交巡警中队、刑警中队、治安卡口等基层实战单位。公安指挥中心投入运行后，采用在张家港市范围内统一接警、自动分流、综合指挥的运行模式，可以汇接各类报警信号，通过计算机和有无线通信网络进行处理，并可对各类警情进行综合统计和分析；能将各种监控信号和计算机图象以多种拼接形式投影到大屏幕和电视墙上，并可对主要交叉路口、大型交通集散地和重点要害部位、大型活动场所等进行实时监控，便于指挥调度；采用卫星定位技术，在 GPS 监控台和接警调度台的电子地图上实时监测处警车辆的地理位置，一旦发生警情，可快速调度案发地附近的处警车赶赴现场处警，并可将接警大厅内的所有监控信号切换至首长指挥室，用于发生重大刑事案件、群体性事件及灾害事故时首长直接指挥调度，形成了统一、畅通、信息共享的现代化、信息化的公安指挥决策体系，进一步提高了张家港市公安机关的快速反应能力和驾驭社会治安的能力。

信息化小区建设。市电信局自 2000 年开始信息化小区建设，当年共建成营房弄及海关两个信息化小区，在张家港市范围内产生了较好的示范效应。2001 年开始大规模建设信息化小区，至年末共完成了 45 个信息化小区的户线建设，驻地建设户数达 19296 户，其中具备开通条件的信息化小区数为 24 个，ADSL 端口达 4208 线。两年来共投入建设资金 2000 余万元。

宽带教育城域网建设。为加快教育信息化步伐，2001 年 7 月，市电信局与市教委签约合作建设张家港市宽带教育城域网。张家港市宽带教育城域网一期工程将并入 80 所规模较大的学校，其余学校将本着“成熟一个、发展一个”原则，争取 5 年内并入网中。教育城域网的合作实施，将使张家港市各中小学校的教学和科研条件得到跨越式发展，这对各学校信息资源共享、实现网上快速率的远程教学、教材交流、提高教学质量，减少教学程序和发展地方经济都将起到较大的推动作用。

（六）政府信息化

近年来，张家港市党政机关信息化工作有了较大进展，不少镇和部门相继建设了局域网和独立的网站，对于推动政府管理方式的转变，实现政务公开，宣传两个文明建设成就发挥了积极的作用。但从总体上看，党政机关信息化水平与先进地区还有较大差距，与推进电子政务的要求还不相适应。在市政府主要领导的直接关心和协调下，2001 年初，市政府网站改由市科技局信息网络中心负责维护和管理，并进行了全面的改版，设立了本市要闻、港城概况、国民经济、社会事业、三区五园、招商引资、政策法规和市长信箱等栏目。做到重大新闻及时上网，时事新闻天天更新，并在政府网站上挂接了张家港市一些主要的部门和社会网站。市长信箱正式开通以来，2001 年 2 月收到第一封邮件，至年底共收到 99 封有效邮件，使市长信箱成了市民与市领导联系的桥梁，密切了政府和市民的关系。至 2001 年，共有 30 多个党政部门和 12 个镇建有独立的网络。

（七）信息化人才

目前张家港市拥有大专以上学历的信息技术人才 300 多人，有 3 人获得系统分析员资格，16 人获得计算机高级程序员资格，10 人获得中级程序员资格。先后有 17000 人次参加了计算机操作和应用培训，13400 人获得合格证书；6400 名财会人员参加了会计电算化培训，5500 多人获得合格证书。通过培训，大部分机关事业单位工作人员及部分企业的管理、技术人员初步掌握计算机应用及网络技术。

【2002 年信息化建设发展思路和目标】

（一）发展思路

认真贯彻“统筹规划、国家主导、统一标准、联合建设、互联互通、资源共享”的方针，从实际出发，以市场为导向，企业为主体，加强政策扶持引导，大力推进体制创新，做到高起点建设信息基础设施，多领域应用信息技术，快速度发展信息产业，从而不断提高全社会信息化水平，以信息化推进工业化、城市化和现代化。

（二）发展目标

1. 信息基础设施进一步完善。在不断提高现有网络资源利用水平的同时，加快信息基础设施建设步伐。

2. 信息设备制造业及软件开发业较快发展。信息设备制造业占工业增加值的比重有所上升，拥有一批具有一定知名度和市场占有率的信息设备产品。软件开发能力不断提高，形成 1 - 2 个应用软件主导产品。

3. 信息技术普遍应用。企业信息化程度明显提高，企业上网率达 80%，机电、冶金、纺织、房产开发等行业骨干企业进一步推广应用计算机辅助设计和辅助制造技术。重点企业普遍运用计算机进行人事、库存、档案、生产等企业管理，财务普遍实现电子记帐。金融、商贸、旅游、市场和房产开发等领域逐步实现网络互联互通，信息资源共享。

4. 政府、企业和家庭上网全面推进。党政机关上网率达 100%，逐步实现内部办公自动化和公众服务网络化。政府信息资源开发取得明显成效，张家港市上网普及率明显提高，重点骨干企业电子商务有所发展，家庭上网用户超过 5 万户。

5. 信息服务业成为新的经济增长点。不断完善信息服务功能，加强信息资源开发利用，实现信息服务产业化，为经济社会发展提供实用、快捷、高质量的信息服务。

（三）2002 年信息化建设重点任务

1. 加大投入，加快信息基础设施建设。继续发展和优化公众信息网，加快有线电视网络建设。

2. 突出重点，发展信息设备制造和软件开发业。利用各种资金大力发展信息设备制造业，主要发展电脑、机箱、数字卫星接收器、液晶显示器及电子元器件，发展壮大软件产业。

3. 全面推进，建设信息化重点应用工程。建设党政信息网、建设城市地下管线信息系统、教育信息系统、计生信息系统、行政事业性收费管理系统、社保医疗信息系统。

4. 着力创新，促进产业信息化。以信息化推进农业现代化，重点推进全市 60 家重点工业企业的信息化进程，促进相关领域的信息化。

5. 大力发展信息服务业。大力发展信息咨询业，加快发展信息技术服务业，重视信息资源的开发利用。

（周荣兴）

太仓市信息化事业发展概况

【2001年信息化基本情况】

在2000年太仓信息化建设全面启动的基础上，2001年全市的信息化工作又取得了重要突破和关键发展。太仓市委、市政府把信息化提升到前所未有的高度，加强了领导，特别是主动依托国内著名品牌，联合国家级网络公司（中国网络通信有限公司）和国家级新闻媒体（中国新闻社），共同参与太仓市信息化建设，品牌战略强有力的促进了地区的信息化进程。一年来，网络基础设施建设又有了新的发展，城域网继续完善，因特网出口接入了中国网通的光纤通道，出口通畅，网速提高；太仓电信、太仓信息港有序竞争，城区宽带接入网建设发展迅速，已初具规模；以中新网“长江第一港网站”为主要代表，网站建设成绩显著，信息资源得到开发利用；信息服务质量明显提高；信息产业发展步入快车道，前景喜人；创建数字化示范城市和示范网站工作初步打开局面。

【数字化示范城市工程】

2001年1月江苏省发展计划委员会以苏计高技发（2001）9号文批复太仓，同意在太仓市建设江苏省县级数字化城市示范工程。工程建设首期总投资3000万元，建设期限为3年。

十五期间，江苏在全省范围内共确定了九个信息化示范工程，项目对象主要是重点企业集团、大型信息化运营和管理公司，重点信息化数码城市。太仓作为省内唯一的县级示范市，和省会南京一起进入江苏省首批数字化城市的试点行列。

按照项目要求，太仓市将实施省、沪、苏、太联动及依托国内著名品牌两大战略，在3年左右时间内，建成8大信息化工程，实现城市管理的全面数字化。

【“长江第一港”网站】

以太仓信息港网络平台为载体，太仓市信息化领导小组办公室与中国新闻社江苏分社合作建设了“长江第一港”网站（www. sz. chinanews. cn)。2001年3月28日在交通大厦会议厅举行《江苏省数字化示范城市启动暨“长江第一港”开港庆典大会》，中共太仓市委书记程惠明点击开通了网站。

“长江第一港”以新闻为导入，以文化为特色，主打“郑和牌”，突出为地方经济建设和招商引资服务。网站共分四个版面——首页、太仓信息港、金色长江、天堂苏州。

2001年内，中新网苏州站的“长江第一港”记者直接采编的新闻信息达7400多条，其中，80%以上均被全球最大的搜索引擎美国雅虎网站录用转发。网站的许多信息已经产生了良好的社会效益和经济效益。

2001年7月，江苏省发展计划委员会以苏计高技发（2001）621号文，批准“长江第一港”作为省级示范网站加以重点建设。

太仓在互联网上的其它各类网站也办得有声有色。太仓人才网（www.tcrc.jsinfo.net）是国内第一家县级人才专业网站，发布人才信息，建立人才资源库，开展网上人才招聘。太仓教育信息网（www.tcedu.com.cn）对促进教育研究和科研资源共享发挥了重要作用。太仓企业网站共有1400多家企业在线，太仓视窗（www. tc. jsinfo. net）自1999年7月1日开通以来访问量已接近1000万人次。

【组织机构】

为进一步加强市委、市政府对信息化工作的领导，适应太仓建设江苏省数字化示范城市的需要，作为对全市信息化建设实行统一指挥和管理的领导机构——太仓市信息化工作委员会正式成立。信息化工作委员会主任由市委书记程惠明担任，副主任由市长申建华担任，全市各有关部门的主要负责人担任工作委员会成员。市信息化工作委员会下设办公室负责日常工作，由市发展计划委员会主任钱式琥任办公室主任，办公室设在市发展计划委员会。太仓市三年建成数字化示范城市从此有了更可靠的组织保证。

【信息港现场办公会】

2001年11月2日，中共太仓市委常务委员会全体成员视察了太仓信息港，并就太仓信息港和“长江第一港”网站发展问题召开现场办公会议。

会议首先观看了“长江第一港”网站建设成果演示片，然后听取了市计委关于“长江第一港”网站有关情况的汇报。会议充分肯定太仓信息港和“长江第一港”起步早、起点高、机制好、进展快，对太仓的信息化已发挥出重要作用。市委、市政府决定，信息化建设事业坚持市场化运作这一根本方向不变，初创时期，政府财政提供必要的经费扶持，以充分发挥政府推动与市场化运作的双重优势。会议还对如何加强信息化资源的整合共享、协调建设和综合利用，避免恶性竞争与重复建设等问题做出重要指示。

【城区宽带接入网】

在2000年基本建成覆盖全市的城域主干网基础上，2001年城区范围内的接入网建设迅速展开。太仓信息港架设900芯公里光纤和200芯公里双绞线，初步建成市区四通八达的宽带接入网，连接到市级机关各部门、各团体企事业单位及各社区住户。开通LAN宽带网的居民小区有90多个，覆盖住户家庭19800户，城区覆盖率达80%。中国电信也相继在太仓城区开发宽带用户市场，ADSL和LAN两种方式同时并进，出口带宽155M。合理适度的行业竞争有力地促进了太仓市宽带网的建设速度与服务质量，给广大用户带来实惠，避免了垄断经营的种种弊端，到2001年底，全市的因特网用户数达到8.14万户，比上年猛增142%。

【网通太仓分公司】

2001年11月14日，中国网络通信有限公司太仓分公司在苏州工商局注册成功，由此，太仓信息港正式取得网络经营权。太仓市信息港发展有限公司以中国网通太仓分公司的身份在太仓地区发展网通业务，公司经营范围包括计算机信息网络、IP电话、系统集成、软件开发、信息咨询、技术培训，电信器材的生产销售等。

【邮电服务业】

2001年邮电服务业得到了长足发展，年末全市电话机交换机总容量21.66万门，比上年增加3.14万门。新增72芯中继光纤71.13皮长公里，新增出局主干15000线对，新建通信管道89.93孔公里，新增宽带城域网核心交换机3台，新建宽带小区24个，ADSL实现全市范围的覆盖。

年末全市固定电话总户数达14.80万户，主线普及率达32.77%，发展来电显示20000户。2001年电信服务业增加值2.12亿元。

移动电话业务在2001年获得迅速发展，太仓移动公司拥有基站数达到40个，信道3230条，太仓联通公司拥有基站34个，全市移动电话用户14.17万户，普及率达31.56%，已接近固定电话数。拥有全球通、金卡快捷通、快捷通、神州行、联通在线等产品，开设了1259自动转、移动电话充值卡、国际漫游、语音信箱、呼叫等待、呼叫转移、短消息、秘书服务、数据通信、信息点播、WAP上网、IP电话、手机银行、移动OICQ、高考分数查询等业务。设立了1860客户服务热线，1861话费自动查询专线。

【广播电视业】

太仓市广播电视的人口覆盖率达100%。2001年1月1日起，太仓人民广播电台播出改为全天两大板块，播出时间比上年增加1小时35分钟，达到12小时。太仓电视台实现了节目全天播出，播出时间达到15小时。

两台精心运筹策划，积极发挥“媒体联动”优势，向中央、省、上海、苏州的媒体发稿发片，全年被上级电台电视台录用500多篇，有18件作品获奖。电视台摄制了招商片7部，制作了招商专题片《锦绣太仓》VCD，扩大了太仓的对外影响。

有线电视台拥有200平方米先进的前端机房，24小时传输28套节目。2001年7月，有线电视台投资20万元建立的电视点歌系统正式开播，为广大群众提供24小时点歌服务。太仓市从1999年起连续3年实施“村村通有线电视”工程，到2001年底，共铺设光纤937.40皮长公里，全市有220个村实现有线电视联网，联网率为95.65%，入网行政户 75500 户，新增用户 8270 户，入户率 50.49%。

【教育信息化】

在太仓市教育系统，校园网已遍及各校，中心小学建制以上的学校都建有网络教室并已基本纳入宽带网体系。平均每 20 名学生拥有 1 台计算机，从小学到高中校校开设了信息技术课。市教委加快教育信息资源平台建设，抓紧教师教学资源与学生学习资源的开发利用。通过信息技术教学，教师的信息化专业素质和学生的信息技术能力提高很快，在 2001 年苏州市举行的电子教育评比中，太仓市教师夺得了总共 6 个一等奖中的 2 个，在 2001 年江苏省奥林匹克信息比赛中，太仓市学生取得了操作一等奖和程序设计一等奖。

2001 年，江苏省太仓职教中心出于实际应用和进一步提高学校教育现代化水平的需要，斥资 30 万元，自行规划、设计，对校园网进行了一期改造。到 2001 年 6 月 1 日，一期改造工程基本竣工，成为太仓市第一个千兆主干校园网。学校的办公楼、教学楼、图书馆、实验室等已经全部联入校园网。

2001 年 9 月，职教中心申请了合法的 IP 地址，进行了域名登记，开通了“职教中心”网站。广大师生通过校园网和因特网了解最新的社会、科技信息，收集教学素材。校园网的建设在一定程度上改变了教师的课件开发思路。课件开发逐渐由单机系统下的课件设计转向网络多媒体课件设计，出现了一些可以在网络上应用的多媒体课件。校园网所提供的“网上邻居”、电子邮件、FTP 等成为学校师生实现资源共享的重要手段。

【电子信息产品制造业】

太仓市共有电子信息产品制造企业 17 家，其中规模以上企业 9 家，2001 年，规模以上信息类企业完成增加值 0.73 亿元，实现销售收入 2.59 亿元，完成固定资产投资 2.83 亿元。德国邝德公司在太的合资企业邝德－友联电讯设备公司产品科技含量高，利税率达 20%以上，被省科技厅认定为双密集型企业（技术密集型、知识密集型），该公司研制的“视灵通”多媒体电话机参加了在苏州举办的 2001APEC 国际技贸会，一举轰动，引起了韩国、泰国、澳大利亚等国外商的广泛关注。该产品还将为 2008 北京奥运提供服务。2001 年 4 月竣工投产的兴和电子公司又追加 3500 万美元的二期扩建。阳光电器苏州有限公司落户太仓 8 年来，取得了长足的发展，二期工程于 2001 年 12 月底完成，三期工程也正加紧建设，呈现出良性循环的发展态势。泰昌电子、神明电子、三角洲塑化等企业产销两旺。

2001 年以来，太仓新增的外商投资项目大部分集中于电子信息行业。世界电子零件制造行业优秀企业日本小松在太仓投资兴建的苏州小松精密电子有限公司已开工投产。太仓民营科技园建立中国凯盛高科技园区的协议已签署，该园区将研制、生产网络电视机顶盒生产线等高科技产品。韩国 polostar 集团公司总投资 1.8 亿美元的 IT 企业大项目正式签约落户太仓开发区。

【2002 年发展思路和目标任务】

围绕创建数字化城市的目标，2002 年以及今后 3 年太仓市信息化工作的总体要求是：一个加强、两个带动、三个推进。即加强信息基础设施建设，以信息化带动工业化，以信息服务带动信息资源的开发利用，大力推进电子政务、电子公务和电子商务。

2002 年太仓市信息化重点开展以下工作：

1. 现有宽带网络的进一步拓展，把全市现有宽带网络资源加以有效整合、充分利用并有计划地向各镇延伸。

信息港平台的设备容量适当扩大，功能进一步完善。着手建设网络交互中心，逐步实现市内各大网络信息的本地交换。

2. 加快电子政务工程建设。电子政务工程的总体目标是建立起电子政府，2002 年先形成电子政务框架，具体的就是建立“三网一库四应用”。“三网”指内部办公业务网（内网）、政府管理资源网（专网）和政务公众信息网（外网）；“一库”指政务信息资源库。“内网”实现政府文电、信息、督查、会务、值班、接待和档案等主要业务的数字化、网络化和信息化；“专网”实现政府部门内部网之间的互联互通，实现部门间信息的管理和资源共享；“外网”为公众提供公共信息发布、工商咨询、政策法规查询，还能为公众和企业提供动态的、交互式的业务服务。政务信息资源库的建立，实现对信息的采集、存储、管理、挖掘、增值和再利用，提高政府行政管理、应急指挥和快速反应能力，为政府机构高效、科学的宏观管理和决策提供支持。“四应用”，指网上政务公开、信息发布、公文传递和网上审批。今年要建立起“中国太仓”政府门户网站，成为太仓市对外联系的窗口和联接政府与公众的纽带。政务公开与信息发布两个应用全部在“中国太仓”政府门户网站上实现。公文传递包括政府网上发文以及通知、通告、请示、报告等办公服务在专网上实现。网上审批，结合审批制度改革，配合行政审批中心的建立，在网上建立虚拟行政审批大厅，进一步提速增效，加大改革力度，提高审批透明度。

3. 搞好网站建设，重点抓好“长江第一港”示范网站和“中国太仓”政府门户网站（www.taicang.gov.cn），同时指导太仓的其它各个网站在规范化前提下不断发展，逐步形成各具特色的网站群体。

4. 推进宽带接入工程。继续坚持网通、电信二元化发展的格局，在统一规划下展开合理竞争。2002年将对一些新建小区开工，累计建成小区数达到120个，家庭接入能力达到24000户以上，覆盖率达到90%。

5. 推进企业上网工程。企业上网的面达到30%，其中规模以上企业100%上网。

6. 开展信息技术培训，培养大众的数字化技能，学会在网上沟通交流，掌握网上工作技巧，营造成熟的网络生活环境。

7. 超常规发展信息产业，要与产业结构调整相结合，制定优惠政策引进更多的IT企业，精心培育信息产业园，形成以电子信息产品制造业、软件业和系统集成业为主的信息产业集聚区。

运用信息技术改造和提升传统产业，加快企业信息化建设，提高企业的经济效益和竞争力。

8. 继续发展以移动通讯、IP电话为代表的基础电信业务。全面实现有线电视进村入户，入户率达到60%。

（丰文渊）

昆山市信息化事业发展概况

当前，经济全球化步伐明显加快，以信息技术为支撑的新经济正在迅速改变传统的经济格局。大力发展国民经济和社会信息化是昆山在新世纪的城市发展战略之一。以信息化带动工业化，以信息化推进城市化，以信息化促进现代化，发展以知识经济为内涵的昆山经济，增强城市竞争力，提高人民的生活质量是城市信息化建设的重要定位。在这一指导思想下，通过政府的大力推动和社会的积极参与，昆山市信息化建设事业得到了长足的发展，特别是“九五”以来，政府信息化和社会信息化同时启动，各领域信息化的步伐明显加快，全市信息化建设进入了一个新的发展阶段，并逐步显示出带动昆山市实现国民经济跨越式发展的重要作用。

【现状概述】

昆山市委、市政府在大力推进信息化建设过程中，认真贯彻国家信息化建设“二十四字方针”，积极探索信息化发展之路，适时提出了建设“信息市”的奋斗目标。目前信息化工作在经济、社会发展各领域普遍展开，信息化意识增强，全市信息化各方面建设取得了显著的阶段性成果。

（一）信息基础设施

改革开放以来，昆山市在电信网络、广播电视等方面发展较快，信息化基础设施建设逐步完善，已达到国内县级市先进水平，为昆山全面推行社会信息化、建设数字昆山奠定了扎实的基础。目前全市已建设光缆3552公里，计10.6万多纤芯公里，广电、电信两套光纤城域网已覆盖全市城区和所有乡镇。

电信城域网已覆盖全市市区，交换速度达到2.5Gb/s，国际互联网出口达155M，可提供10M或100M接入服务。ADSL接入也已实现全市无缝覆盖，网络建设的水平位居全省先进水平。60万常住人口的昆山，全市电话装机容量35.4万门，装机用户达到23.5万，电话普及率达39.5%，移动电话用户30万，上网用户数已达到11万。目前，全市建成和在建的信息化智能小区有60多个，已完成布线近万户。

昆山市的有线电视网络自从1994年开始建设以来，经过近8年的发展建设，已经建成覆盖昆山市区、各镇、各村的光缆网络。目前全市有线网络光缆总长度达1050公里，7000芯公里，高质量的同轴电缆近2000公里，光节点320个，一张覆盖昆山全市的光纤网络已经初步建成。全市已经实现了村村通有线电视，到去年为止，全市共有有线电视用户86000户，有线电视终端154500个。其中乡镇入户率达40%，市区入户率达100%。有线电视网已建成传输模拟电视节目和有线电视网络资源传输数据的A/B两个传输平台，目前，昆山有线网络建设完成覆盖昆山城乡、主干带宽达622M的ATM宽带数据网，该网具有安全、可靠、稳定等特点，可为用户提供高速的专线接入、Internet接入、企业VPN、信息化小区等网络应用服务。

（二）信息产业

昆山的信息产业迅速发展。目前，全市有电子信息类企业400多家，其中绝大部分是外资企业，总投资超过40亿美元。电子信息产业销售收入以每年35%以上的速度递增，成为全市经济发展中成长最快的领先行业。全市工业总量、自营出口额的三分之一来自IT产业。今年新引进的南亚电子项目预计总投资25亿美元，注册资本17亿美元，为迄今为止最大的IT产业项目。

昆山电子信息产业制造业发展迅速，主要表现在以下几个方面：

一是PCB产品产能大、层级高。全市已引进一大批PCB生产企业，主要从事硬质多层（4至22层）线路板、柔性线路板、HDI生产等。目前多层线路板年产能达到500万平方米，如投资10650万美元的沪士电子年产多层线路板30万平方米，投资8000万美元的耀宁电子年产电路板50万平方米以及FLIP－CHIP封装基板。投资8000万美元的南亚电路板公司可年产高精密度电路板

360万平方英尺。铜箔基板产能也较可观，投资2400万美元的台光电子年产铜箔基板60万张，投资2500万美元的合正电子公司年产铜箔基板30万张；投资8000万美元的南亚电子材料将年产铜箔基板600万张、玻璃纤维布1200万米。另外还有鼎鑫电子、唯君电子、柏承电子等一批投资超2000万美元的电子材料生产企业。

二是新型电子元器件形成产业链。主要生产电容、片式元件、电脑接插件、敏感元件、半导体二极管、三极管及各类真空元件等，目前全市投产和在建的电子元件生产企业170多家。全市年产电容器100亿只，其中投资2300万美元的汇侨电子有年产60亿只片式电容器的能力，产品50%外销。耀宁电子年产新型电子元件800万粒。昆山的电脑接插件在国际市场上有较高的占有率，年产电脑接插件2亿件。其中：投资4700万美元的富士康年产电脑接插件1.5亿个，投资1250万美元的骅盛电子年产电脑接插件及外围设备2000万美元。投资2980万美元的旺诠科技年产364亿颗贴片电阻。同时，先创电子、永茂电子、智威公司等企业的电子元器件产能也较大。

三是昆山的传感器产业已形成特色。周庄的中科昆山高科技产业园被授予“国家火炬计划昆山传感器产业基地”称号。目前已举办了13个由科研院所、国内外厂商共同参与投资、高工教授研究员共同主持的高技术企业，年产红外传感器200万只、光电传感器800万只、磁敏传感器3000万只、气敏传感器800万只、磁性材料1.8亿套、热释电晶块50万枚、红外、光电自动灯100万只、红外芳香器、遥控器、报警器、光纤连接器100万只、电感器500万只，产品95%销往日本、美国、欧洲市场。昆山尼赛拉电子器材公司累计投资总额达到138亿日元。中科院上海技物所、中科院合肥智能所、中科院新疆物理所等均已进驻周庄办分公司。

四是系统整机发展较快。主要产品有显示器、笔记本电脑、手机、数码相机等。目前年产平板液晶显示器120万台、显象管显示器720万台，交易自动化系统100万台，电脑字典30万台；台湾6大笔记本厂商已经落户昆山，包括广志电子、伦飞、宏基等，笔记本电脑的年产能达1000万台。仁宝电脑、富士康、四海电子等著名企业也先后入驻昆山。仁宝电脑、SCI、广志电子、远见电子、好易通、翊腾平面显像公司等一批规模较大的企业已落户昆山，其中仁宝电脑投资6550万美元，年产显示器500万台；SCI公司投资2990万美元，年产交易自动化系统40万台；昆山翊腾公司年产液晶背光板930万片、液晶显示器115万台。

此外，昆山市的软件产业也开始起步。已引进软件企业近50家。国内著名的中创软件公司在昆山投资1.58亿元建立软件园。另外，东软集团、托普集团等著名软件企业也先后进驻昆山软件园，园区的基础设施和进驻企业的土建工程建设已全面铺开。昆山留学人员创业园自创办以来，已吸引了50多家由留学归来的博士、硕士等创办的高新技术企业进驻孵化，研发各类自动焊机、新型催化剂、功能陶瓷、新型感光材料、激光加工及各类计算机软件开发、网络技术等高新技术企业。2000年10月，创业园被国家科技部认定为“国家高新技术创业服务中心”。2001年5月，被国家科技部、人事部、教育部和国家外国专家局联合评审为全国首批“国家留学人员创业园”。2001年12月，被江苏省人民政府授予“江苏省先进科技企业孵化器”荣誉称号。

（三）信息资源开发和信息技术应用

近年来，昆山市委、市政府十分重视信息化建设。1998年成立了市信息化工作领导小组，同时开始规划全市信息化建设的总体方案，建立了政府网站。1999年，以党政信息网建设为标志的政府上网工程全面启动，拉开了全市信息化建设的序幕。该项目被列入市重点工程并于当年10月8日正式开通，目前党政信息网已基本完成了所有部委办局和乡镇的联网。主要开展了电子邮件、网站信息交流、政务公开、政府文库以及多媒体影视和办公自动化等信息应用项目。

昆山市电子公务系统建设起步早，起点较高。目前市公安系统实现了所有派出所的联网，110指挥系统实现了报警、接警、处警同步联网，道路监控系统已基本完善；检察院和法院业务信息系统建设是全国和省的示范项目；海关信息系统应用走在全国的前列，在全面实现EDI报关的基础上，今年成功实现了联网报关的试点，并大力推广口岸电子执法系统，从根本上改善了通关环境；国检部门从2000年开始全面推广应用“三电”工程，目前70%以上的进出境报检量实现了电子化，大大提高了办事效率，降低了企业的办事成本；税务部门已经实现与银行、财政和社保部门的联网，并实行了银行代征代扣业务，同时正积极推行网上报税系统；社会保障信息系统建设方面，在已经实现医疗 IC 卡的基础上，正在迅速实施“五保合一”的“一卡通”工程。另外科技信息网、教育信息网和水利信息系统建设已经形成规模。这些项目的建成，对推进昆山市信息化建设、促进电子政府建设工程的顺利开展起到了积极的作用。

另外，网站建设成效显著。先后建立了中国昆山、数码昆山等主要以宣传昆山、推介昆山为主的政府网站，昆山视窗、昆山频道等以娱乐、休闲为主的商业性网站。以好孩子集团、AB 集团为代表的企业网站建设也取得较好的成效。企业信息化工作正在逐步推进，企业管理系统进一步得到普及应用，CAD、CAM、ERP 系统等在昆山的一些大中型企业中得到了较为广泛的应用，企业的办公效率、管理水平和生产经营水平得到了一定程度的提高。

（四）信息化政策法规和信息人才

近年来，昆山市充分发挥市场机制的作用，制定了一系列积极的政策来扶持电子信息制造业和信息服务业的发展，在资金投入、信贷规模、税收减免、土地使用、设备折旧以及调干、入户、城市增容费征收等方面实行政策性倾斜，为信息产业的快速发展创造优良的环境和空间。

建设高素质的信息化人才队伍是信息化建设的重要保障。随着信息产业的飞速发展和全市经济的发展，信息技术人才需求日益增长，人才的培养已摆上政府部门的议事日程。一方面，昆山利用独特的地理位置，依托上海、苏州等地的大专院校和科研机构，通过各种渠道积极有序地引进各类高层次的信息化建设人才，从而满足了我市在信息产业高速发展过程中各类信息技术专用人才的需求；另一方面，教育部门在加大计算机等硬件设施投入的同时，全面普及电脑教育，普遍开设了电脑教学课程，全面开展计算机教学。市教育局还专门制订了计算机学校教育和社会教育的计划，全市已有相当多的人通过了各种等级的计算机考试和会计电算化考试。

【信息化建设的近期目标（2002～2003 年）】

昆山市信息化建设的总体目标是：到 2010 年初步建成具有国内先进水平的信息基础设施，建成覆盖全市、联接国际和国内、具有国内中等城市先进水平的高速通信网络、信息基础设施和综合信息服务体系；大力开发和利用信息资源，普及信息技术在工作、生产、生活中的应用，实现各种信息的快速传递和充分利用；为政府决策、为全市各行各业和社会公众提供准确、及时、全面、方便的信息服务，提高政府工作的效率和城市管理水平，从而提高社会生产力和市民的生活质量；改造和优化社会经济结构，使信息产业成为国民经济中起带头作用的产业；在信息产业发展、信息环境建设以及信息的消费水平等方面达到世界中等发达地区的水平，使昆山成为全国信息化建设的先进城市。

昆山市信息化建设的近期目标是：大力推进城市信息化建设，重点建设信息基础设施、基础地理信息系统以及电子政务、电子商务、电子公务等项目。从 2002 年起争取用两年时间，基本建成电子政府。市信息化工作领导小组办公室在前期作了充分调研的基础上，本着“统筹规划、分步实施；政府主导、条块协调；互联互通、资源共享”的原则，制定了昆山市电子政府建设总体方案，提出了昆山市电子政府建设工程的具体目标和实施步骤。

昆山市电子政府建设的具体设想是：到 2002 年年底，初步实现面向社会的行政审批、管理和服务业务上网进行，行政机关内部办公初步实现电子化和网络化，主要包括政府网络宽带改造工程、政府电子邮件系统建设工程、电子公文流转系统建设、“中国昆山”政府门户网站改造、基础地理信息系统建设工程、公众大屏幕发布系统，同时开展机关公务员全员培训工作；到 2003 年年底以前，建成体系完整、结构合理、高速宽带、互联互通的电子政府网络系统，建成全市政府部门共建共享的信息资源库，全面开展网上交互式办公。同时建立或完善政府电子采购系统、社会保障信息系统、金融信息系统、电子报税、电子报关、电子报检、电子办证、呼叫中心、道路和环境监测监控系统、社会综合治理信息系统、公众数字图书馆、教育信息系统、科技信息系统以及水文气象信息网等面向企业、公众服务的系统。

目前，昆山经济也正处在产业转型升级的关键阶段，昆山市委、市政府将切实贯彻落实十五届五中全会精神，把推动国民经济和社会信息化作为覆盖现代化建设全局的战略举措。通过进一步培育电子信息、生物科技和软件业等新兴产业，大力培育一批带动力、影响力、支撑力强的龙头企业，带动全市技术创新和产业升级；花大力气培育创新主体，抓好产学研联合体、民营高科技企业等创新主体的发展。开发一批功能性园区，不断提高载体建设水平，提升招商的产业层次；提高信息化建设水平，完善网络环境，提高技术、资金、人才等要素的集聚程度，从而以信息化带动工业化，推进城市化，促进现代化，并通过电子政府计划的实施，进一步转变机关作风，提高政府的办事效率、服务质量，发挥民主监督作用，促进廉政建设，树立“高效、规范、透明”的政府形象，不断优化投资环境，带动全市国民经济和社会事业的繁荣与发展。 （黄雪林　荣毅龙）

吴江市信息化事业发展概况

【本市概况】

吴江，地处全国生产力布局中最大的经济核心区——长江三角洲，位于江苏省南端，分别与上海、浙江接壤，西濒太湖，是连接上海、苏州、杭州三大城市的交通枢纽，地理位置优越，交通快捷。全市总面积1176.6平方公里，户籍总人口77.03万人，下辖18个镇。近年来，积极吸收上海经济高速增长的辐射，使吴江经济和社会各项事业都得到迅速发展，逐渐形成以丝绸纺织、光缆电缆、电子资讯为三大支柱的产业结构。2001年全市完成国内生产总值203.37亿元，财政收入15.29亿元，分别比去年增长12.2%、43.4%，人均GDP达到26374元，按年底汇率折合，超过3100美元，是全国经济比较发达的县级市。“丝绸之乡”盛泽被誉为“华夏第一镇”，同里退思园被列为世界文化遗产。

【历史回顾】

“九五”期间，随着吴江国民经济和社会事业的发展，对信息化的认识、投入、应用都有较大的提高，信息产业初具规模。全市信息化事业发展迅速，变化巨大。

1. 信息基础设施初具规模。第一、电信通信网实现了从小规模到大容量、从人工网到数字化的飞跃。“九五”期间，全市实现了传输层次化、交换网络无极化、业务处理系统集中化，技术从人工、模拟到数字的转变。从“八五”期末到“九五”期末，全市程控交换机总容量由10.21万门发展到32.81万门，电话普及率由13.64部/百人发展到59.75部/百人，固定资产由3.34亿元发展到4.72亿元，农村电话杆线到村率、户线覆盖率均达100%。先后推出声讯服务、电话会议等业务。第二、移动通信在“九五”期末共有移动用户12.2万户，从无到有，从稀缺到日常使用，从刚开始的模拟电话到数字电话，不断扩大和升级。“中国联通”从1997年开始，到2000年正式加入移动通信竞争行列。第三、广播电视事业建设步伐加快，“九五”期末，固定资产2971万元，有线电视用户9.33万户，基本建成城乡一体化宽带有线电视综合业务传输网络。

2. 信息技术应用领域不断拓宽。随着对计算机技术的认识逐渐深入，计算机的应用日益普及，“金桥”、“金关”、“金税”、“金卡”等信息化工程相继实施和推进。政府上网、企业上网、家庭上网稳步开展。越来越多的企业开始使用计算机技术来提高管理效率，在企业信息管理、设计制造、销售等方面采用了MIS、CAD、POS及其他系统软件。

3. 信息设备制造业逐步成为新兴支柱产业。“九五”期间，吴江市以经济开发区为载体，坚持外向带动战略，经过多年的招商引资，以台资为重点的“电子资讯产业园”已经形成。产品从电阻电容、光驱、集成电路到扫描仪、显示器、数码相机、手机、电脑等，初步形成相互配套、组合较为完整的电子信息产业链。一些大型资讯企业如华渊、美齐、全友、台达、大同、华宇等的入驻，提升了产业园的档次。2000年全市电子信息产业完成销售收入37.78亿元，实现利润1.72亿元，出口额达3.53亿美元，成为全市经济发展中新兴的支柱产业。同样，本市光缆电缆生产规模不断壮大，在吴江经济中占有很大的比重。

【2001年建设状况】

（一）基本情况

2001年吴江市信息化建设，在市委、市政府的领导和推动下，按照市“十五”规划的要求，加快城市信息化工作步伐，大力加强信息基础设施建设，加强信息资源管理，促进信息产业发展，推广信息技术应用。初步形成了一个高容量、广覆盖、宽带化的信息传输干网；信息设备制造业、高新技术产品成为地区经济的新兴支柱产业；信息技术开发利用和资源共享整体水平明显提高；互联网、局域网、办公自动化、财务系统应用软件等逐渐普及；企业信息管理系统（MIS）、计算机辅助设计（CAD）等技术广泛应用；城市信息化的重要性、信息化带动工业化的观念越来越被人们所接受。吴江市信息化建设正积极抓住世界经济信息化带来的历史机遇，加大投入，综合开发，努力缩小与周边发达城市的差距，以实现经济和社会的跨越式发展，加速实现城市现代化。

（二）工作机构

根据《吴江市市镇两级机构改革实施意见》规定，在吴江市发展计划委员会增挂吴江市信息化办公室牌子。吴江市信息化办公室是市政府主管全市国民经济和社会发展信息化的部门。市政府成立吴江市信息化领导小组。信息办在信息化领导小组的领导下开展工作，推进城市信息化建设。编制全市信息化建设的中长期规划和年度计划，组织协调全市信息化基础设施建设重大项目、信息产业重点项目的实施；负责本地区信息网络的规范管理、信息资源的开发利用；管理信息化的宣传、教育和安全工作。积极推广电子政务、电子公务、电子商务；促进信息设备制造业、软件业、服务业的发展，推动企业信息技术应用和改造。

（三）工作部署

为全面适应国民经济发展对通信的需要，加大基础通信网络投资，提高通信装备的技术水平，增加网络端口容量，抓好分组交换网、公用数据网及多媒体通信网络平台等建设，提高电信为公众的服务能力。开展社区宽带网建设，推广 ISDN 应用。抓紧对机关、企事业单位信息化人才的培训，有条件的先建立单位网站、局域网，推行办公自动化、企业管理信息化，实现资源共享。推进信息技术骨干应用系统工程，提供快捷高效的服务。继续加大招商引资力度，促进“电子资讯产业园”发展。加强调查，掌握全市信息化发展动态，提出城市信息化建设发展计划。

（四）领导指示

市委、市政府十分重视吴江市的信息化建设工作，对全市信息化工作作了重要指示。市委书记在市委十届二次会议上明确指出：“要以信息化带动工业化，加快工业经济结构调整步伐，提升产业层次。进一步扩大丝绸纺织、电缆光缆、电子资讯三大支柱产业的生产总量，形成规模优势，提高科技含量，构成竞争优势。”又指出：“要大力发展高新技术，积极培育新兴产业。大力提高企业信息化水平，用信息技术提升产业水平，加快利用高新技术和先进技术改造传统企业。”

（五）通信网络

第一，固定电话。全市交换机总容量 38.37 万门，中继光缆 629 皮长公里，接入网光缆 167 皮长公里，开始采用光纤数字技术传输。全市电话用户 25.40 万户，平均电话普及率 71.01 部/百人。各镇电话交换独立程控化，市话、农话实行统一话费标准。全网开通了 ISDN 业务，IP 电话、固定电话短信等服务业务得到应用。

第二，移动通信。移动通信在吴江有两家，是江苏移动吴江分公司和中国联通吴江营业部。江苏移动拥有固定资产 2 个亿，G 网交换机容量 20 万门，客户总数 18.5 万户，基站 56 座，覆盖全市所有区域，信号传输速度快，话音清晰，质量稳定。提升了金卡快捷通使用功能，扩大短信业务，推出秘书服务、IP 电话、WAP 手机等增值业务，建立以市区营业厅为中心，遍及全市各镇的销售服务网络，并与各银行系统连通，便于客户咨询缴费。中国联通目前固定资产超过 1 个亿，交换机容量 8 万门，基站 46 座，通信光缆 400 皮长公里，用户达到 4 万户，占全市移动客户总数的 18%。

第三，数据通信。已建成覆盖全市、从低速到高速的通信网络平台。现有宽带用户接入口 3540 个，数字数据用户 813 户，因特网注册用户 99439 户，非注册和卡用户 20067 户，一线通用户 3299 户，宽带接入信息化小区 42 个，逐步推广智能网、宽带综合业务数字网的应用。

（六）广播电视网络

广播电视综合覆盖率达到 100%，有电台、电视节目各 1 套，有线电视网内传输 23 套节目，有线电视用户 11.72 万户，专用光缆 1664 缆公里，光纤电缆 6590 纤公里。广播电视制作装备的高科技含量和现代化水平明显提高，数字采、编、播设备在节目制作和播出中得到充分应用，大大提高了节目的制作能力和制作质量。宽带信息网建设进展顺利，完成了以 ATM 为平台的数据综合业务交换传输网建设任务，开通 Internet、网上教育、网上证券、网上视频点播业务。

（七）信息设备制造业

吴江市坚持改革开放，以“三资（制）”工作为重点，实施外向带动战略，取得明显效果。一是以台资为重点的“电子资讯产业园”，产品相互配套，形成产业链，已显示出规模效应和地理效应。现有吴江市经济开发区和汾湖开发区两个省级开发区。二是光缆电缆生产基地，以永鼎光缆（江苏永鼎股份有限公司）、亨通集团（江苏亨通光电股份有限公司）两家企业为典型。以上两个产业均成为吴江市经济的新兴支柱产业。

第一，电子资讯产业发展迅速。2001年全市电子信息设备制造业完成销售收入110亿元，出口总额5亿美元。吴江市经济开发区和汾湖开发区共有外资企业近200家，扩建和在建的大同、华宇、中华映管等台资企业，加上以前投资的华渊、美齐、全友、台达、广瀚、高创，显著地提高了产业园的档次，形成较大的规模效应。同时，区内就业人口剧增，有力地促进了三产服务业的发展。

第二，电子元器件形成产业链，整机发展较快。区内外资企业主要产品从电阻、电容、电感、光驱、集成电路到扫描仪、数码相机、电脑整机、手提电脑、手机、电源供应器、DVD光驱、电脑彩色显示管等，已经形成配套性强、组合更为完整的电子信息产业链。开发区利用长江三角洲经济核心区域优势，物流事业发展迅速，管理效率高，运行成本低，已有良好的地理效应。

第三，光缆电缆打造吴江品牌。吴江市光缆电缆生产规模大，供应层级多，科技含量高，并以通信光缆为基础，参与光纤的开发和生产。永鼎光缆和亨通集团两家企业均列为2001年度吴江市纳税大户。其中，永鼎光缆拥有总资产13.19亿元，主要产品有电缆、光缆、DDF和MDF等，年生产能力为电缆350万对公里、光缆110万芯公里、DDF和MDF合计5000万皮长公里，2001年销售收入12.68亿元，利润总额9525万元。

（八）信息服务业

信息服务业按照服务主体来划分，主要有以下三类：第一，以归属行政事业单位为特征，具有服务性质的信息机构（含公用事业性企业的信息机构）；第二，商业性信息服务机构；第三，归属工商企业、专业市场的非营利性服务机构。第一类是面向全社会，为公众提供服务的机构，如工商、税务、金融、外贸、物价、通信、人事、教育等部门，开展较为普遍，取得了良好的社会效益。其中，电信、广电等通信网络的信息服务业务迅速延伸扩大，促进其经营业务的发展，其优势逐渐显露出来。第二类是咨询、中介服务机构，内容涉及会计、审计、法律、房地产、监理、家政等行业，专业性强，经济效益明显，队伍不断扩大。第三类基本上是为本企业、本市场生产经营服务的机构，如建筑业、纺织业、丝绸市场、建材市场、电器市场、汽车市场，形式多样，具有明显的宣传广告作用，促进企业发展。

（九）信息技术应用重点工程

“金字”系列信息化工程顺利推进，2001年建成或投运的是：

第一，报关自动化系统。苏州海关吴江办事处在业务查询系统、文件管理系统、财务管理系统、海关业务网络的原有基础上，于2001年10月投建完成了报关自动化系统——电子口岸。电子口岸正式投运后，通过在互联网上建立的公共数据中心，向企业提供全天候、全方位的网上服务，联网办理各种进出口业务，使口岸业务更方便、更快捷，从而提高贸易效率，降低贸易成本，方便合法企业进出，使管理部门在进出口环节的管理更加完整和严密，提高执法透明度，并有效防范和打击走私和违法活动。2001年吴江口岸进出口总额15.9亿元，比去年增长20%，发展速度较快。电子口岸的建成，对吴江外向型经济的发展具有重要作用。

第二，税收征管信息系统。税务征管应用软件在试点基础上全面展开，依托市营业大厅，连结全市各征收点，联网对纳税人实行属地管理。应用PC机网上申报、电话语音催报催缴、纳税人触摸屏查询系统等实用软件。联合金融机构开发“银税联网税款实时征解系统”，逐步实现税款的自动划拨。即将开通的吴江国税网站，更能为纳税人提供多元化服务。

第三，金融信息化服务工程、商贸电子支付工程。吴江工行、农行、中行、建行、交行、中信6家发卡银行，与全市各大商户联网，实现电子支付，逐步实现以跨行联网交易ATM机为平台的“一柜一机，一机多卡”POS联合目标，方便储户存贷款和支付。6家发卡银行和农村信用合作社都与证券公司建立了联网转帐系统，提供委托转帐、自动转帐及查询服务，保障证券业务安全快捷。

第四，公安“金盾”信息网工程。吴江市公安系统有线通信、无线通信、机要通信均已开通，指挥系统采用GPS、GIS、图象监控等技术，建成自动接处警系统。交通管理方面，建成局到交警中队、车管所的光纤网，实现图象监控、信号灯控制、交通事故处理的计算机化管理。在市公安局局域网的基础上，完成了全市公安系统城域网建设工程，投入使用了在逃人员综合信息系统，常住人口网络版案件资料，以及户政、治安、刑侦、预审、交通，外管、消防、办公自动化等业务应用系统。

（十）政府信息化

吴江市委、市政府各机关基本建立了符合工作需要的办公业务网络和管理信息系统，且具备了一定的应用规模，技术手段不断提高。将文件传输、政策查询、资源共享、日常办公、事务处理、多媒体应用等业务功能集于一体，对领导决策提供信息服务及提高机关工作效率发挥了重要作用。不断完善党政机关内部的信息化系统，为党政信息网的互联打下扎实的基础。

（十一）行业信息化

各行业与领域信息化建设，基础好，管理方便，投入大，见效快。经过几年努力，取得了较快的发展，如交通运输业、新闻业、金融业、证券业、保险业、医疗业、纺织业以及上述的公安、税务、教育等领域，都有新的突破。

（十二）企业信息化

企业为了自身的生存和发展需要，以及适应国际化竞争的需要，积极引进信息化人才，增强管理功能，降低产品成本，即时掌握市场行情，提高经济效益。信息技术在企业的应用日趋普及，许多企业运用了计算机辅助设计（CAD）、计算机辅助制造（CAM）、计算机辅助测试和诊断、管理信息系统（MIS）、自动物料储运系统。在道路规划、建筑设计等方面普遍使用了CAD技术；在吴江丝绸印花厂、吴江新联丝织厂较好地运用了MIS、CAD技术；吴江新民丝织总厂建立了新民科技、新民纺织、新民丝绸3个网页，将建成吴江新民网站。

（十三）城市信息化

城市信息化建设已在规划之中，明确指导思想，确定发展思路，全面掌握全市信息化建设发展动态。各项条件渐趋成熟时，以党政信息网为基础，搭建城市信息化平台，综合整治信息资源，实现部门网络互联。

（十四）信息化人才

建设高素质的信息化人才队伍是信息化建设的重要保障。人才队伍建设，一是引进，二是培养。人事部门在引进人才中，不受地域和年龄限制，通过各种渠道积极有序地引进各类高层次的信息化人才。另一方面，通过学校教育、普及教育、社会教育、继续教育等多种形式和途径培养和造就人才。中学、职校、职大、电大、师范等学校发挥了重要作用，人事劳动部门和学校积极开展对在职的信息及网络技术人员、信息管理和信息经济人员进行专业知识培训。今年，人事局举办的公务员计算机应用能力中级培训和专业技术人员计算机培训，共有484人参加培训，及格率91%。至2001年底，全市教育系统共有培训中心3个、机房76间、计算机4934台，多媒体专用教室88间，校园网21个，教育信息网42个，为人才的培养提供了场所。

（十五）主要成就

信息化基础设施发展迅速，网络互联宽带化，路由器通道畅通，基本满足了计算机应用的要求，并能适应发展的需要。信息设备制造业规模化、配套化，是吴江经济发展的显著增长点，尤其是IT产业，已有台商大公司研发中心开始进驻吴江，将有效促进吴江软件业的发展。“金字”系列信息化工程较有成效，在一些行业和领域得到深入开展，为城市信息化工程奠定了基础。

（十六）存在问题

一是信息资源开发和利用有待进一步提高，二是部门网络分散无序需要综合整治。要以党政信息网建设为契机，推动城市信息化建设的系统化。要加大信息技术研究，促进软件业的发展。要提高网页网站整体制作质量，及时更新信息内容，树吴江形象。

【近期目标】

（一）发展思路

吴江市信息化建设紧紧围绕《江苏省信息化建设规划纲要》发展目标，在市委、市政府的领导下，以需求为动力，以应用为核心，统筹规划、市场运作、以点带面、合作共建，通过技术、管理和机制创新，高起点、高标准地加快信息化基础设施建设，抓住关键性应用工程，整合开发信息资源，大力发展信息产业，深入开展城市信息化工作，推动全市经济结构调整和产业升级，提高城市综合竞争力。

（二）发展目标

第一，继续大力加强信息基础设施建设。通信网络是信息化的基础，要进一步加大建设力度，加快建设干线传输网、接入网和用户网，建成覆盖市区和所有乡镇的宽带公众网。提高电话普及率，发展移动通信，推广新业务。积极发展计算机局域网接入、电话网接入、有线电视网双向接入、光纤接入、无线接入等多种方式的宽带接入。

第二，加快党政信息网建设。党政信息网初步实现全市各党政部门计算机网络及其系统的互联，形成公共的信息交换环境。为党政部门信息系统业务的开发、运行及各种数据处理提供统一的通信服务平台；提供资源共享手段，实现信息资源的有序共享；实现与上级部门安全、及时的信息传递；建立开放互联环境，为建成开放式、分布式的计算环境和开发环境提供基础；具有良好的扩充、扩展功能，根据需要扩大系统规模和网络用户，增强应用系统功能，以适应党政部门信息系统的发展需要。

第三，深化信息技术应用系统工程。深入和推广“金字”系列信息化工程，在金融财税、公安交通、教育科技、农业、人力资源、劳动和社会保障、医疗卫生、环保旅游、公用事业、智能化实验示范小区等领域广泛开展信息化建设；积极引导企业在生产经营中，利用计算机技术提高管理、生产和销售效率，以适应经济全球化的趋势。

第四，培育电子信息产业的龙头企业和拳头产品。继续加大招商引资力度，争取引进几家外资大公司及研发中心，扩大开发区规模，提升产业园档次；搞好与科研单位、学校的合作，切实提高光缆电缆的科技含量，营造公司文化内涵，创吴江品牌。

（三）重点任务

目前，全市信息化建设的重点任务是加快建设党政信息网。要进一步提高政府机关办公自动化水平，有效促进政府职能转变，提高政府办事效率。内容上，把信息资源的开发放在突出位置，开发国民经济宏观信息、政府法规信息、国有资产、投资环境和人口信息数据库等，建立宏观经济调控决策支持系统，建立国有资产管理信息系统，满足政府宏观决策的需要。技术上，完成政府网管中心到主干分节点的连通，完善部门信息系统，开发设计电子邮件系统、电子公文流转系统、经济运行和分析系统、领导决策专用系统。还要继续抓紧基础干线传输网和接入网建设、人才队伍培养，推动产业发展和技术应用。

（沈晓阳）

海门市信息化事业发展概况

【本市概况】

海门市位于长江入海口北岸，东揽黄海，南倚长江，与上海隔江相望，全市现有人口103万，2001年国内生产总值132.93亿元，财政收入6.46亿元。作为一个经济、科技和文化相对较发达的中等县级市，在地理、人文、财力等方面具有一定的优势。21世纪是信息技术的时代，信息技术正以前所未有的速度广泛应用于社会经济生活的各个领域，有力地推动了社会的发展。面对全球信息化的趋势，海门市委、市政府紧紧抓住机遇，明确提出了以信息产业发展促进全市经济发展的决策，并且在国民经济和社会发展过程中发挥了重要作用。

【历史回顾】

海门信息化事业的发展大致经过了三个阶段：

第一阶段（1990年~1993年）：信息化的认知阶段。大多数企事业单位还不能从经济社会发展的战略高度认识信息化的重要性，不能系统地了解信息化建设的知识；有些企业虽然认识到了信息化建设的重要性，但当面临复杂的技术名词、不断翻新的设备和软件时无所适从。政府机关中也只有小部分单位应用电脑进行文字处理。

第二阶段（1994年~1998年）：信息化的初级阶段。企业、学校、机关等单位普遍添置了硬件设备和软件，初始办公自动化，着手信息系统的建立、运营和维护，各有关单位举办计算机操作培训班，少数企业开始上网，在网上设立站点，进行网上宣传。1997年10月，海门市政府站点“海门之窗”开通运行，开始利用互联网对外展示海门形象。

第三阶段：（1999年至今）：信息化的发展阶段。无论是企业还是机关的领导，比较深刻地认识到互联网、电子商务的重要性，它们已经不再仅仅是一种高科技，而是存在于企业身边的机遇，谁抓住了，谁就有商机和活力，传统企业利用网络技术在开拓市场、创新产品、提高质量、优化管理等方面积极寻求改造和突破；企业开始尝试用电子商务作为生产过程中的要素配置手段和市场营销手段，在网上进行原材料采购、人才招聘、技术改进、融资等。政府也已经把信息化事业列入经济和社会发展规划中去，电子政务和电子商务提到了议事日程。

【发展现状】

经过了20多年的积极探索，海门信息化事业的发展具备了一定的基础。

（一）信息基础设施

到2001年底，全市电信行业光缆总长度已达到690皮长公里，固定电话普及率为23部/百人。广电系统拥有联网光缆715杆公里，其中市乡联网光缆168杆公里，累计发展有线电视用户7万户。目前，乡镇政府上网率达90%以上，全市上网用户近3万户，企业上网1600多家，占企业总数的90%，建有独立域名的企业达150多家，二级域名的达800多家，骨干企业全部上网。市计委、科委、公安、劳动、农林、统计、教育等部门建成了本部门局域网进行信息处理。全市党政数据宽带综合信息网即将开通。

（二）信息资源开发

海门市政府网站“海门之窗”（http：//www.haimen.gov.cn）自1997年10月开通以来，着力做好对外宣传和招商引资工作，至目前访问量已达50万人次。利用“海门之窗”成功举办了五届海门金花节网上招商活动和出口商品网上交易会。市计委经济信息中心作为“海门之窗”网站的管理和日常维护单位，及时收集大量信息并更新内容。2000年8月建成的海门农业信息网站，向全省、全国乃至全球展示海门农业的整体形象和地方特色，开通的农产品价格信息语音信箱，共录入了蔬菜、水产、畜禽、果品、粮油、饮料等六大类100多种农副产品的价格，受到了群众欢迎。海门教育信息网、企业产品信息网、公共服务信息网、城市建设和环境保护信息网等网络框架也已经基本形成。

（三）信息技术应用

利用信息技术改造传统产业是提升企业产品质量和管理水平的重要突破口。近年来，电子信息产业迅速崛起，已成为海门市经济发展的又一支柱产业。信息产业园区内现有江苏通光集团、海门市东洲通讯设备有限公司、关铝集团海门电子铝材有限责任公司、海门市三鑫电子有限公司、海门市银燕电子有限公司等15家企业，其中国家级重点信息技术企业1家，省级重点信息技术企业2家，基本形成了自承光缆、水线光缆、架高复合地线式光缆，CDMA移动通信直放站室内分布系统，低铝合金镀锡铜包钢线，高性能电磁屏蔽复合金属丝，各种电容器、电极箔等信息技术产品群。

江苏通光集团的通光牌GY型通信电缆自1997年以来，连续3年荣获江苏省名牌产品称号。OPGW光缆、束管光缆列入国家火炬计划，ADSS光缆、OPGW光缆被列为国家高技术产业化推进项目，今年预计销售收入7亿元；关铝集团海门公司的电解电容器用铝箔、电缆用铝箔，曾连续荣获全国电子材料电路印刷展览会优秀奖、省新产品金牛奖、省科技博览会银奖。今年预计销售收入4亿元；海门市东洲通信设备有限公司拥有各类技术人员138人，其中高级技术人员4人，在全国共设有30多个销售网点，常年在外服务技术人员36人。其生产的GSM移动通信直放站市场占有率遥居同行之首，研发的CDMA直放站及室内分布系统填补了国内空白，今年预计销售收入2亿元；海门市银燕电子有限公司，主要产品为各种电容器、电极箔，今年预计销售收入8000万元；日兴（南通）电子有限公司拥有各类技术人员120人，主要生产铜包钢线及CP线，年产量分别为960吨和600吨；南通华雄电子材料有限公司主要生产低铝合金镀锡铜包钢线和复合材料层屏蔽线，其技术和应用水平达到国际先进水平。

【近期目标】

根据海门市国民经济和社会发展“十五”计划提出的目标，2002年，信息产业发展的总体思路是：继续坚持以信息化带动工业化推动现代化，以网络为基础，以信息资源开发利用为核心，以运用信息技术改造传统产业为重点，以信息软环境为保障，大幅度提高国民经济和社会信息化水平，实现海门信息产业的跨越式发展。

2002年全市信息化建设要实现以下目标：信息产业增加值比上年增长25%，使信息产业成为全市的新兴支柱产业；建成覆盖全市、联接全国、通向世界的高速通信网络，力争100%的政府机构、90%以上的企业、80%的中学、60%的小学上网，城市30%的居民小区建成信息化小区，发展居民家庭上网用户1.5万户；推进政府机关行政管理电子化、网络化，逐步推行网上交互式办公。

（一）以“海门之窗”为龙头，实施电子政务工程

为实施电子政务工程，我市在全国县级市中率先开通了政府机关的因特网门户网站—“海门之窗”，从而启动了我市的政府上网工程。到目前为止，已有200多个单位在“海门之窗”建设了自己的网站。今年，其余的乡镇机关也均要在“海门之窗”上建立自己的网站，为政务公开、推动网上政府办公创造有利的条件。

（二）推进电子商务工程，发展本市网络经济

伴随着网络经济的快速发展，电子商务在整个商务活动中有着巨大的潜力和无可比拟的优势。海门要实现经济社会持续、快速、健康发展的目标，必然要探索和发展电子商务。近期，计委信息中心还将组织本市企业参加由上海市信息办、上海市政府协作办等部门主办的第二届“新浪·华东视窗杯”中国国际企业网上博览会。今年，我市要基本建成海门电子商务的基本框架，完成在线支付、身份认证、安全服务、配送体系等方面的关键环节，为企业创造较好的网上营销环境，为电子商务的顺利开展创造良好的网络氛围。

（三）加大信息基础设施投入，加快信息产业建设步伐

2002年，市电信系统拟投入3000万元实施线路传输工程和2.5万门交换扩容工程，发展宽带用户1000户，固定电话3万户，新增家庭上网用户1.5万户，力争ADSL型宽带覆盖全市所有乡镇，LAN型宽带业务进入全市所有学校及高档住宅区。市广电系统拟增加信息接入点150个，发展集团用户5家，新增有线电视用户2万户，基本实现全市有线电视村村通。加大对技术含量高、生产规模大的信息企业的资金投入，重点抓好通光集团FRT光缆、软光缆项目，关铝集团海门公司的电子铝箔、电缆箔，东洲通信设备公司CDMA通信直放站等项目建设。加速电子信息产业基地内产品从光缆、电容器、铝箔、元器件向电脑整机、软件开发等转变，力争高标准推进信息产业园区建设。（解建明）

通州市信息化事业发展概况

【2001年基本情况】

（一）信息基础设施

2001年，通州市信息基础设施建设围绕立足高起点，坚持高标准，达到高水平的要求，已经形成以电信为主，广电、移动和联通为辅全面发展的建设格局。近几年来，通州电信每年以一个多亿的投资，不断加快通信建设和信息化发展的步伐，使全市通信能力不断增强，通信网络容量不断扩大，信息网络技术日新月异，公用数据和多媒体信息网络建设的综合能力进一步增强。全市电话交换总装机容量达到26.6万门，较上年增长11%，2001年新增电话50033户，固定电话用户数达到21.09万户，较上年增长17.2%，全市电话普及率达到16.02号线/百人，达到电话县（市）的建设标准。移动通讯、无线寻呼高速增长，成为大众的消费热点，用户数达到10万户。电信通信网的结构、规模、容量、综合通信能力、技术装备水平、数字化程度以及新业务应用水平均有新的突破，在国内处于先进水平。信息数据库建设不断完善。在全省县（市）中率先建成了以政府信息网站为龙头，各部门、镇以及3000多家企业链接的互联网信息高速公路。大力推进广播、电视、有线电视和综合数据网的入户工程，电信光纤骨干网已覆盖全市、光纤到小区、到大楼工程正有序推进、加快实施。广播电视率先建成全国县（市）级规模最大的有线电视光缆网。全市各镇、村光缆联网已达99%，开通光缆干线超过1280公里，基本形成市、镇、村为一体的高速宽带综合业务传输网框架。

（二）信息技术应用

继续推进企业上网工程。2001年是实施企业上网工程的第二年，为有效推进这一战略性工程，通州市以规模以上企业为突破口，并明确提出所有规模以上企业必须拥有独立域名的要求，通过全市上下的共同努力，在上年实现1350家企业上网的基础上，新增上网企业1700家，使全市企业上网数突破3000家；拥有独立网站和域名的企业达到300家，较上年新增200多家，规模以上企业上网率达到100%。

应用信息技术日趋广泛。在大力实施企业上网的同时，大力营造企业上网的社会氛围，紧紧围绕全市经济结构战略性调整的主题，大力推进企业信息化工作，鼓励企业应用信息技术改造提升传统工业。综艺集团深圳毅能达智能卡制造有限公司采用先进信息技术为公安机关制作电子化居民身份证，走在数码制证领域的前列。全市电子、机械、纺织等行业的部分企业在传统产品开发设计及生产工艺中，推广应用计算机辅助技术，提高企业开发流程的效率和工艺水平；在资金、物资管理方面推广应用信息网络技术，财务电算化基本普及；CAD（计算机辅助设计）、CAPP（计算机辅助工艺设计）作为成熟的技术已被部分企业推广应用，并取得实质性成效。一是降低了生产成本。江苏帝奥集团在服装加工生产过程中，采用计算机排料系统，不仅节约面料20%，降低了生产成本，而且省时，提高了生产效率。全国最大的绣品、面料销售市场——通州叠石桥志浩市场个体经营者采用计算机对绣品花样进行辅助设计、花样图案设计工时由原来人工操作半个月缩短到1天内完成，不仅生产成本大大降低，而且可以最大限度满足客户对款式和花样的设计要求，每年在网上发布印花布样款式2000个以上，有效拓展了市场空间。二是促进了技术创新。江苏通盛集团将信息技术应用到产品开发的全过程，通过引进高科技产品自动配色调色装置，使主产品高强丙纶长丝从原来的黑、白两种颜色，创新研制成现在800多种色彩长丝，大大满足了客户需求。三是拓宽了业务空间。企业拥有自己的网站（或黄页），增强了企业参与国际市场竞争的主动权。南通恒信铸锻有限公司通过网络进行信息传递，网上销售提高了工作节奏，企业销售人员由原来的20多人精减为4人，年销售额却由3000多万元增加到6500多万元。南通丽思有机化工有限公司通过互联网实施商情比价，降低采购成本，抓住网上商机，拓展市场空间，拓宽营销渠道，拓展业务新增销售收入800万元。四是提高了企业管理水平。江苏大富豪啤酒有限公司通过实施ERP（企业资源计划）工程，实现了采购、生产、仓储管理的系统化和科学化，提高了企业管理水平和市场竞争实力。

（三）信息产业

1. 电子信息产品制造业快速发展

通州市规模以上企业中共有各类电子信息产品企业13家，2001年实现电子信息产品制造业工业总产值13.6亿元，销售收入11.7亿元，分别占全市规模以上企业总量的12%和12.2%。产品出口创汇连年保持在2000万美元以上，主要经济指标均以年平均约18%的高速递增发展。电子信息产品主要包括三大门类：一是数码制证及软件，主要有江苏综艺集团深圳毅能达智能卡制造有限公司生产的各种智能卡等；二是电子元器件制造，主要有全国同行业排头兵南通江海电容器厂生产的江海牌系列铝电解电容器和百格电子（南通）有限公司生产的手机充电器和计算机接插件等；三是电子材料产品，主要有江苏中联科技集团生产的优势产品——电极箔等。全市主要电子信息产品年生产能力分别为：电子元器件5.4亿只；电容器20.87亿只；电糊1吨；铝箔168万平方米。南通江海电容器厂专业生产铝电解电容器系列产品，取得全国铝电解电容器行业销售收入“九连冠”，企业获国家大型（二档）企业，省高新技术企业、省明星企业、国家重点高新技术企业。该厂与南京大学化工学院开发的“物质聚合物固体铝电解电容器”2001年获得国家科技部创新基金支持。江苏中联科技集团是国内最大专业生产铝电解电容器用关键材料——全系列高性能电极箔的技术密集型企业，产品包括九大系列500多个规格。电极箔生产线2001年被列入国家火炬项目计划；HD13高压化成箔2001年通过省级鉴定，并列入国家技术创新项目计划；100HD高压化成箔产品2001年被评为省优秀新产品金牛奖、省高新技术产品，企业为省级高新技术企业、省级技术中心所在企业、全市首家省级博士后技术创新中心所在企业。通过短短几年的努力，企业得到迅猛发展壮大，目前生产规模跃居世界第7位。以电解电容器和电极箔等为代表的电子元器件及材料等基础类产品快速发展，其技术指标和生产能力达到或接近国际先进水平，具有较强的规模优势和竞争实力，已经发展成为全市的拳头产品。

2. 软件业加速发展

软件业是当今世界上发展最快，最具活力的朝阳产业，尤其是软件加工业，既是技术密集型产业，又是劳动密集型产业，发展通州软件业无疑具有现实的积极意义。一是有基础。江苏综艺集团在立足做强做好传统产业的同时，积极挺进信息产业。继1998年投入巨资控股连邦软件以来，先后在北京、南京超常规投资，大力度进军信息产业，集团发展拥有北京连邦软件股份有限公司、南大苏富特股份有限公司、北京综艺达软件技术有限公司3家着力软件业研究、开发的子（分）公司，顺利实现了从纺织服装、木材加工向电子商务、软件开发、战略投资等产业的转型。二是有优势。作为全国最大的正版软件销售连锁商北京连邦已在全国200多个大中城市建立了353家专卖店，构成了国内一个独一无二的平台，具有金字品牌优势。南大苏富特凭借国家计算机软件新技术重点实验室和南京大学的学科优势，其核心产品是自主开发的网络安全系统软件，致力于包括多媒体教育软件，因特网服务软件及行业应用软件等领域的研究和开发，目前已发展成为中国最大的软件研发基地之一。北京综艺达作为国内网络商务管理软件领跑者，专门从事新一代商务管理软件研制开发，已实现了整个公司在研发、经营与管理过程中的全面网络化。这些软件企业的成功运作，各具特色，取得突破性进展，作为通州进军软件领域的先行者，很快成为生力军，令业内同行为之瞩目，已经成为省内、国内具有一定影响的软件企业之一。三是有潜力。一方面具有上市公司市场化的直接融资能力。高新技术从来就是知识密集型与资本密集型产业催化的结果，它集中了现代科技最先进的成果，极具渗透性和带动性，是加快企业发展最强大的推动力量。基于信息产业的兴起，综艺集团将获得更大的发展空间，而发展信息产业的巨额资本不可能主要依靠银行贷款、债券等间接融资渠道，必须利用资本市场的巨大融资功能，通过直接融资手段来发展高新技术产业。值得一提的是综艺集团继1996年11月成为国内上市公司后，2001年4

月，经批准，由综艺参股的南大苏富特软件股份有限公司在香港联合交易所企业板挂牌上市。南大苏富特成功亮相香港创业板市场，在江苏创下了三个第一：江苏省高校系统首家上市企业；江苏省在香港创业板上市的首家企业；江苏省首家上市的软件企业。通过资本营运、发展信息产业，优势互补，一举多得。另一方面具有发展信息产业大型项目投资实力。重点投向软件领域，重大实施项目主要是2001年11月开工兴建的占地200多亩的综艺数码城项目，发展综艺（本部）软件基地建设取得突破性进展。

3. 信息服务业迅速发展

一是以网络为主的信息服务业进一步发展。通信业是信息产业的重要组成部分。2001年邮电通信业持续保持快速增长，全年业务量完成1.24亿元。程控交换设备和光纤接入网设备的技术水平进一步改善和提高，程控交换、移动电话可供国际、国内直拨，电报、电传、传真联系便捷。中国公用计算机互联网在全市已经充分开展业务，全市各类网络用户已达5万户。广播电视事业迅速发展，传输质量明显提高，电视人口覆盖率已达100%，下传24套电视节目，既丰富了人民群众的文化生活，也促进了社会的发展进步。

二是现代信息服务手段进一步创新。全市电信服务业不断深化改革，已经形成以电信为主，联通、移动、广电等多家参与的市场竞争局面，有力地促进了我市信息服务市场的良性发展。服务种类、服务方式、服务手段趋向多样化，目前电信业务涵盖了话音业务、数据业务、网元出租业务、互联网业务、多媒体业务等方面。联通经过几年的发展壮大，目前业务囊括移动电话、无线寻呼、数据通信、互联网业务等各个领域。广电部门在发展传统电视广播节目传输服务的基础上，逐步为广大用户提供高速数据广播、互联网业务、远程教育等多种服务，广电网络正在向双向化、数字化和智能化发展。

三是信息服务行业实力进一步增强。目前全市信息服务行业初步形成一定规模，业务总量、服务水平在南通市六县（市）中处于前列。2001年全年信息服务业增加值占全市服务业的6%以上。信息服务业已经成为全市新的重要经济增长点。

（四）信息资源开发利用

信息资源的开发利用是信息化建设的核心内容，也是一项基础性工作。有效开发和充分利用信息资源成为现代社会经济发展的重要推动力，其重要作用与日俱增。开发利用信息资源是信息化工作的出发点和归宿。近年来，通州市紧紧围绕信息资源库的建设，不断加大信息资源开发力度和深度，信息资源得到较充分的开发利用，网站建设与管理保持较高水平。市人民政府网站、党政信息网站、农业信息网站、易通网站、计生网站、中国通州信息港、通州信息港、经济信息网站等均运行良好。市党政信息网已成为全市政务工作的有效平台，为提高行政效率、实现办公自动化和推进政务公开发挥了积极作用。全市形成了多层次、多门类、多功能的信息开发利用格局。

（五）组织领导

通州市委、市政府切实把信息化工作列为重中之重，摆上重要议事、办事日程，一把手亲自抓，分管领导重点抓，发展信息化的氛围越来越浓，成为全市上下一个热门话题。2001年年初，以市政府的名义出台了《关于加快工业经济信息化工作的意见》，从指导思想、主要目标、工作措施等多个方面对全市信息工作作出了具体而明确的部署，组织推动全市信息化工作有序、快速发展。组织全市性的有关信息化专题调研活动3次。大力组织实施企业信息化示范项目，江苏中联、东源、大富豪、综艺、南通江海等10家企业首批列为通州市企业信息化示范企业，其中江苏中联、东源、大富豪3家企业首批被列入南通市级企业信息化建设试点单位。通过一批信息化示范项目的启动和实施，大大提高了实施单位的信息化水平，较好发挥了实施项目的导向、示范作用，全市信息化进程大大加快。为了进一步鼓励和激发全市企业上网的积极性，对实施企业上网工程中的优秀上网企业和先进个人进行表彰，在2001年度全市经贸工作会议上表彰了“十佳信息化”单位，对获奖单位各奖电脑一台。另外，通州市人民政府、江苏大富豪啤酒有限公司被评为2001年南通市信息化工作先进集体，受到南通市委、市政府表彰。

全市信息化工作虽然取得了一定成绩，但也存在一些问题：一是信息化人才短缺，信息技术与管理基础不适应；二是信息技术应用范围不宽，信息产业发展水平不平衡；三是信息资源开发利用层次偏低，信息化程度不高。

【2002年目标与重点任务】

（一）主要目标

1. 不断完善信息基础设施建设，加快电信宽带网、移动数据网、广电综合网三大基础工程的升级、扩容、改造步伐，促进网络互联互通、资源共享和业务融合。

2. 加快政府部门信息化建设，加快部门内部局域网的建设，在现有党政数据综合信息网的基础上，进一步完善政务信息服务系统，逐步实现政府事务在网上与社会公众互动处理。

3. 积极推进企业信息化进程，上网企业达到5400家，力争全市50%以上的重点企业建设内部局域网，5家企业开始实施ERP企业资源计划，5家企业实施CIMS计算机集成制造系统。

4. 全面启动“家庭上网”工程，力争年内全市因特网注册用户增长20%以上。

5. 大力发展信息产业，继续保持信息产业增加值年增长30%以上。建立以综艺数码城为核心，以开发区和平潮镇为两翼的外向型信息产业基地。

6. 大力推进信息化普及教育，年内完成26000人次信息化知识培训。

（二）重点任务

1. 大力推进信息基础设施建设进程

重点加强网络宽带化、高水平信息平台和网络的互联互通的建设，建立一个覆盖全市的宽带综合业务网，并与国内及国际通讯网络接轨，为信息化发展提供一个技术先进、安全可靠、功能强大、性能完善的高速公用互联传输网。电信局要紧跟国际信息技术发展形势，坚持高起点、超常规发展，加快电信网的升级改造，扩大装备容量，提高全社会的主线普及率和住宅用户单机话务量，年内新增固定电话10000部以上，主线普及率达到17%，互联网用户达到60000户。市广电局重点抓好广播电视光纤同轴网的建设，继续扩大网络覆盖面，同时加快有线电视网双向数字化改造，逐步把有线电视网络由模拟向数字过度。

2. 大力推进企业信息化进程

一是继续实施企业上网工程。加强组织领导，提高企业经营者对网络技术和经济的认识，将企业上网工程这一政府行为转化为企业的自觉行动。建立健全企业上网组织和服务体系，加强信息服务业与工商企业的合作，提高服务质量和服务水平。利用网络优势，以开展电子商务为目标，从网络营销切入，树立典型，带动并形成一批能在网上开展竞价采购、联系和拓展客户等经营活动的企业，进而深入改进业务流程、工作制度、调整资源配置，促进企业经营模式的转变。

二是重点抓好ERP/CIMS/CAD/CAM/CAPP示范企业。重点推广CAD/CAM/CAPP/CIMS/ERP应用，提高企业的生产效率和产品智能化程度。结合现代企业制度，鼓励企业建立适合企业实际的不同形式不同层次的管理信息系统，促进企业内部信息资源的数字化管理和网络共享、为信息的集成、建立网上虚拟企业、开展电子商务夯实基础。

三是加强人才培训。培育发展企业信息管理队伍．对企业各级管理人员开展有针对性的培训，是确保企业上网工程顺利实施的重要措施。通过举办讲座、培训班、观摩、考察、现场演示等多种形式，分期、分批地开展培训工作，使更多的企业管理人员和广大职工掌握网络知识和网络技术，努力提高信息技术应用水平。

3. 大力发展信息产业

一是加快发展信息产品制造业。重点发展壮大电极箔、电解电容器、电器接插件、印刷线路板等优势拳头产品，重点培植发展中联科技、江海电容器、百格电子、万斯特姆斯电子工业园等重点电子信息产品生产基地建设。继续保持电子信息产品制造业的增幅高于全市工业企业平均增幅，在全市GDP中的比重增加。二是加快发展软件业。紧紧围绕综艺数码城建设，利用综艺集团的“连邦软件”、“南大苏富特”、“综艺达软件”等优势企业，发展壮大通州软件业，力争在全省乃至全国软件发展布局中占有一席之地。三是加快发展信息服务业。大力推进四个“电子化”，首先是电子商务。在大力实施企业上网工程的同时，积极引导企业利用信息网络技术开展网上订货、网上采购、拓展网上交易，扩大网上成交规模。其次是电子政务。继续抓好政府上网工程，努力实现政府机关网络的互联互通，不断提高党政机关的信息技术应用水平。第三是电子家务。积极启动和推进家庭上网工程，大力推进信息化小区建设，提高市民生活的信息化水平。最后是电子公务。力争在金融、保险、教育、科技等对社会服务项目的电子化方面取得突破。

4. 大力培育信息化人才队伍

在入世后所面临的挑战中，最为严峻的是人才挑战，最大的危机是人才的危机。人才是发展信息化工作的成功之本，对其它诸要素起到决定性作用。人才战略，事关全市国民经济和社会发展大局，要更新人才观念，确立人才资源是第一资源的观念，人才竞争是第一竞争的观念，人才投入是第一投入的观念，切实加强人才的培养和引进，不断提高科技人员的整体素质，努力改善信息化人才紧缺的状况。要建立人才激励机制，制订和落实优惠政策，采取切实可行措施，重奖有突出贡献者，促进人才自身价值的体现和事业的发展，充分调动和发挥科技人员的积极性和创造性。实施人才战略，把人才作为发展信息化的第一要素予以高度重视，作为全市新世纪发展目标的根本性措施来抓，全力构筑人才集聚的高地。

（季玉华）

江都市信息化事业发展概况

【2001年信息化建设情况】

（一）信息基础设施建设进展顺利

列入今年市政府为民办实事之一的信息化工程，在各有关责任部门的精心组织下，各项工作进展顺利，主要是：

市电信局完成固定资产投资10012万元，新建端口5000个，宽带小区综合布线12000户；实现新增电话交换机容量4.4万门，新增光缆3076纤芯/公里；新建无线市话交换机容量9000门，发展用户3006户；发展因特网用户累计达38744户。

移动公司完成投资1200万元，移动通信大楼已全部封顶，进入内外装饰阶段；GSM网五期扩容工作基本结束，共改建9个基站，扩建28个基站；发展移动用户1.84万户。

联通江都办事处完成投资3400万元，建设CDMA基站8座，发展移动用户1.87万户。

广电宽带信息网经过前期市场调研、技术选型、方案论证、工程招标、合同签订、增补光纤等一系列工程后，已实现44个网络节点全线贯通，现正进行网络的运行演示和发展用户等工作；新发展有线电视用户1.8万户。

（二）信息资源开发利用进一步加快，各部门管理系统得到充分的开发和运用

“政务信息网”得到进一步的完善和提高，“公务邮件系统”全面运行，实行了纸质文件与电子文件的双轨运行；开通了“农业信息网”、“江都花卉网”、“房地产市场信息网”、“青年创业论坛网”、“政府采购网”、“信访举报网”、“江都人才网”等专业网站；建立和完善部门业务管理数据库达20多个；教育信息化工程进一步加快，各类学校建成85个机房、50个多媒体教室、上网学校98所，江都中学建立了校园网；市委党校开通了卫星“远程教育”；卫生系统已实现所有中心卫生院建成收费及档案管理系统，“远程医疗”得到进一步的推广应用。

（三）信息技术推广应用初见成效

CAD/CAM得到进一步的应用，有3家企业列入扬州市CAD/CAM技术推广应用示范企业；随着企业上网工程的不断推进，上网企业累计已达3504家；“信息化示范小区”建设顺利实施，“龙川广场”已通过了扬州市的评估和验收，列为扬州市“信息化示范小区”。

（四）信息化组织建设、法制建设逐步规范和完善

调整了市信息化工作领导小组及办公室，由市长任组长，建立了“一把手挂帅”制度，计委副主任任办公室主任，明确了办公室的职责和任务，确定了各镇、各部门的分管负责人和具体工作人员，进一步健全了工作网络。制定了《2001年江都市信息化工作目标分解表》，落实了全年的工作任务和措施。

（五）信息化环境进一步改善

6月，召开了全市信息化工作会议，进一步统一思想，提高认识，明确了信息化工作的重要性、必要性；举办了全市青少年网络知识竞赛活动；开展了各种形式的信息化知识培训；10月，举行了第二届信息化宣传周活动，进行了多项丰富多彩的宣传活动，逐步营造了良好的信息化建设氛围。

【“十五”计划】

（一）总体战略

“十五”期间，江都市将加快信息现代化的基础设施建设，积极推进国民经济和社会信息化进程，提高服务水平，以信息化带动工业化。

（二）主要目标

1.信息产业增加值增长速度年均增长15%左右，信息产业增加值占全市国内生产总值8%左右，信息产业从业人员占全部从业人员6%左右。

2.至2005年，电话主线普及率38线/百人，市区计算机普及率15台/百人，移动电话拥有量30万部。

3. 至2005年，因特网用户数10万，有线电视终端用户20万。

4. 电子商务占商务总比重为20%左右。

5. 培训信息和计算机技术人员达2万人次。

（三）主要任务和措施

1. 加大信息基础设施投入，逐步建成覆盖全市的宽带综合业务网

继续加快电话网宽带交换机的使用，到2005年，交换机容量达45万门；加大新改建传输网的力度，建设光缆长度达7000芯 /公里；积极采用光纤接入为主体、其他接入方式并用的形式，为用户提供多种业务的综合接入，建设150个左右光纤接入点，基本建成覆盖全市的大容量主干传输网、宽带接入网、高速互联网；兴建扬州地区第二移动机房，加快GSM网络基站改建、新建进程，形成覆盖全市的移动通信网、联通通信网。

推进广播电视光缆网多功能开发，建成数据平台，实现快速接入因特网；有线电视实现“组组通”、80%左右行政户安装有线电视；推广调频共缆传输和广播电视双入户。提高邮政通信服务水平，加快邮政营销网与投递网的建设。建立客户服务中心，完善社会营销网络；大力发展机动投递网、快速投递网、增值投递网。

2. 在国民经济重点领域实施六大系统工程建设

电子政务信息系统工程。进一步完善“政务信息网”，加快“公务邮件系统”的建设。

电子商务系统工程。继续实施企业上网工程，力争实现80%的企业上网，积极开展电子商务试点，以点带面，逐步推广，到2005年，企业电子商务普及率力争达20%。

农业信息系统工程。建立农、林、牧、渔、水利等行业信息系统，形成农业综合信息管理和服务体系。

工业企业信息化工程。广泛推广运用CAD/CAM、计算机集成制造、企业资源计划和企业网上销售与导购等技术和方法，提高我市工业企业生产和管理水平，到2005年，运用覆盖率达20%以上。

社会公共服务信息系统工程。推进市区的劳动、教育、文化、医疗卫生等领域信息化。

社区服务信息化工程。在市区建成1-2个信息化示范小区，逐步建立和拓展社区服务网的信息服务功能，大力推进和发展家庭上网。

3. 加快信息咨询服务业的发展，积极培育信息市场，搞好信息资源的开发利用

鼓励部门、大中型企业和民营企业兴办各类信息服务机构，开展科技成果商品化的中介服务；加大力度发展工程科技、商贸、法律、经济管理、统计、审计等领域的信息咨询服务，促进信息服务社会化和市场化。积极开拓信息服务的新领域，开展电子邮件、远程教育、远程医疗、电子购物、网络广告、家庭娱乐等方面的信息网络服务；培育一批为经济和社会发展提供应用服务、网络供应、网络接入服务的企业群体。

【2002年工作思路】

2002年，信息化工作突出宣传发动、信息技术推广应用两个重点环节，充分发挥信息办的牵头作用，抓好检查、督促、协调、服务等工作，主要有：

1. 组织好全市信息化工作会议、第三届信息化宣传周活动、信息化工作领导小组会议。利用多种媒体、采用各种方式，进一步加大信息化知识的宣传普及，努力创造有利于信息化发展的良好环境。

2. 继续推动企业上网工程。突出提高企业上网的质量，加强企业网上资源的开发与应用；促进电子商务的试点工作，努力提高电子商务应用的覆盖率。

3. 加快信息化工程建设步伐。及时掌握各项工程的进展情况，积极做好监督、协调、服务工作。

4. 推进信息资源的进一步开发应用。完善、提高“政务信息网”、“公务邮件网”、“农业信息网”等网络的建设与应用；加快教育、卫生信息化进程。

5. 建设好信息化示范小区。牵头协调有关部门，加强已批的“龙川广场”示范小区的硬件建设并发展用户；再组织申报1个信息化示范小区。

（徐建党）

仪征市信息化事业发展概况

【2001年基本情况】

（一）编制《仪征市“十五”信息化建设规划》

2001年，仪征市第十二届人大四次会议通过了《仪征市国民经济和社会发展第十个五年计划》首次将信息化建设作为一个重要的章节纳入全市经济发展规划的宏伟蓝图中，《“十五”信息规划》全面总结了“九五”期间信息化工作取得的成绩和存在的不足之处，明确了今后一段时期信息化建设的发展目标、重点任务和政策措施，确立了以信息化带动工业化、调整经济结构、改造传统产业、全面提高各行业的管理水平，成为逐步赶上和超过发达地区的突破口。

（二）召开全市信息化工作会议，开展信息化“宣传周”活动

2001年市委、市政府加强了对信息化工作的组织和宣传力度，召开了全市信息化工作会议，调整充实了信息化工作领导小组成员名单，通过了《仪征市国民经济和社会发展信息化“十五”规划纲要》，布置了2001年信息化建设工作目标任务，使各项工作落到实处。

为加大对信息化工作的宣传力度，普及信息化新知识、新技术，促进全市信息化工作的新发展，10月14日仪征市第二届信息化宣传周隆重开幕，开展了内容丰富、形式多样的活动。举行了由电信、广电、移动、联通及各大电脑公司参加的现场展示会，举办了“经贸网”、“信息技术在现代住宅小区中应用”的演示会和CAD、CIMS技术研讨会，还通过知识竞赛、评比授牌、推介会等多种形式，对宽带通信、移动通信、信息化示范小区等新领域、新技术，以及国内外信息化、网络化的发展成就与趋势，国家有关信息化建设的方针与政策进行了广泛的宣传，整个“宣传周”期间市民表现出了对信息技术极大的兴致，营造出全社会共同关心、共同参与的信息化建设氛围，提高了市民综合素质，普及了信息化知识，促进了信息化建设快速发展。

（三）基础设施建设

2001年信息化基础设施建设迅速，电信、移动、联通、广电等单位累计投入1.23亿元，取得了显著成效，开展了高速宽带城域网、程控交换网、数字传输网、固定电话网、广电宽带数据城域网、移动通讯扩容信道、建造基站等六大系统的工程建设，完成了150项工程建设项目，基本实现光纤到路边，到大楼，到小区，初步具备了“千兆到社区，百兆到大楼，十兆到用户”的服务能力，网络出口已形成了2.12G以上的高速通道。全市程控交换机容量达17.1万门，电话普及率已达23.71部/百人，固定电话用户数达12.26万户，3年翻了一翻，2001年9月实现了“电话小康市”的工作目标；建成覆盖全市所有乡镇的光缆主干网、数字数据网及分组网，新增拨号用户数9584户、ISDN（一线通）用户348户、ADSL（高速通）用户125户、DDN（专线）用户41户；新建宽带网小区3个，覆盖用户数3000户，市、乡、村三级光缆计333.64皮长公里，乡镇全部实现光缆联网，村光纤联网数达50个；新建基站11座，在建基站3座；有线电视入户率市区99%、市乡联网率100%，有线电视用户达3.5万户。以电话网、传输网、数据网、无线通信网、多媒体通信网、光纤接入网为支撑的信息传输交换体系日益完善，建成基本适应现阶段社会需求的宽带通信网络。

（四）党政办公综合信息网建设

仪征市党政办公综合信息网是在市委、市政府为进一步提高机关办事效率、改进机关作风的指导思想下建设的，成立了以常务副市长为组长，政府各部门负责人为成员的专门工作小组，召开了建设党政办公网的推进会，明确指出要以党政办公信息网为龙头，全面带动信息化建设的发展。经一年多来的建设，共计投入600多万元，形成了一个覆盖全市机关、部门和乡镇的科学、合理的环形网络结构宽带骨干网。市委、市政府各部门以建设党政办公网为契机，新建起人大、政协、纪委、统计局等十几个部门的局域网，目前已有49家单位和80%以上的乡镇联网，网络平台运行良好。将逐步建成完善的政府办公自动化网络系统。

（五）农业信息化建设

仪征市政府于2000年、2001年连续两年将农业信息网站的建设列为全年所办实事之一，开展了“进村入户工程”，给全市80个农业专业大户、农村经济合作组织负责人配备了农业信息机，及时接收各类农业信息，与仪征日报、电视台、广播电台进行广泛合作，出版农林专刊，制作专题节目，使传统媒体与信息媒体实现优势互补。此外，还举办了多期农业信息知识和技术培训班，把掌握必要的信息知识和技能作为农技人员知识更新、技术更新的必备内容。

2001在经费不足的情况下，经多方筹措资金，共投入100多万元用于农业信息基础设施建设，添置了专用服务器、40台微机，建成了连接所有乡镇和部分专业大户的农业信息网络。

在网站建设方面，逐步形成了三大体系，一是互联网站，现有农业新闻、分析预测、专业大户、价格行情等10个版块，并采用大型数据库提供支持；二是农作物生产远程教育和诊断系统，引进南京农业大学及中国农业大学“农博士”农业专家系统，使各级领导、农技人员、专业大户足不出户，就可及时接受农业专业知识教育，请求相关专家诊断；三是农业决策支持系统，系统以“3S”技术为基础，综合水利、土壤、气象及计算机处理等技术，共设置4个模块，2001年秋播时节进行了区域试点，目前已与中科院资源所达成利用1号、2号卫星图片资料的协议。在网络应用方面，坚持把农业信息化建设作为转变职能的重要手段，充分利用丰富的网络资源，开展信息服务，引导结构调整，通过对价格行情、市场走势等方面的信息进行综合分析，利用农业信息服务热线电话为农民提供各类信息咨询，2001年共提供专题信息咨询1000多次。在开拓农产品市场方面，积极开展网上贸易，先后为30多个专业大户和有关涉农企业建立了网页。养狗大户薛培生依靠仪征农业信息网发布的信息，销售肉狗近万只。互联网站建成以来，日平均访问量现已达到100多次，发布有效供求信息500多条，促成农产品交易102宗，实现交易额900多万元。开辟招商引资专栏，介绍农业招商引资优惠政策，并利用多媒体系统制作了仪征市农业概况、投资环境等方面的演示材料，2001年包装了18项农业招商项目，2001年，日本客商通过仪征农业网站，了解到仪征的资源及农产品状况后，先后6次组团来仪考察，签订了合作协议和项目意向书。在扩大对外交流方面，仪征农业网站已与北京农业信息网、上海农业信息网等多家国内知名农业网站建立了首页或图片链接。根据对网络流量分析，来自日本、韩国、欧盟、美国等世界各地的境外访问量约占网站总访问量的10%，仪征农业网站2001年10月被扬州市政府评为“优秀专业网站”称号。

（六）工业信息化建设

以推广CAD/CAM（计算机辅助设计/计算机辅助制造）、CIMS（计算机集成制造）、ERP（企业资源计划）等技术改造传统产业为突破口，促进信息技术推广从单项应用向集成化、网络化应用方面发展。2001年已有扬州市CAD/CAM应用推广示范企业10家，CAD/CAM在仪征的各大企业、建筑单位已经得到广泛应用。市经委开通了仪征市经贸流通网，形成了企业上网的总平台，2001年新增上网企业800家，累计已达2000多家，企业上网工程第二阶段进展顺利，荣获扬州市“企业上网工程”先进集体表彰并获一等奖，在加入WTO的形势下，企业和国际接轨已经非常迫切，现代企业的领导人已经越来越重视企业的信息系统的开发和应用。2001年在CIMS、ERP的推广和运用上取得了很大进步，使企业信息化工作向高层次迈进。仪征市新光照明电器有限公司是江苏省十家中小型企业信息化试点单位之一，投入200多万元实施企业资源计划系统（JSERP）、QIS质量管理系统、OA办公自动化系统，实现JSERP、QIS和OA系统的全面集成，通过了EIP项目的鉴定验收，实现从采购、销售、库存、财务、设备、计量、人事、薪金等全面信息化管理，取得显著效果；信息编码体系，将公司2万多条信息进行有效分类和统一管理，彻底解决了过去口径不一、信息零乱及物帐不一致等问题；成本核算，准确、及时，较实施前缩短了三分之二时间；库存管理，保证了帐、卡、物和帐、帐相符，2001年库存占用资金下降了172万元；销售管理，有效地控制了应收帐款，2001 年公司销售资金回笼率 100%、陈欠在途资金下降 8%；产品开发、生产，极大地增强了自身的应变能力，2001 年产销量比上年增长 18.3%。市双环公司把加快企业信息化建设当作一件关系到企业兴衰的大事来抓，连续五年，累计投入近千万，不断完善软硬件环境，实施 MIS 系统及 CAD、CAPP（计算机辅助工艺设计）工程，目标是建立一个全新的与国际接轨的现代化企业，取得明显成效，2001 年降本增效 450 万元，生产周期由 35 天降为 15 天，新产品开发速度提高了 10 倍以上。荣获美国四班系统亚洲最佳用户奖。

（七）劳动力市场信息化建设

仪征市劳动力市场按照科学化、规范化和现代化的要求，不断改善服务条件和手段，提高服务质量，逐步将职业介绍转变为信息引导、职业指导、推荐介绍等，服务、介绍相结合的新格局。形成了以市职业介绍所为中心，以全市 11 个乡镇劳动所，市属行业再就业服务指导中心及总工会、妇联等群团组织的职业介绍机构为依托的覆盖全市的劳动力市场信息网络。几年来，累计提供就业岗位 9000 余个，职业介绍成功率为 68%。其中介绍下岗职工就业 2200 人（次），组织下岗职工和失业人员培训 8000 人（次），组织劳务输出 3000 人（次）。

1. 网络建设。采取分步建设、循序渐进的方式，积极筹措资金，改造和兴建劳动力市场。先后投入 200 多万元，建立了 500 多平方米的现代化劳动就业服务大厅，可容纳 500—800 人进场洽谈，配备了大型彩色电子显示屏、触摸屏、多媒体查询、数码照相机、复印机等现代化的信息服务工具，使用了全省统一的劳动力市场信息服务软件，每个工作岗位都配备了计算机，实现了职业介绍工作前台计算机化，全市所有求职登记信息，招工招聘信息，失业、下岗职工管理信息等全部输入微机进行统一管理，初步使行政管理与前台服务实现了办公自动化，为及时、快捷传递就业信息提供了良好条件。

2. 网络服务。初步建成上下贯通，横向互联的劳动力市场信息网络，通过电信专线与扬州市职业介绍服务中心进行联网，及时上传劳动就业信息、下载扬州市及兄弟县（市、区）的招工、招聘信息，同时建立了“仪化”和“真州”职业介绍信息分站，实现了城区范围内的实时信息传递，各乡镇职业介绍信息分站正在建设中，一个覆盖全市的职业介绍机构网即将建成。

3. 资源开发。以计算机网络为媒介，建立了以企业劳资干部，工商管理和各乡镇劳动管理所人员参加的信息采集员队伍，增强信息引导作用，实行劳动力市场信息定期采集预测、分析、发布制度，建立信息采集奖励制度，发挥各部门渠道广、信息灵的优势，及时提供、反馈用人信息，帮助用人单位补充空岗。同时，充分发挥与总工会、妇联、社区服务中心等部门的联动作用，形成岗位信息互补互用，所有招工、招聘信息均通过互联网、电视台、《仪征日报》、职业介绍信息窗等多种形式进行发布。

（八）医疗保险、社会保险信息化建设

仪征市医保计算机信息系统，共投入 300 多万元，于 2002 年元月建成。系统分为医保中心、定点医院、定点药店、参保单位四大系统组成，采用 IC 卡作为个人身份识别卡，通过光缆专线与 21 家定点医院和 3 家定点药店实时连接，动态交换数据，建设了医保中心与各大医院门诊大厅的触模查询系统。自 2002 年 1 月 1 日系统正式运行以来，运行情况正常，至 3 月底，约有 2.3 万人持有医保 IC 卡，共有 25385 门诊人次、344 住院人次通过医保计算机信息系统进行了医疗费用的结算。

（九）教育信息化建设

1. 教育信息化工程建设有进展。9 月份，市教育局拟发了“仪征市教育信息化工作意见”，提出了“十五”期间全市中小学教育信息化建设工作目标要求。2001 年为 19 所中小学新建了 23 座网络教室，购置了 30 多万元的计算机软件。改建了十几座单机操作的微机室成为网络微机室，并连上因特网。教育系统全面实施了办公电脑上网工程。

2. 仪征教育信息网站开通。2001 年 12 月正式开通了“仪征市教育信息网站”，网址为：http：//www.yzjy.org。该网站主要设有“教育快讯”、“教育法规”、“教育时评”、“教育科研”、“教育技术”、“学校风采”、“名师风采”和“学生天地”等栏目。

3. 信息技术师训工作全面启动。教育局在完成全市中小学教师第一轮《现代教育技术》全员培训的基础上，积极创建“信息技术与培训考核基地”，2001 年 10 月份通过省厅验收，并分设十几个基层学校培训点。计划用三年时间，分期分批对在职中小学教师进行以计算机和网络为主的信息技术新一轮的全员培训。据统计，全市已报名注册参加此项培训的中小学教师共 4200 名。2001 年 7 月份，在教育系统全面启动了“信息技术与教育”培训、考核工作。12 月份已有 200 多人通过省教育厅组织的“信息技术与教育”考核。教育局电教站被省教育厅表彰为“江苏省中小学在职教师现代教育技术培训工作先进单位”。

4. 仪征中学信息技术装备投入加大。按国家级示范高中标准新建的仪征中学于 2001 年 9 月 1 日正式投入使用。该校信息技术装备经费的投入近 800 万元。主要包括：投资 200 万元购置了 300 台微机，新建了 3 个微机室，一个电子阅览室和一个课件制作中心，教师教学所用微机 60 台；投资 180 万元新建了 3 个语音室，1 个语音制作室；投资 100 万元给 9 个高三教室、5 个电化教室、2 个多媒体教室配备了电脑、实物展台、投影机、音箱等设备；投资 300 多万元新建了校园网，开通了“仪征中学网站”。其中用于教学管理的软件投资 30 多万元。目前学校教学、图书馆、天文台、师生食堂等设施全部实现了计算机管理。

行政管理现代化。通过校园网络信息平台，可方便地查阅学校的教务管理、学生学籍、学生成绩、学生德育、学校基本情况、教师基本情况、学校教科研、学校财产等数据。

信息交流。通过校园网，实现各科室文件传输、公告发布、资料传输打印等，通过 5 个电化教室、2 个多媒体教室、高三 9 个班级的联网，教师只需在办公室或课件制作中心准备好课件，就可随时、随地、重复地进行所需课程内容的教学。

对外交流。通过校园网可实现查阅各种教学信息，与兄弟学校交流教学经验、互出试题，进行联考等。

（十）小区信息化建设

信息化小区已成为衡量一个城市现代化的重要标志，仪征市红叶小区信息化建设，为市民创造了良好的生活环境。2001 年完成了第一期工程，安防监控、可视对讲、防盗报警、停车场等，应用于智能大厦的系统已建成，并被评为扬州市信息化示范小区。

1. 闭路电视监控系统。小区闭路电视监控系统对小区周界、各主要出入口、停车场、广场等进行全方位的监控，系统具有图形自动切换、定点显示和多画面显示等功能，并可进行 24 小时录像和存储。

2. 周界红外线对射报警系统。小区周界安装红外线对射报警系统，主要由收发红外线探测器组成，任何想穿过警戒区的企图，都会触动探测器产生报警输出信号，有效地防止了从围墙翻入小区的作案，保证了小区内居民的生活安全。

3. 保安巡更签到系统。小区相应位置设立巡更签到器，规定保安人员巡更路线及巡更时间，保安人员配带签到器巡逻，控制中心的电子地图上就会显示出所有保安人员（配签到器的）所在位置。当保安人员在规定时间内没有到指定地点巡逻，控制中心的计算机即会从巡更清单上反映出来，实现人防与技防相结合。经两年多来的运行，信息技术在该小区的管理和运作上发挥了越来越重要的作用，并普遍被广大居民所接受，几年来未发生一起治安案件。中共中央政法委副秘书长、国家综合治理办公室主任陈冀平同志来小区视察时，对该套安全监控系统给予了较高的评价。

（十一）信息服务业

随着信息业的发展，一些电脑公司已由打字、复印为主，通过滚动积累，现已逐步形成几个具有网络开发、系统集成、数据库开发的服务企业。一些国内外知名品牌机在市区已有了一级代理商，金晨科技公司在仪中校园网建设招标会上击败南京和扬州等多家公司一举中标，2001 实现销售 2200 万元，怡华商贸公司实现销售 2500 万元。经过整顿后符合规范的网吧 33 家，发展迅速，方便了市民上网的需要。2001 年各部门继续利用信息技术为企业提供有效的服务，市经济信息中心免费提供《经济信息》、《世经、中经评论》20 期；农林、科技等部门也免费为相关企业提供供求信息；经贸局、电信局等部门免费为企业上网等，为信息技术的发展作出了贡献。2001 年底全市有 100 多家从事计算机销售、技术服务和信息咨询服务的企业，从业人员近千人，实现信息产业增加值 1.8 亿元，信息产业占 GDP 的比重达 3.2%。

（十二）存在的薄弱环节

一是信息资源的开发利用明显滞后于网络建设，“路多车少”的现象较为普遍，投资效益不理想。二是信息制造业发展滞后，缺乏骨干企业和品牌产品，信息服务业的整体水平有待提高，电子商务尚处于起步阶段。三是企业上网数增加较快，但网上人气不够旺，“用网”有待进一步加强。四是信息技术推广应用的广度和深度不够，对工业、农业等传统产业的带动和渗透能力需加强。五是乡镇、部门信息化建设很不平衡，影响全市信息化的总体水平。六是信息化投入少，建设分散或有投资而无运行维护费用、低水平重复现象，信息资源开发利用深度不够，共享程度低，信息化建设与主流业务脱节，许多单位计算机仅用作日常工作的文字加工处理。七是信息化建设的管理体制和调控手段需要完善。对这些问题必须高度重视，采取有效措施，努力在“十五”期间逐步加以解决。

【近期目标】

（一）加快通信基础设施建设

电信部门要坚持高起点、高速度、大容量的发展战略，加快基础设施的建设，完善光纤通讯网络的建设，总带宽要达到2.12G以上，实现宽带到集团，百兆到单位，十兆到用户；实施新建设小区的综合布线和老住宅小区的线路改造，满足未来信息化小区建设的需求。

（二）加快政府信息化建设进程

1. 努力建设好党政办公综合信息网，加快政府信息化进程，实现全部政府机关和乡镇政府的联网，完成整个党政办公综合网的建设。争取在年底前，实现网上发文等部分电子政务功能；政府部门信息化建设工作将重点推进内部局域网建设工程，力争到年底全市部门内部局域网数达40家以上；继续加强政府网站建设，发挥各自优势，电信局、科技局、外经贸局、招商局等，要以各自行业为基础，把各自的网站建好，形成特色。

2. 筹建“中国仪征”门户网站。将现有的网站资源进行充分地整合利用，形成“一站式”服务。按照扬州市信息化工作会议的精神，今后政府、部门负责人的名片上要有“中国仪征”网站的网址和个人电子邮箱地址，对外成为宣传仪征、介绍仪征和招商引资的重要窗口，对内成为真正能为民办事的平台，包括政务公告、政府采购、政务公开和时政信息等相关资讯的政府信息发布，能实现各种表格的下载、个人资讯查询和网上申报注册等功能，将非密级文件向公众开放，提高政府工作的透明度。

（三）加快用信息技术改造传统产业的进度

1. 继续推进企业信息化进程。把企业信息化作为企业技改的重点，并与企业制度创新、技术创新和管理创新有机结合起来，推进有条件的企业设立企业信息主管CIO，实施企业资源计划ERP和企业管理信息系统MIS等，努力完成扬州市下达的2002年信息化重点项目的建设。组织实施“企业上网”第二阶段工作任务，新增上网用户1000家，大力推广企业电子商务、网上交易，选择1~2个信息化建设基础较好的企业进行电子商务试点工作，争取实现80%的企业上网，试点企业网上交易额占年交易额的10%左右。在全市年产值在500万元以上的企业中推广应用MIS（管理信息系统），包括企业技术管理、生产管理、财务管理、供销管理、劳动管理、人事管理、CAD、CAM和CIMS等先进的计算机应用技术，大幅提高企业设计、生产和管理水平，逐步实现现代化的生产管理。

2. 以信息技术带动仪征农业的快速发展。依靠信息技术对农业生产进行科学决策和管理，实现仪征农业的二次创业，重点进行基于3S技术方面的农业决策支持系统的应用和示范、农业远程教育和智能诊断的推广应用等，加快重点涉农部门、农业企业、农副产品及经纪人的上网，在农业项目上，重点扶持信息技术在农业上的应用项目，集中力量筛选一批有可持续发展和有出口能力的项目，参与国际竞争，建立网上项目库，开展网上农业招商引资工作。

（四）加快信息管理系统的建设与运行

全面推进信息技术在各行业中的应用。建立政务办公系统信息共享平台，实现党、政、人大、政协等各部门之间的互联；切实加快电子政务、电子公务建设。全市主要经济和社会管理部门将针对群众最关心、最迫切希望解决的问题，通过加强信息化建设不断提高办事效率和管理水平，增强为民办事的透明度和公正性；开发住房公积金管理数据库，实现个人住房公积金的查询、结算等功能；建立劳动就业、劳动保险、医疗保险、人口管理、治安管理、出入境管理数据库、财政系统数据库，实现各乡镇之间财会数据的交换；建立旅馆信息与110联网微机管理系统；完善气象自动查询系统的建设等。

（五）加快科技、教育、文化方面的信息化建设

进一步建好“仪征技术创新网”、“仪征经贸信息网”、“仪征科技信息网”。及时发布最新的科技动态、新产品、新技术、新能源、专利技术及工农业等方面的政策法规，为全市工农业产品结构的调整、产品的升级提供方向性、指导性的信息。抓好中小学信息化基础教育，加快“校校通”校园网的建设，进行多媒体教学、网上教学和远程教学的试点、示范。市区各中小学都要全面开设计算机课程；建设市图书馆二期工程，在去年与省图书馆联网的基础上建立图书管理、科技文献开发、多媒体阅览室等计算机管理服务网络。建设以会计管理中心计算机局域网为中心的会计电算化网络系统，全面实现机关、企事业单位会计电算化。

（六）加快信息化示范小区的建设

为进一步改善城市投资环境，树立新城市形象，提高城市品味，提高人民群众的生活质量。建设1~2个信息化智能小区。新建镜湖小区信息化工程，将镜湖小区建成全省信息化智能示范小区。

（七）加快信息服务业的发展

1. 在不断扩大总量的基础上，努力提高服务层次。电信将投资2000万元，进行宽带高速城域网建设工程，计划推广 FTP - LAN（极速通）、ADSL（高速通）宽带用户1000户；广电局利用其宽带技术 C - MODOM，推广宽带用户，形成竞争有序的宽带网络市场；市移动、联通等部门，将投入3000余万元，继续抓好机站建设、信道扩容，提高服务质量，特别是联通公司将推出第三代 CDMA 新技术，使通信市场竞争更加激烈；市金晨、怡华、科联等电脑公司，将在品牌机销售、网络建设、智能化布线等，为市民提供高效、优质的服务。

2. 尽快将仪征丰富的旅游资源搬上因特网。通过信息技术把资源优势转变为经济优势，加快旅游信息化建设，建成具有仪征特色、功能齐全、信息量大、反馈迅速、及时更新和组织周到的仪征旅游网站。

（八）加大宣传力度，加快人才的培训与教育

认真做好一年一度的信息化“宣传周”活动，加大信息化知识的宣传和普及，通过举办多层次的信息技术应用、技能演示、研讨和比赛，吸引更多的社会人才投身信息化建设。机关、重点企事业单位建立信息化人才培训机制，规范和引导以应用为核心的岗位培训制度，建立信息化人才培训认证体系，推行 CIO（信息主管）制度。

（杨瑞华　郭威）

东台市信息化事业发展概况

【本市概况】

东台位于江苏省中部沿海，地处长江三角洲经济开发带。全境一马平川，四季分明，温和多雨，总面积2308平方公里，人口118万。东台古以盐富，后因植棉名世。改革开放以来，东台发生了沧海桑田的巨变，经济建设蓬勃发展，各行各业蒸蒸日上，社会事业长足进步。连续两次跨入中国农村百强县（市）行列，荣获中国明星县（市）称号，农林牧渔总产值列全国百强第四位。

近几年来，在市委、市政府的正确领导下，东台积极推进全社会信息化建设，加强各方面与国际接轨的能力，为经济可持续发展打下了良好基础。

【信息化建设现状】

（一）组织机构

市委、市政府把信息化建设作为改善招商引资软、硬件环境的主要内容，作为实现跨越发展的重要手段，专门成立“市信息化工作领导小组”。常务副市长、分管副市长任领导小组正副组长，各部委办局分管信息化工作领导任领导小组成员，领导小组办公室设在市信息中心。领导小组负责全市信息化建设的规划制定与工作协调，对全市信息化建设进行管理，目的是提高网络信息资源的利用率，避免重复建设，保证本市信息化建设工作健康有序发展。

（二）基础设施建设状况

按照高起点、高速度、大容量的要求，集中专门力量加快基础工程建设。到2001年底，全市城乡电信交换机容量20万，电话用户18万户，居盐城市首位；数据通信网全面开通，全市已形成以光缆为主，以数字微波为辅，核心层、骨干层及接入层组成的数据传输网络。光缆总长度1200皮长公里，各种类型端口容量近500户，多媒体用户达11705户；移动通讯与无线寻呼覆盖率达100%，建成移动站90个，拥有移动用户11万户；建成市内广播电视双向传输光纤网络，在苏北率先实现城镇光缆联网。全市23个有线电视光缆已经联网，有线电视进村率100%；新的网络业务逐步增加。建成宽带综合业务数字网，拥有中波、调频发射台2座，电视发射台2座。

（三）电子公务

作为省地理信息系统建设试点成员单位之一，东台国土资源局目前已投入近300万元，采用先进的GIS技术和设备，建立了城镇、农村地籍信息系统，最终为土地登记、土地利用总体规划的编制与实施，土地利用以及土地权属纠纷调处、土地监察、政府部门经济发展、城市建设规划、城市拆迁改造等提供各类数据与图文信息。

金融信息系统工程全面启动。工行系统现已与省级数据中心联网，预计明年8月份与全国性数据中心联网，届时在东台境内可办理所有异地金融业务；实时划拨系统现已开通，汇款可立即在对方银行办理；网上银行初步开通，企业或个人可通过网站开户，异地办理金融业务。各专业银行之间的联网正在进行，现已可办理各行之间的证卡、POS业务，国际牡丹卡业务已扩展到海外。银证联网、银企联网工程已在实施。

工商、税务信息系统建设紧锣密鼓实施。已完成“金税”二期工程，取消了万元版、十万元版手工发票，实行了网上报税。工商系统内部联网已快实施。

行政审批中心信息化建设正在进行。东台市行政审批中心正在筹建，目的是集合政府各职能部门，为企业、老百姓提供窗口式一条龙服务。在此基础上的信息化建设目标是建立“网上虚拟服务中心”，实现网上审批、政务公开等服务。

科技信息系统工程、教育科研信息系统工程、公安管理信息系统、劳动与社会保障系统工程已制定实施计划，部分已正在实施。

金关工程部分实施，可实现网上报关。

全面实施“家庭上网”工程，推进社区信息化。全市家庭互联网上网率已达1万户。信息化小区建设已纳入规划。积极开展社区、家庭、单位信息化水平和技术培训，全市参培人员超过10万人次。

（四）电子商务

企业信息系统建设不断完善，部分企业从内部管理到网络营销全面介入电子商务领域，ERP、MRP等概念正逐步为企业所接受。以信息技术改造传统产业在一部分企业已初显成效。正在筹建“茧丝绸数据库”、“专利重点企业数据库”等数据库。

（五）电子政务

全市机关基本普及利用计算机协助工作。全市政务网络，与各级机关联网正在实施。东台市政府网站“黄海明珠”已建成。

【存在问题】

（一）市信息化领导小组及其办公室职能没有充分发挥，信息化制度建设不完善

信息员制度、信息采集制度、数据库建设制度、信息工程实施和监理制度，人员培训制度没有形成，严重制约了本市信息化建设进程。

（二）全市信息化建设无统一规划和建设标准，已投入资源未能充分发挥作用

全市没有形成信息化建设发展战略与规划，各部门信息工程项目实施缺乏统一规划，各自为政。不能充分整合各种资源，降低了政府信息化建设资金的使用效率，各系统间存在重复建设现象。凡此种种为日后各部门间的联网与数据资源共享，为电子政府建设留下了隐患。最近几年，各级部门陆续投入资金用于信息化建设，但由于网络不完善，没有软件支撑，许多机器只能简单地用于文字处理与上网，形成资源的极大浪费。

（三）各级部门信息化建设人才匮乏

（四）信息化建设资金渠道单一

【发展规划】

建设数字化城市——“数码东台”。通过数字技术、信息技术、网络技术在社会生活各方面的渗透，建设一个架构在城市地理空间信息基础设施上，进而整合各类信息系统的超级综合信息系统，促进人流、物流、资金流信息流的快速传输，为管理调控城市、预测城市、监管城市提供先进手段，实现城市规划、建设、管理与服务数字化的最终目标。

（一）电子政务发展

目标是实现政府办公自动化，形成省、市、县三级联网，依靠政府网站以统一的窗口为公众提供“一站式”政府网上服务，提高政府管理与服务的效率；建成“海量数据库”，实现省、市及各部门间党务、政务、经济、统计、人口、医保、医疗卫生、工商、税务、城管、交通、地理空间及社区监控等数据按权限共享；建成交互式数字视频会议系统；建成远程办公系统。

（二）加强地理空间信息基础设施建设

推动地理空间信息基础设施在基础性、业务性地理空间信息系统应用工程、地理空间信息基础设施关键技术产业化方面的应用。

（三）加快电子商务的建设

建立全市统一的网上产品市场，宣传、推介东台的产品资源，以其为阵地加强与国内外大型网站、经济中介组织的合作交流，扩大招商引资的力度与范围；加强立法，建立CA认证中心，尽快解决电子认证及网上结算和交易安全问题，促进市场经济信用机制的建全。大力发展第三方物流，B2B、B2C等多种形式电子商务试点示范工程，加快推广ERP、MRP等先进技术，引导企业向规范管理、网络营销和电子商务发展。

（四）加快高速公用互联传输网建设，实现“三网融合”

推进电子公务建设，建成统一的数据中心，推进工商、银行、公安等系统之间的联网，完善“金卡”、“金税”、“金关”等工程，建设综合科技数据中心和网上高新技术及产品信息、技术产权交易中心。

（五）建成农村经济信息网络

充分发挥本市农付产品资源、海洋滩涂、资源优势，建立产品数据库。利用信息技术，在农户、公司与市场间建成严密联系的网络。扩大农户与市场的接触，接受消化市场、技术等各种信息，扩大销售半径，促进我市农副产品结构调整和农业产业化发展，建立如“西瓜网”、“网上山羊市场”、“网上茧丝绸”等一系列专业营销网络。

（六）加强组织制度建设，建立健全严密的信息采集体系

建立“重点急需项目数据库”，高新技术项目数据库、企业名录、农付产品数据库，地理资源

信息库、地理市情信息库等一批基础数据库，为东台经济的可持续发展打下了良好基础。

（七）实施信息网工程

建立教育信息网、人才服务信息网，医疗卫生信息网等工程，开展远程教育、远程医疗、视频点播、智能小区建设，有效提高公众物质文化生活水平。

【近期主要任务】

（一）充分发挥强化“市信息化领导小组”领导、协调职能，充分发挥市信息中心作用，尽快制定全市信息化发展规划，完善信息化各种制度建设。确保按照“充分调研，统一规划，分步实施”的原则进行全市及各部门信息化建设。

（二）形成“信息化领导小组”例会制度，定期或不定期地召开会议，研究落实信息化建设有关问题；召开“全市信息工作会议”，把用信息技术改造传统产业，发展高新技术产业等措施落到实处，促进我市经济跨越发展。

（三）邀请外市信息行业专家教授对我市干部进行信息知识讲座，开展各种信息技术培训；利用引智工程，蓄积信息化建设人才。

（四）以建设“数字化城市”促进全市经济、社会跨越发展。通过建设“数码东台”，加入“数字化城市数字化联盟”，加强与先进地区的沟通与交流，通过信息流带动资金流、人流、物流；同时，促进政府管理提高办事效率，提升城市品位，改善软、硬件投资环境，吸引外部资金，形成跨越发展的有效手段。

（五）完善政府网站。把政府网站“黄海明珠”真正建成为宣传全市的窗口，对外交流、招商引资的阵地，开展电子政务的平台，联结政府与老百姓的桥梁。

（六）各部门各镇落实分管信息工作的领导及工作人员，建立一整套完整的信息采集体系。加强“茧丝绸数据库”、“农副产品数据库”、“企业信息数据库”、“重点项目数据库”、“地理信息库”等一批重点数据库建设。

（七）建立网上农副产品和工业产品交易市场，如“网上茧丝绸”、“网上西瓜市场”等，以统一的电子平台宣传我市产品资源；与国内外大型招商网站、经济中介实体建立良好的同盟、协作关系，实现资源共享，增强招商引资的目的性和扩大其力度；利用信息技术密切产品、技术、市场之间的联系，以信息化促进工业、农业等传统产业的发展。

（八）充分利用本地教育资源培养软件蓝领，大力扶持软件业、信息服务业等一批新兴产业，培育新的经济增长点。

（九）丰富信息化建设融资渠道，改变完全由政府投资的方式。可仿照外地经验建立“政府信息化建设资金”，考虑采用“招商引资”等多种融资方式。

（十）成立“东台市信息协会”，加强各行业、各部门间的信息化建设与信息技术合作，合力提高本市信息化建设水平。

大丰市信息化事业发展概况

【本市概况】

大丰市位于江苏省中部，长江以北，是黄海之滨的新兴城市，素有“金大丰”之美誉。全市总面积 2367 平方公里，总人口 72 万，辖 17 个镇、1 个经济技术开发区和 1 个港口经济区。境内驻有 3 个沪属农场和 3 个省属农场。

大丰成陆于两千多年前的春秋战国时期，曾以产盐而名闻遐迩。自唐朝始有盐场建制，其时隶属扬州海陵县，北宋起隶属泰州海陵；清乾隆 33 年（1768 年）划归东台县；1942 年正式建县，定名台北县，1951 年 8 月更名为大丰县，1996 年 8 月经国务院批准，大丰撤县设市。

大丰四季分明，日月充足，雨水充沛，气候宜人，是江苏省重要的粮棉生产和海淡水养殖基地。广阔的滩涂更具得天独厚的优势，境内海岸线达 112 公里，滩涂面积 116 万亩，是江苏省滩面最宽、植被最好、地势最平坦、开发潜力最大的地段之一，土地后备资源丰富。世界上最大的国家级野生麋鹿自然保护区、《水浒》作者施耐庵故居等一批独具特色的旅游景点，吸引着众多的国内外游客前来旅游观光。

大丰地处我国东部沿海开放带，属上海经济区，受长江三角洲经济圈辐射。新长铁路、204 国道和正在建设中的盐通高速公路穿境而过，被国家交通部列入“十五”新开一类水运口岸规划的大丰港正在紧锣密鼓地建设，建成后将直接通航韩国、日本、香港等国家和地区。大丰是全国第一家生态建设示范市、21 世纪议程示范市、国家可持续发展实验区、全国科技实力百强市，先后获得全国棉花生产第一市、全国科技百强市、全国林业百强市以及教育、文化、体育、民政、计划生育等 20 多个全国先进市称号。改革开放以来，大丰经济和社会得到了长足发展，2001 年全市实现国内生产总值 85.0 亿元，财政收入 4 亿元，农村居民人均可支配收入 3942 元，城镇居民人均可支配收入 5772 元（GDP、财政收入、农民人均纯收入在江苏省 58 个县 < 市 > 中分别居第 18 位、28 位和 16 位）。1997 年，大丰市在苏北 5 市 28 县（市）中，率先实现村村、项项全面达小康。“九五”期间建设的“大丰信息港”（www. dafeng. js. cn）（以下简称“大丰网站”），开辟了让大丰走向世界、让世界了解大丰的新窗口。

大丰市委、市政府历来高度重视信息化建设，始终把信息化建设放在政府工作的重要位置，以信息化带动工业化，发挥后发优势，促进经济和社会的跨越发展。回首新世纪的第一年，大丰市委、市政府以江总书记“三个代表”的重要思想为指导，认真贯彻党的路线方针政策和《江苏省信息化建设规划纲要（1997 - 2001）》的总体要求，在省和盐城市信息中心的具体指导下，大力加强基础设施建设尤其是局域网建设，推进政府上网工程和企业上网工程，加强大丰政府网站的建设、宣传、开发、维护和研究，开展网上贸易，同时进一步加强了信息化建设调查研究。2001 年，大丰市信息化建设实现了新突破，取得了新成绩，跃上了新台阶。在全省和盐城市信息化工作会议上，多次作典型专题介绍，多次得到省、盐城市有关领导的充分肯定和兄弟单位的赞誉。

【2001 年信息化建设概述】

1. 进一步加强舆论宣传，全民信息意识显著提高。2001 年，大丰市进一步加大了信息化建设的宣传力度，大胆创新宣传方式。大丰市经济技术信息研究中心（以下简称“大丰市信息中心”）先后联合计委、科技局、外经局、妇联、团市委等部委办局，通过大丰日报、大丰电视台、大丰电台、大丰网站等各种媒体，借助于电视专题片、专题讲座、座谈会、知识竞赛、演示会、黑板报、读报栏、外出学习考察等多种形式，利用节假日、周二机关学习日以及晚上的时间，深入学校、街道、企业、乡镇，宣传信息化知识，普及基础网络知识，广泛宣传信息化建设的重大意义。通过宣传，掀起了一股学习、宣传信息化知识的热潮，全市广大干群的信息意识有了显著提高。

2. 建立健全信息化工作机构和工作制度。以乡镇撤并和党政事业单位改革为契机，进一步建立健全了乡镇、部门和规模骨干企业的信息站，形成了覆盖全市的信息管理网络体系。同时，进一步发展了大丰市计算机信息网络协会会员，将全市的计算机爱好者和计算机技术骨干组织起来，分组编成若干个有一定特色的专业小分队，全年共帮助企业解决问题和难题15000余次，有力促进了大丰市信息化进程。另外，建立了全市信息化工作接待日制度，制度规定每周三下午，在大丰市经济技术信息研究中心的服务大厅，由各方面技术人员共同为全市各单位提供信息化建设咨询，帮助解决信息化建设难题，此项工作得到了有关领导的充分肯定。

3. 信息基础设施进一步完善。2001年，大丰市委、市政府进一步加大信息化基础设施建设步伐。首先，扩大了市政府机关局域网规模。2001年，市级机关局域网新增了市人大、政协、纪委、组织部、妇联、法制局、旅游局、科协等局域网终端，局域网接入电脑用户由原来的近100台扩大到近200台，进一步扩大了资源共享的范围，促进了机关工作向无纸化、信息化办公迈进。同时，局域网的接入方式由原来的64KDDN专线升级到10M宽带网。其次，增加了公众电信网的覆盖面。进一步增加了信息通信骨干的基础物理网的覆盖面，使全市实现了由单一的传统电话网向宽带化、综合化、智能化、个人化的信息网演变，也为政府上网、企业上网、学校上网、家庭上网以及社会各界充分应用网络提供了平台，提供高速上网、电子商务、视频点播、会议电视、远程教育、远程医疗、网上购物等多种服务。2001年开通了ATM宽带接入；截止2001年12月，全市共建成市农话交换机17万门，市农话用户总数达13.4万户，主线普及率达到19线/百人；全市光缆已敷设到所有镇，达969皮长公里；开通了省、市、县三级交互式会议电视电话系统；上网用户数从95年的2户发展到现在的8000多户，今年的上网时长与用户增长数列全盐城各县（市）前列。信息基础设施建设的完善，进一步促进了信息化建设工作的进程。

4. 进一步加强大丰网站建设，网站美誉度和知名度不断提高。（1）网站宣传。一是在网易、雅虎、搜狐、新浪等主要中文搜索引擎上宣传；二是配合大丰市委、市政府重大经贸活动做宣传；三是与其他网站交换链接宣传；四是借助传统媒体宣传。通过宣传，进一步提高了大丰网站的知名度和访问量。（2）网站建设维护。一是登记备案。按照有关规定进行了互联网信息服务备案登记，登记号为苏ICP备—008062。二是新闻更新。每日更新大丰主页和电子商务平台上的新闻，到目前为止大丰主页上的大丰新闻有1124篇，宏观经济有11135篇，电子商务新闻有1505篇。三是修改完善。对大丰网站的原有栏目做了很大幅度的修改完善，使得网站的版面设计日趋合理、完善，使网页内容日新月异，网页质量显著改善。icChina.com认为“大丰网站的栏目和内容都比较丰富，从各方面准确地反映了地方信息，颇具特色，希望能和贵站交换链接”；四是新栏目开发。设计制作了“地方政府招商引资”、“奥运经济专栏”、“第六届华商大会专题”和“WTO与中国”等专题栏目，设计制作了“大丰闪点”、“金丰图集”等新栏目来增强大丰网站的可读性和娱乐性。

5. 信息化建设的理论研究成果对实际工作的指导作用充分显现。2001年，大丰市信息中心结合信息化建设工作实际，积极开展了信息化建设特别是电子商务的研究，发表了20多篇论文，总结归纳了部分成功典型的实践经验，以成功的经验更好地指导了全市的信息化建设，指导作用得到了充分显现。同时，大丰市信息中心还经常深入基层开展信息化建设情况调研，了解基层的信息需求，通过信息采集与处理系统及时收集相关信息，筛选并编印成文字材料，全年共编印《经济信息》36期、《信息专讯》28期，发布了大量的经济形势、政策动态、供求信息、市场预测等方面的信息，为各级领导、经济主管部门、企业和农村，提供了大量的有价值的经济情报和供求信息，为各级领导科学决策提供了可靠的依据，尤其是通过《经济信息》介绍了部分企业开展电子商务的成功做法，取得的主要成效在全市各企业引起较大反响，市委主要领导同志批示：“全丰集团的经验值得在全市推广。”掀起全市企业学习先进典型、开展网上贸易的热潮。

6. 政府和企业上网工程进展迅速。为加快全市信息化进程，2001年，大丰市政府先后组织宣传发动，督促和指导各政府部门和各企业上网，7

月份还组织召开了全市信息化工作会议，为上网工程创造良好的服务环境。全年为三龙镇、西团镇、刘庄镇、南阳镇、农业局、广电局、开发区等10多家政府和部门建立了网站，为多为集团、茧丝绸公司、市机械总厂、奥克集团、飞宏机电公司、银河轻纺公司、神龙玩具公司、众一玩具公司、振东空压机公司、乐天化建、长虹建材、丰艺印务、明星家具公司、大众汽修厂、精锻齿轮厂等20多家企业建立了网站。据不完全统计，全市已有446家企业的计算机上网，有608家企业在网上发布信息，有68家单位建立了网站。

7. 加强信息资源开发利用，网上贸易额有了新突破。2001年，大丰市信息中心利用网络营销软件——商务快车，为企业的产品进行了宣传和推销，得到了许多反馈信息，取得了明显的经济和社会效益。据抽样调查，2001年全市企业网上贸易额达2.1亿元，比同期增长一倍多。全市已涌现出一批应用电子商务的先进典型。三龙镇为参与国际市场竞争，已建立15个企业信息网站，6个定报企业（年销售额500万元以上）先后从网上寻得国际市场有用信息2000多条，全年实现网上贸易额15608万元，获利400多万元，使三龙企业从网上闯入了国际市场。森威集团通过大丰网站结识了来自日本、美国等10多个国家的客户，网上贸易额已占企业销售额的30%以上。全丰集团通过大丰网成交16笔，成交额1200多万元。银都集团通过大丰网出口服装和床上用品14000件（套），总额达120万美元，产品主要销往日本、智利、阿联酋等国家；还通过大丰网实现内贸1700万元，销往上海棉纱420吨，销往山东棉纱150吨。辉丰集团通过大丰网先后开发了西欧、南非等10多个国家和地区的农药销售市场，出口产品成本大幅度下降，2001年三个出口产品原料成本降低了17.6%，增加效益近200万元。2001年网上贸易成交额170万美元。宝龙集团1998年建立自己的网站以来，实现网上贸易1700多万元。银都集团银丰轻纺有限公司2001年初成立电子商务办公室，投资15万元建立了企业网站，通过因特网先后与上海、南京等地的相关公司签订了18份贸易合同，网上贸易额达800多万元。“雪尼尔”系列棉纱是该公司1999年开发的“拳头”产品，虽然市场前景较好，但由于当时市场开发没跟上，销售面临较大困难。2001年5月，他们在网上加强了对雪尼尔产品的宣传，系统介绍其产品特点，国内外用户在网上获得信息后，纷至沓来，与银丰公司建立了长期业务关系，该公司已与伊朗、土耳其的客户建立了正常业务关系，实现出口创汇29.5万美元。在加快工业信息化步伐的同时，农业信息化也有了良好起步。刘庄镇通过建立政府农业网站，引进种植养殖新品种20多个，他们通过网站引进并销售红镶边绿扁豆等新品种，面积达7000多亩，亩平效益达2000多元，农户增收500多万元。所有这些都发挥了积极的示范引导作用，有力地促进了全市网上贸易的开展，促进了全市经济的发展。通过树立全丰、银丰、辉丰、多为、宝龙、天力等一批电子商务示范企业，发挥了积极的典型带动、示范引导作用，有力地促进了全市网上贸易额的不断增长，信息化对工业化的带动作用逐步显现。

8. 加强培训力度，信息化队伍不断壮大。2001年，大丰市进一步加强了信息人才的培训力度。首先，大力发展计算机信息网络协会会员。全年共发展会员158人，通过多种形式对会员进行网络知识培训，他们在宣传信息知识，动员企业上网方面发挥了积极作用。其次，还通过联合办班的形式开展了各种类型的电脑培训，尤其是网络知识培训。如：大丰市信息中心联合部委办局，开展了“学习网络知识、推进上网工程”活动，采取咨询、授课、上机操作等各种形式，举办了电脑入门培训、网络基础知识培训、电子商务培训、网页制作培训等各种类型的培训班16期，共有1350多人次参加。对企业负责人、机关干部、各种层次的实习生、电脑爱好者进行了网络知识和电子商务技能培训，收到了较好的效果。近年来，大丰市信息中心、大丰市经贸学院、大丰市教师进修学校、大丰市王涛电脑软件公司等单位针对各行业、各单位的特定对象别举办了电脑入门培训、网络基础知识培训、电子商务培训、网页制作培训、网络管理知识培训等各种类型的培训班200多期，共有4350多人次参加。大丰市信息中心还多次组织有关单位的技术骨干赴北京、南京、昆明、上海等地参加了各种高层次的培训。通过这一系列的培训教育，全市信息化建设人才队伍进一步壮大，有力地促进了全市信息化工作的开展。

另外，网上招商引资初显成效。通过大丰政

府网站发布了80多余大丰招商引资项目信息，收集招商引资需求信息100多条，有力地促进了全市招商引资工作。同时，大丰市信息中心还对招商引资项目信息进行了跟踪落实，目前银都商城招租项目、垃圾发电项目正在进一步洽谈之中。

【存在问题】

大丰市信息化建设虽然有了一定的基础，但与省内经济较发达城市的信息化建设相比，还有很大的差距，主要体现在以下几个方面：

1. 社会信息意识淡薄。不少部门、企事业单位和市民对信息资源作为一种战略资源的重要性还没有足够的认识，信息和信息服务的价值在社会上尚未得到普遍承认，公众的信息化意识不够强，主要表现在“三低”，即：上网率低、信息设备的有效利用率低、利用信息的能力低，有些部门和单位至今还存在电子信息技术应用的盲区。

2. 信息化建设的人才严重匮乏。信息化建设需要大量的信息和计算机方面的人才，但目前这方面的人才无论是数量还是结构层次上都与信息产业的发展要求极不适应，人才短缺的矛盾非常突出，关键的问题是缺少吸引人才的良好机制和拴心留人的良好环境。

3. 信息化建设的资金投入不足。发达国家和地区已经将信息产业作为第一支柱产业加以发展，而大丰最近几次的产业结构调整都没有将其列入支柱产业加以考虑，信息产业缺少规划，缺少投入，信息基础设施建设条块分割、力量分散，同时信息化建设缺少优惠扶持政策。

4. 信息化建设缺乏整体协调。信息产业的综合效益来自于经济和社会各方面的高效、统一的有机结合。信息化建设缺少统一规划，缺少行业管理部门，政府调控力度、组织程度不够，致使目前信息化建设分散、条块分割、低水平重复，信息资源难以共享。地区之间、部门之间信息化建设存在一定的不平衡性。

5. 信息化建设过程中，重设施建设，轻资源开发的倾向比较突出。信息化建设重设施、轻资源现象严重，信息资源开发利用滞后，信息处理、加工方法落后，信息服务市场作用还没有发挥，资源共享困难。普遍存在信息资源规模小、范围窄、质量差、更新周期长、共享程度低等问题。

另外，电子信息设备制造业、软件业基本处于刚刚起步，起点不高，发展不快，关键产品技术的研究开发与国际国内先进水平有相当差距。信息服务业的产业化程度还比较低。以上问题，有待于进一步加强信息化建设的组织领导，通过统一规划协调，有计划、有步骤地加以解决。

四、近期目标

今后5到10年是大丰市加快现代化建设的重要时期，也是打牢信息化基础的重要时期。“十五”期间信息化建设的主要任务是：

1. 建设和完善信息基础设施。全市将对网络进行战略性结构调整，使网络逐步演进成为一个融语音、数据、图像为一体，超大容量、灵活高效、经济适用、安全可靠的高速宽带信息网，推广高速互联网，推动网络向农村延伸、普及，加快宽带IP城域网建设。

2. 建设政务信息系统。包括党政机关办公事务的电子化与网络化、在一定范围内的政务信息资源共享和网上为企业与市民服务三部分，到2005年基本实现市委、人大、政府、政协及相关部门的办公自动化。

3. 加快推动政府上网和企业上网工程。全市将对大丰信息港网页进行不定期改版，及时更新网站信息，拓展网上应用领域，扩大覆盖范围，全面组织各镇政府上网。组织全市各类企业上网，积极实施企业网络营销、计算机辅助设计与辅助制造、企业信息管理等企业信息化建设工程，利用信息技术提升全市工业企业产品质量与经营管理水平。搞好信息资源的开发利用，大力发展电子商务。全市13000家企业2005年底上网面要达到85%。其中，定报企业99%以上要建立自己的网站。

4. 加快用信息技术改造提升大丰市传统产业。全市将广泛引进、开发、应用电子信息技术来带动传统产业的改造和信息产业的发展。

5. 加快发展农业信息化。逐步使各类农村信息进入公共信息平台，不断加强农业信息的科学分析、预测和研究，增强信息预测、分析和发布能力，及时向农民提供农产品产销和价格信息，为农业产业结构调整提供指导和服务，以信息化推进全市农业集约化、现代化。

6. 加快发展信息服务业。全市将进一步做好计算机的普及应用工作，在社会各领域全面发展各种信息服务业，以现有信息资源为基础，以IC卡为载体，建设覆盖全市的社会化服务网络。

7. 加快信息化人才的培养。造就一支信息化专业人才队伍，全市受过计算机和信息技术教育培训的人员占总人口的30%。大力发展教育系统信息化工程，建设校园网和教育城域网，普及、提高中小学计算机教育，发展网络远程教育。

2002年，大丰市信息中心打算重点加强五个方面的工作，努力成为五个中心：

1. 加强信息资源利用，努力成为网上营销的开发中心。2002年，大丰市信息中心将借助于网络营销软件——商务快车的强大功能，进一步加强信息资源的开发利用，努力使信息中心成为全市网上营销的开发中心。打算从以下几方面开展工作：一是调查研究，收集全市主要企业和广大农民的信息需求；二是与美商网等大型网站挂靠联合，实行优势互补；三是应用商务快车软件，把企业和农民的供求信息发布到全世界的著名商务网站上；四是用商务快车收集相关的求购信息，并借助于各种媒体及时传递到相关管理部门和单位手中；五是进一步开展信息利用跟踪落实工作。

2. 加强网上招商力度，努力成为招商引资的信息中心。2002年，大丰市信息中心将进一步加大网上招商引资的力度，积极开展网上招商。一是开拓多种形式的招商引资信息渠道。与大丰友好城市、驻外办事处、海外华商取得联系，寻求投资合作信息；通过商务快车软件定时发布招商引资信息；通过国际互联网收集国外公司、各大财团项目需求信息。二是建设内容丰富的招商引资信息平台。通过大丰政府招商引资网发布招商引资项目、招商引资政策及最新招商引资信息；协助开发区、各乡镇及各部门发布招商引资信息。三是提供高效快捷的招商引资信息服务。对收集的项目信息进行筛选配对，挑选出大丰有优势的项目信息和适合本地立项的需求信息；通过各大网站公告板发布本地项目信息；定时更新及检查反馈信息，及时将有价值的信息通知有关单位。

3. 加强政府网站建设，努力成为大丰情况的咨询中心。2002年，大丰市信息中心将进一步加强政府网站建设，努力使大丰信息港成为大丰情况的咨询中心。主要开展以下四个方面的工作：一是加大信息采编力度。要组织得力人员广泛搜集、编发大丰情况，不断丰富网上资源；二是加强硬件建设。对部分陈旧设备进行升级改造；三是加强软件建设。2002年，大丰市信息中心计划将政府网站和电子商务平台相整合，使其融为一体。开发新的数据库栏目，增加网站交互性；四是加强机关大院局域网内的办公自动化建设。实现网上文件传输、公共信息发布、内部邮件传送等，提高政府办公效率。

4. 加强信息队伍建设，努力成为信息知识的培训中心。2002年，大丰市将进一步建立健全全市信息工作机构，指导各镇、各部门、各企业配备信息员，继续充分发挥大丰信息港的网络培训基地的各种优势，全面开展网站维护、信息发布与搜集、商务快车等软件应用、企业资源计划(ERP)等信息知识的培训。针对单位主要负责人、分管领导、各镇和规模骨干企业的信息站长、信息员、社会青年、机关大院局域网用户等对象开展各种层次的培训。采用授课、上机操作等方式，对企业领导及各层次操作人员进行有针对性的网络知识和电子商务技能培训，使大丰市信息中心努力成为全市信息知识的培训中心。

5. 加强经济信息研究，努力成为跨越发展的研究中心。2002年，大丰市信息中心将继续加强调查研究工作。一是围绕中心工作，结合信息化建设实际，开展调研。二是围绕当前国际国内经济学界最新动态、经济热点并结合大丰的实际展开调研。三是围绕大丰的名特优新产品，提供经济信息、市场供求分析、市场需求预测分析。针对纺织、机械、化工、食品加工等行业的特点收集各类信息。加强信息的发布，以指导各行业的生产销售。四是围绕大丰经济生活中的一些热点、难点，展开调研。通过调研，努力为领导科学决策提供依据。

（陈小龙）

建湖县信息化事业发展概况

【基本情况】

1. 信息基础设施建设迅速发展

①目前，全县程控交换机总容量达15万门。开通了省、市、县三级交互式会议电视电话系统，已形成以光缆为主、数字微波为辅的全数字网络，开通了建湖至省、市的同步数字序列（SDH）传输干线，建设了宽带信息化基础工程。②无线、有线广播电视覆盖网络已经形成，覆盖率居全市前列，全县拥有调频发射台1座，电视发射台1座，广播、电视人口综合覆盖率达100%。上连省、市，下连乡镇的广播电视光缆传输网已经建成，总长度达1000缆公里。全县有线电视用户达4.8万户。

2. 信息产业增加值占全县GDP的比重不断增加，信息服务业发展较快

一是电信、广电、移动、联通的信息服务量增速迅猛。至目前，全县固定电话已发展至11万门；移动电话已发展6.9万部。二是信息服务机构初具规模。全县已有近百家信息服务机构。三是信息数据库的开发建设成效明显。全县已开发建设了一批专业的、具有行业特色的信息资源。如综合统计资料数据库、税收征管数据库、固定资产投资数据库等。四是互联网络迅速发展。目前，全县计算机互联网用户已达近万户。此外，网上招商等网络应用项目投入使用，宽带信息化示范小区试点正在建设之中。

3. 对信息化工作的组织推动不断强化

①建立了组织机构。1988年成立了信息中心，近年来，积极推进“政府上网”和“企业上网”工程。1998年10月，县政府网站在国际互联网上开通，许多部门和乡镇也已陆续上网；企业上网也正在积极启动。至目前，全县企业上网数累计达350多家，其中在国际互联网上有网站的50多家。②网络信息技术应用逐步推开。有关部门和一些重点企业开展了网上服务和网上营销、招商活动（县信息中心在网上发布了招商信息后，先后有数十家美国、香港、深圳等地的公司和客商来电提出合作意向。如县制药厂在网上发布招商信息后，很快就与加拿大天子福公司达成了合作协议，加拿大天子福公司第一期就投入1400万元的资金）。③企业信息化管理建设已有良好的开端。如森达集团和一加拿大公司达成了合作开发集团管理的ERP系统。县海达管件厂、天捷集团的计算机财务信息管理也初见成效。④CAD、CAM等信息技术在一部分企业得到了推广应用。全县机械行业从93年开始，就逐步推广应用CAD技术。信得石油机械厂、轻工业通用机械公司、液压管件厂等企业利用CAD技术在全省同行业中达到领先水平。这些企业在应用CAD技术后，平均缩短设计周期一半以上，平均缩短制造周期40%左右。

建湖在信息化带动工业化方面还存在着不足。一是人们的认识普遍比较模糊，缺乏创新意识，等待观望，特别是对运用信息技术改造传统产业缺乏应有的认识，行动迟缓。二是投入严重不足，特别是企业信息技术应用方面的投入更是缺乏。三是人才十分紧缺，需要的留不住，引不进。四是信息产品制造业非常薄弱，几乎是一片空白，仅有的几个产品技术含量也不高。

【具体措施】

1. 营造信息化氛围，强化信息化观念

充分利用各种媒体，运用各种方式，强化信息化宣传，让信息化深入社会的各个方面，让大家都知道信息化和了解信息化。要求各新闻媒体拿出一个以信息化带动工业化发展的宣传计划，深入开展这方面的宣传活动，以强化舆论宣传，激发广大干群学习信息化知识的热情。

2. 强化引导、协调和规范信息基础设施建设

信息化事关全局，不是某个部门能解决得了的事情。政府必须承担起领导和组织的职责。目前省、市都成立了信息化工作领导小组，建湖也将成立信息化领导小组，给予信息化领导小组一

定的行政职能，统一规划、指导、管理、协调计算机技术的推广应用工作和信息化建设工作。比如信息基础设施重复建设的问题，就急需政府引导，政府协调和政府规范。最好的办法是通过政府的组织协调，动员经营商联合共建。再一个办法就是运用城市规划的约束作用，迫使经营商达成联合共建和共识。一时形不成联合共建条件的，则运用政府调控手段，遏制重复建设的势头，等待时机、创造时机，走统一规划、统一建设、一次投入、长久受益的路子。

3. 在政府上网和企业上网方面力求形成强力推动运行机制

对于政府上网，县政府要求各镇、各部门力争全部上网，并与市及县政府网站全部连接，形成上下相联、内外相通的政府信息公开发布网络。要求规模企业全部上网，定报企业上网率要达到60%，并建立起一个强有力的推动运行机制，任务硬化，责任到人，促使政府上网和企业上网能有一个大的突破并提高网上资源开发利用水平。目前政府大院内宽带网一期工程已竣工，并着手开始建立各种必要的数据库，主要有工业产品数据库、农业产品数据库、招商项目数据库、高新技术企业数据库、名特优新产品数据库、三资企业数据库、科技成果及专利项目数据库、政策法规数据库等。

4. 以项目推进为主线，推行以信息技术改造和提升传统产业

目前影响建湖工业化进程的重要原因之一就是附加值低，转移价值高的传统工业占比重过大。因此，全县以项目推进为主线，以市场为导向，以名优产品为龙头，以现代企业制度为基础，以技术创新为手段，加大产业结构调整力度，在改造传统产业上下功夫。积极引进推广节能降耗、综合利用和提高环保效益的新工艺、新设备、新技术、新项目，重点改造皮鞋、花炮、机械、化工、纺织等传统支柱产业，实现传统产业结构多元化、产业层次高级化、产品加工深度化、生产规模化和管理科学化，推进传统产业结构的优化升级。在机械制造行业中选择几家企业进行推广应用 CAD（计算机辅助设计）、CAM（计算机辅助制造）、CIMS（计算机集成制造系统）。就本县企业实际而言，在制造企业中普遍推行 CAD、CAM 等技术提升全县的工业设计水平，是最现实的提升我县企业市场竞争能力的捷径，是建湖经济的一个亮点和新的增长点。

5. 量力而行地发展信息制造业

信息产业基础较弱，特别是制造业这一块。现有的几家产品如通讯电缆、通信用蓄电池等，生产量都很小，而且市场占有率低，短时间内要开发出高科技的信息产品不太现实。目前尽可能利用现有几个厂家，将产品研发搞上去，努力提高现有产品的科技含量，靠科技进步拓展市场。如我县的通讯电缆厂把产品向光纤方向发展；蓄电池厂着力开发环保型、安全型、大容量、免维护的产品，逐步开发面向通信、工业等行业使用的专业不间断电源。另一方面，特别注重先与外地一些有市场前景的信息产品制造企业取得联系，给他们加工配套产品。以这种方法，来逐步壮大本地的信息产业，寻找机遇，再求在信息产业方面有一个较大的突破。

6. 利用信息化提高企业管理水平，提高企业效益，增加企业创新和发展的能力

本县大多数企业管理手段落后，企业内部普遍存在着资金散乱、投资失误、信息失真、监控不力，缺乏事前、事中的严格监督，大多数企业职能部门分割，相互缺乏信息沟通的有效方式，产、销、购、存信息脱节。资金占用不明，成本构成不清，消耗定额不准，考核、决策无依据，满足不了企业精细化管理的要求。因此，首先在全县企业中推广计算机在财务、人事档案等一些基础管理中的应用，将数据转换为信息，并将这些信息及时、准确、适用和经济地提供给各级主管人员以及其他相关人员。在森达、克胜等有条件的企业中推行 ERP（企业资源计划）系统应用试点，取得经验，以点带面，将传统产业提高到一个新水平。在发展电子商务方面，首先利用最原始的电子邮件形式，在条件成熟、管理水平提高后，逐步建成电子商务平台。

7. 立足自我培养信息化人才

由于建湖在引进人才方面，目前缺乏明显的优势。因此，立足于自己培养人才，对培养出来的人才合理使用，通过合理使用留住人才，再通过留住人才吸引外地人才。在高中和有条件的初中、小学开设信息化知识课程。有能力的培训机构面向机关、企业和社会开展信息知识、互联网知识的继续教育。定期进行培训、考核，实行计

算机水平考核上岗制度，定期选派专业人员参加各类深造和培训，有计划、有目的地重点培养一批既懂专业技术又懂信息技术、既懂经营管理又懂计算机运用的复合型人才。要求人事劳动部门有计划地吸纳储备一批高校大中专毕业生及社会上的专业人才。　（冯万龙）

阜宁县信息化事业发展概况

【本县概况】

江苏省阜宁县隶属盐城市，位于苏北平原，黄海之滨，县域面积1438.29平方公里，人口108万，下设1个开发区和20个乡镇。全县地势平坦，河流纵横；四季分明，气候温和；物产丰富，宜农宜工。204国道绕城而过，新长铁路在阜宁设有益林站，交通十分便捷，是中国东部沿海少有的投资热点地区。近年来，阜宁经济建设和社会事业迅猛发展，2001年实现国内生产总值57.13亿元。全县人均国内生产总值5379元。

【历史回顾】

“九五”期间，阜宁县信息化事业有了较大的进步，基础设施建设迅猛发展，计算机网络初具规模，电信、移动、供电、金融、财政、税务等部门建立了自身的信息化系统，计算机和计算机上网用户迅速增加。有线电视网建设采取“边建设边运营”的滚动发展模式，经过几年的不断投入，取得了突破性进展，有线电视光缆迅速覆盖全县。信息产品制造业从无到有，从小到大，正在逐步发展壮大。政府上网、企业上网、家庭上网有了良好的开端，1998年建成并开通了“阜宁县人民政府”网站；“九五”期间，有10多家企业建立了自己的网站。与此同时，信息服务性经营实体发展到了30多家。

【2001年发展基本情况】

(一)基础设施建设

全年基础设施建设共投入8900多万元，比上年增长58%。到2001年，全县程控交换机总容量达14.5万门，城乡电话用户总数达10万户，电话普及率达每百人10多部。长途传输已形成光缆为主、数字为辅的传输网络，全县光缆线路总长度达735.22公里，纤芯总长度达6458公里，已有280个村实现光缆进村占全县行政村总数的78%。移动通信方面，全县已建成基站60个，无线信号覆盖城乡各地，全县移动电话用户达7万户，并实现了手机上网、查股市行情、查彩票中彩号码等新业务。数据业务方面，163、165、169等拨号上网得到广泛普及，ADSL宽带上网用户达155户，FTTX－Lan城域网高速宽带上网业务正在迅速发展。广播电视网络建设步伐加快，有线电视光缆已连通全县各乡镇，并有140多个村实现电视光缆进村入户，城乡有线电视用户总数达3万多户。

(二)“政府上网”工程

早在1998年，阜宁就建成开通了“阜宁县人民政府”网站，但随着时间的推移，县政府网站的信息容量和栏目已不能适应形势发展的要求，2001年下半年，组织专业技术人员，经过近1个月的紧张工作，成功地对县政府网站进行了全面改版。改版后的县政府网站有“阜宁概况”、“优惠政策”、“政府部门介绍”、“乡镇风采”、“企业之窗”等10多个栏目，较完整地介绍了阜宁的各方面情况，为外界了解阜宁提供了重要的渠道。部门和乡镇“政府上网”工程也取得了较大的进展，有4个镇建立了镇政府网站，县农业局建立了“阜宁农业经济信息网”，开发了农业经济、生产动态、农产品供求、农副产品价格行情、政策法规等多个数据库，初步形成了集信息采集、信息加工、信息传递、信息服务于一体的网络服务体系，为广大农民提供网上的全面服务，在县内外在较大的影响。

(三)企业信息化工作

通过实施“企业上网”工程，全县大多数企业都认识到了企业信息化和运用信息技术改造传统产业的重要性。中洲阀门有限公司早在1986年就开始使用微机参与企业管理，并在企业的发展中不断加以完善，积累了较为丰富的经验，目前，该企业正在筹建ERP管理系统。中恒集团等国有规模企业，更是紧紧把握信息化发展的脉博，在工业信息化方面进行较大投入，用于企业自身的发展；另外，鑫源、阜泰玻璃工艺品公司等民营企业也在发展中不断认识到信息技术的作用，吸引信息技术人才，引进信息化技术和设备。

企业上网步伐不断加快，有一定经济实力的企业都建立了自己的网站，利用网站发布经济信息、产品信息、订货信息，落实专门人员收集客户的资料，建立信息档案。目前，全县已有40多家企业建立了网站，并与县政府网站链接。有不少企业利用网站接受客户信息，开始涉足电子商务。沟墩搪瓷厂是我县开展电子商务较为成功的一家企业，他们利用自己的网站宣传本厂的产品，并从网上收集客户的订单资料，2001年，该厂80%的订货来自于网上，创产值200多万元。我县的特色产品—玻璃工艺品出口加工企业阜泰公司和鑫源公司等厂家也已开始从网上收到部分订单。

（四）信息产品生产

阜宁信息产品生产企业主要有盐城金宁磁业有限公司和阜宁先科电子有限公司。金宁磁业是鑫富达集团富华公司经改制而成的股份公司，由代表着国内磁芯生产最高水平的南京金宁磁业有限公司全面经营管理，生产高性能软磁铁氧体及磁芯，年产磁芯600吨，产值2100万元。先科电子有限公司是国家信息产业部生产硅二极管重点厂家之一，生产的各类硅二极管主要为“长虹”、“熊猫”、“海尔”等名牌家电厂家配套，受到用户普遍好评，年产值近千万元。该厂研制开发的硅微粒子项目总投资187万元，已进入试生产阶段。

（五）组织建设

县政府成立了信息化工作领导小组，负责制定全市信息发展规划，协调建设过程中的重大事项，并对全县信息化建设工作实施督查和考核。信息化工作领导小组组长由常务副县长担任，分管工业的副县长和计委主任为副组长。县委办、政府办、县计委、科委都有信息科或信息中心，县级机关各主管部门、各乡镇都成立了信息化工作领导机构，并设有专职信息员。

（六）人才培养

全县2001年引进计算机、信息专业人才80人，开办科级领导干部计算机网络知识培训班等各类计算机培训班16期，参训人员达980多人。有800多人参加了计算机初、中级考试，合格率达90%以上。

【近期打算】

（一）实施“政府上网工程”，建成县党政办公大楼局域网

在县电信局的紧密配合下，力争在2002年6月底以前建好县党政办公大楼计算机局域网，使大楼内各单位的计算机都能通过高速宽带上网，及时了解国际、国内重要政治、经济信息，并实现部门间的文件资料通过内部计算机网传递，逐步向无纸化办公发展。通过局域网宽带上网，不仅大大提高了上网速度，而且还取代了目前大楼普遍使用的电话拨号上网的方式，可节省大量电话费，具有明显的经济效益。

（二）开展网上招商、网上营销活动，努力在阜宁经济发展中发挥重要作用

随着互联网应用的广泛普及，网上招商和网上产品宣传、推销越来越具有现实可行性。通过网上招商，可以克服地域、时间的限制，把本县招商引资方面的政策、资源和有关项目信息在网上向全国甚至全球发布，与人员外出招商相比，有其独到的优势。在网上广泛宣传、推销本地各种产品同样也具有宣传范围广、成本低廉的优点，能收到很好的经济效益。2002年，将把网上招商、网上营销作为一项重点工作来抓，由信息中心统一牵头，各乡镇、各部门和企业配合，一方面把本县的招商信息、产品信息在县政府网站上宣传，另一方面，积极挂靠国内一些知名的大网站，将有关信息在这些大型网站上发布，提高宣传效果。目前正在积极配合县“5·18”活动的宣传，着重把“宁富”系列食品宣传出去。

（三）加快网上建站速度，做好信息发布工作

网上建站是做好网上招商和网上宣传的基础，是信息化工作的重要内容。2002年，要力争达到各乡镇都建立自己的网站，县政府各部门建站率达70%以上，并积极推进企业上网。此项工作由县信息中心统一牵头组织实施，各单位负责提供有关资料，县政府网站提供链接点，统一对外发布。

（四）成立信息产业协会，大力发展信息产业

动员社会力量来加快信息产业的发展。组织电信、电脑、广告等行业的商家，成立信息产业协会，开展信息咨询、网上推销、电子商务等业务，让全社会都来积极参与网络经济，使信息化真正成为推动我县经济发展的强大动力。

（王本飞）

第七部分

企业（事业）、重大工程篇

乘风破浪　开拓前进

——熊猫电子集团有限公司发展概况

熊猫电子集团有限公司（简称熊猫集团）始建于1936年，是中国电子工业的摇篮，中国最大的综合性电子骨干企业、120家试点企业集团、中国电子行业六大集团之一，中国首批一级企业之一。熊猫集团的注册商标“熊猫PANDA”是中国电子行业第一个“中国驰名商标”，也是中国电子产品第一个进入国际市场的注册商标，至今已有45年历史。1996年，由熊猫集团组建成立的南京熊猫电子股份有限公司分别在香港联交所和上海证交所上市发行了H股和A股。

自二十世纪五十年代以来，包括毛泽东、邓小平、江泽民在内的三十多位中国领导人先后视察了熊猫集团，使熊猫集团在各级政府和领导的重视、关怀下得到快速发展。特别是自1999年以来，熊猫集团由国家信息产业部下放至江苏省以后，中央、部、省、市和有关部门在政策上给予熊猫集团极大支持，不仅使熊猫集团顺利实施了“债转股”，省市政府还投入了大量资本金，将熊猫集团重组为股权多元化的有限责任公司，为熊猫集团重新走上正常发展轨道创造了有利环境。面对日趋激烈的市场竞争带来的压力，熊猫集团锐意改革，通过“两个创新、三个调整”，即制度创新、技术创新和调整产品结构、调整产业结构、调整产权结构，深入推进“五个化”，即结构调整国际化、技术创新市场化、产业升级信息化、投资主体多元化、管理模式集团化，促进了生产经营的迅速发展，实现了经营业绩三年翻两番，企业思想政治工作、精神文明建设、文化建设都取得了新的成绩。到2001年，熊猫集团注册资本达9.8亿元人民币，净资产12亿元人民币，营业收入212亿元人民币，利税合计22亿多元人民币，出口创汇超过4.5亿美元。按2000年销售收入计，名列中国电子百强第五位，连续十多年跻身中国百强企业。

熊猫集团根据产品门类组成了六个产业集团，即通信产业集团：研制生产基站、程控交换机、移动电话等通信系统和设备，是中国主要的通信设备和移动电话供应商之一，是国内最早研制生产国产品牌移动电话并获得入网许可证的企业；军用通信产业集团：熊猫集团一直都是中国主要的军用通信设备供应厂家，以研制生产军用短波通信系统、卫星通信系统和移动通信系统为主，是目前中国军方最大的通信设备供应商；机电仪产业集团：以机械电子仪表一体化设备为主要产品，还从事机械加工、精密加工、大生产技术装备等，是熊猫集团新的经济增长点之一；信息产业集团：主要产品有PC机、显示器、软件以及网络和系统集成等，是中国最早的计算机生产厂家之一；家电产业集团：以电视机、影碟机等家用电器产品的研制、生产为主，是中国家电业的传统最大生产基地之一；新产业集团：主要从事房地产开发、物业管理、宾馆、餐饮、幼教、医疗等服务业。

熊猫集团的销售网络遍及全国，产品远销全球140多个国家和地区，仅在国内就拥有8000多万用户，是国内拥有用户最多的电子品牌公司。最近，熊猫集团与古巴政府签订的1.5亿美元家电及信息产品出口合同，更进一步促进了熊猫产品对拉美及南美地区的出口。2001年4月，江泽民主席在古巴访问期间与卡斯特罗主席一起参观了熊猫集团在哈瓦那举办的电子产品展，对熊猫集团取得的巨大成就给予了高度评价，对熊猫集团积极开拓海外市场给予充分肯定。

熊猫集团在产品质量上坚持以用户标准作为企业最高标准，对用户负责，为用户服务，设立了遍部全国的售后服务点、维修站，解决了用户的后顾之忧。熊猫集团还拥有先进、完整的各类检测设备，如高低温和湿度环境试验室、电磁兼容检测仪等，为提高产品质量提供了坚实基础。熊猫集团于1995年通过ISO9001国际质量标准认证，是熊猫产品质量的又一有力保证。

熊猫集团技术力量在中国电子行业处于领先水平，并凭借自身实力先后创造了众多的“中国第一”，赢得了众多的国家级荣誉。如第一台全国产化收音机、第一座10米天线卫星通信地面站、第一套全国产化短波单边带电台、第一部国产品牌移动电话、第一台国产自动插件机等。目前，熊猫集团拥有五个国家级工程研究中心，分别是视像音响数字化产品工程研究中心、卫星移动通信技术工程研究中心、国家级技术开发中心、大生产技术开发中心、微电子技术设计中心，还设有博士后科研工作站，各类技术开发人员占企业职工总数三分之一。熊猫集团还与12家进入世界500强的国际大公司和国内10多所重点大学、研究所进行技术合作、联合开发，极大地提高了产品的更新速度，每年都有几十项科技成果转化为实际产品，为熊猫集团在市场竞争中抢占技术制高点打下了坚实基础。

熊猫集团在努力发展自身的同时，坚持走开放型道路，致力于开拓国际市场，积极与国际大公司进行合资合作，先后投入巨资与瑞典爱立信、日本夏普、韩国LG等组成合资公司，取得了良好的经济效益，成为熊猫集团又一重要经济增长点。其中与瑞典爱立信合资成立的南京爱立信熊猫通信有限公司和南京爱立信熊猫移动终端有限公司在近几年里取得飞跃发展，2001年取得销售收入（合计）160亿元人民币，出口创汇（合计）2.3亿美元的辉煌业绩，成为地方重要的出口创汇和经济支柱型企业。熊猫集团在合资合作的过程中，把合资企业作为自己的独资企业对待，坚持与合资方相互信任、相互合作，坚持合资企业利益第一，受到投资方的赞赏，纷纷拿出自己最好的产品、最新的技术投入到合资企业中，为合资企业的健康发展提供了必要条件。目前，与瑞典爱立信合资的两个企业是爱立信海外投资中成本最低、效益最好的企业，已成为爱立信的全球配套供应中心之一。与韩国LG合资成立的LG熊猫电器有限公司也同样成为LG海外投资最佳企业之一。熊猫集团还通过这些主要合资企业吸引了众多的海外配套企业来投资建厂，或与熊猫集团进行合资合作，形成了对外合资合作的良性循环。通过办合资企业，不仅为熊猫集团带来了巨大的经济效益，同时还缓解了熊猫集团在改革过程中形成的人才资源过剩的压力，为熊猫集团今后发展减轻了包袱。

熊猫集团今后的发展目标是争取在2005年将熊猫集团发展成为年营业收入超过600亿元人民币，以电子、通信为主业的国际性大公司，并在发展过程中进一步拉动地方电子工业和经济的发展。

振奋精神　迎接挑战

——江苏省电信公司发展概况

面对我国加入WTO后，国际国内日趋激烈的竞争形势，江苏省电信公司全体员工进一步解放思想，狠抓机遇，克服困难，努力奋斗，不断扩大网络规模，大力提高技术水平，切实加强内部管理，努力改善电信服务，勇敢迎接挑战，在激烈的市场竞争中与时俱进，奋勇前进。

一、2001年——江苏电信发展不平凡的一年

2001年是江苏电信发展过程中不平凡的一年。一年来，全省电信员工面对错综复杂、日益激烈的市场竞争形势，面对自改革开放以来调整幅度最大的一次资费结构性调整以及取消初装费、附加费对企业发展带来的巨大困难，面对由中国电信体制改革而引发的舆论压力，认清形势，转变观念，坚定信心，锐意进取，在省委、省政府和集团公司的领导下，坚持有效市场的经营观念，坚持“用户至上，用心服务”的服务理念，坚持两手抓两手都要硬的治企方针，坚定不移地走内涵式发展的道路，克服各种困难，努力开创各项工作的新局面。

2001年，全省共完成通信业务收入119.4亿元，比2000年增长2.4%，完成年计划的101.1%。实现收支差额4.3亿元，企业总资产报酬率1.1%，收入利润率3.6%。全省资产负债得到较好控制，帐面资产负债率38.2%，比2000年底降低了0.4个百分点。

回顾2001年的电信经营工作，主要有以下几个特点：一是固定电话继续保持高速增长。2001年是江苏电信历年来发展固定电话用户数最多的一年，全年共新增固定电话用户263.8万户，用户总数累计达1401.8万户，电信固定电话主线普及率达19.9线/百人。二是增值业务保持较好的发展势头，来电显示和互联网业务成为业务增长的“亮点”。全年发展来电显示用户123.8万户，用户总数达229万户。新增宽带用户9.2万户。新增互联网用户153万户，用户总数达329万户。销售各类电话卡面值10.5亿元，实现收入8.62亿元。三是充分挖掘省内广域组网需求，抓住重点客户，实施有效的营销策略，发展边防、工商、法院等广域组网54个，产生了较好的经济效益和社会效益。四是各类业务使用量保持较高增长。五是加大了市场开发和话务量营销力度。组织开展了“首季开门红”、“奋战红五月”、宽带促销等活动，全面启动“家庭上网工程”，积极稳妥地开展磁卡更换工作，相继开放了移动17908、17909等新业务，取得较好的效果。六是经营分析水平显著提高，市场基础管理进一步增强。

2001年，江苏电信面对资费调整带来的不利影响，坚持以市场为龙头，增强投入产出观念，调整投资结构，把握好投资方向，量质并重地抓好计划管理和工程建设，通信能力不断增强。全年新增市、农话交换机容量293.8万门，总容量达到2018万门。全省交换机实装率为70.8%，比2000年底提高3.8个百分点。建成覆盖全省的16X2.5Gb/sDWDM高速传输网，省内互联网骨干带宽提高到60Gbps。新增ADSL13.7万线，完成用户驻地网布线77万户，实际具备放装能力的以太网端口达21万个。13个市分公司均开展了宽带城域网建设项目，建成了互联网计费系统，处理能力达400万户。

一年来，江苏电信继续贯彻“用户至上，用心服务”的服务理念，进一步加强和改进电信服务管理工作，服务质量稳步提高。一是积极推进规范化服务。以电信服务标准和省公司向社会作出的12项服务承诺为标准，重新规范了电信营业、大客户服务等五项服务标准。二是狠抓“首问负责制”的落实和“总经理热线”、1000客户服务中心等服务平台建设，保持了业务受理和用户投诉、咨询渠道畅通。三是互联互通工作取得

较好成效，为其他电信运营商开展业务积极创造条件，得到主管部门和其他运营商的充分肯定。四是突出解决客户反映集中的热点、难点问题，完善内部服务监督检查机制，坚持“一次申告下岗制”和服务质量经济处罚制度，促进服务质量稳步提高。2001年，全省电话装机平均时限为9天，电话移机平均时限为8天。电话故障修复时限平均330分钟，重要客户专线、出租电路修复时间降至133分钟。2001年，江苏电信用户服务满意度达85.87分，比2000年提高3.88分，用户满意率达到97.69%，比2000年提高了1.59个百分点。

2001年，江苏电信精神文明建设和职工队伍建设也取得较好成效。省公司结合创建文明行业，在全体员工中开展了“新世纪新电信、新服务、新形象”大讨论、以“树江苏电信新风，创新世纪优质服务”为主题的优质服务竞赛活动，充分调动广大员工的积极性、主动性、创造性，把创建工作不断引向深入。2001年，全省13个市分公司中有11个市分公司被评为江苏省文明行业，2个市分公司被评为江苏省创建文明行业先进省行业达标单位，3个直属单位中有2个被评为江苏省文明单位。苏州分公司装机公司被授予首届“全国杰出青年文明号”称号，是全国电信行业唯一获此殊荣的单位。

二、2002年——江苏电信继续攀登新高峰

2002年，江苏电信将认真贯彻党的十五届五中、六中全会精神，在“三个代表”重要思想指引下，进一步解放思想，抓住机遇，以市场为导向，以客户为中心，以效益为目标，大力开拓市场，加快各项业务发展，用心搞好服务，确保网络安全，建立科学的计划投资管理体系，强化绩效考核，全面推进五项集中管理和五项机制创新，积极稳妥地做好精干主业、主附主辅分离、规范多经企业工作，推进领导班子和员工队伍建设，深入开展创建文明行业活动，以两个文明建设的新成绩向党的“十六大”献礼，在新时期再创江苏电信新的辉煌。

2002年江苏电信的主要发展目标是：完成通信业务收入130亿元，比2001年增长9%；本地网电话用户净增200万户，总数达到1601.8万户。

为完成上述任务，2002年江苏电信将重点要抓好五个方面的工作。

（一）面向市场，勇于竞争，搞好服务，加快各项业务的发展。

根据市场需求，加强市场分析，把握市场动态，准确定位目标市场，赢得竞争的主动权。一是要继续加快发展固定电话业务和宽带业务；二是要大力开发电话增值业务，努力提高话务量经营水平；三是要突出重要客户服务和重点竞争业务，全力应对竞争市场；四是要落实各项服务制度，加强网络运行维护。

（二）以推进五项集中管理为切入点，全面加强企业管理。

实施本地网五项集中管理是推进中国电信加强管理的重要切入点。2002年，要建立起本地网五项集中管理的基本框架。要继续研究和完善市县财务集中管理，在2001年实现各市分公司全区统一核算和资产、负债及所有者权益统一核算的基础上，及时总结经验，健全并完善各项集中管理制度，整合本地网财务管理人员队伍，逐步规范运作，提高管理水平。

（三）以薪酬制度改革为突破口，全面推进五项机制创新。

认真贯彻中国电信集团关于全面开展薪酬制度改革的指示精神，积极稳妥地完成省、市、县各级电信公司（局）薪酬改革任务，真正做到薪酬分配向贡献倾斜，向高级管理、高级技术、高级营销人才倾斜，充分调动各级各类人员的工作积极性。

（四）推进主附主辅分离，规范多经企业，组建各市电信实业公司。

（五）加强领导班子建设和员工队伍建设，推动企业两个文明建设协调发展。

认真贯彻十五届六中全会精神，按照“八个坚持、八个反对”的要求，加强和改进领导班子建设和党的作风建设。按照党的民主集中制原则和现代企业制度的有关要求，健全企业决策机制，落实企业决策责任制，提高决策的科学性和民主化。认真落实党风廉政建设责任制，坚持从严治党，加大治理力度，坚持不懈把党风廉政建设和反腐败斗争引向深入。大力做好思想政治工作，加强员工队伍建设。针对改革过程中员工的思想

实际，提高思想政治工作的针对性和指导性，认真落实思想工作责任制，通过深入细致的思想政治工作达到激励员工、稳定队伍、加强队伍建设的目的，为企业发展提供有力的思想保证和精神动力。坚持两手抓两手都要硬，进一步加强对创建工作的领导，继续开展“文明单位、文明班组、文明职工”和“青年文明号”系列创建活动。

追求卓越　再展宏图

——江苏宏图电子信息集团发展概况

江苏宏图电子信息集团是在江苏省政府指导下，根据国家产业政策要求，为适应国民经济信息化需要，加快发展江苏电子信息产业而组建的大型企业集团。集团1996年成立时，江苏省国有资产经营（控股）投资公司、江苏省国信资产管理集团有限公司、江苏省高新技术风险投资公司投入了大量资金。集团凭借资金实力，充分发挥整体优势，大力发展信息产业，推动自身经济效益连年增长，资本实力不断壮大。2001年集团全年销售收入高达210000万元，利税17000万元，位居全国电子百强第42位。

几年来，宏图集团的发展已形成以下特色。

一、强势推进资本运作，实现企业实力的快速扩张

集团成立初即着眼于打造国内一流高科技企业，在资本规模和实力上把企业做大做强。

1997年底，经江苏省政府和中国证监会批准，集团公司作为主要发起人与相关企业的部分优质资产进行重组，设立了江苏宏图高科技股份有限公司（简称宏图高科），并于1998年4月成功上市。宏图高科自上市以来，坚持高技术、高效益、高成长的发展道路，实现了股本规模与经济效益的同步扩张。至2001年底，宏图高科股本由上市时的12300万股，扩张到31920万股，使股本规模扩大了140%。2001年3月，公司成功实现配股，从证券市场再次融资3亿元。公司于2000年12月以12500万元成功收购的南京富士通计算机设备有限公司40%股权，进一步提升了公司的经济效益和实力规模。另外，公司还与日本东芝株式会社合资成立了宏芝网络系统设备有限公司；与美国著名软件公司嘉腾公司成立了宏图嘉腾软件系统有限公司；与江苏知名IT企业三胞电脑公司合资成立了“宏图三胞资讯广场”，至目前，“宏图三胞”在省内外七大城市建立了网点，在全国电脑市场销售份额中居于显耀位置。

二、注重高科技产品开发，抢占高新技术制高点

集团立足于高技术、高起点，以科技研发为企业发展动力，逐步形成了自主开发、与高校合作开发和与国外大公司合资开发的研发体系。近年来，集团有相当一批科研、开发新品成果通过国家和部省级成果鉴定，其中包括国家863计划和国家信息化专项科研项目；在激光音视产品方面，成立了国内首家DVD博士后工作站，雄厚的研发实力为公司产品大批量出口国际主流市场提供了技术保障；与国内许多知名高校保持科研合作关系，与解放军通信工程学院、成都电子科技大学、南京大学、东南大学等院校联合开发了SDH光纤通信设备、电子载波通信和网管系统等，取得了显著成果；与美、日一些知名公司联合开发CATV增值服务、机顶合、通信设备、DVD等项目，其中和美国嘉腾公司成立合资公司获得了嘉腾软件开发平台，能够推出国际一流的应用软件平台，并可实现模块化、工厂化生产，已跻身于国内软件业先进行列。

三、致力国际国内市场网络建设，勇立市场竞争潮头

在瞬息万变的市场面前，公司善于抓住机遇，坚持面向国内、国外两个市场，以全球化的眼光参与市场竞争。在电力和通信设备方面，公司抓住城乡电网改造和邮电系统资产重组的时机，在全国快速投建营销网点，用具有技术优势的新产品占领国内市场，有力地促进了电力通信和市话电缆的销售，同时还积极开拓国际市场，把电力载波通信设备打入伊拉克、叙利亚等国；在计算机软件和网络系统方面，公司依托高科技优势，先后开发出WAP、医疗保险系统、社会保险管理

系统、呼叫中心系统、电视台节目管理系统等，并且先后承接和中标了国内许多系统工程项目，如江苏省政府公务邮件系统、江苏省石油公司广域网系统集成、信息产业部十四所大型企业科研网，江苏、安徽和湖北等地的医保系统等；在计算机销售方面，“宏图三胞”以“W（沃乐玛仓储式销售）+D（DELL 式直销）+M（麦当劳式现场制作与规范管理）”的全新理念，迅速崛起于IT 销售市场，单店日销售量最高达 1200 万元，目前正依托南京向全国辐射扩张；在激光音视产品方面，公司避开国内激烈的市场竞争和狭窄的市场空间，通过与美国 APEX 公司合作，把“宏图 DVD”成功打入国际主流市场，其中 AD-600A 型 DVD 被美国《消费者文摘》评为“DVD 市场最畅销产品”，美国 NBC 广播电台等多家媒体都对“宏图 DVD”给予了高度评价。

集团通过 6 年的努力，已初具规模和竞争实力，但要继续发展壮大，面临的困难很多。为此，集团将致力于“三个创新”，即制度创新、技术创新、管理创新，从而实现再次创业。几年来，改革和发展的实践得到了深刻的认识，一是，制度创新是集团实现再次创业的前提，制度创新的核心问题是产权结构的调整。为此，在认真分析集团所投资的 5 家全资子公司的现状的基础上，提出了在 2002 年必须完成改制重组，目前改制重组工作正在按照有关政策规定有序进行。改制后的企业要真正做到“五个到位”，即出资人到位，多元投资主体到位、规范的法人治理结构到位，劳动、人事和分配等三项制度改革到位，建立新的经营管理体系到位。以“五个到位”衡量改制工作的效果，以“五个到位”充分发挥制度创新对促进企业更快更好发展的作用。二是，技术创新是集团实现再次创业的关键，创造竞争优势必须要进行不断的技术创新。集团所投资的子公司，大都是高新技术企业，只有不断地进行技术创新，才能适应市场需求的不断变化，才能实现企业的可持续发展。因而，集团实施技术创新战略，着重从投入、激励上做好文章。第一，要加大研发费用的投入。自 2002 年起，集团各子公司内部的 R&D 实际支出占营业收入的比重要达到或超过 5%以上，保证技术创新有必而的资金来源。同时，向有关机构积极申报研发项目，争取的得到外部资助的技术创新资金，还要努力寻求高新技术风险投资公司的投资，通过引入风险投资为技术创新壮大资本实力。第二，要建立多样化的激励制度，敢于对人下赌注，营造研发人员有充分施展才能的环境，大力推行技术骨干技股计划，制定并实施股权激励办法，激发研发人员的创新激情和灵感。使创新获得成功，投入获得回报。三是，管理创新是集团实现再次创业的保证，优秀的体制可以充分发挥管理的潜能，但不可能代替管理。所以，不仅要重视管理，严格管理，而且要进行管理创新。集团近期内已经和正在制定实施系统的符合现代企业制度要求的管理制度及办法。如对集团控股、参股企业制定了符合公《公司法》、《党章》、《工会法》规定的新型的人事、劳动管理办法；集团及各控股企业实施全面预算管理办法，明确要求各企业必须编制年度预算，强化预算控制和约束力，围绕效益实绩考核预算执行结果和兑现奖惩，全面提高财会人员素质，保障预算管理的顺利进行；严格执行《投资及投资管理办法》，对每一项投资都要做到，确定投资程序，规范投资行为，明确投资责任，防止投资损失，保证投资收益。

集团本着“锐意进取、追求卓越”的精神，遵循“管理、服务、发展”的运作宗旨，狠抓“技术创新、市场创新、管理创新”，努力实现再次创业。

立足技术创新　注重信息应用

——南京普天通信股份有限公司发展概况

一、南京普天发展概况

南京普天通信股份有限公司的前身是邮电部南京通信设备厂（原邮电518厂），现隶属于中国普天信息产业集团公司的大型通信设备生产骨干企业。1997年，在原有资产和业务的基础上以募集方式设立南京邮电通信设备股份有限公司，总股本21500万元，其中对外发行境内上市外资股1亿股，股票代号2468，并于1997年5月22日在深圳证券交易所挂牌上市。1998年6月，“南京邮电通信设备股份有限公司”正式更名为“南京普天通信股份有限公司”。（以下简称“南京普天”）。

“南京普天”是在通信和电气两大领域内为满足顾客需求和潜在需要而从事产品研制、生产、销售和售后增值服务的高科技股份公司。公司发展到现在共有数据网络、配线、无线、电气、综合布线等五大产业。公司现有总资产近十亿元，2001年销售额7.54亿元，利税总额5254万元。南京普天产品已覆盖全国30多个省、市、自治区，并出口东南亚、非洲等国家。公司现有员工1729人，其中大专以上学历的644人。

多年来，公司坚持高科技发展战略，强化质量管理，公司于96年4月通过GB/T19001质量体系认证并通过了每年的认证复查，2000年2月公司获得南京市质量认证工作先进单位称号。由于在“九五”期间的飞速发展，公司连续数年被评为省市文明单位、南京市先进企业、南京市高新技术企业、江苏省技术进步先进企业、国家经贸委520家重点企业、中国电子百强企业、质量效益型企业和AAA级资信企业。

二、南京普天2001年工作业绩

公司按照工作会议提出的“迎接新经济，建设新普天，实现新发展”的企业工作方针，及牢固树立发展观念、创新观念和成本观念，进一步加强市场网络建设，加速产品结构调整，加快经营机制转换，加大管理考核力度，提高队伍整体素质。在全体员工的共同努力下，公司2001年实现销售收入7.5亿元，比上一年度增长18%；实现利润1586万元，比去年同期增长53%；南京普天再一次确立了高速发展的态势。其它方面的工作也取得了可喜的成绩：

（一）立足于整体营销策略，致力于建设统一的有竞争力的市场网的探索

为了改变以往实行的分散化营销体制，建设一个统一的市场网络。公司加强了对营销网络平台的建设，根据不同区域、不同客户群，有的放矢地开展工作，实行“横向到边、纵向到底”的工作方法、倡导“苦心、诚心、责任心、事业心”的工作精神，积极走访重点目标客户群，取得较好效果。在统一的市场网架构下，充分利用分销商的作用，发挥分销商在当地营销资源的优势。公司的直销平台、分销平台和国际平台这三大平台对整个市场网络形成一个强有力地支撑。

公司转变传统的订货会方式，扩大品牌宣传，成功的策划了“普天行”宽带接入产品展示会，在北京、南京、上海、西安、成都、重庆、广州、沈阳等全国八大城市举行了宽带IP接入产品演示会，得到了用户的一致好评，既向用户充分展示了公司新产品的技术和性能，又提升了公司形象，锻炼了销售队伍。

（二）立足于技术创新和优化产业结构，致力于增加具有自主知识产权的产品

在数据网络产品方面，完成了第二代宽带IP以太网接入系统的研制，并已初步具备批量生产的条件，该系统的成功推出，标志着公司已经具备提供宽带接入网和企业局域网的全套产品，可以提供宽带接入网的中心交换设备和边缘交换设备，以及局域网中的中心路由交换设备和桌面百兆以太网交换设备、千兆以太网交换设备，为公司的 TCP/IP 网络产品的开发奠定了扎实的基础。

普天楼宇公司的技术人员经过艰苦的努力，先后开发出一系列适销对路的产品，用 K2 系列面板（单、双口）并采用国产 PC 材料取代金属固定板结构；完成了三口转换插座的设计工作，数据口性能达到 5 类标准；完成了楼层接线盒的设计、模块跳线的设计。另外还有一批新项目正在研制过程之中。

公司自主研发的宽带 IP 以太网接入设备及综合布线产品已经形成了宽带 IP 驻地网产品链，在国内同行中处于领先水平，具有较强的市场竞争力。

公司在加大技术开发和技术创新的同时，大力加强技术改造工作，完成国家重点技改项目《接入网配线产品技改》的可行性报告工作，并于 12 月 31 日获得国家经贸委的批准。

2001 年，公司在产业结构调整、培育新的经济增长点方面取得重大突破。8 月份，公司被信息产业部和国家计委批准为 19 家 CDMA 手机的定点生产厂家之一，与日本东芝和香港王氏合资生产 CDMA 手机的可行性研究报告也于 12 月 30 日获得国家计委的正式批准，该公司计划今年生产 50 万台手机，实现销售 7 - 8 亿元。2001 年 8 月 29 日，宽带无线接入设备的使用频率得到国家无委的正式批准，频率招标预计在今年上半年正式进行，北京立康普的 LMDS 产品在国内市场看好，将成为公司又一个新的经济增长点。

（三）立足于强化科学管理，实施低成本战略

2001 年，公司认真贯彻了《国有大中型企业建立现代企业制度和加强管理的基本规范》，并根据要求进行了自我打分检查。按照中央 69 条加强企业管理的要求，在管理上做了以下几项工作：

1. 编纂了《南京普天典章》。《南京普天典章》是在总结公司 43 年成长历程中的经验教训、努力挖掘和提炼公司深层次的企业文化、广泛汲取国内外先进管理经验并结合本公司管理实践的基础上编纂而成的，是对科学化管理的一次有益探索，也是一次管理观念理性思维的突破，应成为公司全体员工普遍接受并共同遵循的价值观念和行为规范，对南京普天今后的发展必将产生极其重要而深远的影响。

2. 推进企业管理信息化。公司于去年 7 月份正式启用办公自动化系统（OA），既提高了办公效率，又提升了公司形象；充分发挥了局域网的作用，网络已经覆盖到公司所有部门；公司通过与电信部门的多次联系和交涉，用 IP 电话取代传统的长途电话；ERP 工程也于年底正式启动，这将为公司物流管理现代化奠定一定的基础，也标志着公司在管理信息化方面又迈出可喜的一步。

3. 实施低成本战略。为了适应市场竞争的需要，实施低成本战略，按照市场价格倒推法核算内部各个环节的成本费用，降低了成本，争取了市场主动。加大了应收帐款回收和考核力度，确立以抓大款项、老款项为主的工作方向，责任层层分解，落实到人，实行一票否决的硬性考核办法，考核到位，使资金回笼工作取得显著成效。

公司成立了三个招投标领导小组和招标监督小组，将设备采购、物资采购、外协定点、基建维修等纳入招投标范围，实行“阳光价格”，特别是在外协、采购、工程等方面，严格按照制度办事。

4. 生产布局合理化。去年公司对配线产业和八达厂的生产布局进行了调整，同时也为公司 ERP 工程的实施创造了一定的条件；对技术中心进行了环境改造，使技术中心的工作环境有了很大的改善；对公司的房产先后进行了两次大规模的清理和调整，共调配出了两万多平方米的厂房，并重新安排投入使用，解决了厂房供需之间的矛盾，使公司的房产资源配置更趋合理。

（四）立足于提高员工整体素质，加强员工培训和企业文化建设

公司坚持以人为本，人以责任为本的企业文化，强调关心人、尊重人、教育人、培养人、使用人，发扬团结协作、互助互动、共同成长、共同成功的团队精神，培养全体干部员工成为学习创新型的组织群体，形成更强的凝聚力、号召力、战斗力、创造力，在“平和、理性和求新”的心态下实现超越。

三、信息技术应用重大工程

（一）建立网站，改造局城网。

1999 年，公司投资 300 万元对公司原有局域网进行了技术改造，并采取租用空间接方式建起了网站。随着时间的推移，公司局域网由于受到存储空间、人力、技术力量等限制，存在很多问题，已不能满足公司发展的要求。于是公司适时对公司现有网站进行改造，将 WEB 服务器建在公司内部，通过宽带 IP 技术联入因特网，从而在硬件上为公司网站的全面改版提供了条件，经过公司技术人员辛苦的努力，完成了网站的改版工作，改版后的网站功能得到大大加强。公司网站设立了“我们普天、客户支持、产品介绍、解决方案、合作伙伴、国际招商”等 5 大栏目，近 30 个子栏目，设立了普天导航系统，经过精心分类，用户能很方便的查询到所需的信息，建立了客户支持系统，为普天产品用户提供更为周到的服务；为用户提供赏心悦目的画面，并对图片都做了优化，以使网页浏览速度更快。

（二）实施办公自动化。

2001 年 7 月 3 日，公司第一个通过南京普天办公自动化签发的红头文件《关于公司正式启用南京普天办公自动化系统的通知》正式下发，标志着公司以信息化提高公司的整体管理水平的工作已经有了一个质的飞跃。

南京普天办公自动化系统共包括公文管理、行政管理、档案管理、公共信息、资源管理、综合业务、邮件系统等 8 大模块，20 个小模块，满足了公司日常办公需要，既提高了办公效率，又提升了公司形象。

（三）实施 ERP。

公司于 2001 年 12 月底正式启动企业资源规划（ERP）系统，通过 ERP 的实施，使公司的信息化管理水平更上一个台阶。

四、发展前景

“南京普天”将以发展为主题，以深化改革、科技创新为动力，不断铸造融入世界经济一体化的核心竞争能力，竭诚为广大用户提供优良的通信产品和一流的服务。南京普天力争用 5 - 10 年的时间将公司建成全国驰名、在通信和电气两个领域具有较强核心竞争能力和社会影响力的科工贸服务为一体的高科技集团公司。南京普天将本着更便捷的沟通、更完善的服务、更丰厚的回报、更美好的生活的企业理念与您携手共进、同创辉煌。

发挥优势　开拓创新

——中国联通江苏分公司发展概况

中国联通江苏分公司是中国联通在江苏设立的分支机构，成于1995年9月，下辖13个市分公司，在全省57个县（市）设有分支机构。

一、网络建设

——GSM网络，1995年底开始建设，基站数达到3303个，MSC容量435万户，HLR用户容量665万户，无线信道145544个，IN运营容量210万户。

——CDMA业务，2001年5月开始建设，目前交换容量为82万门，无线容量为115万户，基站数合计1212个，安装直放站365套，9个交换局，覆盖全省13个本地网。

——数据网，99年6月开始建设，目前网络建设规模为：长途网30000路端；数据网VOIP 1110E1，前置交换机3590E1，ATM网已达到全省覆盖。

——互联网，于2000年初开始建设，目前165网络由骨干汇聚层、省网业务汇聚层、地市接入层组成；系统容量达到80万用户，接入服务器达到1086个E1。

——无线寻呼，现有入网中继线171条，系统26套，基站591个，发射机1780台，话务座席190个，有4个地市的基站实现了卫星传输。

——传输网规模，一干在省内光缆线路长度约1042公里，二干约1955.4公里，本地网约31990多公里；二干传输设备采用16×2.5GB/SDWDM系统。

二、机构设置

按照麦肯锡公司设制的机构调整方案，2002年3月完成了第二步机构改革工作。突出了损益责任，设置模式从本省实际出发：省分公司按照“业务单元型”模式设置4个业务单元、11个共享及职能部门；13个地市分公司分别按照“市分业务单元型”和“市分职能部型”模式进行机构设置；57个县级分支机构均以经营部形式出现，从而形成了一套比较完备的运行体系。全省现有员工4210人。（其中2478人是签订两年以上劳动合同员工）

三、业务发展

截止2002年7月，全省130GSM累计用户数突破400万户，到8月15日，CDMA用户数突破10万，移动用户数在江苏市场占有率达到31%；数据、互联网和193长途业务大幅度快速发展。江苏联通主营业务收入及移动电话用户数均在全国联通系统名列前茅。

2002年4月8日，备受各界瞩目的中国联通新时空CDMA网络正式放号运营。CDMA手机以其技术上的诸多优势，如频率利用率高、通话质量好、掉话少、低辐射、低功耗、保密性强等，引导移动通信的新潮流，为人们带来了“绿色手机”的全新享受。CDMA网络的开通运营，为江苏联通的业务发展注入了新的活力，江苏联通将充分利用其优势，按照目标市场细分的原则，有针对性地为不用的用户群提供各具特色的服务，实现现代通信与人类生活和环境的完美结合。

应用数据技术　打造著名商标

——江苏赛博电子有限公司发展概况

一、发展概况

江苏赛博电子有限公司（原镇江通讯广播设备厂）是专业生产通讯广播设备的国有中型企业，主要产品有彩色电视机、HDTV、显示器、网络电视机顶盒、DVD、DVB、数码相机、汽车防撞雷达等。

公司前身是军用通讯设备制造厂，具有良好的技术和生产条件，在电视机、计算机和传真机通讯等方面具有较强的开发能力。公司现有职工850人，工程技术人员320人，其中高级职称30人，中级职称150人。

1988年以来，公司从国外引进了八条全自动彩电生产线以及数十台美国环球自动插件机，具备年产14－32英寸彩电200万台的生产能力。公司引进的多制式彩电信号源和计算机自动辅助测试系统，使公司能够生产符合世界各国、各地区标准的多制式电视接收机、彩色显示器。公司还与台湾普得公司合作，引进一条多媒体生产线，合作开发生产21－38英寸多媒体终端，年产能力60万台以上。

公司2001年资产规模达4亿多元，年销售额11亿元，创利税达5000万元，连续五年荣获全国电子百强企业，名列彩电十强，江苏省优秀企业。2000年，企业“赛博”商标被江苏省名牌产品认定委员会认定为“江苏省著名商标”；2002年1月，“赛博”牌彩电荣获国家技术质量监督局颁发的“免检”产品称号。

二、近来工作业绩

随着高新技术的迅猛发展，数字化、网络化和信息化的步代正在加快，江苏赛博电子有限公司技术中心针对这一发展趋势，2001年主要完成了国家创新项目“汽车雷达防撞及智能控制系统”的开发、研制，并于2001年12月将申请省级新产品、新技术成果鉴定。该项目采用了调频连续波体制，平面介质天线和数字信号处理系统技术，以保证系统的可行性、实用性和可靠性的要求，因此技术水平达到国际新一代的产品水平，替代了进口，适应了产业发展的需要，代表产业发展的方向，有巨大的市场前景。技术中心在完成“汽车雷达防撞及智能控制系统”项目的同时，又投入了大量的人力、物力，组织实施了“数码相机嵌入式软件开发技术”项目的研制开发，主要进行JPEG图像格式信号的数字化处理及压缩，增加图像存储数量解决数字图像信息的处理与多种清晰度标准的存储技术，用图像压缩技术把高解像度的图像数据进行压缩编码，并以压缩文件形式存入存储器中，从而解决巨大的数字图像数据量与有限的存储空间之间的矛盾。

三、主要产品和服务

（一）主要产品

公司2001年成功实现了彩电从模拟电视向数字电视的技术转变。2001年，公司在完成电视机、显示器等传统主导产品开发、生产的同时，相继成功开发了高清晰度电视（HDTV）、网络电视、DVD、DVB、系列数码相机、汽车防撞雷达系统等一系列高科技产品。

（二）服务体系

公司于1997年通过了ISO9001的质量体系认证，为确保产品的质量，公司配备了先进的检测手段，引进了日本松下公司和荷兰飞利浦公司的彩电全性能测试系统，建立了彩电全性能指标测试的QC中心和高低温老化测试房，定期对整机进行声、光、电性能测量及环境、安全、可靠性、抗干扰等多种例行试验。先进的生产管理和完善的质保系统，使公司成为国家电磁兼容委员会首批颁发《电磁兼容合格证书》的企业，目前被省技术监督局列为镇江市彩电监测中心。

面对市场的激烈竞争，公司在健全国内市场的基础上，于1998年果断开拓国际市场。公司通过多种渠道进行企业形象宣传，建立了具有独立域名的赛博网站，利用互联网“快捷、方便、覆盖广”的特点，在网上展开“赛博”产品宣传和售后服务，增强了国内外经销商及用户对“赛博”品牌的知名度、信任度。公司2001年彩电远销东欧、东南亚、日本、澳大利亚、土耳其等国家，累计出口彩电30多万台，2001年出口彩电位居国内同行业第四位，公司实现了由内销向外销的转变。

公司坚持以现代化的手段进行企业内部管理，97年与华东船舶工业学院合作开发了信息管理系统，实现了公司内部信息的自动化管理。在信息化的建设中，使公司在产品设计、管理决策、加工制造、质量管理和控制等过程均实现了计算机的网络管理，通过计算机网络和数据库的支持，提高了公司运行速度，确保产品上市快、质量好、成本低和服务好，从而提高了产品的市场占有率和竞争力。

公司的信息化建设，除内部的局域网络建设外，还积极利用联网技术，展开资料查询、数据传输、电子信件、网上宣传等业务。

四、发展前景

“十五”期间，公司将以科技为先导，在完成DPTV、HDTV的开发和产业化生产的同时，针对“三网合一”的发展趋势，逐步集成机顶盒、网络功能、通信功能、视频点播等功能与彩电复合为一体，完成未来型家庭数字彩电多媒体综合服务平台的开发，在做好传统产业的同时，进入投资类领域。面对市场的激烈竞争，技术是企业能得以进一步发展的保障，质量是企业能得以维持生存的基础，品种是企业进一步扩大市场份额的保证，成本是维持企业能可持续稳定地增长的根本。围绕“技术、质量、品种、成本”四大基本因素，逐步将企业的经营模式与现代国际最新的经营模式接轨，完成好企业销售中心、技术中心、产品检测中心和生产制造中心的建设，确保企业在“十五”期间得到顺利发展。

软件开发基地　网络安全长城

——江苏南大苏富特软件股份有限公司发展概况

一、掌握领先技术的香港上市公司

江苏南大苏富特软件股份有限公司（以下简称“南大苏富特”）于1998年由南京大学和江苏省信息化建设投资有限责任公司共同创立，为南京大学的商业旗舰。本公司成立的目的是将南京大学所开发的电脑及互联网软件和技术转化成为商业应用，对国内网络信息化建设进行示范和推动，并在中国境内建立一个重点软件开发基地。

南大苏富特于2001年4月在香港联合证券交易所创业板正式挂牌上市，股票代码（8045）。本公司也由此成为江苏省第一家高校上市公司、江苏省第一家软件上市公司和江苏省第一家香港创业板上市公司。

南大苏富特致力为国内政府部门及不同行业提供符合其个性需要的网络安全整体解决方案及相关网络安全产品，该套方案包含产品通过了国家保密局、国家公安部、国家安全部等多家权威机构的认证。

除此之外，南大苏富特还为国内外公共和私人机构提供电子商务、电子政务、地理信息系统等互联网数字化应用产品及解决方案。

南大苏富特现有员工中，85%为本科以上学历，并有大批硕士、博士以及海外归来的专业人才不断加盟。

南大苏富特于2001年通过了ISO9001：2000质量体系认证，其产品可靠实用，已为江苏省政府、江苏省计委、江苏省工商总局等单位所使用。2001年，本公司完成营业额近2亿元人民币。

南大苏富特将志存高远，与时俱进，依托南京大学的技术优势，通过规模化、集团化和国际化，发展成为国际知名软件企业。

二、苏富特网络安全整体解决方案

南大苏富特针对目前网络信息系统的安全威胁，深入分析网络系统的环境状况，提出了基于安全操作系统的网络安全系统NSS－1的体系结构，并开发了NSS－1的各个子系统的安全产品。

NSS－1包括了从用户鉴别、授权服务、访问控制、安全监控、数据保密服务等多方面的安全服务，并提供面向各个应用层次的信息安全产品，整套系统能够可靠高效地保护用户的信息系统，满足用户对于高安全性、高保密性、高可靠性以及可审查性的要求。NSS－1于2001年通过了江苏省省级鉴定，其各个子系统的成型产品已经推向市场，为保卫我国网络信息安全作出了巨大贡献。

NSS－1系统由三个主要部分组成，分别是安全的系统软件、安全的网络安全软件以及安全的应用系统软件，包括安全操作系统、网络防火墙等九个产品。

1. 安全的系统软件

安全操作系统SoftOS实现了TCSEC的B1级和GB/T17859－1999的功能。为防火墙、入侵检测系统、虚拟专用网、PKI等安全产品提供了安全平台。

安全数据库管理系统SoftBase具有B1级安全特性，能满足各行业与领域的需要，特别适用于我国安全领域、网络（包括Internet）及多媒体领域的应用。

2. 安全的网络安全软件

网络防火墙SoftWall以先进的安全理论为指导，以先进的国际国家标准为原则，设计实现了完善的安全防范功能、访问控制措施，优越的通信性能。SoftWall包括了安全的身份鉴别、报文过滤、应用代理、内容过滤、地址翻译等功能，SoftWall以SoftOS为平台，保障了自身安全。

网络入侵检测系统SoftNIDS提供实时的入侵检测功能，采取先进的入侵事件探测、分析技术探测网络内部发生的各种威胁系统安全的事件，阻止网络黑客的入侵攻击。在不影响网络性能的情况下能对网络进行监控，从而提供实时保护和网络安全状况分析的手段。

虚拟专用网 SoftVPN 能够利用不可靠的公用互连网络，建立能保障数据完整性、保密性的安全信道，防止数据被窃取、检测数据的完好性、保障完好且保密的数据通信，建立在安全操作系统 SoftOS 的基础上，保障自身安全。建立起网关到网关、主机到网关、主机到主机的安全信道。

单机保密系统 SoftPS 在网络环境下保护 Windows 系统主机用户信息的安全，防止系统被攻击、信息被非授权访问。并且可以与系统的入侵检测系统配合探测系统中任何与外网连接的主机，保障整个系统的安全。

3. 安全的应用系统软件

数字证书管理系统 SoftCA 能对各种应用系统提供证书生成、发布、撤销、挂起等功能；提供密钥生成、保存、历史档案等密钥管理功能；提供身份认证、数字签名、防抵赖和时间戳等安全服务。

电子邮件系统 SoftSecMail 具有数字签名、数据加密、防止发送抵赖、接收抵赖和邮件签名回执的安全功能。提供完善的审计服务，为政府、大型企业提供安全便捷的邮件服务。

政务公文管理系统 SoftSecDoc 应用在各级政府管理部门，提供对于公文流转过程的自动化操作实现，提供公文各个阶段、环节的数字签名、数据保密、数据完整性的功能。在提高办事人员工作效率的同时，保障各种密级文件的机密性和完整性，使得电子政务能够实现政府各级各类信息安全地共享和流动，推进各级部门的信息化。

三、苏富特网络数字化产品

随着 Internet 的革命性的发展，在国家“以信息化带动工业化”战略的指导下，信息化建设将进一步向纵深发展。以 GIS 技术为基础的数字城市的建设，以电子政务为核心的政务信息化的建设，以电子商务、ERP 为中心的企业信息建设是信息化建设的大趋势。宽带网络建设、互联网普及和电子商务应用将不断加快，网络数字化产品成为应用的前端。

南大苏富特开发了一系列网络数字化产品以适应中国市场对信息化建设和网络应用的迫切需求。

苏富特电子商务整体解决方案。苏富特电子商务整体解决方案包括电子商务安全平台（SOFTeTrust），电子商务通用平台（SOFTeC），电子商务应用系统，电子商务智能系统，为客户提供了完备的电子商务服务。

电子商务安全平台（SOFTeTrust）帮助用户建立网上信任体系，保证网上信息安全；电子商务通用平台（SOFTeC）适合于各种规模的各个行业在网上实现电子商务，实现信息流通、共享、交换、检索、交易；电子商务应用系统实现了电子商务的全部功能；电子商务智能系统采用先进的数据仓库和数据挖掘技术对电子商务过程中的交易数据进行分析，为用户提供决策支持。

苏富特 ERP 系统。该系统采用多层次 C/S 和 B/S 相结合的系统结构体系，提供功能强大的用户级二次开发工具，具有健全而适应性良好的系统功能、丰富的管理内涵、高水准的企业管理咨询服务和强大的技术支持实力，适合国内各种类型企业。

苏富特 GIS 平台应用系统。南大苏富特为数字化城市的建设提供一整套 GIS 平台应用，为国土资源、城市建设和规划等政府管理部门及企事业单位的信息化建设提供解决方案、产品和服务。

苏富特电子政务整体解决方案。南大苏富特公司构建统一的电子政务平台，并积极探索适合我国实际情况的电子政务建设模式。基于统一的认证与授权服务机制，遵循统一出口和统一入口的原则，实现业务系统可信互连与并联的总体解决方案，为政府的信息化建设提供咨询服务和平台产品。

加快发展江苏软件园　打造中国软件产业巨舰

——江苏软件园发展概况

位于六朝古都南京的江苏软件园经过一年来的快速发展，创造了罕见的两个百日速度——第一个百日，江苏软件园完成了从园区空间环境建设起步到50家企业入驻、正式开园；第二个百日，江苏软件园经国家计委和信息产业部专家组的全面考察，正式批准为国家软件产业基地。江苏软件园的建设开创了江苏软件产业规模发展的新篇章，江苏软件园的发展进一步印证了江苏软件产业强劲的发展势头。

一、正确的决策，优良的环境和各级政府大力支持，赋予了江苏软件园发展良机

软件产业作为信息产业的核心和国民经济信息化的基础，受到世界各国的广泛关注，孕育了大量的新兴产业，并为传统产业注入了新的动力。江苏是一个经济大省，经济转型带来的结构调整任务重，作为信息产业核心和国民经济信息化基础的软件产业和IC产业必将推动经济增长方式的转变，成为江苏经济发展的重要力量。江苏省委、省政府十分重视江苏软件产业的发展，在继国务院［2000］年18号文后，明确提出以全新的企业化运作方式，全新的市场机制尽快建设江苏软件园，并将其定位为江苏沿江软件园的龙头园区。很快省政府出台了苏政发［2001］26号文，从园区目标、园区环境、企业设立、税收政策、项目投资政策、投融资政策、人才政策、进出口政策、收入分配政策等10个方面为江苏软件园制定了41条优惠政策，创造了良好的建园条件。为指导江苏软件园的建设与发展，江苏省人民政府批准设立了江苏软件园管委会，由副省长挂帅担任主任，由省计委、信息产业厅、科技厅、南京市、区政府相关部门领导组成管委会。江苏省委、省政府领导对江苏软件园的发展始终给予了高度重视，2000年12月29日，省委回良玉书记、省政府季允石省长莅临江苏软件园成立大会，回书记亲自为江苏软件园揭牌，季省长发表了重要讲话。2001年4月10日，回书记、季省长亲临园区，为江苏软件园开园剪彩，并视察了部分入园企业。省政府副省长、管委会主任王珉多次视察江苏软件园，亲自召开会议，指导工作，协调解决江苏软件园招商、建设过程中的实际困难。江苏省委、省政府各个部门、各方领导的热情支持，保证了江苏软件园的快速发展。

二、以地域、市场、人文环境为优势，构建独具特色的“城中园”

江苏软件园的选址独辟蹊径，选择了紧邻繁华的珠江路科技一条街，南京市龙蟠中路168号，定位为城市中的“蓝色丛林”。园区位置交通便利，通信发达，40余所高校、30余家技术研究所云集四周，人才、技术、信息、资金在此高度交汇，易于流动，有效降低企业运行成本。近邻珠江路科技一条街，有1200多家IT厂商聚集周围，市场氛围好，相互依托，相互交融。可充分利用现代化城市的各种服务功能，以大社会的综合功能支撑、完善软件园小社区的运行。南京作为全国知名的大都市，历史形成的沉稳不浮、宁静致远特有的江南文化，为软件人才的培育和软件产品的研发创造了优良的文化氛围。加上高质量的专业人才荟萃聚集，是江苏软件园具备发展潜力的得天独厚的人文环境，“城中园”的选址和定位得到了广大软件企业的热烈响应。首期创业孵化区一万多平方米，短短半个月报名入园企业达113家，其中50家企业成功入驻，给园区带来极大的人气，也给园区建设极大的鼓舞，自此，园区空间环境的改造与建设不断加快。

三、公司化、市场化运作江苏软件园，走一条“多、快、好、省”的

路子

为更快更好地建设和发展江苏软件园，在江苏省委、省政府的领导下，成立了江苏省软件产业股份有限公司，承担着“建设、管理、投资、服务”江苏软件园的重任。江苏省软件产业股份有限公司由江苏省国际信托投资公司、南京熊猫电子股份有限公司、南钢股份有限公司、省信息化建设投资有限责任公司、南京珠江路科技发展有限公司等五家省内知名企业共同投资1.98亿组建。其中，省国投占股52.5%，熊猫电子占股35%。作为金融资本与高技术产业相结合的江苏省软件产业股份有限公司，按现代企业制度的要求进行市场化运作，确保园区快速启动并保持强有力的发展后劲。

一年来，江苏省软件产业股份有限公司依托以江苏省国际信托投资公司为主的金融资本的强大实力，结合了熊猫电子集团退二进三的产业结构调整策略，充分运用已有厂房进行改造。自公司成立之日起，在一年时间内累计改造研发用房4.55万平方米，其中创业孵化区2.35万平方米，成长发展区2.2万平方米。一年中，江苏软件园共吸引了349家企业入园，其中146家企业正式入驻，还有近100家企业申请等待入园。入驻园区企业经济规模约30亿元，其中软件产值近12亿元，园区聚集人才资源7420人，其中软件专业技术人员4892人。入园企业中，占20%的企业是具有核心技术、有成熟产品与市场、在IT界具有较高知名度和行业领头作用的软件企业，已获得认定的软件企业有62家，拥有自主知识产权的软件产品近300项。

江苏软件园的建设，打破了软件园建设“政府出面、跑马圈地、投入巨资、包揽服务”这样一条传统套路，极大的减轻了政府负担，走出了一条“多、快、好、省”的路子，取得了超乎想象的效果。

四、完善园区服务体系，提高园区服务质量，营造优良的创业、发展环境，为入园企业创造价值

江苏软件园确定了“为入园企业尽心服务，为入园企业创造价值”的经营理念，不断完善园区综合服务体系，努力营造适合软件企业创业的优良环境。

（一）实行物业管理社会化，维护园区秩序，美化园区环境

江苏软件园积极推行社会化、规范化的物业管理，对每个区域的物业管理实行公开招标，选一流的物业管理公司，创造一流的管理水平，为园区企业正常工作提供良好环境、清洁、电力、空调、安全保障和24小时维修服务。江苏软件园对整个园区实行24小时保安、保卫制度，做到“进园刷卡，出入登记”，警卫人员巡回检查，有力的维护了园区企业正常的工作秩序，让企业安心科研。在专业服务的基础上，江苏软件园开放园区休闲茶座，配备自动售货系统，为企业提供交流、活动的场所和设施；开办商务中心，为企业提供印刷、传真、预订机票等服务。

（二）开通江苏软件园网站，构建江苏软件园信息化园区高速宽带通信网络

根据信息化时代企业发展的要求，江苏软件园开通了自己网站 http：//www.jssp.com.cn，并建立一系列网上服务项目。在网络建设上，江苏软件园依托南京电信优势完成了所有研发大楼中心机房等网络建设及软件园地下管网的建设，为企业提供1000M到楼，10/100M到桌面的宽带接入能力。江苏软件园内部网络建设，在利用现有设备的情况下，以最小成本，完成内部网络建设，为公司办公自动化及园区信息资源共享打下基础。

（三）引进中介机构，开展工商、税务、人才、优惠政策服务活动

为方便入园企业登记注册，简化企业办理工商注册、税务登记手续，玄武区工商、税务部门派专员来园区现场办公。去年下半年，“江苏省人才流动服务中心江苏软件园分中心”在园区设立。自开园以来，公司积极引进政府职能部门来园区进行现场政策咨询10多次，三个月内为39家入园企业落实财政扶持资金数十万元。入园企业在江苏软件园园区享受到工商注册、税务登记、流动人才管理、职称评定、社会保险办理等服务。中介服务体系的引入，对企业入园起到了促进作用。

（四）开展园区综合配套服务，促进园区项目合作

江苏软件园积极探索一套适合园区企业发展需要的配套服务体系，不断提高园区服务层次。

自江苏软件园开园以来，江苏软件园根据企业发展需求，不断组织类似“面向新世纪的科技创业高层论坛”、骨干企业座谈会，组织申报 2002 年度省、市科技进步奖和入园企业新春联谊会等 30 多次各类活动。

江苏软件园努力尝试为园区企业在项目研发等技术合作方面创造机会，使企业优势互补，做大、做强。孵化区南京元欣高英科技有限公司与南京安瑞诺文科技公司在软件园区建立合作经营的模式，“网络城防车辆布控系统”便是两家公司在园区牵头推动下成功联姻的结晶。

五、构建园区技术支撑体系，强化江苏软件园的技术、信息平台作用

根据国家计委、信息产业部建设和发展国家软件产业基地的要求，江苏软件园积极进行各项软件设施建设，强化软件园的平台作用，促进软件园园区企业的发展，向构建国家级软件生产基地、软件企业孵化基地和国际化的软件人才培训交流基地目标迈进。

（一）构建园区技术支撑体系

江苏软件园会同江苏省信息产业主管部门及专家组在管委会的工作指导下，多次对园区技术支撑体系建设方案进行研讨、论证，积极建设适合软件企业应用的网络通讯平台，共用开放实验室、共用数据库、资质测评和质检中心、软件和芯片开放工具库等，为入园企业提供一个资源共享的软环境。

（二）构建园区信息化人才交流基地和科技培训基地

人才是第一资源，是软件企业的核心竞争力，也是江苏软件园、江苏软件产业可持续发展的强大生命力。经过江苏软件园的努力，“江苏省信息化技术人才市场”在园区安家。专业化的人才市场对江苏软件园内部人才资源的优化配置及人才的引进、人才的流动起到了积极促进作用，盘活了现有人才资源，并为园区企业吸引、安置了一大批优秀人才，使江苏软件园成为名副其实的 IT 人才聚集地。

培训作为一个产业正在蓬勃发展。江苏软件园正积极与国内外著名学府与科研机构协商，合作创办软件学院，促进江苏软件园职业培训市场的发展，提升江苏软件园园区企业的竞争力。一年来，江苏软件园组织“2001 年度第二批软件企业认定和软件产品登记知识培训”、“知识产权知识培训”、“微软开发管理高级培训”、“人力资源管理实务系列课程培训（IT 专场）”及“WTO 与中国经济发展”、“CMM 认证”等各类知识讲座、培训 10 多场。

（三）建设园区资本运作中心

江苏软件园充分运用自身有利资本条件，积极引进软件产业发展基金和风险投资基金。江苏软件园组织专门人员与多家风险投资公司协商，研究制定软件企业融资担保办法，逐步考察、挑选有技术、有市场的优秀企业尝试投融资业务，促进其快速成长。

（四）构建成果展示和产品交易中心

加强省内外、国内外软件企业的交流与合作，是江苏软件园为园区企业引资与推销自我的又一平台。江苏软件园积极将世界最新和园内企业的科技成果，定期在园区展示。并且通过大型科技交易会、产品推荐会，建立高科技与技术电子商务交易平台，不仅给园区企业，也给国内外科技企业和用户提供了一个展示、交流、交易的平台。一年来，江苏软件园就组织园区企业参加“第十一届中韩经济贸易洽谈会”、“第三届中国高新技术交易会”、“中印软件产业研讨会”等大型业务洽谈活动 10 多次，取得了很好的经济与社会效益。

江苏软件园的建设与发展才刚刚开始，江苏软件园将根据国家计委、信息产业部、江苏省委、省政府建设国家软件产业基地要求，努力创新，加快技术支撑体系建设进程，注重培育具有自主知识产权的软件企业，发展中的江苏软件园将努力形成以集成电路设计研发及通信、网络安全、电子商务等应用软件为主的国家级软件生产基地、软件企业孵化基地和国际化的人才培训基地，以推动江苏软件业的产业化、国际化进程，实现江苏软件产业的跨越式发展。

开发信息资源　创建综合服务体系

——江苏省科技情报研究所发展概况

一、单位概况

江苏省科技情报研究所暨江苏信息网络中心为省科技厅直属事业单位，是江苏省科技情报信息服务中心，江苏省科技信息网络管理服务中心。八十年代初期被确定为国家Ⅱ级科技文献收藏中心和地区Ⅰ级专利文献服务中心，93年被国家科委确定为国家一级科技查新咨询机构，96年、98和2001年均被评为江苏省AAA级信誉咨询机构。96年根据江苏省科技厅“信息网络中心的建设要以情报所为依托、情报所的改革要以信息网络建设为契机”的批示精神，江苏省科技情报所与江苏信息网络中心融合，以先进的网络技术改造传统的情报服务工作，推动科技情报系统的改革与发展。2001年，按照省科技厅机构调整、整合的要求，与江苏省轻工科技情报总站合署办公改革整合，保留“江苏省科技情报研究所”、“江苏信息网络中心”、“江苏省轻工科技情报总站”三块牌子，实行一个领导班子，一套人马、一套管理办法。

经过多年的引进和培养，在所（中心）造就了一支信息、情报学科较为齐全、结构层次较为合理的研究、开发、咨询、评估等人才队伍。在科技人员中，高级技术人员27人，中级技术人员43人，初级技术人员53人，为我所（中心）开展各项研究，开发科技项目，奠定了扎实的基础。

工作部门（实体）设有：科技文献收藏服务中心、信息网络管理中心、网络应用服务中心、科技查新咨询中心、科技评估咨询中心、多媒体声像制作中心、编辑出版中心等业务部门，以及印刷厂、仪器厂、开关厂、饭店、招待所等“三产”实体，形成了信息咨询、科技查新、网络建设与网络应用综合服务以及科技宣传的新格局。

多年来，所（中心）为江苏省各级政府决策、科学研究、企业技术进步等开展情报信息研究与服务，取得了大量科技成果，获得了社会广泛重视和好评。其中获省级以上科技进步奖13项，省级科技情报成果奖29项。

二、信息化发展现状

八十年代中后期至九十年代初期，江苏省科技情报所主要开展科技经济发展政策情报研究，情报检索及数据库建设，样品引进，星火电视制作等工作。

进入九十年代中后期，信息及网络技术飞速发展，江苏省科技情报所及时把握了这一发展的脉博，配合全省信息化建设工作承担省科委重点建设任务，全面展开了科技信息网络建设及信息资源建设工作。1996年2月经省编委批准，成立“江苏信息网络中心”。1996年底江苏信息网络中心与江苏省科技情报所合署办公。其后各市县科委相继成立科技信息网络中心。在省科委直接领导和市县科委的积极支持配合下，由省、市、县网络中心以及相关研究院所为主要单位，承担了全省科技信息网络各级网络中心的建设工作。

江苏省科技信息网络为树形拓朴结构，基本分为三级，省网络中心为全网的核心节点，二级节点为13个省辖市分中心、研究院所分中心及部分经济发达的县（市）分中心，三级节点则为各市（县）分中心所在地企事业单位、研究院所、开发区等局域网（终端），以此构成省科技信息网的主体框架。目前，江苏科技信息网已实现全省100%市县联通，拥有120多个上网运行的数据库，各市、县网络中心可通过视用电信的DDN专线或通过电话拨号与省、市科技信息网络中心相连。建成省级网络中心1个、省辖市分中心13个、县（市）分中心64个，以及12个省属科研院所分中心，其网络覆盖面、网上信息规模和网络服务水平在江苏同行中名列榜首，是江苏省面向21世纪的重要信息基础设施和科技创新体系的重要组成部分，成为推动江苏省科技信息资源的交流与共享，促进科技成果向生产力转化的重要桥梁。

三、主要工作成就

（一）围绕江苏科技信息网的建设与功能开发，江苏科技信息网络中心暨江苏省科技情报所作了大量艰苦而卓有成效的工作，取得了引人瞩目的工作业绩

1. *江苏省科技信息网络建设*。江苏省科技信息网络作为全省面向21世纪的重要信息基础设施之一和全省科技创新服务体系的重要基础设施，得到了省委、省政府、省科技厅的高度重视。1998、1999连续两年被列为省委、省政府必须抓好的实事，并作为省科技厅重中之重的工作项目。经过四年多的努力，截止2000年底，江苏省科技信息网已全面实现全省100%市、县联通，在苏南发达地区，科技信息网分中心已开始延伸到乡镇。全省上网计算机达8000余台，各类服务器、主机近800台，拥有一支近500人的网络专业技术队伍。江苏科技信息网已与中国科技网、中国科技信息网、中国科研教育网、广电网、电信公众网以及20多个兄弟省科技信息网实现互联。2000年7月“江苏省科技信息网建设”项目成果通过了省科技厅、省财政厅组织的专家鉴定，鉴定委员会专家对科技信息网建设所的成果及应用效果给予了充分肯定和高度评价，一致认为该网达到了国内科技网的先进水平。2000年10月22日，科技部原朱丽兰部长等领导视察了江苏科技信息网络中心，听取了关于网络及资源建设和应用情况的汇报，对江苏科技信息网建设给予了充分肯定。2001年省科技信息网络中心建设项目通过了省科技厅组织的考核验收鉴定，获得了2001年度省科技进步二等奖。

2. *数据库资源建设*。在建设物理网的同时，也十分重视信息资源建设，资源建设与网络建设同时并举，初步形成了具有江苏科技特色的丰富的网上信息资源体系。先后投入近700多万元，本着联合开发、资源共享的原则，组织全省数十家研究院所和市、县科委分中心共同建成了120多个数据库和大量WEB信息资源，涵盖机械、电子、化工、纺织、医药、农林、渔业、交通、信息技术、建筑等十多个行业门类，以及中外专利、标准、学术会议、学位论文、科学引文、科技期刊等各类专业信息库。建成10多个有较大影响的专业网站，如“高新技术成果交易会”、“中国农药”、“中国家禽”、“东西在线一西部大开发”、“中国农药网”、“中国化工市场七日讯”、“智能建筑信息网”、“中国纺织互联网”、“丝绸图样库”、“海洋科技网”等，共计超过1200万条记录，网络信息资源拥有量在江苏乃至全国省级科技网中名列前茅。2000年围绕高新技术产业化，建立“新药在线”、“民营科技企业网站”、“江苏省咨询业信息网”以及“蝴蝶科普网站”、“龟鳖科普网站”等，集中开发力量对现有数据信息资源进行深度开发，推出了“江苏省高新技术网上交易会成果项目”和“中国863计划项目”“CL02产品技术企业库”等光盘。在建设资源的同时，也十分注重对网上WEB信息资源开发利用，开始对国内外WEB资源跟踪研究、整理加工，以提高信息开发应用能力和资源服务能力。

3. *网络功能开发与应用服务*。2000年5月，紧密围绕科技创新，为促进高新技术产业化及科技成果转化，以省科技信息网为网络平台，成功地举办了“虚拟展览交易馆”形式的“江苏省首届高新技术成果网上交易会”，实现了实时的科技成果信息网上发布、洽谈、交易签约以及合同管理、音视频直播等功能，开发制作了网上成果交易会专门网站，开发了交易会技术成果数据库及光盘。在八天集中展示交易期间，共展出各类高新技术成果12000项，共达成意向协议274项，成交额定2.01亿元，实现转让成果50项，转让金额1700万元，网络日访问量近1万人次，受到省市领导好评和社会广泛关注，人民日报、中央电视台都作了专门采访报道。

与此同时，围绕科技管理、科技服务、科普宣传等工作，提供了大量丰富的网络信息和咨询服务。例如：为各级科委建立主页、网站，在网上发布科技管理机构及工作程序，发布各类科技计划指南、科技成果的申报与公告、星火计划、火炬计划等执行情况以及科技法规、政策的宣传，为科技服务和科技创新提供了强有力的条件和手段，在成果鉴定、产品认定、项目立项、市场调研等科技咨询服务中也发挥了巨大作用。几年来，利用科技信息网开展科技查新、市场调研等各项科技评估课题项目近3000项，直接经济效益达到

200万元，避免各种重复立项和建设投资可能产生的经济损失约8000万元；为企事业单位及社会培训了一批信息服务技术和网络人才，省、市、县网络中心三年来共培训人员2万多人次。开展网络应用技术、办公自动化、电子商务、计算机能力、CAD/CAM等培训，在科技系统内培训掌握网络技术人员达400多人。

4. 加强网络新技术应用，强化网络内部管理。通过江苏省科技信息网提供Internet的基本网络服务功能，如FTP、Telnet、E－Mail、WWW检索查询、域名服务、网上初级交易、在线播放等，掌握Oracle、Mapinfo、SQLServer等软件开发大型数据库的能力，制订了网络数据库管理平台选择、数据库建设规范、人口接人标准等。加强网络系统管理功能开发，实现了对各分中心的运行状态监控、流量测试、计费统计、网络安全的管理。

5. 广泛开展国内外网络技术交流与合作。近几年，江苏科技信息网积极开展与国外及台湾省的网络技术合作和开发交流。如与美国马里兰大学在网络规划、信息交流、远程教学技术等方面开展长期合作；与台湾SEEDNET及锐擎、摩迪等网络企业合作，引进中文搜索引擎、简繁码自动转换技术等；与中国科技网合作，进行科普库开发，实现院省网络信息资源共享；与上海健泰科技发展有限公司合作，利用“易商”软件平台联合开发了“高新技术及产品交易网电子商务应用系统”。

（二）科技信息网络为传统的科技情报工作注入了新的活力，赋与了信息化时代的色彩

江苏省科技情报所利用网络信息化手段，提高了传统科技情报工作的层次和质量，拓展了服务面，形成了较高的社会显示度和影响力。

1. 科技咨询与评估。在科技咨询工作方面，省科技情报研究所是科技部认定的首批国家一级科技查新中心，江苏省AAA级信誉企业。拥有100多个行业和技术领域的知名专家组成的阵容强大的专家网，近年来在决策咨询、企业咨询、科技查新工作中都取得了引人瞩目的成绩，完成了数千项科技查新课题和数百项重大软科学研究项目，共荣获数十项国家级、省级科技进步奖，成为江苏省科技咨询服务的中坚力量。在决策咨询方面，完成的《灌云县棉花副产品深加工及产业化研究》、《邳州市银杏副产品加工与产业化研究》、《江苏省企业技术创新调查与分析研究》、《江苏省社区可持续发展科技行动方案》等若干重大软课题项目，已对政府管理部门制定相应政策和地方科技产业化产生了重大影响。在为企业服务方面，成功的案例有几十项，突出的如三株公司“医疗器械”项目咨询、台商的“南京市润滑油市场调查”、靖江电力设备集团投资七千万的“球墨铸铁管项目”可行性研究、泰州科委“瓷光玻璃”项目咨询及《江苏省微生物制药工程技术研究中心可行性报告》、《江苏省海洋水产增养殖技术及种苗中心扩建可行性报告》等，受到客户的好评并取得良好的效益。

在科技查新方面，拥有多名富有经验的国家科技部批准的查新资质人员，每年完成千余项查新课题，对保证江苏省科技成果鉴定、科技项目立项、新产品认定等科技管理工作的科学、公正、公开起到了积极作用，产生了较大的社会影响，目前查新工作已成为各项科学管理工作必经的工作程序。

2. 科技文献收藏与服务。情报所作为江苏省科技文献收藏服务中心，拥有各类中外科技期刊8000多种，中外科技图书、科技报告、会议资料、学位论文10多万册，1500多万件美、英、日、俄、德、法、瑞士、中国和欧洲专利组织、世界专利组织的专利说明书及胶片、光盘等检索工具，3500余种中文科技期刊全文光盘。向社会提供中外文科技报刊、国内外专利等各专业类别的全文检索，并根据市场和用户的需求，开展定点、定题专项文献咨询服务。

3. 科技宣传。作为江苏省科技电视制作中心，承担着国家星火计划、火炬计划及其它综合性科技专题片的宣传报道任务，定期为中央电视台星火科技栏目提供专题节目。十几年来，江苏科技电视制作中心所拍摄制作的电视科技专题片内容广泛，并多次在全国、华东地区获奖。中心拥有广播级和业务级全套声像前、后期制作设备、三维动画制作以及非线性编辑系统，可承接各类科技宣传、推广、普及的电视片及三维动画电视广告业务。

情报所拥有《江苏科技年鉴》、《江苏科技信息》、《无线互联科技》、《江苏轻工信息》等国内外公开发行的国家正式出版物，并通过江苏科技信息网，同步出版网络电子版，更快、更新、更全面地宣传了包括江苏科技动态、科技政策、科技成果、杰出科技人才等江苏科技工作。

4. 三产工作。情报所投资创办了江苏博大信息产业发展有限公司，提供技术开发与咨询、网络工程、电子产品生产与销售、数码防伪产品的研制等，还投资创办并发展了印刷厂、一星仪器厂、薄膜开关厂、盛情园饭店等生产经营企业。

四、发展前景

江苏省科技情报所暨江苏信息网络中心将围绕《江苏省十五科技发展规划纲要》的总体要求，贯彻落实国家、省科技创新大会精神及科研院所体制改革的文件精神，坚持解放思想、与时俱进、市场取向、制度创新、人才为本、品牌取胜等原则，以规模化和产业化为目标，按照全省科技创新体系建设的要求，强化业务结构创新、组织结构创新、运行机制创新，实现资源配置优化，加快用先进信息技术改造传统情报服务方式的步伐，探索并实现以现代信息技术为支撑、现代信息服务理念为导向的信息服务业的发展，建立以高速网络通信平台为基础，以信息资源建设为支撑，以科技咨询与研究为先导的综合信息服务体系，努力成为全省科技创新服务体系和全省科技成果转化体系的重要组成部分。重点建设五大基础及应用系统工程：（1）建设“全省数字化工程技术文献中心”，为各市、县网络分中心及社会各界提供综合性和专业性公共信息资源；（2）开发“全省技术成果交易电子商务系统”，利用科技信息网开展全省高新技术成果网上交易电子商务；（3）开发“全省星火科技网络信息服务系统”，为全省星火产业开发区、星火科技企业和广大农村提供全面的农业生产技术网络信息服务；（4）开发“全省科技系统网上科技管理电子政务系统”为全省科技系统进行网上科技辅助管理，实现科技管理电子信息化做好保障；（5）开发“全省网上多媒体科学知识库系统”，利用网络宣传普及科学知识。建成省内一流、国内知名、功能齐全的公共科技信息网络和网络信息资源体系，以虚拟技术为核心的全省工程技术文献资源保障体系，面向全省服务的高水平的科技咨询评估中心以及全省科技宣传服务中心。

在改革创新中稳步发展

——江苏省物流与采购信息中心发展概况

2001年，面对市场竞争的白热化，江苏省物流与采购信息中心积极调整，寻找机遇，迎接挑战，依靠广大员工努力奋斗，保证了企业的稳步发展。至2001年末，拥有资产886万元，经营规模1015万元。经过全体员工的共同努力，2001年江苏省物流与采购信息中心取得了四项荣誉：自主开发的“连锁经营管理软件”获得了由国家科技部颁发的国家级“优秀科技成果奖”，荣获得了由省政府颁发的“江苏省文明单位”称号，2001年又一次取得了省级“AAA咨询信誉”和银行“AAA资信等级”称号。

一、勇于开拓创新，资讯主业增强竞争力

（一）《市场周刊·新物资》于2001年正式创刊运作，在全国物资行业初具影响力

定位于生产资料流通领域的行业商情报，坚持正确的舆论导向，在中国物流与采购联合会的指导下，倡导传统的物资行业向现代物流和采购转变，倡导配送、代理、连锁等新型流通业态，总体上体现一个“新”字，反映变革中的物资流通行业新的格局、新的体制、新的业态、新的技术。重点刊载了开封机电、浙江物产、徽商集团、上海物资集团等成功改革经验，开设“现代物流高层论坛”，全面系统介绍现代物流知识，及时反映现代物流的新动态；重点报道了全国煤炭订货会、春季钢材订货会、钢铁出口反倾销诉讼应对、整顿经济秩序、入世对物资行业的影响等，得到了全国物资行业人士的好评，初步站稳了脚跟，在全国物资行业内有了一定的影响。

（二）提高服务质量，《物资市场电讯》围绕“三个提升”进行改革提高

生产资料市场的持续低迷，给主打资讯产品《物资市场电讯》的稳固和发展带来了非常严峻的形势，信息市场竞争的白热化，更加加据了业务拓展的难度。中心围绕提升技术含量、提升知识含量、提升服务质量总体要求，加大了市场行情的分析和预测的力度，加强对市场的调查，全程跟踪客户需求，及时增添贴切市场、时效性强的资讯信息，利用现代化的服务手段，提高市场竞争力和影响力，占领市场。

（三）贴切商务领域，《市场周刊·商务营销》在创新中探索发展

不同的商务经营层次，对商务资讯有不同的需求，定位于商务领域高级管理人士资讯需求的《市场周刊·商务营销》，经过三年的创新探索，以扎实的新闻专业能力，敏锐的感悟力，现代的媒体理念，完成了从物资流通行业向商务市场领域的转变，有了一定的社会影响力，全国邮政发行数稳步提高，已完全由市场置换了行业，并在2002年度创下历史最好水平。

（四）新物资网调整定位，全面改造和提升其使用功能

2001年中心确立以网络实用性和服务性为原则，对内作为信息采集加工储存的工具，对外作为停息发布、咨询服务的平台，全面对新物资网进行提升，从采集信息的数据处理、网络使用的便捷实用、网络页面的设置，进行了全新的改造，并加大了网络硬件设施的投入，使网络的使用效率、查询速度、点击率、在网信息发布率有了明显的提高，上网访问和发布信息的客户遍及全国各地，并将其作为《物资市场电讯》重点客户的服务手段，促成了交易。内部所有资讯产品的采集和前期编辑都利用新物资网完成，大大提高了工作效率。

二、探索新兴业态，不断寻求新的发展基点

（一）以变应变，积极探索物流配送之路

困难中求发展，调整中求生存，以积极的姿

态寻求新的奶酪，利用信息的优势，抓住机遇，采用直接介入国家工程，积极参加工程投标，从接标、材料供应、组织生产、打包运输实行一条龙服务，为物流配送业务进行了有益的探索，并为2002年业务发展铺下了良好的基础。

（二）努力拓展，积极实践电子商务连锁营销等新兴业态

2001年初承担的国家“九五”重点示范工程——物资连锁经营业务管理系统获得国家优秀成果奖，以此为契机，中心将物资连锁经营系统分别进行试用版、标准版、网络版改造升级，加大向市场宣传和投放的力度，针对物流业态的发展，推广连锁经营管理系统，出现良好的发展势头。

（三）兴办实业，印刷经营发展初见成效

按照企业发展战略，实业发展是中心多年来一直所追求的。2000年下半年印刷厂投资兴办，2001年正式承包运作，一年来，做好了生产企业与流通企业经营管理的转型工作，在全面承接自己媒体印刷的同时，努力拓展业务，严格管理，精打细算，安全生产，保质保量，已完全有能力在市场上进行质价竞争。

三、深入细化管理制度改革，促进企业加速发展

企业在发展，社会在进步，优胜劣汰是事物发展的必然规律。为了使全体员工都能适应激烈的市场竞争，我们加强了企业三项制度的改革。加大了全员参与的力度，将往年只有部门经理竞聘，员工双选，改为全员公开竞聘，竞聘上岗后根据竞聘意见和职位要求全部签订岗位责任书，明确责权利。同时对企业的所有制度进行重新疏理和修改，做到有法可依、有章可循，规范企业的经营行为，使所有员工真正体会到风险意识和竞争意识。

规范市场秩序　优化发展环境

——江苏省软件产品检测中心发展概况

江苏省软件产品检测中心2001年是省信息产业厅直属事业单位，2002年起受政府各职能部门授权进行软件产品检测工作。目前已在软件产品登记检测、金慧奖检测与评审组织工作、技术成果鉴定与招投标等检测、软件侵权案技术检测、软件测试员培训等方面展开工作。软件质量是产品的生命线，是关系软件企业能否快速发展的核心问题之一。软件企业是典型的高科技企业，但江苏软件企业在软件生产中大部分还是“手工作坊”方式，不仅生产效率不高，而且质量难以保证。软件产品“毛坯”上市，质量检测放在了用户使用阶段，其质量问题既拖住了软件企业手脚也严重影响用户使用。可以预见效率和质量将成为制约软件产业今后发展的瓶颈。

一、已开展的工作

江苏省软件产品检测中心目前已开展以下几个方面的工作。

1. 软件产品登记检测。国务院《鼓励软件产业和集成电路产业发展的若干政策》实施以来，江苏软件产业得到快速发展，现已认定软件企业224家，登记软件产品831项。根据相关规定，凡销售的软件产品均需出具软件著作权登记证书等自主知识产权证明、软件产品登记检测报告等材料，并进行软件产品登记。信息产业厅规定2002年7月起江苏软件产品登记均需由江苏省软件产品检测中心进行登记检测。

2. 金慧奖检测与评审组织工作。为促进江苏软件创优质品牌，省政府批准设立江苏省优秀软件产品奖（金慧奖），该奖项自1999年起已评选3届，共评出质量优、市场前景好、有望在全国叫得响的江苏省优秀软件产品35项。受省信息产业厅委托，江苏省软件产品检测中心承担了对申报软件的质量检测、质量评价和“金慧奖”评审的组织工作。

3. 技术成果鉴定与招投标等检测。江苏省软件产品检测中心受科技、信息产业、计划与经济等各级政府和部门委托，在技术成果鉴定、招投标以及中小企业创新基金申报项目等中承担多种软件检测工作。

4. 软件侵权案技术检测。为保护软件著作权人的合法权益，构造良好竞争环境和秩序，受法院、公安和检察院等机构委托，对软件侵权案进行技术检测，为案件审理提供技术依据，该项工作已取得较好的社会效益。

5. 软件著作权登记代办。软件著作权登记是保护软件企业知识产权不受侵权的重要手段，由于登记部门在北京，江苏省软件产品检测中心开展了软件著作权登记代办工作。至今已代办江苏软件著作权登记近800项，该项工作业绩在全国处于前列。

6. 开展软件测试员培训工作。针对江苏省软件产业现状和今后发展中的瓶颈问题，江苏省软件产品检测中心面向全省开展软件测试员培训，培养企业级专业软件测试员，帮助企业建立和完善软件测试体系，从而提升软件企业整体素质和产品竞争力。

二、发展政策

产业的核心是企业和产品，产业发展依赖于良好的产业发展环境，而产业发展环境主要是政策环境和市场竞争环境。作为政府和产业管理服务机构，主要就是营造良好的产业发展环境。

江苏省软件产品检测中心的发展步骤与策略是：

首先从产品检测入手，提高全省软件产品质量，增强本省自产软件的质量水平和竞争力，并建成全国领先水平的软件检测中心。同时从提高软件企业素质入手开展服务咨询，促进软件企业健康发展。

尽快开展软件展示交流、市场需求和技术发布工作，加强软件企业与市场的结合度，加快企业技术成熟和产品更新，在江苏软件园构造出信息和产品集散中心，管理和服务中心的产业发展小环境。

条件成熟时，促进高校与企业在持续发展型结构上的稳定结合；从产品链入手促进产品链形成和软件企业整合以调整产业结构；逐步规范市场，建立营销与服务体系，分离研发与销售服务，高层次提升产业综合竞争力，形成江苏软件企业“航母”。

三、体系结构

江苏省软件产品检测中心体系结构：

软件产品检测中心从软件质量入手，在促江苏软件产业发展大框架下实施工作。

其体系结构分三层：

第一层专家层，包含省内外评测及软件技术专家，逐步扩展为国际级高水平专家队伍。

专家层的主要作用是：①在技术层面辅助和指导检测中心工作；②辅导并成为软件企业技术支撑和智囊；③指导和开展评测技术及工具研究，推动评测技术进步。

第二层检测中心，该层为实施操作层，从检测和服务咨询入手，并逐步发展成与软件行业协会等组织协同构造软件产业发展环境的核心机构。

第三层协作层，该层由相关协会、高校、研究院所和企业等机构组成，作为检测中心的协作力量和外延。

检测环境分为内部检测环境和开放式检测环境两部分，开放式环境将面向产业，为各软件企业提供测试平台和技术依托。

江苏省软件产品检测中心将围绕提高江苏软件产品质量、创名牌软件产品、规范市场竞争秩序、构造和优化江苏软件产业发展环境开展工作，促进江苏软件产业健康快速发展。

建设农业科技信息网　提高科技信息化水平

——江苏省农业科学院发展概况

江苏农业科技信息网（http：//www.jaas.ac.cn）是由江苏省农业科学院主办，于 1997 年 11 月建成的一个快速以太网，通过江苏省科技信息网与因特网互联。几年来，网络建设不断完善，信息资源的开发应用也逐步展开。

一、网络建设

（一）网络体系结构

由于网络技术特别是局域网技术发展速度非常快，各种不同的网络体系结构都有其各自的优点和局限性，从当时的投资规模和现状分析，江苏农业科技信息网建网时采用 10/100M 自适应的交换式以太网方案，既能满足办公区接入高吞吐量、高带宽、低延迟的要求，又能满足用户接入的多样性（单机操作系统不同）要求，而且易于实现和管理，方便以后的网络升级，能有效地保护投资，与其它网络体系结构如光纤分布式数据接口 FDDI、异步传输模式 ATM 等相比费用较低。网络布线采用星型网络拓扑结构，这种结构便于集中控制，易于维护，安全性高。某一端用户设备因为故障而停机时也不会影响其它端用户间的通信。

（二）网络设计目标

建立江苏农业科技信息网主干网，通过光缆连接全院 13 个专业所（处、中心）等的服务器、工作站、PC 机和终端（或局域网），组成一个分布式多层管理的的网络系统。对于远程用户和地理上分散的用户，通过电话网连接拨号服务器实现网络通信。

租用电信部门的通信线路与江苏科技信息网、CHINANET 相连接，形成江苏农业科技专业子网，并与因特网互联。

建立基于网络的应用系统，例如 WWW 浏览、文件传输（FTP）、电子邮件（E－mail）、远程登录（Telnet）、办公自动化系统、财务管理系统、科研管理系统、图书管理系统、情报检索、光盘信息等资源共享系统。

（三）网络中心建设

网络中心承担着全院计算机网络的运行管理、信息服务与技术支持的功能。建成的网络中心，对上网用户提供网络平台和公共信息资源的服务，建立网络管理与应用的培训环境，推动江苏省农业科学院科研手段和科研水平的提高。

网络设备：江苏农业科技信息网网络中心全部采用北电网络 Bay 公司的产品，以保证良好的兼容性及稳定性，以 BayStack350T（10/100M 自适应）作为中心交换机，选用 BayStackAN 路由器作为网络主节点的核心设备，在二级节点选用 Accton/D－Link 等交换机或集线器作为连接设备，连接专业所（处、中心）局域网。选用 BayAnnex2000 作为拨号接入服务器，供拨号用户拨号上网。网络主干线采用四芯多模光缆，局域网内采用非屏蔽 5 类双绞线（UTP），主干速率 100M，局域网内速率达 10M。租用电信局 64KDDN 专线与江苏省科技信息网互联，申请 5 条专用电话线用于拨号上网。选用一台 SUNULTRA1 作为 WWW、邮件和 FTP 服务器，一台 SUNULTRA5 作为代理服务器，一台普通微机作数据库服务器，江苏农业科技信息网拥自己的中文域名及英文域名。

二、网络信息资源的开发

网站是宣传的窗口，为完善服务功能，加强对外宣传，江苏农业科技信息网重点加强了农业科技动态信息和实用技术等方面的开发，力求扩大信息量，把江苏农业科技信息网办成一个在全国有一定影响力的专业网站，使之成为江苏省农业科技的窗口，能够真正反映出江苏省农业科技发展的水平。

资源建设是网络建设的核心。数据库是信息产业化的支柱，也是计算机网络建设的重中之重。

在网络建设的同时，注重抓好以数据库为重点的信息资源建设与开发。根据江苏省农业科研、生产、市场需要，建设了一批具有江苏特色的数据库，数据库内容除文字信息外，还有声音、图形等多媒体信息，满足了广大领导干部、科技人员和农技推广人员对信息的多样性需求。江苏省农业科技信息网的信息资源建设主要包括以下几个方面：

农业科研院所：介绍江苏省农科院、专业研究所、地区农科所的简介、成果及科研产品等；

农业科技传真：包括农业新闻、科技要闻、院内动态、图片新闻等；

农业科技创新：介绍成果、专利、在研项目、科研进展、世界农业等内容；

农业双增行动：配合苏浙沪农科院科技兴农联合服务团组织进行的科技兴农活动，主要介绍优质动植物新品种推广计划、先进适用高效技术推广计划、科技示范园区建设计划、龙头科技型企业培育计划、农业科技培训计划等内容；

农业科技企业：主要包括涉农企业的名录、科技产品等；

农业实用技术：根据农业生产结构调整的需要，引导农民进行畜禽养殖、特种养殖、水产养殖、特种蔬菜等；

农业科技人才：主要介绍江苏省农业专业的博士后流动站、农业院士、专家名录、人才招聘等方面的信息；

农业信息导航：为网络用户提供一个快速链接省级农科院、各地农业信息网、农业企业、国际农业组织机构、农业院校等有关农业网站的通道；

农业标准化：主要介绍有关绿色农产品标准与生产、有机农业等新兴无公害农产品生产、加工等方面的内容；

农业科技论坛：包括热线咨询、专家论坛、决策参考；

农业科技文献：省农科院图书馆典藏的书刊查询、引进的数字期刊、专题文献光盘文献库等；

农业科技报刊：江苏省农科院主办的《江苏农业学报》、《江苏农业科学》、《杂草科学》、《江苏农业科技报》等报刊内容；

农业专题数据库：根据生产和科研管理需要，已经建成农业科技成果库、在研项目库、病虫草害识别与防治库、畜禽常见病诊断与防治库、生物制品兽药查询库等；

农业科技法规：包括科技政策、农业法规等；

农业专业网站：与院内各专业所联合共建的畜牧兽医网、粮食作物育种网、植物保护网、经济作物网、园艺蔬菜网等专业网页；

农业专业学会：江苏农学会、江苏植物病理学会、江苏昆虫学会、江苏杂草研究会、江苏畜牧兽医学会；

农业产品价格：及时更新省内各大农贸市场的畜禽蛋产品、淡水产品、海水产品、苗猪肉猪、蔬菜等的价格信息；

农业产品供求：为网络用户提供一个农产品供求、在线交易等的平台。

三、近期打算

江苏省农科院是全省唯一的、综合性的农业科研机构，主要根据国家和江苏省农村经济与科技发展目标和方向，开展应用研究、应用基础研究、开发研究、农业宏观决策研究以及科技成果的示范、推广和科技服务工作，为全省农业生产和农村经济发展提供技术支撑。全院按专业划分设有13个专业研究所，按农业经济区划设有9个农区所，并在业务上指导5个市蔬菜研究所的业务工作。“八五”以来，全院共承担国家、省级以上研究课题近1000项，获得部、省级以上成果奖199项，其中国家科技进步一等奖2项，部省级一、二等奖59项，有166个农作物新品种通过省级审定，占江苏省审定品种的80%以上。全院综合实力和科研水平在全国处于领先地位。

江苏省农科院于1997年由院投资，建立了网站。但由于缺乏经费投入，设备条件简陋，运行质量较差，未能充分发挥其应有功能。同时，全院至今尚未建立完善的内部计算机网络系统，许多专业研究所仍处于无网状态，广大科技人员不能及时获取最新信息和开展科技信息的交流，严重制约着农科院科技创新能力的提高和科技成果的推广转化。这种相对落后的状况，也是与江苏省和江苏省农科院在全国农业生产和科研中的地位极不相称的。近期在信息化方面将主要做以下工作：

（一）建立江苏省农科院院内局域网

将13个专业研究所联接起来，以实现国内外的农业科技信息资源共享和科技合作，为农业科技人员提供一个与国内外同行交流联系的手段，为农业科研、管理决策及农村经济发展提供现代化信息服务，为农业科技创新及成果转化提供保障。整个网络将采用目前比较成熟而且广泛使用的千兆以太网技术，网络控制管理中心设在情报所，各专业所与网络中心采用多模光纤相连，采用配置千兆模块的具有三层交换功能的交换机作中心交换，以保证网络的性能，在专业所配线间设置 10/100M 自适应交换机并配以千兆模块，使所内达到 100M 交换，主干达千兆交换，以满足高吞吐、高带宽的要求。

（二）财务管理信息化

财务管理是企业管理的重中之重，也是企业信息化的核心内容。为提高科研经费的管理效率及管理水平，对财务管理增加透明度，本院将引入财务管理软件，对科研经费统一管理，课题组使用经费需申报的经费管理制度。对院内科研经费实行以课题为单位的管理办法，即为每个课题建立一个帐号，给予其特定的权限，课题组可随时通过网络查询本课题组的经费总额、到帐情况、经费去向及剩余经费等情况，既避免经费的浪费，又增加透明度。系统采用两台 DELL 服务器，以保证系统的备份与系统的正常运行，布线与院网络布线相结合，避免重复布线。此举可以解决长期以来困扰我院的财务信息滞后、资金利用效率相对较低的问题，真正做到资金流、信息流和工作流的三个统一。

善于应用信息　发展证券业务

——华泰证券有限责任公司发展概况

一、公司历史回顾

华泰证券有限责任公司，成立于1991年5月26日，其前身为江苏省证券公司。现注册资本金22亿元，1999年12月，被中国证监会核准为综合类证券公司。十一年来，华泰证券各项业务稳步增长，其中沪市证券交易量、净资产收益率等项业务指标连续多年位居全国券商前列。华泰证券的信息化工作一直走在国内证券行业的前列。1994年率先采用电话委托交易手段，1996年率先开通上海交易所无形席位，1998年率先在所有营业部推广网上交易业务，所有这些先进信息技术的应用推广，为公司的发展赢得了先机，使公司的效益一直在全国证券行业名列前茅。公司的信息系统，经过多年建设，已形成一定规模。公司内部的广域网，已经连接了分布在全国各地的分支机构。公司自行开发了支撑公司核心业务的交易系统，建有财务电算化系统、远程监控系统、资讯一体化系统、华泰证券网和网上交易系统等。

二、2001年基本概况

华泰证券由分布在全国各地33个地点的局域网通过DDN线路互联组成一个公司网络，网上共有约170台PC服务器、约1万台PC机，运行证券交易、财务、证券资讯信息等业务，为约66万股民提供各种证券服务。2001年，华泰证券继续加大投入力度，公司总部及所属营业部全年在信息系统建设上的投入达4000万元。这些投入，有效地保证了公司信息系统的稳定、高效运行。

2001年，公司与银行合作开发了较为先进的“银证通”业务系统后，与多家银行开通了“银证通”业务，使客户可以通过银行网点进行证券交易业务。结合公司先进的网上交易和电话委托等非现场交易技术手段，公司可以不受地域限制、低成本地拓展证券经纪业务。

为加强公司信息系统的运行安全，公司制定了一系列相应的规章制度，对网络的安全运行作了严格要求，采取了全公司统一的防病毒措施，对各个入口进行了严格控制，大大降低了信息系统受病毒侵害的风险。

同时，公司为继续保持网上交易的品牌优势，2001年对网上交易系统进行了多次升级，各营业部加大了对网上交易的宣传力度，加强了营销措施，取得了良好的效益。2001年，全公司网上交易的交易量达326亿元，较上年增长53.86%，A股网上交易量占全部交易量的23%，在全国券商中名列第一，网上交易的开户股民达26万人。在《证券时报》主办的最受股（网）民喜爱的“中国优秀证券网站”评选中，华泰证券网连续两年名列榜首。

三、信息系统的管理

公司的信息系统采用分布式集中管理的模式，在管理职责上，既有分散的权限，又有集中的权限；在信息系统的架构上，既有分散在各地完整的局域网，又都与公司总部互联。它包括技术管理层面和信息系统结构层面。

公司设有电脑工程部，负责公司信息化建设的规划、实施，信息系统管理制度的起草，硬件及软件设备的选型，全公司网络系统和有关业务系统的维护，检查、指导各营业部的信息系统管理维护工作。各营业部设电脑部，负责本营业部的信息系统的运行、维护工作。

证券交易系统结构上，数据库分布在各个营业部，日常的运行维护由各营业部负责，数据库的管理权限在本部电脑工程部，本部电脑工程部有专人担任数据库的系统管理员，并分配相应的权限给营业部电脑人员和业务人员；关键的网络设备、服务器分布在各个营业部，日常的运行维护由各营业部负责，超级管理权限仍由本部电脑工程部负责。

四、重要措施和经验

由于信息系统的建设具有投入高、产出慢的特点，如何使企业的信息化建设走上投入——产出——再投入——再产出的良性循环，是一个需要很好解决的问题。公司在信息系统建设上的经验为：始终为业务服务是信息系统建设取得成功的重要保证。具体有如下几点：

1. 导重视。信息系统的建设是一项技术性很强的工作，其过程也较为复杂，领导的重视和支持尤为重要。公司向来十分重视企业信息化工作，总裁室分工一名领导抓信息化工作。

2. 实现信息化工作制度化、规范化。公司制订了有关信息化建设的规章制度如《华泰证券有限责任公司信息系统管理规范》等，从立项、审批、测试、验收、试用等各个环节进行科学的管理，降低信息化建设中的风险。

3. 紧紧围绕业务的开展，始终为业务服务。公司的信息化项目，都直接来自业务需求，解决业务发展中的关键问题。如1996年率先开通的上海交易所无形席位，解决了人工报单的局限，极大地提高了委托报单的速度；1998年全面推广的网上交易，使交易手段有了质的提高；2001年的银证通业务，解决了公司在没有营业部的地方开展证券经纪业务的问题，使公司的经纪业务不受地域限制，大大拓展了业务空间。这些信息技术的采用，为公司的业务提供了巨大的发展动力，创造了良好的经济效益。

4. 系统维护与升级。信息系统良好的维护、不断的升级，保证了对业务需求的迅速响应，满足了业务更新发展的需要。同时，业务的发展，又能促进信息系统的不断完善，使企业的信息化走上良性发展的轨道。

五、2002年发展目标

2002年公司信息系统建设的目标主要有：

1. 为适应佣金制度改革的需要，信息系统建设的重点是研究新形势下信息系统的发展规划，如集中交易、CRM系统、ERP系统等重要课题。

2. 进一步完善交易系统的功能，如开发经纪人业务管理系统、数据仓库等项目，促进业务的发展。

3. 利用Internet技术，建设公司的Intranet网络，将公司各项业务如交易、财务、信息整合在统一的Internet技术平台上，为公司信息化建设打下坚实的基础。

把握时代脉搏　开创崭新未来

——远东网络安全技术有限公司发展概况

远东网络安全技术有限公司（简称“远东网安”）是一家拥有自主知识产权，集信息与网络安全技术开发、产品制造、安全服务、全面解决方案于一体的专业网络安全公司。

一、雄厚的基础

网络安全是国家“十五”计划中的重点项目，2002年是“十五”计划关键的一年。“远东股份”投资6300多万元，充分吸收“远东科技”现有的先进产品、技术和服务，并以由“远东股份”与中科院所属“信息安全国家重点实验室”共建的“北京远东网络安全研究院”为技术力量支撑，建立了“远东网络安全技术有限公司”，专业从事网络安全产品的开发、生产、销售，提供全面的网络安全解决方案以及完善的安全服务。“远东网安”凭借得天独厚的产品、技术和服务优势，迅速建立了覆盖全国的营销和服务网络，业务涉及政府、金融、证券、教育、军事和电子商务等多个领域。公司全方位的开展各项业务，竭力提供最能体现自己特色的产品和服务，在上海政务网、江苏省网络安全应急中心、安徽省公务网等多个项目上已取得突破性进展。

“远东科技”是一家有从事网络安全经验的高科技公司，是国家级“软件企业”，“江苏省高新技术企业”，“江苏省保密技术设备（设施）定点生产单位”。其入侵检测系统，已通过国家公安部和国家保密局的检测认证并推荐使用，是“国家级火炬计划项目”，是“江苏省软件和集成电路专项经费”拨款150万重点扶持的软件项目。

“信息安全国家重点实验室”是目前国内唯一开放的国家级信息安全科研机构。实验室技术力量雄厚，成立十余年，拥有中国一流的信息安全专家、博士、硕士36人，客座研究人员40余人，其科研成果一直在中国信息安全业乃至世界居于领先地位。

二、企业文化

企业精神：砺志、进取、开拓、创新。

企业宗旨：把握时代脉搏，开创崭新未来。

企业口号：发现自我，实现自我，超越自我。

经营理念：以技术为核心，以服务为根本。

市场口号：网络安全的答案。

三、“远东网安”产品系列

1. 入侵检测系统（IDS）——“远东网安”系列主要产品之一，是一种基于网络的集入侵检测、响应控制、阻击网络入侵于一体的实时安全系统。

该产品是目前国内唯一可达百兆的入侵检测系统，具有国际领先水平的“数据挖掘”功能，通过对数据的总结、分类、聚类和关联分析等，真正实现了对网络入侵的智能识别与防卫，对未知的攻击产生预见性的分析。系统特设“防火墙互动接口”，可以最大限度地实现入侵检测与防火墙的互动，融入侵检测与防火墙功能于一身，实时有效地防范黑客攻击和病毒侵害。系统采用尖端的分布式技术，针对大规模网络环境，构建分布式入侵检测系统，可应用于大规模应急响应中心。

2. 防火墙（Firewall）——“远东网安”系列产品之一，独有的设计体系以及与入侵检测系统的互动性，保证了防火墙高速的运行能力和强有力的安全性能，简单易用，为企业的重要数据和内外部网络系统提供了可靠的安全保障。系统采用尖端的包过滤技术，能够检测链路层、网络层、传输层以及应用层上所有的信息流量，并迅速作出判断，对潜伏的安全问题及时响应。系统内设开放式入侵检测互动接口（API），能够与各种入侵检测产品（IDS）实现无缝隙集成；提供开放式管理接口，用户可以在整个局域网内查看并进行集中式统一管理。

3.PKI 整体解决方案——“远东网安”系列产品之一，是利用公开密钥理论和技术，在统一的安全认证标准和规范基础上建立起来的提供在线身份认证的安全体系。

“远东网安”PKI 整体解决方案包括三部分：安全平台（RealSec）、证书系统（RealCert）、安全电子商务平台（SecureE - commercePlatform，SecEP）。

安全平台（RealSEC）：是以公钥基础设施（PKI）为核心的、建立在一系列相关国际安全标准之上的一个开放式应用开发平台。RealSec 向上为应用系统提供开发接口，向下提供统一的密码算法接口及各种 IC 卡、安全芯片等设备的驱动接口。基于安全平台 RealSec 可以开发、构造各种安全产品或具有安全机制的用户应用系统，如用于文件加解密的安全工具、安全网关、公证系统（CA）、虚拟专网（VPN）等。

证书系统（RealCert）：在 PKI 中，为了确保用户的身份及他所持有密钥的正确匹配，公开密钥系统需要一个值得信赖而且独立的第三方机构充当认证中心（CertificationAuthority，CA），证书系统（RealCert）就是这样的系统。该系统严格遵循国际标准设计，采用稳定的主流 UNIX 平台，运行高效稳定，具有极强的并发性和稳定性；采用先进的内部密钥管理技术，安全可靠；软硬件配置灵活，支持 CA 分层体系结构；内部建有独立的安全通信模块，可实现安全的远程管理功能。

安全电子商务平台（SecEP）：Windows2000 为电子商务提供了一个理想的平台，其安全性（包括证书管理、CA 服务、公用密钥基本体系），保证了电子商务的开展。结合 Windows2000 的 IIS5.0 服务，可以快速创建一个网上电子商务的平台。“远东网安”安全电子商务平台（SecEP）For2000 将证书系统（RealCert）无缝隙嵌入到 Windows2000 平台中。

安全审计系统——“远东网安”系列主要产品之一，是在入侵检测和防火墙的基础上，集成了在线扫描、内容安全等产品，集安全审计、安全检测、在线扫描和评估以及访问控制等功能于一体的安全保障和审计体系。

系统将先进的入侵检测（IDS）技术和防火墙（Firewall）技术充分结合在一起，构筑最为稳固的安全体系核心；集成了多种安全产品，提供强大而完整的功能；采用尖端的分布式技术，可适应各种网络环境，能同时对多个网络系统进行审计监控；采用国际先进的数据挖掘技术，可智能识别网络入侵，对潜伏的安全隐患发出预警；集中式统一管理体系，支持远程管理功能。远东安全审计系统可应用于政府、金融、证券、电信、大型电子商务等领域，其高效性和可靠性已得到行业内广泛的认可，并赢得了上海政务网等多个大型项目。

4. 动态口令卡（DynastyID，DID）——“远东网安”系列主要产品之一，是一种基于时间同步机制的便携式身份认证卡。完全兼容认证服务器的国际标准（RADIUS）协议，具有高度的通用性；采用双因素身份认证技术，高度安全可靠；采用认证服务器接口函数（API），可实现与客户软件的无缝隙连接。“动态口令卡”应用广泛，适用于公共交换网、局域网、广域网、Internet 和 Intranet 等。

5. 网络加密卡（PowerCryptographyDevice，PCD）——“远东网安”系列产品之一，是一种采用最先进的加密算法制成的通用安全硬件。加密卡采用国际领先水平的加密算法，可分别提供不少于 5 种候选算法的加密功能，安全可靠；算法模块采用纯硬件设计，由当今国际上最快速的芯片制成，加、解密速度高达千兆 bps；实时的算法在线修改功能，便于系统的及时维护和应付各种突发状况。

6. 生物指纹识别系统——“远东网安”系列产品之一，是一种结合生物技术、计算机集成技术、网络智能技术开发的可将指纹识别嵌入到各种应用系统中的身份识别系统。系统采用高效的 TnstaMatchTM 嵌入式指纹识别算法，具有操作简便、高分辨率、低功耗、抗震等优点。

产品售后支持包括免费安全评估，免费系统方案设计，产品安装和调试，免费人员培训，免费在线版本升级，定期安全邮件发送，定期产品维护等。

特色服务包括信息安全咨询，信息安全管理咨询、培训，安全需求分析，安全策略制定，系统/网络漏洞在线扫描，系统/网络漏洞评估，系统/网络/网站漏洞解决与加固，定期漏洞扫描，网络安全系统方案设计，网络安全系统规划与集成等。

四、发展与展望

“远东网安”以技术为核心，服务为根本，致力于成为网络安全行业的专家，网络家园的守护神。

公司现有产品主要以“远东网安（FENS)”系列为主，包括安全防范系统、防火墙（Firewall)、PKI 整体解决方案、安全审计与在线评估系统、安全通道、动态口令卡（DID)、网络加密卡、生物指纹识别系统等。

在此基础上，公司开展灵活多样的网络安全服务，为客户量身订制系统安全，提供计算机安全系统集成业务，与客户携手共寻网络安全的答案。

建立信息系统　做强搞活企业

——江苏群发化工有限公司发展概况

一、企业概况

江苏群发化工有限公司（原扬州有机化工厂）是国内橡胶轮胎骨架材料的主要生产厂家，江苏省最大的锦纶浸胶帘子布生产企业。2001年实现销售收入4.6亿元，实现利税3960万元。

企业主要产品有：

锦纶6浸胶帘子布，年生产能力2.5万吨，居国内同行业第三位；

涤纶浸胶帘子布，年生产能力3000吨；

磷酸三甲脂；

间苯二甲酯二甲酸五位磺酸钠；

重质碳酸钙；

板翅式机油冷却器。

江苏群发化工有限公司主产品锦纶6浸胶帘子布系江苏省高新技术产品；其中1400dtex/3锦纶6浸胶帘子布被评为国家级新产品。

公司是国家科技部863/CIMS应用工程示范企业，江苏省高技术企业。企业已通过了ISO9002质量体系认证和ISO14001环保体系认证。

二、企业信息化建设状况

江苏群发化工有限公司是863/CIMS应用工程江苏省首批试点单位之一，一期工程于1995年初启动，在省CIMS专家组和南京理工大学的技术支持和帮助下，经过两年的努力于1997年底顺利通过了国家的验收和鉴定。

企业以863/CIMS工程作为推进和发展企业信息化建设的契机，在一期工程完成后又不断深化发展，企业已基本形成了CIMS集成框架，建有管理信息分系统（MIS）、质量管理分系统（QIS）和底层控制分系统（DCS）三个功能分系统以及网络和数据库两个支撑系统。

企业初步建立了一套基本符合市场经济需求与国际惯例接轨的管理模式和管理规范，结合流程型行业的生产特点，开发了一套CIMS集成环境下满足C/S信息结构的集散控制系统，生产过程初步实现了管控一体化和优化，提高了产品质量和生产效率，为流程型行业或混合型行业全面实施提供了值得借鉴和汲取的宝贵经验。

企业目前以MRPII软件为核心的各软件的应用，在管理信息系统（MIS）运行正常，企业所有产品从采购→仓贮→生产→成品→销售直到财务管理及核算基本做到物流、资金流、信息流集成运行，及时掌握生产成本的变化，掌握成品库等级品的进、发、存的变化，随时查询销售方面资金回笼状况、应收款、应付款状况，采购上基本做到了按订单比质比价采购，显著地提高了管理效率和管理水平。

2001年企业又建立了CAD系统，完善了OA系统。CIMS一期工程的成功曾获得1998年度扬州市科技进步一等奖，江苏省优秀管理成果一等奖。

三、企业信息化工作的主要业绩

通过CIMS工程的实施和应用，规范了企业的管理程序，促进了企业改制和两个根本性的转变。

MRPII系统软件的成功应用和集成为流程型或复杂混合型生产的中小型企业提供了经验；提高生产计划、采购计划、销售计划及资金使用计划的准确性和科学性，有效控制两项资金的占用，加快了资金周转及市场响应能力；由于系统内部数据传输的准确性、及时性，从生产成本到费用管理等能够做到事前计划、事中控制、事后分析，大大地促进企业管理水平的提高；规范了运作程序，强化了可追溯性，堵住了因管理缺陷而造成的漏洞；决策支持，内部信息发布系统操作实时、简便、快捷，及时反映了企业生产运营状况、生产成本状况，为领导快速决策提供了依据；网上营销，企业早在97年初就在互联网上建立了自己的网站，促进了企业电子商务活动的发展，外商通过网上查询和网上交易所形成的销售额逐年上升，2001年企业实现出口交货值为1060万美元。

通过CIMS工程的实施与贯标工作的开展，产品质量有了大幅度提高，锦纶帘子布一级品率由97年的72.4%上升到2001年的94.9%；原材料消耗由97年1.2t/t下降到2001年的1.078t/t，同比原材料节约500多万元；库存明显下降，库存资金占用2001年（5054.18万元）比97年（6112.58万元）下降了17.3%；管理费用、制造费用总额严格控制在年度预测范围内，吨成本费用分摊逐年下降。

四、主要经验与体会

企业一把手挂帅，率先使用是成功的保证；选好项目负责人是成功关键；信息化工作与企业重大技改工程相结合，与企业内部改革相结合；将信息化工作与贯彻ISO9000族标准、ISO14000标准并行实施；重视系统集成，重视人才培训是成功的基础。

五、近期目标（2002－2003年）

重点是全面启动并实施CIMS二期工程，以实现企业信息化工作的总体目标；扩展和深化MIS系统，用信息网络技术提升企业资源管理系统和管理信息系统；建全办公自动化系统（OA），实现决策及时，办公事务、办公信息及企业公共信息的高效、准确、完备的处理；完善CAD系统，健全EDM系统；提高电子商务技术水平，促进企业物流系统和销售系统平台的深化和改善。

发展民族软件产业　服务信息化建设

——江苏省金思维信息技术有限公司发展概况

金思维信息技术有限公司是国内首家实现产品组件化、生产工厂化、服务网络化、运作规范化的软件企业，专业从事软件产品的开发、应用实施及企业信息化工程的咨询服务。被国家科技部认定为首批“863/CIMS系统集成和咨询服务公司”和“国家高技术研究发展计划成果产业化基地”，并通过ISO9000质量体系认证。

公司拥有一支专业化、年轻化的员工队伍，全部具有本科以上学历，其中40%为博士和硕士。具有深厚的技术功底和丰富的企业信息化实践经验。

2001年是金思维公司持续高速发展的一年，公司各项业务工作均呈现出上升势头。一年来，在社会各界的大力支持下，在金思维人的共同努力下，公司逐渐发展壮大，取得了长足的进步。

一、公司方向明、定位准

正确的指针导向和准确的市场定位是企业长期立于不败的关键所在。几年来，公司始终坚持既定的发展方向：以软件产品的开发和经营为主线，兼而从事其它与信息技术相关的系统集成、咨询服务业务。软件产品将优先发展面向广大中小企业的金思维JSERP（企业资源计划系统），同时，发展相关的企业信息化配套管理软件产品的推广应用。方向的确立，是公司沿着正确道路发展的根本保证。

二、建立、健全公司内部的管理机制

健全管理一直是企业不断寻求自我完善的一个重要方面。金思维公司就始终将提高企业管理水平放在一个重要的位置上，为此做了大量的工作，不断探索新型的经营管理机制，强化内部制度化建设，实行制度创新和管理创新双重结合，逐步建立起了能激发员工活力和创造力的经营管理机制，使公司的科技管理水平大大提高。

公司在继续发挥已有的首席项目负责人制、持证上岗制、定期考核制等管理制度优势的基础上，加大了改革力度，在公司内部全面实行职工持股制，让管理人员和技术骨干持大股，充分调动起了员工的积极性。2001年，公司又进行了新的增资扩股，保证每一名员工都能拥有公司的股份，享有公司的股权，真正确立了员工的主人翁地位。实行岗位工资制，建立起了一整套考核、奖惩的激励机制，在企业内部培育健康、向上的团队精神，鼓励年轻人脱颖而出，用一流的人才，建一流的企业，创一流的产品。

与此同时，公司还针对各部门需要制定了相关的部门制度规范，如考勤制度、开发制度、实施管理制度、项目管理制度、保密制度以及设备管理、资料管理、档案管理等制度，初步建立起了一整套规范有序的制度体系。

三、公司规模化建设

公司是“863计划成果产业化基地”的依托单位，公司的发展带动着整个基地各项建设的发展。自建立产业化基地后，金思维公司充分利用基地现有资源，进行了较为全面的规模化建设。

（一）人才资源是公司发展的之本，人才优势是公司不断前进的强大动力

公司坚持“以人为本”，始终将人才建设放在首要位置。公司要发展，要不断壮大，对人才的需求也更加迫切，2001年，公司先后吸收、引进各类型优秀人才40余人，全部具有本科以上学历，其中硕士、博士生占30%。他们的加入，使公司科技水平大大提高，科研实力大大增强，为公司发展提供了充足资源和后备力量，注入了新的活力。

（二）“江苏省软件工程化重点实验室”是金思维公司的研发核心及技术储备中心

实验室自建立以来，本着边建设，边运行，边出成果的原则，始终瞄准软件技术的前沿，应用软件的新方法新技术，开发研制符合国情、满足广大用户需求的软件产品。已先后成功地开发了 JSERP（企业资源计划系统）、JSECS（电子商务管理系统）、JSCRM（客户关系管理系统）、JSOA（办公自动化系统）、JSPOS（商贸资源管理系统）等具有自主知识产权的系列软件产品，并不断的引进新技术、新方法研发新的、适应市场需求的软件产品，同时，还进行一些前瞻性技术的研究工作。重点实验室于 2001 年 11 月顺利通过验收，专家一致认为，实验室不仅全面达到预期的建设目标，而且超额完成了多项经济技术指标，成功研制了软件工程化的管理环境、基于组件技术及可重用部件库的企业信息化软件的建模及构建环境，有效地提高了软件开发的效率和质量。它的成功建立，为公司成果的产业化奠定了坚实基础。目前重点实验室已形成了一个开放式的、实行高效运营，高校、企业联合研发，优势互补，多向型发展的新格局。

（三）充分发挥“国家 863/CIMS 系统集成和咨询服务公司”的作用

金思维公司有着良好、扎实的企业信息化实践基础，在为企业提供信息化咨询服务方面积累了丰富的经验。近一年来，公司利用自身优势，先后承担了 30 余家省内外的企业信息化工程，针对各类企业特点及需求，分别定制了具有不同企业特色的全面的信息化解决方案，为企业提供了系统、周到的咨询服务。在促进提升企业整体信息化水平方面作出了贡献。

（四）为促进公司的多元化发展，与东南大学合作设立了专业的“金思维计算机职业培训中心”

金思维计算机职业培训中心最重要的职能就是开展对外培训。经过近一年的运营，中心各项工作逐渐开展起来，步入了正轨。中心积极开展了一系列对外培训工作，开设了各类计算机基础知识、等级考核、应用技术、编程技术、网络技术、微软认证课程、管理咨询、现代信息技术等培训项目，初步建立起了多种类、多层面、多专业、多学科、全方位的培训体系。到 2001 年 10 月，中心培训班次已达二十余次，培训人数达 500 余人次。在深化公司外部培训的同时，培训中心还承担企业了基地内部的培训任务，先后为新、老员工组织了数场专业、系统的信息化知识培训。今后，培训中心还将继续增设新的培训项目、扩大规模、不断健全机制、完善管理，成为金思维公司又一个新的经济增长点。

（五）走产学研相结合的道路，进行多种渠道联合，共同交流合作

金思维公司与东南大学、南京航空航天大学、南京理工大学、东北大学自动化研究中心等多所高校、科研机构及南京新模式软件集成有限公司、江苏奥普斯信息技术有限公司等数家业内软件同行建立了长期友好的合作伙伴关系。协同研究开发配套软件产品、联合承担大型工程项目，取长补短，实现优势资源的互补和共享。

（六）建立起全公司的 ISO9000 质量体系

金思维公司在大力发展软件业的同时，也相当注重自身质量监督体系的建设。公司已经通过了 ISO9000 质量体系认证，公司质量认证体系的建立，将使公司的质量管理水平和内部规范化建设上一个新台阶。

四、公司成为产业化成果的孵化器

（一）信息化管理系列产品实现产业化

金思维公司已形成系列化企业信息管理软件产品的规模化生产，现拥有金思维 JSERP、金思维 JSECS、金思维 JSCRM、金思维 JSCW、金思维 JSOA、金思维 JSPOS 等系列软件产品，并基本实现了成果转化，可为各类企业提供不同层次的信息化服务。

JSERP 金思维企业资源计划系统：作为公司主打产品，在 JSERP 喜获 863 重大目标产品全国公开评测一等奖后，又被国家科技部列为“国家级火炬计划项目”。2001 年，JSERP 产品在不断进行更新、升级的同时，进一步扩大应用推广面，又新增用户 70 余家，并已拥有一批典型用户。目前 JSERP 用户已覆盖机械制造、电子、汽车、电力设备、化纤、发电、医药、钢铁、电缆、塑料、冶金、商贸等行业，在数百家单位使用，应用示范效果良好。

JSECS 金思维电子商务应用平台：该软件的基本集已经实现了基于 B－B 模式的支持企业间协同制造的网上订货、配送管理、支持网上销售和在线采购功能，支持内外比价采购管理，并与企业内部管理系统实现了无缝集成。该系统已在多家用户单位使用，获得了一致好评。

JSCRM金思维客户管理管理系统：该软件已经开发完成，在多家用户单位进行试用，反应效果良好。

JSCW金思维财务管理系统：通过江苏省财政厅组织的商品化软件评审，已销售1000余套，系统运行稳定，应用效果良好。

JSPOS金思维商贸自动化系统：目前已有200余家超市及批发、零售企业在使用该软件，大大提高了企业的劳动效率。

JSOA金思维办公自动化系统：该软件目前拥有数十家用户，较好地实现了企业的无纸化办公，促进了企业的管理水平的提升。

（二）承担江苏省“十五”重大攻关项目——“企业信息化集成套装软件”

“十五”的到来，为金思维公司带来了前所未有的发展机遇，公司更加快了建设步伐，积极投身到信息化建设中去。针对国内从事信息软件企业逐渐走向集成、企业信息化软件向套装化和预集成的发展趋势，金思维公司在国内首次提出了“企业信息化集成套装软件”的设想。

2001年初，由金思维公司牵头，与东南大学、南京新模式软件集成有限公司、江苏奥普斯信息技术有限公司等单位联合承担了江苏省“十五”重大攻关项目——“企业信息化集成套装软件”。项目承担单位均有良好的信息化基础，集成套装软件产品及各组件产品（JSERP、CPDM、AUTOCAPP、OLAP等）都具有自主版权，各组件产品在技术上均处于国内领先，并有一定的市场占有率。四家单位的集成、组合具有良好的互补性和实力的倍增效应。

集成套装软件将以现有的产品、技术、人才为基础，总体上采用“产品集成、技术提升、企业结盟、联合攻关”的方式，通过集成套装，实现一个能体现先进管理思想及方法、体现先进产品开发技术、体现现代集成管理思想、开放的企业化集成套装软件产品集。为企业提供一整套全面的信息化解决方案，能满足国内大多数企业的信息化需求，集成套装产品将达到或优于国内外最先进的产品集，在市场上具有较强的竞争力，预计产品将实现年销售1.2亿元的效益。

（三）承担“十五”国家科技攻关计划重大项目“制造业信息化关键技术研究及应用工程”——“中小企业资源管理软件系统”

2001年11月中旬，金思维公司在科技部组织的“十五”国家科技攻关计划重大项目“制造业信息化关键技术研究及应用工程”全国公开招标中，在17家竞标单位中脱颖而出，一举中标，承接“中小企业资源管理软件系统”。

在该项目中，金思维公司依据国内ERP技术的发展趋势，基于知识的企业资源管理，研制基于IT新技术的新一代的、具有自主知识产权的智能型ERP软件产品。它具有快速重组、适应不同平台的能力，可根据不同企业的软硬件环境及管理特点方便快速地定制、扩充；加大企业内外部更深层次、更广范围的集成，有望替代同类ERP产品的大量进口，促进民族软件总体实力的增强。

（四）承担数家“江苏省制造业信息化示范工程”

2001年，金思维公司又承担包括北方氯碱集团有限公司、江苏上上电缆集团、化工部南通合成材料厂、江苏洋河集团有限公司等在内的近10家江苏省制造业信息化示范工程，继续为江苏省制造业信息化建设的发展提供支持。到目前为止，金思维公司共承担了30余家省级示范工程，极大地促进了省内相关地区、行业信息化水平的提升，推进了整个江苏省信息化建设的进程。

2001年中，公司在产品成果转化方面取得了重大突破，成果产业化程度也越来越高，承接国家、省级大型项目比例也在逐步攀升，金思维公司越来越发挥出成果孵化器的巨大功效。

五、公司产品、服务的辐射效应逐渐显现

（一）网络化服务体系的建立，为公司产品及服务范围的扩大创造了良好的途径

首先，进一步加强企业内、外部技术支持网络的建设，基于“金思维在线”网站（http://www.gthinking.com）建立了独具特色的“金色快车”网上服务机制，使“金色快车”成为公司与客户联系的纽带；为客户提供技术支持、产品服务的桥梁，初步建立起了较为健全的网络服务体系。与此同时，金思维公司在与业界同行广泛合作的基础上，建立了较为完善的软件产品代理服务体系，形成了包括JSERP产品在内的产品经销

网络。初步建立起了立足华东、覆盖全国的销售网络，有力的支持了公司产品及服务的全面推广。

（二）对地区、行业的辐射效应

近一年来，金思维公司已建立起了 ERP 软件产品的产业化基地，同类相配套的 JSCRM、JSOA、JSCW、JSPOS 等软件产品也日益成熟，并形成一定的规模。公司产品销售与服务面不断扩大，已遍及电力、机械、汽车、化纤、商贸、钢铁、医药、电缆等行业领域，并在无锡、常熟、苏州、徐州等地形成了广泛的用户群，在地区发挥了典型的应用示范效应。今年，公司还在苏州、上海等地设立了分公司，这是金思维公司发展壮大的一个新起点。目前，金思维公司产品已覆盖江苏全省，并不断扩散到周边地区，初步形成了辐射华东、面向全国的态势。

六、取得的成绩

（一）大型项目完成情况

省“九五”重大攻关项目“MRPII 系统”于 2001 年 5 月通过了省科技厅的正式验收鉴定。本攻关项目对传统 MRPII 系统进行了完善、扩充与发展，在该系统中增扩了企业车间作业、成本控制、人事、设备、质量、办公自动化、辅助决策及与产品开发系统的集成等功能。成功地研制开发了 JSERP 软件产品，该产品在多方面有许多新的突破。鉴定委员会一致认为：JSERP 是一个面向我国企业管理实际、具有自主知识产权的企业综合管理软件，技术上居国内领先，达到了当前国际的先进水平。

（二）2001 年 11 月“江苏省软件工程化重点实验室”顺利通过省科技厅的验收，探索出了一条软件工程化的新模式。

（三）2001 年，公司主打产品 JSERP 获江苏省科技成果进步二等奖，并被科技部列入“国家级火炬计划项目”。

（四）2001 年 11 月，公司被省科技厅授予“江苏省 AAA 级信誉咨询企业”及江苏省科技咨询协会资格会员。

（五）国家创新基金项目已基本完成。

七、几点经验体会

（一）良好的运行机制，是公司发展的重要保证

金思维公司实行的职工持股制、首席项目负责人制、奖惩激励机制、网络管理制、网络服务体系等制度，较好地完善了管理机制，极大的提高了工作效率，保证了各项目工作的顺利展开。

（二）要形成某项、某类、甚至是某一系列产品的基地，积极占领同类市场，扩大产品市场竞争力与占有率

金思维公司已建立起了 JSERP 软件产品的基地，能为社会提供系列信息化软件产品，并迅速占领了一定的国内市场，形成了较为广泛的用户群。同时，公司还不断采用新技术、新方法，进行产品的技术创新，保证了产品的不断升级、完善，确保产品在技术、功能上的领先。

（三）扩大对外合作、开展多种形式的合作交流，实现资源的共享

金思维公司积极与业内同行开展多形式、多渠道的合作交流，同时，派遣专业人员到国内外先进地区进行学习交流，有力的推动了公司业务的发展。

（四）科学的发展规划，是公司前进的强大动力

金思维公司始终将推民族精品，支撑信息化建设环境；服务立业，大力支持信息化建设；奋发攻关，解决企业信息化过程中的共性关键技术作为长远的发展目标。不断激励自己向更高层次迈进。

开发信息软件　赢得市场主动

——南京金脉博通资讯有限责任公司发展概况

南京金脉博通资讯有限责任公司系西安交大博通资讯股份有限公司控股子公司，于2000年6月注册成立。金脉博通主要从事博通资讯ERP/CRM软件的研发、营销、实施服务和系统集成等业务，并可提供专业的企业管理咨询诊断服务。公司将建设成为博通资讯第二研发中心和博通资讯软件华东地区营销和实施服务中心。

凭借实力雄厚的总部做后盾，又依托于治学严谨、科研实力雄厚的著名高校——西安交通大学，南京金脉博通资讯有限责任公司秉承踏实、认真的做人做事风格，通过不懈努力，在市场中迅速成长。两年来，金脉博通产品与服务广泛应用于制造业、教育、电力、电信、金融、国防等行业领域，成为华东地区一家重点高新技术企业，不断赢得苏皖地区各政府部门及众多企业的认同和支持，公司将逐渐成为华东地区乃至国内优秀的专家型企业信息化全面解决方案的主要提供商之一。

一、企业概况

南京金脉博通资讯有限责任公司的总部为西安交大博通资讯股份有限公司，直属于西安交通大学产业集团，成立于1994年。伴随中国信息化建设的迅速发展，由创业时期的专业系统集成商，逐渐成为致力于大型应用软件开发、自主版权软件产品推广应用、计算机系统集成于一体的专业化股份制企业，是国家火炬计划重点高新技术企业。1998年在国内IT行业率先通过ISO9001质量体系认证；2001年4年全公司整体通过了CMM（软件能力成熟度）Ⅱ级评审；获得国家信息产业部认证的计算机信息系统集成二级资质。

南京金脉博通资讯有限责任公司前身为西安博通资讯南京办事处，初建于1999年4月，员工人数仅3人。在总部的大力支持和员工的勤奋努力下，办事处快速发展，2000年6月正式成立了有限责任公司。自成立以来，博通资讯坚持“以人为本——把个人事业追求和个人收益期望值与公司发展相融”的企业文化；明确“老老实实做人，扎扎实实做事”的做人准则；“一旦承诺，砸锅卖铁，也要兑现”的做事准则，提倡“尊重、尽职、和谐”的团队气氛。市场定位始终坚持以“应用”为出发点，明确提出网络是基础、计算机是工具、应用是目的。在系统集成领域，追求总体应用最优之目标，成立之初即提出“博通系统集成，专业引导应用”，以专业人才为基础，引导用户，培育市场；伴随软件技术和应用经验的积累，博通明确为“软件带动集成”。

南京博通唯才是用，广纳良才。短短三年已拥有一支优秀的员工团队，包括技术、研发、实施、销售、管理等方面的精英。公司内部管理结构趋于完善，现已设立行政管理部、市场营销部与技术研发部。员工已发展到60余人，其中90%以上来自全国各大正规高等院校，20%具有硕士以上学历，专业型技术人员占到70%以上。大多数员工具有多年企业管理的经验，在为企业服务过程中发挥了积极作用。公司在与外部各界的合作中也逐步建立起良好的关系，与知名院校合作建立了市场营销体系设计研究所，与国际商业机器IBM公司成为良好的合作伙伴。

南京金脉博通资讯有限责任公司致力于技术创新。技术研发中心在软件工程、多层体系架构、组件化技术等研究方面有大量的积累，并且开创了国内B/S结构技术用于企业ERP的先河。产品“博通资讯e-Marketing企业网络营销管理系统”顺利通过中国软件协会的软件自主知识产权注册认证，成为金脉博通第一个自主知识产权的软件产品。同时，在全国电子信息系统推广办公室进行的推广工作中，该产品被列入“2002年第一批全国电子信息技术应用计划（倍增计划）”，并被列入“南京市2002年技术创新重点推进项目”。

2002年初，南京公司新开发的两项软件产品：客户关系管理系统“博通资讯 CRMV2.0”与企业人力资源管理系统“博通资讯 EHRMV1.0”也分别获得计算机软件著作权。

在过去的一年中，南京博通资讯有限责任公司不断赢得荣誉，被江苏省科技厅列为“江苏省制造业信息化系统集成及咨询服务单位”；并通过江苏省信息产业厅的双软认证，即“软件产品登记证书”与“软件企业认定证书”。

二、产品与服务

博通资讯产品与服务以企业解决方案为龙头，将先进的管理思想、企业经营特点及优势与信息技术相融合，利用独特的实施体系及方法，全面优化企业管理过程，提升管理效益。

博通资讯的产品服务领域，涉及系统集成、软件开发、信息服务、专业培训等方面。其中系统集成包括结构化布线、企业级网络/城域网络设计、实施、网络安全结构及服务水平定义，应用软件集成等服务。软件开发则以博通资讯 ERMP 企业营销资源计划为龙头，软件产品涉及 ERP 整体解决方案、CM 内容管理、CRM 客户资源管理、GIS应用、电信、电力行业应用等领域。此外，博通资讯对企业经营管理能够进行全面深刻的整体咨询与诊断，对企业战略、营销体系、组织结构与组织流程、创新系统、人力资源体系等方面也可进行全面的咨询诊断服务。

博通资讯 ERP 具有灵活可拆分、可扩充性，能够针对企业需求提供分阶段，分层次的信息化管理解决方案，使企业每一分投入均有回报，为企业带来看得见的效益。博通资讯在企业应用及电子商务方向拥有：三个国家级火炬计划项目；两个 863 目标产品；一个国家级鉴定产品。其中博通资讯 EMRP 为 2000 年国家火炬计划项目、国家 863/CIMS 主题目标产品、通过国家信息产业部专家鉴定“国际先进、国内领先”；制造资源计划 MRP-Ⅱ为 98 年国家级“火炬计划”项目、国家 863/CIMS 主题目标产品；产品数据管理为 98 年国家级火炬计划项目。

三、业绩与成果

三年来南京博通已拥有金城集团、合肥美菱股份有限公司、江苏远东集团有限公司、南京朗驰集团有限公司、台湾嘉新水泥集团、国投新集能源股份有限公司等 20 多家重点企业用户。在系统集成方面尤其取得骄人业绩，并成为国内电线电缆行业以及安徽煤炭行业的首选 ERP 系统。在为企业实施服务过程中，博通赢得客户广泛好评。

南京朗驰集团在全面采用了博通资讯 EMRP 营销资源计划管理系统和博通财务管理系统后，通过该系统的全面实施，公司内部建立起结构合理、性能可靠、维护方便的计算机网络系统，构筑起调空自如，信息通畅的一体化营销网。集团二级单位通过公用电话网可以进行远程访问，完成了整个公司营销、财务数据的收集和处理以及信息的发布。由于系统能够及时全面地将各企业和单位的信息反映到集团总部，使公司领导决策层及时准确地掌握企业营销过程，对资金流、商品流、票据流、信息流进行全面调控，做到四流合一，从而达到了降低营销成本，提高利润的目的。经过一年多时间的运行，博通 EMRP 和博通财务管理系统在公司内部取得了比较满意的效果。

在为江苏泰州石化总厂实施 ERP 软件系统时，根据该厂特点及管理需求，按照“总体设计、分步实施、安全保密、适当超前”的思想，首先实现以物流和营销管理为核心的建设目标，并在此基础上，实现了全厂的办公自动化。通过博通资讯 ERP 产品的应用，使泰州石化达到了预期目标：

1. 通过对外基于 B/S 的电子商务平台，使得该厂电子商务系统与中石化网络连接，包括与供应商及经销商（客户）的网上交易接口，及与企业资源计划管理系统（ERP）的接口；网上交易系统与内部资源管理相接形成，初步形成基于电子商务的企业整体供应链应用基础。

2. 通过对内基于 C/S 结构的企业内部资源管理系统，结合本厂实际情况，优化相关流程，使企业在经营计划管理、物料需求计划管理、采购管理、库存管理、财务管理、市场分析及预测、辅助决策管理方面做到动态监控，及时高效。基本实现资金流、商品流、信息流、控制流的四流合一。

3. 系统应用效益同实施前相比，系统运行后，企业采购成本降低了 9%；库存占压减少了 12%；流通资金占压减少了 8%；差错率降低了 36%；预计综合经济效益提高了 0.6% 以上（石化行业的经济效益增长率一般在0.3%左右)。

尤为重要的是，系统实施后，泰州石化总厂的企业工作流程得到规范优化，部门间工作效率大大提高，数据反馈及时，使统计预测决策更加准确有效，动态成本得以控制，企业的量化管理程度得到有力提升。

四、未来发展

南京金脉博通资讯有限责任公司追求计算机系统总体应用最优之目标，给用户带来看得见的效益。将未来发展方向分为两个部分，一是继续从事企业信息化研究，成为博通资讯第二研发中心及华东地区用户服务中心；二是将企业应用软件的商品化、产业化作为新的发展目标。

2002年，公司将进一步进行公司管理和技术队伍建设，吸引高素质职业经理人和优秀技术人才加盟，实现高效运行。

同时，公司将进行ISO9001的推进，力争年内通过认证，建立和规范软件研发和项目实施的质量管理体系，提高软件开发和产品实施的成功率。

此外，继续推广一系列产品化软件：EMRP、e速、OA、EFRM等，使之为企业带来更多看得见的效益。与此同时，已陆续面世并具有博通自主知识产权的两项软件系统：博通资讯客户关系管理系统V2.0及博通资讯人力资源管理软件EHRM2.0，由于在博通产品中具有更新的管理思想和新技术，因而将拥有更广阔的市场。系统集成服务也将是公司业务的重要组成部分。此外，博通也将在企业应用以外的行业系统有较大突破，如政务网、交通GIS及其他的行业解决方案等。

公司愿为华东地区更多的企业提供企业信息化整体解决方案，与企业共同发展，做企业可信赖的合作伙伴。

“以信息技术助企业进步”的新模式

——新模式软件集成有限公司发展概况

新模式软件集成有限公司以“运用信息技术为企业提升价值”为宗旨，在企业信息化建设解决方案与软件产品、企业信息化咨询服务领域不断做深、做强。近两年，新模式在技术、产品、市场、团队建设等各个方面都取得了长足的进步，以接近100%的年增长率实现了创业期的跨越。

一、经营思路

新模式以“快、实、精、严、省”为目标实行公司管理，时刻按照全球化和信息时代的要求来打造和管理企业。公司创业伊始就制订了“筑基—夯实—腾飞”的发展节奏，使得新模式的每次跨越都建立在坚实的基础上。

（一）注重文化、以人为本

为使企业获得持续永久发展的动力，我们把“选人、用人、培养人、营造优良的人的成长环境”始终当作头等大事。提倡“敬业、精业、创业，务新、务实、务远”等企业精神。树立“品格第一”、“热忱工作、热心求知、热情生活”、“开放、协作、通赢”、“简捷、高效，尽善尽美”的价值追求。

（二）三个结合

第一、“大与小”的结合，在公司和员工素质要求上向国际优秀的大公司看齐；在日常经营运作中，不断强化危机意识，保持和发扬艰苦奋斗、精简高效的本色，不断创新、锐意进取，获得持久的生命活力！

第二、“远与近”的结合，我们称作“眼高手低”策略，即眼光要远、立意要高，在高起点上建立核心优势，但同时立足于实，使每件事都产生实实在在收益。

第三、“虚与实”的结合，即“有形与无形的结合”，始终注重“虚”、实两手抓、两手硬，既立足于有形的利润、产品、项目、资金和经营，又注重无形的品牌、技术、管理和文化。

（三）抓主线

把握“企业信息化”业务主线不放松。新模式核心团队多年来抱定一个信念，制造业的振兴是我国国富民强的根本，企业信息化是迈进二十一世纪的中国发展的关键之一。

（四）稳健经营

稳健经营是“筑基—夯实—腾飞”方针的具体贯彻执行。采用“财务保守”政策，把现金流作为财务管理的主线。新模式要求一切新拓展业务必须满足与业务主线相关联，或能有效采用在核心业务中积累的关键技术。

（五）相关多元化

新模式在稳健经营的基础上，绝不故步自封，紧紧围绕核心业务主线，充分利用成熟技术、成功经验和原有资源，有计划、有步骤、有节奏的不断发展和迅速壮大企业。

二、耕耘与收获

（一）软件开发

去年，新模式的主导产品——CPDM新模式产品数据管理系统实现了向上与向下的两极突破。公司以所承担的国家863/CIMS重大目标产品“基于CORBA/Web的产品数据管理系统”项目成果为基础，经裁剪和优化，推出了完全商品化的盒装软件产品“新模式图档专家”，以极高的性能价格比切实解决了中小企业在产品数据管理方面最迫切的需求。同时，在PDM的高端，新模式创造性地提出“CPChain（产品链管理）”技术理念，使新模式在产品全生命周期管理技术领域走在国内外前列。

在继续深化、完善主导产品的同时，新模式数字办公系统（CDO）在经过一年的不断完善与应用后逐步走向成熟，新模式企业经营管理系统已在多家企业上线运行，运行状况良好。产品线的逐步丰满，一方面为新模式拓展更广阔的业务领域，另一方面也给广大国内企业带来集成度更高、实施与应用成本更低的信息化解决方案。

（二）咨询服务

2001年，新模式除继续做好863/CIMS，省、市制造业信息化示范工程等领域的技术支持单位外，还积极开拓新的IT咨询服务市场。继在黄山汽车电器有限公司、南京金鹏铝业有限公司、荣事达集团等4家成功实施完成国家863/CIMS应用示范工程，南京数控机床股份有限公司、常林集团、清江电机股份有限公司等17家省制造业信息化试点工程后，新模式以“信息管理物业化”的服务方式继续长期担任上述企业的技术服务商。今年，新模式又新增咨询服务用户二十余家。

（三）电子政务

新模式在电子政务领域也颇有建树，成功实施了南京市信息中心信息发布系统、合肥乡镇企业局网站系统、常州科技局数字办公系统、扬州科技局数字办公系统等项目。合肥新模式软件集成有限公司，刚成立即进入水利行业，成为安徽省水利厅信息化总体技术依托单位，并签定青弋江、天长等灌区信息化系统合同。

（四）公司建设

经两年的积累，公司总体发展战略和良好的企业文化进一步成熟；完成了公司自身的网站、内联网及电子办公系统建设，开始规划、实施新模式公司知识管理系统；逐步拓展企业空间，建立了合肥、北京、上海等分支机构；业已逐步形成新模式软件、信息集成、咨询服务的标准、规范和项目管理、软件及服务质量控制方法、软件工程化开发平台；为公司走向敏捷化、知识化、国际化奠定了坚实的基础。

（五）资质和荣誉

近年来，新模式公司以其迅捷的步伐、扎实的作风获得了诸多的荣誉和社会承认：首批成为国家863/CIMS认定的七家系统集成及咨询服务企业，首批通过双软认定，在江苏省咨询机构认定中获得AAA级信誉资质。CPDM软件成为国家863/CIMS重大目标产品并分别在全国CAD协调指导委员会和国家863测评中排名第一，CEDM获得江苏省首届优秀软件产品奖，ExDM获得南京市首届优秀软件一等奖；2001年底，新模式又在南京市首次科技重大项目招标中一举中标“企业信息化集成平台产品化开发及应用推广”。在两项“十五”国家863重大项目——航天复杂产品集成工具集、区域信息化项目中，新模式都是主体实施单位之一。

新模式业务骨干也因其成就表现非凡，公司拥有中国软件行业协会常务理事、全国工业数据与集成标委会委员、《现代制造》杂志高级技术顾问、省CIMS专家组成员、省制造业信息化专家组成员等专职高级咨询顾问；拥有几十名来自企业，既有工程技术背景，又拥有计算机、管理、经济等学科的高学位，并同时具有多年的企业经营管理、信息技术应用双重经验的全职技术骨干；并聘请几十名知名的国内外一流兼职管理和技术专家。

三、体会

新模式才仅走过匆匆几步，深感来途漫漫。新模式取得的收获仅及点滴，深切地体会到任重道远。

（一）把握正确的经营方向，坚定不移地走好自己的路

选择一个具有发展潜力和前途的主营业务方向是企业赖以生存和发展的基础。新模式核心团队六年前即已在企业信息化领域共同耕耘，尽管当时从事企业信息化软件开发似乎很难赚钱，但大家坚信新世纪必将是信息化与工业化共同发展的世纪，而中国的工业化也必须靠信息化带动来发展才能取得效益。因此，在各级政府的大力支持下，公司多次顶住来自方方面面的巨大压力，不畏艰难，不为各种诱惑所动，坚定不移的踏踏实实埋头苦干至今，终于看到了无限广阔的前景。其次，建立具有全新运营机制的知识型企业也是能够坚持到底的最有效保障。

（二）政府支持、产学研结合是企业成功的推动力和助推器

新模式时刻牢记自己的第一次推动是政府的帮助。在经营过程中，始终密切把握国际发展的趋势和国家宏观经济的走势，积极主动地寻求政府的指导和支持，但同时又时时强化自身的战斗力，不盲目依赖政府。竭力配合政府有关计划，并努力尽好社会义务，藉以回报政府和社会的支持。

同时建立与高等院校的密切合作、协作关系，将企业灵活、敏捷的经营机制与高校充足的知识资源有效地结合起来，充分利用本地的人才优势，以虚拟企业运作模式，把握核心技术和开发规范，形成多层次外部资源体。新模式与东南大学、南京航空航天大学、南京理工大学、中国科学技术大学、清华大学等高等院校分别建立了协作或紧密合作的关系，使企业获得了最新技术、思想和优秀人力的不竭之源。

与用户融为一体更是新模式对新经济下专业化和社会化的有益和成功探索。新模式首倡“信息管理物业化”，充分运用先进技术手段，与用户建立良性互动关系，探索出敏捷化动态联盟的企业新模式。

（三）建设优秀的企业文化和一支高素质的团队

建设一支“高效、敏捷、团结、快乐”的团队是新模式公司一贯的宗旨。公司倡导“品格第一”等价值观，以原创人员的优秀团队文化为核心，适度把握企业发展的节奏，在一定时段内严格控制总人数；而对入职员工作好长期培训、规划职业生涯。同时注重搭建合理的人才结构，以健全的规范和制度来保障员工的不断成长，保障优秀文化的持续和发扬。

（四）立足高起点，逐步形成自己的核心竞争力

新模式的名称即体现了“持续创新”的不懈追求。公司要求自己在原有各方面资源优势的基础上，力求不断创新、积极探索新模式。提出必须保持核心技术的原创性、独有性，保持软件产品在“好用、够用、实用”标准上的国内领先。并注重积累，采用标准化策略，逐步形成自己独特的技术基础构件及标准库，形成自身独有的技术方法论。同时，运用“全面、全方位、全力以赴”的“三全”策略和科学的营销手段，全面开拓市场，逐步将技术与市场两个拳头打造得坚硬，形成持久的企业核心竞争力。

（五）广泛结盟、实现多赢

在经济社会化和即将进入全球一体化的今天，合作是企业取得成功的重要保障。新模式公司不仅积极争取政府的指导和支持，注重与高等院校、研究院所和企业的密切合作，同时注重与同行业企业建立友好、广泛的合作关系。在省内与其他三家单位共同发起成立了江苏省制造业信息化产业联盟；在全国与清华同方、华工科技、东大阿尔派等十几家软件企业共同组建中国 CAD 产业联盟；与竞争对手北航海尔软件有限公司携手合作共同开发产品和市场；并成为国际软件巨头微软、SAP、IBM 的中国公司的深度合作伙伴。与志同道合的伙伴建立广泛的联盟，实现优势互补，有效消除非正常竞争因素，在资源共享的基础上，携手创造中国软件企业发展的新模式！

率先推行软件业务 努力做精做强做大

——镇江金钛软件有限公司发展概况

目前，我国企业信息化的建设刚刚起步。面对经济全球化的大趋势，我国企业将直接面对国内、国际两个市场的竞争，要想在市场分割和资源的分配中取得优势，就必须实施以“信息化带动工业化的战略”，通过企业信息化平台的建设加快技术创新、管理创新和体制创新，提高企业核心竞争力。作为一家专业的行业支撑软件研发推广企业，镇江金钛软件有限公司在完成企业自身信息化建设的同时，在全省内率先推行软件产品化进程中，定位于产品化软件—金钛（r）SSEIS商务系统的研发与推广，打造精品，积极为加速国内广大传统企业的信息化建设进程推波助澜。

一、金钛公司概况

镇江金钛软件有限公司成立于1991年7月，是一家拥有十余年发展积累的民营软件企业，专业从事电信行业支撑软件的开发，同时针对国内广大中小型企业推出了通用的商务管理软件，是国内涉足产品化、专业化软件的生产企业之一。

十年来的发展，公司成功交付了三百余项软件工程定制开发项目，为客户创造了巨大的经济效益和社会效益。同时“金钛”已在国内严峻的软件产业环境下，健康快速的成长起来，先后获得了省软件企业、省先进民营科技企业、省高新技术企业以及银行信用等级AAA级等荣誉称号。

1. 企业性质：民营科技企业。

2. 企业规模：公司注册资金为1030万元，目前总资产达3070万元，其中固定资产为1223万元。

3. 技术力量：公司现有员工110人，平均年龄28周岁，软件开发及技术管理人员占总数的70%，资深行业业务专家占总人数的18%，其中S－CMM认证工程师5名、资深数据库工程师12名。几年来，公司培养了一批资深的软件系统分析研发人才，拥有一支技术全面、经验丰富的系统集成工程师队伍，营造了一支稳定协作的金钛团队。

4. 产品现状：经过十年来的探索与积累，公司确定以大产品为龙头、小产品推动大产品的发展思路；制定了以电信产品为主、以部分有潜力的，短、平、快的非电信产品为辅，以小养大、以大带小的产品营销策略。推出了众多拥有自主产权的拳头产品：如信优（*）本地网电信业务综合管理系统、田能（*）GIS地理信息系统、金钛（*）SSEIS商务系统等。目前，产品已从江苏走入安徽、江西、西藏、山东等省、自治区，并正在全国范围内拓展。

二、近年主要业绩

2001年公司实现销售收入3158万元，实现利润345万元。当年完成软件产品结构调整，实现了从面向客户定制的项目研发向软件产品化生产的平滑过渡，对公司原有三十余个项目的可发展性进行评估，集中优势资源定位于SSEIS商务系统的研制，并强化软件过程控制，引入并实施了ISO9001（2000）质量体系的建设与认证。

在面向行业支撑软件的研发推广方面，公司先后成功推出了三十余项拥有自主知识产权的软件产品，涉足电信、邮政、移动、公安、电力、GIS、金融、企业等行业，客户遍及江苏、山东、安徽、浙江、江西、西藏等省市自治区。金钛公司逐步成长为江苏省IT行业中为数不多的骨干企业之一，2001年先后被认定为江苏省软件企业、省高新技术企业、省民营科技企业等。

在电信行业，金钛公司几乎囊括了电信业的所有应用软件，技术上在全国同行业中均处于领先地位。

1. 全国首家推出的基于朗讯平台的客户服务中心系统在扬州电信局成功运行，省局领导及行业专家均给予了充分的肯定，《计算机世界》等相关媒体均作了连续跟踪报导。

2.根据中国邮电电信总局《本地电信计费帐务系统分析与设计》开发的《信优 TM 本地网电信帐务综合管理系统》在北京接受国家电信总局的检测评比中，以前五名的优异成绩通过电总的验收。

3.推出的《信优 TM 本地电信业务计算机综合管理系统》在江苏省内五十个县市局成功推广，市场覆盖面达 85%以上。

4.至 2001 年底，金钛公司共承接过近 400 项软件工程建设项目，99%的成功交付。

在系统集成领域，金钛公司从全省农话网“九七工程”的建设起步，先后承建了以“江苏省国信寻呼营销管理系统”、“江苏省驾驶员信息管理系统”、“镇江地税系统网络建设工程”等重点工程为代表的近三百余项系统集成工程，100%的保质保量成功交付，为广大业务单位的信息化建设奠定了坚实的基础。公司先后获得了江苏省公安厅颁发的<江苏省安全技术防范工程设计施工（贰级）资质证书>、江苏省教育厅颁发的<校园网建设许可证>等相关资质。目前系统集成贰级资质正在申报之中，预计今年底将通过认证。

三、推行软件产品化进程

自 2000 年下半年起，经过公司领导多次组织去国外 IBM、BMC、RATIONAL 等单位交流学习，充分认识到一项软件技术，只有将其实现产品化，才有可能通过大规模复制手段实现规模效益，才能将这种技术能力的效率最大化体现；认识到一个企业要取得稳定长足的发展，必须在一段战略时期内建立相对成熟的产品线，而产品化将是软件技术成功走向市场的必由之路。

结合企业自身实际情况，本着“做精、做强、做大”的方针，瞄准国际先进的软件产业化发展模式，逐步调整自身的产业结构，寻求新的经济增长点。投入巨资引进基于组件的 RUP（Rational Unified Process 统一的软件开发过程）开发管理模式，积极推行 CMM3（Capability Maturity Model For Software 软件能力成熟度模型）软件企业认证标准，集中优势资源，启动软件产品化进程，经过为期半年的市场调研与分析，2001 年初定位于面向国内广大中小企业信息化建设的产品化软件金钛（*）SSEIS 商务系统的研制推广。

该产品化软件金钛（*）SSEIS 商务系统 Ver2.30 版已于 2002 年 3 月底完成开发，在本公司内部试运行的同时，也在镇江供电局、南京三宝、上海茂源等首批用户进行试用，通过与各类企业具体业务流程的互动，逐步实现产品的完善，并将于近期推出以活动任务流为核心的 SSEIS 商务系统 2.60 版。

目前，该产品已被江苏省计委列入 2002 年国家级重点项目、被江苏省科技厅列入省级科技攻关项目、被江苏省经贸委列入第一批省级重点技术改造项目，金钛公司也被省经贸委认定为信息化建设示范企业。

（一）SSEIS 商务系统简介

金钛（*）SSEIS 商务系统是一个以企业的基础数据为中心，集任务活动管理、客户资源管理、项目资源管理、人力资源管理和资产管理于一体的套装软件。从企业 CRM（Customer Relationship Management 客户关系管理）实施过程中的低端入手，对企业的各类信息进行科学规范的分类，为企业提供了一个快捷、方便、友好的基础信息平台。可以让企业管理人员全方位地了解其客户、业务、人力资源、项目和资产信息及企业运营过程中各种分类任务活动信息，有效地改善了企业各类信息分散于各部门、且不完整的状况，提高了企业对数据信息的使用和开发的效率，全面提升企业的核心竞争能力。

（二）产品技术特点

系统基于微软的 .NET 平台，具有很高的稳定性、良好的可移植性；

大量采用组件技术，使得系统在结构、审计、安全方面很灵活；

整个过程采用先进的 CASE 工具和规范的软件过程控制，使得产品的文档齐全规范，易于交流和沟通；

采用函数功能级的权限控制和基于硬件的加密方式，使系统的管理和安全性得到保证；

采用功能模块后联编技术，使得产品可以动态地对功能进行修改或扩展。

（三）发展前景

企业信息化是没有终点的进程，需要长期踏实的坚持与投入，更依赖于先进可靠的企业信息平台作支撑，金钛公司将集中优势资源全力进行 SSEIS 商务系统的研制与升级，打造精品，为国内广大中小企业的信息化建设提供坚实的平台支撑。

根据国家经贸委统计：我国有95%以上的企业属于中小企业，总数超过1000万家。而绝大多数中小企业还未采用计算机信息管理系统，这将为未来几年内管理软件市场规模的进一步扩大奠定坚实的基础。另外，WTO的加入也将要求我国企业按照国际规则开展商务活动，在企业管理运作上要和国际接轨，这也将加大企业对管理软件的需求。

如今，通过信息化带动工业化、通过信息化实现现代化，已成为一个不以人的主观意志为转移的社会发展方向。借助良好的发展氛围与发展契机，金钛公司将牢牢把握住机遇，乘势而上，引进全新的经营思想，搭建全新的经营管理模式，为国内广大的中小企业提供坚实的信息建设平台，以信息技术和信息产业的跨越式发展为突破口，通过企业信息化进程的推进促使企业管理的严格化、规范化，实现与广大中小企业的共同腾飞。

深化应用　努力创新

——扬州供电公司发展概况

一、单位概况

扬州供电公司为江苏省电力公司所属国有大Ⅰ型供电企业，担负着江都市、仪征市、高邮市、宝应县、广陵区、邗江区、郊区（三市一县三区）的供电任务，下辖4个县（市）公司，5个直属生产单位，13个职能部门。

二、历史回顾

1. 从1994年起建设企业综合信息管理系统，经过不断完善和拓展，先后建成了办公自动化、MIS局域网、地区广域网及WEB网站，开发了一批新的管理子系统并投入应用，并在2000年通过省公司实用化验收。

2.1996年，公司建成了电力负荷管理系统，实现了停厂不停线，增强了电网对负荷的调控能力，1999年通过省公司验收。

3. 公司电网调度自动化工作起步较早，1992年9月，成为江苏省第二家通过实用化验收的地区电网调度自动化系统。1996年11月，所属县（市）公司调度自动化系统均通过了实用化验收。随着电网的发展和现代化管理的需要，地区电网调度自动化系统面临着升级改造，选用了OPEN-2000调度自动化系统，已开发投运了网络拓扑、状态估算、潮流计算、负荷预测、无功电压优化、短路电流计算等应用软件，使调度自动化水平进一步提高。整个系统采集遥测量2607个，遥信量3069个，遥控量347个。

4. 城区营业窗口实施了无笔化作业（1999年底通过省公司验收）和居民抄表、报修管理、客户查询、业务传票等项工作的电子化，电费结算开票与统计报表实现自动生成、信息共享。

三、现状概述

1. 网络建设：2001年年初制定公司广域网方案，到年底，已建成了以本部为中心，向上与省公司、向下与各县公司及原邗江公司通过CISCO-Catalyst8540 ATM155M连接，扬州城内是以光纤为主，与营销部、保卫部、设计公司、丁山酒店、车队实现连接，公司本部以双绞线为连接介质的星型结构的高速、可靠的信息网络。

2. 主机：公司原有2台RS/6000小型机——G40、H80，2001年公司新购了1台RS/6000H85，与H80双机热备份，合用7133磁盘阵列（12＊18.2GB）及IBM3590磁带机（10＊20GB），千兆光纤网卡直接联到8540交换机。

3. 电子工程图档系统：集各种载体档案贮存管理与图纸处理为一体，并能与基于NOTES开发的档案管理系统接口运行，实现了计算机网络数据库查询和图纸的设计更改及复用。迄今为止，已在该系统中输入近5000张工程图纸，并用VP-MAX软件矢量化处理了约1500张二次图纸供用户下载使用。

4. 应用系统建设：目前本部初步实现了各应用子系统的数据集成、综合查询，并建成了反映公司整体面貌的WEB网站，各县（市）公司也相续建成了WEB网站，提高了企业的数据共享、信息交流的水平，也为企务公开的推进提供了好的手段。在2001年，完成了医改系统、“电网调度信息”发布、“扬州供用电报（电子版）”、思想政治工作网站、纪检监察网页、生产WEB查询系统开发。

5. 县公司MIS实用化工作：公司参照省公司验收细则，并依据扬州地区信息化发展实际情况，在全省率先制定了县公司的MIS实用化验收细则。一年多来，按扬州地区MIS实用化工作“整体推进”这一指导思想，各县（市）公司对照验收细则，排出计划、措施和进度，组织实施，使扬州地区的信息化工作水平得到进一步提高。到2001年4月前，各县（市）供电公司都通过了市公司组织的 MIS 系统实用化验收。

6. 防病毒管理：市公司和各县公司各在一 PCserver 上安装了 Symantec 控制中心及 Norton Anti Virus7 企业版，作为本企业防病毒主服务器，县公司服务器可自动从市公司服务器上更新病毒码。只须到 Internet 下载一次病毒码，全地区六七百台不同平台的 PC、server 即可全部自动更新病毒码，实现了全面、迅速、方便的升级，简单、高效的集中管理。

四、近年工作业绩

1. 调度自动化新系统 OPEN－2000 2001 年通过省公司实用化验收。

2. 配网自动化系统基本完成，系统采用一体化的设计思想，将 SCADA、GIS、配网高级应用软件等各子系统有机地结合在一起。主要功能有：

（1）配电网故障处理，即故障识别、定位、故障隔离和恢复供电；

（2）配电网监控，即对变电站、10kV 线路、开闭所、配电变压器的监控；

（3）集成的地理信息系统 AM/FM/GIS；

（4）配网高级应用软件：包括拓扑分析、状态估计、潮流计算。

3. 城市配网 GIS 系统平台基本完成，实现了扬州城区 1：500 地理图的录入、拼接、浏览，并实现各种基础地理信息及配电线路、设备分层显示、浏览，进行分类统计、查询从而进行电网分析、辅助决策。

4. 技术管理加强。为提高信息中心的管理水平，加强信息中心的建设与管理，达到促进 MIS 系统的规范化运行的目的，信息中心于 2001 年制订了应用系统故障应急方案、编制了全区网络图册、规划分步建设网络图册，拟订专业劳动竞赛考核评分细则，并组织了全区的考核工作。

5. 客户服务系统于 2001 年 9 月建成投运。该系统主要包括：客户服务中心系统电话接入交换机（PBX）；计算机/语音集成服务器；自动语音应答服务器；录音服务器（AUDIOLOG）；客服中心数据服务器；统一消息服务器。该系统主要完成客户信息、12 项通用业务、电力业务三方面的功能，能更好地服务用户，实现“人民电业为人民”。

五、发展前景

1. FMIS 试点项目：为完善财务管理制度体系、规范财务管理活动的流程，明确财务管理活动中各部门、岗位的职责及相应的权限，进一步提高公司财务管理水平，实现一流的管理水平，一流的经济效益的目标，2002 年将在全公司范围内推广 FMIS 系统。FMIS 系统是按照现代管理的要求，对企业预算管理、合同管理、会计实务等财务管理活动流程加以规范化的一套优秀的软件，它使项目上报、预算立项、资金使用、合同管理、普通财务管理等分散处理，而控制管理在财务部集中进行，实现财务系统从独立、封闭运行到与公司电力信息网的融合。

2. GIS 系统的应用集成：为了更好地使城市电网管理工作革新，真正摆脱传统的作业模式，让 GIS 系统在生产实践活动中发挥更大的作用，2002 年将建设配电运行管理、配电工程管理、配网规划管理、配电网事故处理、故障保修、营业扩充等功能。

3. 网络建设：向“高带宽主干网，强连接城域网，覆盖广电力信息网”建设方向发展，将信息网络渗透到企业的方方面面，为全企业的信息化应用工作创造条件。新大楼宽带局域网建设将结合调度大楼的建设，公司将对网络重新规划，采用综合布线、设备调整等一系列手段，彻底解决网络存在的问题，使新大楼成为扬州供电公司的网络中心，建设一个高速、稳定、安全的计算机网络系统。城域网 100M 主干建设，在新大楼宽带局域网建设好后，为不在城域网的信息点上存在信息流通瓶颈，能保证让各项业务的正常开展和为今后发展留有余量，2002 年将对城域网中原 10M 主干进行升级改造。

4. 调度大楼智能化系统：扬州供电公司调度大楼地处扬州市开发区，主楼 16 层，建设一套完整、经济、实用而又先进的智能化系统，以高性能综合布线系统支撑，包含高效能的楼宇自控系统，快反应的自动化通信系统，多用途的办公自动化系统，周密可靠的安全防范系统和智能化的消防灭火系统，能适应日益发展的现代化管理要求。整个工程将于 2002 年内完成。

5. 信息系统安全示范工程攻关项目

2002 年配合省公司基本完成国家电力公司下

达的国家“十五”重点科技攻关项目“电力系统信息安全示范工程”项目，建立公司信息系统的安全机制，形成一个覆盖全公司的信息系统安全监控体系；公司信息系统的安全防护体系，能满足公司开展的电力市场、电子商务等新业务的需要。

抓好企业信息化工作　提升企业综合竞争力

——扬州亚普汽车塑料件有限公司发展概况

扬州亚普汽车塑料件有限公司是由国家投资开发公司和上海汽车工业有限公司共同投资组建的国家大型企业，是目前国内最大的汽车燃油系统供应商、国家高新技术企业。主要从事轿车塑料燃油箱、通风管等吹塑产品的开发和生产，是上海大众、上海通用、一汽大众、武汉神龙、广州本田、天津汽车等国内主要汽车主机厂的配套商，塑料燃油箱市场占有率达60%。

目前，公司通过加快信息化建设，改进和强化了公司物流、资金流、人员流及信息流的集成管理，公司的经营思想和管理模式带来了根本性的变革。而信息技术与公司管理的发展与融合，又使公司竞争战略管理不断创新，提高了企业的核心竞争力。

一、企业信息化建设对企业至关重要

信息技术、信息系统甚至信息作为一种资源，已不再是仅仅支撑企业战略，而且还有助于决定企业的发展战略。

公司在中长期发展规划中把企业管理信息化建设作为企业发展战略的重点之一。应用先进的计算机网络技术去整合企业现有的生产、设计、制造及时为相关部门提供准确而有效的数据信息，以便对需求做出迅速的反应。

二、企业信息化建设只有与企业管理相融合才能体现价值

加快企业信息化建设，不仅仅是加快计算机等硬件的建设，更为重要的是应将企业信息化建设与企业的管理有机结合。企业通过确立管理理念，更新员工观念，充分运用信息化新技术，建立良好的管理规范和管理流程，推动企业的技术创新，从根本上提升企业的管理水平。

（一）注重信息化人才的培养

企业信息化建设过程中缺少不了信息化管理人才。对这类人才的培养，公司立足于从公司内部进行发现和挖掘，采取企业自培与送培相结合的方法。一是对信息中心的专业管理人员，进行本、专科计算机专业的培训，增强其管理支撑平台技术及维护管理软件的能力；二是有意识的安排一批有知识、懂业务、会管理的年轻骨干参与企业信息化管理，以便利用其新接受的信息理论知识与自身的业务相结合，从而对整个生产、经营、管理流程进行创新和优化；三是邀请有关大专院校的信息化专家为公司信息化管理进行目标导航、技术指导；四是将培养企业信息化人才工作与企业员工培训工作有机结合。这些举措为加快企业信息化建设奠定了坚实的基础。

（二）重信息化知识的普及

在企业信息化建设过程中，只有普及、推广信息化知识，才能充分激发员工已有的业务潜能和潜在的信息需求，改善员工单一的知识结构，重塑员工崭新的能力框架，使企业每一位员工能随时运用现代的通讯工具，广、快、精、准地掌握与企业相关的政策、技术、市场、管理等全方位信息，从本质上全面提高企业的社会效益和经济效益。

为此，对隶属于总经理办公室的信息中心，公司明确规定其工作职责之一，就是会同公司人力资源部负责对全公司员工进行信息知识的教育和培训。在普及信息化知识过程中，坚持简明性、实用性、新颖性和层次性的原则，根据员工各自的文化知识水平、专业结构和业务能力，采取不同的方式和方法，分层次地进行。采用使用率高，能直接在工作中运用且具有明显收效的信息内容为主，并且注重与公司已建成的信息软硬件相联系，取得了明显成效。

（三）注重信息化新技术的应用

1. 实施生产管理应用系统

由于公司的主产品——塑料油箱为“D”零件（安全件），根据QS9000和VDA6.1的要求，对油箱的相关资料必须采集及保存15年以上，如果采用手工记录这些资料，不便及时查找所需的信息，同时也不便于保存。

去年6月，公司与南京金东康条码系统有限公司签订了《产品条码应用系统工程合同》，对公司的产品采用条形码标识，通过条形码在生产过程中及时采集产品的质量信息并进行分析，及时反馈给相关人员，加以控制，确保生产过程稳定，同时防止不合格品流入下道工序，确保了产品的质量。由于采用数据库系统，产品的数据便于保存，便于以后信息查询及共享。

2. 实施ERP系统

近年来，公司发展速度较快，公司领导对引进生产与管理技术极为重视，千方百计的引进人才，企业改革进程不断深化。但是，由于生产与市场的扩大，管理相对落后的状况已明显制约企业的进一步发展，信息化问题势在必行。

去年8月，公司又引进实施了ERP系统项目。ERP系统集成了采购管理、销售管理、库存管理、财务，车间作业计划，全员质量控制TQM、精益生产、敏捷制造、EDI电子数据交换、C/S计算机技术、项目管理、运输管理、设备维护、供应商管理、客户管理等丰富内容，可以适应混合模式的生产方式、在线实时分析监控等各作业环节。及时提供决策信息，提高企业管理水平，增强企业竞争力。

ERP系统实施完成后，将使企业的信息处理技术跃上一个新的台阶，公司信息中心也将从简单地依靠手工管理发展到具有信息处理能力，在对公司的内部网络的连接和动作进行完善的基础上，逐步向互连网方向发展。

（四）注重用企业信息化推动企业技术创新

建设与技术创新有关的企业信息系统，充分利用国内外技术创新的信息资源，建立企业快速反应机制以缩短产品研究开发、采购、生产、销售的周期，是公司唯一的选择。

公司建立了内部局域网络，开通内部网站，开通了内部电子邮件，实现公司办公自动化，实现文件资料的自动化流转，实现了信息资源共享，使管理者与员工、各部门之间的交流和沟通更为直接，大大提高了办事效率和工作效率，同时降低了管理成本。

公司通过DDN专线接入Internet，建有公司的外部网站、邮件服务系统及DNS系统，保证对外信息的畅通。通过Internet在网上接收主机厂订单及进行订单的确认，在最短时间安排生产，满足主机的各种需求。

为了提高设计效率，缩短设计周期，公司在97年引进了世界上先进的三维设计软件UGII进行产品的设计，引进CAE软件对设计的产品进行分析，同时引进先进的激光快速成型系统对设计的产品进行验证，实现真正的数字化设计和数字化制造集成，并在去年引进了CATIA软件，满足各种不同的设计要求。由于CAD的广泛应用，大大增强了公司竞争能力，使公司获得了多个产品的配套权。经过努力，公司已建成省级技术中心，拥有目前国内最先进的开发手段，并通过与世界排名第一位的汽车燃油系统开发、生产供应商INERGY公司进行卓有成效的交流与合作，使公司的开发水平不断提升。

三、加快企业信息化建设必须处理好的几个问题

随着经济全球化的发展和我国加入WTO，信息化管理也将成为企业迎接新经济挑战的锐利武器。因此，必须加快企业信息化建设的步伐。同时，在企业信息化建设过程中必须处理好以下几个问题：

（一）正确处理好企业信息化建设的定位问题

企业明确信息化建设面向的目标，不要偏离系统建设的最终目标，实现企业的整体的信息集成。在具体实施过程中，要从简单技术入手，迅速向广度和深度发展。在应用的基础上启发更广泛、更深入的需求，同时通过效益驱动可以树立企业建设信息化的信心，减少企业一次投入过多，负担过重而带来不必要的风险。

（二）正确处理好眼前利益与长远利益的关系问题

加快企业信息化建设，企业实行数据化管理，与网络化、信息化接轨，驶上信息化管理的快车道，不是一蹴而就的事。况且为了实现企业信息化管理，还要将本企业实施多年的、已为大多数员工所习惯的（实际上是落后的）传统管理模式抛弃，这对某些企业来说可能还很“残酷”。但

是，“人无远虑，必有近忧”，“凡事预则立，不预则废”。只有舍弃眼前利益，才能确保企业的长远利益。

（三）企业的信息化建设是一个持续发展的过程

目前国内外的汽车主机厂的新车型开发周期特别短，对汽车零部件厂的要求也与之加强，企业对自身设计开发能力的要求必须提高，这本身就是企业的一个持继发展的过程，而信息化建设也同样，随新产品的开发，新的经营模式，必须有与之相应的信息管理。不能仅停留在拥有一套管理软件或管理一套管理软件，而是要加强自身软件的开发与更新，才能从根本上做到企业的整体开发能力和独立能力。

二十一世纪，是信息时代和网络时代，财富的再定义和利益的再分配取决于拥有的信息、知识和创造力。谁在这场信息革命中领先一步，谁便能在国际竞争中占据优势。随着我国加入WTO，扬州亚普汽车塑料件有限公司作为汽车零部件企业受到的冲击将更大。只有加快企业信息化建设，不断提高企业的核心竞争力，才能赢得市场竞争的主动权和优势。

创建国内一流高科技园区

——珠江路科技街发展概况

一、现状概述

南京珠江路科技街经过十年的滚动发展，已形成拥有1600多家企业，年技工贸总额240亿元，市场总面积30万平方米，华东地区最大的电子电脑产品集散地。今年以来，珠江路提出“二次开发”的发展战略，力争通过4－5年的时间，把珠江路建成环境优美、服务完善、经济发达、科技领先的全省之首、国内一流的高科技园区。年初以来，珠江路科技街的发展呈现出以下的特点：

一是品牌影响不断提升。今年是中国入世的第一年，珠江路明显感受到来自国际公司的关注。今年Intel在全国发展了八个区域OEM代理商，珠江路就占其三（宏图三胞、新华海、福中）。5月，Intel全球副总裁六次造访珠江路。此外，AMD、台积电、美国鸿润集团等国际公司相继考察珠江路，珠江路的市场地位得到进一步提升。

二是园区功能布局日趋明显。目前珠江路的发展已形成集江苏软件园、东大科技园创业园、珠江路软件产业园、珠江路科技街为一体的“三园一街”的发展格局。其中“三园”是珠江路的创新与产业化核心，“一街”是珠江路招商引资与形象宣传的窗口。在高科技园区建设方面，江苏软件园、东大科技园珠江路创业园、徐庄软件产业基地发展势头良好。在市场建设方面，百脑汇事业群南京店在开业不到一年的时间里，日均人流量与销售额相比开业初期翻了一番。目前珠江路在东西两段已出现百脑汇与雄狮商城两个市场热点，盘活和带动了全街市场的繁荣。

三是对外拓展步伐进一步加快。自去年开始，以宏图三胞、新华海、福中为代表的一批本地企业加快了向华东、全国市场拓展的步伐，宏图三胞已在上海、苏州、无锡等地开设了7家大卖场，福中在全国范围内新设的连锁加盟店和代理经销商已有近百家，珠江路的品牌影响力得到进一步提升。

二、投资环境

通过十年的不断调整、优化和完善，珠江路逐步形成了管理规范、服务完善、制度健全、设施配套的较好的投资和发展环境。

首先，拥有较好的区位条件和资源基础。珠江路位于城区中心，交通便利、运输发达，周边聚集有南京大学、东南大学、南京航空航天大学、中科院南京分院、熊猫集团等全国知名的大学和科研院所，拥有较为丰富的技术和人才资源。

其次，拥有较为高效成熟的管理模式。1999年，南京市成立了由分管副市长挂帅的珠江路科技街管理委员会，珠江路科技街管委会办公室作为管委会的具体办事部门，与玄武区各有关部门同步协调配合，按照“精简、统一、效能”的原则，统一对珠江路的各项行政事务进行管理。

第三，拥有较为完善的服务体系。政府为企业的诞生直至发展壮大提供了包括工商注册、税务登记、法规培训、人事代理、人才招聘等内容的一条龙服务。

第四，拥有配套的硬件基础设施。目前珠江路沿街共有16座电脑商城、5个通讯产品市场，沿街在建的还有蓝天科技大厦、新世界广场、珠江路数码港、华能城市花园等一批现代化的高档写字楼。珠江路能够不断为企业提供多层次的硬件配套设施服务。

三、组织机构

1999年10月，南京市政府成立珠江路科技一条街管委会，管委会主任为许惠玲副市长。管委会下设办公室，办公室设在玄武区，由常务副区长任办公室主任，分管副区长任常务副主任，主持办公室的日常工作。管委会办公室下设三个处，即：综合处、经济发展处、建设管理处。其中综合处的主要职责包括：行政事务、人事管理、宣传策划、后勤保障；经济发展处的主要职责包括：经济规划、政策制定、综合管理、招商引资；建设管理处的主要职责包括：建设规划、建设审批、高新认定、基础建设。

四、数字珠江路

为加快向服务型政府转变，通过规范管理、改善服务质量、提高服务水平，全力为企业营造一个舒适、快捷、高效的创业与发展环境。从今年开始，与南京市电信局合作建设“数字玄武”，并加快实施“数字珠江路”工程。

建设中的“数字珠江路”将由两部分组成，一是构建以 BTOB、BTOC 为主的珠江路大型门户网站，既使之成为外界了解珠江路的窗口，又能够实现便捷、快速、全面的商务功能。二是加快构建电子政务，由为企业提供“一站式”服务对内部办事流程的重组再造，逐步过渡到“一网式”服务，运用现代化的互联网技术为企业提供更快捷、高效的网上服务。首期工程将有计经局、科技局、人事局、外经局、质监局等十几家部门在网上为企业提供 20 多项办事内容。

江苏教育与科研计算机网（JSERNET）工程

【江苏教育与科研计算机网建设的工程背景】

为追赶世界教育信息化潮流，配合中国教育和科研计算机网示范工程的实施，以主动适应国家信息基础设施建设需要，从而加快全省教育的改革与发展，并为江苏高校的建设特别是实施“211”工程提供必不可少基本条件，原江苏省教委决定启动江苏教育信息化工程，建设江苏教育与科研计算机网（以下简称 JSERNET）。

根据世界发达国家建设计算机网络首先要从具有科研实力的大学做起的经验及中国教育科研和计算机网的建设实践，江苏省教委于 1994 年 11 月，委托东南大学牵头，组织全省部分高校有关专家对建设江苏教育与科研计算机网的可行性进行调查研究，在此基础上于 1995 年 1 月正式下达了江苏高校教育和科研计算机网可行性研究项目，1995 年 2 月江苏省教委就“江苏教育与科研计算机网”项目建议书向原江苏省计划经济委员会申请立项。及时得到了省计划经济委员会的支持，当月批复了“江苏教育与科研计算机网”的项目建议书。为了高起点规划，确保“江苏教育与科研计算机网”建设的科学、合理，《江苏省教育与科研计算机网络建设可行性研究报告》于 1995 年 2 月底通过了以省人大常委会副主任吴锡军教授为组长的评审委员会的评审，并于同年 4 月报省计经委批准通过。为了加强领导，江苏省人民政府办公厅于 1995 年 4 月 28 日下发了苏政办发［1995］40 号《关于成立江苏省教育和科研计算机网建设领导小组的通知》，批准成立以省人大常委会副主任吴锡军为顾问、原省长助理王珉为组长、省计经委副主任赵国桢及省教委副主任刘迪吉为副组长的领导小组，由省教委负责领导小组的日常工作。此后，在省计经委的支持与在省教委的领导下，经东南大学、南京大学、南京航空航天大学、南京理工大学、河海大学、南京邮电学院、中国药科大学、南京农业大学、南京林业大学、南京气象学院、南京师范大学、南京医科大学、南京中医药大学等十三所在宁高校和中国矿业大学、原江苏理工大学、原无锡轻工业大学、苏州大学、扬州大学等五所宁外高校的共同努力，开始了江苏教育与科研计算机网的建设与发展历程。

【江苏教育与科研计算机网建设的发展历程】

作为全省信息化建设 8 大骨干工程之一的江苏教育与科研计算机网，自 1995 年初立项建设开始，整个建设与发展的过程，大致可分为以下几个历史阶段。

（一）一期工程（1995—1996 年）

江苏教育与科研计算机网一期工程，紧紧围绕工程项目建议书的总体目标（即①建立江苏省域高等院校教育和科研网络，将各高校的校园计算机网连接至地区主干网，共享计算机与信息资源；②与中国教育和科研计算机网相连接，成为其一部分，并与国际 Internet 网互连，实现国际和国内的计算机连网；③建立基于网络的应用系统，例如电子邮件系统、电子新闻系统、电子论谈系统、信息检索系统等；④建立江苏省域主干网，并将东南大学、南京大学、南京航空航天大学、南京理工大学、南京师范大学、河海大学、南京医科大学、南京邮电学院、中国药科大学、南京农业大学、南京林业大学、南京气象学院、南京中医药大学、苏州大学、扬州大学、江苏理工大学、无锡轻工业大学、中国矿业大学等高校及省教委连接人网），采用国家网地区网络中心、省主干网和校园网三级结构，省域主干网通信子网主要使用当时的省邮电部门提供的通信信道和技术进行建设。各单位经过近一年左右时间的共同努力，达到了预期目标。

1. 完成了江苏教育与科研计算机网主干网的初步建设及位于东南大学的 JSERNET 网络中心软、硬件环境的建设，并实现了与中国教育和科研计算机网的互连；

2. 完成了省内 18 所高校校园网及省教委网络的建设，并以不同连接方式（其中，东南大学实行以太网连接；南京大学、南京理工大学和南京航空航天大学实行 DDN（64Kbps）专线连接；南京师范大学、南京医科大学、南京邮电学院、中国药科大学、南京气象学院、南京农业大学、河海大学、南京中医药大学、苏州大学、扬州大学、江苏理工大学、无锡轻工业大学、中国矿业大学实行 X..25（9600bps）信道连接；南京林业大学和江苏省教委采用用户拨号线（2400bps）连接）实现了与江苏教育与科研计算机网主干网的连接。

3. 完成了包括电子邮件、文件传输协议 FTP、远程登录、WWW、远程图书情报检索等在内的部分信息资源、信息检索、信息交流等应用系统的开发建设。

4. 完成了包括配置管理、安全管理、差错管理、性能管理和计费管理等在内的、功能较为完善的江苏教育与科研计算机网络的管理系统和安全保障系统开发建设。

江苏教育与科研计算机网一期工程于 1996 年底完成，并通过了江苏省教委组织的验收。它的建设过程，既是积累信息基础设施建设经验、也是培养和锻炼计算机网络人才的过程。江苏教育与科研计算机网作为全省教育事业的重要基础设施，不仅为全省高等院校及科研部门开展科学研究提供了良好的环境，为高校开展网络教育和培养大批高质量的计算机及网络人才提供了有力的支撑，而且也为江苏建设完善的信息基础结构体系提供了必要的技术准备和一些可借鉴的经验。

江苏教育科研计算机网开通初期的 1995 年，接入用户近 5000 人，用户单位 13 个，入网主机 1500 台。

（二）二期工程（1997—1998 年）

江苏教育与科研计算机网二期工程于 1997 年初开始启动，总体目标是在一期工程的基础上，集中全省入网高校力量，并发挥省内各重点学科优势，完善江苏教育与科研计算机网的主干网，以吸收更多高校入网，并为全面开发各种网络应用系统提供良好基础设施环境，努力为江苏经济建设做贡献。具体内容为：①升级 X.25 信道和拨号信道为 DDN 信道或帧中继信道，努力形成一个高速的省域主干网；②改造星型物理网络拓扑，并根据地域特点择优选择一批高校作为三级中心结点，以连接周围高校；③增加具备连网条件的高校入网；④在原有网络应用系统的基础上，开发一批基于网络的计算机辅助教学系统、管理信息系统和图书情报系统。为此各单位做了大量工作，经过不懈努力于 1998 年底完成，并取得了明显成效。

1. 完成了一期工程中的星形物理网络拓扑改造，逐步建设了 JSERNET 在各省辖市的主节点，并利用省教育与科研计算机网络中心和市级接入节点组成省域主干网。

2. 完成了一期工程建设中所有 X. 25（9600bps）信道用户及拨号线（2400bps）连接用户的信道升级，实现了 64KbpsDDN 的信道传输，部分学校内部校园网还实现了以太网连接。

3. 建成了一批新的校园网络，建立并完善一批原有校园网络的内部结构并充实了网页内容，有效扩大了江苏教育与科研计算机网的入网连接范围。

4. 研究开发了一批基于网络环境下的校园网教育管理信息系统、高校教师管理信息系统、高校招生及新生录取信息查询系统、高校科技管理网络信息系统、微结构科学技术高等研究中心虚拟信息库服务系统、唐宋金元词文库及赏析系统、分子电子学信息服务系统及虚拟实验室、数学远程教育课件系统、面向校园网的网络管理运行系统、计算机远程教育管理系统及虚拟图书馆与信息发现技术研究、在线英语阅读训练、远程课件的研究与开发等在内的计算机教学辅助系统、管理信息系统和图书情报系统。这些系统的研制成功，有效地扩大了江苏教育与科研计算机网的使用功能，提高了网络的使用效益。

在二期工程建设中，除了在东南大学建立了 JSERNET 网络中心外，还在江苏省内的徐州（中国矿业大学）、扬州（扬州大学）、镇江（江苏理工大学）、常州（江苏石油化工学院）、无锡（无锡轻工大学）、苏州（苏州大学）等 6 个中心城市建成了 6 个 JSERNET 主节点，并在这些主节点形成了一支具有一定素质的网络管理和网络应用技术骨干队伍。整个二期工程于 1998 年底完成，并通过省教委组织的验收。它的建成，使江苏省教育与科研计算机网（JSERNET）入网单位发展到 63 个，成为国内最大的省域教育与科研计算机网。与一期工程结束时相比，JSERNET在网络规模和信息资源开发、组织管理水平及应用范围等方面有了较大的发展，保持了在国内的优势地位，并为江苏的教育信息化建设和现代化建设创造了良好的条件。

（三）江苏教育与科研计算机网省域主干信道升级及高速城域网建设

教育信息化是全社会信息化的基础和先导，是当代教育现代化鲜明的时代特征之一。加快教育信息化建设的步伐，推动江苏教育现代化建设，对改变教育内容、教育教学的组织形式和教学方法、手段乃至整个教育体系和制度，特别是转变人们的教育思想、观念都将产生重大而深远的影响。为全面贯彻国务院批转的教育部《面向21世纪教育振兴行动计划》精神，以努力实施现代远程教育工程，形成开放式教育网络，构建终身教育体系，并把“现代远程教育”作为利用现代信息技术的发展而产生的一种新型教育方式以及构筑知识经济时代人们终身学习体系的主要手段，在省信息化领导小组办公室的关心和支持下，经教育部原则同意，江苏省教委决定从1999年起实施“江苏高校网上远程教育试点工程”。为了给“江苏高校网上远程教育试点工程”的实施提供强有力的网络平台支撑，江苏教育与科研计算机网主干网的信道升级和高速城域网的建设相应启动。

为满足“江苏高校网上远程教育试点工程”的需要，确保1999年秋季新生入学，经江苏省教育委员会和江苏省广播电视厅协商同意，就租用江苏广播电视SDH数字光缆传输网的155Mb/s信道用于江苏教育与科研计算机网主干信道升级，并以江苏教育与科研计算机网为依托开展网上远程教育试点工程，江苏省教育管理信息中心和江苏广播电视网络中心于1999年5月18日签订了《江苏省教育管理信息中心和江苏广播电视网络中心关于江苏省教育信息化合作的协议》。从而为利用江苏广播电视SDH数字光缆传输网的一个155Mb/s通道，连通江苏省内十三个省辖市，形成两个基于155Mb/sSDH的环形网络，并在十三个省辖市广电网节点站提供对应环网方向的两个155Mb/s双向电（光）支路接口，提供了可靠保证。

根据协议规定和各地经济建设及其教育发展需要，1999年，将苏南地区的苏州、无锡、常州、镇江、南京5个省辖市的主干信道带宽提升为155M。在此基础上，江苏教育与科研计算机网在2000年里又将155M信道通达苏中、苏北的扬州、南通、徐州、淮安、盐城、连云港、泰州7市，使省域主干网覆盖了全省除宿迁市外的所有城市，网络速率提升到了155M，并且在省内与省公众多媒体网实现了155M的高速互联。此外，中国教育和科研计算机网主干网南京至北京段的信道，也于2000年11月升级为2.5G。

与此同时，为解决各城市内有关大学与省网主节点之间的高速连接，从1999年开始，在省教委的组织指导下，开始实施JSERNET城域网建设计划。整个工程建设原则，由省教委负责公共主干光纤网的建设，各高校和接入单位负责接入设备和各自校园网建设。目前全省已初步建成南京、徐州、南通等3个省辖市的高速城域网，用光纤连接了城域网内的有关高校、部分重点中学、中专校和教育行政单位，使三市的主要高校、部分重点中学以及省市教育行政事业单位实现千兆速率高速互联，促进了各级各类教育资源的共享，提高了教育质量和办学效益。同时，根据规划加强了江苏教育与科研计算机网各市分节点的建设，并在实施现代远程教育试点工程过程中，对南京、苏州、无锡、常州、镇江等城市的网络主节点进行了升级改造，使之能更好地适应现代远程教育网上教学的需求；其后又对扬州、南通、徐州、淮安、盐城、连云港、泰州等7个城市的网络分节点进行了升级改造，提高了连接速率和接入能力，努力确保它们能更好地为本地区教育发展服务。

江苏教育与科研计算机网省域主干信道升级及高速城域网建设于2000年完成，并经专家组验收通过。至此，以江苏教育与科研计算机网为主干，以各省辖市高速城域网为延伸，以各级各类学校校园网和教育行政单位局域网为基本接入单位的全省三级网络体系已初步形成。而连接全省13个省辖市市级节点的155M省域高速主干网，也已成为至目前为止国内唯一建成并投入使用的高速省域教育与科研网。

江苏教育与科研计算机网作为江苏较早开始大规模建设的广域计算机互联网络，自1995年开通运行至2001年底，入网用户已从原来的不足5000人增长到320000人，用户单位从原来的13

个增长到95个，入网主机从1500台增长到50000台，网络的月信息流量已达到1－2万G。始终成为国内最大的省级教育科研网，其运行、维护和管理技术也始终保持较为领先水平。

【江苏教育与科研计算机网的主要成绩】

江苏教育与科研计算机网作为全省教育事业的重要基础设施，它的建成在加快江苏教育信息化发展、推动现代远程教育实施、实现高校招生远程录取、促进教育改革和实现教育资源共享等方面，都发挥了重要功能，取得可喜成绩。

（一）江苏教育与科研计算机网的建成，有效地促进了江苏教育信息化的发展

在江苏教育与科研计算机网建设工程的推动下，不仅全省所有国家级及省级重点学科全部上网、建立了自己的主页，对本学科的发展动态作出及时介绍，而且全省绝大多数普通高校、大部分中专校、部分市教育行政部门也都建立了自己的网站及其相关情况介绍的主页，尤其是“校校通”工程的实施，又使广大中小学校校园网络不断建成、陆续投入使用，且实现了与江苏教育与科研计算机网的高速连接。这些网络作用的充分发挥，大大方便了广大师生上网，既为促进国内外学术交流、实现教育资源共享及利用网络开展合作研究提供了基础环境，又为改善各个学校的办学条件，促进教育体制与教学方法改革，确保教育质量与办学水平的提高打下了可靠基础；特别是为实施素质教育，促进广大学生开展自主学习开辟了一条有效通道。

（二）江苏教育与科研计算机网的建成，为实施“现代远程教育工程”，形成开放式教育网络，构建终身学习体系提供了网络平台

自1999年依托江苏教育与科研计算机网正式开展江苏高校网上远程教育试点工程以来，通过充分利用计算机多媒体和网络技术平台开展教学，实现教育资源共享，确保了教育质量和办学水平的提高，有效地扩大了教育规模。到2001年，已开展网上远程教育的学校，基本覆盖了全省，使计划内招生的在校学生数已达3000余人。其中，东南大学和无锡轻工业大学还经教育部批准，成立了网络教育学院，并在全国招收网上远程教育学生。2001年，仅东南大学，就在全国部分省开设了7个学科的29个教学点，共招收新生2113名，使在校学生达到了3191人。

（三）江苏教育与科研计算机网的建成，为实现江苏高校招生远程录取提供了保证条件

根据教育部的部署，从2000年开始，江苏依托江苏教育与科研计算机网进行普通高校远程招生录取试点以来，不仅大大提高了录取工作的效率，有效地节约了招生工作的人力、物力和财力，而且也有效地减少了人为因素的干扰，增强了招生工作的透明度和公平性，取得了明显的经济和社会效益。

（四）江苏教育与科研计算机网的建成，有效地促进了江苏计算机网络领域科研实力的增强

包括已经建有的13个国家和部省级重点实验室、7个支撑信息技术研究开发工程（技术）研究中心、13个国家和省级重点学科等在内的全省很多高校，每年都依托江苏教育与科研计算机网承担并完成了一大批国家级和部、省级与计算机网络相关的重点科研课题。如东南大学、南京航空航天大学等学校完成的涉及江苏省机械、电子、化工、轻工等行业大中型企业集团实施CIMS（计算机集成制造系统）和ERP（企业资源计划）等技术为代表的制造业信息化示范工程，就充分展示了江苏高校在信息产业发展中所具有的雄厚实力和发展潜力。

（五）江苏教育与科研计算机网的建成，实现了资源共享

为包括网络课程开设、电子图书馆和数字化校园应用等在内的各类资源的充分利用提供了网络平台，较好实现了资源共享，有效促进了办学效益的提高。

【江苏教育与科研计算机网存在的问题】

尽管江苏教育与科研计算机网的建设与发展取得了很大的成绩，但也还存在一些需要解决的问题。首先，随着CERNET的2.5G高速主干网的开通，江苏教育与科研计算机网与其之间的信息流量增长迅速，再加上网络信息资源和应用系统的增加，特别是网上远程教育的推广和网络技术在教育领域的广泛应用，带宽资源很快将不相适应；其次，与基础设施建设相比，信息资源建设相对滞后，无法完全适应教学、管理、现代远程教育和各级各类教育对实现教育资源共享的要求；第三，教育信息化建设资金投入不足，适应社会主义市场经济条件下的网络运行、维护、管理机制尚不健全，已经影响和制约了江苏教育与科研计算机网的进一步发展与完善；第四，加快信息人才培养、稳定网络人才队伍、提高网络运行及管理水平有待进一步加强。随着全省教育信息化建设的发展，以上问题都将逐步得到解决。

【江苏教育与科研计算机网的未来发展】

江苏教育与科研计算机网将以中国教育和科研计算机网为依托，在“九五”建设的基础上，再经过3—5年的努力，到“十五”期末，建成覆盖全省13个省辖市、结构合理、并能与省内其它大型计算机网络相互连通的高速省域主干网；在13个省辖市内建成连接所有高校、市教育行政部门和其它各类教育机构的高速城域网；建成13个地区主节点和若干个城域主节点，使江苏教育与科研计算机网延伸到全省各县（市）；满足全省90%以上中小学上网要求，确保“校校通”工程的实施；建成若干个教育资源中心和教育资源服务中心，并积极开展基于网络的远程教育、协同科研、数字化图书馆等网络应用，努力确保江苏教育与科研计算机网能够适应世界发展潮流，继续保持国内领先地位，从而为全面实施素质教育、更好推进江苏教育现代化作出应有贡献。

（刘益刚　葛庆勇）

CIMS 工程

【CIMS 工程背景】

CIM 理念和 CIMS 的提示，已有 30 年的历史。1973 年，美国的约瑟夫·哈林顿博士从企业的生产组织和管理应该强调整体观点和信息观点出发，提出了 CIM（Computer Integrated Manufacturing）即计算机集成制造的理念。CIM 既是信息时代组织、管理企业的一种哲理，也是现代企业的一种模式。这一理念和技术构成的具体实现便是计算机集成制造系统（CIMS – Computer Integrated Manufacturing System）。目前，世界各地对 CIM 和 CIMS 的认识逐步深化，在实践中也不断取得新的进展。

我国高度重视 CIMS 的理论研究和应用推广。在借鉴西方国家有关理论和实践的基础上，赋予了其全新的意义。在 CIMS 的发展中，不仅重视信息集成，而且强调企业运行的优化，并将“计算机集成制造系统”发展为以信息集成和系统优化为特征的现代集成制造系统（Contemporary Integrated Manufacturing System）。1998 年，我国 863 计划 CIMS 主题专家组将 CIM 定义为“将信息技术、现代管理技术和制造技术相结合，并应用于企业产品全生命周期的各个阶段，通过信息集成，过程优化及资源优化，实现物流、信息流、价值流的集成和优化运行，达到人（组织管理）、经营和技术三要素的集成，以改进企业新产品开发的时间、质量、成本、服务、环境，从而提高企业的市场应变能力和竞争能力。”其形成了有中国特色的 CIMS。

我国 863/CIMS 主题对 CIMS 的研究已经进行了 15 年，从原创性基础研究、建立实验基地、开发软件产品，到组织 CIMS 应用示范工程，逐渐形成了一套适用于企业信息化工程的技术和实施规范。

1994 年 7 月国家科技部（原国家科委）批准江苏省作为第一个国家 CIMS 应用示范工程的试点省，由江苏省科技厅（原江苏省科委）组织实施。技术合同实行专家责任制，甲方是国家 863/CIMS 主题专家组，乙方是江苏 CIMS 专家组，江苏省科技厅作为丙方代表科技部组织并对项目进行监管。

江苏省的 CIMS 应用示范工程从 1994 年 7 月批准立项到 2000 年 11 月上旬 21 家企业 CIMS 应用示范工程全部验收通过，经历了 6 年零 3 个月，国家投资总额 756 万元，省、市配套经费 656 万元，企业自筹经费总计 11706 万元。经过 1～3 年的运行，21 家企业都产生了明显的经济效益，并提高了企业整体素质，同时，在促进全省企业信息化和企业管理机制的改造、带动信息产业的发展、树立江苏的软件品牌等方面都起了良好的作用。

【江苏 CIMS 工程发展历程】

江苏省的 CIMS 应用示范工程大体上经过了如下四个工作阶段。

（一）第一阶段（1994 年 9 月至 1995 年 4 月），启动、组织和选点

1994 年 9 月初，原江苏省科委主持在东南大学召开了全省 CIMS 应用示范工程启动大会，王荣炳副省长、王珉省长助理（现任副省长）和原科委王宏民主任等领导出席了大会，并在大会上作了重要指示。时任国家 863 计划自动化领域首席专家蒋新松院士和 CIMS 主题专家组组长吴澄院士专程来南京参加大会，并在大会上作了关于 CIMS 的专题报告。全省几十个企业和各市科委的代表共 150 多人参加了大会。这次大会取得了很好的效果，为 CIMS 应用示范工程的成功创立了良好的开端。会后在原省科委的组织下成立了江苏省 CIMS 专家组，聘请原副省长吴锡军教授为专家组顾问，由东南大学顾冠群院士任组长、原省科委副主任李中和教授任副组长。专家组成员有东南大学、南京航空航天大学、南京理工大学、南京金城集团、无锡威孚股份有限公司等单位的专家。专家组成立后即开始制订《江苏省 CIMS 应用示范工程管理办法》、《江苏省 CIMS 专家组管理的规定》、《江苏省CIMS应用示范工程服务队工作规范》等文件，这些文件后来成为国家863/CIMS主题制订《CIMS应用示范工程规范》的基础。同时，在原省科委的组织下，专家开始选择试点企业。经过半年反复的调研、考察、与企业家交谈和立项条件分析，在近20家申请单位的基础上，确定了南京金城集团、张家港沙钢集团、徐州工程机械集团、无锡威孚股份有限公司、江阴钢丝绳厂、扬州有机化工厂、扬州水箱厂等7家企业作为江苏省首批国家CIMS应用示范工程的试点单位。

（二）第二阶段（1995年5月至1998年6月），前期试点工作

本阶段的重点工作是确保第一批7个试点企业全部成功完成CIMS工程的试点任务，同时摸索经验、制订规划，为后面的示范工程和更长远的企业信息化目标做准备、打基础。根据已经形成的几个基本文件，制定了具体的工作程序，概括为5个阶段、8个监控点。

5个阶段是：申请、设计、立项、实施和验收。

8个监控点是：受理申请的调研、可行性评审、初步设计评审、立项评估、详细设计评审、中后期检查、测试和预验收、验收。

按照这条技术路线，对第一批7个示范企业和服务队进行管理和进度控制。为了明确责任，在CIMS专家组内部进行了分工，建立了监理、产业化、培训3个工作组和秘书处。随后，经过反复讨论，制订了《江苏省实施现代集成制造系统（CIMS）的规划》。与此同时，省政府为了加强对企业信息化工作的领导，成立了以原副省长金中青教授为组长的江苏省CIMS/CAD工作领导小组，使省专家组的工作得到极大的支持。

（三）第三阶段（1998年7月至2000年6月），深入实施与推广

1998年上半年，第一批7家CIMS应用示范工程成功在望，省科技厅和省CIMS专家组及时总结经验和教训，认为今后要站在更高的层次上深入实施CIMS，指导思想是在抓好CIMS应用示范工程的同时，推动江苏省信息产业的发展。1998年11月第一批7家示范企业全部通过验收。

第二批6家和第三批8家示范工程相继启动。

在这一阶段，江苏省CIMS专家组得以调整和扩大，吸收省内有影响的信息技术公司的专家进入专家组，使江苏CIMS专家组成为在省科技厅领导下，由高校、企业和信息技术公司三方面人员参加的专家群体。省专家组在CIMS的深入实施中培育和扶持江苏的信息技术咨询服务公司，特别关注由通过验收的CIMS应用示范工程所派生的信息技术公司。经过两年的培育，在南京、江阴、无锡、徐州等城市已分别由金城集团、法尔胜集团、威孚集团、徐工集团派生出5家信息技术咨询服务公司；省CIMS专家组还支持江苏省有实力的软件公司和高校合作，开发有自主版权的软件产品，例如在全国有一定影响的“JSERP”和“新模式PDM”软件就是分别由金思维公司和新模式公司开发，并在东南大学的支持、合作下，逐步推向市场的。南京航空航天大学、南京理工大学也和有关公司联合开发了CAD、MIS等方面的软件。同时，省CIMS专家组积极开展企业信息化的宣传和培训，组织了关于CIMS的宣讲团，由省科技厅牵头联系，到江苏省各市举办CIMS知识讲座。吴锡军教授在新华日报发表署名文章《推动江苏省企业信息化工程向前发展》。几年来，挂靠东南大学的国家CIMS培训中心（南京）组织了一系列培训班，先后有22134人参加培训，总人时数达到125950。

（四）第四阶段（2000年7月至2000年10月），项目验收

江苏省CIMS应用示范工程第二批6家试点企业于1998年6月立项，第三批8家试点企业于1999年6月立项，到2000年7月都已经进入实施的后期，第二批立项的企业大部分已经投入运行。按照科技部的要求，所有已经立项的CIMS应用示范工程都必须在2000年10月底完成。根据这个要求，省CIMS专家组分两批对14家企业进行了验收。尽管时间很紧，但是省科技厅和专家组都强调工程的质量不能降低，监理和验收的程序不能减少，在不到两个月的时间内，省科技厅和省专家组联合组织了45批专家到14个企业的现场进行咨询、检查、评估和验收，确保实施CIMS工程的质量。在2000年11月22日科技部和863/CIMS主题专家组召开的全国CIMS应用示范工程验收会上，评审专家一致通过了对江苏省CIMS应用示范省的整体验收。

【主要成绩】

江苏省21家CIMS示范工程企业在信息化的带动下，工业化的水平都有不同程度的提高。南京金城集团在CIMS工程中把湖熟分厂摩托车装配线的条形码管理作为技术攻关的内容，取得了很好的效果。沙钢集团在CIMS工程中，解决了先进的自动生产线与落后的管理手段之间的矛盾，把分散的现场监控点集中到信息中心，并与MIS系统集成在一起，实现了管控一体化。徐工集团装载机厂在信息技术的支持下，研制成功具有国际先进水平的智能装载机。江苏长江电器集团公司结合CIMS实施，引进了板材加工柔性线，使配电柜柜体的产量和质量都大幅度提高，满足了企业发展的需求。常州长江客车总厂结合CIMS工程二期目标，对内实施制造自动化，规划了自动化仓库、喷漆机器人和焊接机器人等项目，对外提出了电子商务和敏捷供应链等需求。

据统计，在21家CIMS应用示范企业中，18家企业的新产品的开发能力得到增强；10家企业实现了CAD/CAPP/CAM的集成；3家企业实现了MIS/DCS的集成；6家企业结合CIMS工程对底层自动化设备进行了改造。

21家企业的CIMS工程虽各有千秋、各具特色，但有一个共同的特点，就是实现了经济效益和社会效益、技术效益的紧密结合，努力开创江苏制造业发展的新局面。6年的时间并不长，但江苏省CIMS工程应用试点工作已圆满地达到了预期目标：

（1）建立了制造业发展的新思维、新模式；

（2）初步建立了信息化环境下企业运作的新模式、新机制；

（3）初步建立了制造业发展的新的平台；

（4）初步建立了企业信息化的支撑体系；

（5）推进了相关信息技术产业化的发展；

（6）探索了加速企业信息化建设的新途径；

（7）培养和建设了一支高素质的人才队伍；

（8）促进了政府为企业服务的改革。

尤其重要的是，在江苏省实施CIMS的过程中，形成了几支宝贵的队伍。一是工程师型的教授队伍，这在以顾冠群院士为首的江苏省CIMS专家组的学者们身上表现得最为突出。几年来这个专家组按照863精神，发挥团队精神，努力工作，抓紧自身建设和规范管理，为江苏省CIMS应用示范工程全面完成作出了巨大贡献。二是教授型（研究型）的工程师队伍，通过6年的努力，在江苏省已经形成了近千人的CIMS技术队伍（含企业的信息技术人员）。随着制造业信息化工程的实施，这支队伍正在迅速成长，并将发挥越来越大的作用。三是涌现出一批新型的优秀企业领导，像沈文荣、刘礼华、徐广福、孙元林等企业负责人，通过CIMS工程的实施，成为优秀的新型企业家。四是信息技术公司的经营和技术人员，他们中的相当一部分人为CIMS的推广而奔波操劳，他们将随CIMS的普及而壮大。五是在21家试点企业中都形成了一个高素质的劳动者群体。这五支队伍已成为江苏省今后企业信息化工程的重要力量。

在实施CIMS应用示范工程的同时，江苏省还培养了一批CAD应用示范工程。1999年年底，江苏省政府决定在江苏省实施制造业信息化工程，通过信息化来促进工业化，促进企业管理现代化和企业管理体制改革。这说明江苏省的CIMS应用示范工程计划开始在更广泛的范围内展开。江苏省制造业信息化工程将在2～3年内完成60家试点企业，已有100多家企业申请参加试点。在制造业信息化工程中，支持和鼓励试点企业使用国产软件，大力扶持中国自己的咨询服务公司，使江苏省的制造业信息化工程有更广泛的基础。

CIMS应用工程试点工作有力地推动了江苏省的软件产品和咨询服务产业的发展，以金思维信息技术有限公司和新模式软件集成有限公司为代表的一批公司茁壮成长，它们有自己的软件产品、有实施企业信息化工程的技术队伍和一定的实施经验。目前已经有十余家公司通过了江苏省制造业信息服务公司的资格论证，其中一部分咨询服务公司，如江阴高新科技开发公司、南京亿格软件有限公司、无锡虚拟制造公司等，就是从CIMS应用示范企业中派生出来的。在江苏省已经有一批成功应用国产化软件的企业，南京轻工业机械厂、华能淮阴发电厂、江阴法尔胜钢铁制品厂、金城集团、上声电子有限公司、金鹏铝业有限公司等在CIMS工程中都已经部分或者大部分采用国产化软件，其中南京轻工业机械厂是863/CIMS主题应用国产软件的试点单位。

江苏省CIMS应用示范工程的实施对周围有

良好的辐射作用。从行政区的角度看，对山东、安徽和江西有较大影响，有些省专门请江苏省CIMS专家组和国家CIMS培训中心（南京）组织专家去讲课；有些省派工程技术人员到江苏参加培训班学习。江苏省的部分专家参与了安徽省和江西省的企业CIMS工程实施。有的企业还采用了江苏开发的软件。从行业角度看，江苏省的专家参加了石化工业总公司、航天工业总公司、烟草工业总公司、核工业总公司下属单位的CIMS工程的实施、培训和论证。从集团公司内部看，一个分厂（分公司）成功实施CIMS，会带动其他分厂，甚至整个集团公司实施CIMS，如法尔胜集团、徐工集团、金城集团等。此外，由863/CIMS主题专家组安排，江苏省的CIMS专家面向全国举办了CIMS总设计师培训班。

2001年初，江苏省科技厅和省CIMS专家组分苏南、苏中、苏北三组对21家企业CIMS工程“回头看”，促进各家公司将CIMS工作推向深入，21家企业表现出极大的热情，特别是对加入WTO以后的形势充满信心。通过“回头看”，专家们也看到了这21家企业，特别是第一批实施CIMS工程的7家企业的无限生命力。

《中华人民共和国国民经济和社会发展第十个五年计划纲要》再次提出，要以信息化带动工业化，“通过微电子、计算机、网络技术的应用，推动产业研究开发和设计水平的提高以及工艺技术的变革……加速企业生产、经营管理的信息化进程”。这是高新技术、信息技术全面进入企业的动员令，勤劳而富有远见的江苏人民一定会在这方面走得更好、更远。在江苏这方创业的热土上，必将形成CIMS全面走向企业的喜人局面。

（江苏省科技情报所）

政府上网工程

【历史回顾】

政府上网工程是我国国民经济和社会信息化进程三部曲(政府上网工程、企业上网工程、家庭上网工程)之第一部曲。自1999年实施以来迄今为止,全省13个省辖市政府、30个省级政府机构、64个县市级政府全部上网,上网的各级政府部门超过了3000个。2000年1月,在北京人民大会堂举行的“政府上网工程”百城市政府上网推进交流会上,江苏省政府官员代表全国省级政府部门在大会上发言,江苏省20个市、县(市)政府网站被评为全国优秀政府网站,在全国处于领先地位。

【“政府上网”的真正含义】

“政府上网”不仅仅是政府部门走上互联网那么简单,它还包括网上信息发布、政策公开等多方面的资源建设。它一般包含以下五个方面的内容:

1. 信息服务。政府在网上建立网站后,公众可以查询其组织机构、政策法规、本地政情及有关条文,相当于政府开启了一扇通向全社会的“窗口”,架起了一条与人民群众深入沟通的桥梁。

2. 电子贸易,具体是政府的电子采购。加强透明度,促进廉政建设。同时,可提高有关企业的竞争能力,降低成本,又可节省政府开支,提高政府的工作效率。

3. 办公电子化。一方面文件以电子方式存储,形成电子公文系统,实现内部的公文流转,提高工作效率,逐步向无纸化办公发展;另一方面政府职员可以通过因特网查询国内外最新的新闻、资料和其他信息,也可以通过电子邮件进行一般交流。不仅省、市、县政府内部可连通,也可互通,实现真正意义上的政府办公自动化。

4. 工作流程优化。除提高政府工作效率之外,通过上网改革政府的工作流程,使之更趋合理。

5. 政务公开。老百姓可以通过上网的渠道来表达意见,发表对政府施政工作的想法,可以和市领导、省领导,甚至和国家领导人通过电子邮件进行对话。这是信息产业发展的方向,是民主化进程中的重要环节,是信息技术发展为人类进步服务的更高阶段。

【目的和意义】

1. 顺应时代发展的大趋势。面向21世纪的时代,是一个信息经济和知识经济的时代,全球信息化、网络化是它的最重要的特征。目前,我国的信息化发展与国外有着较大的差距,如果不下大力气赶上去,我们就会落伍,就难以加快发展。

2. 转变政府职能、树立政府新形象。我国目前正同时经历着两种转变——既要从计划经济向市场经济转变,又要从传统工业经济向知识经济转变,在这个过程中政府的指导作用就显得特别突出。同时政府的职能也在从严密控制转为宏观性指导。因此,社会越来越需要咨询服务、政策指导,整个经济也离不开政府的宏观调控。同时,政府通过上网,可以更好地公开政务,增加办事执法的透明度,更好地密切政府与群众的关系,还有利于勤政、廉政建设。

3. 推进开放开发、密切与国际间的交往。互联网是没有国界的,政府上网,等于在互联网上开设了一个展示江苏的“窗口”。通过这个“窗口”,可以使世界各地随时了解江苏的情况,增进江苏与世界各地的交流与合作,从而实现与国际经济的接轨。

4. 营造有利于江苏省信息产业发展的环境。“政府上网工程”通过政府对信息产业界主要力量的引导和组织,促使政府在短时期内上网,实现政府信息资源的市场价值,引导和形成新的消费热点和经济增长点,从而带动相关产业的发展,加速我国信息产业和国民经济信息化的发展。

【目标和任务】

1999年实现60%以上的各级政府部门在163、169网上建立正式网站,争取2000年实现80%以上的各级政府部门在网上建立站点。

【“政府上网工程”实施步骤】

第一步，政府部门在网上亮相。将其基本信息，如机构设置、常规文件等可公开信息发布到网上。尤其重要的是培养政府阶层的上网意识。

第二步在网上公布政策法规条款，争取绝大多数政府部门的数据库和信息源上网，此举可大大丰富江苏省政府网站的信息内容。而政府部门可以采用网络广播技术，进行实时的信息发布，例如记者招待会、新闻发布会、人代会等都可以进行实时网络转播。同时将政府对外服务项目，如办理护照、海关报关、报税、申请工商登记等业务的办理指南放上去，为社会各界提供方便。

第三步开放电子政务系统，开展各种网上应用项目，公民可以在网上办理各种手续，降低成本，提高办事效率，提高办事透明度，提高人民群众的满意度。如在网上进行电子报关、报税、办理护照等活动，以便达到一次办理即可成功的目的。

在实施上述三个步骤的同时，逐渐把省内各级政府从横向、纵向连接起来，形成一个政府大网，最终实现“电子政府”。

【主要措施】

1. 编制《江苏省实施“政府上网工程”计划建议书》，制订《江苏省“政府上网工程”管理办法》；

2. 拟订了《江苏省政府上网工程的实施意见》、《江苏省政府上网工程实施（管理）细则》以及制订了相关政策（优惠、上网方式等）；

3. 在全省实施政府上网工程劳动竞赛，开通江苏省政府上网主站点，召开启动大会、用户座谈会、应用研讨会；在全省“信息港湾工程”中加大政府上网工程的宣传力度，各地电信专为政府部门开辟了网上专栏等；

4. 组织推荐各级政府部门参加全国“政府上网百佳网站评选”等。

【“政府上网工程”技术规划】

1. 站点规划：江苏省政府主页站点以“江苏省人民政府”（www.js.gov.cn）作为导航站点，下设13个省辖市，他们的站点连接到省政府的主机上。各级政府站点均设时事新闻、机构设置、政府职能、政策法规、重大事件及便民服务之窗等基本栏目，并对相关部门或单位的主页进行链接，开设电子信箱，还可设立网页广告信息栏，用于公共信息的发布和企业宣传等。适时推广网上各种应用系统或项目，如“网上人才市场、劳动力市场”、“网络报税”、“工商登记”、“网上办理护照”及“网上卖票”等。

2. 域名规划：各级政府的域名可统一规划为www.____.gov.cn，并可对应一个多媒体网的域名www.____.cninfo.net，以便163和169用户均可访问。中国电信已和中国互联网络信息中心（CNNIC）取得合作，为简化和方便各级政府办理政府域名申请手续，可由中国电信所属各级电信部门帮助当地政府部门申请办理后缀为gov.cn的政府规范域名。

3. 信箱规划：各政府部门的站点可设虚拟信箱，如江苏省政府办公电子信箱名为name@jiangsu.gov.cn，以示正式、权威。

4. 网页规划：政府站点的主页设计应简洁、美观，界面应与政府形象相符，网页大小有所限制，网页须响应及时，可以采用多种浏览器浏览，便于检索，同时具有纯文本版本甚至外文版以满足不同用户的需要。

5. 主机规划：政府部门设立网站可以有以下四种方式：

（1）租用电信机房的服务器磁盘空间，在电信港湾（即电信部门推出的对外出租服务器空间或代维服务器业务）设置“虚拟政府主机”，作为政府站点的专用服务器，每个政府主机由电信部门提供1G的硬盘空间，并实现数据库管理和提供交互式功能；

（2）在电信港湾中放置政府部门的服务器，由电信部门代维；

（3）服务器设在政府部门的机房，通过专线上网，由政府部门自己维护；

（4）电信机房主机与政府内部服务器镜像设置（即①虚拟主机方式和③专线上网相结合）等。

若采用前两种方式，那么电信部门将会通过使用专门的应用系统，对政府工作人员进行简单的培训，就可使政府部门将相关的文字和图片等信息快速便捷地发布更新到电信机房的政府网站里。同时，还可以进行数据库管理，实现政府部门、电信机房双重备份，确保数据的安全和提高用户访问政府网站的效率。

（熊欣）

企业上网工程

【历史回顾】

企业上网工程是我国国民经济和社会信息化进程三部曲(政府上网工程、企业上网工程、家庭上网工程)之一。2000 年 4 月 18 日江苏省召开了企业上网工作会议,在全国率先启动了"企业上网工程"。省经贸委和电信部门对企业上网工作实行了目标管理,纳入年度考核。截止到 2000 年底,全省共有 12.5 万家企业上网,占全国 35 万上网企业的三分之一,在全国率先完成了全年企业上网目标。无锡、常州、苏州、南京、徐州和南通六市的"企业上网工程"领导小组荣获全省"企业上网工程"先进单位称号。江苏省公众多媒体通信局、江苏新科技术发展有限公司荣获全省"企业上网工程"优秀组织单位称号,另外全省有苏州好孩子集团等四类共 28 家企业荣获"企业上网工程"先进企业称号。2001 年底,全省企业上网突破 25 万家。

【组织机构】

为有效地推进"企业上网工程"的实施,2000 年 4 月成立了"江苏省企业上网工程协调领导小组",由原省计经委、省工商行政管理局、省邮电管理局等部门组成,省计经委牵头,全面负责指导、检查、督促"企业上网工程"的实施。协调小组办公室设在省计经委科技处。各市也相应成立了协调领导小组。2001 年 9 月更名为"江苏省企业信息化工作领导小组",负责规划、指导全省企业信息化建设,办公室设在省经贸委,负责全省企业信息化工作的组织协调。

【目的和意义】

"企业上网工程"旨在促进企业适应当今世界现代信息技术和网络技术高速发展的需要,充分利用国际互联网信息渠道和信息资源,融入国际竞争大环境,提升企业技术平台,推进企业技术进步,提高江苏经济整体素质。通过企业上网工程的实施,丰富网上信息,扩大网上用户群,促进网上营销市场的形成,从而在政府和企业之间、企业与企业之间以及企业与消费者之间建立高效连接通道。

网络经济正在改变企业传统的经营模式,提高企业管理效率和市场竞争能力,这主要表现在以下几个方面:

1. 提升企业形象。互联网提供了虚拟的全球性贸易环境,面对的是全世界数亿用户。企业上网即表示它已站在信息高速公路的前沿阵地,企业可通过互联网以最快的速度和最低的成本,了解和发布信息,宣传自己,从而更好的树立自己的产品和品牌形象。

2. 为企业提供新型的商务模式。电子数据交换减少了中间管理环节和人员开销,电子商务提供了新型的流转方式,拓展了营销渠道,降低了运作成本,提高了运行效率。

3. 为企业提供了新型的管理模式。计算机网络改变了企业的管理组织和信息传递方式,增强了管理功能,为客户提供了更完善的服务,这种服务是全天候的、跨地域的、交互式的。增强企业与政府之间的联系,通过"政府上风工程"和"企业上网工程"的实施,政府部门和企业可以在网上行使职能,政府与企业的沟通更方便、快捷。

【目标和任务】

江苏省"企业上网工程"的总体目标是:在 2000－2002 年三年内实现全省 80%以上的企业上网。据此,按年度划分出阶段目标如下:2000 年完成全省 20%的企业上网,第二年,全省 50%的企业上网,第三年,全省 80%以上企业上网。

【主要措施】

一是广泛宣传,普及因特网知识。如开展"企业上网咨询日"宣传、向 10 万家企业发送"致企业老总的一封信"、举办企业上网培训班、印制企业上网宣传资料等,广泛普及企业上网知识,宣传成功的企业上网成功案例和样板工程等,使企业对"为何上网"、"上网干什么"、"企业如何在网上拓展新的发展空间”等问题有了充分的了解。

二是优化平台，出台优惠政策，搞好特色营销，方便企业上网。如为用户提供“小帮手”网页自主制作工具，用户无须掌握任何网络专业技术，只须按模板要求准备相应资料即可建立网站，使企业上网“傻瓜化”；江苏省还面向全省企业推出了免费“.COM”域名注册活动，以引导企业独立建设网站，有效地提高江苏省企业上网的质量；在江苏省企业上网主站点——“21世纪企业园区”（www.madeinjs.com）上，开辟了多个栏目，多方位地为企业上网提供政策、技术、培训及专家指导等服务。

三是树立典型，及时总结推广成功经验。如适时召开“全省企业上网工程经验交流会”，举办“江苏省企业名优精品网上展”，以及在全省举办“企业上网优秀网站评比”活动，旨在充分展示江苏省“企业上网工程”的成果，发掘出更多的上网企业的成功案例，向全社会宣传，为广大的企业树立榜样，使企业上网有据可依、有例可鉴，同时利用典型事例来提升企业的上网热情。

四是广泛合作，让企业用户得到全方位的服务。如在省内评选出42家IT企业和网络公司，作为“江苏省企业上网工程”推荐服务商，向全省企业推荐，使企业在上网过程中能够寻求到帮助等。

【工作任务】

1. 网络知识的普及。宣传网络知识，介绍网络技术，培训网络人才，帮助企业加深对网络技术和网络功能的了解，增强企业上网意识。这是推动企业信息化进程的一个必不可少的环节，只有认识到企业上网的重要性和必要性，才能提高上网的自觉性和紧迫感。

2. 网络环境的优化。完善网络功能，为企业提供三个层面的网络服务，即企业组网服务、上网服务和应用服务。提供多种接入方式，提高传输速率，建设一个安全、快速、方便的公众通信平台。丰富网上信息内容，培育上网用户群，促进与企业有关的商业网站及应用系统的发展，使网络更好地满足企业获取信息、发布信息及产供销的需求。

3. 促进电子商务的应用。企业利用互联网不仅可以收集和发布商业信息，而且可以进行各种商务活动。网上的电子商务活动为企业提高生产力、改进客户服务水平和参与全球竞争提供了一个新的途径，这是将企业上网工程引向深入的重要环节。

【工作思路】

首先，信息化离不开信息基础设施的建设。江苏省已经建立了覆盖全省的电信公网，要加以充分利用。朱镕基总理在科技知识讲座上就指出：要充分利用国家电信公网，发挥其优越性。要坚持高起点、高标准，即要突出现实性、应用性，又要有一定的超前性，充分考虑到未来发展的需要，同时还要高度重视信息保障系统的安全。电信部门要在现有网络的基础上，进一步加大建设力度，加快建设干线传输网、接入网、业务网，尽快形成一个覆盖全省绝大多数地区的宽带综合业务网，实现网络的数字化、综合化、宽带化、智能化和个性化，并与全国及国际接轨，为信息化建设提供一个技术先进、安全可靠、功能强大、性能完善的高速公用互联传输网。

其次，要进一步统一认识，加快“企业上网工程”实施的进度，推动电子商务在经济和社会各项领域中的应用。企业上网，不能仅仅满足于上网发布信息，而是要让企业自身处于网络状态，要使企业管理的“语言”与网络“语言”相适应。一般而言，企业的网络信息技术包括3部分：一是基于企业内部的网络信息系统（Intranet）。公司的内部网能够有效提高公司的运作、改善员工之间的合作关系、促进业务发展并自行完成公司的各项事务。二是基于企业外部的网络信息系统（Extranet）。它通过向一些主要的贸易伙伴添加外部连接来扩充内部网。它能把企业的内部Web应用程序扩大到企业的贸易伙伴和用户，这样就加强了供应商及贸易伙伴、公司、客户之间的联系，从而培养了基于客户需要的交易销售，同时也使企业不断优化其产品供给。三是基于Internet的全球网络信息系统。Internet提供了企业与顾客双向交流的通道，使企业得以发展规模化的交互式的市场营销方式。这种方式一方面让企业更直接、更迅速地了解客户的需求，另一方面为用户提供更具价值的售前和售后服务。

（熊欣）

家庭上网工程

【历史回顾】

政府上网、企业上网、家庭上网三大工程，被称为推动我国国民经济和社会信息化进程的三部曲。1999年、2000年江苏省分别实施了政府上网工程、企业上网工程，2001年11月，江苏省又启动家庭上网工程。如今，政府上网正大踏步向应用领域深化，企业上网也在网交会的推动之下有了新的进展。家庭上网工程的推进，标志着“三部曲”系统工程即将形成有机互动的良性循环体。

【2001年基本概况】

2001年，据电信部门统计，江苏省互联网发展水平居全国第二位，全省互联网用户数322.5万户，其中：苏南网络用户数235.3万户，苏中网络用户数49.7万户，苏北网络用户数37.5万户。全省家庭上网比例为4.43%。

【组织机构】

“家庭上网工程”涉及到方方面面，为加强这项工作的领导，便于协调，在省政府的支持下，由省里五个发起单位牵头，省里组建“江苏省家庭上网工程协调小组”，组长由省里五个发起单位组成，省计委主任钱志新同志担任，省计委秦雁、郑斯征同志和通信管理局、妇联、团省委分管领导分别担任副组长，协调小组的成员有省教育厅、科技厅、公安厅、民政厅、劳动厅、建设厅、信息产业厅、文化厅、卫生厅、广电厅、质监局、人民银行、科协、省电信公司的分管领导组成。

【工作部署】

2001年12月14日，江苏省“家庭上网工程启动大会”在南京召开。会议以后，各地各部门应加强领导，要确定分管领导和专人负责这项工作。认真落实推动“家庭上网工程”的各项措施。要加强舆论宣传工作，促使全社会广泛了解和明确实施“家庭上网工程”的意义和目标。积极做好培训工作和服务工作。以积极的态度逐步完善“家庭上网工程”的各项规范和措施。认真探索并逐步建立家庭上网和社区信息化的运行机制和管理规范，指导家庭上网工程和社区信息化工作健康有序推进。增加资金和人力的投入，结合社区（小区）信息化建设，选择好的项目，大力开发社区管理的软件，整合省市面向社区服务的信息资源，支持和鼓励城市信息服务与多媒体终端系统的建设。建立一批工程示范点，加大抓好“家庭上网工程”的试点工作的力度，总结经验，全面推开。

【重要措施和经验】

一是要求各电信运营商加快改进家庭和个人上网的条件，提高骨干网带宽，优化网络结构，发展宽带接入，进一步推动社区信息化基础设施的建设；二是各地各部门结合自身组织系统工作的特点，面向社区、面向家庭，普及网络知识、提倡健康文明的上网观念，奠定社区信息化建设良好的思想基础；三是各有关部门凡是能向社会公开的都应该积极提供上网的信息资源，以丰富的信息资源推动网络在个人和家庭生活、学习、工作、娱乐等方面深入广泛的应用，同时，为家庭用户提供便利的社区服务信息；四是探索并逐步建立家庭上网和社区信息化的运行机制、管理规范，促进家庭上网工程正常、有序、健康开展；五是畅通当地行政区域平台与家庭的连接，便于政府向社区传输信息和提供服务，沟通并密切政府与群众的关系。

【存在问题和解决问题的思路】

目前江苏省家庭用户微机操作水平参差不齐，网络知识普及率低，因此各电信运营单位要联合教育、妇女、共青团、建设及相关部门，着重做好“家庭上网工程”的培训工作，要通过建立培训基地，开展对青少年、妇女等各类人员的培训，帮助广大的潜在用户尽快地了解和使用互联网。

【2002 年发展目标】

2002 年，全省将完成 200 个社区的宽带上网工作，其中包括完成 15 个社区信息化示范小区的建设工作，全省互联网用户数争取达到 460 万户，宽带网用户数 40 万户，全省家庭上网普及率达到 6.5%，城市新建小区 80% 以上要具备宽带上网条件。

【远期目标】

“十五”期间，江苏省家庭上网户数年增长率分别为 86%、42%、24%、18%、12%。到 2005 年，全省家庭上网户数争取达到 670 万户，城市新建小区都必须按信息化小区要求建设，全部具备宽带上网条件，同时，重点建设 500 个信息化小区，全省家庭上网普及率从现在的 4.43% 提高到 10.1%，其中，城市家庭上网普及率为 17.3%。到 2005 年，全省城市 30% 以上的家庭通过多种终端联入网络，小城镇 10% 以上家庭通过多种终端联入网络，大中城市的家庭、个人生活和社区服务等领域，80% 的信息流可以通过网络应用实现。

【主要任务】

要从平台建设、接入服务、网上应用提供全方位的优质服务。一、“架好上网之路”，注意发展多种接入方式、多种终端、内容和应用捆绑的个性化服务，重点提供规范的公众场所上网服务。二、“建好网上家园”，广泛联合社会各种力量，在公共网络上搭建社区信息化平台，发展网上增值服务，努力突破信息内容这一关键点，吸引更多的家庭用户上网。再则，“共享网络生活”，结合信息化社区建设，支持社区网络信息平台建设，连接物流配送网络、教育网络、医疗卫生网络等各种社会信息网络，加强与医院、学校、银行、证券、商场等的合作，为社区居民提供各种服务。

（熊欣）

银行卡工程

江苏省银行卡工程起步于1995年，由江苏银行卡网络服务中心具体实施，1986年实现南京、苏州、无锡三市的ATM联网，1997年实现三市的POS联网。从2000年起，银行卡的联网交易量开始显著增长。

2001年，江苏的银行卡跨行交易量在全国19个中心城市中由原排名第12位跃升为第6位。至2001年末，全省13个省辖市已有98家发卡金融机构加入了江苏银行卡网络，除了个别城市商业银行外，全省ATM已经实现了联网联合，共有联网ATM3650台，占全省应入网ATM总量的96%。南京、苏州、无锡、镇江、扬州五市通过多种方式基本实现了POS的联网联合，特别是南京地区，联网商户遍及百货、宾馆、餐饮、超市、娱乐、珠宝、家电、民航、建材，乃至房地产、医院等各行各业，网络交易量迅速增长，12月全月日均交易量达400多万元。

但是，在取得较大成绩的同时，2001年银行卡联网联合工作也存在一些突出问题。主要表现在：部分银行卡业务处理系统和ATM机具的标准化进展缓慢；少数银行业务开放工作进展较慢，跨行交易成功率低；POS慢现象未得到根本改善等。影响了跨行交易成功率和联网通用整体效果的发挥。

2002年，江苏银行卡联网通用工作的目标是南京、苏州、无锡、常州、镇江、连云港、南通、徐州、扬州等九市实现银行卡跨行通用，南京、苏州、无锡、镇江四市推广普及“银联”标识卡。

（李麟）

第八部分

基础数据篇

江苏省信息化相关指标统计数据

一、电子信息制造业

1997～2001年江苏省电子及通信设备制造业主要经济指标完成情况

单位：亿元

项目名称	1997年	1998年	1999年	2000年	2001年
工业总产值	459.33	543.98	696.77	946.22	1070.92
产品销售收入	426.22	516.88	657.83	912.60	1047.81
工业增加值	105.41	108.86	157.07	211.95	253.04
出口交货值	–	206.82	276.62	436.81	490.65
利税总额	26.71	28.38	52.75	78.38	80.02
其中：利润总额	14.39	14.16	32.85	47.92	44.57

数据来源：江苏省统计局

2001年江苏省电子及通信设备制造业从业人员构成情况

单位：万人

企业类别	企业数（个）	从业人员年平均人数
国有企业	49	3.42
集体企业	59	2.00
中外合资经营企业	51	2.22
中外合作经营企业	4	0.08
联营企业	17	0.52
港澳台合资经营企业	63	1.43
外资独资企业	78	4.91
股份制企业	17	0.89
合　　计	689	24.25

数据来源：江苏省统计局

2001 年江苏省主要电子及通信产品产销量

产　品　名　称	单　　位	产　　量	销　　量
通信产品：			
程控交换机	万线	208.67	212.32
移动通信设备	万部（信道）	52.00	–
移动通信手机	万部	334.19	–
传真机	万部	3.76	–
电话单机	万部	237.60	–
BP 机	万部	15.27	–
载波通信设备	部	1809	–
微波通信设备	部	494	–
光通信设备	部	7959	–
计算机、配套及外设产品：			
微型计算机	万部	42.65	42.72
打印机	万部	10.53	–
磁盘	万片	3104.00	–
硬盘	万台	983.48	–
广播电视及信息家电产品：			
彩色电视机	万部	316.65	320.04
激光视盘机	万台	570.34	–
组合音响	万部	133.58	134.77
其他基础电子信息产品：			
电子元件	亿只	333.92	–
集成电路	亿块	13.00	12.96
显示器	万部	1059.29	–
彩色显像管	万只	367.86	385.06

数据来源：江苏省统计局

二、广播电视

1997～2001 年江苏省广播电视发展情况

项　目　名　称	单　位	1997 年	1998 年	1999 年	2000 年	2001 年
卫星地球站点数	座	2071	2045	1702	1980	1891
微波站	座	82	83	85	85	86
微波通信线路	公里	3890	3845	3609	3609	3519
广播综合人口覆盖率	%	98.46	97.70	99.50	99.61	99.60
广播电台	座	80	14	14	14	14
广播节目套数	套	108	99	97	107	110
无线广播每日播出时间	小时	1316	1233	1247	1349	1468
电视综合人口覆盖率	%	94.74	97.80	99.33	99.48	99.48
电视台	座	57	14	14	14	14
电视节目套数	套	62	65	66	69	119
电视平均每周播出时间	小时	4189	4717	5120	5227	9897
有线电视用户	万户	105.58	126.4	413.10	992.45	577.67
有线电视入户率（有线电视普及率）	%	4.92	5.78	18.59	21.71	25.11
有线电视传输网	万公里	0.6923	1.4296	3.76	19.26	25.11

数据来源程：江苏省广播电视局

南京市信息化相关指标统计数据

一、电子设备制造业

1997～2001 年南京市电子及通信设备制造业主要经济指标完成情况

指　标　名　称	计量单位	1997 年	1998 年	1999 年	2000 年	2001 年
全年总产值	万元	1239337	1559681	2056923	2839923	3208058
产品销售收入	万元	1176739	1485126	1984546	2742951	3182063
工业增加值	万元	256023	298850	411733	669756	736264
实现利税	万元	70639	77980	181940	267579	285550
其中：实现利润	万元	28685	21192	106545	167828	124451

2001 年南京市主要信息产品销售及出口情况

产　品　名　称	计量单位	产　　量	销　　量
程控交换机	万线	71.74	71.12
彩色电视机	万部	99.81	109.76
组合音响	万部	123.6	123.77
集成电路	万块	1788	1750
彩色显像管	万只	367.86	385.06

2001 年南京市电子及通信设备制造业从业人员构成情况　　单位：人

企　业　类　别	从业人员年末人数合计
国有单位	14416
集体单位	2838
其他单位	30645
合　　计	47899

二、通信业

1997～2001 年南京市通信网络基础设施发展情况

指　标　名　称	计量单位	1997 年	1998 年	1999 年	2000 年	2001 年
长途光纤总长度	皮长公里	778.5	723.7	802	874	1078
移动通信交换机容量	万门	–	–	76.5	92	275

1997～2001 年南京市电话用户发展情况

指　标　名　称	计量单位	1997 年	1998 年	1999 年	2000 年	2001 年
固定电话用户总数	万户	82.98	95.53	111.68	131.85	159.28
移动电话用户总数	万户	14.87	23.46	47.48	95	136.84
无线寻呼用户总数	万户	42.27	35.63	30.13	27.32	25.48

1997～2001 年南京市电话普及情况

指　标　名　称	计量单位	1997 年	1998 年	1999 年	2000 年	2001 年
全市电话普及率	部/千人	281	332.4	452.5	596	738.6

三、广播电视业

1997～2001 年南京市广播电视发展情况

指　标　名　称	计量单位	1997 年	1998 年	1999 年	2000 年	2001 年
卫星地球站点数	座	–	–	–	–	2
微波站	座	–	–	–	–	9
微波通信线路	公里	–	–	–	–	404
广播综合人口覆盖率	%	100	100	100	100	100
广播电台	座	10	10	6	7	2
广播节目套数	套	19	10	10	16	19
无线广播每日播出时间	小时	294	159	154	251	333
电视综合人口覆盖率	%	–	–	–	–	100
电视台	座	4	4	4	4	2
电视节目套数	套	7	7	11	14	15
电视平均每周播出时间	小时	601	704	800	1684	1366
有线电视用户	万户	–	–	–	–	84
有线电视入户率（有线电视普及率）	%	–	–	–	–	53.3
有线电视传输网	万公里	–	–	–	–	2.15
年末从业人员总数（含非正式职工）	万人	–	–	–	–	0.23

四、计算机与网络

1997～2001 年南京市上网用户发展情况

指　标　名　称	计量单位	1997 年	1998 年	1999 年	2000 年	2001 年
上网用户总数	万人	0.65	2.66	7.88	18.39	33.81

五、科研与人才

1997～2001 年南京市科研与人才基本情况

指　标　名　称	计量单位	1997 年	1998 年	1999 年	2000 年	2001 年
专利授权数（科研成果）	项	741	946	1180	1131	–
科研与开发（R&D）经费支出额	万元	90184	123217	167848	265177.2	–
R&D 经费支出占 GDP 比重	%	1.3	1.5	1.8	2.6	–
教育经费占 GDP 比重	%	–	–	–	–	2.39
科技人员总数	万人	8.19	9.1	9.04	8.37	–
在校大学生人数	万人	12.05	13.24	16.28	21.69	27.8

无锡市信息化相关指标统计数据

一、电子设备制造业

1997～2001年无锡市电子设备制造业主要经济指标完成情况

单位：万元

项目名称	1997年	1998年	1999年	2000年	2001年
全年总产值	955056	1189391	1043990	1199659	1407701
产品销售收入	907432	1146672	995382	1175621	1367120
工业增加值	234036	234565	266159	306907	350922
出口创汇额	–	–	–	–	–
实现利税	94262	60854	103514	120396	98468
其中：利润	77978	47317	83487	89872	70044

2001年无锡市电子设备制造业从业人员构成情况

企业类别	企业数（个）	从业人员年末人数合计（人）
国有企业	7	9228
集体企业	6	1113
中外合资经营企业	9	1560
中外合作经营企业	1	316
联营企业	3	1408
港澳台合资经营企业	8	1671
外资独资企业	11	10621
股份制企业	25	3590
合计	94	33712

2001年无锡市主要电子信息产品及出口情况

产品名称	单位	产量（万元）	销量（万元）	实际出口	
				数量	金额（美元）
电话单机	万部	150.6	–	–	–
通信电缆	万公里	464.06	–	–	–
软磁盘	万片	3104	–	–	–
硬盘机	万台	983.5	–	–	–
组合音响	补	14500	14500	–	–
黑白电视机	部	80962	86221	–	–
电子元件	万只	198671	–	–	–
集成电路	万块	84896	84493	–	–
显示器	万部	137.07	–	–	–
半导体分立器件	万只	305975	–	–	–

二、科研与人才

1997～2001年无锡市科研与人才基本情况

项 目 名 称	单位	1997年	1998年	1999年	2000年	2001年
专利授权数（科研成果）	件	389	428	782	903	766
科研与开发（R&D）经费支出	万元	151978	157855	173550	230743	263612
R&D经费支出占GDP比重	%	1.6	1.5	1.5	1.9	1.9
教育事业经费占GDP比重	%	0.5	0.6	0.7	0.8	0.8
各类专业技术人员（科研人员总数）	万人	18	19.42	20.72	22.43	24.51
在校大学生人数	万人	1.06	1.25	1.61	2.58	3.48

三、通信业

1997～2001年无锡市通信业务主要经济指标完成情况

项 目 名 称	单位	1997年	1998年	1999年	2000年	2001年
通信业务总量	万元	196584	208533	234400	266348	287884
电信业务总量	万元	110010	113046	126836	146801	152197
移动通信业务总量	万元	86574	95487	107564	119547	135687
通信业务收入	万元	206398	230856	232556	261071	258350
电信业务收入	万元	114032	127545	128484	144238	142735
通信业增加值	万元			87684	106487	97406
通信固定资产投资额	万元	114743	106817	42809	54730	65123

1997～2001年无锡市通信网络基础设施发展情况

指 标 名 称	单位	1997年	1998年	1999年	2000年	2001年
光纤总长度	皮长公里	2188	2707	2675	3058	3569
长途光纤总长度	皮长公里	306.9	306.9	456	456	361
固定交换设备总数	万户	111.8	133.79	148.9	184.6	204.9
局用交换机容量	万户	111.8	133.79	148	183.7	204
移动通信交换机容量	万户	136.5	141.5	149.6	186.4	210

1997～2001年无锡市电话用户发展情况

项 目 名 称	单位	1997年	1998年	1999年	2000年	2001年
电话用户总数	万户	92.6	116.04	181.37	217.21	265.01
固定电话用户总数	万户	61.4	80.64	95.27	116.21	135.01
移动电话用户总数	万户	31.2	35.4	86.1	101	130
无线寻呼用户数	万户	85.2	89.4	85.1	77.2	74.3

1997～2001年无锡市上网用户发展情况

项　目　名　称	单位	1997年	1998年	1999年	2000年	2001年
上网用户总数	户	2386	7537	38929	174862	292579
专线上网用户	户	–	–	8	62	79
拨号上网用户	户	2386	7537	38921	174800	292500
专线和拨号上网兼用用户	户	–	–	–	–	–
使用其它设备上网用户	户	–	–	–	–	–

1997～2001年无锡市电话普及情况

项目名称	单位	1997年	1998年	1999年	2000年	2001年
全市电话普及率	%	18.9	27.64	34.43	48.46	60.11
通话行政村比重	%	100	100	100	100	100
主线普及率	%	14.2	18.66	21.98	26.81	30.97
移动电话普及率	%	4.7	8.98	12.45	21.65	29.14

四、广播电视

1997～2001年无锡市广播电视发展情况

项　目　名　称	单位	1997年	1998年	1999年	2000年	2001年
卫星地球站点数	座	106	97	71	71	118
微波站	座	2	2	2	2	2
微波通信线路	公里	13	13	9	5	35.5
广播综合人口覆盖率	%	100	100	100	100	100
广播电台	座	5	5	4	4	3
广播节目套数	套	9	8	7	7	8
无线电广播每周播出时间	小时	144	129	117	118	136
电视综合人口覆盖率	%	100	100	100	100	100
电视台数	座	6	6	9	9	3
电视节目套数	套	9	9	13	13	11
电视平均每周播出时间	小时	713	575	1155	1239	1119
有线电视用户	万户	15.4	17.5	74.46	82.9	84.26
有线电视入户率	%	14.3	21.85	50.4	55.8	56.15
有线电视传输网	万公里	0.1555	1392	1.5149	1.671	1.7053
年末从业人员总数（含非正式职工）	人	2061	1709	2242	2707	2379

徐州市信息化相关指标统计数据

一、电子设备制造业

1997～2001年徐州市电子设备制造业主要经济指标完成情况

单位：万元

项　目　名　称	1997年	1998年	1999年	2000年	2001年
全年总产值	3619	4540	4890	5008	4921
产品销售收入	1047	1576	1669	1872	1621
工业增加值	339	211	286	335	398
出口创汇额	0	638	346	129	144
实现利税	-325	40	41	52	-67
其中：实现利润	-386	-73	81	-40	-105

二、通信业

1997～2001年徐州市通信业务主要经济指标完成情况

项　目　名　称	单位	1997年	1998年	1999年	2000年	2001年
通信业务总量	万元	-	44667.80	116999.56	165779.2	241980.6
电信业务总量	万元	-	203	63642	99082	153051
移动通信业务总量	万元	-	44464.8	53357.56	66697.2	88929.6
通信业务收入	万元	-	26736.13	32636.93	42456.96	43795.99
电信业务收入	万元	-	239	58848	75566	88728.7
通信业增加值	万元	-	21767.04	33697.21	90509.29	99669.37
通信固定资产投资额	万元	-	27108.85	54188.75	80033.61	116818.85

1997～2001年徐州市通信网络基础设施发展情况

指　标　名　称	单位	1997年	1998年	1999年	2000年	2001年
光纤总长度	皮长公里	-	678	4540	5388	8325.7
长途光纤总长度	皮长公里	-	-	998	1050	1389
固定交换设备总数	万户	-	-	-	-	3
局用交换机容量	万户	-	-	106.4	136.1	146.9
移动通信交换机容量	万户	18	27	34.56	58	129

1997～2001年徐州市电话用户发展情况

项　目　名　称	单位	1997年	1998年	1999年	2000年	2001年
电话用户总数	万户	–	–	–	–	–
固定电话用户总数	万户	–	–	57.42	77.5	105.59
移动电话用户总数	万户	3	5.322	12.1054	26.3964	44.4241
无线寻呼用户数	万户	17.8724	22.1364	19.1168	14.6120	16.8746

1997～2001年徐州市电话普及情况

单位：%

项　目　名　称	1997年	1998年	1999年	2000年	2001年
全市电话普及率	–	–	–	–	–
通话行政村比重	–	–	98	99	99.2
主线普及率	–	–	7	9	12
移动电话普及率	2	4	8	12	28

三、广播电视

1997～2001年徐州市广播电视发展情况

项　目　名　称	单位	1997年	1998年	1999年	2000年	2001年
卫星地球站点数	座	252	249	242	117	228
微波站	座	4	4	4+2	4+2	4+2
微波通信线路	公里	194	239	239+50	239+50	234+50
广播综合人口覆盖率	%	88.3	99.13	99.13	100	100
广播电台	座	8	7	7	7	7
广播节目套数	套	10	9	9	9	9
无线广播每日播出时间	小时	98：17	91：30	92：35	97：00	100：05
电视综合人口覆盖率	%	92.25	97.42	97.42	98.66	98.66
电视台	座	7	7	7	7	7
电视节目套数	套	8	8	8	8	8
电视平均每周播出时间	小时	551：30	567：58	569：39	572：18	546：13
有线电视用户	户	–	–	232100	325700	341100
有线电视入户率（有线电视普及率）	%	–	–	9.3	12.64	12.62
有线电视传输网	万公里	–	–	–	1.13	1.17
年末从业人员总数（含非正式职工）	万人	0.28	0.28	0.27	0.28	0.29

四、计算机与网络

1997～2001年徐州市上网计算机发展情况

项　目　名　称	单位	2000年	2001年
计算机社会拥有量	台	–	–
专线上网计算机数	台	600	2600
拨号上网计算机数	台	92000	12305

1997～2001年徐州市上网用户发展情况

项　目　名　称	单位	1997年	1998年	1999年	2000年	2001年
上网用户总数	万人	0.4	1.5	3	6	13
专线上网用户数	万人	0	0.05	0.1	0.4	1
拨号上网用户数	万人	0.4	1.45	2.9	5.6	1
专线和拨号上网兼用用户	万人	0.4	1.5	3	6	13
使用其他设备上网用户	万人	0	0	0	0	0

五、科研与人才

1997～2001年徐州市科研与人才基本情况

项　目　名　称	单位	1997年	1998年	1999年	2000年	2001年
专利授权数（科研成果）	万项	183	259	347	312	354
科研与开发（R&D）经费支出额	万元	12360	13324	18001	33422	38718
R&D经费支出占GDP比重	%	0.24	0.24	0.3	0.53	0.54

常州市信息化相关指标统计数据

一、电子设备制造业

1997～2001年常州市电子及通信设备制造业主要经济指标

项　目　名　称	1997年	1998年	1999年	2000年	2001年
全年总产值	349754	423395	542017	630303	703039
产品销售收入	328934	400468	500593	595018	689908
工业增加值	70349	71714	93105	117654	142055
出口创汇额	–	–	–	–	–
实现利税	13495	24274	31019	36357	40995
其中：实现利润	–893	6202	12865	16198	21537

注：1997年统计口径为乡及乡以上，1998年～2001年为全国有及年销售收入500万元以上。

2001年常州市电子及通信设备制造业从业人员构造情况

	企业数（个）	从业人员年末人数合计（人）
合　　计	165	39519
内资企业	129	31881
#国有企业	2	1821
集体企业	14	2667
股份合作企业	48	9546
股份制企业	25	11762
私营企业	39	1449
港澳台商投资企业	20	3779
#与港澳台商合资经营	14	3000
外商投资企业	16	3859
#中外合资经营	6	787
外资企业	9	2980

2001 年常州主要电子信息产品产量

产　品　名　称	单位	产量
通信产品:		
程控交换机	线	14276
电话单机	部	257911
通讯电缆	公里	59507
计算机、配套及外设产品:		
打印机	部	34
广播电视及信息电产品:		
收录放机	部	152547
组合音响	部	85270
彩色电视机	部	88421
激光视盘机	部	4085440
其他基础电子信息产品:		
半导体分立器件	万只	173832
电子元件	万只	277682
集成电路	万块	128
显示器	部	81477

二、通信业

1997 年～2001 年通信业务主要经济指标完成情况

	单位	1997 年	1998 年	1999 年	2000 年	2001 年
通信业务总量	万元	66210	123827	162279	269454	–
电信业务总量	万元	44618	74114	80540	89688	–
移动通信业务总量	万元	21592	49713	81739	176378	–
通信业务收入	万元	–	–	–	–	170727
电信业务收入	万元	–	–	–	–	87376
邮电通信业增加值	万元	70008	88457	112540	142752	165281
通信固定资产投资额	万元	–	–	–	–	143000

注：邮电通信业增加值包括邮政业、电信业。

1997～2001 年常州市通信网络基础设施发展情况

	单位	1997 年	1998 年	1999 年	2000 年	2001 年
光纤总长度	皮长公里	–	–	–	–	–
长途光缆长度	皮长公里	206	206	254	254	296
长途光缆纤芯长度	芯公里	5446	5446	10015	10023	11971
电话交换机容量	万门	86.31	97.19	1003.35	118.3	133.72
局用交换机容量	万门	80.1	91.27	93.97	101.74	106.67
移动通信交换机容量	万户	–	–	–	–	151.5

注：电话交换机容量不包括长途电话交换机容量。

1997～2001年常州市电话用户发展情况

	单位	1997年	1998年	1999年	2000年	2001年
电话用户数	万户	39.4	60.42	82.86	132.56	184.56
固定电话用户总数	万户	31.9	48.56	59.57	75.88	88.97
移动电话用户数	万户	7.5	11.86	23.29	56.68	95.59
无线寻呼用户数	万户	34.89	39.15	45.79	–	–

1997～2001年常州市电话用户发展情况

	单位	1997年	1998年	1999年	2000年	2001年
全市电话普及率	%	20.8	25.4	37.2	47.2	55.5
通话行政村比重	%	48.3	99.0	94.8	94.4	94.4
主线普及率	%	9.4	14.3	17.5	22.2	26.1
移动电话普及率	%	2.2	3.5	6.9	16.6	28.0

三、广播电视业

1997～2001年常州市广播电视发展情况

	单位	1997年	1998年	1999年	2000年	2001年
广播综合人口覆盖率	%	100	100	100	100	100
广播电台	座	5	5	5	5	5
广播节目套数	套	7	7	7	7	7
无线广播每日播出时间	小时	91	95	105	92	109
电视综合人口覆盖率	%	99.11	99.11	100	100	100
电视台	座	4	4	4	4	4
电视节目套数	套	16	16	15	15	15
电视平均每周播出时间	小时	302	343	351	393	654
年末从业人员总数	人	1505	1543	1566	1581	1555

四、计算机与网络

1997～2001年常州市上网用户发展情况

	单位	1997年	1998年	1999年	2000年	2001年
上网用户总数	万户	–	0.38	2.1	16.56	26.13
专线上网用户数	户	–	–	56	81	218
拨号上网用户数	万户	–	–	2.1	8.73	16.92

1997～2001 年常州市计算机软件基本情况

	单位	1997 年	1998 年	1999 年	2000 年	2001 年
软件业销售收入	万元	–	–	–	–	26000

五、科研与人才

1997～2001 年常州市科研与人才基本情况

	单位	1997 年	1998 年	1999 年	2000 年	2001 年
专利授权数	项	–	341	644	731	639
科研与开发（R&D）经费支出额	万元	20685	29267	49562	79287	7 月份
R&D 经费出占 GDP 的比重	%	0.44	0.58	0.92	1.32	7 月份
教育经费占 GDP 的比重	%	–	–	–	–	–
科技人员总数	万人	15.64	16.78	17.97	19.1	6 月份
在校大学生数	万人	1.32	1.43	1.51	2.00	2.67
与信息相关的在校大学生人数（理、工科专业）	人	–	–	–	–	–

六、产业规模

1997～2001 年常州市信息产业发展规模

	单位	1997 年	1998 年	1999 年	2000 年	2001 年
信息产业增加值占 GDP 比重	%	–	–	–	5.5	5.8

苏州市信息化相关指标统计数据

一、电子设备制造业

1997～2001年苏州市电子设备制造业主要经济指标完成情况

单位：万元

项　目　名　称	1997年	1998年	1999年	2000年	2001年
全年总产值	1463544	1653060	2642214	3997665	44507619
产品销售收入	1332302	1588929	2520129	3872585	43894985
工业增加值	360460	354303	637868	830826	10894216
出口创汇额（交货）	－	－	－	－	28706857
实现利税	73382	94401	170143	287700	3068422
其中：实现利润	46040	60156	108140	175025	1963095

2001年苏州市电子设备制造业从业人员构成情况

企　业　类　别	企业数（个）	从业人员年末人数合计（人）
合　计	216	24377

注：市电子及通信设备制造业（规模以上）
从业人员平均人数（规模以上）

2001 年　苏州市主要电子信息产品产销及出口情况

产品名称	单位	产量（万元）	销量（万元）	实际出口	
				数量	金额（美元）
通信产品：				1	1445678
程控交换机	线	1355021	–	–	–
移动通信交换机	台	–	–	1499892	99382400
移动通信设备	部（信道）	30300	–	–	–
调制解调器	台	–	–	7080	499870
传真机	台	–	–	33591	8159948
电话单机	台	–	–	–	–
BP 机	台	–	–	–	–
路由器	台	–	–	1	13775
计算机、配套及外设产品：					
微型计算机	台	–	72661	42213495	–
计算机服务器	台	–	–	–	–
软件产品	套	–	–	100	1999900
打印机	台	–	–	75176	14297264
磁卡	–	–	–	–	–
磁盘（软、硬、光盘）	台	–	–	6985940	215982039
描仪	台	–	–	4822672	187338817
键盘、鼠标	台	–	–	61077940	249985561
印刷电路	块	–	–	292298975	176703190
广播电视及信息家电产品：					
彩色电视机	台	769849	–	306626	89967995
录像机	台	–	–	–	–
激光视盘机	台	–	–	110	12400
其他基础电子信息产品：					
电子元件（电容电阻）	万个	–	–	4505971	78180897
电子器件	万个	–	–	466652	163893715
集成电路	万个	–	–	55978	352015872
显示器	部	7789398	–	5759539	811749510
彩色显像管	只	–	–	280	12330
…					

二、通信业

1997～2001 年苏州市通信业务主要经济指标完成情况

项 目 名 称	单位	1997 年	1998 年	1999 年	2000 年	2001 年
通信业务总量	万元	245453.32	307056.29	402412.00	441900.00	480007.00
电信业务总量	万元	119971.64	174744.92	202449.58	237850.70	–
移动通信业务总量	万元	68771.83	114329.09	–	–	–
通信业务收入	万元	207125.06	299496.82	–	–	–
电信业务收入	万元	150092.36	185622.33	188559.03	212126.40	212941.09
通信业增加值	万元	118565	122751	139056	149596	144624
通信固定资产投资额	万元	183498	190259.9	63121	107426	112000

注：通信业增加值、通信固定资产投资额 1999－2001 数据仅指苏州电信一家

1997～2001 年苏州市通信网络基础设施发展情况

指 标 名 称	单位	1997 年	1998 年	1999 年	2000 年	2001 年
光纤总长度	皮长公里	3735.6	4567.2	4600	5693	6418
长途光纤总长度	皮长公里	530	542.3	556	692	692
固定交换设备总数	万户	–	–	–	–	–
局用交换机容量	万户	183.61	231.47	245.92	275.52	317.79
移动通信交换机容量	万户	34.16	73.96	–	–	–

注：以上指标 1999－2001 数据仅指苏州电信一家

1997～2001 年苏州市电话用户发展情况

项 目 名 称	单位	1997 年	1998 年	1999 年	2000 年	2001 年
电话用户总数	万户	–	–	–	–	–
固定电话用户总数	万户	98.87	126.12	143.34	168.15	200.54
移动电话用户总数	万户	18.33	28.98	58.18	110.30	197.16
无线寻呼用户数	万户	46.82	70.09	71.01	–	–

1997～2001 年苏州市电话普及情况

单位：%

项 目 名 称	1997 年	1998 年	1999 年	2000 年	2001 年
全市电话普及率	30.94	36.59	46.25	54.27	63.89
通话行政村比重	100	100	100	100	100
主线普及率	17.19	21.92	24.88	29.50	34.69

三、广播电视

1997～2001年苏州市广播电视发展情况

项　目　名　称	单位	1997年	1998年	1999年	2000年	2001年
卫星地球站点数	座	289	353	388	48	-
微波站	座	6	6	6	6	-
微波通信线路	公里	185	185	185	185	-
广播综合人口覆盖率	%	76.72	100	100	100	-
广播电台	座	7	7	7	7	6
广播节目套数	套	10	10	9	10	9
无线广播每日播出时间	小时	124：38	128：15	149	152：51	153：55
电视综合人口覆盖率	%	83.21	100	100	100	-
电视台	座	8	8	8	8	6
电视节目套数	套	9	9	10	10	19
电视平均每周播出时间	小时	473	566	623	606	1897
有线电视用户	户	120000	125000	598100	719200	-
有线电视入户率（有线电视普及率）	%	7.6	6.2	31	36	-
有线电视传输网	万公里	0.3852	0.4277	0.4270	0.4270	-
年末从业人员总数（含非正式职工）	万人	0.2816	0.2812	0.2398	0.2417	-

四、计算机与网络

1997～2001年苏州市上网计算机发展情况

项　目　名　称	单位	2000年	2001年
每百户家庭计算机拥有量	台	19.5	22

1997～2001年苏州市上网用户发展情况

项　目　名　称	单位	1997年	1998年	1999年	2000年	2001年
上网用户总数	户	3139	12642	64822	342496	934516
专线上网用户数	万人	-	-	0.0198	0.183	0.197
拨号上网用户数	万人	0.3139	1.26	6.47	36.23	72.56
专线和拨号上网兼用用户	万人	-	-	-	-	-
使用其他设备上网用户	万人	-	-	-	9.08	20.87

1997～2001年苏州市计算机软件业基本情况

项 目 名 称	单位	1997年	1998年	1999年	2000年	2001年
软件业销售收入	万元	–	–	5500	20000	30300

注：纯软件收入

五、科研与人才

1997～2001年苏州市科研与人才基本情况

项 目 名 称	单位	1997年	1998年	1999年	2000年	2001年
专利授权数（科研成果）	项	581	677	2055	1922	1749
科研与开发（R&D）经费支出额	万元	–	–	–	79400	–
R&D经费支出占GDP比重	%	–	–	–	0.52	–
科技人员总数	万人	20.12	20.04	27.23	29.12	30.35
在校大学生人数	万人	2.90	3.24	3.93	4.77	5.87

六、产业规模

1997～2001年苏州市信息产业发展规模

项 目 名 称	单位	1997年	1998年	1999年	2000年	2001年
信息产业增加值占GDP比重	%	–	–	8.30	11.35	12.28

南通市信息化相关指标统计数据

一、电子设备制造业

1997～2001年南通市电子设备制造业主要经济指标完成情况

单位：万元

项　目　名　称	1997年	1998年	1999年	2000年	2001年
全年总产值（现价）	245052.5	298642	327573	370540	392153
产品销售收入	214077.8	267777	249023	347536	326856
工业增加值	59859.5	62457	85176	96550	100556
实现利税	12306.6	12906	22407	42937	35626
其中：实现利润	2134.9	4429	11738	21562	16044

注：1. 上表数据仅为统计报表中"电子及通信设备制造业"一栏的数据，其中1997年为乡及乡以上工业企业数据，1998年以后为限额以上工业企业数据。

2. 原表中"出口创汇额"一栏数据因统计报表中未反映，故不填。

2001年南通市电子设备制造业从业人员构成情况

说明：统计报表中"电子及通信设备制造业"一栏反映全市限额以上企业总数为46个。

2001年南通市主要电子信息产品产销及出口情况

产品名称	单位	产量
彩色电视机	部	646397
黑白电视机	部	8215
电子元件	万只	497258.51
集成电路	万块	43150
通讯电缆	公里	26420
微波通信设备	部	32
半导体分立器件	万只	82806.10
录放音机	部	240519
电子仪器仪表	台	495936

注：1. 原表中"销量"、"实际出口"两栏统计报表中未有反映，故不填。

2. 我市还有部分产量较大的电子信息产品，如"移动通信直放站"、"手机接插件"等，统计报表中未有反映，故不填。

二、通信业

1997～2001年南通市通信业务主要经济指标完成情况

项目名称	单位	1997年	1998年	1999年	2000年	2001年
邮电通信业务总量	亿元	11.4	12.0	18.5	29.6	39.4
电信业务总量	亿元	6.8	7.5	8.1	10	9.7
邮电通信业增加值	万元	68819	106594	108367	126575	137572

注："邮电业务总量"为90年不变价。

1997～2001年南通市通信网络基础设施发展情况

项目名称	单位	1997年	1998年	1999年	2000年	2001年
长途光纤总长度	皮长公里	352	400	571	640	964
局用交换机容量	万门	104	132	148	171	193
移动通信交换机容量	万门	–	27	92	117	240

注："长途光纤总长度"2000年以前未包含移动公司、广电局数据，2001年未包括移动公司数据。

1997～2001年南通市电话用户发展情况

项目名称	单位	1997年	1998年	1999年	2000年	2001年
电话用户总数	万户	60.8	72.52	110.98	169.23	230.56
固定电话用户总数	万户	53	70	87	117	147
移动电话用户总数	万户	7.8	12.52	23.98	52.23	83.56
无线寻呼用户数	万户	29	28	24	16	10

1997～2001年南通市电话普及情况

单位：%

项目名称	1997年	1998年	1999年	2000年	2001年
全市电话普及率	7.73	9.62	14.12	21.57	29.47
通话行政村比重	100	100	100	100	100
主线普及率	6.77	8.88	11.11	14.91	18.84
移动电话普及率	0.99	1.59	3.05	6.66	10.68

三、广播电视

1997～2001年南通市广播电视发展情况

项　目　名　称	单位	1997年	1998年	1999年	2000年	2001年
卫星地球站点数	座	1	1	1	1	1
微波站	座	1	1	1	1	1
微波通信线路	公里	175	175	175	175	175
广播综合人口覆盖率	%	100	100	100	100	100
广播电台	座	7	7	7	7	7
广播节目套数	套	8	8	8	8	8
无线广播每日播出时间	小时	–	–	–	50.8	–
电视综合人口覆盖率	%	99.75	99.75	99.75	99.75	100
电视台	座	9	8	8	8	7
电视节目套数	套	11	10	10	10	10
电视平均每周播出时间	小时	133	133	133	133	133
有线电视用户	户	25	30	40	50	60
有线电视入户率	%	10	11.6	15.1	18.5	22.7
有线电视传输网	公里	5100	6200	7300	8400	9900
年末从业人员总数（含非正式职工）	万人	0.058	0.059	0.059	0.068	0.06

四、计算机与网络

1997～2001年南通市上网用户发展情况

项　目　名　称	单位	1997年	1998年	1999年	2000年	2001年
上网用户总数	万人	0.09	0.7	1.1	12	21
拨号上网用户数	万人	0.09	0.7	1.1	6.9	14

五、科研与人才

1997～2001年南通市科研与人才情况

项　目　名　称	单位	1997年	1998年	1999年	2000年	2001年
专利授权数（科研成果）	件	166	239	390	391	478
科研与开发（R&D）经费支出额	亿元	1.559	1.686	1.877	3.147	–
R&D经费支出占GDP比重	%	0.27	0.27	0.28	0.44	–
教育经费占GDP比重	%	1.19	1.04	1.05	1.09	1.20
科技人员总数	万人	15.43	19.54	20.00	20.52	21.86
在校大学生人数	人	9221	9919	12456	16636	27470
与信息专业相关在校大学生数（理、工科专业），无统计数据，故不填。						

注：“科研与开发（R&D）经费支出额”及“R&D经费支出占GDP比重”由省科技厅统计，各市2001年数据要到七月份才有。

连云港市信息化相关指标统计数据

一、电子设备制造业

1997～2001年连云港市电子设备制造业主要经济指标完成情况

单位：万元

项　目　名　称	1997年	1998年	1999年	2000年	2001年
全年总产值	30000	38000	42000	56000	63500
产品销售收入	10000	11000	17100	29800	44100
工业增加值	2800	3700	4900	8200	13200
出口创汇额	700	820	1070	1900	2610
实现利税	570	830	1800	3140	4790
其中：实现利润	50	420	960	1720	3017

2001年连云港市电子设备制造业从业人员构成情况

企　业　类　别	企业数（个）	从业人员年末人数合计（人）
国有企业	5	1870
集体企业	9	1230
中外合资经营企业	3	310
中外合作经营企业	-	-
联营企业	2	170
港澳台合资经营企业	3	650
外资独资企业	3	280
股份制企业	4	310
合　　计	29	4820

2001年连云港市主要电子信息产品产销及出口情况

产　品　名　称	单位	产量（万元）	销量（万元）	实际出口	
				数量	金额（美元）
通信产品：					
传真机	台	300	300	-	-
计算机、配套及外设产品：					
打印机	台	1000	1000	-	-
广播电视及信息家电产品：					
组合音响	部	20000	20000	-	-
其他基础电子信息产品：					
电子元件	亿只	5.9	5.8	4.2	4550万
电子器件	亿只	18.3	18.2	17.5	1320万

二、通信业

1997～2001年连云港市通信业务主要经济指标完成情况

项　目　名　称	单位	1997年	1998年	1999年	2000年	2001年
通信业务总量	万元	22994	26196	55373	82557	109423
电信业务总量	万元	22994	26196	33125	39022	42151
移动通信业务总量	万元	–	–	22248	43535	66052
通信业务收入	万元	34845	35658	53515	64215	69119
电信业务收入	万元	34845	35658	32863	38175	38892
通信业增加值	万元	10119	13478	26517	30178	39012
通信固定资产投资额	万元	9870	11054	27672	38616	68000

1997～2001年连云港市通信网络设备发展情况

指　标　名　称	单位	1997年	1998年	1999年	2000年	2001年
光纤总长度	皮长公里	1489	1924	2814	3544	4209
长途光纤总长度	皮长公里	519	646	708	781	932
固定交换设备总数	万户	43.87	51.12	57.43	68.12	73.95
局用交换机容量	万户	43.01	50.27	56.58	66.97	72.80
移动通信交换机容量	万户	2	4	9.5	35	66

1997～2001年连云港市电话用户发展情况

项　目　名　称	单位	1997年	1998年	1999年	2000年	2001年
电话用户总数	万户	24.54	30.21	43.77	65.84	87.05
固定电话用户总数	万户	24.54	30.21	35.24	45.25	54.17
移动电话用户总数	万户	–	–	8.53	20.58	32.88
无线寻呼用户数	万户	11.68	13.88	11.59	6.42	4.03

1997～2001年连云港市电话普及情况

单位:%

项目名称	1997年	1998年	1999年	2000年	2001年
全市电话普及率	–	7.64	10.75	13.52	15.94
通话行政村比重	100	100	100	100	100
主线普及率	–	6.91	7.94	10.10	11.8
移动电话普及率	–	–	1.20	4.57	7.3

三、广播电视

1997～2001年连云港市广播电视发展情况

项　目　名　称	单位	1997年	1998年	1999年	2000年	2001年
卫星地球站点数	座	48	99	99	103	103
微波站	座	2	2	2	2	2
微波通信线路	公里	7	7	7	7	7
广播综合人口覆盖率	%	99.21	99.21	99.21	99.21	99.21
广播电台	座	5	5	5	1	1
广播节目套数	套	6	6	6	7	7
无线广播每日播出时间	小时	56：15	60：40	60：50	85：55	82：00
电视综合人口覆盖率	%	100	100	100	100	100
电视台	座	3	3	3	1	1
电视节目套数	套	3	3	3	6	8
电视平均每周播出时间	小时	182：05	213：30	209：58	351：45	539：05
有线电视用户	万户	7.2	8.6	10.0	10.6	12.12
有线电视入户率（有线电视普及率）	%	7.00	8.10	9.35	9.91	11.33
有线电视传输网	万公里	177	708	1083	3410	4122
年末从业人员总数（含非正式职工）	人	1157	1171	1255	1254	1505

四、计算机与网络

1997～2001年连云港市上网计算机发展情况

项　目　名　称	单位	2000年	2001年
计算机社会拥有量	万台	4.53	8.00
专线上网计算机数	万台	0.24	0.86
拨号上网计算机数	万台	3.00	6.50

1997～2001年连云港市上网用户发展情况

项　目　名　称	单位	1997年	1998年	1999年	2000年	2001年
上网用户总数	户	505	4945	6320	29248	67473
专线上网用户数	户	–	–	7	30	107
拨号上网用户数	户	505	4945	6313	29218	65191
专线和拨号上网兼用用户	万人	–	–	–	–	–
使用其他设备上网用户	万人	–	–	–	–	2175

1997～2001 年连云港市计算机软件业基本情况

项　目　名　称	单位	1997 年	1998 年	1999 年	2000 年	2001 年
软件业销售收入	万元	940	1000	1800	2600	3000

五、科研与人才

1997～2001 年连云港市科研与人才基本情况

项　目　名　称	单位	1997 年	1998 年	1999 年	2000 年	2001 年
专利授权数（科研成果）	项	32	74	80	84	116
科研与开发（R&D）经费支出额	万元	10257	12175	13393	12081	–
R&D 经费支出占 GDP 比重	%	0.43	0.46	0.47	0.41	–
教育经费占 GDP 比重	%	1.7	2.9	3.0	3.3	3.3
科技人员总数	万人	9.57	9.82	10.45	11.15	11.36
在校大学生人数	万人	0.89	0.98	1.10	1.55	1.93
与信息专业相关在校大学生人数（理、工科专业）	万人	0.06	0.08	0.17	0.27	0.35

六、产业规模

1997～2001 年　连云港市信息产业发展规模

项　目　名　称	单位	1987 年	1988 年	1999 年	2000 年	2001 年
信息产业增加值占 GDP 比重	%	–	1.8	2.2	2.8	3.01

淮安市信息化相关指标统计数据

一、通信业

1997～2001年淮安市通信业务主要经济指标完成情况

项 目 名 称	单位	1997年	1998年	1999年	2000年	2001年
通信业务总量	万元	–	–	60532	71376	–
电信业务总量	万元	–	–	–	–	42668.4
移动通信业务总量	万元	–	–	–	–	–
通信业务收入	万元	–	–	–	–	40600
电信业增加值	万元	–	–	–	22130	22766
通信固定资产投资额	万元	–	–	–	–	41943

1997～2001年淮安市通信网络基础设施发展情况

项 目 名 称	单位	1997年	1998年	1999年	2000年	2001年
光纤总长度	万公里	–	–	–	–	–
长途光纤总长度	万公里	–	–	–	–	0.088
固定交换设备总数	万户	–	–	–	–	96.98
局用交换机容量	万门	–	–	68.01	86.41	96.98
移动通信交换机容量	万户	–	–	–	–	–

1997～2001年淮安市电话用户发展情况

项 目 名 称	单位	1997年	1998年	1999年	2000年	2001年
电话用户总数	户	–	–	–	547125	68800
固定电话用讯总数	万户	–	–	–	–	68.8
移动电话用户总数	万户	–	–	8	23.2	29.19
无线寻呼用户数	万户	–	–	–	–	–

1997～2001年淮安市电话普及情况

项 目 名 称	1997年	1998年	1999年	2000年	2001年
全市电话普及率（每百人）	–	–	30.82	32.43	–
通话行政村比重	–	–	–	–	–
主线普及率	–	–	–	–	13.5
移动电话普及率	–	–	–	–	–

二、广播电视

1997～2001年淮安市广播电视发展情况

项　目　名　称	单位	1997年	1998年	1999年	2000年	2001年
卫星地球点数	座	–	–	–	–	–
微波站	座	–	–	–	–	1
微波通信线路	公里	–	–	–	–	–
广播综合人口覆盖率	%	–	–	–	–	100
广播电台	座	–	–	–	–	7
广播节目套数	小时	–	–	–	–	10
无线广播每日播出时间	小时	–	–	–	–	–
电视综合人口覆盖率	%	–	–	–	–	100
电视台	座	–	–	–	–	2
电视节目套数	套	–	–	–	–	3
电视平均每周播出时间	小时	–	–	–	–	–
有线电视用户	万户	–	–	–	–	20.5万户
有线电视入户率（有线电视普及率）	%	–	–	–	–	17

三、计算机与网络

1997～2001年淮安市上网计算机发展情况

项　目　名　称	1997年	1998年	1999年	2000年	2001年
计算机社会拥有量	台	–	–	–	–
上网计算机总数	台	–	–	–	8.36万台

1997～2001年淮安市上网用户发展情况

项　目　名　称	1997年	1998年	1999年	2000年	2001年
上网用户数	万人	–	–	309	8.36
专线上网用户数	万人	–	–	–	5

盐城市信息化相关指标统计数据

一、电子设备制造业

1997 年～2001 年盐城市电子设备制造业主要经济指标完成情况

单位：万元

项 目 名 称	1997 年	1998 年	1999 年	2000 年	2001 年
全年总产值	40523	12634	19114	20317	26040
产品销售收入	19161	14129	20194	21142	26842
工业增加值	5532	2739	3302	5509	5747
实现利税	－3885	45	780	406	1229
其中：实现利润	－4591	－723	－109	－204	373

2001 年盐城市电子设备制造业从业人员构成情况

企 业 类 别	企业数（个）	从业人员年末人数合计（人）
国有企业	1	145
中外合资经营企业	1	360
港澳台合资经营企业	1	120
股份制企业	3	527
私营企业	7	724
其它有限责任公司	2	340
合计	15	2216

2001 年盐城市主要电子信息产品产量情况

产 品 名 称	单位	产量
光盘	万张	5000
录音机	万部	3.4
数码相机	万台	2
电子元件	万只	8610

二、通信业

1997～2001年盐城市通信业务主要经济指标完成情况

项　目　名　称	单位	1997年	1998年	1999年	2000年	2001年
通信业务总量	万元	67700	87000	106725	112928	181226
电信业务总量	万元	-	-	54308	22867	70996
移动通信业务总量	万元	-	-	38108	82455	98946
通信业务收入	万元	65700	78000	39321	70029	124402
电信业务收入	万元	-	-	58501	21825	68446
通信业增加值	万元	32000	48000	56100	48319	78633
通信固定资产投资额	万元	-	-	58000	71700	90000

1997～2001年盐城市通信网络基础设施发展情况

指　标　名　称	单位	1997年	1998年	1999年	2000年	2001年
电话交换机总容量	万门	62.77	80.02	96.1	117.01	170.7

1997～2001年盐城市电话用户发展情况

项　目　名　称	单位	1997年	1998年	1999年	2000年	2001年
电话用户总数	万户	35.96	48.66	74.68	105.01	164.87
固定电话用户总数	万户	32.1	42.45	60.31	79.37	105.2
移动电话用户总数	万户	3.86	6.21	14.37	25.64	59.67
无线寻呼用户数	万户	15.09	18.01	16.48	14.03	5.28

1997～2001年盐城市电话普及情况

单位：%

项　目　名　称	1997年	1998年	1999年	2000年	2001年
全市电话普及率	6.09	8.79	11.60	15.50	20.27
通话行政村比重	99	100	100	100	100
主线普及率	5.86	7.12	9.21	11.48	13.35

三、广播电视

1997～2001年盐城市广播电视发展情况

项　目　名　称	单位	1997年	1998年	1999年	2000年	2001年
微波站	座	6	6	6	6	6
微波通信线路	公里	210	210	210	210	210
广播综合人口覆盖率	%	100	100	100	100	100
广播电台	座	10	9	9	9	9
广播节目套数	套	10	10	10	10	10
无线广播每日播出时间	小时	60：00	59：05	58：30	60：05	61：45
电视综合人口覆盖率	%	98.87	98.87	98.87	98.87	98.87
电视台	座	8	9	9	9	9
电视节目套数	套	11	12	12	12	12
电视平均每周播出时间	小时	448：50	467：40	489：25	500：15	507：26
有线电视用户	户	45	48	52	63	65
有线电视入户率	%	12	17	21	28	32
有线电视传输网	万公里	3.2	4.8	6.0	7.2	8.5
年末从业人员总数	人	675	687	689	689	700

四、计算机与网络

1997～2001年盐城市上网用户发展情况

项　目　名　称	单位	1997年	1998年	1999年	2000年	2001年
上网用户总数	户	412	1414	6344	55000	95000

五、人才

1997～2001年盐城市人才基本情况

项　目　名　称	单位	1997年	1998年	1999年	2000年	2001年
国有经济单位各类专业技术人员数	人	109520	115832	118143	119533	116355
在校大学生人数	人	10631	12785	15563	15974	19084
与信息专业相关在校大学生人数（理、工科专业）	人	1060	1406	2023	2236	3053

六、产业规模

1997～2001年盐城市信息产业发展规模

项　目　名　称	单位	1997年	1998年	1999年	2000年	2001年
信息产业增加值占GDP比重	%	1.21	1.36	1.58	1.81	2.02

扬州市信息化相关指标统计数据

一、电子设备制造业

1997～2001 年扬州市电子设备制造业主要经济指标完成情况

项　目　名　称	1997 年	1998 年	1999 年	2000 年	2001 年
全年总产值	146791	121327	121529	124970	126790
产品销售收入	135497	108735	111789	115323	106970
工业增加值	29564	25885	29748	30758	34587
出口创汇额	16803	15002	18887	16485	27042
实现利税	8444	6136	7237	9782	8769
其中：实现利润	2001	1285	3050	3292	2862

1997～2001 年　扬州市电子设备制造业从业人员构成情况

企　业　类　别	企业数（个）	从业人员年末人数合计（人）
国有企业	4	1816
集体企业	9	4404
中外合资经营企业	–	–
中外合作经营企业	–	–
联营企业	1	190
港澳台合资经营企业	1	290
外资独资企业	1	740
股份制企业	2	1577
有限责任公司	8	2910
合计	26	11927

二、通信业

1997～2001年扬州市通信业务主要经济指标完成情况

项　目　名　称	单位	1997年	1998年	1999年	2000年	2001年
通信业务总量	万元	70703.8	99561	111229.4	134100	146641
电信业务总量	万元	–	55415.11	67111.4	77199	85601.9
移动通信业务总量	万元	–	31228	41334	75143	110144
通信业务收入	万元	63633.4	89604.9	100106.5	120690	131977
电信业务收入	万元	–	62259.97	67194.53	76392	77977
通信业增加值	万元	55000	67000	84000	103000	132000
通信固定资产投资额	万元	58952	89985	32885	67763	93754

1997～2001年扬州市通信网络基础设施发展情况

指　标　名　称	单位	1997年	1998年	1999年	2000年	2001年
光纤总长度	皮长公里	2707	2670	3589	4709	5543
长途光纤总长度	皮长公里	1150	910	908	912	912
固定交换设备总数	万户	–	–	–	–	–
局用交换机容量	万户	82.74	91.3	103	124.3	146.2
移动通信交换机容量	万户	10	22.5	36	57.5	74

1997～2001年扬州市电话用户发展情况

项　目　名　称	单位	1997年	1998年	1999年	2000年	2001年
电话用户总数	万户	–	–	–	–	–
固定电话用户总数	万户	49.4	61.2	73.1	91.5	108.8
移动电话用讯总数	万户	2.4	3.9	17.7	37.3	56.2
无线寻呼用	万户	23.7	24.9	26.3	18.5	10.70

1997～2001年扬州市电话普及情况

单位：%

项　目　名　称	1997年	1998年	1999年	2000年	2001年
全市电话普及率	–	–	–	–	–
通话行政村比重	100	100	100	100	100
主线普及率	11.11	13.72	16.38	20.29	24.34
移动电话普及率	0.5	0.9	3.6	7.4	14

三、广播电视

1997～2001 年扬州市广播电视发展情况

序号	项 目 名 称	单位	1997 年	1998 年	1999 年	2000 年	2001 年
1	卫星地球站点数	座	9	17	21	23	25
2	微波站	座	10	10	10	10	10
3	微波通信线路	公里	200	200	200	200	200
4	广播综合 人口覆盖率	%	100	100	100	100	100
5	广播电台	座	6	6	6	6	6
6	广播节目套数	套	8	8	8	8	8
7	无线广播 每日播出时间	小时	92:54	94:00	70:45	77:45	91:09
8	电视综合人口覆盖率	%	100	100	100	100	100
9	电视台	座	5	5	5	5	5
10	电视节目套数	套	8	8	8	8	8
11	电视平均 每周播出时间	小时	285:22	433:26	341:42	382:19	658:56
12	有线电视用户	万户	26	37	43	50	35
13	有线电视入户率 (有线电视普及率)	%	24	33	38	44	48
14	有线电视传输网	万公里	1.8	2.32	2.63	3.01	3.31
15	年末从业人员总数 (含非正式职工)	人	1903	2101	2356	2298	1819

四、计算机与网络

1997～2001 年扬州市上网用户发展情况

项 目 名 称	单位	1997 年	1998 年	1999 年	2000 年	2001 年
上网用户总数	万人	0.9	2	5	11.27	25.92
专线上网用户数	万户	–	–	0.0739	0.0034	0.0042
拨号上网用户数	万人	0.0919	0.9860	1.8553	5.8186	12.3932
专线和拨号上网兼用用户	万人	–	–	–	–	–
使用其他设备上网用户	–	–	–	–	–	–

1997～2001 年扬州市计算机软件业基本情况

项 目 名 称	单位	1997 年	1998 年	1999 年	2000 年	2001 年
软件销售收入	万元	500	750	1250	2500	5000

五、科研与人才

1997～2001年扬州市科研与人才基本情况

项 目 名 称	单位	1997年	1998年	1999年	2000年	2001年
专利授权数（科研成果）	万项	0.0152	0.0178	0.0377	0.0334	–
科研与开发（R&D）经费支出额	万元	26212.3	27663.2	27159.3	–	–
R&D经费支出占GDP比重	%	0.7	0.68	0.635	–	–
教育经费占GDP比重	%	1.066	1.14	1.25	–	–
在校大学生人数	万人	2.12	2.31	2.55	3.07	4.8

六、产业规模

1997～2001年扬州市信息产业发展规模

项 目 名 称	单位	1997年	1998年	1999年	2000年	2001年
信息产业增加值占GDP比重	%	2.95	3.12	3.52	3.96	4.39

镇江市信息化相关指标统计数据

一、电子设备制造业

1997～2001年镇江市电子设备制造业主要经济指标完成情况

项　目　名　称	单位	1997年	1998年	1999年	2000年	2001年
全年总产值	万元	88208	116615	120214	148860	252271
产品展销收入	万元	88402	112089	118162	142474	250202
工业增加值	万元	11995	15021	16288	21075	30623
出口创汇额	万元	8115	13472	13117	95858	139378
实现利税	万元	1150	2451	6431	12968	9349
其中：实现利润	万元	－1231	136	2468	4376	6456

2001年镇江市电子设备制造业从业人员构成情况

企　业　类　别	企业数（个）	从业人员年末人数合计（人）
国有企业	4	2835
集体企业	2	804
中外合资经营企业	2	1103
中外合作经营企业	–	–
联营企业	–	–
港澳台合资经营企业	4	103
外资独资企业	2	110
股份制企业	3	2621
合　　计	17	7576

2001年镇江市主要电子信息产品产销及出口情况

产品名称	产量		销量		实际出口	
	数量	产值（万元）	数量	销售额（万元）	数量	金额（万美元）
通信导航车	439辆	15007	439辆	15007	–	–
彩色电视机	43.88万台	33039	46.81万台	33462	28.06万台	2128
电子元件	15805万只	37093	14995万只	36224	3497.44万只	839.94
电子器件	7419万只	6280	6468万只	5909	–	–
激光视盘机	152.82万台	129300	154.59万台	128004	143.08万台	13343

二、通信业

1997～2001年镇江市通信业务主要经济指标完成情况

项目名称	单位	1997年	1998年	1999年	2000年	2001年
通信业务总量	万元	40478	46439	103490	149287	213531
电信业务总量	万元	38478	45338	51850	57892	61907
移动通信业务总量	万元	–	–	49651.74	89378.9	149173.8
通信业务收入	万元	31582	36270	43647.01	52631	67245.14
电信业务收入	万元	25266	49839.2	58605.4	71187.2	77243.2
通信业增加值	万元	12633	20754.9	24634.21	29661.46	31973.46
通信固定资产投资额	万元	–	33879	43319	39161	44828.63

1997～2001年镇江市通信联络基础设施发展情况

指标名称	单位	1997年	1998年	1999年	2000年	2001年
光纤总长度	皮长公里	1305	1661	2007	2648	16760
长途光纤总长度	皮长公里	–	190.5	321	418	495
局用交换机容量	万户	57	69	75	86	105.2
移动通信交换机容量	万户	27	30	58	64	104

1997～2001年镇江市电话用户发展情况

项目名称	单位	1997年	1998年	1999年	2000年	2001年
电话用户总数	万户	38.2	49.2	64.8	95.15	120.86
固定电话用户总数	万户	33.7	42.1	50.1	63.6	76.36
移动电话用户总数	万户	4.5	7.1	14.7	31.55	44.5

三、广播电视业

1997～2001年镇江市广播电视发展情况

项目名称	单位	1997年	1998年	1999年	2000年	2001年
卫星地球站点数	座	59	74	84	103	111
微波站	座	4	4	2	2	2
微波通信线路	公里	100	100	25	25	25
广播综合人口覆盖率	%	100	100	100	100	100
广播电台	座	6	6	5	5	5
广播节目套数	套	8	8	7	7	7
无线广播平均每日播出时间	小时	87.78	90.17	86.17	92.25	99.67
电视综合人口覆盖率	%	100	100	100	100	100
电视台	座	4	4	4	5	5
电视节目套数	套	4	4	4	5	8
电视平均每周播出时间	小时	348.67	369.67	335.75	332.85	531.8
有线电视用户	万户	7.8	7.83	22.57	25.58	29.24
有线电视如户率	%	8.48	8.38	24.17	27.05	30.52
有线电视传播网	万公里	0.3811	0.4247	0.745	0.7513	0.7664
年末从业人员总数	万人	0.1281	0.1248	0.1523	0.1563	0.1644

四、计算机与网络

1997～2001年镇江市上网用户发展情况

项　目　名　称	单位	1997年	1998年	1999年	2000年	2001年
上网用户总数	万人	0.06	0.24	1.49	10.97	20.47
专线上网用户	万人	–	–	–	1	1.8
拨号上网用户数	万人	0.06	0.24	1.49	9.97	18.15
专线和拨号上网兼用用户	万人	–	–	–	–	–
使用其他设备上网用户	万人	–	–	–	–	0.52

1997～2001年镇江市电话普及率

项　目　名　称	单位	1997年	1998年	1999年	2000年	2001年
全市电话普及率	%	34.18	42.72	51.27	65.5	79.75
通话行政村比重	%	100	100	100	100	100
主线普及率	%	12.7	15.8	18.8	23.8	28.7
移动电话普及率	%	1.7	2.68	5.55	11.86	19.69

注：移动电话普及率＝移动电话部数/总人口

1997～2001年镇江市计算机软件业基本情况

项　目　名　称	单位	1997年	1998年	1999年	2000年	2001年
软件业销售收入	万元	3231	5385	6732	7650	9013

五、科研与人才

1997～2001年镇江市科研与人才基本情况

项　目　名　称	单位	1997年	1998年	1999年	2000年	2001年
专利授权数（科研成果）	万项	79	107	162	161	171
科研与开发经费支出额	万元	25238	30854	40401	4387	数据未算出
R&D经费支出占GDP比重	%	0.7	0.79	0.97	0.97	数据未算出
教育经费占GDP比重	%	–	–	–	–	–
科技人员总数	万人	10.33	11.11	10.86	10.88	11.05
在校大学生人数	万人	1.8	1.9	2.2	2.7	3
与信息相关专业在校大学生人数	万人	0.29	0.31	0.36	0.45	0.5

泰州市信息化相关指标统计数据

一、电子设备制造业

1997～2001年泰州市电子设备制造业主要经济指标完成情况

单位：万元

项　目　名　称	1997年	1998年	1999年	2000年	2001年
全年总产值	41656.3	24928.7	38260.9	40217.6	225000
产品销售收入	26006.1☆	22085.3☆	34572.6	36132.4	195000
工业增加值	4884.3	478.1	8175.8	10639.9	8077.5
出口创汇额	–	–	–	–	–
实现利税	284.7	1097.0	1205.5	251.9	2227.6
其中：实现利润	–682.2	129.3	366.3	103.4	701.1
备　注	均为“电子及通信设备制造业”统计数据				

二、通信业

1997～2001年泰州市通信业务主要经济指标完成情况

项　目　名　称	1997年	1998年	1999年	2000年	2001年
邮电业务总量	67615△	88235△	–	177073	289958
移动通信业务总量	–	–	–	48000	53900
通信业增加值	36124	45250	63302	72909	83055
通信固定资产投资额	–	–	–	–	–

1997～2001年泰州市通信网络基础设施发展情况

项　目　名　称	单位	1997年	1998年	1999年	2000年	2001年
光纤总长度	皮长公里	–	–	–	5900	6380
长途光纤总长度	皮长公里	–	–	–	–	–
固定交换机设备总数	万台	–	–	–	–	–
电话交换机容量	万门	71.13	100.30	108.7	120.6	140.4
移动通信交换机容量	万户	–	–	–	–	159.25

1997～2001 年泰州市电话用户发展情况

项　目　名　称	1997 年	1998 年	1999 年	2000 年	2001 年
电话用户总数	434465	581871	78258	1163400	1533915
固定电话用户总数	395532	518312	652000	850000	1066980
移动电话用户总数	38933	63559	134258	313400	466935
无线寻呼用户总数	163799	197801	202321	115800	46068

1997～2001 年泰州市电话用普及情况

项　目　名　称	1997 年	1998 年	1999 年	2000 年	2001 年
全市电话普及率	8.74	11.67	15.69	23.20	30.59
通话行政村比重	–	–	–	–	–
主线普及率	–	–	13.1	17.1	22
移动员电话普及率	0.87	1.27	2.68	6.25	9.32

三、广播电视

1997～2001 年泰州市广播电视发展情况

项　目　名　称	单位	1997 年	1998 年	1999 年	2000 年	2001 年
卫星地球站点数	座	0				
微波站	座	5	5	5	5	5
微波通信线路	公里	220	220	220	220	220
广播综合人口覆盖率	%	100	100	100	100	100
广播电台	座	5	5	5	5	5
广播节目套数	套	5	5	5	6	6
无线广播（泰州电台）每日播出时间	小时	9	9	10	16	18
电视综合人口覆盖率	%	100	100	100	100	100
电视台	座	5	5	5	5	5
电视节目套数	套	7	7	7	7	7
（电视台 1 套节目）电视平均每周播出时间	小时	112	112	112	112	112
有线电视用户	万户	10.7	29.3	36.5	43.9	49.7
有线电视入户（普及）率	%	7.7	21.2	26.5	35	36
有线电视传输网	公里	–				2519
年末从业人员总数（含非正式职工）	万人	296	300	304	325	331

四、计算机与网络

2000～2001年泰州市上网计算机发展情况

单位：台

项　目　名　称	2000年	2001年
计算机社会拥有量	10.03	-

1997～2001年泰州市上网用户发展情况

项　目　名　称	1997年	1998年	1999年	2000年	2001年
上网用户总数	-	0.7598	1.13万	5.51	14.5

1997～2001年泰州市计算机软件业基本情况

项　目　名　称	单位	1997年	1998年	1999年	2000年	2001年
软件业销售收入	万元	-	-	50	100	500
备　　注	数据均为近似值					

五、科研与人才

1997～2001年泰州市科研与人才基本情况

项　目　名　称	单位	1997年	1998年	1999年	2000年	2001年
专利授权数（科研成果）	万项	13	73	200	208	268
科研与开发（R&D）经费支出额	万元	2048	6728	1697	23787	35097.66
R&D经费支出占GDP比重	%	0.07	0.2	0.46	0.59	0.78
教育经费占GDP比重	%	-	1.53	1.58	1.64	1.73
科技人员总数	万人	12.26	12.51	2.06	13.30	13.95
在校大学生人数	万人	2159	2159	3415	4594	6073

六、产业规模

1997～2001年泰州市信息产业发展规模

项　目　名　称	单位	1997年	1998年	1999年	2000年	2001年
信息产业增加值占GDP比重	%	-	-	4.3	4.97	5.52

注：☆　表示统计年份价格；

△　表示1990年不变价，其余均为当年价；

-　表示无此项统计资料。

宿迁市信息化相关指标统计数据

一、通信业

1997～2001年宿迁市通信业务主要经济指标完成情况

项　目　名　称	单位	1997年	1998年	1999年	2000年	2001年	备注
通信业务总量	万元	1590	2080	2670	3117	4483	移动
电信业务总量	万元	–	–	1208	91531	–	联通
移动通信业务总量	万元	–	–	–	–	–	–
通信业务收入	万元	3899	6193	10987	14874	移动、联通	
电信业务收入	万元	–	–	–	–	–	–
通信业增加值	万元	1817	2508	3761	8635	5691（仅为移动）	移动、联通
通信固定资产投资额	万元	58030	24937	25330	38677	53955	电信、联通、移动

1997～2001年宿迁市通信网络基础设施发展情况

指　标　名　称	单位	1997年	1998年	1999年	2000年	2001年	备注
光纤总长度	皮长公里	1568.64	2258.11	2749.72	3367.41	4700.2	电信、联通、移动
长途光纤总长度	皮长公里	–	360.32	549.03	549.62	549.92	电信、联通
固定交换设备总数	万门	20	38	54	60	73	电信
局用交换机容量	万户	–	–	–	–	–	–
移动通信交换机容量	万户	1	5.7	11.2	26.6	49.5	移动、联通

1997～2001年宿迁市电话用户发展情况

项　目　名　称	单位	1997年	1998年	1999年	2000年	2001年	备注
电话用户总数	万户	14.4286	17.7005	25.7547	43.0131	63.322	–
固定电话用户总数	万户	14.4286	16.6045	22.2619	32.7317	45.892	电信
移动电话用户总数	万户	–	1.096	3.4928	10.2814	17.43	移动、联通
无线寻呼用户数	万户	–	–	5.9	6.9	2.4	联通

1997～2001年宿迁市电话普及情况

单位：%

项　目　名　称	1997年	1998年	1999年	2000年	2001年
全市电话普及率（%）	2.95	3.36	4.45	6.43	8.89
通话行政村比重（%）	100	100	100	100	100
主线普及率（%）	2.95	3.36	4.45	6.43	8.89
移动电话普及率（部/百人）	–	0.20	0.66	2.09	3.30

二、广播电视

1997～2001年宿迁市广播电视发展状况

项　目　名　称	单位	1997年	1998年	1999年	2000年	2001年
卫星地球站点数	座	53	93	103	142	165
微波站	座	4	4	4	4	4
微波通信线路	公里	148	148	148	148	148
广播综合人口覆盖率	%	59.29	95.18	95.18	95.18	95.18
广播电台	座	4	4	5	5	5
广播节目数	座	4	4	5	5	5
电视人口覆盖率	%	97.05	97.08	97.26	97.26	97.26
电视台	座	4	4	5	5	5
电视节目总数	台	4	4	5	5	5
电视平均每周播出时间	小时	327	364	417	420	455
有线电视用户	万户	5.6	6.12	6.66	6.98	7.96
有线电视入户率（有线电视普及率）	%	4.76	4.94	5.17	5.2	5.94
有线电视传输网	万公里	0	240	370	632	756
从业人员总数（含非正式职工）	万人	–	1183	1256	1277	874

第九部分
附 录

信 息 机 构

南京市发展计划委员会　副主任　黄　河
南京市国民经济和社会信息化工作领导小组办公室　副主任　黄　河
单位地址:北京东路 43-2 号台城办公楼
邮政编码:210008
单位电话:025-3376266
南京市信息中心　主任　童隆俊
单位地址:北京东路 41 号 29 栋
邮政编码:210008
单位电话:025-3603996

无锡市发展计划委员会　副主任　许　刚
单位地址:无锡市解放南路 634 号
邮政编码:214001
单位电话:0510-2726479
无锡市信息化办公室　副主任　许　刚
单位地址:无锡市清扬路 7 号
邮政编码:214021
单位电话:0510-5055089
无锡市信息中心　主任　许　刚
单位地址:无锡市永乐路恒鑫源大厦 6 楼
邮政编码:214023
单位电话:0510-5021727

徐州市发展计划委员会　副主任　秦正志
单位地址:徐州市解放路 8 号
邮政编码:221003
单位电话:0516-3724942
徐州市信息中心　副主任　佘路彤
单位地址:徐州市解放路 8 号
邮政编码:221003
单位电话:0516-3732147
传真:0516-3736383

常州市发展计划委员会　副主任　赵建军
单位地址:常州市局前街 180 号市政府大院 5 号楼
邮政编码:213003
单位电话:0519-6606877

常州市信息中心　主任　丁　文
单位地址:常州市局前街 180 号市政府大院 5 号楼
邮政编码:213003
单位电话:0519-6606187

苏州市发展计划委员会　副主任　顾水南
单位地址:苏州市三香路 180 号
邮政编码:215004
单位电话:0512-6815519
苏州经济信息中心　主任　周洪奇
单位地址:苏州市体育场路 4 号
邮政编码:215006
单位电话:0512-65235498

南通市发展计划委员会　副主任　倪祝群
南通市信息化工作领导小组办公室　主任　倪祝群
单位地址:南通市建设路 1 号
邮政编码:226001
单位电话:0513-5102322
南通市信息中心　主任　李　俊
单位地址:南通市建设路 1 号
邮政编码:226001
单位电话:0513-5529020

连云港市发展计划委员会　副主任　钱　方
单位地址:连云港市新浦解放中路 167 号
邮政编码:222002
单位电话:0518-5405532
连云港市信息中心　副主任　李振峰
单位地址:连云港市新浦解放路 107 号
邮政编码:222003
单位电话:0518-5454478

淮安市发展计划委员会　副主任　李庆林
单位地址:淮安市健康西路 116 号 5 号楼
邮政编码:223001
单位电话: 0517-3932727

淮安市信息中心　主任　宋建平
单位地址:淮安市健康西路 140 号 5 号楼
邮政编码:223001
单位电话:0517 – 3920673

盐城市发展计划委员会　纪检组长　吴清槛
盐城市信息化办公室　主任　吴清槛
单位地址:盐城市文峰路 37 号
邮政编码:224001
单位电话:0515 – 8361793
盐城市经济信息中心　主任　邓　伟
单位地址:盐城市文峰路 37 号
邮政编码:224001
单位电话:0515 – 8361793

扬州市发展计划委员会　主任　王康华
单位地址:扬州市石塔西路 118 号
邮政编码:225009
单位电话:0514 – 7326712
扬州市信息化领导小组办公室　主任　王康华
单位地址:扬州市文昌西路 118 号
邮政编码:225009
单位电话:0514 – 7864340
传真:0514 – 7864340
电子邮箱:XXB@yzeic.net
扬州市经济信息中心　主任　方定法
单位地址:扬州市文昌西路 118 号
邮政编码:225009
单位电话:0514 – 7863528

镇江市发展计划委员会　副主任　陈达富
单位地址:镇江市镇东路 141 号 7 号楼
邮政编码:212001
单位电话:0511 – 4438077
镇江市信息产业局
单位地址:镇江市镇东路 137 号尚友大厦 7 楼
邮政编码:212001
单位电话:0511 – 4406296
镇江市信息中心　主任　于建武
单位地址:镇江市镇东路 141 号 7 号楼
邮政编码:212001
单位电话:0511 – 4422122

泰州市发展计划委员会　副主任　栾钉锁
单位地址:江苏省泰州市凤凰东路 58 号
邮政编码:225300
单位电话:0523 – 6839241
泰州市信息中心　主任　栾钉锁
单位地址:江苏省泰州市凤凰东路 58 号
邮政编码:225300
单位电话:0523 – 6839241,6839221
传真:0523 – 6889016
电子邮箱:tzjjxxzx@pub.tz.jsinfo.net

宿迁市发展计划委员会　副主任　徐洪桥
单位地址:宿迁市南湖路 1 号市府大楼
邮政编码:223800
单位电话:0527 – 4368203
宿迁市信息中心　副主任　吴鹏程
单位地址:宿迁市南湖路 1 号市府大楼 223 房间
邮政编码:223800
单位电话:0527 – 4368204

银网软件(镇江)有限公司

您需要对路的信息化方案和服务吗？

银网软件，为您提供专业的解决方案、先进的软件系统、完善的应用服务

银网软件（香港）有限公司和银网软件（镇江）有限公司，作为专业应用软件制作和信息化服务公司，自1995年以来致力于应用软件技术研究，坚持“以人为本，科技创新，顾客至上”的宗旨，全面了解不同用户的需求，凭借在机器、电子、化工、政府等行业积累的丰富经验和对国际成功管理经验的深入理解，将完备可靠的软硬件系统进行精准的整合，为用户信息化建设提供方案、系统、服务－使用户在高度竞争的环境中，更准、更快、更强。

银网软件对其提供的核心应用软件系统拥有完全的知识产权，其中《银网ERP》已经通过国家软件著作权登记。以下介绍银网软件当前主流产品：

1.《银网人事工资管理》－ 政府和事业单位版　类型：通用软件

该软件整合人事档案管理、工资管理、查询和国家人事年报自动生成系统，使年报成为日常人事工作自然结果。软件全面采用《江苏省人事管理指标》的标准。该软件的用户为政府和事业单位人事部门。

2.《银网文库》　－ 标准版／企业版　　类型：通用软件

文档在线管理和办公自动化软件系统，所有应用基于浏览器模式。其《标准版》可以在线管理各种格式的电子文档和纸质办公文档，包括AUTOCAD文档，并具有群组通信管理能力。其《高级版》增加了完备的办公自动化功能，如流程控制、在线提醒、协同工作、事件追踪等等。该软件的用户为企事业单位和政府部门。

3.《银网OLAP和数据挖掘》　　类型：专业软件

软件基于数据仓库技术和人工智能技术，用于大数据系统的日常统计分析、模型建立和数据挖掘。银网软件提供面向人力资源、银行、通信、大型零售业、以及企业／政府CRM系统的建模和统计分析软件和相关服务。

4.《银网ERP》　－ 企业版　　类型：专业软件

软件已经升级到2.5版，在原有基础上扩展和加强了面向离散型生产的多层制造管理系统，可扩展的仓库管理系统，事件跟踪和回索系统，基于B/S方式的设计资料管理和浏览系统，企业CRM系统等。银网软件坚持“软件和服务并重”的理念，认真为每一个客户同时提供管理方案和软件实施方案，通过基本模块的组合和调整，为客户提供最合体、最有效的软件系统。

公司地址（中国江苏）：镇江新区（丁卯）经五路科创中心209－210
电话：(0511)8880316，　联系人：韩 立
E－mail: webmaster@e－msoft.com，　WEB: www.e－msoft.com

徐州华润电力有限公司

办公自动化控制系统

徐州华润电力有限公司成立于1994年6月，由香港华润(集团)有限公司、国投电力公司、江苏省国际信托投资公司、徐州市投资总公司合资兴办，是电力行业中第一个中外合资企业，注册资本4.58亿元人民币。主营火力发电、电力销售、燃料和粉煤灰综合开发。

公司自建、自管、自营的彭城发电厂是国家重点建设项目，总规划容量3000MW。一期工程建设2×300MW机组，已于1996年9月和1997年5月建成投产，均被电力部命名为基建移交生产达标机组。

华润电力设备房

华润电力弘扬“挑战自我、永不言败”的公司精神，致力于现代企业制度的研究与实践。公司积极引入先进的现代化手段，全面采用MIS系统实施企业内部管理；提倡员工终身学习，努力建设学习型组织体系；坚持以人为本，大力开发人力资源；面向市场，以目标控制机制落实生产经营管理“效益优先，效率优先”原则；首开电力行业先河，率先导入CIS战略，凸显名牌电力企业崭新形象，经济、社会效益显著。

彭城发电厂三期工程全部建成后，将成为全国特大型主力火电厂。

徐州华润电力有限公司一景

公司地址：徐州市华润路1号　邮编：221142
电话：0516—2783552　传真：0516—2783553　法人代表：宋 林

江苏省农业信息中心

WWW. Jsagri. gov. cn

网站栏目

A	首　页	B	新闻速递
C	实用科技	D	农业论坛
E	分析预测	F	名特产品
G	国外农网穿梭	H	近期通知
I	全文检索	J	友情链接

江苏省农业信息中心主要从事规划、实施全省农业信息化建设，是省农业厅处级全额拨款事业单位。自1984年成立以来，调查、搜索、整理、分析和发布了大量的农业信息。先后主办过《江苏农业信息》报、《江苏农业信息》、《农业调查与研究》、《农产品市场》等农业信息载体，为我省农业、农村经济发展做出了应有的贡献。近年来，江苏省农业信息中心高度重视信息技术在我省农业信息化建设中的应用，全面部署了我省农业信息化建设，出台了《江苏省农业信息化2001－2005年规划》，推动了全省农业信息化事业的蓬勃发展。

江苏农业网，是由省政府授权、省农林厅主办、省农业信息中心承办的公益性农业综合网站。自1999年3月开通以来，高效、全面、系统地收集、整理、分析、发布国内外农业和农村经济、科技、政策、市场行情等信息，为各级领导干部、农村合作经济组织、农民经纪人、种养大户、龙头企业、广大农民群众等提供了全方位、多层次的公益性信息服务。依托全省主要农产品批发交易市场，发布了农产品市场行情；依托专家分析队伍，开展了国内外农产品市场趋势分析预测；依托全省各级农业网站，形成了全方位、多层次的信息收集分析、发布体系，并初步发展了农产品供求为主的市场信息服务；依托实用科技数据库，传播了农业科技新动态、新成果；依托龙头企业，树立了我省涉农企业及产品的良好形象。

办公地址：南京市龙江小区月光广场8号江苏农林大厦0605室
电　话：025－6225555－0605
传　真：025－6228082
邮　编：210013
网　址：WWW. JSAGRI. GOV. CN

江苏省林业局

JIANG SU SHENG LIN YE JU

2002 年 5 月 28 日，江苏省林业局正式挂牌成立，体现了省委、省政府对林业工作的高度重视，标志着江苏林业建设又跨入了一个新的历程。

江苏林业基础较差，建国后，在省委、省政府的领导下，全省人民积极投身造林绿化事业，掀起一次又一次的植树造林热潮，林业产业发展步伐进一步加快。据 2000 年全省森林资源连续清查第四次复查，全省林地面积 1500 万亩，其中有林地面积 1100 万亩，活立木蓄积量 4100 万立方米，林木覆盖率达 10.56%。全省以杨树为主的速丰林基地面积达 200 万亩，银杏、板栗及各种名特优经济林果基地面积达 300 万亩，林木种苗基地面积 50 万亩。全省有各类木材加工企业 5600 多个；银杏果产量 9800 吨，叶产量 15000 吨；蛇类制品加工利用产值达 5 亿元。森林旅游业、林产品市场流通也逐步发展。2001 年全省林业总产值达 160 亿元。

今后一段时期江苏林业将紧紧围绕生态建设和产业发展两大主题，以增加资源总量、提高林木覆盖率为主线，努力构建完善稳定的林业生态体系，发展充满生机活力的高效林业产业，实现生态与经济双赢。在具体工作中，主攻五大区域，即扩大平原、进军沿海、突破丘陵、提升城镇、保护湿地；狠抓“双五”工程，即五项生态林业工程和五项林业产业工程。

江苏省广播电视总台(集团)

台领导及江苏广电网全体工作人员：中排左三－为江苏广电总台副总台长 张苏明　　中排左二－江苏广电网负责人 孙华

今年6月，中共江苏省委批准成立江苏省广播电视总台，批准组建江苏省广播电视总台党委，并任命了总台党政班子部分成员。7月中旬，江苏省人民政府就成立江苏省广播电视总台和江苏省广播电视集团有限公司分别做出正式批复。8月中旬，省委继续任命了总台(集团)党政班子部分成员。省广电总台与省广电集团为两块牌子，一套人马，一个实体，一个法人。姚晓东同志任总台(集团)党委书记，集团董事长；章剑华同志任总台(集团)党委副书记、总台台长、集团总经理；张苏明、肖泉、张建平同志任总台(集团)党委委员、总台副台长、集团副总经理。

总台(集团)成立后，对频道、频率资源进行了初步整合。从6月20日起，频道统一呼号为"江苏电视台XX频道"，统一使用原江苏电视台台标；频率统一呼号为"江苏人民广播电台XX频率"。总台现有7个频道，分别为：新闻综合频道、综艺频道、城市频道、影视频道、教育频道、财经频道(筹)、休闲频道(筹)；6个频率，分别为新闻综合频率、经济频率、文艺频率、音乐频率、金陵之声广播电台、交通频率。

▶江苏广电网机房全景

▶香港歌星苏永康为江苏广电网点击开通

◀香港歌星苏永康参加江苏广电网举办的嘉宾访谈活动

江苏广播电视网

2002年2月2日正式开通的江苏广播电视网(www.jsgd.com.cn)是江苏广播电视总台(集团)主办的新闻媒体特色网站。江苏广播电视总台(集团)成立后，对原江苏广播网、江苏电视网(新新网)及众望网等内部网络资源进行整合，江苏广播电视网应运而生。网站设有首页、总台大观、江苏广播、江苏电视、江苏电影、江苏音像、广电报刊、广电广告、广电教育、广电网络、广电旅游、直播点播、名牌栏目、节目指南、主持人写真、特色新闻、服务社区等17个主栏目，对江苏广播电视总台(集团)重点栏目、节目、影视剧及平面媒体进行全方位的推介。在江苏广播电视网上，可以看到总台(集团)的情况介绍和发展动态，可以查到广播电视的节目预告，可以欣赏广电主持人的精美照片，可以浏览《天天九十分》、《非常周末》、《名医坐堂》等名牌栏目的信息，更可以网上收听收看江苏广播、电视的精彩节目……江苏广播电视网围绕做大做强做优江苏广播电视事业这一中心，坚持"服务广电事业，突出广电特色，拓展网络空间，打造网络品牌"的办网方针，争创中国广播电视界名牌网站。

江苏广电网首页

“创造双文明,工作争一流”动员大会

连续十年五次被市委政府评为文明单位

(1992—2001)

通力会办 解决疑症 外汇管理股

忙碌的会计 国库 联行业务一景

中国人民银行昆山市支行

zhong guo ren min ying hang kun shan shi zhi hang

中国人民银行昆山市支行位于江苏省昆山经济技术开发区黄河北路246号,她的前身是成立于1949年7月1日的中国人民银行昆山办事处。1950年4月,办事处改称中国人民银行昆山县支行。1986年7月与中国工商银行昆山县支行分设,独立行使中央银行职能。

目前,中国人民银行昆山市支行拥有一支高素质的金融监管队伍,全行共有员工48名,大专以上学历26人,中级以上技术职称18人,其中:高级经济师1名。支行内设“二室四股”:办公室、监察室、合作综合管理一股、货币综合管理二股、会计国库股、外汇管理股。作为中央银行的派出机构,1993年7月党中央、国务院实施金融体制改革以来,特别是人民银行跨区设立九大分行以来,金融监管职责得到进一步加强,为维护金融体系安全、有效运行,促进昆山经济持续健康发展发挥了积极的作用。同时,支行在全体员工的共同努力下,两个文明建设取得了较大的成果。支行连续五次十年(1992—2001)被昆山市政府评为“双文明单位”;多次被人行江苏省分行、人行南京分行、江苏省分安厅评为全省金融三项整治工作先进单位、保卫工作先进单位;支行工会分别被省金融工会、省人行工会评为江苏省金融系统模范职工之家、省人行系统先进职工之家;支行多次被人行苏州市中心支行评为精神文明建设先进集体、责任目标考核优秀单位及年度先进单位;支行的各股、室纷纷在上级行举办的各类业务考核、业务竞赛中获奖。

人行昆山市支行在新纪元中将迎接新的挑战,履行中央银行职责,维护币值的稳定和辖内金融的健康发展,力争取得新的辉煌。

支行大楼外景

中国人民银行昆山市支行
江苏省昆山市黄河北路246号
邮编:215300
电话:0512—57328606

涟水县政府

主要领导 漆冠山(县委副书记、县长):主持县政府全面工作,兼管经济体制改革、机构编制和人民武装委员会工作。陶光辉(县委常委、常务副县长):负责县政府常务工作和社会稳定、财税、金融、城建、城管等方面工作,分管政府办公室、物价局、公安局、司法局、民政局、人事局、监察局、审计局、信访局、财政局、国税局、地税局、国土资源局、建设局、交通局、房产管理局、地震局、劳动和社会保障局、法制局、双拥办公室、外事侨务办公室、创建卫生城市办公室、老龄工作委员会工作。刘建华(县委常委、副县长)、别纯海同志(副县长):负责工业、招商引资、"三外"、环保、安全生产、目标考核、宁淮合作等方面工作,分管发展计划委员会、经济贸易委员会、工业新区、招商局、供电局、电信局、邮政局、对外贸易经济合作局、环境保护局、安全生产监督管理局、统计局、乡镇企业管理局工作。联系总工会工作。陆艾生(副县长):负责南北挂钩,流通、个体私营经济、建筑业等方面工作,分管技术监督局、粮食局、供销总社、食品集团、工商行政管理局、烟草专卖局、盐务管理局、商业集团总公司、物资集团总公司、建工局工作。联系工商联工作。薛将生(副县长):负责农业农村、帮扶促小康、劳务输出、计划生育等方面工作,协助陶光辉同志分管国土方面工作,分管农业局、水利局、林牧渔业发展局、茧丝绸有限公司、农业机械管理局、农业资源开发局、蔬菜局、气象局、棉花办公室、扶贫办、计划生育委员会工作。王向红(副县长):负责教育、卫生、科技、广播电视、体育等方面工作。分管教育局、卫生局、科学技术局、文化局、药品监督管理局、广播电视局、体育局、县志办公室、台湾事务办公室、宗教事务管理局工作。联系妇联工作。

涟水县政府网址:http//www.Lianshui.js.cn/gov/index.htm

正德学院

江苏省委副书记、南京市委书记李源潮在我院指导工作

正德学院是由南京航空航天大学校友会和南京江宁经济技术开发总公司共同投资，1998年经江苏省人民政府批准筹建、2001年批准正式建校的一所全日制民办普通高等学校。

学院座落于南京江宁开发区“大学城”内，占地面积260亩。校园依山傍水而建，庄重典雅的主体建筑群与风景秀丽的翠屏山融为一体，舒适宜人。学院建设投资已近1.5亿元，已完成建筑面积5.9万平方米，在校学生已达3200名。

学院按照高起点，高水平的标准，建设了现代化的计算机中心、电教中心、各类实验室、图书馆、体育场及其他先进的教学设施。全院建有结构化网络布线系统的校园宽带网，各类课程广泛采用多媒体进行教学。现设有以信息类为核心的7个学系，下设3个本科专业，14个专科专业。

正德学院董事长为原南京航空航天大学副校长丁锡洪教授，原南京航空航天大学教务长、博士生导师张焕春教授任院长。学院各学科专业拥有一流水平的师资队伍，一批学术造诣深的资深教授担任学科带头人和系主任。现有在册教职员工123人，任课教师200多名，60%为副教授以上职称。

学院以“正德”命名，明确“以人为本，质量第一”的办学指导思想。重视学生的全面素质培养和个性发展，积极探索学分制、弹性学制、主辅修制、重修制。学院建立了奖学金制度。

2001年8月，中国银行江苏省分行为学院提供2亿元授信贷款，支持学院校园基本建设，创办高科技产业。2002年学院将完成建筑面积4.2万平方米，在校生规模达到4800人，办学层次上增加本科。至2003年，第三期工程3万平方米完成后，校建筑面积将达到13万平方米，在校生规模将达到6000人。学院决心按高起点、高水平标准办成全省乃至全国一流的民办高校。

学生在计算中心上机

正德学院主建筑——创新楼概貌

正德学院学生公寓外景

地址：江苏省南京江宁经济技术开发区将军中路18号

邮编：211100

电话：025—2111888

传真：025—2111888

网址：www.zdxy.net

科学规划　发展为本
创建数字化生存方式的新学校

江苏省武进高级中学

江苏省武进高级中学坐落于武进城区，2001 年 4 月又高标准高质量通过国家级示范高中验收。现有班级 40 个，学生 2200 人，教职工 192 人，其中，全国优秀教育工作者、优秀教师、师德先进个人 4 人，有市级荣誉称号的近 50 人。

作为省现代教育技术实验学校，近年来，学校从未来发展的战略高度充分认识教育信息化的重要性和紧迫性，以创建数字化生存方式的新学校为奋斗目标，不断解放思想，振奋精神，勤于进取，勇于开拓，在努力推进学校教育信息化建设方面做了大量的卓有成效的工作，为学校素质教育的全面实施和教育现代化工程的全面推进奠定了坚实基础。

一、适度超前，科学规划学校信息化环境

1、注重实效，硬件建设循序渐进

硬件建设是推进信息化的载体，五年来，学校先后投入 600 余万元，配置了厚实的信息技术教育支撑环境。(1)建成网络计算机教室。学校现有一人一机的计算机教室 3 个，53 座音像电子阅览室 1 个，586 以上计算机 220 台。另外，为每位教师配备了笔记本电脑。(2)建成 20 个先进的多媒体教室(3)建成了目前在省内中学系统可称一流的校园网络。(4)建立了校园可控闭路电视系统和较完善的校内联网管理系统。

2、以“让教育资源在数字化的校园里流动起来”为指导思想，加强信息资源库建设

一方面通过购买大量的信息资源。学校现有各种教学光盘资料 1000 余件，数量超过 3000 张。其中有 K12 教育资源库，方生堂电子备课资源库、万册电子图书、百科知识、百部名著等。另一方面，通过教师自已开发、充实教学资源库。现有自制多媒体课件库、多媒体制作素材库、教学参考资料库、备课资源库，学生学习资源库、教案库等。

二、率先示范，以信息化带动学习型师资群体的形成

1、教师掌握和应用现代教育技术水平大大提高。在 2001 年武进市组织的信息教育技术考核中，我校合格率、优秀率均为武进市重点中学之首。目前，我校能运用多媒体上课的教师达 90%。1999—2001 年，学校教师自制课件获全国奖的有 2 个，省级奖的近 20 个，充分展示了我校教师运用、研究现代教育技术的能力和水平。

2、在省级青年教师评优课比赛中，秦春华教师的政治多媒体课被评为江苏省一等奖（第一名），并在全国上示范课，30 多位教师在常州市、武进市级以上基本功竞赛、评优课比赛中获奖，其中，有 12 位教师在第二轮武进市青年教师基本功竞赛中获一等奖。

3、何征宇老师主持“多媒体技术在近代物理教学中的运用研究”课题获常州市课题研究成果三等奖。多人次在电教论文竞赛中获一、二等奖。

三、发展为本，提高学生信息化素养

1、创设学生利用网络进行数字化学习环境的实践活动

信息技术教育的过程，应该是学生动手实践的过程，也是学生的创造过程。我们利用现有资源库，让学生上网搜索、下载信息资源，自主构建知识体系。特别是开设研究性学习课程以来，学校充分利用现代化教育技术的优势，双休日以及课余开放所有微机室和电子阅览室，创造学生实践的空间。也使我校近几年的高考和竞赛、特别是综合科目考试取得令人满意的成绩。

2、不仅重视信息技术课程开设，且注重信息技术与其他学科的整合

学校严格执行国家课程计划，开齐、开足、开好信息技术课，并入学校教育管理范畴。教学内容也从传授计算机基本知识转到利用计算机和网络作为工具帮助学生更好地自主学习和探讨。对信息技术课，我们提倡研究性学习、协作性学习和自主性学习，实现信息技术与学科教学的整合。

四、与时俱进，创建数字化生存方式的新学校

学校将以先进的理念为指导，进一步提升信息化环境建设的品位，重点抓好在先进理念的技术支持、先进技术在教学中的应用、先进技术的学习和信息环境下的思想教育等四个方面加强信息技术的教育应用的推广落实，建构一个真正的数字化校园，推进学校教育技术现代化和教育信息化。

江苏省梁丰高级中学

JIANG SU SHENG LIANG FENG GAO JI ZHONG XUE

江苏省梁丰高级中学是一所有着百余年历史的国内著名老校，其前身系创办于1894年（清光绪年间）的梁丰书院。1980年被确定为江苏省首批办好的重点中学，1988年挂牌“苏州大学附属中学”，1996年成为江苏省模范中学，是江苏省首批九所国家级示范性普通高中验收的学校之一。学样先后被教育部授予“国家基础教育实验中心、外语教育研究中心实验学校”，“全国体育传统项目学校先进集体”等荣誉称号，获得了省文明单位、省电教示范学校、省师资培训工作先进单位、省绿色学校等荣誉。

学校有一流的育人环境，配备齐全的多媒体教室、标准化的塑胶田径运动场、现代化的学术报告厅、高速的校园网络系统、先进的图书馆和体育馆，还配有网球场、游泳池等；梁丰有一流的师资，学校现有特级教师2人，高级教师45人，有苏州市名教师3人，各级学科带头人18人，研究生学历9人，“与学生一起成长”“在教育中享受生命”是他们的追求。

梁丰培养了一批批具有高尚人格、高智慧、高能力的骄子，他们中有两院院士，有国际物理奥赛金牌得主，有省高考状元、李政道奖学金得主数十人，有成千上万各行各业的业务骨干。在历年高考和各类学科竞赛中学校成绩突出，令人瞩目。学校的健美操队、合唱团、足球队在省市各级比赛中屡屡获奖。素质全面的梁丰学子为学校赢得了广泛声誉。

梁丰重视国际间的交流与合作。近几年学校与日本关东国际高等学校、英国格林威治大学、澳大利亚波特兰市中学等学校签定了友好协议，校际间友好交流不断，每年都互派师生交流学习。

走过108年的风雨洗礼，有着百年深厚文化底蕴的梁丰与时俱进，开始了新的征程；学校以“办有灵魂的教育、育有底气的新人”为办学总理念，充分发挥学生的主体作用，全面实施体验性教育，以体验促崇高理想健全人格的形成，以体验促学习习惯学习能力的提高，使梁丰的学生具有活跃的创新意识和浓郁的个性色彩，为他们的终身学习可持续发展打下坚实基础。

梁丰以办好国内著名，国际知名的国家级示范高中为目标，在教育教学的实践中不断超越。新世纪，一个思考的、理性的、智慧的、精致的、先进的、示范的、实验的、多元的、开放的、世界的梁丰将屹立在现代教育之林。

前进中的常州化工学校

我校1993年被评为省（部）级重点中专校，2000年被评为国家级重点中专校，2002年3月通过高职院复评。

学校开设高职(5年制专科)专业10个，中专(三年制)专业13个。

学校占地181亩，建筑面积近8万平方米，全校在册学生5000人。教职工250人，具有中、高级技术职称的教师占教师总数的82%。在专业及专业基础课教师中，“双师型”占77.6%。

学校主干专业建有现代化实训中心8个，拥有46个高水平实验室及相配套的专业教室，多媒体电化教室10个、语音室2个，化工、机械、制冷等教学仪器4000台(套)，资产达2282万元。构成了集理论教学、实验实训、科研开发、工业化生产、社会服务为一体的教学模式。

学校是全国化工中专首批CBE教改试点学校，具有30多种职业技能培训考核资格和一种国际公认的培训资格证书。建有《常州市精细化工研究所》和江苏省唯一的《常州国际焊接技术培训站》。

学校图书馆藏书18万册，各类期刊380余种，拥有50座位的电子阅览室。

学校建有千兆以太校园网，百兆宽带和DDN专线接入INTERNET网，教学计算机600余台。千兆校园网把学校所有办公室、教室连成一片。1997年开始我校抓了全体教师和管理人员的计算机应用技术的普及工作；开发和应用江苏省中专管理信息系统；全体教学人员贷款购买计算机。1998年全面规划和建设千兆以太校园网，彻底消除校内信息孤岛；教师培训学习多媒体课程开发工具。1999年校园网接入因特网，全体师生在世界范围内共享Internet资源；成立信息中心，强化信息管理工作；教师家属楼接入校园网；学校管理、课堂教学和实验实训工作中广泛使用信息技术。2000年建设10600平方米智能大厦，按西蒙综合布线标准构建教育信息技术平台。教师全面开发多媒体课件。2001年联合高校专家和专业公司技术人员共同开发教育部网络课程及其教学支持系统，为实施远程教育做出我们的贡献。我们在综合布线方案、网络设备配置、顶级域名申请、IP地址规划和DDN专线租用等方面都体现了一定的技术先进性和超前意识。我们在鼓励教师开发多媒体课件上也可谓用心良苦，不遗余力，现在许多老师的课件已具有了一定的专业水准。在多次全国和市的课件评比中独占鳌头。

学校设有田径场、篮球场、排球场、足球场、网球场、室内运动场等，总计面积3万平方米。

学校拥有1300平方米学生活动中心，设有40个学生社团，围绕提高学生的基本素质，建立了新的全方位的教育体系和评价体系，组织选修第二课堂，辅修第二专业，学生课余生活丰富多彩，素质教育成绩斐然。

学校拥有学生公寓，每间宿舍配备电话、电扇，并免费向新生赠送全部床上用品。

复校以来为社会培养输送万余名毕业生，近年来毕业生就业率均在98%以上。

学校每年有10%的毕业生通过择优保送或对口招生，进入东南大学、苏州大学、南京工业大学、江苏理工大学、江苏石油化工大学等院校继续深造。学校向社会郑重承诺，学生毕业时100%保证推荐就业岗位，年收入不低于1万元。

江苏省六合高级中学

江苏省六合高级中学是一所有60年历史的省重点中学。2002年4月被省教育厅确认为国家级示范性普通高中。

学校占地180亩，校园有山有水，环境优美，文化氛围浓厚，教学设施先进。

学校现有55个班，3250名学生，234名教职工。

长期以来，学校形成了优良的办学传统和鲜明的办学特色，办学成绩显著。特别是近几年来，学校确立“以人为本，促进师生整体持续发展”的办学理念，实行“强化管理，整体推进”的办学机制，加强“校风、教风、学风”建设，深化教育改革，推进素质教育，取得了丰硕的成果，赢得了社会的赞誉和家长的信赖。学校高考本科达线率在90%左右，1998年高考一举夺得南京市文、理、外三个类别第一名。2001年高考文理科总均分和本科上线率均位居南京市5县(区)之首，徐建同学还以645分的高分又夺得南京市文科第一名。

江苏省六合高级中学以其优美的校园环境、先进的教学设施、严谨的校风教风、优良的办学质量，成为六合大地上一颗璀璨的明珠。

通信地址：六合区雄州镇长江路116号
邮　　编：211500
电　　话：7107079
传　　真：7112302
法人代表：吴海崟

南京钢铁集团有限公司

NAN JING GANG TIE JI TUAN YOU XIAN GONG SI

通讯地址:南京市大厂区
邮政编码:210035
传真:7792159
电话:7791615,7792100
法人代表:肖同友

南京钢铁集团有限公司始建于 1958 年，位于江苏省南京市东北方向，地处南京长江大桥和南京长江二桥之间的长江北岸，公路、水路、铁路交通便利。现已发展成为集矿石采选、钢铁冶炼、钢材轧制于一体，运输、动力、机修等辅助配套齐全的钢铁联合企业，具在年产 300 万吨的综合生产能力。截止 2001 年，公司总资产 65 亿元，净资产 24 亿元，是江苏省最大的钢铁联合企业，国家特大型工业企业，也是国家重点扶持的 512 家国有企业之一。2000 年南钢与江苏淮钢实施紧密联合，联合后的南钢集力将通过资产管理费用、优势互补，尽快成为年销售收入过百亿元，跨地区、跨行业、跨所有制经营，经营范围涉及生产、流通、设计、运输、文化旅游和进出口等领域，在省内外有圈套影响的特大型企业集团。2001 年集团所销售收入首次突破 100 亿元，达到 115 亿元，在南京市名列第二、全省企业集团中名列第七。

南钢目前已开发拥有板、带、型、线等钢材系列 300 多个品种规格产品，产品多次获得总、省、市优称号。高速线材，螺纹钢被江苏省和南京市定为免检产品和名牌产品。船板成为国内首家通过 8 个国家船级社认证的产品，2001 年产销量达 26 万余吨，位居全国第二，仅次于上海宝钢集团。中板、中高碳盘条、优质钢带获冶金部实物质量金杯奖。螺纹钢、中板、线材荣获 1999 年“江苏省名牌产品”称号。热轧贺钢、薄钢板、中厚板、等边角钢被评为南京市免检产品。中板被评为全国合金钢板实物质量第二名服务质量第一名。螺纹钢获中国质量管理协会冶金分会、全国用户委员会颁发的“服务质量十佳”称号。公司钢材产品生产线质量体系全部通过 IS09002 质量体系认证。在中国质量管理协会全国用户委员会 1997 年组织的用户评比中，公司被评为“全国用户满意企业”。1999 年，又荣获“江苏省质量管理先进企业”和“江苏省十强企业”称号。南钢长期坚持“两手抓”方针，不断加强精神文明建设，1994 年被中宣部、中组部、国家经贸委和全国总工会联合授予“全国思想政治工作优秀企业”称号，已分别连续十一年和连续十二年保持“江苏省文明单位’和“南京市文明单位”的荣誉。2001 年又荣获江苏省“文明单位标兵”殊荣。

“十五”重点项目“大转炉——卷轧中板”工程可行性研究报告已通过国务院总理办公会审批，与外商的技术谈判已经全部完成，“三通一平”也已开始进行，项目建成后可形成 100 万吨热轧板卷的生产能力，成为南钢新的主要经济增长点。

中科昆山高科技产业园

国家火炬计划昆山传感器产业基地

中科昆山高科技产业园位于昆山市周庄镇,区位优越,东连上海、西接苏州,处在上海浦东开发区、苏州新加坡工业园和昆山开发区的环抱之中,园区创建于1998年11月,作为江苏省与中科院全面合作的重大项目,由昆山市人民政府与中国科学院合作共建的科技成果转化基地,被科技部列为火炬计划昆山传感器产业基地,享受国家经济技术开发区和江苏省高新技术产业开发区的优惠政策。

1991年至2001年,通过多种形式的合作,在园区内成功举办了12家高新技术企业。形成了以红外、霍尔、超声波、压力、热敏、光敏、气敏7大类传感为主导的特色园区,走出了一条产、学、研联合,以市场为导向的技术创新成功之路。

园区规划面积2平方公里。重点发展以传感器为主导,新型材料和电子产品为两翼的传感器产业基地。目前首期启动区已经形成,二期内2万平方米的标准厂房正在对外招商。园区加大引资力度,不断完善基础设施建设,创造优越的投资环境,树立诚心服务和亲商、富商、安商的理念,热诚欢迎各界人士前来考察、洽谈合作共谋发展大业!

苏州一百网上商店

苏州市第一百货商店位于苏州古城区商业中心察院场西侧，是一家设施现代化、经营多元化、管理微机化、服务规范化的国有大中型商业零售企业，获得过全国百强企业、全国贸易系统先进集体、江苏省文明单位、诚信单位与省文明服务示范单位等荣誉称号。

苏州市第一百货商店，于1999年4月28日开通了江苏省贸易系统首家网上商店（http://www.100sz.com.cn）。以BTOC为主要经营模式，两年多来运营情况良好，销售额呈稳定上升趋势，共成交10000余笔，成交金额250.7万元。

网上商店有11大类89小类2000余种商品可供顾客选择，包括：洗涤化妆、食品、儿童用品、服饰类、家电视听类、文化类、防盗用品等。网上商店的支付方式也从以前的现金支付、邮政汇款、支票、汇票等发展到中国银行电话银行、招商银行一卡通、建设银行网上银行、工商银行网上银行等八种付款方式，其中招商银行一卡通、建设银行网上银行、工商银行网上银行是属于电子货币支付形式。

经营两年多来，访问人数超过45万。购物的顾客不仅有苏州本地的，还有外地的（最远到新疆），许多顾客已经成为我们网上一百的老顾客了，购物次数最多的一位网友已经购物140多次，购物金额达到18000余元。

2000年10月在南京召开的全省信息化工作会议上，一百网上商店被邀请做B2C现场多媒体演示，受到了省有关领导、专家和与会者的好评。2000年获得江苏省企业上网工程电子商务类先进企业、苏州市先进网站等荣誉称号。

目前苏州一百网上商店与湖南远征科技发展有限公司联合开发了苏州一百9448—SCM供应链管理，创建了B2B商务平台，将商品、信息、资金、供应商、商店和顾客有机结合在一起，充分利用Internet，使供应商只要具备一台电脑，就能即时地看到苏州一百数据库中属于其产品的日销量、月销量、库存情况和进销存分析等信息，便于生产供应商指导生产和经营，提高资金周转率。此项目已得到广大供应商的关注，目前为止已经有多数供应商与商店签定了使用协议。网上一百还将进行网上竞价进货、网上批发、网上结算的开发，充分发挥电子商务的威力，推动企业的科学进步。

地址：江苏省苏州市人民路440号
法人代表：展鹏儒
电话总机：0512—5233560
传真：0512—5232541
网址：http://www.100sz.com.cn
E－mail: 100@online.sz.js.cn
邮编：215005

镇江市金舟软件有限责任公司

金舟软件有限责任公司多年来致力于ERP技术研究、开发与实施，先后推出适合国情的ERP/MRP管理系统、财务管理系统、集商业和工业于一体的物流管理信息系统、基于三层C/S结构企业MIS、企业内部电子商务及综合查询和决策支持系统。顽强执着的金舟人以"开发适合国情的ERP软件"为始终如一的奋斗目标，全心致力于管理系列软件的开发、推广和实施。金舟软件公司是一支团结、求实、创新的团队，坚持"以人为本，科技创先，顾客至上"的宗旨，以华东船舶工业学院为依托，积极面向市场、紧跟技术发展，广泛开展合作，开发的《金舟财务软件》1994年通过中国船舶工业总公司科技局、财务局的评审、鉴定，并通过财政部门评审，同时获江苏省优秀软件三等奖。《武汉铁锚焊接材料集团MIS》获中国船舶工业总公司科技进步三等奖，并获江苏省优秀软件三等奖。《适合国情的ERP/MRPII的研制与实施》获江苏省科技进步三等奖。金舟软件产品充分体现"实用、先进、可靠"的方针，公司已先后为数十家大中型企业成功实施了企业ERP、财务管理系统、物流管理系统、电子商务等网络工程项目，深受用户的欢迎和好评。公司目前主要从事企业信息化工程的咨询、规划和实施，包括企业计算机网络系统、企业ERP的实施、企业制造信息与管理信息的集成、电子商务、办公自动化及信息系统高级专门人才培训等。

网址：www.jzerp.com.cn

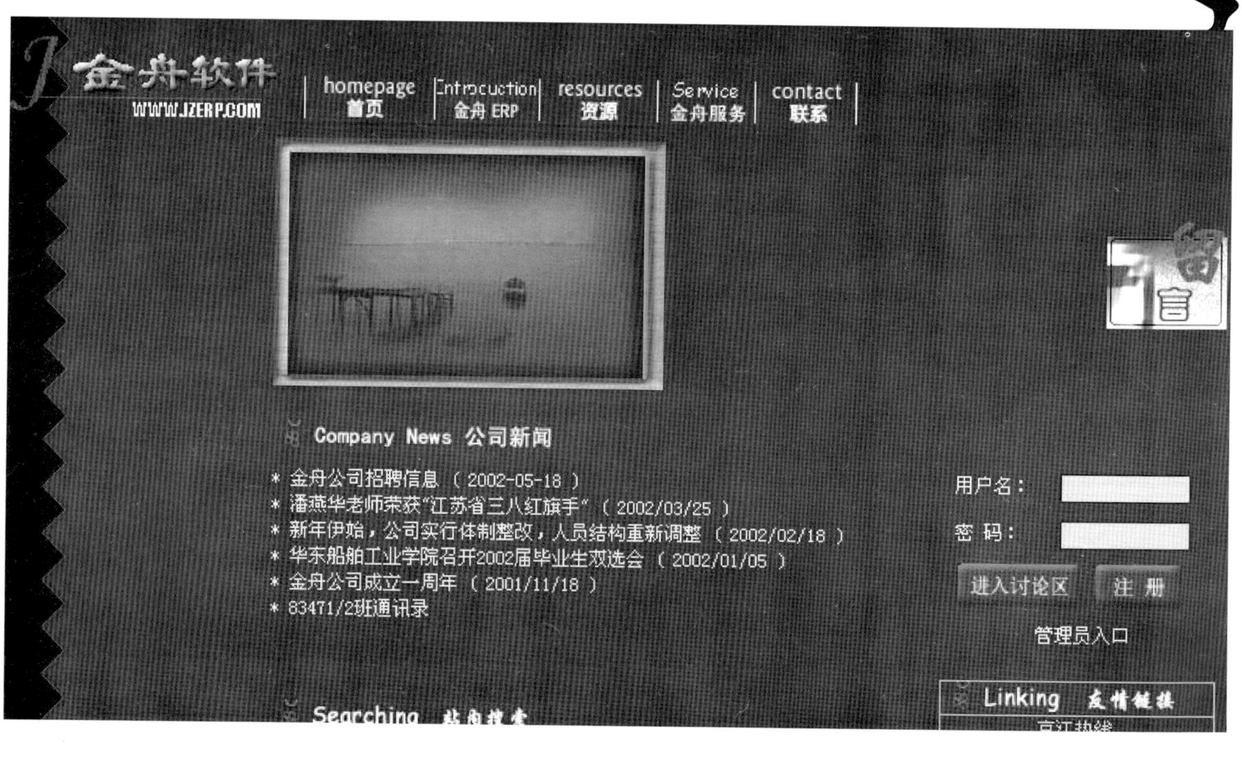

南京同创信息产业集团有限公司

南京同创信息产业集团有限公司是国家经贸委重点支持的520户重点国有企业之一，是江苏省和南京市信息产业的龙头企业。企业总资产22亿元人民币，在职员工1300余名，具有大专以上学历的占在职员工人数的60%，拥有中级以上技术职称的占在职员工的30%。

同创集团是中国IT产业的知名企业。1991年，企业由南京高新区和解放军南京陆军指挥学院合资兴办，1995年，在江苏省、南京市政府的支持和倡导下，组建同创集团。当年同创集团与美国INTEL公司合作，率先在国内生产全系列奔腾微机，“同创”奔腾系列微机市场占有率达到全国第二，创造了“北有联想，南有同创”的中国IT产业基本竞争格局，由同创设在南京、宁波、长春、大庆、贵阳、四川南充等生产基地所组成的产业群，是中国规模最大的信息产业制造群，其PC产能在国内率先突破百万台规模，并拥有布局合理的全国销售、服务体系。

“同创”是中国IT产业的知名品牌。1997年，企业通过IS090002质量认证体系，1999年又通过了美国UL认证和FCC测试及我国长城安全测试，保证了“同创”产品的品质和质量，使同创为国内首家微机批量出口美国市场的企业。1995年以来，“同创”电脑先后获“中国消费者(用户)信得过产品”、“全国34个主要城市居民消费者喜爱的品牌”、江苏省和南京市“重点名牌产品”等称号和荣誉，并在《中国计算机》举办的“我心目中的品牌”的投票中，位居前三甲：

同创“绿色服务”是中国IT业标志性服务品牌。

同创“天地环网”是中国卫星通信产业的国家级重点工程。

同创集团坚持“外联内合、创新发展”的发展战略。广泛联合各个传统产业的企业共同致力于信息产业，是企业的一贯传统，并取得成功。目前，着眼于WTO的要求和产业网络化的趋势，企业以更加开放的精神和更加灵活的合作模式，以技术先进、优势明显并具有广阔市场前景的优秀项目为平台，广泛寻求海内外各种合作伙伴，致力于实现优质资源、优势技术、优良机制的整合，尽快形成项目和产品的规模优势，确立在国内相关市场的领先地位，以实现“携手同创，共享成功”的企业宗旨。

同创集团坚持产学研合作的技术创新之路。从1995年至今，企业始终与INTEL、MICROSOFT、AMD、IBM、LG、SGI、TOSHIBA等国际知名企业保持着良好的战略合作关系，使企业始终与国际最新的产品和技术保持同步。企业与南京大学、东南大学、南京理工大学、解放军理工大学、中科院软件所等高等学府和科研机构长期密切合作，联合建立了多家研究院、研究室和产学研基地。企业每年都要引进一批博士、硕士，同时鼓励员工在职带课题攻读博士、硕士学位，去年有10名员工喜获南理工大学硕士学位。企业一直是国家科技部高新技术产业火炬企业和江苏省省级技术中心，每年都有一批技术成果通过省级技术部门鉴定，能够不断推出反映国际先进技术、适合国内用户需求的新产品。

同创集团拥有优秀的企业文化和良好的制度创新机制。

“TOPTRY”既是同创商标，又是企业的理想，同创将与一切合作伙伴携手奋进，共同创造美好的未来。

构建江苏省电子商务发展第一平台

——江苏省电子商务有限公司

2001年，对全球信息化及电子商务来说是一个冬季，全球经济发展建设放慢，IT业严重缩水，许多大公司裁员，小公司倒闭，股市狂跌，网络泡沫破灭，许多信息网络公司的钱烧尽烧光。在如此严峻的形势下，我们作为一个没核心竞争力，核心技术，核心品牌，市场非常不确定的IT公司，靠着公司经营班子的奋力拼搏，负重奋进，在抗御风险求生存，在增收节支中求效益，低成本动作，一个项目一个项目去做，一个盈利点一个盈利点去争，一元钱一元钱去省。最终使公司保持了平衡渐进的发展态势，使公司逐步开始走上良性循环的轨道，很多对公司未来发展产生重要影响的带前瞻性的项目也开始进入实施和可赢利阶段。

在近一、二年公司发展中，公司的经营班子针对复杂的市场环境和公司的现状，在经营管理上实现了三个转变。一是从被动适应市场，等靠要向主动贴进市场、寻求市场，在市场平等竞争中尽量获取自己的份额，而不是一味伸手向有关部门要项目做。二是从行政管理附属型向市场型转变。公司按市扬化的方法，引入激励和竞争机制，激发每个员工的积极性。每个员工的潜能得到了发挥，公司每位员工都是某一个项目的经理人。三是从注重竞争向注重合作转变。过去在市场运作上刻意去与省内一些公司竞争，一味地争市场，争项目。但因为公司先天技术上的不足，所以竞争的优势和成数都不明显，所以今年来公司注重与省内外大公司合作，充分利用整合他们的技术优势、人才优势共同开拓市场，占领商机。

2001年工作主要有以下几个方面：

一、举办了一系列较有影响企业信息化及电子商务活动，推进了电子商务的实际运用，提升了公司的品牌形象。

针对社会对网络经济和电子商务的误解和负面报道，为有效地开拓市场，推进信息化的运用。公司组织了20多家省内较有影响的大中型工业企业去参加了在天津召开的全国企业信息化及电子商务展，让这些企业切身感受到企业信息化给企业所带来的益处。一些参展企业后来都成为我公司的合作对象。同时，我们抓紧与省内200多家重点企业及上市公司的联络工作，除建立常年的200家重点企业的动态数据库，在全省13个市分批举办有关培训和技术推广会外，还与省计委高科处合作，成功举办全省首届由300余家重点企业分管信息化副总经理和信息主管参加的CIO高级培训班，请国外著名的微软、康柏、IBM等公司来合作培训，开展系统的技术讲座，通过培训不但推广了电子商务的有关新技术，同时扩大了公司在全省工商企业的影响力，形成了一批公司的现实和潜在的客户群。培训结束后的一个月中，就有10多家工业企业与我公司签订合作意向书。为给企业信息化加温。我公司还承办了由省经贸委、省计委、省信息产业厅联合发起的“江苏省信息化建设及电子商务有奖知识竞赛活动”，这一活动得到了悦达、江动集团等上市公司的关注和支持，在全省产生较大的影响。同时，经过我们的努力，我公司不但被列入“江苏省八大信息化示范工程”，而且被列入2001年《江苏省信息化白皮书》重点推荐企业及江苏省信息化重点支持发展企业，公司作为江苏省首家省级电子商务运营实体，参与了我省信息化的“十五”规划工作。与公司发展相关的一些合理建议被省有关部门采纳并列入规划中。

二、组织实施了几项关系公司发展方向的电子商务项目，公司初步积累了一定的项目管理经验和实力。

为突破电子商务发展的瓶颈因素，我公司紧紧把握电子商务金流这一关键，积极组织论证实施电子商务支付网关工作，在省有关部门的反复协调下，公司获得了我省电子商务支付网系统建设的许可权，我们积极与中国银行、农业银行等10余家省级银行进行了广泛的联系、洽谈，中国人民银行总行信息交换总中心和中国金融认证中心给予我公司以金融认证的审核权。目前，我公司已与招商银行、中国银行、浦发银行等五家银行签订电子商务支付网关建设合作意向书，有3家银行已进入可行性方案论证及方案上报上级总行审批阶段。与此同时，我们把推进200家重点企业信息化及电子商务工作作为我公司发展的一个基本立足点。2001年我们组织实施了悦达集团、江动集团、南通扬子集团等企业信息化及电子商务项目，合作开发了中华果都网网上交易系统项目，推出了企业内部网络建设及电子商务系统解放方案“套餐”。在为企业开发并实施市场分析及客户管理模块软件的基础上，结合企业实际，联合国内著名的IT企业开发和完善了企业电子商务的四个软件模块即：企业网上招标采购模块、企业内部资源管理软件模块、企业客户管理及市场分析模块、企业网上交易结算软件模块。目前这四大模块的演示版已制作完成光盘，分发到了200余家重点工业企业。常柴集团、海安茧丝绸集团等已开始部分试用其中的软件。这些软件模块也正部分用在结合我公司帮助企业建设的信息化系统上运用，并开始产生经济效益。

三、积极推进电子商务专业平台建设，公司初步掌握一些核心资源，开始赢得了市场的主动权。

为提升我公司权威的企业信息发布平台的水平，我们对江苏省企业信息港(www.jseca.com)进行了升级、更新、充实。在投入不大的情况下，派专人负责维护，现在在信息港发布信息的企业已达1万余家。由于是采取免费形式，许多企业还主动承租企业港的空间来建立自己的网站。同时我公司网络还获得国家域名注册的二级代理业务，目前全省已有50家企业在我公司申请域名代理，省计委、省经贸委的部分下属单位的域名代理工作及网络基本维护工作也由我公司负责。在完善企业信息港平台的基础上，我公司也多方组织收集资料，发掘国内外信息化服务资源，利用现有的服务器等设备建成了中国IT企业信息平台。基于用户的需求，在全省工商业、企业和IT企业间搭起空间沟通的桥梁，适时为省内工商企业推介最佳的电子商务及信息化服务厂家及方案。许多国内著名的IT厂商主动加入链接我公司的这一平台，目前其访问量已达每天1万人次。为在电子商务物流上求突破，我公司率先介入了我省货物集散最大的港口—连云港，经过反复磨合、磋商，在年前与连云港港务局达成合作协议，帮助其建设港口电子商务平台，在港口物流上做好总体规范，目前我公司提交的电子商务平台规划方案也获省计委立项通过，首批项目建设资金也于2001年底到达连云港港务局。港口电子商务平台的建设，在省内已开始起到了示范效益，目前南通港、张家港也在与我公司洽谈中。近年来的房地产升温，使房地市场空前火热，我公司及时发现了这一商机，积极与江苏方正房地产公司合作建设房地产网上交易平台。2001年底，由方正公司投资230万元的江苏省房地产电子商务网及平台正式签约启动。它的启动开了我省房地产电子商务的先河，将有效地打通房产、地产的信息渠道，实现房地产的网上交易。目前南京市已有10多家房地产公司有意加盟该平台，实现房地产资源共享。

四、充分整合国内外电子商务技术资源，发挥技术应用优势，增强公司为工商企业服务的手段和竞争力。

为降低公司的运营成本，有效地获取和利用电子商务的核心技术和最前沿的技术，减少公司内部人力资源闲置。我公司在有选择、有针对性的基础上，与国外实力雄厚的IT公司进行合作。采取统一品牌(我公司品牌)技术承包，收益共沾，市场共享的方法，开拓和创造省内电子商务市场。我公司先后和美国微软、康柏、IBM、SUN、CA等公司及香港永泰集团，国内用友、东大阿派等公司进行了广泛的技术交流和合作。在具体电子商务及市场推广、技术推介、交流中与这些公司合理分工，既通过合作逐步培养了自己的技术队伍，又提升了公司对项目的管理及市场细分的能力。我们还和中科院电子商务研究中心合作在自己的主网站上发布权威的电子商务应用及服务软件目录及软件服务推荐企业名单，以保证我公司能为全省工商企业提供最新的IT技术，最优的信息化投资决策方案。同时，为提高员工技能，我们还派公司的同志去国外大公司在中国的培训中心参加培训，获取电子商务最新的资讯和技术。由于我公司的真诚和实务，很多国内外的大公司都已成为我们“联盟”型合作伙伴。

2001年，电子商务公司的内部管理在原来的基础上也有了新的起色，公司进一步完善奖罚分明的规章制度，实行了四项新的制度即“项目经理人制度”，“品牌管理制度”，“全员营销制度”，“全员学习培训制度”。面对IT行业的快速变化，公司营造了一种浓郁的学习氛围，通过学习培训真正提高了全体员工的业务水平，一些年轻的员工现在已能独当一面完成项目。

在总结2001年已取得成绩的同时，公司在发展经营中也有诸多不足的地方。

一是公司一味求稳。市场风险的抗御能力不够，一些大项目未能及时实现突破，由于客观因素，许多项目的实施比预期的时间要长。

二是没有形成核心的技术，导致公司没有核心竞争力。项目实施过程中对外依赖性比较强，利润空间较小。

三是三方股东的资源未能有效利用。在承接项目等工作中，光靠公司单枪匹马，未能积极地争取三方股东方所拥有的得天独厚的资源。

总结公司前阶段的工作，是为了更好地把公司今年的工作搞得更好，更积极地为股东方创造效益，提供更多的回报。为此，我们今年将进一步以市场为导向，以效益为中心，以新技术应用为突破口，争取公司有了较好的发展，具体做好以下三方面工作：

一、充分发挥“江苏重点企业信息港”的作用，在重点工商企业网上交易撮合上求突破。

今年我公司将彻底改变提供电子商务服务及软件服务这一单纯的经营理念，避免与一般社会公司在低水平上的竞争，而要做真正意义上的电子商务，即网上交易。完成电子商务成立时的宗旨。为此，我们已与悦达集团等初步达成了网上采购拖拉机配件的交易意向，该集团意向网上采购1000万元以上的配件。同时，我们开始与江苏省五星电器、中央商场等合作，两个集团计划网上销售额10亿以上，我们计划参与其中的1/5，目前具体合作方式正在洽谈中。通过实际的电子商务交易有益于增加公司的销售业绩，提升公司与实体经济的结合度。为将来建设大中型企业网上交易所积累经验。同时，我们将积极增加“企业港”平台的交易功能，为中小企业提供ASP服务，争取中小企业通过网络平台成交2000万元以上。

二、花大力气建设电子商务支付网关，在“金流”上率先突破。

电子商务支付网关是企业的需求，更是银行业参与国际竞争，开拓要新业务的所在，从我们已签约的五家银行看，银行积极性很高，参与支付网关建设的可行性已没有问题。今年要在2~3家银行求突破。支付网关建成后，由于银行网上支付现金流的增加，将给电子商务公司带来长期稳定增加的收益。电子商务支付网关建设已列入我省信息化“十五”规划，我们将集中力量，争取在今年内把支付网关的平台初步搭建成功，为企业电子商务提供现实的金流服务，争取网上支付的资金流量达5亿元以上。

三、配合电子政务建设，在分步建设江苏省CA应用体系上求突破。

CA认证中心建设是我公司成立时制定的重点发展方向之一，由于种种原因，一直未能见成效。今年我公司要配合省电子政务系统建设，在求得CA在电子政务系统应用的基础上，逐步代理电信CA和金融CA，向省有关部门争取专项资金，先行搭建CA审核系统RA。争取在省级机关单位采取先免费后收费的形式发放CA证书1万张以上。同时，今年将积极争取省CA中心建设项目作为“电子商务安全系统建设”项目正式立项上报国家计委获取建设资金支持。CA中心的建设是我公司将来发展的核心业务，也是可持续收益的项目，我公司将尽最大的努力，将中心建设运营好。

四、积极运作好几个示范性企业信息化及电子商务项目，在项目成功率上求突破。

今年我公司将继续以200家大中型企业信息化及电子商务应用为重点，做好现有几个项目的收尾落实和项目深化工作，挖掘新的项目。积极组织大中型财务主管(CFO)参加的电子商务圆桌论坛，创造和培养潜在的客户，同时，对已实施的如南通扬子、中华果都、安全监控等做好一期验收，二期规划工作，不断转变企业对信息化的理念，使他们提出更多的需要，保证项目的不断深化，为公司创造进一步的利润空间。同时，做好新项目如江苏双灯集团信息管理，中央商场内部管理系统，中华花木大世界网络系统，江苏质保管理系统以及无锡、南通农村商业银行业务系统等项目的签订和组织实施工作。通过新项目为公司创造新的利润。同时，根据企业和行业需求特点，我们将继续代理一些市场开拓难度小，投入成本低的软硬件产品，目前我公司已准备和省地税局合作代理销售税务申报软件；与有关银行合作代理银行转账IC卡。这些带行业特点的产品将给公司带来一定的业务销售量，为公司整体业务量提升创造更有益的支持。

江苏省电子商务有限公司
广州路228号易发科技大厦7层A座
TEL:3311201、3311202、3311205
HTTP://WWW.jseca.com

总经理:张勇

斯威特集团

SI WEI TE JI TUAN

南京斯威特集团有限公司是1992年8月成立的民营科技企业，现注册资本为4亿元，集团总资产超过10亿元。下设上海、南京、西安、广州四个管理总部，七家科技产业型企业。2001年已实现销售收入8.5亿元。

公司主要从事通信、电力自动化、多媒体信息、IC设计、环保等五大领域产品的开发。先后开发成功高新技术产品80多项，有12项被列入国家重点新产品或国家火炬计划，有8个产品分别获解放军总参谋部、国家信息产业部、国家电力总公司颁发的入网许可证。公司先后被认定为南京市和国家火炬计划重点高新技术企业，并被国家授予进出口权，公司先后通过了ISO9001质量体系认证和ISO14001环境管理体系认证，2001年荣获中国民营科技促进会颁发的"中国民营科技企业创新奖"。公司相继成立高科技风险投资公司和博士后工作站。斯威特独资兴建的拥有5万平方米的江苏通信大厦已于1998年投入使用。

集团于1999年被认定为国家火炬计划重点高新技术企业，集团所属的七家科技产业型企业都分别被认定为江苏省、南京市、西安市高新技术企业。斯威特现有员工中，具有本科以上学历的超过90%，具有高级专业职称的超过20%。1999年12月经国家人事部批准建立了博士后科研工作站，集团目前正在与高等院校、科研单位发展进一步的合作，通过人才整合，建立人才优势。

在发展外向型经济方面，与美国摩托罗拉创办了合资企业，与韩国三星电子株式会社建立了战略合作关系，与瑞士、澳大利亚等国家的企业建立了双边合作。

斯威特在资本经营中先后控股了上海"一钢异型"（现改名上海宽频科技）、上海"中纺机"，参股了"重庆实业"、"南京中央商场"等上市公司的资产重组，为企业不断发展增强了发展后劲。